HÄFELIN / MÜLLER

Grundriss des Allgemeinen Verwaltungsrechts

Grundriss des Allgemeinen Verwaltungsrechts

von

Ulrich Häfelin und **Georg Müller**

Professoren an der Universität Zürich

3., neu bearbeitete Auflage

Schulthess Polygraphischer Verlag, Zürich 1998

© Schulthess Polygraphischer Verlag, Zürich 1998
ISBN 3 7255 3778 X

Vorwort zur dritten Auflage

Die dritte Auflage bezweckt in erster Linie eine "Nachführung" der seit 1993 eingetretenen Entwicklungen der Gesetzgebung, Lehre und Rechtsprechung. Berücksichtigt wurden insbesondere die Änderungen der Regelungen im Bereich des öffentlichen Beschaffungswesens und des Organisationsrechts. Zusätzliche Abschnitte sind der Amtshilfe und der wirkungsorientierten Verwaltungsführung gewidmet. Dargestellt werden ferner neue Auffassungen zur Rechtsnatur der Verwaltungsverordnung, zur Kooperation von Staat und Privaten sowie zur Selbstregulierung. Das Kapitel über Verwaltungsverfahren und Verwaltungsrechtspflege wurde durch Ausführungen über die Verfahrensgarantien der EMRK ergänzt und in verschiedener Hinsicht präzisiert.

Die Beispiele, die der Veranschaulichung des Stoffes des Allgemeinen Verwaltungsrechts dienen, wurden zum Teil aktualisiert oder durch neue Entscheidungen ergänzt. Noch mehr als in der zweiten Auflage wird auf offene Fragen hingewiesen und zu bestimmten Entscheidungen oder Lehrmeinungen Stellung genommen.

Die Arbeit wurde uns durch die Mitwirkung von Assistierenden erleichtert, die Vorschläge für Korrekturen erstellt und die neuen Texte und Zitate überprüft haben. Wir danken Frau lic. iur. Elisabeth Lang und den Herren lic. iur. Jaques Fäh, lic. iur. Felix Helg, lic. iur. Peter Hösli, lic. iur. Robert Hurst, lic. iur. Frank Klein, lic. iur. Urs Steimen und lic. iur. Stefan Vogel, die uns bei der Vorbereitung der zweiten bzw. der dritten Auflage unterstützt haben. Eine grosse Hilfe war uns wiederum Frau Margrit Aemissegger, die mit grosser Geduld und Sorgfalt unsere oft schwer lesbaren Änderungen und Ergänzungen im Text eingefügt und die Druckvorlage hergestellt hat. Ihr danken wir ebenfalls für ihren ausserordentlichen Einsatz. Wertvolle Anregungen verdanken wir verschiedenen Kolleginnen und Kollegen, vor allem Herrn Prof. Dr. Tobias Jaag, Frau Prof. Dr. Beatrice Weber-Dürler und Herrn Dr. Peter Karlen. Unser Dank gilt schliesslich auch den Herren Werner Stocker und Bénon Eugster, die – wie immer – für eine reibungslose und angenehme Zusammenarbeit mit dem Verlag sorgten.

Zürich, im September 1998

Ulrich Häfelin   Georg Müller

Vorwort zur ersten Auflage

Der vorliegende Grundriss des Allgemeinen Verwaltungsrechts beruht auf einem Vorlesungsskript, das im Laufe mehrerer Jahre entstanden ist. Das Buch richtet sich in erster Linie an Studierende der Rechtswissenschaft. Es soll ihnen die Erarbeitung des Stoffes des Allgemeinen Verwaltungsrechts ermöglichen. Wir haben uns deshalb um eine Gliederung und eine Darstellung der Probleme bemüht, die den Studierenden das Verständnis erleichtern: Wir beschränken uns auf das Wesentliche, geben die herrschende Lehre und Rechtsprechung wieder und verzichten im allgemeinen auf eingehende kritische Auseinandersetzungen. Vielfach wird aber auf die Problematik einer bestimmten Auffassung oder auf abweichende Meinungen hingewiesen. Wir könnten uns vorstellen, dass der Grundriss daher auch dem praktisch tätigen Juristen als Einführung und Orientierungshilfe dient.

Da das Buch auf Beginn des Wintersemesters 1990/91 erscheinen soll, ist das Manuskript unter erheblichem Zeitdruck fertiggestellt worden. Es weist zweifellos Unebenheiten, möglicherweise auch Lücken oder Unstimmigkeiten auf. Für Hinweise auf solche Mängel sind wir dankbar.

Unseren Assistentinnen und Assistenten sind wir zu herzlichem Dank verpflichtet. Ohne ihren grossen Einsatz bei der Sammlung des Materials, der Formulierung von Entwürfen, der Kontrolle der Zitate und der Bereinigung der Druckvorlage wäre die rechtzeitige Fertigstellung des Buches nicht möglich gewesen. Wir danken den Herren lic. iur. Rainer Benz, lic. iur. Joachim Breining, Frau lic. iur. Irene Egloff, den Herren lic. iur. Jürg Frehner, lic. iur. Heinrich Hempel, Frau lic. iur. Gabriela Hiltmann, Herrn lic. iur. Frank Klein, Frau lic. iur. Elisabeth Lang, den Herren lic. iur. Peter Reinert, lic. iur. Martin Röhl, Frau lic. iur. Elisabeth Sigg Groth und den Herren lic. iur. Gilg Störi und lic. iur. Reto Walther für ihre wertvolle Mitarbeit. Besondere Verdienste erwarben sich Frau Elisabeth Sigg Groth bei der Koordination und der Schlussredaktion sowie Herr Heinrich Hempel bei der Erstellung des Sachregisters. Frau Silvia Pascanu hat die Abschrift eines Teils der oft schwer lesbaren Manuskripte besorgt. Dem Schulthess Polygraphischen Verlag, insbesondere Herrn Werner Stocker und Herrn Bénon Eugster, sind wir für die angenehme Zusammenarbeit dankbar.

Zürich, im September 1990

Ulrich Häfelin   Georg Müller

Inhaltsübersicht

VIII

Inhaltsverzeichnis

XII

2. Kapitel   *Das Verwaltungsrecht*   18

§ 3   Die Quellen des Verwaltungsrechts   18

4. TEIL   ÖFFENTLICHRECHTLICHE BESCHRÄNKUNGEN DES EIGENTUMS

XXX

9. TEIL   DIE ÖFFENTLICHEN ABGABEN   521

Literatur, amtliche Veröffentlichungen und Zeitschriften zum Verwaltungsrecht

I. Literatur

1. Schweizerische Literatur

AUBERT JEAN-FRANÇOIS, Traité de droit constitutionnel suisse, 2 Bde., Paris/Neuchâtel 1967; Supplément 1967-1982, Neuchâtel 1982

AUBERT JEAN-FRANÇOIS, Bundesstaatsrecht der Schweiz, Fassung von 1967 und neubearbeiteter Nachtrag bis 1990, Bd. 1, Basel/Frankfurt a.M. 1991; Bd. 2, Basel/Frankfurt a.M. 1995

BELLANGER FRANÇOIS/LEBET SUZANNE/OBERSON XAVIER, Le droit administratif en pratique, 2. Aufl., Basel/Frankfurt a.M. 1994 [Sammlung von Übungsfällen]

BIAGGINI GIOVANNI, Theorie und Praxis des Verwaltungsrechts im Bundesstaat, Basel/Frankfurt a.M. 1996

FLEINER FRITZ, Institutionen des Deutschen Verwaltungsrechts, 8. Aufl., Tübingen 1928 (Neudruck Zürich 1939)

FLEINER-GERSTER THOMAS, Grundzüge des allgemeinen und schweizerischen Verwaltungsrechts, 2. Aufl., Zürich 1980

GERMANN RAIMUND E., Öffentliche Verwaltung in der Schweiz, Bd. 1, Wien 1998

GIACOMETTI ZACCARIA, Allgemeine Lehren des rechtsstaatlichen Verwaltungsrechts, Bd. 1, Zürich 1960

GRISEL ANDRÉ, Traité de droit administratif, 2 Bde., Neuchâtel 1984

GYGI FRITZ, Bundesverwaltungsrechtspflege, 2. Aufl., Bern 1983

GYGI FRITZ, Verwaltungsrecht, Eine Einführung, Bern 1986

HÄFELIN ULRICH/HALLER WALTER, Schweizerisches Bundesstaatsrecht, 4. Aufl., Zürich 1998

IMBODEN MAX/RHINOW RENÉ A., Schweizerische Verwaltungsrechtsprechung, 2 Bde., 6. Aufl., Basel/Frankfurt a.M. 1986; Ergänzungsband zur 5. (und unveränderten 6.) Auflage: RHINOW RENÉ A./KRÄHENMANN BEAT, Schweizerische Verwaltungsrechtsprechung, Basel/Frankfurt a.M. 1990

JAAG TOBIAS, Verwaltungsrecht des Kantons Zürich, Zürich 1997

JAAG TOBIAS/MÜLLER GEORG/SALADIN PETER/ZIMMERLI ULRICH, Ausgewählte Gebiete des Bundesverwaltungsrechts, 2. Aufl., Basel/Frankfurt a.M. 1997

KNAPP BLAISE, Précis de droit administratif, 4. Aufl., Basel/Frankfurt a.M. 1991

KNAPP BLAISE, Grundlagen des Verwaltungsrechts, deutschsprachige Ausgabe der 4. Aufl. des "Précis de droit administratif", 2 Bde., Basel/Frankfurt a.M. 1992/1993

KÖLZ ALFRED/HÄNER ISABELLE, Verwaltungsverfahren und Verwaltungsrechtspflege des Bundes, Zürich 1993

KOLLER HEINRICH/MÜLLER GEORG/RHINOW RENÉ/ZIMMERLI ULRICH (Hrsg.), Schweizerisches Bundesverwaltungsrecht, Basel/Frankfurt a.M. 1996 ff.

KOMMENTAR ZUR BUNDESVERFASSUNG DER SCHWEIZERISCHEN EIDGENOSSENSCHAFT VOM 29. MAI 1874, hrsg. von Jean-François Aubert, Kurt Eichenberger, Jörg Paul Müller, René A. Rhinow, Dietrich Schindler, Basel/Zürich/Bern 1987 ff.

MOOR PIERRE, Droit administratif, Vol. I: Les fondements généraux, 2. Aufl., Bern 1994, Vol. II: Les actes administratifs et leur contrôle, Bern 1991, Vol. III: L'organisation des activités administratives/Les biens de l'Etat, Bern 1992

RHINOW RENÉ/KOLLER HEINRICH/KISS-PETER CHRISTINA, Öffentliches Prozessrecht und Justizverfassungsrecht des Bundes, Basel/Frankfurt a.M. 1996

RICHLI PAUL/MÜLLER GEORG/JAAG TOBIAS, Wirtschaftsverwaltungsrecht des Bundes, 2. Aufl., Basel/Frankfurt a.M. 1998

SALADIN PETER, Das Verwaltungsverfahrensrecht des Bundes, Basel/Stuttgart 1979

SCHWARZENBACH-HANHART HANS RUDOLF, Grundriss des allgemeinen Verwaltungsrechts, 11. Aufl., Bern 1997

ZIMMERLI ULRICH/KÄLIN WALTER/KIENER REGINA, Grundlagen des öffentlichen Verfahrensrechts, Bern 1997

2. Deutsche Literatur

ACHTERBERG NORBERT, Allgemeines Verwaltungsrecht, 3. Aufl., Heidelberg 1988

ERICHSEN HANS-UWE (Hrsg.), Allgemeines Verwaltungsrecht, 10. Aufl., Berlin/New York 1995

MAURER HARTMUT, Allgemeines Verwaltungsrecht, 11. Aufl., München 1997

SCHMIDT-ASSMANN EBERHARD (Hrsg.), Besonderes Verwaltungsrecht, 10. Aufl., Berlin/New York 1995

WOLFF HANS J./BACHOF OTTO/STOBER ROLF, Verwaltungsrecht I, 10. Aufl., München 1994

WOLFF HANS J./BACHOF OTTO/STOBER ROLF, Verwaltungsrecht II, 5. Aufl., München 1987

WOLFF HANS J./BACHOF OTTO, Verwaltungsrecht III, 4. Aufl., München 1978

3. Literatur zum liechensteinischen Verwaltungsrecht

KLEY ANDREAS, Grundriss des liechtensteinischen Verwaltungsrechts, Vaduz 1998

4. Literatur zum Europäischen Verwaltungsrecht

SCHWARZE JÜRGEN, Europäisches Verwaltungsrecht, 2 Bde., Baden-Baden 1988

II. Amtliche Veröffentlichungen

1. Gesetzessammlungen des Bundes

AS AMTLICHE SAMMLUNG DES BUNDESRECHTS, nach Jahrzahlen zitiert, z.B. AS 1978, 212; bis 1947: Eidgenössische Gesetzessammlung, Amtliche Sammlung der Bundesgesetze und Verordnungen, nach Bandzahlen zitiert, z.B. AS 47, 552 ff.; bis 1987: Sammlung der eidgenössischen Gesetze.

SR SYSTEMATISCHE SAMMLUNG DES BUNDESRECHTS (Landesrecht und Staatsverträge mit Register); im Internet unter http://www.admin.ch/ ch/d/sr/sr.html. Vgl. Bundesgesetz über die Gesetzessammlungen und das Bundesblatt (Publikationsgesetz) vom 21. März 1986 (SR 170.512); Verordnung über die Gesetzessammlungen und das Bundesblatt (Publikationsverordnung) vom 15. April 1987 (SR 170.512.1).

2. Entscheidsammlungen

BGE   ENTSCHEIDUNGEN DES SCHWEIZERISCHEN BUNDESGERICHTS, Amtliche Sammlung (Lausanne); im Internet unter http://www.eurospider.ch/ BUGE/

VEB   VERWALTUNGSENTSCHEIDE DER BUNDESBEHÖRDEN, 1926-1963 (Bern)

VPB   VERWALTUNGSPRAXIS DER BUNDESBEHÖRDEN, seit 1964 (Bern)

III. Zeitschriften

AJP   Aktuelle Juristische Praxis (Lachen SZ)

BJM   Basler Juristische Mitteilungen (Basel)

BVR   Bernische Verwaltungsrechtsprechung (Bern)

JT   Journal des Tribunaux (Lausanne)

Pra   Die Praxis des Bundesgerichts (Basel)

RDAF   Revue de droit administratif et de droit fiscal (Lausanne)

SJZ   Schweizerische Juristen-Zeitung (Zürich)

ZBl   Schweizerisches Zentralblatt für Staats- und Verwaltungsrecht; (bis 1988: Schweizerisches Zentralblatt für Staats- und Gemeindeverwaltung, ZBl) (Zürich)

ZBJV   Zeitschrift des Bernischen Juristenvereins (Bern)

ZSR   Zeitschrift für Schweizerisches Recht (Basel)

IV. Internet-Adressen

Systematische Sammlung des Bundesrechts: http://www.admin.ch/ch/d/sr/sr.html

Systematische Gesetzessammlung des Kantons Basel-Landschaft: http://www.bl.ch/
Raccolta delle leggi vigenti del Cantone Ticino - Indice sistematico: http://www.ti.ch/CAN/argomenti/legislaz/rleggi/p1-frame.html
Zürcher Loseblatt-Gesetzessammlung: http://AIDWN1.KTZH.CH/ZHLEXWEB. NSF/ACTUAL?OpenView

Entscheide des Bundesgerichts seit 1975: http://www.eurospider.ch/BUGE/

Europäischer Gerichtshof für Menschenrechte: http://www.dhcour.coe.fr/

Bundesbehörden: http://www.admin.ch/

Kantonale Behörden Aargau: http://www.ag.ch/kernseite.htm
Kantonale Behörden Appenzell-Innerrhoden: http://www.ktai.ch/
Kantonale Behörden Basel-Landschaft: http://www.bl.ch/
Kantonale Behörden Basel-Stadt: http://www.bs.ch/
Kantonale Behörden Bern: http://www.be.ch/
Kantonale Behörden Freiburg: http://www.etatfr.ch/etat/de/
Kantonale Behörden Glarus: http://www.glarusnet.ch/politik/index.htm
Kantonale Behörden Graubünden: http://www.gr.ch/
Kantonale Behörden St. Gallen: http://www.sg.ch/
Kantonale Behörden Solothurn: http://www.so.ch/
Kantonale Behörden Tessin: http://www.ti.ch/
Kantonale Behörden Thurgau: http://www.tg.ch/
Kantonale Behörden Zürich: http://www.ktzh.ch/
Kantonale Behörden Zug: http://www.zug.ch/behoerden/

Abkürzungsverzeichnis

Abs.	Absatz/Absätze
AGVE	Aargauische Gerichts- und Verwaltungsentscheide (Aarau)
AHV	Alters- und Hinterlassenenversicherung
AJP	Aktuelle Juristische Praxis (Lachen SZ)
a.M.	anderer Meinung
ANAG	Bundesgesetz über Aufenthalt und Niederlassung der Ausländer vom 26. März 1931 (SR 142.20)
Anm.	Anmerkung(en)
Art.	Artikel
AS	Amtliche Sammlung des Bundesrechts (bis 1947: Eidgenössische Gesetzessammlung, Amtliche Sammlung der Bundesgesetze und Verordnungen; bis 1987: Sammlung der eidgenössischen Gesetze)
ASA	Archiv für Schweizerisches Abgaberecht (Bern)
ATF	Arrêts du Tribunal Fédéral Suisse, Recueil officiel (=BGE)
Aufl.	Auflage
BB	Bundesbeschluss
BBl	Bundesblatt der Schweizerischen Eidgenossenschaft
Bd., Bde.	Band, Bände
BG	Bundesgesetz
BGE	Entscheidungen des Schweizerischen Bundesgerichts, Amtliche Sammlung (Lausanne)
BGer	Schweizerisches Bundesgericht
BJM	Basler Juristische Mitteilungen (Basel)
BlAR	Blätter für Agrarrecht (Zürich)
BR	Bundesrat
BRB	Bundesratsbeschluss
BS	Bereinigte Sammlung der Bundesgesetze und Verordnungen 1848-1947
BSG	Bernische Systematische Gesetzessammlung
BV	Bundesverfassung der Schweizerischen Eidgenossenschaft vom 29. Mai 1874 (SR 101)
BVR	Bernische Verwaltungsrechtsprechung (bis 1975: MBVR) (Bern)
bzw.	beziehungsweise
consid.	considérant (=Erw.)
d.h.	das heisst

Diss.	Dissertation
DÖV	Die Öffentliche Verwaltung (Stuttgart)
DVBl	Deutsches Verwaltungsblatt (Köln/Berlin/Bonn/München)
E., Erw.	Erwägung
EFD	Eidgenössisches Finanzdepartement
EG	Europäische Gemeinschaft(en)
EGMR	Europäischer Gerichtshof für Menschenrechte
EGV	Vertrag zur Gründung der Europäischen Gemeinschaft vom 25. März 1957
EMRK	Konvention zum Schutze der Menschenrechte und Grundfreiheiten vom 4. November 1950 (Europäische Menschenrechtskonvention) (SR 0.101)
EntG	Bundesgesetz über die Enteignung vom 20. Juni 1930 (SR 711)
ETH	Eidgenössische Technische Hochschule(n)
EU	Europäische Union
EuGH	Europäischer Gerichtshof
EuGRZ	Europäische Grundrechte-Zeitschrift (Kehl/Strassburg)
f., ff.	folgende
GIACOMETTI	Giacometti Zaccaria, Allgemeine Lehren des rechtsstaatlichen Verwaltungsrechts, Bd. 1, Zürich 1960
gl.M.	gleicher Meinung
GRISEL	Grisel André, Traité de droit administratif, 2 Bde., Neuchâtel 1984
GS	Gesetzessammlung
GVG	Bundesgesetz über den Geschäftsverkehr der Bundesversammlung sowie über die Form, die Bekanntmachung und das Inkrafttreten ihrer Erlasse (Geschäftsverkehrsgesetz) vom 23. März 1962 (SR 171.11)
GYGI, Bundesverwaltungsrechtspflege	Gygi Fritz, Bundesverwaltungsrechtspflege, 2. Aufl., Bern 1983
GYGI, Verwaltungsrecht	Gygi Fritz, Verwaltungsrecht, Eine Einführung, Bern 1986
HÄFELIN/HALLER	Häfelin Ulrich/Haller Walter, Schweizerisches Bundesstaatsrecht, 4. Aufl., Zürich 1998
Hrsg., hrsg.	Herausgeber, herausgegeben
i.d.R.	in der Regel
i.e.S.	im engeren Sinne
IMBODEN/RHINOW	Imboden Max/Rhinow René A., Schweizerische Verwaltungsrechtsprechung, 2 Bde., 6. Aufl., Basel/ Frankfurt a.M. 1986
insb.	insbesondere
i.S.v.	im Sinne von

IV	Invalidenversicherung
i.V.m.	in Verbindung mit
i.w.S.	im weiteren Sinne
JAAC	Jurisprudence des autorités administratives de la Confédération (=VEB und VPB)
JT	Journal des Tribunaux (Lausanne)
KNAPP	Knapp Blaise, Précis de droit administratif, 4. Aufl., Basel/Frankfurt a.M. 1991 (= Grundlagen des Verwaltungsrechts, 2 Bde., 4. Aufl., Basel/Frankfurt a.M. 1992/1993)
KÖLZ/HÄNER	Kölz Alfred/Häner Isabelle, Verwaltungsverfahren und Verwaltungsrechtspflege des Bundes, Zürich 1993
Kommentar BV	Kommentar zur Bundesverfassung der Schweizerischen Eidgenossenschaft vom 29. Mai 1874, hrsg. von Jean-François Aubert, Kurt Eichenberger, Jörg Paul Müller, René A. Rhinow, Dietrich Schindler, Basel/Zürich/Bern 1987 ff.
KV	Kantonsverfassung
lit.	litera = Buchstabe
m.a.W.	mit anderen Worten
MBVR	Monatsschrift für bernisches Verwaltungsrecht und Notariatswesen (seit 1976: BVR) (Bern)
MOOR	Moor Pierre, Droit administratif, 3 Bde., Bern 1988/1991/1992
m.w.H.	mit weiteren Hinweisen
NBG	Nationalbankgesetz vom 23. Dezember 1953 (SR 951.11)
NF	Neue Folge
N./Nr.	Nummer
NVwZ	Neue Zeitschrift für Verwaltungsrecht (München/Frankfurt)
OG	Bundesgesetz über die Organisation der Bundesrechtspflege (Bundesrechtspflegegesetz) vom 16. Dezember 1943 (SR 173.110)
op. cit.	opus citatum = das angegebene Werk
OR	Bundesgesetz betreffend die Ergänzung des Schweizerischen Zivilgesetzbuches (Fünfter Teil: Obligationenrecht) vom 30. März 1911 (SR 220)
Pra	Die Praxis des Bundesgerichts (Basel)
PTT	Post-, Telefon- und Telegrafenbetriebe
RB	Rechenschaftsbericht des Verwaltungsgerichts des Kantons Zürich
RDAF	Revue de droit administratif et de droit fiscal (Lausanne)
recht	recht, Zeitschrift für juristische Ausbildung und Praxis (Bern)

RHINOW/KRÄHENMANN	Rhinow René A./Krähenmann Beat, Schweizerische Verwaltungsrechtsprechung, Ergänzungsband zur 5. (und unveränderten 6.) Auflage der Schweizer-ischenVerwaltungsrechtsprechung von Max Imboden und René A. Rhinow, Basel/Frankfurt a.M. 1990
RO	Recueil officiel des lois fédérales (bis 1947: Recueil officiel des lois et ordonnances de laConfédération suisse (=AS)
RPG	Bundesgesetz über die Raumplanung vom 22. Juni 1979 (SR 700)
RVOG	Regierungs- und Verwaltungsorganisationsgesetz vom 21. März 1997 (SR 172.010)
Rz.	Randziffer
S.	Seite
SALADIN	Saladin Peter, Das Verwaltungsverfahrensrecht des Bundes, Basel/Stuttgart 1979
SBB	Schweizerische Bundesbahnen
SchKG	Bundesgesetz über Schuldbetreibung und Konkurs vom 11. April 1889 (SR 281.1)
SchlT	Schlusstitel
Semjud	La Semaine judiciaire (Genf)
SGF	Systematische Gesetzessammlung des Kantons Freiburg
SG sGS	Gesetzessammlung des Kantons St. Gallen, Neue Reihe, Systematische Ordnung
SJK	Schweizerische Juristische Kartothek (Genf)
SJZ	Schweizerische Juristen-Zeitung (Zürich)
SNB	Schweizerische Nationalbank
SR	Systematische Sammlung des Bundesrechts
SRG	Schweizerische Radio- und Fernsehgesellschaft
StGB	Schweizerisches Strafgesetzbuch vom 21. Dezember 1937 (SR 311.0)
SUVA	Schweizerische Unfallversicherungsanstalt
SVG	Strassenverkehrsgesetz vom 19. Dezember 1958 (SR 741.01)
SVZ	Schweizerische Versicherungszeitschrift
SZIER	Schweizerische Zeitschrift für internationales und europäisches Recht (Zürich)
u.a.	und andere(s); unter anderem
ÜbBest.	Übergangsbestimmungen
u.E.	unseres Erachtens
URP	Umweltrecht in der Praxis (Zürich)
USG	Bundesgesetz über den Umweltschutz vom 7. Oktober 1983 (SR 814.01)
usw.	und so weiter

u.U.	unter Umständen
V (VO)	Verordnung
VEB	Verwaltungsentscheide der Bundesbehörden (ab Heft 32 [1964/65]: VPB) (Bern)
VG	Bundesgesetz über die Verantwortlichkeit des Bundes sowie seiner Behördemitglieder und Beamten (Verantwortlichkeitsgesetz) vom 14. März 1958 (SR 170.32)
VGer	Verwaltungsgericht
vgl.	vergleiche
Vol.	Volume (= Band)
VP	Verwaltungspraxis, Zeitschrift für die Verwaltung (Solothurn)
VPB	Verwaltungspraxis der Bundesbehörden (bis 1965: VEB) (Bern)
VRG	Gesetz über den Rechtsschutz in Verwaltungssachen (Verwaltungsrechtspflegegesetz) vom 24. Mai 1959 (ZH LS 175.2)
VVDStRL	Veröffentlichungen der Vereinigung der Deutschen Staatsrechtslehrer (Berlin/New York)
VwVG	Bundesgesetz über das Verwaltungsverfahren vom 20. Dezember 1968 (SR 172.021)
z.B.	zum Beispiel
ZBJV	Zeitschrift des Bernischen Juristenvereins (Bern)
ZBl	Schweizerisches Zentralblatt für Staats- und Verwaltungsrecht (bis Dezember 1988: Schweizerisches Zentralblatt für Staats- und Gemeindeverwaltung) (Zürich)
ZGB	Schweizerisches Zivilgesetzbuch vom 10. Dezember 1907 (SR 210)
ZH GS	Zürcher Gesetzessammlung, Zürich 1981
ZH LS	Zürcher Loseblattsammlung
ZH OS	Offizielle Sammlung der seit dem 10. März 1831 erlassenen Gesetze, Beschlüsse und Verordnungen des Eidgenössischen Standes Zürich
Ziff.	Ziffer(n)
zit.	zitiert
ZR	Blätter für Zürcherische Rechtsprechung (Zürich)
ZSR	Zeitschrift für Schweizerisches Recht (Basel)
z.T.	zum Teil

1. Teil   Die Grundlagen

1. Kapitel
Die Verwaltung

§ 1   Begriff und Arten der Verwaltung

Literatur

BADURA PETER, Auftrag und Grenzen der Verwaltung im sozialen Rechtsstaat, DÖV 21 (1968) 446 ff.; BULLINGER MARTIN, Zu den Handlungsformen und Handlungsprinzipien hoheitlicher und nichthoheitlicher Verwaltung, DÖV 13 (1960) 746 ff.; EICHENBERGER KURT, Hochleistungsverwaltung des entfalteten Sozialstaates, in: Festschrift für Ulrich Häfelin zum 65. Geburtstag, Zürich 1989, S. 443 ff.; FLEINER-GERSTER THOMAS, Rechtsverhältnisse in der Leistungsverwaltung, VVDStRL 45 (1987) 152 ff.; FORSTHOFF ERNST, Rechtsfragen der leistenden Verwaltung, Stuttgart 1959; HANGARTNER YVO, Verwaltung im Wandel des Bundesstaates, VP 25 (1971) 171 ff.; HUBER KARL, Die Verwaltung als "Vierte Gewalt"?, in: Beiträge zur Staatsreform, Jahrbuch der Neuen Helvetischen Gesellschaft, Bern 1967, S. 242 ff.; KÄGI-DIENER REGULA, Entscheidfindung in komplexen Verwaltungsverhältnissen, Basel/Frankfurt a.M. 1994; KRAUS PETER, Rechtsverhältnisse in der Leistungsverwaltung, VVDStRL 45 (1987) 212 ff.; MALLMANN WALTER, Schranken nichthoheitlicher Verwaltung, VVDStRL 19 (1961) 165 ff.; MENGER CHRISTIAN-FRIEDRICH, Die Bestimmung der öffentlichen Verwaltung nach den Zwecken, Mitteln und Formen des Verwaltungshandelns, DVBl 75 (1960) 297 ff.; ÖHLINGER THEO, Rechtsverhältnisse in der Leistungsverwaltung, VVDStRL 45 (1987) 182 ff.; PETERS HANS, Die Verwaltung als eigenständige Staatsgewalt, Krefeld 1965; ZEIDLER KARL, Schranken nichthoheitlicher Verwaltung, VVDStRL 19 (1961) 208 ff.

I.   Funktioneller und organisatorischer Begriff der Verwaltung

Der Begriff der Verwaltung ist zweideutig. Es sind zwei Verwendungsarten zu unterscheiden.   1

1.   Funktioneller Begriff der Verwaltung: Die Verwaltungstätigkeit

Verwaltung im funktionellen Sinne wird als Tätigkeit (Funktion) verstanden, die sich   2
von den anderen Staatsfunktionen unterscheidet: Die Verwaltungsfunktion steht im
Gegensatz zu den Funktionen der Rechtssetzung und der Rechtsprechung.

3   Eine Umschreibung der Verwaltungstätigkeit in einer Definition bereitet grosse Schwierigkeiten. In der Lehre finden sich negative und positive Umschreibungen.

a)   Negative Umschreibung

4   Verwaltung ist die Staatstätigkeit, die nicht in Rechtssetzung und nicht im Entscheid über Rechtsstreitigkeiten oder Strafen besteht. Ausgehend von der Unterscheidung zwischen Rechtssetzung und Rechtsanwendung, kann man die Verwaltungstätigkeit als Rechtsanwendung, die nicht Justiz ist, bezeichnen.

5   Diese Art der Umschreibung besticht durch ihre Kürze, sie sagt jedoch wenig aus über den Inhalt der Verwaltungsfunktion. Die Reduktion der Verwaltungstätigkeit auf blosse Rechtsanwendung betont zu stark den *Vollzugscharakter* und lässt die *Entscheidungsmacht* der Behörden sowie das vorbereitende (planende) und das schlichte Verwaltungshandeln – Realakte der Verwaltungsorgane, z.B. Strassenunterhalt, Abwasserreinigung, Dienstleistungen der Post und der SBB – wenig deutlich hervortreten.

b)   Positive Umschreibung

6   Positive Umschreibungen versuchen, mit Hinweisen auf Ziel und Mittel der Verwaltungstätigkeit eine inhaltliche Bestimmung dieser Staatsfunktion zu geben. Typische Elemente solcher Definitionen sind:
– Erfüllung von öffentlichen Aufgaben;
– Verwirklichung des objektiven Rechts von Amtes wegen;
– hoheitliches Handeln als Mittel der Verwaltung.

7   Diese Begriffselemente erlauben aber keine klare begriffliche Abgrenzung der Verwaltungstätigkeit: Die Erfüllung öffentlicher Aufgaben ist Ziel aller Staatstätigkeit, auch die Strafjustiz ist Verwirklichung des objektiven Rechts von Amtes wegen; und hoheitliches Handeln liegt auch bei der Legislativ- und Justiztätigkeit vor.

8   Als Beispiel einer positiven Umschreibung kann die Formulierung im deutschen Lehrbuch von WOLFF/BACHOF/STOBER (Verwaltungsrecht I, § 2, Rz. 12) dienen: "Verwaltung im materiellen Sinne kann mithin definiert werden als mannigfaltige, zweckbestimmte, i.d.R. organisierte, fremdnützige und verantwortliche, nur teilplanende, selbstbeteiligt ausführende und gestaltende Wahrnehmung von Angelegenheiten, insbesondere durch Herstellung diesbezüglicher Entscheidungen."

9   Die positiven Umschreibungen erweisen sich als kompliziert und sind auch wenig ergiebig, da sie trotz Ausführlichkeit nie alle Verwaltungstätigkeiten abschliessend erfassen können.

10   Als Resultat ergibt sich, dass alle positiven Umschreibungen nur Beschreibungen einzelner Merkmale sind, aber keine Definitionen. Trotz Nachteilen bleibt die negative Definition die beste Möglichkeit.

2. Organisatorischer Begriff der Verwaltung: Die Verwaltungsbehörden

In einem unkritischen, populären Sprachgebrauch versteht man unter Verwaltung 11
meistens den Inbegriff der Verwaltungsbehörden. Damit sind im Gegensatz zur
Funktion die Verwaltungsorgane gemeint. Dieser Sprachgebrauch sollte vermieden
werden. Stattdessen ist es besser, von *Verwaltungsbehörden* zu sprechen.

Der funktionelle und der organisatorische Verwaltungsbegriff decken sich nicht. 12
Einerseits üben Verwaltungsbehörden neben der Verwaltungstätigkeit weitere staat-
liche Funktionen aus:
– Erlass von Verordnungen durch den Bundesrat oder durch den Regierungsrat
  eines Kantons;
– Entscheid über Verwaltungsbeschwerden durch den Bundesrat oder durch den
  Regierungsrat eines Kantons.

Andererseits nehmen auch Parlament und Gerichte Verwaltungsfunktionen wahr: 13
– Finanzverwaltungsakte der Bundesversammlung (Art. 85 Ziff. 10 BV);
– Abnahme des Rechenschaftsberichtes durch die Bundesversammlung (Art. 85
  Ziff. 11 BV);
– Genehmigung der Erteilung einer Rahmenbewilligung für die Erstellung von
  Atomanlagen durch die Bundesversammlung (Art. 1, 8 Abs. 2 des BB zum
  Atomgesetz vom 6. Oktober 1978 [SR 732.01]);
– Justizverwaltung des Bundesgerichts (Art. 19 ff. des Reglementes für das Bun-
  desgericht vom 14. Dezember 1978 [SR 173.111.1]);
– Verwaltungskompetenzen des Bundesgerichtes im Bereich des Schuldbetrei-
  bungs- und Konkursrechtes aufgrund von Art. 15 SchKG;
– Aufsicht des Obergerichts über die Bezirksgerichte (§ 42 des Zürcher Gerichts-
  verfassungsgesetzes vom 13. Juni 1976 [ZH LS 211.1] [GVG]).

II. Arten der Verwaltungstätigkeit

1. Hoheitliche und nicht-hoheitliche Verwaltungstätigkeit

Bei der Erledigung seiner Verwaltungsaufgaben tritt der Staat meistens hoheitlich 14
auf. In einzelnen Bereichen der Verwaltungstätigkeit verzichtet er aber auf hoheitliches Handeln.

Die Unterscheidung von hoheitlicher und nicht-hoheitlicher Verwaltungstätig- 15
keit knüpft an zwei Kriterien an. Hoheitlich ist das staatliche Handeln vor allem,
wenn eine *öffentlichrechtliche Regelung* zur Anwendung gelangt. Während das Privatrecht vom Grundsatz der Privatautonomie geprägt ist, lässt die zwingende Natur
öffentlichrechtlicher Regelungen, die sich nach öffentlichen Interessen und der Besorgung öffentlicher Aufgaben ausrichten, nur in beschränktem Umfange einen
Handlungsspielraum offen (vgl. zum Gegensatz von öffentlichem Recht und Privatrecht Rz. 202 ff.). In diesem Sinne tritt der Staat z.B. bei der Expropriation, im Baurecht und im Sozialversicherungsrecht hoheitlich auf.

Die Unterscheidung kann auch auf das Vorliegen eines *Subordinationsverhält-* 16
nisses abstellen. Hoheitliches Verwaltungshandeln ist einseitiges staatliches Han-

deln, das sich aus der Überordnung des Staates gegenüber den Privaten ergibt. Das zeigt sich z.B. bei polizeilichen Massnahmen, bei den staatlichen Monopolen oder bei der Expropriation.

17   Als Beispiele für *nicht-hoheitliche Verwaltungstätigkeit* können vor allem genannt werden:
- Tätigkeit der Kantonalbanken (vgl. Rz. 227);
- Tätigkeit der staatlichen Elektrizitätswerke (vgl. Rz. 228);
- z.T. Betrieb staatlicher Eisenbahnen und der Post (vgl. Rz. 228);
- administrative Hilfstätigkeit (vgl. Rz. 225);
- Verwaltung des Finanzvermögens (vgl. Rz. 226);
- z.T. auch der Abschluss von verwaltungsrechtlichen Verträgen;
- z.T. Tätigkeit der Schweizerischen Nationalbank (Art. 14 ff. Nationalbankgesetz vom 23. Dezember 1953 [SR 951.11]; anders hingegen hoheitliche Massnahmen nach Art. 16a ff. Nationalbankgesetz).

Nicht-hoheitliche Verwaltungstätigkeit erfolgt vielfach durch *informelles Verwaltungshandeln* (vgl. Rz. 602i ff.) oder *Realakte* (vgl. Rz. 704 ff.).

2.   Eingriffs- und Leistungsverwaltung

a)   Eingriffsverwaltung

18   Eingriffsverwaltung nennt man jene Verwaltungstätigkeit, die in die Rechte und Freiheiten der Privaten eingreift. Die Eingriffsverwaltung ist in der Regel hoheitlicher Natur.

19   Die Privaten müssen diese Einschränkungen ihrer Freiheit wegen des öffentlichen Wohls und wegen der Notwendigkeit der Besorgung öffentlicher Aufgaben durch die Verwaltungsbehörden dulden.

Beispiele:
- baupolizeiliche Einschränkungen des Grundeigentums;
- Expropriation;
- Einziehen von gesundheitsgefährdenden Stoffen;
- Verbot einer Demonstration.

b)   Leistungsverwaltung

20   Leistungsverwaltung nennt man jene Verwaltungstätigkeit, durch die den Privaten staatliche Leistungen, insbesondere wirtschaftliche und soziale Leistungen, vermittelt werden. Die Leistungsverwaltung ist zum Teil hoheitlicher Natur, so z.B. bei der staatlichen Sozialversicherung, zum Teil nicht-hoheitlicher Natur, so z.B. bei öffentlichen Versorgungsbetrieben wie Elektrizitäts- und Gaswerken.

21   Im 19. Jahrhundert bestand die Verwaltungstätigkeit fast ausschliesslich in Eingriffsverwaltung. Dies entsprach dem damaligen liberalen Staatsverständnis. Der Ausbau des Sozialstaates führte zur Erweiterung des Inhalts der Verwaltungstätigkeit in Richtung der Leistungsverwaltung.

Beispiele:
- Sozialversicherung wie AHV, IV;
- Fürsorge;
- sozialer Wohnungsbau;
- Stipendienwesen;
- Förderung der Bergbauern.

Es gibt Bereiche, in denen Massnahmen der Leistungsverwaltung und der Eingriffs- 22
verwaltung miteinander verbunden sind. So sieht z.B. die Förderung der Landwirtschaft neben Subventionen an die Landwirte Zölle für die Einfuhr von landwirtschaftlichen Produkten vor, um die einheimischen Erzeugnisse vor Konkurrenz
durch ausländische zu schützen. Eine Massnahme kann zudem je nach der Situation
der Betroffenen als Leistung oder als Eingriff erscheinen, so z.B. Preisfestsetzungen
für landwirtschaftliche Produkte, Natur-, Umwelt- und Landschaftsschutzmassnah-
men.

Grundsätzlich gelten für die Leistungsverwaltung die gleichen Grundsätze wie 23
für die Eingriffsverwaltung. Dies betrifft insbesondere das Erfordernis der gesetzlichen Grundlage als Voraussetzung staatlichen Handelns: Während ursprünglich das
Legalitätsprinzip als Schutz der Privaten gegen Eingriffe des Staates in ihre Rechte
und Freiheiten verstanden wurde, wird heute anerkannt, dass der Grundsatz der Gesetzmässigkeit der Verwaltung auch für den Bereich der Leistungsverwaltung Geltung hat (vgl. Rz. 333 ff.).

§ 2 Das Verhältnis der Verwaltungsbehörden zu anderen Staatsorganen

Literatur

BÄUMLIN RICHARD, Die Kontrolle des Parlaments über Regierung und Verwaltung, ZSR NF 85/II (1966) 165 ff.; BUSER WALTER, Neue Aspekte der Verwaltungkontrolle, in: Festschrift für Ulrich Häfelin zum 65. Geburtstag, Zürich 1989, S. 429 ff.; EGLI ANTON, Die Kontrollfunktion kantonaler Parlamente, Diss. Bern 1974; EICHENBERGER KURT, Ohnmacht des Parlaments, Allmacht der Verwaltung? (1977), in: Kurt Eichenberger, Der Staat der Gegenwart, Basel/Frankfurt a.M. 1980, S. 109 ff.; EICHENBERGER KURT, Die politische Verantwortlichkeit der Regierung im schweizerischen Staatsrecht (1961), in: Kurt Eichenberger, Der Staat der Gegenwart, Basel/Frankfurt a.M. 1980, S. 374 ff.; EICHENBERGER KURT, Die Problematik der parlamentarischen Kontrolle im Verwaltungsstaat, SJZ 61 (1965) 269 ff. und 285 ff.; FRENKEL MAX, Institutionen der Verwaltungskontrolle, Diss. Zürich 1969; GYGI FRITZ, Zur strafrichterlichen Überprüfung von Verwaltungsverfügungen, in: Lebendiges Strafrecht, Festgabe für Hans Schultz, Bern 1977, S. 399 ff.; HÄNER ISABELLE, Parlamentarische Erkundungsfreiheit gegenüber der Verwaltung, in: Das Parlament – "Oberste Gewalt des Bundes"?, Festschrift der Bundesversammlung zur 700-Jahr-Feier der Eidgenossenschaft, Bern/Stuttgart 1991, S. 381 ff.; HALLER WALTER, Der schwedische Justitieombudsman, Diss. Zürich 1964; HALLER WALTER, Der Ombudsmann im Gefüge der Staatsfunktionen, in: Staatsorganisation und Staatsfunktionen im Wandel, Festschrift für Kurt Eichenberger zum 60. Geburtstag, Basel/Frankfurt am Main 1982, S. 705 ff.; HANGARTNER YVO, Parlament und Regierung, ZBl 91 (1990) 473 ff.; JAAG TOBIAS, Die Überprüfung von Verwaltungsakten im strafgerichtlichen Kassationsverfahren, SJZ 76 (1980) 157 ff.; KÄGI-DIENER REGULA, Justiz und Verwaltung aus der Sicht des Problems der Bindung des ordentlichen Richters an Verwaltungsakte, Diss. Zürich 1979; MASTRONARDI PHILIPPE, Kriterien der demokratischen Verwaltungskontrolle, Basel/Frankfurt a.M. 1991; MOSER WERNER, Die parlamentarische Kontrolle über Verwaltung und Justiz, Diss. Zürich 1969; MÜLLER GEORG, Probleme der Abgrenzung der parlamentarischen Oberaufsicht im Bund, ZSR NF 111/I (1992) 389 ff.; NEF HANS, Prüfung von Verwaltungsverfügungen durch den Strafrichter?, in: Erhaltung und Entfaltung des Rechts in der Rechtsprechung des Schweizerischen Bundesgerichts, Festgabe der schweizerischen Rechtsfakultäten zur Hundertjahrfeier des Bundesgerichts, Basel 1975, S. 213 ff.; DAS PARLAMENT – "OBERSTE GEWALT DES BUNDES"?, Festschrift der Bundesversammlung zur 700-Jahr-Feier der Eidgenossenschaft, im Auftrag der Präsidenten des Nationalrates und des Ständerates, hrsg. von den Parlamentsdiensten, Bern/Stuttgart 1991; RUCH ALEXANDER, Die parlamentarische Kontrolle der mittelbaren Verwaltung im Bund, ZBl 93 (1992) 241 ff.; SCHMID GERHARD, Das Verhältnis von Parlament und Regierung im Zusammenspiel der staatlichen Machtverteilung, Diss. Basel 1971.

I. Verwaltungsbehörden und Parlament

1. Kompetenzverteilung

a) Das allgemeine Verhältnis zwischen Parlament und Verwaltungsbehörden

Funktion und normative Stellung: Im allgemeinen stehen sich das Parlament als Ge- 24
setzgebungsorgan und die Verwaltungsbehörden als Vollzugsorgane gegenüber. Bei
einer genaueren Betrachtungsweise zeigt sich aber, dass das Parlament nicht einfach
mit dem Gesetzgeber gleichgesetzt werden darf, da das Volk über das obligatorische
und das fakultative Referendum an der Gesetzgebung mitwirkt. Die Verwaltungsbehörden sind an der Vorbereitung der Gesetze beteiligt und erlassen Verordnungen,
um sie zu ergänzen oder auszuführen (vgl. Rz. 106 ff.). Das Parlament ist jedoch das
wichtigste Gesetzgebungsorgan. Da der Vollzug durch die Rechtssetzung bestimmt
ist, kommt es zu einer gewissen Unterordnung der Verwaltungsbehörden unter das
Parlament.
    Politische Stellung: Das Parlament als Volksvertretung geniesst aufgrund seiner 25
grösseren demokratischen Legitimation politisch Vorrang gegenüber den Verwaltungsbehörden.
    Faktische Bedeutung: Faktisch ist ein Übergewicht der Verwaltungsbehörden, 26
insbesondere deren Spitze, zu beobachten. Gründe dafür sind:
- besondere Fachkenntnisse;
- ständige Beschäftigung mit staatlichen Aufgaben im Gegensatz zum Milizpar-
  lament;
- Planung als besondere Regierungsfunktion.

b) Kompetenzen des Parlaments

Zum Aufgabenbereich des Parlaments gehören insbesondere: 27
- Rechtssetzung;
- Wahl der Mitglieder der Exekutive und des obersten Gerichts;
- Verwaltungsfunktionen von besonderer politischer Wichtigkeit, wie z.B. die Bewilligung von Ausgaben oder die Genehmigung von Rahmenbewilligungen für
  Atomanlagen;
- parlamentarische Aufsicht gegenüber der Verwaltung (siehe Rz. 30 ff.);
- Entscheid über Kompetenzkonflikte zwischen den obersten Behörden (Parlament, Exekutive, Gerichte);
- früher Rekursinstanz gegenüber Entscheiden der Regierung; davon ist auf Bundesebene noch ein Rest vorhanden: Beschwerde an die Bundesversammlung
  gegen Beschwerdeentscheide des Bundesrates in den Fällen von Art. 73 Abs. 1
  lit. a Ziff. 1-4 VwVG (Art. 79 VwVG).

c)   Kompetenzen der Verwaltungsbehörden

28   In den Kompetenzbereich der Verwaltungsbehörden, einschliesslich der Regierung, fallen:
–   Verwaltung im materiellen Sinne als Vollzug der Verwaltungsgesetze;
–   Erlass von Verordnungen;
–   Vorarbeiten für die Rechtssetzung, insbesondere Gesetzesinitiative gegenüber dem Parlament;
–   Rechtsprechungsfunktionen: Verwaltungsinterne Rekursentscheide (Art. 44 ff., 72 ff. VwVG).

d)   Zusammenarbeit von Parlament und Verwaltungsbehörden

29   Für die Bewältigung wichtiger politischer Aufgaben, vor allem im Bereich der Finanz- und der Aussenpolitik sowie generell bei der Gesetzgebung, müssen Parlament und Verwaltungsbehörden zusammenarbeiten. Dadurch wird das klassisch verstandene Prinzip der Gewaltentrennung relativiert. Der Zwang zur Zusammenarbeit bewirkt aber – wie die Gewaltentrennung – auch, dass die Ausübung der Macht durch Parlament und Verwaltungsbehörden gehemmt wird.

2.   Parlamentarische Aufsicht gegenüber den Verwaltungsbehörden

a)   Gründe

30   Alle demokratischen Rechtsstaaten kennen die Aufsicht des Parlaments gegenüber den Verwaltungsbehörden. Der Grund dafür ist die demokratisch legitimierte Kontrolle von Regierung und Verwaltungsbehörden. Die gesamte Tätigkeit der Verwaltungsbehörden bildet Gegenstand der Aufsicht.

b)   Träger

31   Die parlamentarische Kontrolle wird ausgeübt durch das Parlament, parlamentarische Kommissionen, insbesondere die Geschäftsprüfungskommissionen, Finanzkommissionen oder spezielle Untersuchungskommissionen sowie die einzelnen Mitglieder des Parlaments.

c)   Mittel

32   Im Rahmen der parlamentarischen Aufsicht können Auskünfte über die Tätigkeit der Verwaltungsbehörden angefordert, Untersuchungen über konkrete Fälle mit Zeugen und Experten angeordnet, Kritik an Handlungen, Entscheidungen und Unterlassungen geübt oder parlamentarische Vorstösse, die bestimmte Massnahmen der Regierung verlangen, eingereicht werden. Wichtige Aufsichtsmittel sind die Prüfungen des Geschäftsberichtes der Regierung und der Staatsrechnung.

d)   Wirkungen

Die Wirkungen der Aufsicht sind rein politischer Natur. Das Parlament kann den   33
Verwaltungsbehörden keine verbindlichen Weisungen erteilen oder rechtliche Sanktionen anordnen, wenn die Verwaltungsbehörden der parlamentarischen Kritik nicht
Rechnung tragen. Das Parlament ist kein den Verwaltungsbehörden hierarchisch
übergeordnetes Organ. Regierung und Verwaltung haben sich aber für ihre Handlungen und Unterlassungen gegenüber dem Parlament politisch zu verantworten.

Beispiel: 34
Im Zusammenhang mit der Auseinandersetzung über Zulässigkeit und Wirkung von Motionen stellte
die Justizabteilung fest, dass die Nichterfüllung einer erheblich erklärten Motion für den Bundesrat
weder staats- noch zivil- oder strafrechtliche Folgen nach sich ziehe. Die Motionen vermögen gegenüber dem Parlament nur politische Verantwortlichkeit auszulösen (VPB 43 [1979] Nr. 1, S. 22).

II.   Verwaltungsbehörden und Justizbehörden

1.   Kompetenzverteilung

Die *Justizbehörden* sind zuständig, in richterlicher Unabhängigkeit über Rechts-   35
streitigkeiten zu entscheiden und Strafen auszufällen. Daneben haben sie unter Umständen beschränkte Verordnungskompetenzen und Kompetenzen betreffend die Justizverwaltung. Zu den Justizbehörden zählen die ordentlichen Zivil- und Strafgerichte und die Verwaltungsgerichte.

Die *Verwaltungsbehörden* besorgen den nichtstreitigen Vollzug von verwal-   36
tungsrechtlichen Normen. Im Rahmen der verwaltungsinternen Entscheidung über
Verwaltungsrechtsstreitigkeiten üben sie auch eine rechtsprechende Tätigkeit aus
(vgl. Rz. 1339 ff.).

2.   Entscheid über Kompetenzkonflikte zwischen Verwaltungs-
und Justizbehörden

Es stellt sich die Frage, wer zu entscheiden hat, wenn für die Entscheidung einer be-   37
stimmten Frage sich gleichzeitig die Justiz- und Verwaltungsbehörden für zuständig
halten. Ein derartiger Kompetenzkonflikt kann sich z.B. ergeben, wenn in einem
konkreten Fall sowohl baurechtliche als auch sachenrechtliche Normen zur Anwendung gelangen.

In der Bundesrepublik Deutschland sind für derartige Kompetenzkonflikte die   38
Gerichte, letztinstanzlich das Bundesverfassungsgericht, zuständig. Anders in der
Schweiz, wo zunächst die Möglichkeit besteht, innerhalb der Hierarchie von Justiz-
bzw. Verwaltungsbehörden Rechtsmittel zur Geltendmachung der Frage des Kom-
petenzkonfliktes zu ergreifen. In letzter Instanz entscheidet das Parlament, im Bunde
die Vereinigte Bundesversammlung. Praktisch hat die Möglichkeit, an die Vereinigte
Bundesversammlung zu gelangen, kaum Bedeutung, da der gesetzlich vorgeschrie-

bene Meinungsaustausch zwischen Bundesrat und Bundesgericht über die Frage der Zuständigkeit bisher meist erfolgreich war.

3. Gegenseitige Unabhängigkeit und Anerkennung

39 Aus dem Prinzip der Gewaltenteilung ergibt sich, dass Verwaltungs- und Justizbehörden in ihren Funktionen voneinander unabhängig sind und gegenseitig ihre Entscheide respektieren.

a) Gegenseitige Unabhängigkeit

40 Als *Grundsatz* gilt, dass Justiz- und Verwaltungsbehörden einander keine Weisungen erteilen können; sie sind in ihrem Tätigkeitsbereich voneinander unabhängig.

41 Beispiel:
Im Rahmen einer Vaterschaftsklage vor Zivilgericht verlangte der Beklagte die Herausgabe eines psychiatrischen Gutachtens, welches die Vormundschaftsbehörde im Zusammenhang mit der Frage der Bevormundung der Mutter hatte erstellen lassen. Das Bundesgericht verneinte eine Editionspflicht der Vormundschaftsbehörde, da aus dem Gewaltenteilungsprinzip die Gleichordnung von Verwaltungs- und Justizbehörden folge. Nach diesem Grundsatz seien die Verwaltungsbehörden befugt, selber darüber zu entscheiden, ob das Interesse an der Geheimhaltung ihrer Akten oder dasjenige an der Wahrheitsermittlung durch die Gerichte überwiege (BGE 80 I 1, 3 ff.).

42 Eine *Ausnahme* vom Grundsatz der Unabhängigkeit besteht:
– wenn eine besondere gesetzliche Regelung dies vorsieht oder
– wenn ein Verwaltungsgericht bei der Rückweisung eines Falles an die vorinstanzliche Verwaltungsbehörde konkrete Entscheidungsanweisungen gibt.

b) Gegenseitige Anerkennung der Entscheidungen

43 Es gilt der *Grundsatz*, dass die Justiz- und Verwaltungsbehörden gegenseitig die Entscheidungen der anderen Gewalt anerkennen.

44 Dabei besteht nur eine Bindung an das Dispositiv, nicht an die Begründung eines Entscheides. Vgl. Darstellung der Praxis und Bestätigung des Grundsatzes in BGE 108 II 456, 460 ff.

Beispiel:
In einem Zivilprozess zwischen Nachbarn darf das Zivilgericht eine rechtskräftige Baubewilligung nicht überprüfen.

45 *Ausnahmen* vom Grundsatz der gegenseitigen Anerkennung der Entscheidungen ergeben sich vor allem in zwei Fällen:
– Ein Verwaltungsgericht ist nicht an den Entscheid einer Verwaltungsbehörde gebunden, deren Entscheid angefochten wird.
– Nichtige Verfügungen entfalten wegen ihrer qualifizierten Fehlerhaftigkeit keine Rechtswirksamkeit (vgl. Rz. 768 ff.) und binden deshalb Gerichte nicht.

4.   Entscheid über Vorfragen

Das *Problem der Vorfragen* stellt sich bei folgender Sachlage: Eine staatliche Be-   46
hörde hat über eine Frage – die Hauptfrage – einen Entscheid zu treffen, der die Beantwortung einer Vorfrage voraussetzt, über die an sich eine andere Behörde zu befinden hat. Es stellt sich die Frage, ob die zum Entscheid über die Hauptfrage kom-
petente Behörde auch die grundsätzlich nicht in ihre Kompetenz fallende Vorfrage
entscheiden darf. Das Problem ist besonders heikel, wenn die eine Behörde zur Exekutive, die andere zur Justiz gehört.

Beispiel:
Eine Steuerbehörde hat über steuerbares Vermögen und Einkommen zu entscheiden; dabei stellt sich
als Vorfrage das Problem, ob ein Grundstückkauf zustandegekommen ist. Kann die Steuerbehörde
darüber befinden?

a)   *Über die Vorfrage hat die sachkompetente Behörde noch nicht entschieden*

Zwei Gesichtspunkte können in diesem Fall berücksichtigt werden: 47
–   Das Prinzip der *Gewaltenteilung* verlangt das Aussetzen des Verfahrens, bis die
    zuständige Behörde entschieden hat. Diese Regelung findet sich im französi-
    schen Recht.
–   Der Aspekt der *Verfahrensökonomie* gebietet, dass die für die Hauptfrage zu-
    ständige Behörde auch über die Vorfrage entscheidet und nicht den Entscheid
    der eigentlich zuständigen Behörde abwartet. Das schweizerische und das deut-
    sche Recht folgen dieser Lösung.

aa)   *Grundsatz*

Grundsätzlich ist die für die Hauptfrage zuständige Behörde zur vorfrageweisen Prü-   48
fung einer Rechtsfrage aus dem Kompetenzbereich einer anderen Behörde berechtigt, wenn dies nicht durch eine gesetzliche Bestimmung verboten ist.
    Dieser Grundsatz kommt zum Ausdruck in Art. 96 Abs. 3 OG: "Die Bundesbe-   49
hörde, die in der Hauptsache kompetent ist, hat auch alle Vor- und Zwischenfragen
zu erledigen."

Beispiele:
–   Die Gerichte können in Anwendung von Art. 23 Abs. 1 des BG über Aufenthalt und Niederlas-   50
    sung der Ausländer vom 26. März 1931 (SR 142.20), wonach die rechtswidrige Einreise in die
    Schweiz unter Strafe gestellt wird, über die für die strafrechtliche Beurteilung wesentliche
    Frage der Flüchtlingseigenschaft des Angeschuldigten selber vorfrageweise entscheiden, wenn
    die Asylbehörden darüber noch nicht befunden haben (BGE 112 IV 115 ff.).
–   Bei der Beurteilung eines Zollvergehens ist der Strafrichter zuständig, über die Rechtskraft der   51
    durch die Zollbehörde vorgenommenen Zollveranlagung, die bezüglich der Strafzumessung
    eine Vorfrage darstellt, zu entscheiden (BGE 102 Ib 365, 369).

bb)   Bindung an klare Praxis der sachkompetenten Behörde

52   Bei ihrem Entscheid über die Vorfrage ist die Behörde an die klare Praxis der Behörde, die eigentlich zuständig ist, gebunden.

53   Beispiel:
Wenn die Steuerbehörde vorfrageweise darüber entscheidet, ob ein Unternehmen zum Eintrag ins Handelsregister verpflichtet ist, darf sie sich nicht über die eindeutige Praxis des Bundesgerichts in Registersachen hinwegsetzen (BGE 87 I 250, 253).

cc)   Möglichkeit des Zuwartens

54   Die Behörde kann zuwarten, bis die sachkompetente Instanz in dem bei ihr hängigen Verfahren über die Vorfrage entschieden hat. Bei komplexen Fragen oder bei Fragen von grosser praktischer Tragweite ist die Behörde ausnahmsweise zum Zuwarten verpflichtet.

Beispiel:
Die Verwaltungsbehörde hat mit dem Entscheid über den Führerausweisentzug grundsätzlich zuzuwarten, bis ein rechtskräftiges Strafurteil vorliegt, soweit der Sachverhalt oder eine rechtliche Qualifikation des in Frage stehenden Verhaltens für den Führerausweisentzug von Bedeutung ist (BGE 119 Ib 158 ff.).

dd)   Keine bindende Wirkung des Entscheides über die Vorfrage

55   Die sachkompetente Behörde ist nicht an den Entscheid über die Vorfrage durch eine andere Instanz gebunden; denn im Entscheid dieser anderen Instanz erscheint ja die Entscheidung über die Vorfrage nicht im Dispositiv.

56   Beispiel:
Auch wenn der Strafrichter vorfrageweise über die Rechtskraft einer Zollveranlagung entschieden hat, ist damit kein Recht in der Hauptsache geschaffen. Die Zollbehörden müssen, sofern das erforderlich wird, die Frage der Rechtskraft der Zollveranlagung selbständig beurteilen (BGE 102 Ib 365, 369).

b)   Über die Vorfrage hat die sachkompetente Behörde schon entschieden

aa)   Besondere Regelung durch das Gesetz

57   Es ist möglich, dass eine besondere gesetzliche Regelung die Frage beantwortet und z.B. Entscheide über eine bestimmte Frage für unüberprüfbar erklärt. Solche Fälle sind selten (vgl. Art. 77 Abs. 4 des Bundesgesetzes über das Verwaltungsstrafrecht [VStrR] vom 22. März 1974 [SR 313.0]).

bb)   Bindung an den Entscheid der sachkompetenten Behörde als Regel

Wenn die sachkompetente Behörde schon entschieden hat, kommt dem Grundsatz   58
der Gewaltentrennung grössere Bedeutung zu. Deshalb soll hier in der Regel eine
Behörde, für welche diese Frage nur als Vorfrage auftritt, nicht selbständig entscheiden, sondern an den Entscheid der sachkompetenten Behörde gebunden sein (zu den
Gründen, welche die Verwaltungsbehörde zwingen können, von einem rechtskräftigen Strafurteil abzuweichen, vgl. BGE 119 Ib 158, 163 f.; 96 I 766, 774 f.).

Beispiele: 59
–   Für die Steuerbehörde, die über die Versteuerung eines Grundstückes entscheidet, ist das Zivil-
     gerichtsurteil über das gültige Zustandekommen eines Grundstückkaufes verbindlich.
–   Der Zivilrichter ist an einen rechtskräftigen Entscheid der zuständigen Behörde über eine Be-
     willigung gemäss Bundesgesetz über den Erwerb von Grundstücken durch Personen im Aus-
     land (BewG) vom 16. Dezember 1983 (SR 211.412.41) gebunden (vgl. BGE 108 II 456 ff. be-
     züglich des entsprechenden früheren Bundesbeschlusses von 1973).
–   Beim Entscheid über die Landesverweisung hat der Strafrichter vorfrageweise die Flüchtlings-
     eigenschaft des Betroffenen zu prüfen. Liegt ein positiver Asylentscheid des zuständigen Bun-
     desamtes für Flüchtlinge vor, so gilt der Ausländer auch gegenüber dem Strafrichter als Flücht-
     ling (BGE 116 IV 105, 110).

cc)   Nur beschränkte Bindung des Strafrichters an Verwaltungsverfügungen,
       insbesondere bei der Anwendung von Art. 292 StGB

Art. 292 StGB stellt den Ungehorsam gegen amtliche Verfügungen unter Strafe (vgl.   60
auch Rz. 951 ff.). Wenn der Strafrichter gestützt auf Art. 292 StGB eine Strafe aus-
fällt, wird vorausgesetzt, dass die Verfügung der staatlichen Behörde, welcher der
Täter nicht Folge geleistet hat, rechtmässig ergangen war. Es stellt sich also die
Frage, ob der Strafrichter die Verfügung der staatlichen Behörde auf ihre Rechtmässigkeit überprüfen darf.

In seiner neueren Praxis (BGE 121 IV 29, 31; 98 IV 106 ff. m.w.H.) hat das   61
Bundesgericht eine differenzierte Lösung entwickelt, welche der richterlichen Unabhängigkeit im Strafprozess einerseits und der Rechtssicherheit und Verfahrensökonomie andererseits gleichermassen Rechnung zu tragen versucht. Dabei werden folgende Fälle unterschieden:
–   Falls die Verfügung von einem Verwaltungsgericht überprüft wurde, darf der
     Strafrichter sie nicht mehr prüfen.
–   Falls die Verfügung an ein Verwaltungsgericht hätte weitergezogen werden
     können, von dieser Möglichkeit aber kein Gebrauch gemacht wurde, oder wenn
     der Entscheid des Verwaltungsgerichts noch aussteht, ist die Überprüfungsbe-
     fugnis des Strafrichters auf offensichtliche Rechtsverletzung oder Ermessens-
     missbrauch beschränkt.
–   Falls die Verfügung nicht an ein Verwaltungsgericht weitergezogen werden
     konnte, hat der Strafrichter volle Überprüfungsbefugnis unter Ausschluss der
     Überprüfung auf Angemessenheit.

Beispiele:
–   Der Autofahrer G. missachtete ein Verkehrssignal. Gegen die dafür ausgesprochene Busse er-   62
     hob er Einsprache und gelangte zuletzt mit Nichtigkeitsbeschwerde ans Bundesgericht. Da
     keine verwaltungsgerichtliche Überprüfung der Verkehrsanordnung möglich gewesen war,

konnte der Strafrichter deren Rechtmässigkeit voll überprüfen. Die Nichtigkeitsbeschwerde von G. wurde gutgeheissen, da die Überprüfung der Rechtmässigkeit der Verkehrsanordnung ergab, dass sie wegen eines schwerwiegenden Verfahrensfehlers bei ihrem Erlass ungültig war (BGE 99 IV 164, 166).

63   –   X. wurde unter Androhung einer Ungehorsamsstrafe nach Art. 292 StGB angewiesen, seine Tochter Y. in den obligatorischen hauswirtschaftlichen Fortbildungskurs für Mittelschülerinnen zu schicken. Y. blieb dem Fortbildungskurs jedoch weiterhin fern, woraufhin X. zu einer Busse von Fr. 100.-- verurteilt wurde. Er focht dieses Urteil an und gelangte schliesslich mit Nichtigkeitsbeschwerde ans Obergericht des Kantons Zürich. Dieses führte u.a. aus, dass der Strafrichter unter gewissen Voraussetzungen zur vorfrageweisen Prüfung der Rechtsbeständigkeit – unter Ausschluss der Angemessenheit – einer Verfügung befugt sei. "Nicht überprüfen darf er eine Verfügung (im Sinne von Art. 291 und 292 StGB), deren Gesetzmässigkeit von einem Verwaltungsgericht festgestellt worden ist. Wenn die Frage einem solchen Gericht nicht unterbreitet worden ist oder wenn es sie noch nicht entschieden hat im Zeitpunkt, in dem der Strafrichter urteilt, ist dieser nicht gebunden im Falle offensichtlicher Gesetzesverletzung oder eines Ermessensmissbrauchs. Wenn die Frage der Gesetzmässigkeit nicht einem Verwaltungsgericht unterbreitet werden konnte, überprüft sie der Sachrichter frei" (SJZ 75 [1979] 94 f. m.w.H.).

dd)   Wegfall der Bindungswirkung von Verwaltungsentscheidungen kraft Art. 6 Abs. 1 EMRK

64   Art. 6 Abs. 1 EMRK vermittelt den Privaten das Recht, dass über zivilrechtliche Ansprüche und Verpflichtungen sowie über strafrechtliche Anklagen ein unabhängiges Gericht entscheidet. Dieser von der EMRK garantierte Zugang zu einem Gericht wird verletzt, wenn sich in einem Zivilprozess das Gericht an den Entscheid einer Verwaltungsbehörde gebunden erachtet, der eine zivilrechtliche Vorfrage betraf. Dies gilt insbesondere, falls die Verwaltungsbehörde über ein weitgehendes Ermessen verfügte, dessen Ausübung nicht von einem Verwaltungsgericht überprüft werden konnte. In solchen Fällen haben die Privaten Anspruch darauf, dass das Gericht auch die von einer Verwaltungsbehörde entschiedene Vorfrage überprüft (vgl. das Urteil des Europäischen Gerichtshofes für Menschenrechte vom 28. Juni 1990, EuGRZ 17 [1990] 209 ff.; FROWEIN/PEUKERT, Art. 6, Rdnr. 61, 122).

III.   Exkurs: Ombudsstellen (Ombudsmann)

1.   Begriff, Aufgaben und Stellung

64a   Unter einer Ombudsstelle (Ombudsmann) versteht man "eine von der Volksvertretung bestellte, dieser gegenüber aber relativ unabhängige *Vertrauensperson*, die zwecks Verstärkung der Rechtmässigkeit der Rechtsanwendung, des Rechtsschutzes der Bürger und der parlamentarischen Kontrolle als mahnende Instanz eine *Aufsicht* über einen näher zu umschreibenden Kreis von Beamten und Behörden ausübt" (vgl. HALLER, Justitieombudsman, S. 34).

64b   Der Ombudsmann wird aufgrund von Beschwerden Privater oder aus eigener Initiative tätig. Er kann bei den betroffenen Amtsstellen den Sachverhalt abklären, wobei diese zur Auskunft und zur Vorlage der Akten verpflichtet sind. Er ist befugt, die Privaten zu beraten, die Angelegenheit mit den Amtsstellen zu besprechen und ihnen nötigenfalls ein bestimmtes Verhalten zu empfehlen. Es ist ihm jedoch untersagt, verbindliche Weisungen zu erteilen oder Entscheide zu treffen. Im Rahmen seiner Berichterstattung an das Parlament kann er auf Mängel im geltenden Recht und in der Verwaltungstätigkeit aufmerksam machen.

Der Ombudsmann steht ausserhalb des Gewaltengefüges. Er übt bei der Kontrolle 64c der Rechtsanwendung gerichtsähnliche Funktionen aus und unterstützt das Parlament bei seiner Aufsichtstätigkeit. In erster Linie ist er Vermittler zwischen Privaten und Verwaltungsbehörden.

2. Übersicht über den Stand der Einführung

Im *Bund* existiert die Institution eines allgemein zuständigen Ombudsmannes noch 64d nicht.

  In verschiedenen *Kantonen* (für den Kanton Zürich: §§ 87 ff. VRG) und ver- 64e einzelt in grösseren *Gemeinden* ist das Amt eines Ombudsmannes bereits geschaffen worden.

Ähnliche Funktionen wie ein Ombudsmann erfüllen im Bund der *Preisüberwacher* 64f (Art. 3 ff. des Preisüberwachungsgesetzes [PüG] vom 20. Dezember 1985 [SR 942.20] und der *Datenschutzbeauftragte* (Art. 26 ff. BG über den Datenschutz [DSG] vom 19. Juni 1992 [SR 235.1]). Beide üben gewisse Aufsichtsaufgaben aus, doch verfügen sie zusätzlich über weitere Kompetenzen (z.B. Antragsrecht bei anderen Behörden, Erlass von Verfügungen). Zudem fehlt ihnen die dem Ombudsmann eigene Unabhängigkeit, da sie nicht vom Parlament, sondern vom Bundesrat gewählt werden.

2. Kapitel
Das Verwaltungsrecht

§ 3   Die Quellen des Verwaltungsrechts

Literatur im allgemeinen

ANDREAS AUER/WALTER KÄLIN (Hrsg.), Das Gesetz im Staatsrecht der Kantone, Chur/Zürich 1991; BÉGUELIN MICHEL, Das Gewohnheitsrecht in der Praxis des Bundesgerichts, Diss. Bern 1968; BIAGGINI GIOVANNI, Verfassung und Richterrecht, Verfassungsrechtliche Grenzen der Rechtsfortbildung im Wege der bundesgerichtlichen Rechtsprechung, Diss. Basel 1989; BIAGGINI GIOVANNI, Die vollzugslenkende Verwaltungsverordnung: Rechtsnorm oder Faktum?, ZBl 98 (1997) 1 ff.; BÖHRINGER MARKUS, Ausführung und Vollzug von Staatsverträgen durch bundesrätliche Verordnungen, Diss. Bern 1970; BUTTLIGER MARCEL, Die Verordnungstätigkeit der Regierung – insbesondere deren Kontrolle durch das Parlament mittels Verordnungsvorbehalt, Diss. Zürich 1993; COTTIER THOMAS, Die Verfassung und das Erfordernis der gesetzlichen Grundlage, 2. Aufl., Chur/Zürich 1991; EICHENBERGER KURT, Vom staatsrechtlichen Permanenzproblem der Regierungsverordnung in der Schweiz, in: Festschrift zum 70. Geburtstag von Hans Nef, Zürich 1981, S. 27 ff.; EICHENBERGER KURT, Gesetzgebung im Rechtsstaat, VVDStRL 40 (1980) 7 ff.; EICHENBERGER KURT, Rechtssetzungsverfahren und Rechtssetzungsformen in der Schweiz, ZSR NF 73 (1954) 1a ff.; EPINEY ASTRID, Das Primat des Völkerrechts als Bestandteil des Rechtsstaatsprinzips, ZBl 95 (1994) 537 ff.; FLÜCKIGER PAUL, Das Zivilrecht als Rechtsquelle des Verwaltungsrechts, in: Rechtsquellenprobleme im schweizerischen Recht, Festgabe für den Schweizerischen Juristenverein, ZBJV 91bis (1955) 137 ff.; GRISEL ANDRÉ, A propos de la hiérarchie des normes juridiques, ZBl 88 (1987) 377 ff.; HÄFELIN ULRICH, Verfassungsgebung, ZSR NF 93/II (1974) 75 ff.; HANGARTNER YVO, Das Verhältnis von Völkerrecht und Landesrecht, SJZ 94 (1998) 201 ff.; HÖHN ERNST, Gesetz und Verordnung als Rechtsquelle des Abgaberechts, in: Der Staat als Aufgabe, Gedenkschrift für Max Imboden, Basel/Stuttgart 1972, S. 173 ff.; HÖHN ERNST, Gewohnheitsrecht im Verwaltungsrecht, Bern 1960; JACOT-GUILLARMOD OLIVIER, La primauté du droit international face à quelques principes directeurs de l'État fédéral suisse, ZSR NF 104/I (1985) 383 ff.; JACOT-GUILLARMOD OLIVIER, Fondements juridiques internationaux de la primauté du droit international dans l'ordre juridique suisse, ZBJV 120 (1984) 277 ff.; JAGMETTI RICCARDO L., Vollziehungsverordnungen und gesetzvertretende Verordnungen, Diss. Zürich 1956; KAUFMANN OTTO K., Allgemeines Verwaltungsrecht – Ungeschriebenes Verfassungsrecht, VP 25 (1971) 178 ff.; KOLLER ARNOLD, Die unmittelbare Anwendbarkeit völkerrechtlicher Verträge und des EWG-Vertrages im innerstaatlichen Bereich, Bern 1971; MANFRINI PIERRE-LOUIS, Nature et effets juridiques des ordonnances administratives, Diss. Genève 1978; MARTI HANS, Das Verordnungsrecht des Bundesrates, Bern 1944; MEIER-HAYOZ ARTHUR, Der Richter als Gesetzgeber, Zürich 1951; MÜLLER GEORG, Möglichkeiten und Grenzen der

Verteilung der Rechtssetzungsbefugnisse im demokratischen Rechtsstaat, ZBl 99 (1998) 1 ff.; MÜLLER GEORG, Die Parlamentsverordnung, in: Festschrift zum 70. Geburtstag von Hans Nef, Zürich 1981, S. 231 ff.; MÜLLER GEORG, Inhalt und Formen der Rechtssetzung als Problem der demokratischen Kompetenzordnung, Basel/Stuttgart 1979; MÜLLER JÖRG P., Völkerrecht und schweizerische Rechtsordnung, in: Handbuch für schweizerische Aussenpolitik, Bern/Stuttgart 1975, S. 223 ff.; MÜLLER JÖRG P./WILDHABER LUZIUS, Praxis des Völkerrechts, 2. Aufl., Bern 1982, S. 96 ff. (Völkerrecht und Landesrecht); REY HEINZ, Rechtsmissbrauch und Richterrecht, SJZ 80 (1984) 1 ff.; RHINOW RENÉ A., Rechtsetzung und Methodik, Basel 1979; RUCH ALEXANDER, Das Recht in der Raumordnung, Basel/Frankfurt a.M. 1997; SCHINDLER DIETRICH, Die Schweiz und das Völkerrecht, in: Riklin Alois/Haug Hans/Probst Raymond (Hrsg.), Neues Handbuch der schweizerischen Aussenpolitik, Bern/Stuttgart/Wien 1992, S. 99 ff. SCHINDLER DIETRICH, Die Staatsverträge und die nationale Rechtsordnung, in: Verwaltungsrechtliches Kolloquium Sigriswil 1970, S. 78 ff.

I. Der Begriff des Verwaltungsrechts

Verwaltungsrecht ist der Inbegriff der Rechtssätze, welche die Verwaltungstätigkeit sowie die Organisation und das Verfahren der Verwaltungsbehörden regeln.   65

Der Begriff des Verwaltungsrechts stellt also vor allem ab auf die *Verwaltungstätigkeit*, die von seinen Normen geregelt wird, unabhängig davon, welche staatlichen Organe diese Tätigkeit ausüben. Auch die Normen, die das Verwaltungshandeln des Parlaments oder eines Gerichtes ordnen, gehören zum Verwaltungsrecht.   66

Verwaltungsrecht als *öffentliches Recht* ist in der Regel zwingender Natur und dient der Wahrnehmung von öffentlichen Interessen. Seine Anwendung erfolgt grundsätzlich von Amtes wegen.   67

Die Zugehörigkeit des Verwaltungsrechts zum öffentlichen Recht zeigt sich deutlich in den *Besonderheiten des Rechtsschutzes*. Für ihn gelten spezielle Regelungen: im Bund Art. 97 ff. OG sowie Art. 44 ff. und 72 ff. VwVG, in den Kantonen Verwaltungsrechtspflegegesetze. Und es stehen besondere Rechtsschutzinstanzen zur Verfügung: 68
- Für die Streitigkeiten in Anwendung von Verwaltungsrecht des Bundes sind vor allem das Bundesgericht, eidgenössische Rekurskommissionen, zum Teil der Bundesrat und ihm untergeordnete Verwaltungsbehörden zuständig (Art. 97 ff. OG; Art. 71a ff., 72 ff. VwVG).
- Für Streitigkeiten in Anwendung von kantonalem Verwaltungsrecht sind der Regierungsrat und ihm untergeordnete Verwaltungsbehörden, kantonale Rekurskommissionen und kantonale Verwaltungsgerichte zuständig. Vgl. § 1 des Zürcher Gesetzes über den Rechtsschutz in Verwaltungssachen (Verwaltungsrechtspflegegesetz) vom 24. Mai 1959 (ZH LS 175.2): "Öffentlich-rechtliche Angelegenheiten werden von den Verwaltungsbehörden und vom Verwaltungsgericht entschieden. Privatrechtliche Ansprüche sind vor den Zivilgerichten geltend zu machen."

Vor diesen Rechtsschutzinstanzen kommen besondere Verfahrensregelungen zur Anwendung, die auf die Verwirklichung des objektiven Rechts zielen. Deshalb wird in der Regel der Sachverhalt von Amtes wegen untersucht (vgl. Rz. 1283 ff.).   69

II.   Der Begriff der Rechtsquelle

70   Rechtsquellen sind die Formen, in welchen die Rechtssätze in Erscheinung treten.

71   Rechtssätze sind generell-abstrakte Normen, welche Rechte und Pflichten von natürlichen und juristischen Personen begründen oder Organisation und Verfahren der Behörden regeln (vgl. Art. 5 Abs. 2 GVG).

72   Im Hinblick auf die Forderung der Gesetzmässigkeit der Verwaltung (vgl. hinten § 7) kommt der Umschreibung des Kreises der zum Verwaltungsrecht gehörenden Normen eine grosse Bedeutung zu.

III.   Die Verfassung

1.   Begriff

a)   Verfassung im formellen Sinn

73   Die Verfassung im formellen Sinn umfasst die Gesamtheit der im besonderen Verfahren der Verfassungsgebung zustande gekommenen, in der Regel in die Verfassungsurkunde aufgenommenen Rechtsnormen.

74   Auch die verfassungsändernden dringlichen Bundesbeschlüsse sind zur Verfassung im formellen Sinn zu zählen (vgl. HÄFELIN/HALLER, N. 14 f.).

b)   Verfassung im materiellen Sinn

75   Unter Verfassung im materiellen Sinn versteht man die Rechtsnormen, die als Grundlage der demokratischen und rechtsstaatlichen Staatsordnung in die Verfassung aufgenommen zu werden verdienen; sie umfasst insbesondere die Grundsätze der gewaltenteiligen Staatsorganisation, die politischen Rechte und die Grundrechte, andere rechtsstaatliche Garantien wie die Verfassungsgerichtsbarkeit und die Grundsätze über die Staatsaufgaben (vgl. dazu HÄFELIN/HALLER, N. 16 ff.).

2.   Bedeutung der Verfassung für das Verwaltungsrecht

76   Die Verfassung spielt als Garant der rechtsstaatlichen und demokratischen Ausgestaltung des Verwaltungsrechts eine sehr bedeutsame Rolle. Dies gilt vor allem für Normen der Bundesverfassung, zum Teil aber auch für das kantonale Verfassungsrecht.

a) Verfassungsgrundsätze

Die Verfassung enthält wichtige Verfassungsgrundsätze, die für die gesamte Verwaltungstätigkeit massgeblich sind. Zu diesen – zum Teil ungeschriebenen – Verfassungsgrundsätzen gehören: 77
- Gesetzmässigkeit der Verwaltung (vgl. § 7);
- Rechtsgleichheit (vgl. § 8);
- öffentliches Interesse (vgl. § 9);
- Verhältnismässigkeit (vgl. § 10);
- Grundsatz des Vertrauensschutzes (vgl. § 11 III.).

b) Grundrechte

Die Grundrechte der Privaten sind für das Verwaltungsrecht von Bedeutung, weil sie 78 der Verwaltungstätigkeit Schranken setzen und die Richtung weisen. Wichtig sind v.a. die persönliche Freiheit, die Meinungsäusserungs- und Versammlungsfreiheit, die Wirtschaftsfreiheit, die Eigentumsgarantie und die Rechtsgleichheit. Grundrechte, insbesondere die Eigentumsgarantie, wirken auch als Institutsgarantien.

c) Verfassungsrechtliche Kompetenzordnung

Auswirkungen auf das Verwaltungsrecht zeitigen auch die in der Verfassung enthaltenen Grundsätze der Kompetenzordnung, so betreffend die Kompetenzverteilung 79 zwischen Bund und Kantonen sowie die Kompetenzverteilung zwischen Bundesversammlung, Bundesrat und Bundesgericht.

Beispiele:
- Regelung über die Verleihung von Wasserrechtskonzessionen (Art. 24bis Abs. 3 und 4 BV);
- Kompetenzregelung betreffend Nationalstrassen (Art. 36bis und 36ter BV).

d) Materielles Verwaltungsrecht in der Verfassung

Die schweizerische Bundesverfassung enthält zahlreiche Bestimmungen, die materiell Verwaltungsrecht darstellen, indem sie die Grundzüge einzelner Bereiche der 80 Verwaltungstätigkeit festhalten. Solche Normen sind zugleich Verfassungsrecht und materielles Verwaltungsrecht.

Beispiele:
- Art. 24sexies Abs. 5: Schutz der Moore und Moorlandschaften;
- Art. 36ter BV: Verwendung des Mineralölsteuerertrags;
- Art. 24novies: Fortpflanzungs- und Gentechnologie;
- Art. 31octies: Landwirtschaft;
- Art. 70 BV: Wegweisung von Ausländern, welche die innere oder äussere Sicherheit der Schweiz gefährden.

IV. Gesetze

1. Begriff

a) Gesetze im formellen Sinn

81 Gesetze im formellen Sinn sind generell-abstrakte Normen, die im besonderen Verfahren der Gesetzgebung erlassen worden sind.

82 Kriterium ist für diesen Gesetzesbegriff die *Form des Erlasses*, das – im Vergleich zur Verfassungsgebung weniger anspruchsvolle – Gesetzgebungs*verfahren*. In der Schweiz hat das Volk dabei auf Bundesebene Mitwirkungsrechte in Form des fakultativen Referendums. Bundesgesetze und allgemeinverbindliche Bundesbeschlüsse (Art. 89 BV) sind Gesetze im formellen Sinn, nicht jedoch die einfachen Bundesbeschlüsse und die nicht referendumspflichtigen allgemeinverbindlichen Bundesbeschlüsse (Art. 7 GVG). Letztere sind blosse Verordnungen, da sie nicht dem Referendum unterstehen.

83 In den Kantonen ist das Gesetzgebungsverfahren in der Kantonsverfassung geregelt. Zum Teil ist das obligatorische, zum Teil das fakultative Referendum vorgesehen. Kantonsparlamente können Gesetze auch unter Ausschluss des Referendums erlassen, wenn die Kantonsverfassung dies vorsieht. Art. 6 Abs. 2 lit. b BV lässt eine reine Parlamentsgesetzgebung zu (BGE 118 Ia 245, 247 f.).

b) Gesetze im materiellen Sinn

84 Gesetze im materiellen Sinn sind generell-abstrakte Normen, welche Personen Pflichten auferlegen oder Rechte einräumen oder die Organisation, die Zuständigkeit oder die Aufgaben der Behörden oder das Verfahren regeln (vgl. Art. 5 Abs. 2 GVG).

85 Massgeblich ist hier der *Inhalt des Erlasses*, nicht das Verfahren des Zustandekommens. Gesetze im materiellen Sinn können neben den Gesetzen im formellen Sinn auch Verordnungen und Reglemente darstellen. Für die Rechtmässigkeit des Gesetzes im materiellen Sinne ist aber erforderlich, dass es vom zuständigen Organ erlassen worden ist. Dieses Erfordernis ist z.B. bei einer nicht kompetenzgemäss erlassenen Verordnung nicht erfüllt.

86 Die Unterscheidung zwischen Gesetz im formellen Sinn und Gesetz im materiellen Sinn hat Bedeutung für das Legalitätsprinzip, wonach jede Verfügung auf einer genügenden gesetzlichen Grundlage beruhen muss (vgl. § 7, insb. Rz. 307 ff.).

2. Bedeutung der Gesetze im formellen Sinn für das Verwaltungsrecht

87 Gesetze im formellen Sinn sind die *wichtigsten Quellen des Verwaltungsrechts*. Dies gilt sowohl für die Eingriffs- als auch für die Leistungsverwaltung. Im Bunde finden sich die wichtigsten Regelungen fast aller Verwaltungsmaterien in Gesetzen im formellen Sinn.

Beispiele für bundesrechtliche Regelungen in Gesetzesform:
- Bundesgesetz über die Enteignung vom 20. Juni 1930 (SR 711);
- Bundesgesetz über die Verantwortlichkeit des Bundes sowie seiner Behördemitglieder und Beamten (Verantwortlichkeitsgesetz) vom 14. März 1958 (SR 170.32);
- Bundesgesetz über die Alters- und Hinterlassenenversicherung (AHVG) vom 20. Dezember 1946 (SR 831.10);
- Bundesgesetz über Lebensmittel und Gebrauchsgegenstände (Lebensmittelgesetz, LMG) vom 9. Oktober 1992 (SR 817.0).

Die zahlreichen gesetzlichen Regelungen, die das Verwaltungsrecht betreffen, sind – anders als im Straf- und Zivilrecht – *nicht in einer Kodifikation zusammengefasst*. Dies und die häufigen Änderungen der Erlasse beeinträchtigen die Rechtssicherheit, da sich die Privaten häufig nur ungenügend über die geltende Rechtslage orientieren können.   88

V. Verordnungen

1. Begriff

Verordnungen sind generell-abstrakte Rechtsnormen, die in einer anderen Form als derjenigen der Verfassung oder des Gesetzes im formellen Sinn ergangen sind, d.h. auf einer Stufe unterhalb des Gesetzes im formellen Sinn stehen, und keine autonomen Satzungen darstellen.   89

Für den Begriff der Verordnung ist die erlassende Behörde nicht massgeblich. Sowohl Behörden der Exekutive als auch solche der Justiz oder Legislative können Verordnungen erlassen (vgl. Art. 7 GVG: Parlamentsverordnung).   90

Die Terminologie ist uneinheitlich: Man spricht von Verordnungen, Reglementen, Weisungen, Richtlinien, Ordnungen oder Benützungsordnungen. Früher wurden im Bund die Verordnungen der Departemente als Verfügungen bezeichnet.   91

Beispiele:
- Verordnung des Bundesrates zum Tierschutzgesetz vom 27. Mai 1981 (SR 455.1);
- Verordnungen des Bundesgerichts zum SchKG vom 5. Juni 1996, 17. Januar 1923, 20. Dezember 1937 (SR 281.33; 281.41; 281.52);
- Bundesbeschluss über den Leistungsauftrag 1987 an die Schweizerischen Bundesbahnen und über die Abgeltung ihrer gemeinwirtschaftlichen Leistungen vom 9. Oktober 1986 (SR 742.37) (= Verordnung der Bundesversammlung, erlassen gestützt auf die Delegation von Art. 7 lit. d des Bundesgesetzes über die Schweizerischen Bundesbahnen vom 23. Juni 1944 [SR 742.31]);
- Weisungen (des Bundesrates) über die Beflaggung der Gebäude des Bundes vom 21. Januar 1987 (BBl 1996 IV 509).

2. Arten von Verordnungen

Lehre und Praxis unterscheiden verschiedene Arten von Verordnungen. Die drei Begriffspaare folgen unterschiedlichen Kriterien.   92

24

a) Rechtsverordnungen und Verwaltungsverordnungen

93 Hauptkriterium für die Unterscheidung von Rechts- und Verwaltungsverordnungen ist der *Adressatenkreis*.

aa) Rechtsverordnungen

94 Rechtsverordnungen enthalten Rechtsnormen, die sich an die *Allgemeinheit* richten, d.h. dem Einzelnen Rechte einräumen oder Pflichten auferlegen oder die Organisation und das Verfahren der Behörden regeln. Sie gehören zu den Gesetzen im materiellen Sinne.

95 Da sie materiell den Gesetzen gleichgestellt sind, müssen die Rechtsverordnungen in der Gesetzessammlung publiziert werden, um für die Privaten rechtswirksam zu sein.

Beispiele:
– Tierschutzverordnung vom 27. Mai 1981 (SR 455.1);
– Verordnung über die Raumplanung vom 2. Oktober 1989 (SR 700.1).

bb) Verwaltungsverordnungen

96 Verwaltungsverordnungen sind *generelle Dienstanweisungen*, die sich an die der erlassenden Behörde untergeordneten Behörden richten. Dabei kann es sich um Behörden des gleichen Gemeinwesens handeln. Möglich sind aber auch Weisungen von Bundesbehörden an die mit dem Vollzug von Bundesrecht betrauten kantonalen oder kommunalen Behörden.

97 Die Hauptfunktion der Verwaltungsverordnung besteht darin, eine einheitliche, gleichmässige und sachrichtige Praxis des Gesetzesvollzugs sicherzustellen (BIAGGINI, S. 4). Sie kann auch organisatorische Anordnungen enthalten. Es wird deshalb zwischen vollzugslenkenden und organisatorischen Verwaltungsverordnungen unterschieden.

98 Verwaltungsverordnungen sind nach herrschender Ansicht keine Rechtsquellen des Verwaltungsrechts, da sie keine Rechtsnormen enthalten, insbesondere keine Pflichten oder Rechte der Privaten statuieren. Trotz ihrer Verbindlichkeit für die Behörden werden sie in der Regel nicht in den offiziellen Gesetzessammlungen publiziert.

99 Dienst- und Besoldungsverordnungen, die Begründung, Inhalt und Beendigung des Beamtenverhältnisses regeln, sind keine Verwaltungsverordnungen, weil sie nicht den internen Dienstbetrieb betreffen und den Beamten keine Weisungen über die Erfüllung ihrer Aufgaben erteilen, sondern ihre Rechte und Pflichten als Arbeitnehmer eines Gemeinwesens festlegen (BGE 104 Ia 161, 163 f.).

Beispiele:
– Zürcher Dienstanleitung zum Steuergesetz vom 3. Juli 1952 (ZH LS 631.111);
– Kreisschreiben des Bundesrates vom 5. September 1990 an die Kantonsregierungen über die Gesamterneuerungswahl des Nationalrates (BBl 1990 III 521 ff.);

- Richtlinien (des Eidgenössischen Departementes des Innern) über die Verwendung des Kredits zur Unterstützung kultureller Organisationen vom 4. Dezember 1987 (BBl 1988 I 812) (dazu VPB 55 [1991] Nr. 27, S. 271);
- Richtlinien (der Volkswirtschafts- und der Polizeidirektion des Kantons Appenzell A.Rh.) betreffend die Bewilligungspraxis für ausländische Künstler, Musiker, Artisten, Tänzer, Tänzerinnen und Discjockeys (dazu BGE 122 I 44 ff.);
- Weisungen des Bundesrates zur Förderung der Mehrsprachigkeit in der allgemeinen Bundesverwaltung vom 19. Februar 1997 (BBl 1997 II 529).

cc) Konsequenzen aus der Rechtsnatur der Verwaltungsverordnung

Dass nach der Rechtsprechung des Bundesgerichts nur Rechtsverordnungen, nicht aber Verwaltungsverordnungen, Rechtsquellen des Verwaltungsrechts darstellen, hat folgende Konsequenzen: 100
- Die Privaten können die Verletzung von Verwaltungsverordnungen nicht mit Rechtsmitteln geltend machen. Die Privaten sind also nicht befugt, eine Steuerveranlagung wegen Verletzung der Dienstanleitung anzufechten.
- Verwaltungsgerichte sind in der Regel nicht an Verwaltungsverordnungen gebunden. Im Falle der Anfechtung einer Steuerveranlagung prüft das Verwaltungsgericht nur, ob die Veranlagung mit dem Steuergesetz und der Vollziehungsverordnung übereinstimmt, aber nicht, ob sie der Verwaltungsverordnung entspricht. Das Gericht berücksichtigt sie bei seiner Entscheidung allerdings, soweit sie eine dem Einzelfall gerecht werdende Auslegung der massgebenden Bestimmung zulässt, weil es nicht ohne Not von einer einheitlichen Praxis der Verwaltungsbehörden abweichen will (BGE 122 V 19, 25).
- Verwaltungsverordnungen können in der Regel selber nicht unmittelbar angefochten werden.

Ausnahmsweise können die Privaten eine Verwaltungsverordnung wie eine Rechtsverordnung anfechten. Dies ist dann zulässig, wenn die Verwaltungsverordnung für die Privaten mittelbar (indirekt) *Aussenwirkungen* zeigt, d.h. Wirkungen, welche die Privaten in gleicher Weise treffen wie die Wirkungen von Rechtsnormen. Die Anfechtung der Verwaltungsverordnung selbst ist allerdings ausgeschlossen, wenn die Privaten die Möglichkeit haben, eine in Anwendung der Verwaltungsverordnung ergangene Verfügung anzufechten.   101

Beispiele:
- Die Vorschriften der Zürcher Krankenhausverordnung betreffend das Vorgehen bei der Todesfeststellung und bei der Vornahme von Obduktionen und Transplantationen (KHV) "richten sich demnach in erster Linie an das Personal der kantonalen Krankenhäuser und haben insoweit den Charakter von blossen Dienstanweisungen. Darüber hinaus umschreiben sie jedoch – wenn auch bloss indirekt – die Rechtsstellung des Patienten und seiner Angehörigen und entfalten auf diese Weise Aussenwirkungen. In diesem Rahmen treffen sie den Bürger in seinen rechtlich geschützten Interessen und wirken gleich wie die entsprechenden Bestimmungen einer Rechtsverordnung. Selbst wenn angenommen wird, dieser Umstand ändere an der Rechtsnatur der KHV als Verwaltungsverordnung nichts, muss der Bürger daher befugt sein, sich dagegen mit staatsrechtlicher Beschwerde zur Wehr zu setzen. Würde anders entschieden, so blieben seine verfassungsmässigen Rechte im Bereich der erwähnten Aussenwirkungen weitgehend schutzlos. Denn wer Dienstanweisungen zu beachten und Verwaltungsverordnungen anzuwenden hat, ist nicht immer gehalten, eine entsprechende Verfügung zu treffen, die mit staatsrechtlicher Be-   102

schwerde angefochten werden könnte. Gerade im vorliegenden Fall erfolgt die Anwendung der beanstandeten Vorschriften durchaus formlos, so dass es dem Verfassungsrichter mangels Vorliegens eines anfechtbaren Hoheitsakts verwehrt wäre, das Vorgehen des Spitalpersonals nachträglich auf seine Verfassungsmässigkeit hin zu überprüfen." (BGE 98 Ia 508, 510 f.).

103 – Anlässlich der Anfechtung einer Einschätzung des Eigenmietwertes der vom Eigentümer selbst genutzten Liegenschaft, die sich auf eine Weisung der Zürcher Finanzdirektion an die Steuerbehörden über die Neueinschätzung von Liegenschaften von 1978 stützte, hatte das Bundesgericht Gelegenheit, die bisherige Rechtsprechung "in dem Sinne zu präzisieren, dass eine Verwaltungsverordnung nur dann mit staatsrechtlicher Beschwerde angefochten werden kann, wenn sie Aussenwirkungen entfaltet und wenn gestützt auf sie keine Verfügungen getroffen werden, deren Anfechtung möglich ist und den Betroffenen zugemutet werden kann" (BGE 105 Ia 349, 353 f.; vgl. auch BGE vom 20. Juli 1994, ZBl 96 [1995] 44 ff.).

103a – Die vom Amt für Technische Anlagen und Lufthygiene und dem Hochbauamt des Kantons Zürich im Jahre 1993 herausgegebenen Merkblätter für ökologisches Bauen enthalten nach einem Urteil des Bundesgerichts vorwiegend Dienstanweisungen an Beamtinnen und Beamte, welche mit Submissionsgeschäften betraut sind. Selbst wenn die in den angefochtenen Merkblättern enthaltenen Empfehlungen auch an die Baubewilligungsbehörden gerichtet wären, könnte auf die staatsrechtliche Beschwerde nicht eingetreten werden: "Für den unwahrscheinlichen Fall, dass die umstrittenen Empfehlungen entgegen der Darstellung der Baudirektion in einem baurechtlichen Bewilligungsverfahren dennoch in unzulässiger Weise angewendet würden, könnten der Bauherr oder die betroffenen Nachbarn die Baubewilligungsverfügung ohne weiteres anfechten, und eine entsprechende Anfechtung wäre auch zumutbar" (BGE 120 Ia 321, 326 f.).

dd) Kritische Würdigung

104 Die *Kritik der Lehre an der Praxis des Bundesgerichts* richtet sich gegen die problematische Unterscheidung von Innen- und Aussenwirkungen. "Die These, dass es Rechtsnormen mit blossen 'Innenwirkungen' gebe, lässt sich kaum mehr halten. Für den Bürger ist es nicht von Belang, ob die Einzelakte, die ihn betreffen, auf einer ihn unmittelbar berechtigenden oder verpflichtenden Bestimmung oder auf einer Verwaltungsvorschrift beruhen, die nur an das entscheidende Organ gerichtet und nur diesem gegenüber verbindlich ist. Im Ergebnis wirken sich Verwaltungsanweisungen und Rechtsverordnungen für den Bürger oft gleich aus." (MÜLLER, Inhalt und Formen der Rechtssetzung als Problem der demokratischen Kompetenzordnung, S. 199).

105 Kritisiert wird u.E. zu Recht auch die Auffassung, Verwaltungsverordnungen seien ausschliesslich für Verwaltungsbehörden verbindlich, nicht aber für Verwaltungsgerichte und Private. Vollzugslenkende Verwaltungsverordnungen konkretisieren offene, unbestimmte Rechtsnormen, um eine einheitliche Praxis zu gewährleisten. Diese Vollzugskonzepte sind auch für die Gerichte und für die Privaten massgebend, allerdings nur, soweit sie sich im Rahmen von Verfassung und Gesetz halten. Bei einer solchen Betrachtungsweise erscheinen Verwaltungsverordnungen als – gerichtlich überprüfbare – Rechtsquellen (vgl. BIAGGINI, S. 17 ff.).

b) Gesetzesvertretende Verordnungen und Vollziehungsverordnungen

106 Das Kriterium der Unterscheidung von gesetzesvertretenden Verordnungen und Vollziehungsverordnungen liegt im *Inhalt* bzw. im *Ausmass*, in welchem die Verordnung *durch das Gesetz inhaltlich vorausbestimmt* ist.

aa) Gesetzesvertretende Verordnungen

Gesetzesvertretende Verordnungen beruhen auf einer Ermächtigung durch ein Ge-　107
setz, das noch keine vollständige materielle Regelung enthält; solche Verordnungen
fügen der weitmaschigen, sich auf das Grundsätzliche beschränkenden Regelung im
Gesetz neue Normen hinzu.

Voraussetzung für solche Verordnungen ist also stets eine *Rechtssetzungsdele-*　108
gation durch ein Gesetz. Die Voraussetzungen und Grenzen der Gesetzesdelegation
sind dabei zu beachten (vgl. Rz. 325 ff.).

bb) Vollziehungsverordnungen

Vollziehungsverordnungen führen die durch das Gesetz bereits begründeten Ver-　109
pflichtungen und Berechtigungen näher aus, passen das schon im Gesetz Bestimmte
den konkreten praktischen Gegebenheiten an. Sie dürfen nur dem durch das Gesetz
geschaffenen Rahmen entsprechend die im Gesetz gegebenen Richtlinien ausfüllen,
nicht ergänzen, insbesondere die Rechte der Betroffenen nicht einschränken oder ihnen neue Pflichten auferlegen.

Die Kompetenz der Exekutive zum Erlass von Vollziehungsverordnungen ist in　110
der allgemeinen, von der Verfassung eingeräumten Vollzugskompetenz enthalten;
für den Bundesrat ergibt sich die Kompetenz aus Art. 102 Ziff. 5 BV. Die Kompetenz zum Erlass von Vollziehungsverordnungen beruht also nicht auf einer Gesetzesdelegation. Häufig wird jedoch die aus der Verfassung abgeleitete Vollzugskompetenz in einer entsprechenden Bestimmung auf Gesetzesstufe wiederholt.

Beispiele:
- Verordnung über die Stempelabgaben vom 3. Dezember 1973 (SR 641.101);
- Asylverordnung 1 über Verfahrensfragen (Asylverordnung 1) vom 22. Mai 1991 (SR 142.311).

cc) Bedeutung des Unterschieds von gesetzesvertretenden Verordnungen und Vollziehungsverordnungen

Die *Übergänge zwischen gesetzesvertretenden und Vollziehungsverordnungen* sind　111
fliessend. Zudem können in der gleichen Verordnung Teile enthalten sein, die Vollzugscharakter haben, und Teile, die gesetzesvertretender Natur sind.

Beispiel:　112
Die Tierschutzverordnung des Bundesrates vom 27. Mai 1981 (SR 455.1) enthält zahlreiche Bestimmungen mit blossem Vollzugscharakter, daneben aber auch Vorschriften gesetzesvertretender Natur,
zu deren Erlass das Tierschutzgesetz vom 9. März 1978 (SR 455) den Bundesrat ermächtigt hat.

Die Unterscheidung ist von Bedeutung bezüglich der *Rechtsgrundlage der Kompe-*　113
tenz der verordnenden Behörde: Vollziehungsverordnungen kann die Exekutive in
eigener Kompetenz erlassen, gesetzesvertretende Verordnungen nur gestützt auf eine
Delegationsnorm.

114 Beispiel:
Im Zusammenhang mit der Anfechtung einer Busse, die gestützt auf die Verkehrsregelnverordnung des Bundesrates vom 13. November 1962 (SR 741.11) (VRV) wegen Nichtbeachtung der Gurtentragpflicht ausgesprochen worden war, stellte das Bundesgericht fest, dass der Bundesrat auf dem Verordnungswege die Gurtentragpflicht nur einführen könne, wenn er dazu vom Gesetz über den Strassenverkehr vom 19. Dezember 1958 (SR 741.01) ausdrücklich ermächtigt worden sei. Denn die Anordnung der Gurtentragpflicht stelle nicht eine Ausführungsbestimmung dar, für die eine Vollziehungsverordnung genüge; vielmehr liege eine im Verhältnis zum Gesetz zusätzliche Pflicht vor, die der Bundesrat nur durch eine gesetzesvertretende Verordnung einführen könne, die aber eine ausdrückliche Gesetzesdelegation voraussetze (BGE 103 IV 192, 195).

c) Selbständige und unselbständige Verordnungen

115 Das Kriterium der Unterscheidung von selbständigen und unselbständigen Verordnungen liegt darin, ob sich die *Rechtsgrundlage der Verordnung* in der Verfassung oder in einem Gesetz findet.

aa) Selbständige Verordnungen

116 Selbständige Verordnungen beruhen direkt auf der Verfassung. Die *Verfassung* ermächtigt das Parlament, die Regierung, eine Verwaltungsbehörde oder ein Gericht unmittelbar zur Rechtssetzung.

117 Anders als in Frankreich, wo der Regierung eine sehr umfangreiche selbständige Verordnungskompetenz zusteht (Art. 37 Constitution 1958), sind Fälle selbständiger Verordnungskompetenz – mit Ausnahme der häufigen Vollziehungsverordnungen – in der Schweiz selten.

Beispiele selbständiger Verordnungskompetenz des Bundesrates:
– Polizeinotverordnungen (Art. 102 Ziff. 9, 10 BV);
– Verordnungen gestützt auf Art. 102 Ziff. 8 BV.

bb) Unselbständige Verordnungen

118 Unselbständige Verordnungen beruhen auf einer *Ermächtigung* zur Rechtssetzung *in einem Gesetz im formellen Sinn.* Zum Problem der Gesetzesdelegation vgl. Rz. 325 ff.

3. Bedeutung der Verordnungen für das Verwaltungsrecht

119 Es gibt sehr viele Verordnungen im Verwaltungsrecht. Sie haben eine grosse Bedeutung, da sie ausführliche Detailregelungen ermöglichen, die rasch an veränderte Verhältnisse angepasst werden können.

4. Verordnungen und Richtlinien nach dem Recht der EU

Von den EU-Behörden erlassene *Verordnungen* sind generell-abstrakte Regelungen, die *in allen Teilen verbindlich* und *unmittelbar* in jedem Mitgliedstaat *anwendbar* sind (vgl. Art. 189 Abs. 2 des Vertrags zur Gründung der Europäischen Gemeinschaft vom 25. März 1957 [EGV; Titel in der veränderten Fassung des Vertrages über die Europäische Union vom 7. Februar 1992]; resp. Art. 249 Abs. 2 EGV in der konsolidierten Fassung gemäss Vertrag von Amsterdam vom 2. Oktober 1997 [nachfolgend jeweils in Klammern]). Eine Umsetzung im nationalen Recht durch entsprechende Änderungs- oder Ausführungsvorschriften ist deshalb nicht erforderlich. 119a

Verordnungen werden durch den Rat der Minister und das Europäische Parlament gemeinsam, den Rat allein oder durch die Kommission erlassen (Art. 189 Abs. 1 [Art. 249 Abs. 1] EGV). Sie stehen unmittelbar auf der Stufe unterhalb des EGV, also im Vergleich mit dem Landesrecht auf derjenigen des Gesetzes.

Beispiele: 119b
– Verordnung (EWG) Nr. 288/82 des Rates vom 5. Februar 1982 betreffend die gemeinsame Einfuhrregelung;
– Verordnung (EWG) Nr. 1251/70 der Kommission vom 29. Juni 1970 über das Recht der Arbeitnehmer, nach Beendigung einer Beschäftigung im Hoheitsgebiet eines Mitgliedstaats zu verbleiben.

Richtlinien stellen dagegen Regelungen dar, die nur *hinsichtlich des zu erreichenden Ziels verbindlich* sind (Zielverbindlichkeit). Sie entfalten grundsätzlich keine unmittelbare Wirkung gegenüber den Privaten (vgl. Art. 189 Abs. 3 [Art. 249 Abs. 3] EGV). 119c

Jeder Mitgliedstaat ist verpflichtet, den Inhalt der Richtlinie im innerstaatlichen Recht umzusetzen. Dabei kann er Form und Mittel (Erlass von Ausführungsgesetzen, Vollziehungsverordnungen, Plänen, Weisungen usw.) hiezu selber bestimmen, soweit die praktische Wirksamkeit der Richtlinie gewährleistet ist. Die nicht fristgemässe oder unvollständige Anpassung des nationalen Rechts löst u.U. eine Schadenersatzpflicht des säumigen Mitgliedstaates aus (vgl. Rz. 1732a, 1788b). Umschreiben ausnahmsweise einzelne Bestimmungen einer Richtlinie eine Verpflichtung der Mitgliedstaaten so genau, dass sich daraus unmittelbar Rechte der Privaten ableiten lassen, so können sich diese unmittelbar darauf berufen, sofern sie vom Mitgliedstaat nicht fristgemäss in das innerstaatliche Recht umgesetzt wurden.

Richtlinien werden ebenfalls durch den Ministerrat und das Europäische Parlament gemeinsam, den Rat allein oder durch die Kommission erlassen. Sie stehen grundsätzlich auf der gleichen Stufe wie Verordnungen der EU.

Beispiele: 119d
– Richtlinie des Rates vom 22. März 1977 zur Erleichterung der tatsächlichen Ausübung des freien Dienstleistungsverkehrs der Rechtsanwälte (77/249/EWG);
– Richtlinie des Rates vom 26. Juli 1971 über die Koordinierung der Verfahren zur Vergabe öffentlicher Bauaufträge (71/305/EWG);
– Richtlinie des Rates vom 9. Februar 1976 zur Verwirklichung des Grundsatzes der Gleichbehandlung von Männern und Frauen hinsichtlich des Zugangs zur Beschäftigung, zur Berufsbildung und zum beruflichen Aufstieg sowie in bezug auf die Arbeitsbedingungen (76/207/EWG).

VI. Autonome Satzungen, insbesondere kommunales Recht

120 Autonome Satzungen sind generell-abstrakte Normen, die von *Organisationen des öffentlichen Rechts* gestützt auf ihre Kompetenz, ihre eigenen Angelegenheiten selbständig zu ordnen, erlassen werden.

121 Zu den mit einer gewissen *Autonomie* ausgestatteten Organisationen des öffentlichen Rechts gehören z.B. die Gemeinden und die öffentlichrechtlichen Anstalten wie die Universität, die SBB und die Zürcher Kantonalbank.

122 Die *Rechtsgrundlage zum Erlass autonomer Satzungen* bilden entsprechende Ermächtigungen in den Verfassungen oder Gesetzen des Bundes und der Kantone. Zum Beispiel kann ein kantonales Baugesetz die Gemeinden zum Erlass von Bauordnungen ermächtigen oder die kantonale Verfassung (oder ein kantonales Gesetz) kann den Erlass von kommunalen Polizeiverordnungen vorsehen. Derartige Gemeindeerlasse gehören zu den Gesetzen im materiellen Sinn, unter bestimmten Voraussetzungen auch zu den Gesetzen im formellen Sinn (vgl. Rz. 2097).

123 Trotz der ständigen Einengung des Kompetenzbereichs der Gemeinden ist auch heute noch die *Bedeutung des kommunalen Rechts* in der Schweiz gross.

VII. Staatsverträge und innerstaatliche Vereinbarungen

1. Staatsverträge

a) Begriff

124 Staatsverträge sind völkerrechtliche Verträge zwischen zwei oder mehreren Staaten (bilateral oder multilateral).

125 Rechtsquellen des Verwaltungsrechts sind nur *rechtssetzende Staatsverträge*, soweit sie unmittelbar anwendbar sind.

126 *Unmittelbare Anwendbarkeit* setzt eine inhaltlich hinreichend bestimmte Norm voraus, die Rechte und Pflichten der Privaten begründet und als Grundlage für einen Entscheid im Einzelfall dienen kann. Dies trifft nicht zu für eine staatsvertragliche Bestimmung, die bloss ein Programm umschreibt oder Richtlinien für die Gesetzgebung der Vertragsstaaten aufstellt, sich also nicht an die Verwaltungs- und Gerichtsbehörden, sondern an den Gesetzgeber der Vertragsstaaten richtet (BGE 112 Ib 183, 184 f.; 118 Ia 112, 116 f.; 120 Ia 1, 11).

127 Staatsverträge, die dem Referendum unterstehen oder rechtssetzender Natur sind, sowie weitere Staatsverträge von besonderem Interesse bedürfen der *Publikation* in der amtlichen Sammlung des Bundesrechts. Erst mit dieser Publikation erlangen die Staatsverträge *Verbindlichkeit für die Privaten* (Art. 2, 10 Abs. 1 Bundesgesetz über die Gesetzessammlungen und das Bundesblatt [Publikationsgesetz] vom 21. März 1986 [SR 170.512]). Vgl. HÄFELIN/HALLER, N. 1049 ff.

128 Viele Staatsverträge sind *nicht* Quellen des Verwaltungsrechts.

Beispiele für Staatsverträge, die *nicht* Rechtsquellen des Verwaltungsrechts sind: 129
- Übereinkommen zur Gründung einer Europäischen Konferenz für Molekularbiologie vom 13. Februar 1969 (AS 1970, 562);
- Staatsvertrag zwischen der Schweizerischen Eidgenossenschaft und der Republik Österreich über die Regulierung des Rheines von der Illmündung bis zum Bodensee vom 10. April 1954 (SR 0.721.191.633).

Beispiele für Staatsverträge, die Rechtsquellen des Verwaltungsrechts sind: 130
- Zollverträge;
- Verträge über Schiffahrt auf einem internationalen Gewässer, z.B. die Übereinkunft des Grossherzogtums Baden mit der Schweiz betreffend den Wasserverkehr auf dem Rheine von Neuhausen bis unterhalb Basel vom 10. Mai 1879 (SR 0.747.224.32) (vgl. dazu BGE 94 I 669, 672);
- Vertrag zwischen der Schweizerischen Eidgenossenschaft und der Bundesrepublik Deutschland über die Strasse zwischen Lörrach und Weil am Rhein auf schweizerischem Gebiet vom 25. April 1977 (SR 0.725.122, vgl. dazu BGE 122 II 234 ff.).

b) Verhältnis zum staatlichen Recht

Staatsverträge stehen grundsätzlich im gleichen Rang wie Bundesgesetze. Neuere 131
Staatsverträge gehen älteren Bundesgesetzen vor. Das Verhältnis von älteren Staatsverträgen gegenüber neueren Bundesgesetzen ist umstritten; heute wird aber allgemein ein *Vorrang des Völkerrechts* gegenüber dem Landesrecht angenommen. Vgl. dazu die grundsätzliche Stellungnahme des Bundesamtes für Justiz und der Direktion für Völkerrecht vom 26. April 1989, VPB 53 (1989) Nr. 54, sowie Botschaft vom 18. Mai 1992 zur Genehmigung des Abkommens über den Europäischen Wirtschaftsraum, BBl 1992 IV 1, 87 ff. Die Bundesgerichtspraxis ist allerdings nicht einheitlich.

Darstellung der wichtigsten *Entscheide des Bundesgerichts*:
- Zur Vermeidung von Konflikten zwischen internationalem und nationalem 132
Recht dient die völkerrechtskonforme Auslegung (vgl. Rz. 190a) des nationalen Rechts. Grundsätzlich kommt dem internationalen Recht ein Vorrang vor staatlichem Recht zu, unabhängig davon, ob es älter oder jünger ist als das staatliche Recht. Bewusstes Abweichen des Gesetzgebers vom Staatsvertrag ist innerstaatlich massgebend und für das Bundesgericht wegen Art. 113 Abs. 3 BV verbindlich (BGE 99 Ib 39, 43 f. = Pra 62 [1973] Nr. 106, bestätigt in BGE 112 II 1, 13; 118 Ib 277, 281).
- In allen Fragen, die das Staatsvertragsrecht ausdrücklich oder stillschweigend 133
abschliessend regelt, geht es dem Landesrecht vor. Dieser Grundsatz ergibt sich aus der Rangordnung der Normen (BGE 122 II 234, 239; 122 II 485 ff.; 110 Ib 82, 86).
- "Die EMRK, als ein von der Bundesversammlung genehmigter Staatsvertrag, ist 134
für die rechtsanwendenden Behörden nicht weniger verbindlich als die Bundesgesetze (Art. 113 Abs. 3 BV); sie geht als jüngeres Recht den früher erlassenen Bundesgesetzen, unter Umständen auch jüngerem Gesetzesrecht vor." Voraussetzung dafür ist allerdings, dass die betreffende Bestimmung der EMRK unmittelbar anwendbar (self-executing) ist, was davon abhängt, ob die Bestimmung justiziabel ist. Das Verhältnis der EMRK zu einem neueren Bundesgesetz wurde offen gelassen (BGE 118 Ia 473, 480; 111 Ib 68, 71 f.).

134a   –   Aus den Materialien zu Art. 113 Abs. 3 BV ergibt sich klar, dass der Verfassungsgeber seinerzeit ausschliesslich die Gewaltenteilung zwischen der Bundesversammlung und dem Bundesgericht regeln wollte. Völkerrechtliche Überlegungen spielten offenbar bei der Aufnahme der Staatsverträge in Art. 113 Abs. 3 BV keine Rolle. Aus dieser Bestimmung kann daher für die Rangordnung von Bundesgesetzen und Staatsverträgen nichts abgeleitet werden. Alle Behörden sind verpflichtet, im Rahmen ihrer Kompetenzen das Völkerrecht zu respektieren und anzuwenden. "Es spricht daher auch nichts dagegen, dass der Richter die Bundesgesetze auf ihre Übereinstimmung mit der Konvention überprüft" und sie im Einzelfall nicht anwendet, wenn sie sich als völkerrechtswidrig erweisen (BGE 117 Ib 367, 372 f.; in BGE 118 Ia 341, 353 wurde die Frage wieder offengelassen.).

2.   Innerstaatliche Vereinbarungen

135   Innerstaatliche Vereinbarungen sind Verträge zwischen zwei oder mehreren Gemeinwesen, öffentlichrechtlichen Körperschaften oder Anstalten.

136   Rechtsquellen des Verwaltungsrechts können sie nur sein, soweit sie *unmittelbar anwendbare Rechtssätze* enthalten. Bloss rechtsgeschäftliche Vereinbarungen sind keine Rechtsquellen des Verwaltungsrechts. Ein Beispiel für eine nur rechtsgeschäftliche Vereinbarung ist der Vertrag zwischen den Kantonen St. Gallen, Schwyz und Zürich und der Schweizerischen Südostbahn betreffend den Umbau der Verkehrswege über den Zürichsee von Rapperswil bis Pfäffikon/SZ (Seedammvertrag) vom 18. Juni 1938 (ZH LS 747.51).

a)   *Vereinbarungen zwischen Bund und Kantonen*

137   Derartige Vereinbarungen sind nur möglich, wo Bund und Kantone über parallele Kompetenzen verfügen. Vereinbarungen dieser Art sind selten. Zu ihnen gehören z.B. die Verwaltungsvereinbarung zwischen dem Schweizerischen Bundesrat und der Schweizerischen Konferenz der kantonalen Erziehungsdirektoren (EDK) über die Anerkennung von gymnasialen Maturitätsausweisen vom 16. Januar/15. Februar 1995 (BBl 1995 II 318), die Übereinkunft betreffend die Polizeitransporte vom 23. Juni 1909 (SR 354.1) und Vereinbarungen aus dem Bereich der Militärverwaltung.

b)   *Vereinbarungen zwischen zwei oder mehreren Kantonen*

138   Art. 7 Abs. 2 BV ermächtigt ausdrücklich die Kantone, untereinander Verträge oder Konkordate über einen in den kantonalen Kompetenzbereich fallenden Gegenstand abzuschliessen. Die Mehrzahl der recht häufig abgeschlossenen interkantonalen Vereinbarungen sind rechtsgeschäftlicher Natur und kommen als Quellen des Verwaltungsrechts nicht in Frage.

aa) Unmittelbar rechtssetzende interkantonale Vereinbarungen

Rechtssetzende interkantonale Verträge streben für einen bestimmten Bereich eine   139
Rechtsvereinheitlichung an. Unmittelbar rechtssetzend ist eine interkantonale Vereinbarung, die nicht nur Rechte und Pflichten der beteiligten Kantone begründet,
sondern auch Normen enthält, die mit der Publikation für die Privaten unmittelbar
rechtsverbindlich werden. Derartige interkantonale Verträge gehören zu den Rechtsquellen des Verwaltungsrechts.

Beispiele:
- Interkantonale Vereinbarung über das öffentliche Beschaffungswesen vom 25. November 1994
  (SR 172.056.4);
- Interkantonale Vereinbarung über die Schiffahrt auf dem Zürichsee und dem Walensee vom
  4. Oktober 1979 (ZH LS 747.2) (Beteiligt sind die Kantone Zürich, Schwyz, Glarus und
  St. Gallen.);
- Interkantonale Vereinbarung über die Anerkennung von Ausbildungsabschlüssen vom 18. Fe-
  bruar 1993 (SR 413.21);
- Interkantonale Vereinbarung über die Hochschulbeiträge für die Jahre 1993-1998 vom 26. Ok-
  tober/7. Dezember 1990 (SR 414.23).

bb) Mittelbar rechtssetzende interkantonale Vereinbarungen

Eine mittelbar rechtssetzende interkantonale Vereinbarung liegt vor, wenn meh-   140
rere Kantone sich über eine einheitliche Regelung für ein bestimmtes Sachgebiet ge-
einigt und sich verpflichtet haben, ihr kantonales Recht der vereinbarten Vereinheit-
lichung anzupassen. Für die Privaten ergeben sich aus der Vereinbarung keine Rechte und Pflichten. Es liegt hier deshalb keine Rechtsquelle des Verwaltungsrechts vor.

Beispiele:
- Konkordat über die Schulkoordination vom 29. Oktober 1970 (SR 411.9);
- Interkantonale Vereinbarung über die Kontrolle der Heilmittel vom 3. Juni 1971 (SR 812.101).

c) Vereinbarungen zwischen anderen Selbstverwaltungskörpern

Auch zwischen anderen öffentlichrechtlichen Körperschaften, wie z.B. Gemeinden,   141
sowie öffentlichrechtlichen Anstalten können Vereinbarungen abgeschlossen werden. Zu den Rechtsquellen des Verwaltungsrechts gehören diese aber nur in den
recht seltenen Fällen, in welchen sie unmittelbar Rechte und Pflichten der Privaten
begründen.

VIII.   Allgemeine Rechtsgrundsätze

1.   Begriff

142   Allgemeine Rechtsgrundsätze sind Rechtsnormen, die wegen ihrer allgemeinen Tragweite in allen Rechtsgebieten, im öffentlichen Recht wie im Privatrecht, Geltung haben. Sie sind im öffentlichen Recht oft ungeschriebenes Recht.

143   Allgemeine Rechtsgrundsätze werden von Lehre und Praxis erst seit verhältnismässig kurzer Zeit anerkannt. Wenn bestimmte Regelungen, wie z.B. die Verjährung von Ansprüchen oder die Pflicht zur Leistung von Verzugszinsen, nur im Privatrecht, aber nicht im öffentlichen Recht vorgesehen waren, hielt man ursprünglich daran fest, dass sie nur für das Privatrecht allgemeine Geltung hätten und wegen des Legalitätsprinzips im öffentlichen Recht nicht anzuwenden seien. In einer zweiten Phase der Entwicklung wurden derartige privatrechtliche Normen analog im öffentlichen Recht angewendet. Erst in einer dritten Phase wurden diese Rechtsinstitute als allgemeine Rechtsgrundsätze aufgefasst, die wegen ihrer allgemeinen Tragweite in allen Rechtsgebieten als geschriebenes oder ungeschriebenes Recht Geltung haben. Es ist deshalb unzutreffend, in solchen Fällen auch heute noch von analoger Anwendung des Privatrechts zu sprechen.

144   Die *allgemeinen Rechtsgrundsätze* sind von den *Verfassungsgrundsätzen* (vgl. Rz. 77 und Rz. 294 ff.) zu unterscheiden. Die allgemeinen Rechtsgrundsätze stehen auf der Stufe der Gesetze. Der Gesetzgeber kann deshalb Einschränkungen und Modifikationen vorsehen. Sie dienen der Ausfüllung von Lücken des geschriebenen Rechts. Die Verfassungsgrundsätze der Gesetzmässigkeit der Verwaltung, der Rechtsgleichheit, der Bindung an das öffentliche Interesse, der Verhältnismässigkeit sowie des Vertrauensschutzes leiten sich dagegen aus der Verfassung ab und können vom Gesetzgeber nicht eingeschränkt werden.

2.   Wichtige Anwendungsfälle

a)   *Rückforderung einer grundlos erbrachten Leistung*

145   Zuwendungen, die aus einem nicht verwirklichten oder nachträglich weggefallenen Grund erfolgten, können zurückgefordert werden. Dies gilt gleicherweise für ungerechtfertigte Leistungen, die vom Gemeinwesen oder von Privaten erbracht worden sind.

146   Beispiel:
Im Rahmen eines landwirtschaftlichen Güterzusammenlegungs- und Meliorationsverfahrens hatten die beteiligten Grundeigentümer staatliche Subventionen erhalten. Ein Grundeigentümer wollte nachträglich sein Land als Bauland parzelliert verkaufen. Der Regierungsrat gestattete dies nur gegen Rückzahlung der empfangenen Subvention, obwohl das zur Anwendung gelangte Gesetz eine derartige Rückforderung nicht vorsah. Das Bundesgericht bejahte das Rückforderungsrecht, "da der Rechtsgrund der streitigen Rückerstattung im allgemeinen Rechtsgrundsatz erblickt werden kann, dass Zuwendungen, die aus einem nicht verwirklichten oder nachträglich weggefallenen Grund erfolgen, zurückzuerstatten sind. Dieser Grundsatz, der für das Privatrecht in Art. 62 Abs. 2 OR ausgesprochen ist, ist, wie jedenfalls ohne Willkür angenommen werden kann, auch im Bereich des öffent-

lichen Rechts anwendbar, selbst wenn er in der einschlägigen Gesetzgebung nicht ausdrücklich festgelegt ist ..." (BGE 88 I 213, 216 f.).

b)   Verjährung von öffentlichrechtlichen Ansprüchen

Auch ohne besondere gesetzliche Anordnung gilt der ungeschriebene Rechtssatz   147
(BGE 112 Ia 260, 262 f., 267 f.), dass öffentlichrechtliche Ansprüche – sei es der
Gemeinwesen oder der Privaten – verjähren. Dieser Grundsatz gilt für Geldforderungen und andere Forderungen. Vgl. dazu Rz. 627 ff.

Beispiel: 148
Der Entschädigungsanspruch für ein Bauverbot verjährt mangels einer ausdrücklichen Vorschrift
nach Ablauf von zehn Jahren seit dem Inkrafttreten des Baureglements. "In der schweizerischen Verwaltungsrechtsprechung wie auch in der Rechtslehre wird ... seit längerer Zeit angenommen, dass öffentlichrechtliche Ansprüche auch dann, wenn das Gesetz es nicht ausdrücklich vorsieht, der Verjährung unterliegen, da das öffentliche Interesse an der Wahrung der Rechtssicherheit dies gebietet. Und
zwar gilt dies für Forderungen des Gemeinwesens an den Bürger wie für solche des Bürgers an das
Gemeinwesen" (BGE 97 I 624, 626 f. m.w.H.).

c)   Pflicht zur Zahlung von Verzugszinsen

Öffentlichrechtliche Geldforderungen – sowohl der Gemeinwesen wie der Privaten –   149
sind mit Beginn des Verzuges grundsätzlich zu verzinsen. Wenn die Zahlung von
Verzugszinsen vom Gesetz besonders ausgeschlossen ist, besteht keine Leistungspflicht (BGE 101 Ib 252, 258 f.). Vgl. auch Rz. 606 ff.
      Früher hatte die Praxis gerade umgekehrt gestützt auf das Legalitätsprinzip eine   150
Pflicht zur Leistung von Verzugszinsen nur angenommen, wenn sie im Gesetz vorgesehen war.

d)   Verrechnung von Geldforderungen

Im öffentlichen Recht gilt der ungeschriebene Rechtsgrundsatz, dass Geldforderun-   151
gen grundsätzlich verrechnet werden können. Dabei macht die Praxis einen gewissen
Unterschied je nachdem, ob die Verrechnungserklärung vom Gemeinwesen oder von
Privaten abgegeben wird. Vgl. Rz. 642 ff.

Beispiel: 152
Die Eidgenossenschaft kann die Forderung eines entlassenen Zollbeamten auf Rückerstattung von
Beiträgen an die Eidgenössische Versicherungkasse mit der ihr gegen den Beamten aufgrund eines
Strafurteils zustehenden Forderung auf Zahlung einer Busse wegen Zollvergehens verrechnen, obwohl eine gesetzliche Regelung fehlt (BGE 91 I 292, 293 ff.).

e)   Wahrung von Fristen für Eingaben an Behörden

Eine Frist gilt als gewahrt, wenn eine Eingabe rechtzeitig bei einer unzuständigen   153
Behörde eingereicht wird. Diese für das Bundesgericht nach Art. 32 Abs. 4 OG gel-

tende Regelung "konkretisiert einen seit langem im Bereich der Rechtsmittelfristen vorherrschenden Gedanken, dass nämlich der Rechtsuchende nicht ohne Not um die Beurteilung seines Rechtsbegehrens durch die zuständige Instanz gebracht werden soll. Dabei handelt es sich um einen allgemeinen Rechtsgrundsatz, der sich auf die gesamte Rechtsordnung bezieht und jedenfalls dort, wo keine klare anderslautende Gesetzgebung besteht, auch in den Kantonen zu gelten hat" (BGE 118 Ia 241, 243 f.; 121 I 93, 95).

IX. Gewohnheitsrecht

1. Begriff

154 Als Gewohnheitsrecht gelten die Rechtsnormen, die infolge ihrer langjährigen Anwendung durch die Behörden und ihrer Anerkennung durch die Behörden und die privaten Betroffenen als ungeschriebenes Recht Geltung haben.

155 Im Gegensatz zu den allgemeinen Rechtsgrundsätzen gelten die Normen des Gewohnheitsrechts nicht wegen der allgemeinen Tragweite ihres Inhalts, sondern nur beim Vorliegen der im folgenden dargestellten Voraussetzungen, die nicht auf den Inhalt der Norm abstellen.

2. Voraussetzungen der Zulassung von Gewohnheitsrecht im Verwaltungsrecht

156 Die Zulassung von Gewohnheitsrecht im Verwaltungsrecht ist wegen der Gesetzesbindung der Verwaltungstätigkeit problematisch. Während früher ein Teil der Lehre, insbesondere GIACOMETTI (Allgemeine Lehren des rechtsstaatlichen Verwaltungsrechts, Bd. 1, Zürich 1960, S. 169 ff.), Gewohnheitsrecht im öffentlichen Recht überhaupt ablehnte, weil es dem rechtsstaatlichen Prinzip der Gesetzmässigkeit der Verwaltung widerspreche, anerkennen heute Lehre und Praxis das Gewohnheitsrecht im Verwaltungsrecht als Rechtsquelle. Das Bundesgericht stellt jedoch an die Voraussetzungen für die Entstehung von Gewohnheitsrecht im öffentlichen Recht strenge Anforderungen (BGE 105 Ia 80, 84). So hat es beispielsweise keinen gewohnheitsrechtlichen Anspruch von Inhabern des Maturitätszeugnisses auf Zulassung zur Universität anerkannt (BGE 103 Ia 369, 379 f.).

157 Gewohnheitsrecht kann sich im öffentlichen Recht nur bilden, wenn die drei folgenden Voraussetzungen erfüllt sind.

a) Langjährige, ununterbrochene und einheitliche Praxis der Behörden

158 Beim Vorliegen eines einmaligen oder zweimaligen Rechtsanwendungsaktes der Behörden ist diese Voraussetzung noch nicht erfüllt.

b)   *Rechtsüberzeugung der Behörden und der Privaten,*
       die von der Regelung betroffen sind

Die Rechtsüberzeugung, die sog. opinio iuris et necessitatis, muss von betroffenen   159
Privaten und Behörden getragen werden; eine Behördenpraxis allein genügt nicht.
Bei einer Norm, die nur einen begrenzten Adressatenkreis hat, genügt u.U., dass die
Rechtsüberzeugung bei relativ wenigen Betroffenen nachgewiesen ist.

Beispiele:
–   Das Bundesgericht bezeichnete es als fraglich, ob die Praxis des Eidgenössischen Justiz- und   160
     Polizeidepartementes zulässig ist, auf die Vollstreckung des Führerausweisentzugs zu verzich-
     ten, "wenn seit der ihm zu Grunde liegenden Widerhandlung mehr als ein Jahr verstrichen ist
     und der Täter durch sein seitheriges Wohlverhalten gezeigt hat, dass er Warnungsmassnahmen
     nicht mehr bedarf ...". Jedenfalls begründet diese Praxis kein Gewohnheitsrecht, denn die zeitli-
     che Dauer der Praxis scheint für die Bildung von Gewohnheitsrecht sehr kurz. "Entscheidend ist
     aber, dass das Bundesgericht mehrmals Vorbehalte zu dieser Praxis angebracht oder die Frage
     ... offen gelassen hat. Die Praxis des Entzugsverzichtes kann bei dieser Lage nicht die opinio
     iuris et necessitatis für sich in Anspruch nehmen, die Voraussetzung für die Bildung von Ge-
     wohnheitsrecht wäre" (BGE 102 Ib 296, 297, 300).
–   In einem Entscheid aus dem Gebiet der Warenumsatzsteuer erklärte das Bundesgericht, dass die   161
     Verwaltungspraxis bestimmter Behörden nicht mit Gewohnheitsrecht gleichgesetzt werden
     könne. Die Verwaltungspraxis setze nicht eine allgemeine Anerkennung voraus. Sie lasse auch
     eine Praxisänderung zu, was bei Gewohnheitsrecht ausgeschlossen sei (BGE 102 Ib 45, 47).

c)   *Das Gesetz muss Raum für ergänzende Regelung*
       durch Gewohnheitsrecht lassen

Gemäss der bundesgerichtlichen Formulierung müssen eine echte Lücke des ge-   162
schriebenen Rechts und das unabweisliche Bedürfnis, sie zu füllen, vorliegen, damit
Gewohnheitsrecht entstehen kann (BGE 104 Ia 305, 313; 105 Ia 80, 84; ZBl 90
[1989] 550 ff.). Da der Lückenbegriff in der bundesgerichtlichen Rechtsprechung
selbst unklar ist (vgl. Rz. 191 ff.), wird diese Voraussetzung deutlicher umschrieben,
wenn man verlangt, dass das geschriebene Recht Raum lässt für eine ergänzende Regelung durch Gewohnheitsrecht.

Das hat zur Folge, dass im Verwaltungsrecht derogierendes Gewohnheitsrecht   163
ausgeschlossen ist. Es gibt also im Verwaltungsrecht kein Gewohnheitsrecht, das
dem geschriebenen Recht, z.B. einer ausdrücklichen Gesetzesbestimmung, widerspricht. Gewohnheitsrecht kann auch beim Vorliegen qualifizierten Schweigens des
Gesetzes, d.h. bei einer abschliessenden gesetzlichen Regelung, nicht entstehen.

3.   Anwendungsfälle von Gewohnheitsrecht im Verwaltungsrecht

Entsprechend den strengen Anforderungen gibt es heute nur selten Fälle, in denen   164
Gewohnheitsrecht als Rechtsquelle des Verwaltungsrechts anerkannt wird. In der
bundesgerichtlichen Rechtsprechung der letzten Zeit finden sich nur sehr wenige
Beispiele.

Beispiele:

165   –   "Der auf das letzte Jahrhundert zurückgehenden unangefochtenen Praxis, sämtliche Waldungen innerhalb eines Kantonsgebietes zu Schutzwaldungen zu erklären, kann heute geradezu gewohnheitsrechtlicher Rang zugebilligt werden. Obschon im öffentlichen Recht die Entstehung von Gewohnheitsrecht nur mit Zurückhaltung anzunehmen ist ..., liegt es nahe, im vorliegenden Fall die Voraussetzungen der Regelmässigkeit und langen Dauer der Übung sowie der ihr zugrunde liegenden Rechtsüberzeugung als gegeben zu betrachten" (BGE 106 Ib 53, 56).

166   –   Der Umfang des Gemeingebrauchs an öffentlichen Strassen bestimmt sich nach der kantonalen Strassengesetzgebung; wo diese lückenhaft ist, ist weitgehend auf Herkommen und Gebräuche abzustellen (BGE 73 I 209, 214).

X.   Richterliches Recht

1.   Begriff

167   Richterliches Recht stellen diejenigen Rechtsnormen dar, die aus der gleichartigen Erledigung einer Vielzahl konkreter Fälle durch Organe der Rechtsanwendung entstehen.

168   Es handelt sich dabei nicht um Präjudizien, bei denen nur Entscheidungen einzelner Fälle vorliegen, sondern um generell-abstrakte Regeln, die sich in einer längeren, gefestigten Gerichtspraxis herausgebildet haben.

169   Im Gegensatz zum Gewohnheitsrecht ist die Rechtsüberzeugung der betroffenen Privaten hier nicht Voraussetzung.

2.   Bedeutung des richterlichen Rechts im Verwaltungsrecht

170   Es fragt sich, ob die Anerkennung des richterlichen Rechts als Rechtsquelle des Verwaltungsrechts nicht dem Grundsatz der Gewaltenteilung widerspricht, wonach den Justizorganen nur die Rechtsanwendung, nicht die Rechtssetzung zukommt. Sodann stellt sich die Frage, ob die Gerichte durch die eigene Entscheidung gebunden sein können.

171   Trotz dieser Bedenken wird heute von Lehre und Praxis das Richterrecht – allerdings nur zurückhaltend.– als Rechtsquelle anerkannt. Die Selbstbindung der Gerichte folgt aus dem Rechtsgleichheitsgebot, das die Gerichte verpflichtet, gleichartige Fälle in gleicher Weise, nach den gleichen, von der Praxis entwickelten Massstäben zu entscheiden. Gesetzesderogierendes Richterrecht gilt aber als unzulässig. Dem richterlichen Recht kommt vor allem bei der rechtsstaatlichen Ausgestaltung des Verwaltungsrechts eine wachsende Bedeutung zu. Manches Versäumnis des Gesetzgebers wird durch das Richterrecht ausgeglichen und dadurch den Privaten ein besserer Rechtsschutz gewährt (vgl. BGE 123 II 193, 199 ff.). Die Stellung des Richterrechts in der Schweiz ist aber nicht vergleichbar mit der viel grösseren Bedeutung, die dieser Rechtsquelle im anglo-amerikanischen Rechtskreis zukommt.

3. Beispiele von richterlichem Recht im Verwaltungsrecht

Das Bundesgericht hat in einer kreativen Weise sehr bedeutende Normierungen
durch seine Praxis gefestigt. Mehrheitlich geht es dabei um eine rechtsstaatliche Si-
cherung der Rechtsposition der Privaten. Die wichtigsten Fälle solchen richterlichen
Rechts – das sich zum Teil mit anderen Rechtsquellen überschneidet – sind:
–   Verfassungsgrundsätze, vor allem abgeleitet aus Art. 4 BV (vgl. hinten §§ 7 ff.);
–   allgemeine Rechtsgrundsätze (vgl. Rz. 142 ff.);
–   Grundsätze über die materielle Enteignung: Kriterien über die Entschädigungs-
    pflicht (vgl. Rz. 1696 ff.);
–   Gebrauchsrechte an öffentlichen Sachen: Unterscheidung von gesteigertem Ge-
    meingebrauch und Sondernutzung (vgl. hinten § 33, insb. Rz. 1890 ff.);
–   Doppelbesteuerungsverbot (Art. 46 Abs. 2 BV) (vgl. Rz. 2085 ff.);
–   Anspruch auf rechtliches Gehör (vgl. Rz. 1306 ff.).

172

§ 4   Die Auslegung des Verwaltungsrechts

Literatur

AMMANN WERNER, Die Auslegung von Verwaltungsrecht durch das Bundesgericht, Diss. Zürich 1973; BIAGGINI GIOVANNI, Verfassung und Richterrecht, Verfassungsrechtliche Grenzen der Rechtsfortbildung im Wege der bundesgerichtlichen Rechtsprechung, Diss. Basel 1989; CAMPICHE EDOUARD C., Die verfassungskonforme Auslegung, Diss. Zürich 1978; GERMANN OSKAR A., Probleme und Methoden der Rechtsfindung, 2. Aufl., Bern 1967; GYGI FRITZ, Vom Anfang und Ende der Rechtsfindung, recht 1 (1983) 73 ff.; GYGI FRITZ, Zur Auslegung des Verwaltungsrechts, ZSR NF 75/I (1956) 129 ff.; HÄFELIN ULRICH, Wertung und Interessenabwägung in der richterlichen Rechtsfindung, in: Im Dienst an der Gemeinschaft, Festschrift für Dietrich Schindler zum 65. Geburtstag, Basel 1989, S. 585 ff.; HÄFELIN ULRICH, Bindung des Richters an den Wortlaut des Gesetzes, in: Festschrift für Cyril Hegnauer zum 65. Geburtstag, Zürich 1986, S. 111 ff.; HÄFELIN ULRICH, Die verfassungskonforme Auslegung und ihre Grenzen, in: Recht als Prozess und Gefüge, Festschrift für Hans Huber zum 80. Geburtstag, Bern 1981, S. 241 ff.; HÄFELIN ULRICH, Zur Lückenfüllung im öffentlichen Recht, in: Festschrift zum 70. Geburtstag von Hans Nef, Zürich 1981, S. 91 ff.; HÖHN ERNST, Praktische Methodik der Gesetzesauslegung, Zürich 1993; HÖHN ERNST, Die Bedeutung der Verfassung für die Auslegung der Gesetze, in: Festschrift für Ulrich Häfelin zum 65. Geburtstag, Zürich 1989, S. 257 ff.; HUTTER SILVAN, Die Gesetzeslücke im Verwaltungsrecht, Diss. Fribourg 1989; IMBODEN MAX, Normenkontrolle und Norminterpretation, in: Max Imboden, Staat und Recht, Ausgewählte Schriften und Vorträge, Basel/Stuttgart 1971, S. 239 ff.; JENNY DAVID, Der Einfluss des Rechtssetzers auf das weitere Schicksal seiner Erlasse, Bemerkungen zur subjektiv-historischen Auslegung, in: Das Parlament – "Oberste Gewalt des Bundes"?, Festschrift der Bundesversammlung zur 700-Jahr-Feier der Eidgenossenschaft, Bern/Stuttgart 1991, S. 125 ff.; MÜLLER GEORG, Interessenabwägung im Verwaltungsrecht, ZBl 73 (1972) 337 ff.; MÜLLER NIKLAUS, Die Rechtsprechung des Bundesgerichts zum Grundsatz der verfassungskonformen Auslegung, Diss. Bern 1980; OGOREK REGINA, Der Wortlaut des Gesetzes – Auslegungsgrenze oder Freibrief?, Rechtsanwendung in Theorie und Praxis, Beiheft zur ZSR, Heft 15, Basel 1993, S. 21 ff.; PERRIN JEAN-FRANÇOIS, Le tribunal fédéral face aux méthodes d'interprétation, Semjud 105 (1983) 609 ff.; ZÄCH ROGER, Tendenzen der juristischen Auslegungslehre, ZSR NF 96/I (1977) 313 ff.

I.   Aufgabe und Bedeutung der Auslegung im Verwaltungsrecht

173   Auch im Verwaltungsrecht hat die Gesetzesauslegung zum Ziel, den rechtsverbindlichen Sinn eines Rechtssatzes, über dessen Tragweite Unklarheiten bestehen, zu ermitteln. Auslegung ist notwendig, wo der Gesetzeswortlaut nicht klar ist, oder wo Zweifel bestehen, ob ein scheinbar klarer Wortlaut den wahren Sinn der Norm wiedergibt. Die Gründe für die Auslegungsbedürftigkeit von Rechtsnormen liegen einerseits in der Unzulänglichkeit der Sprache; andererseits kann die Tragweite einer abstrakten Regelung bezüglich zukünftiger Anwendungsfälle oft nur unvollkommen vorausgesehen werden. Diese Auslegungsbedürftigkeit besteht auch bei den Rechtssätzen des Verwaltungsrechts, die häufig offene Formulierungen aufweisen und zahlreiche unbestimmte Rechtsbegriffe verwenden. Der Grundsatz der Gesetzmässigkeit

der Verwaltung verlangt zwar genügende Bestimmtheit der Rechtssätze, welche die Grundlage der Verwaltungstätigkeit bilden. Das Mass der Bestimmtheit lässt sich allerdings nicht generell festlegen (vgl. Rz. 311 ff.).

Der Auslegung kommt im Verwaltungsrecht auch deshalb eine grosse Bedeu- 174 tung zu, weil in diesem Rechtsgebiet Kodifikationen fehlen und auf dem Wege der Auslegung eine gewisse Harmonisierung der Grundbegriffe und Grundprinzipien des rechtsstaatlichen Verwaltungsrechts angestrebt werden soll. Mit der Auslegung ist auch dafür zu sorgen, dass die verwaltungsrechtlichen Bestimmungen die massgeblichen Verfassungsprinzipien und verfassungsmässigen Rechte beachten.

II. Anwendung der allgemeinen Auslegungsmethoden im Verwaltungsrecht

Für die Normen des Verwaltungsrechts gelten die üblichen Methoden der Gesetzes- 175 auslegung. Das Verwaltungsrecht bedarf nicht einer besonderen Auslegungsme- thode. Zur Anwendung gelangen die grammatikalische, historische, zeitgemässe, sy- stematische und teleologische Auslegungsmethode (vgl. die ausführliche Darstellung der einzelnen Methoden bei HÄFELIN/HALLER, N. 75 ff.).

Früher wurde vereinzelt die Ansicht vertreten, dass im Hinblick auf das rechts- 176 staatliche Gewaltenteilungsprinzip die Normen des Verwaltungsrechts, insbesondere die Gesetze im formellen Sinn, primär nach der historischen Auslegungsmethode auszulegen seien (so GIACOMETTI, Allgemeine Lehren des rechtsstaatlichen Verwal- tungsrechts, Bd. 1, Zürich 1960, S. 217 ff.). Heute wird aber von Lehre und Recht- sprechung allgemein auch für das Verwaltungsrecht der *Methodenpluralismus* be- jaht, der keiner Auslegungsmethode einen grundsätzlichen Vorrang zuerkennt. Vielmehr sollen bei der Anwendung auf den einzelnen Fall alle jene Methoden kom- biniert werden, die für den konkreten Fall im Hinblick auf ein vernünftiges und praktikables, d.h. ohne unverhältnismässig grossen Verwaltungsaufwand durchsetz- bares, Ergebnis am meisten Überzeugungskraft haben (BGE 110 Ib 1, 8). Eine wich- tige Rolle spielt in diesem Zusammenhang – im Sinne einer Ergänzung der her- kömmlichen Auslegungsmethoden – auch die *Interessenabwägung*. Die wertende Gegenüberstellung gegenläufiger privater und öffentlicher Interessen ist gerade im Verwaltungsrecht von zentraler Bedeutung.

Auch auf dem Gebiete des Verwaltungsrechts steht gemäss der bundesgerichtli- 177 chen Praxis die *teleologische Auslegungsmethode* im Vordergrund. In sehr zahlrei- chen Fällen stellt das Bundesgericht ab auf Sinn und Zweck, auf die Wertungen, die einer Gesetzesbestimmung zugrunde liegen (BGE 118 Ib 187, 193 ff.; 107 V 214, 215 f.; vgl. z.B. BGE 114 Ib 161, 162; 110 Ib 1, 8; 107 Ib 229, 231 ff.). Dabei er- achtet das Bundesgericht meist Sinn und Zweck einer Norm als massgeblich, wie sie sich aufgrund der Anschauungen zur Zeit der Rechtsanwendung für die Normadres- saten ergeben. Nach der *zeitgemässen Auslegung* sollen vor allem die gegenwärtigen tatsächlichen Gegebenheiten und die heute herrschenden Wertvorstellungen ent- scheidend sein (vgl. z.B. BGE 112 Ib 322, 324 ff.). Dies schliesst nicht aus, dass das Bundesgericht sich zum Teil aber doch auch auf eine *historische Auslegung* stützt und die Materialien der gesetzgeberischen Vorarbeiten beizieht, um den Sinn des Gesetzes aufgrund der Absichten der an der Gesetzgebung beteiligten Organe zu ermitteln (z.B. BGE 121 I 93, 95 f.; 120 Ib 193, 195 ff.; 118 Ib 145, 149 ff.). In einem Entscheid aus dem Jahre 1986, der das Akteneinsichtsrecht betraf, erklärte das Bundesgericht: "Insbesondere bei verhältnismässig jungen Gesetzen darf der Wille des historischen Gesetzgebers nicht übergangen werden" (BGE 112 Ia 97, 104).

III. Die Bedeutung von formalen Auslegungsregeln

178 In der Gerichtspraxis und zum Teil auch in der Lehre werden gewisse Auslegungsregeln befolgt, die auf ein formales Element abstellen und damit die wertende Abwägung der verschiedenen Auslegungsmethoden überflüssig machen. Diese formalen Argumentationen sind nur beschränkt tauglich, zum Teil sogar verfehlt, denn der Richter kann sich der Wertung und der Entscheidverantwortung nicht entschlagen. Nicht selten steht hinter der scheinbar logischen Regel doch auch eine Wertung.

1. Vorrang der lex specialis und der lex posterior

179 Im allgemeinen zu Recht Anwendung finden die beiden Kollisionsregeln, wonach das spezielle Gesetz dem allgemeinen Gesetz und das spätere Gesetz dem früheren Gesetz vorgeht. Aber beim Vorrang der lex specialis ist zu beachten, dass die Feststellung, in welchem inhaltlichen Verhältnis zwei Rechtsnormen zueinanderstehen, oft nicht nur eine rein logisch feststellbare Beziehung betrifft, sondern bereits Ausdruck einer Wertung ist. Es handelt sich dabei nicht um ein schematisch anwendbares Prinzip; seine Anwendung setzt voraus, dass aus dem Sinnzusammenhang heraus eine Rechtsnorm im Verhältnis zu einer anderen Rechtsnorm als Sonderregelung zu verstehen und zu behandeln ist (vgl. BGE 123 II 534, 537 ff.; 96 I 485, 490 f.; 97 I 706, 712).

180 Beispiel:
Art. 19 der inzwischen aufgehobenen Verordnung des Landrates des Kantons Uri über die Gebühren und Entschädigungen in der Verwaltung vom 12. Dezember 1973 (VGV) lautete unter dem Randtitel "Parteientschädigung": "Dem teilweise oder ganz obsiegenden Beschwerdeführer, dem im Verwaltungsverfahren Anwaltskosten entstanden sind, ist eine Parteientschädigung zuzuerkennen". Art. 17 des gleichen Erlasses hatte den Randtitel "Allgemeines" und besagte: "Im Verwaltungsverfahren werden unter Vorbehalt der nachfolgenden Bestimmungen in der Regel weder Gebühren erhoben noch Parteientschädigungen zugesprochen". Das in einem Entschädigungsfall angerufene Bundesgericht erachtete die Bestimmungen nicht als widersprüchlich: "Die beiden Vorschriften lassen sich ... formal miteinander ohne weiteres vereinbaren, da Art. 17 VGV nur einen allgemeinen Grundsatz enthält und die nachfolgenden besonderen Bestimmungen ausdrücklich vorbehalten werden. ... Bestünde zwischen Art. 17 VGV und Art. 19 VGV ein Widerspruch, so müsste er nach der dargelegten Entstehungsgeschichte zu Gunsten des Wortlautes von Art. 19 VGV gelöst werden, umso mehr, als diese letztere Bestimmung den Charakter einer Sondervorschrift hat, die der allgemeinen Regel des Art. 17 VGV vorgeht" (BGE 104 Ia 6, 8 f.).

2. Umkehr- und Analogieschluss

Es handelt sich dabei um zwei einander entgegenstehende Auslegungsregeln. Der *Umkehrschluss (argumentum e contrario)* verlangt, dass eine gesetzliche Regelung keine Geltung habe für Tatbestände, die in ihr nicht ausdrücklich erwähnt sind. Es wird dabei ausschliesslich auf den Wortlaut und das – qualifizierte – Schweigen des Gesetzes abgestellt. Im Gegensatz dazu besagt der *Analogieschluss (argumentum per analogiam)*, dass eine gesetzliche Regelung auf einen Sachverhalt anwendbar ist, der zwar nicht unter den Wortlaut der Vorschrift subsumiert werden kann, auf den jedoch deren Grundgedanke und Sinn zutreffen (BGE 98 Ia 35, 40 f.). Vorausgesetzt ist also eine Ähnlichkeit der zu regelnden Verhältnisse.

181

Welchem der beiden gegensätzlichen und einander ausschliessenden Argumente im konkreten Fall der Vorrang zukommen soll, geht aus ihnen selber nicht hervor, sondern bedarf einer Wertung, die zumeist auf die übrigen Auslegungsmethoden, insbesondere auf die teleologische Auslegung, abstellt. Das argumentum e contrario hat seinen Anwendungsbereich bei abschliessenden gesetzlichen Regelungen. Dabei ist aber zunächst durch Auslegung abzuklären, ob tatsächlich eine abschliessende Regelung, d.h. ein qualifiziertes Schweigen des Gesetzes, vorliegt. Aus dem Schweigen des Gesetzes kann nur dann auf eine negative Entscheidung des Gesetzgebers geschlossen werden, wenn sachliche Gründe dafür vorliegen (BGE 105 Ib 148, 150 = Pra 69 [1980] Nr. 7). Als abschliessend angesehen wird z.B. die Umschreibung der Steuertatbestände im Steuerrecht; hier ist der Analogieschluss grundsätzlich verboten. Wenn hingegen kein qualifiziertes Schweigen gegeben ist, muss ermittelt werden, ob die Auslegung, z.B. die teleologische, zu einer Ergänzung des Wortlautes führt. Unter Umständen ist auch eine Gesetzeslücke anzunehmen (vgl. dazu Rz. 191 ff.).

182

Beispiele:
- Das Bundesgericht bejahte die Frage, ob die für das Gastwirtschaftsgewerbe anwendbaren Normen auch für einen in der Rechtsform des Vereins geführten "Club-Betrieb", in welchem die Besucher praktisch die Annehmlichkeiten eines bewilligten Nachtlokales geniessen können, Geltung hätten. "In solchen Fällen dient die extensive Auslegung oder der Analogieschluss der Aufrechterhaltung und richtigen Weiterbildung der Rechtsordnung, und er verletzt deshalb das verfassungsmässige Legalitätsprinzip nicht" (BGE 107 Ia 112, 117).
- BGE 114 Ib 334, 339 f.; 118 Ib 60, 62 f.

183

3. Verbot extensiver Auslegung von Polizei- und Ausnahmevorschriften ("in dubio pro libertate")

Ein Teil der älteren Doktrin vertrat die Auffassung, um die Freiheit der Privaten gegen zu weitgehende Eingriffe des Staates zu schützen, dürfe die Auslegung nicht extensiv sein. Insbesondere Polizeivorschriften und Ausnahmeregelungen seien eng auszulegen. Das bedeutet, dass bei unklarem Wortlaut jenes Auslegungsergebnis als massgebend erachtet wird, das die individuelle Freiheit am wenigsten einschränkt ("in dubio pro libertate").

184

Die Bundesgerichtspraxis ist in dieser Frage uneinheitlich. In einzelnen Entscheiden befürwortet das Bundesgericht eine restriktive Auslegung von freiheitsbeschränkenden Vorschriften, so insbesondere bei Einschränkungen des Eigentums (BGE 97 I 353, 355; 98 Ia 112, 119). In einem Entscheid aus dem Jahre 1918 hatte

185

sich das Bundesgericht ausdrücklich zum Grundsatz in dubio pro libertate bekannt (BGE 44 II 421, 427). Häufiger sind jedoch Urteile, in denen das Bundesgericht aufgrund von teleologischen und historischen Argumenten extensiv auslegt, auch wenn das zu einer Beschränkung der Freiheit der Privaten führt (z.B. BGE 107 Ia 112, 117 [vgl. Rz. 183, 1. Bsp.]).

186   Das Verbot der extensiven Auslegung bzw. das – inhaltlich das gleiche besagende – Prinzip in dubio pro libertate sind aus methodischen Gründen abzulehnen. Beide Regeln führen zu einer generellen Bevorzugung eines bestimmten Auslegungsergebnisses ohne wertende Abwägung zwischen den verschiedenen Lösungen. Sie lassen ausser acht, dass Vorschriften, welche die Freiheitsrechte bestimmter Personen einschränken, in der Regel Rechtsgüter anderer Personen schützen. Dies gilt namentlich für die Polizeibestimmungen.

187   Ebenso abwegig ist die früher verschiedentlich vertretene These, *Ausnahmebestimmungen* seien restriktiv auszulegen. Auch für Ausnahmeregelungen gelten die allgemeinen Auslegungsgrundsätze, insbesondere die teleologische Methode; auch hier bedarf es eines kritischen Abwägens (BGE 118 Ia 175, 178 f.; VPB 55 [1991] Nr. 28, S. 281 f.).

188   Beispiel:
M. pflanzte auf seiner im Gebiet der Walliser Gemeinde Salgesch liegenden Parzelle Reben an, obwohl dies nach der einschlägigen Rebbaugesetzgebung verboten war. Der wiederholten behördlichen Aufforderung, die Reben auszureissen, kam er nicht nach, sondern versuchte, das Ausreutungsverbot durch Verpachtung der Rebstöcke zu umgehen. Da er damit keinen Erfolg hatte, teilte er seine Pflanzung in sechs Parzellen von weniger als 400 m^2 Fläche auf und verkaufte diese einzeln. In der Folge setzte das Departement des Innern und der Landwirtschaft des Kantons Wallis den sechs Käufern Frist, um die ausserhalb der Rebzone angepflanzten Reben auszureissen. Gegen den diese Anordnung bestätigenden Entscheid des Staatsrates erhoben die Käufer Verwaltungsgerichtsbeschwerde. Mit folgenden Erwägungen wies das Bundesgericht die Beschwerde ab: "Grundsätzlich ist davon auszugehen, dass ein allgemeines Anbauverbot von Reben ausserhalb der Rebbauzonen besteht (Art. 1 Abs. 1 erster Satz Bundesbeschluss über vorübergehende Massnahmen zugunsten des Rebbaues vom 10. Oktober 1969 [AS 1970, 48] [BB]). Dieses Verbot dient unmittelbar dem Schutz und der Förderung des inländischen Rebbaus. Das Verbot erfährt eine Ausnahme, indem Grundeigentümern und Pächtern, die noch keine Reben besitzen, gestattet wird, ausserhalb der Rebbauzone, auf einer Fläche von höchstens 400 m^2, Reben anzupflanzen und für den Eigenbedarf zu bearbeiten. Stellt man diese Ausnahmebestimmung, die weder extensiv noch restriktiv, sondern nach ihrem Sinn und Zweck im Rahmen des allgemeinen Verbots auszulegen ist, in ihren gesetzlichen Zusammenhang, wird ersichtlich, dass die Ausnahme nie dazu dienen darf, einen widerrechtlichen Anbau von der Rodungspflicht (Art. 7 BB) auszunehmen bzw. die Umgehung des Verbotes zu ermöglichen" (BGE 99 Ib 392, 395).

IV. Verfassungs- und völkerrechtskonforme Auslegung von Verwaltungsrecht

189   Bei der *verfassungskonformen Auslegung* wird die Norm eines Gesetzes oder einer Verordnung in Bezug gesetzt zu den Bestimmungen der Verfassung. Der Sinn einer Vorschrift wird im Blick auf die Verfassung ermittelt. Im Verwaltungsrecht kommt die verfassungskonforme Auslegung zum Zug, wenn die anerkannten Auslegungsmethoden zu unterschiedlichen Deutungen einer Norm führen. Es ist dann jenes Er-

gebnis zu wählen, welches der Verfassung am besten entspricht (BGE 105 Ib 49, 53; 118 Ia 64, 72). Von Bedeutung ist die verfassungskonforme Auslegung sodann auch bei der Auslegung von unbestimmten Rechtsbegriffen, z.B. "Wahrung von öffentlichen Interessen", "ernsthafte Gründe", die im Hinblick auf die Verfassung und die darin garantierten verfassungsmässigen Rechte der Privaten konkretisiert werden müssen. Die verfassungskonforme Auslegung findet jedoch im klaren Wortlaut und Sinn einer Gesetzesbestimmung ihre Schranke (BGE 123 II 9, 11).

Beispiel: 190
Das Bundesgericht hatte in einem sozialversicherungsrechtlichen Fall die Frage zu prüfen, ob bei der Einkommensberechnung, die einer Ergänzungsleistung zur Invalidenversicherung zugrunde lag, die Kosten für die von einem nichtärztlichen Psychologen durchgeführte Psychotherapie zugunsten der Beschwerdeführerin zu berücksichtigen seien. Der Wortlaut des anwendbaren Art. 3 Abs. 4 lit. e des Bundesgesetzes über Ergänzungsleistungen zur Alters-, Hinterlassenen- und Invalidenversicherung vom 19. März 1965 (SR 831.30) (ELG) war in den verschiedenen Amtssprachen unterschiedlich; die Divergenzen liessen sich aufgrund der Materialien nicht klären. Deshalb fragte das Bundesgericht nach dem Sinn und Zweck von Art. 3 Abs. 4 lit. e ELG und zog dazu die Bundesverfassung heran: "Gemäss Bundesverfassung sollen die Renten von AHV und Invalidenversicherung den Existenzbedarf angemessen decken; solange dies nicht der Fall ist, richtet der Bund den Kantonen Beiträge an die Finanzierung von Ergänzungsleistungen aus (Art. 34quater Abs. 2 BV, Art. 11 Abs. 1 ÜbBest. BV). Diese bezwecken demnach, das Renten- sowie weiteres Einkommen der Betagten, Hinterlassenen und Invaliden so weit zu ergänzen, dass ein regelmässiges Mindesteinkommen sichergestellt ist ... Die nicht durch Versicherungsleistungen gedeckten Krankheitskosten stellen namentlich für Betagte und Invalide eine oft sehr grosse finanzielle Belastung dar. Mit der Ermöglichung eines Abzuges solcher Kosten wird ein entsprechender Ausgleich geschaffen und verhindert, dass das Einkommen unter die Grenze eines angemessenen Existenzbedarfes absinkt. Dieser Zielsetzung wird nur eine weite Umschreibung der abziehbaren Krankheitskosten gerecht". Das Bundesgericht erklärte deshalb die Kosten für die psychologische Behandlung – inklusive die zusätzlich entstandenen Fahrtkosten – der Beschwerdeführerin als Krankenpflegekosten gemäss Art. 3 Abs. 4 lit. e ELG abziehbar (BGE 108 V 235, 239 ff.).

Durch eine *völkerrechtskonforme Auslegung* ist der Sinn des Landesrechts so zu er-   190a
mitteln, dass es nicht im Widerspruch zum Völkerrecht steht. Die Pflicht aller rechtsanwendenden Organe zur völkerrechtskonformen Auslegung des Landesrechts ergibt sich neuerdings aus Art. 27 des Wiener Übereinkommens über das Recht der Verträge vom 23. Mai 1969 (SR 0.111). Danach kann sich kein Vertragsstaat auf innerstaatliches Recht berufen, um die Nichterfüllung eines Staatsvertrags zu rechtfertigen (BGE 117 Ib 367, 372 f.). Die völkerrechtskonforme Auslegung ist nach früheren Entscheidungen des Bundesgerichts nicht möglich, wenn der Gesetzgeber bewusst und ausdrücklich in Kauf nimmt, dass völkerrechtswidriges Landesrecht zustande kommt (BGE 115 Ib 517, 523 f.; 94 I 669, 678 f.).

V.   Lückenfüllung im Verwaltungsrecht

Die ältere Lehre und Praxis waren zum Teil der Meinung, im Verwaltungsrecht gebe   191
es keine Lücken. Wo eine Vorschrift zur Beschränkung der individuellen Freiheit fehle, bestehe Freiheit (BGE 46 I 211, 215; 97 I 353, 355). Diese Auffassung ist abzulehnen; das Verwaltungsrecht kann – wie alle rechtlichen Regelungen – lückenhaft sein.

192   Eine Lücke des Gesetzes liegt vor, wenn sich eine gesetzliche Regelung als unvollständig erweist, weil sie auf eine bestimmte Frage keine Antwort gibt. Bevor eine ausfüllungsbedürftige Lücke angenommen werden darf, ist durch Auslegung zu ermitteln, ob das Fehlen einer ausdrücklichen Anordnung nicht eine bewusst negative Antwort des Gesetzes bedeutet, d.h. ein sog. *qualifiziertes Schweigen* darstellt. In diesem Fall hat das Gesetz eine Rechtsfrage nicht übersehen, sondern stillschweigend – im negativen Sinne – mitentschieden. Für Analogie und richterliche Lückenfüllung ist kein Platz.

193   Beispiel:
Die Aufzählung der Steuerobjekte im Steuergesetz ist abschliessend. Es können nicht auf dem Wege der Lückenfüllung neue Steuertatbestände geschaffen werden (BGE 95 I 322, 326).

194   Ist das Vorliegen eines qualifizierten Schweigens zu verneinen, bleibt zu prüfen, ob sich mit Hilfe der Auslegungsregeln dem Gesetz eine stillschweigende Anordnung entnehmen lässt. Muss auch diese Frage verneint werden, liegt eine Lücke vor. Eine klare Abgrenzung zwischen vom Wortlaut abweichender Auslegung und Lückenfüllung ist allerdings nicht immer möglich, denn es handelt sich dabei um zwei ineinander übergehende Formen richterlicher Rechtsfindung. Immerhin kann man sagen, dass die Auslegung versucht, den im Gesetz bereits enthaltenen Sinn zu ermitteln, während die Lückenfüllung eine Ergänzung des Gesetzes darstellt.

195   Die herrschende Lehre und die bundesgerichtliche Rechtsprechung unterscheiden *echte* und *unechte Lücken* und behandeln die beiden Fälle im Verwaltungsrecht unterschiedlich. Eine echte Lücke liegt vor, wenn ein Gesetz für eine Frage, ohne deren Beantwortung die Rechtsanwendung nicht möglich ist, keine Regelung enthält. Bei der unechten Lücke gibt die gesetzliche Regelung zwar auf alle Fragen, die sich bei der Rechtsanwendung stellen, eine Antwort; weil sie aber zu einem sachlich unbefriedigenden Resultat führt, wird sie als lückenhaft empfunden. WALTHER BURCK-HARDT hat die echten Lücken als logische Mängel, die unechten Lücken dagegen als sachliche, ethische Mängel des Gesetzes bezeichnet (Methode und System des Rechts, Zürich 1936, S. 260 f.).

        Beispiele:
196   – Das BG über die Enteignung vom 20. Juni 1930 (SR 711) regelt nur den Rückforderungsanspruch bei Geldersatz, enthält hingegen keine Bestimmung über den Rückforderungsanspruch bei Realersatz. Das Bundesgericht hat in diesem Fall eine echte Lücke angenommen (BGE 99 Ib 267, 280).
197   – Art. 16 Abs. 3 des Bundesgesetzes über den Strassenverkehr vom 19. Dezember 1958 (SR 741.01) zählt die Fälle auf, in denen der Führerausweis obligatorisch entzogen werden muss. Das Führen eines Motorfahrzeuges ohne Führerausweis wird darin nicht genannt. Das Bundesgericht gelangte gestützt auf eine historische, teleologische und systematische Auslegung zur Auffassung, dass eine echte Lücke vorliege (BGE 123 II 225, 229; 112 Ib 309, 310 f.).
197a   – Die Tatsache, dass Art. 43 Abs. 2 des Beamtengesetzes (BtG) vom 30. Juni 1927 (SR 172.221.10) einen Anspruch auf eine einmalige Zulage der Beamtin oder des Beamten bei der Geburt eines Kindes vorsieht, nicht aber bei der Adoption, stellt eine unechte Lücke dar, die von der rechtsanwendenden Behörde nicht korrigiert werden kann (VPB 61 [1997] Nr. 79 [Entscheid der Personalrekurskommission vom 10. Februar 1997]).

198   Das Rechtsverweigerungsverbot gebietet es den rechtsanwendenden Organen, echte Lücken zu schliessen, während der Legalitätsgrundsatz ihnen die Füllung unechter Lücken grundsätzlich untersagt und diese Aufgabe dem Gesetzgeber vorbehält. In

der Praxis finden sich aber Fälle, in denen die Gerichte und andere rechtsanwenden-den Behörden sich ausnahmsweise auch zur Schliessung einer unechten Lücke, d.h. zur Behebung eines rechtspolitischen Mangels des Gesetzes, als berechtigt erachten. Dies vor allem, wenn die Gesetzesanwendung sonst zu unannehmbaren Resultaten führen würde. Die Rechtsprechung folgt dabei aber keinen klaren Richtlinien.

Beispiel:　　　　　　　　　　　　　　　　　　　　　　　　　　　　　　　199
Das Kranken- und Unfallversicherungsgesetz vom 13. Juni 1911 (BS Bd. 8, S. 281) (KUVG) sah bei der Regelung der Hinterlassenenrente keinen Anspruch für Pflegekinder vor. Das Bundesgericht kam zum Schluss, dass keine echte Lücke vorlag: "Es handelt sich dabei jedoch um einen rechtspoliti-schen Mangel und damit um eine unechte Gesetzeslücke ... Im allgemeinen hat der Richter solche Lücken hinzunehmen ... Sie auszufüllen steht ihm nur dort zu, wo der Gesetzgeber sich offenkundig über gewisse Tatsachen geirrt hat oder wo sich die Verhältnisse seit Erlass eines Gesetzes in einem solchen Mass gewandelt haben, dass die Vorschrift unter gewissen Gesichtspunkten nicht bzw. nicht mehr befriedigt und ihre Anwendung rechtsmissbräuchlich wird ...". Diese Voraussetzungen wurden vom Bundesgericht bezüglich des Anspruches von Pflegekindern auf Hinterlassenenrente verneint (BGE 99 V 19, 23 f.).

Die Unterscheidung zwischen echten und unechten Lücken wird in der Praxis immer　　200
weniger beachtet. Sie hilft bei der Frage, ob und in welchem Rahmen im Verwal-tungsrecht Lücken von den rechtsanwendenden Organen gefüllt werden dürfen, letztlich kaum weiter. Deshalb verzichtet eine neuere Auffassung der Methodenlehre auf diese Unterscheidung und bezeichnet die *Lücke als planwidrige Unvoll-ständigkeit des Gesetzes*, die von den rechtsanwendenden Organen behoben wer-den darf (KARL LARENZ/CLAUS-WILHELM CANARIS, Methodenlehre der Rechtswis-senschaft, 3., neu bearb. Aufl., Berlin/Heidelberg/New York/Tokio 1995, S. 194 f.; HÄFELIN, Lückenfüllung, S. 108 f., 113 f.). Dabei gelten als Massstab nur die dem Gesetz selbst zugrunde liegenden Zielsetzungen und Werte, nicht hingegen Wertun-gen, die von aussen an das Gesetz herangetragen werden. Wenn eine Regelung im Hinblick auf eindeutige und wichtige Zielsetzungen des Gesetzes unvollständig ist, darf die rechtsanwendende Behörde diese Lücke füllen.

Das Bundesgericht hat in einem Entscheid, der das Verwaltungsverfahrensge-　　201
setz des Bundes betraf, diesen neueren Lückenbegriff übernommen und eine vom Gericht zu schliessende Lücke angenommen, wenn die gesetzliche Regelung "nach den dem Gesetz zugrunde liegenden Wertungen und Zielsetzungen als unvollständig und daher ergänzungsbedürftig erachtet werden müsse" (BGE 102 Ib 224, 225 f.; vgl. auch BGE 123 II 69 ff.; 107 Ib 379, 382; VPB 51 [1987] Nr. 11, S. 72 [Stellung-nahme des Bundesamtes für Justiz vom 23. Dezember 1985]). Die Praxis ist jedoch nicht einheitlich. Zuweilen unterscheidet das Gericht immer noch zwischen echten und unechten Lücken (BGE 122 I 253, 254 ff.). In ganz grundsätzlicher Weise hat sich das Verwaltungsgericht des Kantons Aargau zu dem neueren Lückenbegriff bekannt (ZBl 88 [1987] 552, 556 f. [Urteil vom 11. Dezember 1986]).

§ 5   Verwaltungsrecht und Privatrecht

Literatur

BELLANGER FRANÇOIS, La légalité lorsque l'Etat agit par des moyens de droit privé, in: Morand Charles-Albert (Hrsg.), La légalité: un principe à géométrie variable, Basel/Frankfurt a.M. 1992, S. 67 ff.; CAGIANUT FRANCIS, Die Bedeutung des Zivilrechts für den Verwaltungsrichter, in: Festschrift zum 65. Geburtstag von Mario M. Pedrazzini, Bern 1990, S. 95 ff.; CLERC EVELYNE, L'ouverture des marchés publics: Effectivité et protection juridique, Diss. Fribourg 1997; DRUEY JEAN NICOLAS, Privatrecht als Kontaktrecht: ein Gedanke zur Unterscheidung von öffentlichem Recht und Privatrecht, in: Jahrbuch des öffentlichen Rechts der Gegenwart, Tübingen, NF 40 (1991/92) 149 ff.; EICHENBERGER KURT, Verwaltungsprivatrecht, in: Privatrecht, Öffentliches Recht, Strafrecht, Grenzen und Grenzüberschreitungen, Festgabe zum Schweizerischen Juristentag 1985, Basel/Frankfurt a.M. 1985, S. 75 ff.; GALLI PETER, Die Submission der öffentlichen Hand im Bauwesen, Diss. Zürich 1981; GALLI PETER/LEHMANN DANIEL/RECHTSTEINER PETER, Das öffentliche Beschaffungswesen in der Schweiz, Zürich 1996; GAUCH PETER, Das neue Beschaffungsgesetz des Bundes – Bundesgesetz über das öffentliche Beschaffungswesen vom 16. Dezember 1994, ZSR NF 114 I (1995) 313 ff.; HANGARTNER YVO, Öffentlich-rechtliche Bindungen privatrechtlicher Tätigkeit des Gemeinwesens, in: Festschrift zum 65. Geburtstag von Mario M. Pedrazzini, Bern 1990, S. 129 ff.; KNAPP BLAISE, L'état agissant en droit privé, in: Présence et actualité de la Constitution dans l'ordre juridique: mélanges offerts à la Société suisse des juristes pour son Congrès 1991 à Genève, Basel/Frankfurt a.M. 1991, S. 169 ff.; KRÄHENMANN BEAT, Privatwirtschaftliche Tätigkeit des Gemeinwesens, Diss. Basel 1987; METZ MARKUS/SCHMID GERHARD, Rechtsgrundlagen des öffentlichen Beschaffungswesens, ZBl 99 (1998) 49 ff.; MICHEL NICOLAS (Hrsg.), Aspects du droit des marchés publics. droit suisse, droit européen et droit comparé, Fribourg 1992; MÜLLER GEORG, Das Verhältnis zwischen einem privatrechtlichen Vertrag über die Abtretung von öffentlichem Grund zu einer verwaltungsrechtlichen Erschliessungsvereinbarung, recht 6 (1988) 25 ff.; MÜLLER GEORG, Zur Rechtsnatur der Vereinbarung über die Sorgfaltspflicht der Banken bei der Entgegennahme von Geldern und über die Handhabung des Bankgeheimnisses, SJZ 80 (1984) 349 ff.; MÜLLER PAUL RICHARD, Das öffentliche Gemeinwesen als Subjekt des Privatrechts, Diss. St.Gallen 1970; NEF URS CH., Zum Verhältnis von Privatrecht und öffentlichem Recht in der Sozialversicherung, in: Festschrift 75 Jahre Eidgenössisches Versicherungsgericht, Bern 1992, S. 133 ff.; RHINOW RENÉ A., Verfügung, Verwaltungsvertrag, und privatrechtlicher Vertrag, in: Privatrecht, Öffentliches Recht, Strafrecht, Grenzen und Grenzüberschreitungen, Festgabe zum Schweizerischen Juristentag 1985, Basel/Frankfurt a.M. 1985, S. 295 ff.; RHINOW RENÉ A., Verwaltungsrechtlicher oder privatrechtlicher Vertrag, recht 3 (1985) 57 ff.; RIEMER HANS MICHAEL, Berührungspunkte zwischen Sozialversicherungs- und Privatrecht, insbesondere die Bedeutung des Privatrechts bei der Auslegung des Sozialversicherungsrechtes durch das Eidgenössische Versicherungsgericht, in: Festschrift 75 Jahre Eidgenössisches Versicherungsgericht, Bern 1992, S. 147 ff.; SCHWAGER RUDOLF, Die Vertretung des Gemeinwesens beim Abschluss privatrechtlicher Verträge, Diss. Freiburg 1974; STOFFEL MARCO S., Die Submission nach schweizerischem Baurecht, Diss. Freiburg 1981; UHLMANN FELIX, Gewinnorientiertes Staatshandeln, Diss. Basel 1996.

I.   Abgrenzung von öffentlichem Recht und Privatrecht

1.   Allgemeines

Das *Verwaltungsrecht* ist *ein Teil des öffentlichen Rechts*. Bei der Ausübung der Verwaltungstätigkeit ergeben sich aber verschiedentlich Berührungspunkte mit dem Privatrecht. 202

Das schweizerische Recht knüpft an die Unterscheidung von öffentlichem Recht und Privatrecht *unterschiedliche Rechtsfolgen*. So ist z. B. die Bindung an das Gesetz infolge des Legalitätsprinzips viel stärker im öffentlichen Recht als im Privatrecht, wo der Grundsatz der Privatautonomie gilt. Unterschiedlich sind in beiden Rechtsgebieten insbesondere auch das Verfahren und der Rechtsschutz ausgestaltet. 203

Im Hinblick auf die Schwierigkeiten, die sich für eine konsequente Durchführung der Unterscheidung von öffentlichem Recht und Privatrecht ergeben, ist in der deutschen Lehre auch schon vorgeschlagen worden, auf eine Unterscheidung zu verzichten (so z.B. MARTIN BULLINGER, Öffentliches Recht und Privatrecht. Studien über Sinn und Funktion der Unterscheidung, Stuttgart 1968, S. 75 ff.). Ein solcher Verzicht ist für das schweizerische Recht nicht möglich, da in ihm die Unterscheidung zu tief verwurzelt ist. *Verschiedene verfassungsrechtliche und gesetzliche Bestimmungen verweisen ausdrücklich auf die Unterscheidung von öffentlichem Recht und Privatrecht*, so z.B. Art. 64 BV (Kompetenz des Bundes zur Gesetzgebung im Zivilrecht), Art. 41 und 42 OG (Zuständigkeit des Bundesgerichts), Art. 6 und 59 ZGB (Vorbehalt des öffentlichen Rechts der Kantone), Art. 5 VwVG (Begriff der Verfügung). Im Gegensatz dazu betont das anglo-amerikanische Recht die Einheit der Rechtsordnung. 204

2.   Abgrenzungskriterien

a)   Unmassgebliche Kriterien

Bei der Frage, ob ein Rechtssatz öffentlichrechtlicher oder privatrechtlicher Natur ist, darf nicht auf das formelle Kriterium abgestellt werden, ob der *Erlass*, der den betreffenden Rechtssatz enthält, *öffentlichrechtlicher oder privatrechtlicher Natur* ist. So findet sich im Schweizerischen Zivilgesetzbuch eine Reihe von Bestimmungen, die öffentlichrechtlichen Charakter haben, z.B. Art. 84 ZGB im Stiftungsrecht (vgl. BGE 96 I 406, 408). 205

Es kann auch nicht auf den *zwingenden Charakter* abgestellt werden, der vor allem von WALTHER BURCKHARDT als Element des öffentlichen Rechts hervorgehoben wurde (Die Organisation der Rechtsgemeinschaft, 2. Aufl., Zürich 1943, S. 41). Denn auch im Privatrecht gibt es nicht wenige zwingende Normen (z.B. Art. 27 ZGB oder Art. 20 OR). Und umgekehrt kennt das Verwaltungsrecht Regelungen, die dispositiver Natur sind, wie etwa die Zulässigkeit des verwaltungsrechtlichen Vertrages zeigt (vgl. § 16). 206

Ebenfalls abzulehnen ist die *Fiskustheorie*; gemäss ihr sollen alle vermögensrechtlichen Ansprüche der Privaten gegen das Gemeinwesen dem Privatrecht unterstehen. Nicht weiter hilft sodann auch die *Subjektstheorie*, wonach ein Rechtsver- 207 hältnis als öffentlichrechtlich gilt, sobald der Staat oder eine andere öffentlichrechtliche Körperschaft daran beteiligt ist.

b) Massgebliche Kriterien

aa) Subordinationstheorie (Subjektions-, Mehrwerttheorie)

208 Nach der Subordinationstheorie liegt öffentliches Recht dann vor, wenn der Staat dem Privaten übergeordnet ist, ihm als Träger von Hoheitsrechten mit "obrigkeitlicher Gewalt" gegenübertritt. Im Gegensatz dazu stehen sich im Privatrecht gleichgeordnete Rechtssubjekte gegenüber.

Beispiele öffentlichrechtlicher Regelung:
- Enteignung eines Grundstücks;
- Demonstrationsverbot;
- Befehl zum Abbruch eines baufälligen Hauses;
- Rechtsbeziehung zwischen dem Betreiber eines Aufnahmezentrums für Asylanten und den darin untergebrachten Asylbewerbern (ZBl 92 [1991] 406 ff.).

bb) Interessentheorie

209 Nach der Interessentheorie gehören dem öffentlichen Recht diejenigen Rechtsnormen an, die ausschliesslich oder vorwiegend öffentliche Interessen wahrnehmen. Die zivilrechtlichen Normen dienen hingegen primär dem Schutz von privaten Interessen.

Beispiele öffentlichrechtlicher Regelung:
- Verbot von Sonntags- und Nachtarbeit;
- Schutz der öffentlichen Gesundheit durch Vorschriften der Lebensmittelpolizei.

209a Ähnliche Kriterien sind für die Abgrenzung zwischen öffentlichem und privatem Recht mit Hilfe der *typologischen Methode* massgebend. Danach gelten Rechtsnormen als privatrechtlich, wenn sie die Voraussetzungen privatautonomer Rechtsgestaltung umschreiben, herkömmlicherweise mit der Privatrechtstradition zusammenhängen und typischerweise privatrechtliche Ziele verfolgen. Als privatrechtlich gelten auch Normen, welche bezwecken, strukturelle Ungleichgewichte zwischen den Vertragspartnern zu mildern (Schutz der schwächeren Partei) (VPB 46 [1982] Nr. 20, S. 146 ff.; RHINOW/KRÄHENMANN, S. 4 f.).

cc) Funktionstheorie

210 Nach der Funktionstheorie ist öffentlichrechtlich eine Rechtsnorm, welche die Erfüllung einer öffentlichen Aufgabe oder die Ausübung einer öffentlichen Tätigkeit regelt. Eine klare Abgrenzung zur Interessentheorie ist nicht möglich.

Beispiele öffentlichrechtlicher Regelung:
- Massnahmen des Umweltschutzes oder der Raumplanung;

– Beziehungen zwischen öffentlichen Spitälern und Chefärzten (BGE 118 II 213, 217 ff. = Pra 81 [1992] Nr. 238, S. 932 ff.).

dd)   Modale Theorie

Nach der modalen Theorie ist eine Regelung dann dem öffentlichen Recht zuzuord- 210a
nen, wenn die damit verbundene Sanktion öffentlichrechtlich ausgestaltet ist (z.B.
Widerruf einer Bewilligung). Privatrechtlich erscheint eine Norm, deren Verletzung
eine zivilrechtliche Sanktion nach sich zieht (z.B. Nichtigkeit eines Rechtsgeschäfts).
Auf die modale Theorie haben sich vor allem Bundesrat und Bundesverwaltung
berufen, um die Kompetenz zum Erlass gewisser Gesetze gestützt auf Art. 64 BV
(Zivilrechtskompetenz) zu begründen.

Beispiele:
– (dringlicher) Bundesbeschluss über eine Sperrfrist für die Veräusserung nichtlandwirtschaftli-
cher Grundstücke und die Veröffentlichung von Eigentumsübertragungen von Grundstücken
vom 6. Oktober 1989 (AS 1989, 1974): Die Regelung stützte sich nach der (umstrittenen) Auffassung des Bundesrates auf Art. 64 BV (vgl. BBl 1989 III 217 ff.). Die Verletzung der Sperrfrist führte zur Nichtigkeit der entsprechenden Rechtsgeschäfte (Art. 5 Abs. 1). Die Geltungs-
dauer des Bundesbeschlusses ist am 31. Dezember 1994 abgelaufen.
– BG über den Erwerb von Grundstücken durch Personen im Ausland (BewG) vom 16. Dezember 1983 (SR 211.412.41): An die Verletzung verschiedener Normen knüpfen zivilrechtliche
Folgen an (z.B. Nichtigkeit des Rechtsgeschäfts bei Verweigerung der Bewilligung [Art. 26
Abs. 2 lit. b]). Die Bundesbehörden stützen das Gesetz deshalb u.a. auf Art. 64 BV ab. – Vgl.
auch VPB 46 (1982) Nr. 21, S. 155 ff.

c)   Kombination der verschiedenen Kriterien

Die genannten Kriterien der Subordinations-, Interessen- und Funktionstheorie sowie 211
der modalen Theorie heben je ein für das öffentliche Recht bedeutsames Element
hervor und sind deshalb je für sich allein genommen einseitig und ungenügend.
Lehre und Praxis wenden die Kriterien kombiniert im Sinne eines *Methodenpluralismus* auf einen Einzelfall an. Keines der Kriterien hat dabei a priori Vorrang.

Das Bundesgericht prüft "in jedem Einzelfall, welches Abgrenzungskriterium 212
den konkreten Gegebenheiten am besten gerecht wird ... Damit wird dem Umstand
Rechnung getragen, dass der Unterscheidung zwischen privatem und öffentlichem
Recht ganz verschiedene Funktionen zukommen, je nach den Regelungsbedürfnis-
sen und insbesondere den Rechtsfolgen, die im Einzelfall in Frage stehen" (BGE 109
Ib 146, 149; BGE 120 II 412, 414; BGE vom 27. September 1996, ZBl 98 [1997]
410 ff.).

3.   Praktische Bedeutung der Zuordnung zum öffentlichen Recht

Aus der Zuordnung der Rechtsnormen, welche die Verwaltungstätigkeit regeln, zum 213
öffentlichen Recht ergeben sich praktische Konsequenzen:
– Der Vollzug erfolgt durch die Verwaltungsbehörden von Amtes wegen.

- Es kommen die öffentlichrechtlichen Verfahrensvorschriften zum Zug (z.B. das Bundesgesetz über das Verwaltungsverfahren vom 20. Dezember 1968 [VwVG]), wobei den Privaten ein Anspruch auf rechtliches Gehör zusteht).
- Die Verwaltungsbehörden sind an den Grundsatz der Gesetzmässigkeit gebunden.
- Die Verwaltungsbehörden haben die Grundrechte, insbesondere das Rechtsgleichheitsgebot, das Willkürverbot und die Freiheitsrechte, zu beachten. Allerdings wird heute immer mehr anerkannt, dass die Verwaltungsbehörden auch im Bereich privatrechtlichen Handelns an die Grundrechte gebunden sind (BGE 109 Ib 146, 155; vgl. Rz. 236 ff.).
- Für die Handlungen der Verwaltungsbehörden gilt eine besondere Regelung der Haftung.
- Für die Erledigung von Streitigkeiten sind besondere Rechtspflegebehörden zuständig.

4. Gemischte Normen (Doppelnormen)

a) Begriff

214 Gemischte Normen oder sog. Doppelnormen sind Rechtssätze, die zugleich öffentlichrechtliche und privatrechtliche Vorschriften enthalten. Es handelt sich dabei um Regelungen, die gleichzeitig privaten und öffentlichen Interessen dienen.

b) Anwendungsfälle

215 Die Praxis anerkennt gemischte Normen vor allem in folgenden Fällen:
- *Abstandsvorschriften im Baurecht*: Kantonale Bauvorschriften über den Abstand von Gebäuden können öffentlichrechtlichen, privatrechtlichen oder gemischten Charakter haben. Dabei ist die Regelung von Kanton zu Kanton verschieden. Vgl. BGE 90 I 206, 208 ff.; 106 Ib 231, 239 (nachbarrechtlicher Anspruch auf Licht und Sonnenschein).
- *Rechtsnormen über Immissionsschutz*: Immissionsvorschriften können gleichzeitig die Allgemeinheit und im Sinne von Art. 684 ZGB den Nachbarn schützen. Vgl. BGE 118 Ia 14, 16 (Strafbestimmungen wegen Nachtruhestörungen).
- *Vorschrift des freien Zuganges zu Wald und Weide* (Art. 699 ZGB; siehe auch Art. 14 des BG über den Wald [Waldgesetz, WaG] vom 4. Oktober 1991, SR 921.0).

216 Beispiel:
Ein Grundeigentümer zäunte sein Grundstück von ca. 10 ha ein, um Rothirsche zum Zwecke der Fleischgewinnung zu züchten. Die zuständige Gemeindebehörde verbot dies gestützt auf das kantonale Forstrecht und Art. 699 ZGB. Sie begründete das Verbot mit dem Interesse der Allgemeinheit am freien Zutritt zu der schönen Landschaft mit Aussichtspunkten und reicher Flora. In Bestätigung seiner früheren Rechtsprechung schützte das Bundesgericht das Verbot. Es erklärte, Art. 699 ZGB sei eine Doppelnorm, d.h. ein Rechtssatz, der sowohl privat- als auch öffentlichrechtliche Vorschriften enthalte. Als privatrechtliche Norm regle Art. 699 ZGB das Verhältnis zwischen Grundeigentümer und Spaziergängern bzw. Beeren- oder Pilzsammlern. Aufgrund der öffentlichrechtlichen Vorschrift in Art. 699 ZGB seien die Behörden ermächtigt,

von Amtes wegen über den freien Zutritt zu Wald und Weide zu wachen und entsprechende Regelungen zu erlassen (BGE 106 Ib 47, 48 ff.). – Vgl. auch BGE 96 I 97, 99 ff.; 109 Ia 76, 78 ff.; 114 Ib 238 ff. = Pra 78 (1989) Nr. 57; BGE 122 I 70, 80 f.

c)   Bedeutung

In der Praxis wirkt sich der Doppelcharakter vor allem in folgenden Konsequenzen aus: 217
–   Die Doppelnormen können sowohl von den betroffenen Privaten angerufen wie von den Behörden von Amtes wegen angewendet werden.
–   Vereinbarungen der Privaten sind nicht ausgeschlossen, haben sich aber an den vom öffentlichen Interesse bestimmten Rahmen zu halten.
–   Für die Entscheidung über Rechtsstreitigkeiten können sowohl zivilrechtliche wie öffentlichrechtliche Rechtsschutzorgane zuständig sein.

II.   Zusammenhänge zwischen Verwaltungstätigkeit und Privatrecht

1.   Privatrechtliches Handeln des Staates

a)   Fragestellung

Bei der Erfüllung ihrer Verwaltungsaufgaben sind die Behörden mit *Hoheitsgewalt*   218
ausgestattet. Gewöhnlich besteht ein Subordinationsverhältnis zwischen Privaten und Staat. Bei der Besorgung seiner öffentlichen Aufgaben kann der Staat aber in beschränktem Rahmen auch als *Privatrechtssubjekt* auftreten. Er verkehrt dann auf gleicher Ebene mit den Privaten.
    Im 19. Jahrhundert herrschte die sog. *Fiskustheorie*. Danach unterstand der   219
Staat dem Privatrecht, soweit er in vermögensrechtliche Beziehungen zu Privaten trat. Diese Theorie wurde vor allem zur Verbesserung des Rechtsschutzes der Privaten aufgestellt. Da eine rechtsstaatlich gestaltete Verwaltungsrechtspflege, insbesondere durch Verwaltungsgerichte, damals fehlte, konnten die Privaten wenigstens in vermögensrechtlichen Streitigkeiten den Schutz eines Gerichtes, nämlich der ordentlichen Zivilgerichte, anrufen. – Heute findet die Fiskustheorie keine Anwendung mehr. Der Staat untersteht nach heutiger Auffassung auch im vermögensrechtlichen Bereich grundsätzlich dem öffentlichen Recht.
    Im modernen Staat mit seinen zahlreichen Verwaltungsaufgaben zeigt sich ge-   220
legentlich die Tendenz, sich der organisatorischen Formen des Privatrechts zu bedienen, um für die Bewältigung einer bestimmten öffentlichen Aufgabe eine flexible und speditive Betriebsführung zu erlangen. Diese *"Flucht des Gemeinwesens ins Privatrecht"* ist z.B. bei der Elektrizitätsversorgung oder im Bereich des öffentlichen Verkehrs anzutreffen.

b)   *Verbot der privatrechtlichen Betätigung des Staates*
     im öffentlichrechtlich geregelten Bereich

221   Ist eine Materie abschliessend durch das öffentliche Recht geordnet, so besteht als Folge der Bindung an das Legalitätsprinzip kein Raum für privatrechtliche Regelungen. Liegt keine abschliessende öffentlichrechtliche Regelung vor, so ist zu prüfen, ob nach deren Sinn und Zweck öffentlichrechtliches oder privatrechtliches Handeln geboten ist. Die Verwaltungsbehörden haben keine Möglichkeit, frei zwischen der Anwendung von öffentlichem oder privatem Recht zu wählen.

Beispiele:

222   –   Die Armee, die zur Aktivdienstzeit Terrain für militärische Zwecke benötigte, durfte nicht einen privatrechtlichen Miet- oder Pachtvertrag mit dem Grundeigentümer abschliessen, statt das erforderliche Land gemäss der abschliessenden militärrechtlichen Regelung zu requirieren (VEB 18 [1946/47] Nr. 80, S. 138 ff.).

223   –   Es ist unzulässig, eine Baubewilligung mit einem Bauverbot in der Form einer privatrechtlichen Servitut als Bedingung zu verbinden, um den Grundeigentümer an der Erstellung weiterer Gebäude auf seinem Grundstück zu hindern (ZBl 68 [1967] 20 ff. [Entscheid des Zürcher Regierungsrates vom 30. Juni 1966]).

224   In der Praxis wird vereinzelt die Auffassung vertreten, die Verwaltungsbehörden dürften sich auch dort des Privatrechts bedienen, wo ihnen das Gesetz eine Aufgabe übertragen habe, ohne die zur Erfüllung nötigen öffentlichrechtlichen Mittel zur Verfügung zu stellen. So wurde es als zulässig erachtet, dass der Gemeinderat beim Vollzug eines Gemeindebeschlusses über die Bekämpfung der Wohnungsnot mit den Bauherrschaften privatrechtliche Darlehens- und Bürgschaftsverträge abschliesst, weil der Gemeindebeschluss die für seine Verwirklichung erforderlichen Rechtsinstitute nicht vorsieht (ZBl 35 [1934] 43 ff. [Entscheid des Luzerner Regierungsrates vom 7. September 1933]).

c)   *Fälle zulässigen privatrechtlichen Handelns des Staates*

aa)   *Administrative Hilfstätigkeit*

225   Unter administrativer Hilfstätigkeit versteht man jene Tätigkeiten des Gemeinwesens, durch die es die zur Erfüllung der öffentlichen Aufgaben notwendigen Sachgüter und Leistungen beschafft. Zum Teil ist in diesem Zusammenhang auch von *Bedarfsverwaltung* die Rede. Sie ist privatrechtlicher Natur.

Beispiele:
–   Beschaffung von Büromaterial;
–   Abschluss von Werkverträgen für die Errichtung öffentlicher Bauten;
–   Rüstungsbeschaffung.

bb)   *Verwaltung des Finanzvermögens*

226   Das Finanzvermögen umfasst alle realisierbaren Aktiven des Gemeinwesens, d.h. diejenigen Vermögenswerte, die dem Gemeinwesen nur mittelbar, durch ihren Ver-

mögenswert dienen (vgl. Rz. 1821 ff.). Die Handlungen der Verwaltungsbehörden, welche das Finanzvermögen betreffen, erfolgen in den Formen des Privatrechts.

Beispiele:
- Vermietung von Liegenschaften;
- Kauf oder Verkauf von Wertpapieren.

cc)   Fiskalische Wettbewerbswirtschaft

Fiskalische Wettbewerbswirtschaft bedeutet Teilnahme des Gemeinwesens am Wirtschaftsleben in Konkurrenz mit der Privatwirtschaft. Das Gemeinwesen handelt dabei privatrechtlich (BGE 120 II 321 ff.).   227

Beispiele:
- Betrieb einer Gastwirtschaft durch eine Gemeinde;
- Teile des Geschäftsbereiches von Kantonalbanken.

dd)   Teile der Leistungsverwaltung

Wo der Staat oder staatliche Anstalten für den Privaten wirtschaftliche Leistungen erbringen, bedienen sie sich zum Teil der Rechtsformen des Privatrechts.   228

Beispiele:
- Transportvertrag im öffentlichen Verkehr (z.B. bei der SBB);
- Energielieferungsverträge.

d)   Zweistufentheorie – Öffentliches Beschaffungswesen (Submissionen)

Auch wenn der Staat einen privatrechtlichen Vertrag abschliesst, kann er sich nicht dem öffentlichen Recht entziehen, das für die Fragen der Zuständigkeit und des Verfahrens der Willensbildung massgeblich bleibt. Die Zweistufentheorie geht zur Verbesserung des Rechtsschutzes noch einen Schritt weiter.   229

Die *Zweistufentheorie* unterscheidet beim Abschluss von privatrechtlichen Verträgen durch das Gemeinwesen zwischen dem privatrechtlichen Vertragsschluss und der internen Willensbildung der Behörden, die dem Vertragsschluss vorangeht. Das Verfahren der internen Willensbildung untersteht dem öffentlichen Recht und schliesst mit einer Verfügung ab, mit der sich die zuständige Behörde entscheidet, ob, mit wem und worüber ein privatrechtlicher Vertrag abgeschlossen werden soll (sog. Zuschlag). Diese Verfügung kann mit Beschwerde angefochten werden, mit welcher sämtliche Rechtsfehler geltend gemacht werden können. Dies bedeutet eine wesentliche Verbesserung des Rechtsschutzes, weil ohne Vorliegen einer Verfügung nur der schwache Rechtsbehelf der Aufsichtsbeschwerde möglich ist, der keine verfahrensmässigen Ansprüche vermittelt; die Aufsichtsbehörden greifen regelmässig nur bei schwerwiegenden Rechtsverletzungen ein (vgl. zu den Rechtsmitteln und Rechtsbehelfen §§ 24 f.). Die Zweistufentheorie kann vor allem bei Submissionen, d.h. bei der Vergebung von Arbeiten und Lieferungen durch den Staat an Private, zur Anwendung kommen.   230

231 Beispiel:
Die Gemeinde X. will ein neues Gemeindehaus errichten. Zu diesem Zweck schreibt sie die Arbeiten öffentlich aus, worauf die interessierten Bauunternehmer ihre Offerten einreichen. Der Gemeinderat von X. entscheidet sich nach längerer Diskussion für die Offerte des Unternehmers Z. und schliesst mit diesem einen privatrechtlichen Vertrag ab. Gemäss der Zweistufentheorie stellt die Entscheidung für die Offerte von Z. eine Verfügung dar, gegen die die Unternehmer, die nicht berücksichtigt wurden, Beschwerde führen und Rechtsverletzungen rügen können.

232 Das *Bundesgericht* war der Zweistufentheorie nicht gefolgt und hatte verschiedentlich erklärt, zwar stelle der Zuschlag bei der Vergabe von öffentlichen Arbeiten eine Verwaltungshandlung dar; diese führe aber nur zu einem privatrechtlichen Vertrag. Eine Verfügung, die von den nicht berücksichtigten Bewerbern angefochten werden könnte, liege grundsätzlich nicht vor.

233 Seit dem 1. Januar 1996 ist das GATT/WTO-Übereinkommen zum öffentlichen Beschaffungswesen vom 15. April 1994 (AS 1996 609 ff., GPA) in Kraft. Dem GPA unterstehen – mit Ausnahmen – die öffentlichen Auftraggeber von Bund und Kantonen, aber – wiederum mit Ausnahmen – nicht diejenigen auf Gemeindestufe. Das GPA enthält Regeln über das Verfahren und die Kriterien der Vergabe von öffentlichen Liefer-, Dienstleistungs- und Bauaufträgen, welche vor allem die Gleichbehandlung aller Anbieterinnen und Anbieter in den Vertragsstaaten sicherstellen sollen. Zur Anpassung des innerstaatlichen Rechts an das GPA wurde für *öffentliche Beschaffungen durch den Bund* das Bundesgesetz über das öffentliche Beschaffungswesen vom 16. Dezember 1994 (SR 172.056.1) (BoeB) erlassen. Das Bundesgesetz über den Binnenmarkt vom 6. Oktober 1995 (Binnenmarktgesetz, BGBM, SR 943.02) statuiert den Grundsatz der Gleichbehandlung von ortsfremden und ortsansässigen Anbieterinnen und Anbietern bei *öffentlichen Beschaffungen durch Kantone und Gemeinden* sowie andere Träger kantonaler oder kommunaler Aufgaben (Art. 5 in Verbindung mit Art. 3 BGBM). Da dem Bund die Kompetenz fehlt, das öffentliche Beschaffungswesen für die Kantone und Gemeinden verbindlich zu regeln, wurde für die Umsetzung des GPA auf kantonaler Ebene die Interkantonale Vereinbarung über das öffentliche Beschaffungswesen vom 25. November 1994 (SR 172.056.4) (IVöB) geschlossen.

234 *GPA, BoeB, BGBM und IVöB* schreiben unter anderem vor, dass der *Zuschlag* in Form einer *Verfügung* zu ergehen hat, die bei einer unabhängigen Instanz angefochten werden kann. Damit ist die Zweistufentheorie im öffentlichen Beschaffungswesen rechtlich verwirklicht worden.

235 Sofern der Vertrag aufgrund des Zuschlags mit einer Anbieterin oder einem Anbieter bereits abgeschlossen ist, kann dieser selber nicht mehr angefochten, sondern nur noch den durch eine Rechtsverletzung im Submissionsverfahren geschädigten Personen Schadenersatz zugesprochen werden. Die eidgenössische Rekurskommission für das öffentliche Beschaffungswesen hat deshalb zu Recht entschieden, mit dem Vertragsabschluss müsse in der Regel zugewartet werden, bis sich die Frage der aufschiebenden Wirkung des Rechtsmittels nicht mehr stelle (Entscheid vom 17. Februar 1997, ZBl 98 [1997] 218 ff.).

*e)   Frage der Bindung des privatrechtlich handelnden Gemeinwesens
        an die Grundrechte*

In der Lehre wird immer stärker betont, dass das Gemeinwesen auch dort, wo es in den Formen des Privatrechts handelt, an das Rechtsgleichheitsgebot und andere Grundrechte gebunden ist.   236

Das *Bundesgericht* liess diese Frage lange Zeit offen, hat sie nun aber in neueren Entscheiden bejaht. Im Zusammenhang mit einem Rechtsstreit um die Vereinbarung der Schweizerischen Nationalbank mit den Geschäftsbanken über die Sorgfaltspflicht der Banken bei der Entgegennahme von Geldern und über die Handhabung des Bankgeheimnisses von 1982 erklärte das Bundesgericht, dass die Schweizerische Nationalbank auch dort, wo sie als Aktiengesellschaft privatrechtlich handelnd auftrete, "an ihren öffentlichen Auftrag im weitesten Sinne gebunden bleibt, was zur Folge hat, dass sie in ihren privatrechtlichen Aktivitäten sinngemäss die verfassungsmässigen Grundrechte zu beachten hat", insbesondere das Rechtsgleichheitsgebot und das Willkürverbot (BGE 109 Ib 146, 155; vgl. auch 114 Ia 413, 423). Das Bundesgericht bestätigte diese Auffassung in seinem Urteil vom 10. Juli 1986 (ZBl 88 [1987] 205, 208), das die privaten Milchsammelstellen betraf, denen im Rahmen der Milchbewirtschaftung öffentliche Aufgaben übertragen sind: Auch privatrechtliche Organisationen sind, wo sie öffentliche Aufgaben in privatrechtlichen Formen wahrzunehmen haben, an die verfassungsmässigen Rechte, insbesondere an das Rechtsgleichheitsgebot und das Willkürverbot, gebunden.   237

Auch wenn man die Bindung an die Grundrechte bejaht, bleibt offen, wer eine Verletzung der Grundrechte durch das privatrechtlich handelnde Gemeinwesen geltend machen kann und auf welchem Weg eine entsprechende Rüge erfolgen muss. Ein förmliches Rechtsmittel besteht nur soweit, als dies im Gesetz vorgesehen ist.   238

2.   Privatrechtliche Haftung des Staates

Der Staat haftet für Schaden, den er in Ausübung seiner öffentlichen Aufgaben einem Privaten verursacht hat, in der Regel nach öffentlichrechtlichen Vorschriften. Die Haftung richtet sich nach den einschlägigen Gesetzen über die Staatshaftung. Ausnahmsweise kann der Staat aber wie ein Privater haftbar werden. Als Grundeigentümer (Art. 679 ZGB), als Werkeigentümer (Art. 58 OR) und als Motorfahrzeughalter (Art. 73 Abs. 1 SVG) ist der Staat stets wie ein Privater verantwortlich, und zwar auch bei der Ausübung hoheitlicher Befugnisse. Zur Staatshaftung vgl. hinten § 30, insb. Rz. 1769 ff.   239

III. Übernahme von Begriffen und Normen des Privatrechts ins Verwaltungsrecht

1. Anknüpfung des Verwaltungsrechts an privatrechtliche Tatbestände

240 Das Verwaltungsrecht kann eine verwaltungsrechtliche Rechtsfolge davon abhängig machen, dass gewisse privatrechtliche Tatbestände erfüllt sind. So ist für die Erhebung von Schenkungssteuern in der Regel Voraussetzung, dass eine Schenkung im Sinne des Obligationenrechts vorliegt. Oder eine Grundsteuer muss nur dann entrichtet werden, wenn der Steuerpflichtige zivilrechtlicher Eigentümer des Grundstückes ist.

241 Es ist allerdings zu beachten, dass nicht in allen Fällen, in denen ein im Zivilrecht geläufiger Begriff oder Tatbestand im Verwaltungrecht verwendet wird, dieser Begriff oder Tatbestand im Verwaltungsrecht gleich ausgelegt wird wie im Zivilrecht. So enthalten etwa gerade die Gesetze über die Schenkungssteuern häufig einen selbständigen Begriff der Schenkung, der sich mit der privatrechtlichen Umschreibung nicht deckt, und bei der Handänderungssteuer gilt der Kauf der Aktienmehrheit einer Immobilienaktiengesellschaft regelmässig als Handänderung, obwohl die Eigentümerin nicht ändert.

2. Verweisung des Verwaltungsrechts auf Normen des Privatrechts

242 Die Erlasse des Verwaltungsrechts verweisen zuweilen auf Normen des Privatrechts, statt für den betreffenden Sachverhalt eine eigene Regelung zu treffen. Dieses Vorgehen ist dort sinnvoll, wo die Normen des Privatrechts für die betreffende öffentlichrechtliche Materie ebensogut passen wie für das Privatrecht.

243 Beispiel:
Das Verantwortlichkeitsgesetz vom 14. März 1958 (SR 170.32) regelt im Bund die Staatshaftung. Es sieht in Art. 7 vor, dass der Bund, dem aus dem Verhalten eines Beamten eine Ersatzpflicht gegenüber den geschädigten Privaten erwachsen ist, Rückgriff auf den Beamten nehmen darf, wenn dieser vorsätzlich oder grobfahrlässig gehandelt hat. Das Gesetz verzichtet auf eine detaillierte Regelung des Rückgriffs und verweist dafür auf die Bestimmungen des Obligationenrechts über die Entstehung von Obligationen durch unerlaubte Handlungen (Art. 41 ff. OR), die entsprechend anzuwenden sind.

244 Die Normen, die aus dem Privatrecht übernommen werden und im Rahmen einer verwaltungsrechtlichen Rechtsbeziehung zur Anwendung kommen, gelten jedoch nicht als Privatrecht, sondern als *subsidiäres öffentliches Recht*. Der Rechtsschutz richtet sich daher nach dem öffentlichen Recht.

3. Analoge Anwendung des Privatrechts zur Lückenfüllung im öffentlichen Recht

245 Wird im öffentlichen Recht eine Lücke (vgl. dazu Rz. 191 ff.) festgestellt, so ist diese primär durch analoge Anwendung von öffentlichrechtlichen Normen zu füllen, d.h. es ist auf Normen abzustellen, die das öffentliche Recht für verwandte Fälle be-

reithält. Erst wenn sich im öffentlichen Recht keine analog anwendbare Bestimmung findet, ist – sekundär – auf ähnliche Regelungen im Privatrecht zurückzugreifen.

Beispiel für analoge Anwendung von *öffentlichrechtlichen Regelungen* verwandter Sachbereiche: Sinngemässe Anwendung von Bestimmungen über die Verjährungsfrist, die sich im gleichen oder in einem anderen öffentlichrechtlichen Erlass für verwandte Arten von Forderungen finden (BGE 122 II 26, 32 f.; 116 Ia 461, 464 ff.; 93 I 390, 396 ff.; 93 I 666, 672 ff.). 246

Beispiele für analoge Anwendung des *Privatrechts*: 247
– Sinngemässe Anwendung der Vorschriften des OR über Willensmängel auf den Expropriations- vertrag (ZBl 66 [1965] 120, 122 f. [Urteil des Zürcher Verwaltungsgerichts vom 28. April 1964]);
– Sinngemässe Anwendung von Art. 128 OR betr. Verjährungsfrist auf Besoldungsforderungen bei Beamten (BGE 85 I 180, 183) (vgl. zur Verjährung Rz. 627 ff.);
– Sinngemässe Anwendung der Vorschriften des Privatrechts auf die Frage des vorzeitigen Aus- tritts aus einer Krankenkasse aus wichtigen Gründen, da entsprechende Vorschriften im Kran- kenversicherungsrecht und in den Kassenstatuten fehlen (BGE 105 V 86, 88).

Eine analoge Anwendung von Privatrecht zur Lückenfüllung im öffentlichen Recht liegt nicht vor, wenn allgemeine Rechtsgrundsätze zur Anwendung gelangen. Diese sind Rechtsnormen, die zum Teil nur im Privatrecht ausdrücklich formuliert sind, aber wegen ihrer allgemeinen Tragweite als ungeschriebenes Recht in allen Rechts- gebieten, also auch im öffentlichen Recht, Geltung haben. Vgl. Rz. 142 ff. 248

§ 6 Zeitlicher und räumlicher Geltungsbereich des Verwaltungsrechts

Literatur

ARLT HANS JÜRGEN/MEYER HANSJÖRG, Straf- und verwaltungsrechtliche Folgen in der Schweiz nach Widerhandlungen gegen das Strassenverkehrsrecht im Ausland, in: Festschrift ASSISTA (Rechtsschutz-Versicherungsgesellschaft), Genf 1979, S. 57 ff.; BORGHI MARCO, Il diritto amministrativo intertemporale, ZSR NF 102/II (1983) 385 ff.; GRISEL ANDRÉ, L'application du droit public dans le temps, ZBl 75 (1974) 233 ff.; GUCKELBERGER ANNETTE, Verwirken von Gesetzen im Tätigkeitsbereich der Verwaltung, Berlin 1997; IMARK LUKAS, Aufhebung von Rechtssätzen in der Schweiz, Diss. Basel 1992; KÄMPFER WALTER, Zur Gesetzesbeständigkeit "wohlerworbener Rechte", in: Mélanges Henri Zwahlen, Lausanne 1977, S. 339 ff.; KLETT KATHRIN, Verfassungsrechtlicher Schutz "wohlerworbener Rechte" bei Rechtsänderungen anhand der bundesgerichtlichen Rechtsprechung, Diss. Bern 1984; KÖLZ ALFRED, Intertemporales Verwaltungsrecht, ZSR NF 102/II (1983) 101 ff.; MÜLLER GEORG, Die Einführung neuer Rechtsnormen in die bestehende Rechtsordnung, in: Grundfragen der Rechtsetzung, Basel 1978, S. 369 ff.; PFISTERER MARTIN, Die Anwendung neuer Bauvorschriften auf bestehende Bauten und Anlagen, Diss. Bern 1979; SCHAFFHAUSER RENÉ, Zum Führerausweisentzug in der Schweiz nach Verkehrsdelikten im Ausland, SJZ 78 (1982) 69 ff.; STRAUB MARTIN, Das intertemporale Recht bei der Baubewilligung, Diss. Zürich 1976; THOMMEN MARCELLE, Zur Problematik der sogenannten Vorwirkung, Diss. Basel 1979; WITMER JÜRG, Grenznachbarliche Zusammenarbeit, Diss. Zürich 1979; ZIMMERLI CHRISTOPH, Das Verbot rückwirkender Verwaltungsgesetze, Diss. Basel 1967; ZIMMERLIN ERICH, Zum Problem der zeitlichen Geltung im Baupolizei- und Bauplanungsrecht, ZSR NF 88/I (1969) 429 ff.; ZÜST MARKUS, Veröffentlichung und Inkrafttreten von Rechtserlassen, Diss. Zürich 1976.

I. Zeitlicher Geltungsbereich

1. Inkrafttreten von Erlassen

a) Allgemeines

249   Das Inkrafttreten eines Erlasses bedeutet den Beginn der rechtlichen Wirkungen eines Erlasses.

250   Der Zeitpunkt des Inkrafttretens ist grundsätzlich durch den Erlass selber festzusetzen. Sehr häufig erfolgt bei Gesetzen eine Delegation an die Exekutive, welche zur Bestimmung des Zeitpunktes des Inkrafttretens ermächtigt wird.

251   Im *Bunde* bestimmt ein *Bundesgesetz* oder *ein allgemein verbindlicher Bundesbeschluss* oft nicht selbst den Zeitpunkt des Inkrafttretens, sondern überlässt die Regelung dem Bundesrat. Der Grund dafür liegt darin, dass Bundesgesetze häufig erst in Kraft treten können, nachdem der Bundesrat die erforderlichen Ausführungsbestimmungen erlassen hat.

Verordnungen setzen meistens in ihren Übergangs- und Schlussbestimmungen selbst den Zeitpunkt des Inkrafttretens fest.

Für die *Kantone* gelten ähnliche Regelungen.

b) Publikation als Voraussetzung des Inkrafttretens

Aus rechtsstaatlichen Gründen, insbesondere im Hinblick auf die Rechtssicherheit, gilt der *Grundsatz*, dass Rechtssetzungserlasse erst nach ihrer Publikation in der Gesetzessammlung für die Privaten verbindlich werden.

Das Bundesgesetz über die Gesetzessammlungen und das Bundesblatt (Publikationsgesetz) vom 21. März 1986 (SR 170.512) (PublG) regelt die Veröffentlichung der Erlasse des Bundes. Die Publikation eines Erlasses in der amtlichen Gesetzessammlung ist in der Regel Voraussetzung für sein Inkrafttreten und seine Verbindlichkeit.

Art. 6 Abs. 1 PublG hält als Grundsatz fest, dass ein Erlass des Bundes mindestens fünf Tage vor seinem Inkrafttreten in der Amtlichen Sammlung (AS) veröffentlicht werden muss. Aus Gründen der Dringlichkeit oder wegen anderer ausserordentlicher Verhältnisse kann ein Erlass auch vorerst auf andere Weise – über Radio und Fernsehen, mittels Pressemitteilungen usw. – bekanntgemacht werden (sog. ausserordentliche Bekanntmachung, Art. 7 PublG). Der Erlass muss dann sobald als möglich in die Amtliche Sammlung aufgenommen werden (Art. 7 Abs. 3 PublG).

Unter Umständen kann im Falle der ausserordentlichen Publikation das Problem der Rückwirkung auftreten (vgl. Rz. 266 ff.). Vgl. zur Problematik von Inkrafttreten und Veröffentlichung von Erlassen BGE 92 I 226, 231 ff.

2. Ausserkrafttreten von Erlassen

Befristete Erlasse treten mit Ablauf der Frist ausser Kraft. *Unbefristete Erlasse* können durch spätere Erlasse gleicher oder höherer Stufe aufgehoben werden. Dabei ist zwischen formeller und materieller Aufhebung zu unterscheiden.

Eine *formelle Aufhebung* liegt vor, wenn ein Erlass gleicher oder höherer Stufe einen älteren Erlass ausdrücklich als aufgehoben erklärt. Bei Ausserkrafttreten des jüngeren Erlasses lebt der ältere Erlass nicht wieder auf. Ein Beispiel hierfür ist Art. 16 des Publikationsgesetzes. – Einen Sonderfall der formellen Aufhebung stellt die Suspendierung eines Erlasses dar. Hier wird der Erlass nur zeitlich befristet aufgehoben. Nach Ablauf der Frist lebt der Erlass wieder auf.

Eine *materielle Aufhebung* liegt vor, wenn sich ein neuer Erlass mit älterem Recht deckt oder diesem widerspricht (lex posterior derogat legi priori; Vorrang des jüngeren Erlasses). Ob dies zutrifft, ist durch Auslegung zu ermitteln. Bei einer materiellen Aufhebung wird das ältere Recht nicht beseitigt und lebt wieder auf, wenn der jüngere Erlass später formell aufgehoben wird.

3. Anwendung von neuem Recht auf hängige Verfahren

a) Das Problem

261 Tritt ein neues Gesetz in Kraft, so fragt sich, auf welche Sachverhalte das alte Recht noch anzuwenden ist und welche Sachverhalte nach dem neuen Recht zu beurteilen sind. Es stellt sich insbesondere die Frage, ob auf eine hängige Streitsache altes oder neues Recht Anwendung findet. Die Antwort hängt vor allem davon ab, wie das Interesse der Betroffenen am Schutz des Vertrauens in die Weitergeltung des bisherigen Rechts gewichtet wird.

Beispiel:
Nachdem X. sein Baugesuch gestellt hat, tritt die neue Bauordnung in Kraft. Nach dem alten Recht müsste das Gesuch gutgeheissen, nach dem neuen abgelehnt werden. Welche Bauordnung haben die Baubehörden auf das Gesuch anzuwenden?

b) Ausdrückliche gesetzliche Regelung

262 Grundsätzlich muss diese Frage vom Gesetz beantwortet werden. Ein Gesetz, das neu in Kraft tritt, sollte eine übergangsrechtliche, eine *intertemporale Regelung* enthalten. Handelt es sich beim neuen Erlass um ein Gesetz im formellen Sinn, so sollten zumindest die wichtigsten übergangsrechtlichen Fragen im Gesetz selber geregelt sein. Wenn dies nicht der Fall ist, so kann nach der Meinung des Bundesgerichts die Exekutive kraft ihrer Kompetenz zur Regelung des Inkrafttretens das Übergangsrecht umfassend ordnen (BGE 104 Ib 205, 215 ff.; 106 Ia 254, 256 f.). In dieser allgemeinen Form lässt sich diese Auffassung allerdings kaum mit dem Gesetzmässigkeitsprinzip vereinbaren (vgl. kritisch dazu KÖLZ, S. 155 ff.).

c) Fehlen einer gesetzlichen Regelung

263 Auch heute noch wird allzuoft versäumt, das Übergangsrecht ausdrücklich zu regeln. In diesen Fällen muss aufgrund *allgemeiner Prinzipien* über das anwendbare Recht entschieden werden. Das Interesse am Schutz des Vertrauens der Betroffenen auf die Weitergeltung des bisherigen Rechts und an der Rechtssicherheit wird am besten gewahrt, wenn das im Zeitpunkt der *Einleitung* des Verfahrens geltende Recht angewendet wird. Das Interesse daran, das neue Recht möglichst rasch und umfassend wirksam werden zu lassen, verlangt, dass Änderungen des Rechts auch dann berücksichtigt werden, wenn sie erst während des erstinstanzlichen oder des Rechtsmittelverfahrens eingetreten sind.

263a Die *Bundesgerichtspraxis* zur Frage, welches Recht bei Fehlen einer ausdrücklichen Regelung auf ein hängiges *Rechtsmittel*verfahren anwendbar ist, ist nicht ganz widerspruchsfrei. In BGE 107 Ib 191, 194 ff. nannte das Bundesgericht als Grundsatz, dass das Recht, welches zum Zeitpunkt der *Entscheidfällung* der Rechtsmittelinstanz in Kraft steht, zur Anwendung kommt, soweit es um der öffentlichen Ordnung willen aufgestellt wurde. In BGE 122 V 85, 89 und BGE 112 Ib 39, 42 ff. erklärte das Bundesgericht dagegen, dass die Rechtmässigkeit einer Verfügung grundsätzlich nach der Rechtslage zur Zeit ihres *Erlasses* zu beurteilen sei; nachher eingetretene Änderungen müssten unberücksichtigt bleiben. Eine Ausnahme sei nur zu machen, wenn sich die Anwendung des neuen Rechts aus zwingenden Gründen, vor allem um der öffentlichen Ordnung willen aufdränge, wie das insbesondere bei neuen Bestimmungen im Bereich des Umweltschutzes der Fall ist (vgl. BGE 122 II 26, 29 f.; 120 Ib 233, 237; 120 Ib 317, 319 f.; 119 Ib 174, 176 ff.; 112 Ib 39, 42 f.).

Diese zweite Lösung verdient den Vorzug. Richtigerweise sollten Rechtsände- 264 rungen nach dem erstinstanzlichen Entscheid nur dann berücksichtigt werden, wenn die Rechtsänderung auch einen Widerruf rechtfertigen würde (vgl. Rz. 809 ff.). Nach dem Vertrauensprinzip müsste sogar auf den Zeitpunkt der Gesuchseinreichung ab- gestellt werden, doch spricht das öffentliche Interesse an der Anwendung des neuen Rechts dafür, das zur Zeit des erstinstanzlichen Entscheides geltende Recht heran- zuziehen (KÖLZ, S. 208 f.).

Nach der Rechtsprechung des Bundesgerichts findet die Anwendung des neuen 265 Rechts auf jeden Fall im Grundsatz von *Treu und Glauben* ihre *Grenze*. Danach ist die Anwendung neuen Rechts rechtsmissbräuchlich, wenn die Behörden das Verfah- ren ungebührlich lange verschleppt haben und wenn ohne diese Verschleppung das alte Recht angewendet worden wäre (BGE 110 Ib 332, 336 f.). Vgl. auch Rz. 435 ff.

4. Rückwirkung

a) *Echte Rückwirkung*

aa) *Begriff*

Echte Rückwirkung liegt vor, wenn neues Recht auf einen Sachverhalt angewendet 266 wird, der sich abschliessend vor Inkrafttreten dieses Rechts verwirklicht hat. Das ist z.B. dann gegeben, wenn ein neues Steuergesetz die Steuerpflicht an Tatbestände anknüpft, die vor dem Inkrafttreten des Gesetzes eingetreten sind, also z.B. eine Schenkungssteuer einführt, welche auch Schenkungen, die vor Inkrafttreten des Ge- setzes gemacht worden sind, einer Besteuerung unterstellt.

bb) *Grundsatz des Verbotes der echten Rückwirkung*

Es ist von dem Grundsatz auszugehen, dass die echte Rückwirkung *unzulässig* ist. 267 Niemandem sollen Verpflichtungen auferlegt werden, die sich aus Normen ergeben, welche ihm zum Zeitpunkt, als sich der Sachverhalt verwirklichte, nicht bekannt sein konnten, mit denen er also nicht rechnen konnte und musste. Dies ergibt sich als un- geschriebener Verfassungsgrundsatz aus Art. 4 Abs. 1 BV. Eine reichhaltige Praxis hat den Grundsatz präzisiert.

cc) *Voraussetzungen für die Zulässigkeit der echten Rückwirkung*

Ausnahmsweise ist gemäss bundesgerichtlicher Praxis (BGE 122 V 405, 408; 119 Ia 268 254, 257 ff.; 113 Ia 412, 425) die echte Rückwirkung eines Erlasses *zulässig*, wenn folgende Voraussetzungen kumulativ erfüllt sind:

– Die Rückwirkung muss *ausdrücklich angeordnet* oder nach dem Sinn des Erlasses *klar gewollt* sein.

– Die Rückwirkung muss *zeitlich mässig* sein. Entscheidend sind die besonderen Verhältnisse der betreffenden Regelung. Insbesondere die Voraussehbarkeit der Gesetzesänderung spielt eine grosse Rolle.

– Die Rückwirkung ist nur zulässig, wenn sie durch *triftige Gründe* gerechtfertigt ist. Fiskalische Gründe genügen grundsätzlich nicht, es sei denn, die öffentlichen Finanzen seien in Gefahr (BGE 119 Ia 254, 258; 102 Ia 69, 73). Dagegen kann das Gebot rechtsgleicher Behandlung eine Rückwirkung rechtfertigen.

– Die Rückwirkung darf *keine stossenden Rechtsungleichheiten* bewirken.

– Die Rückwirkung darf *keinen Eingriff in wohlerworbene Rechte* (vgl. Rz. 815) darstellen. So ist z.B. eine rückwirkende Enteignung unzulässig (VEB 11 [1937] Nr. 208, S. 211 f.).

Die beiden letzten Voraussetzungen bringen für die Problematik der Rückwirkung Grundsätze zur Anwendung, die im gesamten Verwaltungsrecht allgemein gelten.

Beispiele:

269 – 1964 wurde ein – inzwischen revidierter – Art. 341bis ins Obligationenrecht aufgenommen, der als Mindest-Feriendauer 2 Wochen vorsah, den Kantonen aber die Möglichkeit gab, die Dauer der Ferien auf bis zu 3 Wochen zu erhöhen. Am 3. Dezember 1967 nahm das Schaffhauser Volk eine Initiative an, die diese Möglichkeit z.T. nutzte und eine nach Alter differenzierte Feriendauer vorsah. Dieses Gesetz sollte – rückwirkend – auf den 1. Januar 1967 in Kraft treten. Das Bundesgericht hiess eine staatsrechtliche Beschwerde gut, die sich gegen diese Übergangsregelung richtete. Es verneinte das Vorliegen eines triftigen Grundes, indem es ausführte, dass die Mindest-Feriendauer der Gesundheit der Arbeiter diene, dieses Ziel aber mit der Rückwirkung für das Jahr 1967 nicht erreicht werden könne, da die zusätzlichen Ferien nur durch Geldersatz oder Nachgewährung abgegolten werden könnten. Ausserdem stelle die Rückwirkung einen Eingriff in die Rechte derjenigen Arbeitgeber dar, die im Vertrauen auf das alte Recht im Jahr 1967 weniger als 3 Wochen Ferien vereinbart hätten (BGE 94 I 1, 5 ff.).

269a – Mit Beschluss vom 12. Februar 1993 setzte der Staatsrat des Kantons Waadt ein Dekret des Grossen Rates auf den 1. Januar 1993 in Kraft, welches den Verzicht auf die Anpassung der Gehälter der Beamtinnen und Beamten der kantonalen Verwaltung an die Teuerung für das Jahr 1993 anordnete. Das Bundesgericht hielt diese Rückwirkung für zulässig. Sie sei im Dekret vorgesehen, zeitlich sehr begrenzt und führe nicht zu stossenden Rechtsungleichheiten. Sie greife nicht in wohlerworbene Rechte ein, da der Gesetzgeber die Anstellungsbedingungen der Beamtinnen und Beamten ändern könne, auch wenn es um die Besoldung gehe. Für den Verzicht auf den Teuerungsausgleich gebe es triftige Gründe. Die Finanzen des Kantons Waadt seien in einem schlechten Zustand, der Massnahmen zur Verbesserung notwendig mache. Das öffentliche Interesse an der rückwirkenden Inkraftsetzung des Dekretes überwiege gegenüber dem Interesse der Beamtinnen und Beamten, den Teuerungsausgleich für den Monat Januar und einige Tage des Februars 1993 noch zu erhalten. Für die Rückwirkung spreche auch die Verwaltungsökonomie, da es einfacher sei, den für ein Jahr angeordneten Verzicht auf den Teuerungsausgleich mit dem Kalenderjahr zusammenfallen als ihn vom März 1993 bis Ende Februar 1993 gelten zu lassen. Im übrigen seien die Betroffenen nicht überrascht worden, da ihnen die geplante Massnahme seit dem Herbst 1992 bekannt gewesen sei (BGE 119 Ia 254, 258 f.).

dd) Zulässigkeit der Rückwirkung begünstigender Erlasse

270 Das Verbot der Rückwirkung findet seine Begründung darin, dass den Privaten keine Pflichten auferlegt werden sollen, mit denen sie im Zeitpunkt der Verwirklichung

des Sachverhalts nicht rechnen mussten. Diese Bedenken sind unangebracht, wenn die Rückwirkung den Privaten nur Vorteile bringt, d.h. wenn ein begünstigender Erlass mit rückwirkender Kraft ausgestattet ist.

Selbstverständlich darf auch die Rückwirkung begünstigender Erlasse nicht zu Rechtsungleichheiten führen oder Rechte Dritter beeinträchtigen. Ausserdem darf aus der Zulässigkeit der Rückwirkung begünstigender Erlasse nicht auf einen Anspruch auf Rückwirkung solcher Erlasse geschlossen werden (BGE 99 V 200, 203). Ein solcher Anspruch besteht nur, wenn er vom Gesetz vorgesehen ist.   271

Beispiel: 272
Das Bundesgericht bejahte grundsätzlich die Möglichkeit, dass eine neue Regelung der Staatshaftung rückwirkend auf ein Schadenereignis, das sich vor dem Inkrafttreten ereignet hat, angewendet werden kann, soweit sie bloss begünstigend wirkt und keine Nachteile sowohl für die Privaten als auch für die beteiligten Beamten mit sich bringt. Ein Anspruch auf rückwirkende Inkraftsetzung einer begünstigenden Regelung kann jedoch bloss dann geltend gemacht werden, wenn die einschlägigen Normen dies vorsehen (BGE 105 Ia 36, 40).

b)   Unechte Rückwirkung

aa)   Begriff

Von unechter Rückwirkung ist in zwei Fällen zu sprechen. *Einerseits* liegt unechte Rückwirkung bei der *Anwendung neuen Rechts auf zeitlich offene Dauersachverhalte* vor. Dies ist gegeben, "wenn bei der Anwendung des neuen Rechts auf Verhältnisse abgestellt wird, die schon unter der Herrschaft des alten Rechts entstanden sind und beim Inkrafttreten des neuen Rechts noch andauern" (BGE 114 V 150, 151; vgl. auch BGE 122 V 405, 408 f.; 118 Ia 245, 255).   273

Beispiele:
– Anlässlich der 8. AHV-Revision erweiterte der Gesetzgeber den Kreis der Anspruchsberechtig-   274
 ten bei Witwenrenten auf Witwen mit Pflegekindern. Die neuen Bestimmungen traten am
 1. Januar 1973 in Kraft. Frau Hemmi, die mit ihrem 1965 verstorbenen Mann zwei – inzwischen adoptierte – Pflegekinder aufgenommen hatte, ersuchte um Zuerkennung einer Witwenrente. Die Ausgleichskasse und – auf Beschwerde hin – das kantonale Versicherungsgericht
 wiesen das Gesuch ab mit der Begründung, die neue Regelung habe keine rückwirkende Kraft
 und gelte deshalb nur für den Fall der Verwitwung nach ihrem Inkrafttreten anfangs 1973. Das
 Eidgenössische Versicherungsgericht hiess eine entsprechende Verwaltungsgerichtsbeschwerde
 von Frau Hemmi gut. Es erklärte, es liege gar keine echte, sondern eine unechte Rückwirkung
 vor. Es stelle sich lediglich die Frage, ob Leistungen nach neuem Recht vom Zeitpunkt des
 Inkrafttretens an auch in Fällen zu erbringen seien, in welchen der anspruchsbegründende
 Sachverhalt bereits vor dem Inkrafttreten eingetreten sei. Das Eidgenössische Versicherungsgericht bejahte diese Frage. Die Revision verfolge den Zweck, bestehende Lücken im
 Leistungssystem zu beseitigen. Deshalb müsse der Anspruch auf Witwenrente auch für diejenigen Frauen bestehen, die vor dem Inkrafttreten verwitwet seien. Es wäre stossend, wenn gerade
 diejenigen, die die Revision auslösten, leer ausgingen (BGE 99 V 200, 202 f.).
– Nach einer Änderung der Verordnung über die Begrenzung der Zahl der Ausländer vom   274a
 6. Oktober 1986 (BVO; SR 823.21), die am 1. Januar 1995 in Kraft getreten ist, können neu nur
 noch Saisonbewilligungen von Personen aus Staaten der EFTA und der EU in eine Jahresbewilligung umgewandelt werden, wenn diese sich in den letzten vier aufeinanderfolgenden Jahren während insgesamt 36 Monaten ordnungsgemäss in der Schweiz aufgehalten hatten. Herr
 A., jugoslawischer Staatsangehöriger, hielt sich zwischen dem 16. Juli 1991 und dem 14. April

1995 während 36 Monaten ordnungsgemäss als Saisonnier in der Schweiz auf. Sein Gesuch vom 28. Oktober 1994 um Umwandlung der Saison- in eine Jahresbewilligung war mit Hinweis auf die Änderung der Begrenzungsverordnung von den zuständigen Behörden mit Entscheid vom 3. Januar 1995 abgelehnt worden, weil der Gesuchsteller aus Jugoslawien stammte, das nach der neuen Regelung nicht zu den in der Verordnung genannten Ländern gehörte. Das Bundesgericht wies eine Verwaltungsgerichtsbeschwerde, in welcher A. unter anderem eine Verletzung des Rückwirkungsverbotes geltend gemacht hatte, mit der Begründung ab, das Rückwirkungsverbot biete grundsätzlich nur Schutz vor der Anwendung gesetzlicher Ordnungen, die an ein Ereignis anknüpfen, das vor deren Erlass abgeschlossen worden sei. "Eine unerlaubte Rückwirkung liegt hingegen nicht vor, wenn der Gesetzgeber auf Verhältnisse abstellt, die zwar unter der Herrschaft des alten Rechts entstanden sind, beim Inkrafttreten des neuen Rechts aber noch andauern." Da A. bei Inkrafttreten der neuen Regelung die erforderliche Anwesenheitsdauer noch nicht erreicht hatte, war der geregelte Sachverhalt noch nicht abgeschlossen, womit keine echte Rückwirkung vorlag (BGE 122 II 113, 124).

275 Dieser Fall der unechten Rückwirkung tritt häufig im *Verfahrensrecht* ein, wenn vorgesehen ist, das neue Recht sei auf alle hängigen Gesuche oder Streitsachen anzuwenden (BGE 113 Ia 412, 425).

276 *Anderseits* spricht man von unechter Rückwirkung, wenn das *neue Recht* nur für die Zeit nach seinem Inkrafttreten zur Anwendung gelangt, dabei aber in einzelnen Belangen *auf Sachverhalte abstellt, die bereits vor Inkrafttreten vorlagen* (sog. Rückanknüpfung, vgl. BGE 114 V 150, 151). Ein solcher Fall liegt z.B. vor, wenn ein neues Gesetz über die Einkommenssteuer vorsieht, dass bei der Bemessung der Steuern auf das Einkommen des Vorjahres, d.h. vor Inkrafttreten des Gesetzes, abgestellt wird. Der Grundgedanke der Praenumerandobesteuerung liegt darin, das Einkommen der Steuerperiode, welches das eigentliche Steuerobjekt bildet, nach den aus den Vorjahren sich ergebenden Elementen zu bemessen. Bei Steuergesetzen kann somit nur von echter Rückwirkung gesprochen werden, wenn das *Bestehen* einer Steuerpflicht an Sachverhalte anknüpft, die vor dem Inkrafttreten des Gesetzes verwirklicht worden sind, nicht aber dann, wenn lediglich der *Umfang* der Steuerpflicht nach Tatsachen bestimmt wird, die vor dem Inkrafttreten des Steuergesetzes eingetreten sind (BGE 102 Ia 31, 32 f.). Vgl. BGE 104 Ib 205, 219 f. (Festlegung von Einfuhrkontingenten in der Fleischversorgung, die aufgrund von Faktoren bemessen werden, die sich vor dem Inkrafttreten der neuen Regelung herausgebildet haben).

bb)   Grundsatz der Zulässigkeit der unechten Rückwirkung

277 Die unechte Rückwirkung ist *grundsätzlich zulässig*, sofern ihr nicht wohlerworbene Rechte entgegenstehen (BGE 118 Ia 245, 255 m.w.H.; 113 V 296, 299). Die Anwendung neuen Rechts kann u.U. auch mit dem Vertrauensgrundsatz kollidieren, wenn die Betroffenen im Vertrauen auf die Weitergeltung des bisherigen Rechts Dispositionen getroffen haben, die sich ohne Nachteil nicht wieder rückgängig machen lassen. Das Bundesgericht lehnte es bis vor kurzem grundsätzlich ab, dass sich die Privaten gegenüber Gesetzesänderungen auf den Schutz ihres Vertrauens berufen können (BGE 114 Ib 17, 24 f.). In BGE 122 V 405, 409, hat es diese Auffassung relativiert und festgestellt, eine Änderung von Rechtsnormen könne gegen den Grundsatz des Vertrauensschutzes verstossen, wenn die Betroffenen im Vertrauen auf den

Bestand der Normen Dispositionen getroffen hätten, die sie nur schwer wieder rückgängig machen könnten.

Die heute wohl herrschende Lehre tritt für eine umfassende Geltung des Vertrauensgrundsatzes auch im Bereich der Rechtssetzung ein (vgl. KÖLZ, S. 135 ff.; BEATRICE WEBER-DÜRLER, Vertrauensschutz im öffentlichen Recht, Basel/Frankfurt a.M. 1983, S. 160 f., 280 ff.) (vgl. dazu auch Rz. 541 ff.). 277a

Beispiele:
- Im Frühjahr 1981 trat im Kanton Zürich ein neues Lehrerbildungsgesetz in Kraft, das eine um 1 Jahr und 4 Monate verlängerte Ausbildung vorsah. Von der Revision waren auch Seminaristen betroffen, die ihre Ausbildung vor dem Inkrafttreten der neuen Regelung begonnen, aber noch nicht beendet hatten. In einer staatsrechtlichen Beschwerde wurde geltend gemacht, es läge eine unzulässige Rückwirkung vor. Das Bundesgericht verneinte das Vorliegen einer echten Rückwirkung, da die Betroffenen die Ausbildung noch nicht abgeschlossen hatten und daher noch nicht zur Ausübung des Lehrerberufes zugelassen worden waren (BGE 106 Ia 254, 258). 278
- Lic. iur. K. wurde mit Verfügung des Justiz-Departementes des Kantons Solothurn vom 26. August 1975 für die Zeit ab 1. Januar 1976 zum einjährigen Praktikum als Fürsprecher und Notar zugelassen. Die Anstellungsverfügung stützte sich auf die ab 19. August 1975 gültige Fassung der Verordnung des Regierungsrates über die Aufnahme von Fürsprecherpraktikanten in staatliche Amtsstellen und enthielt eine Klausel, wonach Änderungen der Gehaltsordnung jederzeit ausdrücklich vorbehalten bleiben. Mit Beschluss vom 27. Januar 1976 änderte der Regierungsrat diese Verordnung mit Wirkung ab 1. Februar 1976 in dem Sinne, dass die Entschädigung der Praktikanten, die nach dem 19. August 1975 zugelassen worden waren, im Umfange von ca. 30% gekürzt wurde. Das Bundesgericht hiess die staatsrechtliche Beschwerde von K. gegen den Beschluss des Regierungsrates gut. Zwar wirke die den Praktikanten mitgeteilte Kürzung der Entschädigung nicht eigentlich zurück, da das neue Recht – gestützt auf Sachverhalte, die früher eingetreten sind – lediglich für die Zeit seit Inkrafttreten (ex nunc et pro futuro) Anwendung finde. Eine solche beschränkte, sogenannte unechte Rückwirkung sei grundsätzlich zulässig, sofern ihr wie hier keine wohlerworbenen Rechte entgegenstünden. Allerdings wären aufgrund des Vorbehaltes der Änderung der Gehaltsordnung in der Anstellungsverfügung bloss Lohnkürzungen in der Höhe von allenfalls 10% haltbar gewesen. Zu Gehaltsherabsetzungen in beliebigem Ausmass berechtige der Vorbehalt jedoch nicht, da sie für die Betroffenen nicht in diesem Ausmass vorsehbar gewesen seien. Da der Beschwerdeführer aufgrund seiner Zulassungsverfügung längerfristige Dispositionen (Wohnungswechsel, Kauf eines Autos) getroffen habe, die nicht leicht und vor allem nicht sofort rückgängig zu machen seien, hätte der Regierungsrat nach Treu und Glauben den bereits angestellten Praktikanten eine angemessene, mindestens halbjährige First zur Anpassung an die stark veränderten Verhältnisse gewähren müssen (BGE vom 15. Dezember 1976, ZBl 78 (1977) 267 ff.). 278a

5. Vorwirkung

a) Begriff und Problem

Bei der Rückwirkung geht es um die Anwendung von neuem Recht auf Fälle, die sich vor dessen Inkrafttreten ereignet haben. Im Gegensatz dazu bedeutet die Vorwirkung eines Erlasses, dass ein Erlass Rechtswirkungen zeitigt, obwohl er noch nicht in Kraft getreten ist. Diese Rechtswirkung kann darin bestehen, dass zukünftiges Recht bereits wie geltendes Recht angewendet wird (positive Vorwirkung), oder darin, dass die Anwendung des alten Rechts ausgesetzt wird, bis das neue Recht in 279

Kraft tritt *(negative Vorwirkung)*. Ersteres widerspricht dem Gesetzmässigkeitsprinzip, letzteres kann u.U. das Verbot der Rechtsverzögerung verletzen.

b) Unzulässigkeit der positiven Vorwirkung

280 Positive Vorwirkung liegt vor, wenn ein noch nicht in Kraft gesetzter Erlass unter Vorbehalt seines Inkrafttretens angewendet wird.

281 Eine derartige positive Vorwirkung ist grundsätzlich *unzulässig*, und zwar auch dann, wenn dafür eine besondere gesetzliche Grundlage besteht. Gegen die Zulässigkeit der positiven Vorwirkung spricht neben dem Legalitätsprinzip vor allem die Tatsache, dass in der Regel nicht vorhergesehen werden kann, ob und wann eine neue Regelung in Kraft tritt (Grundsatz der Rechtssicherheit).

282 Beispiel:
Art. 36 Abs. 2 des Tessiner Baugesetzes aus dem Jahre 1940 sah vor, dass die Grundeigentümer Bebauungspläne – die erst mit Genehmigung des Regierungsrates in Kraft traten – schon vom Zeitpunkt ihrer öffentlichen Auflegung an beachten mussten. Das Bundesgericht beurteilte die damit statuierte positive Vorwirkung der Bebauungspläne als unvereinbar mit dem Gesetzmässigkeitsprinzip und der Eigentumsgarantie. Es erklärte die positive Vorwirkung jedoch nicht als generell unzulässig (BGE 100 Ia 147 ff. = Pra 63 [1974] Nr. 203 = IMBODEN/RHINOW I, S. 108 ff.; vgl. auch BGE 100 Ia 157, 161 ff., sowie BGE 119 Ia 254, 259 f.).

c) Beschränkte Zulässigkeit der negativen Vorwirkung

283 Eine negative Vorwirkung eines Erlasses liegt vor, wenn – insbesondere bei der Behandlung von Gesuchen – das geltende Recht bis zum Inkrafttreten des neuen Rechts nicht mehr angewendet wird. Klassischer Anwendungsfall einer solchen negativen Vorwirkung ist die sog. Bausperre, mit der verhindert wird, dass nach einem bestimmten Zeitpunkt – z.B. der öffentlichen Auflage des neuen Nutzungsplanes – Bauvorhaben bewilligt werden, die dem künftigen Recht widersprechen (BGE 118 Ia 510, 512 ff.; 93 I 338, 341).

284 Die negative Vorwirkung ist nur *zulässig*, wenn sie vom geltenden Recht vorgesehen ist. Von der Praxis wird zudem verlangt, dass auch die übrigen Voraussetzungen für eine zulässige Rückwirkung (vgl. Rz. 268) – zeitlich mässige Geltung, triftige Gründe, Vermeidung von Rechtsungleichheiten und Beachtung von wohlerworbenen Rechten – erfüllt sein müssen (BGE 100 Ia 147, 155 = Pra 63 [1974] Nr. 203, S. 584 f.). Die letzteren Voraussetzungen können jedoch nicht unbesehen übernommen werden, da bei der negativen Vorwirkung – im Gegensatz zur positiven Vorwirkung und zur Rückwirkung – kein Recht auf Sachverhalte angewendet wird, die sich vor Inkrafttreten des neuen Rechts ereigneten, sondern lediglich die Anwendung des alten Rechts ausgesetzt wird (ZBl 84 [1983] 542, 547). Die Nichtanwendung ist die Folge einer Vorschrift des *geltenden* Rechts und wird im Hinblick auf das künftige Recht statuiert. Eine eigentliche *Vor*wirkung künftigen Rechts liegt nicht vor (RHINOW/KRÄHENMANN, S. 50).

285 Was die zeitlich mässige Geltung betrifft, so folgt sie aus dem Verhältnismässigkeitsprinzip (vgl. hinten, Rz. 486 ff.). Danach sind etwa Planungszonen – die ähnlich wirken wie eine Bausperre – bis zu 5 Jahren zulässig (vgl. hinten, Rz. 286a). Ausserdem dürfte eine negative Vorwirkung von sehr geringer Dauer – z.B. Verzö-

gerung eines Entscheids um 3 Tage bis zum Inkrafttreten des neuen Rechts – auch ohne gesetzliche Grundlage zulässig sein (vgl. IMBODEN/RHINOW Bd. I, S. 114; RHINOW/KRÄHENMANN, S. 51). Schranke der negativen Vorwirkung ist aber immer das Verbot der Rechtsverzögerung: Es darf nicht zu einem übermässig langen Hinauszögern des Entscheides kommen (vgl. dazu Rz. 435 ff.).

Beispiele:

- Art. 50 des Tessiner Baugesetzes von 1973 ermächtigte die Gemeinden, den Entscheid über ein Baugesuch, das der in Vorbereitung befindlichen Planung widerspricht, für höchstens zwei Jahre zurückzustellen. Das Bundesgericht erklärte, diese Regelung sei zulässig und verstosse nicht gegen die Eigentumsgarantie (BGE 103 Ia 468, 480 ff.). **286**

- Nach Art. 27 des Raumplanungsgesetzes vom 22. Juni 1979 (SR 700) kann die zuständige Behörde für genau bezeichnete Gebiete Planungszonen bestimmen, wenn Nutzungspläne angepasst werden müssen oder noch keine vorliegen. Innerhalb der Planungszonen darf nichts unternommen werden, was die Nutzungsplanung erschweren könnte. Planungszonen dürfen für längstens fünf Jahre bestimmt werden; das kantonale Recht kann eine Verlängerung vorsehen. **286a**

II. Räumlicher Geltungsbereich

1. Das Territorialitätsprinzip

Jedes Gemeinwesen hat seine eigene Rechtsordnung. Unter Umständen kann sich die Frage stellen, welches Recht auf einen Fall, dessen Sachverhalt zu zwei oder mehr Gemeinwesen Berührungspunkte aufweist, anwendbar ist. **287**

Im Zivilrecht steht den Gerichten zur Beantwortung dieser Frage ein spezielles Kollisionsrecht, das Internationale Privatrecht, zur Verfügung. Dieses Recht sagt, welches materielle Recht anwendbar ist. So kann auch der Fall eintreten, dass schweizerische Gerichte einmal ausländisches Recht anwenden. **288**

Im Gegensatz dazu kennt das öffentliche Recht kein spezielles Kollisionsrecht. Hier gilt das sog. Territorialitätsprinzip, wonach öffentliches Recht nur in dem Staat Rechtswirkungen entfaltet, der es erlassen hat. Schweizerisches öffentliches Recht wird somit nur auf Sachverhalte angewendet, die sich in der Schweiz zutragen. Schweizerische Behörden dürfen nur schweizerisches öffentliches Recht anwenden, es sei denn, die Anwendung ausländischen öffentlichen Rechts sei aufgrund eines Staatsvertrages geboten (BGE 95 II 109, 114). **289**

Probleme können sich auch bezüglich des Geltungsbereichs des Verwaltungsrechts der Kantone bzw. Gemeinden ergeben. Auch im interkantonalen und interkommunalen Bereich gelten das Territorialitätsprinzip und der Grundsatz, dass jeder Kanton und jede Gemeinde nur sein bzw. ihr Verwaltungsrecht anwendet. **290**

2. Verschiedene Anknüpfungen

Gemäss dem Territorialitätsprinzip gilt das öffentliche Recht nur für Sachverhalte, die sich im räumlichen Herrschaftsbereich des rechtsetzenden Gemeinwesens ereig- **291** nen. Es kann nun aber u.U. nicht klar sein, welchem Gemeinwesen ein Sachverhalt zuzuordnen ist.

Beispiel:
X., Bürger von Chur GR und in Baden AG wohnhaft, arbeitet in der Stadt Zürich. Welches Gemeinwesen ist für die Erhebung der Einkommenssteuern zuständig?

292 Es stellt sich in solchen Fällen die Frage der Anknüpfung, aufgrund derer ein Rechtsverhältnis einem Gemeinwesen zugeordnet wird. Dabei besteht keine einheitliche Regelung, die für alle Bereiche des Verwaltungsrechts gilt. Für die verschiedenen verwaltungsrechtlichen Massnahmen gelten unterschiedliche Anknüpfungen. Massgeblich kann sein:
– Wohnsitz, Niederlassung oder Aufenthalt;
   Beispiele: Einkommenssteuern von Schweizern, Ausübung des Stimm- und Wahlrechts der Schweizerbürgerinnen und -bürger, Fürsorge;
– Ort der gelegenen Sache;
   Beispiele: Baurecht, Grundstücksteuer;
– Ort der Ausübung einer Tätigkeit;
   Beispiele: Einkommenssteuer von Ausländern, Taxifahrerkonzession und andere gewerbepolizeiliche Massnahmen;
– Bürgerrecht:
   Kantonsbürgerrecht: Das Kantonsbürgerrecht bildet wegen des Gleichbehandlungsgebotes von Art. 43 Abs. 4 und Art. 60 BV keinen zulässigen Anknüpfungspunkt;
   Gemeindebürgerrecht:
   Beispiele: "Mitanteil an Bürger- und Korporationsgütern sowie das Stimmrecht in rein bürgerlichen Angelegenheiten", je nach kantonaler Regelung (Art. 43 Abs. 4 Satz 2 BV);
   Schweizerbürgerrecht;
   Beispiele: Wahlen und Abstimmungen, Niederlassung.

293 Aufgrund der Anknüpfung wird das zuständige Gemeinwesen und gleichzeitig das anwendbare Recht bestimmt. Dabei ist immer das Recht jenes Gemeinwesens anwendbar, das auch zuständig ist. Zuständigkeit und anwendbares Recht können also nicht wie im Privatrecht auseinanderfallen.

3. Kapitel
Die Grundprinzipien des Verwaltungsrechts

Vorbemerkung: Bedeutung der Grundprinzipien des Verwaltungsrechts

Lehre und Praxis haben fünf Grundprinzipien des Verwaltungsrechts entwickelt, die   294
heute als geltendes Recht anerkannt sind: den Grundsatz der Gesetzmässigkeit, den
Grundsatz der Rechtsgleichheit, den Grundsatz des öffentlichen Interesses, den
Grundsatz der Verhältnismässigkeit und den Grundsatz von Treu und Glauben.
Diese fünf Grundprinzipien haben unterschiedliche Rechtsgrundlagen. Das Rechtsgleichheitsgebot wird in Art. 4 BV statuiert, und die anderen Prinzipien leitet das
Bundesgericht teils ebenfalls aus Art. 4 BV, das Gesetzmässigkeitsprinzip überdies
aus dem Grundsatz der Gewaltenteilung ab. Vom Rechtsgleichheitsgebot und von
dem in gewissen Verfassungsbestimmungen auch ausdrücklich genannten Grundsatz
des öffentlichen Interesses abgesehen stellen die Prinzipien ungeschriebenes Verfassungsrecht dar; das Prinzip von Treu und Glauben ist, soweit es die Privaten verpflichtet, ein allgemeiner Rechtsgrundsatz. Die Grundprinzipien dienen alle der
Verwirklichung des Rechtsstaates. Sie binden den Staat in seinem gesamten Handeln.

Bei diesen Grundprinzipien handelt es sich aber – mit Ausnahme des Lega-   295
litätsprinzips im Abgaberecht, des Grundsatzes der Rechtsgleichheit und des Vertrauensschutzes – nicht um verfassungsmässige Rechte im Sinne von Art. 113 Abs. 1
Ziff. 3 BV. Dies bedeutet, dass ihre Verletzung nicht selbständig mit der staatsrechtlichen Beschwerde geltend gemacht werden kann, sondern nur im Zusammenhang
mit der Verletzung von verfassungsmässigen Rechten, insbesondere von Freiheitsrechten und des Willkürverbots. Mit der Verwaltungsgerichtsbeschwerde ans Bundesgericht nach Art. 97 ff. OG und den Beschwerden gemäss Art. 44 ff. und 72 ff.
VwVG kann dagegen die Verletzung eines solchen Grundprinzips als "Verletzung
von Bundesrecht" gerügt werden, sofern eine Verfügung, die sich auf öffentliches
Recht des Bundes stützt, Anfechtungsobjekt ist.

Das Bundesgericht behandelt auch den Grundsatz der Rechtssicherheit und das   295a
Verbot der Rückwirkung von Gesetzen als Verfassungsgrundsätze, die sich aus
Art. 4 BV ergeben, aber ebenfalls nicht als verfassungsmässige Rechte gelten.

Im Recht der EU gelten ähnliche Grundprinzipien, die der Europäische Gerichtshof   295b
in seiner Rechtsprechung entwickelt hat (vgl. Rz. 602a ff.).

§ 7   Der Grundsatz der Gesetzmässigkeit der Verwaltung

Literatur

AUBERT JEAN-FRANÇOIS, De quelques limites de la primauté des lois, in: Festschrift zum 70. Geburtstag von Hans Nef, Zürich 1981, S. 1 ff.; AUBERT JEAN-FRANCOIS, La hiérarchie des règles, ZSR NF 93/II (1974) 193 ff.; AUER ANDREAS/KÄLIN WALTER (Hrsg.), Das Gesetz im Staatsrecht der Kantone, Chur/Zürich 1991; BELLANGER FRANÇOIS, La légalité lorsque l'Etat agit par des moyens de droit privé, in: La légalité, Basel/Frankfurt a.M. 1992, S. 90 ff.; BERTOSSA FRANCESCO, Der Beurteilungsspielraum, Zur richterlichen Kontrolle von Ermessen und unbestimmten Rechtsbegriffen im Verwaltungsrecht, Diss. Bern 1984; BORER THOMAS G., Das Legalitätsprinzip und die auswärtigen Angelegenheiten, Diss. Basel 1986; COTTIER THOMAS, Die Verfassung und das Erfordernis der gesetzlichen Grundlage, 2. Aufl., Chur/Zürich 1991; DI FABIO UDO, Verwaltung und Verwaltungsrecht zwischen gesellschaftlicher Selbstregulierung und staatlicher Steuerung, VVDStRL 56 (1996) 235 ff.; DUBS HANS, Die Forderung der optimalen Bestimmtheit belastender Rechtsnormen, ZSR NF 93/II (1974) 223 ff.; EHRENZELLER BERNHARD, Legislative Gewalt und Aussenpolitik, Basel/Frankfurt a.M. 1993; GEIGER WILLI, Die Delegation von Finanzkompetenzen als staatsrechtliches Problem, in: Stillstand und Fortentwicklung im schweizerischen Recht, St. Galler Festgabe zum schweizerischen Juristentag 1965, Bern 1965, S. 83 ff.; GRISEL ANDRÉ, L'administration et la loi, in: Das schweizerische Recht, Besinnung und Ausblick, Festschrift zur schweizerischen Landesausstellung Lausanne 1964, Basel 1964, S. 31 ff.; GRISEL ETIENNE JACQUES, La légalité des subventions communales, in: Droit cantonal et droit fédéral: mélanges publiés par la Faculté de droit à l'occasion du 100ème anniversaire de la loi sur l'Université de Lausanne, Lausanne 1991, S. 157 ff.; HERTACH RUDOLF, Das Legalitätsprinzip in der Leistungsverwaltung, Diss. Zürich 1984; HOFFMANN-RIEM WOLFGANG, Tendenzen in der Verwaltungsrechtsentwicklung, DÖV 50 (1997) 433 ff.; HÖHN ERNST, Legalitätsprinzip und modernes Auslegungsverständnis, in: Festschrift zum 70. Geburtstag von Hans Nef, Zürich 1981, S. 157 ff.; HÖHN ERNST, Gesetz und Verordnung als Rechtsquellen des Abgaberechts, in: Der Staat als Aufgabe, Gedenkschrift für Max Imboden, Basel 1972, S. 173 ff.; IMBODEN MAX, Grundzüge des administrativen Ermessens, in: Festschrift für Irene Blumenstein, Beilage zu ASA 34 (1966) 65 ff.; IMBODEN MAX, Das Gesetz als Garantie rechtsstaatlicher Verwaltung, Basel/Stuttgart 1954; JAAG TOBIAS, Die Abgrenzung zwischen Rechtssatz und Einzelakt, Zürich 1985; JEZLER CHRISTOPH, Der Grundsatz der Gesetzmässigkeit der Verwaltung, insbesondere im Bund, Diss. Zürich 1967; KAUFMANN OTTO K., Handlungsspielräume der Verwaltung und Kontrolldichte gerichtlichen Rechtsschutzes, in: Die öffentliche Verwaltung zwischen Gesetzgebung und richterlicher Kontrolle, München 1985, S. 165 ff.; KNAPP BLAISE, La légalité et les actes de gouvernement, in: La légalité, Basel/Frankfurt a.M. 1992, S. 57 ff.; KOTTUSCH PETER, Das Ermessen der kantonalen Fremdenpolizei und seine Schranken, ZBl 91 (1990) 145 ff.; LENDI MARTIN, Legalität und Ermessensfreiheit, Diss. Zürich 1958; MANAÏ DOMINIQUE, Le juge entre la loi et l'équité, Essai sur le pouvoir d'appréciation du juge en droit suisse, Lausanne 1985; MORAND CHARLES-ALBERT (Hrsg.), La légalité: un principe à géométrie variable, Basel/Frankfurt a.M. 1992; MORAND CHARLES-ALBERT, La légalité de la légalité, in: Figures de la légalité, Paris 1992, S. 185 ff.; MORAND CHARLES-ALBERT (Hrsg.), Figures de la légalité, Paris 1992; MORAND CHARLES-ALBERT, Le principe de la légalité et l'interventionnisme étatique, in: Aktuelle Probleme des Staats- und Verwaltungsrechts, Festschrift für Otto K. Kaufmann zum 75. Geburtstag, Bern 1989, S. 139 ff.; MOOR PIERRE, Introduction à la théorie de la légalité: in: Figures de la légalité, Paris 1992, S. 11 ff.; MÜLLER GEORG, Möglichkeiten und Grenzen der Verteilung der Rechtssetzungsbefugnisse im demokratischen Rechtsstaat, ZBl 99 (1998) 1 ff.; MÜLLER GEORG, Legalitätsprinzip und kantonale Verfassungsautonomie, in: Im Dienst an der Gemeinschaft, Festschrift für Dietrich Schindler zum 65. Geburtstag, Basel/Frankfurt a.M. 1989, S. 747 ff.; MÜLLER GEORG, Inhalt und Formen der Rechtssetzung als Problem der demokratischen Kompetenzordnung, Basel/Stuttgart 1979; MÜLLER PETER A., Ermessen als Schranke verwaltungsgerichtlicher Überprüfungsbefugnis, Zeitschrift für Walliser Rechtsprechung 10 (1976) 234 ff.;

OBERSON XAVIER, La légalité en administration de promotion, in: La légalité, Basel/Frankfurt a.M. 1992, S. 91 ff.; PONT VEUTHEY MARIE-CLAIRE, Le pouvoir législatif dans le canton du Valais, Diss. Genève 1992; RHINOW RENÉ A., Verwaltungsermessen im modernen Staat, Landesbericht Schweiz, in: Verwaltungsermessen im modernen Staat, Baden-Baden 1986, S. 51 ff.; RHINOW RENÉ A., Vom Ermessen im Verwaltungsrecht, recht 1 (1983) 41 ff., 83 ff.; RHINOW RENÉ A., Rechtsetzung und Methodik, Basel/Stuttgart 1979; RICHLI PAUL, Legalitätsprinzip und Finanzhilfen, ZBJV 120 (1984) 313 ff.; RICHLI PAUL, Agrarpolitik 2002 – am Ende der Politik- und Verhaltenssteuerung durch formell-gesetzliche Normen, BlAR 30 (1996) 5 ff.; RITTER WERNER, Das Erfordernis der genügenden Bestimmtheit – dargestellt am Beispiel des Polizeirechts, Diss. St. Gallen 1994; ROUILLER CLAUDE, Le principe de la légalité en droit public suisse, in: La légalité, Basel/Frankfurt a.M. 1992, S. 7 ff.; RUCH ALEXANDER, Das Recht in der Raumordnung, Basel/Frankfurt a.M. 1997; SCHAERER BARBARA, Subventionen des Bundes zwischen Legalitätsprinzip und Finanzrecht, Diss. Bern 1992; SCHMIDT-PREUSS MATTHIAS, Verwaltung und Verwaltungsrecht zwischen gesellschaftlicher Selbstregulierung und staatlicher Steuerung, VVDStRL 56 (1996) 160 ff.; SCHOCH CLAUDIA, Methode und Kriterien der Konkretisierung offener Normen durch die Verwaltung, Diss. Zürich 1984; SEILER HANSJÖRG, Gewaltenteilung, Bern 1994; STEINMANN GEROLD, Unbestimmtheit verwaltungsrechtlicher Normen aus der Sicht von Vollzug und Rechtssetzung, Bern 1982; VALLENDER KLAUS A., Unbestimmter Rechtsbegriff und Ermessen, in: Mélanges André Grisel, Neuenburg 1983, S. 819 ff.; WEIGEL HANNS JÜRGEN, Beurteilungsspielraum oder Delegationsbegriff?, Bern 1971; WIDMER LUKAS, Das Legalitätsprinzip im Abgaberecht, Diss. Zürich 1988; WILDHABER LUZIUS, Legalitätsprinzip und Aussenpolitik – eine Problemskizze, in: Einblick in die schweizerische Aussenpolitik, Zum 65. Geburtstag von Staatssekretär Raymond Probst, Zürich 1984, S. 443 ff.; ZIMMERLI ULRICH, Das Gesetzmässigkeitsprinzip im Verwaltungsrecht, recht 2 (1984) 73 ff.

I. Sinn und Funktionen des Gesetzmässigkeitsprinzips

1. Allgemeines

Der Grundsatz der Gesetzmässigkeit, das Legalitätsprinzip, hat zu seinem Hauptanliegen, *alle Verwaltungstätigkeit an das Gesetz zu binden.* Das Gesetz ist Massstab und Schranke der Verwaltungstätigkeit ("Vorrang des Gesetzes"). Alles Verwaltungshandeln ist nur gestützt auf das Gesetz zulässig. Das wird auch mit der früher üblichen, aber nicht sehr klaren Formel vom "Vorbehalt des Gesetzes" gemeint.

296

Der Grundsatz der Gesetzmässigkeit, d.h. das *Erfordernis der gesetzlichen Grundlage*, darf nicht mit dem *Erfordernis der verfassungsmässigen Kompetenz* verwechselt werden. Die verfassungsmässige Kompetenz bezieht sich nur auf die Frage, welches Gemeinwesen – Bund, Kantone oder Gemeinden – und welche Behörde – Regierung, Parlament oder Volk – zum Erlass einer Regelung zuständig ist. Das Gesetzmässigkeitsprinzip hingegen verlangt, dass die materielle Regelung des Verwaltungshandelns in einem Gesetz festgelegt ist.

297

Das Prinzip der Gesetzmässigkeit der Verwaltung bildet die verwaltungsrechtliche Parallele zum strafrechtlichen Prinzip "nullum crimen, nulla poena sine lege (scripta)".

298

Der Grundsatz der Gesetzmässigkeit der Verwaltung erfüllt rechtsstaatliche und demokratische Funktionen.

299

2. Die rechtsstaatlichen Funktionen des Gesetzmässigkeitsprinzips

a) Gewährleistung von Rechtssicherheit

300 Die durch das Gesetzmässigkeitsprinzip bewirkte Bindung der Verwaltungsbehörden an das Gesetz dient der Rechtssicherheit, nämlich der Voraussehbarkeit des Verwaltungshandelns. So soll z.B. der Grundeigentümer dem Baugesetz und der kommunalen Bauordnung die Voraussetzungen für die Erteilung einer Baubewilligung entnehmen können. Die Baubehörden dürfen keine zusätzlichen Voraussetzungen aufstellen, sie dürfen aber – im Interesse der Nachbarn und der Öffentlichkeit – auch auf keine der gesetzlich verlangten Voraussetzungen verzichten.

b) Gewährleistung von Rechtsgleichheit

301 Die Bindung an das Gesetz bedeutet Bindung an eine generell-abstrakte Regelung. Dies gewährleistet, dass die Verwaltungsbehörden in ähnlich gelagerten Fällen gleich entscheiden. Das Gesetz ist somit die Grundlage rechtsgleichen Handelns der Verwaltungsbehörden. Könnten diese unabhängig von einer gesetzlichen Regelung von Fall zu Fall entscheiden, so wäre die Gefahr der Ungleichbehandlung wesentlich grösser.

c) Schutz der Freiheit des Individuums vor staatlichen Eingriffen

302 Besondere Bedeutung kommt dem Grundsatz der Gesetzmässigkeit im Zusammenhang mit den Freiheitsrechten zu. Die von der Verfassung gewährleisteten Freiheitsrechte dürfen nur gestützt auf eine gesetzliche Grundlage eingeschränkt werden. Werden Freiheitsrechte ohne gesetzliche Grundlage durch einen kantonalen Hoheitsakt eingeschränkt, so können dies Private, die dadurch in ihren rechtlich geschützten Interessen verletzt sind, mit staatsrechtlicher Beschwerde gemäss Art. 84 ff. OG geltend machen.

303 Es ist allerdings zu beachten, dass das Gesetzmässigkeitsprinzip umfassend – also nicht nur in Verbindung mit den Freiheitsrechten – gilt. In der Verwaltungsrechtspflege kann ein Verstoss gegen das Prinzip wie jede andere Rechtsverletzung gerügt werden. Mit der staatsrechtlichen Beschwerde kann die offensichtliche Missachtung des Gesetzmässigkeitsprinzips als Verstoss gegen das Willkürverbot geltend gemacht werden, soweit ein Rechtsschutzinteresse besteht.

3. Demokratische Funktion des Gesetzmässigkeitsprinzips

304 Der Grundsatz der Gesetzmässigkeit dient überdies der demokratischen Legitimation des Verwaltungshandelns. Das sog. Erfordernis der Gesetzesform (siehe dazu Rz. 316 ff.) verlangt, dass Verfügungen sich auf ein Gesetz im formellen Sinne abstützen, das von der Volksvertretung und allenfalls – je nach der verfassungsrechtlichen Regelung – auch unter Mitsprache des Volkes erlassen worden ist. Die demokratische Funktion des Grundsatzes ist nicht für alle Bereiche des Verwaltungshandelns von gleich grosser Bedeutung.

II. Rechtsgrundlage

In der Bundesrepublik Deutschland garantiert Art. 20 Abs. 3 des Grundgesetzes den   305
Grundsatz der Gesetzmässigkeit. In der Schweiz ist das Prinzip bis jetzt nicht ausdrücklich in der Bundesverfassung verankert. Das Bundesgericht hat das Legalitätsprinzip als *ungeschriebenen Verfassungsgrundsatz des Bundes* anerkannt. Es
handelt sich dabei um eine der bedeutendsten schöpferischen Leistungen der bundesgerichtlichen Rechtsprechung im Dienste des Rechtsstaates. Lehre und Rechtsprechung sind sich allerdings nicht einig darüber, wie das Legalitätsprinzip aus der
Verfassung abgeleitet werden soll. Je nachdem wird es als Ausfluss rechtsstaatlicher
oder demokratischer Grundsätze betrachtet oder direkt Art. 4 Abs. 1 BV zugeordnet.

Neuere Kantonsverfassungen statuieren den Grundsatz der Gesetzmässigkeit der   306
Verwaltung meistens ausdrücklich, so z.B. § 2 KV Aargau, § 4 Abs. 1 KV Basel-
Landschaft, Art. 5 Abs. 1 KV Solothurn, § 2 KV Thurgau sowie Art. 66 Abs. 2 KV
Bern. Art. 13 KV Jura und Art. 23 Abs. 2 lit. a KV Appenzell AR begnügen sich
demgegenüber damit, eine gesetzliche Grundlage für Grundrechtseinschränkungen
zu fordern.

Auch Art. 4 des Bundesverfassungsentwurfs von 1977 und Art. 4 Abs. 1 des   306a
bundesrätlichen Entwurfs für eine nachgeführte Bundesverfassung (BBl 1997 I 590)
sehen ausdrücklich die Bindung an Verfassung und Gesetz vor.

III. Allgemeine Umschreibung
des Inhalts des Grundsatzes der Gesetzmässigkeit

Früher wurde im Zusammenhang mit dem Gesetzmässigkeitsprinzip stets vom Vor-   307
rang und Vorbehalt des Gesetzes gesprochen (vgl. Rz. 296). Im Laufe der Zeit haben
Rechtsprechung und Lehre das Gesetzmässigkeitsprinzip immer umfassender und
differenzierter ausgestaltet.

Heute steht die Unterscheidung zwischen dem Erfordernis des Rechtssatzes und   308
dem Erfordernis der Gesetzesform im Vordergrund. Diese Unterscheidung knüpft an
die Unterscheidung von Gesetz im formellen und Gesetz im materiellen Sinne an
(vgl. dazu Rz. 81 ff.).

IV. Erfordernis des Rechtssatzes

1. Definition

Das Erfordernis des Rechtssatzes bedeutet, dass die Staatstätigkeit nur auf Grund   309
und nach Massgabe von *generell-abstrakten Rechtsnormen* ausgeübt werden darf,
die *genügend bestimmt* sind.

Das Erfordernis des Rechtssatzes erfüllt ausschliesslich rechtsstaatliche Funk-   309a
tionen (vgl. Rz. 300 ff.).

2. Der Begriff des Rechtssatzes ·

310 Jede Verfügung muss sich auf eine generell-abstrakte Norm, einen Rechtssatz stützen, d.h. auf eine Regelung, die sich an eine unbestimmte Zahl von Adressaten richtet und eine unbestimmte Zahl von Fällen erfasst und welche Rechte und Pflichten der Private begründet oder die Organisation, Zuständigkeit oder Aufgaben der Behörden oder das Verfahren regelt (vgl. Art. 5 Abs. 2 GVG und Rz. 84 ff.). Damit wird abgestellt auf das Vorliegen eines Gesetzes im materiellen Sinn. Dabei kann es sich um eine Verfassungsbestimmung, ein Gesetz im formellen Sinne oder um einen Staatsvertrag handeln. Es genügt aber auch, wenn sich die Verfügung auf eine Verordnung stützt. Das Erfordernis des Rechtssatzes dient nicht der demokratischen Legitimation, sondern allein der Rechtsgleichheit und der Rechtssicherheit.

310a Einer Verwaltungsverordnung kommt dagegen nie Rechtssatzqualität im hier verstandenen Sinne zu. Verwaltungsinterne Richtlinien können zwar im Einzelfall Aussenwirkungen haben, sodass sie insofern namentlich bezüglich des Rechtsschutzes einer Rechtsverordnung gleichgestellt werden müssen (vgl. Rz. 96 ff.). Aus dieser Tatsache darf aber nicht der Umkehrschluss gezogen werden, dass eine interne Dienstanweisung geradezu an die Stelle einer Rechtsverordnung treten könne. Dies wäre aus rechtsstaatlichen Überlegungen nicht zu verantworten (vgl. BGE 122 II 72, 76).

310b Bei einem allfälligen *Beitritt der Schweiz zur EU* könnten auch die unmittelbar anwendbaren Normen in den Verordnungen, Richtlinien und sonstigen Rechtsakten der EU, die für die Schweiz rechtswirksam würden, die Grundlage von Verfügungen bilden (vgl. Rz. 119a ff.).

3. Erfordernis der genügenden Bestimmtheit des Rechtssatzes

311 Der Rechtssatz, auf den sich eine Verfügung stützt, muss genügend bestimmt sein. Das Handeln der Verwaltungsbehörden muss im Einzelfall voraussehbar und rechtsgleich sein. Blankettermächtigungen, die den Behörden völlig freie Hand lassen und sie dazu ermächtigen, von Fall zu Fall zu entscheiden, sind unzulässig.

312 Die Anforderungen, denen die Bestimmtheit des Rechtssatzes genügen muss, ergeben sich aus der rechtsstaatlichen Funktion des Gesetzmässigkeitsprinzips, nämlich aus der Forderung der Vorhersehbarkeit des staatlichen Handelns und der rechtsgleichen Behandlung. Das Bundesgericht erklärte: "Das Gesetz muss so präzise formuliert sein, dass der Bürger sein Verhalten danach einrichten und die Folgen eines bestimmten Verhaltens mit einem den Umständen entsprechenden Grad an Gewissheit erkennen kann" (BGE 109 Ia 273, 283).

313 Jedes Gesetz weist naturgemäss einen gewissen Grad an Unbestimmtheit auf; dies hängt mit dem generell-abstrakten Charakter des Gesetzes, der beschränkten Voraussehbarkeit künftiger Entwicklungen, der mangelnden Präzision der Sprache und dem Bedürfnis zusammen, den rechtsanwendenden Behörden einen gewissen Spielraum für die Berücksichtigung besonderer Umstände im Einzelfall zu verschaffen (vgl. auch Rz. 345). Zudem kann nicht in allen Fällen das gleiche Mass an Bestimmtheit verlangt werden. Besonders strenge Anforderungen an die Bestimmtheit des Rechtssatzes sind bei Eingriffen in Freiheitsrechte zu stellen. Umgekehrt vermögen unbestimmt gehaltene Regelungen insbesondere dann zu genügen, wenn ein Rechtsverhältnis zur Diskussion steht, welches die Betroffenen freiwillig einge-

gangen sind oder bei dem die Rechte und Pflichten zwischen Staat und Privaten frei ausgehandelt werden können (BGE 123 I 1, 6).

Der Bestimmtheitsgrad eines Erlasses wird auch nachhaltig beeinflusst durch die angewandte Normierungstechnik, welche zeit-, problem- und gesellschaftsabhängig ist (RICHLI, Agrarpolitik 2002, S. 5 f.). So ist in letzter Zeit eine Tendenz zu beobachten, gewisse gesetzliche Regelungen bewusst offener zu gestalten. Zum Beispiel versucht man im Rahmen von New Public Management, die Auswirkungen staatlichen Handelns besser zu berücksichtigen und die Eigenverantwortung der Verwaltungsbehörden zu stärken, indem vermehrt mit ziel- statt mittelorientierten Bestimmungen gearbeitet wird (vgl. hinten, Rz. 1010e ff.). Ferner hat sich die Erkenntnis durchgesetzt, dass die staatliche Gesetzgebung bei besonders komplexen und schnelllebigen Materien zum Teil überfordert ist. Das führt dazu, dass der Staat namentlich im Wirtschaftsrecht zunehmend dazu übergeht, die Betroffenen zur Selbstregulierung anzuhalten (so z.B. in Art. 41a des BG über den Umweltschutz vom 7. Oktober 1983 [SR 814.01], wonach Bund und Kantone Branchenvereinbarungen durch die Vorgabe mengenmässiger Ziele und entsprechender Fristen fördern können; Art. 4 des Bundesgesetzes über die Börsen und den Effektenhandel vom 24. März 1995 [SR 954.1] und Art. 24 ff. des Bundesgesetzes zur Bekämpfung der Geldwäscherei im Finanzsektor vom 10. Oktober 1997 [SR 955.0]). Der Gesetzgeber legt lediglich die Zielsetzung fest und hält allenfalls im Sinne des Subsidiaritätsprinzips eine Auffangregelung bereit. Solche Entwicklungen zu unbestimmteren Normierungen und zu gesteuerter Selbstregulierung entsprechen einem legitimen Bedürfnis; zugleich muss aber auch auf die Gefahren aufmerksam gemacht werden. Bei aller Innovation ist stets darauf zu achten, dass die Grundanliegen des Bestimmtheitsgebotes (nämlich die Gewährleistung von Rechtssicherheit und -gleichheit) weiterhin ausreichend berücksichtigt werden. 313a

Beispiele:
– Die wichtigsten mit der Untersuchungshaft und dem Strafvollzug verbundenen Einschränkungen müssen in einem allgemeinen Erlass, d.h. in einem Gesetz im materiellen Sinne, geordnet sein. Eine Regelung, die jede denkbare, mit dem Aufenthalt in einem Gefängnis verbundene Einschränkung enthält, ist weder nötig noch möglich (BGE 99 Ia 262, 268). 314
– Eine Änderung der Strafprozessordnung von Basel-Stadt vom 10. Juni 1982 sah u.a. vor, dass der Staatsanwalt den Post-, Telefon- und Telegrafenverkehr eines Angeschuldigten oder Verdächtigen überwachen lassen oder technische Überwachungsgeräte einsetzen kann, sofern Schwere oder Eigenart des Verbrechens oder Vergehens den Eingriff rechtfertige. Diese Bestimmung wurde mit staatsrechtlicher Beschwerde angefochten. Die Beschwerdeführer rügten die Voraussetzungen für die Überwachung als zu unbestimmt. Die Delikte, bei denen eine Überwachung zulässig sei, hätten nach ihrer Auffassung in einem Katalog einzeln aufgeführt werden müssen. Das Bundesgericht beurteilte die umstrittene Bestimmung jedoch als verfassungsmässig (BGE 109 Ia 273, 282 ff.). 315

V. Erfordernis der Gesetzesform

1. Definition

316 Das Erfordernis der Gesetzesform bedeutet, dass die wichtigen Rechtsnormen, auf denen die Verwaltungstätigkeit beruht, in einem *Gesetz im formellen Sinn* enthalten sein müssen. Das Erfordernis der Gesetzesform gilt für alle Bereiche der Verwaltungstätigkeit, allerdings in unterschiedlicher Ausprägung.

317 Die Anforderungen des Gesetzmässigkeitsprinzips gehen hier weiter als beim Erfordernis des Rechtssatzes: Es genügt nicht irgendeine Rechtsnorm, sondern verlangt wird ein *Gesetz im formellen Sinn*, das vom Parlament, je nach Verfassung unter Mitwirkung des Volkes, erlassen worden ist. Zur rechtsstaatlichen Funktion kommt hier die demokratische hinzu. Aber nicht alle Rechtssätze, welche die Verwaltungstätigkeit regeln, müssen in dieser Form erlassen sein, sondern nur die wichtigen Normierungen. Als gesetzliche Grundlage kommen zum Teil auch Verordnungen in Frage. Dabei haben gesetzesvertretende Verordnungen die Voraussetzungen der Gesetzesdelegation (siehe Rz. 328 ff.) zu erfüllen. Vollziehungsverordnungen dürfen keine wesentlichen neuen Rechte und Pflichten begründen (vgl. Rz. 109).

317a Das Erfordernis der Gesetzesform können auch vom Parlament (und allenfalls vom Volk) genehmigte *Staatsverträge* sowie die damit als "acquis communautaire" in das Landesrecht übernommenen oder aufgrund eines Beitritts für die Schweiz später Geltung erlangenden *Erlasse von Organen supranationaler Gemeinschaften* (z.B. Verordnungen des EU-Ministerrates, vgl. vorne, Rz. 119a) erfüllen.

2. Gesichtspunkte für die Bestimmung der Rechtssetzungsstufe

a) Wichtigkeit

318 Die Abgrenzung der Rechtsnormen, die wegen ihrer Wichtigkeit in einem Gesetz im formellen Sinn enthalten sein müssen, ist nicht leicht. Für die Umschreibung der Wichtigkeit einer Rechtsnorm sind insbesondere folgende Kriterien massgebend:

319 – *Intensität des Eingriffs*: Schwere Eingriffe in die Rechte und Freiheiten der Privaten, insbesondere in deren Freiheitsrechte, müssen von einem Gesetz im formellen Sinn vorgesehen sein. So müssen bei Steuern und anderen öffentlich-rechtlichen Abgaben der Kreis der Abgabepflichtigen, der Gegenstand der Abgabe und deren Bemessung in den Grundzügen durch ein Gesetz im formellen Sinn festgesetzt werden (vgl. dazu Rz. 2096 ff.).

320 – *Zahl der von einer Regelung Betroffenen*: Eine Regelung erfordert eher ein Gesetz im formellen Sinne, wenn ein grosser Kreis von Personen davon betroffen ist.

321 – *Finanzielle Bedeutung*: Regelungen von grosser finanzieller Tragweite müssen eine Grundlage in einem Gesetz im formellen Sinn haben.

322 – *Akzeptierbarkeit*: Massnahmen, bei denen mit Widerstand der Betroffenen gerechnet werden muss, sollten ihre Grundlage in einem – demokratisch legitimierten – Gesetz im formellen Sinn haben.

b) Flexibilitätsbedürfnis

Regelungen, die ständiger Anpassung an veränderte Verhältnisse – z.B. an neue technische Errungenschaften oder wirtschaftliche Entwicklungen – bedürfen, werden zweckmässigerweise nicht in einem Gesetz im formellen Sinn getroffen, das nur unter grossem Zeitaufwand revidiert werden kann, sondern in einer Verordnung. Flexibilität ist oft auch erforderlich bei Regelungen, die der Ausführung von Bundesrecht durch die Kantone oder der Umsetzung von Staatsvertragsrecht oder EU-Recht in Landesrecht dienen. Das spricht dafür, sie in Verordnungsform zu erlassen. 323

c) Eignung der entscheidenden Behörde

Der Gesetzgeber trifft die Grundentscheidungen, er legt die grossen Linien fest. Der Verordnungsgeber befasst sich dagegen mit den Details sowie mit denjenigen Fragen, die besondere Fachkenntnisse verlangen. 324

3. Das Problem der Gesetzesdelegation

a) Begriff der Gesetzesdelegation

Unter der Gesetzesdelegation ist die *Übertragung von Rechtsetzungskompetenzen* zu verstehen. Dabei sind zwei Arten von Gesetzesdelegation zu unterscheiden: einerseits die Delegation vom übergeordneten an ein untergeordnetes Gemeinwesen – also vom Bund an die Kantone oder vom Kanton an die Gemeinden – und anderseits die Delegation vom Gesetzgeber an den Verordnungsgeber – insbesondere an ein Organ der Exekutive oder der Justiz – innerhalb des gleichen Gemeinwesens. 325

Hier interessiert ausschliesslich die zweite Form der Gesetzesdelegation, also die *Übertragung von Rechtsetzungskompetenzen des Gesetzgebers auf den Verordnungsgeber.* Die folgenden Ausführungen betreffen nur die Gesetzesdelegation an die Exekutive, also die Rechtsetzungsdelegation vom Bundesgesetzgeber (Bundesversammlung mit fakultativer Mitwirkung des Volkes) an den Bundesrat und vom kantonalen Gesetzgeber an die kantonale Exekutive. Nicht näher behandelt werden im folgenden die Delegation an das Parlament als Verordnungsgeber und die Subdelegation (vgl. dazu HÄFELIN/HALLER, N. 1017 ff. und 1023 ff.). 326

b) Frage der Zulässigkeit der Gesetzesdelegation an die Exekutive

Die Delegation von Rechtsetzungskompetenzen an die Exekutive stellt eine *Durchbrechung des Grundsatzes der Gewaltenteilung* und eine *Einschränkung der demokratischen Rechte* dar. Aus diesem Grund wurde früher von einem Teil der Lehre, insbesondere von GIACOMETTI (S. 158 ff.), die Gesetzesdelegation an die Exekutive als Änderung der verfassungsmässigen Kompetenzordnung aufgefasst und für unzulässig erklärt. Lehre und Praxis anerkennen heute die *grundsätzliche Zulässigkeit der Gesetzesdelegation an die Exekutive,* legen aber Wert darauf, *Grenzen* zu ziehen, welche eine Aushöhlung der gewaltenteilenden und demokratischen Verfassungsordnung verhindern sollen. 327

c)   Voraussetzungen der Zulässigkeit der Gesetzesdelegation an die Exekutive

328   Gemäss bundesgerichtlicher Rechtsprechung (BGE 118 Ia 305, 310; 118 Ia 245, 247 f.) ist die Gesetzesdelegation nur zulässig, wenn folgende vier Voraussetzungen kumulativ erfüllt sind (zu den besonderen Erfordernissen im Abgaberecht vgl. Rz. 2096 ff.):
–   Die Gesetzesdelegation darf nicht durch die Verfassung ausgeschlossen sein.
–   Die Delegationsnorm muss in einem Gesetz im formellen Sinn enthalten sein.
–   Die Delegation muss sich auf eine bestimmte, genau umschriebene Materie beschränken.
–   Die Grundzüge der delegierten Materie, d.h. die wichtigen Regelungen, müssen in einem Gesetz im formellen Sinn umschrieben sein.

329   Das Problem der Gesetzesdelegation stellt sich nur, wenn sich die Verfügung nicht auf ein Gesetz im formellen Sinn, sondern auf eine Verordnung stützt. Und auch dann nur, wenn es sich bei der Verordnung um eine unselbständige handelt. Selbständige Verordnungen kann die Exekutive kraft der Ermächtigung durch die Verfassung in eigener Kompetenz erlassen. Daher müssen insbesondere Vollziehungsverordnungen und Polizeinotverordnungen die Voraussetzungen der Gesetzesdelegation nicht erfüllen.

Beispiele:
330   –   Am 22. September 1985 nahm das Schaffhauser Volk ein neues Gesetz über die Organisation der Regierungs- und Verwaltungstätigkeit (Organisationsgesetz) an. Der im Abschnitt "Schlussbestimmungen" enthaltene Art. 44 des Gesetzes sah vor, dass der Regierungsrat befugt sei, in bereits geltenden Gesetzen oder Dekreten enthaltene Organisations- und Zuständigkeitsvorschriften für die kantonale Verwaltung im Sinne der dem neuen Organisationsgesetz zugrunde liegenden Grundsätze auf dem Verordnungswege anzupassen. X. machte in einer staatsrechtlichen Beschwerde eine Verletzung der Grundsätze der Gesetzesdelegation geltend. Das Bundesgericht wies die Beschwerde ab. Zunächst stellte es fest, dass eine Behörde ihre Anordnungen nur in jener Form gültig ändern könne, in der sie erlassen wurden. Dies verwehre dem Gesetzgeber jedoch nicht, die Kompetenz zur Änderung oder Aufhebung einer Norm eines Gesetzes an den Verordnungsgeber zu delegieren. Diese Kompetenz müsse sich aber in klarer Weise aus der Delegationsnorm ergeben, die ihrerseits in einem dem Referendum unterstehenden Gesetz enthalten sein müsse. Art. 44 des kantonalen Organisationsgesetzes erfülle diese Voraussetzung. Im weiteren kam das Bundesgericht zum Schluss, dass keine Norm des kantonalen Verfassungsrechts der Delegation entgegenstehe. Die Delegation beschränke sich auch auf ein bestimmtes Gebiet, nämlich den engen Bereich der Anpassung von Organisations- und Zuständigkeitsvorschriften für die kantonale Verwaltung im Sinne des neuen Gesetzes. Dabei habe sich der Regierungsrat an das Organisationsgesetz zu halten und sei nicht befugt, von Bestimmungen dieses Gesetzes abzuweichen. Für die Regelung auf dem Verordnungswege spreche, dass allfällige Fehler auf einfache Art korrigiert werden könnten. Ausserdem betreffe die Delegation keine Regelung, die die Rechtsstellung der Privaten berühre (BGE 112 Ia 136, 138 ff.).

331   –   Bernhard Lüscher wurde zu einer Busse von Fr. 60.-- verurteilt, weil sein Sohn im Winter 1987 dem obligatorisch erklärten Skilager der Schule von Kerzers ferngeblieben war. Eine Strafkassationsbeschwerde gegen diesen Entscheid wies das Kantonsgericht des Kantons Freiburg ab. Hiegegen erhob Bernhard Lüscher staatsrechtliche Beschwerde. Das Bundesgericht hiess diese gut, da sich das Skilagerobligatorium auf keine genügende gesetzliche Grundlage stützen konnte. Das Kantonsgericht hatte diese in Art. 1 Abs. 2 der Verordnung des Bundesrats zum Bundesgesetz über die Förderung von Turnen und Sport vom 26. Juni 1972 (SR 415.01) gesehen. Nach dieser Bestimmung war es den Kantonen freigestellt, ob sie Sportlager durchführen oder nicht. Soweit sie aber Sportlager veranstalteten, mussten diese – wie sich aus der Gesetzes-

systematik ergab – für die Schüler obligatorisch sein. Das Bundesgericht erklärte, der Bundesrat habe mit dieser Regelung seine Verordnungskompetenz überschritten. Gemäss Art. 2 des Bundesgesetzes über die Förderung von Turnen und Sport vom 17. März 1972 (SR 415.0) haben die Kantone für ausreichenden Turn- und Sportunterricht zu sorgen. Nach Art. 16 Abs. 2 des Gesetzes erlässt der Bundesrat die erforderlichen Ausführungsvorschriften. Wie sich eindeutig aus den Materialien ergibt, meinte der Gesetzgeber mit dem ausreichenden Turn- und Sportunterricht im Sinne von Art. 2 des Gesetzes lediglich den wöchentlichen Turnunterricht. Die Verpflichtung, neben dem wöchentlichen Turnunterricht an Sportlagern teilzunehmen, geht daher über die gesetzliche Zielsetzung hinaus. Art. 1 Abs. 2 der Verordnung reichte deshalb als gesetzliche Grundlage für die Busse nicht aus (BGE 114 Ia 111, 112 f.).

– Nach Art. 57 Beamtenordnung (3) vom 29. Dezember 1964 (SR 172.221.103) unterliegen sowohl die Besoldung als auch die in Art. 55 und 56 vorgesehenen Zulagen von Beamten mit ausländischem Dienstort einem Kaufkraftausgleich (was bedeutet, dass die Lebenshaltungskosten vor Ort und die Höhe des Wechselkurses bei der Bemessung berücksichtigt werden). Ein Beamter des EDA wollte sich die Kürzung seiner Grundbesoldung um 5% gestützt auf die genannte Bestimmung jedoch nicht gefallen lassen. Art. 42 des Beamtengesetzes (BtG) vom 30. Juni 1927 (SR 172.221.10) delegiere einzig die Regelung der Auslandszulagen an den Bundesrat. Ebensowenig könne aus Art. 20a BtG eine allgemeine, die gesamte Besoldung betreffende Rechtsetzungsdelegation abgeleitet werden. Die Personalrekurskommission des Bundes gab ihm Recht und entschied, dass der Kaufkraftausgleich nur auf Auslandszulagen Anwendung finden dürfe (VPB 61 [1997] Nr. 81 [Entscheid der Eidgenössischen Personalrekurskommission vom 28. November 1996]). 331a

d) Neuorientierung im Rahmen der Reform der Bundesverfassung?

Die Rechtsfigur der Delegation stösst in der Lehre zunehmend auf Kritik (vgl. dazu G. MÜLLER, Rechtsetzungsbefugnisse, S. 16 ff.). Es wird argumentiert, dass die Vorstellung der Übertragung von Legislativkompetenzen an die Exekutive auf einem aus heutiger Sicht überholten Gewaltenteilungsmodell beruhe. Die Abgrenzung von gesetzesvertretenden und vollziehenden Verordnungen (Rz. 106 ff.) sei in der Praxis zudem kaum durchführbar. Die Berechtigung der Exekutive zum Erlass von Verordnungen ergebe sich deshalb grundsätzlich unmittelbar aus der Verfassung. Aufgabe des Gesetzgebers sei lediglich, diese Befugnis im Einzelfall zu konkretisieren. 331b

Währenddem der Entwurf des Bundesrates für eine nachgeführte Bundesverfassung an der Rechtsfigur der Delegation festhält (Art. 154 Abs. 2; BBl 1997 I 389 f.), hat die Expertenkommission "Kompetenzverteilung zwischen Bundesversammlung und Bundesrat" in ihrem Bericht vorgeschlagen, in die Bundesverfassung eine Bestimmung aufzunehmen, wonach der Bunderat zuständig für den Erlass der weniger wichtigen Rechtsnormen ist (BBl 1996 II 450 ff.). Die Staatspolitischen Kommissionen der eidgenössischen Räte haben sich diese Auffassung jedoch nicht zu eigen gemacht (BBl 1997 III 278). Immerhin sind sie der Expertenkommission insofern gefolgt, als sie postulieren, auf Delegationsregeln und die Unterscheidung in vollziehende und gesetzesvertretende Verordnungen zu verzichten (BBl 1997 III 280). Die Bundesversammlung will aber an der Rechtsfigur der Gesetzesdelegation festhalten. 331c

VI. Geltungsbereich des Gesetzmässigkeitsprinzips

332 Das Gesetzmässigkeitsprinzip wirkt sich auf sämtliche Bereiche und Arten der Verwaltungstätigkeit aus.

1. Geltung für Eingriffs- und Leistungsverwaltung

333 Das Legalitätsprinzip gilt heute sowohl für die Eingriffsverwaltung wie auch für die Leistungsverwaltung. Lange Zeit fand es nur auf die *Eingriffsverwaltung* Anwendung, da der Schutz des Individuums gegen Einschränkungen seiner Rechte und Freiheiten im Vordergrund stand.

334 Der Eingriff in ein Freiheitsrecht muss stets auf einer gesetzlichen Grundlage beruhen; schwere Eingriffe bedürfen einer Grundlage in einem Gesetz im formellen Sinn. Bei der Erhebung von Abgaben werden besonders strenge Anforderungen an die Gesetzmässigkeit gestellt. Aber auch wenn ein Eingriff kein Freiheitsrecht berührt, muss das Gesetzmässigkeitsprinzip eingehalten werden.

335 Heute anerkennt die Rechtsprechung, dass das Gesetzmässigkeitsprinzip auch im Bereich der *Leistungsverwaltung* Gültigkeit hat. In BGE 103 Ia 369, 380 ff. erklärte das Bundesgericht, dass in einer Referendumsdemokratie das Gesetzmässigkeitsprinzip nicht nur für die Eingriffsverwaltung massgebend sei. Die Anforderungen an die Bestimmtheit des Rechtssatzes und an das Erfordernis der Gesetzesform sind aber im Bereich der Leistungsverwaltung im allgemeinen weniger streng. In BGE 118 Ia 46, 61 ff. wurde diese Rechtsprechung bestätigt und daraus abgeleitet, auch Beschlüsse über Ausgaben für Subventionen bedürften einer rechtssatzmässigen Grundlage; Stufe und Bestimmtheitsgrad hingen aber von der Art der Materie, namentlich davon ab, ob es sich um einmalige oder um wiederkehrende staatliche Leistungen handelt.

336 Beispiel:
Art. 42 lit. c des Bundesgesetzes betreffend die eidgenössische Oberaufsicht über die Forstpolizei vom 11. Oktober 1902 (SR 921.0) (FPolG; heute durch das Waldgesetz abgelöst) gewährte den Eigentümern von Waldungen für Parzellarzusammenlegungen einen Anspruch auf Subventionen. Das Eidgenössische Departement des Innern (EDI) lehnte in einem Fall, in dem alle gesetzlichen Voraussetzungen für die Gewährung der Subvention erfüllt waren, ein entsprechendes Gesuch ab mit der Begründung, dass wegen der Finanzknappheit des Bundes Prioritäten gesetzt werden müssten. Das Bundesgericht hiess eine Verwaltungsgerichtsbeschwerde gegen diesen Entscheid gut. Da Art. 42 lit. c FPolG einen Anspruch auf Subventionierung gewähre, müsse der Bund die Subventionen leisten, sobald die Voraussetzungen dafür erfüllt seien. Es stehe nicht im Ermessen des EDI, Subventionen zu leisten oder nicht zu leisten. Ein Ermessensspielraum bestehe nur bezüglich der Höhe der Subventionen. Die von der Bundesversammlung gewährten Kredite seien nach dem Grundsatz der Rechtsgleichheit zu verteilen. Falls sich die Kredite als zu gering erwiesen, habe das EDI dafür zu sorgen, dass die Bundesversammlung entsprechende Nachtragskredite bewillige (BGE 110 Ib 148, 152 ff.).

2. Geltung für Bund, Kantone und Gemeinden

337 Das Gesetzmässigkeitsprinzip gilt für die Gemeinwesen aller Stufen. Bund, Kantone und Gemeinden sind an sämtliche Erlasse des Bundes, der Kantone und der Ge-

meinden gebunden. Dies bedeutet, dass sich der Bund auch an die Erlasse der Kantone und Gemeinden und die Kantone an die Erlasse der Gemeinden halten müssen. Eine Ausnahme ergibt sich nur für den Fall, dass der Bund bzw. der Kanton eine ihm von Verfassung und Gesetz übertragene Aufgabe nicht erfüllen könnte, falls er die kantonalen bzw. kommunalen Vorschriften zu beachten hätte.

Beispiel: 338
Die schweizerischen PTT-Betriebe wollten in der Aargauer Gemeinde Zufikon eine Telefonzentrale errichten. Der Gemeinderat lehnte ein entsprechendes Baugesuch mit der Begründung ab, das Bauvorhaben verletze verschiedene Vorschriften der Bauordnung von Zufikon. Die gegen diesen Entscheid gerichtete Beschwerde hiess der Regierungsrat gut, indem er feststellte, dass die PTT weder an die kantonalen noch an die kommunalen Bauvorschriften gebunden sei. Diesen Entscheid hob das Bundesgericht auf Beschwerde eines Privaten, der Eigentümer einer benachbarten Parzelle war, auf. Es erklärte, die PTT seien auch als Hoheitsträger des übergeordneten Gemeinwesens an das Recht der Kantone und Gemeinden gebunden, soweit es kompetenzgemäss erlassen worden sei. Die einzige Schranke der kantonalen bzw. kommunalen Kompetenz bestehe darin, dass das kantonale bzw. kommunale Recht die Erfüllung der Aufgaben des Bundes nicht verunmöglichen dürfe. Eine Befreiung von der Bindung an das kantonale bzw. kommunale Recht könne sich allerdings auch daraus ergeben, dass das kantonale bzw. kommunale Recht oder aber das Bundesrecht dies ausdrücklich vorsieht. Im betreffenden Fall traf weder das eine noch das andere zu (BGE 92 I 205, 208 ff.).

3. Geltung für alle Arten von Verwaltungstätigkeit

Das Gesetzmässigkeitsprinzip gilt grundsätzlich für die gesamte Verwaltungstätig-   339
keit. Daraus folgt in erster Linie das Postulat, dass die Verfügungen den Gesetzen zu entsprechen haben. Ebenso wie die Verfügungen müssen aber auch Nebenbestimmungen von Verfügungen, Pläne, Realakte usw. gesetzmässig sein. Auch dürfen die Verwaltungsbehörden nur nach Ermessen entscheiden und Ausnahmen bewilligen, wenn und soweit das Gesetz dies vorsieht.

4. Einschränkungen des Gesetzmässigkeitsprinzips

a) Regelung der Benutzung von öffentlichen Sachen im Gemeingebrauch

Öffentliche Sachen im Gemeingebrauch – öffentliche Strassen, Parkanlagen usw. –   340
stehen der Allgemeinheit zur Verfügung. Der Einzelne darf solche Sachen frei benutzen, soweit diese Nutzung mit der Zweckbestimmung der Sache zu vereinbaren ist. Nicht mehr durch den Zweck abgedeckt sind der sog. gesteigerte Gemeingebrauch und die sog. Sondernutzung (vgl. dazu Rz. 1867 ff. und 1888 ff.). Aufgrund seiner Sachherrschaft kann das zuständige Gemeinwesen auch ohne gesetzliche Grundlage den gesteigerten Gemeingebrauch bewilligungspflichtig und die Sondernutzung konzessionspflichtig erklären. Die Exekutive ist befugt, die Bewilligungs- und die Konzessionspflicht, ja ganz allgemein die Nutzung der öffentlichen Sachen, in einer Verordnung zu regeln, ohne dass es dazu einer Grundlage in einem Gesetz im formellen Sinn bedarf.

b) Polizeinotverfügungen und Polizeinotverordnungen

341 Aufgrund der Polizeigeneralklausel (vgl. Rz. 1913 ff.) kann das zuständige Gemeinwesen bei zeitlicher Dringlichkeit auch ohne gesetzliche Grundlage Massnahmen treffen, die dazu dienen, eine unmittelbar drohende, direkte, schwere und ernsthafte Gefahr abzuwehren. Die zuständige Exekutivbehörde ist ermächtigt, zu diesem Zweck Polizeinotverfügungen zu erlassen, die keine gesetzliche Grundlage aufweisen, oder Polizeinotverordnungen aufzustellen (vgl. Rz. 1950 ff.).

c) Personen in einem Sonderstatusverhältnis

342 Für die Regelung der Rechte und Pflichten von Personen in einem Sonderstatusverhältnis werden an die gesetzlichen Grundlagen nur reduzierte Anforderungen gestellt (vgl. Rz. 389).

d) Abgaberecht

343 Abgaben müssen in der Regel auf einem Gesetz im formellen Sinne beruhen. Die Anforderungen an die gesetzliche Grundlage dürfen jedoch nach der Bundesgerichtspraxis bei bestimmten Gebühren herabgesetzt werden, soweit die Überprüfung auf ihre Rechtmässigkeit anhand von verfassungsmässigen Prinzipien, insbesondere des Kostendeckungs- und des Äquivalenzprinzips, ohne weiteres möglich ist. Daher bedürfen *Kanzlei- und Kontrollgebühren* keiner formell-gesetzlichen Grundlage und bei gewissen Gebühren muss die *Höhe* nicht im Gesetz im formellen Sinne festgeschrieben werden. Vgl. Rz. 2100 ff.

e) Bedarfsverwaltung

343a Das Gesetzmässigkeitsprinzip gilt nach der – allerdings nicht unbestrittenen – Lehre und Praxis nicht für die Bedarfsverwaltung (Rz. 225). Die gesetzliche Grundlage ergibt sich hier aus den Normen, welche die Staatsaufgaben regeln, deren Erfüllung die administrative Hilfstätigkeit dient (vgl. VPB 60 [1996] Nr. 1, S. 22 [Gutachten des Bundesamtes für Justiz vom 29. März 1995]; BGE 103 Ib 324, 332; COTTIER, S. 34 f.; IMBODEN/RHINOW Bd. I, S. 287 f.).

f) Auswärtige Angelegenheiten

343b Vertreten wird ferner die Auffassung, dass die auswärtigen Angelegenheiten vom Legalitätsprinzip ausgenommen sind, soweit eine gesetzliche Regelung unmöglich (z.B. wegen weitgehender Fremdbestimmung einer Frage infolge der begrenzten Durchsetzungskraft eines Kleinstaates) oder wenigstens unzweckmässig (Notwendigkeit von Verhandlungsspielräumen, Gewährleistung der Geheimhaltung) wäre (vgl. BORER, S. 430 ff.). Diese Auffassung wird von anderen Autoren (z.B. EHRENZELLER, S. 369 ff.) kritisiert und erscheint auch uns problematisch.

VII. Gesetzmässigkeit, Ermessen und unbestimmter Rechtsbegriff

1. Allgemeines

Aufgrund des Erfordernisses des Rechtssatzes dürfen die Behörden nur gestützt auf eine genügend bestimmte generell-abstrakte Norm handeln. Der Rechtssatz determiniert die Verwaltungstätigkeit und dient damit der Rechtssicherheit und der Rechtsgleichheit. 344

Das Gesetz kann jedoch nicht alle konkreten Fragen, die sich in Zukunft einmal stellen werden, voraussehen. Der Gesetzgeber ist aber auch nicht in der Lage, bereits im voraus für jedes konkrete Problem die "richtige" Lösung zu treffen. Häufig kann erst aufgrund der konkreten Umstände die gerechte Lösung gefunden werden. In solchen Fällen würden zu hohe Anforderungen an die Bestimmtheit des Rechtssatzes zu Ergebnissen führen, die mit der materiellen Gerechtigkeit in Widerspruch stehen. Hier müssen vielmehr weniger bestimmte Normen zulässig sein, die Entscheidungsspielraum für die rechtsanwendenden Behörden schaffen. Es handelt sich um sogenannte *offene* Normen, die den Verwaltungsbehörden Ermessen einräumen oder unbestimmte Rechtsbegriffe enthalten. Ermessen und unbestimmte Rechtsbegriffe dienen damit der *Einzelfallgerechtigkeit* und ergänzen insoweit das Gesetzmässigkeitsprinzip. 345

2. Begriff und Arten des Ermessens

a) Begriff

Ermessen ist ein *Entscheidungsspielraum der Verwaltungsbehörden*, ein Freiraum, den der Gesetzgeber den Verwaltungsbehörden gewährt. In der Regel ist dieser Freiraum dadurch gekennzeichnet, dass der Gesetzgeber den Verwaltungsbehörden die Wahl zwischen verschiedenen Rechtsfolgen überlässt oder auch die Entscheidung, ob überhaupt eine Rechtsfolge angeordnet werden soll (vgl. auch Rz. 348 ff.). 346

Von einem Freiraum der Verwaltungsbehörden könnte kaum die Rede sein, wenn die Verwaltungsgerichte befugt wären, die Ausübung des Ermessens durch die Verwaltungsbehörden voll zu überprüfen. Die gesetzliche Einräumung von Ermessen führt deshalb dazu, dass *Verwaltungsgerichte die Angemessenheit* der von den Verwaltungsbehörden getroffenen Entscheidungen – zumindest grundsätzlich – *nicht überprüfen dürfen* (vgl. z.B. Art. 104 OG, insb. lit. c und Rz. 1515 ff.; siehe auch Rz. 385). 347

b) Arten des Ermessens

aa) Entschliessungsermessen

Räumt ein Rechtssatz den Verwaltungsbehörden einen Spielraum ein beim *Entscheid, ob eine Massnahme zu treffen sei oder nicht*, so liegt Entschliessungsermessen vor. Die Verwaltungsbehörden können hier von der Anordnung einer Massnahme absehen, da das Gesetz den Eintritt der Rechtsfolge beim Vorliegen bestimm- 348 ter Voraussetzungen nicht zwingend vorschreibt. Vor allem Kann-Vorschriften räumen solches Ermessen ein.

349 Beispiele:
- Art. 1 Abs. 1 des Bundesgesetzes über die Enteignung vom 20. Juni 1930 (SR 711) lautet: "Das Enteignungsrecht kann geltend gemacht werden für Werke, die im Interesse der Eidgenossenschaft oder eines grossen Teils des Landes liegen, sowie für andere im öffentlichen Interesse liegende Zwecke, sofern sie durch ein Bundesgesetz anerkannt sind."
- Erteilung von Wasserrechtskonzessionen, Ausnahmebewilligungen im Baurecht, Anordnung von disziplinarischen Massnahmen.

bb) Auswahlermessen

350 Auswahlermessen liegt vor, wenn ein Rechtssatz den Verwaltungsbehörden einen Entscheidungsspielraum hinsichtlich der *Wahl zwischen verschiedenen Massnahmen* oder hinsichtlich der *näheren Ausgestaltung* einer Massnahme einräumt.

351 Beispiel:
§ 8 Abs. 1 der Disziplinarordnung der Universität Zürich vom 17. Februar 1976 (ZH LS 415.32) lautet:
"(1) Disziplinarmassnahmen sind:
  a) Der schriftliche Verweis;
  b) Der Ausschluss von Lehrveranstaltungen oder von der Benützung einzelner Universitätseinrichtungen für die Dauer von höchstens einem Semester, wobei diese Massnahmen miteinander verbunden werden können;
  c) Der Ausschluss vom Studium oder von Prüfungen oder von beidem für die Dauer von einem bis zu sechs Semestern. ..."

cc) Tatbestandsermessen

352 Entschliessungs- und Auswahlermessen lassen sich unter dem Oberbegriff des Rechtsfolgeermessens zusammenfassen. Im Gegensatz dazu steht das Tatbestandsermessen. Hier bezieht sich der Entscheidungsspielraum der Verwaltungsbehörden nicht auf die Rechtsfolgen, sondern auf die Beurteilung der Voraussetzungen für den Eintritt der Rechtsfolgen, d.h. des Tatbestandes. Beim Tatbestandsermessen haben die Behörden Spielraum in der Frage, ob sie die Voraussetzungen für die Anordnung von Massnahmen als erfüllt betrachten oder nicht.

353 Ein Teil der Lehre (so zum Beispiel FLEINER-GERSTER, S. 124 f.) lehnt die Zulässigkeit von Tatbestandsermessen ab. Bei der Umschreibung des Tatbestandes seien höchstens unbestimmte Rechtsbegriffe gegeben.

354 Eine jüngere Lehrmeinung (so zum Beispiel RHINOW, Ermessen, S. 87 ff.; ders., Verwaltungsermessen, S. 65) vertritt die Auffassung, dass sich jeder Ermessensentscheid auch auf die Feststellung der Voraussetzungen der Rechtsfolge, also auf die Beurteilung des Tatbestandes auswirkt und insoweit Ausübung von Tatbestandsermessen ist. Begründet wird dies damit, dass auch bei der Betätigung von Rechtsfolgeermessen die Voraussetzungen für die Rechtsfolge, die die rechtsanwendende Behörde wählt, festgelegt werden müssen.

c) *Form der Einräumung des Ermessens*

Die Frage, ob eine bestimmte Norm den Verwaltungsbehörden Ermessen einräumt,   355
ist auf dem Wege der *Auslegung* zu ermitteln. Sie ist immer Rechtsfrage. Ihre Beantwortung liegt nicht im Ermessen der Verwaltungsbehörden und kann von den
Verwaltungsgerichten voll überprüft werden.

Es können vor allem drei Formen der Einräumung von Ermessen unterschieden   356
werden:
- Das Gesetz kann die Behörden ausdrücklich zum *Handeln "nach Ermessen"* ermächtigen (z.B. Art. 4 des Bundesgesetzes über Aufenthalt und Niederlassung
  der Ausländer vom 26. März 1931 [SR 142.20] [ANAG]).
- Das Ermessen kann durch eine sog. *"Kann-Vorschrift"* eingeräumt werden (vgl.
  dazu das in Rz. 349 angeführte Beispiel).
- Der Gesetzgeber kann auch *andere offene Formulierungen* wählen, wie "nach
  Möglichkeit" (z.B. Gewährung von Subventionen), "soweit zumutbar" (z.B. im
  Baurecht), "vertrauenswürdige Person" (etwa für die Zulassung als Rechtsanwalt), "Gewähr für eine einwandfreie Geschäftätigkeit" (für die Bewilligung
  des Betriebs einer Bank, Art. 3 Abs. 1 lit. c des BG über die Banken und Sparkassen vom 8. November 1934 [SR 952.0]) usw.

d) *Pflichtgemässes Ermessen*

Durch das Ermessen wird den Verwaltungsbehörden ein Spielraum für den Ent-   357
scheid im Einzelfall eingeräumt. Dies bedeutet aber nicht, dass die Behörden in ihrer
Entscheidung völlig frei sind. Die Behörden dürfen nicht willkürlich entscheiden.
Die Verwaltungsbehörden sind vielmehr an die *Verfassung* gebunden. Sie müssen
insbesondere das Rechtsgleichheitsgebot, das Verhältnismässigkeitsprinzip und die
Pflicht zur Wahrung der öffentlichen Interessen befolgen. Ausserdem sind Sinn und
Zweck der gesetzlichen Ordnung auch bei Ermessensentscheiden zu beachten.

Beispiel: 358
Die inzwischen revidierte Verordnung des Bundesrates über den Schlachtviehmarkt und die Fleischversorgung vom 27. September 1971 (Schlachtviehverordnung) (SR 916.341) verpflichtete die inländischen Metzgereien zur Verwertung von überschüssigem Schlachtvieh. Wer der Schlachtviehverordnung zuwiderhandelte, konnte befristet von der Berechtigung zur Einfuhr von ausländischem
Fleisch ausgeschlossen werden. Die Metzgerei X. verletzte 1975 die Pflicht zur Überschussverwer-
tung, indem sie ihren Bedarf im Umfang der Pflichtmenge durch billigeres ausländisches Fleisch
deckte. Deshalb verbot die Abteilung für Landwirtschaft (AFL) der Metzgerei X. den Import von
grossem Schlachtvieh und Fleisch für die Dauer von 2 Jahren. Sowohl das Eidgenössische Volkswirtschaftsdepartement als auch das Bundesgericht schützten dieses Verbot. Das Bundesgericht hielt fest,
dass sowohl die Anordnung des Einfuhrverbotes als auch die Bemessung der Massnahmedauer im
Ermessen der AFL lagen. Für die Ausübung dieses Ermessens hielt es folgende Kriterien für massgebend: die Schwere der Widerhandlung, die Auswirkungen der Sanktionen auf den Betroffenen, das
frühere Verhalten des Fehlbaren, das öffentliche Interesse, das die Schlachtviehverordnung verfolgt,
sowie den Grundsatz der Verhältnismässigkeit. Im vorliegenden Fall rechtfertigten nach Auffassung
des Bundesgerichts die Schwere des Verschuldens und das Interesse an der Einhaltung der Schlachtviehverordnung die lange Dauer des Einfuhrverbotes und die damit verbundenen grossen finanziellen
Verluste der Metzgerei X. (BGE 103 Ib 126, 129 ff.).

359 Die pflichtgemässe Bindung der Ermessensentscheide steht in einem Zusammenhang mit dem *Begründungszwang*, d.h. mit der Pflicht der Verwaltungsbehörden, ihre Entscheide zu begründen (vgl. dazu Rz. 1293 ff.).

360 Beispiel:
Der Regierungsrat des Kantons Zürich wies 1972 das Gesuch eines Mittelschullehrers um Wohnsitznahme ausserhalb des Kantons Zürich ab. Voraussetzung für die Gutheissung des Gesuchs wäre das Vorliegen wichtiger Gründe gewesen. Das Bundesgericht hiess eine staatsrechtliche Beschwerde gegen diesen Entscheid des Regierungsrates gut. Der Regierungsrat sei trotz des eingeräumten Ermessens nicht einfach frei in seinem Entscheid, sondern müsse ihn begründen und mit seiner bisherigen Praxis vergleichen. Das Bundesgericht hob den Entscheid des Regierungsrates auf, weil er die für die Verweigerung der Bewilligung der Wohnsitznahme ausserhalb des Kantons massgeblichen Gründe nicht enthielt, so dass es dem Gesuchsteller unmöglich war zu prüfen, ob sich die Ablehnung des Gesuchs auf sachlich haltbare Überlegungen stützte (BGE 98 Ia 460, 465 f.)

3. Ermessen und unbestimmter Rechtsbegriff

a) Definition des unbestimmten Rechtsbegriffs

361 Ein unbestimmter Rechtsbegriff liegt vor, wenn der Rechtssatz die Voraussetzungen der Rechtsfolge oder die Rechtsfolge selbst in offener, unbestimmter Weise umschreibt.

Beispiele:
– "Gefährdung der Sittlichkeit" (z.B. in einem Filmgesetz);
– "Eignung" des Bewerbers (z.B. im Bürgerrecht);
– "Vermeidung von Härtefällen";
– "nachgewiesenes Bedürfnis";
– "leichter Fall" (z.B. im Zusammenhang mit disziplinarischen Massnahmen);
– "soweit dem Betroffenen zumutbar";
– "öffentliches Interesse".

b) Problem der Abgrenzung zwischen Ermessen und unbestimmtem Rechtsbegriff

362 Sowohl beim Ermessen als auch beim unbestimmten Rechtsbegriff liegen *offene Formulierungen* vor, die den Verwaltungsbehörden einen *Entscheidungsspielraum* gewähren. Es stellt sich die Frage, wie die beiden Erscheinungen voneinander unterschieden werden können.

aa) Rechtliche Tragweite der Abgrenzung

363 Die Unterscheidung zwischen Ermessen und unbestimmtem Rechtsbegriff ist bedeutsam für die Frage des *Rechtsschutzes durch die Verwaltungsgerichte*. Den Verwaltungsgerichten steht im allgemeinen nur eine Rechtskontrolle zu. Eine Überprüfung der Angemessenheit der Ermessensbetätigung ist dagegen nur ausnahmsweise zulässig (vgl. Art. 104 OG; die kantonalen Verwaltungsgerichtsgesetze kennen ähnliche Bestimmungen). Die unbestimmten Rechtsbegriffe sind der Auslegung zu-

gänglich. Diese Auslegung durch die Verwaltungsbehörden kann von den Verwaltungsgerichten uneingeschränkt überprüft werden.

bb) Kriterium der Abgrenzung

aaa) Theorie der einzig richtigen Entscheidung

Das Bundesgericht vertrat früher für die Unterscheidung von Ermessen und unbestimmtem Rechtsbegriff die sogenannte Theorie der einzig richtigen Entscheidung. Danach gibt es beim unbestimmten Rechtsbegriff nur eine einzige richtige Lösung, die durch Auslegung zu ermitteln ist, während die Verwaltungsbehörden beim Ermessen zwischen mehreren gleichwertigen Lösungen wählen können (BGE 95 I 33, 40). 364

Diese Theorie erweist sich jedoch bei näherer Betrachtung als Fiktion. Sie widerspricht den Erkenntnissen der heutigen Methodenlehre, wonach der Auslegungsvorgang auch eine schöpferische Komponente enthält. In BGE 99 Ia 143, 150 hielt das Bundesgericht denn auch ausdrücklich fest, dass die Auslegung von unbestimmten Rechtsbegriffen zwar dem Grundsatze nach einheitlich erfolgen muss, dass den Verwaltungsbehörden aber ein gewisser Beurteilungsspielraum zugebilligt werden muss, da sich die Anwendung eines unbestimmten Rechtsbegriffes nicht immer bis ins letzte begründen lässt. 365

bbb) Unterschied von Tatbestand und Rechtsfolge

In der Lehre (so z.B. IMBODEN/RHINOW Bd. I, S. 405) wird z.T. die Auffassung vertreten, dass der unbestimmte Rechtsbegriff stets den Tatbestand betreffe, während sich das Ermessen auf die Rechtsfolge beziehe. 366

Dies trifft zwar häufig, aber nicht durchwegs zu. Nicht selten – z.B. bei Formulierungen wie "soweit zumutbar" oder "geeignete Kandidaten" – lassen sich Tatbestand und Rechtsfolge nur schwer auseinanderhalten. Zudem wird in der jüngeren Lehre die Meinung vertreten, dass Tatbestand und Rechtsfolge gar nicht getrennt werden können, da auch bei der Betätigung von Rechtsfolgeermessen die Rechtsfolge an bestimmte – vom Rechtsanwender festgestellte – Voraussetzungen geknüpft wird (vgl. Rz. 352 ff.). 367

ccc) Abstellen auf die Eignung der Gerichte zur Überprüfung

Die Theorie der einzig richtigen Entscheidung und das Abstellen darauf, ob sich der offene Begriff im Tatbestand oder in der Rechtsfolge befindet, vermögen nicht zu befriedigen. Die Unterscheidung von unbestimmtem Rechtsbegriff und Ermessen kann nicht auf Grund eines solchen formalen Kriteriums erfolgen. *Massgeblich ist vielmehr, ob die Anwendung einer offenen Normierung nach Sinn und Zweck des Gesetzes von einem Gericht soll überprüft werden können oder nicht.* Bei jeder offenen Normierung ist demnach zu fragen, ob der Gesetzgeber die Befugnis zur Konkretisierung dieser Bestimmung abschliessend einer Verwaltungsbehörde übertragen 368 wollte, weil sie dafür fachlich kompetenter erscheint als ein Gericht, oder ob eine richterliche Überprüfung sinnvoll und das Verwaltungsgericht dazu geeignet ist.

cc) Zurückhaltung der Gerichte auch bei der Überprüfung von unbestimmten Rechtsbegriffen

369 Auch wenn das Vorliegen eines unbestimmten Rechtsbegriffs bejaht wird, ist u.U. eine gewisse Zurückhaltung bei der Überprüfung durch eine gerichtliche Instanz angezeigt. Die Verwaltungsgerichte sollen nicht den ganzen Bereich des Beurteilungsspielraumes, der bei einem unbestimmten Rechtsbegriff gegeben ist, voll überprüfen, falls die Verwaltungsbehörde zum Entscheid besser geeignet ist. Gegen eine volle richterliche Überprüfung sprechen vor allem:
– der Zusammenhang mit den örtlichen Verhältnissen, so besonders im Baurecht;
– die Technizität der Fragen;
– die grössere Nähe und Vertrautheit der Verwaltungsbehörden mit den tatsächlichen Verhältnissen.
In solchen Fällen ist der Verwaltungsbehörde auch bei unbestimmten Rechtsbegriffen ein vom Gericht nicht oder nicht voll überprüfbarer Beurteilungsspielraum zuzubilligen.

370 Die hier vertretene Auffassung stimmt im Ergebnis mit der *Praxis des Bundesgerichts* überein, das bei der Überprüfung der Anwendung von unbestimmten Rechtsbegriffen Zurückhaltung übt und den Verwaltungsbehörden einen gewissen Beurteilungsspielraum zuerkennt, wenn der Entscheid besondere Kenntnisse oder Vertrautheit mit den tatsächlichen Verhältnissen voraussetzt. In solchen Fällen greift das Bundesgericht solange nicht ein, als die Auslegung der Verwaltungsbehörden vertretbar erscheint (vgl. BGE 112 Ib 51, 53; 107 Ib 116, 121; 104 Ib 108, 112 f. m.w.H.). Liegt kein Grund für einen besonderen Handlungsspielraum der Verwaltungsbehörde vor, überprüft das Bundesgericht die Anwendung der entsprechenden Vorschriften voll (BGE 119 Ib 33, 40).

dd) Beispiele

371 – Die Gemeinde Malans erteilte für den Bau eines Gewächshauses, welches die Vorschriften der kommunalen Bauordnung über Gebäudeausmass und -abstand nicht einhielt, eine Ausnahmebewilligung nur unter verschiedenen einschränkenden Bedingungen. Der Bauherr wollte sich damit nicht abfinden und zog den Entscheid an das kantonale Verwaltungsgericht weiter, das die fraglichen Beschränkungen aufhob. Die Gemeinde focht dieses Urteil wegen Verletzung ihrer Autonomie mit staatsrechtlicher Beschwerde beim Bundesgericht an. Das Bundesgericht führte aus, ob und unter welchen Voraussetzungen eine Ausnahmebewilligung zu erteilen sei, stehe im Ermessen der Gemeinde, das durch eine gerichtliche Instanz nur beschränkt (auf Über- und Unterschreitung sowie Missbrauch; vgl. Rz. 377 ff.) überprüft werden dürfe. "Als Rechtsfrage gilt lediglich, ob besondere Verhältnisse vorliegen, die die Erteilung einer Ausnahmebewilligung rechtfertigen, als Ermessensfrage dagegen, durch welche Abweichung von den Vorschriften und durch welche besonderen Anordnungen der Ausnahmesituation Rechnung zu tragen sei" (BGE 97 I 134, 140).

372 – Art. 18 Abs. 1 des Gewässerschutzgesetzes vom 8. Oktober 1971 (GSchG) bestimmte: "Im Bereich der öffentlichen und der öffentlichen Zwecken dienenden privaten Kanalisation sind alle Abwässer an diese anzuschliessen. Ausnahmsweise kann für Abwässer, die für die zentrale Reinigung nicht geeignet sind oder für die diese aus andern wichtigen Gründen nicht angezeigt ist,

die zuständige kantonale Behörde besondere Arten der Behandlung und Ableitung anordnen." Die Thurgauer Behörden lehnten es ab, einen Landwirt von der Anschlusspflicht zu befreien. Das Bundesgericht wies die gegen diese Verfügung gerichtete Verwaltungsgerichtsbeschwerde des Landwirtes ab. Die Ausnahmeregelung von Art. 18 Abs. 1 GSchG wolle im Einzelfall Härten und offensichtliche Unzweckmässigkeiten verhindern. Das Vorliegen "wichtiger Gründe" sei ein unbestimmter Rechtsbegriff, der vom Bundesgericht überprüft werden könne. Das Bundesgericht gelangte zum Resultat, dass im vorliegenden Fall der Landwirt nicht auf besondere Härten hinweisen könne, die ihn im Gegensatz zu vielen anderen Landwirten treffen würden; damit fehle es an wichtigen Gründen, die ein Abweichen von der Regel rechtfertigen (BGE 107 Ib 116, 119 ff.). – Vgl. auch BGE 110 Ia 167, 174.

– Gemäss Art. 12 der Verordnung über die Begrenzung der Zahl der Ausländer (BVO) vom 6. Oktober 1986 (SR 823.21) gelten für die Erteilung von Aufenthaltsbewilligungen Höchstzahlen. Nach Art. 13 lit. f BVO sind Ausländer von den Höchstzahlen ausgenommen, wenn ein schwerwiegender persönlicher Härtefall oder staatspolitische Gründe vorliegen. Bei der Figur des schwerwiegenden persönlichen Härtefalls handelt es sich um einen unbestimmten Rechtsbegriff, dessen Anwendung das Bundesgericht grundsätzlich frei überprüft. Da es dabei keine besonderen (namentlich technischen oder örtlichen) Gegebenheiten zu berücksichtigen gibt, in denen die entscheidende Verwaltungsbehörde sich besser auskennt oder eines besonderen Beurteilungsspielraums bedarf, auferlegt sich das Bundesgericht bei der Kontrolle auch keine Zurückhaltung (BGE 119 Ib 33, 40). `372a`

– Das Eidgenössische Militärdepartement verweigerte dem Beamten X. die generelle reale Besoldungserhöhung von 3%. Es stützte sich dabei auf Art. 45 Abs. 2bis des Beamtengesetzes vom 30. Juni 1927 (SR 172.221.10), wonach bei der Gewährung von Besoldungserhöhungen die Leistung des Beamten angemessen zu berücksichtigen ist, sowie auf Art. 54e der Beamtenordnung (1) vom 10. November 1959 (SR 172.221.101), der vorsieht, dass Besoldungserhöhungen jenen Beamten nicht gewährt werden, deren Leistungen "ungenügend" sind. X. zog diesen Entscheid mit Verwaltungsgerichtsbeschwerde an das Bundesgericht weiter. Das Bundesgericht führte aus, mit der Verwendung des unbestimmten Rechtsbegriffes, wonach die Leistung des Beamten "angemessen" zu berücksichtigen sei, habe der Gesetzgeber der Bundesverwaltung einen erheblichen Beurteilungsspielraum eingeräumt, welcher das Bundesgericht binde. Es dürfe – so fährt das Bundesgericht seltsamerweise fort – "sein eigenes Ermessen nicht an die Stelle jenes dieser Behörden setzen," sondern müsse sich auf die Prüfung beschränken, ob die Verordnung den Rahmen des im Gesetz eingeräumten Ermessens offensichtlich sprengt oder aus anderen Gründen gesetzes- oder verfassungswidrig ist. Die Beurteilung der Frage, ob ein Beamter ungenügende Leistungen erbringe, sei in allererster Linie Sache der unmittelbaren Vorgesetzten, die dessen tägliche Arbeit am zuverlässigsten einschätzen könnten. Auch wenn das Bundesgericht den Sachverhalt im vorliegenden Fall von Amtes wegen feststellen könne, auferlege es sich in dieser Beziehung Zurückhaltung, weil ihm für eine völlig freie Beurteilung der Leistung die erforderliche Sachnähe fehle. Es hebe eine Verfügung, durch die eine Besoldungserhöhung verweigert werde, nur auf, wenn sich die zugrunde liegende Einschätzung als sachlich unhaltbar erweise (BGE 118 Ib 164, 166 f.). – Der Entscheid zeigt, dass es auch dem Bundesgericht zuweilen schwer fällt, zwischen unbestimmten Rechtsbegriffen und Ermessen zu unterscheiden. `372b`

4. Ermessensfehler

a) Unangemessenheit

Ein Entscheid ist unangemessen, wenn er zwar *innerhalb des Ermessensspielraumes liegt*, aber das Ermessen nicht richtig, *unzweckmässig* gehandhabt wurde. Eine Rechtsverletzung liegt nicht vor. `374`

375   Zu beachten ist, dass die Frage, ob ein Entscheid angemessen ist oder nicht, nicht absolut beantwortet werden kann. Die Feststellung der Unangemessenheit ist eine Wertungsfrage.

376   Beispiel:
Gemäss Art. 37 Abs. 2 des Bundesgesetzes über die Unfallversicherung vom 20. März 1981 (SR 832.20) werden die Geldleistungen der Unfallversicherung gekürzt, wenn der Versicherte den Unfall grobfahrlässig herbeigeführt hat. Das Eidgenössische Versicherungsgericht, das nach Art. 132 lit. a OG auch die Angemessenheit einer Verfügung kontrollieren kann, hatte in einem Fall, in dem ein Unfall durch Überfahren des Rotlichts verursacht worden war, zu prüfen, ob eine Kürzung der Versicherungsleistung um 20% angemessen sei. Das Gericht führte aus, dass die Kürzung nach Massgabe des Verschuldens zu erfolgen habe. Dabei handle es sich naturgemäss um einen Ermessensentscheid. Die Beschwerdeführerin habe zu Recht weder Missbrauch noch Überschreitung des Ermessens geltend gemacht. Es sei lediglich zu prüfen, ob die ermessensweise Festsetzung der Kürzungsquote auf 20% wegen Unangemessenheit abzuändern sei. Dabei gehe es um die Frage, ob der zu überprüfende Entscheid, den die Behörde nach dem ihr zustehenden Ermessen im Einklang mit den allgemeinen Rechtsprinzipien in einem konkreten Fall getroffen habe, nicht zweckmässigerweise hätte anders ausfallen sollen. Der Sozialversicherungsrichter dürfe allerdings sein Ermessen nicht ohne triftigen Grund anstelle desjenigen der Verwaltung setzen. In der Folge kam das Eidgenössische Versicherungsgericht aufgrund seiner Kürzungspraxis bei Verkehrsregelverletzungen zum Schluss, dass Kürzungen von bis zu 20% durchaus angemessen seien. Eine 10%-ige Kürzung sei zum Beispiel erfolgt wegen Nichttragens der Sicherheitsgurte, bei einem durch kurze Unaufmerksamkeit verursachten Unfall oder wegen Nichtgewährens des Vortritts beim Linksabbiegen. Eine 20%-ige Kürzung sei als angemessen betrachtet worden bei Nichtanpassen der Geschwindigkeit an die Verhältnisse oder bei einem notorischen Schnellfahrer. Bei schwerwiegenden Verkehrsregelverletzungen kämen sogar höhere Kürzungen in Betracht, so zum Beispiel 30% bei Fahren in angetrunkenem Zustand. Im Lichte dieser Rechtsprechung sei die im vorliegenden Fall zu beurteilende Kürzung von 20% durchaus angemessen, da das Überfahren des Rotlichts, mehr noch als die Verletzung des Vortrittsrechts, als krasser Verkehrsregelverstoss zu qualifizieren sei (BGE 114 V 315, 316 ff.).

b)   Ermessensmissbrauch

377   Ermessensmissbrauch liegt vor, wenn die im Rechtssatz umschriebenen *Voraussetzungen und Grenzen des Ermessens zwar beachtet* worden sind, aber das Ermessen unter unmassgeblichen Gesichtspunkten, insbesondere *willkürlich und rechtsungleich* betätigt wird. Ermessensmissbrauch stellt eine Rechtsverletzung dar (so ausdrücklich Art. 104 lit. a OG).

378   Der Ermessensmissbrauch zeichnet sich nach dieser Definition durch zwei Merkmale aus: Formell hält sich die Verwaltungsbehörde an den Entscheidungsspielraum, den ihr der Rechtssatz einräumt. Der Entscheid ist aber nicht nur unangemessen, sondern unhaltbar; er ist willkürlich.

Beispiele:
379   –   Eine Gemeinde stellt ein Teilstück des Trottoirs nicht fertig, weil sich ein Grundeigentümer weigert, die für den Trottoirbau erhobenen Beiträge zu leisten (MBVR 1954 Nr. 130).

380   –   Gemäss Art. 42 Abs. 1 des Zollgesetzes vom 1. Oktober 1925 (SR 631.0) kann Bahnverwaltungen und Lagerhausgesellschaften der Betrieb von Zollagern bewilligt werden, soweit dafür ein allgemeines wirtschaftliches Bedürfnis besteht. Mit Verfügung vom 1. März 1985 lehnte das Eidgenössische Finanzdepartement ein Gesuch der IKEA-Lager+Service AG um eine Bewilligung für ein firmenspezifisches Zollager mangels wirtschaftlichem Bedürfnis ab. Das Bundesgericht wies eine Verwaltungsgerichtsbeschwerde der IKEA gegen diese Verfügung ab. Das Finanzdepartement habe das Ermessen, das ihm bei der Erteilung der entsprechenden Bewilligun-

gen zustehe, weder missbraucht noch überschritten. Es habe sich mit seinem Entscheid im Rahmen des ihm zustehenden Beurteilungs- und Ermessensspielraums bewegt; die Frage der Unangemessenheit sei vom Bundesgericht nicht zu überprüfen (BGE 112 Ib 13, 16 ff.).

c) Ermessensüberschreitung

Eine Ermessensüberschreitung liegt vor, wenn das Ermessen in einem Bereich aus- 381
geübt wird, in dem der *Rechtssatz kein Ermessen eingeräumt* hat. Dies ist der Fall, wenn der Rechtssatz gar keine Ermessensbetätigung gestattet, aber auch wenn die Behörde eine Massnahme trifft, die der Rechtssatz nicht zur Wahl stellt. Die Ermessensüberschreitung ist eine Rechtsverletzung.

Beispiele:
– Eine Behörde erteilt eine Ausnahmebewilligung, obwohl das Gesetz keine Ausnahmen vorsieht.
– Die vorgesetzte Behörde verhängt gegenüber einem Beamten eine Geldbusse als Disziplinarstrafe, obwohl das Beamtengesetz nur Verweis und Suspendierung vom Dienst als Disziplinarmassnahmen erwähnt.

d) Ermessensunterschreitung

Eine Ermessensunterschreitung liegt vor, wenn die entscheidende *Behörde sich als* 382
gebunden betrachtet, obschon ihr vom *Rechtssatz Ermessen eingeräumt* wird, oder wenn sie auf die Ermessensausübung ganz oder teilweise zum vornherein verzichtet.

Auch die Ermessensunterschreitung stellt eine Rechtsverletzung dar. Wo der 383
Gesetzgeber Ermessen einräumt, erwartet er von den Verwaltungsbehörden, dass sie sachliche Unterscheidungen treffen und den besonderen Umständen des konkreten Falles angemessene Rechtsfolgen anordnen. Bei einer Ermessensunterschreitung verletzen die Behörden diese Pflicht, indem sie auf sachliche Unterscheidungen verzichten, wo der Gesetzgeber einen differenzierten Entscheid für nötig hält.

Beispiel: 384
Das St. Galler Jagdgesetz nennt die Kriterien, nach denen ein Jagdrevier, um das sich mehrere Jägergruppen bewerben, zuzuteilen ist. Erscheinen alle Jägergruppen aufgrund dieser Kriterien als gleich geeignet, so hat die Behörde die Wahl zwischen zwei Möglichkeiten: Sie kann die Zuteilung durch Entscheid oder durch das Los vornehmen. In einem Rekursentscheid hatte das kantonale Verwaltungsgericht die Vergebungsbehörde angewiesen, bei gleicher Eignung der Bewerber stets das Los entscheiden zu lassen. Das Bundesgericht beurteilte dies als klaren Verstoss gegen das Jagdgesetz und deshalb als willkürlich, weil damit die Vergebungsbehörde der im Gesetz vorgesehenen Wahlmöglichkeit beraubt werde (BGE 96 I 550, 551).

5. Rechtliche Beurteilung der Ermessensfehler

Den *Verwaltungsgerichten* ist regelmässig nur Rechtskontrolle gestattet, nicht aber 385
Ermessenskontrolle (für das Bundesgericht vgl. Art. 104 OG; vgl. auch Rz. 1451, 1515 ff.). Daher ist ihnen grundsätzlich verwehrt, die Betätigung des Ermessens durch die Verwaltungsbehörden zu überprüfen. Sie können insbesondere nicht einen Entscheid einer Verwaltungsbehörde wegen blosser Unangemessenheit aufheben. Ermessensmissbrauch, Ermessensüberschreitung und Ermessensunterschreitung sind

dagegen qualifizierte Ermessensfehler und stellen Rechtsverletzungen dar, die der Kontrolle durch die Verwaltungsgerichte zugänglich sind. Entscheide, die einen solchen qualifizierten Ermessensfehler enthalten, müssen von den Verwaltungsgerichten aufgehoben werden.

386   Amtet dagegen eine *Verwaltungsbehörde als Rechtsmittelinstanz* (sog. verwaltungsinterne Rechtspflege, vgl. Rz. 1366 ff.), so ist diese in der Regel – massgebend ist das anwendbare Verwaltungsverfahrensgesetz (für den Bund vgl. Art. 49 lit. c VwVG) – nicht auf die blosse Rechtskontrolle beschränkt. Sie kann m.a.W. den Entscheid einer untergeordneten Verwaltungsbehörde auch auf seine Angemessenheit hin überprüfen und einen unangemessenen Entscheid aufheben. Die Verwaltungsbehörden auferlegen sich dabei jedoch meist grosse Zurückhaltung. So greift der Bundesrat nicht ohne Not in Ermessensentscheide untergeordneter Behörden ein, wenn sich diese durch besonderen Sachverstand auszeichnet oder gestützt auf fachmännische Gutachten entschied (sog. *Ohne-Not-Praxis*; VPB 59 [1995] Nr. 63, S. 529 f.; 58 [1994] Nr. 39, S. 311; 58 [1994] Nr. 74, S. 561). Der Bundesrat will – wie das Bundesgericht – nicht in Entscheide eingreifen, für welche die untergeordnete Behörde wegen ihrer grösseren Vertrautheit mit den tatsächlichen Verhältnissen besser geeignet ist.

Beispiele:
–   Bewertung von Prüfungen (VPB 42 [1978] Nr. 65, S. 280 ff.; vgl. aber auch VPB 56 [1992] Nr. 16, wo es um einen Verfahrensfehler ging);
–   Filmförderung (VPB 52 [1988] Nr. 25; 41 [1977] Nr. 105);
–   Beitrag des Nationalfonds für Forschungsprojekt (VPB 46 [1982] Nr. 5).

6.   Ermessen und Gesetzesdelegation

387   Einräumung von Ermessen und Gesetzesdelegation haben gemeinsam, dass der Gesetzgeber in einem bestimmten Bereich auf eine abschliessende Regelung verzichtet und damit den *Verwaltungsbehörden* einen *gewissen Freiraum* gewährt. Beim Ermessen bezieht sich der Freiraum auf die Rechtsanwendung und soll Entscheidungen ermöglichen, die den konkreten Umständen des Einzelfalles Rechnung tragen (Einzelfallgerechtigkeit). Durch die Gesetzesdelegation werden die Verwaltungsbehörden ermächtigt, in dem übertragenen Bereich generell-abstrakte Normen aufzustellen, weil der Gesetzgeber dazu weniger geeignet ist und die Flexibilität der Regelung vergrössert werden soll.

388   Entsprechend unterscheiden sich in den beiden Bereichen die Art der *Problemstellung* und die *Massstäbe*. Bei der Gesetzesdelegation geht es um die Voraussetzungen der Zulässigkeit der Delegation, die sich nach dem Erfordernis der Gesetzesform beurteilt. Beim Ermessen stellt sich die Frage, ob sich die Einräumung mit dem Erfordernis der genügenden Bestimmtheit des Rechtssatzes vereinbaren lässt, und die Frage der Handhabung des Ermessens.

VIII. Gesetzmässigkeitsprinzip und Sonderstatusverhältnis ("Besonderes Rechtsverhältnis")

1. Begriff des Sonderstatusverhältnisses

Ein Sonderstatusverhältnis oder besonderes Rechtsverhältnis liegt vor, wenn eine Person in einer engeren Rechtsbeziehung zum Staat steht als die übrigen Menschen und sich daraus für sie besondere Pflichten und Einschränkungen der Freiheitsrechte ergeben. 389

Beispiele:
Studierende, Schülerinnen und Schüler (BGE 119 Ia 178, 188), Militärpersonen, Beamtinnen und Beamte, Insassen von Strafanstalten (BGE 99 Ia 262, 267 ff.) usw.

2. Anforderungen an die gesetzliche Grundlage

Der Grundsatz der Gesetzmässigkeit gilt auch für das Sonderstatusverhältnis. Es werden jedoch weniger hohe Anforderungen gestellt, wobei die Art des Sonderstatusverhältnisses (z.B. freiwillige oder zwangsweise Begründung) zu berücksichtigen ist. 390

Beim *Erfordernis des Rechtssatzes* wird eine geringere Bestimmtheit des Rechtssatzes verlangt. Es ist nicht notwendig, dass das Sonderstatusverhältnis bis in alle Einzelheiten generell-abstrakt geregelt ist; man begnügt sich mit Generalklauseln und relativ offenen, unbestimmten Normen. 391

Bezüglich des *Erfordernisses der Gesetzesform* muss gefordert werden, dass die Voraussetzungen für die Begründung sowie, in den Grundzügen, die rechtlichen Auswirkungen des Sonderstatusverhältnisses in einem Gesetz im formellen Sinn umschrieben werden. Ebenfalls einer Grundlage in einem Gesetz im formellen Sinn bedürfen schwere Eingriffe in die Freiheitsrechte. Im übrigen können aber Rechte und Pflichten der Personen im Sonderstatusverhältnis durch Verordnung festgelegt werden. 392

In der *Praxis* finden sich allerdings nicht selten Regelungen, die diesen Erfordernissen nicht voll entsprechen, so z.B. Vorschriften über die Rechtsstellung von Untersuchungsgefangenen, Disziplinarordnungen und Beamtenordnungen. 393

Beispiele:
- Im Jahre 1980 hatte das Bundesgericht die Frage zu beurteilen, ob der Hochschulrat der Hochschule St. Gallen im Rahmen des Dienstverhältnisses für einen Mathematik-Professor die Residenzpflicht anordnen durfte, obwohl weder das kantonale Gesetz betreffend die Hochschule St. Gallen noch das Hochschul-Statut (Verordnung) eine solche Residenzpflicht vorsah. Das Bundesgericht hielt die Residenzpflicht für zulässig, weil der Hochschulrat nach der gesetzlichen Regelung das Dienstverhältnis frei gestalten durfte. – Der Entscheid kann nicht voll befriedigen. Die Residenzpflicht stellt einen schweren Eingriff in die Niederlassungsfreiheit dar, der eine Grundlage in einem Gesetz im formellen Sinn angezeigt erscheinen lässt. Dies gilt in diesem Fall umso mehr, als sich die Residenzpflicht nicht ohne weiteres aus der Natur der Aufgaben eines Mathematik-Professors an einer Hochschule ergibt (BGE 106 Ia 28, 29 f.). 394
- Das Bundesgericht hob auf staatsrechtliche Beschwerde hin eine sehr unbestimmt formulierte Vorschrift des Gefängnisreglements des Kantons Appenzell-Ausserrhoden auf. "Ein Gefängnis- 395

reglement für Untersuchungshaft muss ... durch eine ausreichende Regelungsdichte und eine klare Fassung selber eine erhöhte Gewähr für die Vermeidung verfassungswidriger Anwendung bilden" (BGE 106 Ia 136, 138 ff.).

396   –   Im Zusammenhang mit der Ausfällung einer Disziplinarstrafe gegenüber einem Studenten erklärte das Bundesgericht, die Regelung der Rechte und Pflichten der Studierenden der ETH bedürfe keiner Grundlage in einem Gesetz im formellen Sinn. Für die disziplinarischen Massnahmen genüge deshalb das – damals geltende – Reglement des Hochschulrates als gesetzliche Grundlage, da ein Anstaltsbenutzungsverhältnis i.S. eines "besonderen Rechtsverhältnisses" vorliege (BGE 98 Ib 301, 305 f.).

§ 8   Der Grundsatz der Rechtsgleichheit

Literatur

ARIOLI SILVIO, Das Verbot der willkürlichen und rechtsungleichen Rechtsanwendung im Sinne von Art. 4 BV, Diss. Basel 1968; AUER ANDREAS, L'égalité dans l'illégalité, ZBl 79 (1978) 281 ff.; BIGLER-EGGENBERGER MARGRITH/KAUFMANN CLAUDIA (Hrsg.), Kommentar zum Gleichstellungsgesetz, Basel 1997; FAVRE DOMINIQUE, Le quorum sous l'angle de l'égalité devant la loi, in: Verfassungsrechtsprechung und Verwaltungsrechtsprechung, Zürich 1992, S. 95 ff.; GEISER THOMAS, Die Regeln über die Anstellungsdiskriminierung und die Beförderungsdiskriminierung im Gleichstellungsgesetz, ZBJV 132 (1996) 555 ff.; HAEFLIGER ARTHUR, Alle Schweizer sind vor dem Gesetze gleich, Zur Tragweite des Artikels 4 der Bundesverfassung, Bern 1985; HANGARTNER YVO, Gleicher Zugang von Männern und Frauen zu öffentlichen Ämtern, AJP 4 (1995) 1554 ff.; HUBER HANS, Der Sinnzusammenhang des Willkürverbots mit der Rechtsgleichheit, in: Mélanges André Grisel, Neuenburg 1983, S. 127 ff.; HUBER HANS, Überspitzter Formalismus als Rechtsverweigerung, in: Recht und Wirtschaft heute, Festgabe zum 65. Geburtstag von Max Kummer, Bern 1980, S. 15 ff.; IMBODEN MAX, Der Schutz vor staatlicher Willkür, in: Max Imboden, Staat und Recht, Basel/Stuttgart 1971, S. 145 ff.; KLETT KATHRIN, Das Gleichstellungsgesetz, ZBl 98 (1997) 49 ff.; KLEY-STRULLER ANDREAS, Der Anspruch auf unentgeltliche Rechtspflege, Die aktuelle Rechtsprechung des Bundesgerichts zu Art. 4 Abs. 1 BV und der Organe der Europäischen Menschenrechtskonvention zu Art. 6 EMRK, AJP 4 (1995) 179 ff.; LIGGENSTORFER CHRISTINE, Gleichbehandlung im Unrecht, Diss. Bern 1983; MEYER LORENZ, Das Rechtsverzögerungsverbot nach Art. 4 BV, Diss. Bern (ohne Jahr); MÜLLER GEORG, Quotenregelungen – Rechtsetzung im Spannungsfeld von Gleichheit und Verhältnismässigkeit, ZBl 91 (1990) 306 ff.; MÜLLER GEORG, Der Gleichheitssatz, VVDStRL 47 (1989) 37 ff.; MÜLLER GEORG, Kommentar zu Art. 4 BV, in: Kommentar zur Bundesverfassung der Schweizerischen Eidgenossenschaft, Basel/Zürich/Bern 1987 ff.; MÜLLER GEORG, Reservate staatlicher Willkür – Grauzonen zwischen Rechtsfreiheit, Rechtsbindung und Rechtskontrolle, in: Recht als Prozess und Gefüge, Festschrift für Hans Huber zum 80. Geburtstag, Bern 1981, S. 109 ff.; MÜLLER STEFAN, Die Bedeutung von Art. 4 BV bei der Besetzung öffentlicher Stellen, Diss. Bern 1981; ROUILLER CLAUDE, La protection de l'individu contre l'arbitraire de l'Etat, ZSR NF 106/II (1987) 225 ff.; SALADIN PETER, Das Verfassungsprinzip der Fairness, Die aus dem Gleichheitsprinzip abgeleiteten Verfassungsgrundsätze, in: Erhaltung und Entfaltung des Rechts in der Rechtsprechung des Schweizerischen Bundesgerichts, Festgabe der schweizerischen Rechtsfakultäten zur Hundertjahrfeier des Bundesgerichts, Basel 1975, S. 41 ff.; STAUB ALEX, Gleichbehandlung bei Bauentscheiden, Diss. Zürich 1981; THÜRER DANIEL, Das Willkürverbot nach Art. 4 BV, ZSR NF 106/II (1987) 413 ff.; VISINI SANDRO, Die rechtliche Gleichbehandlung von Bürgern und Einwohnern anderer Gebietskörperschaften mit den eigenen Bürgern und Einwohnern, Zürich 1983; WEBER-DÜRLER BEATRICE, Chancengleichheit und Rechtsgleichheit, in: Festschrift für Ulrich Häfelin zum 65. Geburtstag, Zürich 1989, S. 205 ff.; WEBER-DÜRLER BEATRICE, Die Rechtsgleichheit in ihrer Bedeutung für die Rechtsetzung, Diss. Zürich 1973; WETTSTEIN EUGEN, Die Praxisänderung im Verwaltungsrecht, Diss. Zürich 1983.

I.   Rechtsgrundlage, Inhalt und Bedeutung des Gleichheitsprinzips

397   Der Grundsatz der Rechtsgleichheit ist in Art. 4 Abs. 1 BV gewährleistet. Das Bundesgericht hat den Gleichheitssatz in zahlreichen Entscheiden und in einer ausserordentlich schöpferischen Rechtsprechung konkretisiert. So verbietet Art. 4 Abs. 1 BV die rechtsungleiche Behandlung und die Willkür. Das Bundesgericht hat aus Art. 4 Abs. 1 BV zudem verschiedene Verfassungsgrundsätze und Verfahrensgarantien abgeleitet, vor allem den Grundsatz der Gesetzmässigkeit, den Grundsatz der Rechtssicherheit, das Verbot der Rückwirkung, das Gebot des Handelns nach Treu und Glauben, das Verbot widersprüchlichen Verhaltens sowie den Anspruch auf rechtliches Gehör. Alle diese Prinzipien sind im Verwaltungsrecht von grosser Bedeutung.

398   Dem Grundsatz der Rechtsgleichheit kommt *umfassende Geltung* zu. Er ist von sämtlichen Staatsorganen in allen Funktionen (Rechtssetzung und Rechtsanwendung) und auf sämtlichen Ebenen der Staatstätigkeit (Bund, Kantone, Gemeinden) zu beachten. Im Bereich des Verwaltungsrechts gilt das Rechtsgleichheitsgebot deshalb sowohl für den Erlass verwaltungsrechtlicher Normen als auch für deren Anwendung im Einzelfall durch Verwaltungsbehörden und Gerichte. Der Gleichheitssatz beansprucht Geltung für Fragen des materiellen und des formellen Verwaltungsrechts, insbesondere auch für verfahrensrechtliche Probleme (vgl. zu den Verfahrensgarantien Rz. 433 ff.). Bedeutung kommt dem Gleichheitsprinzip auch bei der *verfassungskonformen Auslegung* von verwaltungsrechtlichen Normen zu (vgl. Rz. 189 f.).

399   Beispiel:
Bei der Auslegung der gesetzlichen Bestimmungen über die Anliegerbeiträge, welche die Grundeigentümer für den durch den Ausbau der Strasse bewirkten Mehrwert zu bezahlen haben, muss das Rechtsgleichheitsgebot berücksichtigt werden (ZBl 62 [1961] 361, 365 [Urteil des Zürcher Verwaltungsgerichts vom 9. Mai 1961]).

400   Das Rechtsgleichheitsgebot, das Willkürverbot, das Vertrauensschutzprinzip und gewisse Verfahrensgarantien stellen *verfassungsmässige Rechte* dar, auf die sich die Einzelnen wie auf ein Freiheitsrecht berufen können. Eine Verletzung des Gleichheitsprinzips durch kantonale Hoheitsakte kann deshalb grundsätzlich – d.h. sofern ein rechtlich geschütztes Interesse des Beschwerdeführers gegeben ist (vgl. BGE 121 I 267 ff.; 107 Ia 182, 183 f.) – mit staatsrechtlicher Beschwerde vor dem Bundesgericht gerügt werden. Aber auch in allen anderen Rechtsschutzverfahren kann die Missachtung dieses Grundsatzes geltend gemacht werden.

400a   Ein besonderes Gleichbehandlungsgebot statuiert Art. 6 EGV, resp. Art. 12 in der konsolidierten Fassung gemäss Vertrag von Amsterdam vom 2. Oktober 1997, der jede Diskriminierung von Angehörigen anderer Mitgliedstaaten aus Gründen der Staatsangehörigkeit verbietet.

400b   Das Bundesgesetz über die Gleichstellung von Frau und Mann (Gleichstellungsgesetz, GlG) vom 24. März 1995 (SR 151) bezweckt in Erfüllung des Auftrags von Art. 4 Abs. 2 BV die Förderung der tatsächlichen Gleichstellung von Frau und Mann und verbietet direkte wie indirekte Diskriminierungen aufgrund des Geschlechts sowohl in öffentlich- wie auch in privatrechtlichen Arbeitsverhältnissen. Das Gesetz sieht verschiedene Rechtsansprüche bei bestehender oder drohender Diskriminierung vor, ferner Beweislasterleichterungen, Klage- und Beschwerdemöglichkeiten für bestimmte Organisationen sowie für Arbeitsverhältnisse nach Obligationenrecht einen Kündigungsschutz während der Dauer von Streitigkeiten über eine Diskriminierung und ein Schlichtungsverfahren (Art. 5 GlG). Gemäss Art. 3 Abs. 3 GlG stellen angemessene Massnahmen zur Verwirklichung der tatsächlichen Gleichstellung keine Diskriminierungen dar. Diese Bestimmung bietet zwar keine gesetzliche Grundlage für eigentliche Förderungsmassnahmen auf Gesetzesebene, erlaubt jedoch Arbeitgeberinnen und Arbeitgebern betriebliche Massnahmen der Frauenförderung, wenn eine strukturelle Benachteiligung der Frauen tatsächlich besteht (vgl. KLETT, S. 55).

II.   Anspruch auf Gleichbehandlung

1.   Grundsatz

Der Anspruch auf Gleichbehandlung verlangt, dass Rechte und Pflichten der Betrof- | 401
fenen nach dem gleichen Massstab festzusetzen sind. Gleiches ist nach Massgabe seiner Gleichheit gleich, Ungleiches nach Massgabe seiner Ungleichheit ungleich zu behandeln. Das Gleichheitsprinzip verbietet einerseits unterschiedliche Regelungen, denen keine rechtlich erheblichen Unterscheidungen zugrunde liegen. Anderseits untersagt es aber auch die rechtliche Gleichbehandlung von Fällen, die sich in tatsächlicher Hinsicht wesentlich unterscheiden. Die Gleichbehandlung durch den Gesetzgeber oder die rechtsanwendende Behörde ist allerdings nicht nur dann geboten, wenn zwei Tatbestände in allen ihren tatsächlichen Elementen absolut identisch sind, sondern auch, wenn die im Hinblick auf die zu erlassende oder anzuwendende Norm *relevanten* Tatsachen gleich sind (BGE 123 II 9, 11 ff.; 117 Ia 97, 101; 112 Ia 193, 196 ff.). Eine Regelung, die Gleiches ungleich oder Ungleiches gleich behandelt, ist zulässig, wenn diese Gleich- oder Ungleichbehandlung notwendig ist, um das Ziel der Regelung zu erreichen, und die Bedeutung des Ziels die Gleich- oder Ungleichbehandlung rechtfertigt. Es muss also abgewogen werden zwischen dem Interesse an der Erreichung des Regelungsziels und dem Interesse an der Gleich- bzw. Ungleichbehandlung.

Beispiel: | 401a
Nach Art. 34sexies Abs. 1 BV trifft der Bund u.a. Massnahmen zur Förderung, besonders auch zur Verbilligung des Erwerbs von Wohnungs- und Hauseigentum. Um das Ziel der breiten Streuung des Wohnungseigentums zu erreichen, müssen Wohnungseigentümer und Mieter unterschiedlich behandelt werden, etwa dadurch, dass nur Eigentümer, nicht aber Mieter Staatsbeiträge an die Wohnungskosten (z.B. Hypothekarzinsen) erhalten, oder dadurch, dass die Eigentümer bei der Besteuerung stärker entlastet werden als die Mieter. In Frage käme vor allem eine Begünstigung der Wohnungseigentümer dadurch, dass sie den Mietwert der von ihnen selbst genutzten Wohnungen (Eigenmietwert) nicht als Einkommen versteuern müssten. Das Bundesgericht hat aber bisher eine vollständige Abschaffung der Besteuerung des Eigenmietwertes als verfassungswidrige Ungleichbehandlung von Wohnungseigentümern und Mietern bezeichnet. Zulässig ist nur eine Privilegierung der Wohnungseigentümer dadurch, dass der Eigenmietwert nicht zum vollen Verkehrswert erfasst wird (BGE 116 Ia 321, 323 ff. mit Hinweisen). Es ist allerdings darauf hinzuweisen, dass das Ziel, den Erwerb von Wohnungs- und Hauseigentum zu fördern, sich mit einer blossen Reduktion der Eigenmietwertbesteuerung weniger gut erreichen lässt als mit einer Abschaffung. Auf der anderen Seite ist die Un-

gleichbehandlung von Mietern und Wohnungseigentümern bei einer Reduktion der Eigenmietwertbesteuerung geringfügiger als bei einer Abschaffung.

2. Bedeutung bei der Rechtssetzung

402   Das Bundesgericht umschreibt den Anspruch auf materielle Gleichbehandlung in der
Rechtssetzung wie folgt:
"Eine Regelung verletzt den Grundsatz der Rechtsgleichheit und damit Art. 4 Abs. 1
BV, wenn sie rechtliche Unterscheidungen trifft, für die ein vernünftiger Grund in
den zu regelnden Verhältnissen nicht ersichtlich ist, oder Unterscheidungen unter-
lässt, die sich aufgrund der Verhältnisse aufdrängen. Die Rechtsgleichheit ist verletzt, wenn Gleiches nicht nach Massgabe seiner Gleichheit gleich oder Ungleiches
nicht nach Massgabe seiner Ungleichheit ungleich behandelt wird. Vorausgesetzt ist,
dass sich der unbegründete Unterschied oder die unbegründete Gleichstellung auf
eine wesentliche Tatsache bezieht. Die Frage, ob für eine rechtliche Unterscheidung
ein vernünftiger Grund in den zu regelnden Verhältnissen ersichtlich ist, kann zu
verschiedenen Zeiten verschieden beantwortet werden je nach den herrschenden
Anschauungen und Zeitverhältnissen. Dem Gesetzgeber bleibt im Rahmen dieser
Grundsätze und des Willkürverbots ein weiter Spielraum der Gestaltungsfreiheit"
(BGE 123 I 1, 7).

Beispiele:

403   –   Im Kanton Wallis betrug im Jahr 1987 die Gebühr für ein Jagdpatent für die im Kanton wohnhaften Schweizer Bürger Fr. 900.-- und für die im Kanton niedergelassenen Ausländer
Fr. 1550.--. Das Bundesgericht hiess eine gegen diese unterschiedliche Behandlung gerichtete
staatsrechtliche Beschwerde gut. Die Fauna ist nach seiner Auffassung ein Gut, das zum kantonalen Staatsgebiet gehört; deshalb hat das Jagdregalrecht territorialen Charakter. Aus diesem
Grund darf ein Kanton Unterscheidungen treffen zwischen den lokalen Benützern, die grundsätzlich nur in den Genuss der in ihrer Umgebung vorhandenen Fauna kommen, und den ausserhalb des Kantons niedergelassenen Personen; diesen Personen steht in erster Linie die Nutzniessung der Fauna ihres Wohnortes zu. Hingegen erlaubt der territoriale Charakter des Jagd-
rechtes keinerlei Unterscheidung zwischen den ordnungsgemäss im Kanton niedergelassenen
Berechtigten. "Zwar duldeten die ältere Rechtsprechung und Lehre ... eine unterschiedliche Behandlung der niedergelassenen Ausländer mit der Begründung, es stehe den Kantonen frei, diesen den Zugang zum kantonalen Jagdregalrecht zu gewähren oder nicht. Doch ermächtigt das
Bestehen eines Regalrechts einen Kanton nicht, die Voraussetzungen zur Ausübung der Jagd
durch die im Kanton wohnhaften Ausländer auf verfassungswidrige Art und Weise festzulegen,
indem er Unterscheidungen zu ihrem Nachteil trifft, für die ein vernünftiger Grund nicht ersichtlich ist. Berücksichtigt man den territorialen Charakter des Jagdrechts, so hält eine Unterscheidung rein nach der Staatsangehörigkeit nicht stand. Sieht also die kantonale Gesetzgebung
vor, dass die niedergelassenen Ausländer und Schweizer gleichermassen jagen dürfen, so ist für
die von ausländischen, im Wallis niedergelassenen Jägern verlangte höhere Gebühr kein vernünftiger Grund ersichtlich" (BGE 114 Ia 8, 13 f. = Pra 78 [1989] Nr. 3, S. 7 f.).

404   –   Eine Verordnung der Gemeinde Wädenswil bestimmt, es sei nur mit behördlicher Bewilligung
und gegen Entrichtung einer Gebühr gestattet, Fahrzeuge nachts regelmässig auf öffentlichem
Grund oder auf allgemein zugänglichen Parkplätzen der Stadt abzustellen. Das Bundesgericht
wies eine gegen diese Verordnung erhobene staatsrechtliche Beschwerde ab, da das Rechtsgleichheitsgebot durch den Umstand, dass nur das nächtliche Dauerparkieren, nicht aber auch
das Dauerparkieren bei Tag bewilligungs- und gebührenpflichtig erklärt werde, nicht verletzt
sei. Nach Auffassung des Bundesgerichts vermag sich die Differenzierung zwischen Tagparkie-
ren und Nachtparkieren auf haltbare Gründe technischer und praktischer Natur zu stützen, denn

die Nachtparkierer seien wegen der Dauer und Regelmässigkeit ihres Tuns leichter zu kontrollieren als die Tagparkierer (BGE 108 Ia 111, 113 ff.).

Eine unterschiedliche Regelung des gleichen Tatbestandes in verschiedenen Kantonen oder Gemeinden verletzt das Rechtsgleichheitsgebot in der Regel nicht. Dies ist eine Konsequenz der Eigenständigkeit der Kantone bzw. der Gemeindeautonomie (BGE 122 I 44, 47; 91 I 480, 490 f.). Nicht zulässig ist dagegen gemäss Art. 43 Abs. 4 bzw. Art. 60 BV die ungleiche Behandlung von Einwohnern eines Kantons je nach ihrem Bürgerrecht. Hingegen ist die unterschiedliche Behandlung nach Wohnsitz in jenen Fällen rechtmässig, in denen der Wohnsitz für die zu regelnde Frage von Bedeutung ist.   405

Beispiele:
- Es verstösst nicht gegen Art. 4 Abs. 1 BV, wenn ein Film in einem Kanton zugelassen, im Nachbarkanton hingegen wegen Sittenwidrigkeit verboten wird.   406
- Die unterschiedliche Ausgestaltung der Grundstückgewinnsteuer durch die einzelnen Kantone ist mit Art. 4 Abs. 1 BV vereinbar (BGE 104 Ib 385, 392 ff.).   407
- Die Bestimmung der Badeordnung für das Hallenbad in Küsnacht, wonach Personen, die nicht in der Gemeinde Wohnsitz haben, von der Benützung des Hallenbades der Primarschulgemeinde Küsnacht ausgeschlossen sind, stellt keinen Verstoss gegen Art. 4 Abs. 1 BV dar (BGE 100 Ia 287, 292 ff.).   408
- Es ist mit Art. 4 Abs. 1 BV vereinbar, wenn ein Kanton bei der Festsetzung des Tarifs für ein Jagdpatent die Kantonseinwohner gegenüber den in anderen Kantonen ansässigen Bewerbern finanziell bevorzugt (BGE 119 Ia 123 ff.; 114 Ia 8, 13 f.; vgl. Rz. 403).   409
- Mit Art. 43 Abs. 4 BV nicht vereinbar ist die Genfer Gesetzgebung, wonach Schweizern, die nicht Genfer Kantonsbürger sind, erst nach einem Jahr Aufenthalt im Kanton Genf eine zeitweilige Beschäftigung für Arbeitslose angeboten werden kann (BGE 122 I 209 ff.).   409a

3. Bedeutung bei der Rechtsanwendung

a) *Allgemeines*

Die Rechtsgleichheit wird teilweise bereits durch die Bindung der rechtsanwendenden Behörden an Rechtssätze, d.h. an generell-abstrakte Rechtsnormen, gewährleistet. Sofern der Rechtssatz aber durch das Verwenden unbestimmter Rechtsbegriffe oder das Einräumen von Ermessen einen Spielraum offenlässt, hat die rechtsanwendende Behörde davon in allen gleich gelagerten Fällen gleichen Gebrauch zu machen. Eine rechtsanwendende Behörde verletzt dann den Gleichheitssatz, wenn sie zwei gleiche tatsächliche Situationen ohne sachlichen Grund unterschiedlich beurteilt (BGE 117 Ia 257, 258 ff.; 111 Ib 213, 219).   410

Eine rechtsungleiche Behandlung liegt gemäss der Praxis des Bundesgerichts aber grundsätzlich nur dann vor, wenn die *nämliche Behörde* gleichartige Fälle unterschiedlich beurteilt (BGE 115 Ia 81, 85; 103 Ia 115, 119; 102 Ia 38, 42). Dem Entscheid durch die gleiche Behörde ist es gleichzustellen, wenn zwar zwei verschiedene Behörden entschieden haben, aber eine von ihnen sich in ähnlicher Lage befand, wie wenn sie beide Entscheide selber getroffen hätte (z.B. als Aufsichtsbehörde).   411

b) *Kein Anspruch auf Gleichbehandlung im Unrecht*

412 Der Grundsatz der Gesetzmässigkeit der Verwaltung (vgl. § 7) geht dem Rechts-
gleichheitsprinzip im Konfliktfall in der Regel vor. Wenn eine Behörde in einem Fall
eine vom Gesetz abweichende Entscheidung getroffen hat, gibt das den Privaten, die
sich in der gleichen Lage befinden, grundsätzlich keinen Anspruch darauf, ebenfalls
von der Norm abweichend behandelt zu werden (BGE 122 II 446, 451 f.). Dies gilt
allerdings nur dann, wenn die abweichende Behandlung lediglich in einem *einzigen*
oder *in einigen wenigen Fällen* erfolgt ist. Besteht hingegen eine eigentliche geset-
zeswidrige Praxis und lehnt es die Behörde ab, diese aufzugeben, so können Private
verlangen, dass die widerrechtliche Begünstigung, die Dritten zuteil wurde, auch ihnen gewährt werde (BGE 123 II 248, 254; 115 Ia 81, 83).

Beispiele:

413 – Die Eidgenössische Steuerverwaltung verzichtete gegenüber Briefmarkenhändlern auf die Erhebung der – mittlerweile abgeschafften – Warenumsatzsteuer. Unter Berufung auf diese Praxis
verlangten X. und die Y. AG, die beide Handel mit historischen Wertpapieren betreiben, ebenfalls Befreiung von der Steuerpflicht. Die Eidgenössische Steuerverwaltung lehnte dieses Begehren ab. Gegen diesen Entscheid erhoben X. und die Y. AG Verwaltungsgerichtsbeschwerde.
Das Bundesgericht stellte zunächst fest, dass die Steuerbefreiung der Briefmarkenhändler gegen
den Bundesratsbeschluss über die Warenumsatzsteuer vom 29. Juli 1941 verstosse, und führte
weiter aus, für eine Ungleichbehandlung der Händler mit historischen Wertpapieren gegenüber
den Briefmarkenhändlern seien in bezug auf die Erhebung der Warenumsatzsteuer keine sachlichen Gründe ersichtlich. Es liege daher ein Verstoss gegen Art. 4 Abs. 1 BV vor. Das Bundesgericht hiess die Verwaltungsgerichtsbeschwerde dennoch nicht gut, denn die Voraussetzungen
für eine Gleichbehandlung im Unrecht seien im vorliegenden Fall nicht erfüllt, da nicht auszuschliessen sei, dass die Eidgenössische Steuerverwaltung ihre – vom Bundesgericht als geset-
zeswidrig erkannte – Praxis ändern und auch bei den Briefmarkenhändlern die Warenumsatzsteuer erheben werde (BGE 112 Ib 381, 383 ff.).

414 – Die Beschwerdeführerin wollte auf dem Dach ihrer Fabrik in Volketswil eine Reklamebe-
schriftung in 1,2 m hohen Buchstaben anbringen. Die Behörden des Kantons Zürich bewilligten
jedoch gestützt auf Art. 6 des Bundesgesetzes über den Strassenverkehr vom 19. Dezember
1958 (SR 741.01) und Art. 80 Abs. 5 der (damaligen) Verordnung über die Strassensignali-
sation vom 31. Mai 1963 nur eine Buchstabenhöhe von 0,8 m. Die Beschwerdeführerin rügte
vor Bundesgericht unter anderem eine rechtsungleiche Behandlung, da im Gebiete des Kantons
Zürich zahlreiche überdimensionierte und damit gesetzwidrige Reklametafeln installiert worden
seien und polizeilich geduldet würden. Der Regierungsrat machte zwar geltend, in neuerer Zeit
habe sich die Praxis präzisiert, verschärft und auf 0,8 m festgelegt. Er bestritt aber nicht, dass
auch in jüngster Zeit noch überdimensionierte Schriften bewilligt oder geduldet worden seien.
Das Bundesgericht hiess die Beschwerde gut; es stellte fest, dass der Regierungsrat in keiner
Weise zu erkennen gebe, dass er seine gesetzwidrige Praxis aufzugeben gedenke, sondern dass
er für die Zukunft daran festhalten wolle. Deshalb verlange der Grundsatz der Rechtsgleichheit,
dass der Beschwerdeführerin die gleiche widerrechtliche Behandlung zuteil werde (BGE 99 Ib
377, 383 ff.).

415 Dem in Ausnahmefällen aus dem Gleichheitsgebot abgeleiteten Anspruch auf geset-
zeswidrige Begünstigung können gewichtige öffentliche Interessen oder das berechtigte Interesse eines privaten Dritten an gesetzmässiger Rechtsanwendung entgegenstehen. In einem solchen Interessenkonflikt sind die einander widersprechenden
Rechte und Interessen im Einzelfall gegeneinander abzuwägen.

Beispiel: 416
S. erhielt für den Bau eines Appenzeller Hauses mit drei talseitig sichtbaren Vollgeschossen eine
Ausnahmebewilligung. Nach dem Baureglement der Gemeinde Gais/AR dürfen zwar in der Wohnzone talseits nur zwei Geschosse voll in Erscheinung treten; die Gemeindebehörden liessen aber regelmässig durch baureglementswidrige Ausnahmen drei talseitig sichtbare Geschosse zu. Der Nachbar W. erhob gegen die Bewilligungserteilung, die vom Regierungsrat als letzter kantonaler Instanz
bestätigt worden war, staatsrechtliche Beschwerde. Das Bundesgericht stellte fest, dass sich auch aus
der Annahme einer längeren rechtswidrigen Praxis des Gemeinderates in bezug auf die Bewilligungserteilung nichts zugunsten des S. herleiten lasse, denn es müsse eine Interessenabwägung stattfinden.
Dabei überwiege das Interesse des benachbarten Dritten an der Einhaltung der Bauvorschrift – die
auch seinem Schutz diene – gegenüber dem Interesse des Bauherrn, die projektierte Baute in Abweichung von der Bauvorschrift, aber in Übereinstimmung mit einer längeren und konsequenten rechtswidrigen Praxis der zuständigen Behörde ausführen zu können. Ein Anspruch auf Gleichbehandlung
im Unrecht bestehe unter diesen Umständen nicht, obwohl die Behörde die gesetzwidrige Praxis weiterzuführen gedenke (BGE 108 Ia 212, 214 f.).

III. Praxisänderung

Der eingelebten Praxis von Verwaltungsbehörden und Gerichten kommt ein grosses   417
Gewicht zu. Das Gleichheitsprinzip und der Grundsatz der Rechtssicherheit verlangen grundsätzlich, dass an einer Praxis festgehalten wird. Sie stehen aber einer Praxisänderung nicht entgegen, sofern diese auf sachlichen Gründen beruht.

Die Änderung einer bestehenden Praxis ist mit der Rechtsgleichheit vereinbar,   418
sofern folgende Voraussetzungen erfüllt sind (IMBODEN/RHINOW Bd. I, S. 443):

– Es müssen *ernsthafte und sachliche Gründe* für die neue Praxis sprechen (BGE   419
  122 I 57, 59; 108 Ia 122, 125; ZBl 92 [1991] 518, 523 f. [Urteil des Bundesgerichts vom 22. März 1991]). Eine Änderung lässt sich insbesondere im Hinblick
  auf bessere Kenntnis der gesetzgeberischen Absichten oder auf die künftige
  Entwicklung und die damit verbundenen Gefahren rechtfertigen (BGE 96 I 369,
  376). Wenn es beispielsweise um die Sicherheit des öffentlichen Verkehrs geht,
  kann es einer Behörde nicht verwehrt sein, veränderten Verhältnissen durch eine
  Anpassung der Praxis Rechnung zu tragen (BGE 93 I 254, 259 f.).

– Die *Änderung* muss *grundsätzlich* erfolgen. Es darf sich nicht bloss um eine   420
  singuläre Abweichung handeln, sondern die neue Praxis muss für die Zukunft
  wegleitend sein für alle gleichartigen Sachverhalte.

– Das Interesse an der richtigen Rechtsanwendung muss gegenüber demjenigen an   421
  der *Rechtssicherheit* überwiegen. "Gegenüber dem Postulat der Rechtssicherheit
  lässt sich eine Praxisänderung grundsätzlich nur begründen, wenn die neue
  Lösung besserer Erkenntnis der ratio legis, veränderten äusseren Verhältnissen
  oder gewandelten Rechtsanschauungen entspricht" (BGE 100 Ib 67, 71; ebenso
  BGE 122 I 57, 59).

Beispiel: 422
Die Praxisänderung der Eidgenössischen Steuerverwaltung, wonach das Zurverfügungstellen
von Arbeitskräften nicht mehr als umsatzsteuerfrei, sondern als steuerbare Warenlieferung be-

104

handelt wurde, ist unzulässig. Die für die Praxisänderung angeführten Gründe der Steuergerechtigkeit, der Wettbewerbsneutralität und der Praktikabilität vermögen nicht zu überzeugen, oder es kommt ihnen keine entscheidende Bedeutung zu. Deshalb hat das Postulat der Rechtssicherheit den Vorrang (BGE 100 Ib 67 ff.).

423 – Die Praxisänderung darf *keinen Verstoss gegen Treu und Glauben* darstellen. Bei Verfahrensfragen verdient das Vertrauen in die bisherige "Auslegung insofern Schutz, als demjenigen, der etwa eine Frist- oder Formvorschrift nach der bisherigen Rechtsprechung beachtet hat, aus einer ohne Vorwarnung erfolgten Praxisänderung kein Rechtsnachteil erwachsen soll" (BGE 103 Ib 197, 201 f. m.w.H.; siehe ferner BGE 122 I 57, 60 f.). Vgl. auch Rz. 538 ff.

Beispiele:

424 – Nach einer Bestimmung der Walliser Strafprozessordnung gilt die Berufung gegen ein Strafurteil als zurückgezogen, wenn der appellierende Angeklagte nicht zur Verhandlung erscheint. Das Kantonsgericht legte diese Bestimmung dahin aus, dass kein Rückzug angenommen werde, wenn der Angeklagte zwar selbst nicht an der Verhandlung teilnehme, aber sich durch einen Anwalt vertreten lasse. Diese publizierte Praxis änderte das Kantonsgericht und trat auf eine Berufung nicht ein, weil der Anwalt ohne den Angeklagten zur Verhandlung erschienen war. Bei richtiger Auslegung der Strafprozessordnung genüge die Anwesenheit des Anwaltes nicht. Das Bundesgericht sah in der Änderung der Praxis, auf die der Angeklagte und sein Anwalt vertraut hatten, einen Verstoss gegen die Rechtssicherheit und das Gebot von Treu und Glauben. Sie könne nicht ohne vorherige Ankündigung vorgenommen werden, da sie die Verwirkung eines Rechts zur Folge habe (BGE 104 Ia 1, 3 f.).

425 – Das Bundesgericht behandelte seit 1973 – BGE 99 Ib 362 ff. – in Abweichung von seiner früheren Praxis die Kosten für die Instandstellung eines Gebäudes kurz nach dessen Erwerb als nicht abziehbare Aufwendungen im Sinne von Art. 23 des Bundesratsbeschlusses über die Erhebung einer direkten Bundessteuer vom 9. Dezember 1940 und nicht, wie bis anhin, als abziehbare Gebäudeunterhaltskosten gemäss Art. 22 Abs. 1 lit. e des Beschlusses. X. zog seine Instandstellungskosten dennoch ab und machte geltend, die geänderte Praxis sei auf die vorher im Vertrauen auf die Abzugsfähigkeit der Unterhaltskosten getroffenen Dispositionen nicht anwendbar. Das Bundesgericht folgte dieser Auffassung nicht, sondern führte aus, der Beschwerdeführer könne sich bei der in Frage stehenden Praxisänderung nicht auf den Grundsatz von Treu und Glauben berufen. Denn es handle sich hier um eine Änderung der materiellrechtlichen Praxis. "Gegen Änderungen der materiellrechtlichen Praxis gibt es keinen allgemeinen Vertrauensschutz. Es bedarf zusätzlich einer behördlichen Zusicherung oder eines sonstigen, bestimmte Erwartungen begründenden Verhaltens der Behörden gegenüber dem betroffenen Bürger, damit er aus dem Grundsatz von Treu und Glauben einen Anspruch ableiten kann". Derartige Zusicherungen waren aber nicht ergangen (BGE 103 Ib 197, 202 m.w.H.).

425a – Das Verwaltungsgericht des Kantons Waadt trat auf einen baurechtlichen Rekurs des "Groupement pour la Protection de l'Environnement" (Sektion Lausanne) (nachfolgend GPE) nicht ein mit der Begründung, es handle sich um eine politische Partei, die nach der massgebenden Bestimmung des kantonalen Verwaltungsrechtspflegegesetzes im Unterschied zu Natur- und Heimatschutzvereinigungen zum Rekurs nicht legitimiert sei. Das GPE sei bisher zu Unrecht als Natur- und Heimatschutzvereinigung betrachtet und deshalb zum Rekurs zugelassen worden. Das Bundesgericht, an welches das GPE mit staatsrechtlicher Beschwerde gelangte, führte dazu aus, die Entwicklung der Aktivitäten des GPE rechtfertige aus Gründen der Gleichbehandlung aller politischen Parteien eine Praxisänderung. Im vorliegenden Fall sei durch die Praxisänderung nicht die Geltendmachung eines Rechts verunmöglicht, sondern aufgrund einer neuen Interpretation des Gesetzes das Recht zum Rekurs selber abgesprochen worden. Der Grundsatz des Vertrauensschutzes sei somit nicht verletzt. Eine vorgängige Ankündigung der Praxisänderung wäre nur notwendig gewesen, wenn das GPE gestützt auf diese Ankündigung so hätte handeln können, dass auf das Rechtsmittel eingetreten worden wäre, was beim Fehlen der Legitimation nicht zutreffe. Allerdings hätte das GPE bei Kenntnis der neuen Praxis betreffend Legitimation auf den Rekurs verzichten können und wäre nicht kostenpflichtig geworden. Nach Treu und Glauben durften ihm deshalb keine Verfahrens- und Parteikosten auferlegt werden (BGE 122 I 57, 60).

IV. Willkürverbot

Willkür im Sinne von Art. 4 Abs. 1 BV liegt bei der Auslegung und Anwendung von Gesetzesnormen nicht schon dann vor, wenn eine andere Auslegung ebenfalls vertretbar oder sogar zutreffender erscheint, sondern erst dann, wenn ein *Entscheid offensichtlich unhaltbar* ist. Dies ist insbesondere dann der Fall, wenn er "mit der tatsächlichen Situation in klarem Widerspruch steht, eine Norm oder einen unumstrittenen Rechtsgrundsatz krass verletzt oder in stossender Weise dem Gerechtigkeitsgedanken zuwiderläuft" (BGE 122 I 61, 66 f.; 121 I 113, 114 m.w.H.).

Willkürliche Rechtsanwendung wird daher in *folgenden Fällen* angenommen:

426

427

–   bei offensichtlicher Gesetzesverletzung;
–   bei offensichtlicher Missachtung eines allgemeinen Rechtsgrundsatzes oder des tragenden Grundgedankens eines Gesetzes;
–   bei groben Ermessensfehlern;
–   wenn ein Entscheid an einem inneren, nicht auflösbaren Widerspruch leidet;
–   im Falle eines stossenden Widerspruchs zum Gerechtigkeitsgedanken.

Massgeblich ist dabei stets der objektive Tatbestand der Gesetzesverletzung und nicht das subjektive Motiv der rechtsanwendenden Behörde, d.h. es kommt nicht auf deren Böswilligkeit oder schlechte Absicht an.

428

Im *Gegensatz zum Gebot der rechtsgleichen Behandlung* werden beim Willkürverbot nicht verschiedene Rechtsanwendungsakte miteinander verglichen, sondern es wird nur das Verhältnis zwischen dem angewandten Rechtssatz und dem betreffenden Anwendungsakt untersucht. Mit einem willkürlichen Entscheid muss deshalb nicht ein Verstoss gegen den Grundsatz der Gleichbehandlung verbunden sein. Wendet eine Behörde eine Gesetzesvorschrift in ständiger Praxis qualifiziert unrichtig an, so liegt zwar Willkür vor, nicht aber ein Verstoss gegen das Prinzip der Gleichbehandlung, denn es werden alle Betroffenen gleich (unrichtig) behandelt.

429

Das Willkürverbot gilt nicht nur für die *Rechtsanwendung*, sondern auch für die *Rechtssetzung*. Ein Erlass ist willkürlich, wenn er sich nicht auf ernsthafte sachliche Gründe stützen lässt oder sinn- und zwecklos ist (BGE 123 II 16, 26 m.w.H.). Dem Willkürverbot kommt im Rahmen der Rechtsanwendung aber viel grössere Bedeutung zu.

430

Beispiele:
–   Im Rahmen eines Ermittlungsverfahrens gegen eine international tätige Bande von Haschischhändlern wurde u.a. Frau M. in einem Hotel in Bern festgenommen. Bei der Untersuchung des Hotelzimmers wurden sämtliche Ausweisschriften, Kreditkarten, Checks und das Bargeld beschlagnahmt. Nach sechs Tagen wurden ihr diese wieder ausgehändigt. Nachdem die Untersuchung gegen Frau M. aufgehoben worden war, erhielt sie eine Entschädigung für Verteidi-

431

gungs-, Reise- und Übernachtungskosten sowie Fr. 100.-- als Genugtuung für „tort moral". Auf staatsrechtliche Beschwerde hin entschied das Bundesgericht, eine Entschädigung von Fr. 100.-- für den faktischen Entzug der Bewegungsfreiheit während sechs Tagen sei derart niedrig, dass sie keine Genugtuung verschaffe und vor dem Willkürverbot nicht standhalte (ZBl 99 [1998] 34 ff. [Urteil des Bundesgerichts vom 26. November 1996]).

432 – Nach der Bauordnung der Gemeinde Opfikon, die sich auf das Planungs- und Baugesetz des Kantons Zürich stützt, sind in der Wohnzone nur "nicht störende Gewerbe" zulässig. Die Auslegung der kantonalen Behörden, wonach in der Wohnzone nur Gewerbe zugelassen werden, die dem täglichen Bedarf der Bewohner dienen, ist im Lichte von Art. 4 BV nicht zu beanstanden und entspricht den Zielen des Raumplanungsgesetzes des Bundes sowie den Richtplangrundsätzen des Zürcher Planungs- und Baugesetzes. Ein Autooccasionshandel unterscheidet sich hinsichtlich der Bedeutung für die Versorgung der Bevölkerung klarerweise von Bäckereien, Arztpraxen, Coiffeursalons etc. Da die funktionale Beziehung des Autooccasionshandels zur Wohnzone fehlt, ist es nicht willkürlich, ein solches Gewerbe als "störend" zu betrachten und in der Wohnzone nicht zuzulassen (BGE 117 Ib 147, 154 f.).

432a – Die Grundeigentümer M. rekurrierten gegen ein Urteil des kantonalen Enteignungsgerichts des Sottoceneri an das Verwaltungsgericht des Kantons Tessin. Nachdem die Gemeinde Viganello auf die Enteignung verzichtet hatte, schrieb das Verwaltungsgericht das Verfahren als gegenstandslos geworden ab und auferlegte den Grundeigentümern M. 3/4, der Gemeinde Viganello 1/4 der Kosten des Verfahrens. Es berücksichtigte dabei die Prozesschancen der Parteien im abgeschriebenen Rekursverfahren. Das Bundesgericht hat eine staatsrechtliche Beschwerde der Grundeigentümer M. gegen diesen Entscheid gutgeheissen. Das Enteignungsverfahren werde auf Begehren und im Interesse des Enteigners eingeleitet. Die Enteigneten seien gegen ihren Willen in das Verfahren einbezogen worden. Wenn das Verfahren wegen eines Verzichts des Enteigners auf die Enteignung gegenstandslos werde, bleibe kein Raum für eine hypothetische Abschätzung der Erfolgsaussichten des Rekurses der Enteigneten als Kriterium für die Verteilung der Verfahrenskosten. Der Verzicht auf die Enteignung bedeute, dass der Enteigner im Verfahren unterliegende Partei sei und die Verfahrenskosten zu bezahlen habe. Der Entscheid des Verwaltungsgerichts stehe auch im Widerspruch zu Art. 7 Abs. 3 des tessinischen Enteignungsgesetzes, wonach der Enteigner verpflichtet sei, dem Enteigneten die Auslagen zu ersetzen, falls er auf die Enteignung verzichte. Der angefochtene Entscheid sei nicht nur falsch, sondern geradezu unhaltbar und willkürlich (BGE 122 I 201 f.).

432b Aus Art. 4 BV folgt indessen nach konstanter bundesgerichtlicher Praxis kein selbständiger Anspruch auf willkürfreies Handeln des Staates. Das Bundesgericht tritt auf staatsrechtliche Beschwerden wegen Willkür nur ein, soweit das Gesetzesrecht, dessen willkürliche Anwendung behauptet wird, dem Beschwerdeführer einen Rechtsanspruch einräumt oder den Schutz seiner beeinträchtigten Interessen bezweckt (BGE 121 I 267 ff.).

432c Beispiel:
Der öffentlichrechtliche Angestellte, dem gekündigt wird, ist zur Erhebung der staatsrechtlichen Beschwerde nicht legitimiert, soweit das kantonale Recht die Kündigung nicht von materiellen Voraussetzungen abhängig macht. Es fehlt eine Norm des kantonalen Rechts, welche durch die Kündigung willkürlich angewandt worden sein könnte (BGE 120 Ia 110 ff., vgl. auch BGE 107 Ia 182 ff.).

V. Verfahrensgarantien

1. Grundsatz

Das Bundesgericht leitet aus Art. 4 Abs. 1 BV eine ganze Reihe von Prinzipien für   433
ein rechtsstaatliches Verfahren ab, die sicherstellen sollen, dass die Privaten ihre
materiellen Rechtsansprüche durchsetzen können.

Diese Verfahrensgrundsätze werden oft zusammenfassend als "Verbot der for-   434
mellen Rechtsverweigerung" bezeichnet.

2. Verbot der Verweigerung oder Verzögerung eines Rechtsanwendungsaktes

Das Verbot der Rechtsverweigerung bzw. Rechtsverzögerung wird verletzt, wenn   435
eine Gerichts- oder Verwaltungsbehörde untätig bleibt oder das gebotene Handeln
über Gebühr hinauszögert, obschon sie zum Tätigwerden verpflichtet wäre (vgl.
BGE 122 I 294, 301 f.; 121 II 305 ff.). Eine Rechtsverweigerung ist somit nur dann
möglich, wenn ein Anspruch der Privaten auf Behandlung ihrer Begehren besteht.
Bei einer Aufsichtsbeschwerde und bei Wiedererwägungsgesuchen existiert in der
Regel kein solcher Anspruch (vgl. aber BGE 119 Ia 237 ff.). Die Aufsichtsbehörde
ist nicht verpflichtet, eine Aufsichtsbeschwerde formell zu behandeln und zu beantworten oder den Anzeiger über das Ergebnis einer allenfalls durchgeführten Unter-
suchung zu informieren (BGE 108 Ia 188, 191; vgl. auch BGE 121 I 87, 90 ff.). Eine
Pflicht zum Eintreten auf ein Wiedererwägungsgesuch besteht nur in Ausnahmefäl-
len (siehe Rz. 1425 f.). Auch Petitionen verleihen gemäss heute vorherrschender
Auffassung im Bunde und in den meisten Kantonen keinen Anspruch auf materielle
Behandlung.

Von Rechtsverweigerung oder Rechtsverzögerung kann nicht schon dann die   436
Rede sein, wenn eine Behörde eine Eingabe nicht sofort behandelt. Rechtsverzögerung ist nur gegeben, wenn sich die zuständige Behörde zwar bereit zeigt, den Entscheid zu fällen, ihn aber nicht binnen der Frist trifft, welche nach der Natur der Sache und nach der Gesamtheit der übrigen Umstände noch als angemessen erscheint
(BGE 117 Ia 193, 197; 107 Ib 160, 165 [vgl. Rz. 438]). Eine besondere Bedeutung
hat das Rechtsverzögerungsverbot im Strafrecht, insbesondere im Rahmen des Be-
schleunigungsgebotes (BGE 122 IV 103, 111 f.; 120 IV 342, 346 f.; 117 Ia 193,
197).

Beispiele:
– Die Firma Hans Giger AG importierte gefrorenes Fleisch. Ihr Anteil an der gesamten Einfuhr-   437
menge verringerte sich ständig. Mit Verfügung vom 12. September 1974 setzte die Abteilung
für Landwirtschaft des Eidgenössischen Volkswirtschaftsdepartementes (EVD) das Kontingent
pro 1974 fest. Mit Verwaltungsbeschwerde an das EVD vom 15. Oktober 1974 verlangte die
Hans Giger AG, ihr Kontingent sei ab 8. Juli 1974 zu erhöhen. Sie machte geltend, ihre Kontin-
gentsanteile seien ungerechtfertigt gekürzt worden, indem – in Verletzung bundesrechtlicher
Vorschriften – andere Firmen an den Gruppenkontingenten beteiligt worden seien. Das EVD
hiess die Beschwerde insoweit teilweise gut, als es die Akten an die Abteilung für Landwirtschaft zurückwies zur Prüfung der Frage, ob zwei der von der Beschwerdeführerin genannten
Firmen kontingentsberechtigt seien. Die Beschwerdeführerin erhielt jedoch nie einen Entscheid

in dieser Sache, weshalb sie Verwaltungsgerichtsbeschwerde wegen Rechtsverweigerung und Rechtsverzögerung erhob. Das Bundesgericht führte aus, dass eine formelle Rechtsverweigerung vorliege, "wenn eine sachlich zuständige Behörde, nachdem die Beschwerdeinstanz eine gegen ihre Verfügung gerichtete Beschwerde gutgeheissen und die Akten zu weiterer Abklärung an sie zurückgewiesen hat, nach Durchführung dieser Abklärungen nicht neu verfügt". Das Bundesgericht stellte fest, dass sich die sachlich zuständige Abteilung für Landwirtschaft einer formellen Rechtsverweigerung schuldig gemacht hatte und wies sie an, nunmehr ohne Verzug zu verfügen (BGE 102 Ib 231, 236 ff.).

438   –   Am 5. Dezember 1974 verlangte R. beim Bezirksgericht Küssnacht die Scheidung seiner Ehe. Die Ehefrau widersetzte sich der Klage. Mit Urteil vom 17. September 1975 wurde die Ehe geschieden. Am 29. Dezember 1975 legte die Ehefrau beim Kantonsgericht Berufung gegen das Scheidungsurteil ein. Mit Entscheid vom 26. Januar 1978 wies das Kantonsgericht die Berufung ab und bestätigte das erstinstanzliche Scheidungsurteil. Am 27. Februar 1978 entschied das Gericht über die Parteikosten. Das Urteil des Kantonsgerichts wurde den Parteien im Dispositiv am 3. März 1978 zugestellt. Am 6. März 1978 verlangte die Ehefrau eine Begründung des Urteils. Das begründete, 27 Seiten umfassende Urteil wurde den Parteien am 5. Oktober 1978 zugestellt. Das Bundesgericht erklärte, diese beinahe vierjährige Verfahrensdauer liege zwar an der Grenze dessen, was unter rechtsstaatlichen Gesichtspunkten noch vertretbar sei; es nahm aber nicht an, dass eine Art. 4 BV verletzende Rechtsverzögerung vorliege, und wies deshalb eine verwaltungsrechtliche Klage (Haftungsklage gegen Kantonsgericht und Kanton wegen Rechtsverzögerung) ab (BGE 107 Ib 160, 163 ff.).

3.   Anspruch auf richtige Zusammensetzung der Behörde

439   Die Privaten haben Anspruch darauf, dass die Behörden in einem sie betreffenden Verfahren ordnungsgemäss zusammengesetzt sind und die Ausstands- und Ablehnungsgründe beachtet werden. Die richtige Zusammensetzung einer kantonalen Verwaltungs- oder Gerichtsbehörde bestimmt sich in erster Linie nach dem kantonalen Organisations- und Verfahrensrecht. Dieses regelt auch die Voraussetzungen, unter denen ein Behördemitglied in den Ausstand treten muss bzw. abgelehnt werden kann. Zusätzlich haben die Privaten aber einen aus Art. 4 Abs. 1 BV abgeleiteten *Mindestanspruch* auf Unabhängigkeit und Unbefangenheit einer Verwaltungsbehörde (BGE 120 IV 226, 236 f.; 119 V 456, 465 f.; 117 Ia 408, 410). Für das gerichtliche – einschliesslich das verwaltungsgerichtliche – Verfahren kommt die Garantie des verfassungsmässigen Richters nach Art. 58 BV zur Anwendung. Diese vermittelt den Privaten einen Anspruch darauf, dass in dem vom Gesetz vorgesehenen Verfahren ihre Streitsache durch einen unabhängigen und unparteiischen Richter beurteilt wird (vgl. BGE 119 Ia 221, 226 f; 114 Ia 50, 53 ff. m.w.H.).

440   Das aus Art. 4 Abs. 1 BV fliessende Recht auf richtige Zusammensetzung der Verwaltungsbehörde umfasst den Anspruch auf Bekanntgabe der Behördemitglieder, die beim Entscheid mitwirken, denn nur so können die Betroffenen feststellen, ob ihr verfassungsmässiger Anspruch auf richtige Besetzung der Verwaltungsbehörde und eine unparteiische Beurteilung ihrer Sache gewahrt ist (BGE 114 Ia 278, 279 f.).

Beispiele:

441   –   Der aus Art. 4 BV abgeleitete Anspruch auf Unabhängigkeit und Unbefangenheit einer Behörde wird durch den Beizug praktizierender Anwälte als Prüfungsexperten bei einer Anwaltsprüfung nicht verletzt. "Die blosse Möglichkeit, dass ein Kandidat, der die Prüfung besteht, später in ein Konkurrenzverhältnis zu den ihn prüfenden Anwälten treten könnte, führt noch nicht zu einer Interessenkollision und lässt nicht generell auf eine Befangenheit schliessen." (BGE 113 Ia 286, 289).

– Das Verwaltungsgericht des Kantons Zürich urteilte am 4. Februar 1986 über eine Klage, wobei   442
die Kammer mit drei hauptamtlichen und zwei nebenamtlichen Richtern besetzt war. Die unter-
legene Partei verlangte die Revision dieses Entscheides wegen unrichtiger Besetzung des Gerichtes. Das Verwaltungsgericht hiess das Revisionsgesuch mit Entscheid vom 19. Februar 1987
gut. Es stellte aufgrund einer teleologischen und systematischen Auslegung der anwendbaren
Bestimmungen des Gesetzes über den Rechtsschutz in Verwaltungssachen (Verwaltungsrechtspflegegesetz) vom 24. Mai 1959 (ZH LS 175.2) fest, dass die einzelne Spruchkammer mit
höchstens zwei vollamtlichen Richtern besetzt sein dürfe, während die übrigen drei Mit-
wirkenden nebenamtliche Richter sein müssten. Auf diese Weise habe der Gesetzgeber die Pra-
xisnähe der Rechtsprechung sicherstellen wollen (ZBl 89 [1988] 362, 364 f.).

4.   Anspruch auf rechtliches Gehör

Das Bundesgericht leitet aus Art. 4 Abs. 1 BV einen Anspruch auf rechtliches Gehör   443
ab. Dieser besteht im Anspruch der Privaten, in einem Verwaltungs- oder Gerichts-
verfahren mit ihren Begehren angehört zu werden, Einblick in die Akten zu erhalten und zu den für die Entscheidung wesentlichen Punkten Stellung nehmen zu
können. Kein Anspruch auf rechtliches Gehör besteht im Rechtssetzungsverfahren.
Vgl. Rz. 1306 ff.

Aus dem Anspruch auf rechtliches Gehör ergibt sich auch eine Pflicht der Be-   444
hörden, die von ihnen getroffenen Verfügungen zu begründen. Vgl. Rz. 1293 ff.

5.   Verbot des überspitzten Formalismus

Überspitzter Formalismus ist eine besondere Form der Rechtsverweigerung. Sie liegt   445
vor, "wenn für ein Verfahren rigorose Formvorschriften aufgestellt werden, ohne
dass die Strenge sachlich gerechtfertigt wäre, wenn die Behörde formelle Vorschriften mit übertriebener Schärfe handhabt oder an Rechtsschriften überspannte Anforderungen stellt und dem Bürger den Rechtsweg in unzulässiger Weise versperrt"
(BGE 115 Ia 12, 17; vgl. auch 118 Ia 14, 15).

Beispiele:
– Das Bundesgericht hat überspitzten Formalismus angenommen, als der "Corte cantonale di cas-   446
sazione e di revisione penale" des Kantons Tessin in einer Strafsache einen fristgerecht einge-
reichten, jedoch in deutscher Sprache statt in der italienischen Amtssprache abgefassten Rekurs
ohne weiteres für unzulässig erklärte. Die kantonale Behörde hätte im Hinblick auf Art. 4 BV
die Rekursschrift – unter Ansetzung einer Nachfrist – zur Übersetzung zurückschicken müssen
(BGE 102 Ia 35, 37 f. = Pra 65 [1976] Nr. 135).
– Es ist unzulässig, auf die Eingabe eines Anwaltes mit ausserkantonalem Fähigkeitsausweis, aber   447
ohne kantonale Berufsbewilligung, nicht einzutreten (BGE 112 Ia 305, 308 ff.).
– Reicht ein Anwalt seine Vollmacht aus Versehen bei einer falschen Abteilung eines Gerichtes   448
ein, so verfällt die sachlich zuständige Abteilung in überspitzten Formalismus, wenn sie sich
weigert, die eingereichte Vollmacht zu berücksichtigen (BGE 113 Ia 94, 96 f.; vgl. auch BGE
118 Ia 241, 244).
– Wird ein Quartierplan nicht in vorgeschriebener Weise bekanntgemacht und damit der An-   448a
spruch auf rechtliches Gehör der davon betroffenen Grundeigentümer missachtet, so verstösst
eine Behörde, die sich weigert, das von den betroffenen Grundeigentümern gestellte Gesuch um
Aussetzung des Plangenehmigungsverfahrens als Gesuch um Wiederherstellung der Einsprachefrist entgegenzunehmen, gegen das Verbot des überspitzten Formalismus (BGE 121 I 177,
180 f.).

449   –   Es liegt kein überspitzter Formalismus vor, wenn eine kantonale Behörde es in Übereinstimmung mit ihrer publizierten Rechtsprechung ablehnt, eine unzulässige Nichtigkeitsbeschwerde
als Berufung entgegenzunehmen, und diese Ablehnung damit begründet, das Rechtsmittel sei
von einem Anwalt verfasst worden, der es ausdrücklich als Nichtigkeitsbeschwerde bezeichnet
und die entsprechenden Formvorschriften eingehalten habe (BGE 113 Ia 84, 87 ff.).

6.   Anspruch auf unentgeltliche Rechtspflege

449a   Art. 4 BV gewährleistet gleichen Rechtsschutz für alle Rechtsuchenden, unabhängig
von ihrer wirtschaftlichen Kraft. Es wäre mit dem Gleichheitsprinzip und mit der
Garantie eines gerechten Verfahrens nicht vereinbar, wenn eine Partei auf die Durchsetzung ihrer Rechte verzichten müsste, weil sie nicht über die nötigen Mittel für die
Führung des Prozesses verfügt, oder wenn sie ihre Ansprüche weniger wirkungsvoll
geltend machen könnte als eine andere, wirtschaftlich stärkere Partei. Aus Art. 4 BV
ergibt sich deshalb ein Anspruch auf unentgeltliche Rechtspflege für Private, welchen die nötigen Mittel fehlen und deren Begehren nicht offensichtlich aussichtslos
ist. Ihnen ist die Bezahlung von Verfahrenskosten und Kostenvorschüssen zu erlassen. Sie haben überdies Anspruch auf die Bestellung eines unentgeltlichen
Rechtsvertreters, wenn sie nicht in der Lage sind, ihre Rechte im Verfahren selbst
wirksam zu wahren (vgl. Rz. 1338a ff.; GEORG MÜLLER, in: Kommentar BV, Art. 4,
Rz. 123 ff., mit Hinweisen; MARC FORSTER, Der Anspruch auf unentgeltliche
Rechtsverbeiständung in der neueren bundesgerichtlichen Rechtsprechung, in: ZBl
93 [1992] 457 ff.; HÄFELIN/HALLER, N. 1596 ff.; BGE 122 I 267 ff.; 121 I 60 ff.; 120
Ia 14 ff.).

§ 9   Der Grundsatz des öffentlichen Interesses

Literatur

BLANC JEAN-PIERRE, Das öffentliche Interesse als Voraussetzung der Enteignung, Diss. Zürich 1967;
HÄFELIN ULRICH, Wertung und Interessenabwägung in der richterlichen Rechtsfindung, in: Im Dienst
an der Gemeinschaft, Festschrift für Dietrich Schindler zum 65. Geburtstag, Basel 1989, S. 585 ff.;
HUBER HANS, Das Gemeinwohl als Voraussetzung der Enteignung, ZSR NF 84/I (1965) 39 ff.;
KNAPP BLAISE, Intérêt, utilité et ordre public, in: Erhaltung und Entfaltung des Rechts in der
Rechtsprechung des Schweizerischen Bundesgerichts, Festgabe der schweizerischen Rechtsfakultäten
zur Hundertjahrfeier des Bundesgerichts, Basel 1975, S. 137 ff.; MÜLLER GEORG, Interessenabwägung im Verwaltungsrecht, ZBl 73 (1972) 337 ff.; ROUILLER CLAUDE, La politique sociale, un motif
d'intérêt public dans la jurisprudence du tribunal fédéral, in: Le droit social à l'aube du XXIᵉ siècle,
Mélanges Alexandre Berenstein, Lausanne 1989, S. 71 ff.

I.   Der Begriff des öffentlichen Interesses

1.   Schwierigkeit einer allgemeinen Umschreibung

Das öffentliche Interesse ist die *allgemeine Voraussetzung für jede staatliche Tätig-*   450
keit. Der Staat hat das Wohl der Allgemeinheit zu schützen und zu fördern und die
Anliegen der staatlichen Gemeinschaft wahrzunehmen.

Inhalt und genaue Tragweite des Begriffes des öffentlichen Interesses lassen   451
sich indessen *nicht* in eine *einfache allgemeingültige Formel* fassen. Klare Richtlinien für die Beurteilung der Frage, ob und wann ein Anliegen derart erheblich ist,
dass es ein öffentliches Interesse darstellt, fehlen weitgehend. Verschiedene wichtige
Anliegen, die hergebrachterweise als öffentliche Interessen anerkannt werden, können in Gruppen kasuistisch umschrieben werden, ohne dass sich aber daraus eine
klar abgrenzbare allgemeine Definition gewinnen lässt. Ob einer staatlichen Massnahme ein ausreichendes öffentliches Interesse zugrunde liegt, ist oft nur von Fall zu
Fall aufgrund der jeweils gegebenen Umstände zu bestimmen. Die Voraussetzung
des öffentlichen Interesses ist deshalb für Gesetzgebung und Rechtsanwendung von
relativ geringer Bedeutung.

Beim Begriff des öffentlichen Interesses handelt es sich um einen sogenannten   452
unbestimmten Rechtsbegriff (IMBODEN/RHINOW Bd. I, S. 336; RHINOW/KRÄHEN-
MANN, S. 177 f. m.w.H.; vgl. auch Rz. 361), bei dessen Auslegung der zuständigen
Verwaltungsbehörde im Hinblick auf ihre besonderen Kenntnisse oder Vertrautheit
mit den tatsächlichen Verhältnissen ein gewisser Beurteilungsspielraum zukommt.

2.   Zeitliche und örtliche Wandelbarkeit

453   Eine präzise Definition wird auch dadurch verunmöglicht, dass der Begriff des öffentlichen Interesses zeitlich und in gewissen Belangen auch örtlich wandelbar ist. Aufgrund gesellschaftlicher, technischer und anderer Entwicklungen können neue öffentliche Interessen entstehen – z.B. Raumplanung, Umweltschutz – und bisherige an Bedeutung verlieren.

Beispiele:

454   –   Das öffentliche Interesse an der Erhaltung von Baudenkmälern ist grundsätzlich unbestritten. Während früher aber in erster Linie Bauten von besonderer Schönheit und Altertümer unter Schutz gestellt wurden, wird heute auch die Bewahrung von Industrie- und Fabrikbauten und von technischen Anlagen – z.B. Bahnhofanlagen – aus dem späten 19. und dem 20. Jahrhundert als im öffentlichen Interesse liegend betrachtet; auch sie rechtfertigt deshalb Eigentumsbeschränkungen (vgl. dazu ZBl 88 [1987] 538, 542 [Urteil des Bundesgerichts vom 2. Juli 1986]).

455   –   In einem Entscheid aus dem Jahre 1980 hatte das Bundesgericht zu prüfen, ob die Ablehnung eines Patentgesuches für den Betrieb einer sogenannten "Peep-Show" durch die zuständigen Instanzen des Kantons St. Gallen aus Gründen der öffentlichen Sittlichkeit mit der Handels- und Gewerbefreiheit zu vereinbaren war. Es bejahte diese Frage; in seinen Erwägungen stellte es unter anderem folgendes fest: "Der Begriff der Sittlichkeit hängt, wie derjenige der öffentlichen Ordnung überhaupt, in starkem Masse von den herrschenden sozialen und moralischen Anschauungen ab. Er ist deshalb örtlich verschieden und zeitlich wandelbar ... Gerade im Sexualbereich findet seit einigen Jahren ein Wandel in den Anschauungen statt, der sich jedoch nicht überall mit derselben Geschwindigkeit und Intensität vollzieht. Was deshalb zu einem gegebenen Zeitpunkt in einem bestimmten Kanton noch als sittlich zulässig gilt, kann in anderen Regionen die Toleranzgrenze sittlichen Empfindens bereits überschreiten" (BGE 106 Ia 267, 271 f.).

456   –   Oft wird heute auch in Fällen, in denen früher noch ausschliesslich private Interessen angenommen wurden, das Vorliegen eines öffentlichen Interesses anerkannt. So erfolgt der Schutz vor Immissionen, d.h. vor Lärm, Rauch, lästigen Dünsten, aber auch vor sog. "ideellen Immissionen", wie sie beispielsweise von Betrieben des Unterhaltungsgewerbes (Nachtlokale, Spielsalons, Peep-Shows usw.) ausgehen können, heute als öffentliche Aufgabe hauptsächlich durch öffentlichrechtliche Vorschriften; die privaten nachbarrechtlichen Bestimmungen des Zivilgesetzbuches dagegen sind in den Hintergrund getreten (vgl. BGE 108 Ia 140, 147 f.).

3.   Kasuistik

457   Im folgenden werden die wichtigsten Gruppen von öffentlichen Interessen aufgeführt. Dabei zeigt sich, dass öffentliche Interessen *materieller oder ideeller Natur* sein können (vgl. BGE 108 Ia 140, 147).

a)   Polizeiliche Interessen

458   Im polizeilichen Interesse sind staatliche Massnahmen, die dem *Schutz der Polizeigüter* – öffentliche Ordnung und Sicherheit, öffentliche Ruhe, Gesundheit und Sittlichkeit sowie Treu und Glauben im Geschäftsverkehr – dienen (vgl. dazu Rz. 1902 ff.).

Beispiele:
–   öffentliche Gesundheit und Sicherheit beim Entscheid über eine Baubewilligung;

– öffentliche Sittlichkeit beim oben (unter Rz. 455) erwähnten Verbot einer Peep-Show;
– öffentliche Sicherheit und Treu und Glauben im Geschäftsverkehr beim Entscheid über die Bewilligung für Taxi-Unternehmer.

Zu beachten ist, dass die polizeilichen Interessen zwar von grosser Bedeutung sind, aber nur einen Teilbereich der öffentlichen Interessen bilden.   459

b)   Planerische Interessen

In zunehmendem Masse muss der Staat die Regelung verschiedener Lebensbereiche vorausschauend vorbereiten und planerisch tätig werden.   460

Beispiele:
– Raumplanung (Art. 22quater BV);
– Spital-, Alters-, Pflegeheimplanung.

c)   Soziale und sozialpolitische Interessen

Durch soziale und sozialpolitische Massnahmen will der Staat die wirtschaftlich schwächeren Bevölkerungsteile, so u.a. Arbeitnehmerinnen und Arbeitnehmer, Mieterinnen und Mieter, kranke oder behinderte Personen, schützen.   461

Beispiele:
– Arbeitnehmerschutz (z.B. Ruhetagsgesetze);
– Förderung des sozialen Wohnungsbaus;
– Abbruchverbot zur Erhaltung preisgünstiger Wohnungen;
– Bau von Alters- und Pflegeheimen.

d)   Weitere öffentliche Interessen

Neben den genannten Fällen gibt es weitere öffentliche Interessen, die zum Teil in der Bundesverfassung als Staatsaufgaben erwähnt sind, so insbesondere: 462
– Umweltschutz (Art. 24septies BV);
– Gewässerschutz (Art. 24bis BV);
– Natur- und Heimatschutz (Art. 24sexies BV), insb. Landschafts- und Ortsbildschutz (BGE 118 Ia 384, 388 ff.), Erhaltung von Natur- und Kulturdenkmälern, Erhaltung von Tieren und Pflanzen;
– Tierschutz (Art. 25bis BV).

4.   Fiskalische Interessen

Zu den öffentlichen Interessen lassen sich – entgegen den vorherrschenden Lehrmeinungen (vgl. IMBODEN/RHINOW Bd. I, S. 333) – auch die sog. fiskalischen Interessen, d.h. die finanziellen Interessen des Staates, zählen. Denn damit der Staat die Anliegen der Allgemeinheit wahren kann, benötigt er die dafür notwendigen finanziellen Mittel. Die fiskalischen Interessen nehmen allerdings insofern eine Sonder-   463

114

stellung ein, als sie grundsätzlich keine Eingriffe in Freiheitsrechte zu rechtfertigen vermögen. So kann sich der Staat beispielsweise nicht die erforderlichen Finanzen auf dem Wege der Enteignung verschaffen.

II. Rechtsgrundlage

464   Verschiedene *Verfassungs- und Gesetzesbestimmungen* nennen das öffentliche Interesse ausdrücklich als Voraussetzung und Massstab staatlichen Handelns.

Beispiele:
–   Art. 22ter Abs. 2 BV ("öffentliches Interesse");
–   Art. 31bis Abs. 1 BV ("Wohlfahrt des Volkes");
–   Art. 31bis Abs. 2 und 3 BV ("allgemeine Interessen", "Gesamtinteressen");
–   Art. 31ter Abs. 1 BV ("Gemeinwohl");
–   Art. 32quater Abs. 1 BV ("öffentliches Wohl");
–   Art. 1 des Bundesgesetzes über die Enteignung vom 20. Juni 1930 (SR 711) ("öffentliches Interesse");
–   Art. 10 Abs. 3 des Bundesgesetzes über die wirtschaftliche Landesversorgung vom 8. Oktober 1982 (SR 531) ("öffentlichen Interessen").

465   Wie diese Beispiele zeigen, ist die Terminologie keineswegs einheitlich. Unabhängig von den in einzelnen Verfassungs- und Gesetzesbestimmungen verwendeten Ausdrücken geht es dabei stets um das grundsätzlich gleiche Anliegen, das mit dem allgemeinen Begriff des öffentlichen Interesses umschrieben wird.

466   Wo Verfassung oder Gesetz den Grundsatz des öffentlichen Interesses nicht erwähnen, gilt er als *ungeschriebenes Verfassungsprinzip*. Er stellt aber kein verfassungsmässiges Recht der Privaten dar; seine Verletzung kann deshalb mit der staatsrechtlichen Beschwerde nicht selbständig gerügt werden.

III. Geltungsbereich

467   Der Grundsatz des öffentlichen Interesses bindet in umfassender Weise *alle drei Staatsgewalten*. Die rechtsetzende Gewalt legt in generell-abstrakter Weise fest, was dem öffentlichen Interesse dient; Verwaltungs- und Justizbehörden haben das im öffentlichen Interesse gesetzte Recht zu verwirklichen und dabei auch ihrerseits – bei der Behandlung des konkreten Falles – den Grundsatz des öffentlichen Interesses zu beachten.

468   Der Grundsatz des öffentlichen Interesses gilt für das *gesamte Verwaltungsrecht* (BGE 94 I 541, 548 f.), nicht nur für die Eingriffsverwaltung, sondern auch für die Leistungsverwaltung. Das öffentliche Interesse kann sogar Verpflichtung zu staatlichem Handeln bedeuten. So hat der Staat beispielsweise für ein genügendes Gesundheitswesen zu sorgen.

469   Die Verwaltungsbehörden sind im *hoheitlichen* wie im *nicht-hoheitlichen Tätigkeitsbereich* an den Grundsatz des öffentlichen Interesses gebunden. Auch mit den

Mitteln der nicht-hoheitlichen Verwaltung dürfen die Behörden nur jene Zwecke verfolgen, denen sie nach Verfassung und Gesetz dienen sollen.

Das bedeutet, dass das Gemeinwesen, selbst wenn es *privatrechtlich* handelt, die öffentlichen Interessen zu verwirklichen hat (vgl. Rz. 236 ff.). 470

Beispiel: 471
Im Jahre 1983 hatte das Bundesgericht die Rechtsnatur der Vereinbarung über die Sorgfaltspflicht der Banken bei der Entgegennahme von Geldern und über die Handhabung des Bankgeheimnisses vom 1. Juli 1982 zwischen der Schweizerischen Nationalbank und den Schweizer Banken zu prüfen. In diesem Zusammenhang hielt das Gericht fest, dass die Nationalbank auch dort, wo sie als Aktiengesellschaft privatrechtlich handelnd auftrete, an ihren öffentlichen Auftrag gebunden bleibe und die verfassungsmässigen Grundrechte zu beachten habe (BGE 109 Ib 146, 155).

Die praktisch wohl grösste Bedeutung kommt dem Grundsatz des öffentlichen Interesses aber doch bei der Eingriffsverwaltung, insbesondere im Zusammenhang mit der *Einschränkung von Grundrechten* zu. Das Bundesgericht hat sich denn auch mit dem Begriff des öffentlichen Interesses vor allem im Zusammenhang mit der Eigentumsgarantie und deren Beschränkung auseinandergesetzt und die dabei entwickelten Grundsätze anschliessend auf die übrigen Freiheitsrechte angewendet (BGE 94 I 541, 548 f.). Eine Freiheitsbeschränkung ist nur zulässig, wenn sie durch ein das private Interesse überwiegendes öffentliches Interesse gefordert wird. Welche öffentlichen Interessen im konkreten Fall eine Freiheitsrechtsbeschränkung rechtfertigen können, muss für jedes Freiheitsrecht gesondert geprüft werden (vgl. dazu HÄFELIN/ HALLER, N. 1139 und die jeweiligen Ausführungen bei den einzelnen Freiheitsrechten). 472

IV. Abwägung zwischen verschiedenen Interessen

1. Allgemeines

Der Verwirklichung bestimmter öffentlicher Interessen können im Einzelfall private oder andere öffentliche Interessen entgegenstehen. Im Falle einer derartigen Interessenkollision muss eine *wertende* Gegenüberstellung und eine *Interessenabwägung* stattfinden (BGE 111 Ia 101, 105; 104 Ia 88, 97). 473

2. Abwägung zwischen öffentlichem und entgegenstehendem privatem Interesse

Die Abwägung zwischen öffentlichem und betroffenem privatem Interesse erfolgt im allgemeinen im Zusammenhang mit der Anwendung des Verhältnismässigkeitsprinzips (Verhältnismässigkeit von Eingriffszweck und Eingriffswirkung) (vgl. Rz. 514 ff.). 474

116

Beispiel:

475 In den letzten Jahren hatte das Bundesgericht oft zwischen dem öffentlichen Interesse einer Gemeinde an der Verkleinerung ihrer überdimensionierten Bauzone und dem entgegenstehenden Interesse eines von der Auszonung betroffenen Grundeigentümers abzuwägen (vgl. z.B. BGE 107 Ib 334, 335 ff. und die ausführliche Darstellung dieses Entscheides in Rz. 517; BGE 118 Ia 151, 157; 117 Ia 302, 307 ff.).

3. Abwägung zwischen gegensätzlichen öffentlichen Interessen

476 Es kommt vor, dass in einem Fall verschieden gerichtete öffentliche Interessen einander gegenüberstehen. Es lassen sich folgende Interessenkollisionen vorstellen:

477 – Ein *Eingriff in grundrechtlich geschützte Positionen* der Privaten bedingt nicht nur ein Abwägen zwischen öffentlichen und privaten Interessen. Da der Schutz der Grundrechte *auch* im öffentlichen Interesse liegt, findet gleichzeitig eine Gewichtung verschiedener öffentlicher Interessen statt (vgl. auch Rz. 1883 ff.).

478 Beispiel:
Die Benützung des öffentlichen Grundes für Demonstrationen, Standaktionen oder Unterschriftensammlungen (gesteigerter Gemeingebrauch) ist in der Regel bewilligungspflichtig. Die für die Bewilligungserteilung zuständigen Behörden haben die Gesichtspunkte polizeilicher Gefahrenabwehr sowie das öffentliche Interesse am bestimmungsgemässen Gebrauch des öffentlichen Grundes gegen die Interessen der Veranstalter von Demonstrationen u.ä. abzuwägen. Sie haben darüber hinaus aber auch den besonderen ideellen Gehalt und die demokratische Funktion der Freiheitsrechte, um deren Ausübung es geht (vor allem Meinungsäusserungsfreiheit, Pressefreiheit und Versammlungsfreiheit), in die Interessenabwägung miteinzubeziehen (vgl. BGE 105 Ia 91, 95; 107 Ia 64, 66).

479 – Das Problem des Abwägens zwischen einander entgegenstehenden öffentlichen Interessen stellt sich auch im Zusammenhang mit *Praxisänderungen*, beim *Schutz des Vertrauens in das Verhalten staatlicher Behörden*, insbesondere bei *unrichtigen Auskünften* und bei der *Rücknahme* oder dem *Widerruf von Verfügungen*. Es ist in diesen Fällen aufgrund einer Interessenabwägung zu entscheiden, ob dem Postulat nach der richtigen Durchführung des objektiven Rechts oder dem Interesse an der Wahrung der Rechtssicherheit der Vorrang zukommen soll (vgl. Rz. 421, 561, 580, 809, 830).

480 – Eine Interessenkollision kann ferner durch *unterschiedliche staatliche Zielsetzungen* hervorgerufen werden.

Beispiele:
481 – Die Nordostschweizerische Kraftwerke AG plante, eine Teilstrecke einer Elektrizitätsleitung als Freileitung mit einer Anzahl Betonmasten in 17 m Höhe zu führen. Die dafür nötigen Durchleitungsrechte wurden von 12 privaten Grundeigentümern verweigert mit der Begründung, die projektierte Freileitung beeinträchtige das Landschaftsbild in empfindlicher Weise, weshalb die Leitung zu verkabeln sei. Das Bundesgericht nahm eine Abwägung zwischen dem von den Beschwerdeführern geltend gemachten öffentlichen Interesse des Landschaftsschutzes und dem – ebenfalls öffentlichen – Interesse an einer möglichst sicheren und preisgünstigen Energieversorgung vor. Es erkannte dabei dem Interesse an einer wirtschaftlichen Stromversorgung den Vorrang zu, da eine Verkabelung der Stromleitungen aus verschiedenen Gründen technischer Natur erheblich teurer gekommen wäre als

entsprechende Freileitungen. Das Bundesgericht fällte den Entscheid vor allem aus präjudiziellen Gründen. Im konkreten Fall seien die Mehrkosten zwar nicht von allzu grosser Tragweite, ein die Verkabelung bejahendes Urteil würde aber präjudizielle Wirkungen entfalten und dadurch langfristig betrachtet zu einer ausserordentlichen Verteuerung der Energieversorgung führen (BGE 100 Ib 404, 412 ff.).

- Im Kanton Obwalden wurde für einige Grundstücke auf Gesuch von Grundeigentümern ein Landumlegungsverfahren zum Zwecke einer rationelleren Ueberbauung eingeleitet. Diese Massnahme stützte sich auf Art. 7 ff. des Wohnbau- und Eigentumsförderungsgesetzes vom 4. Oktober 1974 (SR 843), welches vorsieht, dass bei ungünstigen Grundstücksgrössen und -grenzen die Grundstücke umgestaltet oder die Grenzen reguliert werden können. Auf den betroffenen Grundstücken befanden sich aber Bauten und Bauteile, die unter Denkmalschutz standen. Das Bundesgericht hatte deshalb die beiden Interessen – Förderung des Wohnungsbaus und Denkmalschutz – gegeneinander abzuwägen. "Auch wenn anerkannt wird, dass die Verbesserung der Parzellenverhältnisse im öffentlichen Interesse liegt, so ist nicht zu verkennen, dass dem Interesse der Förderung des Wohnungsbaues unter den gegebenen konkreten Verhältnissen nur ein bescheidenes Gewicht beigemessen werden kann. Der Schutz der vorhandenen Baudenkmäler verdient Beachtung und ist – jedenfalls zur Zeit – als überwiegend zu bezeichnen. Sollen in dem Gebiet neue Wohnbauten erstellt werden, so gebietet das Interesse des Ortsbild- und Denkmalschutzes deren sorgfältige Einordnung, was nur aufgrund einer Quartierplanung möglich sein dürfte. Solange diese nicht vorliegt und der Schutz der Baudenkmäler nicht gesichert wird, ist es verfehlt, eine Baulandumlegung anzuordnen, bevor nicht feststeht, wie die Parzellen in Abstimmung auf eine den Anforderungen des Denkmalschutzes entsprechende Ueberbauung zu bilden sind." (BGE 118 Ib 417, 430 ff.)   481a

- In Erfüllung der im öffentlichen Interesse liegenden Aufgabe der Denkmalpflege müssen auch Eisenbahnanlagen (im vorliegenden Fall ging es um das über die Saane führende Eisenbahnviadukt Gümmenen) unter Schutz gestellt werden können, und zwar selbst dann, wenn sie noch betrieben werden. Allerdings dürfen die denkmalschützerischen Massnahmen die Bahnunternehmung in der Erfüllung ihrer Aufgaben nicht unverhältnismässig einschränken. "Die Unterschutzstellung setzt daher einerseits eine eingehende, auf wissenschaftliche Kriterien gestützte Beurteilung der Schutzwürdigkeit der fraglichen Eisenbahnbaute voraus. Andererseits darf eine Unterschutzstellung nur so weit gehen, als das denkmalpflegerische Interesse das Interesse der Bahn an einer uneingeschränkten Nutzung ihrer Anlagen überwiegt. Ferner steht ausser Frage, dass die Sicherheit des Bahnbetriebes stets Vorrang hat. Die Unterschutzstellung einer noch in Betrieb stehenden Bahnanlage bedingt deshalb eine sorgfältige Abklärung des Sachverhaltes und die Erfassung aller auf dem Spiele stehenden Interessen." Das Bundesgericht stellte fest, die Frage der Schutzwürdigkeit des Gümmenen-Viadukts sei zu wenig geklärt und die Interessenabwägung ungenügend vorgenommen worden. Es hob deshalb den angefochtenen Entscheid auf und wies die Sache zur neuen Prüfung an die kantonalen Behörden zurück (BGE 121 II 8, 16 ff.).   481b

- Zur Abwägung zwischen den öffentlichen Interessen am Bau einer neuen Eisenbahnlinie im Rahmen des Konzeptes Bahn 2000 (Neubaustrecke Mattstetten-Rothrist) und den öffentlichen Interessen am Landschafts-, Gewässer- und Lärmschutz sowie an der Erhaltung von Wald, Lebensräumen für Wild und Kulturland vgl. BGE 124 II 146, 156 ff.   481c

- Einander widersprechen können sich sodann die *Interessen verschiedener Gebietskörperschaften* (Bund, Kantone, Gemeinden).   482

Beispiele:
- Der Bund als Eigentümer eines bestimmten Grundstückes in der Gemeinde X. beabsichtigt, dort einen Waffenplatz zu errichten. Die Gemeinde X. dagegen möchte das entsprechende Gebiet unter Naturschutz stellen.   483

- Der Staatsrat des Kantons Waadt schied in einem kantonalen Zonenplan, gestützt auf das kantonale Bau- und Planungsgesetz, in der Gemeinde Grandson ein Gebiet von rund   484

400'000 m^2 für die Errichtung eines thermischen Kraftwerkes aus. Die Gemeinde erhob gegen den Plan staatsrechtliche Beschwerde mit der Begründung, dieser verunmögliche ihr die Ausscheidung einer Industriezone, da er das einzige hiezu geeignete Gebiet umfasse. Das Bundesgericht mass dem kantonalen Interesse ein grösseres Gewicht bei (BGE 94 I 541, 548 ff.).

485   –   Das Grundstück der Kirchgemeinde Estavayer-le-Lac, das für den Bau eines Kirchgemeindezentrums vorgesehen war, wurde durch den Zonenplan der politischen Gemeinde der Grünzone zugewiesen, für welche ein Bauverbot galt. Das Bundesgericht hatte zwischen dem öffentlichen Interesse der politischen Gemeinde an der Bewahrung von Grünflächen und dem ebenfalls öffentlichen Interesse der Kirchgemeinde an der Errichtung eines Kirchgemeindezentrums zur Erfüllung ihrer sozialen Aufgaben abzuwägen. Es entschied, dass die geplante Zuweisung des Grundstückes zur Grünzone unverhältnismässig sei, da ein effektives Bedürfnis der Kirchgemeinde nach teilweiser Überbauung des Grundstückes bestehe. Die sich gegenüber stehenden öffentlichen Interessen müssten daher durch eine andere Massnahme – z.B. Zuweisung des Grundstückes zur Zone für öffentliche Bauten – in Einklang gebracht werden (BGE 110 Ia 30, 33 ff.).

§ 10   Der Grundsatz der Verhältnismässigkeit

Literatur

BOSSHARDT OSKAR, Der Grundsatz der Verhältnismässigkeit im Enteignungsrecht, ZBl 65 (1964) 393 ff.; HOFFMANN-RIEM WOLFGANG, Reform des Allgemeinen Verwaltungsrechts: Vorüberlegungen, DVBl 1994, 1381 ff.; HOTZ WERNER, Zur Notwendigkeit und Verhältnismässigkeit von Grundrechtseingriffen, unter besonderer Berücksichtigung der bundesgerichtlichen Praxis zur Handels- und Gewerbefreiheit, Diss. Zürich 1977; HUBER HANS, Über den Grundsatz der Verhältnismässigkeit im Verwaltungsrecht, ZSR NF 96/I (1977) 1 ff.; MEYER-BLASER ULRICH, Zum Verhältnismässigkeitsgrundsatz im staatlichen Leistungsrecht (am Beispiel der beruflichen Eingliederungsmassnahmen der IV), Diss. Bern 1985; MULLER PIERRE, Le principe de la proportionalité, ZSR NF 97/II (1978) 197 ff.; WICK CHARLES LOUIS, Der Grundsatz der Verhältnismässigkeit im Sozialversicherungsrecht, Diss. Bern 1976; ZIMMERLI ULRICH, Der Grundsatz der Verhältnismässigkeit im öffentlichen Recht, ZSR NF 97/II (1978) 1 ff.

I.   Definition des Grundsatzes der Verhältnismässigkeit

Der Grundsatz der Verhältnismässigkeit fordert, dass die Verwaltungsmassnahmen   486
zur Verwirklichung des im öffentlichen Interesse liegenden Ziels *geeignet* und *notwendig* sind. Ausserdem muss der angestrebte Zweck in einem *vernünftigen Verhältnis* zu den Freiheitsbeschränkungen stehen, die den Privaten auferlegt werden (vgl. BGE 117 Ia 472, 483).

Das Bundesgericht geht in seiner Rechtsprechung zum Teil von einer weniger   487
umfassenden Definition aus (vgl. z.B. BGE 102 Ia 516, 522 = Pra 66 [1977] Nr. 200, S. 490 f.; 97 I 499, 508). Auch unterscheidet es bei der Überprüfung von Grundrechtseingriffen häufig nicht genau zwischen den *Erfordernissen des öffentlichen Interesses und der Verhältnismässigkeit*. Zwischen den beiden Grundsätzen besteht in der Tat ein sehr enger Zusammenhang. Die Frage nach der Verhältnismässigkeit einer Massnahme stellt sich nur, wenn an ihr überhaupt ein zulässiges öffentliches Interesse besteht. Erst dann ist zu prüfen, ob sie das geeignete und erforderliche Mittel ist, um dieses Interesse zu verwirklichen, und ob die dadurch bewirkte Freiheitsbeschränkung nicht in einem Missverhältnis zum angestrebten Zweck steht.

II.   Rechtsgrundlage

Der Grundsatz der Verhältnismässigkeit hat Verfassungsrang; er stellt einen unge-   489
schriebenen Verfassungsgrundsatz dar. Nach Auffassung des Bundesgerichts gilt er als "allgemeiner Grundsatz des eidgenössischen Verfassungsrechtes" (BGE 102 Ia 69, 71) und ergibt sich "unmittelbar aus der Verfassung" (BGE 104 Ia 105, 112; 96 I

234, 242). Vereinzelt wird das Verhältnismässigkeitsprinzip vom Bundesgericht auch aus dem Gleichbehandlungsgebot von Art. 4 Abs. 1 BV abgeleitet (BGE 116 Ia 321, 323; 112 Ia 240, 244; 99 Ia 638, 652).

490 Das Verhältnismässigkeitsprinzip stellt aber kein verfassungsmässiges Recht der Privaten dar. Dies bedeutet, dass die Verletzung des Verhältnismässigkeitsgrundsatzes nicht selbständig mit staatsrechtlicher Beschwerde geltend gemacht werden kann, sondern nur zusammen mit einem verfassungsmässigen Recht, z.B. der Wirtschaftsfreiheit (vgl. ZBl 89 [1988] 461, 462 [Urteil des Bundesgerichts vom 11. Dezember 1987]) oder dem Willkürverbot (BGE 123 I 1, 11 m.w.H.) (vgl. auch Rz. 295).

III. Geltungsbereich

491 Der Grundsatz der Verhältnismässigkeit hat im ganzen Bereich des öffentlichen Rechts Geltung, sowohl für die *Rechtssetzung* als auch für die *Rechtsanwendung* (BGE 104 Ia 105, 112; 96 I 234, 242). Einzelne Aspekte des Grundsatzes sind allerdings primär auf die Eingriffsverwaltung ausgerichtet, so die Erforderlichkeit und das Verhältnis von Eingriffszweck und Eingriffswirkung.

IV. Die drei Elemente des Grundsatzes der Verhältnismässigkeit

492 Der Grundsatz der Verhältnismässigkeit umfasst gemäss Lehre und Rechtsprechung drei Elemente, die kumulativ erfüllt sein müssen.

1. Eignung der Massnahme ("Geeignetheit")

493 Die Verwaltungsmassnahme muss geeignet sein, das im öffentlichen Interesse angestrebte Ziel zu erreichen. Ungeeignet ist eine Massnahme dann, wenn sie keinerlei Wirkungen im Hinblick auf den angestrebten Zweck entfaltet oder die Erreichung dieses Zweckes sogar erschwert oder verhindert. Zu prüfen ist also die *Zwecktauglichkeit* einer Massnahme.

Beispiele:

494 – C. wurde von der Teilnahme an einem Bergführerkurs, dessen erfolgreiches Bestehen Voraussetzung für die Erteilung des Bergführerpatents ist, wegen Dienstverweigerung ausgeschlossen. Mit staatsrechtlicher Beschwerde rügte C. eine Verletzung der Art. 4 und 31 BV. Nach Auffassung des Bundesgerichts ist das Erfordernis der Militärdiensttauglichkeit bzw. Militärdienstpflichtigkeit grundsätzlich eine zulässige Voraussetzung für die Erteilung des Bergführerpatents. Denn Kandidaten, die wegen eines körperlichen oder geistigen Gebrechens vom Militärdienst befreit worden sind, sind in der Regel auch nicht zur Ausübung des Bergführerberufes geeignet. Hingegen darf nicht darauf abgestellt werden, ob ein Bewerber tatsächlich zur Dienstleistung herangezogen wird. Daher ist es gemäss Bundesgericht unverhältnismässig, einem an sich diensttauglichen Kandidaten die Absolvierung des Bergführerkurses, der notwendige Voraussetzung zur Erlangung des Bergführerpatents bildet, allein deshalb zu verwehren,

weil er wegen Dienstverweigerung bestraft und aus der Armee ausgeschlossen worden ist (BGE 103 Ia 544, 552 ff.).

- Laut § 25 des früheren Zürcher Gesetzes über das Gastwirtschaftsgewerbe und den Klein- und Mittelverkauf von alkoholhaltigen Getränken vom 21. Mai 1939 (ZH GS 935.11) wurde ein Gastwirtschaftspatent nicht erteilt, "wenn der vom Bewerber für die Wirtschaftslokalitäten zu bezahlende Mietzins erfahrungsgemäss in einem offenbaren Missverhältnis zur Rendite der Wirtschaft steht". Der Vorschrift lag der Gedanke zugrunde, dass ein Patentinhaber, der infolge eines übersetzten Mietzinses in prekären finanziellen Verhältnissen lebt, die notwendige Gewähr für eine ordentliche Wirtschaftsführung nicht zu bieten vermag. Nach Auffassung des Verwaltungsgerichts des Kantons Zürich stellte die erwähnte Bedingung aber kein geeignetes Mittel zur Verhinderung einer unordentlichen Wirtschaftsführung dar, denn ein Missverhältnis zwischen Mietzins und Rendite brauche nicht zwangsläufig zu finanzieller Bedrängnis zu führen. Auch müsse ein solches Missverhältnis nicht die Ursache einer unordentlichen Wirtschaftsführung sein, sondern könne ebensogut deren Wirkung sein. Zudem biete auch ein normales Verhältnis zwischen Miete und Rendite noch keine Gewähr für eine ordentliche Wirtschaftsführung (ZBl 79 [1978] 210, 211 ff. [Urteil des Zürcher Verwaltungsgerichts vom 26. Januar 1978]). | 495

2.   Erforderlichkeit der Massnahme

Die Verwaltungsmassnahme muss im Hinblick auf das im öffentlichen Interesse angestrebte Ziel erforderlich sein; sie hat zu unterbleiben, wenn eine gleich geeignete, aber mildere Massnahme für den angestrebten Erfolg ausreichen würde. | 496

Das Gebot der Erforderlichkeit einer Massnahme wird auch als Prinzip der "Notwendigkeit", des "geringstmöglichen Eingriffes", der "Zweckangemessenheit" oder als "Übermassverbot" bezeichnet. Die Bedeutung dieser Umschreibungen ist die gleiche. | 497

Sind jedoch staatliche Schutzaufträge oder -pflichten zu erfüllen, so muss das "Übermassverbot" durch ein "Untermassverbot" ergänzt werden. Deshalb sind auch Massnahmen, die zuwenig zur Erreichung des Schutzzieles beitragen, dem Zweck nicht angemessen und damit unverhältnismässig. | 497a

Die Massnahme darf in sachlicher, räumlicher, zeitlicher und personeller Hinsicht nicht über das Notwendige hinausgehen. | 498

a)   Erforderlichkeit in sachlicher Beziehung

Es ist nicht statthaft, eine Bewilligung zu verweigern oder ein gänzliches Verbot auszusprechen, wenn der rechtmässige Zustand durch eine mit der Bewilligung verknüpfte Auflage oder Bedingung herbeigeführt werden kann. | 499

Beispiele:
- Der Delta Optik AG wurde die verlangte Bewilligung zur Anfertigung und zum Verkauf von Brillen und anderen Sehhilfen nach ärztlicher Verordnung verweigert. Die zuständigen baselstädtischen Behörden stützten sich dabei auf die kantonale Verordnung betreffend die Augenoptiker von 1972, wonach zur selbständigen Führung eines Optikergeschäftes das eidgenössische Meisterdiplom als Augenoptiker erforderlich ist. Der verantwortliche Geschäftsführer der Delta Optik AG war nur im Besitze des Fähigkeitszeugnisses als Augenoptiker. Das Bundesgericht stellte 1986 fest, dass sich seit Erlass der Augenoptikerverordnung die Anforderungen für den Erwerb des Fähigkeitszeugnisses und des Meisterdiploms wesentlich erhöht hätten. Das Meisterdiplom sei für einen gelernten Augenoptiker trotz Berufserfahrung aus verschiedenen | 500

Gründen nur noch schwer zu erwerben. Es könne daher nicht mehr als angemessener Ausweis über den Erwerb der nötigen praktischen Fähigkeiten für das blosse Herstellen und Verkaufen von Brillen nach ärztlichem Rezept betrachtet werden. Für diese beschränkten Tätigkeiten stelle das Meisterdiplom einen Ausweis dar, der über das Erforderliche hinausgehe. Hingegen ist es nach der Auffassung des Bundesgerichts zulässig, für qualifiziertere Tätigkeiten wie die Brillenglasbestimmung oder das Anpassen von Kontaktlinsen das Meisterdiplom zu verlangen (BGE 112 Ia 322, 327 ff.).

501 – Herstellung und Verkauf eines Heilmittels dürfen nicht generell verboten werden, wenn Missbräuche auch dadurch verhindert werden können, dass der Hersteller zu einer genauen Produktions-, Lager- und Versandkontrolle verpflichtet wird, verbunden mit der Vorschrift, dass die Abgabe des Medikamentes an die Verbraucher nur gegen ärztliches Rezept erfolgen darf (BGE 93 I 215, 219 ff.).

502 – Das gänzliche Verbot einer geplanten Demonstration ist unverhältnismässig, wenn es zur Aufrechterhaltung der öffentlichen Ruhe und Ordnung und der Verkehrssicherheit genügen würde, die Bewilligung der Demonstration mit entsprechenden Auflagen zu versehen, z.B. den Organisatoren die Einhaltung einer bestimmten Marschroute und einer bestimmten Zeit vorzuschreiben.

b) Erforderlichkeit in räumlicher Hinsicht

503 Eingriffe dürfen räumlich nicht übermässig sein.

Beispiele:

504 – Der Geltungsbereich von Natur- und Landschaftsschutzvorschriften hat sich auf jene Gebiete zu beschränken, die tatsächlich schützenswert sind (vgl. dazu BGE 94 I 52, 59 ff. [vgl. Rz. 520]).

505 – Das Verbot, das Erscheinungsbild eines unter Denkmalschutz stehenden Gebäudes zu verändern, kann sich grundsätzlich nur auf das Gebäudeäussere beziehen, während der nicht schutzwürdige Innenausbau beliebig neu gestaltet werden kann (anders im Fall Odeon, BGE 109 Ia 257, 259 ff.; vgl. auch BGE 120 Ia 270, 274 ff.).

c) Erforderlichkeit in zeitlicher Hinsicht

506 Ein Eingriff darf nur so lange dauern, als es notwendig ist, um das damit angestrebte Ziel zu erreichen.

Beispiele:

507 – Es ist unverhältnismässig, einem Anwalt das Patent für dauernd zu entziehen, wenn Aussicht darauf besteht, dass eine befristete Einstellung im Beruf ein standesgemässes Verhalten des betroffenen Anwaltes bewirken kann (BGE 106 Ia 100, 121 ff.).

508 – Eine Einweisung in eine Anstalt – z.B. eine Trinkerheilanstalt – darf nur solange dauern, bis der damit verfolgte Zweck erreicht ist.

509 – Ein Verbot von öffentlichen Tanzveranstaltungen während der gesamten Advents- und Fastenzeit, wie es in der Innerrhoder Gastgewerbegesetzgebung vorgesehen war, kann nicht damit begründet werden, es bestehe während dieser ganzen Zeit ein erhöhtes Bedürfnis der Bevölkerung nach Ruhe und Besinnung (Entscheid des Bundesgerichts vom 21. Oktober 1982, ZBl 84 (1983) 498 ff.).

510 – Eine Bausperre (Baubann) ist auf den durch ihre Zweckbestimmung vorgegebenen Zeitraum (z.B. Durchführung einer Revision der Bau- und Zonenordnung) zu beschränken (vgl. dazu BGE 93 I 338, 341 f.).

d) *Erforderlichkeit in personeller Beziehung*

Eingriffe dürfen auch in persönlicher Hinsicht nicht übermässig sein. So sind gene- 511
relle Einschränkungen, die alle treffen, unzulässig, wenn die verfolgten Ziele durch
individuelle Verbote oder Beschränkungen, die beim Vorliegen einer konkreten Gefährdung angeordnet werden, erreicht werden können.

Beispiel: 512
Statt die Vorführung eines Filmes zu verbieten, kann es genügen, eine Altersgrenze für die Zutrittsbe-
rechtigung festzulegen.

Zudem sollen Verwaltungsmassnahmen, für die mehrere mögliche Adressaten in 513
Frage kommen, primär diejenigen treffen, die dazu Anlass gegeben haben. Polizeiliche Massnahmen haben sich deshalb grundsätzlich nur gegen die Störer zu richten
(sog. Störerprinzip, vgl. Rz. 1926 ff.), Umweltschutzmassnahmen gegen die Verursacher (Verursacherprinzip, vgl. Art. 2 des BG über den Umweltschutz vom 7. Oktober 1983 [SR 814.01]).

3. Verhältnismässigkeit von Eingriffszweck und Eingriffswirkung (Abwägung von öffentlichen und betroffenen privaten Interessen)

In der Lehre und in der Rechtsprechung wird oft auch von "Verhältnismässigkeit im 514
engeren Sinn" gesprochen (vgl. BGE 112 Ia 65, 70). Dieser wenig aussagekräftige
Terminus ist zu vermeiden.

Eine Verwaltungsmassnahme ist nur gerechtfertigt, wenn sie ein vernünftiges 515
Verhältnis zwischen dem angestrebten Ziel und dem Eingriff, den sie für den betroffenen Privaten bewirkt, wahrt. Es ist deshalb eine wertende Abwägung vorzunehmen, welche im konkreten Fall das öffentliche Interesse an der Massnahme und die
durch den Eingriff beeinträchtigten privaten Interessen der Betroffenen miteinander
vergleicht.

Der staatliche Eingriff muss durch ein das private Interesse überwiegendes öf- 516
fentliches Interesse gerechtfertigt sein. Nur in diesem Fall ist er den Privaten zumutbar. Für die Interessenabwägung massgeblich sind also einerseits die Bedeutung
der verfolgten öffentlichen Interessen und andererseits das Gewicht der betroffenen
privaten Interessen. Eine Massnahme, an der nur ein geringes öffentliches Interesse
besteht, die aber tiefgreifende Auswirkungen auf die Rechtsstellung der betroffenen
Privaten hat, soll unterbleiben.

Beispiele: 517
–   Mit Beschluss vom 28. März 1977 erliess die Gemeindeversammlung Marthalen eine neue
    Bauordnung mit einem neuen Zonenplan und genehmigte zugleich einen Siedlungs- und Land-
    schaftsrichtplan. Die dem F. gehörenden Grundstücke, welche in der Wohn- und Gewerbezone
    für zweigeschossige Bauten lagen, wurden dem übrigen Gemeindegebiet, in dem eine Über-
    bauung nicht zugelassen ist, zugeteilt. F. erhob mit der Begründung, seine privaten Interessen
    überwögen das öffentliche Interesse an der Auszonung, staatsrechtliche Beschwerde. Das Bun-
    desgericht bejahte zwar das Vorhandensein eines öffentlichen Interesses an der Verkleinerung
    der – angesichts der Einwohnerzahlen und der Bevölkerungsentwicklung – überdimensionierten
    Bauzone. Es genüge aber nicht, dass an der Massnahme ein solches Interesse bestehe, dieses
    müsse ausserdem die entgegenstehenden privaten Interessen überwiegen. Bei der Beurteilung
    seien namentlich das Ausmass und die konkrete Lage der umstrittenen Parzellen, deren Er-

schliessung sowie die Interessen des Beschwerdeführers zu würdigen. Das Bundesgericht prüfte in seinen nachfolgenden Erwägungen den Sachverhalt im Hinblick auf die genannten Kriterien und kam zum Schluss, dass im konkreten Fall alle diese Gesichtspunkte gegen eine Auszonung sprächen. Das Gericht hiess daher die staatsrechtliche Beschwerde gut, dies auch unter dem Aspekt der Rechtsgleichheit (BGE 107 Ib 334, 335 ff.).

518   –   Nach einer Übergangsbestimmung des basel-städtischen Spielsalongesetzes von 1978 waren sämtliche durch das Gesetz verbotenen Geldspielautomaten innert drei Monaten nach Eintritt der Rechtskraft des Gesetzes zu entfernen. Diese Bestimmung wurde als unverhältnimässig angefochten. Das Bundesgericht wies die Beschwerde ab. Die dreimonatige Frist sei zwar sehr knapp bemessen; sie sei aber verhältnismässig, da zwischen dem Grossratsbeschluss und der Volksabstimmung mehr als ein Jahr verstrichen sei und damit für die Aufsteller der Spielautomaten hinreichend Zeit zur Verfügung gestanden habe, sich auf das Verbot einzurichten (BGE 106 Ia 191, 195).

519   –   Das Verhältnismässigkeitsprinzip verlangt nicht, dass vom zuständigen Gemeinwesen für die Errichtung eines Schulhauses lediglich ein Baurecht, d.h. eine private Dienstbarkeit, und nicht das volle Eigentum am benötigten Grundstück beansprucht wird. Nach der bundesgerichtlichen Rechtsprechung liegt es im öffentlichen Interesse, dass ein öffentliches Werk – im vorliegenden Fall das Schulhaus – auf möglichst zweckmässige Weise erstellt wird. Das gilt nicht nur in technischer Hinsicht; auch die rechtlichen Belange müssen so ausgestaltet werden, dass das Gemeinwesen nicht mit unverhältnismässigen Lasten und Kosten beschwert wird. Ein Baurecht ist mit Nachteilen für die Gemeinde verbunden, da es zeitlich befristet ist und die Gemeinde zudem letztlich teurer zu stehen kommt als die Entschädigung für die Enteignung des Eigentumsrechts. "Dem Gebot einer zweckmässigen und rationellen Verwaltung kommt aber doch eine solche Bedeutung zu, dass nur ein ganz besonderes privates Interesse an der Beibehaltung eines Restes der Verfügungsgewalt am Eigentum es überwiegen und den Eingriff der vollen Enteignung als unverhältnismässig und damit verfassungswidrig erscheinen lassen könnte. Der Enteignete müsste dartun können, dass die ihm neben der Baurechtsdienstbarkeit verbleibende Verfügungsbefugnis noch eine erhebliche Restnutzung des Grundstückes ermögliche, an der ein schützenswertes Interesse anzuerkennen wäre" (BGE 99 Ia 473, 480).

520   –   Der Regierungsrat des Kantons Zürich erliess am 16. März 1967 eine Verordnung zum Schutze des Eigentales (ZH LS 702.615). Dadurch wurde das mit reicher Fauna und Flora ausgestattete Eigental unter Schutz gestellt und mit einem Bauverbot belegt. Verschiedene Grundeigentümer wandten sich mit staatsrechtlicher Beschwerde gegen die vorgesehene Eigentumsbeschränkung. Das Bundesgericht wog das öffentliche Interesse an der Erhaltung der noch unberührten Landschaft und das private Interesse der durch das Bauverbot betroffenen Grundeigentümer gegeneinander ab. Während es für den weitaus überwiegenden Teil der Grundstücke den Vorrang des öffentlichen Interesses des Naturschutzes bejahte, stellte das Bundesgericht für Grundstücke, die am Rande der Schutzzone in unmittelbarer Nähe von bereits überbauten Grundstücken gelegen waren und u.U. in absehbarer Zeit ohne grosse Schwierigkeiten überbaut werden konnten, ein eigentliches Missverhältnis zwischen öffentlichen und entgegenstehenden privaten Interessen fest. Das Ziel des Schutzes des Eigentals könne auch durch eine andere Grenzziehung des Schutzgebietes erreicht werden, welche diese Grundstücke nicht erfasse (BGE 94 I 52, 59 ff.).

520a –   Die Voraussetzungen des Erlöschens des Anspruchs auf Aufenthaltsbewilligung sind bei einem Ausländer, der mit einer in der Schweiz niedergelassenen Ausländerin verheiratet ist, weniger streng als im Fall eines ausländischen Ehegatten einer Schweizerin oder eines Schweizers. Die Verweigerung der Verlängerung der Aufenthaltsbewilligung muss aber in beiden Fällen verhältnismässig sein. Da im ersten Fall geringere öffentliche Interessen für ein Erlöschen des Anspruchs genügen, sind auch die entgegenstehenden privaten Interessen weniger stark zu gewichten als im zweiten. Die privaten Interessen des türkischen Staatsangehörigen I. an einer Verlängerung der Aufenthaltsbewilligung haben vor dem öffentlichen Interesse an dessen Fernhaltung von der Schweiz zurückzutreten. Er ist wegen eines Gewaltdelikts zu einer Zuchthausstrafe und Landesverweisung verurteilt worden. Damit stellt er eine grosse Gefahr für die öffentliche Ordnung und Sicherheit dar. Er wuchs in der Türkei auf und wurde bereits nach einjähriger Anwesenheit in der Schweiz straffällig. Sein gesamter hiesiger Aufenthalt dauerte erst viereinhalb Jahre. Im Anschluss an seine Straftat wurde er arbeitslos und bezieht seither Arbeitslosenunterstützung. Er hat Schulden in erheblicher Grössenordnung. Er kann nicht als gut integriert gelten. Seine Ehefrau ist türkische Staatsangehörige und grösstenteils in der Türkei aufgewachsen. Sie lebt seit bald zwölf Jahren in der Schweiz. Ihre Eltern und Geschwister halten sich ebenfalls hier auf. Ihr Arbeitgeber stellt ihr ein gutes Zeugnis aus. Ob sie in persönlicher Hinsicht integriert ist, erscheint fraglich, kann aber offen bleiben. Angesichts ihrer Herkunft ist ihre Rückreise in die Türkei nicht unzumutbar. Auch der Sohn der Ehegatten befindet sich noch in einem anpassungsfähigen Alter. Die schwere Delinquenz und die Beeinflussbarkeit des I. lassen weitere Straftaten befürchten. Dieses Risiko kann auch unter Berücksichtigung der nachteiligen Auswirkungen einer Nichtverlängerung der Aufenthaltsbewilligung auf die persönliche und familiäre Situation des I. nicht in Kauf genommen werden. Deshalb hält die Verweigerung der Verlängerung der Aufenthaltsbewilligung vor dem Erfordernis der Verhältnismässigkeit stand (BGE 120 Ib 129 ff.).

§ 11   Der Grundsatz von Treu und Glauben im öffentlichen Recht

Literatur

BAUR JÜRG ANDREAS, Auskünfte und Zusagen der Steuerbehörden an Private im schweizerischen Steuerrecht, Diss. Zürich 1979; BRUHIN URS PETER, Planänderungen im Raumplanungsrecht, Diss. Zürich 1975; DUBS HANS, Praxisänderungen, Diss. Basel 1949; DUCOMMUN JEAN-DANIEL, Légalité et bonne foi dans la jurisprudence du Tribunal fédéral des assurances, in: Mélanges Henri Zwahlen, Lausanne 1977, S. 249 ff.; EGLI ANTON, Treu und Glauben im Sozialversicherungsrecht, in: ZBJV 113 (1977) 377 ff.; EGLI JEAN-FRANÇOIS, La protection de la bonne foi dans le procès, in: Verfassungsrechtsprechung und Verwaltungsrechtsprechung, Zürich 1992, S. 225 ff.; GUENG URS, Zur Verbindlichkeit verwaltungsbehördlicher Auskünfte und Zusagen, ZBl 71 (1970) 449 ff., 473 ff., 497 ff.; GYGI FRITZ, Zur Rechtsbeständigkeit von Verwaltungsverfügungen, ZBl 83 (1982) 149 ff.; HANGARTNER YVO, Widerruf von Verwaltungsakten bei Meinungswandel der Behörde und bei Änderung der tatsächlichen Verhältnisse, ZBl 62 (1961) 169 ff.; HANGARTNER YVO, Widerruf und Änderung von Verwaltungsakten aus nachträglich eingetretenen Gründen, Diss. St. Gallen 1959; HUBER HANS, Vertrauen und Vertrauensschutz im Rechtsstaat, in: Menschenrechte, Föderalismus, Demokratie, Festschrift zum 70. Geburtstag von Werner Kägi, Zürich 1979, S. 193 ff.; HUBER HANS, Vertrauensschutz, in: Verwaltungsrecht zwischen Freiheit, Teilhabe und Bindung, Festgabe aus Anlass des 25jährigen Bestehens des Bundesverwaltungsgerichts, München 1978, S. 313 ff.; KNAPP BLAISE, L' abus de pouvoir en droit public, ZBl 78 (1977) 289 ff.; PICOT FRANÇOIS, La bonne foi en droit public, ZSR NF 96/II (1977) 115 ff.; REYMOND JACQUES ANDRÉ, La bonne foi de l'administration en droit fiscal, in: Présence et actualité de la Constitution dans l'ordre juridique: mélanges offerts à la Société suisse des juristes pour son Congrès 1991 à Genève, Basel/Frankfurt a.M. 1991, S. 367 ff.; SAMELI KATHARINA, Treu und Glauben im öffentlichen Recht, ZSR NF 96/II (1977) 289 ff.; STEINER RICHARD, Der Grundsatz von Treu und Glauben in der Rechtsprechung des Eidg. Versicherungsgerichts, Diss. Bern 1978; WEBER-DÜRLER BEATRICE, Falsche Auskünfte von Behörden, ZBl 92 (1991) 1 ff.; WEBER-DÜRLER BEATRICE, Vertrauensschutz im öffentlichen Recht, Basel/Frankfurt a.M. 1983; ZELLER ERNST, Treu und Glauben und Rechtsmissbrauchsverbot, Prinzipiengehalt und Konkretisierung von Art. 2 ZGB, Diss. Zürich 1981.

I.   Begriff und Tragweite des Grundsatzes von Treu und Glauben im öffentlichen Recht

521   Der Grundsatz von Treu und Glauben gebietet ein *loyales und vertrauenswürdiges Verhalten im Rechtsverkehr.* Er ist für die Beziehungen unter den Privaten wie für das Verhältnis zwischen dem Gemeinwesen und den Privaten elementar, gilt jedoch auch im Verhältnis zwischen Gemeinwesen (Verwaltungsgericht des Kantons Zürich, 4. März 1993, ZBl 95 [1994] 164 ff.; für das internationale Verhältnis BGE 121 I 181, 184 ff.). Für den Bereich des öffentlichen Rechts bedeutet er, dass die Behörden und die Privaten in ihren Rechtsbeziehungen gegenseitig aufeinander Rücksicht zu nehmen haben.

Der Grundsatz von Treu und Glauben wirkt sich im Verwaltungsrecht vor allem in zweifacher Hinsicht aus:

522

1. In der Form des sog. *Vertrauensschutzes* (vgl. Rz. 525 ff.) verleiht er den Privaten einen Anspruch auf Schutz ihres berechtigten Vertrauens in behördliche Zusicherungen oder sonstiges, bestimmte Erwartungen begründendes Verhalten der Behörden. Der Vertrauensschutz will im Sinne der Rechtsstaatsidee die Privaten gegen den Staat schützen.

2. Als *Verbot widersprüchlichen Verhaltens* (vgl. Rz. 590 ff.) und als *Verbot des Rechtsmissbrauchs* (vgl. Rz. 597 ff.) verbietet der Grundsatz von Treu und Glauben sowohl den staatlichen Behörden wie auch den Privaten, sich in ihren öffentlichrechtlichen Rechtsbeziehungen widersprüchlich oder rechtsmissbräuchlich zu verhalten. In dieser Ausgestaltung bindet das Prinzip von Treu und Glauben also nicht nur den Staat, sondern auch die Privaten und ebenso die verschiedenen Gemeinwesen in ihrem Rechtsverkehr untereinander (BGE 121 I 181, 183 f.).

II. Rechtsgrundlagen

Das Prinzip von Treu und Glauben wurde vom Gesetzgeber für das Bundeszivilrecht ausdrücklich statuiert. Nach Art. 2 Abs. 1 ZGB hat jedermann in der Ausübung seiner Rechte und in der Erfüllung seiner Pflichten nach Treu und Glauben zu handeln; Art. 2 Abs. 2 ZGB bestimmt, dass der offenbare Missbrauch eines Rechts keinen Schutz finden soll. Die herrschende Lehre und Praxis beschränken die Geltung dieses Grundsatzes nicht auf das Zivilrecht, sondern gestehen ihm ein die ganze Rechtsordnung umfassendes Anwendungsgebiet zu. Er gilt damit auch im öffentlichen und speziell im Verwaltungsrecht. Das Bundesgericht betrachtet den einen Aspekt des Grundsatzes von Treu und Glauben, den *Vertrauensschutz*, als einen unmittelbar aus Art. 4 Abs. 1 BV folgenden *verfassungsrechtlichen Anspruch der Privaten* gegenüber dem Staat auf Schutz des berechtigten Vertrauens (BGE 122 I 328, 333 f., 340 ff.; 122 II 113, 123, 117 Ia 285, 287 m.w.H.), dessen Verletzung – sofern sie durch einen kantonalen Hoheitsakt erfolgt – die Betroffenen mit staatsrechtlicher Beschwerde rügen können.

523

Soweit sich das Gebot von Treu und Glauben nicht an den Staat, sondern an die Privaten richtet und von diesen eine loyale Ausübung ihrer Rechte verlangt, lässt es sich nicht auf Art. 4 Abs. 1 BV abstützen, denn diese Verfassungsbestimmung dient dem Schutz der Privaten gegenüber dem Staat. Das Prinzip von Treu und Glauben wird in dieser Ausgestaltung, insbesondere als Verbot widersprüchlichen Verhaltens und als Rechtsmissbrauchsverbot, heute als ein *in allen Rechtsgebieten gültiger Rechtsgrundsatz* anerkannt; es liegt hier aber kein verfassungsmässiges Recht der Privaten vor. Mit der Anerkennung als allgemeinen Rechtsgrundsatz ist die frühere Begründung, die von einer analogen Anwendung von Art. 2 ZGB auf das öffentliche Recht sprach, hinfällig geworden (vgl. dazu Rz. 142 ff.).

524

III. Grundsatz des Vertrauensschutzes

525   Die Ausführungen zum Vertrauensschutz folgen weitgehend der im Literaturver-
zeichnis zu diesem Paragraphen angeführten Arbeit von BEATRICE WEBER-DÜRLER
über den Vertrauensschutz im öffentlichen Recht.

1.   Begriff des Vertrauensschutzes

526   Der Grundsatz des Vertrauensschutzes bedeutet, dass die Privaten Anspruch darauf
haben, in ihrem berechtigten Vertrauen in behördliche Zusicherungen oder in anderes, bestimmte Erwartungen begründendes Verhalten der Behörden geschützt zu
werden. In Zusammenhang mit dem Grundsatz des Vertrauensschutzes steht auch
das Verbot des widersprüchlichen Verhaltens der Verwaltungsbehörden gegenüber
den Privaten (vgl. Rz. 590 ff.).

2.   Verhältnis des Vertrauensschutzes zu anderen Verfassungsgrundsätzen

a)   Vertrauensschutz und Rechtssicherheit

527   Manchmal wird der Vertrauensschutz auch auf den Grundsatz der Rechtssicherheit
zurückgeführt. Dieser Grundsatz folgt aus dem Prinzip des Rechtsstaates. Die
schweizerische Bundesverfassung enthält allerdings keine ausdrückliche Garantie
des Rechtsstaatsprinzips. Deshalb leitet die Rechtsprechung den Grundsatz der
Rechtssicherheit in der Regel ebenfalls unmittelbar aus Art. 4 Abs. 1 BV ab. Zwischen den Grundsätzen des Vertrauensschutzes und der Rechtssicherheit besteht eine
enge Verwandtschaft. Beide verlangen den Schutz der Privaten, die auf eine bestimmte Rechtslage vertraut haben. Zu beachten ist aber, dass Vertrauensschutz im
Sinne der Rechtssicherheit und Vertrauensschutz im Sinne des Grundsatzes von Treu
und Glauben nicht identisch sind. Während der Grundsatz von Treu und Glauben das
individuelle Vertrauen der Privaten schützt, das diese in einem konkreten Fall aus
ganz bestimmten Gründen in ein Verhalten der Behörden haben, schützt die Rechtssicherheit ein generelles Vertrauen der Privaten in die Voraussehbarkeit, Berechen-
barkeit und Beständigkeit des Rechts ohne Rücksicht darauf, ob es in einem bestimmten Fall konkretisiert worden ist oder nicht.

b)   Vertrauensschutz und Legalitätsprinzip

528   Zwischen dem Prinzip des Vertrauensschutzes und dem Grundsatz der Gesetzmässigkeit besteht ein *Spannungsverhältnis*; Kollisionen zwischen den beiden Prinzipien
sind daher nicht ausgeschlossen. Der Vertrauensgrundsatz kann in einem konkreten
Fall gebieten, dass das massgebende Gesetz nicht angewendet wird, obschon eigentlich alle Voraussetzungen dafür erfüllt wären. Von einer Gesetzesanwendung abzu-
sehen ist u.U. dann, wenn die Behörde dem betroffenen Privaten eine im Widerspruch zum Gesetz stehende Zusicherung gegeben hat, auf die er sich verlassen
durfte. Allerdings vermag grundsätzlich nur eine behördliche Zusicherung oder

Auskunft, die an eine bestimmte Person gerichtet und auf einen konkreten Fall bezogen ist, eine Abweichung vom Gesetz zu rechtfertigen. In diesem Fall hat eine Interessenabwägung zu erfolgen, bei der sich das Vertrauensinteresse der betreffenden Person und das mit dem verletzten Gesetz verfolgte öffentliche Interesse gegenüberstehen.

Beispiel: 529
Ein Eigentümer, dem in einem Güterzusammenlegungsverfahren eine bestimmte Baulandparzelle als Ersatz für eine alte neu zugeteilt wird, darf sich darauf verlassen, dass es sich dabei um Bauland handelt. Es würde gegen das Prinzip des Vertrauensschutzes verstossen, wenn ihm im nachhinein das Bauen durch Verweigerung der Rodungsbewilligung verunmöglicht würde, obwohl dies nach den massgeblichen Vorschriften der eidgenössischen Forstgesetzgebung geschehen müsste (SAMELI, S. 296 f.).

Fehlt hingegen eine ausdrückliche Zusicherung oder Auskunft, so geht in der Regel das Legalitätsprinzip dem Vertrauensschutz vor. 530

Beispiel: 531
Ein Steuerpflichtiger, der sich auf eine dem Gesetz widersprechende Verordnungsvorschrift verlassen und entsprechende Dispositionen getätigt hat, kann sich grundsätzlich nicht auf Treu und Glauben berufen, wenn ihm gegenüber das Gesetz in der richtigen Auslegung angewendet wird (vgl. BGE 101 Ia 116, 120; im konkreten Fall wurde aber aus anderen Gründen das Vertrauen des Steuerpflichtigen geschützt.).

3.   Voraussetzungen des Vertrauensschutzes

a)   *Vertrauensgrundlage*

Der Vertrauensschutz bedarf zunächst eines Anknüpfungspunktes. Es muss ein *Vertrauenstatbestand*, eine *Vertrauensgrundlage* vorhanden sein. Darunter ist das Verhalten eines staatlichen Organs zu verstehen, das *bei den betroffenen Privaten bestimmte Erwartungen auslöst*. Vertrauensgrundlagen schaffen können potentiell alle Staatsgewalten, d.h. sowohl rechtsanwendende als auch rechtsetzende Organe. Dabei kommt es nicht auf die Rechtsnatur eines staatlichen Aktes, sondern nur auf dessen Bestimmtheitsgrad an, der so gross sein muss, dass der Private daraus die für seine Dispositionen massgebenden Informationen entnehmen kann (GEORG MÜLLER, in: Kommentar BV, Art. 4, Rz. 63). 532

aa)   *Rechtsanwendungsakte*

aaa)   *Verfügungen und Entscheide*

Die Privaten sollen sich auf eine Verfügung (zum Begriff der Verfügung vgl. Rz. 685 ff.) – z.B. auf eine Baubewilligung oder auf eine Bewilligung für eine Demonstration – oder auf einen Entscheid der Verwaltungsbehörden verlassen können, ist es doch gerade die Funktion solcher Verwaltungsakte, den Privaten Klarheit über ihre konkreten Rechte und Pflichten zu verschaffen. Deshalb können Verfügungen 533 und Entscheide nur unter bestimmten Voraussetzungen geändert werden (vgl. dazu Rz. 806 ff.).

534   Eine Vertrauensgrundlage stellt auch die in einer Verfügung oder in einem Entscheid enthaltene *fehlerhafte Rechtsmittelbelehrung* dar. Sofern die weiteren Voraussetzungen erfüllt sind, wird das Vertrauen der Privaten in die unrichtigen Angaben über die Rechtsmittelinstanz oder -frist geschützt (BGE 122 III 316, 319; 119 IV 330, 333 f.; 118 Ia 223, 228; 117 Ia 421, 422; zu den Folgen des Fehlens einer Rechtsmittelbelehrung vgl. BGE 122 V 189, 194 f.). Vgl. auch Rz. 551 ff., 561 f.

535   Beispiel:
Die Gemeinde Vaz/Obervaz lehnte am 12. August 1987 eine Baueinsprache von M. ab. Sie versuchte am 13. und am 25. August 1987 jeweils erfolglos, M. ihren Entscheid mit eingeschriebener Post zuzustellen. Erst am 8. September 1987 nahm M. den schliesslich mit gewöhnlicher Postsendung gesandten Einspracheentscheid in Empfang. Der Entscheid enthielt folgende Rechtsmittelbelehrung: "Gegen diesen Entscheid kann innert 20 Tagen beim Verwaltungsgericht rekurriert werden". Am 24. September 1987 rekurrierte M. beim Verwaltungsgericht des Kantons Graubünden. Dieses trat nicht auf den Rekurs ein, im wesentlichen mit der Begründung, es sei gemäss ständiger Praxis davon auszugehen, dass die (fingierte) Zustellung am 22. August 1987 mit dem Ablauf der Frist für das Abholen der eingeschriebenen Post erfolgt sei, weshalb der Rekurs verspätet sei. Das Bundesgericht vermochte dieser Auffassung nicht zu folgen und hiess eine staatsrechtliche Beschwerde von M. gut. Das in Art. 4 BV gewährleistete verfassungsmässige Recht auf Vertrauensschutz gebiete es, dem Beschwerdeführer die gesetzliche Beschwerdefrist zu verlängern. Der Gemeindevorstand habe mit der erneuten Zustellung seines Entscheids, der eine vorbehaltlose Rechtsmittelbelehrung enthielt, in einer konkreten Situation gegenüber einer bestimmten Person eine Auskunft erteilt, zu der er zweifellos zuständig gewesen sei. Der Beschwerdeführer habe als juristischer Laie die Unrichtigkeit der Rechtsmittelbelehrung nicht ohne weiteres erkennen können. Zusammenfassend hielt das Bundesgericht fest, dass durch die erneute Zustellung des Entscheids vom 12. August 1987, welcher eine vorbehaltlose Rechtsmittelbelehrung enthielt, die Rechtsmittelfrist bis zum 28. September verlängert worden sei. In diesem Sinne sei die zu absolut formulierte Aussage in BGE 111 V 101 E. 2b zu relativieren: Grundsätzlich beginne die Rechtsmittelfrist mit Ablauf der siebentägigen Abholfrist; sie könne sich aber gestützt auf den verfassungsmässigen Anspruch auf Vertrauensschutz dann verlängern, wenn noch vor ihrem Ende eine entsprechende vertrauensbegründende Auskunft erteilt worden sei (BGE 115 Ia 12, 18 ff.).

bbb) Verwaltungsrechtliche Verträge

536   Der verwaltungsrechtliche Vertrag (zum Begriff des verwaltungsrechtlichen Vertrages vgl. Rz. 843 ff.) kann ebenfalls eine Vertrauensgrundlage darstellen. Nach der Auffassung des Bundesgerichts liegt es im Wesen jedes Vertrages, "Vertrauen im Hinblick auf das zukünftige Verhalten des Vertragspartners zu begründen" (BGE 103 Ia 505, 514; zum Verhältnis von Vertrauensschutz und verwaltungsrechtlichem Vertrag allgemein BGE 122 I 328, 338 ff., 340 ff.).

537   Schwierigkeiten bereitet die Frage, welchen Einfluss nachträgliche Gesetzesänderungen oder nachträgliche Änderungen der tatsächlichen Verhältnisse auf bestehende verwaltungsrechtliche Verträge haben. Es muss eine Interessenabwägung stattfinden, wobei dem Interesse der Privaten am Vertrauen in den Bestand des Vertrages regelmässig ein verstärktes Gewicht zukommt.

537a   Beispiel:
Die Gemeinde Sils einigte sich im Jahre 1980 im Anschluss an eine teilweise Auszonung der Parzelle Nr. 2260 mit deren Eigentümer darauf, dass dieser auf eine Entschädigung verzichtete, ihm jedoch

ausdrücklich und für alle Zeiten zugesichert wurde, dass er und seine Rechtsnachfolger denjenigen Teil seiner Parzelle Nr. 2260, der sich in der Dorfkernzone befindet, nach den im Zeitpunkt des Vertragsschlusses geltenden gesetzlichen Bestimmungen von Bund, Kanton und Gemeinde baulich nutzen kann. Im Jahre 1992 verabschiedete die Gemeindeversammlung einen Generellen Gestaltungsplan, mit welchem die sich in der Dorfkernzone befindlichen Bauten der Parzelle Nr. 2260 unter Denkmalschutz gestellt wurden. Das Bundesgericht hiess die vom Eigentümer erhobene staatsrechtliche Beschwerde unter anderem mit der Begründung gut, seit der Zusicherung im Vertrag sei keine Rechtsänderung erfolgt, welche die Tragweite des Ortsbild- und Landschaftsschutzes in einem anderen Lichte erscheinen liesse, weshalb das Vertrauensschutzinteresse gegenüber den öffentlichen Interessen an der Festsetzung des angefochtenen Planes überwiege (ZBl 98 [1997] 272 ff. [Entscheid des Bundesgerichts vom 20. September 1995]).

ccc) *Auskünfte und Zusagen*

Vgl. Rz. 563 ff.

ddd) *Verwaltungs- und Gerichtspraxis*

Praxisänderungen sind grundsätzlich zulässig (vgl. Rz. 417 ff.), doch können Präjudizien unter Umständen eine Grundlage des Vertrauensschutzes bilden. Von Bedeutung sind in diesem Zusammenhang vor allem *Grundsatzentscheide*, deren Ziel es unter anderem ist, in einer umstrittenen Frage Sicherheit und Gewissheit zu schaffen. Kein Verlass ist dagegen auf eine schwankende Praxis, die es vermeidet, sich bezüglich einer Streitfrage eindeutig zu äussern (BGE 117 Ia 119, 122 ff.). Ist eine Praxis rechtswidrig, stellt sich die Frage, ob ausnahmsweise ein Anspruch auf Gleichbehandlung im Unrecht besteht (vgl. Rz. 412 ff.).

Insbesondere bei Praxisänderungen, die sich auf Fristen, Formvorschriften oder die Zulässigkeit von Rechtsmitteln beziehen und die Verwirkung von Rechten zur Folge haben können, erfordert der Vertrauensschutz eine vorgängige Ankündigung durch die Behörden (siehe Rz. 423 ff.).

Beispiel:
Im Zusammenhang mit einer Frage aus dem Steuerrecht berief sich ein Steuerpflichtiger auf sein Vertrauen in die ihm bekannte frühere Praxis. Das Bundesgericht erklärte: "Eine auf sachlichen Gründen beruhende Praxisänderung ist stets zulässig ... Bei Verfahrensfragen verdient allerdings das Vertrauen in eine kantonale Auslegung insofern Schutz, als demjenigen, der etwa eine Frist- oder Formvorschrift nach der bisherigen Rechtsprechung beachtet hat, aus einer ohne Vorwarnung erfolgten Praxisänderung kein Nachteil erwachsen soll." Da im strittigen Fall nicht die Interpretation einer Verfahrensvorschrift, sondern die Auslegung des materiellen Steuerrechts geändert hatte, lehnte das Bundesgericht eine Berufung auf das Vertrauen ab (BGE 103 Ib 197, 201 f.).

bb) *Rechtssetzungsakte*

In der Regel stellen Rechtssetzungsakte keine Vertrauensgrundlage dar. Das Prinzip des Vertrauensschutzes steht einer Änderung des geltenden Rechts grundsätzlich nicht entgegen. Die Privaten können nicht ohne weiteres auf den Fortbestand eines geltenden Gesetzes vertrauen, sondern müssen mit dessen Revision rechnen (vgl. BGE 117 Ia 285, 287 m.w.H.).

542   Das Vertrauensprinzip kann aber dann angerufen werden, wenn die Privaten durch eine unvorhersehbare Rechtsänderung in schwerwiegender Weise in ihren gestützt auf die bisherige gesetzliche Regelung getätigten Dispositionen getroffen werden und keine Möglichkeit der Anpassung an die neue Rechtslage haben. Hier ergibt sich aus dem Vertrauensprinzip u.U. ein Anspruch auf eine *angemessene Übergangsregelung* (BGE 122 V 405, 409; 122 II 113, 123 f.; 118 Ib 241, 256 f.; ZBl 98 [1997] 65, 69 ff. [Entscheid des Bundesgerichts vom 3. April 1996]; WEBER-DÜRLER, Vertrauensschutz, S. 292 f.; ALFRED KÖLZ, Intertemporales Verwaltungsrecht, ZSR NF 102/II [1983] 123 ff.).

Beispiele:

543   –   Gestützt auf das – heute revidierte – Zolltarifgesetz vom 19. Juni 1959 (SR 632.10) erhöhte der Bundesrat mit Verordnung vom 26. Februar 1986 die Zollsätze für Öle für Feuerungszwecke; die Verordnung trat am 27. Februar 1986 in Kraft. Eine Ölimportfirma gelangte mit Verwaltungsgerichtsbeschwerde ans Bundesgericht und machte geltend, sie sei durch die plötzliche und massive Änderung der Zollansätze in ihrem Vertrauen auf die bisherige Regelung verletzt worden. Sie verlangte u.a., dass zu ihren Gunsten eine Übergangsregelung zur Anwendung komme. Denn sie habe Anspruch auf Schutz in ihrem Vertrauen darauf, dass die ihrer Kalkulation zugrunde liegenden Zollansätze nicht unvorhergesehen und in einem Masse erhöht würden, das ihre Händlermarge übersteige. Das Bundesgericht wies die Beschwerde ab. Es erklärte, der Bundesrat habe mit der sofort wirksamen Änderung der Verordnung über die Zollansätze Treu und Glauben nicht verletzt, da Rechtsänderungen dem Anspruch auf ein Verhalten der Behörden nach Treu und Glauben grundsätzlich vorgehen. Auch einen Anspruch auf eine Übergangsregelung lehnte es im vorliegenden Fall ab (BGE 114 Ib 17, 25 f.).

543a   –   Entscheid des Bundesgerichts vom 15. Dezember 1976 (ZBl 78 [1977] 267 ff.) betreffend Kürzung des Lohnes eines Fürsprecherpraktikanten, dargestellt vorne, Rz. 278a. Siehe auch Entscheid des Bundesgerichts vom 3. April 1996 (ZBl 98 [1997] 65 ff.).

543b   –   BGE 122 II 113, 123 f., betreffend Umwandlung einer Saisonbewilligung eines Ausländers in eine Jahresbewilligung, dargestellt vorne, Rz. 274a. Das Bundesgericht hielt auch die Rüge des Beschwerdeführers für unbegründet, die Ablehnung des Gesuchs um Umwandlung der Saisonbewilligung in eine Jahresbewilligung verletze den Grundsatz von Treu und Glauben. Das Prinzip des Vertrauensschutzes binde zwar auch den Gesetzgeber, vermöge aber Änderungen generell-abstrakter Regelungen nur unter besonderen Voraussetzungen zu verhindern. Namentlich treffe dies zu, wenn in wohlerworbene Rechte eingegriffen werde oder sich der Gesetzgeber über frühere eigene Zusicherungen hinwegsetze, welche die Privaten zu nicht wieder rückgängig zu machenden Dispositionen veranlasst hätten. Weder verfüge der Beschwerdeführer über ein wohlerworbenes Recht auf Umwandlung, noch habe eine Bundesbehörde je verbindlich zugesichert, er bzw. alle Inhaber einer Saisonbewilligung für den Winter 1994/95 könnten ihre Saisonbewilligung nach Abschluss der Saison noch umwandeln. Ein Anspruch auf Umwandlung habe nach der Begrenzungsverordnung nie bestanden, weshalb bereits eine Vertrauensgrundlage fehle. Im übrigen habe sich die Neuordnung seit geraumer Zeit abgezeichnet, weshalb der Beschwerdeführer nicht mehr davon habe ausgehen können, die alte Regelung werde für ihn unverändert weitergelten.

544   Die Frage des Vertrauensschutzes bei Rechtsänderungen ist anders zu beantworten, wenn gestützt auf das bisherige Recht Rechtsanwendungsakte ergangen sind. In diesem Falle sind u.U. diese Rechtsanwendungsakte – insbesondere Verfügungen, die nicht oder nur beschränkt änderbar sind – Grundlage des Vertrauensschutzes (vgl. Rz. 533).

cc) Raumpläne

Raumpläne, namentlich Zonenpläne, und Bauordnungen können grundsätzlich je-   545
derzeit geändert werden. Der Grundeigentümer hat keinen Anspruch darauf, dass die
bisher für sein Grundstück geltenden Nutzungsmöglichkeiten, insbesondere die
Überbaubarkeit, unverändert bestehen bleiben und nicht eingeschränkt oder sogar
aufgehoben werden. Auf das Prinzip des Vertrauensschutzes können sich Private nur
berufen, wenn das für den Erlass des Raumplanes zuständige Organ eine Zoneneinteilung *für eine bestimmte Dauer zugesichert* hat. Die Verwaltungsbehörden vermögen das unveränderte Bestehenbleiben eines Planes oder einer bestimmten Zoneneinteilung bloss dann zu gewährleisten, wenn die Kompetenz zu einer Planänderung
in ihren Händen liegt; andernfalls bleibt eine derartige Zusicherung wirkungslos
(BGE 119 Ib 138, 141 ff.; 102 Ia 331, 337).

Bei Planänderungen zu beachten ist auch das *Gebot der Rechtssicherheit.* Die-   546
ses verlangt, dass Zonenpläne eine gewisse Beständigkeit aufweisen. Das gilt es bei
einer Abwägung zwischen dem Interesse an einer Änderung des Plans und demjenigen am Vertrauen in dessen Bestand mit zu berücksichtigen. Je neuer ein Plan ist,
umso eher darf mit seiner Beständigkeit gerechnet werden und umso gewichtiger
müssen die Gründe für eine Änderung sein (BGE 113 Ia 444, 455). "Solche Gründe
liegen nach der Rechtsprechung des Bundesgerichtes vor, wenn ein Zonenplan mit
einer überdimensionierten Bauzone an die Planungsgrundsätze von Art. 15 RPG angepasst werden soll (BGE 111 Ia 22 E. 2d, 140 E. 7a, 107 Ib 335 E. 2b mit Hinweisen). Die Verwirklichung einer den gesetzlichen Grundsätzen entsprechenden Planung hat Vorrang vor dem Gebot der Beständigkeit eines Planes. Die Frage der
Rechtssicherheit und damit der Planbeständigkeit stellt sich nach der bundesgerichtlichen Praxis nur für bundesrechtskonforme Pläne" (BGE 114 Ia 32, 33).

Beispiele:
– Bei der Auszonung eines Grundstückes, das vor rund 25 Jahren der Industriezone zugewiesen   547
  worden war, geht das öffentliche Interesse an einer befriedigenden Ortsplanung dem Vertrauen
  des Beschwerdeführers in die Beständigkeit des früheren Planes vor (BGE 107 Ia 35, 40 f.).
– Die am 8. Juni 1980 erfolgte Änderung eines Bebauungsplanes (Zonenplanes), der erst seit dem   548
  14. Februar 1978 in Kraft stand, verstösst gegen das Interesse der Rechtssicherheit und das Vertrauen in die Beständigkeit des Planes, da keine gewichtigen Gründe bestehen, welche die Änderung innerhalb so kurzer Zeit rechtfertigen können. Die gewandelte Einstellung der Bevölkerung gegenüber der Nutzung von nicht überbautem Land stellt keinen derart gewichtigen Grund
  dar (BGE 109 Ia 113, 115).
– Ein vor mehr als zehn Jahren genehmigter Quartierplan, der zwei als waldfrei erklärte Parzellen   548a
  betrifft und mit dessen Verwirklichung nicht begonnen worden ist, steht einer Waldfeststel-
  lungsverfügung nicht entgegen (BGE 116 Ib 185, 187 ff.).

dd) Duldung eines rechtswidrigen Zustandes

Grundsätzlich hindert die vorübergehende Duldung eines rechtswidrigen Zustandes   549
die Behörde nicht an der späteren Behebung dieses Zustandes. Eine Vertrauensgrundlage, die der Wiederherstellung der Rechtmässigkeit ganz oder teilweise entgegensteht, wird durch behördliche Untätigkeit nur in Ausnahmefällen geschaffen.
Vgl. zur Frage der Verwirkung auch Rz. 640 f.

550 Beispiel:

Die Erben des H.H. sind Eigentümer eines Grundstückes in der Gemeinde B. Auf der Parzelle, die sich heute in der Landwirtschaftszone befindet und die zuvor im übrigen Gemeindegebiet lag, steht ein Bienenhaus, das der frühere Eigentümer anfangs der siebziger Jahre in ein Weekendhaus umgebaut hatte. Weder für die Erstellung des Bienenhauses noch für dessen Umbau in ein Weekendhaus war jemals eine baurechtliche Bewilligung erteilt worden. H.H. hatte das Grundstück im Jahre 1975 vom Ersteller der Baute erworben. Am 18.12.1985 ordnete der Gemeinderat von B. den Abbruch der Baute an. Die Erben von H.H. machten geltend, dass dieser Abbruchbefehl gegen Treu und Glauben verstosse bzw. dem Grundsatz des Vertrauensschutzes zuwiderlaufe, da der Gemeinderat von B. während Jahren nicht gegen die Nutzung des ehemaligen Bienenhauses eingeschritten sei. Das Zürcher Verwaltungsgericht stellte dazu folgendes fest: "Zwar kann das Vertrauensprinzip dem Abbruch einer rechtswidrig erstellten Baute allenfalls entgegenstehen ... Dies trifft etwa dann zu, wenn die zuständige Behörde die Bauarbeiten in voller Kenntnis duldet und hinterher den Abbruch verfügt (*Katharina Sameli*, Treu und Glauben im öffentlichen Recht, ZSR 1977 II 369), wenn sie also die Rechtsverletzung bewusst hingenommen und auf ein Einschreiten verzichtet hat (*Urs Beeler*, Die widerrechtliche Baute, 1984, S. 85). Solange sie jedoch beim Bauherrn nicht die Meinung hat aufkommen lassen, er handle rechtmässig, es also beim blossen Nichtstun der Verwaltung geblieben ist und keine zusätzlichen Anhaltspunkte vorliegen, ist grosse Zurückhaltung bei der Deutung der Untätigkeit als behördliche Duldung geboten (*Beatrice Weber-Dürler*, Vertrauensschutz im öffentlichen Recht, 1983, S. 228; *André Grisel*, Traité de droit administratif, 1984, S. 650). Grundsätzlich hindert die bloss vorübergehende Duldung eines rechtswidrigen Zustands die Behörde nicht an dessen späteren Behebung (*Beeler*, a.a.O., S. 85). Nur wenn der polizeiwidrige Zustand während sehr langer Zeit hingenommen worden ist und die Verletzung öffentlicher Interessen nicht schwer wiegt, vermag der Umstand allein, dass die Behörden nichts dagegen unternommen haben, einen Vertrauenstatbestand zu begründen (BGr, 9. Mai 1979, ZBl 81/1980, 73)". Das Verwaltungsgericht verneinte in dem zu beurteilenden Fall, dass durch das Verhalten der Behörde ein Vertrauenstatbestand entstanden sei. Der Gemeinderat habe schon im Jahre 1969 dem Rechtsvorgänger von H.H. mitgeteilt, dass ein Umbau des Bienenhauses in ein Ferienhaus nicht bewilligt werden könne. Nie habe der Gemeinderat beim Bauherrn oder bei H.H. die Meinung aufkommen lassen, die Nutzung als Ferien- oder Weekendhaus sei statthaft. Zugunsten der Beschwerdeführer könne nur behördliche Untätigkeit angeführt werden, ein Vertrauenstatbestand, der dem Abbruch entgegenstünde, fehle damit offenkundig (ZBl 89 [1988] 261, 263 f. [Urteil des Zürcher Verwaltungsgerichts vom 12. Juni 1987]).

b) Vertrauen in das Verhalten der staatlichen Behörden

551 Auf Vertrauensschutz kann sich nur berufen, *wer von der Vertrauensgrundlage Kenntnis hatte und ihre allfällige Fehlerhaftigkeit nicht kannte und auch nicht hätte kennen sollen.*

552 Bei Verfügungen und Entscheiden, Auskünften und Zusagen kann in der Regel davon ausgegangen werden, dass der Adressat *Kenntnis von der Vertrauensgrundlage* hatte. Bei generellen Vertrauensgrundlagen, d.h. bei der Praxis der Rechtsanwendungsbehörden sowie allenfalls bei Gesetzen und Verordnungen, fällt es oft schwer, dies festzustellen. Zum Teil spricht eine natürliche Vermutung für die Kenntnisnahme, zum Teil lassen auch die von Privaten getroffenen Dispositionen den Schluss zu, dass sie in Kenntnis der Vertrauensgrundlage gehandelt haben. Ist im konkreten Fall die fehlende Kenntnis erwiesen oder bei einer vernünftigen Würdigung der Situation anzunehmen, so entfällt der Vertrauensschutz, denn diejenigen, die erst nachträglich vom Bestehen einer Vertrauensgrundlage erfahren, können nicht geltend machen, sie hätten auf ein Verhalten der Behörden vertraut.

553 Voraussetzung des Vertrauensschutzes ist sodann das *Fehlen der Kenntnis der Fehlerhaftigkeit der Vertrauensgrundlage.* Wer die Fehlerhaftigkeit kennt, kann

nicht in guten Treuen davon ausgehen, dass die durch den Staat erweckten Erwartungen erfüllt werden. Ein berechtigtes Vertrauen ist auch denjenigen abzusprechen, welche die Mangelhaftigkeit der Vertrauensgrundlage bei gehöriger Sorgfalt hätten erkennen müssen. Dabei ist auf die individuellen Fähigkeiten und Kenntnisse der sich auf Vertrauensschutz berufenden Personen abzustellen. Bei einem Rechtsanwalt beispielsweise dürfen erhöhte Rechtskenntnisse vorausgesetzt werden. Er muss grundsätzlich die Unrichtigkeit einer Rechtsmittelbelehrung erkennen können (vgl. BGE 119 IV 330, 333 f.; 117 Ia 421 ff.). Baufachleute müssen Bescheid wissen über Hindernisse, die einem Bauvorhaben ausserhalb der Bauzone entgegenstehen (BGE 111 Ia 213, 221 f.).

Eigentliche Nachforschungen über die Richtigkeit behördlichen Handelns werden von den Privaten aber nicht erwartet, sondern sie dürfen sich grundsätzlich darauf verlassen. Anlass zur Überprüfung, etwa durch eine Rückfrage bei der Behörde, besteht einzig dort, wo die Fehlerhaftigkeit der Vertrauensgrundlage leicht erkennbar ist, z.B. bei Unklarheiten oder bei offensichtlicher Unvernünftigkeit einer Verfügung oder einer Auskunft.   554

Das Prinzip des Vertrauensschutzes gilt nicht nur im Verhältnis zwischen Behörden und Privatpersonen, sondern auch zwischen zwei Behörden. So kann sich beispielsweise eine kantonale Behörde auf die unrichtige Auskunft einer Amtsstelle des Bundes berufen. Jedoch sind in solchen Fällen strengere Anforderungen zu stellen (VPB 38 [1974] Nr. 102, S. 66 [Stellungnahme der Justizabteilung vom 10. April 1974]). Die Stadt Zürich durfte auf eine vom Regierungsrat abgegebene Zusicherung eines jährlichen Staatsbeitrages von Fr. 2'000'000.-- an Massnahmen für den Natur- und Heimatschutz und für Erholungsgebiete vertrauen (ZBl 95 [1994] 164 ff. [Urteil des Verwaltungsgerichts des Kantons Zürich vom 4. März 1993]). Dagegen besteht kein Bedürfnis für die Anrufung des öffentlichrechtlichen Vertrauensschutzes, wenn die Rechtsbeziehungen zwischen Gemeinwesen durch Vertrag geregelt sind. Diesfalls stehen sich zwei gleichberechtigte Rechtssubjekte gegenüber, deren Rechte und Pflichten sich in erster Linie aus dem Vertrag ergeben (BGE 120 V 445, 449 f.).   555

c) Vertrauensbetätigung

In der Regel kann Vertrauensschutz nur geltend machen, wer *gestützt auf sein Vertrauen eine Disposition getätigt* hat, die ohne Nachteil nicht wieder rückgängig gemacht werden kann. Dies ist u.a. der Fall, wenn aufgrund einer behördlichen Zusage Investitionen vorgenommen worden sind.   556

Beispiel:
X. und Konsorten waren im Besitze eines Kaufvorvertrages für mehrere Grundstücke im Kanton Genf. Sie ersuchten das zuständige Baudepartement um einen Vorentscheid bezüglich der Zulässigkeit des Baus von Büros, Lagerhäusern und einer Tiefgarage. Dieser Vorentscheid fiel positiv aus, woraufhin der Kauf der betreffenden Parzellen erfolgte. Der Genfer Staatsrat verweigerte in der Folge jedoch die definitive Baubewilligung. Das mit staatsrechtlicher Beschwerde angerufene Bundesgericht sah in der Unterzeichnung der Kaufverträge Vorkehrungen, die nicht ohne Nachteil rückgängig gemacht werden konnten, und bejahte, dass die Beschwerdeführer sich auf den Vertrauensschutz berufen können (BGE 114 Ia 209, 215).   557

558 In Ausnahmefällen, insbesondere bei Rücknahme oder Widerruf von Verfügungen, ist Vertrauensschutz allerdings auch denkbar, ohne dass die Betroffenen bereits irgendwelche nachteiligen Dispositionen getroffen haben (vgl. dazu Rz. 809 ff.).

559 Beispiel:
Einem Beamten ist eine Pension in einer bestimmten Höhe zugesichert worden. Er kann sich im Falle einer von der Behörde beabsichtigten Kürzung auf den Vertrauensgrundsatz berufen, ohne Dispositionen getätigt zu haben.

560 Zwischen Vertrauen und Disposition muss ein *Kausalzusammenhang* gegeben sein. Dieser fehlt, wenn anzunehmen ist, dass die Disposition auch ohne ein Vertrauen begründendes behördliches Verhalten bzw. bei Kenntnis der Mangelhaftigkeit der Vertrauensbasis vorgenommen worden wäre.

d)   Abwägung zwischen dem Interesse am Vertrauensschutz und entgegenstehenden öffentlichen Interessen

561 Selbst wenn die Voraussetzungen des Vertrauensschutzes erfüllt sind, können sich Private nicht darauf berufen, falls ein überwiegendes öffentliches Interesse entgegensteht. Die Interessenabwägung im Einzelfall bleibt daher vorbehalten und bildet eine Schranke des Vertrauensschutzes (WEBER-DÜRLER, Vertrauensschutz, S. 112). Unter Umständen kann bei überwiegendem öffentlichen Interesse aber ein finanzieller Ersatz des Vertrauensschadens in Betracht kommen. Vgl. Rz. 587 f.

562 Beispiel:
Die Aktiengesellschaft P. AG beabsichtigte, ein in einer Genfer Gemeinde gelegenes Grundstück zu erwerben, auf welchem sie Miet- und Geschäftsräumlichkeiten errichten wollte. Für die Erteilung der Baubewilligung war vorgängig eine Umzonung erforderlich. Die P. AG ersuchte daher im Jahr 1971 das Baudepartement um einen Vorentscheid über das projektierte Bauvorhaben. Dieser Vorentscheid fiel grundsätzlich positiv aus, weshalb die P. AG das betreffende Grundstück erwarb. Das Baudepartement arbeitete in der Folge – zusammen mit der Grundeigentümerin – mehrere Versionen eines Überbauungsplanes aus. Ende 1974 erwarb die P. AG ein weiteres Grundstück, das in den Überbauungsplan eingeschlossen war. 1975 beschloss der Staatsrat des Kantons Genf jedoch, wegen eines in der Nähe geplanten Nationalstrassenbaus keine Umzonungen mehr vorzunehmen. Das Bundesgericht lehnte eine staatsrechtliche Beschwerde der P. AG ab, obwohl es anerkannte, dass das Verhalten der Behörden den Grundsatz des Vertrauensschutzes verletzt hatte. Es ging davon aus, dass im konkreten Fall das öffentliche Interesse am Nationalstrassenprojekt die privaten Interessen der Grundeigentümer überwog und dass es unvernünftig gewesen wäre, einen Bau zu bewilligen, der später vielleicht wieder hätte abgebrochen werden müssen (Semjud 98 [1976] 545 ff., insb. 558 ff. = BGE 101 Ia 328 ff.). – Vgl. auch den ähnlichen Fall in BGE 114 Ia 209, 215 f. (Rz. 557), in dem das Bundesgericht den privaten Interessen ein grösseres Gewicht beimass als den geltend gemachten öffentlichen Interessen, und die Berufung auf den Vertrauensschutz guthiess.

4.   Unrichtige behördliche Auskünfte im besonderen

Der Schutz der Privaten bei unrichtigen Auskünften der Behörden stellt einen praktisch besonders wichtigen Anwendungsfall des Vertrauensschutzes dar.

a)   Grundsätzlicher Vorrang des Gesetzmässigkeitsprinzips

Das Gesetzmässigkeitsprinzip verlangt, dass die Verwaltungsbehörden nach Mass-   563
gabe des Gesetzes und nicht nach Massgabe der vom Gesetz abweichenden Auskunft
entscheiden. Eine unrichtige behördliche Auskunft kann aber eine Vertrauensgrundlage bilden und beim Vorliegen der nachfolgend aufgezählten Voraussetzungen, die
kumulativ erfüllt sein müssen, Rechtswirkungen haben.

*b)   Voraussetzungen der Rechtswirkungen von unrichtigen
       behördlichen Auskünften*

aa)   Eignung der Auskunft zur Begründung von Vertrauen

Nicht jede behördliche Auskunft taugt als Vertrauensbasis. Notwendig ist eine ge-   564
wisse *inhaltliche Bestimmtheit*; eine lediglich vage Absichtskundgabe oder ein Hinweis auf eine bisherige Praxis genügt nicht. Unmassgeblich ist die Form der Auskunftserteilung; auch eine mündliche Auskunft kann verbindlich sein.

In Lehre und Rechtsprechung wird mehrheitlich die Auffassung vertreten, nur   565
eine auf einen konkreten, die auskunftserheischende Person direkt betreffenden
Sachverhalt bezogene Auskunft könne die Behörden binden, nicht aber eine allgemeine Auskunft (so z.B. IMBODEN/RHINOW Bd. I, S. 469, differenzierter RHINOW/
KRÄHENMANN, S. 231, 241, 244, mit Hinweisen auf die Praxis). Dieser Ansicht kann
nicht vorbehaltlos beigepflichtet werden. So ist beispielsweise *vorgedruckten For-
mularen*, die Rechtsauskünfte enthalten, die Eignung als Vertrauensbasis nicht abzusprechen, obwohl sie sich weder auf einen konkreten Sachverhalt beziehen noch an
einen individuellen Adressaten richten. Dagegen stellen Auskünfte, die Dritten (z.B.
Verbänden) erteilt und von diesen weitergeleitet werden, keine geeignete Vertrauensgrundlage dar. Die von einer Behörde abgegebene Zusicherung gilt grundsätzlich nur für den unmittelbaren Empfänger (VPB 60 [1996] Nr. 17 [Entscheid der
Eidgenössischen Steuerrekurskommission vom 27. März 1995]).

Beispiele:
–   Bei der Versteuerung des Liegenschaftenertrages können in der Regel die Kosten des Gebäu-   566
    deunterhalts abgezogen werden. Ein Gebäudeeigentümer stützte sich für einen pauschalen
    Steuerabzug auf den Text eines Merkblattes, das ihm in gewissen Grenzen die Wahl zwischen
    Pauschale und Abrechnung der tatsächlichen Unterhaltskosten beliess. Die Veranlagungsbe-
    hörde verweigerte den Pauschalabzug, indem sie sich auf ihr Ermessen berief. Die Rekurskom-
    mission schützte das Vertrauen des Steuerpflichtigen in das Merkblatt (AGVE 1967 246, 251 ff.
    [Entscheid der Aargauischen Steuerrekurskommission vom 27. Dezember 1967]).
–   Das Schulgeldabkommen der Kantone der Innerschweiz sieht vor, dass der weitere Besuch der   567
    bisherigen Kantonsschule durch Schülerinnen und Schüler, die ihren Wohnsitz in einen anderen
    Regionskanton verlegt haben, durch den neuen Wohnsitzkanton finanziell auch dann unterstützt
    wird, wenn die fragliche Schule nicht ins Abkommen aufgenommen worden ist. Kurz vor sei-
    nem Wohnsitzwechsel vom Kanton Zug in den Kanton Schwyz erkundigte sich W. bei der Ab-
    teilung Mittelschulen und Hochschulfragen des Erziehungsdepartementes des Kantons Schwyz
    danach, ob der Kanton für seine Tochter S. das Schulgeld für den Besuch der Kantonsschule
    Zug übernehme, obwohl die Schule nicht in das Abkommen aufgenommen worden war. Die
    Frage von W. wurde bejaht. Er erhielt mündlich einen positiven Bescheid. Drei Monate nach
    dem Wohnsitzwechsel trat die Tochter S. ins Gymnasium der Kantonsschule Zug ein. Das Ge-
    such ihres Vaters W. um Übernahme des Schulgeldes wurde vom Erziehungsdepartement des

Kantons Schwyz mit dem Hinweis abgelehnt, die Tochter habe zum Zeitpunkt des Wohnsitzwechsels die Schule noch nicht besucht. Die dagegen erhobene Verwaltungsbeschwerde wurde vom Schwyzer Regierungsrat aus Gründen des Vertrauensschutzes gutgeheissen, da W. die Unrichtigkeit der Auskunft nicht erkennen konnte. Das Schulgeldabkommen ist nicht publiziert worden. W. wurde von der Auskunft erteilenden Stelle nicht darauf aufmerksam gemacht, dass das Schulgeld nur übernommen wird, wenn die Tochter im Zeitpunkt des Wohnsitzwechsels die Schule bereits besucht. Dass ein Missverständnis bezüglich Zeitpunkt des Wohnortswechsels bzw. des Schuleintritts bestand, kann W. nicht angelastet werden. Die Behörde hätte einen entsprechenden Vorbehalt oder Hinweis anbringen müssen (ZBl 97 [1996] 269 ff. [Regierungsrat des Kantons Schwyz, 5. September 1995]).

568 – Ein an der Kantonsschule Winterthur tätiger Lehrer beabsichtigte, seinen Wohnsitz in den Kanton Thurgau zu verlegen. Vor Einreichung seines schriftlichen Gesuchs erkundigte er sich beim zuständigen Sachbearbeiter über das Vorgehen. Dieser teilte ihm mit, dass für die Bewilligungserteilung der Regierungsrat zuständig sei und dass das Gesuch Aussicht auf Genehmigung habe. Später orientierte er den Gesuchsteller – auf dessen Anfrage hin – darüber, dass ein formeller Antrag des Erziehungsdirektors auf Gutheissung vorliege. In der Folge lehnte es der Regierungsrat aber dann doch ab, die Bewilligung zur Wohnsitznahme im Kanton Thurgau zu erteilen. Das Bundesgericht hielt die dagegen erhobene staatsrechtliche Beschwerde für unbegründet, soweit der Beschwerdeführer eine Verletzung von Treu und Glauben geltend machte. Der Sachbearbeiter habe den Beschwerdeführer auf dessen Anfragen hin jeweils bloss über den Stand der Sache orientiert und dabei nicht den Eindruck erweckt, er selber oder der Erziehungsdirektor allein seien für die Bewilligungserteilung zuständig. Die Kenntnis vom befürwortenden Antrag der Erziehungsdirektion habe dem Beschwerdeführer zwar die Hoffnung geben können, dass seinem Gesuch stattgegeben werde. Er habe aber nicht annehmen dürfen, die Sache sei entschieden oder der Regierungsrat sei an diesen Antrag gebunden (BGE 98 Ia 460, 463).

bb) Zuständigkeit der auskunftserteilenden Behörde

569 Grundsätzlich muss die Amtsstelle, welche die Auskunft gab, zur Auskunftserteilung zuständig gewesen sein. Soweit nicht eine besondere Regelung vorliegt, schliesst die Kompetenz zum Entscheid auch diejenige zur Auskunftserteilung ein.

570 Unter dem Gesichtspunkt des Vertrauensschutzes genügt es, dass Private in guten Treuen annehmen durften, die Behörde sei zur Erteilung der Auskunft befugt. Der Schutz des guten Glaubens fällt nur dahin, wenn die Unzuständigkeit offensichtlich, d.h. klar erkennbar, war. Ob dies zutrifft, muss aufgrund objektiver und subjektiver Elemente beurteilt werden. Objektiv fällt vor allem die Natur der gegebenen Auskunft und die Rolle des sie erteilenden Beamten in Betracht; subjektiv muss einer allfälligen besonderen Stellung oder Befähigung der Betroffenen, welche ihnen die Erkennbarkeit der Unzuständigkeit erleichterte, Rechnung getragen werden (BGE 114 Ia 105, 109 [vgl. Rz. 574a]).

571 Beispiele:
– Im vorne (Rz. 568) angeführten BGE 98 Ia 460 ff. lag keine Auskunft der für die Bewilligungserteilung zuständigen Behörde vor.
– Das Eidgenössische Justiz- und Polizeidepartement lehnte ein Gesuch um erleichterte Einbürgerung gemäss dem früheren Art. 27 BüG ab, da die Gesuchstellerin das Erfordernis des zehnjährigen Wohnsitzes infolge eines mehrmonatigen Englandaufenthaltes nicht erfüllte. Der – nach der damaligen Regelung zuständige – Bundesrat hiess die dagegen erhobene Beschwerde gut und gewährte die erleichterte Einbürgerung. Die Beschwerdeführerin hatte sich erwiesenermassen beim Kontrollbüro Basel-Stadt der Kantonalen Fremdenpolizei erkundigt, ob der geplante Englandaufenthalt ihrer erleichterten Einbürgerung hinderlich sei. Diese Behörde hatte die Frage verneint. Nach Ansicht des Bundesrates durfte die Beschwerdeführerin annehmen, dass

die Zuständigkeit des Kontrollbüros gegeben sei, da sie sich als Ausländerin seit Jahren stets an diese Stelle zu wenden hatte. Es wäre Sache des Kontrollbüros gewesen, die Beschwerdeführerin an die zuständige Stelle zu verweisen (ZBl 69 [1968] 417, 419).

– Die Auslandschweizerin B. unterschrieb beim örtlich zuständigen Konsulat eine Beitrittserklärung zur freiwilligen AHV/IV für Auslandschweizer. Die Schweizerische Ausgleichskasse bestätigte die Aufnahme und fügte die Bemerkung bei, nach geltendem Recht hätten nur Personen Anspruch auf eine Rente, die während mindestens eines vollen Jahres Beiträge geleistet haben. Das Konsulat sandte Frau B. diese Aufnahmebestätigung der Schweizerischen Ausgleichskasse zur Kenntnis zu mit der Aufforderung, auf dem beigelegten Fragebogen Einkommen und Vermögen für die Bemessung der Beiträge zu deklarieren. Falls Frau B. keine Erwerbstätigkeit ausüben sollte, sei dies unter "Bemerkungen" anzugeben, z.B. durch "nicht-erwerbstätige Witwe". Frau B. erklärte gegenüber dem Konsulat auf dem entsprechenden Formular alle 2 Jahre, nicht-erwerbstätige Witwe zu sein. Nach Erreichen des Rentenalters von Frau B. erliess die Schweizerische Ausgleichskasse eine Verfügung, mit welcher sie die Ausrichtung der beantragten Rente ablehnte, da die minimale Beitragsdauer von einem Jahr nicht erfüllt sei. Die Rekurskommission der AHV hiess den Rekurs von Frau B. gut. Das Bundesgericht bestätigte diesen Entscheid mit der Begründung, schweizerische Auslandvertretungen seien zur Erteilung von Auskünften über die Beitrittsmöglichkeit zur freiwilligen AHV befugt. Auslandschweizerinnen und -schweizer seien praktisch ausschliesslich auf die Auslandvertretungen angewiesen, um zu einer kompetenten Information über die freiwillige AHV/IV zu kommen. Frau B. habe den Hinweis des Konsulats, wonach sie auf dem Formular "nicht-erwerbstätige Witwe" schreiben könne, in guten Treuen dahin verstehen können, dass sie auch ohne Beitragsleistung dereinst eine Rente werde beziehen können (BGE 121 V 65 ff.).

cc) *Vorbehaltlosigkeit der Auskunft*

Eine Auskunft begründet schutzwürdiges Vertrauen nur, wenn sie vorbehaltlos erteilt worden ist. Nicht schutzwürdig ist das Vertrauen Privater in eine Auskunft, wenn die Behörde wenigstens dem Sinn nach klar zum Ausdruck bringt, dass sie sich nicht festlegen will. 572

Beispiele:
– Die Auskünfte der Steuerbehörde erfolgen oft unter dem Vorbehalt des späteren Veranlagungs- und Rekursverfahrens.
– BGE 98 Ia 460, 463 (vgl. Rz. 568): Die Auskunft des Sachbearbeiters war unter dem Vorbehalt, dass der Gesamtregierungsrat zum Entscheid zuständig sei, erfolgt.

dd) *Unrichtigkeit der Auskunft nicht erkennbar*

Geschützt werden nur *gutgläubige Private*. Wer die Unrichtigkeit einer behördlichen Auskunft kannte oder hätte erkennen sollen, kann sich nicht auf sein Vertrauen berufen. An die aufzuwendende Sorgfalt darf allerdings kein allzu strenger Massstab gelegt werden. Das Vertrauen des Adressaten ist erst dann nicht mehr gerechtfertigt, wenn er deren Unrichtigkeit ohne weiteres hat erkennen können. Dabei kommt es entscheidend auf die Kenntnisse und Erfahrung des Adressaten an. An die Sorgfaltspflicht Rechtskundiger sind erhöhte Anforderungen zu stellen (vgl. auch Rz. 553). 573

Beispiele:
– Im vorne (Rz. 571) angeführten BGE 121 V 65 ff. war die Unrichtigkeit der Auskunft des Konsulats nicht erkennbar. Die Schweizerische Ausgleichskasse fügte zwar der Aufnahmebestäti- 574

gung die Bemerkung bei, dass nach geltendem Recht nur Personen Anspruch auf eine Rente haben, die während mindestens eines vollen Jahres Beiträge geleistet haben. Das Konsulat stellte die Aufnahmebestätigung Frau B. "zur Kenntnis" zu. Es teilte Frau b. jedoch mit, falls sie keine Erwerbstätigkeit ausübe, könne sie einen entsprechenden Hinweis auf dem Formular zur Deklaration der Einkommens- und Vermögensverhältnisse anbringen. Daraus durfte Frau B. schliessen, sie werde auch ohne Beitragsleistungen rentenberechtigt, der Hinweis der Schweizerischen Ausgleichskasse gelte für sie wegen ihrer besonderen Stellung nicht. Dass sie alle zwei Jahre das Formular mit dem Hinweis "nicht-erwerbstätige Witwe" ausgefüllt hatte, ohne dass die Frage der Mindestbeitragsdauer nochmals zur Sprache gekommen war, hatte sie in ihrem Vertrauen auf die Richtigkeit der Auskunft des Konsulates noch bestärkt.

574a — Die X. AG, die sich mit der Erschliessung von Grundstücken beschäftigt, erstellte eine bewilligte Mauer, überschritt dabei aber die erlaubte Masse. Das zuständige Baudepartement ordnete am 18. März 1983 die Beseitigung der unbewilligten Mauerteile an. Die Beseitigungsverfügung sah die Möglichkeit einer Beschwerde innerhalb von 30 Tagen vor. Die X. AG ersuchte im Rahmen einer Unterredung mit zwei Beamten des Baudepartements um Erstreckung dieser Frist, was ihr – allerdings unzulässigerweise, da es sich um eine nicht erstreckbare gesetzliche Frist handelte – mündlich zugesichert wurde. Die Beschwerdekommission trat auf die am 30. Mai 1983 eingereichte Beschwerde wegen Verspätung jedoch nicht ein. Das Bundesgericht ging davon aus, dass die X. AG eine eindeutige Zusicherung erhalten hatte, und prüfte die Frage, ob die Gesellschaft hätte bemerken sollen, dass die Zusicherung falsch war. Es stellte fest, dass grundsätzlich jeder Jurist wissen müsse, dass keine Behörde eine gesetzliche Beschwerdefrist erstrecken könne. Die Erfahrung zeige jedoch, dass sich nicht nur Laien, sondern auch Beamte in diesem Punkt oft täuschten. Im zu beurteilenden Fall hätten die beiden Beamten des Baudepartements offensichtlich selber eine Erstreckung oder Verlängerung der Frist für möglich gehalten. Die X. AG ihrerseits sei zwar eine Gesellschaft, die sich mit der Erschliessung von Grundstücken beschäftige und in dieser Eigenschaft mit den hauptsächlichsten baupolizeilichen Vorschriften, insbesondere mit den Formvorschriften im Rahmen von Baubewilligungen, vertraut sein müsse. Man könne hingegen nicht von ihr erwarten, dass sie alle Probleme der Rechtsmittelverfahren meistere, mit denen sie sich nicht täglich zu befassen habe. Die Vorschrift, dass eine gesetzliche Frist nicht erstreckt werden könne, sei nur scheinbar einfach. Sie enthalte Ausnahmen und Abschwächungen. Es sei deshalb unverhältnismässig streng, der X. AG vorzuwerfen, nicht besser als die beiden Beamten gewusst zu haben, dass die Erstreckung der Beschwerdefrist rechtlich unwirksam gewesen sei. Das Bundesgericht hiess daher die staatsrechtliche Beschwerde der X. AG wegen Missachtung des Prinzips des Vertrauensschutzes gut (BGE 114 Ia 105, 109 f.).

ee) Nachteilige Disposition aufgrund der Auskunft

575 Der Adressat muss im Vertrauen auf die Richtigkeit der Auskunft eine für ihn nachteilige Disposition getroffen haben, die *unwiderruflich* ist oder jedenfalls *nicht ohne Schaden rückgängig* gemacht werden kann.

576 Die behördliche Auskunft muss für die nachteilige Disposition kausal gewesen sein. Die *Kausalität* fehlt, wenn der Adressat sich auch ohne diese Auskunft für die Massnahme entschieden hätte (vgl. auch Rz. 560). Der Kausalitätsbeweis darf schon als geleistet gelten, wenn es aufgrund der allgemeinen Lebenserfahrung als *glaubhaft* erscheint, dass sich der Adressat ohne die fragliche Auskunft anders verhalten hätte (BGE 121 V 65, 67).

577 Beispiele:
– Eine nachteilige Disposition liegt vor, wenn jemand ein Grundstück kauft, nachdem die zuständige Behörde eine positive Auskunft über die Überbauungsmöglichkeiten erteilt hat, und es

sich später herausstellt, dass das Grundstück nicht überbaut werden kann. – Vgl. auch BGE 114 Ia 209, 215 (Rz. 557).

- Die unrichtige Auskunft betreffend Übernahme des Schulgeldes (vgl. vorne, Rz. 567) veranlasste die Tochter des W. zum Eintritt in die Kantonsschule Zug. Das stellt eine Disposition dar, die nicht ohne Schaden wieder rückgängig gemacht werden konnte.
- Im vorne (Rz. 571 und 574) angeführten BGE 121 V 65, 70 f. unterliess es die Beschwerdeführerin, für ein Jahr die Erwerbstätigkeit aufzunehmen. Als Dispositionen gelten auch Unterlassungen, sofern die Auskunft für die Unterlassung ursächlich war. Es ist anzunehmen, dass Frau B. eine Arbeit für mehr als 11 Monate für sich gesucht (und auch gefunden) hätte, wenn ihr bewusst gewesen wäre, dass nur dieses Vorgehen ihren Rentenanspruch hätte sichern können.
- Ausländische Staatsangehörige, die im Genusse diplomatischer Vorrechte und Befreiungen oder besonderer steuerlicher Vergünstigungen stehen, können nicht der AHV unterstellt werden. Wurden sie trotzdem irrtümlicherweise in die Versicherung aufgenommen und haben AHV-Beiträge bezahlt, so reicht es nicht aus, ihnen die Beiträge zurückzuerstatten, sondern es ist ihnen der Versicherungsschutz zu gewähren. Auch hier liegt die nachteilige Disposition in einer Unterlassung: Bei richtigem Verhalten der Behörden hätten sie zum damaligen Zeitpunkt anderweitige private Vorsorgemassnahmen getroffen (BGE 110 V 145, 155 ff.).

ff) *Keine Änderung des Sachverhaltes oder der Rechtslage*

Die Auskunft ist nur in bezug auf den Sachverhalt, wie er der Behörde zur Kenntnis gebracht wird, verbindlich. Ändert sich die tatsächliche Situation, so hat die Behörde den neuen Sachverhalt zu beurteilen und ist an ihre früheren Aussagen nicht mehr gebunden. Behördliche Auskünfte stehen sodann unter dem stillschweigenden Vorbehalt der Rechtsänderung. Ändert sich die Rechtslage, können sich Private nicht auf eine frühere Auskunft berufen, es sei denn, die auskunftserteilende Behörde sei für die Rechtsänderung selber zuständig und die Auskunft sei gerade im Hinblick auf diese Änderung erteilt worden, oder die Behörde hätte die Pflicht zur Orientierung auch über die möglichen Rechtsänderungen gehabt. 578

Beispiele: 579
- Eine früher vom Buchhalter einer Berufsschule erteilte Auskunft über das Einkommen einer Lehrerin steht einer späteren Änderung der Besoldungsregelung nicht entgegen (BGE 118 Ia 245, 253 f.).
- Eine über 15 Jahre alte Zusicherung betreffend die Überbaubarkeit eines Grundstückes ist wegen wiederholter Änderung des massgebenden Bundesrechts und des langen Zeitablaufes unverbindlich (BGE 119 Ib 138, 145 f.).

gg) *Überwiegen des Interesses am Schutz des Vertrauens in die unrichtige Auskunft gegenüber dem Interesse an der richtigen Rechtsanwendung*

Auch wenn die Voraussetzungen für den Schutz des Vertrauens der Privaten in eine unrichtige Auskunft erfüllt sind, bleibt abzuwägen, ob ausnahmsweise das öffentliche Interesse an der richtigen Rechtsanwendung nicht dennoch dem Vertrauensschutz vorzugehen hat (BGE 114 Ia 209, 215 f.; 101 Ia 328, 331). In einem solchen Fall besteht aber allenfalls Anspruch auf Schadenersatz. Vgl. auch Rz. 561 f. 580

5. Rechtswirkungen des Vertrauensschutzes

a)   Allgemeines

581   Das Prinzip des Vertrauensschutzes soll verhindern, dass die Privaten infolge ihres Vertrauens in das Verhalten von Behörden einen Nachteil erleiden. Der Vertrauensschutz führt zu unterschiedlichen Rechtsfolgen: Er kann in der Form des sog. *Bestandesschutzes* eine Bindung der Behörden an die Vertrauensgrundlage bewirken oder aber den Privaten einen *Entschädigungsanspruch gegenüber dem Staat* verschaffen. In der schweizerischen Rechtsprechung steht der Bestandesschutz im Vordergrund. Eine Entschädigungspflicht kommt nur subsidiär in Betracht. Diese Lösung dürfte auch den Interessen der Privaten entsprechen, denen in der Regel mit der Verbindlichkeit der Vertrauensgrundlage, in die sie ihre Erwartungen gesetzt haben, besser geholfen ist als mit einer Entschädigung.

b)   Bindung an die Vertrauensgrundlage

582   Die Bindung einer Behörde an die Vertrauensgrundlage bedeutet, dass Auskünfte und Zusagen trotz ihrer Unrichtigkeit verbindlich werden, dass Verfügungen nicht mehr zurückgenommen oder widerrufen werden können (vgl. Rz. 812 ff.), dass eine Praxisänderung oder Planänderung unterbleiben muss oder dass einer gesetzwidrigen Verordnung Verbindlichkeit zukommt.

Beispiele:

583   –   Die Frage der Bindung an die Vertrauensgrundlage stellte sich in einem Fall, in dem eine Baubewilligung stillschweigend an die Bedingung der nachfolgenden Erteilung einer Rodungsbewilligung geknüpft wurde. Die Rodungsbewilligung wurde jedoch in der Folge verweigert. Das Bundesgericht erachtete die Voraussetzungen des Vertrauensschutzes angesichts der gesamten Umstände als erfüllt. Denn die Gemeinde hatte vor dem Grundstückkauf schriftlich eine Zusicherung der Bebaubarkeit abgegeben; mindestens zweimal hatte der Regierungsrat, der auch obere kantonale Aufsichtsbehörde über die Forstpolizei ist, die Zuordnung der Parzelle zur Bauzone bestätigt; eine entsprechende Rodungsbewilligung war dem Eigentümer einer gleichartigen, angrenzenden Parzelle erteilt worden; das Verhalten der Forstpolizeibehörden durfte von der Betroffenen als Bestätigung aufgefasst werden. Gestützt auf das Vertrauensschutzprinzip bejahte das Bundesgericht den Anspruch der Beschwerdeführerin auf Erteilung der Rodungsbewilligung und Baubewilligung (BGE 108 Ib 377, 385 ff.).

584   –   In einem Entscheid aus dem Jahre 1981 erklärte das Bundesgericht die brieflichen Zusicherungen, die eine Pensionskasse einem Universitätsprofessor im Hinblick auf seinen Rücktritt bezüglich seiner Pensionsansprüche abgegeben hatte, für verbindlich, da die Voraussetzungen für die Anwendung des Grundsatzes von Treu und Glauben erfüllt seien (BGE 107 Ia 193, 194 ff.).

c)   Wiederherstellung von Fristen

585   Haben sich Private in berechtigtem Vertrauen auf eine falsche Rechtsmittelbelehrung verlassen und deshalb eine gesetzliche Frist verpasst, so kann der erlittene Rechtsnachteil durch die Wiederherstellung der Frist behoben werden. Dies gilt auch, wenn sich Private aufgrund einer unrichtigen Auskunft zunächst an eine falsche Instanz gewandt und deshalb eine Frist nicht eingehalten haben.

Ob auch verpasste materiellrechtliche Fristen, d.h. Fristen, bei deren Ablauf ein 586
materieller Rechtsanspruch verwirkt ist – z.B. die Frist für erleichterte Einbürgerung
oder Wiedereinbürgerung –, wiederhergestellt werden können, hat das Bundesgericht
in BGE 105 Ib 154, 157 ff. im Zusammenhang mit der Frist für die Einreichung
eines Wiedereinbürgerungsgesuches offengelassen. Dies ist aber grundsätzlich zu
bejahen, falls keine gewichtigen öffentlichen Interessen entgegenstehen.

d)   *Entschädigung von Vertrauensschäden*

Der finanzielle Ausgleich von Vertrauensschäden kommt vor allem dann in Betracht, 587
wenn vermögenswerte Interessen Privater durch die im Vertrauen auf behördliches
Verhalten getroffenen Massnahmen beeinträchtigt werden. Früher wurde die Möglichkeit, einen Ersatz des Vertrauensschadens zu gewähren, verneint. Auch heute
kommt ihr eine eher geringe praktische Bedeutung zu, da Entschädigungen ohne spezielle gesetzliche Grundlage nur sehr zurückhaltend zugesprochen werden. Bloss
wenn die Bindung an die Vertrauensgrundlage wegen überwiegender öffentlicher
Interessen nicht in Frage kommt, d.h. das Gemeinwesen auf Regelungen, Entscheide
oder Zusicherungen zulässigerweise zurückkommt, kann es sich rechtfertigen,
gewisse durch die Betroffenen gestützt auf das vertrauensbegründende Verhalten
vorgenommene Aufwendungen zu entschädigen (BGE 122 I 328, 340). Wird die Zusicherung einer Geldleistung, z.B. einer Subvention, widerrufen, so muss dieser Widerruf selbst wegen Verstosses gegen das Vertrauensschutzprinzip angefochten werden; die Geltendmachung eines vertrauensschutzrechtlichen Entschädigungsan-
spruchs bildet in einem solchen Fall keine sinnvolle Alternative zum Bestandesschutz (vgl. Entscheid des Bundesgerichts vom 30. Mai 1995, ZBl 97 [1996] 91 ff.).

Beispiel: 588
B. beabsichtigte, seinen Bauernbetrieb aufzugeben und das Land einer Grossüberbauung zuzuführen.
Während der Projektierungsarbeiten wurde das ursprünglich der Wohnzone zugewiesene Land in das
Nicht-Baugebiet ausgezont. B., einige andere Grundeigentümer sowie der beauftragte Architekt verlangten von der Gemeinde eine Entschädigung für den Minderwert des Landes und für die nutzlos
gewordenen Planungskosten. Das Bundesgericht lehnte eine Entschädigung aus materieller Enteignung ab, da es eine solche im vorliegenden Fall als nicht gegeben erachtete. Es bejahte jedoch die
grundsätzliche Möglichkeit, dass in Fällen, in denen weder eine formelle noch eine materielle Enteignung vorliegt, ein Anspruch auf Ersatz von Projektierungskosten auf Grund des Prinzips des Vertrauensschutzes aus Art. 4 Abs. 1 BV bestehen kann, sofern bestimmte Voraussetzungen erfüllt sind.
"Dabei ist davon auszugehen, dass das Prinzip des Vertrauensschutzes gemäss der ständigen Rechtsprechung des Bundesgerichts einer Änderung des geltenden Rechts nicht entgegensteht (BGE 107 Ia
36 E. 3a mit Verweisungen, ...). Eine Entschädigung kann daher nur unter qualifizierten Voraussetzungen in Frage kommen, wie sie gegeben sind, wenn in wohlerworbene Rechte eingegriffen, von
ausdrücklichen Zusicherungen des Gesetzgebers abgewichen oder zur gezielten Verhinderung eines
bestimmten Vorhabens, das verwirklicht werden könnte, in nicht voraussehbarer Weise eine Rechtsänderung beschlossen wird". Das Bundesgericht stellte anschliessend fest, dass im zu beurteilenden
Fall die Voraussetzungen einer Entschädigungspflicht nach Art. 4 Abs. 1 BV nicht erfüllt waren
(BGE 108 Ib 352, 358; vgl. auch BGE 117 Ib 497, 500 f., betreffend Anspruch auf Ersatz von Planungskosten, die infolge einer Änderung der Bauvorschriften nutzlos geworden sind).

e) Übergangsregelungen

589 Mit der Festsetzung von Übergangsregelungen und angemessenen Übergangsfristen kann der Gesetzgeber – aber auch die rechtsanwendende Behörde bei einer beabsichtigten Praxisänderung – dem Vertrauen der Privaten in den bisherigen Rechtszustand Rechnung tragen. Vgl. auch Rz. 542 ff.

IV. Verbot widersprüchlichen Verhaltens

1. Verbot widersprüchlichen Verhaltens der Verwaltungsbehörden

590 Die Verwaltungsbehörden dürfen sich gegenüber anderen Behörden oder Gemeinwesen und gegenüber Privaten nicht widersprüchlich verhalten. Sie dürfen insbesondere nicht einen einmal in einer bestimmten Angelegenheit eingenommenen Standpunkt ohne sachlichen Grund wechseln.

591 Widersprüchliches Verhalten der Verwaltungsbehörden verstösst gegen Treu und Glauben. Wenn die Privaten auf das ursprüngliche Verhalten der Behörden vertraut haben, stellt ein widersprüchliches Verhalten dieser Behörden insbesondere eine Verletzung des Vertrauensschutzprinzips dar. Die Behörde darf nur unter bestimmten Voraussetzungen auf eine von ihr geschaffene Vertrauensgrundlage zurückkommen oder an die von ihr selbst veranlasste Vertrauensbetätigung eines Privaten Nachteile knüpfen (vgl. Rz. 532 ff.).

Beispiele:

592 – Veranlasst eine Steuerbehörde die Steuerpflichtigen durch Zusicherung von Straflosigkeit zur Selbstanzeige wegen Steuerhinterziehung, so darf sie in der Folge keine Strafsteuer erheben.

593 – Private, welche im Vertrauen auf eine falsche Rechtsmittelbelehrung oder eine bisherige Praxis ein Rechtsmittel ergreifen, das ihnen nicht zusteht, dürfen nicht mit den Verfahrenskosten belastet werden (BGE 122 I 57, 61).

594 – Bei der Besteuerung von Gesellschaften ist nicht stets die von den Beteiligten gewählte zivilrechtliche Rechtsform ausschlaggebend, sondern es darf unter bestimmten Voraussetzungen auf den wirtschaftlichen Sachverhalt abgestellt werden. Die Behörden müssen sich aber laut Bundesgericht für das eine oder andere System entscheiden. "Lassen sie sich in der nämlichen Sache einmal von der Rücksicht auf die äussere juristische Form eines Unternehmens und dann wieder von der wirtschaftlichen Betrachtungsweise leiten, so setzen sie sich zu sich selbst in Widerspruch und verletzen damit Art. 4 BV ..." (BGE 103 Ia 20, 22 f.).

594a – Eine Volksinitiative darf nicht als ungültig erklärt werden, wenn ein früher von den gleichen Initianten eingereichtes, an denselben Formmängeln leidendes Initiativbegehren nicht beanstandet wurde (BGE 100 Ia 386, 390 f.).

594b – Ein Untersuchungsrichter, der einer in Untersuchungshaft befindlichen Person die Entlassung gegen Kaution in Aussicht stellt, verstösst nicht gegen das Verbot widersprüchlichen Verhaltens, wenn er den als Kaution überwiesenen Betrag beschlagnahmt, weil er vermutet, dass er deliktisch erworben worden ist (BGE 121 I 181, 183 f.).

2. Verbot widersprüchlichen Verhaltens der Privaten

Auch die Privaten sind im Rechtsverkehr mit den staatlichen Behörden an den Grundsatz von Treu und Glauben gebunden. Widersprüchliches Verhalten der Privaten findet keinen Rechtsschutz. Widersprüchlich handeln beispielsweise diejenigen, die eine gegebene Zusage oder Einwilligung, die zur Erlangung einer sie begünstigenden Verfügung geführt hat, später ausdrücklich oder stillschweigend in Abrede stellen.

595

Beispiele:
- Grundeigentümer verstossen gegen das Verbot widersprüchlichen Verhaltens, wenn sie von einer Baubewilligung Gebrauch gemacht haben, die mit der Auflage versehen war, sich an einem künftigen Quartierplanverfahren zu beteiligen, der Gemeinde aber später die Befugnis zur Einleitung des Quartierplanverfahrens absprechen. Denn mit der Anerkennung der mit der Baubewilligung verbundenen Auflage haben sie die Gemeinde ermächtigt, das Quartierplanverfahren einzuleiten (ZBl 75 [1974] 170, 171 [Urteil des Zürcher Verwaltungsgerichts vom 16. Oktober 1973]).
- Angeklagte, die eine ihnen nach kantonalem Strafprozessrecht zustehende mündliche Verhandlung im kantonalen Verfahren nicht verlangen, dann aber im Verfahren vor Bundesgericht die Missachtung des Öffentlichkeitsprinzips nach Art. 6 Ziff. 1 EMRK rügen, verstossen gegen das Verbot widersprüchlichen Verhaltens (BGE 119 Ia 221, 227 ff.).

596

V. Verbot des Rechtsmissbrauchs

Das Rechtsmissbrauchsverbot ist nach der Auffassung des Bundesgerichts Teil des Grundsatzes von Treu und Glauben (BGE 110 Ib 332, 336).

597

Rechtsmissbrauch liegt insbesondere dann vor, wenn ein Rechtsinstitut zweckwidrig zur Verwirklichung von Interessen verwendet wird, die dieses Rechtsinstitut nicht schützen will (BGE 110 Ib 332, 336 f. [vgl. Rz. 601]; 94 I 659, 667).

598

Rechtsmissbräuchlich handeln können sowohl Private als auch *staatliche Behörden*. Das Verbot des Rechtsmissbrauchs gilt auch im Rechtsverkehr zwischen verschiedenen Gemeinwesen.

599

Beispiele:
- Der Anwalt X. reichte beim Zürcher Regierungsrat einen Rekurs gegen einen Entscheid des Bezirksrates Uster ein. Der Rekurs war unbegründet und mit dem Antrag versehen, es sei dem Anwalt gestützt auf § 23 Abs. 2 des zürcherischen Verwaltungsrechtspflegegesetzes vom 24. März 1959 (ZH LS 175.2) (VRG) eine Nachfrist von 10 Tagen zur Begründung des Rekurses anzusetzen. § 23 VRG lautet folgendermassen: "Die Rekursschrift muss einen Antrag und dessen Begründung enthalten ... Genügt die Rekursschrift diesen Erfordernissen nicht, so wird dem Rekurrenten eine kurze Frist zur Behebung des Mangels angesetzt unter der Androhung, dass sonst auf den Rekurs nicht eingetreten würde". Der Regierungsrat wies das Begehren ab und trat auf den Rekurs nicht ein. Er stellte fest, dass § 23 VRG den Zweck verfolge, eine formell mangelhafte Rekursschrift nicht zum vorneherein scheitern zu lassen. Dadurch sollten die Rechte von wenig rechtskundigen Rekurrenten geschützt werden. Hingegen widerspreche es dem Sinn und Zweck der Vorschrift, auch demjenigen Rekurrenten eine Nachfrist zur Verbesserung anzusetzen, der einen Mangel von vornherein erkannt habe und sogar erwähne. Dies sei eine rechtsmissbräuchliche Verlängerung der nicht erstreckbaren gesetzlichen Rechtsmittelfrist. Das Bundesgericht wies eine gegen diesen Entscheid wegen überspitzten Formalismus erhobene

600

staatsrechtliche Beschwerde ab: Es laufe auf einen offensichtlichen Rechtsmissbrauch hinaus, wenn ein Anwalt eine bewusst mangelhafte Rechtsschrift einreiche, um damit eine Nachfrist für die Begründung zu erwirken (BGE 108 Ia 209, 210 und 212).

601   –   Der Zürcher Regierungsrat erliess im Jahre 1970 die Verordnung zum Schutze des Orts- und Landschaftsbildes von Ellikon am Rhein. Durch diese Schutzverordnung wurden in der Wohnzone für Einfamilienhäuser gelegene, landwirtschaftlich genutzte Grundstücke ganz oder teilweise dem Landschaftsschutzgebiet bzw. dem Landwirtschaftsgebiet zugewiesen. Die Grundeigentümer forderten 1971 Entschädigung für materielle Enteignung. Das Verfahren zog sich in die Länge. Erst rund 10 Jahre später verpflichtete die Schätzungskommission den Kanton Zürich, den Grundeigentümern eine Entschädigung zu bezahlen. Der Kanton Zürich zog den Entscheid ans Verwaltungsgericht weiter, das die Entschädigung herabsetzte. Gegen diesen Entscheid erhob der Kanton Zürich Verwaltungsgerichtsbeschwerde beim Bundesgericht mit dem Antrag, der angefochtene Entscheid sei aufzuheben und es sei festzustellen, dass der Kanton keine Entschädigung aus materieller Enteignung schulde. Das Bundesgericht trat auf die Verwaltungsgerichtsbeschwerde aufgrund folgender Überlegungen nicht ein: "Mit dem Inkrafttreten des Bundesgesetzes über die Raumplanung erwuchs dem Kanton Zürich der Vorteil, dass er den Entscheid des Verwaltungsgerichts mit Verwaltungsgerichtsbeschwerde anfechten konnte (Art. 34 Abs. 2 RPG). Vor dem 1. Januar 1980 stand einem Gemeinwesen keine Befugnis zu, einen solchen Entscheid ans Bundesgericht weiterzuziehen (BGE 107 Ib 222 E. 2) ... Da wie dargelegt die Behörden die ungebührlich lange Dauer des Verfahrens zu verantworten haben und das Entschädigungsverfahren bei einem rechtsstaatlichen Verfahrensablauf vor dem Inkrafttreten des eidgenössischen Raumplanungsgesetzes am 1. Januar 1980 hätte abgeschlossen werden können und müssen, ist es mit dem Grundsatz von Treu und Glauben nicht vereinbar, dass der Kanton Zürich von der ihm erst seit dem 1. Januar 1980 zustehenden Möglichkeit, das Verwaltungsgerichtsurteil ans Bundesgericht weiterzuziehen, Gebrauch machen kann. Sonst würde er Nutzen ziehen aus einer ungebührlichen Verzögerung, die ihm selbst zur Last fällt. Auf die Beschwerde kann deshalb nicht eingetreten werden" (BGE 110 Ib 332, 337).

602   –   Die aargauische Gemeinde H. kannte bis 1963 kein Baubewilligungsverfahren, erliess in diesem Jahr aber eine Bauordnung, die vorsah, dass für alle Neubauten eine Baubewilligung einzuholen war. Zwei Tage bevor die Gemeindeversammlung der Bauordnung zustimmte, nahm G. die Bauarbeiten an einem Wohnblock auf. Es blieb allerdings bei sehr geringfügigen Arbeiten, die zudem nur an wenigen Tagen erfolgten und rasch wieder eingestellt wurden. Der Aufforderung der Gemeinde H., ein Baugesuch einzureichen, kam G. nicht nach, sondern machte geltend, der Baubewilligungspflicht nicht zu unterstehen. Die Bauordnung sei auf ihn nicht anwendbar, da seine Baute vor deren Erlass begonnen worden sei. Sowohl der Regierungsrat des Kantons Aargau als auch das Bundesgericht warfen G. rechtsmissbräuchliches Verhalten vor. Er habe den Bau lediglich "pro forma" angefangen, um einen Tatbestand zu schaffen, der die Anwendung der Bauordnung ausschliessen sollte. Die Gemeinde habe ihn daher zu Recht der neuen Bauordnung unterstellt (ZBl 66 [1965] 498 f. [Urteil des Bundesgerichts vom 7. September 1965]).

602a –   Die Fremdenpolizei der Kantons Solothurn verweigerte dem aus Bosnien stammenden R. die Erteilung einer Aufenthaltsbewilligung, obwohl er sich mit einer Frau verheiratet hatte, welche über die Niederlassungsbewilligung verfügt. Die Fremdenpolizei stellte fest, es liege eine Scheinehe vor. Nach Art. 7 Abs. 2 ANAG haben ausländische Ehegatten von Schweizer Bürgerinnen und Bürgern dann keinen Anspruch auf die ihnen zustehende Aufenthaltsbewilligung, wenn die Ehe eingegangen worden ist, um die Vorschriften über Aufenthalt und Niederlassung von ausländischen Staatsangehörigen zu umgehen. Art. 17 Abs. 2 ANAG, der den Aufenthaltsanspruch der Ehegatten von in der Schweiz niedergelassenen ausländischen Staatsangehörigen regelt, enthält keinen entsprechenden Vorbehalt. Dies kann indessen nicht zur Folge haben, dass in diesem Fall die Tatsache, dass eine blosse Scheinehe vorliegt, keine Rolle spielt. Art. 7 Abs. 2 ANAG stellt nichts anderes als eine konkrete Ausgestaltung des Rechtsmissbrauchsverbots dar, das auch im öffentlichen Recht ohne ausdrückliche Normierung allgemeine Geltung beansprucht (BGE 121 II 5 ff.).

Exkurs zum 3. Kapitel:
Vergleichende Hinweise zu den Rechtsgrundsätzen nach dem Recht der Europäischen Union

Literatur

BEUTLER BENGT/BIEBER ROLAND/PIPKORN JÖRN/STREIL JOCHEN, Die Europäische Union – Rechtsordnung und Politik, 4. Aufl., Baden-Baden 1993; BLECKMANN ALBERT, Methoden der Bildung europäischen Verwaltungsrechts, DöV 46 (1993), 837 ff.; SCHWARZE JÜRGEN (Hrsg.), Das Verwaltungsrecht unter europäischem Einfluss; Baden-Baden 1996, SCHWARZE JÜRGEN, Europäisches Verwaltungsrecht, Band I und Band II, Baden-Baden 1988; RENGELING HANS-WERNER, Quellen des Verwaltungsrechts, und WEBER ALBRECHT, Das Verwaltungsverfahren, beide in: Schweitzer Michael (Hrsg.), Europäisches Verwaltungsrecht, Wien 1991, S. 40 ff., S. 72 ff.

Im Hinblick auf die steigende Bedeutung des Rechts der Europäischen Union (EU) für die Schweiz und die Möglichkeit eines künftigen Beitritts der Schweiz sollen einige Hinweise auf die Rechtsgrundsätze im Recht der EU angefügt werden.

602a

I. Entwicklung und Bedeutung

Der *Europäische Gerichtshof* (EuGH) hat in seiner Rechtsprechung verschiedene Rechtsgrundsätze entwickelt. Sie werden zur Auslegung des Gemeinschaftsrechts herangezogen und dienen dazu, Regelungslücken im Gemeinschaftsrecht zu füllen. Diese Rechtsgrundsätze bilden im wesentlichen das *allgemeine europäische Verwaltungsrecht*.

602b

Die Bedeutung der Rechtsgrundsätze im Recht der EU ist zum Teil noch nicht geklärt. So ist umstritten, ob die Rechtsgrundsätze eine selbständige *Quelle des Gemeinschaftsrechts* wie der Vertrag zur Gründung der Europäischen Gemeinschaft vom 25. März 1957 (EGV, Titel in der veränderten Fassung des Vertrages über die Europäische Union vom 7. Februar 1992), die Verordnungen und die Richtlinien (vgl. Rz. 119a ff.) bilden oder ob sie aus dem EGV oder anderen Rechtsquellen des Europarechts abzuleiten sind. Auch die Frage nach dem *Rang* der Rechtsgrundsätze innerhalb des Gemeinschaftsrechts wird nicht einheitlich beantwortet: Stehen sie auf der gleichen Stufe wie der EGV, auf derjenigen der Verordnungen oder auf einer unteren Stufe? Schliesslich wird der *Geltungsbereich* der Rechtsgrundsätze nicht einheitlich beurteilt: Zum Teil werden sie nur auf Handlungen der Gemeinschaft angewendet, zum Teil auch auf diejenigen der Mitgliedstaaten. Die Rechtsgrundsätze nach dem Recht der EU haben eine andere Bedeutung als die allgemeinen

602c

Rechtsgrundsätze des schweizerischen Rechts (vgl. Rz. 142 ff.); sie sind eher mit den Grundprinzipien des schweizerischen Verwaltungsrechts zu vergleichen.

602d Der *Inhalt* der Rechtsgrundsätze ergibt sich einerseits aus den Bestimmungen des EGV. Andererseits konkretisiert der Europäische Gerichtshof die Grundsätze unter Berücksichtigung der Grundprinzipien, die in den einzelnen Mitgliedstaaten gelten. So bestimmt z.B. Art. 215 Abs. 2 EGV, bzw. Art. 288 Abs. 2 in der konsolidierten Fassung gemäss Vertrag von Amsterdam vom 2. Oktober 1997 (nachfolgend jeweils in Klammern), dass die Gemeinschaft für den Schaden, den ihre Organe oder Bediensteten in Ausübung ihrer Amtstätigkeit verursachen, nach den allgemeinen Rechtsgrundsätzen haftet, die den Rechtsordnungen der Mitgliedstaaten gemeinsam sind. Dabei sucht der EuGH weder den "kleinsten gemeinsamen Nenner" der in den Mitgliedstaaten massgebenden Grundprinzipien ("Minimaltheorie") noch die im Hinblick auf den Schutz der Privaten fortschrittlichste Lösung, die in einem Mitgliedstaat verwirklicht ist ("Maximaltheorie"). Vielmehr ermittelt der EuGH im Rahmen einer *wertenden Rechtsvergleichung* die beste Lösung, d.h. denjenigen Rechtsgrundsatz, der sich optimal in die Rechtsordnung der Gemeinschaft einfügt.

II.   Einzelne wichtige Rechtsgrundsätze

1.   Grundsatz der Rechtmässigkeit

602e Der Grundsatz der Rechtmässigkeit ist ähnlich wie der Grundsatz der Gesetzmässigkeit im schweizerischen Recht (vgl. Rz. 296 ff.) ausgestaltet. Da der Begriff des Gesetzes vom Recht der Mitgliedstaaten geprägt ist, kann er nicht auf die Rechtsakte der Gemeinschaft übertragen werden. Deshalb wird dieser Grundsatz nicht als Gesetzmässigkeitsprinzip, sondern als Grundsatz der Rechtmässigkeit bezeichnet. Er bedeutet einerseits, dass das *höherrangige Recht dem Recht einer tieferen Stufe vorgeht* (z.B. Vorrang des EGV gegenüber Verordnungen). Andererseits verlangt er, dass die Akte der Gemeinschaftsorgane auf einer *Grundlage im EGV* beruhen müssen (Vorbehalt der vertraglichen Ermächtigung).

2.   Grundsatz der Rechtsgleichheit

602f Der EGV enthält verschiedene Bestimmungen, welche den Mitgliedstaaten gewisse Diskriminierungen untersagen (z.B. Art. 6 [Art. 12] betreffend Verbot der Diskriminierung aus Gründen der Staatsangehörigkeit, Art. 119 [Art. 141] betreffend Geschlechtergleichheit). Dagegen fehlt eine Bestimmung, welche die Organe der Gemeinschaft zur Gleichbehandlung verpflichten würde. In der Rechtsprechung des EuGH wird aber der Gleichheitssatz als Grundsatz des Gemeinschaftsrechts bezeichnet, der umfassende Geltung hat. Er bedeutet einerseits, dass die Privaten Anspruch auf Gleichbehandlung durch staatliche Organe haben. Vergleichbare Sachverhalte dürfen nicht unterschiedlich behandelt werden, es sei denn, dass eine Differenzierung objektiv gerechtfertigt wäre. Ferner wird aus dem Grundsatz der Rechtsgleichheit abgeleitet, dass die Verwaltungsbehörden an ihre Praxis gebunden sind und davon nicht ohne Grund abweichen dürfen. Aus dem Grundsatz ergibt sich anderseits die Gleichheit der Mitgliedstaaten vor dem Gemeinschaftsrecht. Ein Verstoss gegen diesen Grundsatz kann vorliegen, wenn ein Mitgliedstaat einen Rechtsakt der Gemeinschaft nicht, mit Verzögerung oder unvollständig anwendet.

3. Grundsatz der Verhältnismässigkeit

Im durch den Unionsvertrag eingefügten Art. 3b (Art. 5) wird für die Umsetzung der Vertragsziele ein allgemeines Verhältnismässigkeitsgebot und das Prinzip der Subsidiarität gemeinschaftlicher Massnahmen gegenüber solchen der Mitgliedstaaten statuiert. Auch in anderen Bestimmungen wird vereinzelt auf das Verhältnismässigkeitsprinzip Bezug genommen (z.B. Art. 40 Abs. 3 EGV [Art. 34 Abs. 2]). Als Rechtsgrundsatz kommt dem Verhältnismässigkeitsprinzip grosse Bedeutung bei der Entwicklung eines europäischen Verwaltungsrechts zu. Der EuGH prüft unter dem Gesichtspunkt der Verhältnismässigkeit – ähnlich wie dies im schweizerischen Recht geschieht, freilich unter zum Teil abweichender Wortwahl – die Eignung und die Erforderlichkeit von Akten der Gemeinschaft sowie das Verhältnis von Eingriffszweck und Eingriffswirkung. 602g

4. Grundsätze der Rechtssicherheit und des Vertrauensschutzes

Der EuGH wendet den Grundsatz der Rechtssicherheit und den Grundsatz des Vertrauensschutzes in vielen Gebieten an. Der Grundsatz der *Rechtssicherheit* verlangt als *objektives Prinzip* die Beibehaltung der bisherigen Rechtslage. Der Grundsatz des *Vertrauensschutzes* dient dagegen dem Schutz *subjektiver Interessen*. Die einzelnen Voraussetzungen des Vertrauensschutzes sind dogmatisch noch nicht so stark entwickelt wie im schweizerischen Recht (vgl. Rz. 525 ff.). Beide Prinzipien spielen vor allem im Zusammenhang mit dem Widerruf von Verfügungen, namentlich der Rückforderung zu Unrecht gewährter Leistungen, und mit der Rückwirkung eine Rolle. 602h

2. Teil   Begriff und Arten der verwaltungsrechtlichen Rechtsbeziehungen

Vorbemerkung: Formen des Verwaltungshandelns

Literatur

BECKER JÜRGEN, Informales Verwaltungshandeln zur Steuerung wirtschaftlicher Prozesse im Zeichen der Deregulierung, DÖV 38 (1985) 1003 ff.; BOHNE EBERHARD, Informales Verwaltungs- und Regierungshandeln als Instrument des Umweltschutzes – Alternativen zu Rechtsnorm, Vertrag, Verwaltungsakt und anderen rechtlich geregelten Handlungsformen?, Verwaltungs-Archiv 75 (1984) 343 ff.; BROHM WINFRIED, Beschleunigung der Verwaltungsverfahren – Straffung oder konsensuales Verwaltungshandeln?, NVwZ 10 (1991), 1025 ff.; BULLING MANFRED, Kooperatives Verwaltungshandeln (Vorverhandlungen, Arrangements, Agreements und Verträge) in der Verwaltungspraxis, DÖV 42 (1989) 277 ff.; EBERLE CARL-EUGEN, Arrangements im Verwaltungsverfahren, Die Verwaltung 17 (1984) 439 ff.; HILL HERMANN (Hrsg.), Verwaltungshandeln durch Verträge und Absprachen, Schriften der Deutschen Sektion des Internationalen Instituts für Verwaltungswissenschaften Bd. 16, Baden-Baden 1990; HOFFMANN-RIEM WOLFGANG, Tendenzen in der Verwaltungsrechtsentwicklung, DÖV 50 (1997) 433 ff.; HOFFMANN-RIEM WOLFGANG, Konfliktmittler in Verwaltungsverhandlungen, Heidelberg 1989; HOLZNAGEL BERND, Konfliktlösung durch Verhandlungen, Diss. Hamburg 1990; MAEGLI ROLF, Gesetzmässigkeit im kooperativen Verwaltungshandeln, URP 4 (1990), 265 ff.; MORAND CHARLES-ALBERT, La contractualisation corporatiste de la formation et de la mise en oeuvre du droit, in: L'Etat propulsif, Contribution à l'étude des instruments d'action de l'Etat, Paris 1991, S. 181 ff.; MÜLLER MARKUS/MÜLLER-GRAF THOMAS, Staatliche Empfehlungen, Gedanken zu Rechtscharakter und Grundrechtsrelevanz, ZSR NF 114/I (1995) 357 ff.; MÜLLER MARKUS, Rechtsschutz im Bereich des informalen Staatshandelns, ZBl 96 (1995) 533 ff.; MURSWICK DIETRICH, Staatliche Warnungen, Wertungen, Kritik als Grundrechtseingriffe, DVBl 112 (1997) 1021 ff.; NÜTZI PATRICK, Rechtsfragen verhaltenslenkender staatlicher Information, Diss. Bern 1995; PFENNINGER HANSPETER, Rechtliche Aspekte des informellen Verwaltungshandelns, Diss. Fribourg 1996; PLATTNER-STEINMANN ROLAND, Tatsächliches Verwaltungshandeln, Diss. Basel 1990; POLTIER ETIENNE, Les gentlemen's agreements à participation publique, ZSR NF 106/I (1987) 367 ff.; RICHLI PAUL, Zum verfahrens- und prozessrechtlichen Regelungsdefizit beim verfügungsfreien Staatshandeln, Anliegen an die Totalrevision der Bundesrechtspflege, AJP 1 (1992) 196 ff.; RICHLI PAUL, Zu den Gründen, Möglichkeiten und Grenzen für Verhandlungselemente im öffentlichen Recht, ZBl 92 (1991) 381 ff.; RICHLI PAUL, Öffentlich-rechtliche Probleme bei der Erfüllung von Staatsaufgaben mit Informationsmitteln, ZSR NF 109/I (1990) 151 ff.

Die herkömmliche Dogmatik des Verwaltungsrechts erfasst als Formen des Verwaltungshandelns im wesentlichen die Verfügung und den verwaltungsrechtlichen Vertrag. Diese Handlungsformen ziehen unmittelbare Rechtswirkungen nach sich. Darüber hinaus werden die verwaltungsrechtlichen Rechtsbeziehungen zwischen Behörden und Privaten durch eine Vielzahl weiterer Verwaltungstätigkeiten beeinflusst, die nicht darauf abzielen, ein bestimmtes Rechtsverhältnis zu begründen, zu ändern oder aufzuheben. Zu diesen nicht auf Rechtswirkungen gerichteten Verwaltungstätigkeiten gehört das sog. *schlichte oder tatsächliche Verwaltungshandeln*. Darunter fallen Realakte (Rz. 704 ff.), Auskünfte, Belehrungen, Empfehlungen, Warnungen und ähnliches (Rz. 701 ff.) sowie amtliche Berichte und Vernehmlassungen (Rz. 700). Das Bundesamt für Justiz zählt in VPB 60 (1996) Nr. 1 zum schlichten Verwaltungshandeln ferner die *"Bedarfsverwaltung"* (administrative Hilfstätigkeit,

602i

vgl. Rz. 225). Da derartige Tätigkeiten rein betrieblicher Natur sind, kommt ihnen im Gegensatz zu den vorhin erwähnten Beispielen nicht nur keine Rechtswirkung, sondern überhaupt keine "direkte" Aussenwirkung zu.

Beispiel:

Im Auftrag und mit Unterstützung der Erziehungsdirektion des Kantons Zürich entstand das Buch "Das Paradies kann warten", mit welchem man versuchte, über die Gefahren religiöser Gruppierungen mit totalitärer Tendenz aufzuklären. Das Buch wurde unter anderem auch allen Schulhäusern und Schulbehörden zugestellt. Verschiedene Organisationen und Private fochten dieses verfügungsfreie Staatshandeln (Realakt) mit staatsrechtlicher Beschwerde wegen Verletzung von Grundrechten an. Das Bundesgericht ist auf die Beschwerde nicht eingetreten, weil der kantonale Instanzenzug nicht ausgeschöpft worden war (BGE 121 I 87 ff.).

602j Auch das sog. *informelle Verwaltungshandeln* zielt nicht primär auf bestimmte Rechtswirkungen ab. Vielmehr soll ein bestimmtes Ziel mit Hilfe von rechtlich nicht geregelten Tathandlungen statt durch die von der Rechtsordnung vorgesehenen Handlungsformen der Verfügung oder des verwaltungsrechtlichen Vertrages erreicht werden. Die Privaten sollen sich freiwillig und formlos zu einem bestimmten Verhalten bereit erklären, so dass die Verwaltungsbehörden auf hoheitliche Anordnungen (Erlasse oder Verfügungen) verzichten oder sie so ausgestalten können, dass sie den von den Privaten akzeptierten Verpflichtungen entsprechen (vgl. PFENNINGER, S. 16 ff.). Zu diesen Formen des informellen und konsensualen Verwaltungshandelns durch Kooperation zwischen Verwaltungbehörden und Privaten zählen namentlich Vorverhandlungen, Absprachen, Agreements (Arrangements) und die Mediation (Konfliktbewältigung durch Vermittler).

602k Beispiel:

Das Bundesamt für Umweltschutz (heute: Bundesamt für Umwelt, Wald und Landschaft) schloss im Jahr 1985 ein Gentlemen's Agreement mit den interessierten Wirtschaftskreisen unter der Führung des Verbandes der plastikverarbeitenden Industrie ab, um das PVC in den Verpackungsmaterialien zu reduzieren, weil dessen Beseitigung bei der Verbrennung von Kehricht zu erheblichen Umweltbelastungen führt. Dabei wurden mengenmässige Ziele der Reduktion umschrieben, bei deren Erreichung auf den Erlass einer Verordnung über Getränkeverpackungen verzichtet werden sollte. Das Bundesgericht charakterisierte das Gentlemen's Agreement unter Hinweis auf POLTIER (S. 388) als "acte de planification indicative consensuelle" (BGE 118 Ib 367, 379 f.). – Seit der Änderung vom 21. Dezember 1995 sieht das Bundesgesetz über den Umweltschutz vom 7. Oktober 1983 (SR 814.0) in Art. 41a vor, dass Bund und Kantone für den Vollzug des Gesetzes mit den Organisationen der Wirtschaft zusammenarbeiten. Sie können Branchenvereinbarungen durch die Vorgabe mengenmässiger Ziele und entsprechender Fristen fördern. Vor dem Erlass von Ausführungsvorschriften prüfen sie freiwillige Massnahmen der Wirtschaft. Soweit möglich und notwendig, übernehmen sie Branchenvereinbarungen ganz oder teilweise in das Ausführungsrecht.

602l Vom vermehrten Einsatz derartiger Verhandlungselemente im öffentlichen Recht verspricht man sich eine Verbesserung des Verhältnisses zwischen Staat und Privaten, weil damit eine Beschleunigung von Verfahrensabläufen und eine bessere Akzeptanz staatlicher Regelungen und Zielsetzungen erreicht werden kann. In die gleiche Richtung zielt die durch das Recht gesteuerte Selbstregulierung der Gesellschaft (vgl. vorne, Rz. 313a). Noch wenig geklärt sind in diesem Zusammenhang die Fragen nach den *Grenzen des informellen Verwaltungshandelns*, insbesondere was das Verhältnis zu den Prinzipien der Gesetzmässigkeit der Verwaltung, der Verhältnismässigkeit, der rechtsgleichen Behandlung der Privaten und des Vertrauensschutzes betrifft.

Die Formen des tatsächlichen und des informellen Verwaltungshandelns sind dadurch charakterisiert, dass sie nicht unmittelbar auf Rechtswirkungen ausgerichtet sind, jedoch gleichwohl die Rechtsstellung von Privaten berühren können. Da die Gesetze über das Verwaltungsverfahren und die Verwaltungsrechtspflege in der Regel an die Verfügung als Anfechtungsobjekt anknüpfen, solche Verwaltungsakte jedoch keine Verfügungen darstellen, kann deren Gültigkeit nach geltendem Recht nicht mit den Rechtsmitteln des Verwaltungsrechts überprüft werden. Wer durch solche Handlungen der Verwaltungsbehörden Schaden erlitten hat, kann allenfalls im Rahmen eines Staatshaftungsprozesses die Widerrechtlichkeit der Verwaltungshandlung geltend machen (vgl. z.B. BGE 118 Ib 473 ff. zur Frage der Haftung des Bundes für die Informationstätigkeit seiner Behörden im Zusammenhang mit einer durch Käsekonsum hervorgerufenen Listerioseepidemie, dazu auch Rz. 1757a). Schliesslich können Betroffene allenfalls über eine Feststellungsverfügung (BGE 121 I 87, 91 f.) oder eine Rechtsverweigerungsbeschwerde (PFENNINGER, S. 181 f.) zu ihrem Recht kommen. Das Problem des *Rechtsschutzes* beim tatsächlichen und informellen Verwaltungshandeln ist damit aber noch nicht befriedigend gelöst. In der Literatur wird deshalb die Ansicht vertreten, die Beschränkung des Rechtsschutzes auf Verfügungen verstosse – soweit Konventionsrechte betroffen sind – gegen das Recht auf eine wirksame Beschwerde bei einer nationalen Instanz nach Art. 13 EMRK (M. MÜLLER, Rechtsschutz, S. 542 ff.; vgl. dazu auch BGE 121 I 87 ff. und Rz. 1338d f.).

602m

Im folgenden beschränken wir uns auf die Darstellung der regulären Handlungsformen der Verfügung (Rz. 685 ff.) und des verwaltungsrechtlichen Vertrages (Rz. 843 ff.).

602n

4. Kapitel
Pflichten und Rechte des Verwaltungsrechts

§ 12 Begriff, Begründung, Änderung, Beendigung und Übertragung von verwaltungsrechtlichen Rechten und Pflichten

Literatur

ANDEREGG KARL, Die Verjährung von Rückerstattungsansprüchen der Fürsorgebehörden, SJZ 71 (1975) 109 ff.; CERESOLI ALESSANDRA, Die Verjährung öffentlich-rechtlicher Forderungen nach basel-städtischem Recht, BJM 1992, 281 ff.; GADOLA ATTILIO R., Verjährung und Verwirkung im öffentlichen Recht, AJP 4 (1995), 47 ff.; HANGARTNER YVO, Widerruf von Verwaltungsakten bei Meinungswandel der Behörde und bei Änderung der tatsächlichen Verhältnisse, ZBl 62 (1961) 169 ff.; HANGARTNER YVO, Widerruf und Änderung von Verwaltungsakten aus nachträglich eingetretenen Gründen, Zürich 1960; MALACRIDA RALPH, Der Grundrechtsverzicht, Diss. Zürich 1992; MÜLLER LUZIUS, Die Rückerstattung rechtswidriger Leistungen als Grundsatz des öffentlichen Rechts, Diss. Basel 1978; NEF HANS, Prüfung von Verwaltungsverfügungen durch den Strafrichter?, in: Erhaltung und Entfaltung des Rechts in der Rechtsprechung des Schweizerischen Bundesgerichts, Festgabe der schweizerischen Rechtsfakultäten zur Hundertjahrfeier des Bundesgerichts, Basel 1975, S. 213 ff.; SALADIN PETER, Der Widerruf von Verwaltungsakten, Diss. Basel 1960; ZWEIFEL FRITZ, Zeitablauf als Untergangsgrund öffentlichrechtlicher Ansprüche, Diss. Basel 1960.

I. Begriff der verwaltungsrechtlichen Pflichten und Rechte

1. Die verwaltungsrechtlichen Pflichten

a) *Allgemeines*

Der Begriff der Pflicht hat im Verwaltungsrecht zentrale Bedeutung, da der Staat den   603
Privaten in der Regel mit hoheitlicher Gewalt gegenübertritt. Dabei stehen sich meistens – im Gegensatz zum Privatrecht – nicht Rechte und Pflichten wechselseitig, in einem Austauschverhältnis gegenüber.

Sowohl die Privaten als auch der Staat, d.h. natürliche Personen und juristische   604
Personen des Privatrechts und des öffentlichen Rechts, können Träger verwaltungsrechtlicher Pflichten sein. Die Trägerschaft wird durch die einzelnen verwaltungsrechtlichen Erlasse bestimmt. Dabei spielt der Begriff der zivilrechtlichen Rechtsfähigkeit (Art. 11 ff. ZGB) im Verwaltungsrecht praktisch keine Rolle.

b) *Verwaltungsrechtliche Pflichten aufgrund von allgemeinen Rechtsgrundsätzen*

Besondere Erwähnung verdienen die verwaltungsrechtlichen Pflichten, die nicht auf   605
einem geschriebenen Rechtssatz eines Gesetzes oder einer Verordnung, sondern auf einem ungeschriebenen allgemeinen Rechtsgrundsatz (vgl. Rz. 142 ff.) beruhen.

aa) *Pflicht zur Leistung von Verzugszinsen*

Für öffentlichrechtliche Geldforderungen muss ein Verzugszins bezahlt werden, so-   606
fern dies nicht durch besondere gesetzliche Regelungen ausgeschlossen ist.

Beispiele:
– In einem Verfahren zur Festlegung der Ersatzabgabe gemäss dem Bundesgesetz über den Mi-   607
   litärpflichtersatz (heute umbenannt in BG über den Wehrpflichtersatz) vom 12. Juni 1959
   (SR 661) war das für die Bemessung der Abgabe massgebliche Einkommen strittig. Die kantonale Rekurskommission hiess die Beschwerde des abgabepflichtigen H. teilweise gut und wies
   die zuständige Behörde an, H. den zuviel bezahlten Betrag ohne Zins zurückzuerstatten. Dagegen erhob H. Verwaltungsgerichtsbeschwerde ans Bundesgericht. H. machte geltend, es sei ihm
   die zuviel bezahlte Summe zurückzuerstatten und der Betrag sei zu verzinsen. Das Bundesgericht bejahte die Verzinsungspflicht, obwohl diese in der einschlägigen Gesetzgebung
   nicht vorgesehen war. Eine explizite Rechtsnorm, auf die sich die Zinszahlungspflicht stützen
   lasse, sei nicht notwendig, denn "für öffentlich-rechtliche Geldforderungen gilt vielmehr der
   allgemeine ungeschriebene Rechtsgrundsatz, dass der Schuldner Verzugszinsen zu entrichten
   hat, wenn er sich mit seiner Leistung im Verzug befindet ..." (BGE 95 I 258, 263).
– Im Laufe von Terrassierungsarbeiten, die eine Flieger-Kompanie am 27. September 1972 auf   608
   dem Flugplatz Sitten ausführte, wurde eine den Städtischen Werken von Sitten gehörende Wasserleitung beschädigt, sodass die Versorgung der Zement- und Betonfabrik E. mit Wasser unterbrochen wurde. Das Schadenersatzbegehren des Unternehmens wurde von der zuständigen
   Schatzungskommission des Bundes abgewiesen. Die Rekurskommission der Eidgenössischen
   Militärverwaltung hiess das Begehren gut und verpflichtete den Oberfeldkommissär, zusätzlich
   zum Ersatz des Schadens 5 % Zins zu zahlen. Gegen diesen Entscheid erhob das Eidgenössische Militärdepartement Verwaltungsgerichtsbeschwerde ans Bundesgericht. Das Bundesge-

richt bejahte sowohl die Schadenersatzpflicht als auch die Zinszahlungspflicht. Bezüglich letzterer könne nicht aus Art. 130 des Bundesbeschlusses über die Verwaltung der Armee vom 30. März 1949 (SR 510.30) geschlossen werden, dass nur in Streitsachen, welche die Rekurskommission als erste Instanz zu beurteilen hat, eine Zinszahlungspflicht bestehe. Nach der Rechtsprechung gelte der Grundsatz, dass der Staat und die Privaten Verzugszinse zu entrichten haben, wenn sie sich mit einer öffentlich-rechtlichen Leistung im Verzug befinden (BGE 101 Ib 252, 258 = Pra 64 [1975] Nr. 272).

– BGE 113 Ib 30, 33 f.; 101 V 114, 117 ff. = Pra 65 (1976) Nr. 77.

bb)   Pflicht zur Rückerstattung von grundlos erbrachten Leistungen

609   Öffentlichrechtliche Leistungen, die aus nicht verwirklichten oder nachträglich weggefallenen Gründen und im Irrtum über die Leistungspflicht erfolgten, können vom leistenden Gemeinwesen oder vom leistenden Privaten zurückgefordert werden, sofern das Gesetz nichts anderes vorsieht.

Beispiele:
610   –   G., dessen landwirtschaftliche Grundstücke im Rahmen eines Meliorationsverfahrens mit einem Zerstückelungsverbot im Sinne von Art. 12bis des Bundesratsbeschlusses über ausserordentliche Bodenverbesserungen zur Vermehrung der Lebensmittelerzeugung vom 11. Februar 1941 (BS Bd. 9, 386) belegt worden waren, ersuchte den Regierungsrat des Kantons St. Gallen um die Bewilligung, sein gesamtes Land als Bauland zu veräussern. Der Regierungsrat bewilligte die Aufteilung des Landes in Bauparzellen gegen Rückerstattung der im Meliorationsverfahren geleisteten Subventionen. Gegen diesen Entscheid führte G. staatsrechtliche Beschwerde mit dem Antrag, die Rückerstattungspflicht der Subventionen sei aufzuheben, da sie gegen Art. 4 BV verstosse. Das Bundesgericht wies die Beschwerde ab. Der Bundesratsbeschluss vom 11. Februar 1941 enthalte zwar keine ausdrückliche Vorschrift, wonach die geleisteten Subventionen im Falle einer Zerstückelung zurückzuerstatten seien; doch könne der Rechtsgrund der streitigen Rückerstattung im allgemeinen Rechtsgrundsatz gesehen werden, wonach Zuwendungen, die aus einem nicht verwirklichten oder nachträglich weggefallenen Grund erfolgten, zurückzuerstatten seien. Der Grundsatz, der für das Privatrecht in Art. 62 Abs. 2 OR niedergelegt sei, gelte auch für das öffentliche Recht. Da die Grundstücke von G. kurze Zeit nach Abschluss der Melioration der landwirtschaftlichen Nutzung entzogen worden seien, falle der Rechtsgrund für die Unterstützung weg, wodurch der Rückerstattungsanspruch gerechtfertigt sei (BGE 88 I 213, 215 ff.).

611   –   Der Grundsatz, "dass Leistungen, auf die materiell-rechtlich kein Anspruch besteht und die mithin zu Unrecht ausgerichtet worden sind, vom Empfänger zurückerstattet werden müssen", gilt auch im Sozialversicherungsrecht. Allerdings hat hier der Rückerstattungspflichtige die Möglichkeit, in einem gesonderten Verfahren um Erlass der Rückerstattung zu ersuchen (vgl. z.B. Art. 47 des Bundesgesetzes über die Alters- und Hinterlassenenversicherung vom 20. Dezember 1946 [SR 831.10]) (BGE 98 V 274, 275 f.).

2.   Die verwaltungsrechtlichen Rechte

a)   Allgemeines

612   Die aus dem Privatrecht stammende Vorstellung, dass das Recht aus objektivem Recht und sich entsprechenden subjektiven Rechten und Pflichten bestehe, kann nicht auf das Verwaltungsrecht übertragen werden. Hier geht es primär um die Ver-

wirklichung des objektiven Rechts. Den Pflichten der Behörden und Privaten stehen oft keine ("subjektiven") Rechte gegenüber.

b)   Subjektive öffentliche Rechte

In der früheren Lehre und Praxis wurde zum Teil der Begriff des subjektiven öffent-   613
lichen Rechts verwendet. Man verstand darunter die dem Privaten als Rechtssubjekt zustehende rechtlich geschützte Willensmacht gegenüber dem Staat. In der Praxis des Bundesgerichts wurde der Begriff zum Teil dem Begriff des wohlerworbenen Rechts (vgl. Rz. 815 ff. und 1584) gleichgestellt. In ähnlicher Weise spricht das Bundesgericht gelegentlich von subjektiven öffentlichen Rechten, wenn es um Berechtigungen geht, die durch eine Verfügung eingeräumt worden sind und nicht widerrufen werden können (vgl. Rz. 812 ff.).

Wegen des unbestimmten Inhalts sollte der Begriff des subjektiven öffentlichen   614
Rechts besser nicht verwendet werden.

Vgl. zur Entwicklung der Theorie der subjektiven öffentlichen Rechte ALFRED   615
KÖLZ, Die Legitimation zur staatsrechtlichen Beschwerde und das subjektive öffentliche Recht, in: Mélanges André Grisel, Neuchâtel 1983, S. 739 ff., insbes. S. 745 ff.

c)   Öffentlichrechtliche Ansprüche

Ein öffentlichrechtlicher Anspruch ist eine sich aus dem öffentlichen Recht erge-   616
bende Berechtigung, zu deren Geltendmachung dem Berechtigten ein Rechtsmittel zur Verfügung steht.

Beispiele:
- die verfassungsmässigen Freiheitsrechte, wie Rechte aus der Eigentumsgarantie, der Handels- und Gewerbefreiheit, der Versammlungsfreiheit;
- Recht auf Leistungen der Sozialversicherung;
- Rechte im Verwaltungsverfahren, z.B. Anspruch auf rechtliches Gehör;
- Anspruch auf Erteilung einer Polizeibewilligung (vgl. Rz. 1968 f.).

In vielen Fällen haben Private keinen Rechtsanspruch, sondern nur gewisse Vorteile,   617
die ihnen aus der Anwendung des objektiven Rechts erwachsen; dabei liegt kein Recht der Privaten vor.

Beispiele:
- Möglichkeit der Benutzung einer öffentlichen Strasse (vgl. aber auch Rz. 1865);
- Vorteile, die sich für die Privaten aus dem Schutz der öffentlichen Ordnung ergeben;
- Möglichkeit des Strassenanstössers zum Parkieren.

II.   Begründung von verwaltungsrechtlichen Pflichten und Rechten

1.   Begründung unmittelbar durch Rechtssatz

618   Die Berechtigung oder Verpflichtung kann sich unmittelbar aus einem Rechtssatz ergeben, ohne dass eine Konkretisierung durch eine Verfügung nötig wäre.

619   Die Verwaltungsbehörden müssen also nicht tätig werden, damit ein Rechtssatz für einen Privaten verpflichtend wirkt oder ein Recht begründet.

Beispiele:
– Die Normen des Strassenverkehrsrechts verpflichten die Verkehrsteilnehmer direkt.
– Art. 3 des Bundesgesetzes über den Schutz der Gewässer gegen Verunreinigung (Gewässerschutzgesetz, GSchG) vom 24. Januar 1991 (SR 814.20) verpflichtet jedermann, alle nach den Umständen gebotene Sorgfalt anzuwenden, um nachteilige Einwirkungen auf die Gewässer zu vermeiden.
– Art. 6 Abs. 1 des Zollgesetzes (ZG) vom 1. Oktober 1925 (SR 631.0) lautet: "Alle Waren, die eingeführt oder ausgeführt werden, müssen der zuständigen Zollstelle zugeführt werden, unter Zollkontrolle gestellt und zur Abfertigung angemeldet werden."
– Der Rechtsschutzanspruch bei verwaltungsrechtlichen Rechtsmitteln besteht unmittelbar aufgrund des Gesetzes (vgl. Rz. 1346).

2.   Begründung durch Verfügung

620   Die Pflichten oder Rechte entstehen in vielen Fällen erst durch die Konkretisierung des Rechtssatzes mittels einer Verfügung (vgl. zum Begriff der Verfügung Rz. 685 ff.).

621   Der generell-abstrakte Rechtssatz, welcher die Rechtsgrundlage für die Verfügung bildet, verpflichtet bzw. berechtigt den Privaten nur virtuell.

Beispiele:
– Erst die Steuerveranlagung begründet die Pflicht Privater zur Steuerzahlung.
– Die Baubewilligung berechtigt die Bauherrschaft, unter Einhaltung der in der Baubewilligung enthaltenen Verpflichtungen eine Baute zu errichten.
– Die Begründung des Dienstverhältnisses eines Bundesbeamten erfolgt durch Wahlverfügung (vgl. Art. 5 Abs. 1 der Beamtenordnung (1) vom 10. November 1959 [SR 172.221.101]).

3.   Begründung durch verwaltungsrechtlichen Vertrag

622   Die gegenseitigen Rechte und Pflichten werden gelegentlich auch durch einen Vertrag begründet, d.h. kraft übereinstimmender Willenserklärung der beteiligten Parteien (vgl. Rz. 843 ff.). Es liegt hier ebenfalls ein den Rechtssatz konkretisierender Rechtsanwendungsakt vor, durch den erst die verwaltungsrechtlichen Rechte und Pflichten entstehen.

Beispiele:
– Expropriationsvertrag: Art. 54 des Bundesgesetzes über die Enteignung (Enteignungsgesetz) vom 20. Juni 1930 (SR 711) (vgl. Rz. 1666 f.);

–   Pflichtlagervertrag: Art. 4 des Bundesgesetzes über die Brotgetreideversorgung des Landes (Getreidegesetz) vom 20. März 1959 (SR 916.111.0) und Art. 4 Abs. 2 des Bundesgesetzes über die wirtschaftliche Landesversorgung vom 8. Oktober 1982 (SR 531) (vgl. Rz. 871).

III.   Beendigung von verwaltungsrechtlichen Pflichten und Rechten

1.   Erfüllung

Die verwaltungsrechtliche Pflicht zu einer einmaligen Leistung geht mit deren richtigen Erfüllung unter. | 623

Beispiele:
–   Bezahlung der Steuern als Erfüllung der Steuerpflicht für eine Steuerperiode.
–   Die Zahlung von Verzugszinsen oder Rückzahlung von grundlos erbrachten Leistungen lässt die Verzugszins- bzw. Rückerstattungspflicht (vgl. vorne, Rz. 606 ff., 609 ff.) untergehen.

Dauerpflichten werden durch Erfüllung nicht beendet. | 624

Beispiele:
–   Pflichten aufgrund des Strassenverkehrsgesetzes;
–   die allgemeine Sorgfaltspflicht aufgrund von Art. 3 GSchG (vgl. vorne, Rz. 619).

Ein Sonderfall der Erfüllung verwaltungsrechtlicher Pflichten liegt vor, wenn das öffentliche Recht die Privaten verpflichtet, einen privatrechtlichen Vertrag abzuschliessen. | 625

Beispiele:
–   Bei der obligatorischen Krankenversicherung gemäss Art. 3 Abs. 1 des Bundesgesetzes über die Krankenversicherung vom 18. März 1994 (SR 832.1) werden die dem Versicherungsobligatorium unterstehenden Personen verpflichtet, einer Krankenkasse beizutreten.
–   Gemäss Art. 63 des Bundesgesetzes über den Strassenverkehr (Strassenverkehrsgesetz) vom 19. Dezember 1958 (SR 741.01) ist der Motorfahrzeughalter verpflichtet, eine private Motorfahrzeug-Haftpflichtversicherung abzuschliessen.

Die Beendigung von Pflichten und Rechten durch Erfüllung spielt im Verwaltungsrecht eine geringere Rolle als im Privatrecht. Bei den verwaltungsrechtlichen Verträgen, z.B. bei den Expropriationsverträgen (vgl. Rz. 1666 f.), ist dieser Beendigungsgrund aber von Bedeutung. | 626

2.   Verjährung

Ein Teil der Lehre ist der Ansicht, dass im öffentlichen Recht die Forderung mit dem Eintritt der Verjährung untergehe (GADOLA, S. 55). Nach der Gegenmeinung verliert die Forderung durch den Zeitablauf wie im Privatrecht lediglich die Klagbarkeit bzw. Erzwingbarkeit. Je nachdem, welchen Standpunkt man einnimmt, bleibt die Verrechnung auch nach Fristablauf noch zulässig. Die Verjährung kann (anders als | 627

162

im Privatrecht) durch alle Handlungen, mit denen die Forderung in geeigneter Weise beim Schuldner geltend gemacht wird, unterbrochen werden (ZBl 98 [1997] 524, 526 [Urteil des Bundesgerichts vom 10. September 1996]).

a) Verjährung als allgemeiner Rechtsgrundsatz und kraft gesetzlicher Regelung

628   Die Verjährung ist im öffentlichen Recht als allgemeiner Rechtsgrundsatz anerkannt. Sie kann aber auch durch gesetzliche Vorschriften ausdrücklich geregelt sein.

629   Die Verjährung betrifft vermögensrechtliche und andere öffentlichrechtliche Ansprüche. Sie gilt sowohl für das Gemeinwesen als auch für Private.

Beispiele:

630   – 1955 und 1972 nahm der Eigentümer einer Waldparzelle auf dieser Parzelle, ohne entsprechende Bewilligung, Rodungen vor. Das Eidgenössische Oberforstinspektorat (seit 1. November 1989: Bundesamt für Umwelt, Wald und Landschaft) lehnte am 4. Oktober 1973 ein nachträglich eingereichtes Bewilligungsgesuch ab und ordnete die Wiederanpflanzung des gesamten Grundstückes an. Am 21. Februar 1977 begrenzte es die Wiederaufforstungspflicht in einem Wiedererwägungsentscheid auf den 1972 gerodeten Teil des Grundstückes. Dagegen führte der Schweizerische Bund für Naturschutz (SBN) Beschwerde, die vom Eidgenössischen Departement des Innern am 17. April 1978 abgewiesen wurde. Der SBN zog diesen Entscheid mit Verwaltungsgerichtsbeschwerde ans Bundesgericht weiter. Dieses führte aus, "das Institut der Verjährung ... bestehe grundsätzlich nicht nur im privaten, sondern auch im öffentlichen Recht und zwar selbst beim Schweigen des Gesetzgebers und sowohl hinsichtlich der Ansprüche des Gemeinwesens gegen den Privaten wie auch umgekehrt ... Aus dem Umstand, dass die bisherige Rechtsprechung des Bundesgerichts im konkreten Fall nur die Verjährbarkeit vermögensrechtlicher Ansprüche des öffentlichen Rechts betraf, kann nicht der Schluss gezogen werden, andere Ansprüche unterlägen der Verjährung nicht. Ebenso triftige Gründe, wie sie zur Annahme der Verjährbarkeit bei vermögensrechtlichen Ansprüchen führen, können im Interesse der Rechtssicherheit auch die Zulassung der Verjährung bei andern öffentlichrechtlichen Ansprüchen gebieten ..." Dieser Grundsatz wird durch den Hinweis auf den Ausschluss der Verjährung im Bereiche der Polizeigüter eingeschränkt. Im Forstpolizeirecht zählt insbesondere die Erhaltungspflicht des Schutzwaldes zur Abwehr besonderer Gefahren (Lawinen, Erdrutsche, Überschwemmungen) zu den polizeilichen Interessen. Im zu beurteilenden Fall lagen aber keine polizeilichen Interessen vor. Das Bundesgericht kam zum Schluss, die 30-jährige Verjährungsfrist – analog zu Art. 662 ZGB – sei sowohl im ersten als auch im zweiten Rodungsfall noch nicht abgelaufen gewesen, als die Wiederaufforstungsverfügung erging. Die Beschwerde des Schweizerischen Bundes für Naturschutz wurde deshalb gutgeheissen (BGE 105 Ib 265, 267 ff.).

631   – Zur Verjährung der disziplinarischen Verantwortlichkeit von Bundesbeamten, die in Art. 22 des Bundesgesetzes über die Verantwortlichkeit des Bundes sowie seiner Behördemitglieder und Beamten (Verantwortlichkeitsgesetz) vom 14. März 1958 (SR 170.32) und in Art. 24 Abs. 4 der Beamtenordnung (1) vom 10. November 1959 (SR 172.221.101) geregelt ist, vgl. BGE 105 Ib 69 ff.

631a – Zur Verjährung vermögensrechtlicher Ansprüche vgl. VPB 60 (1996) Nr. 54 (Entscheid der Rekurskommission EVD vom 30. Juni 1995 betreffend Zahlung von Preiszuschlägen auf importiertem Silomais) und ZBl 96 (1995) 83 ff. (Entscheid des ETH-Rates vom 30. Mai 1994 betreffend Rückforderung von versehentlich zuviel bezahlten Lehrauftragsentschädigungen).

b) *Ausnahmen von der Verjährbarkeit*

Ausnahmen von der Verjährbarkeit bestehen im Bereich der Polizeigüter: Pflichten,   632
die sich aus polizeilichen Rechtsnormen ergeben, verjähren nicht.

Beispiel:
Pflicht zur Instandstellung einer verwahrlosten Baute, die für Leib und Leben der Bewohner und Passanten eine Gefahr bildet (BGE 105 Ib 268).

c) *Geltendmachung der Verjährung*

Für das Privatrecht schreibt Art. 142 OR vor, dass der Richter die Verjährung nicht   633
von Amtes wegen berücksichtigen darf, sondern nur auf eine Einrede hin. Es stellt
sich die Frage, ob dies im öffentlichen Recht ebenfalls gilt.

aa) *Forderungen des Staates*

Wenn der Staat Gläubiger ist, muss die Verjährung von Amtes wegen beachtet wer-   634
den. Eine Einrede des Privaten ist nicht erforderlich (VPB 60 [1996] Nr. 54, S. 469 f.
[Entscheid der Rekurskommission EVD vom 30. Juni 1995]). Diese Regelung zielt
auf den Schutz des Privaten gegenüber den Verwaltungsbehörden, die ihrer Aufgabe
zur Geltendmachung der Forderung nicht nachgekommen sind.

bb) *Forderungen des Privaten*

Wenn ein Privater Gläubiger ist, muss die Verjährung nur auf Einrede des Schuld-   635
ners, des Staates, beachtet werden. Auch diese Regelung schützt den Privaten, da er
die Leistung, die der Staat ihm schuldet, trotz Verjährung erhält, falls die Verwaltungsbehörde die Einrede – etwa, weil der Private auf eine unrichtige behördliche
Auskunft vertraute (vgl. dazu VPB 60 [1996] Nr. 72, S. 649 [Entscheid der Eidgenössischen Personalrekurskommission vom 21. Juli 1995]) – nicht erhebt.

Beispiele:
–   Ein Beamter verlangte, dass ihm zurückerstattet werde, was ihm von der Schweizerischen Eid-   636
    genossenschaft an Dienstwohnungsentschädigung angeblich während Jahren in gesetzwidriger
    Weise zuviel von seiner Besoldung abgezogen worden sei. Die Eidgenossenschaft bestritt den
    geltend gemachten vermögensrechtlichen Anspruch; sie berief sich jedoch nicht auf Verjäh-
    rung. Gemäss der früheren Praxis hatte das Bundesgericht der Verjährung, wegen der zwingen-
    den Natur des öffentlichen Rechts, Rechnung getragen, gleichgültig, ob die Einrede der Verjäh-
    rung erhoben worden war oder nicht. Nachdem diese Praxis von der Lehre kritisiert worden
    war, gab das Bundesgericht nun zu, dass auch im öffentlichen Recht, wie im Obligationenrecht,
    dem öffentlichen Interesse an der Beschränkung der Durchsetzung verjährter Ansprüche andere
    Werte entgegenstehen können, wie der Wunsch des Schuldners nach einem materiellen
    Entscheid über den Bestand der Forderung. Aus diesen Überlegungen änderte das Bundesge-
    richt seine Praxis im Sinne der in Rz. 634 und Rz. 635 dargestellten differenzierten Regelung.
    Im vorliegenden Fall hatte die Verwaltungsbehörde die Einrede der Verjährung nicht erhoben;
    das Bundesgericht berücksichtigte deshalb die Verjährung nicht (BGE 101 Ib 348 ff.).
–   BGE 112 Ia 260, 262 f. m.w.H; 111 Ib 269, 277 f.

d)   Verjährungsfristen

637   Gemäss der Praxis des Bundesgerichts gilt folgende Regel: Bei Fehlen gesetzlicher Bestimmungen über Verjährungsfristen ist auf öffentlichrechtliche Regelungen für verwandte Sachverhalte abzustellen. Gibt es keine solchen, so kann der Richter privatrechtliche Bestimmungen (insbesondere Art. 127 und 128 OR) analog anwenden oder selbst eine Regelung aufstellen (vgl. BGE 122 II 26, 32 f.; 116 Ia 461 ff.).

Beispiele:

638   –   Der Bund, der Kanton Schwyz und der Bezirk Schwyz hatten der Strassengenossenschaft Z. am 27. Januar 1964 Beiträge für den Bau einer Güterstrasse gewährt. Die Beiträge waren mit einem Zweckentfremdungsverbot der im Perimeter der Strassengenossenschaft gelegenen Liegenschaften verbunden. M., Eigentümer einer dieser Liegenschaften, verkaufte sie am 13. Februar 1966 an X. Am 14. Juli 1971 forderte das Departement für Land- und Forstwirtschaft des Kantons Schwyz wegen Zweckentfremdung den Teil der Beiträge von Bund, Kanton und Bezirk zurück, der dem Umfang der verkauften Parzelle entsprach. Auf Beschwerde von M. hob der Regierungsrat die Verfügung des kantonalen Departments auf mit der Begründung, die Forderung sei am 13. Februar 1971 verjährt. Die Abteilung für Landwirtschaft (heute: Bundesamt für Landwirtschaft) des Eidgenössischen Volkswirtschaftsdepartements gelangte mit Verwaltungsgerichtsbeschwerde ans Bundesgericht, welches ausführte: "Da die Verjährung des hier im Streite liegenden Rückerstattungsanspruchs in keinem bundesrechtlichen Erlass geregelt ist, hat das Bundesgericht abzuklären, ob für verwandte Ansprüche eine Regelung besteht, die analog auf den vorliegenden Fall angewendet werden kann (vgl. BGE 93 I 397 mit Hinweisen). Der Gläubiger verkennt oft, dass sein Anspruch auch verjähren kann, wenn das Gesetz sich darüber ausschweigt. Die analoge Anwendung von Verjährungsbestimmungen über verwandte Ansprüche ist daher nur unter ganz bestimmten Voraussetzungen zulässig: Es muss als wahrscheinlich angenommen werden können, dass der Gesetzgeber, wenn er die Verjährung für den fraglichen Anspruch geregelt hätte, sich für die Lösung entschieden hätte, deren analoge Anwendung in Aussicht genommen wird. Ausserdem müsste auch der Gläubiger diese Lösung erwartet haben können, wenn er sich Gedanken über die Verjährung seines Anspruchs gemacht hätte. Weder die Verjährungsbestimmungen, die im angefochtenen Entscheid erwähnt sind, noch die von der Beschwerdeführerin angeführten entsprechen aber diesen Voraussetzungen." Die Verjährung sei in verschiedenen Erlassen unterschiedlich geregelt, wobei sich diese Verschiedenheit sachlich nicht begründen lasse. Das Bundesgericht stellte dann die verschiedenen Regelungen der Verjährung von Rückerstattungsansprüchen zusammen. Da nicht klar sei, für welche dieser Lösungen sich der Gesetzgeber entschieden hätte, verbiete sich eine analoge Anwendung einer der aufgeführten Lösungen. Das Bundesgericht müsse selbst, anstelle des Gesetzgebers, Beginn und Dauer der Verjährungsfrist bestimmen. Dabei stützte es sich im Interesse der Rechtssicherheit auf frühere Entscheide über die Verjährung von öffentlichrechtlichen Rückerstattungsansprüchen und nahm mit diesen auch im vorliegenden Fall eine Verjährungsfrist von 5 Jahren seit Entstehung des Anspruchs an. Der Rückerstattungsanspruch gegenüber M. war deshalb verjährt (BGE 98 Ib 351, 356 ff.).

639   –   Entschädigungsforderungen aus materieller Enteignung infolge Zonenplanänderungen verjähren 10 Jahre nach Inkrafttreten des Zonenplans (BGE 108 Ib 334, 339 ff.).
       –   BGE 112 Ia 260, 263 m.w.H.

3.   Verwirkung

640   Im Gegensatz zur Verjährung können Verwirkungsfristen grundsätzlich weder gehemmt oder unterbrochen noch erstreckt werden und sind stets von Amtes wegen zu berücksichtigen (GADOLA, S. 56). Diese Grundsätze gelten aber nicht absolut. So ist namentlich dem Zweck der Verwirkungsfrist Rechnung zu tragen, was dazu führen

kann, dass eine Wiederherstellung der Frist trotz Verwirkung zugelassen wird oder dass die Verwirkung nicht berücksichtigt wird, wenn sich der Staat als Beklagter ohne Vorbehalt auf die Sache eingelassen oder ausdrücklich darauf verzichtet hat, sich auf die Verwirkung zu berufen (vgl. BGE 116 Ib 386, 393). Dass bei der Verwirkung das Recht selbst untergeht, falls nicht innerhalb der Verwirkungsfrist die gesetzlich vorgesehene Handlung vorgenommen wird, hat für die Unterscheidung von der Verjährung dagegen nur bedingte Bedeutung (vgl. Rz. 627).

Beispiele für Verwirkungsfristen:
- Rechtsmittelfristen;
- Art. 10 des Bundesgesetzes über Erwerb und Verlust des Schweizer Bürgerrechts vom 29. September 1952 (SR 141.0) betreffend die Verwirkung des Schweizer Bürgerrechts für die im Ausland geborenen Kinder eines schweizerischen Elternteils.

Beispiel: 641
Beamte der Baupolizei der Stadt Zürich stellten im Jahre 1978 fest, dass im 5. Obergeschoss einer Baute eine in den zwanziger Jahren dieses Jahrhunderts errichtete, nicht bewilligte Galerie vorhanden war. Ein Gesuch der Eigentümerin Z. um nachträgliche Bewilligung der Galerie wurde mit Beschluss vom 17. Juli 1978 abgelehnt. Z. wurde verpflichtet, die Galerie zu entfernen. Dieser Entscheid wurde von allen kantonalen Instanzen bestätigt, worauf Z. mit staatsrechtlicher Beschwerde wegen Verletzung von Art. 22ter BV ans Bundesgericht gelangte. Das Bundesgericht führte aus, dass es im Bereich des Baurechts – ähnlich wie es ein Entscheid im Gebiet des Forstrechts (BGE 105 Ib 265; vgl. Rz. 630) festgestellt hatte – stossend wäre und der Rechtssicherheit widerspräche, wenn die Behörden noch nach mehr als 50 Jahren einen Grundeigentümer zur Beseitigung eines baugesetzwidrigen Zustandes verpflichten könnten. Auch aus praktischen Gründen sei eine solche Lösung abzulehnen, da eine Abklärung der tatsächlichen und rechtlichen Verhältnisse, wie sie vor 50 Jahren bestanden hatten, äusserst schwierig erscheine. Eine Ausnahme von diesem Grundsatz sei die Pflicht zur Wiederherstellung des rechtmässigen Zustandes, falls eine ernsthafte und unmittelbare Gefahr für Leib und Leben der Bewohner oder der Passanten besteht. In solchen Fällen dürfe die Wiederherstellung des rechtmässigen Zustandes jederzeit gefordert werden. Im vorliegenden Fall sprächen keine derartigen baupolizeilichen Gründe für die Beseitigung der Galerie. Da es sich sozusagen um eine "Ersitzung" des Rechts auf Beibehaltung des baurechtswidrigen Zustands handle, liege es nahe, zur Fristbestimmung die zivilrechtlichen Regeln der Ersitzung analog heranzuziehen. Entsprechend Art. 662 ZGB, der die ausserordentliche Ersitzung von Grundeigentum regelt, gelte eine 30-jährige Frist, die mit der Fertigstellung des baurechtswidrigen Gebäudes oder Gebäudeteils zu laufen beginne, während der die Beseitigung des baurechtswidrigen Zustands gefordert werden könne. Da im vorliegenden Fall die 30-jährige Frist abgelaufen sei, bestehe kein Anspruch auf Wiederherstellung des rechtmässigen Zustandes (BGE 107 Ia 121 ff.). – Zur Beurteilung der Duldung eines rechtswidrigen Zustandes gemäss dem Vertrauensprinzip vgl. Rz. 549 f.

4. Verrechnung

Auch im öffentlichen Recht ist die Verrechnung von Geldforderungen grundsätzlich möglich, sofern sie nicht durch besondere gesetzliche Regelung ausgeschlossen ist. Zu unterscheiden ist, ob die Verrechnung vom Staat oder von Privaten erklärt wird.   642

Die Verrechnung wird nicht von Amtes wegen beachtet; es bedarf stets einer Verrechnungserklärung.   643

Damit eine Verrechnung möglich ist, müssen *drei Voraussetzungen* erfüllt sein: 644
- Forderung und Gegenforderung müssen zwischen den gleichen Rechtsträgern bestehen.

– Die Forderungen müssen gleichartig sein (z.B. Geldforderungen).
– Die Forderung des Verrechnenden muss fällig, diejenige der andern Partei erfüllbar sein (vgl. KNAPP, N. 738).

Beispiel:
BGE 91 I 292, 293 ff. (vgl. Rz. 152).

a) Verrechnungserklärung durch das Gemeinwesen

645 Das Gemeinwesen kann seine Forderungen mit Gegenforderungen der Privaten unabhängig davon zur Verrechnung bringen, ob die Forderungen oder die Gegenforderungen öffentlich- oder privatrechtlich sind.

Beispiel:
BGE 111 Ib 150, 158 m.w.H.

b) Verrechnungserklärung durch Private

646 Die Privaten können ihre Forderungen gegenüber dem Gemeinwesen mit einer *öffentlichrechtlichen* Forderung des Gemeinwesens nur verrechnen, sofern das Gemeinwesen zustimmt (Art. 125 Ziff. 3 OR). Für die Verrechnung ihrer Forderungen mit *privatrechtlichen* Forderungen des Gemeinwesens bedarf es keiner Zustimmung des Gemeinwesens. Das Gemeinwesen ist also mit seinen öffentlichrechtlichen Forderungen privilegiert, indem es zu einer Verrechnung die Zustimmung erteilen muss.

646a Beispiel:
Mangels Einwilligung der PTT konnte der Inhaber einer Empfangskonzession die von ihm geschuldeten Gebühren für den Radio- und Fernsehempfang nicht verrechnen mit einer Forderung auf Ersatz des Schadens, der an seinem Informatiksystem angeblich durch den von der PTT betriebenen Rundfunksender verursacht worden war (VPB 58 [1994] Nr. 18 [Entscheid der Generaldirektion PTT vom 17. Juni 1992]).

5. Verzicht

a) Grundsatz der Unverzichtbarkeit von verwaltungsrechtlichen Rechten

647 Der zwingende Charakter des öffentlichen Rechts steht in einem Widerspruch zur Verzichtbarkeit. Insbesondere kann das Gemeinwesen grundsätzlich nicht auf die Erfüllung einer öffentlichrechtlichen Pflicht durch Private verzichten. Auch die Privaten können nicht ohne weiteres auf Rechte gegenüber dem Gemeinwesen verzichten. Besonders problematisch ist der Verzicht auf die Ausübung von solchen Grundrechten und prozessualen Rechten, die zwar private Interessen schützen, aber auch aus Gründen der öffentlichen Ordnung Geltung beanspruchen.

b)   *Ausnahme der Verzichtbarkeit*

aa)   *Verzichtbarkeit kraft gesetzlicher Anordnung*

Es ist möglich, dass ein Gesetz ausdrücklich die Verzichtbarkeit vorsieht.   648

Beispiel:
Art. 64 des Bundesgesetzes über die Nutzbarmachung der Wasserkräfte vom 2. Dezember 1916 (SR 721.80) lautet:
"Die Verleihung der Wasserrechtskonzession erlischt ohne weiteres:
a. ...
b. durch ausdrücklichen Verzicht".

bb)   *Übertragbare Rechte*

Die Privaten können auf übertragbare Rechte – so auf vermögensrechtliche Ansprü-   649
che gegenüber dem Gemeinwesen, z.B. auf den Anspruch auf eine Entschädigung
oder auf eine Baubewilligung (vgl. Rz. 662 ff.) – verzichten. Verzichtbarkeit und
Übertragbarkeit sind Ausdruck der Verfügbarkeit über einen Anspruch und gehören
in diesem Sinne zusammen.

Beispiel: 650
Infolge verschiedener Betriebsunfälle erhielt der Beamte R. von der Unfallversicherungskasse eine
Rente für Teilinvalidität zugesprochen. R. verblieb im Dienste der PTT. Mit seiner ausdrücklichen
Zustimmung wurde die Rente auf seine Besoldungsbezüge angerechnet. Nachträglich erhob R. An-
spruch auf Ausrichtung der angerechneten Beträge. Das Bundesgericht führte aus, subjektive öffentli-
che Rechte – z.B. das Recht auf Besoldung eines Beamten – seien grundsätzlich nicht verzichtbar.
Ausnahmen bestünden bei abtretbaren Forderungen und bei Forderungen, die der Verjährung unterliegen. Da Besoldungsansprüche sowohl abtretbar als verjährbar seien, habe R. rechtsgültig auf seine
Ansprüche verzichtet. R. habe keinen Anspruch auf Rückerstattung (BGE 92 I 240, 243 ff. = Pra 55
[1966] Nr. 169).
Kritik: Die bundesgerichtliche Argumentation, dass verjährbare Rechte auch verzichtbar seien,
überzeugt nicht, da zwei verschiedene Gesichtspunkte vermischt werden: Bei der Verjährung geht es
um eine Frage der Rechtssicherheit, beim Verzicht dagegen um die Verfügbarkeit über eine Forderung. Dagegen trifft zu, dass der Besoldungsanspruch abgetreten werden kann, so dass auch ein gültiger Verzicht möglich ist.

6.   Beendigung durch Rechtssatz

Eine Änderung des Gesetzes bewirkt die unmittelbare Beendigung von Rechten und   651
Pflichten, mit Ausnahme der wohlerworbenen Rechte (vgl. Rz. 1584).

7.   Fristablauf bei Befristung

Rechte oder Pflichten, deren Geltung befristet ist, fallen mit Ablauf der betreffenden   652
Frist dahin.

Beispiel:

§ 322 des Zürcher Gesetzes über die Raumplanung und das öffentliche Baurecht vom 7. September 1975 (ZH LS 700.1) (PBG) lautet: "Baurechtliche Bewilligungen erlöschen nach drei Jahren, wenn nicht vorher mit der Ausführung begonnen worden ist ...".

IV. Änderung verwaltungsrechtlicher Rechte und Pflichten

653 Verwaltungsrechtliche Rechte und Pflichten können nach ihrer Begründung unter bestimmten Voraussetzungen geändert werden. Das Rechtsverhältnis wird durch die Änderung nicht beendet, sondern besteht mit modifiziertem Inhalt weiter.

1. Bei Begründung der Rechte und Pflichten durch Rechtssatz

654 Verwaltungsrechtliche Rechte und Pflichten, die direkt durch einen Rechtssatz begründet worden sind, werden durch eine Änderung dieses Rechtssatzes neu umschrieben.

Beispiel:

Mit der am 22. Dezember 1976 erfolgten Änderung des Art. 5 der Verordnung über den Strassenverkehr vom 13. November 1962 (SR 741.11) wurden die Höchstgeschwindigkeiten für die einzelnen Fahrzeugarten neu festgelegt.

655 Aus dem Prinzip des Vertrauensschutzes (Rz. 541 ff.) und dem Verhältnismässigkeitsgrundsatz (BGE 106 Ia 254, 260 ff., 104 Ib 205, 215 ff.; 103 Ia 272, 275 ff.) kann sich bei Änderungen von Rechtssätzen ein Anspruch auf eine angemessene Übergangsregelung ergeben. Die Rückwirkung von geänderten Erlassen ist an besondere Voraussetzungen geknüpft (vgl. dazu Rz. 266 ff.).

2. Bei Begründung der Rechte und Pflichten durch Verfügung

656 Wenn verwaltungsrechtliche Rechte und Pflichten durch eine Verfügung begründet worden sind, stellt sich die Frage, ob sie wegen der ursprünglichen Fehlerhaftigkeit der Verfügung, wegen der Änderung der tatsächlichen Verhältnisse oder wegen der Änderung der Rechtsgrundlagen geändert oder angepasst werden können (vgl. dazu Rz. 802 ff.).

a) Änderung vor Eintritt der formellen Rechtskraft

657 Eine fehlerhafte Verfügung, die noch nicht in formelle Rechtskraft (zum Begriff vgl. Rz. 802 f.) erwachsen ist, kann von den Verwaltungsbehörden geändert werden. Betroffene haben die Möglichkeit, eine solche Verfügung anzufechten und ihre Änderung zu verlangen.

b) *Änderung nach Eintritt der formellen Rechtskraft*

Da Verfügungen nur unter bestimmten Voraussetzungen in materielle Rechtskraft   658
erwachsen, d.h. unabänderlich werden (vgl. Rz. 805 f.), können sie grundsätzlich von
den Verwaltungsbehörden auch nach Eintritt der formellen Rechtskraft geändert
werden.

Falls das Gesetz keine ausdrückliche Regelung enthält, ist eine Änderung durch   659
Widerruf einer Verfügung nur zulässig, wenn die Verfügung von Anfang an mit
einem Rechtsfehler behaftet oder nachträglich (durch Änderung der Sach- oder
Rechtslage) fehlerhaft geworden ist und wenn das Interesse an der richtigen Anwendung des objektiven Rechts gegenüber dem Interesse am Vertrauensschutz und an
der Rechtssicherheit überwiegt (vgl. Rz. 809 ff.).

Beispiel: 660
Im Zusammenhang mit der Frage der Anpassung einer Rente der Militärversicherung erklärte das
Eidgenössische Versicherungsgericht: Nach der Rechtsprechung sei eine formell rechtskräftige Verfügung abzuändern, wenn seit deren Erlass eine Rechtsänderung eingetreten sei, welche die Verfügung als rechtswidrig erscheinen lasse. Insbesondere zeitlich unbefristet fortwirkende Anordnungen
seien zu ändern, wenn sie dadurch einer nachträglich verwirklichten Änderung des objektiven Rechts
angepasst werden. Eine neue Verwaltungs- oder Gerichtspraxis bilde zwar kaum je einen Grund für
ein Zurückkommen auf eine formell rechtskräftige Dauerverfügung zum Nachteil des Versicherten.
Eine Anpassung ursprünglich fehlerfreier Verfügungen erscheine aber ausnahmsweise dann als gerechtfertigt, wenn eine neue Praxis in einem solchen Mass allgemeine Verbreitung erhalte, dass deren
Nichtbefolgung als Verstoss gegen das Gleichheitsgebot erscheine. Allenfalls könnten der Rentenan-
passung eine Besitzstandsgarantie oder wohlerworbene Rechte entgegenstehen, was im konkreten
Fall verneint wurde (BGE 112 V 387, 393 f.).

3.   Bei Begründung der Rechte und Pflichten
durch verwaltungsrechtlichen Vertrag

Die durch einen verwaltungsrechtlichen Vertrag begründeten Rechte und Pflichten   661
können einerseits wegen der Fehlerhaftigkeit des Vertrages, insbesondere bei Verletzung zwingender öffentlichrechtlicher Vorschriften, andererseits wegen stark veränderter Verhältnisse, die seit dem Vertragsabschluss eingetreten sind, abgeändert werden (vgl. dazu Rz. 892 ff.).

V.   Übertragung verwaltungsrechtlicher Rechte und Pflichten

Die Übertragbarkeit von Rechten und Pflichten ist im Privatrecht Ausfluss der Pri-   662
vatautonomie des rechtsgeschäftlichen Verkehrs. Sie ist im öffentlichen Recht durch
dessen zwingenden Charakter grundsätzlich ausgeschlossen (vgl. VPB 38 [1974]
Nr. 58, S. 57 [Entscheid des Bundesrates vom 1. Oktober 1973]).

1.   Rechte und Pflichten des Gemeinwesens und seiner Organe

663   Auf der Seite der Verwaltungsbehörden ist zu beachten, dass aufgrund der recht-satzmässig festgelegten Zuständigkeitsordnung die freie Übertragung von Hoheits-rechten ausgeschlossen ist. Ein Subjektswechsel setzt hier stets eine gesetzliche Grundlage voraus.

2.   Rechte und Pflichten der Privaten

664   Bei der Übertragbarkeit von verwaltungsrechtlichen Rechten und Pflichten der Pri-vaten lassen sich folgende Kategorien unterscheiden.

a)   *Persönliche Rechte und Pflichten*

665   Persönliche Rechte und Pflichten sind mit einer bestimmten Person verknüpft. Dies ist im Verwaltungsrecht regelmässig der Fall.

aa)   *Nicht übertragbare, höchstpersönliche Rechte und Pflichten*

666   Nicht übertragbar sind verwaltungsrechtliche Rechte und Pflichten, welche infolge ihrer Rechtsnatur derart mit einer bestimmten Person verknüpft sind, dass sie nur von dieser ausgeübt werden können und müssen.

Beispiele:
–   Dienstpflicht des Beamten;
–   aus dem Anwaltspatent fliessende Rechte und Pflichten;
–   Militärdienstpflicht;
–   Ansprüche auf Sozialhilfe;
–   Führerausweis oder andere Fähigkeitsausweise.

bb)   *Beschränkt übertragbare Rechte und Pflichten*

667   Die Übertragung ist nicht gänzlich ausgeschlossen, jedoch im Vergleich zur freien Übertragbarkeit von der Erfüllung weiterer Voraussetzungen abhängig.

aaa)   *Bewilligungsbedürftige Übertragung*

668   Oft sind Bewilligungen und Konzessionen nur mit Zustimmung der Bewilligungs- oder Konzessionsbehörde übertragbar.

Beispiele:
–   Bewilligung gemäss Art. 4 des Bundesgesetzes über die Konzessionierung der Hausbrennerei vom 23. Juni 1944 (SR 680.1);
–   Wassernutzungskonzession gemäss Art. 42 Abs. 1 des Bundesgesetzes über die Nutzbarma-chung der Wasserkräfte vom 22. Dezember 1916 (SR 721.80);

– Infrastrukturkonzession für Eisenbahnen gemäss Art. 7 des Eisenbahngesetzes vom 20. Dezember 1957 (SR 742.101).

bbb) Formbedürftige Übertragung

Unter Umständen sind bei der Übertragung gewisse Formerfordernisse zu beachten. 669

Beispiel:
Erbschaftsübernahme unter öffentlichem Inventar gemäss Art. 580 ff. ZGB.

ccc) Unterschiedliche Behandlung der Übertragung unter Lebenden und der Übertragung von Todes wegen

Es ist möglich, dass ein Gesetz die Frage der Übertragbarkeit verschieden regelt je nachdem, ob die Übertragung einer Bewilligung durch ein Rechtsgeschäft unter Lebenden erfolgt oder von Todes wegen. 670

671

Beispiel:
Art. 5 Abs. 5 des Bundesgesetzes über die gebrannten Wasser vom 21. Juni 1932 (SR 680) verpflichtet die Eidgenössische Alkoholverwaltung zur Bewilligungserteilung, wenn es sich um einen erbweisen Übergang des Brennereibetriebes handelt und der Erbe die Voraussetzungen für die Erteilung einer Konzession erfüllt. In allen andern Fällen der Übertragung einer solchen Konzession muss auch die zusätzliche Voraussetzung des Vorliegens eines wirtschaftlichen Bedürfnisses erfüllt sein (BGE 79 I 296, 302).

cc) Frei übertragbare Rechte und Pflichten

Die freie Übertragbarkeit von persönlichen Rechten und Pflichten kann vom Gesetz vorgesehen sein oder sich aus deren Natur ergeben. Letzteres ist der Fall bei den vermögensrechtlichen Ansprüchen von Privaten gegen das Gemeinwesen, sofern sie nicht vom Gesetz als höchstpersönliche Ansprüche (vgl. Rz. 666) ausgestaltet sind. 672

Übertragbar sind u.a.: 673
– Ansprüche aus Enteignung;
– Besoldungsansprüche der Beamten.

674

Beispiel:
Zur Frage der Übertragbarkeit der Besoldungsansprüche der Beamten machte das Bundesgericht in einem Entscheid folgende Ausführungen: "D'une manière générale, les prétentions pécuniaires de droit public sont cessibles, sauf si, pour des motifs d'intérêt public, elles ont un caractère strictement personnel. Il n'apparaît pas cependent que le législateur ait attribué un tel caractère à la prétention du fonctionnaire fédéral à son traitement. Au contraire, selon la communis opinio, il n'a pas entendu priver cet agent du moyen de crédit que constitue la cession de salaire. L'eût-il voulu qu'il l'aurait probablement dit, de façon expresse, dans une disposition analogue à l'art. 47 al. 4 StF (Loi fédérale sur le statut des fonctionnaires du 30 juin 1927 [SR 172.221.10]), qui déclare nulle la cession du droit à la jouissance du traitement du fonctionnaire décédé. Assurément, loin d'être absolu, le droit de cession du fonctionnaire est limité par ses obligations. Dans la mesure où le traitement du fonctionnaire est nécessaire à l'accomplissement de ses devoirs de service et hors de service, il ne peut être cédé.

Mais cette restriction ne vaut que pour le salaire futur. Dans tous les cas, rien ne s'oppose à la cession du traitement échu, celui-ci ayant été acquis en échange de services déjà rendus, dont la prestation ne peut donc plus être compromise ..." (BGE 92 I 240, 244).

dd) Zwangsweise Übertragung

675 Verschiedentlich sieht das Gesetz ausdrücklich vor, dass die verwaltungsrechtlichen Pflichten und zum Teil auch die Rechte vom Erblasser auf die Erben übergehen.

Beispiele:
- Art. 12 Abs. 1 des Bundesgesetzes über die direkte Bundessteuer vom 14. Dezember 1990 (SR 642.11);
- Art. 23 Abs. 1 der Verordnung über die Mehrwertsteuer vom 22. Juni 1994 (SR 641.201);
- Art. 6 des Bundesgesetzes über den Wehrpflichtersatz vom 12. Juni 1959 (SR 661).

b) An eine Sache gebundene Rechte und Pflichten

676 Es gibt verwaltungsrechtliche Rechte und Pflichten, die so stark mit einer Sache, insbesondere mit einem Grundstück, verbunden sind, dass sie nur zusammen mit dieser Sache übertragen werden können. Zum Teil ist zudem eine behördliche Zustimmung erforderlich. Dies ist z.B. bei Baubewilligungen und bei Pflichten aus einer Bodenverbesserung der Fall.

677 Beispiel:
Flück führte ein Terminage-Atelier, das 1945 mit 36 Arbeitern eingetragen war. Tatsächlich beschäftigt waren nur 6 Arbeitnehmer. Am 1. August 1952 übernahm die Britix Watch Co. S.A. das Uhrenterminage-Geschäft Flück mit Aktiven und Passiven und verlangte die Bewilligung zur Vereinigung der beiden Betriebe sowie die Übertragung des auf die Firma Flück eingetragenen Arbeiterbestandes auf sie. Das Eidgenössische Volkswirtschaftsdepartement genehmigte die Übernahme, aber gestattete nur die Übertragung von 10 Arbeitern. Das Terminage-Atelier Flück wurde im Verzeichnis der Unternehmungen der Uhrenindustrie gestrichen. Britix Watch und Flück erhoben Beschwerde gegen die Erhöhung der Arbeiterzahl um nur 10 Einheiten und die Streichung des Betriebs Flück. Das Bundesgericht wies die Beschwerde ab, u.a. mit folgender Begründung: "Die Betriebsbewilligung in der Uhrenindustrie ist eine Polizeierlaubnis. Eine Polizeierlaubnis begründet kein subjektives Recht und kann nicht übertragen werden, also auch nicht Objekt eines Kaufs sein. Dagegen kann sie, wenn sie sich nicht auf die persönlichen Eigenschaften des Unternehmers, sondern lediglich auf die Mittel bezieht, mit denen ein Unternehmen betrieben wird, mit dem Unternehmen verbunden bleiben, auch wenn der Unternehmer wechselt" (BGE 80 I 402, 405 f.).

c) "Gemischte" Rechte und Pflichten

678 Diese Rechte und Pflichten enthalten Elemente aus der Gruppe sowohl der persönlichen als auch der an eine Sache gebundenen Rechte und Pflichten. Die Übertragung ist demnach nur zulässig, wenn der Erwerber der Sache auch die persönlichen Voraussetzungen der Bewilligungserteilung erfüllt.

Beispiele:
- Gastwirtschaftspatent;
- Bewilligung für den Import gewisser Güter.

VI. Stellvertretung

Stellvertretung liegt vor, wenn kraft objektiven Rechts das Verhalten eines Rechts-   679
subjekts (des Vertreters) einem anderen (dem Vertretenen) zugerechnet wird, so dass
durch Handlungen des Vertreters der Vertretene verpflichtet und berechtigt wird.

Die Stellvertretung bei der Erfüllung verwaltungsrechtlicher Pflichten oder bei   680
der Ausübung von verwaltungsrechtlichen Rechten ist zulässig, sofern nicht das Gesetz oder die Natur der betreffenden Rechte oder Pflichten das Tätigwerden einer bestimmten Person verlangen.

In BGE 94 I 248, 251 führte das Bundesgericht u.a. aus: "Dass der Vertretene   681
für das Verhalten des Vertreters einstehen muss, ergibt sich zudem aus dem Begriff
der Stellvertretung. Diese kommt nicht nur im rechtsgeschäftlichen Verkehr vor,
sondern auch im Verkehr zwischen Privaten und Amtsstellen, z.B. Gerichten. Wie
der Vertretene die Vorteile der Stellvertretung geniesst, hat er auch ein ihm nachtei-
liges Verhalten des Vertreters zu verantworten ...".

Die Vertretung spielt im Verwaltungsrecht nur eine untergeordnete Rolle.   682

Die Stellvertretung ist zulässig: 683
-   bei Geldleistungen;
-   kraft gesetzlicher Anordnung (z.B. bei der Ausübung des Stimmrechts).

Die Stellvertretung ist unzulässig bei: 684
-   Militärdienstpflicht;
-   Pflichten der Beamten;
-   Rechten und Pflichten gestützt auf einen Fähigkeitsausweis.

5. Kapitel
Die Verfügung

Literatur

BALSCHEIT PETER, Die Rechtsnatur des Planes, Diss. Basel 1969; BEATI GIORDANO, I diritti acquisti, in: Verfassungsrechtsprechung und Verwaltungsrechtsprechung, Zürich 1992, S. 33 ff.; BETTER-MANN KARL AUGUST, Über die Rechtswidrigkeit von Staatsakten, in: Recht als Prozess und Gefüge, Festschrift für Hans Huber zum 80. Geburtstag, Bern 1981, S. 25 ff.; BRIDEL MARCEL, L'autorité des décisions des caisses privées dans l'assurance contre la maladie, in: Der Staat als Aufgabe, Gedenkschrift Max Imboden, Basel 1972, S. 59 ff.; BRÜHWILER-FRÉSEY LUKAS S., Verfügung, Vertrag, Realakt und andere verwaltungsrechtliche Handlungssysteme, Diss. Fribourg 1984; BRUHIN URS PETER, Planänderung im Raumplanungsrecht, Diss. Zürich 1975; BÜCKING HANS-JÖRG, Rechtsschutz bei zurückgenommenen und erledigten Verwaltungsakten, Bern/Frankfurt a.M. 1976; DEGRANDI BENNO, Die automatisierte Verwaltungsverfügung, Diss. Zürich 1977; FLÜTSCH HANS-JÜRG, Die rechtliche Natur des militärischen Befehls, Diss. Zürich 1969; GADOLA ATTILIO R., Der Genehmigungsentscheid als Anfechtungsobjekt in der Staats- und Verwaltungsrechtspflege, AJP 2 (1993) 290 ff.; GIACOMINI SERGIO, Vom "Jagdmachen auf Verfügungen", ZBl 94 (1993) 237 ff.; GOSS-WEILER MARTIN, Die Verfügung im schweizerischen Sozialversicherungsrecht, Diss. Bern 1983; GYGI FRITZ, Zur Rechtsbeständigkeit von Verwaltungsverfügungen, ZBl 83 (1982) 149 ff.; GYGI FRITZ, Über die anfechtbare Verfügung, in: Berner Festgabe zum Schweizerischen Juristentag 1979, Bern/Stuttgart 1979, S. 517 ff.; GYGI FRITZ, Beiträge zur Lehre vom Verwaltungsakt, ZSR NF 78/I (1959) 379 ff.; HAEFLIGER ARTHUR, Die Anfechtung von Zwischenverfügungen in der Verwaltungsrechtspflege des Bundesgerichts, in: Mélanges Robert Patry, Lausanne 1988, S. 341 ff.; HALLER WALTER, Raumplanung im demokratisch-föderalistischen Rechtsstaat, in: Menschenrechte, Föderalismus, Demokratie, Festschrift zum 70. Geburtstag von Werner Kägi, Zürich 1979, S. 161 ff.; HALLER WALTER/KARLEN PETER, Raumplanungs- und Baurecht, 2. Aufl., Zürich 1992; HALTNER ROLF HEINRICH, Begriff und Arten der Verfügung im Verwaltungsverfahrensrecht des Bundes (Artikel 5 VwVG), Diss. Zürich 1979; HANGARTNER YVO, Widerruf und Änderung von Verwaltungsakten aus nachträglich eingetretenen Gründen, Diss. St. Gallen 1959; HANGARTNER YVO, Widerruf von Verwaltungsakten bei Meinungswandel der Behörde und bei Änderung der tatsächlichen Verhältnisse, ZBl 62 (1961) 169 ff.; HEINIGER THOMAS, Der Ausnahmeentscheid, Untersuchungen zu Ausnahmeermächtigung und Ausnahmebewilligung, Diss. Zürich 1985; IMBODEN MAX, Der Plan als verwaltungsrechtliches Institut (1960), in: Max Imboden, Staat und Recht, Basel/Stuttgart 1971, S. 387 ff.; IMBODEN MAX, Der nichtige Staatsakt, Zürich 1944; INEICHEN THOMAS, Der Zonenplan, Diss. Fribourg 1977; JAAG TOBIAS, Die Abgrenzung zwischen Rechtssatz und Einzelakt, Zürich 1985; JAAG TOBIAS, Die Allgemeinverfügung im schweizerischen Recht, ZBl 85 (1984) 433 ff.; JAAG TOBIAS, Die Anfechtbarkeit von Richtplänen mit staatsrechtlicher Beschwerde, SJZ 78 (1982) 261 ff.; JAAG TOBIAS, Zur Rechtsnatur der Strassenbezeichnung, recht 11 (1993) 50 ff.; KÄMPFER WALTER, Zur Gesetzesbeständigkeit "wohlerworbener" Rechte, in: Mélanges Henri Zwahlen, Lausanne 1977, S. 339 ff.; KIESER UELI, Die Abänderung der formell rechtskräftigen Verfügung nach der Rechtsprechung des EVG, Bemerkungen zu Revision, Wiedererwägung und Anpassung, in: Schweizerische Zeitschrift für Sozialversicherung und berufliche Vorsorge 35 (1991) 132 ff.; KLETT KATHRIN, Verfassungsrechtlicher Schutz "wohlerworbener Rechte", Diss. Bern 1984; KNEUBÜHLER LORENZ, Gehörsverletzung und Heilung, ZBl 99 (1998) 97 ff.; KÖLZ ALFRED, Das wohlerworbene Recht – immer noch aktuelles Grundrecht?, SJZ 74 (1978) 65 ff., 89 ff.; KÜNG RUDOLF, Der Adressat des Polizeibefehls, Diss. Zürich 1974; MARTIN JÜRG, Leitfaden für den Erlass von Verfügungen, Zürich 1996; MEYER-BLASER ULRICH, Die Abänderung formell rechtskräftiger Verwaltungsverfügungen in der Sozialversicherung, ZBl 95 (1994) 337 ff.; MORAND CHARLES-ALBERT (Hrsg.), Les instruments d'action de l'Etat, Basel/Frankfurt a.M. 1991; MORAND CHARLES-ALBERT, La crise du droit vue à travers la participation aux décisions concrètes, in: Staatsorganisation und Staatsfunktionen im Wandel, Festschrift Kurt Eichenberger, Basel/Frankfurt a.M. 1982, S. 423 ff.; MÜLLER URS, Die Entschädigungspflicht beim Widerruf von Verfügungen, Diss. Bern 1984; RHINOW RENÉ A., Verfügung, Verwaltungsvertrag und privatrechtlicher Vertrag, in: Privatrecht, öffentliches Recht, Strafrecht, Festgabe zum Schweizerischen Juristentag 1985, Basel/Frankfurt a.M. 1985, S. 295 ff.; RHINOW RENÉ A., Rechtsetzung und Methodik, Basel/Stuttgart 1979; RHINOW RENÉ A., Wohlerworbene und vertragliche Rechte im öffentlichen Recht, ZBl 80 (1979) 1 ff.; SALADIN PETER, Wiedererwägung und Widerruf formell rechtskräftiger Verfügungen: die Rechtsprechung des Eidgenössischen Versicherungsgerichts im Vergleich zur Praxis des Bundesgerichts in Lausanne, in: Sozialversicherungsrecht im Wandel, Festschrift 75 Jahre Eidgenössisches Versicherungsgericht, Bern 1992, S. 113 ff.; SALADIN PETER, Die sogenannte Nichtigkeit von Verfügungen, in: Festschrift für Ulrich Häfelin zum 65. Geburtstag, Zürich 1989, S. 539 ff.; SALADIN PETER, Der Widerruf von Verwaltungsakten, Diss. Basel 1960; SCHMID LUZIUS, Die Rechtskraft des negativen Verwaltungsaktes, Diss. Bern 1978; SCHORER PETER PAUL, Der Widerruf der Baubewilligung nach bernischem Recht, Diss. Bern 1976; SCHÜRMANN LEO/HÄNNI PETER, Planungs-, Bau- und besonderes Umweltschutzrecht, 3. Aufl., Bern 1995; SCHULTHEISS BEAT, Wohlerworbene Rechte in der schweizerischen Rechtsordnung, Diss. Basel 1980; STADELWIESER JÜRG, Die Eröffnung von Verfügungen, Diss. St. Gallen 1994; TSCHANNEN PIERRE, Der Richtplan und die Abstimmung raumwirksamer Tätigkeiten, Diss. Bern 1986; VILLIGER MARK E., Die Pflicht zur Begründung von Verfügungen, ZBl 90 (1989) 137 ff.; ZIMMERLIN ERICH, Nochmals: Die Rechtsnatur der Pläne, ZBl 82 (1981) 337 ff.

§ 13   Begriff, Inhalt und Arten der Verfügung

I.   Begriff der Verfügung

1.   Definition

Die Verfügung ist ein individueller, an den Einzelnen gerichteter Hoheitsakt, durch   685
den eine konkrete verwaltungsrechtliche Rechtsbeziehung rechtsgestaltend oder feststellend in verbindlicher und erzwingbarer Weise geregelt wird.

Diese Umschreibung, die sich auch in der bundesgerichtlichen Rechtsprechung   686
(z.B. BGE 121 II 473, 477) findet, entspricht der Legaldefinition von Art. 5 Abs. 1 VwVG.

Der Begriff der Verfügung hat für das ganze Verwaltungsrecht eine zentrale   687
Bedeutung. Er ist gleichbedeutend mit dem früher gebrauchten Ausdruck "Ver-

waltungsakt" (anders KNAPP, N. 875 f., der zwischen "actes administratifs au sens large" und "décisions administratives" unterscheidet).

2. Elemente des Begriffs der Verfügung

a) Hoheitliche, einseitige Anordnung einer Behörde

688 Die Verfügung ist eine hoheitliche Anordnung. Sie unterscheidet sich dadurch vom privatrechtlichen Handeln der Verwaltungsbehörden. Zudem charakterisiert sich die Verfügung dadurch, dass sie einseitig von den Behörden erlassen wird. Sie ist also – anders als etwa der verwaltungsrechtliche Vertrag – u.U. auch ohne Zustimmung des Betroffenen rechtswirksam. Die Anordnung kann sich sowohl auf ein positives als auch ein negatives Handeln, d.h. auf ein Tun, Dulden oder Unterlassen beziehen.

b) Individuell-konkrete Anordnung

689 Die Verfügung ist Rechtsanwendung auf einen konkreten Fall und für einen individuellen Adressaten. Damit steht sie im Gegensatz zum Rechtssatz (oder Gesetz im materiellen Sinn), der sich durch seinen generell-abstrakten Charakter auszeichnet. "Individuell" bedeutet, dass sich die Verfügung nur an einen oder an eine bestimmte Zahl von Adressaten richtet. "Konkret" heisst, dass die Verfügung nicht eine unbestimmte Zahl von Fällen regelt.

689a Beispiel:
Das Eidgenössische Militärdepartement qualifizierte einen Entscheid des Bundesamtes für Adjudantur, die Mitglieder der religiösen Vereinigung X nicht länger als zur römisch-katholischen Kirche zugehörig zu betrachten und deshalb deren Geistliche in Zukunft nur noch unter besonderen Umständen vom Militärdienst zu befreien, als blossen Grundsatzentscheid, dem die für eine Verfügung notwendige genügende Individualisierung abgehe (VPB 57 [1993] Nr. 19).

c) Anwendung von Verwaltungsrecht

690 Die Verfügung ist eine Anordnung in Anwendung von Verwaltungsrecht. Ohne Bedeutung ist, von welcher Behörde die Verfügung ausgeht. Bei der erlassenden Behörde kann es sich um eine Verwaltungsbehörde handeln, aber auch um ein Organ der Legislative oder Judikative. Beispiel für eine Verfügung, die ein Parlament erlässt, ist im Bund die Genehmigung der Erteilung einer Rahmenbewilligung für Atomanlagen (Art. 1 Abs. 1 des Bundesbeschlusses zum Atomgesetz vom 6. Oktober 1978 [SR 732.01]); als Beispiel für die Verfügung eines Gerichts sei die Wahl eines Gerichtsschreibers angeführt. Grundsätzlich kann jeder Träger öffentlicher Gewalt zum Erlass von Verwaltungsverfügungen ermächtigt sein. Dies trifft auch auf Private zu, soweit sie in Erfüllung von ihnen übertragenen öffentlichen Aufgaben handeln (z.B. Krankenkassen, Milchgenossenschaften).

d) *Auf Rechtswirkungen ausgerichtete Anordnung*

Die Verfügung ist auf Rechtwirkungen ausgerichtet. Mit der Verfügung werden in einem konkreten Fall Rechte und Pflichten eines bestimmten Privaten begründet, geändert oder aufgehoben (vgl. Art. 5 Abs. 1 lit. a VwVG und dazu VPB 61 [1997] Nr. 63, S. 569 f. [Entscheid der ETH-Rekurskommission vom 30. Oktober 1995]). So wird z.B. mit einer Baubewilligung das Recht erteilt, ein Haus zu bauen, oder mit einer Steuerveranlagung die Pflicht auferlegt, einen bestimmten Steuerbetrag zu zahlen. Eine Ausnahme davon, dass eine Verfügung Rechte und Pflichten begründet, ändert oder aufhebt, bildet die sogenannte Feststellungsverfügung, die lediglich bestehende Rechte und Pflichten autoritativ feststellt (vgl. Art. 5 Abs. 1 lit. b VwVG). 691

Zur Erfüllung von Verwaltungsaufgaben gehören auch verschiedene Handlungen, die nicht auf Rechtswirkungen ausgerichtet sind. Zu nennen sind u.a. Realakte wie Strassenunterhalt, Kehrichtabfuhr, Betrieb von Elektrizitätswerken oder Wasserversorgung, die Erstellung von Berichten und Vernehmlassungen, die Beantwortung von Fragen, Vollstreckungshandlungen (vgl. Rz. 694 ff.) sowie das informelle Verwaltungshandeln (vgl. Rz. 602j ff.). 692

e) *Verbindlichkeit und Erzwingbarkeit*

Verfügungen sind verbindlich und erzwingbar. Sie können vollstreckt werden, ohne dass hierfür noch eine weitere Konkretisierung notwendig ist. 693

Beispiel: 693a
Die Schulpflege der Stadt A informierte anfangs 1994 ihre Hauswarte, dass die Mietzinsen für die Dienstwohnungen auf Mitte Jahr angehoben würden. Unter anderem beinhaltete das Schreiben folgende Formulierung: "Bei Nichteinverständnis mit dieser Verfügung kann der Empfänger bzw. die Empfängerin Klage beim Verwaltungsgericht erheben." Da der genannten Behörde die Befugnis fehlte, das Rechtsverhältnis mittels Verfügung in verbindlicher und erzwingbarer Weise zu regeln, war die Bezeichnung der Mietzinserhöhung als "Verfügung" falsch, der Verweis auf den Klageweg (dazu Rz. 1556 ff.) demgegenüber richtig (ZBl 96 [1995] 233, 237 [Urteil des Verwaltungsgerichts des Kantons Zürich vom 15. Juni 1994]).

3. Abgrenzung zu Verwaltungshandlungen ohne Verfügungscharakter

Als Verwaltungshandlungen sind alle Handlungen – d.h. jedes Tun, Dulden oder Unterlassen – zu betrachten, die ein Träger öffentlicher Gewalt bei der Erfüllung von Verwaltungsaufgaben vornimmt. Eine Vielzahl dieser Verwaltungshandlungen hat, anders als die Verfügung, keine unmittelbaren Rechtswirkungen. Sie führen lediglich einen tatsächlichen Erfolg herbei. Im folgenden werden diese tatsächlichen Verwaltungshandlungen von der Verfügung abgegrenzt. 694

a) *Innerdienstliche Anordnungen*

Die innerdienstliche oder organisatorische Anordnung ist eine Weisung der vorgesetzten Behörde an eine ihr unterstellte Behörde. Auch sie ist – wie die Verfügung – hoheitlich und einseitig, verbindlich und erzwingbar. Auch sie stützt sich auf Ver- 695 waltungsrecht. Sie kann sich auf einen konkreten Fall und eine bestimmte Privatperson beziehen oder generell und abstrakt sein; im letzteren Fall liegt eine Verwaltungsverordnung (vgl. Rz. 96 ff.) vor. Die innerdienstliche Anordnung begründet jedoch, auch wenn sie einen konkreten Fall und eine individuell bestimmte Person betrifft, keine Rechte oder Pflichten des Privaten, die gegenüber diesem verbindlich und erzwingbar wären (BGE 121 II 473, 478 f.). Unter Umständen erlässt aber die untergeordnete Behörde aufgrund der innerdienstlichen Anordnung eine – für die Privaten verbindliche – Verfügung (zur daraus resultierenden Möglichkeit des *Sprungrekurses* vgl. Rz. 1358). Eine Anordnung, mit welcher die Rechtsstellung einer in einem öffentlichrechtlichen Dienstverhältnis stehenden Person als Arbeitnehmer geregelt, z.B. die Besoldung festgelegt wird, stellt dagegen eine Verfügung dar. Keine innerdienstliche Anordnung, sondern eine Verfügung liegt ferner dann vor, wenn die Behörde darüber entscheidet, ob auf eine Verwaltungstätigkeit (z.B. die Errichtung einer Baute oder die Eröffnung eines Betriebs) bestimmte Rechtsnormen Anwendung finden oder nicht. Die Abgrenzung zwischen bloss intern und auch extern wirkenden Anordnungen ist allerdings oft schwierig (vgl. MOOR Vol. II, S. 111 ff.).

Beispiele:

696   –   Die Eigentümer einer Gastwirtschaft hatten diese umgebaut, ohne vorher eine Baubewilligung einzuholen. In der Folge ermächtigte die kantonale Baudirektion den Gemeinderat, die Baubewilligung unter Auflagen nachträglich zu erteilen. Der Gemeinderat befolgte diese Anweisungen. Anstatt gegen die Verfügung des Gemeinderates vorzugehen, erhoben die Eigentümer gegen die Anordnung der Baudirektion beim Regierungsrat Beschwerde. Der Regierungsrat trat auf die Beschwerde nicht ein. Das Verwaltungsgericht des Kantons Zürich schützte diesen Entscheid. Es qualifizierte die Anordnung der Baudirektion als Weisung in einem konkreten Einzelfall. Weiter führte es aus: "Wenn die Aufsichtsbehörde nicht selbst entscheiden will, sondern sich damit begnügt, der zuständigen untergeordneten Instanz allgemein oder im Einzelfall Weisung zu erteilen, so muss es beim ordentlichen Instanzenzug bleiben. Dass der Gemeinderat eine Anordnung weisungsgebunden getroffen hat, ist kein Grund, den Bezirksrat als Rekursinstanz auszuschalten. Andernfalls wäre dem Rechtsschutz insbesondere dann nicht gedient, wenn die Weisung an die untergeordnete Behörde vom Regierungsrat ausgegangen ist, stünde doch hiegegen einzig noch die Beschwerde an das Verwaltungsgericht offen, so dass der Betroffene seine Argumente im Bereich des Verwaltungsermessens überhaupt nicht geltend machen könnte" (ZR 63 [1964] Nr. 71, S. 156 f. [Urteil des Zürcher Verwaltungsgerichts vom 21. Dezember 1963]).

697   –   Im Prättigau wurde eine Poststelle umbenannt. Hiegegen wurde Verwaltungsgerichtsbeschwerde erhoben. Das Bundesgericht führte zur Frage des Beschwerdeobjekts aus: "Organisatorische Anordnungen gelten nicht als Verfügungen im Sinne von Art. 5 Abs. 1 VwVG, weil niemandem gegenüber Rechte und Pflichten begründet werden. Derartige Anordnungen können daher nicht mit Verwaltungsgerichtsbeschwerde angefochten werden" (BGE 109 Ib 253 ff.).

697a –   Auch die Änderung eines Strassennamens wird als organisatorische Anordnung betrachtet, weil dadurch weder Rechte noch Pflichten der Benutzer bzw. Anrainer betroffen werden (so der Entscheid des Regierungsrates des Kantons Zug vom 13. August 1991, ZBl 93 [1992] 234 ff.; anders das Urteil des Verwaltungsgerichts des Kantons Obwalden vom 19. Dezember 1990, wonach die Änderung der Strassenbezeichnung als Eingriff in die Rechte des Strasseneigentümers eine anfechtbare Verfügung darstelle, ZBl 93 [1992] 524 ff.).

698   –   Mit Beschluss vom 9. Juli 1986 ermächtigte der Staatsrat des Kantons Tessin das "Dipartimento dell' ambiente" zur Projektierung einer neuen Kehrichtverbrennungsanlage. Diese Ermächtigung stellte keine beschwerdefähige Verfügung dar, denn weder regelte sie ein Rechtsverhältnis mit einem Einzelnen, noch war sie zwingend oder vollstreckbar (BGE 113 Ia 232, 234 f.).

–   In Änderung seiner bisherigen Rechtsprechung betrachtete der Bundesrat in VPB 58 (1994)   699
    Nr. 79 die Aufstellung von Fahrplänen durch die SBB als eine organisatorische Massnahme
    ohne Verfügungscharakter.

–   Eine der SBB erteilte Ermächtigung zur versuchsweisen Umstellung der Bahnstrecke von Büren   699a
    a.A. nach Solothurn auf Busbetrieb zeitigt rechtlich keine unmittelbaren Aussenwirkungen. Da-
    her handelt es sich dabei um eine organisatorische Anordnung und nicht um eine anfechtbare
    Verfügung (VPB 60 [1996] Nr. 20 [Entscheid des Bundesrates vom 26. April 1995]).

b)   Amtliche Berichte und Vernehmlassungen

Aus verschiedenen Gründen haben die Verwaltungsbehörden Berichte, Stellung-   700
nahmen und Vernehmlassungen zuhanden von anderen Verwaltungsbehörden, des
Parlaments und beteiligter Privater abzugeben. Da dadurch keine Rechte und Pflichten von Privaten begründet werden, handelt es sich hierbei nicht um Verfügungen.

Beispiele:

–   Die Stellungnahme des Eidgenössischen Departements des Innern zur Frage der Erteilung einer   700a
    Rodungsbewilligung im Zusammenhang mit der Prüfung der Umweltverträglichkeit einer An-
    lage für die Wasserkraftnutzung richtet sich an die für den Entscheid zuständige Behörde, nicht
    an den Privaten. Sie hat deshalb nicht die Tragweite einer Verfügung und kann nicht mit Ver-
    waltungsgerichtsbeschwerde angefochten werden (BGE 116 Ib 260 ff.).

–   Weder der für eine Lehrkraft ungünstig ausgefallene Bericht eines Schulinspektors noch die an-   700b
    schliessende Mitteilung des Erziehungsdepartementes an die Lehrkraft, dass ihr zukünftig ein
    Betreuer zugeteilt werde, stellen eine Verfügung dar (ZBl 95 [1994] 476 ff. [Entscheid des Re-
    gierungsrates des Kantons Aargau vom 8. Dezember 1993]).

c)   Auskünfte, Belehrungen, Empfehlungen und Rechnungsstellungen
    und Ermahnungen gegenüber Privaten

Häufig erteilen die Behörden gegenüber Privaten Auskünfte oder Belehrungen, in-   701
dem sie sie etwa über die Rechtslage in einem bestimmten Sachbereich aufklären.
Ebenso kommt es vor, dass die Behörden unverbindliche Empfehlungen geben.
Diese Handlungen sind ebensowenig auf Rechtswirkungen ausgerichtet wie Rech-
nungsstellungen oder Ermahnungen. Der Hinweis auf gesetzliche Rechtsfolgen einer
Verfügung stellt selber keine Verfügung dar (VPB 55 [1991] Nr. 18 [Entscheid des
Bundesrates vom 1. November 1989]).

Beispiele:

–   Gemäss Art. 23 Abs. 2 des Bundesgesetzes über Kartelle und andere Wettbewerbsbeschrän-   702
    kungen (KG) vom 6. Oktober 1995 (SR 251) gehört zu den Aufgaben des Sekretariates der
    Wettbewerbskommission auch die Beratung von Unternehmen in Fragen des Kartellrechts.
    Überdies kann das Sekretariat nach Art. 26 Abs. 2 KG im Rahmen einer Vorabklärung den Be-
    troffenen bereits geeignete Massnahmen zur Beseitigung bzw. Verhinderung von festgestellten
    Wettbewerbsbeschränkungen vorschlagen. Es ist den Beteiligten anheimgestellt, die Empfeh-
    lungen zu befolgen. Daher stellen die Empfehlungen keine Verfügungen dar (BGE 113 Ib 90,
    95).

–   Teilt die Eidgenössische Steuerverwaltung ihre Rechtsauffassung über eine sich bei der Erhe-   702a
    bung der direkten Bundessteuer konkret stellende Frage sowohl der für die Veranlagung zu-
    ständigen kantonalen Amtsstelle (deren Aufsichtsbehörde sie ist) als auch der davon betroffen

Privatperson mit, so kommt dieser Beurteilung kein Verfügungscharakter zu (BGE 121 II 473 ff.).

703 – Den Sonderfall einer verbindlichen Absichtserklärung hatte das Bundesgericht im Jahre 1988 zu beurteilen: Die Firma F. Ballmer AG importierte in England vorfabrizierte Baracken per Strassentransport. Sie benötigte insbesondere für die grossen Einheiten der Serie Pullmann, die in einem Stück angefertigt werden und die in Art. 9 des Bundesgesetzes über den Strassenverkehr vom 19. Dezember 1958 (SR 741.01) festgelegten Ausmasse für Strassentransporte überschreiten, jeweils eine Einzelbewilligung des Bundesamtes für Polizeiwesen. Mit Verfügung vom 9. September 1986 eröffnete das Bundesamt der Firma, dass ab 1. Januar 1987 keine Bewilligungen mehr erteilt würden. Das Bundesgericht führte hierzu aus, dass die Verfügung in klarer Weise die Haltung definiere, die das Bundesamt künftig einnehmen werde, und damit seinen Ermessensspielraum für die Zukunft einschränke. Daher handle es sich hierbei um eine Verfügung im Sinne von Art. 5 VwVG, die unmittelbar Gegenstand einer Beschwerde sein könne, ohne dass die betroffene Firma die Verweigerung einer bestimmten Bewilligung hätte abwarten müssen. Somit war auch die Verwaltungsgerichtsbeschwerde ans Bundesgericht gemäss Art. 97 ff. OG zulässig (BGE 114 Ib 190, 191).

703a – Weitere Beispiele von behördlichen Mitteilungen ohne Verfügungscharakter finden sich in BGE 108 Ib 540 ff.; 105 V 93 ff.; 102 V 148 ff. und VPB 59 (1995) Nr. 36 (Verfügung der Eidgenössischen Zollrekurskommission vom 2. September 1994). Umgekehrt wurde eine Verfügung bejaht in BGE 119 Ib 99, 101.

d) Realakte und Vollzugshandlungen

704 Realakte und Vollzugshandlungen sind diejenigen Verwaltungsmassnahmen, die nicht auf einen rechtlichen, sondern einen tatsächlichen Erfolg gerichtet sind. Beide Handlungsarten begründen in der Regel keine Rechte und Pflichten der Privaten. Realakte dienen unmittelbar der Erfüllung von Verwaltungsaufgaben (z.B. polizeiliche Einziehung eines gesundheitsgefährdenden Medikaments, Wasserversorgung, Kehrichtabfuhr, Abwasserreinigung oder Bau und Unterhalt einer Strasse), während Vollzugsakte die Ausführung und Durchsetzung formell rechtskräftiger Anordnungen bezwecken (z.B. Abbruch einer baurechtswidrigen Baute aufgrund eines Abbruchbefehls, Massnahmen zur Zwangsvollstreckung von Forderungen des Gemeinwesens oder das Anbringen von Verkehrssignalisationen).

Beispiele:

705 – Im Jahre 1978 hatte sich das Bundesgericht mit der Frage auseinanderzusetzen, inwieweit in der Ausstrahlung einer Sendung durch Radio und Fernsehen DRS bzw. in der Anordnung zur Ausstrahlung einer solchen Sendung eine beschwerdefähige Verfügung zu sehen ist. Zunächst stellte das Bundesgericht fest, dass die Schweizerische Radio- und Fernsehgesellschaft (SRG) dem Verwaltungsverfahrensgesetz untersteht. Zur Frage, ob eine Verfügung vorliege, führte das Bundesgericht aus: "Die Hörer oder Zuschauer und insbesondere die Inhaber von Empfangskonzessionen haben ohne Zweifel ein allgemeines Interesse daran, dass die SRG sich bei der Gestaltung ihrer Programme an die Vorschriften hält. In den Programmkommissionen der zur SRG gehörenden Regionalgesellschaften sollen denn auch "die verschiedenen Radiohörer- und Fernsehteilnehmerschichten" vertreten sein (Art. 8 Konzession SRG). Es ist indes schon fraglich, ob überhaupt von einem öffentlichrechtlichen Verhältnis von Rechten und Pflichten zwischen der SRG einerseits und den Hörern oder Zuschauern oder den Inhabern von Empfangskonzessionen anderseits die Rede sein kann. Die der SRG vom Bundesrat erteilte Konzession regelt im wesentlichen die Rechte und Pflichten der Konzessionärin gegenüber dem *Bund*, und die Empfangskonzession begründet ein Anstaltsnutzungsverhältnis zwischen ihrem Inhaber und den konzedierenden *PTT-Betrieben*, die aber dem Konzessionär keine Gewähr für die Qualität der Rundspruch- und Fernsehsendungen bieten .... Jedenfalls wird durch die Veranstaltung einer

bestimmten Radio- oder Fernsehsendung nicht ein verwaltungsrechtliches Verhältnis zwischen der SRG und den Hörern oder Zuschauern oder den Inhabern einer Empfangskonzession als solches in verbindlicher Weise geregelt. Mit einer derartigen Anordnung der SRG werden eigentliche Rechte Privater ihr als Behörde gegenüber weder begründet noch geändert, auch wird dadurch nicht das Bestehen oder Nichtbestehen oder der Umfang solcher Rechte festgestellt." Deshalb liege keine mit Verwaltungsgerichtsbeschwerde anfechtbare Verfügung vor (BGE 104 Ib 239, 241 ff.). – Hinweis: Heute können gemäss Art. 58 ff. des Bundesgesetzes über Radio und Fernsehen (RTVG) vom 21. Juni 1991 (SR 784.40) Beanstandungen von ausgestrahlten Radio- und Fernsehsendungen schweizerischer Veranstalter bei der unabhängigen Beschwerdeinstanz für Radio und Fernsehen wegen Verletzung der Programmbestimmungen des RTVG, seiner Ausführungsbestimmungen oder der Konzession geltend gemacht werden; der Entscheid der Beschwerdeinstanz unterliegt der Verwaltungsgerichtsbeschwerde an das Bundesgericht. – Vgl. zum Ausschluss einer politischen Partei von der Teilnahme an einer Fernsehsendung betreffend eidgenössische Wahlen, der vom Bundesgericht als Verfügung qualifiziert wurde, BGE 97 I 731, 733.

– Bruno P. hatte zu Unrecht Ergänzungsleistungen zur AHV bezogen und war zu deren Rückerstattung verpflichtet. Die zuständige Ausgleichskasse stellte fest, dass die Forderung auf Rückerstattung mangels Vermögen zum Teil uneinbringlich war. Eine solche Feststellung ist keine anfechtbare Verfügung, weil sie die Rückerstattungspflicht weder ändert noch aufhebt. Die Feststellung erfolgt vielmehr im Zusammenhang mit den Vollstreckungsmassnahmen, so dass sie im Rahmen der Beschwerde gegen eine den Erlass der Rückerstattung verweigernde Verfügung nicht dem Eidgenössischen Versicherungsgericht unterbreitet werden kann (BGE 113 V 280, 282 ff.).

706

II. Form der Verfügung

In der Regel bestehen *gesetzliche Formvorschriften*. Die Form, in der eine Verfügung erlassen und gegenüber dem Betroffenen eröffnet wird, bestimmt sich nach dem massgeblichen Verfahrensgesetz. So schreiben z.B. Art. 34 f. VwVG den in Anwendung von Bundesverwaltungsrecht handelnden Behörden vor, dass sie ihre Verfügungen schriftlich, unter Bezeichnung als Verfügung sowie mit Begründung und Rechtsmittelbelehrung versehen erlassen. Aus der Verletzung von Formvorschriften darf den Beteiligten keinerlei Nachteil erwachsen (vgl. Art. 38 VwVG). Schwerwiegende Formfehler können die Nichtigkeit der Verfügung zur Folge haben (Rz. 784 ff.).

707

Enthält das massgebliche Gesetz keine Regelung, so gilt der *Grundsatz der freien Wahl der Form*. Die Verfügung kann dann mündlich oder schriftlich eröffnet werden. Umstritten ist, ob sich aus den allgemeinen Lehren des Verwaltungsrechts ableiten lasse, dass bei schriftlicher Eröffnung die Verpflichtung zur Unterzeichnung der Verfügung bestehe. Die Behörden tragen aber in jedem Fall die Beweislast dafür, dass die Verfügung erlassen und den Betroffenen eröffnet worden ist.

708

Die *Eröffnung der Verfügung*, d.h. die individuelle Mitteilung des Erlasses und des Inhalts der Verfügung an den Adressaten, ist eine empfangsbedürftige einseitige Rechtshandlung. Die Verfügung gilt als zugestellt, wenn sie vom Adressaten oder einer anderen hierzu berechtigten Person entgegengenommen oder in den Briefkasten des Adressaten eingeworfen ist. Bei mit eingeschriebener Post zugestellten Verfügungen, die dem Empfänger nicht ausgehändigt wurden, ist nach der Praxis des Bundesgerichts der Zeitpunkt massgebend, in welchem die Sendung gemäss der in den Briefkasten oder in das Postfach des Adressaten gelegten Abholungseinladung

709

auf der Post abgeholt wird; geschieht dies nicht innert der Abholfrist, so gilt die Verfügung als am letzten Tag der Frist zugestellt (BGE 115 Ia 12, 15 m.w.H.; ZBl 98 [1997] 305 ff. [Urteil des Bundesgerichts vom 14. März 1996]; zur Verlängerung dieser Frist als Folge einer Vertrauen begründenden Auskunft vgl. Rz. 535). Wenn jemand in einer Angelegenheit einen Vertreter bezeichnet hat, muss die Behörde ihre Verfügung durch Zustellung an diesen eröffnen (BGE 113 Ib 296, 297 ff.).

Beispiele:

710 – X. erhielt die Veranlagung für die 15. Wehrsteuerperiode durch einfachen Brief mit dem Vermerk: "Datum der Eröffnung 2. 11. 1971." Auf die am 3. Dezember 1971 der Post übergebene Einsprache von X. trat die Veranlagungsbehörde wegen Verspätung nicht ein. Das Bundesgericht hielt fest, dass die Einsprachefrist von 30 Tagen am 2. Dezember 1971 abgelaufen wäre, falls die Veranlagung am 2. November 1971 eröffnet worden wäre. Für den Zeitpunkt der Eröffnung trage die Verwaltung die Beweislast. Sie sei es, die die Art der Eröffnung bestimme und die das aus dem Versand mit einfachem Brief sich ergebende Risiko trage. Da die Veranlagungsbehörde den ihr obliegenden Nachweis der Eröffnung am 2. November 1971 nicht erbracht hatte, war sie zu Unrecht nicht auf die Einsprache eingetreten (BGE 99 Ib 356, 358 ff.).

711 – Es ist nicht restlos geklärt, inwiefern zur (gesetzlich vorgesehenen) Schriftform einer Verfügung auch die eigenhändige oder faksimilierte Unterschrift gehört. Bei Massenverfügungen, wie sie etwa im Bereich der Sozialversicherung auftreten, ist die Unterzeichnung der Verfügung jedenfalls kein Gültigkeitserfordernis (BGE 112 V 87 f.; 108 V 232 ff.; 105 V 248 ff. m.w.H.).

711a – Der Regierungsrat des Kantons Appenzell A.Rh. genehmigte mit Entscheid vom 27. März 1990 den Schutzzonenplan und das Schutzzonenreglement für die Grundwasserfassungen von H. und wies gleichzeitig die dagegen von E. erhobene Einsprache ab. Gegen diesen Entscheid reichte E. am 3. bzw. 18. Juli 1990 – also mehr als 3 Monate später – beim Bundesrat Beschwerde ein mit dem Antrag, der Entscheid sei aufzuheben, da er wegen Formfehler ungültig sei. Zur Begründung machte er geltend, der Entscheid sei nicht eigenhändig, sondern nur durch einen Faksimile-Stempel des Ratsschreibers unterzeichnet. Zudem dürften Verfügungen nicht als uneingeschriebene Briefpostsendungen eröffnet werden. Der Bundesrat ist auf die Beschwerde eingetreten, hat sie aber abgewiesen. Der Regierungsrat des Kantons Appenzell A.Rh. sei nicht in der Lage nachzuweisen, dass der Beschwerdeführer den angefochtenen Entscheid anfangs April oder kurz darauf erhalten habe, weil der Entscheid dem E. als nicht eingeschriebene Briefpostsendung zugestellt worden sei. Lasse sich der Zeitpunkt der Eröffnung eines Entscheides nicht nachvollziehen, so sei es ausgeschlossen, etwas Verbindliches über den Beginn der Beschwerdefrist und deren Einhaltung zu sagen. Es liege folglich ein Zustand der Beweislosigkeit vor, den der Regierungsrat des Kantons Appenzell A.Rh. zu verantworten habe. Auf die Beschwerde sei deshalb einzutreten. Nach dem kantonalen Recht müssten Entscheide mit einer Unterschrift versehen sein. Das bedeute aber nicht, dass die Behörden ihre Verfügungen eigenhändig unterzeichnen müssten; für die Unterschrift genüge auch ein Faksimile-Stempel. Der angefochtene Entscheid dürfe deshalb nicht als fehlerhaft oder gar nichtig betrachtet werden. Da der Beschwerdeführer keine weiteren Beschwerdegründe genannt, ja sogar ausdrücklich auf eine materielle Beschwerdeergänzung verzichtet habe in der Hoffnung, der Entscheid werde wegen der gerügten Formfehler aufgehoben, müsse die Beschwerde abgewiesen werden (VPB 56 [1992] Nr. 1 [Entscheid des Bundesrates vom 10. April 1991]).

III. Arten von Verfügungen

1. Rechtsgestaltende, verweigernde und feststellende Verfügung

a) Rechtsgestaltende Verfügung

Durch eine rechtsgestaltende Verfügung werden verbindlich Rechte und Pflichten des Privaten festgesetzt, geändert oder aufgehoben. 712

Beispiele:
- Gebote oder Verbote, z.B. das Verbot, ein gesundheitsgefährdendes Produkt zu verkaufen, oder das Gebot, an einer Treppe ein Geländer anzubringen;
- Erteilung einer Polizei- oder anderen Bewilligung, z.B. einer Baubewilligung oder einer Demonstrationsbewilligung;
- Erteilung einer Konzession;
- Entzug oder Einschränkung von Rechten, z.B. Enteignung, Bauverbot, Kürzung einer Invalidenrente.

b) Verweigernde Verfügung

Unter einer verweigernden Verfügung ist eine Verfügung zu verstehen, mit welcher der Erlass einer rechtsgestaltenden Verfügung verweigert wird. Auch die unrechtmässige Verweigerung oder Verzögerung einer Verfügung gilt als Verfügung (vgl. Art. 70 Abs. 1 VwVG; Art. 97 Abs. 2 OG). 713

Beispiel:
Ablehnung des Gesuchs um eine Baubewilligung.

c) Feststellende Verfügung

Durch die feststellende Verfügung werden keine neuen Rechte und Pflichten begründet, geändert oder aufgehoben. Die feststellende Verfügung dient lediglich der Klärung der Rechtslage, indem das Bestehen, das Nichtbestehen oder der Umfang von verwaltungsrechtlichen Rechten und Pflichten verbindlich festgestellt wird. Im Bund besteht ein Anspruch auf Erlass einer Feststellungsverfügung, wenn der Gesuchsteller ein schutzwürdiges Interesse nachweist (Art. 25 Abs. 2 VwVG). Dieses kann tatsächlicher oder rechtlicher Natur sein (BGE 121 V 311, 317 f.; 114 V 203 f.). 714

Beispiel: 715
Das Laboratorium des Kantons St. Gallen stellte in der Gemeinde O. fest, dass die Konzentration der chlorierten Kohlenwasserstoffe im Trinkwasser die Toleranzgrenze überschritt. Als Verursacherin der Verschmutzung kam vor allem die Firma X. in Betracht. Der Gemeinderat von O. erliess eine Feststellungsverfügung mit dem Inhalt, dass die Firma X. für die Sanierung und die allfällige Beseitigung des durch die Verschmutzung verseuchten Erdmaterials sowie die Kosten der damit im Zusammenhang stehenden, vom kantonalen Amt für Gewässerschutz angeordneten oder mit Zustimmung der Versicherung beschlossenen Untersuchungen, Expertisen usw. haftbar gemacht werde. Nach Auffas-

sung der kantonalen Verwaltungsrekurskommission waren die Voraussetzungen für den Erlass einer Feststellungsverfügung erfüllt, da sich die aus der Beseitigung der Verschmutzung entstehenden Kosten in ihrem Ausmass noch nicht bestimmen bzw. durch gestaltende Verfügung auf die Firma X. überbinden liessen. Ausserdem habe die Gemeinde ein aktuelles Interesse an der unverzüglichen Feststellung der Ersatzpflicht, weil ihr nur aufgrund der sofortigen Ausräumung der Ungewissheit über die Ersatzpflicht ermöglicht werde, hinsichtlich der einzelnen Sanierungsmassnahmen ein möglichst einvernehmliches Vorgehen mit den Ersatzpflichtigen zu wählen. Im übrigen diene die Feststellungsverfügung auch der Rechtssicherheit. Das Bundesgericht bestätigte diese Auffassung (BGE 114 Ib 44, 53 f.).

2. Mitwirkungsbedürftige Verfügung

716   *Zur Terminologie*: Die mitwirkungsbedürftige Verfügung wurde früher auch "zweiseitige" Verfügung genannt. Diese Bezeichnung ist abzulehnen, da die mitwirkungsbedürftige Verfügung nicht wie ein Vertrag in dem Sinne zweiseitig ist, dass sich die Verwaltungsbehörden und die Privaten als gleichberechtigte Partner gegenüberstehen.

717   Die mitwirkungsbedürftige Verfügung kann ohne Zustimmung des Betroffenen nicht rechtswirksam werden. Das Fehlen der Zustimmung hat die Nichtigkeit der Verfügung zur Folge. In der Regel wird die mitwirkungsbedürftige Verfügung erst auf Gesuch hin erlassen; das Gesuch beinhaltet bereits die Zustimmung.

718   Die mitwirkungsbedürftige Verfügung enthält zwar Elemente des Vertrages, ist von diesem aber zu unterscheiden. Während sich beim Abschluss eines Vertrags Private und Verwaltungsbehörden als gleichberechtigte Partner gegenüberstehen, die sich im Rahmen einer offenen, unbestimmten gesetzlichen Regelung auf einen Vertragsinhalt einigen und eine gegenseitige, auf Dauer angelegte Bindung anstreben, setzen die Verwaltungsbehörden bei Erlass einer mitwirkungsbedürftigen Verfügung autoritativ nach Massgabe der anwendbaren Gesetze die Rechte und Pflichten der Privaten fest.

Beispiele:
–   Bewilligungen;
–   Beamtenernennungen;
–   Konzessionen (wobei umstritten ist, ob sie mitwirkungsbedürftige Verfügungen oder verwaltungsrechtliche Verträge darstellen; vgl. Rz. 879 ff.).

IV. Nebenbestimmungen von Verfügungen

1. Zweck von Nebenbestimmungen

719   Nebenbestimmungen ermöglichen, die durch eine Verfügung begründeten verwaltungsrechtlichen Pflichten und Rechte entsprechend den konkreten Umständen auszugestalten. Der Begriff der Nebenbestimmung ist insoweit irreführend, als sie häufig einen wichtigen Bestandteil eines Verwaltungsrechtsverhältnisses ausmachen.

720   Eine bedeutende Rolle spielen die Nebenbestimmungen bei der Erteilung von Bewilligungen. Nebenbestimmungen sind gerechtfertigt, falls die Bewilligung ver-

weigert werden könnte, wenn sie ohne Auflagen oder Bedingungen erlassen würde. Auf diese Weise dient die Verbindung einer Verfügung mit einer Nebenbestimmung dem Verhältnismässigkeitsprinzip: Eine Bewilligung wird nicht verweigert, sondern es wird stattdessen die mildere Massnahme – Erteilung einer Bewilligung in Verbindung mit einer Nebenbestimmung – angeordnet, sofern dies das Gesetzmässigkeitsprinzip zulässt.

2. Arten von Nebenbestimmungen

a) Befristung

Unter der Befristung einer Verfügung ist die zeitliche Begrenzung ihrer Geltung oder Rechtswirksamkeit zu verstehen.   721

Dass die Verfügung während eines beschränkten Zeitraums gilt oder Rechtswirkungen entfaltet, ist bei der Befristung – im Gegensatz zur Bedingung – gewiss. Der Zeitraum ist in der Regel bestimmt, kann aber auch unbestimmt sein (z.B. Befristung durch den Tod).   722

Beispiele: 723
- Bewilligungen für ein bewilligungspflichtiges Unterhaltungsgewerbe (z.B. Betrieb eines Spielsalons) müssen im Kanton Zürich auf eine bestimmte Dauer – längstens 3 Jahre – erteilt werden (§ 11 des Unterhaltungsgewerbegesetzes vom 27. September 1981 [ZH LS 935.32]).
- Einem Beamten wird eine Zulage bis zum Eintritt seines Ruhestandes gewährt.

b) Bedingung

Eine Bedingung liegt vor, wenn die Rechtswirksamkeit einer Verfügung von einem künftigen ungewissen Ereignis abhängig gemacht wird.   724

Bei der *Suspensivbedingung* tritt die Rechtswirksamkeit der Verfügung erst ein, wenn die Bedingung erfüllt ist. Bei der *Resolutivbedingung* endigt die Rechtswirksamkeit der Verfügung mit Eintritt der Bedingung.   725

Während bei der Befristung das die Rechtswirksamkeit der Verfügung begrenzende Ereignis mit Sicherheit eintritt, ist der Eintritt der Bedingung ungewiss. Eine resolutiv bedingte Verfügung kann somit unter Umständen unbeschränkt wirksam sein; eine suspensiv bedingte Verfügung tritt möglicherweise nie in Kraft.   726

Beispiele: 727
- Eine Baubewilligung wird unter der Bedingung erteilt, dass der Bauwillige vor Baubeginn für eine genügende Zufahrt zur geplanten Baute sorgt (Suspensivbedingung).
- Der Anspruch auf eine Witwenrente erlischt im Falle der Wiederverheiratung (Art. 23 Abs. 4 lit. a des Bundesgesetzes über die Alters- und Hinterlassenenversicherung vom 20. Dezember 1946 [SR 831.10]) (Resolutivbedingung).
- Q. wurde das Gastwirtschaftspatent für das Gasthaus X. "auf Zusehen und Wohlverhalten hin" erteilt. Dieser sogenannte Widerrufsvorbehalt, eine Resolutivbedingung, war zulässig, da das Wirtschaftspatent Q. wegen dessen Vorstrafen hätte verweigert werden können. Die nach Aufnahme des Wirschaftsbetriebs begangenen Übertretungen berufsspezifischer Vorschriften – wiederholtes Überwirten, Nichteintragen von Gästen in die Hotelkontrolle, widerrechtliche Publikation einer nicht bewilligten Verlängerung – rechtfertigten unter diesen Umständen auch den später erfolgten fristlosen Entzug des Patents (BGE 109 Ia 128, 130 ff.).

728 Die Bedingungen einer Verfügung dürfen nicht verwechselt werden mit den in einem Rechtssatz generell-abstrakt umschriebenen Voraussetzungen eines Tatbestands, so wenn der Rechtssatz eine bestimmte wirtschaftliche Tätigkeit von einer Bewilligung abhängig macht, die nur erteilt wird, wenn der Bewilligungsnehmer gewisse Eigenschaften oder Fähigkeiten hat. Diese gesetzlichen Voraussetzungen werden zuweilen in einem untechnischen Sinn auch als "Bedingungen" bezeichnet; der Ausdruck "Bedingung" sollte in diesen Fällen vermieden werden.

c)   Auflage

729 Eine Auflage ist die mit einer Verfügung verbundene zusätzliche Verpflichtung zu einem Tun, Dulden oder Unterlassen.

730 Von der Bedingung unterscheidet sie sich dadurch, dass die Rechtswirksamkeit der Verfügung nicht davon abhängt, ob die Auflage erfüllt wird oder nicht. Die Verfügung ist auch gültig, wenn die Auflage nicht erfüllt wird. Die Auflage ist – ebenfalls im Gegensatz zur Bedingung – selbständig erzwingbar: Wird der Auflage nicht nachgelebt, so berührt das zwar nicht die Gültigkeit der Verfügung, doch kann das Gemeinwesen mit hoheitlichem Zwang die Auflage durchsetzen. In diesem Rahmen kann die Nichterfüllung einer Auflage auch einen Grund für den Widerruf einer Verfügung (z.B. Entzug einer Bewilligung) darstellen (vgl. zum Widerruf einer begünstigenden Verfügung als Sanktion auch Rz. 980 f.).

731 Leider lässt die in der Praxis verwendete Terminologie an Klarheit zu wünschen übrig. Häufig wird als Bedingung bezeichnet, was in Tat und Wahrheit eine Auflage ist. Ob eine Bedingung oder Auflage vorliegt, beurteilt sich daher nicht so sehr nach der Bezeichnung der Nebenbestimmung, sondern vor allem nach deren Sinn und Zweck unter Berücksichtigung des Verhältnismässigkeitsprinzips. In der Praxis spielt die Auflage im Verwaltungsrecht die bedeutendere Rolle.

732 Beispiele:
–   Eine Baubewilligung wird unter Auflage der Offenhaltung eines Fahrweges zugunsten des Nachbarn erteilt.
–   Die Betriebsbewilligung für eine Diskothek wird unter der Auflage erteilt, dass dafür gesorgt wird, dass die Nachbarschaft durch die Musik nicht gestört wird.

3.   Voraussetzungen für den Erlass von Nebenbestimmungen

a)   Gesetzliche Grundlage

733 Das Gesetzmässigkeitsprinzip gilt auch für Nebenbestimmungen. Diese brauchen jedoch nicht ausdrücklich in einem Rechtssatz vorgesehen zu sein; wo eine solche ausdrückliche gesetzliche Grundlage fehlt, kann die Zulässigkeit der Nebenbestimmung aus dem mit dem Gesetz verfolgten Zweck, aus einem mit der Hauptanordnung zusammenhängenden öffentlichen Interesse hervorgehen. Unzulässig sind hingegen alle Nebenbestimmungen, die sachfremd sind. Eine Bewilligung kann insbesondere dann mit einer Nebenbestimmung verbunden werden, wenn sie aufgrund der gesetzlichen Bestimmungen überhaupt verweigert werden könnte. Den Bewilligungsbehörden steht somit ein weiter Ermessensspielraum zu.

Beispiel: 734
Ernst Werder, Eigentümer eines Grundstückes an der Wehntalerstrasse in Sünikon/Steinmaur, stellte bei der Gemeinde ein Baugesuch für einen Gartensitzplatz mit Abschlussmauer und gedecktem Zugang zum Wohnhaus. Das Gesuch wurde unter der Bedingung bewilligt, dass Werder eine öffentlichrechtliche Eigentumsbeschränkung im Grundbuch anmerken lasse, wonach der jeweilige Eigentümer des Grundstücks verpflichtet sei, die betreffende Baute zu beseitigen, wenn der Ausbau der Wehntalerstrasse oder andere wichtige öffentliche Gründe es erfordern. Das Bundesgericht hielt diesen sogenannten Beseitigungsrevers für zulässig, da die Baubewilligung wegen der in Aussicht genommenen Erweiterung der Wehntalerstrasse gestützt auf das Baugesetz einstweilen hätte verweigert werden dürfen (BGE 99 Ia 482, 485 ff.).

b) *Verhältnismässigkeit*

Nebenbestimmungen müssen mit dem Grundsatz der Verhältnismässigkeit vereinbar 735
sein. Sie müssen die Voraussetzungen der Eignung, der Erforderlichkeit und der Verhältnismässigkeit zwischen Eingriffszweck und Eingriffswirkung erfüllen (vgl. § 10, insb. Rz. 492 ff.).

Beispiel: 736
Der Beseitigungsrevers in dem in Rz. 734 erwähnten Beispiel durfte – so das Bundesgericht – keinem anderen Zweck dienen als dem, der mit der Bauverweigerung verfolgt worden wäre. Im vorliegenden Fall war es die vorsorgliche Festsetzung der im Hinblick auf den Ausbau der Wehntalerstrasse zu ziehenden Baulinie, die eine Verweigerung der Baubewilligung gerechtfertigt hätte und damit auch den Beseitigungsrevers als zulässige Nebenbestimmung erscheinen liess. Zu weit ging der Revers jedoch insoweit, als der Eigentümer verpflichtet wurde, die Baute auch aus anderen wichtigen Gründen zu beseitigen (BGE 99 Ia 482, 489 f.).

V. Allgemeinverfügung

1. Begriff

Die Allgemeinverfügung ist eine Verwaltungsmassnahme, die zwar nur eine kon- 737
krete Situation ordnet, sich aber an einen generellen, nicht individuell bestimmten Personenkreis richtet. Typisches Beispiel für eine Allgemeinverfügung sind Verkehrsanordnungen.

2. Rechtsnatur

Die Allgemeinverfügung ist eine Rechtsform zwischen Rechtssatz und Verfügung. 738
Wie die Verfügung regelt sie einen konkreten Fall, doch im Unterschied zu dieser richtet sie sich an eine unbestimmte Zahl von Personen, was die Allgemeinverfügung mit dem Rechtssatz gemein hat.

Rechtlich wird die Allgemeinverfügung regelmässig wie eine gewöhnliche Ver- 739
fügung behandelt. Dies gilt insbesondere für das Verfahren und den Rechtsschutz. Sie ist somit, falls sie sich auf Bundesverwaltungsrecht stützt, Anfechtungsobjekt der

bundesrechtlichen Verwaltungsbeschwerde und Verwaltungsgerichtsbeschwerde, soweit gesetzlich nichts anderes vorgesehen ist (vgl. z.B. Art. 3 Abs. 4 des Bundesgesetzes über den Strassenverkehr vom 19. Dezember 1958 [SR 741.01]). Ausserdem kann die Allgemeinverfügung, andere gesetzliche Regelung vorbehalten, unmittelbar zwangsweise durchgesetzt werden, ohne dass es hierzu noch einer weiteren Konkretisierung bedarf. Dagegen räumt das Bundesgericht nur denjenigen Personen einen Anspruch auf rechtliches Gehör ein, die durch die Allgemeinverfügung wesentlich schwerwiegender betroffen werden als die übrige Vielzahl der Adressaten (BGE 121 I 230, 233; 119 Ia 141, 150). Ferner besteht für die Allgemeinverfügung in der Regel wie für einen Rechtssatz eine gesetzliche Publikationspflicht (vgl. Art. 30a und 36 lit. d VwVG).

Beispiele:

740   –   Die Baudirektion des Kantons Zürich erliess an der Töss ein allgemeines Fahrverbot und ein Reitverbot. Den hiegegen gerichteten Rekurs wies der Regierungsrat des Kantons Zürich ab. Auf die gegen diesen Entscheid gerichtete kantonale Verwaltungsgerichtsbeschwerde trat das Verwaltungsgericht des Kantons Zürich nicht ein mit der Begründung, dass es sich beim Reit- und Fahrverbot um eine Anordnung generell-abstrakten Charakters handle, die der Überprüfung durch das Verwaltungsgericht entzogen sei. Das Bundesgericht, das mit einer staatsrechtlichen Beschwerde angerufen wurde, hob den Nichteintretensentscheid des Zürcher Verwaltungsgerichts auf. Es erklärte, dass Verkehrszeichen zwar für eine unbestimmte Vielzahl von Personen gelten, dass sie aber örtlich begrenzt seien und eine bestimmte Verkehrssituation regelten. Es handle sich bei ihnen um Verwaltungsakte in Form von Allgemeinverfügungen. Dies gelte auch dann, wenn sich der räumliche Anwendungsbereich, wie im vorliegenden Fall, auf über 50 km erstrecke. Die Auffassung des Zürcher Verwaltungsgerichts, bei der Anordnung an der Töss handle es sich um einen vom Verwaltungsgericht nicht überprüfbaren Rechtssatz, sei daher offensichtlich unhaltbar (BGE 101 Ia 73, 74 ff.).

741   –   Der Regierungsrat des Kantons Zürich erliess einen Gebührentarif für die öffentlichen Parkplätze am Flughafen Zürich. Auf Beschwerde hin prüfte das zürcherische Verwaltungsgericht vorerst, ob es sich beim Tarif um einen generell-abstrakten Erlass oder eine Allgemeinverfügung handelt, da nach zürcherischem Recht die direkte Überprüfung von Rechtssätzen (abstrakte Normenkontrolle) durch das Verwaltungsgericht ausgeschlossen ist. Das Gericht kam zum Schluss, es liege eine generell-abstrakte Anordnung vor. Nicht jeder Hoheitsakt, welcher bloss auf einem bestimmten Gebiet, hier auf jenem des Flughafens Zürich, gelte, könne als konkret qualifiziert werden, da es sonst ausschliesslich konkrete Hoheitsakte gäbe. Nur wenn eine Anordnung mit ihrem örtlichen Bezug nicht den entsprechenden Geltungsbereich, sondern die rechtliche Eigenschaft einer bestimmten örtlichen Einheit (z.B. einer Gemeinde, einer Strasse, eines Sees) festlege, sei ihr Objekt konkret. Vorliegend sei weder das Gebiet des Flughafens Zürich noch ein individuell bestimmtes dortiges Parkierungsgebiet Anordnungsobjekt; vielmehr beziehe sich der Gebührentarif auf kollektiv gekennzeichnete, unterschiedlich geartete und abgestuft gebührenpflichtige Parkeinrichtungen, deren Bestand in der Grössenordnung von rund 5'500 Parkplätzen sich nicht selten ändere. Es handle sich beim Tarifbeschluss somit nicht um eine Allgemeinverfügung, sondern um eine generell-abstrakte Ordnung mit örtlich beschränktem Geltungsbereich (ZBl 93 [1992] 515 ff. [Urteil des Verwaltungsgerichts des Kantons Zürich vom 3. April 1992]).

742   Obwohl die Allgemeinverfügung grundsätzlich wie ein Einzelakt zu behandeln ist, muss sie wie ein Rechtssatz *akzessorisch auf ihre Rechtmässigkeit hin überprüft* werden können. Dies ergibt sich daraus, dass bei den Allgemeinverfügungen wie bei den Rechtssätzen der Adressatenkreis offen ist, weshalb nicht jeder Adressat die Möglichkeit hat, die Anordnung unmittelbar anzufechten (vgl. JAAG, Abgrenzung, S. 158, der andererseits die Möglichkeit der direkten Anfechtung nicht für unerlässlich hält). So hat zum Beispiel der Autofahrer in Schaffhausen keine Veranlassung,

eine Verkehrsanordnung (z.B. Festsetzung der Höchstgeschwindigkeit) in Genf unmittelbar nach ihrem Erlass direkt anzufechten. Wird er aber nach Ablauf der Frist für die Erhebung der Beschwerde gegen die Verkehrsanordnung wegen Verstosses gegen diese Regelung gebüsst, muss er das Recht haben, eine allfällige Widerrechtlichkeit der Verkehrsanordnung geltend zu machen. Die Rechtsprechung des Bundesgerichts betreffend akzessorische Überprüfung von Allgemeinverfügungen ist dagegen nicht einheitlich.

Beispiele:
-   Auf den schweizerischen Autobahnen gilt die Höchstgeschwindigkeit von generell 120 km/h. Unter bestimmten Voraussetzungen kann die Höchstgeschwindigkeit herabgesetzt werden. Ein Beschwerdeführer, der wegen Überschreitung der Höchstgeschwindigkeit von 100 km/h in einem Autobahntunnel gebüsst worden war, machte im Rahmen einer Verwaltungsgerichtsbeschwerde geltend, dass die Voraussetzungen für eine Herabsetzung der Höchstgeschwindigkeit nicht erfüllt gewesen seien. Das Bundesgericht führte aus, dass die Angabe der zulässigen Höchstgeschwindigkeit eine Allgemeinverfügung sei. Wenn eine Allgemeinverfügung mit einem Fehler behaftet sei, so müsse dies vor den zuständigen Behörden in den dafür vorgesehenen Fristen (Art. 50 VwVG) geltend gemacht werden. Nach Ablauf der Frist sei ein allfälliger Mangel der Allgemeinverfügung nur zu berücksichtigen, wenn er deren Nichtigkeit zur Folge habe. Im vorliegenden Fall war die Beschwerdefrist bereits abgelaufen, und das Bundesgericht verneinte die Nichtigkeit der Allgemeinverfügung (BGE 113 IV 123 ff.). – Diese Argumentation ist ausserordentlich fragwürdig. | 743
-   Die Gemeinde Vaz/Obervaz erliess am 15. März 1985 in Anwendung des Bundesgesetzes über den Erwerb von Grundstücken durch Personen im Ausland (BewG) vom 16. Dezember 1983 (SR 211.412.41) eine Bewilligungssperre für den Verkauf von Grundstücken auf Gemeindegebiet. Gestützt darauf wies das Grundbuchinspektorat ein Gesuch um Bewilligung des Verkaufs von zwei Einheiten einer Ferienhaussiedlung an Ausländer ab. Gegen diesen Beschluss erhob der Betroffene Beschwerde beim Verwaltungsgericht des Kantons Graubünden. Er machte geltend, die Bewilligungssperre vom 15. März 1985 sei nicht rechtmässig. Das Verwaltungsgericht wies die Beschwerde mit der Begründung ab, die Bewilligungssperre stelle eine Allgemeinverfügung dar, die mangels rechtzeitiger Anfechtung in Rechtskraft erwachsen sei. Gegen diesen Entscheid erhob der Betroffene Verwaltungsgerichtsbeschwerde beim Bundesgericht (mit welcher gemäss Art. 21 Abs. 3 BewG auch die Verletzung kantonalen Bewilligungsrechts gerügt werden kann, dessen Anwendung allerdings nur auf Willkür hin überprüft wird). Das Bundesgericht wies zunächst darauf hin, dass sich die Abgrenzung zwischen Rechtssatz und Einzelakt mitunter schwierig gestalte. Es bemerkte beiläufig, dass auch Allgemeinverfügungen später bei ihrer Anwendung auf ihre Rechtsbeständigkeit geprüft werden könnten. Die kommunale Bewilligungssperre qualifizierte es aber als Rechtssatz, da sie auf den gesamten Grund und Boden innerhalb der Gemeindegrenzen Anwendung finde, so dass nicht von der Regelung einer konkreten Situation gesprochen werden könne. Für die Annahme eines Rechtssatzes spreche sodann, dass zusätzliche Einschränkungen des Erwerbs von Ferienwohnungen und dergleichen durch die Kantone bzw. die Gemeinden gemäss Art. 13 BewG zwingend der Gesetzesform bedürften. Für die Unterscheidung von Rechtssatz und Allgemeinverfügung lasse sich aus der jederzeitigen Abänderbarkeit einer Regelung – worauf das kantonale Verwaltungsgericht u.a. abgestellt hatte – nichts gewinnen. Da es sich bei der Bewilligungssperre um einen Rechtssatz handelte, konnte sie somit auch noch nach Ablauf der Beschwerdefrist im Verfahren der konkreten Normenkontrolle auf Willkür überprüft werden (BGE 112 Ib 249, 251 ff.). | 744

VI. Der Raumplan

1. Aufgabe der Raumplanung

745 Die Aufgabe der Raumplanung besteht darin, die haushälterische Nutzung des Bodens sicherzustellen. Mittels der Raumplanung sollen genügende Flächen geeigneten Kulturlandes, naturnaher Landschaften und Erholungsräume erhalten werden. Wohn- und Arbeitsgebiete müssen einander zweckmässig zugeordnet und durch das öffentliche Verkehrsnetz erschlossen werden. Siedlungen, Bauten und Anlagen sollen sich in die Landschaft einordnen. Ausserdem sind die raumwirksamen Tätigkeiten von Bund, Kantonen und Gemeinden aufeinander abzustimmen (vgl. Art. 22quater BV sowie Art. 1 und 3 des Bundesgesetzes über die Raumplanung [RPG] vom 22. Juni 1979 [SR 700]).

2. Arten von Raumplänen

a) Richtplan

aa) Begriff

746 Der Richtplan ist das behördeninterne Planungsmittel, das die Richtlinien für die weitere raumplanerische Regelung, insbesondere für die Aufstellung von Nutzungs- oder Zonenplänen, darstellt.

bb) Aufgabe der Richtplanung

747 Die Kantone erlassen kantonale und regionale, die Gemeinden kommunale Richtpläne. In ihnen wird festgehalten, welche Gebiete sich für die Landwirtschaft eignen und welche Gebiete in die Freihalte- und Schutzzone aufzunehmen sind, weil sie besonders schön, wertvoll, für die Erholung oder als natürliche Lebensgrundlage bedeutsam sind oder weil sie durch Naturgefahren oder schädliche Einwirkungen bedroht sind. Ausserdem geben die Richtpläne Aufschluss über den Stand und die angestrebte Entwicklung der Besiedlung, des Verkehrs, der Versorgung sowie der öffentlichen Bauten und Anlagen (Art. 6 RPG). Aus dem Richtplan geht hervor, wie die raumwirksamen Tätigkeiten im Hinblick auf die anzustrebende Entwicklung aufeinander abgestimmt werden, sowie der zeitliche Ablauf und die Mittel der Erfüllung der Aufgaben (Art. 8 RPG). Bei der Erstellung der Richtpläne haben die Kantone mit dem Bund und den Nachbarkantonen zusammenzuarbeiten, soweit sich ihre Aufgaben berühren (Art. 7 Abs. 1 RPG). Die Richtpläne sind für die Behörden verbindlich (Art. 9 Abs. 1 RPG).

748 Die gesetzliche Regelung der Richtpläne erfolgt einerseits durch Art. 6 ff. RPG, andererseits durch die kantonalen Planungs- und Baugesetze, im Kanton Zürich durch §§ 18 ff. des Planungs- und Baugesetzes vom 7. September 1975 (ZH LS 700.1) (PBG).

b) *Nutzungs- oder Zonenplan*

aa) *Begriff*

Der Nutzungs- oder Zonenplan ist der Raumplan, durch welchen Zweck, Ort und 749
Mass der Bodennutzung für ein bestimmtes Gebiet allgemein verbindlich festgelegt
werden (vgl. Art. 14 Abs. 1 RPG). Er besteht aus Nutzungsvorschriften, deren örtlicher Geltungsbereich mittels einer Karte in Parzellenschärfe bestimmt wird.

bb) *Aufgabe der Nutzungs- oder Zonenplanung*

Im Nutzungs- oder Zonenplan werden drei Zonen und damit verbundene Nutzungs- 750
arten unterschieden: die Bauzonen, die das Land umfassen, das sich für die Überbauung eignet und weitgehend überbaut ist oder voraussichtlich innert 15 Jahren benötigt und erschlossen wird (Art. 15 RPG); die Landwirtschaftszonen, die das Land
umfassen, das sich für die landwirtschaftliche Nutzung oder den Gartenbau eignet
oder im Gesamtinteresse landwirtschaftlich genutzt werden soll (Art. 16 RPG); die
Schutzzonen, welche Bäche, Flüsse, Seen und ihre Ufer, besonders schöne und na-
turkundlich oder kulturgeschichtlich wertvolle Landschaften, bedeutende Ortsbilder,
geschichtliche Stätten sowie Natur- und Kulturdenkmäler, ferner Lebensräume für
schutzwürdige Tiere und Pflanzen umfassen (Art. 17 RPG). Die Nutzungspläne werden in der Regel von den Gemeinden erlassen. Sie sind allgemein, d.h. auch für die
Privaten, insbesondere die Grundeigentümer, verbindlich; sie bilden eine wichtige
Entscheidungsgrundlage im baurechtlichen Verfahren.

Die gesetzliche Regelung der Nutzungs- oder Zonenpläne erfolgt einerseits 751
durch Art. 14 ff. RPG, andererseits durch die kantonalen Baugesetze, im Kanton Zürich durch §§ 36 ff. PBG.

3. Rechtsnatur der Raumpläne

a) *Das Problem*

In der Praxis stellen sich im Zusammenhang mit den Raumplänen schwierige 752
Rechtsfragen:
1. Haben die Betroffenen vor Erlass eines Raumplans Anspruch auf rechtliches
   Gehör, d.h. vorherige Anhörung?
2. Kann der Raumplan mit einem Rechtsmittel angefochten werden?
3. Kann bei einem baurechtlichen Entscheid (z.B. Verweigerung einer Baubewilligung), der sich auf einen Raumplan stützt, der Raumplan – im Sinne einer
   konkreten Normenkontrolle – auf seine Rechtmässigkeit hin überprüft werden
   oder ist eine Überprüfung ausgeschlossen, sobald die Rechtsmittelfrist gegen
   den Raumplan abgelaufen ist?

Die Beantwortung dieser Fragen hängt grundsätzlich von der Rechtsnatur des 753
Raumplans ab. Ist der Raumplan als Rechtssatz zu qualifizieren, so besteht kein Anspruch auf rechtliches Gehör vor Erlass des Plans, dagegen ist bei einem Rechtsstreit
über einen Anwendungsakt eine konkrete Normenkontrolle möglich. Handelt es sich

beim Raumplan jedoch um eine Verfügung, so muss bei seinem Erlass das rechtliche Gehör gewährt werden; der Raumplan kann von den Betroffenen angefochten, nachher aber nicht beim Rechtsstreit über einen Anwendungsakt nochmals akzessorisch überprüft werden.

754   Die Diskussion um die Rechtsnatur der Raumpläne hat allerdings einiges an Bedeutung eingebüsst, seitdem die meisten dieser Fragen positivrechtlich geregelt sind.

b)   Rechtsnatur des Richtplans

755   Die Richtpläne sind *nur für die Behörden verbindlich*, nicht dagegen für Private. Sie können daher weder als Rechtssatz noch als Verfügung qualifiziert werden. Es handelt sich bei ihnen vielmehr um eine besondere Art von Dienstanweisungen oder Verwaltungsverordnungen (vgl. Rz. 96 ff.). Vom Richtplan gehen unter Umständen erhebliche Vorwirkungen aus, müssen doch die Behörden die Nutzungsplanung nach ihm ausrichten. Die Festlegungen im Richtplan werden jedoch erst durch den Nutzungsplan in grundeigentümerverbindliche Anordnungen übergeführt.

756   Aus der Rechtsnatur des Richtplans folgt, dass bei Erlass von Richtplänen *kein Anspruch auf rechtliches Gehör* besteht und dass der Richtplan der abstrakten Normenkontrolle grundsätzlich nicht unterliegt. Den Kantonen steht es zwar frei, ein *Rechtsmittel* vorzusehen. Private können allerdings auch in diesen Fällen keine staatsrechtliche Beschwerde gegen den Richtplan selbst erheben. Hingegen darf eine Gemeinde mit staatsrechtlicher Beschwerde geltend machen, ein Richtplan verletze ihre Gemeindeautonomie (BGE 119 Ia 285, 293 ff.; 111 Ia 129, 130 f.; 107 Ia 77, 81 f.). Bei Anfechtung von Nutzungsplänen durch Private ist eine *akzessorische Überprüfung* von Richtplänen möglich (BGE 119 Ia 285, 289 f.; 113 Ib 299, 302).

c)   Rechtsnatur des Nutzungs- oder Zonenplans

757   "Nach der Rechtsprechung des Bundesgerichts stellen die Zonenpläne *zwischen Rechtssatz und Verfügung stehende Anordnung*en dar, auf welche teils die für generell-abstrakte Normen geltenden, teils die für Verfügungen massgebenden Grundsätze anzuwenden sind ..." (BGE 106 Ia 383, 387; ähnlich BGE 121 II 317, 346). Ein Teil der Lehre – so z.B. FLEINER-GERSTER, S. 113 f.; differenzierend JAAG, Abgrenzung, S. 204 f. – hebt die *Ähnlichkeit von Nutzungsplänen und Allgemeinverfügungen* (vgl. Rz. 737 ff.) hervor. Wie diese sind die Nutzungspläne konkret – nämlich im Hinblick darauf, dass sie sich auf ganz bestimmte Grundstücke beziehen – und generell, weil sie sich an eine unbestimmte Vielzahl von Personen richten. Beim Erlass von Nutzungsplänen haben die Behörden jedoch einen grösseren Ermessensspielraum, als dies bei Verfügungen üblich ist.

758   Die frühere bundesgerichtliche Praxis, die den Nutzungsplan je nach der Zahl der Betroffenen und dem räumlichen Umfang als Rechtssatz oder als Verfügung behandelte (so z.B. BGE 90 I 334, 338 ff.), erwies sich als nicht befriedigend und wurde weitgehend aufgegeben.

759   Wegen der Tragweite des Nutzungsplans für die Betroffenen haben diese bei dessen Erlass von Bundesrechts wegen einen *Anspruch* auf rechtliches Gehör, d.h. *auf vorherige Anhörung* (BGE 106 Ia 76, 79 f.; vgl. auch BGE 119 Ia 141, 150; 111

Ia 164, 168, sowie den bei HALLER/KARLEN [N. 434] kritisierten BGE 114 Ia 233, 237 ff.). Der Zonenplan kann nach seinem Erlass *von den Betroffenen angefochten* werden (vgl. Art. 33 Abs. 2 RPG). Ob ein Nutzungsplan nur anschliessend an seinen Erlass oder auch noch – im Sinne einer akzessorischen Normenkontrolle (vgl. BGE 119 Ib 480, 486) – bei späterer Anwendung angefochten werden kann, bestimmt sich in erster Linie danach, ob der Betroffene sich schon bei Planerlass über die ihm auferlegten Beschränkungen im klaren sein konnte und welche Möglichkeiten er in diesem Zeitpunkt hatte, seine Interessen zu wahren. "Da der Zonenplan indessen auf Verhältnissen beruht, die stetem Wandel unterworfen sind, hat er nur so lange Bestand, als auch die seinem Erlass zugrundeliegenden Voraussetzungen und Annahmen über den zukünftigen Verlauf der Entwicklung weiterbestehen. Sind die bei Planerlass gegebenen Voraussetzungen inzwischen dahingefallen, so darf dem Eigentümer, der den Plan anficht, nicht entgegengehalten werden, Einsprache- und Genehmigungsverfahren seien längst beendet. Die Gültigkeit des Zonenplans muss stets dann noch in Zweifel gezogen werden können, wenn die gesetzlichen Vorschriften über die Ortsplanung geändert worden sind oder sich die tatsächliche Situation seit Erlass des Zonenplanes in einer Weise gewandelt hat, dass das öffentliche Interesse an den auferlegten Eigentumsbeschränkungen untergegangen sein könnte ..." (BGE 106 Ia 383, 387; vgl. auch BGE 120 Ia 227, 232; 115 Ib 335, 341).

§ 14   Die fehlerhafte Verfügung

I.   Allgemeines

1.   Begriff der fehlerhaften Verfügung

760   Fehlerhaft ist eine Verfügung, wenn sie inhaltlich rechtswidrig ist oder in bezug auf ihr Zustandekommen, d.h. die Zuständigkeit und das Verfahren bei ihrer Entstehung, oder in bezug auf ihre Form Rechtsnormen verletzt.

761   Die Verfügung kann ursprünglich fehlerhaft oder ursprünglich fehlerfrei sein. Die ursprünglich fehlerhafte Verfügung ist bereits bei ihrem Erlass mangelhaft, widerspricht somit schon in diesem Zeitpunkt dem objektiven Recht. Ursache dafür kann ein Fehler in der Tatsachenermittlung oder in der Rechtsauslegung sein. Die ursprünglich fehlerfreie Verfügung ist dagegen im Zeitpunkt ihres Erlasses rechtmässig. Sie wird erst infolge veränderter Tatsachen oder Rechtsgrundlagen mangelhaft.

2.   Übersicht über die möglichen Rechtsfolgen der Fehlerhaftigkeit einer Verfügung

762   Die möglichen Rechtsfolgen der Fehlerhaftigkeit einer Verfügung sind:
– Anfechtbarkeit der Verfügung;
– Nichtigkeit der Verfügung;
– Widerrufbarkeit der Verfügung.

763   Die *nichtige* Verfügung ist von Anfang an nicht wirksam. Die Nichtigkeit kann jederzeit geltend gemacht werden. Die Nichtigkeit bildet die Ausnahme. In der Regel ist eine Verfügung lediglich *anfechtbar*, d.h. sie ist grundsätzlich wirksam, kann jedoch innert einer bestimmten Frist von den Betroffenen angefochten und auf die Anfechtung hin von den zuständigen Behörden aufgehoben oder geändert werden. Eine Verfügung ist unter bestimmten Voraussetzungen *widerrufbar* (vgl. Rz. 806 ff.). Der Widerruf ist unabhängig von einer Frist möglich und kann auch erfolgen, wenn die Verfügung erst nachträglich mangelhaft geworden ist.

II.   Regelfall der Anfechtbarkeit

1.   Begriff und Grundsatz der Anfechtbarkeit

764   In der Regel bewirkt die Fehlerhaftigkeit einer Verfügung nur deren Anfechtbarkeit. Die Anfechtbarkeit bedeutet, dass die fehlerhafte Verfügung an sich gültig ist, aber

von den Betroffenen während einer bestimmten Frist in einem förmlichen Verfahren angefochten werden kann, das zur Aufhebung oder Änderung der Verfügung führen kann.

Die Regel, dass eine Verfügung nur anfechtbar und nicht nichtig ist, ergibt sich vor allem aus dem Bedürfnis nach Rechtssicherheit. Wäre jede mangelhafte Verfügung nichtig, so hätte dies eine unerträgliche Rechtsunsicherheit zur Folge. Weder die Privaten noch die Verwaltungsbehörden könnten mit dem Bestand von Verfügungen rechnen; ein einigermassen planvolles Handeln wäre so nicht denkbar.

Anfechtbarkeit einer Verfügung bedeutet im einzelnen folgendes:

- Die Verfügung ist grundsätzlich gültig und damit rechtswirksam. Soll die Rechtswirksamkeit der Verfügung verhindert werden, muss sie innerhalb der Anfechtungsfrist angefochten werden. Aber auch im Falle der Anfechtung verliert die Verfügung nicht ohne weiteres ihre Rechtswirkungen, sondern erst, wenn sie durch einen Entscheid aufgehoben oder abgeändert wird.
- Die Verfügung muss innert der Anfechtungsfrist und nach Massgabe der gesetzlichen Formvorschriften angefochten werden. Ist die Anfechtungsfrist abgelaufen, so erwächst die Verfügung in formelle Rechtskraft (vgl. zum Begriff Rz. 802 f.). Die Privaten können die Änderung der Verfügung nicht mehr mit einem ordentlichen Rechtsmittel erwirken. Es ist jedoch u.U. noch ein Widerruf oder eine Revision (bzw. eine Wiedererwägung mit Anspruch auf Eintreten [Rz. 837 ff.]) denkbar.
- Während die Nichtigkeit von Amtes wegen berücksichtigt werden muss und von jedermann geltend gemacht werden kann, ist die Anfechtung nur durch die Betroffenen – in Ausnahmefällen auch durch Dritte – möglich.
- Eine allfällige Ungültigerklärung der Verfügung infolge Anfechtung wirkt zum Teil ex nunc, zum Teil ex tunc (vgl. Rz. 842a ff.).

2. Revisionsbegehren

Mit dem Revisionsbegehren kann eine bereits in formelle Rechtskraft erwachsene Verfügung wegen des Vorliegens eines besonders schweren Fehlers, eines sogenannten Revisionsgrundes, angefochten werden. Vgl. Rz. 1416 ff. und 833 ff.

III. Nichtigkeit als Ausnahme

1. Bedeutung der Nichtigkeit

Nichtigkeit bedeutet absolute Unwirksamkeit einer Verfügung. Eine nichtige Verfügung entfaltet keinerlei Rechtswirkungen. Sie ist vom Erlass an (ex tunc) und ohne amtliche Aufhebung als nicht vorhanden, als rechtlich unverbindlich zu betrachten. Die Nichtigkeit ist von Amtes wegen zu beachten und kann von jedermann jederzeit – auch noch im Vollstreckungsverfahren – geltend gemacht werden (vgl. BGE 116 Ia 215, 217; 115 Ia 1, 4; 111 Ib 213, 220 f.). Die Vollstreckungsbehörden dürfen nichtige Verfügungen nicht vollziehen. Wegen Zuwiderhandlung gegen eine nichtige Verfügung kann niemand bestraft werden.

2. Voraussetzungen der Nichtigkeit

769 Bei der Abgrenzung zwischen blosser Anfechtbarkeit und Nichtigkeit folgt die jüngere Rechtsprechung der sogenannten *Evidenztheorie*. Danach ist eine Verfügung nichtig, "wenn der ihr anhaftende Mangel besonders schwer und offensichtlich oder zumindest leicht erkennbar ist und zudem die Rechtssicherheit dadurch nicht ernsthaft gefährdet wird" (BGE 98 Ia 568, 571; vgl. auch BGE 122 I 97, 99; 117 Ia 202, 220 f.; 116 Ia 215, 219 f.). Im einzelnen müssen somit folgende drei Voraussetzungen kumulativ erfüllt sein, damit die Rechtsfolge der Nichtigkeit einer Verfügung eintritt:
– Die Verfügung muss einen besonders schweren Mangel aufweisen.
– Der Mangel muss offensichtlich oder zumindest leicht erkennbar sein.
– Die Nichtigkeit darf die Rechtssicherheit nicht ernsthaft gefährden. Es ist eine Abwägung zwischen dem Interesse an der Rechtssicherheit und dem Interesse an der richtigen Rechtsanwendung erforderlich.

769a Im Hinblick auf die Notwendigkeit, das Vorliegen der Voraussetzungen der Nichtigkeit im Einzelfall festzustellen und eine Interessenabwägung vorzunehmen, vertritt PETER SALADIN (Die sogenannte Nichtigkeit von Verfügungen, S. 548 ff.) die Auffassung, auf die Unterscheidung von Anfechtbarkeit bzw. Aufhebbarkeit und Nichtigkeit von Verfügungen sollte verzichtet werden; für die nachträgliche Korrektur besonders gravierender Mängel genügten das ausserordentliche Rechtsmittel der Revision und weitere Verfahren, die eine Überprüfung rechtskräftiger Verfügungen ermöglichen (kritisch dazu MOOR Vol. II, S. 206 f., der auf das ungelöste Problem der Zuständigkeit zur Feststellung der Ungültigkeit einer Verfügung aufmerksam macht).

3. Nichtigkeitsgründe

770 Die Praxis hat verschiedene Nichtigkeitsgründe anerkannt, bei denen die Voraussetzungen für die Nichtigkeit einer Verfügung als erfüllt betrachtet werden.

a) *Schwerwiegender Zuständigkeitsfehler*

aa) *Örtliche Unzuständigkeit*

771 Die örtliche Unzuständigkeit der verfügenden Behörde ist *in der Regel kein Nichtigkeitsgrund* (IMBODEN/RHINOW Bd. I, S. 242).

772 Beispiel:
Ein Zahlungsbefehl, der von einem örtlich nicht zuständigen Betreibungsamt erlassen wurde, ist trotz dieses Mangels nicht nichtig, weil die Einleitung einer Betreibung am unrichtigen Ort weder öffentliche Interessen noch Interessen dritter, am Verfahren nicht beteiligter Personen verletzt. Dagegen ist

eine andernorts als am schweizerischen Wohnsitz des Schuldners vollzogene Fortsetzung der Betreibung auf Pfändung nichtig (BGE 88 III 7, 10; 82 III 63, 74).

bb) Sachliche und funktionelle Unzuständigkeit

Die funktionelle und sachliche Unzuständigkeit stellt einen Nichtigkeitsgrund dar, es sei denn, der verfügenden Behörde komme "auf dem betreffenden Gebiet allgemeine Entscheidungsgewalt" zu (MBVR 1970, 88). Das Gebot der Rechtssicherheit kann der Annahme der Nichtigkeit allerdings auch hier entgegenstehen.

773

Beispiele:
-   Auf Veranlassung des Eidgenössischen Amtes für Verkehr wurde ein privater Bahnübergang durch eine Abschrankung für jeglichen Verkehr gesperrt. In der Folge erhob der betroffene Private beim Bezirksgericht Klage mit dem Begehren, der Privatübergang sei für die berechtigten Anstösser wieder zu öffnen. Der Einzelrichter hob darauf im summarischen Verfahren die Absperrung auf. Dieser Entscheid war nichtig, da für solche Bahnübergänge die Eisenbahngesetzgebung anwendbar und damit nicht der Zivilrichter zuständig war (ZBl 68 [1967] 404 ff. [Urteil des Obergerichts des Kantons Zürich vom 14. April 1967]).

774

-   Ausnahmebewilligungen im Sinne von Art. 24 des Bundesgesetzes über die Raumplanung vom 22. Juni 1979 (SR 700) (RPG) können gemäss Art. 25 Abs. 2 RPG nur durch kantonale Behörden oder mit deren Zustimmung erteilt werden. Erfolgt die Bewilligung durch eine kommunale Behörde ohne die Zustimmung einer kantonalen Behörde, so entfaltet die Bewilligung keine Wirkungen. Die kommunale Bewilligung ist wegen des schwerwiegenden Mangels als nichtig zu betrachten (BGE 111 Ib 213, 219 ff.).

775

-   Eine Anordnung, die eine Behörde, wenn auch unzuständigerweise, in ihrem Aufsichtsbereich trifft, ist nicht nichtig. So liegt keine Nichtigkeit vor, wenn das Eidgenössische Departement des Innern anstelle des Bundesamts für Sozialversicherung als direkte Aufsichtsbehörde verfügt (BGE 91 I 374, 381 f.).

776

b) Schwerwiegender Verfahrensfehler

Schwerwiegende Verfahrensfehler können einen Nichtigkeitsgrund bilden. Die Praxis ist jedoch zurückhaltend. Nichtigkeit wird nur bei ganz gewichtigen Verfahrensfehlern, die ohne weiteres erkennbar sind, angenommen.

777

Beispiele:
-   Die unrichtige Zusammensetzung der entscheidenden Kollegialbehörde bildet grundsätzlich keinen Nichtigkeitsgrund (BGE 98 Ia 467, 474 m.w.H.).

778

-   Eine durch Bestechung erwirkte Verfügung der Zollbehörden ist nur nichtig, wenn sie mit grundlegenden materiellen Fehlern behaftet ist, die aus der Verfügung selbst ohne weiteres ersichtlich sind (BGE 92 IV 191, 197).

779

-   Eine Steuerveranlagung, an welcher der Steuerpflichtige wegen Auslandsabwesenheit nicht durch die Abgabe einer ordnungsgemässen Steuererklärung mitwirken konnte, ist nichtig (ZBl 70 [1969] 198 [Entscheid der Steuerrekurskommission des Kantons Aargau]).

780

-   Eine Zonenplanänderung ist nichtig, wenn sie in Missachtung der vom Bundesrecht zwingend festgelegten und im kantonalen Recht verankerten Voraussetzungen und Garantien – ohne Veröffentlichung und folglich ohne Möglichkeit der Anfechtung – vorgenommen wurde (BGE 114 Ib 180, 183).

781

-   Die Verweigerung des rechtlichen Gehörs zieht nicht ohne weiteres die Nichtigkeit der Verfügung nach sich (vgl. auch Rz. 798 f.).

782

783   –   Die Verletzung der Ausstandsregeln hat nur in schwerwiegenden Fällen die Nichtigkeit der Verfügung zur Folge.

c)   Schwerwiegender Form- oder Eröffnungsfehler

784   Schwerwiegende Form- oder Eröffnungsfehler können unter Umständen die Nichtigkeit einer Verfügung nach sich ziehen.

785   Auf alle Fälle darf den Parteien aus der mangelhaften Eröffnung einer Verfügung kein Nachteil erwachsen (so ausdrücklich Art. 38 VwVG).

Beispiele:

786   –   Die Missachtung der gesetzlich vorgeschriebenen Schriftlichkeit ist ein Nichtigkeitsgrund (IMBODEN/RHINOW Bd. I, S. 243 m.w.H.).

787   –   Die fehlende Bezeichnung der erlassenden Behörde und das Fehlen der Unterschrift führen zur Nichtigkeit einer Verfügung (BGE 97 IV 205, 208 m.w.H.; vgl. aber auch Rz. 711).

788   –   Das Fehlen der Rechtsmittelbelehrung ist kein Nichtigkeitsgrund (vgl. Rz. 1302 ff.).

789   –   Wird ein Entscheid den Parteien nicht eröffnet, so entfaltet er keine Rechtswirkungen. Der Mangel kann indessen durch nachträgliche Eröffnung geheilt werden (BGE 122 I 97 ff.; ZBl 83 [1982] 470 f. [Entscheid des Verwaltungsgerichts des Kantons Zürich vom 31. März 1982]).

790   –   Die fehlende Begründung einer Verfügung setzt keinen Nichtigkeitsgrund (vgl. Rz. 1298).

791   –   Eine Verfügung, welche die Adressaten nicht namentlich bezeichnet, ist nicht vollstreckbar. Aus der mangelnden Vollstreckbarkeit ist auf die Nichtigkeit der Verfügung zu schliessen (Rechenschaftsbericht des Verwaltungsgerichts des Kantons Zürich 1962 Nr. 76).

792   –   Eine Verfügung, die einer Person oder Organisation zugestellt wird, die nicht befugt ist, sie in Empfang zu nehmen, muss als nichtig betrachtet werden (BGE 110 V 145, 151 f.).

d)   Schwerwiegender inhaltlicher Mangel

793   Inhaltliche Mängel haben in der Regel nur die Anfechtbarkeit der Verfügung zur Folge (BGE 104 Ia 172, 177; 91 I 374, 381 f.). In Ausnahmefällen führt ein ausserordentlich schwerwiegender Mangel zur Nichtigkeit.

Beispiele:

794   –   Ein Gastwirtschaftspatent, das an ein Gebäude statt an eine Person gebunden wird, ist nichtig (ZBl 62 [1961] 571 f. [Entscheid der Rekurskommission in Wirtschaftssachen der Stadt Chur]).

795   –   Wird eine Steuer einer Erbengemeinschaft überbunden, die gemäss dem massgeblichen Steuergesetz gar nicht Steuersubjekt sein kann, so ist die Steuerverfügung nichtig.

796   –   Der Beschluss einer Vormundschaftsbehörde, die Einwilligung zur Ehe gemäss Art. 98 ZGB zu erteilen, ist nichtig, da die Zustimmung der Vormundschaftsbehörde unter keinen Umständen die Verweigerung der Einwilligung zur Eheschliessung durch einen Elternteil ersetzen kann (ZBl 60 [1959] 342 ff. [Entscheid des Zivilstandsamts Basel-Stadt]).

797   –   Eine nachträgliche Verfügung einer Verwaltungsbehörde ist nichtig, wenn sie mit dem Dispositiv eines noch nicht in Rechtskraft erwachsenen Entscheides einer gerichtlichen Behörde, die in der gleichen Sache befunden hat, in materiellem Widerspruch steht (BGE 109 V 234, 236 f.: als funktionelle Unzuständigkeit qualifiziert).

IV. Heilung von fehlerhaften Verfügungen

Unter Umständen kann der Mangel einer Verfügung "geheilt" werden. Nach der Bundesgerichtspraxis kann insbesondere die Verletzung des Anspruchs auf rechtliches Gehör wiedergutgemacht werden, wenn die unterlassene Anhörung, Akteneinsicht oder Begründung in einem Rechtsmittelverfahren nachgeholt wird, das eine Prüfung im gleichen Umfang wie durch die Vorinstanz erlaubt; eine Rückweisung der Sache wäre, so wird argumentiert, in einem solchen Fall bloss ein formalisierter Leerlauf und würde zu einer unnötigen Verlängerung des Verfahrens führen (BGE 118 Ib 111, 120 f.; 117 Ib 64, 87; 116 Ia 94, 95 f.; 112 Ib 170, 175). | 798

Diese Rechtsprechung ist jedoch nicht unproblematisch, da durch die Heilung der Instanzenzug verkürzt wird und die Gefahr vermehrter Missachtung des Gehörsanspruchs besteht, wenn Verstösse nicht sanktioniert werden. Die Heilung wird deshalb von gewissen kantonalen Verwaltungsbehörden und zum Teil vom Bundesrat sowie neuerdings vom Eidgenössischen Versicherungsgericht (siehe Rz. 1329) richtigerweise nur zugelassen, wenn sie im Interesse des Betroffenen liegt (vgl. GEORG MÜLLER, in: Kommentar BV, Art. 4, Rz. 103; für eine Begrenzung der Heilungsmöglichkeiten je nach Art der Gehörsverletzung, Interessenlage der Betroffenen und Prozesschancen, spricht sich KNEUBÜHLER, S. 111 ff., aus). | 799

V. Teilnichtigkeit

Von Teilnichtigkeit ist zu sprechen, wenn die Fehlerhaftigkeit nur eine von mehreren Anordnungen der Verfügung betrifft und die Verfügung auch beim Wegfall dieser nichtigen Bestimmung ihren Zweck erreichen kann. Im Verwaltungsrecht ist in stärkerem Masse als im Privatrecht auf blosse Teilnichtigkeit zu schliessen. | 800

Beispiel: | 801
Eine vom Kanton Wallis erteilte Wasserrechtskonzession sah u.a. vor, dass der Konzessionär auch während der Bauzeit Wasserzins zu zahlen habe. Diese gesetzwidrige Klausel war nichtig, was nichts an der grundsätzlichen Gültigkeit der Konzession änderte (BGE 49 I 160, 185).

§ 15   Änderung von fehlerhaften Verfügungen

I.   Rechtskraft von Verfügungen

1.   Formelle Rechtskraft

802 Formelle Rechtskraft einer Verfügung bedeutet, dass die Verfügung von den Betroffenen nicht mehr mit ordentlichen Rechtsmitteln angefochten werden kann.

803   Jede Verfügung erwächst früher oder später in formelle Rechtskraft. Die formelle Rechtskraft tritt ein, wenn eine der folgenden Voraussetzungen erfüllt ist:
- wenn der Adressat ausdrücklich auf die Ergreifung eines Rechtsmittels verzichtet;
- wenn die Rechtsmittelfrist unbenutzt abgelaufen ist;
- wenn die Verfügung in einem Verfahren erlassen wird, in dem gar kein Rechtsmittel erhoben werden kann, bzw. die letzte Instanz über die Sache entschieden hat.

2.   Materielle Rechtskraft

804 Die materielle Rechtskraft einer Verfügung bedeutet, dass die Verfügung unabänderbar ist, also auch von Seiten der Verwaltungsbehörden nicht mehr widerrufen werden kann.

805   Die materielle Rechtskraft setzt voraus, dass die Verfügung in formelle Rechtskraft erwachsen ist. Im übrigen sind jedoch formelle und materielle Rechtskraft streng auseinanderzuhalten. Die materielle Rechtskraft beschlägt die Frage der Bindung der Behörden an eine Verfügung, d.h. die Frage der Widerrufbarkeit einer Verfügung; bei der formellen Rechtskraft hingegen geht es um die Anfechtbarkeit der Verfügung seitens der Betroffenen.

II.   Voraussetzungen der Änderung von Verfügungen

1.   Widerrufbarkeit der Verfügung

806 Die Verwaltungsbehörden können Verfügungen, selbst wenn sie in formelle Rechtskraft erwachsen sind, unter bestimmten Voraussetzungen ändern. Nach Auffassung des Bundesgerichts entspricht es "der Eigenart des öffentlichen Rechts und der Natur der öffentlichen Interessen, dass ein Verwaltungsakt, der dem Gesetz nicht oder nicht mehr entspricht, nicht unabänderlich ist" (BGE 94 I 336, 343). In diesem Sinne werden die Verfügungen nicht materiell rechtskräftig (anders die Terminologie von

KNAPP, N. 1122 ff., der den Verfügungen materielle Rechtskraft beimisst, obwohl die Verwaltungsbehörden sie beim Vorliegen bestimmter Gründe ändern können). Dadurch unterscheidet sich das Verwaltungsrecht wesentlich vom Zivilrecht. Urteile von Zivilgerichten erwachsen mit Eintritt der formellen Rechtskraft stets auch in materielle Rechtskraft. Die Parteien sind dadurch gebunden, und kein Gericht darf in der gleichen Sache noch einmal entscheiden, es sei denn, dass ein ausserordentliches Rechtsmittel zur Verfügung steht.

Eine Änderung der Verfügung ist sowohl vor als auch nach Eintritt der formellen Rechtskraft möglich. Nach Eintritt der formellen Rechtskraft sind die Voraussetzungen für eine Neubeurteilung allerdings strenger, weil dem Gebot der Rechtssicherheit und dem Vertrauensgrundsatz dann grössere Bedeutung zukommt als vorher (BGE 121 II 273, 276 f.). Selbst wenn gegen die Verfügung ein Rechtsmittel erhoben worden ist, kann die Verfügung noch geändert werden. Entgegen dem Wortlaut von Art. 58 Abs. 1 VwVG ist im Bund auch ausserhalb eines Rechtsmittelverfahrens eine Wiedererwägung zulässig (KÖLZ/HÄNER, Rz. 192). Hat jedoch ein Verwaltungsgericht über eine Verfügung materiell entschieden, so kann sie nicht mehr widerrufen werden (vgl. Rz. 824).   807

Die Initiative für die Änderung einer Verfügung kann entweder von den Behörden oder von den betroffenen Privaten ausgehen. Der Widerruf kann – unter den gleichen, noch näher zu erläuternden Voraussetzungen – sowohl durch die Behörde, die in der Sache entschieden hat, als auch durch deren Aufsichtsbehörden erfolgen (BGE 107 Ib 35, 37 = Pra 70 [1981] Nr. 191).   808

2. Kriterien für die Widerrufbarkeit von Verfügungen

Das Gesetz kann die Voraussetzungen des Widerrufs ausdrücklich regeln (vgl. Rz. 814). Liegt keine gesetzliche Regelung vor, so muss die Widerrufbarkeit aufgrund allgemeiner Kriterien beurteilt werden. Es ist eine *Interessenabwägung* erforderlich: Dabei ist zwischen dem *Interesse an der richtigen Anwendung des objektiven Rechts* einerseits und dem *Interesse an der Rechtssicherheit* bzw. dem *Vertrauensschutz* andererseits abzuwägen. Das Interesse an der richtigen Anwendung des objektiven Rechts spricht für einen Widerruf; die Rechtssicherheit und der Vertrauensschutz, die beide den Interessen der Betroffenen dienen, sprechen gegen einen Widerruf.   809

Ein Widerruf kommt nur bei fehlerhaften Verfügungen in Betracht, wobei die Fehlerhaftigkeit ursprünglicher oder nachträglicher Natur sein kann. Die *ursprünglich fehlerhafte Verfügung* ist von Anfang an mit einem Rechtsfehler behaftet; *nachträgliche Fehlerhaftigkeit* liegt hingegen vor, wenn seit dem Ergehen der Verfügung eine Änderung der Rechtsgrundlagen oder eine erhebliche Veränderung der tatsächlichen Verhältnisse eingetreten ist.   810

Auch Verfügungen über dauernde Rechtsverhältnisse (z.B. Rentenverfügungen, Gastwirtschaftspatente, Bewilligungen zur Benutzung des öffentlichen Grundes), die wegen einer Änderung der Rechtsgrundlagen fehlerhaft geworden sind, können unter den in Rz. 809 dargestellten Voraussetzungen widerrufen werden (vgl. dazu auch Rz. 273 ff.). Besteht hingegen die Änderung lediglich in einer neuen Verwaltungspraxis oder Rechtsprechung, so darf die Verfügung über ein Dauerrechtsverhältnis nur ausnahmsweise angepasst werden. Dies ist vor allem dann der Fall, wenn die neue Praxis in einem solchen Masse allgemeine Verbreitung gefunden hat, dass   810a deren Nichtbefolgung als Verstoss gegen das Gleichheitsgebot erschiene (BGE 121 V 157, 161 f.; 119 V 410, 413).

811   Der *Widerruf* stellt nur Probleme, wenn er *zu Lasten der Betroffenen* erfolgt, insbesondere wenn begünstigende Verfügungen – z.B. eine Baubewilligung – zum Nachteil der Betroffenen abgeändert werden. Der *Widerruf zugunsten der Betroffenen*, insbesondere die Änderung einer belastenden Verfügung zum Vorteil der Betroffenen, ist dagegen – zumindest aus deren Sicht – unbedenklich; der Vertrauensschutz und weitgehend auch die Rechtssicherheit sprechen in diesem Fall nicht gegen den Widerruf. Dabei ist allerdings zu beachten, dass gewisse Verfügungen bestimmte Private begünstigen, andere aber belasten können. So stellt z.B. eine Baubewilligung für die Bauherrschaft eine Begünstigung, für die Nachbarn u.U. eine Belastung dar.

811a   Nach der Rechtsprechung des Eidgenössischen Versicherungsgerichts ist der Widerruf einer ursprünglich fehlerhaften sozialversicherungsrechtlichen Verfügung nur zulässig, wenn sie zweifellos unrichtig und ihre Berichtigung von erheblicher Bedeutung ist (BGE 122 V 367, 368 m.w.H.). Diese restriktive Umschreibung der Voraussetzungen des Widerrufs wird in der Lehre zunehmend kritisiert (vgl. MEYER-BLASER, S. 352, 354 f.; SALADIN, Wiedererwägung, S. 124 ff., 129 ff.).

3.   Fallgruppen von grundsätzlich nicht widerrufbaren Verfügungen

812   Die Praxis hat verschiedene Fallgruppen gebildet, bei denen eine Verfügung regelmässig in materielle Rechtskraft erwächst, d.h. nicht mehr widerrufen werden kann, weil das Interesse am Vertrauensschutz und der Rechtssicherheit in der Regel gewichtiger ist als dasjenige an der richtigen Rechtsanwendung.

813   Dabei ist zu beachten, dass auch in den nachstehend erwähnten Fällen abgesehen vom Vorliegen einer ausdrücklichen gesetzlichen Regelung (Rz. 814) die *Unwiderrufbarkeit nicht absolut* gilt. Selbst in diesen Fällen, in denen ein Widerruf in der Regel als unzulässig betrachtet wird, kann die Verfügung widerrufen werden, wenn besonders gewichtige öffentliche Interessen – z.B. sehr bedeutsame Gründe des Gewässerschutzes oder des Landschaftsschutzes – vorliegen (BGE 107 Ib 35, 39 [vgl. auch Rz. 1984]; 103 Ib 204, 207 [siehe Rz. 826]; 100 Ib 94, 97). Zur Entschädigungsproblematik beim Widerruf in derartigen Fällen vgl. Rz. 587 f.

813a   Die Relativierung der Bedeutung dieser Fallgruppen durch die Praxis selbst zeigt, dass auf die Interessenabwägung im Einzelfall nicht verzichtet werden kann (vgl. SALADIN, Wiedererwägung, S. 125 f., der statt des Denkens in Fallgruppen eine Abwägung aller jeweils auf dem Spiel stehenden Interessen fordert).

a)   *Ausdrückliche gesetzliche Regelung*

814   Erklärt das Gesetz eine einmal getroffene Verfügung als unabänderlich, so kommt ein Widerruf nicht in Betracht. Allerdings schliesst ein Gesetz den Widerruf in der Regel nicht völlig aus; meistens werden die Voraussetzungen für einen Widerruf in engem Rahmen genau umschrieben.

Beispiele:

- Genehmigung von Unternehmenszusammenschlüssen nach Art. 32 ff. des Bundesgesetzes über   814a
  Kartelle und andere Wettbewerbsbeschränkungen (KG) vom 6. Oktober 1995 (SR 251): Art. 38
  KG lässt einen Widerruf nur bei von den beteiligten Unternehmen selbst zu vertretenden Fehlern (unrichtige Angaben, arglistige Erlangung der Zulassung, schwerwiegender Verstoss gegen
  Auflagen) zu.
- Art. 41 des Bundesgesetzes über Erwerb und Verlust des Schweizer Bürgerrechts vom 29. Sep-   814b
  tember 1952 (SR 141) betreffend Nichtigerklärung einer Einbürgerung; vgl auch BGE 120 Ib
  193 ff., wonach diese Bestimmung die Anwendung der allgemeinen Widerrufsgrundsätze ausschliesst.

b) Einräumung eines wohlerworbenen Rechts

Wohlerworbene Rechte sind vermögenswerte Ansprüche der Privaten gegenüber   815
dem Staat, die sich durch ihre besondere Rechtsbeständigkeit auszeichnen. Dazu
gehören einerseits die seit unvordenklicher Zeit bestehenden Rechte, z.B. ehehafte
Tavernenrechte, und andererseits die auf gegenseitiger Willensübereinstimmung
zwischen Staat und Privaten beruhenden Rechte, die Korrelat einer freiwillig begründeten Leistungspflicht der Privaten sind (vgl. MOOR Vol. II, S. 13 ff.; RHINOW,
Wohlerworbene und vertragliche Rechte, S. 1 ff.). Sie stehen unter dem Schutz der
Eigentumsgarantie (vgl. Rz. 1584) sowie des Prinzips des Vertrauensschutzes (vgl.
Rz. 525 ff.) und sind auch durch Gesetz nicht änderbar. Tritt die sachenrechtliche
Fixierung des wohlerworbenen Rechts in den Vordergrund, wird dieses von der Eigentumsgarantie geschützt; befinden sich jedoch die vertrauensbildenden Beziehungen zwischen Privaten und Staat im Mittelpunkt, ist das Prinzip des Vertrauensschutzes als Anknüpfungspunkt zu behandeln (BGE 118 Ia 245, 255 m.w.H.). Wird
durch eine Verfügung ein wohlerworbenes Recht begründet, ist ein Widerruf zwar
grundsätzlich, nicht aber gänzlich ausgeschlossen. Der Widerruf ist zulässig, wenn
die Voraussetzungen für einen Eingriff in die Eigentumsgarantie erfüllt sind, d.h.
wenn sich der Widerruf auf eine gesetzliche Grundlage stützt, im öffentlichen Interesse liegt und verhältnismässig ist. In jedem Fall ist der Widerruf entschädigungspflichtig.

Im Gegensatz dazu begründet eine Polizeierlaubnis, z.B. eine Baubewilligung,   816
keine wohlerworbenen Rechte.

Beispiele:

- Art. 43 des Bundesgesetzes über die Nutzbarmachung der Wasserkräfte vom 22. Dezember   817
  1916 (SR 721.80) sieht ausdrücklich vor, dass die Verleihung von Wasserrechten ein wohlerworbenes Recht verschafft, und dass das einmal verliehene Nutzungsrecht nur aus Gründen des
  öffentlichen Wohls und gegen volle Entschädigung zurückgezogen oder geschmälert werden
  kann.
- Die Stadt Chur hatte 1862 einen neuen Friedhof erstellt. Sie finanzierte den Bau in erheblichem   818
  Umfang durch den "Verkauf" von Familiengräbern. Diese Geschäfte wurden in sogenannten
  Legitimationsscheinen festgehalten. Damit wurden, wie das Bundesgericht feststellte, den Berechtigten durch Sondernutzungskonzession wohlerworbene Rechte eingeräumt. Das Bundesgericht führte aus, dass nach seiner Praxis diejenigen Rechte innerhalb einer Konzession als wohl-
  erworben einzustufen seien, welche nicht durch einen Rechtssatz, sondern aufgrund freier
  Vereinbarung der Parteien entstanden seien. Diese Voraussetzung war im vorliegenden Fall erfüllt, weil die Dauer der Nutzungsrechte im Rahmen der gesetzlichen Schranken frei vereinbar
  gewesen war. Unerheblich war, dass die Legitimationsscheine im konkreten Fall keine zeitliche
  Beschränkung enthielten und diese an sich notwendige Anordnung nun durch richterliche

Lückenfüllung zu treffen war. Eingriffe in die Nutzungsrechte konnten nur beim Vorliegen der aus der Eigentumsgarantie sich ergebenden Voraussetzungen erfolgen; sie waren also nur "zulässig, wenn sie auf einer gesetzlichen Grundlage beruhen, im überwiegenden öffentlichen Interesse liegen, verhältnismässig sind sowie voll entschädigt werden, sofern sie einer Enteignung gleichkommen". Diese Voraussetzungen erfüllte eine Verfügung vom 31. März 1986 nicht, mit der den Inhabern von solchen Legitimationsscheinen aus dem Zeitraum von 1862 bis 1920 mitgeteilt wurde, dass nach dem städtischen Gesetz über das Bestattungs- und Friedhofwesen vom 7. Juli 1974 Nutzungsrechte an einem Privatgrab nach 40 Jahren erlöschen würden, aber gegen eine Gebühr – die sich in einem Fall auf Fr. 3'400.-- belief – für weitere 40 Jahre erneuert werden könnten (BGE 113 Ia 357, 360 ff.).

818a – Jean-François Frésard ist Landwirt in Muriaux. Er besitzt auch 6,79 ha Landwirtschaftsland in der Gemeinde Le Noirmont, wo er von 1978 bis 1988 die ihm aufgrund seines Weiderechts zustehende Anzahl von Vieh sömmerte. Am 29. Februar 1988 beschloss die Gemeindeversammlung der Gemeinde Le Noirmont, das Nutzungsreglement betreffend die Gemeindeweiden dahin abzuändern, dass deren Benutzung nur noch denjenigen Personen gestattet ist, die landwirtschaftlichen Boden in der Gemeinde bewirtschaften und auf diesem Boden das Vieh überwintern. Jean-François Frésard, der sein Vieh zum grössten Teil in Muriaux überwintert, focht diese Änderung des kommunalen Nutzungsreglementes ohne Erfolg beim Verwaltungsgericht des Kantons Jura an. Das Bundesgericht hat eine staatsrechtliche Beschwerde, mit welcher Jean-François Frésard eine Verletzung der Art. 4 und 22ter BV geltend machte, gutgeheissen. Es stellte fest, dass die Weiderechte in der Gemeinde Le Noirmont ehehafte Rechte darstellten, die nicht nur den in der Gemeinde wohnhaften Personen zustünden, sondern auch solchen, die an einem andern Ort wohnten, aber Eigentümer von landwirtschaftlichem Boden in der Gemeinde Le Noirmont seien. Diese ehehaften Weiderechte seien wohlerworbene Rechte, die eng mit dem Grundeigentum der Berechtigten verbunden sind. Sie könnten zwar nach dem Begründungsakt von 1875 geändert werden, aber nur nach Anhörung der Berechtigten. Da die Anhörung unterlassen worden sei, brauche nicht entschieden zu werden, ob die Änderung nur mit Zustimmung aller oder der Mehrheit der Berechtigten erfolgen könne. Die wohlerworbenen Rechte stünden unter dem Schutz der Eigentumsgarantie und des Vertrauensschutzprinzips. Eine Einschränkung sei deshalb nur möglich, wenn sie auf einer genügenden gesetzlichen Grundlage beruhe, im öffentlichen Interesse liege, das Verhältnismässigkeitsprinzip beachte und voll entschädigt werde, falls der Eingriff zu einer Enteignung führe. Im vorliegenden Fall bestehe kein überwiegendes öffentliches Interesse, das die Beschränkung des wohlerworbenen Rechts zu rechtfertigen vermöge. Der Ausschluss von Viehhaltern, die in grosser Entfernung von Le Noirmont wohnten, könnte allenfalls im öffentlichen Interesse liegen, um eine zunehmende Motorisierung bei der Bewirtschaftung der Weiden zu vermeiden und die seuchenpolizeiliche Kontrolle über das Vieh auf dem Gemeindegebiet zu erleichtern. Da die Inhaber der ehehaften Weiderechte aber in unmittelbarer Nähe der Gemeinde Le Noirmont wohnten, liege kein ausreichender Grund für einen derartigen Eingriff in ihre wohlerworbenen Rechte vor (BGE 117 Ia 35, 37 = Pra 81 [1992] Nr. 101).

c) Verfügungen, die auf einem eingehenden Ermittlungs- und Einspracheverfahren beruhen

819 Verfügungen, die aufgrund eines eingehenden Einsprache- und Ermittlungsverfahrens ergehen, können grundsätzlich nicht widerrufen werden. Entscheidend ist, dass es sich um ein Verfahren handelt, "dessen Aufgabe in der allseitigen Prüfung der öffentlichen Interessen und ihrer Abwägung gegenüber den entgegengesetzten Privatinteressen" besteht (BGE 94 I 336, 345). Dies trifft zum Beispiel auf das Verfahren der Baubewilligung und der Steuerveranlagung (BGE 121 II 273, 277) zu.

819a Die Zahl der Verfügungen, die nach Durchführung derartiger Verfahren getroffen werden, nimmt angesichts des Ausbaus der zum Teil in den Verwaltungsrechtspflegegesetzen umschriebenen, zum Teil aus Art. 4 BV abgeleiteten Rechte der am Verfahren Beteiligten stark zu, so dass man sich fragen kann, ob es sich noch rechtfertigt, diese Fallgruppe als Kategorie grundsätzlich unwiderrufbarer Verfügungen beizubehalten (vgl. SALADIN, Wiedererwägung, S. 125). Jedenfalls sollte sie auf Fälle beschränkt werden, wo gerade der zum Widerruf Anlass gebende Mangel der Verfügung Gegenstand der besonders eingehenden Ermittlung war (so MOOR Vol. II, S. 226).

d) Einräumung einer Befugnis, von der der Berechtigte bereits Gebrauch gemacht hat

Wurde mit der Verfügung eine Befugnis eingeräumt – wie z.B. bei der Baubewilligung – und hat der Berechtigte von dieser Befugnis bereits Gebrauch gemacht, so kann die Verfügung grundsätzlich nicht widerrufen werden. Vorausgesetzt ist dabei im allgemeinen, dass die Benützung der Bewilligung erhebliche Investitionen erforderte und zur Schaffung eines Zustandes geführt hat, der nur unter Vernichtung gutgläubig geschaffener Werte wieder beseitigt werden kann (BGE 109 Ib 246, 252; 101 Ib 318, 321).   820

Dieser Grund für die Unwiderrufbarkeit spielt vor allem dann eine Rolle, wenn es um den einmaligen Gebrauch einer Befugnis – z.B. für die Errichtung einer Baute – geht. Wird hingegen durch eine Bewilligung eine dauernde Tätigkeit gestattet, so kommt dem Umstand, dass von dieser Bewilligung bereits Gebrauch gemacht worden ist, keine entscheidende Bedeutung zu; wenn das öffentliche Interesse an der rechtsgleichen Durchsetzung des objektiven Rechts den Vorrang vor dem Interesse des bisherigen Bewilligungsinhabers verdient, ist ein Widerruf zulässig (BGE 120 Ib 317, 320 betreffend Entzug eines Kollektiv-Fahrzeugausweises).   821

Das Interesse am Vertrauensschutz ist je nach dem Ausmass der Inanspruchnahme der erteilten Befugnis unterschiedlich zu beurteilen (vgl. ZBl 96 [1995] 515, 518 [Urteil des Bundesgerichts vom 15. Dezember 1994] betreffend Widerruf einer Baubewilligung nach einem längeren Bauunterbruch).   821a

Beispiel: 821b
Erteilt eine Gemeinde eine Baubewilligung aufgrund von Plänen, die für die Behörden ohne weiteres als fehlerhaft erkennbar gewesen wären, kann diese nach erfolgtem Baubeginn nur widerrufen werden, wenn erhebliche öffentliche Interessen auf dem Spiel stehen. Die blosse Verletzung von Ästhetikvorschriften reicht dazu nicht aus (ZBl 85 [1984] 127 ff. [Urteil des Bundesgerichts vom 1. Juni 1983]).

e) Privatrechtsgestaltende Verfügungen

Ein nach Zivilrecht gültig abgeschlossenes Rechtsgeschäft kann von der Genehmigung seitens einer Behörde abhängig sein, sofern dies der Gesetzgeber selber ausdrücklich vorschreibt oder in einer Ermächtigungsnorm vorsieht.   822

Vergleichbar damit ist der Fall, dass das Gesetz für den Abschluss eines privatrechtlichen Vertrages durch das Gemeinwesen den vorgängigen Erlass einer Verfügung vorsieht (zur Zweistufentheorie vgl. Rz. 229 ff.).   822a

Solche privatrechtsgestaltende Verfügungen können grundsätzlich nicht mehr widerrufen werden, sobald das privatrechtliche Rechtsgeschäft vollzogen ist.   822b

Beispiele:

823   –   Nach Art. 9 Abs. 1 des Binnenmarktgesetzes (BGBM) vom 6. Oktober 1995 (SR 943.02) hat dem Vertragsschluss im öffentlichen Beschaffungswesen eine Verfügung voranzugehen. Auch wenn diese Verfügung fehlerhaft ist, kann in einem Rechtsmittelverfahren das zivilrechtliche Rechtsgeschäft nach dessen Abschluss nicht mehr überprüft (Art. 9 Abs. 3 BGBM), sondern nur noch die Rechtswidrigkeit des Vorgehens festgestellt und allenfalls auf Schadenersatz erkannt werden. Der Grundsatz "pacta sunt servanda" wird höher bewertet als allfällige Fehler der Verfügung. Umso weniger darf die vertragsschliessende Behörde ihren Entscheid nach diesem Zeitpunkt noch widerrufen.

823a   –   Beispiele für privatrechtsgestaltende staatliche Genehmigungen stellen die Erlaubnis für den Erwerb eines landwirtschaftlichen Grundstückes nach Art. 61 ff. des Bundesgesetzes über das bäuerliche Bodenrecht (BGBB) vom 4. Oktober 1991 (SR 211.412.11) sowie die Bewilligung gemäss Bundesgesetz über den Erwerb von Grundstücken durch Personen im Ausland (BewG) vom 16. Dezember 1983 (SR 211.412.41) dar. In beiden Fällen ist der Widerruf jedoch gesetzlich geregelt (Art. 71 BGBB, Art. 25 BewG).

f)   Verfügungen, über die ein Gericht materiell entschieden hat

824   Entscheidungen von Verwaltungsgerichten und verwaltungsunabhängigen Rekurskommissionen sind in dem Sinne materiell rechtskräftig, als das Verfahren unter Vorbehalt der Revision nicht wieder aufgenommen werden kann (IMBODEN/RHINOW Bd. I, S. 254 f.). Der Widerruf von Verfügungen, über welche ein Gericht materiell entschieden hat, ist deshalb unzulässig. Dies schliesst jedoch nicht aus, dass die Verwaltungsbehörden in neuen gleichartigen Fällen eine abweichende Entscheidung treffen und so gegebenenfalls das Gericht zur Überprüfung seiner Rechtsprechung veranlassen. Schafft ein verwaltungsgerichtliches Urteil einen Dauerzustand, "so kann es der Verwaltung auch nicht unter allen Umständen verwehrt sein, gestützt auf veränderte Verhältnisse oder neue Erkenntnisse eine Verfügung zu treffen, welche im Ergebnis das früher gefällte Urteil des Verwaltungsgerichts aufhebt ..." (BGE 97 I 748, 752).

Beispiele:

825   –   Gemäss Art. 3 des Bundesgesetzes über die Spielbanken vom 5. Oktober 1929 (SR 935.52; wird ersetzt durch ein neues Bundesgesetz über das Glücksspiel und über die Spielbanken [BBl 1997 III 145]) sind Spielautomaten verboten, deren Spielausgang nicht ganz oder vorwiegend auf Geschicklichkeit beruht. Mit Urteil vom 1. März 1968 hiess das Bundesgericht eine gegen den Entscheid des Eidgenössischen Justiz- und Polizeidepartements (EJPD) gerichtete Verwaltungsgerichtsbeschwerde gut und erklärte das neue Modell eines Spielautomaten als zulässig. Am 1. Juni 1970 erliess das EJPD eine Verfügung, die sämtliche Geräte dieses Modells verbot, weil jedermann, der einen Schlüssel zu den Geräten besitze, an diesen Manipulationen vornehmen könne, so dass der Automat nicht mehr als Geschicklichkeitsgerät qualifiziert werden könne. Das Bundesgericht schützte 1971 in einem neuen Urteil dieses Verbot. Es erklärte, dass es den Verwaltungsbehörden nicht unter allen Umständen verwehrt sein könne, auf ein verwaltungsgerichtliches Urteil zurückzukommen, das einen Dauerzustand schaffe. Aufgrund der neu gewonnenen Erkenntnis der Manipulierbarkeit des Geräts war das Verbot zulässig (BGE 97 I 748, 752 f., 761).

825a   –   Der Gemeinderat Stäfa verweigerte am 7. November 1989 die für ein Bauvorhaben notwendige Ausnahmebewilligung nach Art. 24 RPG. Die Angelegenheit wurde von den Betroffenen jedoch weitergezogen. Während das Rechtsmittelverfahren lief, trat auf den 1. Oktober 1990 eine Änderung der Zürcher Bauverfahrensverordnung in Kraft, mit der die Erteilung von Bewilligungen nach Art. 24 RPG neu in die alleinige Zuständigkeit der kantonalen Baudirektion gestellt wurde. Mit Entscheid vom 16. November 1990 schützte das kantonale Verwaltungsgericht die ablehnende Verfügung der Gemeinde. Dieses Urteil blieb unangefochten. Demgegenüber beschloss die Baudirektion, welcher die Gemeinde das Gesuch gemäss der neuen Zuständigkeitsregelung unterbreitet hatte, am 28. Dezember 1990, die Ausnahmebewilligung zu erteilen. Durch diese Neubeurteilung wurde ein zweites Rechtsmittelverfahren ausgelöst. Schliesslich musste sich auch noch das Bundesgericht mit der Sache befassen. Dieses stellte klar, dass die Baudirektion nur dann befugt gewesen wäre, die gerichtlich bestätigte Verfügung in Wiedererwägung zu ziehen, wenn sich inzwischen entweder die tatsächlichen Verhältnisse oder die materielle Rechtslage wesentlich verändert hätten (BGE 120 Ib 42 ff.).

4. Beispiele zur Frage der Unwiderrufbarkeit von Verfügungen

– Am 5. November 1974 erteilte der Regierungsstatthalter von Bern der Bauherrengemeinschaft Altenberg die Baubewilligung für den Abbruch mehrerer alter Gebäude und für die Erstellung von zwei Häusern. Durch einen am 17. September 1975 öffentlich aufgelegten Plan wurden die betreffenden Parzellen vom provisorischen Schutzgebiet II ins provisorische Schutzgebiet I (Teile des Baugebiets mit Bausperre, Konfliktsgebiete) umgezont. Da die Bauherrengemeinschaft mit den Bauarbeiten noch nicht begonnen hatte, widerrief der Regierungsstatthalter am 15. Oktober 1975 die am 5. November 1974 erteilte Baubewilligung mit der Begründung, dass das bewilligte Projekt den neuen Plan erheblich beeinträchtige. Das Bundesgericht schützte den Widerruf. Es erklärte, ein Widerruf sei nicht schon deshalb ausgeschlossen, weil er im massgeblichen Gesetz nicht vorgesehen sei. Im Falle des Fehlens einer gesetzlichen Grundlage sei abzuwägen, ob der richtigen Durchsetzung des objektiven Rechts oder dem Interesse an der Wahrung der Rechtssicherheit der Vorrang gebühre. Das öffentliche Interesse könne den Widerruf der Baubewilligung auch erfordern, wenn diese zwar seinerzeit in Übereinstimmung mit der damals geltenden Gesetzgebung ergangen sei, die gesetzlichen Vorschriften aber seither geändert hätten. Allerdings müsse dann besonders sorgfältig geprüft werden, ob der Widerruf wirklich geboten sei. Der Umstand, dass die Bewilligung im Zeitpunkt des Widerrufs hätte verweigert werden müssen, genüge nicht. Nach Auffassung des Bundesgerichts lagen jedoch im betreffenden Fall hinreichend gewichtige öffentliche Interessen vor, die einen Widerruf rechtfertigten. Dies vor allem deshalb, weil die betreffenden Parzellen in einem landschaftlich schützenswerten Gebiet lagen, in dem jede weitere Grossbaute als empfindlicher und nicht wiedergutzumachender Eingriff angesehen werden musste. Dem Widerruf standen auch keine wohlerworbenen ("subjektiven") Rechte der Bauherren entgegen; die Baubewilligung begründete jedenfalls kein solches Recht. Ausserdem hatte die Bauherrin zwar die Finanzierung der Arbeit geregelt und einen Werkvertrag über die Abbruch- und Aushubarbeiten abgeschlossen, doch war noch nicht mit den eigentlichen Bauarbeiten begonnen worden, so dass kein Eingriff in eine Befugnis, von der schon Gebrauch gemacht worden war, vorlag. Schliesslich stand dem Widerruf auch nicht entgegen, dass die Baubewilligung in einem Verfahren erteilt worden war, in dem die Interessen allseitig geprüft und gegeneinander abgewogen worden waren; ein eingehendes Ermittlungsverfahren könne nicht einem Widerruf entgegenstehen, der aufgrund einer neuen Rechtslage erfolge (BGE 103 Ib 204, 206 ff.).

826

– Hans S. betrieb ein Bootsbaugeschäft und war Vertreter von Bootsanhängern eines bestimmten Typs. Seit 1963 besass er einen Kollektiv-Fahrzeugausweis, der ihn – nach Massgabe der Verkehrsversicherungsverordnung des Bundesrats (VVV) vom 20. November 1959 (SR 741.31) – zum Anbringen der darin genannten Händlerschilder (Nummernschilder) an Fahrzeugen berechtigte (Art. 22 Abs. 3 VVV). Der Kollektiv-Fahrzeugausweis wird verweigert oder entzogen, wenn dessen Verwendung nach "Art und Umfang des Betriebs offensichtlich nicht erforderlich ist" (Art. 23 Abs. 3 lit. a VVV). Am 4. April 1979 entzog das Strassenverkehrsamt des Kantons Zürich Hans S. den Kollektiv-Fahrzeugausweis, weil sein Betrieb nicht den hierfür neu vom Regierungsrat festgelegten Mindestumsatz erreichte. Hans S. sah darin einen unzulässigen Widerruf. Das Bundesgericht, das in letzter Instanz in der Sache entscheiden musste, führte aus, dass entgegen der Auffassung von Hans S. ein Entzug des Kollektiv-Fahrzeugausweises nicht

827

nur bei einer Änderung der tatsächlichen Verhältnisse in Frage komme, sondern auch aufgrund einer berechtigten Praxisänderung. Die Kantone seien befugt, neue, sachgerechte, strengere Bewilligungsvoraussetzungen auch gegenüber bisherigen Inhabern von Kollektiv-Fahrzeugausweisen zur Anwendung zu bringen. "Der Kollektivfahrzeugausweis begründet aber keine subjektiven Rechte. Auch dem Umstand, dass von der Bewilligung bereits Gebrauch gemacht worden ist, kommt keine entscheidende Bedeutung zu, wenn mit dieser Bewilligung eine dauernde Tätigkeit gestattet wird (BGE 101 Ib 321). Dass schliesslich der Kollektivfahrzeugausweis in einem Verfahren erteilt worden ist, in dem die Bewilligungsvoraussetzungen umfassend zu prüfen waren, steht jedenfalls dann einem Widerruf nicht entgegen, wenn strengere Voraussetzungen auf einer begründeten Änderung der Praxis beruhen und deshalb im Interesse der Rechtsgleichheit auch gegenüber den bisherigen Inhabern von Kollektivfahrzeugausweisen angewendet werden müssen." Das Bundesgericht bejahte deshalb die Zulässigkeit des Widerrufs, hiess die Beschwerde jedoch aus anderen Gründen gut (BGE 106 Ib 252, 254 ff.).

828   –   Hans Ulrich Schaufelberger, geboren 1686, Bürger von Wila (Zürich), wanderte in jungen Jahren nach Deutschland aus. Seine Nachkommen blieben dort. Seine Nachfahrin Bertha Schaufelberger, geboren 1896 in Deutschland, hielt sich jahrzehntelang als Hausangestellte in der Schweiz auf. 1939 stellte sie der Gemeinde Wila das Begehren, als deren Bürgerin und damit als Schweizerbürgerin anerkannt zu werden. Die Direktion des Innern des Kantons Zürich bewilligte 1939 die Eintragung ins Familienregister. Bertha Schaufelberger wurde der Heimatschein ausgestellt. Sie war somit als Schweizerbürgerin anerkannt. 1948 entschied das Eidgenössische Justiz- und Polizeidepartement, dass Frau Schaufelberger das Schweizerbürgerrecht und das Bürgerrecht der Gemeinde Wila und des Kantons Zürich nicht besitze, weil nach den damals massgeblichen Bestimmungen die Vorfahren von Frau Schaufelberger schon seit langer Zeit das Schweizerbürgerrecht verloren hatten. Das Bundesgericht hob im Jahre 1949 den Entscheid des Eidgenössischen Justiz- und Polizeidepartements auf und erklärte, Verfügungen, die mit dem Gesetz nicht oder nicht mehr im Einklang stehen, könnten zurückgenommen oder abgeändert werden, falls das Interesse an der richtigen Durchsetzung des objektiven Rechts gegenüber den Anforderungen der Rechtssicherheit überwiege. Im vorliegenden Fall sei aber der kantonale Feststellungsentscheid von 1939 aus Gründen der Rechtssicherheit materiell rechtskräftig geworden. Bertha Schaufelberger besitze somit weiterhin das Bürgerrecht der Gemeinde Wila, des Kantons Zürich und der Schweiz (BGE 75 I 284, 286 ff.).

829   –   Das Bundesgesetz zum Schutz von Namen und Zeichen der Organisationen der Vereinten Nationen und anderer zwischenstaatlicher Organisationen vom 15. Dezember 1961 (SR 232.23) untersagt die Benutzung der Namen, Sigel und Zeichen solcher Organisationen. In Anwendung dieses Gesetzes wurden am 9. September 1965 die Namen, Abkürzungen und Sigel der Bank für internationalen Zahlungsausgleich (Bank for International Settlement), insbesondere auch die Abkürzung BIS, im Bundesblatt veröffentlicht. Am 30. März 1977 wurde die "BIS, Services et Travail Temporaires S.A.", die schweizerische Niederlassung einer 1954 in Paris gegründeten Gesellschaft, im Handelsregister eingetragen. Auf Gesuch der Bank für internationalen Zahlungsausgleich ordnete das zuständige kantonale Departement die Löschung der Sigel BIS im Handelsregister-Eintrag der Firma "BIS, Services et Travail Temporaire S.A." an. Hiegegen erhob diese Verwaltungsgerichtsbeschwerde ans Bundesgericht. Das Bundesgericht schützte die Anordnung des kantonalen Departements. Es begründete dies damit, dass die Eintragung im Handelsregister zwar eine Befugnis einräume, und dass die Beschwerdeführerin von dieser Befugnis bereits Gebrauch gemacht habe; bei Verfügungen, die ein dauerndes Verhalten erlauben, stehe dies jedoch einem Widerruf nicht entgegen. Die Eintragung verleihe zwar ein subjektives Recht, dieses könne jedoch nur gegenüber Dritten, nicht gegenüber dem Staat geltend gemacht werden. Die Eintragung gestatte nicht, eine Firmenbezeichnung zu tragen, die falsch oder täuschend sei oder die dem öffentlichen Interesse zuwiderlaufe. Ausserdem handle es sich beim Verfahren der Eintragung im Handelsregister nicht um ein umfassendes Ermittlungsverfahren. Das Interesse an der Löschung einer Firma, die nicht den gesetzlichen Anforderungen entspricht, überwiege die privaten Interessen der Beschwerdeführerin. Aus diesen Gründen war der Widerruf gerechtfertigt (BGE 105 II 135, 141 f.).

– Mit Verfügung vom 7. März 1988 entzog die zuständige kantonale Behörde F. wegen Fahrens in angetrunkenem Zustand den Führerausweis für die Dauer von 2 Monaten. Mit Verfügung vom 25. April 1988 stellte die gleiche Behörde fest, die Dauer des Führerausweisentzuges betrage nicht 2, sondern 12 Monate, weil sich inzwischen herausgestellt habe, dass dem F. der Führerausweis bereits am 17. Juli 1986 für 6 Monate wegen Fahrens in angetrunkenem Zustand habe entzogen werden müssen. Es liege deshalb ein Rückfall im Sinne von Art. 17 Abs. 1 lit. d SVG vor, so dass die gesetzliche Mindestdauer für den Führerausweisentzug von einem Jahr zur Anwendung komme. Das Bundesgericht hat eine Verwaltungsgerichtsbeschwerde gegen das Urteil des Verwaltungsgerichts des Kantons Genf, an welches F. die Verfügung ohne Erfolg weitergezogen hatte, abgewiesen. Nach der Rechtsprechung könne eine Verfügung, die mit dem positiven Recht nicht zu vereinbaren sei, geändert werden. Beim Fehlen gesetzlicher Regeln über den Widerruf habe die Behörde abzuwägen zwischen dem Interesse an der richtigen Rechtsanwendung und den Anforderungen, die sich aus der Rechtssicherheit ergäben. Diese überwögen im Prinzip, wenn die Verfügung ein subjektives Recht zugunsten des Adressaten begründet habe, wenn dieser von einer Bewilligung bereits Gebrauch gemacht habe oder wenn die Verfügung das Ergebnis eines Verfahrens sei, in welchem die verschiedenen Interessen einer vertieften Überprüfung unterzogen worden seien. Diese Regeln seien aber nicht absolut zu verstehen; ein Widerruf könne auch in den drei genannten Fällen erfolgen, wenn ein besonders gewichtiges öffentliches Interesse es erfordere. Auch die Rechtssicherheit könne selbst dann Vorrang geniessen, wenn keiner der genannten drei Fälle vorliege. Das Verwaltungsgericht habe angenommen, dass das Interesse an der richtigen Rechtsanwendung gegenüber demjenigen an der Rechtssicherheit überwiege, vor allem deshalb, weil es um die Wahrung der Verkehrssicherheit und den Kampf gegen den Alkohol am Steuer gehe. Bei dieser Abwägung seien zwar die Auswirkungen der Verlängerung der Entzugsdauer auf die Berufstätigkeit des Beschwerdeführers etwas zuwenig berücksichtigt worden. Die Gefahr, dass das Interesse an der Verkehrssicherheit durch einen bloss zweimonatigen statt des zwölfmonatigen Führerausweisentzuges beeinträchtigt werden könnte, sei demgegenüber eher zu stark gewichtet worden. Trotzdem verletze der Widerruf den Grundsatz von Treu und Glauben nicht, namentlich auch deshalb, weil er kurz nach Erlass der ersten Verfügung erfolgt sei (BGE 115 Ib 152, 155).

829a

III. Arten der Änderung von Verfügungen

Vorbemerkung: Verfügungen können von Amtes wegen oder auf Gesuch (Wiedererwägungs-, Revisions- oder Berichtigungsgesuch) geändert werden. Die Änderung kann Verfügungen unterschiedlicher Art (ursprünglich fehlerhafte oder ursprünglich fehlerfreie, begünstigende oder belastende) betreffen. Die Terminologie der Praxis und der Lehre ist uneinheitlich (vgl. die Hinweise bei MOOR Vol. II, S. 217 f.) und auch durch die jeweils einschlägige Gesetzgebung geprägt. So kennt etwa der Bund keine Revision erstinstanzlicher Verfügungen (vgl. Rz. 833 f., 1419 sowie VPB 60 [1996] Nr. 37 [Entscheid der Schweizerischen Asylrekurskommission vom 11. November 1994]). In Abweichung von der vorherrschenden und in den folgenden Ausführungen verwendeten Terminologie schlägt SALADIN (Wiedererwägung, S. 116) vor, als Wiedererwägung und Revision das (verfahrensmässige) Zurückkommen auf eine Verfügung, als Widerruf das Ergebnis dieses Verfahrens, d.h. die (materielle) Änderung der in Wiedererwägung oder Revision gezogenen Verfügung zu bezeichnen.

829b

1.   Widerruf

a)   Begriff des Widerrufs

830   Widerruf einer Verfügung bedeutet, dass die verfügende oder allenfalls eine übergeordnete Behörde eine nicht in materielle Rechtskraft erwachsene Verfügung von
Amtes wegen oder auf ein Wiedererwägungsgesuch (vgl. Rz. 1421 ff.) hin ändert.
Die Behörden widerrufen eine Verfügung, wenn dem Interesse an der richtigen Anwendung des objektiven Rechts der Vorrang vor den Interessen der Rechtssicherheit
und des Vertrauensschutzes zukommt (vgl. Rz. 809). Im Gegensatz zur Revision
müssen beim Widerruf nicht bestimmte formelle Voraussetzungen erfüllt sein. Die
Behörden sind nicht verpflichtet, das Verfahren einzuleiten; auf ein Wiedererwägungsgesuch muss grundsätzlich nicht eingetreten werden (vgl. auch Rz. 837 ff.).

b)   Widerruf von ursprünglich fehlerhaften und
ursprünglich fehlerfreien Verfügungen

831   Die Unterscheidung zwischen ursprünglich fehlerfreien und ursprünglich fehlerhaften Verfügungen (vgl. dazu Rz. 761) spielt für die Zulässigkeit eines Widerrufs keine
entscheidende Rolle. In beiden Fällen ist hierfür allein die Abwägung zwischen dem
Interesse an der richtigen Rechtsanwendung und dem Interesse am Vertrauensschutz
und an der Rechtssicherheit massgebend. Möglich ist zwar, dass die ursprüngliche
Fehlerlosigkeit einer Verfügung das Gewicht des Vertrauensschutzes verstärkt. Aber
es kann nicht gesagt werden, dass das Interesse an der Rechtssicherheit und am
Vertrauensschutz bei der ursprünglich fehlerfreien Verfügung in jedem Falle grösser
ist als bei der ursprünglich fehlerhaften Verfügung.

832   Zum Teil knüpft die *Terminologie* an die Unterscheidung an: Der Widerruf ursprünglich fehlerhafter Verfügungen wird als *Rücknahme* bezeichnet, währenddem
der Widerruf ursprünglich fehlerfreier Verfügungen *Anpassung* genannt wird. In der
Praxis wird beim Widerruf ursprünglich fehlerfreier Verfügungen auch von Revision
gesprochen. Ungewöhnlich ist die Terminologie von KNAPP (N. 1250 ff.), der den
Widerruf von noch nicht in formelle Rechtskraft erwachsenen Verfügungen als
Rücknahme bezeichnet.

c)   Widerruf von begünstigenden und belastenden Verfügungen

832a   Das Interesse am Vertrauensschutz und an der Rechtssicherheit ist bei begünstigenden Verfügungen (z.B. Führerausweis, Gastwirtschaftspatent) grösser als bei belastenden (z.B. Festsetzung einer Kanalisationsanschlussgebühr, Ablehnung eines Gesuchs um Dispensation vom Militärdienst). Der Widerruf von belastenden Verfügungen ist deshalb in der Regel leichter möglich als derjenige von begünstigenden
Verfügungen (vgl. Rz. 811).

2. Revision (Wiederaufnahme)

a) Begriff der Revision

Die Revision ist die vom Gesetz besonders vorgesehene Möglichkeit, dass die entscheidende Behörde oder eine Rechtsmittelinstanz eine bereits in formelle Rechtskraft erwachsene Verfügung von Amtes wegen oder auf Begehren des Betroffenen hin aufheben oder ändern kann, wenn ein gesetzlicher Revisionsgrund, d.h. ein besonders schwerwiegender ursprünglicher Fehler, vorliegt. Das Revisionsgesuch ist ein ausserordentliches Rechtsmittel (vgl. Rz. 1416 ff.). 833

Das Verfahren läuft zweistufig ab: Zunächst wird geprüft, ob ein Revisionsgrund vorliegt. Wird dies bejaht, so wird die Frage untersucht, ob die fragliche Verfügung materiell geändert werden soll oder nicht. Wird das Eintreten abgelehnt, so kann mit Beschwerde nur geltend gemacht werden, die Behörde habe zu Unrecht das Bestehen der Voraussetzungen des Eintretens verneint. Für die Revision zuständig ist jene Behörde, deren Entscheid mit dem Revisionsbegehren angefochten wird. 834

b) Die wichtigsten Revisionsgründe

Die wichtigsten Revisionsgründe (vgl. Art. 66 VwVG) sind: 835
- Beeinflussung der Verfügung durch ein Verbrechen oder Vergehen;
- Vorbringen neuer erheblicher Tatsachen oder Beweismittel;
- Übersehen aktenkundiger erheblicher Tatsachen oder bestimmter Begehren;
- Verletzung von Bestimmungen über den Ausstand, die Akteneinsicht oder das rechtliche Gehör.

Eine Revision ist regelmässig unzulässig, wenn die Revisionsgründe bereits im Verfahren, das dem Erlass der Verfügung voranging, oder mit einem ordentlichen Rechtsmittel geltend gemacht werden konnten. 836

c) Anspruch auf Wiedererwägung

Das Wiedererwägungsgesuch ist grundsätzlich ein formloser Rechtsbehelf, mit welchem die Behörde gebeten wird, die Frage der Änderung einer Verfügung zu prüfen. Wenn im Gesetz nichts anderes vorgesehen ist, besteht in der Regel kein Anspruch darauf, dass auf ein Wiedererwägungsgesuch eingetreten wird. Es liegt im Ermessen der Behörde, ob sie das Gesuch behandeln will oder nicht (vgl. Rz. 1421 ff.). 837

Das Bundesgericht leitet jedoch unabhängig von der gesetzlichen Regelung aus Art. 4 Abs. 1 BV einen Anspruch auf Eintreten auf ein Wiedererwägungsgesuch ab, wenn folgende Voraussetzungen vorliegen: 838
- wenn sich die Umstände seit dem ersten Entscheid wesentlich geändert haben oder
- wenn der Gesuchsteller erhebliche Tatsachen oder Beweismittel namhaft macht, die im früheren Verfahren nicht bekannt waren oder die schon damals geltend zu machen für ihn unmöglich war oder keine Veranlassung bestand (BGE 120 Ib 46 f.; 118 Ib 137, 138; 113 Ia 146, 151 f. m.w.H.).

838a Dieser verfassungsrechtliche Anspruch auf Eintreten auf ein Wiedererwägungsgesuch ist dann von praktischer Bedeutung, wenn ein entsprechender gesetzlicher Revisionsgrund fehlt. Man könnte von einem verfassungsrechtlichen Minimalanspruch auf Revision sprechen.

839 Ausnahmsweise kann auch die Änderung des dem Entscheid zugrundeliegenden Rechts als wesentliche Änderung der Umstände betrachtet werden, die einen Anspruch darauf begründet, dass auf das Wiedererwägungsgesuch eingetreten wird (BGE 109 Ib 246, 253).

840 Wie beim Vorliegen eines gesetzlichen Revisionsgrundes hat der Gesuchsteller nach der Praxis des Bundesgerichts unter den genannten Voraussetzungen einen Anspruch darauf, dass eine Behörde auf einen formell rechtskräftigen Entscheid zurückkommt und prüft, ob er fehlerhaft ist und deshalb geändert werden muss oder nicht.

3. Berichtigung von Kanzleifehlern

841 Verwaltungsrechtliche Erlasse sehen zum Teil ausdrücklich vor (vgl. Rz. 1439a f., 1555a), dass Schreib- und Rechnungsfehler von Amtes wegen oder auf Gesuch hin berichtigt werden können. Eine Berichtigung von solchen Kanzleifehlern ist zulässig, wenn sie ohne zeitliche Verzögerung erfolgt und soweit sie mit dem Grundsatz des Vertrauensschutzes im Einklang steht. Erforderlich ist, dass sich das Versehen nachträglich ohne weiteres feststellen und berichtigen lässt. Sicher zulässig ist die Berichtigung von Orthographie- und anderen Schreibfehlern und – nach ständiger Praxis – von Rechnungsfehlern, jedenfalls soweit der Rechnungsfehler aus der Verfügung selber hervorgeht. In den übrigen Fällen sind die Regeln über den Widerruf von Verfügungen anwendbar.

842 Beispiel:
Fehlerhafte Berechnung von Sozialversicherungsbeiträgen (BGE 99 V 62 ff.); die Wahl eines unzutreffenden Steuertarifs durch die Steuerbehörden gilt demgegenüber nicht als Rechnungsfehler (BGE 82 I 18, 20 f.).

IV. Zeitpunkt der Wirkungen der Änderung von Verfügungen

842a Es stellt sich die Frage, ob die Änderung einer Verfügung durch Widerruf, Revision oder Berichtigung *ex tunc oder ex nunc* wirkt, d.h. ob die bis zum Zeitpunkt der Rechtskraft der Änderung eingetretenen Folgen der Verfügung (z.B. Gewinne, die durch eine zu Unrecht bewilligte Tätigkeit erzielt wurden) bestehen bleiben oder rückgängig gemacht werden sollen (vgl. dazu KNAPP, N. 1370ter ff.). Für die Beantwortung dieser Frage kommt es auf die Art des Fehlers an, der zur Änderung der Verfügung Anlass gibt, und darauf, wer ihn verursacht hat.

842b Ist die Verfügung *ursprünglich* fehlerhaft, so wird die Änderung normalerweise auch ex tunc wirksam; es sind jedoch fallweise Abweichungen denkbar (vgl. BGE 110 V 291, 295 f., wonach ein Widerruf mit Wirkung ex nunc jedenfalls nicht bundesrechtswidrig ist). Eine Milderung des genannten Grundsatzes kann namentlich dann angezeigt sein, wenn die Fehlerhaftigkeit nicht durch die Verfügungsadressaten, sondern durch die Behörden zu verantworten ist.

Bei *nachträglich* eingetretenen Fehlern wirkt die Änderung demgegenüber in der Regel ex nunc. Unter Umständen kann es sich sogar als unverhältnismässig erweisen, die Änderung einer Verfügung ex nunc, ohne Einräumung einer angemessenen Frist für die Anpassung an die neue Rechtslage, wirksam werden zu lassen.

842c

In gewissen Fällen ist überdies zu prüfen, ob das für die Änderung verantwortliche Gemeinwesen eine Entschädigung auszurichten hat für die im Vertrauen auf die Gültigkeit der Verfügung getroffenen Dispositionen, die ohne Schaden nicht rückgängig gemacht werden können (vgl. Rz. 587 f.).

842d

6. Kapitel
Der verwaltungsrechtliche Vertrag

Literatur

BRÜHWILER-FRÉSEY LUKAS S., Verfügung, Vertrag, Realakt und andere verwaltungsrechtliche Handlungssysteme, Diss. Fribourg 1984; EICHENBERGER KURT, Verwaltungsprivatrecht, in: Privatrecht – Öffentliches Recht – Strafrecht, Festgabe zum Schweizerischen Juristentag 1985, Basel/Frankfurt a.M. 1985, S. 75 ff.; FLEINER-GERSTER THOMAS, Probleme des öffentlichrechtlichen Vertrags in der Leistungsverwaltung, ZBl 90 (1989) 185 ff.; GIACOMINI SERGIO, Verwaltungsrechtlicher Vertrag und Verfügung im Subventionsverhältnis "Staat-Privater", Diss. Fribourg 1992; GRÄTZER PAUL, Die clausula rebus sic stantibus beim öffentlichrechtlichen Vertrag, Diss. Zürich 1953; HILL HERMANN (Hrsg.), Verwaltungshandeln durch Verträge und Absprachen, Schriften der Deutschen Sektion des Internationalen Instituts für Verwaltungswissenschaften Bd. 16, Baden-Baden 1990; HUGUENIN CLAIRE, Die bundesgerichtliche Praxis zum öffentlich-rechtlichen Vertrag, ZBJV 118 (1982) 489 ff.; IMBODEN MAX, Der verwaltungsrechtliche Vertrag, ZSR NF 77/II (1958) 1a ff.; MAEGLI ROLF, Gesetzmässigkeit im kooperativen Verwaltungshandeln, URP 3 (1990) 265 ff.; MÜLLER GEORG, Das Verhältnis zwischen einem privatrechtlichen Vertrag über die Abtretung von öffentlichem Grund zu einer verwaltungsrechtlichen Erschliessungsvereinbarung, recht 6 (1988) 25 ff.; MÜLLER GEORG, Zur Rechtsnatur der Vereinbarung über die Sorgfaltspflicht der Banken bei der Entgegennahme von Geldern und über die Handhabung des Bankgeheimnisses, SJZ 81 (1984) 349 ff.; MÜLLER THOMAS P., Verwaltungsverträge im Spannungsfeld von Recht, Politik und Wirtschaft, Diss. Basel 1997; RHINOW RENÉ A., Verfügung, Verwaltungsvertrag und privatrechtlicher Vertrag, in: Privatrecht – Öffentliches Recht – Strafrecht, Festgabe zum Schweizerischen Juristentag 1985, Basel/ Frankfurt a.M. 1985, S. 295 ff.; RHINOW RENÉ A., Verwaltungsrechtlicher oder privatrechtlicher Vertrag, recht 3 (1985) 57 ff.; RHINOW RENÉ A., Wohlerworbene und vertragliche Rechte im öffentlichen Recht, ZBl 80 (1979) 1 ff.; RICHLI PAUL, Zu den Gründen, Möglichkeiten und Grenzen für Verhandlungselemente im öffentlichen Recht, ZBl 92 (1991) 381 ff.; RICHLI PAUL, Rechtsformen für die Gewährung von Finanzhilfen, ZSR NF 105/I (1986) 79 ff.; RICKLI PETER, Die Einigung zwischen Behörden und Privaten im Steuerrecht, Diss. Basel 1987; RUCH ALEXANDER, Das Recht in der Raumordnung, Basel/ Frankfurt a.M. 1997, S. 115 ff.; SCHAERER BARBARA, Subventionen des Bundes zwischen Legalitätsprinzip und Finanzrecht, Diss. Bern 1992; SCHWEIZER RAINER, Verträge und Abmachungen zwischen der Verwaltung und Privaten in der Schweiz, in: VVDStRL 52 (1992) 314 ff.; STÖRI GILG, Verhaltenssteuerung durch Subventionen, Zur Bedeutung von Struktur und Funktion für die Zulässigkeit der Subventionen, Diss. Zürich 1992; ZWAHLEN HENRI, Le contrat de droit administratif, ZSR NF 77/II (1958) 461a ff.

§ 16   Begriff, Zulässigkeit und Arten des verwaltungsrechtlichen Vertrages

I.   Der Begriff des verwaltungsrechtlichen Vertrages

1.   Definition

Der verwaltungsrechtliche Vertrag ist die auf übereinstimmenden Willenserklärungen von zwei oder mehreren Rechtssubjekten beruhende Vereinbarung, welche die Regelung einer konkreten verwaltungsrechtlichen Rechtsbeziehung, vor allem im Zusammenhang mit der Erfüllung einer öffentlichen Aufgabe, zum Gegenstand hat.

843

2.   Abgrenzung gegenüber anderen Rechtsinstituten

Die Eigenheiten des verwaltungsrechtlichen Vertrages lassen sich am besten erkennen, wenn man ihn mit anderen Rechtsformen des Verwaltungshandelns vergleicht.

a)   *Verwaltungsrechtlicher Vertrag und Verfügung*

Von der Verfügung unterscheidet sich der verwaltungsrechtliche Vertrag durch seine *Zweiseitigkeit*. Er beruht auf der Zustimmung der beteiligten Gemeinwesen und Privaten zur ausgehandelten Regelung und begründet gegenseitige Rechte und Pflichten der Vertragsparteien. Demgegenüber handelt es sich bei der Verfügung um eine einseitige, hoheitliche Anordnung des Gemeinwesens.

844

Bei der *mitwirkungsbedürftigen* Verfügung (vgl. Rz. 716 ff.) hat der Private die Möglichkeit, mittels eines Gesuches die Vornahme einer Rechtshandlung durch die zuständige Behörde zu veranlassen oder einer solchen Handlung (z.B. Wahl eines Beamten) nachträglich zuzustimmen. Auf die inhaltliche Gestaltung des Rechtsverhältnisses kann er jedoch viel weniger einwirken als beim verwaltungsrechtlichen Vertrag.

845

b)   *Verwaltungsrechtlicher Vertrag und Rechtssatz*

Der verwaltungsrechtliche Vertrag regelt ein *individuell-konkretes Rechtsverhältnis*, während der Rechtssatz eine generell-abstrakte Regelung beinhaltet, d.h. sich an eine unbestimmte Zahl von Personen richtet und eine unbestimmte Zahl von Fällen erfasst.

846

c)   *Verwaltungsrechtlicher Vertrag und Vereinbarungen rechtssetzender Natur*

847   Gegenüber Vereinbarungen rechtssetzender Natur, wie etwa Staatsverträgen und unmittelbar rechtssetzenden Konkordaten, liegt der Unterschied – wie gegenüber Rechtssätzen – in der *individuell-konkreten Ausgestaltung* eines Rechtsverhältnisses durch den verwaltungsrechtlichen Vertrag.

d)   *Verwaltungsrechtlicher und privatrechtlicher Vertrag*

848   Das Gesetz kann die *Rechtsnatur* eines Vertrages festlegen. So ergibt sich z.B. aus dem Bundesgesetz über den Transport im öffentlichen Verkehr (Transportgesetz, TG) vom 4. Oktober 1985 (SR 742.40), dass der Vertrag über den Transport von Personen, Gepäck und Gütern durch die Unternehmungen des öffentlichen Verkehrs privatrechtlich ist (Art. 15, 20 und 28 i.V.m. Art. 50 Abs. 1).

849   Meistens fehlt allerdings eine gesetzliche Qualifizierung der Verträge. In diesen Fällen ist massgebliches Unterscheidungskriterium zwischen verwaltungsrechtlichem und privatrechtlichem Vertrag der *Gegenstand der dadurch geregelten Rechtsbeziehungen oder Rechtsverhältnisse*. Es kommt also auf die Funktion der Regelung oder die damit verfolgten Interessen an. Der verwaltungsrechtliche Vertrag dient unmittelbar der Erfüllung einer öffentlichen Aufgabe; die Wahl der privatrechtlichen Vertragsform erfolgt im Hinblick auf die Erreichung "eigener", "privater" Interessen der Vertragsparteien. Die Rechtsnatur hängt mit anderen Worten davon ab, zu welchem *Zweck* der Vertrag abgeschlossen wird. Sollen Verwaltungsobliegenheiten wahrgenommen oder Verwaltungstätigkeiten geregelt werden (z.B. Erschliessung von Bauland, Errichtung und Betrieb von Altersheimen, Ausübung von Kontrollen auf dem Gebiet des Umweltschutzes, Beseitigung von Abfällen), so liegt ein verwaltungsrechtlicher Vertrag vor. Privatrechtlich ist der Vertrag, wenn er nur mittelbar öffentliche Interessen verfolgt (z.B. Beschaffung gewisser Hilfsmittel für die Erfüllung öffentlicher Aufgaben wie Kauf von Büromaterial oder Miete von Büroräumlichkeiten).

850   *Keine Rolle* spielt die Organisationsform oder die Stellung der an einem Rechtsverhältnis beteiligten Rechtssubjekte. Ob eine Vertragspartei eine juristische Person des öffentlichen Rechts ist oder über hoheitliche Befugnisse verfügt, ist für die Rechtsnatur des Vertrages nicht relevant. Das Bundesgericht hat deshalb die Vereinbarung über die Sorgfaltspflichten der Banken zu Unrecht mit der Begründung als privatrechtlich bezeichnet, die Schweizerische Nationalbank habe sich daran nicht in ihrer hoheitlichen Funktion beteiligt und es fehle an einem das öffentliche Recht kennzeichnenden Unterordnungsverhältnis der Banken zur Nationalbank (BGE 109 Ib 146, 152; vgl. auch die Ausführungen in BGE 114 Ib 142, 148 zur Rechtsnatur von Verträgen, mit welchen ein Kanton die für den Bau von Nationalstrassen erforderlichen Grundstücke erwirbt). Die Parteien sind beim verwaltungsrechtlichen Vertrag ebenso gleichberechtigt wie beim privatrechtlichen; ist eine Partei der anderen gegenüber "subordiniert", so liegt gar kein vertragliches, sondern ein durch Verfügung zu regelndes Rechtsverhältnis vor (siehe die Kritik bei RHINOW, Verfügung, Verwaltungsvertrag und privatrechtlicher Vertrag, S. 302 f.; ders., Verwaltungsrechtlicher oder privatrechtlicher Vertrag, S. 57 ff., 62 ff.).

851   Man kann auch nicht nur darauf abstellen, ob sich das private Vertragsrecht zur Erfassung der in Frage stehenden Verhältnisse eignet, und auf einen verwaltungs-

rechtlichen Vertrag bloss dann schliessen, wenn diese Eignung zu verneinen ist (vgl. zu diesem Massstab der "Privatrechts-Eignung" IMBODEN, S. 63a).

Die Zuordnung von Verträgen zum privaten oder öffentlichen Recht fällt allerdings oft schwer. Besonders umstritten ist die Rechtsnatur gewisser Verträge im Bereich der Leistungsverwaltung (z.B. Verträge über die Benutzung von öffentlichen Anstalten [siehe dazu Rz. 1052 ff.] oder die Lieferung von Energie oder Wasser durch das Gemeinwesen) sowie des Beamtenrechts (z.B. Arbeitsverträge zwischen staatlichen Spitälern und ihrem Personal; vgl. dazu BGE 118 II 213, 217).   852

II. Arten und Zulässigkeit von verwaltungsrechtlichen Verträgen

1. Verwaltungsrechtliche Verträge zwischen öffentlichrechtlichen Organisationen (Koordinationsrechtliche Verträge)

Verwaltungsrechtliche Verträge können zwischen zwei oder mehreren öffentlichrechtlichen Organisationen abgeschlossen werden. Sie werden koordinationsrechtliche Verträge genannt, weil sich die Vertragsparteien als Träger von Hoheitsrechten auf der gleichen Ebene befinden. Als Partner solcher Verträge kommen in Frage: 853
– Gemeinwesen (Bund, Kantone, Gemeinden);
– öffentlichrechtliche Körperschaften, Anstalten oder Stiftungen.

Die koordinationsrechtlichen Verträge sind bezüglich ihrer Zulässigkeit unproblematisch, da gleichgeordnete und gleichartige Vertragspartner einander gegenüberstehen.   854

Beispiele: 855
– Aussonderungsvertrag zwischen der Schweizerischen Eidgenossenschaft einerseits und dem Kanton Zürich und der Stadt Zürich anderseits betreffend das Polytechnikum vom 28. Dezember 1905 (SR 414.110.1);
– Vertrag zwischen den SBB und den Kantonen Zürich und Aargau über die Beförderungspflicht der SBB für Güter im Surbtal (VPB 43 [1979] Nr. 79);
– Verträge zwischen Gemeinden über den gemeinsamen Bau eines Spitals oder über Betrieb und Benutzung einer Abwasserreinigungsanlage;
– Vereinbarungen zwischen Bund, beteiligten Kantonen und Transportunternehmungen über das Leistungsangebot und die Abgeltung ungedeckter Kosten im öffentlichen Verkehr nach Art. 51 des Eisenbahngesetzes vom 20. Dezember 1957 (SR 742.101).

2. Verwaltungsrechtliche Verträge zwischen öffentlichrechtlichen Organisationen und Privaten (Subordinationsrechtliche Verträge)

a) Bedeutung des kooperativen Verwaltungshandelns

Kooperation zwischen Staat und Privaten soll die Akzeptanz staatlicher Regelungen und damit deren Durchsetzungschancen verbessern. Durch das Zusammenwirken von Staat und Privaten bei der Verwirklichung des Rechts können auch die besonderen Kenntnisse, Fähigkeiten und Mittel der Privaten zur Lösung komplexer Probleme   855a herangezogen werden. Damit wird die Qualität der Regelungen verbessert und die Verwaltung entlastet. Die Kooperation kann informell (vgl. Rz. 602j ff.) oder in der Rechtsform des Vertrages erfolgen. Kooperatives Verwaltungshandeln im allgemeinen und verwaltungsrechtliche Verträge im besonderen sind schon heute weit verbreitet und gewinnen an Bedeutung, weil sich das hoheitliche Verhältnis zwischen Staat und Privaten immer mehr zu einem partnerschaftlichen wandelt.

b) Terminologie

856   Dass verwaltungsrechtliche Verträge zwischen öffentlichrechtlichen Organisationen und Privaten als subordinationsrechtliche Verträge bezeichnet werden, ist eigentlich widersprüchlich. Zwar ist der Private dem Gemeinwesen als Träger hoheitlicher Gewalt im allgemeinen untergeordnet ("subordiniert"), doch gilt dies gerade beim Abschluss von Verträgen nicht, die ein Rechtsverhältnis nicht durch einseitige, hoheitliche Anordnung, sondern durch übereinstimmende Willenserklärung gleichberechtigter Partner ordnen. Der Begriff des subordinationsrechtlichen Vertrages hat sich aber eingebürgert und wird hier deshalb ebenfalls verwendet.

c) Die Grundsatzfrage der Zulässigkeit der Rechtsform des subordinationsrechtlichen Vertrages

aa) Ältere Lehre

857   Die ältere schweizerische Lehre lehnte vertragliche Regelungen im Verwaltungsrecht ab. Das Legalitätsprinzip binde die Verwaltungsbehörden bei ihrer Tätigkeit umfassend; es bestehe deshalb *kein Spielraum für Vereinbarungen*. Sie seien unvereinbar mit dem zwingenden Charakter des öffentlichen Rechts. Bei vertraglichen Regelungen bestehe zudem die Gefahr der Verletzung des Grundsatzes der Rechtsgleichheit (vgl. z.B. GIACOMETTI, S. 441 ff.).

bb) Heutige Auffassung

858   Demgegenüber anerkennen die heutige Lehre und Rechtsprechung grundsätzlich die *Zulässigkeit verwaltungsrechtlicher Verträge*. Unter gewissen Voraussetzungen erscheint es als zweckmässiger, ein Verwaltungsrechtsverhältnis durch Vertrag statt durch Verfügung zu regeln. Ergeben sich Rechte und Pflichten nicht unmittelbar aus dem Gesetz, so müssen sie im Einzelfall in der geeigneten Rechtsform festgelegt werden. Das kann eine Verfügung oder ein verwaltungsrechtlicher Vertrag sein. Das Legalitätsprinzip steht Vereinbarungen nur entgegen, wenn das Gesetz eine abschliessende Ordnung trifft oder vertragliche Regelungen ausdrücklich oder nach seinem Sinn und Zweck ausschliesst. Verträge dürfen allerdings dem Gesetz – anders als bei dispositiven Bestimmungen des Privatrechts – nicht widersprechen.

859   Zum Abschluss von verwaltungsrechtlichen Verträgen bedarf es *keiner ausdrücklichen gesetzlichen Ermächtigung*. Es genügt, wenn das Gesetz Raum für eine vertragliche Regelung lässt (vgl. BGE 103 Ia 31, 34). Ist diese Voraussetzung erfüllt, so muss weiter geprüft werden, ob der verwaltungsrechtliche Vertrag die zur Errei-

chung des Gesetzeszweckes geeignetere Handlungsform ist als die Verfügung. Die Verwaltungsbehörden können also zwischen der Verfügungs- und der Vertragsform nicht frei wählen.

Skeptisch zur Zulässigkeit subordinationsrechtlicher Verträge äussern sich AL-   860
FRED KÖLZ (Intertemporales Verwaltungsrecht, ZSR NF 102/II [1983] 191) sowie
GYGI (Verwaltungsrecht, S. 120 f. und 208 ff.), der u.a. festhält, dass nur in sehr en-
gem Rahmen Raum bestehe, um Rechte und Pflichten ohne tragfähige Rechtsgrund-
lage durch übereinstimmende Willenserklärung von Gemeinwesen und Privaten zur
Entstehung zu bringen (vgl. Rz. 867).

Aus dem Gesagten ergibt sich, dass sich zuerst immer die Frage stellt, ob das   861
Gesetz durch Verfügung oder Vertrag zu konkretisieren ist. Erscheint die Vertragsform als zulässig und geeignet, so ist in einem zweiten Schritt abzuklären, ob es sich
dabei um einen verwaltungsrechtlichen oder einen privatrechtlichen Vertrag handelt.
Methodisch nicht überzeugend ist es, von der Unterscheidung zwischen öffentlichem
und Privatrecht auszugehen, um die Rechtsnatur und -wirkungen einer Regelung zu
beurteilen, wie das Bundesgericht es in BGE 109 Ib 146 ff. betreffend Vereinbarung
über die Sorgfaltspflichten der Banken getan hat (vgl. Rz. 850).

d)   *Voraussetzungen der Zulässigkeit von subordinationsrechtlichen Verträgen*

aa)   *Allgemeine Voraussetzungen*

Nach heute herrschender Lehre und Rechtsprechung ist die Regelung von verwal-   862
tungsrechtlichen Rechten und Pflichten durch *subordinationsrechtliche* Verträge
unter den folgenden zwei Voraussetzungen zulässig:
-    wenn ein Rechtssatz entweder diese Handlungsform *vorsieht* oder dafür "*Raum
     lässt*" (BGE 103 Ia 31, 34) oder "*sofern sie vom Gesetz nicht ausdrücklich aus-
     geschlossen*" wird (BGE 105 Ia 207, 209; 103 Ia 505, 512; ZBl 85 [1984] 65);
-    wenn das Gesetz nach seinem *Sinn und Zweck* der Konkretisierung durch ver-
     waltungsrechtlichen Vertrag und nicht durch Verfügung bedarf. Das bedeutet,
     dass eines der Motive für die Wahl der Vertragsform (vgl. Rz. 864 ff.) vorliegen
     muss und sich nicht aus anderen Gründen (z.B. zur Gewährleistung der rechts-
     gleichen Behandlung bei einer Vielzahl von Anwendungsfällen) die Verfügung
     als die angemessene Handlungsform erweist.

Beispiel: 863
Eine Spitalangestellte erklärte sich dem Spital gegenüber schriftlich einverstanden mit der in einer
Subventionszusicherung der zürcherischen Gesundheitsdirektion enthaltenen Auflage, bei Auflösung
des Dienstverhältnisses vor Ablauf von drei Jahren die subventionierten Kosten ihrer Weiterbildung
pro rata temporis zurückzuerstatten. Nach der vorzeitigen Kündigung der Spitalangestellten forderte
das Spital einen Teil der Kosten zurück. Das Verwaltungsgericht des Kantons Zürich hiess die Klage
des Spitalverbandes (einer Körperschaft des kantonalen öffentlichen Rechts) gut. Das Angestellten-
reglement sehe keine vertraglichen Regelungen vor, schliesse sie aber auch nicht aus. Dass das
Dienstverhältnis durch zustimmungsbedürftige Verfügung begründet worden sei, hindere nicht daran,
einzelne Rechte und Pflichten, die ihrer Natur nach nur schwer durch Verfügung festgelegt werden
könnten, jedoch der Grundordnung des Dienstverhältnisses und den damit verfolgten öffentlichen Interessen entsprächen, durch Vertrag zwischen öffentlichem Dienstherrn und Dienstnehmer begründen
zu lassen. Die Zulässigkeit dieses Vertrages hänge nicht von einer normativen Ermächtigung zu seinem Abschluss, sondern davon ab, ob sich diese inhaltlich auf eine gesetzliche Grundlage zurückfüh-
ren lasse. Die gesetzliche Basis müsse daher nicht so beschaffen sein, dass die Verwaltung auch

durch Verfügung zum nämlichen Erfolg gelangen könne; ein verwaltungsrechtlicher Vertrag besitze vielmehr gerade dort seine Rechtfertigung, wo die Verwaltung ein bestimmtes öffentliches Interesse mittels Verfügung nicht – oder jedenfalls nicht in gleicher Weise – zu erfüllen vermöchte. Die Verpflichtung zur dreijährigen Weiterarbeit oder zur Kostenrückerstattung lasse sich zwanglos als vertragliche Dienstpflicht rechtfertigen, die im Gesundheitsgesetz und in den Ausführungserlassen eine tragfähige Grundlage finde (ZBl 85 [1984] 63 ff.; vgl. einen ähnlichen Fall in RDAF 53 [1997] I 44 f. [Entscheid des Verwaltungsgerichts des Kantons Neuenburg vom 14. Juni 1996]).

bb) Motive für die Wahl der Vertragsform

864 Welche Gründe können die Verwaltungsbehörden und die Privaten veranlassen, ein konkretes Rechtsverhältnis durch verwaltungsrechtlichen Vertrag zu gestalten, anstatt sich der Handlungsform der Verfügung zu bedienen? Es lassen sich namentlich folgende Motive anführen:

865 – Beide Vertragsparteien haben ein Interesse an der Verwirklichung der vereinbarten Regelung und bezwecken eine *dauerhafte gegenseitige Bindung*. Der einseitige Verzicht auf die Erfüllung der vertraglichen Pflichten soll ausgeschlossen werden. Die getroffene Regelung soll auch durch Gesetzesrevisionen nicht geändert werden können (Begründung wohlerworbener Rechte, siehe dazu RHINOW, Wohlerworbene und vertragliche Rechte, S. 1 ff.).

866 Beispiel:
Ein Bauherr erhält für die Erstellung von Wohnbauten für kinderreiche Familien, Betagte oder Invalide Subventionen, wenn er gewisse Verpflichtungen bezüglich Höhe der Miete, Einkommen der Mieter, Ausstattung der Wohnungen usw. übernimmt. Wird das Rechtsverhältnis zwischen dem subventionierenden Gemeinwesen und dem Bauherrn durch Verfügung begründet, so kann das Gemeinwesen unter bestimmten Voraussetzungen zurücknehmen oder widerrufen (siehe Rz. 806 ff.) und der Bauherr sich der Beschränkungen bezüglich Mietzins oder Mietereinkommen entledigen, wenn er die Subventionen zurückerstattet. Das ist hingegen nicht möglich, wenn die Subventionen durch verwaltungsrechtlichen Vertrag zugesprochen werden (vgl. Art. 16 Abs. 2 Satz 2 des Bundesgesetzes über Finanzhilfen und Abgeltungen [Subventionsgesetz, SuG] vom 5. Oktober 1990 [SR 616.1], wonach Finanzhilfen dann durch Vertrag gewährt werden, wenn ausgeschlossen werden soll, dass der Empfänger einseitig auf die Erfüllung seiner Aufgaben verzichten kann).

867 – Der Private soll sich zu einer Leistung im öffentlichen Interesse verpflichten, zu welcher ihn die Verwaltungsbehörde *mittels Verfügung nicht zwingen* könnte, weil die hiezu erforderliche gesetzliche Grundlage fehlt. Die Frage, ob und inwieweit die vom Privaten vertraglich übernommenen Leistungen einer *gesetzlichen Grundlage* bedürfen, ist von Lehre und Rechtsprechung noch nicht vollständig geklärt. "Verwehrt ist dem Staat, sich Leistungen des Bürgers versprechen zu lassen, für die sich überhaupt kein gesetzlicher Anhaltspunkt finden lässt. Auch das vertragliche Vorgehen muss sich insofern legitimieren können, als die vom Bürger übernommene Rechtspflicht als solche einer gesetzlichen Verankerung bedarf. Das Legalitätsprinzip gilt demnach für die inhaltliche Gestaltung des verwaltungsrechtlichen Vertrages mit der doppelten Bedeutung, dass das Vereinbarte weder dem Gesetz widersprechen noch der – wenn auch nur mittelbaren – Rückführung auf eine legale Grundlage ermangeln darf" (RHINOW, Wohlerworbene und vertragliche Rechte, S. 11; ähnlich MOOR Vol. II,

S. 262, der verlangt, die für den Vertrag massgebende Leistung müsse einem vom Gesetz anerkannten öffentlichen Interesse dienen.). Demgegenüber hielt das Bundesgericht in BGE 105 Ia 207, 210 fest, "dass es (das Gemeinwesen) von den Bürgern namentlich keine Leistungen fordern kann, für welche eine gesetzliche Grundlage nicht gegeben ist." Jedenfalls sind die Anforderungen an die gesetzliche Grundlage für vertragliche Leistungspflichten weniger streng als für Pflichten, die durch Verfügung begründet werden.

- Neben diesen hauptsächlichen Motiven werden als weitere Gründe für die Wahl der Vertragsform angeführt:
  868
    - die *Gleichordnung von Gemeinwesen und Privaten* bei der Begründung und während der Dauer des Rechtsverhältnisses;
    - ein erheblicher *Ermessensspielraum* der zuständigen Behörde bei der Regelung eines Rechtsverhältnisses (vgl. Art. 16 Abs. 2 Satz 1 des Bundesgesetzes über Finanzhilfen und Abgeltungen [Subventionsgesetz, SuG] vom 5. Oktober 1990 [SR 616.1]);
    - die *Beseitigung rechtlicher und/oder tatsächlicher Unklarheiten* durch eine Einigung zwischen Behörden und Privaten.

- Bei der Wahl der Vertragsform ist ferner zu berücksichtigen, dass dadurch i.d.R. *wohlerworbene Rechte* entstehen. Diese Rechte erweisen sich als gesetzesbeständig und stehen unter dem Schutz der Eigentumsgarantie. Ihr Entzug oder eine wesentliche Einschränkung ist deshalb nur auf dem Wege der Enteignung und gegen entsprechende Entschädigung möglich (vgl. dazu Rz. 815, 1625 und 1636 ff.; RHINOW, Wohlerworbene und vertragliche Rechte, S. 14 ff.).
  869

e) *Beispiele für zulässige Verträge*

aa) *Expropriationsvertrag*

Der Expropriationsvertrag ist eine Vereinbarung zwischen Enteigner und Enteignetem über den Umfang der Enteignung sowie die zu leistende Entschädigung. Der Expropriationsvertrag ist regelmässig in den Enteignungsgesetzen vorgesehen (vgl. BGE 114 Ib 142, 147; Rz. 1658 und 1666 f.).
870

bb) *Pflichtlagervertrag*

Der Pflichtlagervertrag bezweckt die Sicherstellung der Versorgung mit lebenswichtigen Gütern und Dienstleistungen in schweren Mangellagen. Eine explizite rechtliche Grundlage findet sich in Art. 6 des Bundesgesetzes über die wirtschaftliche Landesversorgung (Landesversorgungsgesetz [LVG]) vom 8. Oktober 1982 (SR 531). Der Vertrag wird zwischen Bund und Betrieben abgeschlossen, die lebenswichtige Güter lagern, und regelt u.a. Art, Menge, Behandlung und Kontrolle des Lagergutes, Finanzierung, Versicherung und Deckung der Lagerkosten (vgl. BGE 103 Ib 335 ff.). Ähnlich umschreibt Art. 5 des Bundesgesetzes über die Brotgetreideversorgung des Landes (Getreidegesetz) vom 20. März 1959 (SR 916.111.0) den Pflichtlagervertrag.
871

cc) Verträge über die Erschliessung von Baugrundstücken

872   Die kantonalen und kommunalen Planungs- und Baugesetzgebungen lassen oft Raum für vertragliche Vereinbarungen über die Erschliessung von Baugrundstücken. Grundsätzlich könnten die Behörden die unbestimmten Rechtsnormen einseitig durch Verfügung konkretisieren, doch rechtfertigt die Interessenlage, namentlich der Aspekt einer dauerhaften Bindung, die Verwendung des Vertrages zur Ausfüllung bestehender Entscheidungsspielräume. Inhalt bilden vor allem Vereinbarungen über die Finanzierung von Erschliessungsanlagen wie z.B. Kanalisation, Zufahrtsstrassen und Wasserversorgung durch die Erhebung von Abgaben (Festlegung der Höhe von Beiträgen und Gebühren) oder die Abtretung von Land für die Erstellung solcher Anlagen (vgl. dazu etwa BGE 112 II 107 ff.; 105 Ia 207, 209 f.; 103 Ia 31, 34 ff.; 103 Ia 505, 512 ff.; ZBl 87 [1986] 130 ff.).

dd) Vergleichsvertrag bei verwaltungsrechtlichen Streitigkeiten

873   Der Vergleichsvertrag stellt einen gemeinsamen Antrag der beteiligten Parteien an die entscheidende Behörde über die Erledigung einer verwaltungsrechtlichen Streitigkeit dar. Hier steht das Motiv der Beseitigung von rechtlicher und/oder tatsächlicher Unklarheit im Vordergrund (siehe Rz. 868). Soweit die Parteien über die Einleitung und Beendigung des Verfahrens sowie den Streitgegenstand verfügen können (Dispositionsprinzip, vgl. Rz. 1280), ist der Vergleichsvertrag für die über die Streitigkeit entscheidende Behörde verbindlich.

ee) Übertragung von öffentlichen Aufgaben auf Private durch Vertrag

874   Der Staat kann die Erfüllung gewisser öffentlicher Aufgaben auf Private übertragen (vgl. Rz. 1193 ff.). Die Rechte und Pflichten des Privaten (Art der Aufgabenerfüllung, Entschädigung usw.) werden dabei oft vertraglich geregelt. Die Vertragsform ist geboten, weil beide Vertragsparteien an einer gegenseitigen, dauerhaften Bindung interessiert sind (Rz. 865) und der Private Verpflichtungen eingeht, die ihm durch Verfügung nicht auferlegt werden könnten (Rz. 867). So gestattet z.B. Art. 2 Abs. 1 der Verordnung betreffend die Aufsicht über Kernanlagen vom 14. März 1983 (SR 732.22), dass Organisationen der Wirtschaft durch öffentlichrechtlichen Vertrag mit der Aufsicht über Kernanlagen beauftragt werden. Nach Art. 5 f. der Verordnung betreffend die Übertragung von Vollzugsaufgaben des Zivildienstes auf Dritte vom 22. Mai 1996 (SR 824.091) schliesst die Vollzugsstelle des Bundes für den Zivildienst Verträge mit Personen und Institutionen ausserhalb der Bundesverwaltung, welchen Vollzugsaufgaben im Zivildienst übertragen werden.

ff) Öffentlichrechtliche Arbeitsverträge

874a   Öffentlichrechtliche Arbeitsverhältnisse werden in der Regel durch mitwirkungsbedürftige Verfügung begründet (vgl. Rz. 1212). Im Bund ist neuerdings unter bestimmten Voraussetzungen aber auch der Abschluss eines öffentlichrechtlichen Arbeitsvertrages zulässig (vgl. die Verordnung über den öffentlichrechtlichen

Arbeitsvertrag in der allgemeinen Bundesverwaltung vom 9. Dezember 1996; SR 172.221.104.6). Anwendbar ist dabei grundsätzlich die Angestelltenordnung vom 10. November 1959 (SR 172.221.104), wobei aber in verschiedener Hinsicht Abweichungen zulässig sind (Art. 4 der Verordnung).

f) *Beispiele für unzulässige verwaltungsrechtliche Verträge*

Die Verwendung der Rechtsform des verwaltungsrechtlichen Vertrages ist überall dort untersagt, wo
- das Gesetz eine zwingende, abschliessende Regelung beinhaltet;
- das Gesetz zwar Spielraum für die Ausgestaltung der Rechtsverhältnisse im Einzelfall lässt, diese aber nach Sinn und Zweck des Gesetzes durch eine hoheitliche Anordnung (Verfügung) erfolgen muss.

875

aa) *Steuerabkommen*

Das Steuerrecht regelt viele Fragen abschliessend. Es besteht deshalb keine Möglichkeit für vertragliche Regelungen. Gelegentlich lässt das Gesetz aber auch Raum für die Ausgestaltung der Rechtsverhältnisse im Einzelfall. Diese muss jedoch nach Sinn und Zweck des Gesetzes, vor allem aus Gründen der Gleichbehandlung der Steuerpflichtigen, in der Regel durch Verfügung erfolgen. Ein Steuerabkommen, d.h. ein Vertrag über Bestand, Umfang oder Art der Erfüllung der Steuerpflicht, darf deshalb nur aufgrund einer gesetzlichen Ermächtigung abgeschlossen werden, wobei das Gesetz sowohl die zur Eingehung des Abkommens zuständigen Behörden als auch ihre Befugnisse festlegen muss (vgl. BGE 119 Ib 431, 437; ZBl 76 [1975] 168 ff.). Vereinbarungen über die Festsetzung einzelner umstrittener Steuerfaktoren (z.B. Aufteilung zwischen Privat- und Geschäftsvermögen) sollen dagegen ohne ausdrückliche gesetzliche Ermächtigung zulässig sein (BGE 119 Ib 431, 437; GRISEL, S. 451 f.). Im Recht der direkten Bundessteuern sind Abkommen über das steuerbare Einkommen und den Steuerbetrag unzulässig (BGE 121 II 273, 279).

876

bb) *Vereinbarungen im Bereich der Sozialversicherung*

Im Sozialversicherungsrecht spielen Verträge zwischen Krankenkassen bzw. Unfallversicherern einerseits und Medizinalpersonen sowie Heilanstalten andererseits eine grosse Rolle, doch handelt es sich dabei meist um verwaltungsrechtliche Verträge zwischen Privaten (siehe Rz. 885 f.). Die gesetzliche Regelung der Beiträge der Versicherten und der Leistungen der Sozialversicherungen ist dagegen im allgemeinen abschliessend, so dass kein Raum für Vereinbarungen bleibt. Ein Vertrag, mit welchem sich der Versicherte zur Zahlung von höheren als den gesetzlich vorgeschriebenen Beiträgen an die AHV verpflichtet, um später eine höhere Rente zu erhalten, ist deshalb unstatthaft (vgl. AGVE 1950, 86 ff.).

877

cc) Vereinbarungen über die Einzonung von Grundstücken

878 Die massgebende gesetzliche Regelung lässt keinen Raum für Vereinbarungen über die Einzonung von Grundstücken. Ob ein Gebiet in eine Bauzone aufzunehmen ist, beurteilt sich ausschliesslich nach planerischen Gesichtspunkten (vgl. BGE 122 I 328, 334). Zulässig sind dagegen Verträge, mit welchen sich das Gemeinwesen verpflichtet, ein nach den massgebenden Vorschriften und Grundsätzen als Bauland geeignetes Grundstück einzuzonen, d.h. sein Planungsermessen in einem bestimmten, rechtlich zulässigen Sinne auszuüben, und der Grundeigentümer sich bereit erklärt, auf eine Entschädigung für die Auszonung eines anderen Grundstückes ganz oder teilweise zu verzichten (vgl. dazu BGE 122 I 328 ff.).

g) Umstrittene Fälle

aa) Konzessionserteilung

879 Umstritten ist, ob die Konzessionserteilung eine Verfügung darstellt oder ob es sich hierbei um eine vertragliche Vereinbarung zwischen Konzedent und Konzessionär handelt.

880 Das Bundesgericht führt in konstanter Praxis aus, dass die Konzession ein einseitiger staatlicher Hoheitsakt sei, dessen Inhalt Konzedent und Konzessionär unter Vorbehalt zwingenden öffentlichen Rechts frei vereinbaren könnten. Damit werde die Konzession einem vertraglichen Rechtsverhältnis vergleichbar (BGE 109 II 77 m.w.H.; siehe auch BGE 121 II 81, 85).

881 Die Konzession ist also ein *gemischter Akt*, der sich aus einseitigen und zweiseitigen Klauseln zusammensetzt. In den *verfügungsmässigen Teil* sind die Regelungen aufzunehmen, welche besonders gewichtige öffentliche Interessen betreffen, wie das z.B. für die Umschreibung der konzessionierten Tätigkeit zutrifft, in den *vertraglichen Teil* diejenigen, welche für das öffentliche Interesse weniger erheblich sind, wie namentlich die Festlegung der Dauer der Konzession und die Umschreibung einzelner Rechte des Konzessionärs (vgl. GRISEL, S. 283 f.).

882 Beispiel:
Dem vertraglichen Teil einer Sondernutzungskonzession, die das Recht zum Anschlagen von Plakaten auf öffentlichem Grund verlieh, rechnete das Verwaltungsgericht des Kantons Zürich eine Bestimmung zu, wonach dem Konzessionär nach Ablauf der Konzession bei deren Neuvergebung unter den gleichen Bedingungen der Vorzug vor anderen Bewerbern zusteht. Wirtschaftlich gesehen gehe es dabei um eine Verlängerung der Konzession unter Anpassung an die neuen Verhältnisse. Eine solche Bestimmung berühre das öffentliche Interesse nicht wesentlich stärker als die Festsetzung der Konzessionsdauer (ZBl 88 [1987] 134, 137 f.).

bb) Subventionsverträge

883 Wenn das Gesetz bezüglich der Voraussetzungen für die Gewährung und der Bemessung von Subventionen *Spielraum* lässt, so wird das Rechtsverhältnis zwischen dem subventionierenden Gemeinwesen und dem Empfänger des Staatsbeitrages durch verwaltungsrechtlichen Vertrag ausgestaltet, sofern diese Rechtsform nach Sinn und Zweck des Gesetzes *geeigneter* ist als eine Regelung durch Verfügung.

Beispiele:
- Art. 16 des Bundesgesetzes über Finanzhilfen und Abgeltungen (Subventionsgesetz, SuG) vom 5. Oktober 1990 (SR 616.1):
    "¹ Finanzhilfen und Abgeltungen werden in der Regel durch Verfügung gewährt.
    ² Sie können durch öffentlichrechtlichen Vertrag gewährt werden, insbesondere wenn die zuständige Behörde über einen erheblichen Ermessensspielraum verfügt oder wenn bei Finanzhilfen ausgeschlossen werden soll, dass der Empfänger einseitig auf die Erfüllung seiner Aufgabe verzichtet."

Der Bundesrat führt dazu in seiner Botschaft zum Entwurf für ein Subventionsgesetz (BBl 1987 I 408) aus: "Wo Subventionserlasse die Aufgabe präzis umschreiben und feste Beitragssätze enthalten, drängt sich eine einseitige Zusicherung mittels Verfügung auf. Wo dagegen die Beschreibung der Aufgabenerfüllung oder die Höhe der Leistung im Ermessen der Behörde liegt, ist meist der Vertrag angebracht (Art. 16 Abs. 2). Eine einseitige Festlegung des Rechtsverhältnisses durch die Behörde ist hier weniger zweckmässig. In derartigen Fällen wird nämlich das Finanzhilfe- oder Abgeltungsverhältnis in Gesprächen und Verhandlungen mit dem Gesuchsteller bestimmt. Ein zweiseitiger Akt, wie ihn der öffentlichrechtliche Vertrag darstellt, ist die sachlich gebotene Rechtsform für die Umschreibung der einvernehmlich gewonnenen Lösung ... Als Beispiele von Subventionsgebieten, in denen der öffentlichrechtliche Vertrag die adäquate Rechtsform darstellt, können ... etwa die Förderung der technologischen Entwicklung und Ausbildung ... oder die Unterstützung technischer Verbesserungen bei konzessionierten Bahnunternehmungen (Art. 56 Eisenbahngesetz; SR 742.101) genannt werden ... ."

Hinsichtlich der Rechtsfolge bei Nichterfüllung oder mangelhafter Erfüllung der mit Finanzhilfen geförderten Aufgabe besteht ein Unterschied, je nachdem ob es sich um ein verfügungsmässiges oder ein vertragliches Finanzhilfeverhältnis handelt. Wurde das Rechtsverhältnis durch Verfügung begründet, ist eine rechtliche Durchsetzung der richtigen Aufgabenerfüllung nicht möglich. Als Sanktion kommt einzig die ganze oder teilweise Rückforderung der Finanzhilfe in Frage (Art. 28 Abs. 1 und 2). Beim vertraglichen Finanzhilfeverhältnis kann der Empfänger der staatlichen Leistung zur Aufgabenerfüllung angehalten werden oder hat alle Folgen zu tragen, die aus der Nicht- oder Schlechterfüllung entstehen. Der öffentlichrechtliche Vertrag soll gewählt werden, wo der Empfänger gezwungen werden soll, die Aufgabe zu erfüllen (Art. 16 Abs. 2).

Die beiden für die Vertragsform gewählten Kriterien sind zwar nicht die einzig denkbaren. In der juristischen Literatur ist umstritten, wo der Vertrag und wo die Verfügung erfolgen soll ... . Es ist daher geboten, dass das Gesetz die Streitfrage entscheidet."
- Nach § 16 ff. der zürcherischen Verordnung über Bewirtschaftungsbeiträge für Magerwiesen und Hecken vom 14. März 1990 (ZH LS 910.3) setzt die Ausrichtung von Beiträgen für die Bewirtschaftung von Magerwiesen und Hecken den Abschluss eines Vertrages zwischen dem Kanton und dem Bewirtschafter voraus, in welchem sich der Bewirtschafter verpflichtet, die vertraglich genau umschriebenen Flächen während mindestens sechs Jahren, Hecken-Neuanlagen und gewisse Wiesen während mindestens zwölf Jahren in bestimmter Weise zu bewirtschaften. Die Verordnung regelt ausserdem die Kündigung des Vertrags und dessen vorzeitige Auflösung. Das Gesuch um Abschluss eines Vertrages ist der Baudirektion einzureichen. Kommt kein Vertrag zustande, erlässt die Baudirektion auf Verlangen des Gesuchstellers eine Verfügung, welche die Bedingungen für einen Vertragsabschluss festhält.
- Gemäss Art. 51 Abs. 1 des Wohnbau- und Eigentumsförderungsgesetzes vom 4. Oktober 1974 (WEG; SR 843) kann der Bund den gemeinnützigen Wohnungsbau insbesondere durch Gewährung von Bürgschaften, Darlehen oder durch Kapitalbeteiligung fördern. Er schliesst dazu nach Art. 56 Abs. 2 und Art. 57 Abs. 3 WEG öffentlich-rechtliche Verträge mit den Trägern des Wohnungsbaues. Diese übernehmen im Gegenzug bestimmte Verpflichtungen; insbesondere werden gemäss Art. 45 WEG die Mietzinse geförderter Objekte überwacht (vgl. VPB 60 [1996] Nr. 51).

884a Die Vertragsform als Mittel, um den Subventionsempfänger zu einem Verhalten zu verpflichten, das auch im öffentlichen Interesse des subventionierenden Gemeinwesens liegt, kommt allerdings nur dann in Frage, wenn die Subventionierung vor der Inangriffnahme der zu fördernden Aufgabe erfolgt (sog. ex ante-Subvention), nicht aber, wenn der Subventionsempfänger das im öffentlichen Interesse liegende Vorhaben bereits ausgeführt hat und dafür nachträglich eine sog. ex post-Subvention erhält.

3. Verwaltungsrechtliche Verträge zwischen Privaten

885 Verwaltungsrechtliche Verträge können grundsätzlich auch zwischen Privaten abgeschlossen werden, sofern sie in einem verwaltungsrechtlichen Rechtsverhältnis stehen. Allerdings *muss das Gesetz* solche Verträge – im Gegensatz zu den anderen koordinationsrechtlichen Verträgen – *ausdrücklich vorsehen* (vgl. GRISEL, S. 452).

886 Beispiele:
– Enteignungsvertrag zwischen einem Privaten, dem das Enteigungsrecht verliehen worden ist, und einem enteigneten Grundeigentümer.
– Tarifverträge zwischen Versicherern und Leistungserbringern über die Taxen für die Leistungen von Ärzten bzw. Heilanstalten gegenüber Patienten, die bei einer Krankenkasse versichert sind (Art. 43 Abs. 4 und 46 ff. des Bundesgesetzes über die Krankenversicherung vom 18. März 1994 [SR 832.10]); entsprechende Verträge zwischen Medizinalpersonen bzw. Heil- und Kuranstalten und Versicherern sieht Art. 56 Abs. 1 des Bundesgesetzes über die Unfallversicherung (UVG) vom 20. März 1981 (SR 832.20) vor.
– Den Vertrag zwischen dem privatrechtlichen Verband der Viehproduzenten und einem Privaten über den Erwerb einer Kuh bezeichnete das Bundesgericht als verwaltungsrechtlich, weil der Verband mit dem Kauf eine ihm vom Bund gestützt auf das Viehabsatzgesetz vom 15. Juni 1962 (SR 916.301) übertragene öffentliche Aufgabe (Ausmerzung von minderwertigem Vieh) erfüllte (BGE 99 Ib 115 ff.).
– Vertrag zwischen den Inhabern einer Konzession für Bootsstationierungsanlagen auf öffentlichen Gewässern und Dritten über die Benutzung der Anlage (ZBl 95 [1994] 311 ff.).

III. Entstehung und Auslegung von verwaltungsrechtlichen Verträgen

1. Entstehung

887 Verwaltungsrechtliche Verträge entstehen durch *übereinstimmende Willenserklärung* der Parteien, wobei die Vorschriften des OR analog Anwendung finden. Umstritten ist, ob der Abschluss eines verwaltungsrechtlichen Vertrages der *Schriftform* bedarf oder nicht (bejahend GRISEL, S. 453; MOOR Vol. II, S. 264; VPB 29 [1959-1960] Nr. 101; 25 [1955] Nr. 94; offen gelassen in BGE 99 Ib 120 f.).

2. Auslegung

Verwaltungsrechtliche Verträge sind wie privatrechtliche grundsätzlich nach dem *Vertrauensprinzip* auszulegen. Einer Willensäusserung ist daher derjenige Sinn zu geben, den ihr der Empfänger aufgrund der Umstände, die ihm im Zeitpunkt des Empfangs bekannt waren oder hätten sein müssen, in guten Treuen beilegen durfte oder musste. Bei der Auslegung verwaltungsrechtlicher Verträge ist aber besonders zu beachten, dass die Verwaltungsbehörde beim Abschluss von Verträgen dem öffentlichen Interesse Rechnung zu tragen hat. In Zweifelsfällen ist daher zu vermuten, dass sie *keinen Vertrag abschliessen wollte, der mit dem öffentlichen Interesse im Widerspruch steht,* und dass sich der Vertragspartner darüber Rechenschaft gab (BGE 122 I 328, 335 ff.; 121 II 81, 85).

888

Das bedeutet aber nicht, dass generell derjenigen Auslegung eines verwaltungsrechtlichen Vertrages Vorrang einzuräumen ist, die besser der Verwirklichung der in Frage stehenden öffentlichen Interessen dient. So bildet gerade das Vertrauensprinzip eine Schranke der Wahrung der öffentlichen Interessen bei der Auslegung: Dem Vertragspartner des Gemeinwesens dürfen durch Vertragsauslegung nicht Auflagen gemacht werden, die er beim Vertragsschluss vernünftigerweise nicht voraussehen konnte (BGE 103 Ia 505, 510).

889

Beispiele:
– Die Gebrüder Hofmann AG erwarb von der Gemeinde Thun zu günstigen Bedingungen ein Grundstück für die Errichtung einer Industriebaute. Die beiden Partner schlossen einen verwaltungsrechtlichen Vertrag über die Erschliessung des Industrieareals ab, der u.a. eine Bestimmung enthielt, wonach die Kanalisationsanschlussgebühren gemäss dem im Vertrag wörtlich wiedergegebenen Art. 20 der kommunalen Bauordnung erhoben würden. Später revidierte die Gemeinde die betreffende Bestimmung der Bauordnung und verlangte gestützt hierauf von der Gebrüder Hofmann AG die Bezahlung der höheren Kanalisationsanschlussgebühren. Das Bundesgericht hiess eine staatsrechtliche Beschwerde gegen ein Urteil des Verwaltungsgerichtes des Kantons Bern gut, das die Gebrüder Hofmann AG zur Bezahlung der höheren Abgaben verpflichtet hatte. Bei der Auslegung des Erschliessungsvertrages stellte sich die Frage, ob Art. 20 der Bauordnung in der Fassung anzuwenden sei, wie sie im Zeitpunkt des Vertragsschlusses galt, oder in der anlässlich der Gebührenerhebung geltenden Neufassung. Das Bundesgericht stellte fest, die Firma Gebrüder Hofmann AG habe im Zeitpunkt der Vertragsverhandlungen Gewissheit über die künftigen Belastungen durch öffentliche Abgaben erlangen wollen, um über sichere und umfassende Grundlagen für die bevorstehenden unternehmerischen Dispositionen (Wahl des Standortes für den geplanten Fabrikneubau) zu verfügen. Daher sei Art. 20 der Bauordnung im Sinne des Vertragsprinzips in seiner ursprünglichen Fassung anwendbar. Für die Gebrüder Hofmann AG habe kein Grund zur Annahme bestanden, dass ein solcher Inhalt der Vereinbarung den öffentlichen Interessen widerspreche (BGE 103 Ia 505, 510).

890

– In Art. 13 Abs. 2 des 1919 abgeschlossenen Vertrages über die Ausnützung der Wasserkräfte der Sihl beim Etzel (Etzelwerkkonzession) zwischen den Kantonen Zürich, Schwyz und Zug als Konzedenten sowie den Schweizerischen Bundesbahnen (SBB) als Konzessionärin erklärten sich die Kantone "grundsätzlich bereit, die Verleihung auf Wunsch der Konzessionärin nach Ablauf von 50 Jahren auf weitere 50 Jahre zu erneuern ... ." Bei den Verhandlungen über die Erneuerung der Konzession entstand darüber Streit, ob diese Bestimmung der Konzessionärin die Verlängerung zusichere oder ob sie lediglich die Pflicht begründe, über die Bedingungen einer neuen Konzession zu verhandeln. Das Bundesgericht erklärte, dass auch ein verwaltungsrechtlicher Vertrag nach dem Vertrauensprinzip ausgelegt werden müsse, wobei allerdings im Zweifelsfalle zu vermuten sei, dass die Verwaltung keine Vereinbarung treffen wollte, die mit den von ihr zu wahrenden öffentlichen Interessen im Widerspruch stehe. Mit der Einbeziehung der öffentlichen Interessen sei aber für die Beurteilung der strittigen Auslegungsfrage nichts gewonnen, könnten doch sowohl die Konzedenten als auch die SBB für sich in Anspruch neh-

891

men, im Auftrag der Allgemeinheit zu handeln. Vor allem mit Rücksicht auf die vergleichs-weise kurze Vertragsdauer kam das Bundesgericht zum Ergebnis, dass Art. 13 Abs. 2 der Etzelwerkkonzession die Verfügungsgewalt der konzedierenden Gemeinwesen nach 50 Jahren nicht wiederaufleben lasse, sondern diese zur Verlängerung der Konzession verpflichte. Eine solche Lösung komme einerseits dem Interesse der SBB an einer möglichst langen Nutzungs-dauer entgegen und erlaube anderseits die im Interesse der Konzedenten liegende Anpassung der geldwerten Gegenleistungen der SBB für das ihr verliehene Wassernutzungsrecht schon nach relativ kurzer Zeit. Allerdings verletze die ausgelegte Vertragsbestimmung Art. 58 Abs. 1 des Bundesgesetzes über die Nutzbarmachung der Wasserkräfte vom 22. Dezember 1916 (SR 721.80), der eine maximale Konzessionsdauer von 80 Jahren vorsieht. Dies bewirke jedoch nicht die Ungültigkeit oder Nichtigkeit der Klausel, sondern lediglich, dass nur ein Anspruch auf eine Verlängerung von 30 Jahren bestehe (ZBl 90 [1989] 82 ff.).

IV. Der fehlerhafte verwaltungsrechtliche Vertrag

892   Die Rechtswirkungen fehlerhafter verwaltungsrechtlicher Verträge sind noch wenig geklärt und in der Lehre umstritten; die Praxis hierzu ist spärlich. Es kann an dieser Stelle nur eine Übersicht über die Problematik gegeben werden.

893   Verwaltungsrechtliche Verträge können Mängel unterschiedlicher Art aufwei-sen. Die Rechtsfolgen bestimmen sich je nach der Art dieser Mängel. In erster Linie ist – ähnlich wie bei Verfügungen (Rz. 760 ff.) – zu unterscheiden zwischen Verträ-gen, die *bereits bei ihrem Abschluss mangelhaft* sind, und solchen, die erst *später in Widerspruch zum geltenden Recht* geraten, weil sich das Recht oder die tatsächlichen Verhältnisse geändert haben.

1.   Ursprünglich fehlerhafte Verträge

a)   Allgemeines

894   Verwaltungsrechtliche Verträge, die schon bei ihrem Abschluss gegen Rechtsvor-schriften verstossen, sind – anders als privatrechtliche Verträge (vgl. Art. 20 OR) – nicht ohne weiteres nichtig. Die Nichtigkeit dürfte allerdings immer dann eintreten, wenn die Vertragsparteien *in bewusstem Zusammenwirken* auf dem Umweg über den verwaltungsrechtlichen Vertrag einen *rechtswidrigen Erfolg* herbeiführen wollten (so die Regelung in § 59 Abs. 2 Ziff. 2 des deutschen Verwaltungsverfahrensgeset-zes vom 25. Mai 1976 [Bundesgesetzblatt 1976 I 1253]; vgl. dazu CARL HERMANN ULE/HANS WERNER LAUBINGER, Verwaltungsverfahrensrecht, 4. Aufl., Köln/Berlin/ Bonn/München 1995, S. 794 ff.).

895   Ursprünglich fehlerhafte Verträge können anfechtbar, widerrufbar oder nichtig sein. Die *Anfechtbarkeit* bedeutet, dass der Mangel des Vertrags von den Vertrags-parteien oder allenfalls von dadurch betroffenen Dritten mit einem Rechtsmittel (Rekurs, Beschwerde, Klage) geltend gemacht werden kann. Allerdings sind nach dem Verfahrensrecht des Bundes und der Kantone oft nur Verfügungen Gegenstand der Anfechtung. Es fragt sich deshalb, ob dem Vertragsschluss eine Verfügung zu-grunde liegt oder vorangeht (Zweistufentheorie, vgl. Rz. 229 ff.), gegen die sich das Rechtsmittel richten kann. Dem entspricht zum Beispiel die Regelung von Art. 19

des Bundesgesetzes über Finanzhilfen und Abgeltungen (Subventionsgesetz, SuG) vom 5. Oktober 1990 (SR 616.1), wonach die Behörden nach den Vertragsverhandlungen dem Gesuchsteller einen befristeten Antrag unterbreiten, welcher auch beschwerdeberechtigten Dritten eröffnet wird, worauf diese und der Gesuchsteller eine anfechtbare Verfügung verlangen können. *Widerrufbare* Verträge können von der vertragsschliessenden oder der Aufsichtsbehörde – allenfalls auf Antrag einer Vertragspartei oder eines betroffenen Dritten – aufgehoben oder geändert werden (ähnlich wie ursprünglich fehlerhafte Verfügungen, siehe Rz. 806 ff.). KNAPP (N. 1531) vertritt die Ansicht, dass Verwaltungsbehörden nicht befugt seien, einen verwaltungsrechtlichen Vertrag einseitig zu widerrufen; nur der Richter dürfe einen fehlerhaften Vertrag ungültig erklären (ebenso THOMAS P. MÜLLER, S. 236 ff., der eine Verfügungsbefugnis der Verwaltungsbehörden bei fehlerhaften Verträgen ablehnt und nur die gerichtliche Klage zur Geltendmachung der Mängel zulassen will). In der Tat steht die Möglichkeit des Widerrufs durch die Verwaltungsbehörden in einem gewissen Widerspruch zur Rechtsnatur von verwaltungsrechtlichen Verträgen. – Auf die Widerrufbarkeit können sich die Parteien jedenfalls aber auch noch im Streit über die Erfüllung der vertraglichen Pflichten berufen. Das gleiche gilt für die *Nichtigkeit* des Vertrages, die jederzeit geltend gemacht werden kann.

Wird ein ursprünglich fehlerhafter Vertrag ungültig erklärt, so stellt sich die Frage der *Entschädigung*. 896

b) *Arten der Fehlerhaftigkeit*

aa) *Unzulässigkeit der Regelung durch Vertrag*

Lässt das Gesetz *keinen Raum für eine Regelung durch verwaltungsrechtlichen Vertrag*, erweist sich eine solche nach *Sinn und Zweck des Gesetzes als ungeeignet* oder kann der Inhalt der Vereinbarung (insbesondere von Privaten übernommene Verpflichtungen) nicht zumindest *mittelbar auf ein Gesetz zurückgeführt* werden, so ist der mangelhafte Vertrag *anfechtbar*, soweit ein entsprechendes Rechtsmittel zur Verfügung steht. Ob ein solcher Mangel auch die *Nichtigkeit* des Vertrages zur Folge haben kann, wenn der Fehler besonders schwer und offensichtlich ist und die Rechtssicherheit dadurch nicht ernsthaft gefährdet wird (wie bei der Nichtigkeit von Verfügungen, vgl. Rz. 768 ff.), ist umstritten. Denkbar wäre ferner ein *Widerruf* der unzulässigen vertraglichen Regelung durch die vertragsschliessende oder die Aufsichtsbehörde, wenn die Voraussetzungen des Widerrufs einer entsprechenden Verfügung (Überwiegen des Interesses an der richtigen Durchführung des objektiven Rechts gegenüber demjenigen an Rechtssicherheit und Vertrauensschutz, vgl. Rz. 809 ff.) erfüllt sind. U.E. dürfte eine Nichtigerklärung oder ein Widerruf kaum je in Frage kommen, weil die Unzulässigkeit des Vertrages i.d.R. keinen besonders gravierenden Mangel darstellt und das Interesse am Vertrauen in den Bestand des Vertrages sehr gewichtig ist, liegt es doch im Wesen des Vertrages, Vertrauen im Hinblick auf das zukünftige Verhalten des Vertragspartners zu begründen (BGE 103 Ia 505, 514; vgl. zur Interessenabwägung auch Rz. 900). 897

bb)   Unzuständigkeit der vertragsschliessenden Behörde

898   Schliesst eine unzuständige Behörde einen verwaltungsrechtlichen Vertrag ab (z.B. der Gemeinderat anstelle der Gemeindeversammlung), so stellt sich die Frage, ob überhaupt ein Vertrag zustandegekommen ist. U.E. hat die Unzuständigkeit der vertragsschliessenden Behörde *nur ausnahmsweise die Nichtigkeit* des Vertrages zur Folge, nämlich dann, wenn es sich um einen schweren, offensichtlichen Mangel handelt und wenn mit der Nichtigkeit keine Beeinträchtigung der Rechtssicherheit verbunden ist. Die *Anfechtung* und der *Widerruf* von verwaltungsrechtlichen Verträgen, zu deren Abschluss die Behörde nicht kompetent war, sind wohl unter den gleichen Voraussetzungen möglich wie bei der Unzulässigkeit der vertraglichen Regelung (Rz. 897).

cc)   Verstoss gegen zwingende Rechtsnormen

899   Der Verstoss gegen zwingende Rechtsnormen ist in der Regel kein so schwerer und offensichtlicher Fehler, dass er zur Nichtigkeit des Vertrages führt (siehe dazu auch Rz. 897). In Frage kommen deshalb praktisch nur Anfechtbarkeit und Widerrufbarkeit.

900   Das Bundesgericht beurteilt den Verstoss von verwaltungsrechtlichen Verträgen gegen zwingende Rechtsnormen *analog der Widerrufbarkeit von Verfügungen*: Ein Vertrag kann demnach dann aufgehoben werden, wenn das Interesse an der richtigen Durchführung des objektiven Rechts überwiegt gegenüber dem Interesse an der Rechtssicherheit und am Schutz des Vertrauens in den Bestand des Vertrages (BGE 105 Ia 207, 210 ff.; 103 Ia 505, 514 ff.; vgl. auch ZBl 88 [1987] 134, 138). Der Grundsatz "pacta sunt servanda" gebietet, dass vertraglich übernommene Verpflichtungen vom Gemeinwesen und vom Privaten auch zu erfüllen sind, falls sich der Vertrag als rechtswidrig erweist, sofern es sich dabei nicht um einen gravierenden Mangel handelt. Das Vertrauensschutzinteresse des Privaten ist dann besonders gewichtig, wenn er durch den Vertrag *begünstigt* wird. Aber auch bei einem den Privaten *belastenden* Vertrag ist nicht jeder Rechtsfehler geeignet, die Aufhebung des Vertrages zu bewirken, sondern bloss Mängel, die so schwer wiegen, dass die Geltendmachung durch den Privaten, der dem Vertrag zugestimmt hat, nicht als Verstoss gegen Treu und Glauben erscheint (BGE 105 Ia 207, 211).

dd)   Willensmängel

901   Weist ein verwaltungsrechtlicher Vertrag Willensmängel (Irrtum, Täuschung oder Drohung beim Abschluss) auf, so finden die Bestimmungen der Art. 23 ff. OR analog Anwendung. Sie gelten in diesem Falle allerdings als verwaltungsrechtliche und nicht als privatrechtliche Normen.

902   Im Gegensatz zum Zivilrecht erweist sich das Vorliegen eines *Motivirrtums* regelmässig als rechtserheblich (vgl. hierzu DETLEV DICKE, Der Irrtum bei der Verwaltungsmassnahme, ZSR NF 103/I [1984] 525 ff.).

Beispiel:

Nach Art. 14 des Kanalisationsreglementes der Gemeinde Birmenstorf kann für die vorzeitige Erstellung einer Gemeindekanalisation ausserhalb des bestehenden Kanalnetzes ein zusätzlicher Baubeitrag erhoben werden. Der Gemeinderat Birmenstorf erteilte Otto Zehnder eine Baubewilligung, in der u.a. festgehalten wurde, dass das Gebäude erst bezogen werden dürfe, wenn der Anschluss an die Kanalisation erfolgt sei. Später entstand zwischen Otto Zehnder und der Gemeinde Streit über die Erhebung des zusätzlichen Baubeitrages für die vorzeitige Erstellung der Kanalisation zwecks Anschluss des Gebäudes. In einer Vereinbarung verpflichtete sich Otto Zehnder schliesslich zur Leistung eines Beitrages von Fr. 14'000.--. In der Folge verweigerte er jedoch die Begleichung des Beitrages mit der Begründung, dass er der Vereinbarung nur zugestimmt habe, weil ihm der Gemeinderat gedroht habe, die Kanalisation werde nicht gebaut, wenn er mit der Beitragsleistung nicht einverstanden sei. Das Bundesgericht verneinte, dass der damit geltend gemachte Willensmangel der widerrechtlichen Furchterregung im Sinne des Art. 29 OR vorliege, weil das Verhalten des Gemeinderates sich auf das Kanalisationsreglement stützen konnte und damit nicht widerrechtlich war (BGE 105 Ia 207 ff.).

903

ee) Formmängel

Die Missachtung der Schriftform betrachten GRISEL (S. 453) und MOOR (Vol. II, S. 264) als Nichtigkeitsgrund.

904

2. Nachträglich fehlerhafte Verträge

Verwaltungsrechtliche Verträge können auch dadurch mangelhaft werden, dass sich nach ihrem Abschluss die tatsächlichen Verhältnisse oder die Rechtsgrundlagen des Vertrages ändern. Es fragt sich deshalb, ob eine *Anpassung* eines solchen Vertrages an die geänderten Umstände bzw. Vorschriften zulässig ist. Allgemein lässt sich dazu sagen, dass ein ursprünglich fehlerfreier Vertrag nur ausnahmsweise, unter ganz besonderen Voraussetzungen gegen den Willen einer Vertragspartei geändert werden kann, ist es doch gerade Zweck einer vertraglichen Vereinbarung, sich gegenseitig auf Dauer zu binden und den einseitigen Verzicht auf die Erfüllung der vertraglichen Pflichten auszuschliessen (vgl. Rz. 865 f.).

905

Eine Anpassung durch Abschluss eines neuen Vertrages ist aber natürlich immer möglich.

906

a) Anpassung an veränderte Verhältnisse

Die Aufhebung oder Anpassung vertraglicher Rechte und Pflichten ist möglich, wenn die Vertragserfüllung infolge stark veränderter Verhältnisse dem Schuldner nicht mehr zugemutet werden darf, d.h. wenn die Geltendmachung der vereinbarten Forderung einen *Rechtsmissbrauch* darstellen würde. Beim verwaltungsrechtlichen Vertrag wird diese *clausula rebus sic stantibus* im allgemeinen weniger restriktiv angewendet als beim privatrechtlichen.

907

Beispiele:

– Die Stadt Dübendorf übertrug der A. AG in einem "Pachtvertrag" (vertraglicher Teil einer Sondernutzungskonzession, vgl. Rz. 879 ff.) das ausschliessliche Recht zum Anbringen von Plakaten auf öffentlichem Grund. In einer Optionsklausel räumte das Gemeinwesen seinem Ver-

908

tragspartner zudem ein Vorrecht bei der Neuvergabe der Konzession nach Ablauf der zehnjährigen Konzessionsdauer ein. Nachdem die Stadt den Vertrag mit der A. AG gekündigt hatte,
schloss sie einen neuen Vertrag mit der Konkurrenzfirma O. AG. Die A. AG führte dagegen
verwaltungsrechtliche Klage beim Verwaltungsgericht des Kantons Zürich wegen Verletzung
der Optionsklausel. Die Stadt Dübendorf berief sich u.a. auf die "clausula rebus sic stantibus":
Dass Ende 1979 erstmals Konkurrenz auf dem Plakatanschlagsmarkt aufgetreten sei, stelle eine
neue Tatsache dar, die eine Nichtbeachtung der Optionsklausel rechtfertige. Das Verwaltungsgericht legte dar, nach der "clausula rebus sic stantibus" könne ein längerfristiger verwaltungsrechtlicher Vertrag nachträglich aufgehoben werden, wenn wichtige öffentliche Interessen dies
wegen des Eintritts neuer, bei Vertragsschluss nicht voraussehbarer Tatsachen erforderten und
dem keine höher zu bewertenden privaten Interessen entgegenstünden. Im konkreten Fall verneinte es das Vorliegen neuer Tatsachen, da die Vorzugsklausel gerade für den Fall des Auftre-
tens neuer Konkurrenz gelten sollte, und lehnte eine Berufung auf die clausula rebus sic stantibus ab (ZBl 88 [1987] 134 ff.).

908a — Mitte der sechziger Jahre beabsichtigte die Gemeinde S., längs der Kantonsstrasse ein Trottoir
zu erstellen. Dafür musste das Ladenlokal von F. verkleinert werden. Die Gemeinde schloss mit
ihm einen Vertrag, in dem F. ihr ein "Benutzungsrecht" zugunsten der Öffentlichkeit gegen ein
Entgelt von Fr. 1000.-- pro Jahr einräumte. 1990 gelangte R., die Rechtsnachfolgerin von F., an
den Gemeinderat mit dem Begehren um eine Erhöhung der Entschädigung auf Fr. 5000.--. Als
dieser sich dazu nicht bereit fand, erhob R. Klage beim kantonalen Verwaltungsgericht. Dieses
wies das Begehren ab, da eine Änderung des Vertrages nur unter den Voraussetzungen der clausula rebus sic stantibus zulässig sei. Es müsste eine erhebliche, für die Parteien nicht voraussseh-
bare Änderung der tatsächlichen Verhältnisse eingetreten sein. Eine solche liege bei einer
durchschnittlichen, den Erfahrungen entsprechenden Geldentwertung nicht vor (ZBl 94 [1993]
231 ff.)

908b — Vgl. auch BGE 103 Ia 31, 37 und VPB 43 (1979) Nr. 79 (Entscheid des Bundesrates vom
20. Dezember 1978).

b) Anpassung an geänderte Rechtsnormen

909 Durch verwaltungsrechtliche Verträge können *wohlerworbene Rechte* begründet
werden. Solche Rechte sind *gesetzesbeständig*. Sie können bei einer Änderung von
Rechtsnormen, die zur nachträglichen Rechtswidrigkeit der Verträge führt, nicht
ohne weiteres angepasst, sondern nur auf dem Weg der *Enteignung* entzogen werden, sofern die Voraussetzungen dazu (gesetzliche Grundlage, öffentliches Interesse,
Verhältnismässigkeit) erfüllt sind; das Gemeinwesen hat den Vertragspartner zu *entschädigen*.

910 Beispiel:
Otto Bolli und die Einwohnergemeinde Engelberg schlossen in den Jahren 1953 und 1955 zwei verwaltungsrechtliche Verträge ab. Otto Bolli verpflichtete sich darin, eine Kanalisationsleitung zu erstellen, einen Drittel der Kosten der Erstellung zu übernehmen, der Gemeinde ein unentgeltliches Ka-
nalisationsdurchleitungsrecht einzuräumen und ihr 1600 m^2 Land zur Erstellung einer Gemeinde-
strasse unentgeltlich abzutreten. Als Gegenleistung befreite die Gemeinde zwei Otto Bolli gehörende
Grundstücke von den Kanalisationsanschlussgebühren. Fast 20 Jahre später verlangte die Gemeinde
von den Rechtsnachfolgern des Otto Bolli die Bezahlung von Gebühren für den Kanalisationsanschluss einer Baute, die 1967/68 auf einem der beiden Grundstücke errichtet worden war. Das kantonale Verwaltungsgericht schützte dieses Vorgehen mit der Begründung, das vertraglich vereinbarte
unentgeltliche Anschlussrecht sei mit dem Inkrafttreten des Kanalisationsreglementes der Gemeinde
vom 22. Mai 1966 dahingefallen, weil dieses die Rechtsverhältnisse zwischen der Gemeinde und den
Privaten abschliessend regle und keinen Raum für rechtsgeschäftlich vereinbarte Abweichungen vom
Reglement lasse. Das Bundesgericht hob diesen Entscheid auf. Es stellte fest, ein gültig begründetes

wohlerworbenes Recht falle nicht ohne weiteres dahin, wenn eine gesetzliche Regelung geschaffen werde, mit der es sich nicht vertrage. Eine Ablösung des unentgeltlichen Anschlussrechts könne nur auf dem Weg der formellen Enteignung erfolgen (BGE 103 Ia 31 ff.).

V. Beendigung des verwaltungsrechtlichen Vertrages

Entsprechend den allgemeinen Grundsätzen des Vertragsrechts enden verwaltungs-rechtliche Verträge ordentlicherweise durch Erfüllung, durch Ablauf einer verein-barten oder gesetzlich vorgesehenen Dauer (Befristung) oder infolge eines andern Grundes, der zum Erlöschen eines Vertrages führt.   911

Darüber hinaus kann ein verwaltungsrechtlicher Vertrag vorsehen, dass die Parteien das Recht haben, das Vertragsverhältnis durch Kündigung aufzulösen. Fer-ner erlischt ein verwaltungsrechtlicher Vertrag durch richterliche Auflösung infolge Fehlerhaftigkeit (Rz. 892 ff.) oder durch den Abschluss eines Aufhebungsvertrages. Schliesslich wird ein verwaltungsrechtlicher Vertrag auch durch (formelle) Enteig-nung der durch den Vertrag erlangten wohlerworbenen Rechte (Rz. 869) beendet (Rz. 1625 f.).   912

7. Kapitel
Verwaltungsrechtliche Sanktionen

Literatur

BEELER URS RUDOLPH, Die widerrechtliche Baute, Diss. Zürich 1983; BELLWALD PETER, Die disziplinarische Verantwortlichkeit der Beamten, Diss. Bern 1985; BENDEL FELIX, Der Verwaltungszwang nach Bundesrecht, ZBJV 104 (1968) 281 ff.; DONATSCH ANDREAS, Die strafrechtliche Beurteilung von Rechtsgutverletzungen bei der hoheitlichen Anwendung unmittelbaren Zwangs, Diss. Zürich 1981; GAUTHIER JEAN, Droit administratif et droit pénal, ZSR NF 90/II (1971) 325 ff.; GEISER HANSPETER, Rechtsschutz im Verwaltungsvollstreckungsverfahren, Diss. St. Gallen 1978; HANGARTNER YVO, Reform des Beamtendisziplinarrechts, ZBl 71 (1970) 425 ff.; HEER BALTHASAR, Die Ersatzvornahme als verwaltungsrechtliche Sanktion, Diss. Zürich 1975; HENGGELER OSKAR, Das Disziplinarrecht der freiberuflichen Rechtsanwälte und Medizinalpersonen, Diss. Zürich 1976; HINTERBERGER WALTER, Disziplinarfehler und Disziplinarmassnahmen im Recht des öffentlichen Dienstes, Diss. St. Gallen 1986; KLEY-STRULLER ANDREAS, Die Anwendung der Garantien des Art. 6 EMRK auf Verfahren betreffend den Führerausweisentzug, in: Aktuelle Fragen des Straf- und des Administrativmassnahmerechts im Strassenverkehr (Hrsg. René Schaffhauser), Schweizerisches Institut für Verwaltungskurse, St. Gallen 1995, S. 99 ff.; KNAPP BLAISE, L'effectivité des décisions de justice, ZBl 86 (1985) 465 ff.; KNAPP BLAISE/HERTIG GÉRARD, L'exécution forcée des actes cantonaux pécuniaires de droit public (Art. 80 al. 2 LP), Blätter für Schuldbetreibung und Konkurs 50 (1986) 121 ff., 161 ff.; MATTLI GEORG S., Das bündnerische Verwaltungsstrafverfahren, Diss. Zürich 1979; MOSER HANS PETER, Zur bundesrechtlichen Regelung der Schuldbetreibung gegen Gemeinden und andere Körperschaften des kantonalen öffentlichen Rechts, Diss. Zürich 1949; MÜLLER HEINRICH ANDREAS, Der Verwaltungszwang, Diss. Zürich 1975; PFUND W. ROBERT, Das neue Verwaltungsstrafrecht des Bundes, unter besonderer Berücksichtigung des Steuerstrafrechts, ASA 42 (1973) 161 ff.; PFUND W. ROBERT, Verwaltungsrecht – Strafrecht (Verwaltungsstrafrecht), ZSR NF 90/II (1971) 107 ff.; ROUILLER CLAUDE, L'exécution anticipée d'une obligation par équivalent, in: Mélanges André Grisel, Neuchâtel 1983, S. 591 ff.; SCHWARZ PETER, Die Disziplinarstrafe im schweizerischen Militärstrafrecht, Diss. Zürich 1972; WALTHER BEAT ERWIN, Die administrativen Rechtsnachteile im System der Verwaltungssanktionen des Bundes, Diss. Basel 1977.

Rechtliche Grundlagen

– Art. 39-42 des Bundesgesetzes über das Verwaltungsverfahren vom 20. Dezember 1968 (SR 172.021) (VwVG)
– Bundesgesetz über das Verwaltungsstrafrecht (VStrR) vom 22. März 1974 (SR 313.0)

§ 17 Begriff und Arten von verwaltungsrechtlichen Sanktionen

I. Allgemeines

1. Begriff und Zweck

a) Begriff

Verwaltungsrechtliche Sanktionen sind die Mittel, mit welchen die Erfüllung von verwaltungsrechtlichen Pflichten erzwungen wird. Sie sind unerlässlich, da der Staat grundsätzlich nicht auf die Erfüllung verzichten kann. Es besteht auch keine Möglichkeit, wie im Privatrecht an Stelle der realen Durchsetzung der Pflicht Schadenersatz wegen Nichterfüllung zu verlangen. Verwaltungsrechtliche Sanktionen bilden das notwendige Gegenstück zur Verfügungsgewalt der Verwaltungsbehörden, indem sie die Beachtung der gesetzlichen Pflichten und der hoheitlichen Anordnungen sicherstellen und dadurch der *Rechtssicherheit* dienen.

b) Zweck

aa) Exekutorische Sanktionen

Die exekutorischen Sanktionen bezwecken *unmittelbar* die Durchsetzung von verwaltungsrechtlichen Pflichten. Sie werden auch als Massnahmen des Verwaltungszwangs oder der Vollstreckung bezeichnet.

Beispiele:
- Schuldbetreibung (vgl. Rz. 925 f.);
- Ersatzvornahme (vgl. Rz. 927 ff.);
- unmittelbarer Zwang (vgl. Rz. 937 ff.).

bb) Repressive Sanktionen

Repressive Sanktionen sollen nicht den rechtmässigen Zustand wieder herstellen, sondern – im Anschluss an die Pflichtverletzung – verhindern, dass künftig wieder ein rechtswidriger Zustand eintritt (vgl. MOOR Vol. II, S. 77). Mit repressiven Sanktionen wird *Druck auf die Pflichtigen* ausgeübt, um sie zu veranlassen, ihre verwaltungsrechtlichen Pflichten zu erfüllen. Verwaltungsrechtliche Pflichten werden damit nicht direkt durchgesetzt, sondern nur in *mittelbarer* Weise erzwungen. Repressive Sanktionen haben also keine eigentliche Vollstreckungsfunktion, sondern vor allem präventive Wirkung, indem sie die Pflichtigen von der Verletzung ihrer Pflichten

913

914

915

abhalten sollen. Sie dienen oft auch dazu, begangenes Unrecht zu sühnen (vgl. IMBODEN/RHINOW Bd. I, S. 298).

Beispiele:
- Verwaltungsstrafen, insbesondere Ordnungsbussen (vgl. Rz. 943 ff.);
- Disziplinarmassnahmen (vgl. Rz. 960 ff.);
- Bestrafung wegen Ungehorsams gegen amtliche Verfügungen (vgl. Rz. 951 ff.);
- administrative Sanktionen im Strassenverkehr, z.B. Entzug des Führerausweises wegen Verletzung von Verkehrsregeln nach Art. 16 f. des Strassenverkehrsgesetzes (SVG) vom 19. Dezember 1958 (SR 741.01) (vgl. Rz. 980 ff.).

cc) Sanktionen zur Durchsetzung von unmittelbar durch Rechtssatz oder durch Verfügung begründeten Pflichten

915a Verwaltungsrechtliche Sanktionen lassen sich auch unterscheiden nach der Art, wie die Pflichten begründet werden, die sie durchsetzen sollen. Gewisse verwaltungsrechtliche Sanktionen (z.B. Verwaltungsstrafen, disziplinarische Massnahmen) können dazu dienen, eine *unmittelbar durch Rechtssatz begründete Pflicht* (vgl. Rz. 618 f.) durchzusetzen. Andere Sanktionen bezwecken dagegen, die Erfüllung einer Pflicht zu erzwingen, die durch die Konkretisierung des Rechtssatzes mittels einer *Verfügung* (vgl. Rz. 620 f.) entstanden ist (z.B. Bestrafung wegen Ungehorsams, Ersatzvornahme, unmittelbarer Zwang). Man spricht in diesen Fällen auch von der Vollstreckung von Verfügungen. Mit bestimmten verwaltungsrechtlichen Sanktionen können sowohl unmittelbar durch Rechtssatz begründete Pflichten durchgesetzt als auch Verfügungen vollstreckt werden.

915b Pflichten, die durch verwaltungsrechtlichen Vertrag begründet wurden, sind in der Regel nicht mittels Sanktionen durchsetzbar, sondern auf dem Wege der Klage auf Erfüllung. Für Geldschulden gelten die Bestimmungen über Schuldbetreibung und Konkurs (Rz. 925 f.).

2. Voraussetzungen

916 Die Zulässigkeit von verwaltungsrechtlichen Sanktionen *im allgemeinen* ist aufgrund der nachstehenden Kriterien zu prüfen. Bei bestimmten Sanktionen müssen zusätzliche Voraussetzungen erfüllt sein oder es kann auf einzelne Voraussetzungen verzichtet werden.

a) Zuständigkeit der die Sanktion anordnenden Behörde

917 In der Regel werden die Sanktionen von der im betreffenden Verwaltungsbereich für die Anordnung der zu vollstreckenden Entscheidung oder Massnahme kompetenten Behörde festgelegt. Für die Verhängung von Strafen und Disziplinarmassnahmen sowie für die Schuldbetreibung sind zum Teil besondere Behörden (z.B. Gerichte oder Betreibungsämter) zuständig.

b)   Gesetzliche Grundlage

Ob und wieweit Sanktionen einer gesetzlichen Grundlage bedürfen, ist umstritten.   918
Nach den überzeugenden Ausführungen von MOOR (Vol. II, S. 65) ist keine gesetzliche Grundlage erforderlich, wenn die Sanktion nur eine Verpflichtung darstellt, die
an die Stelle derjenigen tritt, welche die Pflichtigen nicht erfüllt haben. In diesen
Fällen, die vor allem bei exekutorischen Sanktionen eintreten, genügt es, wenn die
nicht erfüllte Verpflichtung auf einer gesetzlichen Grundlage beruht. Wer z.B. die
Pflicht zum Abbruch einer rechtswidrigen Baute missachtet, muss den Abbruch
durch ein vom Staat beauftragtes Unternehmen dulden und die Kosten tragen, auch
wenn die Ersatzvornahme als Sanktion für diesen Fall im Gesetz nicht vorgesehen ist
(vgl. Rz. 931). Anders verhält es sich, wenn die Sanktion eine neue Verpflichtung
begründet, die nicht auf die Wiederherstellung des rechtmässigen Zustandes abzielt,
sondern künftige Pflichtverletzungen verhindern will. In diesen Fällen, d.h. namentlich bei repressiven Sanktionen, bedarf die Sanktion einer speziellen gesetzlichen
Grundlage. Andere Autoren verlangen auch für die exekutorische Sanktion des
unmittelbaren Zwangs eine gesetzliche Grundlage (vgl. Rz. 939).

c)   Vollstreckbarkeit der Verfügung

Eine Sanktion zur Durchsetzung einer verwaltungsrechtlichen Pflicht, die durch eine   919
Verfügung begründet worden ist, kann grundsätzlich erst angeordnet werden, wenn
diese Verfügung vollstreckbar ist.

Eine Verfügung ist vollstreckbar,   920
–   wenn sie formell rechtskräftig, d.h. nicht mehr mit einem ordentlichen
     Rechtsmittel anfechtbar ist (vgl. Rz. 802 f.) oder
–   wenn nur noch ein Rechtsmittel zur Verfügung steht, das keine aufschiebende
     Wirkung hat oder
–   wenn dem Rechtsmittel die aufschiebende Wirkung entzogen worden ist.

d)   Verhältnismässigkeit

Die Sanktion muss geeignet und erforderlich sein, um die Erfüllung der verwaltungs-   921
rechtlichen Pflicht durchzusetzen und den rechtmässigen Zustand wiederherzustel-
len. Ausserdem muss der Zweck der Sanktion deren Wirkung rechtfertigen: Das Interesse an der Durchsetzung der Pflicht muss gegenüber dem Interesse des Betroffenen am Verzicht auf die Sanktion überwiegen (vgl. ZBl 94 [1993] 80 [Urteil des
Bundesgerichts vom 18. August 1992]).

Beispiele:
–   Der Abbruch einer ohne Baubewilligung erstellten Baute darf nur dann verlangt werden, wenn   922
     die Bewilligung wegen bedeutsamen, im allgemeinen Interesse liegenden Abweichungen vom
     Gesetz nicht im nachhinein erteilt und die Gesetzwidrigkeit auch auf anderem Weg nicht beho-
     ben werden kann (BGE 111 Ib 213, 224 f.).
–   Die Errichtung eines Anbaus an einem Zweifamilienhaus, der den zulässigen minimalen Grenz-   923
     abstand um rund einen Meter unterschreitet, ist keine geringfügige Abweichung von den Bau-

vorschriften. Der angeordnete Abbruch verstösst deshalb nicht gegen den Verhältnismässigkeitsgrundsatz (BGE 108 Ia 216, 218).

e) Androhung der Sanktion

924   Eine Sanktion darf in der Regel erst nach vorgängiger Androhung (Mahnung) verhängt werden. Auf die Androhung kann bei Verwaltungsstrafen und Disziplinarmassnahmen verzichtet werden, ferner wenn Gefahr im Verzug ist oder wenn durch die Androhung die Sanktion vereitelt würde (z.B. bei Festnahmen).

924a   Umstritten ist, ob die Androhung eine (anfechtbare) Verfügung darstellt (vgl. MOOR Vol. II, S. 68 f., der den Verfügungscharakter mit dem überzeugenden Argument bejaht, die Androhung entfalte selbständige Rechtswirkungen, indem sie die Sanktion und deren Adressaten bestimmt).

II.   Schuldbetreibung für öffentlichrechtliche Geldforderungen

925   Öffentlichrechtliche Geldforderungen dürfen grundsätzlich *nur auf dem Weg der Schuldbetreibung* durchgesetzt werden. Das Eintreiben solcher Forderungen mittels Ersatzvornahme oder unmittelbaren Zwanges ist unzulässig. Dagegen kann der Schuldner durch repressive Sanktionen (z.B. Ordnungsbussen) oder unter gewissen Voraussetzungen durch das Verweigern von Verwaltungsleistungen (siehe Rz. 972 ff.) veranlasst werden, seiner Zahlungspflicht nachzukommen.

926   Massgeblich sind das Bundesgesetz über Schuldbetreibung und Konkurs vom 11. April 1889 (SR 281.1), insbesondere dessen Art. 43, und das Konkordat über die Gewährung gegenseitiger Rechtshilfe zur Vollstreckung öffentlich-rechtlicher Ansprüche vom 28. Oktober 1971 (SR 281.22).

III.   Ersatzvornahme

1.   Begriff

927   Ersatzvornahme bedeutet, dass die Verwaltungsbehörden vertretbare Handlungen, die von Verpflichteten nicht vorgenommen werden, durch eine amtliche Stelle oder durch einen Dritten auf Kosten der Pflichtigen verrichten lassen.

928   Durch die Ersatzvornahme wird die primäre Leistungspflicht umgewandelt in
–   die Pflicht zur Duldung der Ersatzvornahme und
–   die Pflicht zur Bezahlung der Kosten, die dem Gemeinwesen durch die Ersatzvornahme entstehen.

Beispiele: 929
- Das Gemeinwesen lässt durch einen Gärtner Hecken, die auf die öffentlichen Strassen hinausragen, zurückschneiden.
- Das Gemeinwesen beauftragt einen Unternehmer, eine nicht bewilligte, baurechtswidrige Baute abzureissen.

Bei *höchstpersönlichen Pflichten* (z.B. Wehr- oder Zeugnispflicht) ist eine Ersatz-   930
vornahme ausgeschlossen.

2.   Voraussetzungen

a)   *Kein Erfordernis einer besonderen gesetzlichen Grundlage*

Eine ausdrückliche gesetzliche Grundlage erübrigt sich, da die Befugnis zur Ersatz-   931
vornahme in der Vollzugskompetenz enthalten ist (BGE 105 Ib 343, 345 f.).

b)   *Erfordernis der Androhung*

Bei der Ersatzvornahme ist die vorherige Androhung mit Einräumung einer ange-   932
messenen Frist besonders wichtig. Die Privaten müssen die Möglichkeit haben, ihre
Pflicht selbst zu erfüllen, bevor der Staat an ihrer Stelle und auf ihre Kosten handelt.

Auf die Androhung darf nur *verzichtet* werden, wenn Gefahr im Verzug ist oder   933
wenn feststeht, dass die Betroffenen die Verpflichtung innert vernünftiger Frist nicht
erfüllen können (vgl. Rz. 934 ff.) oder wollen.

3.   Antizipierte Ersatzvornahme

Eine antizipierte Ersatzvornahme liegt vor, wenn die Verwaltungsbehörde einen   934
polizeiwidrigen Zustand selbst beseitigt, weil der Störer, der ihn verursacht hat, dazu
faktisch gar nicht in der Lage ist. In diesen Fällen besteht keine Pflicht, für die Beseitigung des rechtswidrigen Zustands zu sorgen, sondern *nur die Pflicht zur Bezahlung der Kosten.* Eine *Verfügung,* welche den Störer zur Herstellung des rechtmässigen Zustandes verpflichtet, ist nicht erforderlich. Es braucht auch keine *Androhung*
der Ersatzvornahme. In der Lehre wird zum Teil die Ansicht vertreten, die antizipierte Ersatzvornahme sei nur zulässig, wenn sie notwendig sei, um eine schwere,
unmittelbar drohende Gefährdung oder eine bereits eingetretene schwere Störung
von Polizeigütern zu beseitigen, d.h. wenn die Voraussetzungen für die Anwendung
der Polizeigeneralklausel (siehe Rz. 1913) erfüllt sind (vgl. GRISEL, S. 639; MOOR
Vol. II, S. 71).

FRITZ GYGI (Verwaltungsrecht, S. 329 ff.) bezeichnet die antizipierte Ersatzvor-   935
nahme als wirklichkeitsfernes, überflüssiges Gebilde. Es handle sich dabei um einen
Fall des unmittelbaren Vollzugs der Verwaltungsrechtsordnung, in welchem die
Verursacher durch Gesetz zum Ersatz der Kosten verpflichtet seien. In der Tat erweckt der Begriff der antizipierten Ersatzvornahme den unzutreffenden Eindruck,
der Staat handle an Stelle des an sich zur Beseitigung der Störung verpflichteten Privaten, obwohl ihn eine solche Pflicht gerade nicht trifft.

240

Beispiele:

936 – Der für einen Ölunfall verantwortliche Private verfügt in der Regel nicht über die Mittel, um die dadurch verursachte Gewässerverschmutzung zu beheben. Der Staat muss dies an seiner Stelle tun. Der Verursacher ist aber zur Tragung der Kosten verpflichtet (Art. 54 des Bundesgesetzes über den Schutz der Gewässer [Gewässerschutzgesetz, GSchG] vom 24. Januar 1991 [SR 814.20]; vgl. z.B. BGE 114 Ib 44, 47 f.; 113 Ib 236 ff.).

936a – Die Kosten für die Beseitigung von Klärschlamm, der als Folge der Behandlung von Industrie- und Gewerbeabwasser mit zu hohem Schwermetallgehalt verunreinigt ist und daher nicht als Dünger verwendet werden kann, müssen von den Verursachern übernommen werden (Art. 59 des Bundesgesetzes über den Umweltschutz [Umweltschutzgesetz, USG] vom 7. Oktober 1983 [SR 814.01]; vgl. z.B. BGE 122 II 26 ff.).

IV. Unmittelbarer Zwang

1. Begriff

937 Unmittelbarer Zwang ist direkte Einwirkung gegen Personen oder Sachen, um die gesetzliche Pflicht oder die Verfügung durchzusetzen.

938 Beispiele:
– Einziehung gesundheitsschädlicher Produkte oder eines fahruntüchtigen Fahrzeuges;
– Schliessung eines nicht bewilligten Betriebes;
– Festnahme eines Betrunkenen, der die öffentliche Ordnung stört, oder eines Geisteskranken, der mit Schusswaffengebrauch droht;
– Ausschaffung von Ausländern;
– Zwangsweise Untersuchungen oder Impfungen bei übertragbaren Krankheiten.

2. Voraussetzungen

a) Gesetzliche Grundlage

939 Wie in Rz. 918 dargelegt, ergibt sich aus der Befugnis zur Durchsetzung einer Pflicht, die auf einer genügenden gesetzlichen Grundlage beruht, nach unserer Auffassung auch das Recht zur Anwendung unmittelbaren Zwangs. Nach anderer Ansicht muss diese Verwaltungssanktion *in einem Rechtssatz* vorgesehen sein, wobei eine allgemeine Umschreibung in der Regel genügt. Greift eine unmittelbare Zwangsmassnahme besonders stark in die Rechtssphäre der Privaten ein (z.B. Internierung), so bedarf sie einer Grundlage in einem *Gesetz im formellen Sinn* (KNAPP, N. 1648; GRISEL, S. 643 f.).

940 Ist unmittelbarer Zwang zur Abwehr einer unmittelbar drohenden, schweren Gefährdung oder einer bereits eingetretenen schweren Störung der öffentlichen Sicherheit notwendig, so kann er auf die *polizeiliche Generalklausel* gestützt werden (vgl. Rz. 1913).

b) Verhältnismässigkeit

Die Anwendung unmittelbarer Zwangsmittel stellt regelmässig einen schweren Eingriff in die Rechte des Betroffenen dar. Dem Verhältnismässigkeitsgrundsatz, der bei allen verwaltungsrechtlichen Sanktionen zu beachten ist, kommt deshalb hier ein besonderes Gewicht zu. Unmittelbare Zwangsmittel dürfen erst dann eingesetzt werden, wenn keine anderen Massnahmen zur Herstellung des rechtmässigen Zustandes genügen. Zudem ist unter den in Frage kommenden Zwangsmitteln dasjenige zu wählen, das für die betroffene Person oder Sache die geringste Beeinträchtigung mit sich bringt.

941

Beispiel:
Ein Polizist gab drei Schüsse auf zwei in einem Auto flüchtende Wilderer ab und verletzte dadurch einen der beiden. Im Strafverfahren, das gegen den Polizisten wegen fahrlässiger Körperverletzung durchgeführt wurde, berief sich dieser auf den Rechtfertigungsgrund des Art. 32 StGB. Das Bundesgericht erachtete das Verhalten des Polizisten als unverhältnismässig. Er sei sich von Anfang an bewusst gewesen, dass es sich lediglich um Wilderer und nicht um gefährliche Verbrecher gehandelt habe. Unter diesen Umständen sei beim Gebrauch der Schusswaffe zum vorneherein grösste Zurückhaltung geboten gewesen. Der Einsatz dieses gefährlichsten Zwangsmittels hätte nur in Betracht gezogen werden dürfen, wenn aus anderen wichtigen Gründen dazu Veranlassung bestanden hätte. Solche Gründe seien indessen nicht schon in der Flucht der Wilderer vor der polizeilichen Anhaltung zu sehen. Es hätten keine Anhaltspunkte für ihre besondere Gefährlichkeit bestanden. Die Tatsache, dass der Polizist durch das wegfahrende Auto gefährdet worden sei, vermöge die Schussabgabe nicht zu entschuldigen. Zum einen habe er erst zu schiessen begonnen, als der Wagen sich entfernt habe, zu einem Zeitpunkt also, zu dem er keiner Gefahr mehr ausgesetzt gewesen sei. Zum anderen habe überhaupt kein zwingender Grund für die gewaltsame Verhinderung der Flucht bestanden, da der Fahrzeuglenker ihm namentlich bekannt gewesen sei und auch aufgrund des Kontrollschildes die Möglichkeit bestanden habe, die beiden Wilderer durch die zuständige Ortspolizei anhalten zu lassen. Der Gebrauch der Schusswaffe sei somit im Verhältnis zum verfolgten Zweck unangemessen gewesen (BGE 99 IV 253, 256 f.).

942

V. Verwaltungsstrafen, insbesondere Ordnungsbussen

1. Begriff

Verwaltungsstrafen sind in der Regel *Mittel des Verwaltungszwanges, nicht eigentliche Strafen* im Rechtssinne. Sie dienen der Sanktionierung von Verstössen gegen das Verwaltungsrecht und bezwecken damit dessen Durchsetzung, während das Strafgesetzbuch andere Rechtsgüter schützt. Daher sind auch die allgemeinen Begriffe und Bestimmungen des Strafgesetzbuches auf Verwaltungsstrafen nur beschränkt anwendbar (vgl. Art. 2 ff. VStrR). Gewisse Verwaltungsstrafen (z.B. im Umweltrecht oder im Steuerrecht [dazu BGE 116 IV 262, 266 f.]) haben allerdings Strafcharakter. Je nach Art und Schwere gelten sie zudem als Strafen im Sinne von Art. 6 EMRK, auf welche die entsprechenden Verfahrensgarantien Anwendung finden.

943

Ordnungsbussen sind Verwaltungsstrafen für geringfügigere Verletzungen des Verwaltungsrechts, insbesondere von Verfahrensvorschriften.

944

2. Voraussetzungen

a) Zuständigkeit

945 Nach Art. 335 Ziff. 1 StGB sind die *Kantone* befugt, die Übertretung kantonaler Verwaltungsvorschriften mit Strafe zu bedrohen.

946 Zur Verhängung von Ordnungsbussen sind immer die *Verwaltungsbehörden und Verwaltungsgerichte*, zur Verhängung anderer Verwaltungsstrafen teilweise auch die *Strafgerichte* zuständig (zur Garantie der Beurteilung durch unabhängige Gerichte nach Art. 6 EMRK im einzelnen vgl. Rz. 1338f ff.).

947 Beispiele:
   – Reicht ein Steuerpflichtiger trotz Mahnung keine Steuererklärung ein, belegt ihn die Steuerbehörde mit einer Ordnungsbusse.
   – Der Gemeinderat spricht eine Ordnungsbusse aus, wenn ein Haus ohne Baubewilligung umgebaut wird.

b) Gesetzliche Grundlage

948 Für die Verhängung von *Verwaltungsstrafen* ist grundsätzlich eine ausdrückliche Grundlage in einem *Gesetz* im formellen Sinne erforderlich. *Bussen* finden dagegen bereits in einer *Verordnung* eine genügende gesetzliche Grundlage, jedenfalls wenn sie eine gewisse Höhe nicht überschreiten (BGE 118 Ia 305, 319; 112 Ia 107, 112 f.; VPB 46 [1982] Nr. 50, S. 268 ff. [Stellungnahme des Bundesamtes für Justiz]; GYGI, Verwaltungsrecht, S. 338 m.w.H.).

c) Verschulden

949 *Verwaltungsstrafen* setzen immer ein *Verschulden* voraus. Ob dies auch für *Ordnungsbussen* gilt, ist *umstritten* (ZBl 78 [1977] 133 f. mit Hinweisen; vgl. auch BGE 101 Ib 33, 35 f. = Pra 64 [1975] Nr. 103). Das VStrR regelt die Frage nicht ausdrücklich, setzt aber ein Verschulden voraus, indem es die Höhe der Busse u.a. von der Schwere des Verschuldens abhängig macht (Art. 8 VStrR).

3. Einsprache

950 Die Art. 67 ff. VStrR sehen vor, dass gegen die Ausfällung von Ordnungsbussen und Verwaltungsstrafen durch Verwaltungsbehörden des Bundes innert 30 Tagen seit Eröffnung Einsprache erhoben werden kann. Erfolgt *keine fristgerechte Einsprache*, so steht der Strafentscheid der Verwaltungsbehörde einem *rechtskräftigen Urteil* gleich. Wird Einsprache erhoben, trifft die Verwaltungsbehörde nach neuer Prüfung eine Einstellungs- oder Strafverfügung. Die von der Strafverfügung Betroffenen können innert 10 Tagen die *Beurteilung durch das kantonale Strafgericht* verlangen.

VI. Einziehung unrechtmässig erlangter Vorteile

Gelangen Private durch die Missachtung von verwaltungsrechtlichen Vorschriften zu unrechtmässigen Vorteilen, können die betreffenden Vermögenswerte und Gegenstände (z.B. der Gewinn, der durch die Vermietung von Wohnungen erzielt wurde, die in Abweichung von bewilligten, baurechtskonformen Plänen erstellt wurden) eingezogen werden (vgl. den bei HALLER/KARLEN, Raumplanungs- und Baurecht, 2. Aufl., Zürich 1992, N. 910, zitierten Entscheid des Bundesgerichts vom 7. August 1991). Diese restitutorische Massnahme dürfte sich oft als wirksameres Mittel erweisen als die mit der Rechtsverletzung verbundene Verwaltungsstrafe (vgl. Rz. 943 ff.). Die Abschöpfung eines widerrechtlich erworbenen Vermögensvorteils ist aber nur zulässig, wenn sie gesetzlich vorgesehen ist. Dabei genügt es, in einem Spezialgesetz oder in einem Verwaltungsstrafgesetz die allgemeinen Bestimmungen des Schweizerischen Strafgesetzbuches (StGB) als anwendbar zu erklären, so dass die Einziehung gestützt auf Art. 59 StGB erfolgen kann. Dagegen ist es nicht zulässig, Bussen so zu bemessen, dass damit auch der unrechtmässig erzielte Gewinn abgeschöpft wird (ebenso BGE 119 IV 10, 14). | 950a

VII. Bestrafung wegen Ungehorsams

1. Begriff

Die Bestrafung wegen Ungehorsams gegen amtliche Verfügungen ist eine *repressive Sanktion* ("Beugestrafe"), die den Adressaten veranlassen soll, seine Pflichten zu erfüllen. Sie ist in Art. 292 des Schweizerischen Strafgesetzbuches vom 21. Dezember 1937 (SR 311.0) (StGB) geregelt, der wie folgt lautet: | 951

> "Wer der von einer zuständigen Behörde oder einem zuständigen Beamten unter Hinweis auf die Strafdrohung dieses Artikels an ihn erlassenen Verfügung nicht Folge leistet, wird mit Haft oder mit Busse bestraft."

Beispiele:
- Die Erziehungsdirektion des Kantons Zürich wies Herrn X. an, dafür zu sorgen, dass seine Tochter Y. den obligatorischen hauswirtschaftlichen Fortbildungskurs für Mittelschülerinnen besuche. Für den Fall der Zuwiderhandlung gegen diese Anordnung wurde X. Bestrafung mit Haft oder Busse wegen Ungehorsams gegen amtliche Verfügungen im Sinne des Art. 292 StGB angedroht (SJZ 75 [1979] 94 f. [Urteil des Zürcher Obergerichtes vom 15. September 1976], siehe Rz. 63). | 952
- Das Betreibungsamt kann die Verfügung, mit welcher es in einem Verfahren betreffend Arrestierung von Bankguthaben eine Bank zur Auskunftserteilung verpflichtet, mit der Androhung der in Art. 292 StGB vorgesehenen Strafe verbinden, wenn die Forderung, für welche der Arrest vollzogen wird, sich auf einen vollstreckbaren Titel stützt (BGE 107 III 151 ff. = Pra 71 [1982] Nr. 77). | 953

Art. 292 StGB gilt nur *subsidiär*, wenn nicht ein anderes Gesetz eine besondere Ungehorsamsstrafe vorsieht. | 954

Beispiele für Bestimmungen über Ungehorsamsstrafen, die Art. 292 StGB vorgehen:
- Art. 71 Abs. 1 lit. b des Bundesgesetzes über den Schutz der Gewässer (Gewässerschutzgesetz, GSchG) vom 24. Januar 1991 (SR 814.20);
- Art. 104 Abs. 1 des Zollgesetzes (ZG) vom 1. Oktober 1925 (SR 631.0);
- Art. 53 des Fernmeldegesetzes (FMG) vom 30. April 1997 (SR 784.10);
- Art. 323 StGB betreffend Ungehorsam des Schuldners im Betreibungs- und Konkursverfahren (BGE 106 IV 279 ff.).

2. Voraussetzungen

a) Ausdrückliche Strafandrohung in der Verfügung

955   Die Verfügung, deren Missachtung bestraft werden soll, muss "Haft oder Busse" androhen. Der blosse Hinweis auf die Gesetzesbestimmung oder die Strafbarkeit oder auf beides zusammen genügt nicht, es sei denn, der Adressat kenne (z.B. durch eine nicht lange zuvor ergangene Verfügung, welche die Strafandrohung enthielt) die durch Art. 292 StGB angedrohten Strafen (BGE 105 IV 248, 249 f.). In der Praxis wird deshalb meist der Wortlaut des Art. 292 StGB in der Verfügung wiedergegeben.

b) Vorsatz

956   Art. 292 StGB setzt als Vorsatzdelikt voraus, dass der Adressat vom Inhalt der Verfügung Kenntnis hatte und ihr willentlich nicht Folge leistete (BGE 119 IV 238, 240).

3. Möglichkeit der wiederholten Androhung und Bestrafung

957   Mit der Androhung der Bestrafung bzw. der Bestrafung selber sollen die Privaten veranlasst werden, die Verfügungen zu befolgen. Wiederholte Androhungen bzw. Bestrafungen sind deshalb zulässig, wenn die betreffende Verpflichtung durch *wiederholte Verfügung* festgelegt worden ist.

958   Erforderlich ist aber, dass die Androhung nicht schon im vornherein vollkommen nutzlos erscheint, da sie sonst nicht geeignet ist, den rechtmässigen Zustand herzustellen (BGE 104 IV 230, 231; 74 IV 105 ff.).

4. Zuständigkeit und Prüfungsrecht des Strafrichters

959   Zur Bestrafung wegen Ungehorsams ist nicht die verfügende Behörde, sondern der Strafrichter zuständig. Dieser darf unter Umständen vorfrageweise die Rechtmässigkeit der Verfügung überprüfen (siehe Rz. 60 ff.).

VIII. Disziplinarische Massnahmen

1. Begriff

Disziplinarische Massnahmen sind Sanktionen gegenüber Personen, die in einem 960
Sonderstatusverhältnis (z.B. Beamte, Schüler, Strafgefangene) oder unter einer *besonderen Aufsicht des Staates* (z.B. Rechtsanwälte, Medizinalpersonen) stehen. Endet dieses besonders nahe Verhältnis zum Staat, so ist eine disziplinarische Massnahme nicht mehr möglich. Die Anordnung einer Disziplinarmassnahme fällt also ausser Betracht, wenn ein Beamter freiwillig aus dem Dienstverhältnis ausscheidet, sofern die Behörde der Entlassung vorbehaltlos zustimmt (AGVE 1970, 376 f.).

2. Rechtsnatur

Disziplinarische Massnahmen sind administrative Sanktionen und damit grundsätz- 961
lich keine Strafen im Rechtssinne. Sie dienen der *Aufrechterhaltung der Ordnung* sowie der *Wahrung des Ansehens und der Vertrauenswürdigkeit* der Verwaltungsbehörden. Sie bewirken (präventiv oder repressiv) die Erfüllung der Pflichten derjenigen Personen, die unter der Disziplinargewalt stehen. Je nach Art oder Schwere der angedrohten Sanktion ist sie allerdings als strafrechtliche Anklage im Sinne von Art. 6 Ziff. 1 EMRK zu qualifizieren, so dass die Verfahrensgarantien dieser Bestimmung anwendbar sind (BGE 121 I 379 ff., vgl. Rz. 1338f ff.).

Beispiele: 961a
- Die disziplinarische Entlassung eines Beamten wird nicht als strafrechtliche Sanktion betrachtet und fällt daher nicht unter den Schutz von Art. 6 Ziff. 1 EMRK (BGE 120 Ia 184, 189).
- Eine Disziplinarbusse von Fr. 300.--, die einer Beamtin auferlegt worden ist, stellt noch keine strafrechtliche Sanktion im Sinne von Art. 6 EMRK dar (BGE 121 I 379 ff.).
- Die sich in Untersuchungshaft befindende N. griff eine Aufsichtsperson tätlich an, worauf sie von der Bezirksanwaltschaft mit zwei Tagen Arrest bestraft wurde. Die Arreststrafe bedeutete eine Verschärfung des gewöhnlichen Haftregimes (besondere Zelle, Rauchverbot, keine Briefe schreiben oder empfangen etc.), aber keine Verlängerung der Haft. Das Bundesgericht wies die staatsrechtliche Beschwerde von N., die geltend machte, Art. 5 und 6 EMRK wären auf das streitige Verfahren anwendbar gewesen, ab mit der Begründung, der Europäische Gerichtshof für Menschenrechte gehe ebenfalls davon aus, dass die Vertragsstaaten grundsätzlich berechtigt seien, zwischen Strafrecht und Disziplinarrecht zu unterscheiden; die verschärfte Haft von zwei Tagen erreiche die vom Gerichtshof geforderte Schwere nicht, um sie als strafrechtliche Sanktion im Sinne von Art. 6 Ziff. 1 EMRK zu qualifizieren (BGE 117 Ia 187 ff.).

Im Disziplinarrecht gilt der Grundsatz *"ne bis in idem"* in dem Sinne nicht, als 962
eine disziplinarische Massnahme auch dann noch angeordnet werden kann, wenn für das betreffende deliktische Verhalten bereits eine Strafe ausgefällt worden ist.

Beispiel: 963
Fährt ein Beamter auf einer Dienstfahrt in angetrunkenem Zustand, hindert eine Bestrafung durch den Strafrichter wegen Verletzung von Art. 91 des Strassenverkehrsgesetzes (SVG) vom 19. Dezember 1958 (SR 741.01) die Verhängung einer disziplinarischen Massnahme nicht.

964 Disziplinarische Massnahmen mit Strafcharakter dürfen dagegen wegen des gleichen Verstosses grundsätzlich *nicht mehrfach angeordnet* werden.

965 Beispiel:
Ein Anwalt wurde in einem Kanton wegen Verletzung der Standesregeln gebüsst. Das Bundesgericht stellte fest, er könne wegen dieses Verstosses nicht auch noch in allen anderen Kantonen, in denen er seinen Beruf ausübt, diszipliniert werden (BGE 102 Ia 28 ff.). In einem ähnlichen Fall präzisierte das Bundesgericht seine Rechtsprechung aber dahingehend, dass sich eine Sanktion in einem weiteren Kanton jedenfalls dann rechtfertige, wenn die Disziplinierung im Tatkanton die erforderliche Wirkung nicht entfalten könne, weil der von der Berufsausübung vorübergehend ausgeschlossene Anwalt dort nur selten tätig sei. Ausschlaggebend für eine zusätzliche Sanktionierung in einem anderen Kanton sei das Verhältnismässigkeitsprinzip (BGE 108 Ia 230 ff.).

3. Voraussetzungen

a) Gesetzliche Grundlage

966 Das Erfordernis des Rechtssatzes und das Erfordernis der Gesetzesform (vgl. Rz. 309 ff., 316 ff.) gelten auch für Disziplinarmassnahmen. Wenn die Disziplinierten in einem Sonderstatusverhältnis stehen, sind an die Bestimmtheit des Rechtssatzes und an das Erfordernis der Gesetzesform *keine allzu hohen Anforderungen* zu stellen (vgl. Rz. 390 ff.).

b) Disziplinarfehler, einschliesslich Verschulden

967 Eine Disziplinarmassnahme darf nur angeordnet werden, wenn die Amtspflichten vorsätzlich oder fahrlässig verletzt wurden. Eine Amtspflichtsverletzung kann auch in einem Verhalten ausserhalb des Dienstes liegen.

968 Beispiele:
– Regelmässiges Zuspätkommen zur Arbeit;
– Unsachliche öffentliche Kritik eines Beamten an der Amtsführung eines Vorgesetzten (Verletzung der Treuepflicht);
– Mitgliedschaft in einer extremistischen politischen Vereinigung, wenn dadurch die Gefahr des Missbrauchs der dienstlichen Position entsteht (vgl. BGE 99 Ib 129, 137 ff.).

c) Verhältnismässigkeit, inkl. Opportunitätsprinzip

969 Die disziplinarische Massnahme muss geeignet sein, die Erfüllung der Dienstpflicht sowie das gute Funktionieren und die Vertrauenswürdigkeit der Verwaltungsbehörden sicherzustellen. Bei der Wahl der zur Erreichung dieses Zwecks erforderlichen Massnahme steht der Behörde ein gewisses Ermessen zu. Sie berücksichtigt dabei objektive und subjektive Elemente und kann aufgrund des *Opportunitätsprinzips* auch ganz auf die Verhängung einer Massnahme verzichten, wenn sie zum Schluss kommt, der Zweck des Disziplinarrechts verlange keine Sanktion (siehe VPB 61 [1997] Nr. 28).

Beispiel:
Eine Disziplinarstrafe *kann* sich erübrigen, wenn ein Beamter, der mit seinem Dienstfahrzeug einen Unfall verursacht hatte, wegen Missachtung des Vortrittsrechts gebüsst wurde und überdies für den entstandenen Schaden aufzukommen hat.

d) *Vorherige Anhörung*

Aus dem Anspruch auf rechtliches Gehör ergibt sich die Pflicht der Disziplinarbehörden, die Betroffenen vor der Anordnung der disziplinarischen Massnahmen anzuhören (vgl. Rz. 1306 ff.). *Nicht erforderlich* ist aber eine vorherige *Androhung* einer disziplinarischen Massnahme.

IX. Verweigerung von Verwaltungsleistungen

1. Problematik

Kann die Verwaltungsbehörde es ablehnen, den Privaten eine Leistung zu erbringen, weil die Privaten ihrerseits einer Pflicht gegenüber dem Staat nicht nachkommen? Darf die Verwaltungsleistung mit anderen Worten zur Durchsetzung einer verwaltungsrechtlichen Pflicht verweigert werden?

Zwischen den Pflichten des Staates und denjenigen der Privaten besteht oft kein eigentliches "Austauschverhältnis". Es gehört zu den Aufgaben des modernen Staates, gewisse Leistungen zu erbringen. Die Wahrnehmung dieser Aufgaben darf deshalb nur unter bestimmten Voraussetzungen davon abhängig gemacht werden, ob die Privaten ihre Pflichten gegenüber dem Staat erfüllt haben.

2. Voraussetzungen der Zulässigkeit

a) *Besondere gesetzliche Ermächtigung*

Das Gesetz kann ausdrücklich vorsehen, dass eine staatliche Leistung verweigert werden darf, wenn die Privaten eine bestimmte Pflicht nicht erfüllen.

Beispiel:
Art. 31 Abs. 1 des Bundesgesetzes über die Invalidenversicherung (IVG) vom 19. Juni 1959 (SR 831.20) sieht vor, dass einem IV-Rentenbezüger nach Fristansetzung und Androhung der Säumnisfolgen die Rente verweigert oder entzogen wird, wenn dieser sich einer angeordneten zumutbaren Eingliederungsmassnahme zur Verbesserung der Erwerbsfähigkeit entzieht oder widersetzt; siehe auch Art. 30 und 30a des Bundesgesetzes über die obligatorische Arbeitslosenversicherung und die Insolvenzentschädigung (Arbeitslosenversicherungsgesetz, AVIG) vom 25. Juni 1982 (SR 837.0).

b) Konnexität, falls eine besondere gesetzliche Ermächtigung fehlt

976 Ist die Verweigerung von staatlichen Leistungen im Gesetz nicht besonders vorgesehen, gilt sie als zulässig, wenn ein sachlicher Zusammenhang zwischen der Pflichtverletzung der Privaten und der verweigerten Leistung besteht.

977 Beispiele:
- Zulässig ist die Verweigerung einer amtlichen Beglaubigung, wenn die dafür erhobene Gebühr nicht bezahlt wird.
- Unzulässig ist die Verweigerung der Behandlung eines Baugesuches, wenn die Steuern nicht bezahlt werden.

c) Verhältnismässigkeit

978 Bei der Durchsetzung von verwaltungsrechtlichen Pflichten mit Hilfe der Verweigerung von staatlichen Leistungen ist die Wahrung der Verhältnismässigkeit zwischen Eingriffszweck und Eingriffswirkung von besonderer Bedeutung, namentlich wenn es um für die Privaten wichtige Leistungen geht, auf die sie – wie z.B. im Bereich von staatlichen Monopolen – angewiesen sind.

979 Beispiele:
- Der Zweck, die Bezahlung fälliger Forderungen des Staates sicherzustellen, vermag eine Unterbrechung der Versorgung der Privaten mit lebenswichtigen Gütern wie Wasser oder Energie nicht zu rechtfertigen.
- Die Sperre eines Anschlusses an die vom Gemeinwesen betriebene Gemeinschaftsantenne, um die Pflichtigen zur Bezahlung der Benutzungsgebühr zu bewegen, ist dagegen verhältnismässig.

X. Widerruf von begünstigenden Verfügungen

980 Wenn der Staat den Privaten mittels Verfügung Rechte eingeräumt hat, kann eine Verletzung der Pflichten, die den Begünstigten obliegen, durch den Widerruf der Verfügung sanktioniert werden, sofern die Voraussetzungen des Widerrufs (Rz. 809 ff.) erfüllt sind. Durch die Möglichkeit des Entzugs der gewährten Vorteile sollen die Begünstigten veranlasst werden, ihre verwaltungsrechtlichen Pflichten einzuhalten. Von besonderer Bedeutung ist der Widerruf als Sanktion einer Pflichtverletzung dort, wo die Privaten erst aufgrund einer Polizeibewilligung (Rz. 1958 ff.) tätig werden dürfen, so dass deren Entzug zu einem Verbot der Tätigkeit führt (vgl. zu den Voraussetzungen des Widerrufs einer Polizeibewilligung Rz. 1981 ff.).

980a Beispiele:
- Nach Art. 16 Abs. 3 des Strassenverkehrsgesetzes (SVG) vom 19. Dezember 1958 (SR 741.01) hat die grobe Verletzung von Verkehrsregeln den Entzug des Führerausweises zur Folge.
- Art. 100 der Verordnung über den Schlachtviehmarkt und die Fleischversorgung (Schlachtviehverordnung, SV) vom 22. März 1989 (SR 916.341) bestimmt, dass einem Fleischimporteur die Berechtigung zur Einfuhr von Fleisch entzogen werden kann, wenn er gewisse gesetzliche Pflichten nicht einhält.

- Nach Art. 28 Abs. 1 des Bundesgesetzes über Finanzhilfen und Abgeltungen (Subventionsgesetz, SuG) vom 5. Oktober 1990 (SR 616.1) zahlt die zuständige Behörde die Finanzhilfe nicht aus oder fordert sie samt einem Zins von 5 Prozent seit der Auszahlung zurück, wenn der Empfänger die mit der Finanzhilfe verknüpfte Aufgabe trotz Mahnung nicht erfüllt.
- Das Thurgauer Baugesetz schreibt vor, dass Bauvorhaben ohne Verzögerung zu Ende zu führen sind. Wird die Ausführung der Bauarbeiten verzögert oder für längere Zeit unterbrochen, kann ein Widerruf der Baubewilligung gerechtfertigt sein (Entscheid des Bundesgerichts vom 15. Dezember 1994, ZBl 96 [1995] 515 ff.).

Der Widerruf von Verfügungen als Sanktion für Pflichtverletzungen der Begünstigten kann eine zivilrechtliche (z.B. Entzug einer Berufsausübungsbewilligung; vgl. BGE 123 I 87 ff.) oder eine strafrechtliche Streitigkeit im Sinne des Art. 6 Ziff. 1 EMRK darstellen. In diesen Fällen sind die besonderen Ansprüche betreffend die Ausgestaltung des Verfahrens zu beachten (vgl. Rz. 1338f ff.).
980b

Beispiel:
"Auch wenn der Entzug des Führerausweises eine von der strafrechtlichen Sanktion unabhängige Verwaltungsmassnahme ist, weist er mit dieser in verschiedener Hinsicht grosse Ähnlichkeiten auf: Ein Warnungsentzug wird aufgrund einer vorsätzlich oder fahrlässig begangenen Verkehrsregelverletzung ausgesprochen (Art. 16 Abs. 2 und 3 SVG), seine Dauer richtet sich vor allem nach der Schwere des Verschuldens sowie der Sanktionsempfindlichkeit des fehlbaren Lenkers, und ein Rückfall kann zu einer Massnahmeverschärfung führen. Unbestrittenermassen wird mit dem Führerausweisentzug sodann ein repressiver und präventiver Zweck verfolgt und hat dieser zugleich eine einschneidende Wirkung für den Betroffenen. Der Strafcharakter des Warnentzugs im Sinne von Art. 6 Ziff. 1 EMRK ist deshalb zu bejahen" (BGE 121 II 22, 26 m.w.H.; zum *vorsorglichen* Führerausweisentzug vgl. aber BGE 122 II 359, 363 ff.).

3. Teil

Organisation und Verfahren der Verwaltungsbehörden

8. Kapitel
Die Träger der Verwaltung

§ 18   Grundsätze der Verwaltungsorganisation

Literatur

BERCHTOLD DOROTHÉE/HOFMEISTER ALBERT (Hrsg.), Die öffentliche Verwaltung im Spannungsfeld zwischen Legalität und Funktionsfähigkeit, Bd. 30 der Schriftenreihe der Schweizerischen Gesellschaft für Verwaltungswissenschaften (SGVW), Bern 1995; Bericht und Gesetzesentwurf der Expertenkommission für die Totalrevision des Bundesgesetzes über die Organisation der Bundesverwaltung (Bericht HUBER), Bern 1971; BOLZ URS/KLÖTI ULRICH, Parlamentarisches Steuern neu erfinden? NPM-Steuerung durch die Bundesversammlung im Rahmen des New Public Management – ein Diskussionsbeitrag, ZBl 97 (1996) 145 ff.; BRUNNER CHRISTIAN, Über die Teilnahme der Bürger an Verwaltungsentscheiden, Basel u.a. 1984; BUSER WALTER, Neue Aspekte der Verwaltungskontrolle, in: Festschrift für Ulrich Häfelin zum 65. Geburtstag, Zürich 1989, S. 429 ff.; DELWING DIETER/WINDLIN HANS, "New Public Management": Kritische Analyse aus staatsrechtlicher und staatspolitischer Sicht, ZBl 97 (1996) 183 ff.; EICHENBERGER KURT, Zur Problematik der Aufgabenverteilung zwischen Staat und Privaten, ZBl 91 (1990) 517 ff.; EICHENBERGER KURT, Hochleistungsverwaltung des entfalteten Sozialstaates, in: Festschrift für Ulrich Häfelin zum 65. Geburtstag, Zürich 1989, S. 443 ff.; EICHENBERGER KURT, Von der Staatsleitung in der Referendumsdemokratie, in: Zur Zukunft von Staat und Wirtschaft in der Schweiz, Festschrift für Kurt Furgler zum 60. Geburtstag, Zürich/ Köln 1984, S. 13 ff.; EICHENBERGER KURT, Sachkunde und Entscheidungskompetenz in der Staatsleitung, in: Festschrift Bundesrat H. P. Tschudi zum 60. Geburtstag, Bern 1973, S. 62 ff.; Expertenbericht über Verbesserungen in der Regierungstätigkeit und Verwaltungsführung des Bundesrates (Bericht HONGLER), Bern 1976; FURRER CHRISTIAN, Bundesrat und Bundesverwaltung, Ihre Organisation und Geschäftsführung nach dem Verwaltungsorganisationsgesetz, Textausgabe mit Erläuterungen, Bern 1986; HABLÜTZEL PETER/HALDEMANN THEO/SCHEDLER KUNO/SCHWAAR KARL (Hrsg.), Umbruch in Politik und Verwaltung, Bern 1995; HÄNER ISABELLE, Öffentlichkeit und Verwaltung, Diss. Zürich 1990; HALDEMANN THEO, New Public Management: ein neues Konzept für die Verwaltungsführung des Bundes?, Bern 1995; HUBER KARL, Koordination als Begriff des Bundesrechts, in: Mélanges Henri Zwahlen, Lausanne 1977, S. 323 ff.; JAAG TOBIAS, Privatisierung von Verwaltungsaufgaben, VVDStRL 54 (1994) 287 ff.; KÄGI-DIENER REGULA, Entscheidfindung in komplexen Verwaltungsverhältnissen, Basel/Frankfurt a.M. 1994; KNAPP BLAISE, Gestion par objectifs, mandat de prestation et enveloppe budgétaire: Théorie et réalités, in: Der Verfassungsstaat vor neuen Herausforderungen, Festschrift für Yvo Hangartner, St. Gallen/Lachen 1998, S. 415 ff.; MAHON PASCAL, La décentralisation administrative, Diss. Lausanne 1985; MASTRONARDI PHILIPPE, Grundbegriffe und allgemeine Grundsätze der Verwaltungsorganisation, in: Schweizerisches Bundesverwaltungsrecht, Organisationsrecht, Basel/Frankfurt a.M. 1996; MASTRONARDI PHILIPPE, Staatsrecht und Verwaltungsorganisation, Reflexionen am Beispiel des New Public Management, AJP 4 (1995) 1541 ff.; MASTRONARDI PHILIPPE/SCHEDLER KUNO, New Public Management in Staat und Recht, Bern/Stuttgart/Wien 1998; MOOR PIERRE, Esquisse d'un droit des organisations administratives, ZBl 75 (1974) 49 ff.; MÜLLER GEORG, Wie wird ein Staat schlank?, in: Festgabe zum Schweizerischen Juristentag 1998, Solothurn 1998, S. 159 ff.; MÜLLER GEORG, Funktionen des Legalitätsprinzips im Organisationsrecht, in: Berchtold/Hofmeister (Hrsg.), Die öffentliche Verwaltung im Spannungsfeld zwischen Legalität und Funktionsfähigkeit, Bern 1995, S. 15 ff.; MÜLLER GEORG, Motive, Methoden und Massstäbe für Strukturreformen öffentlicher Verwaltungen, in: Aktuelle Probleme des Staats- und Verwaltungsrechts, Festschrift für Otto K. Kaufmann zum 75. Geburtstag, Bern 1989, S. 401 ff.; RICHLI PAUL, Zu den Entfaltungsmöglichkeiten des New Public Management in der Verwaltungsrechtspflege, ZBl 98 (1997) 289 ff.; SCHEDLER KUNO, Ansätze einer wirkungsorientierten Verwaltungsführung, 2. Aufl., Bern 1996; SCHMUCKI-HENGARTNER CÉCILE, Delegation von Verwaltungsaufgaben der Regierung innerhalb der Verwaltung, Diss. Zürich 1977; SCHWARZ PETER (Hrsg.), Organisationsentwicklung als Strategie der Verwaltungsreform, Bd. 14 der Schriftenreihe der Schweizerischen Gesellschaft für Verwaltungswissenschaften (SGVW), Bern 1990; SIMON JÜRG WALTER, Amtshilfe, Diss. Bern, Chur 1991; ÜBERSAX PETER, Betroffenheit als Anknüpfung für Partizipation, Basel u.a. 1991; UHLMANN FELIX, Gewinnorientiertes Staatshandeln: Möglichkeiten und Zulässigkeit gewinnorientierter staatlicher Eigenbetätigung aus wirtschaftsverfassungsrechtlicher Sicht, Diss. Basel 1997; WALLERATH MAXIMILIAN, Kontraktmanagement und Zielvereinbarungen als Instrumente der Verwaltungsmodernisierung, DÖV 1997 57 ff.

I. Die demokratische Ausgestaltung der Verwaltung

1. Das Ziel der demokratischen Ausgestaltung der Verwaltung

981 Die Aufgaben, die der moderne Verwaltungsstaat zu bewältigen hat, werden immer umfangreicher und komplexer. Es droht die Gefahr, dass die Regierung und der ihr unterstellte Verwaltungsapparat aufgrund ihrer grösseren Sachkompetenz in vielen Gebieten eine faktische Übermacht gegenüber Volk und Parlament erlangen. Die Verwaltungstätigkeit ist für die meisten Menschen schwer verständlich; Transparenz und Bürgernähe gehen verloren. Um dieser Entwicklung entgegenzusteuern und den Volkswillen auch in den Gesetzesvollzug einfliessen zu lassen, werden Privaten im Bereich der Verwaltung, wo immer möglich und sinnvoll, gewisse *Mitwirkungs- und Kontrollbefugnisse* eingeräumt.

2. Elemente der demokratischen Ausgestaltung der Verwaltung

982 Um Volk und Parlament an der Verwaltung teilhaben zu lassen, kommen unter anderem folgende Möglichkeiten in Betracht:
- parlamentarische Kontrolle der Regierungs- und Verwaltungstätigkeit (insb. durch Geschäftsprüfungskommissionen);
- Verwaltungsreferendum (Referendum gegen Verwaltungsakte, insbesondere gegen Entscheide des Parlamentes über öffentliche Werke [z.B. Bahn 2000, NEAT, Errichtung oder Erweiterung von Flughäfen] oder über Ausgaben);

– Erfordernis der Gesetzesform – insb. im Abgabe- und Steuerrecht – und Be-
schränkung der Gesetzesdelegation: Bei wichtigen Regelungen sollen die
Stimmberechtigten mittels des Gesetzesreferendums mitentscheiden können;
– Mitwirkungsrechte der Bevölkerung in der Raumplanung;
– Volkswahl der Beamtinnen und Beamten; allgemeine Zugänglichkeit der Beam-
tenstellen (Grundsatz der freien Wählbarkeit);
– Selbstverwaltung durch Körperschaften, deren Mitglieder betroffen sind;
– kollegiale Verwaltungsorgane.

II. Die Hierarchie der Verwaltungsbehörden

1. Begriff der Hierarchie

Die hierarchische Organisationsform bedeutet, dass jede Verwaltungsbehörde (mit   983
Ausnahme der obersten) einer oder mehreren anderen untergeordnet ist und dass ihr
selbst wiederum andere Behörden untergeordnet sein können; d.h. zwischen den einzelnen Behörden besteht ein *Über- bzw. Unterordnungsverhältnis*. Die Verwaltungsorganisation ist somit stufenförmig aufgebaut und mit einer Pyramide vergleichbar, an deren Spitze die Regierung steht.

2. Der Zweck der Hierarchie der Verwaltungsbehörden

a) *Leistungsfähigkeit der Verwaltungsbehörden*

Der hierarchische Aufbau bewirkt eine klare Regelung der Zuständigkeiten. Jede   984
Behörde kennt ihren Aufgabenbereich. Dadurch werden Doppelspurigkeiten vermieden und die schnelle, effiziente Erledigung der anfallenden Aufgaben gefördert.

b) *Koordination der verschiedenartigen Verwaltungstätigkeiten*

Den übergeordneten Behörden kommen – neben der Befehlsgewalt gegenüber den   985
nachgeordneten Amtsstellen (vgl. Rz. 987) – Informations- und Kontrollrechte zu.
Dies gestattet es, die verschiedenen Verwaltungstätigkeiten miteinander zu koordinieren und die einzelnen Verwaltungsaufgaben möglichst einheitlich und widerspruchsfrei zu vollziehen.

c) *Bedeutung für die parlamentarische Kontrolle*

Die klaren Zuständigkeiten und Verantwortlichkeiten beim hierarchischen System   986
erleichtern dem Parlament die Kontrolle der Regierungs- und Verwaltungstätigkeit.

3. Elemente des hierarchischen Aufbaus der Verwaltungsbehörden

a) Dienstbefehle und Weisungen

987 Die hierarchisch übergeordnete Behörde hat gegenüber den ihr unterstellten Dienststellen die Befugnis zum Erlass von verbindlichen Anordnungen für den Einzelfall (vgl. dazu Rz. 695 ff.) und von allgemeinen Weisungen, d.h. von Verwaltungsverordnungen (vgl. Rz. 96 ff.).

b) Dienstaufsicht

988 Die übergeordnete Verwaltungsbehörde hat die Befolgung der Gesetze und Verordnungen und die Einhaltung ihrer Dienstbefehle und Weisungen zu überwachen. Sie kann u.U. die Entscheidungen der unteren Instanzen aufheben und selber entscheiden oder die Sache zur Neubeurteilung zurückweisen.

c) Beschwerderecht des betroffenen Privaten

989 Den von einer Verfügung betroffenen Privaten steht grundsätzlich das Recht zu, den Entscheid an die der erlassenden Amtsstelle übergeordneten Behörden weiterzuziehen (vgl. dazu Rz. 1349 ff.).

III. Zentralisation und Dezentralisation der Verwaltungsbehörden

1. Zentralisation

990 Zentralisierte Verwaltungsorganisation liegt vor, wenn in einem bestimmten Sachbereich die massgebliche Verwaltungstätigkeit für das ganze Staatsgebiet im Hauptort, von der Zentralverwaltung, ausgeübt wird.

991 Der Begriff der Zentralverwaltung ist von demjenigen der Hierarchie zu unterscheiden. Das hierarchische System setzt nicht notwendigerweise eine Zentralisation voraus; auch eine dezentrale Verwaltungsorganisation kann hierarchisch aufgebaut sein.

992 Die Zentralisation bewirkt eine administrative Straffung. Sie ist in der Regel auf bestimmte, eng umschriebene Sachbereiche der Verwaltung beschränkt. Nur in einem kleinen Gemeinwesen – z.B. in der Gemeinde – kann die gesamte Verwaltungstätigkeit in sinnvoller Weise zentral wahrgenommen werden.

2. Sachliche Dezentralisation (Dekonzentration)

993 Sachliche Dezentralisation (Dekonzentration) bedeutet, dass die Erfüllung bestimmter staatlicher Aufgaben einem besonderen Verwaltungsorgan ausserhalb der Zen-

tralverwaltung übertragen wird, das über eine gewisse Selbständigkeit (Autonomie) verfügt.

Als solche besonderen Verwaltungsorgane kommen vor allem öffentlichrechtliche Körperschaften (vgl. Rz. 1019 ff.), öffentlichrechtliche Anstalten (vgl. Rz. 1042 ff.) oder auch gemischtwirtschaftliche und privatrechtliche Organisationen (vgl. Rz. 1182a ff.) in Betracht. Ihnen wird in der Regel nur eine einzige Aufgabe übertragen, was eine (technische) Spezialisierung sowie eine effektive und effiziente Aufgabenerledigung gestattet. Zugleich erfolgt eine Entlastung der Zentralverwaltung.   994

Beispiele:
SBB, Post, SUVA, Nationalbank, Kantonale Gebäudeversicherungsanstalten, Spitäler, Universitäten.

Die sachliche Dezentralisation bedeutet eine Lockerung der Hierarchie. Der ausgegliederten Verwaltungseinheit kommt in ihrem Aufgabenbereich ein bestimmtes Mass an Autonomie zu. Allerdings untersteht sie der Aufsicht der Zentralverwaltung. Eine gewisse Machtverteilung und -hemmung bewirkt die Dezentralisation dennoch.   995

Zur Terminologie: Die in der Lehre verwendete Terminologie ist nicht einheitlich. FRITZ GYGI (Verwaltungsrecht, S. 47) beispielsweise spricht statt von sachlicher von horizontaler Dezentralisation. BLAISE KNAPP (N. 2496 ff.) unterscheidet zwischen Dezentralisation und Dekonzentration. Unter Dekonzentration versteht er die Übertragung von Befugnissen auf Bedienstete, die der Zentralverwaltung angehören und in bezug auf den Inhalt der zu erlassenden Verfügungen und der zu treffenden Massnahmen keine Autonomie besitzen.   996

3.   Örtliche Dezentralisation

Bei der örtlichen Dezentralisation wird das Staatsgebiet in Verwaltungsbezirke aufgeteilt, die bestimmte Aufgaben zu erledigen haben.   997

a)   *Administrative örtliche Dezentralisation*

Bei der administrativen örtlichen Dezentralisation bestehen nebeneinander mehrere Verwaltungsbehörden mit lokalem Wirkungsbereich, denen aber *keine Autonomie* zukommt und die vollständig in die Hierarchie der Zentralverwaltung eingebunden bleiben. Eine derartige Aufteilung des Staatsgebietes kann aus organisatorischen und administrativen Gründen zweckmässig sein. Sinnvoll ist sie namentlich dort, wo für die Verwaltungsbehörden besondere Kenntnisse der lokalen Verhältnisse notwendig sind. Für die administrative örtliche Dezentralisation nicht massgebend ist dagegen der demokratische Gedanke, weil sie nicht mit einer Erweiterung der politischen Rechte verbunden ist.   998

Beispiele: 999
- Bezirke im Kanton Zürich; obschon die Bezirksbehörden (z.B. Statthalter, Bezirksanwälte) vom Volk gewählt werden, sind sie den kantonalen Behörden gegenüber verantwortlich;
- Notariatskreise;
- Schuldbetreibungs- und Konkurskreise gemäss Art. 1 SchKG;
- Schätzungskreise gemäss Art. 58 des Bundesgesetzes über die Enteignung vom 20. Juni 1930 (SR 711);

–   Zollkreise und Zollabfertigungsstellen nach Art. 132-136 des Zollgesetzes vom 1. Oktober 1925 (SR 631.0).

b)   Örtliche Dezentralisation mit Autonomie

1000   Autonomie bedeutet, dass der dezentralen Verwaltungseinheit bei der Erfüllung der ihr übertragenen öffentlichen Aufgaben eine selbständige, weisungsungebundene Beurteilungs- und Entscheidungsbefugnis zukommt. Auch hat sie in der Regel das Recht, die Form ihrer Organisation in einem bestimmten Rahmen frei zu wählen. Es handelt sich nicht mehr um blosse Verwaltungsbezirke, sondern um *selbständige Gebietskörperschaften* und *Herrschaftsverbände*. Die Dezentralisation hat hier eine Durchbrechung der zentralen Hierarchie zur Folge. Die Dezentralisation mit Autonomie ermöglicht die Selbstverwaltung und die Verwirklichung des demokratischen Gedankens auch auf lokaler Ebene. Sie gestattet die Berücksichtigung regionaler Gegebenheiten, fördert die "Bürgernähe" der Verwaltung und bewirkt eine Machtteilung.

1001   Die wichtigste Erscheinungsform der mit Autonomie verbundenen Dezentralisation stellen in den Kantonen die *Gemeinden* dar.

IV.   Zusammenarbeit von Verwaltungsbehörden und betroffenen Privaten

1.   Das Ziel der Zusammenarbeit

1002   Früher bestand eine strenge Trennung zwischen den Verwaltungsbehörden und den von der Verwaltungstätigkeit betroffenen Privaten. Heute hat sich dieser Gegensatz etwas gemildert. Man versucht – zum Vorteil der Verwaltung und der Betroffenen – vermehrt, die Privaten in die Verwaltung miteinzubeziehen und in möglichst vielen Bereichen an der staatlichen Aufgabenerfüllung mitwirken zu lassen.

2.   Die wichtigsten Formen der Zusammenarbeit

a)   Einbezug von Vertretern betroffener und interessierter Privatpersonen und privater Organisationen in Beratungs- oder Aufsichtsorgane

1003   In verschiedenen staatlichen Aufsichts- und Beratungsgremien sind auch Private vertreten.

Beispiele:

1004   –   Der Erziehungsrat stellt im Kanton Zürich das Verbindungsglied zwischen Schule und Bevölkerung dar; er ist mit Aufsichts- und Entscheidungsbefugnissen ausgestattet. Ihm gehören der Erziehungsdirektor, Vertreter der Lehrerschaft sowie weitere Mitglieder an, welche der Kantonsrat als Vertreter der Bevölkerung wählt (§ 2 des Gesetzes über das gesamte Unterrichtswesen [Unterrichtsgesetz] vom 23. Dezember 1859 [ZH LS 410.1]).

– Die Eidgenössische AHV-Kommission ist ein beratendes Organ im Bereich der Alters-, Hinterlassenen- und Invalidenversicherung, in welchem die Versicherten, die schweizerischen Wirtschaftsverbände, die Versicherungseinrichtungen, der Bund und die Kantone vertreten sind (Art. 73 des Bundesgesetzes über die Alters- und Hinterlassenenversicherung [AHVG] vom 20. Dezember 1946 [SR 831.10]).　1005

– Die Eidgenössische Kommission für die berufliche Vorsorge – ein Beratungsorgan des Bundesrates – setzt sich zusammen aus Vertretern des Bundes und der Kantone sowie mehrheitlich aus Vertretern der Arbeitgeber, Arbeitnehmer und Vorsorgeeinrichtungen (Art. 85 des Bundesgesetzes über die berufliche Alters-, Hinterlassenen- und Invalidenvorsorge [BVG] vom 25. Juni 1982 [SR 831.40]).　1006

b)　Übertragung von öffentlichen Aufgaben auf Private

Eine Mitwirkung der von einer bestimmten Verwaltungstätigkeit betroffenen Privaten kann auch dadurch erwirkt werden, dass der Staat die Besorgung öffentlicher Aufgaben privaten Organisationen anvertraut. Vgl. dazu Rz. 1183 ff.　1007

c)　Mitwirkung bei Verfügungen und Abschluss von Verträgen

Bestimmte Verfügungen erfolgen nur auf Gesuch des Privaten hin (z.B. Erteilung von Bewilligungen, Konzessionen) oder bedürfen seiner Zustimmung (z.B. Begründung eines Dienstverhältnisses).　1008

Auch können die Gemeinwesen mit Privatpersonen privatrechtliche oder verwaltungsrechtliche Verträge abschliessen. Diese setzen übereinstimmende gegenseitige Willenserklärungen voraus.　1009

d)　Mitwirkungsrechte der betroffenen Privaten im Verwaltungsverfahren

Die Betroffenen haben im Verwaltungsverfahren Anspruch auf rechtliches Gehör (vgl. dazu Rz. 1306 ff.).　1010

Beispiele:
– Anhörung vor Erlass einer Verfügung;
– Mitwirkung bei der Sachverhaltsermittlung (z.B. Augenschein).

e)　Informelle Kooperation zwischen Verwaltungsbehörden und Privaten

Im Rahmen des informellen Verwaltungshandelns wird versucht, mittels Kooperation zwischen Verwaltungsbehörden und Privaten Lösungen zu erarbeiten, zu deren Realisierung sich die Privaten freiwillig und formlos bereit erklären, so dass die Verwaltungsbehörden auf hoheitliche Anordnungen verzichten oder diese so ausgestalten können, dass sie den von den Privaten akzeptierten Verpflichtungen entsprechen (vgl. Rz. 602j ff.).　1010a

V. Amtshilfe

1. Begriff und Bedeutung

1010b Der hierarchische Aufbau der Verwaltung hat eine ausgeprägte Spezialisierung der einzelnen Behörden zur Folge (vgl. Rz. 984). Die einzelnen Amtsstellen sind jedoch nicht in der Lage, alle ihre Aufgaben alleine zu erfüllen, sondern müssen oft mit anderen Stellen zusammenarbeiten, beispielsweise, weil einer Behörde bestimmte Informationen fehlen, die ihr eine andere liefern könnte. Die Zusammenarbeit wird als *Amtshilfe* bezeichnet, wenn die Handlung der helfenden Behörde der Erfüllung der Aufgabe einer anderen Behörde dient und sie auf deren Ersuchen und ausserhalb prozessrechtlich geregelter Verfahren vorgenommen wird. Dies ist beispielsweise in erstinstanzlichen, nichtstreitigen Verwaltungsverfahren der Fall (vgl. Rz. 1268 ff.). Von der Amtshilfe zu unterscheiden ist die *Rechtshilfe*, welche prozessrechtlichen Regeln untersteht, und die *Kooperation* oder *Koordination*, bei der Amtsstellen zusammenarbeiten müssen, weil bestimmte Geschäfte – in der Regel unter verschiedenen rechtlichen Aspekten – gleichzeitig in den Aufgabenbereich mehrerer Behörden fallen.

2. Schranken

1010c Als Schranken der Amtshilfe fallen namentlich das *Amtsgeheimnis* (vgl. Rz. 1231 ff.) und der *Datenschutz* in Betracht. Fraglich ist allerdings, welche Bedeutung der Amtsverschwiegenheit im Verhältnis zwischen verschiedenen Behörden zukommt (vgl. dazu IMBODEN/RHINOW Bd. II, S. 1094). Der Datenschutz weist trotz vieler Berührungspunkte eine andere Stossrichtung auf als das Amtsgeheimnis. Er bezweckt den Schutz natürlicher und juristischer Personen vor unrechtmässigem Umgang mit ihren persönlichen Daten. Für Bundesbehörden ist das Bundesgesetz über den Datenschutz vom 19. Juni 1992 (DSG; SR 235.1) massgebend, neben dem allgemeinen Teil (Art. 4 ff.) insbesondere die Bestimmungen, welche sich ausschliesslich an sie richten (Art. 16 ff.). Für die Bearbeitung von Personendaten ist eine gesetzliche Grundlage erforderlich (Art. 17). Solche Daten dürfen nur unter bestimmten Voraussetzungen bekanntgegeben werden, beispielsweise wenn diese für den Empfänger im Einzelfall zur Erfüllung seiner gesetzlichen Aufgabe unentbehrlich sind (Art. 19 Abs. 1 Bst. a). Dies bedeutet insbesondere, dass die Erteilung von Massenauskünften über eine Vielzahl von Personen unzulässig ist (VPB 60 [1997] Nr. 12, S. 94 f.].

1010d Kantonale und kommunale Behörden unterstehen den kantonalen Datenschutzgesetzen (Art. 2 Abs. 1 DSG; vgl. aber Art. 37 Abs. 1).

VI. Wirkungsorientierte Verwaltungsführung
(New Public Management)

1. Grundgedanken

Seit einigen Jahren werden neue Methoden der Verwaltungsführung eingeführt oder erprobt. Dabei geht es im wesentlichen darum, dass die Verwaltungsbehörden sich vermehrt an den *Wirkungen* staatlichen Handelns orientieren und nicht nur über rechtliche und finanzielle Vorgaben (Rechtsnormen, Pläne, Budgets, Kreditbeschlüsse usw.) gesteuert werden sollen. Wenn die Verwaltungsbehörden mehr von der Wirkungsseite, vom Output oder vom Outcome her geführt werden sollen, muss man bei der Input-Seite abbauen, d.h. die rechtlichen und finanziellen Vorgaben reduzieren. Die Verwaltungseinheiten müssen *grössere Entscheidungsspielräume* erhalten, um ihre Aufgaben bedürfnisgerechter und effizienter erfüllen zu können. Sie sollen, wie in u.E. wenig geglückter Anlehnung an Vorstellungen aus der Privatwirtschaft gesagt wird, "unternehmerischer" geführt werden, damit sie diejenigen Leistungen erbringen können, welche die erwünschten Wirkungen bei den Privaten – die in fragwürdiger Weise als "Kundinnen und Kunden" bezeichnet werden – erzielen. 1010e

2. Anpassungen der Rechtsordnung

Wenn man diese Grundgedanken verwirklichen will, sind folgende *Anpassungen des Rechtssystems* notwendig: 1010f
- Das Gesetz soll *weniger Regelungen* enthalten (Rahmengesetz). Die *Dichte und Bestimmtheit* von Rechtsnormen ist *abzubauen.* Damit kann die Rechtsordnung schneller veränderten Verhältnissen angepasst werden; überdies können bei den Entscheidungen im Einzelfall bedürfnisgerechtere, eben wirkungsorientierte Lösungen getroffen werden.
- Auf allen Stufen der Rechtssetzung ist mehr mit *finalen Regelungen* zu arbeiten, die bloss Ziele angeben oder den Verwaltungseinheiten *Leistungsaufträge* erteilen, weniger mit konditionalen Regelungen nach dem "wenn-dann-Schema".
- Die Vorgaben in den Plänen (z.B. Finanzplänen, Stellenplänen) und in den Budgets sind zu reduzieren. An die Stelle von Ausgabenbewilligungen, die für einen bestimmten Zweck und eine bestimmte Zeit einen bestimmten Kreditbetrag festsetzen, treten *Globalkredite*, welche die betreffende Verwaltungseinheit bezüglich der Verwendung der bewilligten Mittel wesentlich weniger einschränken. Auf gewisse Grundsätze des Finanzhaushaltes (Spezifikation, Jährlichkeit, Bruttoprinzip) muss verzichtet werden, um mehr Spielraum für finanzielle Entscheidungen zu schaffen, welche die Wirksamkeit berücksichtigen.
- Die wirkungsorientierte Führung der Verwaltung setzt Änderungen im Bereich des *Personalrechtes* voraus (z.B.: Leistungslohn, Anstellung statt Wahl auf Amtsdauer).
- Anpassungen sind ferner im Bereich des Organisationsrechtes erforderlich. Es geht namentlich darum, die *Eigenständigkeit der Verwaltungseinheiten* zu vergrössern, damit sie flexibler handeln und entscheiden können. Das bedeutet eine

gewisse *Reduktion von Kompetenzen des Parlamentes und der Regierung*, die sich auf *strategische Entscheidungen* konzentrieren sollen, während die Verwaltungseinheiten die "operativen" Anordnungen zu treffen haben.

3. Legalitätsprinzip als Schranke der Wirkungsorientierung

1010g Die wirkungsorientierte Verwaltungsführung bedingt gewisse Abstriche sowohl beim Erfordernis des Rechtssatzes (Rz. 309 ff.) wie beim Erfordernis der Gesetzesform (Rz. 316 ff.). Durch eine offene, unbestimmte Formulierung einer Rechtsnorm werden den Verwaltungsbehörden Befugnisse eingeräumt, die es ihnen ermöglichen, dem Einzelfall gerecht werdende, die Wirkungen berücksichtigende Entscheidungen zu treffen. Die wirkungsorientierte Verwaltungsführung verlangt aber auch, dass die Rechtsnormen anpassungsfähiger werden. Das setzt Zurückhaltung beim Erfordernis der Gesetzesform voraus: Das Gesetz selbst soll weniger Regelungen enthalten, sondern diese zum Teil der Regierung oder den Verwaltungsbehörden überlassen (Gesetzesdelegation, siehe Rz. 325 ff.).

1010h Was bedeutet diese *Lockerung der Anforderungen an die Bestimmtheit der Rechtsnormen*, welche die Organisation und die Aufgabenerfüllung durch die Verwaltung regeln, und diese *Beschränkung des Erfordernisses der Gesetzesform* auf die wirklich grundlegenden Regelungen für das Legalitätsprinzip? Dieses Prinzip soll die vermehrt an den Wirkungen des staatlichen Handelns und an der Qualität der erbrachten Leistungen orientierte Verwaltungsführung nicht verhindern, ihr aber Schranken setzen. New Public Management darf nicht dazu führen, dass Rechtssicherheit und Rechtsgleichheit gefährdet werden, weil nicht mehr voraussehbar ist, wie die "entfesselten" Verwaltungsbehörden entscheiden werden, und weil ihnen die für die Beurteilung aller gleichen Fälle in gleicher Weise gültigen Massstäbe fehlen. Staatliches Handeln und Entscheiden muss demokratisch legitimiert bleiben, d.h. auf Grundsätzen beruhen, die der Gesetzgeber – Parlament und Volk – in einem offenen Verfahren und nach öffentlicher Diskussion festgelegt hat.

1010i Das Postulat der Effektivität und Effizienz des Staatshandelns vermag das Legalitätsprinzip zwar zu relativieren, darf es aber nicht aushöhlen. Das gilt namentlich für die Bewertung der Interessen an der Voraussehbarkeit und an der Gleichbehandlung, welche für die Regelungsintensität von Bedeutung sind (Erfordernis der genügenden Bestimmtheit des Rechtssatzes, Rz. 311 ff.). Die Relativierung des Legalitätsprinzipes spielt auch eine Rolle bei der Beurteilung der Wichtigkeit einer Regelung und der Eignung des Organs für deren Erlass (Erfordernis der Gesetzesform, Rz. 318 ff.). Wenn die Wirksamkeit staatlicher Massnahmen inskünftig vermehrt beachtet werden soll, so muss bei der Gesetzgebung gründlicher geprüft werden, ob eine Normierung wirklich von so grosser politischer Tragweite ist, dass sie der demokratischen Legitimation durch Parlament und Volk bedarf, ob das schwerfällige Gesetzgebungsverfahren sich für die betreffende Normierung eignet und ob es um politische Grundsatzfragen geht, zu deren Beantwortung Parlament und Volk berufen sind. Dabei sind immer *Abwägungen* vorzunehmen zwischen den verschiedenen, miteinander kollidierenden Interessen der *Rechtssicherheit, Rechtsgleichheit und demokratischen Legitimation* auf der einen Seite und der *Wirksamkeit staatlichen Handelns, der effizienten Verwaltungsführung* auf der andern Seite. Diese Abwägung wird je nach Sachgebiet und Regelungsgegenstand unterschiedlich ausfallen. So kommt den Interessen an der Rechtssicherheit und Rechtsgleichheit in gewissen

Bereichen der Eingriffsverwaltung (z.B. im Raumplanungs- und Baurecht, Umweltrecht, Steuerrecht) ein grösseres Gewicht zu als bei bestimmten Regelungen der Leistungsverwaltung (z.B. auf dem Gebiet des Bildungs- oder Gesundheitswesens oder des öffentlichen Verkehrs); diese eignen sich deshalb besser für eine "NPM-konforme" Ausgestaltung.

4. Wirkungsorientierte Verwaltungsführung und Geltendmachung der Verantwortlichkeit

In einem demokratischen Rechtsstaat müssen staatliche Handlungen und Entscheidungen verantwortet werden. Das bedeutet, dass dieses Handeln und Entscheiden transparent und kritisierbar sein muss. Die handelnden und entscheidenden Organe müssen darüber Rechenschaft ablegen. Die *politische Verantwortlichkeit* wird regelmässig im Zusammenhang mit der Abnahme von Berichten und Rechnungen geltend gemacht. Bei besonderen Vorkommnissen können spezielle Verfahren durchgeführt werden (Rz. 30 ff.). Politische Fehlleistungen lösen politische Sanktionen aus (öffentliche Kritik, Änderungen von Gesetzen, Abberufungen, Nicht-Wiederwahl usw.). Rechtsfehler können zur Haftung des Staates und allenfalls seiner Organe führen (*rechtliche Verantwortlichkeit*, Rz. 1729 ff.).

1010j

Die Vergrösserung der Autonomie von Verwaltungseinheiten im Rahmen der wirkungsorientierten Verwaltungsführung *erschwert die Geltendmachung der Verantwortlichkeit*. Es gibt weniger in Rechtsnormen festgelegte Massstäbe, an welchen die Handlungen und Entscheidungen der Verwaltungsbehörden gemessen werden können. Ohne Massstäbe ist eine Überprüfung und rationale Kritik ausgeschlossen. Wenn also den Verwaltungseinheiten Globalkredite eingeräumt werden, um ihnen eine flexiblere, bedürfnisgerechtere Verwendung der finanziellen Mittel zu ermöglichen, so wird es schwieriger, zu kontrollieren, ob die Mittel tatsächlich "richtig", d.h. nur für den vorgesehenen Zweck, wirtschaftlich, rechtmässig usw. eingesetzt wurden. Die Grundsätze für die Gestaltung des Voranschlages (Vollständigkeit, Einheit, Bruttodarstellung, Spezifikation, Jährlichkeit) stellen gewisse Garantien für den verantwortlichen Umgang mit den Mitteln des Staates dar. Wenn sie aufgegeben oder gelockert werden, um den Verwaltungseinheiten einen wirkungsorientierteren Einsatz der Mittel zu erlauben, so müssen *Kompensationsmöglichkeiten* gefunden werden, um die Geltendmachung der Verantwortlichkeit im finanziellen Bereich zu gewährleisten. Auch der Abbau der Regelungsdichte und die Verwesentlichung und Flexibilisierung im Bereich der Rechtssetzung rufen nach kompensatorischen Massnahmen, um die Leistungen der Verwaltung beurteilen und die Verantwortlichkeit geltend machen zu können.

1010k

Die Theorie der wirkungsorientierten Verwaltungsführung bietet als derartige Ausgleichsinstrumente den *Leistungsauftrag*, die *Leistungsvereinbarung* und ein besonderes *Berichtswesen (Controlling)* an. Der Leistungsauftrag bestimmt Art, Menge, Qualität und Preis der "Produkte" der Verwaltungseinheiten. Er wird manchmal mit der Bewilligung der entsprechenden Globalkredite verbunden. Die Leistungsvereinbarung zwischen Verwaltungseinheit und vorgesetzter politischer Behörde ist z.T. die Grundlage, z.T. die Folge des Leistungsauftrages. Leistungsaufträge können auch in der Form von Rechtssätzen oder besonderen Beschlüssen des zuständigen

1010l

Organs (Parlament, Regierung) festgelegt werden. Rechtsnatur und Wirkungen dieser Instrumente sind noch nicht völlig geklärt.

1010m   Wenn die Leistungsaufträge und -vereinbarungen von der Regierung umschrieben werden, muss dem *Parlament*, das die Oberaufsicht über die Verwaltungsbehörden führt und auch die oberste politische Verantwortung trägt, eine *Möglichkeit zur Beeinflussung* dieser Führungsinstrumente eröffnet werden. Im Bund ist dazu die neue Form des parlamentarischen Auftrages geschaffen worden, die den Bundesrat anweist, einen Leistungsauftrag gemäss Art. 44 des Regierungs- und Verwaltungsorganisationsgesetzes vom 21. März 1997 (RVOG, SR. 172.010) zu erlassen oder zu ändern; der Auftrag wirkt als Richtlinie, von der nur in begründeten Fällen abgewichen werden darf, und bedarf der Zustimmung beider Räte (Art. 22quater GVG).

1010n   Die Instrumente und Verfahren des Controlling, das allerdings primär der Verwaltungsführung und nicht der Verwaltungskontrolle dient, sind erst im Aufbau begriffen. Die im Bund und in vielen Kantonen und Gemeinden laufenden *Pilotprojekte* sollen zeigen, mit welchen Mitteln der notwendige Ersatz für die Lockerung der Prinzipien im Bereich des Finanzhaushaltes und für den Abbau der Kontrollmassstäbe im Bereich der Rechtssetzung geschaffen werden kann. Sichergestellt sein muss jedenfalls, dass auch eine wirkungsorientierte Führung der Verwaltung für ihre Handlungen, Entscheidungen oder Unterlassungen rechtlich und politisch verantwortlich gemacht werden kann. Es besteht eine gewisse Gefahr, dass niemand die politische Verantwortung übernehmen will: das Management der Verwaltungseinheiten nicht, weil es nicht politisch, sondern operativ handelt, und die politischen Organe (Regierung und Parlament) nicht, weil sie nur strategische Vorgaben machen und sich für das Ergebnis nicht verantwortlich fühlen.

5.   Frage der verfassungsrechtlichen Grenzen der fiskalischen Wettbewerbswirtschaft

1010o   Gehört zur wirkungsorientierten Verwaltungsführung auch, dass die Verwaltungseinheiten Tätigkeiten in Konkurrenz zur Privatwirtschaft ausüben, um Gewinne zu erzielen? Sollen die Verwaltungseinheiten ihre Mittel nicht nur für die Erfüllung der ihnen durch Gesetz übertragenen Aufgaben einsetzen, sondern auch für gewinnbringende Tätigkeiten?

Beispiele:
–   Die Post verkauft Zeitungen, Zeitschriften und Anlagefonds-Anteile;
–   die SBB und kantonale Elektrizitätswerke stellen ihre Kommunikationseinrichtungen Dritten gegen Entgelt zur Verfügung;
–   auf und in Fahrzeugen öffentlicher Verkehrsbetriebe, in amtlichen Drucksachen oder in Amtsblättern wird bezahlte Werbung für Private betrieben;
–   Umweltämter übernehmen private Aufträge für Ingenieurarbeiten.

1010p   Solche Formen des New Public Management sind fragwürdig. Die Wirtschaftsverfassung geht vom Grundsatz aus, dass die Produktion von Gütern und das Erbringen von Dienstleistungen auf dem freien Markt Sache der Privatwirtschaft ist. *Erwerbswirtschaftliche Tätigkeiten von Gemeinwesen* sollen deshalb die *Ausnahme* bleiben; sie müssen im Gesetz selbst speziell vorgesehen und durch ein besonderes öffentliches Interesse gerechtfertigt sein. Das Gemeinwesen hat überdies auch bei der Erbringung erwerbswirtschaftlicher Dienste den *Grundsatz der Gleichbehandlung der*

Konkurrenten, der sich aus Art. 31 BV ergibt, zu respektieren. Insbesondere darf dem Staat dadurch, dass er mit den gleichen öffentlichen Mitteln öffentliche Aufgaben erfüllt und eine erwerbswirtschaftliche Tätigkeit ausübt, kein Wettbewerbsvorteil erwachsen.

§ 19 Formen der dezentralisierten Verwaltungsorganisation

Literatur

ANDEREGG MARTIN, Entwicklung, Stellung und Aufgabe der Schweiz. Genossenschaft für Getreide und Futtermittel (GGF), Diss. Freiburg 1986; BAUMANN WOLFGANG, Die rechtliche Stellung der zürcherischen Landspitäler, Diss. Zürich 1959; BIAGGINI GIOVANNI, Theorie und Praxis des Verwaltungsrechts im Bundesstaat, Basel/Frankfurt a.M. 1996; EICHENBERGER KURT, Organisatorische Probleme des Kollegialsystems, Schweizerisches Jahrbuch für politische Wissenschaften 7 (1967) 68 ff.; HUWYLER F., Anstalten von Bezirken und Gemeinden als Träger öffentlicher Aufgaben, Entscheide der Gerichts- und Verwaltungsbehörden des Kantons Schwyz (EGV-SZ) 1991, 221 ff.; KISSLING ANTON, Partei- und Prozessfähigkeit der öffentlichen Anstalten und Körperschaften, ZBl 63 (1962) 249 ff.; KNAPP BLAISE, Aspects du droit des banques cantonales, in: Festschrift für Ulrich Häfelin zum 65. Geburtstag, Zürich 1989, S. 459 ff.; KUGLER JÜRG, Zwangskörperschaften, Diss. Bern 1984; LAZZARINI GUIDO, Öffentlich-rechtliche Anstalten des Bundes im Vergleich, Diss. Zürich 1982; MERZ CHRISTIAN, Die öffentlichrechtlichen Körperschaften im Kanton Appenzell A.Rh., Diss. Zürich 1976; MOOR PIERRE, Des personnes morales de droit public, in: Festschrift für Ulrich Häfelin zum 65. Geburtstag, Zürich 1989, S. 517 ff.; PORTNER CARLO, Die Anstaltsgewalt öffentlicher Schulen mit Beispielen aus dem zürcherischen Recht, Diss. Zürich 1979; SCHMID BEAT, Die Unabhängigkeit der Schweizerischen Nationalbank und ihre rechtliche Sicherung, Bern 1979; SCHMID GERHARD, Rechtliche Ausgestaltung und politische Bedeutung der Stellung der Schweizerischen Nationalbank, ZSR NF 100/I (1981) 385 ff.; SCHNYDER MATTHIAS, Die Universität Basel als öffentlichrechtliche Anstalt, Diss. Basel 1985; SCHÖN MARKUS, Die Zulassung zu anstaltlich genutzten öffentlichen Einrichtungen aus verfassungsrechtlicher Sicht, Zürich 1985; STÄHELIN PHILIPP, Die rechtsfähigen öffentlich-rechtlichen Anstalten des Kantons Thurgau, Diss. Freiburg 1972; STOCKER HANS F., Die Butyra als Instrument der staatlichen Lenkung der schweizerischen Butterwirtschaft, Diss. Bern 1973; UEBERWASSER HEINRICH, Das Kollegialprinzip, seine Grundsätze und Konkretisierungen im Bereiche von Regierung und Verwaltung unter besonderer Berücksichtigung des schweizerischen Bundesrates, Diss. Basel 1989; ULRICH WALTER, Die rechtsfähigen öffentlichen Anstalten des Kantons Solothurn, Diss. Zürich 1972; WELTERT HANS MARTIN, Die Organisations- und Handlungsformen in der schweizerischen Elektrizitätsversorgung, Zürich 1990.

I. Die Zentralverwaltung

Beispiele gesetzlicher Regelungen:

- *Bund*: Regierungs- und Verwaltungsorganisationsgesetz (RVOG) vom 16. Oktober 1996 (SR 172.010).
- *Kanton Zürich*: Gesetz betreffend die Organisation und Geschäftsordnung des Regierungsrates und seiner Direktionen vom 26. Februar 1899 (ZH LS 172.1) (Organisationsgesetz).

1.   Aufbau der Zentralverwaltung

a)   Bund

Im Bund ist gemäss Art. 95 BV der Bundesrat die oberste vollziehende und leitende   1011
Behörde. Der Bundesrat ist eine Kollegialbehörde, die sich aus sieben gleichberech-
tigten Mitgliedern zusammensetzt. Regierungsentscheide ergehen grundsätzlich als
Beschlüsse des Kollegiums (Art. 103 Abs. 1 Satz 2 BV). Das *Kollegialsystem* wird
ergänzt durch das *Departementalsystem*. Jedes Mitglied des Bundesrates steht an der
Spitze eines Departementes. Die Bundesverwaltung ist somit aufgegliedert in sieben
Departemente, die ihrerseits in weitere Verwaltungseinheiten (Ämter, allenfalls
Gruppen von Ämtern) unterteilt sind. Hinzu kommt die Bundeskanzlei, welche die
Kanzleigeschäfte des Bundesrates besorgt und zudem allgemeine Stabsstelle des
Bundesrates ist (Art. 105 BV). Der Aufbau der Bundeszentralverwaltung ist streng
hierarchisch. Gemäss Art. 3 des Regierungs- und Verwaltungsorganisationsgesetzes
vom 16. Oktober 1996 (RVOG) handeln Bundesrat und Bundesverwaltung "auf der
Grundlage von Verfassung und Gesetz ... nach den Grundsätzen der Zweckmässig-
keit und Wirtschaftlichkeit."

b)   Kantone

Die kantonalen Zentralverwaltungen sind ähnlich wie diejenige des Bundes organi-   1012
siert. Auch hier steht an der Spitze eine Kollegialbehörde, die in der Mehrzahl der
Kantone als Regierungsrat, in einigen anderen Kantonen als Staatsrat (Conseil
d'Etat) bezeichnet wird. Sie ist die oberste leitende, vollziehende und verwaltende
Behörde im Kanton. Auch die kantonalen Zentralverwaltungen sind hierarchisch
aufgebaut. Jedes Mitglied des Regierungsrates steht einer Direktion (Departement) –
u.U. auch mehreren Direktionen – vor, die in der Regel in kleinere Verwaltungseinheiten (Ämter, Abteilungen) aufgegliedert ist.

Für die Einzelheiten der kantonalen Verwaltungsorganisation vgl. die entspre-   1013
chenden Gesetze und Verordnungen. Im Kanton Zürich sind dies das Organisationsgesetz von 1899 und der Beschluss des Regierungsrates über die Geschäftsverteilung
unter den Direktionen vom 30. Dezember 1980 (ZH LS 172.11).

2.   Kompetenzverteilung

a)   Allgemeines

Der Entscheid über die Geschäfte der *Bundesverwaltung* geht grundsätzlich vom   1014
Bundesrat als Kollegialbehörde aus. Die Geschäfte des Bundesrates werden dabei
nach Departementen unter die einzelnen Mitglieder aufgeteilt (Art. 103 Abs. 1 BV).
Der Bundesrat legt durch Verordnung die Gliederung der Bundesverwaltung in
Ämter fest, bestimmt ihre Aufgaben und teilt sie den Departementen nach den Kriterien der Führbarkeit, des Zusammenhangs der Aufgaben sowie der sachlichen und
politischen Ausgewogenheit zu. Die Departementsvorsteher und Departementsvor-
steherinnen regeln die organisatorischen Grundzüge der ihren Departementen zuge-
ordneten Ämter und können sie mit Zustimmung des Gesamtbundesrates zu Gruppen

zusammenfassen (Art. 43 RVOG). Der Bundesrat kann bestimmten Gruppen und Ämtern Leistungsaufträge erteilen und sie dafür mit einer grösseren Autonomie ausstatten (Art. 44 RVOG; vgl. dazu vorne, Rz. 1010e ff., 1010l f.).

1015   Die Aufgabenverteilung innerhalb der *kantonalen Zentralverwaltungen* ist ähnlich wie im Bund. Auch sie erfolgt in der Regel nach Departementen oder Direktionen (vgl. z.B. Art. 42 KV des Kantons Zürich; § 46 KV des Kantons Basel-Stadt). Aufgaben und Organisation der nachgeordneten Verwaltungsbehörden werden durch kantonale Organisationsgesetze und Verordnungen des Regierungsrates geregelt.

b)   *Delegation von Kompetenzen an Verwaltungseinheiten*

1016   Im *Bund* können gemäss Art. 103 Abs. 2 BV durch die Bundesgesetzgebung bestimmte Geschäfte den Departementen oder ihnen untergeordneten Amtsstellen zur Erledigung überwiesen werden. Vorbehalten bleibt das Beschwerderecht an Bundesrat oder Bundesgericht (gemäss VwVG und OG).

1017   Möglich ist auch die gesetzliche Zuweisung von Verwaltungsaufgaben an dezentralisierte Verwaltungseinheiten sowie an gemischtwirtschaftliche und privatrechtliche Organisationen (Art. 2 Abs. 3 und 4 RVOG).

1018   Die *Kantone* kennen die Kompetenzdelegation an dem Regierungsrat nachgeordnete Verwaltungseinheiten, insbesondere an Direktionen, ebenfalls (vgl. für den Kanton Zürich § 13 Organisationsgesetz und die Verordnung über die Delegation von Entscheidungsbefugnissen [Delegationsverordnung] vom 10. Dezember 1997 [LS 172.14]).

c)   *Delegation vom Bund an die Kantone*

1018a In vielen Bereichen hat der Bund darauf verzichtet, eine eigene Verwaltungsorganisation aufzubauen. Er hat stattdessen die Kantone mit dem Vollzug von Bundesaufgaben beauftragt, weil diese geeignete Behörden damit betrauen konnten, oder weil der dezentrale Vollzug effizienter, "bürgernäher" ist. Dieser "Vollzugsföderalismus" ist allerdings nicht unproblematisch. Verschiedene Faktoren können die gleichmässige und sachliche Verwirklichung des Bundesverwaltungsrechts gefährden. Die kantonalen Amtsstellen, die für den Vollzug verantwortlich sind, unterstehen der Kontrolle der Kantonsregierungen. Der Bundesrat kann nur indirekt auf die Praxis der Kantone einwirken, insbesondere durch Anweisungen über den Vollzug (z.B. Verwaltungsverordnungen) und durch die Instrumente der Bundesaufsicht und des Rechtsschutzes (vgl. zur ganzen Problematik insbesondere BIAGGINI).

II. Öffentlichrechtliche Körperschaften

1. Begriff und Merkmale

a) Begriff

Öffentlichrechtliche Körperschaften sind mitgliedschaftlich verfasste, auf dem öf- 1019
fentlichen Recht beruhende und mit Hoheitsgewalt ausgestattete Verwaltungsträger,
die selbständig öffentliche Aufgaben erfüllen.

b) Merkmale

Kennzeichnend für die öffentlichrechtliche Körperschaft ist, dass sie aus *Mitgliedern* 1020
besteht, die bei der Erfüllung der wahrzunehmenden Aufgaben mitwirken. Die –
mehr oder weniger umfangreichen – Mitgliedschaftsrechte bilden die Grundlage der
körperschaftlichen Organisation. Verwaltungsbehörden und Verwaltete sind zu einer
Einheit zusammengefügt; letztere werden selbst zu aktiven Trägern der Verwaltung
(IMBODEN/RHINOW Bd. II, S. 1017). Mitglieder können sowohl natürliche als auch
juristische Personen sein.

Die öffentlichrechtliche Körperschaft ist eine *juristische Person* im Sinne von 1021
Art. 52 Abs. 2 ZGB. Als solche ist sie selbständige Trägerin von Rechten und
Pflichten. Im besonderen ist sie vermögensfähig und kann für ihre Verpflichtungen
haftbar gemacht werden.

Sie beruht auf *öffentlichrechtlicher Grundlage* (vgl. Art. 59 ZGB). Gründung 1022
und Organisation erfolgen grundsätzlich durch das öffentliche Recht (Gesetz, Verordnungen, Reglemente). Nur wenn die öffentlichrechtliche Regelung unvollständig
ist, wird auf das private Vereins- und Genossenschaftsrecht zurückgegriffen (vgl.
BGE 101 Ib 87, 92 f.).

Der öffentlichrechtlichen Körperschaft kommt gegenüber den Privaten *hoheitli-* 1023
che Gewalt zu. Ihre Anordnungen können die Rechtsnatur von Verfügungen haben.
Zum Teil handeln die Körperschaften auch in den Formen des Privatrechts.

Der Zusammenschluss zu einer öffentlichrechtlichen Körperschaft erfolgt zur 1024
Wahrnehmung von *Verwaltungsaufgaben*. In vielen Fällen handelt es sich um wirtschaftliche Aufgaben.

Der Körperschaft kommt bei der Erfüllung ihrer Aufgaben eine gewisse Unab- 1025
hängigkeit gegenüber der Zentralverwaltung zu. Sie verfügt in ihrem Aufgabenbereich über *Autonomie*, deren Ausmass allerdings sehr unterschiedlich ist.

2. Arten und Beispiele

Innerhalb der öffentlichrechtlichen Körperschaften lassen sich vor allem Gebietskör- 1026
perschaften, Personalkörperschaften und Realkörperschaften unterscheiden.

Bei den *Gebietskörperschaften* ist für die Mitgliedschaft massgeblich, dass die 1027
zugehörigen Personen ihren Wohnsitz innerhalb eines bestimmten Territoriums

haben. Sie beruhen also auf territorialer Grundlage. Neben dem Bund und den Kantonen stellen die Einwohnergemeinden, insbesondere die politischen Gemeinden, das wichtigste Beispiel dar.

1028 Bei den *Personalkörperschaften* knüpft die Mitgliedschaft an bestimmte persönliche Eigenschaften, vor allem an die Zugehörigkeit zu einer bestimmten Berufsgruppe, an.

Beispiele:
– Mitglieder der Schweizerischen Genossenschaft für Getreide und Futtermittel sind Futtermittelimporteure;
– Den öffentlichrechtlich organisierten Studentenschaften gehören die Studierenden der betreffenden Universität an (vgl. BGE 99 Ia 754, 756; 110 Ia 36 ff.).

1029 Die Mitgliedschaft bei *Realkörperschaften* ergibt sich aus dem Eigentum an bestimmten Sachen, namentlich Grundstücken.

Beispiele:
Meliorationsgenossenschaften, Alpkorporationen, Schwellen- und Dammkorporationen (BGE 109 Ia 173, 175 f.).

1030 Diese Unterscheidung der verschiedenen Arten von Körperschaften gilt nicht absolut. Es gibt auch Mischformen. Die Kirchgemeinde z.B. weist neben dem personalen auch ein territoriales Element auf.

3. Errichtung

1031 Die Rechtsgrundlage für die Errichtung öffentlichrechtlicher Körperschaften findet sich stets im *öffentlichen Recht*. Das Gesetz sieht in der Regel die Errichtung durch den Staat vor (z.B. bei den Gemeinden). Ausnahmsweise geht die Initiative für die Errichtung von den zukünftigen Mitgliedern aus (z.B. bei Meliorationsgenossenschaften gemäss Art. 703 ZGB oder bei kommunalen Zweckverbänden). In diesen Fällen ist eine staatliche Genehmigung erforderlich.

4. Autonomie

1032 Die öffentlichrechtlichen Körperschaften sollen die ihnen anvertrauten öffentlichen Aufgaben in eigener Verantwortung erfüllen. Oft verfügen sie deshalb über Autonomie, die ihnen eine gewisse *Entscheidungsfreiheit* beim Vollzug oder bei der Regelung der eigenen Angelegenheiten vermittelt. Insbesondere die Gemeinden haben im allgemeinen eine beachtliche Autonomie (vgl. Rz. 1099 ff.).

5. Organisation

1033 Die Organisation wird durch das *öffentliche Recht* geregelt. Sie erfolgt zwar meistens nach dem Vorbild von Genossenschaft oder Verein, doch ist das Verbandsrecht von ZGB und OR grundsätzlich nicht massgebend. Nach Art. 59 ZGB bleibt für die öffentlichrechtlichen und kirchlichen Körperschaften das öffentliche Recht des Bundes und der Kantone vorbehalten. Gemäss Art. 829 OR stehen öffentlichrechtliche Personenverbände, auch wenn sie genossenschaftlichen Zwecken dienen, unter dem öffentlichen Recht des Bundes und der Kantone. Lediglich dort, wo besondere öffentlichrechtliche Regeln fehlen, gelangt das *Privatrecht* als subsidiäres öffentliches Recht zur Anwendung.

Das Gesetz kann die Organisation der Körperschaft selber regeln, oder es kann sich auf die Grundzüge beschränken und die nähere Ausgestaltung dem Verband überlassen. Letzteres trifft vor allem auf öffentlichrechtliche Körperschaften mit Autonomie zu. So sind z.B. die Gemeinden zum Erlass von Gemeindeordnungen befugt.

1034

6. Zwangsmitgliedschaft und freiwillige Migliedschaft

Der Beitritt zu öffentlichrechtlichen Körperschaften kann obligatorisch oder fakultativ sein. Bei der *Zwangsmitgliedschaft* werden bestimmte Personen durch das Gesetz zu einer Körperschaft zusammengefasst. Dabei kann die Mitgliedschaft kraft Gesetzes bestehen, so dass gar kein Beitritt erforderlich ist, oder der Betroffene wird durch das Gesetz zum Beitritt verpflichtet.

1035

Beispiele:
- Der Studentenschaft der Universität St. Gallen gehören gemäss Art. 22 des Gesetzes über die Universität und Art. 109 des Hochschulstatuts alle immatrikulierten Studenten an. "Es handelt sich somit um eine Körperschaft, der beizutreten oder nicht beizutreten dem einzelnen Studenten nicht freisteht; er wird vielmehr mit der Immatrikulation automatisch auch Mitglied der Studentenschaft" (BGE 110 Ia 36, 37 f.).
- Gemäss Art. 703 ZGB kann der Beitritt zu einer Meliorationsgenossenschaft unter bestimmten Umständen obligatorisch werden.

1036

Die *freiwillige Mitgliedschaft* bildet bei den öffentlichrechtlichen Körperschaften dagegen eher die Ausnahme (z.B. freiwilliger Beitritt einer Gemeinde zu einem kommunalen Zweckverband).

1037

7. Staatliche Aufsicht

Da die Körperschaften mehr oder weniger selbständig öffentliche Aufgaben wahrnehmen, ist die Aufsicht des Staates, die in der Regel der Exekutive obliegt, notwendig. Der Umfang der jeweiligen staatlichen Kontrolle ist entsprechend der gewährten Autonomie unterschiedlich.

1038

8. Rechtsschutz

Die Gemeinden können bei Verletzung der ihnen vom kantonalen Recht verliehenen Autonomie *staatsrechtliche Beschwerde* ans Bundesgericht erheben (vgl. Rz. 1173 ff.). Die Autonomiebeschwerde steht nach neuerer bundesgerichtlicher Rechtsprechung auch anderen öffentlichrechtlichen Körperschaften zu, soweit sie hoheitlich auftreten und vom kantonalen Recht mit Autonomie ausgestattet sind (BGE 121 I 218, 220; 112 Ia 356, 363), so z.B. den Landeskirchen (vgl. BGE 108 Ia 82, 84 ff.).

1039

1040   Beschwerdeberechtigt ist die öffentlichrechtliche Körperschaft ferner dann, wenn sie durch eine Verfügung staatlicher Behörden wie eine Privatperson betroffen ist (BGE 121 I 218, 220; 120 Ia 95, 97; 112 Ia 356, 363 f.).

1041   Soweit öffentlichrechtliche Körperschaften auf kantonalem Recht beruhen, sieht dieses oft weitere Rechtsschutzmöglichkeiten vor.

III. Öffentlichrechtliche Anstalten

Beispiele gesetzlicher Regelungen:

- Bundesgesetz über die Organisation der Postunternehmung des Bundes (Postorganisationsgesetz, POG) vom 30. April 1997 (SR 783.1);
- Bundesgesetz über die Eidgenössischen Technischen Hochschulen (ETH-Gesetz) vom 4. Oktober 1991 (SR 414.110).

1.   Begriff und Merkmale

a)   Begriff

1042 Die öffentlichrechtliche Anstalt ist eine Verwaltungseinheit, zu der ein Bestand von Personen und Sachen durch Rechtssatz technisch und organisatorisch zusammengefasst ist und die für eine bestimmte Verwaltungsaufgabe dauernd den Anstaltsbenützern zur Verfügung steht.

Beispiele:
Post, ETH, Universitäten, Zürcher Kantonalbank, Flughafen Zürich-Kloten (BGE 117 Ib 387, 395).

b)   Merkmale

1043 Die öffentlichrechtliche Anstalt ist eine *technisch-organisatorisch verselbständigte*, d.h. aus der Zentralverwaltung ausgegliederte *Verwaltungseinheit*, der die Erfüllung einer bestimmten öffentlichen Aufgabe obliegt und die in der Regel hierarchisch aufgebaut ist. Es liegt ein Fall von sachlicher Dezentralisation vor.

1044 Der grundlegende Unterschied zwischen öffentlichrechtlicher Körperschaft und öffentlichrechtlicher Anstalt besteht darin, dass die Anstalt nicht über Mitglieder, sondern nur über einen Kreis von *Benützern* verfügt. Der öffentlichrechtlichen Anstalt fehlt somit die verbandsmässige Struktur, der körperschaftliche Aufbau. Den Benützern kommen grundsätzlich keine aktiven Mitwirkungsrechte zu. Sie nehmen die Anstalt lediglich passiv für die Erfüllung bestimmter Bedürfnisse in Anspruch. Allerdings kann das Gesetz in besonderen Fällen den Benützern gewisse Mitwirkungsrechte einräumen, so z.B. den Studierenden an einer Universität.

1045 Die öffentlichrechtliche Anstalt beruht auf *öffentlichrechtlicher Grundlage*. Dies bedeutet allerdings nicht, dass sie stets und in allen Belangen dem öffentlichen Recht untersteht.

Beispiel: 1045a
Die Begründung eines Bauhandwerkerpfandes an einem Grundstück der Aargauischen Kantonal-bank, einer öffentlichrechtlichen Anstalt, ist zulässig, da sie dieselbe Tätigkeit wie eine privatwirt-schaftliche Unternehmung ausübt (vgl. BGE 120 II 321, 323).

2. Selbständige und unselbständige öffentlichrechtliche Anstalten

a) *Selbständige öffentlichrechtliche Anstalten*

Selbständige öffentlichrechtliche Anstalten sind Anstalten, die mit *eigener Rechts-* 1046
persönlichkeit ausgestattet sind.

Es handelt sich um juristische Personen des öffentlichen Rechts im Sinne von 1047
Art. 52 Abs. 2 ZGB, die selber Träger von Rechten und Pflichten sind. Sie können über ein eigenes Vermögen verfügen und auch für ihre Verbindlichkeiten haftbar gemacht werden. Dies schliesst nicht aus, dass vom Gesetz zum Teil eine subsidiäre Staatshaftung vorgesehen ist, so z.B. die Staatsgarantie bei der Zürcher Kantonal-bank (vgl. § 6 des Gesetzes über die Zürcher Kantonalbank vom 28. Mai 1978 [ZH LS 951.1]).

Beispiele:
Bund: Post, ETH, Schweizerische Unfallversicherungsanstalt (SUVA), Eidgenössische Alkoholver-waltung, Schweizerisches Institut für Rechtsvergleichung.
Kanton Zürich: Kantonalbank (ZKB), Elektrizitätswerke (EKZ).

b) *Unselbständige öffentlichrechtliche Anstalten*

Den unselbständigen öffentlichrechtlichen Anstalten kommt *keine eigene Rechtsper-* 1048
sönlichkeit zu. Sie sind nicht rechtsfähig und verfügen weder über ein eigenes Ver-mögen noch können sie Haftungssubjekte sein. Ihr Vermögen ist Bestandteil des Vermögens ihres staatlichen Trägers (Bund, Kanton, Gemeinde). In der Regel erfolgt allerdings rein rechnungsmässig eine Ausscheidung, indem für die Anstalten eine gesonderte Finanzrechnung geführt wird. Trotz fehlender Rechtspersönlichkeit können diese Anstalten organisatorisch sehr selbständig sein.

Beispiele:
Kantonale Gebäudeversicherungsanstalten, Kantonsspitäler, Verkehrsbetriebe der Stadt Zürich (VBZ) (vgl. BGE 100 Ia 231, 240).

3. Autonomie der öffentlichrechtlichen Anstalt

Die Frage der Autonomie einer öffentlichrechtlichen Anstalt ist zu unterscheiden 1050
von derjenigen der rechtlichen Selbständigkeit. Trotz fehlender Rechtspersönlichkeit kann eine Anstalt über eine grosse Autonomie gegenüber ihrem Trägergemeinwesen verfügen. Anderseits kann einer rechtsfähigen öffentlichrechtlichen Anstalt die Autonomie weitgehend oder gar vollständig abgehen. Beispiel hierfür ist die Eidge-nössische Alkoholverwaltung. Die Rechtsfähigkeit macht also nicht die Autonomie einer Anstalt aus; sowohl selbständige als auch unselbständige Anstalten können autonom sein.

1051 Autonomie liegt vor, wenn einer öffentlichrechtlichen Anstalt innerhalb der staatlichen Regelung ein verhältnismässig grosses Mass an administrativer Selbständigkeit, d.h. *Entscheidungsfreiheit*, zukommt. Die Anstalt bzw. die Anstaltsleitung kann im gesetzlichen Rahmen selber darüber entscheiden, wie sie die ihr übertragenen Verwaltungsaufgaben erfüllen will. Ihr steht insbesondere das Recht zur Regelung organisatorischer Fragen sowie der Beziehungen zwischen Anstalt und Anstaltsbenützern zu. Hinsichtlich dieser Fragen kann sie auch rechtssetzend tätig werden und Anstaltsverordnungen (Rechts- und Verwaltungsverordnungen) erlassen.

Beispiele:
– BGE 91 I 223, 228 ff. (Haftungsfall, der die SBB betraf);
– BGE 98 Ib 63, 66 ff. (ETH Zürich).

4. Rechtsverhältnis zwischen öffentlichrechtlicher Anstalt und deren Benützern

a) Allgemeines

1052 Das Gesetz kann vorsehen, dass zur Regelung des Benützungsverhältnisses der staatliche Träger der öffentlichrechtlichen Anstalt oder die Anstalt selber befugt ist. Die Beziehung zwischen einer öffentlichrechtlichen Anstalt und deren Benützern kann dem privaten oder dem öffentlichen Recht unterstehen. Die Zuordnung ist – soweit nicht eine ausdrückliche gesetzliche Regelung vorliegt – häufig nicht einfach und muss für den konkreten Fall aufgrund verschiedener Kriterien vorgenommen werden.

b) Regelung des Benützungsverhältnisses durch das öffentliche Recht

1053 Nach der Rechtsprechung des Bundesgerichts ist die Beziehung zwischen einer öffentlichrechtlichen Anstalt und ihren Benützern "dann öffentlichrechtlicher Natur, wenn durch sie ein besonderes Gewaltverhältnis begründet wird, kraft dessen die Anstalt dem Benützer gegenüber mit obrigkeitlicher Gewalt ausgestattet ist, was in jedem Einzelfall anhand der konkreten Ausgestaltung der Benützungsordnung zu entscheiden ist. Als Gesichtspunkte gelten dabei insbesondere die unmittelbare Verfolgung öffentlicher Zwecke, im Vergleich zu denen die Absicht auf Erzielung eines Gewinnes von untergeordneter Bedeutung erscheint, sowie die einseitige, unabänderliche Regelung der Anstaltsbenützung durch Gesetz oder Verordnung, im Gegensatz zur freien Bestimmbarkeit der gegenseitigen Beziehungen der Beteiligten auf dem Boden der Gleichberechtigung" (BGE 105 II 234, 236). Die Regelung des Benutzungsverhältnisses muss publiziert werden, wobei je nach Bedeutung der konkreten Vorschriften und dem angesprochenen Adressatenkreis unterschiedliche Anforderungen gelten (BGE 120 Ia 1, 9).

Beispiele:
1054 – Die Rechtsbeziehungen zwischen einem kantonalen zürcherischen Krankenhaus und dessen Patienten unterstehen dem öffentlichen Recht (BGE 98 Ia 508, 521). In BGE 101 II 177, 186 äusserte sich das Bundesgericht allerdings weniger eindeutig und erachtete eine Anwendung des Privatrechts nicht für ausgeschlossen.

- Das Verhältnis zwischen dem Elektrizitätswerk der Landschaft Davos und dessen Energiebezügern ist ebenfalls öffentlichrechtlicher Natur. Dies ergab eine Analyse des Reglements bzw. der Benützungsordnung, die das Bundesgericht in BGE 105 II 234, 237 ff. vornahm.   1055
- Die Benutzung der Universität Zürich wird durch kantonales öffentliches Recht geregelt. Ob die Publikation der neuen Gebührenregelung lediglich im Vorlesungsverzeichnis rechtsstaatlichen Erfordernissen genügt, ist angesichts des grossen Kreises der Adressaten fraglich (BGE 120 Ia 1, 10).   1056

c) Regelung des Benützungsverhältnisses durch das Privatrecht

Als privatrechtlich ist das Benützungsverhältnis in der Regel in jenen Fällen zu qualifizieren, in denen den beteiligten Parteien die Möglichkeit zukommt, ihre Beziehungen selber frei zu gestalten. Zwischen der öffentlichrechtlichen Anstalt und ihrem Benützer können Vereinbarungen ausgehandelt werden, die von Fall zu Fall verschieden sind; die Einigung wird "durch Unterhandlungen mit gegenseitigem Vor- und Nachgeben herbeigeführt" (BGE 105 II 234, 237).   1057

Privatrechtlich geregelt ist das Benützungsverhältnis vor allem dort, wo die öffentlichrechtliche Anstalt ähnliche Leistungen erbringt wie private Unternehmungen, z.B. die Zürcher Kantonalbank im Vergleich mit privaten Banken.   1058

Die privatrechtliche Regelung des Benützungsverhältnisses kann vom Gesetzgeber mit einem *Kontrahierungszwang* verbunden werden, d.h. mit der Verpflichtung der öffentlichrechtlichen Anstalt, einen privatrechtlichen Vertrag abzuschliessen, sofern bestimmte Voraussetzungen erfüllt sind.   1059

Beispiele: 1060
- Die Beziehungen zwischen der Post und den Personen, welche deren Dienste in Anspruch nehmen, unterstehen grundsätzlich dem privaten Recht (Art. 11 und 17 des Postgesetzes [PG] vom 30. April 1997, SR 783.0).
- Der Transport von Personen, Gepäck und Gütern im öffentlichen Verkehr wird durch privatrechtlichen Transportvertrag geregelt (vgl. Art. 15, 20, 28 und 50 des Bundesgesetzes über den Transport im öffentlichen Verkehr [Transportgesetz, TG] vom 4. Oktober 1985 [SR 742.40]). Gemäss Art. 3 TG besteht für Transportunternehmungen des öffentlichen Verkehrs jedoch eine Transportpflicht.

d) Disziplinargewalt der öffentlichrechtlichen Anstalt

Der Benützer einer öffentlichrechtlichen Anstalt untersteht – insbesondere bei länger dauerndem Benützungsverhältnis – der öffentlichrechtlichen Disziplinargewalt der Anstalt, d.h. er befindet sich in einem *Sonderstatusverhältnis*. Der Anstaltsleitung als Trägerin der Anstaltsgewalt obliegt es, für eine geordnete Benützung der Anstalt zu sorgen. Sie kann zu diesem Zweck eine Disziplinarordnung erlassen (BGE 121 I 22, 27; 98 Ib 301, 305).   1061

Beispiele:
Schulen und Universitäten, Strafanstalten, Spitäler.

Die Organe der Anstalt können unter Umständen auch polizeiliche Funktionen wahrnehmen (sog. *Anstaltspolizei*).   1062

1063 Beispiel:
Gemäss Art. 12 des Bundesgesetzes betreffend Handhabung der Bahnpolizei vom 18. Februar 1878 (SR 742.147.1) bezeichnet jede Bahngesellschaft diejenigen Beamten und Angestellten, die zur Ausübung der Bahnpolizei berechtigt sind. Diese Bahnpolizeibeamten stehen hinsichtlich ihres amtlichen Charakters den kantonalen Polizeibeamten gleich. (Gemäss Botschaft und Entwurf des Bundesrates vom 18. November 1987 [BBl 1988 I 1260, insb. 1300 ff.] soll das Gesetz betreffend Handhabung der Bahnpolizei von 1878 aufgehoben und die entsprechenden Bestimmungen sollen ins Eisenbahngesetz integriert werden).

5. Monopol und Anstaltszwang

1064 Der Staat kann eine bestimmte wirtschaftliche Tätigkeit dem freien privaten Wettbewerb entziehen und sie ausschliesslich durch eine öffentlichrechtliche Anstalt ausüben lassen. In diesem Fall liegt ein *unmittelbares rechtliches Monopol* vor (vgl. Rz. 1992).

1065 Beispiel:
Gemäss Art. 36 Abs. 1 BV ist das Post- und Telegrafenwesen im ganzen Umfang der Eidgenossenschaft Bundessache. Der Bund lässt dieses Monopol, soweit er es noch beansprucht, durch die Post, die SWISSCOM und private Anbieter ausüben.

1066 Eine ähnliche Situation liegt vor, wenn für eine bestimmte wirtschaftliche Tätigkeit zwar kein staatliches Monopol besteht, jedoch den Privaten die Benützung einer öffentlichrechtlichen Anstalt zwingend vorgeschrieben ist (sog. *Anstaltszwang*). Die privaten Unternehmungen sind auf diese Weise indirekt von der betreffenden Tätigkeit ausgeschlossen, obschon diese ihnen an sich offenstünde. Man spricht in diesem Zusammenhang von einem *mittelbar rechtlichen Monopol* (vgl. Rz. 1993).

Beispiel:
Pflicht der Hauseigentümer zur obligatorischen Feuerversicherung bei einer kantonalen Gebäudeversicherungsanstalt.

IV. Öffentlichrechtliche Stiftungen

1. Begriff und Merkmale

a) Begriff

1067 Die öffentlichrechtliche Stiftung ist eine durch einen Stiftungsakt begründete, dem öffentlichen Recht unterstellte und in der Regel mit Rechtspersönlichkeit ausgestattete Verwaltungseinheit, die mit ihrem Stiftungsvermögen eine öffentliche Aufgabe erfüllt.

b)   Merkmale

Die öffentlichrechtliche Stiftung entsteht durch den *Stiftungsakt* des Stifters. Stifter   1068
kann grundsätzlich jede natürliche oder juristische Person des privaten oder des öffentlichen Rechts sein. Zumeist wird es sich um ein Gemeinwesen handeln. Der
Stiftungsakt kann in einem Gesetz oder in einer Verfügung (z.B. bei der Umwandlung einer privatrechtlichen in eine öffentlichrechtliche Stiftung) bestehen. Möglich
ist auch eine rechtsgeschäftliche Willenserklärung eines privaten Stifters, die zusätzlich der behördlichen Genehmigung bedarf.

Charakteristisch für die öffentlichrechtliche Stiftung ist – im Gegensatz zu Kör-   1069
perschaft und Anstalt – ihr *Vermögen*. Nach IMBODEN/RHINOW (Bd. II, S. 1018)
stellt sie "ein Stück verselbständigtes Finanzvermögen" dar, das vom allgemeinen
Vermögen der Verwaltung getrennt ist.

Die öffentlichrechtliche Stiftung hat in der Regel *eigene Rechtspersönlichkeit*,   1070
d.h. sie ist eine sog. selbständige öffentlichrechtliche Stiftung. Daneben existieren
auch unselbständige Stiftungen, die nicht rechtsfähig sind und in der Regel als Fonds
bezeichnet werden.

Stiftungszweck ist die *Erfüllung einer öffentlichen Aufgabe* unter Verwendung   1071
des Stiftungsvermögens.

Die Stiftung hat keine körperschaftliche Organisation, d.h. keine Mitglieder,   1072
sondern nur *Stiftungsorgane*, denen die Verwaltung der Stiftung obliegt, und *Ge-
nussberechtigte*, Destinatäre.

Beispiele für *selbständige* Stiftungen: 1073
- Stiftung "Pro Helvetia" (Bundesgesetz betreffend die Stiftung "Pro Helvetia" vom 17. Dezember 1965 [SR 447.1]);
- Stiftung "Schweizerischer Nationalpark" (Bundesgesetz über den Schweizerischen Nationalpark
  im Kanton Graubünden [Nationalparkgesetz] vom 19. Dezember 1980 [SR 454]).

Beispiele für *unselbständige* Stiftungen: 1073a
- Gottfried-Keller-Stiftung (Reglement der Gottfried-Keller-Stiftung vom 1. Juni 1948 [SR
  442.13]; Verwaltung durch Bundesamt für Kultur);
- Spezialfonds gemäss Art. 12 des Bundesgesetzes über den eidgenössischen Finanzhaushalt
  [Finanzhaushaltgesetz, FHG] vom 6. Oktober 1989 [SR 611.0]).

2.   Abgrenzung gegenüber den privatrechtlichen Stiftungen
mit öffentlichem Zweck

Neben den auf öffentlichrechtlicher Grundlage beruhenden Stiftungen existieren   1074
auch privatrechtlich geregelte Stiftungen, die einen öffentlichen Zweck verfolgen
(vgl. Rz. 1200). Der Unterschied besteht vor allem in der privatrechtlichen Rechtsgrundlage. Für die Fragen der inneren Organisation kommt Privatrecht zur Anwendung, für Fragen des Verfahrens u.U. auch öffentliches Recht (vgl. Art. 1 Abs. 2
lit. e VwVG).

Beispiel:
Schweizerischer Nationalfonds für die Förderung der wissenschaftlichen Forschung.

§ 20 Die Gemeinden

Literatur

ALLEMANN HANS-MARTIN, Gemeinde- und Regionalverband im bündnerischen Recht, Diss. Basel 1983; ARN DANIEL, Die Zuständigkeitsordnung im bernischen Gemeinderecht, Diss. Bern 1992; ARTA HANS-RUDOLF, Die Zuständigkeitsordnung nach dem st. gallischen Gemeindegesetz in der politischen Gemeinde mit Bürgerversammlung, Diss. St. Gallen 1990; BAUMANN ANDREAS, Die Kompetenzordnung im aargauischen Gemeinderecht, Diss. Basel 1986; BUSCHOR ERNST, Die europäische Charta der kommunalen Selbstverwaltung, ZBl 84 (1983) 97 ff.; DAHINDEN PHILIPPE, Le partage des compétences entre l'Etat et la commune en droit suisse, Diss. Lausanne 1979; DAVID LUCAS, Veränderungen in der Gemeindeeinteilung nach zürcherischem Recht, ZBl 74 (1973) 345 ff.; DILL MARKUS, Die staatsrechtliche Beschwerde wegen Verletzung der Gemeindeautonomie, Diss. Bern 1996; EICHENBERGER KURT, Stellung und Bedeutung der Gemeinde im modernen Staat, in: Kurt Eichenberger, Der Staat der Gegenwart, Basel/Frankfurt a.M. 1980, S. 37 ff.; GLAUS PIUS, Konzeption der Gemeindeautonomie mit besonderer Darstellung der Autonomie der st. gallischen Gemeinde, Diss. Zürich 1984; GRÜTER PETER, Die schweizerischen Zweckverbände, Eine Untersuchung der interkommunalen Zusammenarbeit, Diss. Zürich 1973; HÄNNI PETER, Gemeindeautonomie und Planungsrecht im Lichte der bundesgerichtlichen Rechtsprechung zum Raumplanungsgesetz, in: Baurecht 1991, S. 83 ff.; HANGARTNER YVO, Rechtsetzung durch Gemeinden, in: Aktuelle Probleme des Staats- und Verwaltungsrechts, Festschrift für Otto K. Kaufmann zum 75. Geburtstag, Bern/Stuttgart 1989, S. 209 ff.; HANGARTNER YVO, Verfassungsmässige Rechte juristischer Personen des öffentlichen Rechts, in: Festschrift für Ulrich Häfelin zum 65. Geburtstag, Zürich 1989, S. 111 ff.; HANGARTNER YVO, Neuere Entwicklungen der Gemeindeautonomie, ZBl 84 (1983) 521 ff.; HEINIGER ERNST, Der Gemeinderat, Ein Beitrag zum schweizerischen Gemeinderecht, Diss. Zürich 1957; HENDRY GION, Die öffentlich-rechtliche Zusammenarbeit der Gemeinden im Kanton Schaffhausen, Diss. Zürich 1979; JAAG TOBIAS, Die Gemeindeaufsicht im Kanton Zürich, ZBl 94 (1993) 529 ff.; JAAG TOBIAS, Die Ausgabenbewilligung im zürcherischen Gemeinderecht, ZBl 94 (1993) 68 ff.; JAAG TOBIAS, Die Rechtsmittel des zürcherischen Gemeinderechts, ZBl 90 (1989) 465 ff.; JAGMETTI RICCARDO, Die Stellung der Gemeinden, ZSR NF 91/II (1972) 221 ff.; KELLER KONRAD, Grundzüge der Gemeindeordnung der Stadt Zürich, Zürich 1971; KENNEL ADRIAN, Die Autonomie der Gemeinden und Bezirke im Kanton Schwyz, Diss. Fribourg 1989; KÖLZ ALFRED, Die Beschwerdebefugnis der Gemeinde in der Verwaltungsrechtspflege, ZBl 78 (1977) 97 ff.; KUTTLER ALFRED, Zum Schutz der Gemeindeautonomie in der neueren bundesgerichtlichen Rechtsprechung, in: Verfassungsrechtsprechung und Verwaltungsrechtsprechung, Zürich 1992, S. 45 ff.; LEUTHARDT URS, Probleme interkommunaler Zusammenarbeit im Bereich städtischer Agglomeration am Beispiel der Region Basel, Diss. Basel 1977; MEYER HANNES ANTON, Wandlungen im Bestand von Gemeinden, Diss. Zürich 1978; MEYLAN JACQUES, Problèmes actuels de l'autonomie communale, ZSR NF 91/II (1972) 1 ff.; MEYLAN JEAN, Die Schweizer Gemeinden, Lausanne 1987; MEYLAN JEAN/GOTTRAUX MARTIAL/ DAHINDEN PHILIPPE, Schweizer Gemeinden und Gemeindeautonomie, Lausanne 1972; MÜLLER ALFRED HERMANN, Rechtsträger für regionale Aufgaben, Diss. Zürich 1967; PFISTERER THOMAS, Die neuere Entwicklung der Gemeindeautonomie, insbesondere im Kanton Aargau, ZBJV 125 (1989) 1 ff.; PFISTERER THOMAS, Die verfassungsrechtliche Stellung der aargauischen Gemeinden bei der Erfüllung der öffentlichen Aufgaben, St. Gallen 1983; RASCHEIN ROLF/VITAL ANDRI, Bündnerisches Gemeinderecht, 2. Aufl., Chur 1991; RATTI EROS, Il comune: organizzazione politica e funzionamento, Losone 1987 (Bde. 1 und 2); ROTH-CUONY URS PHILIPP, Die Übertragung von Bundesaufgaben an die politischen Gemeinden, Diss. Zürich 1978; SAILE PETER, Das Recht der Ausgabebewilligung der zürcherischen Gemeinden, unter besonderer Berücksichtigung von Praxis und Recht der Stadt Winterthur, St. Gallen 1991; SCHAFFHAUSER RENÉ, Öffentlichrechtliche Gemeindeunternehmen ohne Rechtspersönlichkeit im st. gallischen Recht: zwischen demokratischer Bindung und unternehmerischer Freiheit, in: Der Kanton St. Gallen und seine Hochschule, St. Gallen 1989, S. 186 ff.; SCHAFFHAUSER RENÉ, Die direkte Demokratie in den komplexen Formen der Gemeindeorganisation, Diss. St. Gallen 1978; SCHELLENBERG BARBARA, Die Organisation der Zweckverbände, Unter besonderer Berücksichtigung der Praxis des Kantons Zürich, Diss. Zürich 1975; SCHENKER MARCEL, Das Recht der Gemeindeverbände, Unter besonderer Berücksichtigung der Verhältnisse in den Kantonen Bern, Luzern, Nidwalden, Zug, St. Gallen, Graubünden, Aargau, Waadt, Neuenburg und Jura, Diss. St. Gallen 1985; SPÜHLER KARL, Die Praxis des Bundesgerichts zu den gebundenen Ausgaben in den zürcherischen Gemeinden, ZBl 92 (1991) 141 ff.; THALMANN HANS RUDOLF, Kommentar zum Zürcher Gemeindegesetz, 2. Aufl., Wädenswil 1991; THÜRER DANIEL, Die Stellung der Städte und Gemeinden im Bundesstaat, recht 13 (1995) 217 ff.; THÜRER DANIEL, Schweizerische Gemeindeautonomie und die Europäische Charta der kommunalen Selbstverwaltung, in: Aktuelle Probleme des Staats- und Verwaltungsrechts, Festschrift für Otto K. Kaufmann zum 75. Geburtstag, Bern/Stuttgart 1989, S. 221 ff.; THÜRER DANIEL, Bund und Gemeinden, Eine rechtsvergleichende Untersuchung zu den unmittelbaren Beziehungen zwischen Bund und Gemeinden in der Bundesrepublik Deutschland, den Vereinigten Staaten von Amerika und der Schweiz, Berlin u.a. 1986; TRIPPEL SIMON ANDREAS, Gemeindebeschwerde und Gemeinderekurs im Kanton Zürich, Diss. Zürich 1988; VERFASSUNG UND VERWALTUNGSORGANISATION DER STÄDTE, Bd. 5: Die Schweiz, Bd. 121 der Schriften des Vereins für Sozialpolitik, Vaduz 1990; WEISS ULRICH, Die Geschäftsordnung der Gemeindeparlamente im Kanton Zürich, Ein Beitrag zum schweizerischen Parlamentsrecht, Diss. Zürich 1976; WILLI THOMAS, Funktion und Aufgabe der Gemeindebeschwerde im System der Verwaltungsrechtspflege des Kantons Luzern, Diss. Bern 1989; ZIMMERLI ULRICH, Die neuere bundesgerichtliche Rechtsprechung zur Gemeindeautonomie, ZBl 73 (1972) 257 ff.

Beispiel einer gesetzlichen Regelung

(Zürcher) Gesetz über das Gemeindewesen (Gemeindegesetz) vom 6. Juni 1926 (ZH LS 131.1)

I. Begriff und Bedeutung der Gemeinde

1. Begriff und Merkmale

a) Begriff

Gemeinden sind die vom öffentlichen Recht der Kantone eingesetzten öffentlich-rechtlichen Körperschaften auf territorialer Grundlage, die zur Besorgung von lokalen öffentlichen Aufgaben mit weitgehender Autonomie ausgestattet sind. 1075

b) Merkmale

Die Gemeinden sind *Institutionen des kantonalen Rechts*. Die Bundesverfassung enthält keine Regelung über die Stellung der Gemeinden. Im Rahmen der Reform der Bundesverfassung wird allerdings die Aufnahme einer entsprechenden Bestimmung vorgeschlagen. Die Gliederung des Kantonsgebiets in Gemeinden ist vom Bund nicht vorgeschrieben und bildet keine Voraussetzung für die Gewährleistung 1076 der Kantonsverfassungen gemäss Art. 6 Abs. 2 BV. Hingegen erwähnen alle kantonalen Verfassungen die Gemeinden und regeln – in den Grundzügen – deren Rechtsstellung und Organisation (vgl. z.B. Art. 47 ff. der Kantonsverfassung des Kantons Zürich [ZH LS 101]). Die meisten der auf die Gemeinden anwendbaren Bestimmungen finden sich in der kantonalen Gesetzgebung (z.B. im Zürcher Gemeindegesetz).

1077   Die Gemeinden sind als Körperschaften aufgebaut und organisiert, d.h. sie weisen eine *mitgliedschaftliche Struktur* auf. Sie setzen sich aus den Personen, die ihren Wohnsitz auf dem Gebiet der Gemeinde haben, zusammen. Den stimmberechtigten Einwohnerinnen und Einwohnern kommen bei der Erfüllung der kommunalen Aufgaben Mitspracherechte zu. Als Körperschaft des öffentlichen Rechts im Sinne von Art. 52 Abs. 2 ZGB besitzt die Gemeinde sowohl im öffentlichen Recht als auch im Privatrecht *juristische Persönlichkeit*. Sie kann daher über ein Vermögen verfügen, Verpflichtungen eingehen und in einem gerichtlichen Verfahren Partei sein.

1078   Gemeinden sind in der Regel *Gebietskörperschaften*, d.h. sie üben wie Bund und Kantone innerhalb eines bestimmten Gebietes hoheitliche Gewalt aus.

1079   Die Gemeinde nimmt *lokale öffentliche Aufgaben* wahr. Ihre Tätigkeit ist auf einen verhältnismässig kleinen Teil des staatlichen Territoriums begrenzt. Es liegt damit ein Fall von territorialer – und zum Teil auch sachlicher – Dezentralisation vor (vgl. Rz. 993 ff.). Dadurch wird das Eingehen auf spezifisch lokale Verhältnisse und Interessen ermöglicht und gefördert.

1080   Bei der Wahrnehmung ihrer Aufgaben kommt den Gemeinden eine weitgehende Selbständigkeit und Unabhängigkeit zu. Der Umfang der *Gemeindeautonomie* bestimmt sich nach Massgabe des kantonalen Rechts (vgl. Rz. 1099).

2. Bedeutung der Gemeinden

a) Gemeindeföderalismus

1081   Der föderalistische Aufbau der Schweiz weist *drei Stufen* auf: Bund, Kantone und Gemeinden. Wie schon erwähnt, spricht die Bundesverfassung selber allerdings lediglich von einem dualistischen (zweigliedrigen) Staatsaufbau (vgl. Rz. 1076). Die Ausgestaltung des Verhältnisses zwischen Kantonen und Gemeinden, insbesondere die Festsetzung des Ausmasses der Gemeindeautonomie, bleibt dem kantonalen Recht überlassen. Die Kantone sind in ihrer Organisation frei. Die geltende Bundesverfassung schreibt ihnen weder die Schaffung noch die Erhaltung von Gemeinden vor. Dennoch kennen sämtliche Kantone die Institution der Gemeinde, wenn auch in recht unterschiedlichen Ausprägungen. Die Schweiz ist heute in rund 3000 politische Gemeinden aufgeteilt.

1082   Die zu erfüllenden staatlichen Aufgaben sind auf die drei erwähnten Ebenen aufgeteilt. Das Vorhandensein von Gemeinden bedeutet dabei eine zusätzliche Gewaltenteilung in vertikaler Hinsicht und verringert die Gefahr, dass sich allzu grosse Machtkonzentrationen bei Bund oder Kantonen bilden können.

b) *Gemeindedemokratie*

Die Institution der Gemeinde ermöglicht die Verwirklichung des demokratischen 1083
Systems auch auf lokaler Ebene. Die demokratischen Rechte der Bürgerinnen und
Bürger werden dadurch verstärkt. In der Regel haben sie auf Gemeindeebene sogar
die am weitesten gehenden politischen Teilhaberechte. Die überwiegende Mehrzahl
der politischen Gemeinden (ca. 2500) kennen noch die direkte Versammlungsdemo-
kratie, d.h. die Stimmberechtigten wählen nicht nur die Behörden, sondern sie ent-
scheiden an der Gemeindeversammlung über die wesentlichen kommunalpolitischen
Sachfragen. In anderen – meist grösseren – Gemeinden, in denen ein kommunales
Parlament besteht, können die Stimmberechtigten zumindest mittels des Finanz- und
Verwaltungsreferendums zu Sachentscheiden Stellung beziehen.

Die Gemeindeangelegenheiten betreffen die Bürgerinnen und Bürger in aller 1084
Regel am unmittelbarsten und am stärksten. Auch die Beziehung zwischen Privaten
und Verwaltungsbehörden ist wesentlich enger als auf kantonaler oder eidgenössischer Ebene. Das politische Interesse und die Bereitschaft zu sozialer Teilnahme sind
auf lokaler Ebene häufig am grössten. Den Gemeinden kommt daher für das politische Leben sehr grosse Bedeutung zu.

II. Arten von Gemeinden

1. Vorbemerkung

In den meisten Kantonen bestehen nebeneinander mehrere Gemeindearten, die per- 1085
sonell und territorial nicht miteinander übereinstimmen müssen.

2. Allgemeine Gemeinde und Spezialgemeinde

Die Unterscheidung erfolgt nach dem *Umfang der wahrgenommenen Aufgaben.* 1086

a) *Allgemeine Gemeinde*

Die allgemeine Gemeinde besorgt grundsätzlich *alle kommunalen Aufgaben*, die 1087
nicht einer Spezialgemeinde übertragen sind. Sie hat eine allgemeine Kompetenz in
kommunalen Angelegenheiten.

Die allgemeine Gemeinde ist in allen Kantonen vertreten. In den Kantonen 1088
Genf, Neuenburg und Waadt ist sie als Einheitsgemeinde die einzige vorkommende
Gemeindeart, in den andern Kantonen die Hauptform.

b) *Spezialgemeinde*

Die Spezialgemeinde *beschränkt* sich in der Besorgung der kommunalen Aufgaben 1089
auf einen bestimmten Sachbereich.

Beispiele:
- Schulgemeinde;
- Kirchgemeinde;
- Zivilgemeinde (Art. 47 Abs. 2 KV Zürich);
- Fürsorgegemeinde (Art. 126 KV Glarus).

3. Einwohnergemeinde und übrige Gemeinden

1090 Die Unterscheidung erfolgt nach dem für die Mitgliedschaft massgebenden Kriterium.

a) Einwohnergemeinde

1091 Die Einwohnergemeinde setzt sich aus der Gesamtheit der auf dem Gemeindegebiet wohnhaften Personen zusammen. Massgebend ist also das *territoriale Element*: Der Wohnsitz auf dem Gemeindegebiet begründet die Mitgliedschaft. Der wichtigste Fall der Einwohnergemeinde ist die *politische Gemeinde*. Jede Schweizer Bürgerin und jeder Schweizer Bürger kann in dieser Körperschaft spätestens nach einer dreimonatigen Niederlassung seine politischen Rechte ausüben (Art. 43 Abs. 4 und 5 BV). Den ausländischen Einwohnerinnen und Einwohnern kommen diese Rechte in der Regel nicht zu. Einzig die Kantone Neuenburg und Jura gewähren das Stimmrecht in kommunalen Angelegenheiten auch den ausländischen Staatsangehörigen, welche die Niederlassungsbewilligung einer Gemeinde besitzen und seit einer bestimmten Zeit dort Wohnsitz haben.

b) Übrige Gemeinden

1092 Es handelt sich um Gemeinden mit beschränktem Mitgliederkreis. Mitglieder sind nur Personen, die bestimmte Eigenschaften aufweisen. Massgebend für die Zugehörigkeit zur Gemeinde ist also das *personale Element*.

1093 Beispiele:
- *(Orts-)Bürgergemeinde*: Sie besteht aus denjenigen Personen, die das Bürgerrecht einer bestimmten Gemeinde besitzen. Zumeist ist für die Zugehörigkeit zur Bürgergemeinde aber gleichzeitig auch die Ortsansässigkeit erforderlich. Die Bedeutung der Bürgergemeinden geht ständig zurück. Der Kanton Zürich z.B kennt keine Bürgergemeinde, sondern nur eine bürgerliche Abteilung der politischen Gemeinde.
- *Kirchgemeinde*: Sie setzt sich aus den Angehörigen der gleichen Konfession zusammen. Auch bei der Kirchgemeinde spielt neben dem personalen das territoriale Element eine Rolle, da für die Zugehörigkeit zugleich der Wohnsitz in einem bestimmten Gebiet von Bedeutung ist. Das heisst, dass auch die Kirchgemeinden Gebietskörperschaften sind.

4. Überlagerung von verschiedenen Arten von Gemeinden

1094 Die verschiedenen Arten von Gemeinden decken sich zum Teil in personaler und territorialer Beziehung, zum Teil stimmen sie aber nicht miteinander überein. So ver-

fügen Einwohner- und Bürgergemeinde oft über das gleiche Gebiet, ihr Mitgliederkreis ist aber unterschiedlich. Dabei ist zu beachten, dass die Ausdrücke allgemeine
Gemeinde und Einwohnergemeinde bzw. politische Gemeinde häufig dieselbe Ge-
bietskörperschaft bezeichnen. Diese Begriffe werden sehr oft auch als Synonyme
verwendet. Im Kanton Zürich bestehen zum Teil innerhalb der politischen Gemeinden Zivilgemeinden, die auch Einwohnergemeinden sind (§ 19 Gemeindegesetz).

Die Kirch- oder Schulgemeinden brauchen territorial keineswegs mit den politi- 1095
schen Gemeinden übereinzustimmen, sondern können ein grösseres oder kleineres
Gebiet umfassen. Ebensowenig decken sich die Kirchgemeinden personell mit den
übrigen Arten von Gemeinden.

5. Gemeindezersplitterung

Vor allem in den deutschschweizerischen Kantonen und im Tessin ist das Nebenein- 1096
ander von mehreren Gemeindetypen der Regelfall. Im Kanton Glarus beispielsweise
gibt es fünf verschiedene Arten von Gemeinden (Ortsgemeinden, Tagwen, Schulgemeinden, Kirchgemeinden und Fürsorgegemeinden), im Kanton Zürich immerhin
noch deren vier (politische Gemeinden, Schulgemeinden, Kirchgemeinden, Zivilgemeinden). – In der Westschweiz ist diese Zersplitterung unter dem Einfluss des fran-
zösischen Rechts weitgehend überwunden worden. Genf, Neuenburg und Waadt
kennen nur die Einheitsgemeinde.

Die Gemeindezersplitterung ist eine Folge der traditionellen Gemeindedemo- 1097
kratie. Sie birgt für die Freiheit und Unabhängigkeit vor allem der kleineren Gemeinden erhebliche Gefahren in sich. Die Aufteilung der kommunalen öffentlichen
Aufgaben auf eine Vielzahl von Gemeindetypen verleiht den Stimmberechtigten
zwar vermehrte Mitwirkungsmöglichkeiten; anderseits jedoch vermag eine Gemeinde ihre Selbständigkeit dem Kanton gegenüber nur zu behaupten, wenn sie ihre
Aufgaben einheitlich lösen kann und dadurch stark ist.

Unterschiedlich ist auch die Bedeutung der einzelnen Gemeinden. Neben sehr 1098
grossen Gemeinden – wie der Stadt Zürich mit rund 350'000 Einwohnern – bestehen
äusserst kleine Gemeinden. Es gibt in der Schweiz rund 240 Gemeinden mit weniger
als 100 Einwohnern. Unterschiedlich ist auch die soziodemographische und
ökonomische Struktur. Grosse Differenzen bestehen insbesondere in bezug auf die
Finanzkraft der einzelnen Gemeinden. Viele der kleineren Gemeinden sind finanziell
völlig abhängig vom Kanton und verfügen über zuwenig personelle und Sachmittel
zur wirksamen Erfüllung ihrer Aufgaben. Diese Tatsache bedeutet eine weitere
grosse Gefahr für die kommunale Freiheit und Unabhängigkeit.

III. Die Gemeindeautonomie

1. Rechtsgrundlage der Gemeindeautonomie

Die Autonomie der Gemeinden hat ihre Grundlage im kantonalen Verfassungs- und 1099
Gesetzesrecht. Sie ist nach der Rechtsprechung des Bundesgerichts ein *kantonales*

verfassungsmässiges Recht (BGE 103 Ia 468, 474), dessen Verletzung die Gemeinde mit staatsrechtlicher Beschwerde beim Bundesgericht rügen kann. Die Mehrzahl der Kantonsverfassungen enthält eine ausdrückliche Garantie (vgl. z.B. Art. 48 KV Zürich). Wo eine solche fehlt, anerkennt das Bundesgericht die Gemeindeautonomie als ungeschriebenes kantonales verfassungsmässiges Recht (BGE 58 I 236, 242). Die Bundesverfassung garantiert die Gemeindeautonomie dagegen nicht.

2. Autonomer und nicht autonomer Tätigkeitsbereich der Gemeinde

1100   Die kommunalen Aktivitäten lassen sich in einen autonomen und einen nicht autonomen Bereich unterteilen.

1101   *Autonomie* bedeutet das *Recht zur Selbstgesetzgebung und* – davon abgeleitet – *zur Selbstverwaltung*, in beschränktem Umfang auch zur Rechtsprechung. Im Rahmen des *autonomen Tätigkeitsbereichs* vertraut das kantonale Recht der Gemeinde bestimmte Sachgebiete zur selbständigen Erledigung an. Die Gemeinde kann *weitgehend frei* darüber entscheiden, wie sie die ihr übertragenen Aufgaben im Rahmen des Bundes- und des kantonalen Rechts erfüllen will.

Beispiele für den *autonomen* Bereich:
– Erlass einer Gemeindeordnung oder einer kommunalen Bauordnung;
– Wahrnehmung der lokalen Polizei.

1102   Im Gegensatz dazu steht der *nicht autonome Tätigkeitsbereich*. Hier überträgt der Kanton in gewissen Sachbereichen den Vollzug des kantonalen Rechts auf die Gemeinden, wobei diesen als *blossen Vollzugsorganen* keine oder nur geringe Entscheidungsfreiheit zukommt.

Beispiel für den *nicht autonomen* Bereich:
– Einziehen von kantonalen oder eidgenössischen Steuern.

1103   Massgebend für die Zuordnung einer Aufgabe zum autonomen oder nicht autonomen Bereich ist das Ausmass des kommunalen Entscheidungsspielraums. Die Unterscheidung zwischen autonomem und nicht autonomem Bereich ist vor allem von Bedeutung für den Umfang der kantonalen Aufsicht über die Gemeindetätigkeit sowie für den Rechtsschutz der Gemeinde gegenüber dem Kanton durch das Bundesgericht.

1104   Es stellt sich die Frage, nach welchen *Kriterien* eine Aufgabe dem autonomen oder nicht autonomen Tätigkeitsbereich zuzuordnen ist. Dem Bundesrecht lässt sich auf diese Frage keine Antwort entnehmen. Auch können bestimmte Aufgaben nicht lediglich aufgrund ihrer lokalen Natur dem einen oder anderen Bereich zugewiesen werden. Die Zuordnung ergibt sich somit aus dem *kantonalen Recht*.

3. Kriterien der Gemeindeautonomie

a)   Ältere Bundesgerichtspraxis bis 1966

1105   Das Bundesgericht unterschied in seiner ursprünglichen Rechtsprechung zwischen *eigenem (originärem)* und *übertragenem Aufgabenbereich*. Rechtliche Grundlage für den eigenen Wirkungsbereich bildete unmittelbar die Kantonsverfassung, dem übertragenen Wirkungsbereich lag dagegen eine Kompetenzdelegation zugrunde. Autonom war die Gemeinde nur im eigenen Aufgabenbereich, dort, wo ihr von Verfassungs wegen "ausschliessliche Kompetenzen" zukamen (vgl. BGE 83 I 119, 123 f.; 84 I 227, 230).

1963 erfolgte eine Änderung dieser Rechtsprechung. Das Bundesgericht bezeichnete nun die Gemeinde bei der Erfüllung öffentlicher Aufgaben insoweit als autonom, "als ihr durch Verfassung oder Gesetz freies Ermessen in Rechtsetzung und Verwaltung eingeräumt ist und sie dieses Ermessen frei von staatlicher Kontrolle betätigen darf" (BGE 92 I 369, 375; vgl. auch BGE 89 I 107, 111 f.; 91 I 39, 42). Massgebliches Kriterium für die Bestimmung der Autonomie war nach dieser Praxis also das *Bestehen bzw. Nichtbestehen einer Ermessenskontrolle.*   1106

b) *Neuere Bundesgerichtspraxis seit 1967*

Im Jahr 1967 hat das Bundesgericht die oben dargestellte Praxis aufgegeben (vgl. BGE 93 I 154, 158 ff.), nachdem das Kriterium der Ermessenskontrolle von der Lehre unter anderem als formal und sachfremd kritisiert worden war (vgl. HANS HUBER, in ZBJV 100 [1964] 339 und 419 f.). Das Bundesgericht umschreibt die Gemeindeautonomie seither in konstanter Praxis folgendermassen: "Eine Gemeinde ist in einem Sachbereich autonom, wenn das kantonale Recht diesen Bereich nicht abschliessend ordnet, sondern ihn ganz oder teilweise der Gemeinde zur Regelung überlässt und ihr dabei eine relativ erhebliche Entscheidungsfreiheit einräumt" (BGE 122 I 279, 290; 120 Ia 203, 204; 119 Ia 285, 294 [je mit Hinweisen]).   1107

Ob und wieweit eine Gemeinde in einem bestimmten Bereich autonom ist, bestimmt sich also nach dem kantonalen Verfassungs- und Gesetzesrecht; teilweise werden auch ungeschriebene und historisch gewachsene Autonomiebereiche anerkannt (BGE 116 Ia 285, 287; 114 Ia 168, 170). Massgebliches Kriterium für die Autonomie ist heute *die der Gemeinde vom kantonalen Recht eingeräumte (relativ) erhebliche Entscheidungsfreiheit in einem bestimmten Sachbereich.* Unerheblich ist dagegen, ob dieser Bereich zum originären oder übertragenen Wirkungsbereich der Gemeinde gehört und ob dem Kanton nur eine Rechtskontrolle oder eine Rechts- und Ermessenskontrolle über die kommunale Tätigkeit zukommt.   1108

Das Kriterium der relativ erheblichen Entscheidungsfreiheit ist zwar sehr unbestimmt; das Bundesgericht muss deshalb in jedem Einzelfall prüfen, ob eine solche Entscheidungsfreiheit und damit Autonomie vorliegt. Es bringt jedoch, verglichen mit den früheren, einschränkenden Kriterien, eine wesentliche Ausweitung des kommunalen Autonomiebereichs und folglich auch des bundesgerichtlichen Rechtsschutzes mit sich (vgl. BGE 93 I 154, 158 ff.).   1109

4. Autonomie in Rechtssetzung und Rechtsanwendung

a) *Setzung von kommunalem Recht*

Die Setzung von kommunalem Recht – dazu gehört u.a. der Erlass einer Gemeindeordnung und einer Bauordnung mit Zonenplänen – stellt den Kernbereich der Gemeindeautonomie dar. Der kommunalen Rechtssetzung kommt grosse praktische   1110

Bedeutung zu; sie regelt wichtige Fragen des öffentlichen Lebens (vgl. Rz. 120 ff.). Greift der Kanton in den Bereich ein, den er der Gemeinde zur selbständigen Regelung überlassen hat, so kann sich die Gemeinde dagegen zur Wehr setzen. Genehmigungsvorbehalte für kommunale Erlasse und Ermessenskontrolle durch den Kanton bedeuten aber keinen Widerspruch zur Gemeindeautonomie und dürfen im kantonalen Recht vorgesehen werden.

1111   Die Gemeinde geniesst gemäss bundesgerichtlicher Rechtsprechung gegenüber dem Kanton folgenden Schutz:

–   In Bereichen, in denen dem Kanton nur eine Rechtskontrolle zusteht, ist die Gemeinde – sofern sie selber kein Bundes- oder kantonales Recht verletzt – vor kantonalen Eingriffen in ihre Autonomie *absolut geschützt.*

–   Steht dem Kanton dagegen auch eine Ermessenskontrolle zu, d.h. darf er die Angemessenheit und Zweckmässigkeit einer kommunalen Regelung überprüfen, so ist die Gemeinde *vor einer willkürlichen Ausübung dieser Ermessenskontrolle geschützt.* Der Kanton darf beispielsweise die Genehmigung eines Gemeindereglements nicht aus unsachlichen Gründen verweigern. Unter der früheren Bundesgerichtspraxis bestand in diesem Bereich überhaupt kein Schutz der Gemeindeautonomie.

Beispiele:

1112   –   Die Gemeindeversammlung der zürcherischen Gemeinde Wiesendangen beschloss 1983 eine neue Nutzungsplanung. Diese umfasste unter anderem einen Zonenplan, der im Gemeindegebiet Ruchegg/Hinteregg eine Gewerbezone ausschied. Mit Beschluss vom 30. Mai 1984 schloss der Regierungsrat des Kantons Zürich diese Gewerbezone mangels Übereinstimmung mit dem kantonalen Gesamtplan (heutige Bezeichnung: kantonaler Richtplan) von der Genehmigung aus. Die Gemeinde Wiesendangen erhob staatsrechtliche Beschwerde wegen Verletzung der Gemeindeautonomie. Das Bundesgericht führte in seinen Erwägungen folgendes aus: "Nach der bundesgerichtlichen Rechtsprechung steht den zürcherischen Gemeinden beim Erlass einer Bau- und Zonenordnung im Sinne von § 45 ff. PBG [Zürcher Planungs- und Baugesetz vom 7. September 1975, ZH LS 700.1] ein weiter Gestaltungsraum zu; sie sind insoweit grundsätzlich autonom (Urteil vom 14. März 1984 i. S. Politische Gemeinde Uitikon, E. 4, ZBl 85/ 1984, S. 514). Es wird zu prüfen sein, ob und allenfalls inwieweit die Gemeinden auch in jenen Bereichen autonom sind, die von den nichtgenehmigten Teilen der Bau- und Zonenordnung sowie des Zonenplans berührt werden. Ist diese Frage zu verneinen, so erweist sich die Autonomiebeschwerde im betreffenden Punkt schon deshalb als unbegründet. Ist sie dagegen zu bejahen, wird weiter zu prüfen sein, ob die Nichtgenehmigung der umstrittenen Zoneneinteilung die Autonomie der Beschwerdeführerin verletzt." Der kantonale Richtplan regle die Nutzung des Bodens und die Besiedlung des Landes nur in den Grundzügen. Er grenze die einzelnen Gebiete nicht auf die Parzellen genau, sondern bewusst unscharf ab. Er überlasse es der kommunalen Zonenplanung, die jeweils zulässige Nutzung präzis abzugrenzen; insoweit verbleibe den Gemeinden ein planerischer Ermessensspielraum. Schliesslich lasse das Zürcher Planungs- und Baugesetz Abweichungen von den Richtplänen zu, wenn sie sachlich gerechtfertigt und untergeordneter Natur seien. Den Zürcher Gemeinden verbleibe somit im allgemeinen auch unter der Herrschaft des kantonalen Richtplanes eine erhebliche Entscheidungsfreiheit. Sie seien daher insoweit grundsätzlich autonom. Der Richtplan enthalte indessen auch absolute Schranken, die den Gemeinden die Entscheidungsfreiheit in einzelnen Bereichen entzögen. So seien die Bauzonen zwingend innerhalb des Siedlungsgebiets gemäss Richtplan auszuscheiden. Den Gemeinden sei es somit schlechthin verwehrt, grössere Flächen ausserhalb des Siedlungsgebiets der Bauzone zuzuweisen. Insoweit seien sie nicht autonom. Die Fläche Ruchegg/Hinteregg befinde sich gemäss Richtplan des Kantons Zürich im Bauentwicklungsgebiet. Sie gelte demzufolge als Land, das voraussichtlich in einem späteren Zeitpunkt der Besiedlung diene (§ 21 Abs. 3 PBG). Es sei somit kein Siedlungsgebiet. Mithin fehle der Beschwerdeführerin jegliche Entscheidungsfreiheit, in diesem Gebiet eine Bauzone auszuscheiden. Der

Regierungsrat habe ihr daher in diesem Bereich die Autonomie ohne Willkür absprechen dürfen. Die Rüge der Autonomieverletzung gehe deshalb in diesem Punkt fehl (BGE 111 Ia 129, 132 ff.).

- Die Stimmberechtigten der Stadt Opfikon hiessen eine Änderung der Nutzungsplanung sowie der Bau- und Zonenordnung gut, in welcher für Wohn- und für gemischte Wohn- und Gewerbezonen sogenannte Mindestwohnanteile festgelegt wurden. Eine Bestimmung sah vor, dass Beherbergungsbetriebe bei der Ermittlung des Wohnanteils nicht eingerechnet wurden. Der Regierungsrat des Kantons Zürich verweigerte dieser Vorschrift die Genehmigung. Er verwies in der Begründung auf ein Urteil des Zürcher Verwaltungsgerichtes, welches in Auslegung von Art. 39 der Bauordnung der Stadt Zürich entschieden hatte, die Hotelnutzung sei bei der Bestimmung der Wohnanteile miteinzubeziehen. Das Bundesgericht hiess die dagegen erhobene staatsrechtliche Beschwerde der Gemeinde Opfikon gut und hob den Beschluss des Regierungsrates auf. Das vom Regierungsrat angeführte Urteil des Verwaltungsgerichtes könne nicht als Begründung für die Nicht-Genehmigung dienen. Den Einbezug der Beherbergungsbetriebe in die Nutzung gemäss Wohnanteilplan habe dieses einzig aus der Bauordnung der Stadt Zürich, nicht aus dem übergeordneten kantonalen Recht abgeleitet. Dessen einschlägige Bestimmung, Art. 49a Abs. 3 PBG [Zürcher Planungs- und Baugesetz vom 7. September 1975, ZH LS 700.1], wolle den Gemeinden gerade einen erheblichen Gestaltungsspielraum hinsichtlich der Einführung von Mindestwohnanteilen einräumen. Dieses Ermessen müsse sich auch auf die Bestimmung der im Rahmen solcher Anteilsvorschriften zulässigen Nutzungen erstrecken. Die Gemeinde Opfikon könne sich zudem für ihren Entscheid, Beherbergungsflächen nicht dem Wohnanteil zuzurechnen, auf sachliche Gründe stützen. Der Regierungsrat des Kantons Zürich habe somit auch im Rahmen seiner umfassenden Überprüfungsbefugnis der Bestimmung der kommunalen Bau- und Zonenordnung ohne Grund seine Zustimmung verweigert und damit die Gemeindeautonomie verletzt (ZBl 94 [1993] 560 ff.). | 1113

b) *Anwendung von kommunalem Recht*

Ist eine Gemeinde in einem Sachbereich zu autonomer Rechtssetzung befugt, so sollte sie grundsätzlich auch in der Anwendung dieses Rechts autonom sein; d.h. es muss der Gemeinde das Recht zukommen, die von ihr erlassenen Reglemente selbst auszulegen. Das Bundesgericht nimmt seit dem Jahr 1969 auch im Fall der kommunalen Rechtsanwendung eine Verletzung der Gemeindeautonomie an, wenn die für die Kontrolle zuständigen kantonalen Behörden dieses Recht willkürlich missachten (BGE 95 I 33, 37 f.). So dürfen die kantonalen Behörden in einem Rekursverfahren nicht von einer vertretbaren Auslegung des kommunalen Rechts durch die Gemeindebehörden oder von einer klaren und konstanten Praxis der Gemeindebehörden abweichen. | 1114

Gemäss der früheren bundesgerichtlichen Praxis konnte eine Gemeinde sich nicht wehren, wenn die zuständige kantonale Behörde das Gemeinderecht willkürlich missachtete. Von Bedeutung ist der erweiterte Autonomieschutz namentlich bei der Auslegung von unbestimmten Rechtsbegriffen des kommunalen Rechts. | 1115

Beispiele:
- Das Verwaltungsgericht des Kantons Graubünden hatte eine baupolizeiliche Verfügung der Gemeinde Flims aufgehoben und diese gegen ihren Willen verpflichtet, für ein bestimmtes Grundstück eine Baubewilligung zu erteilen. Im Kanton Graubünden fällt das öffentliche Baurecht grundsätzlich in den Autonomiebereich der Gemeinden. Streitig war vor allem die Auslegung des im Baugesetz der Gemeinde Flims enthaltenen Begriffs "vorschriftsgemässe Zufahrt", also eines unbestimmten Rechtsbegriffs. Das Bundesgericht führte in seinem Entscheid aus, die kantonalen Gerichte hätten "ihre Überprüfungsbefugnis zu beschränken, wenn der fragliche unbestimmte Rechtsbegriff dem autonomen Gemeinderecht angehört. Die Gemeinde ist in diesem | 1116

Fall kraft ihrer Doppelstellung als Gesetzgeberin und Rechtsanwenderin in besonderem Masse dazu berufen, den Sinngehalt des umstrittenen Begriffs zu ermitteln. Sie verfügt über sämtliche Materialien, vermag ihre Entscheidung auf eine umfassende Kenntnis der örtlichen Verhältnisse zu stützen und ist am ehesten in der Lage, die künftige Entwicklung vorauszusehen. Insbesondere in Zweifelsfällen, wenn die Auslegung schwierig ist und in besonderem Masse örtliche Verhältnisse zu würdigen sind, kommt der Entscheidung der Gemeinde besonderes Gewicht zu. Mit Rücksicht auf Wesen und Schutzfunktion der Gemeindeautonomie rechtfertigt es sich, der Gemeinde in derartigen Fällen einen Beurteilungspielraum im soeben umschriebenen Sinne zuzuerkennen. Dies hat zur Folge, dass der kommunale Verwaltungsakt von der übergeordneten kantonalen Behörde nur aufgehoben werden darf, wenn sich die Gemeinde im Zusammenhang mit der Anwendung des fraglichen unbestimmten Rechtsbegriffs auf den Einzelfall eines Missbrauchs oder einer Überschreitung ihrer Beurteilungsermächtigung schuldig gemacht oder wenn sie verfassungsmässige Rechte des Bürgers verletzt hat. Liegt keine derartige Rechtsverletzung vor und hebt die kantonale Behörde eine vertretbare Entscheidung der Gemeinde dennoch auf, so verletzt sie die Gemeindeautonomie, unbekümmert darum, ob ihre eigene Wertung der konkreten Verhältnisse der Willkürrüge zu entgehen vermöchte, denn sie masst sich damit eine Überprüfungsbefugnis an, die im wesentlichen einer Ermessenskontrolle gleichkommt und dem Wesen der Gemeindeautonomie widerspricht". – Das Bundesgericht stellte anschliessend fest, dass die beschwerdeführende Gemeinde Flims von ihrem Beurteilungsspielraum keinen übermässigen Gebrauch gemacht hatte, und hiess die Autonomiebeschwerde gut (BGE 96 I 369, 372 ff., insb. 374).

1117 – Die Commission de recours en matière de police des constructions des Kantons Waadt hatte in ihrem Entscheid eine Bestimmung der Bauordnung der Stadt Lausanne, welche die Fassadenhöhe von Gebäuden betraf, einschränkend ausgelegt, ohne der konstanten Praxis der Stadtbehörde Rechnung zu tragen. Diese restriktive Auslegung gab der Bestimmung einen anderen Sinn und eine Bedeutung, die der kommunale Gesetzgeber nicht gewollt hatte. Das Bundesgericht stellte fest, dass der Entscheid willkürlich sei und den Grundsatz der Gemeindeautonomie verletze (BGE 108 Ia 74 ff.).

c) Anwendung von kantonalem Recht

1118 In bestimmten – selteneren – Fällen kann sich der Schutz der kommunalen Autonomie auch auf Verwaltungstätigkeiten erstrecken, die nicht auf autonomem Gemeinderecht beruhen, sondern kantonalrechtlich geregelt sind. Eine solche Erweiterung ist nach der Rechtsprechung des Bundesgerichts dann gerechtfertigt, wenn das kantonale Recht bestimmte wesentliche Fragen, die sich im Zusammenhang mit seinem Vollzug stellen, nicht oder nicht näher regelt und damit der rechtsanwendenden kommunalen Behörde einen Gestaltungsspielraum offenlässt. Das Kriterium der "relativ erheblichen Entscheidungsfreiheit" ist damit auch massgebend für die Zuerkennung eines Autonomiebereichs bei der Anwendung kantonalen Rechts (BGE 119 Ia 214, 219; 118 Ia 218, 219 m.w.H.). Der Schutz der Autonomie setzt eine solche Entscheidungsfreiheit nicht in einem ganzen Aufgabengebiet, sondern lediglich im streitigen Bereich voraus (BGE 122 I 279, 290; 119 Ia 285, 295). Erforderlich ist aber, dass die betreffende Frage ihrer Natur nach überhaupt Gegenstand kommunaler Selbstbestimmung sein kann. Dies ist beispielsweise nicht der Fall bei kantonalen Vorschriften, welche die hoheitlichen Befugnisse der einzelnen Gemeinden gegeneinander abgrenzen oder interkommunale Interessenkonflikte regeln, obschon auch hier ein gewisser Spielraum für die kommunalen Behörden bestehen kann (BGE 119 Ia 214, 219; 101 Ia 517, 520).

Beispiele:
- Die Zürcher Gemeinden haben nach dem kantonalen Jagdgesetz auf dem Gebiet des Jagdwesens in beschränktem Umfang ein Recht auf autonome Verwaltungstätigkeit, obwohl das Jagdregal dem Kanton zukommt. Diese den Gemeinden beim Vollzug des kantonalen Jagdgesetzes eingeräumte Befugnis steht grundsätzlich unter dem Schutz der Gemeindeautonomie (BGE 96 I 718, 724 ff.).
- Bei der Festlegung der Beiträge an den innerkantonalen Finanzausgleich kann den Zürcher Gemeinden keine Autonomie zukommen, da dieser dem Ausgleich entgegengesetzter Interessen der einzelnen Gemeinden dient, was naturgemäss eine Aufgabe des übergeordneten Gemeinwesens darstellt (BGE 119 Ia 214, 219).

5. Die wichtigsten Bereiche der Gemeindeautonomie

Welche Aufgaben die Gemeinden in autonomer Weise wahrnehmen, ist von Kanton zu Kanton sehr unterschiedlich geregelt. In den meisten Kantonen besteht hinsichtlich der nachfolgend genannten kommunalen Tätigkeiten eine mehr oder weniger grosse Entscheidungsfreiheit der Gemeinden.

a) *Gemeindeorganisation einschliesslich kommunaler politischer Rechte*

- Bestellung der Gemeindebehörden (im Rahmen der kantonalen Regelung, welche meistens die Grundzüge festhält);
- Organisation der Gemeindeverwaltung;
- Erlass von Vorschriften betreffend das Gemeindepersonal (vgl. BGE 120 Ia 203 ff.).

Die Gemeinde besitzt grundsätzlich ein Recht auf ihren eigenen *Namen*, der vom Kanton nicht beliebig geändert werden darf. In bezug auf die Schreibweise des Gemeindenamens ist sie jedoch nicht autonom, da ein allgemeines gesamtkantonales Interesse an der Einheitlichkeit der Schreibweise besteht (BGE 116 Ia 285 ff.).

Bei der Regelung der *kommunalen politischen Rechte* sind die Gemeinden im Kanton Zürich bloss beschränkt autonom (BGE 103 Ia 487, 488 f.). Im Kanton Graubünden kommt den Gemeinden im Bereich der Initiative für Gemeindebelange nur soweit Autonomie zu, als es um die Ausdehnung des Initiativrechts geht, im übrigen regelt das kantonale Gesetz über die Ausübung der politischen Rechte vom 7. Oktober 1962 die Frage des Initiativrechts abschliessend (BGE 112 Ia 340, 342 ff.). Den Solothurner Gemeinden steht in der verfahrensmässigen Behandlung von Motionen keine Autonomie zu (ZBl 93 [1992] 319 ff.).

b) *kommunales Polizeirecht*

- lokale Strassenpolizei;
- Gewerbepolizei.

c) Teile des kommunalen Baurechts

1124 – Baupolizei;
– Ortsplanung (beim Erlass von Bau- und Zonenordnungen sind die Gemeinden im Kanton Zürich im Rahmen des kantonalen Raumplanungs- und Baurechts weitgehend autonom; vgl. Rz. 1112 f.; BGE 119 Ia 285, 295; 117 Ia 352 ff.; 113 Ia 192 ff.);
– Landschafts- und Denkmalschutz (BGE 115 Ia 27, 29).

d) kommunales öffentliches Bauwesen

1125 – Bau und Unterhalt der kommunalen Strassen und Wege;
– Bau von Sportanlagen (Schwimmbäder, Turnhallen);
– Bau von kulturellen Einrichtungen (Museen, Theater).

e) kommunale Versorgungsbetriebe

1126 – Kanalisation und Wasserversorgung (vgl. BGE 118 Ia 320, 323; 112 Ia 260 ff.);
– Kläranlagen;
– Elektrizitätswerke (vgl. BGE 100 Ia 89, 92);
– kommunale Verkehrsbetriebe.

f) Verwaltung des Gemeindevermögens, der öffentlichen Finanzen und des öffentlichen Grundes

1127 Zur Gemeindeautonomie gehört die Befugnis der Gemeinde, ihre finanziellen Angelegenheiten selbständig zu ordnen (vgl. dazu BGE in ZBl 95 [1994] 130 ff.). Die Steuerhoheit steht ihr in der Regel jedoch nicht infolge ihrer Autonomie zu, sondern nur aufgrund und nach Massgabe des kantonalen Rechts (sog. abgeleitete Steuerhoheit). Dies gilt auch für den Kanton Zürich, nicht aber für den Kanton Graubünden (vgl. BGE in ZBl 96 [1995] 37 ff.).

1127a Von grosser Bedeutung ist auch die Kompetenz der Gemeinden, den Gebrauch des öffentlichen Grundes, der unter ihrer Herrschaft steht, zu regeln (vgl. Rz. 1851 ff.). Darunter fällt etwa als praktisch wichtiger Anwendungsfall der Erlass von Parkierordnungen durch die Gemeinden (vgl. BGE 122 I 279, 290).

g) Verleihung des Gemeindebürgerrechts

1128 Bei der Verleihung des Gemeindebürgerrechts sind die Gemeinden grundsätzlich autonom; ebenso bei der Festsetzung der Einbürgerungsgebühren. Die Aufhebung eines kommunalen Einbürgerungsentscheides durch eine kantonale Rechtsmittelinstanz verletzt die Gemeindeautonomie aber nicht, wenn die Gemeinde das Einbürgerungsgesuch ohne triftige, in der Person des Bewerbers liegende Gründe ablehnte und das kantonale Recht bestimmt, dass bei einer kommunalen Verweigerung ohne triftigen Grund die kantonale Exekutive zu entscheiden habe (BGE 110 Ia 197, 199 f. [Burgergemeinde Zermatt]).

IV. Organisation der Gemeinde

1. Allgemeines

Die Gemeindeorganisation ist in den einzelnen Kantonen unterschiedlich ausgestaltet; grosse Differenzen bestehen namentlich zwischen den Westschweizer und den Deutschschweizer Kantonen. In den meisten Kantonen legt die Verfassung oder das Gesetz den allgemeinen Rahmen fest und überlässt den Gemeinden die Detailregelung. Den Gemeinden kommt somit hinsichtlich ihrer Organisation eine gewisse Autonomie zu.   1129

In allen schweizerischen Gemeinden bestehen zwei Hauptorgane: das *gesetzgebende Organ* und die *ausführende Behörde*. In grösseren Gemeinden existiert daneben oft ein drittes Organ, das rechtssetzende und exekutive Befugnisse hat: das *Gemeindeparlament*.   1130

2. Gesamtheit der Stimmberechtigten

Die Gesamtheit der in der Gemeinde wohnhaften Stimmberechtigten bildet – gegebenenfalls zusammen mit dem Gemeindeparlament – das *gesetzgebende Organ*. Wer in der Gemeinde stimmberechtigt ist, bestimmt sich nach kantonalem oder kommunalem Recht. Die Kantone Neuenburg und Jura gewähren das Stimmrecht unter bestimmten Voraussetzungen auch den Ausländern (vgl. Rz. 1091). Für die Stimmberechtigung nicht massgebend ist das Gemeindebürgerrecht (vgl. Art. 43 Abs. 4 BV); dieses spielt nur noch im Rahmen der Bürgergemeinde (vgl. Rz. 1093) eine Rolle.   1131

Die Stimmberechtigten können das Stimm- und Wahlrecht in kommunalen Angelegenheiten in unterschiedlicher Weise ausüben: 1132
- in der *Gemeindeversammlung* (Versammlung aller Aktivbürger);
- in einer *Urnenabstimmung*.

Die traditionelle, direktdemokratische Institution der Gemeindeversammlung, die in der Schweiz rund 2500 Gemeinden kennen, hat neben den Vorteilen der maximalen Verwirklichung der direkten Demokratie in der Praxis auch gewisse Nachteile. Vor allem ist die Zahl der Stimmberechtigten, die an den Gemeindeversammlungen teilnehmen, oft sehr gering. In bevölkerungsstarken Gemeinden fehlen unter Umständen geeignete Versammlungsräume. Auch kann durch die öffentliche Stimmabgabe die Entscheidungsfreiheit der Stimmberechtigten beeinträchtigt werden. Deshalb ist in zahlreichen, vor allem grösseren Gemeinden statt oder neben der Gemeindeversammlung die Urnenabstimmung – zumindest für die wichtigen Geschäfte – vorgesehen. So unterstehen zum Beispiel im Kanton Zürich in politischen Gemeinden sowie in Schulgemeinden mit mehr als 2000 Einwohnern die Gemeindeordnung und ihre Änderungen der Urnenabstimmung; fakultativ kann die Urnenabstimmung von den Gemeinden für weitere Geschäfte vorgesehen werden (§ 116 Gemeindegesetz).   1133

Die Organisation mit Gemeindeversammlung wird als *ordentliche Gemeindeorganisation*, diejenige mit Urnenabstimmung oder Gemeindeparlament als *ausserordentliche Gemeindeorganisation* bezeichnet.   1134

3. Gemeindeparlament

1135   In den grösseren Gemeinden existiert häufig ein von den Stimmberechtigten ge-wähltes *kommunales Parlament*. Seine Kompetenzen gehen in der Regel weniger weit als diejenigen einer Gemeindeversammlung. Gewisse Beschlüsse unterstehen dem obligatorischen Referendum.

1136   Die Einrichtung des Gemeindeparlaments hat Vor- und Nachteile. Das Gemein-deparlament ist zumeist effizienter als die Gemeindeversammlung. Die Beratungen finden in wesentlich kleinerem Rahmen statt. Die Kontrolle der Gemeindeexekutive kann durch das Gemeindeparlament und seine Kommissionen gründlicher und sach-kundiger vorgenommen werden als durch die Gemeindeversammlung. Nachteilig wirkt sich der Verlust an direkter Demokratie aus; die Stimmberechtigten sind auch im kommunalen Bereich weniger unmittelbar am politischen Geschehen beteiligt. Neben dem Wahlrecht verbleiben ihnen aber Initiative und Referendum, um zu Sachfragen Stellung zu nehmen.

1137   In den Westschweizer Kantonen ist die Institution des Gemeindeparlaments weit verbreitet. In den Kantonen Neuenburg und Genf ist sie für sämtliche Gemein-den obligatorisch, im Kanton Waadt für alle Gemeinden mit mehr als 800 Einwoh-nern. Die deutsche Schweiz dagegen steht – mit Ausnahme der grösseren Städte – der Einrichtung eher ablehnend gegenüber. Im Kanton Zürich zum Beispiel verfügen die Städte Zürich und Winterthur kraft Gesetzes über ein Gemeindeparlament (§ 88 Gemeindegesetz). Obschon gemäss § 88a Gemeindegesetz auch alle andern politi-schen Gemeinden mit über 2000 Einwohnern, d.h. etwa 100 Zürcher Gemeinden, das Repräsentativsystem einführen können, haben bisher nur gerade 10 (alle mit über 10'000 Einwohnern) von diesem Recht Gebrauch gemacht. Im Kanton Aargau sind sogar 5 von 11 Gemeinden, die in den 70er Jahren das Parlament eingeführt haben, wieder zur ursprünglichen Versammlungsdemokratie zurückgekehrt.

4. Gemeindeexekutive

1138   Die Exekutivbehörde nimmt *Vollzugsaufgaben* wahr. Ihr obliegt zudem die Vorbe-reitung von Geschäften, über die Gemeindeversammlung oder Parlament beraten und abstimmen. Zum Teil kann sie auch rechtsetzend tätig werden (z.B. Erlass von Poli-zeiverordnungen). Ihr sind auch die Gemeindeangestellten unterstellt. Bei der Ge-meindeexekutive handelt es sich in der Regel um eine Kollegialbehörde ("Gemein-de- oder Stadtrat"). Diese wird von einer Magistratsperson, der oft umfangreichere Kompetenzen als den gewöhnlichen Mitgliedern zukommen, präsidiert ("Gemeinde- oder Stadtpräsident" z.B. im Kanton Zürich, "Gemeinde- oder Stadtammann" z.B. im Kanton Aargau). Die Vorsitzenden der Gemeindeexekutive leiten häufig auch die Gemeindeversammlungen (anders z.T. in der Westschweiz).

V. Die Aufsicht über die Gemeinden

1. Zweck der Aufsicht

Auch die Gemeinden sind bei der Erfüllung ihrer Aufgaben an Verfassung und Gesetzgebung gebunden. Dem Kanton kommt das Recht und die Pflicht zu, zu überprüfen, ob die Gemeindetätigkeit mit dem kantonalen Recht, aber auch mit dem Recht des Bundes und dem Gemeinderecht übereinstimmt. **1139**

Der Kanton muss sich ferner davon überzeugen, dass die Gemeinden den ihnen vom kantonalen oder vom Bundesrecht übertragenen Aufgaben nachkommen. Er hat für den richtigen Vollzug zu sorgen und eine gewisse Koordination zwischen den einzelnen Gemeinden anzustreben. Deshalb kann sich unter Umständen auch die Überprüfung der Zweckmässigkeit einer kommunalen Lösung rechtfertigen. **1140**

2. Rechts- und Ermessenskontrolle

Die Kontrolle kann sich – als Rechtskontrolle – auf die Überprüfung der Vereinbarkeit eines Gemeindeaktes mit dem Bundesrecht, dem kantonalen Recht oder dem Gemeinderecht beschränken. Sie kann sich aber auch – im Sinne einer Zweckmässigkeitskontrolle – auf Ermessensentscheide der Gemeinden erstrecken. Der Umfang der Kontrolle, der sich aus dem kantonalen Verfassungs- und Gesetzesrecht ergibt, ist für jeden Fall gesondert abzuklären. **1141**

3. Aufsichtsorgane

Die Aufsicht über die Gemeinden kann von verschiedenen kantonalen Behörden wahrgenommen werden. Das wichtigste Aufsichtsorgan ist in den meisten Kantonen der Regierungsrat; häufig erfolgt eine Delegation gewisser Überwachungsbefugnisse an die einzelnen kantonalen Departemente (Direktionen). **1142**

Im Kanton Zürich ist die Gemeindeaufsicht zweistufig organisiert. Auf Bezirksebene unterstehen die Gemeinden der Aufsicht des *Bezirksrates* (§ 141 Abs. 1 Gemeindegesetz), auf kantonaler Ebene ist die *Direktion des Innern* allgemeine Aufsichtsbehörde (§ 148 Gemeindegesetz). Der Bezirksrat hat der Direktion des Innern über seine Aufsichtätigkeit Bericht zu erstatten (§ 147 Gemeindegesetz). Die Oberaufsicht über das Gemeindewesen übt der *Regierungsrat* aus (§ 149 Gemeindegesetz). Beschränkte Aufsichtskompetenzen hat schliesslich auch noch der *Kantonsrat* (§ 150 Gemeindegesetz). **1143**

4. Aufsichtsmittel

a) *Informatorische Aufsichtsmittel*

Gewisse Instrumente dienen der kantonalen Aufsichtsbehörde dazu, sich über die Gemeindetätigkeit zu informieren. Zu ihnen gehören: **1144**

- periodische oder unangekündigte Inspektionen der Gemeindeverwaltung oder der Register der Gemeinde (sog. Visitationen);
- Berichterstattungspflicht der Gemeindebehörden;
- Vorlegungspflicht für gewisse Geschäfte (zur Information und ohne dass die Genehmigung ein Gültigkeitserfordernis wäre);
- Teilnahme von Kantonsvertretern an bestimmten Sitzungen der Gemeindebehörden.

b) Genehmigungspflicht

1145   Im allgemeinen bestimmt sich nach *kantonalem Recht*, für welche Geschäfte eine Genehmigung durch den Kanton erforderlich ist. In einigen Kantonen besteht eine generelle Genehmigungspflicht, in anderen Kantonen erstreckt sich die Genehmigungspflicht nur auf bestimmte Gemeindereglemente und -beschlüsse. In der Regel hat die Genehmigung *konstitutiven Charakter*, d.h. sie ist Gültigkeitserfordernis.

1146   In vielen Kantonen bedürfen folgende Gemeindeakte der Genehmigung durch die kantonalen Aufsichtsbehörden:
- Gemeindereglemente, vor allem solche, die Rechte und Pflichten der Privaten begründen (z.B. Gemeindepolizeiordnungen, Gemeindebauordnungen);
- Grundstücksgeschäfte (z.B. Kauf oder Verkauf von Land, Belastung mit Baurechten);
- Aufnahme von Anleihen oder grössere Ausgaben.

1146a   Das *Bundesrecht* schreibt eine kantonale Genehmigung für kommunale Nutzungspläne vor (Art. 26 des Bundesgesetzes über die Raumplanung [RPG] vom 22. Juni 1979 [SR 700]; vgl. auch Art. 25 Abs. 2 RPG betreffend Zustimmung einer kantonalen Behörde zu kommunalen Ausnahmebewilligungen für Bauten ausserhalb von Bauzonen).

c) Weisungen

1147   Die kantonalen Weisungen können genereller Natur sein, indem der Kanton zuhanden der Gemeindebehörden Richtlinien erlässt, wie eine bestimmte kantonale Regelung, z.B. ein kantonales Steuergesetz, von ihnen anzuwenden ist. Solche Weisungen, die Verwaltungsverordnungen darstellen, finden sich vor allem dort, wo die Gemeinden kantonales Recht zu vollziehen haben. Daneben kann der Kanton den Gemeindebehörden aber auch für konkrete Einzelfälle Weisungen erteilen.

d) Aufhebung von Gemeindeakten

1148   Die Aufhebung oder Abänderung von rechtswidrigen Gemeindeakten kann z.B. auf Aufsichtsbeschwerde hin erfolgen. Bei formell rechtskräftigen Verfügungen von Gemeindebehörden müssen die Voraussetzungen des Widerrufs (Rz. 806 ff.) erfüllt sein.

e)   Ersatzvornahme

Ersatzvornahme (vgl. zum Begriff der Ersatzvornahme Rz. 927 f.) liegt vor, wenn   1149
der Kanton eine bestimmte kommunale Aufgabe anstelle einer Gemeinde erledigt,
die sich weigert, diese Aufgabe wahrzunehmen, oder deren Erfüllung vernachlässigt.
Die dem Kanton dadurch entstandenen Kosten kann er der Gemeinde belasten.

f)   Gemeindebevormundung

Ist eine Gemeinde aus irgendwelchen Gründen zur eigenen Verwaltung unfähig, so   1150
kann der Kanton die Gemeindeverwaltung ganz oder für bestimmte Sachbereiche
übernehmen oder die Gemeinde unter sog. *kommissarische Verwaltung* stellen.
Diese Massnahme bedeutet eine vorübergehende Aufhebung des Rechts der Gemeinde, sich selbst zu verwalten. Es handelt sich um einen ausserordentlich schwerwiegenden Eingriff in die Rechtsstellung der Gemeinde, der nur in Notfällen zulässig
ist und der auch nur sehr selten vorkommt. Zur Anordnung der Gemeindebevormundung ist in der Regel ausschliesslich das kantonale Parlament zuständig, im
Kanton Zürich gemäss § 150 des Gemeindegesetzes der Kantonsrat.

Beispiele: 1151
–   1963 wurde die kommissarische Verwaltung für die zürcherische Gemeinde Humlikon notwen-
     dig, da infolge eines Flugzeugunglückes sämtliche Organe der politischen Gemeinde und der
     Primarschulgemeinde ausgefallen waren.
–   1888 wurde zum Zwecke der Beschaffung finanzieller Mittel ein Kommissär für die Gemeinde
     Turbenthal eingesetzt; diese hatte sich beharrlich geweigert, ihre finanziellen Verpflichtungen
     gegenüber der von der Liquidation bedrohten Tösstalbahn zu erfüllen.
–   Eine Administrativuntersuchung über das Bauwesen in der Gemeinde Meierskappel zeigte auf,
     dass es während mehrerer Jahre zu Gesetzesverstössen gekommen war. Der Regierungsrat des
     Kantons Luzern sprach gegenüber Mitgliedern des Gemeinderates Disziplinarmassnahmen
     (Bussen, Verweise) aus und erteilte Weisungen zur Wiederherstellung des gesetzmässigen Zu-
     standes. Für den Fall, dass dies nicht gelinge, drohte er der Gemeinde den Entzug der Selbst-
     verwaltung an (NZZ vom 13. Februar 1998, S. 14).

VI. Gemeindeverbände

1.   Begriff, Rechtsgrundlage, Merkmale und Bedeutung

a)   Begriff

Der Gemeindeverband (auch kommunaler Zweckverband genannt) ist ein öffent-   1152
lichrechtlicher Zusammenschluss mehrerer Gemeinden zur gemeinschaftlichen Erfüllung bestimmter kommunaler Aufgaben.

b) Rechtsgrundlage

1153 Die Grundlage öffentlichrechtlicher Zweckverbände findet sich im *kantonalen Recht*, nämlich in der Kantonsverfassung, im Gemeindegesetz oder in einem Spezialgesetz. Im Kanton Zürich z.B. bilden Art. 47bis KV und § 7 des Gemeindegesetzes die Rechtsgrundlage. Eine ausführlichere Regelung, wie sie andere Kantone kennen, wurde 1983 in einer Volksabstimmung abgelehnt.

c) Merkmale

1154 Die kommunalen Zweckverbände sind *öffentlichrechtliche Körperschaften*. Als solche weisen sie eine mitgliedschaftliche Struktur auf. Mitglieder sind die einzelnen Gemeinden, nicht die Einwohner der Gemeinden.

1155 Die Verbände können *kommunale Aufgaben* sowohl aus dem autonomen als auch aus dem nicht autonomen Bereich der Gemeinden wahrnehmen.

d) Bedeutung

1156 Die Bedeutung der Gemeindeverbände nimmt ständig zu. Kommunale Zweckverbände existieren in fast allen Kantonen und in zahlreichen kommunalen Aufgabenbereichen. Sie bestehen nicht nur innerhalb eines Kantons, sondern häufig schliessen sich auch Gemeinden verschiedener Kantone zu *grenzüberschreitenden Zweckverbänden* zusammen, was im Hinblick auf das anwendbare Recht nicht immer unproblematisch ist. In Grenzkantonen gibt es sogar Gemeindeverbände, welchen ausländische Gemeinden angehören.

2. Unterschied zum Anschlussvertrag

1157 Durch Anschlussverträge kann eine Gemeinde sich die Benutzung von Verwaltungseinrichtungen einer anderen – oft benachbarten – Gemeinde sichern. Zwei oder mehrere Gemeinden können durch Vertrag die gemeinsame Errichtung und Benützung von öffentlichen Werken oder den gemeinsamen Betrieb von Amtsstellen regeln.

1158 Anschlussverträge sind *verwaltungsrechtliche Verträge zwischen Gemeinden* (vgl. Rz. 853 ff.); sie begründen keine Körperschaften.

1159 Man findet Anschlussverträge häufig zwischen grösseren Städten und ihren Agglomerationsgemeinden.

3. Gründe für den Zusammenschluss

a) Grenzüberschreitende Aufgaben

1160 Bestimmte Aufgaben haben überörtlichen Charakter und tangieren deshalb mehrere Gemeinden.

Beispiele:
Strassenbau, regionale Verkehrsbetriebe, Spitäler, Kranken- und Altersheime, kulturelle Einrichtungen, Sportanlagen, Raumplanung.

b) Finanzielle und organisatorische Gründe

Kleinere oder finanzschwächere Gemeinden sind oft finanziell oder organisatorisch nicht in der Lage, bestimmte kommunale Einrichtungen allein zu betreiben. Vielfach wären solche Einrichtungen durch die Bevölkerung einer einzigen Gemeinde auch nicht genügend ausgelastet.   1161

Beispiele:
Regionale Wasserversorgungsanlagen (vgl. BGE 113 Ia 200 ff.), Kläranlagen, Kehrichtverbrennung, Kindergärten, Schulen, Spitäler (vgl. BGE 113 Ia 341 ff.), Heime.

4. Verbandszweck

Zielsetzung eines Gemeindeverbandes ist es, bestimmte öffentliche Aufgaben zugunsten von verschiedenen Gemeinden gemeinsam zu erfüllen. Dem Zweckverband dürfen Aufgaben übertragen werden, die im Kompetenzbereich der beteiligten Gemeinden liegen. Der Zusammenschluss kann nur für die Erfüllung *einer einzelnen Aufgabe oder mehrerer genau umschriebener Aufgaben* erfolgen. Sogenannte "offene" Zweckverbände, denen im kommunalen Aufgabenbereich allgemeine Kompetenzen zukommen, sind nach dem geltenden Recht in den meisten Kantonen nicht zulässig. Vor allem in den Kantonen Graubünden und Aargau wurden in neuerer Zeit jedoch auch Gemeindeverbände gegründet, die der Wahrnehmung des gesamten Spektrums interkommunaler Aufgaben dienen, also eine offene Zwecksetzung haben.   1162

Beispiele:
- Gemeindeverband Surselva (vom Regierungsrat des Kantons Graubündens genehmigt am 6. September 1977);
- Regionalverband Wiggertal-Suhrental (vom 1. Januar 1982).

5. Gründung und Organisation

a) Gründung

Gegründet werden die Zweckverbände durch *öffentlichrechtliche Vereinbarungen* (verwaltungsrechtliche Verträge; vgl. Rz. 853) zwischen den Gemeinden. In der Regel ist deren Genehmigung durch den Kanton erforderlich (vgl. § 7 Abs. 1 Zürcher Gemeindegesetz). Die Gemeinden können daneben auch privatrechtliche Verträge abschliessen oder privatrechtliche Gesellschaften gründen.   1163

Beispiele:
- gemeinsamer Autobusbetrieb in Form einer AG;
- Wasserversorgungsgenossenschaften.

1164 Die Gründung eines Zweckverbandes – bzw. der nachträgliche Beitritt einer Gemeinde – erfolgt im allgemeinen *freiwillig*. Doch kann in gewissen Kantonen (z.B. auch im Kanton Zürich) der Staat die Gemeinden unter gewissen Voraussetzungen zur Gründung eines Verbandes *verpflichten* bzw. den nachträglichen Beitritt zu einem bestehenden Verband erzwingen, sofern dies im öffentlichen Interesse liegt (vgl. für den Kanton Zürich § 7 Abs. 2 des Gemeindegesetzes).

b)   Organisation

1165 Gemeindeverbände sind *öffentlichrechtliche Körperschaften* mit eigener Rechtspersönlichkeit. Sie verfügen im allgemeinen über ein eigenes Vermögen, das aus Beiträgen der Mitgliedergemeinden und allenfalls Subventionen des Kantons gespeist wird. Sie haben in der Regel keine Steuerhoheit. Ihre Organisation wird meist in Statuten umschrieben, soweit das kantonale Recht sie nicht festlegt.

6.   Mitgliedschaft

1166 Der Gemeindeverband ist ein Instrument horizontaler Kooperation. Die Mitgliedschaft steht daher *nur* den *Gemeinden* offen. Die mitgliedschaftliche Beteiligung des Kantons ist in der Regel ausgeschlossen, ebenso eine Beteiligung von Privatpersonen. Es können alle Arten von Gemeinden (politische Gemeinden, Schulgemeinden, Kirchgemeinden usw.) Mitglied werden, sofern sie im Bereich des Verbandszwecks tätig sind. Grundsätzlich möglich ist auch die Mitgliedschaft von Gemeinden anderer Kantone, allenfalls sogar (aufgrund entsprechender zwischenstaatlicher Vereinbarungen) anderer Staaten.

VII. Rechtsschutz

1167 Die Gemeinden können sich gegen unzulässige Eingriffe kantonaler oder auch eidgenössischer Behörden in ihre *Existenz* (vgl. BGE 121 I 218, 220; 113 Ia 336 ff.) oder in ihre *Autonomie* zur Wehr setzen. Dazu stehen ihnen sowohl auf kantonaler als auch auf Bundesebene verschiedene Rechtsmittel zur Verfügung.

1.   Kantonaler Rechtsschutz für die Gemeinden

a)   Allgemeines

1168 Je nach Kanton ist der Rechtsschutz unterschiedlich geregelt. Verletzt eine untere kantonale Instanz die Gemeinde in ihrer Rechtsstellung, so besteht innerhalb des Kantons im allgemeinen eine Beschwerdemöglichkeit an die nächsthöhere Instanz (Direktion, Regierungsrat). Die Beschwerde an das kantonale Verwaltungsgericht ist dagegen oft nur in ganz bestimmten Fällen möglich.

b) Regelung im Kanton Zürich

Im Kanton Zürich bildet § 21 lit. b des Verwaltungsrechtspflegegesetzes vom 24. Mai 1959 (ZH LS 175.2) die Grundlage für die Rechtsmittelbefugnis der Gemeinde. In § 155 des Gemeindegesetzes wird geregelt, welches Gemeindeorgan zum Entscheid über den Weiterzug eines Rechtsmittelentscheides zuständig ist.

1169

aa) Rekurs der Gemeinde

Nach § 21 lit. b des Verwaltungsrechtspflegegesetzes des Kantons Zürich sind die Gemeinden zur Wahrung der von ihnen vertretenen schutzwürdigen Interessen rekursberechtigt. Mit der Revision dieser Bestimmung ist eine allgemeine Behördenbeschwerde eingeführt worden (vgl. BEA ROTACH-TOMSCHIN, Die Revision des Zürcher Verwaltungsrechtspflegegesetzes, ZBl 98 [1997] 433 ff., 437 f.).

1170

bb) Verwaltungsgerichtsbeschwerde der Gemeinde

Gemäss revidiertem Verwaltungsrechtspflegegesetz richtet sich die Verwaltungsgerichtsbeschwerde der Gemeinden nach § 41 ff. VRG in Verbindung mit § 21 lit. b. Ob damit die bisherige Praxis (vgl. ALFRED KÖLZ, Kommentar zum Verwaltungsrechtspflegegesetz des Kantons Zürich, Zürich 1978, Rz. 74 ff. zu § 21 m.w.H.) festgeschrieben oder erweitert wird, ist noch offen. Bisher wurde den Gemeinden in folgenden Fällen die Rekurslegitimation zuerkannt:
- wenn der Regierungsrat (oder eine Direktion) nach kantonalem statt nach dem anwendbaren kommunalen Recht entschieden hat;
- wenn das kommunale Recht von der kantonalen Behörde unrichtig angewendet worden ist;
- wenn in die durch das kantonale Recht begründete qualifizierte Entscheidungs- oder Ermessensfreiheit der Gemeinde eingegriffen wird;
- bei Eingriffen des Kantons in das Finanz- und Verwaltungsvermögen der Gemeinde.

1171

Möglich ist, dass die Gemeinden gestützt auf die revidierte Gesetzesbestimmung auch die Rüge erheben können, die kantonale Behörde habe kantonales Recht unrichtig angewandt.

Zudem ist gemäss § 81 des Verwaltungsrechtspflegegesetzes das kantonale Verwaltungsgericht in einem äusserst beschränkten Rahmen für die Beurteilung von vermögensrechtlichen Streitigkeiten zwischen Kanton und Gemeinden zuständig.

1172

2. Staatsrechtliche Beschwerde der Gemeinde

a) Rechtsgrundlage

Die staatsrechtliche Beschwerde ist gemäss Art. 113 Abs. 1 Ziff. 3 BV und Art. 84 Abs. 1 lit. a OG nur bei "Verletzung verfassungsmässiger Rechte der Bürger" zuläs-

1173

sig. Das Bundesgericht hat aber in einer sehr weit zurückreichenden Praxis auch die Garantie der Gemeindeautonomie sowie das Recht der Gemeinden auf Erhaltung ihres Bestandes und Gebietes zu den *verfassungsmässigen Rechten* gezählt, obschon sie nicht den Bürgern, sondern der Gemeinde zustehen.

b) Legitimation

1174 Zur staatsrechtlichen Beschwerde legitimiert sind alle Arten von Gemeinden. Dabei genügt es, wenn die Gemeinde als Trägerin hoheitlicher Gewalt eine Verletzung ihrer Autonomie geltend macht. Die weiteren Legitimationsvoraussetzungen gemäss Art. 88 OG muss sie nicht nachweisen. Ob der Gemeinde in einem Bereich tatsächlich Autonomie zukommt, ist keine Frage der Legitimation, sondern Gegenstand der materiellen Beurteilung (BGE 119 Ia 285, 294; 117 Ia 352, 354 f.; ZBl 92 [1991] 70, 73).

1175 Die Autonomiebeschwerde kann nur von der Gemeinde selber erhoben werden; Private können lediglich im Rahmen einer staatsrechtlichen Beschwerde wegen Verletzung ihrer verfassungsmässigen Rechte *vorfrageweise* geltend machen, der angefochtene Entscheid verstosse gegen die Gemeindeautonomie (BGE 119 Ia 214, 218; 105 Ia 47, 48). Verzichtet jedoch die Gemeinde selber ausdrücklich oder stillschweigend auf die Autonomiebeschwerde, so ist selbst die vorfrageweise Geltendmachung durch Private nicht statthaft.

c) Beschwerdegrund

1176 Die Gemeinde kann in ihrer Eigenschaft als Trägerin hoheitlicher Gewalt grundsätzlich nur die Verletzung ihrer Autonomie oder ihres Bestandes rügen. Sie kann geltend machen, dass der Kanton in ihre Kompetenz zur Rechtssetzung (BGE 93 I 154, 157 ff.), einschliesslich der Kompetenz zum Erlass von Bau- und Zonenordnungen (BGE 121 II 430, 432; 119 Ia 285, 294), eingegriffen habe. Weiter kann sie als Beschwerdegrund anführen, die kantonalen Aufsichts- oder Rekursinstanzen hätten dem anwendbaren kommunalen Recht eine Auslegung gegeben, die von der vertretbaren Praxis der Gemeindebehörden abweiche, oder sie hätten statt kommunalem kantonales Recht angewandt; ferner kann sie behaupten, die den Gemeinden eingeräumte erhebliche Entscheidungsfreiheit bei der Anwendung von kantonalem Recht sei missachtet worden.

1177 Die Gemeinde ist auch befugt, die Verletzung von Art. 4 BV und der daraus abgeleiteten Rechte (Willkürverbot, Verhältnismässigkeit, Rechtsgleichheit, Treu und Glauben) geltend zu machen, allerdings nicht selbständig, sondern nur in Verbindung mit der Rüge der Verletzung ihrer Autonomie (BGE 115 Ia 42, 46). Eine Gemeinde ist zwar an sich nicht Trägerin von verfassungsmässigen Rechten der Bürger, kann aber rügen, die kantonalen Instanzen hätten zugunsten der Gegenpartei ein Grundrecht allzuweit ausgelegt oder zu ihrem Nachteil einen Verfassungsgrundsatz verletzt und damit ihre Autonomie in unzulässiger Weise eingeschränkt (BGE 114 Ia 168, 170; 113 Ia 333 ff.; ZBl 92 [1991] 70, 73).

Ist die Gemeinde dagegen in ihrer Rechtsstellung nicht als Trägerin hoheitlicher 1178
Gewalt, sondern wie eine Privatperson betroffen, so kann sie auch die Verletzung
anderer verfassungsmässiger Rechte, vorab der Eigentumsgarantie, rügen (BGE 119
Ia 214, 216; 114 Ia 168, 172).

d)   *Bedeutung der staatsrechtlichen Beschwerde*

Die Autonomiebeschwerde spielt in der Praxis eine sehr wichtige Rolle. Das Bun- 1179
desgericht muss zahlreiche Fälle beurteilen, in denen eine Autonomieverletzung, vor
allem im Bereich des Bau- und Planungsrechts, geltend gemacht wird. Die staatsrechtliche Beschwerde ist für den Schutz der kommunalen Autonomie daher von
grosser Tragweite.

3.   Verwaltungsgerichtsbeschwerde der Gemeinden an das Bundesgericht

Mit der Verwaltungsgerichtsbeschwerde an das Bundesgericht kann sich die Ge- 1180
meinde nur dort gegen bundesrechtswidrige, ihr Gebiet betreffende kantonale und
eidgenössische Verfügungen wehren, wo ihr das Bundesrecht die Legitimation besonders zuerkennt (z.B. im Bereich des Raumplanungsrechts durch Art. 34 Abs. 2
des Bundesgesetzes über die Raumplanung [RPG] vom 22. Juni 1979 [SR 700]),
oder wo sie in ähnlicher Weise betroffen ist wie eine Privatperson (Art. 103 lit. a und
c OG). Letzteres ist z.B. der Fall, wenn sich eine Gemeinde gegen Eingriffe in ihr Finanzvermögen (BGE 115 Ib 424, 429; 103 Ib 210, 216) oder gegen die Verweigerung einer Bundessubvention (BGE 122 II 382, 383) zur Wehr setzt.

Der Verwaltungsgerichtsbeschwerde der Gemeinde ans Bundesgericht kommt 1181
eine im Vergleich zur staatsrechtlichen Beschwerde beschränkte praktische Bedeutung zu.

Beispiele: 1182
–   In einem Entscheid aus dem Jahre 1986 hatte das Bundesgericht die Befugnis der Gemeinde zur
Verwaltungsgerichtsbeschwerde im Bereich des Fleischschauwesens zu prüfen. Eine besondere
bundesrechtliche Norm, die der Gemeinde die Beschwerdebefugnis einräumte, bestand nicht.
Das Bundesgericht verneinte auch das allgemeine Beschwerderecht gemäss Art. 103 lit. a OG.
Dieses setze einerseits voraus, dass sich die Gemeinde in gleicher oder ähnlicher Lage befinde
wie Private, und anderseits, dass sie ein hinreichendes Interesse an der Aufhebung oder Änderung der angefochtenen Verfügung habe, wobei das allgemeine öffentliche Interesse an der
richtigen Auslegung und Durchsetzung des Bundesrechts nicht genüge. Im konkreten Fall
strebe die beschwerdeführende Gemeinde einen Entscheid des Bundesgerichts über die vorinstanzliche Auslegung der bundesrechtlichen Bestimmungen betreffend die Nachfleischschau an.
Dies stelle kein hinreichendes Rechtsschutzinteresse dar. Die Befugnis der Gemeinde zur Erhebung von Nachfleischschaugebühren spiele vorliegend nur am Rande eine Rolle; "im übrigen
wäre ihre Beschwerdelegitimation selbst dann zweifelhaft, wenn sich die Gebührenfrage stellen
würde, denn die Beschwerdeführerin handelte in einem solchen Fall lediglich als Inhaberin öffentlicher Gewalt und wäre daher nicht in gleichem Masse in ihrem Vermögen betroffen wie
eine Privatperson" (BGE 112 Ia 59, 61 f.).
–   BGE 118 Ib 614, 616 f.; 117 Ib 111, 113 f.

§ 21   Privatrechtliche Verwaltungsträger

Literatur

BEELI HANS, Das öffentliche und gemischtwirtschaftliche Unternehmen am Beispiel der Luzerner und Zuger Kantonalbank, Diss. Fribourg 1989; BRUNNER URSULA, Rechtsetzung durch Private, Diss. Zürich 1982; DEGIACOMI FRANZ, Die Erfüllung kommunaler Aufgaben durch Private, Diss. Zürich 1989; EICHENBERGER KURT, Verwaltungsprivatrecht, in: Privatrecht - Öffentliches Recht - Strafrecht, Festgabe zum Schweizerischen Juristentag 1985, Basel 1985; JAAG TOBIAS, Privatisierung von Verwaltungsaufgaben, VVDStRL 54 (1994) 287 ff.; JUNOD CHARLES-ANDRÉ, Quelques aspects du statut juridique du Fonds national suisse de la recherche scientifique, in: Mélanges offerts à la Société suisse des Juristes, Genf 1976, S. 129 ff.; KNAPP BLAISE, L'exécution de tâches publiques fédérales par des tiers, in: Schweizerisches Bundesverwaltungsrecht, Organisationsrecht, Basel/Frankfurt a.M. 1996; KNAPP BLAISE, La collaboration des particuliers et de l'Etat à l'exécution des tâches d'intérêt général, in: Mélanges Henri Zwahlen, Lausanne 1977, S. 363 ff.; KRÄHENMANN BEAT, Privatwirtschaftliche Tätigkeit des Gemeinwesens, Basel/Frankfurt a.M. 1987; MEYLAN JACQUES, L'accomplissement par des organismes de droit privé de tâches d'intérêt général et la sauvegarde de l'intérêt général, in: Mélanges Henri Zwahlen, Lausanne 1977, S. 419 ff.; PEINE FRANZ-JOSEPH, Grenzen der Privatisierung – verwaltungsrechtliche Aspekte, DÖV 50 (1997) 353 ff.; POLTIER ETIENNE, Les entreprises d'économie mixte, Diss. Lausanne 1983; SCHÜRMANN LEO, Rechtsfragen zur Haftung von Mitgliedern des Regierungsrates als Verwaltungsräte in öffentlichen und gemischtwirtschaftlichen Unternehmen, insbesondere nach zugerischem Recht, in: ZBl 91 (1990) 337 ff.; SCHÜRMANN LEO, Das Recht der gemischtwirtschaftlichen und öffentlichen Unternehmungen mit privatrechtlicher Organisation, ZSR NF 72 (1953) 65a ff.; STÄMPFLI MICHAEL, Die gemischtwirtschaftliche Aktiengesellschaft, Diss. Bern 1991; THOMANN URS, Die staatlich gebundene Aktiengesellschaft, Eine Studie am Beispiel der SWISSAIR mit Vergleichen, Diss. Zürich 1982; WELTERT HANS MARTIN, Die Organisations- und Handlungsformen in der schweizerischen Elektrizitätsversorgung, Diss. Basel 1989; WINDLIN HANS/DELWING DIETER, Haften Regierungsmitglieder als Delegierte in öffentlichen und gemischtwirtschaftlichen Unternehmen persönlich?, ZBl 92 (1991) 152 ff.

I.   Öffentliche Unternehmen in Privatrechtsform

1182a   Die Gemeinwesen haben die Möglichkeit, öffentliche Aufgaben durch öffentliche Unternehmungen mit privatrechtlicher Struktur – meistens in der Form der Aktiengesellschaft oder Genossenschaft – erfüllen zu lassen. Sie unterscheiden sich von den gemischtwirtschaftlichen Unternehmen (vgl. Rz. 1183 ff.) dadurch, dass keine Privaten beteiligt sind. Ihnen kommen in bezug auf die Wahrnehmung von Verwaltungsaufgaben vielfach nur Hilfsfunktionen zu, z.B. als Zulieferer der öffentlichen Verteilungswerke oder als Abnehmer der öffentlichen Entsorgungsbetriebe.

Beispiele:
- Gasverbund Mittelland AG, Gasverbund Ostschweiz AG;
- Schweizerische Rheinsalinen AG;
- Grossanlagen der Kehrichtbeseitigung (vgl. BGE 105 Ia 255 ff.);
- Nordostschweizerische Kraftwerke AG (NOK).

II. Gemischtwirtschaftliche Unternehmungen

1. Begriff und Merkmale

Die gemischtwirtschaftliche Unternehmung ist eine Körperschaft in der Form einer Gesellschaft des Privatrechts, in der sich ein oder mehrere Gemeinwesen und Private als Mitglieder zur Besorgung einer öffentlichen Aufgabe zusammengeschlossen haben. 1183

Üblicherweise stellen *Gemeinwesen* – Bund, Kantone, Gemeinden, andere öffentlichrechtliche Körperschaften oder öffentlichrechtliche Anstalten – *und Private* gemeinsam das *Unternehmenskapital* zur Verfügung und nehmen gemeinsam die *Verwaltung* wahr. 1184

Das Gemeinwesen verzichtet allerdings gelegentlich auf eine Kapitalbeteiligung und beschränkt sich – im Sinne von Art. 762 Abs. 1 OR – darauf, Vertreter in Verwaltung oder Kontrollstelle von privaten Unternehmungen, an denen ein öffentliches Interesse besteht, zu entsenden (so z.B. bei Gesellschaftssanierungen oder um die Verwendung von staatlichen Subventionen zu kontrollieren). 1185

Für die gemischtwirtschaftliche Unternehmung weiter charakteristisch ist ihre *doppelte Zweckbestimmung*, die Gewinnstrebigkeit und Verwirklichung öffentlicher Interessen miteinander verbindet. 1186

2. Rechtsform und Gründung

Üblich ist die Rechtsform der *Aktiengesellschaft*, weit weniger häufig diejenige der *Genossenschaft*. Die anderen privatrechtlichen Gesellschaftsformen eignen sich nicht bzw. weniger gut für gemischtwirtschaftliche Unternehmungen. 1187

Die Teilnahme der öffentlichrechtlichen Gesellschafter an der Unternehmung bedarf grundsätzlich einer gesetzlichen Grundlage. Die Gründung erfolgt dadurch, dass die einzelnen Gründungsmitglieder die Statuten annehmen. 1188

3. Anwendbares Recht

Anwendbar sind grundsätzlich diejenigen *privatrechtlichen Bestimmungen*, welche für die gewählte Rechtsform gelten, sowie die allgemeinen privatrechtlichen Normen. Sonderregeln bestehen dabei im Aktien- und Genossenschaftsrecht hinsichtlich der Mitglieder des Verwaltungsrates und der Kontrollstelle, die das Gemeinwesen vertreten (Art. 762 und Art. 926 OR). So steht dem Gemeinwesen die Bezeichnung und die Abberufung seiner Vertreter in Verwaltungsrat und Kontrollstelle allein zu. Das Gemeinwesen haftet auch für das Verhalten seiner Vertreter. Grundsätzlich haben die Vertreter des Gemeinwesens aber keine bessere Rechtsstellung als die privaten Gesellschafter (Art. 762 Abs. 3 und Art. 926 Abs. 2 OR). 1189

In steuerrechtlicher Hinsicht sind die gemischtwirtschaftlichen Unternehmungen den ausschliesslich privatrechtlichen Gesellschaften ebenfalls gleichgestellt, es sei denn, das Gesetz sehe ausdrücklich etwas anderes vor. 1190

4. Motive für die Gründung von gemischtwirtschaftlichen Unternehmungen

1191 Die Form der gemischtwirtschaftlichen Unternehmung wird den wirtschaftlichen Aktivitäten auf Gebieten, auf denen zumeist auch rein private Unternehmen als Konkurrenten tätig sind, am ehesten gerecht. Sie bedeutet zudem eine gewisse Entpolitisierung des betreffenden öffentlichen Aufgabenbereichs. Oft dient sie auch dazu, zusätzliche finanzielle Mittel für kapitalintensive, im öffentlichen Interesse liegende Vorhaben zu beschaffen.

5. Anwendungsbereiche und Beispiele

1192 Gemischtwirtschaftliche Unternehmungen bestehen hauptsächlich im finanziellen Bereich (z.B. verschiedene Kantonalbanken), im Energiesektor (z.B. Westschweizerische Kraftwerke AG [EOS]) oder im Transportwesen (z.B. SWISSAIR; Südostbahn [SOB]; Berner Alpenbahngesellschaft Bern-Lötschberg-Simplon [BLS], vgl. BGE 95 II 157 ff.).

III. Spezialgesetzliche Aktiengesellschaften des Bundes

1192a Eine ähnliche Form wie die gemischtwirtschaftliche Unternehmung ist die spezialgesetzliche Aktiengesellschaft. Ihre Organisation richtet sich nach dem betreffenden Spezialgesetz des Bundes, den Statuten und – ergänzend – den aktienrechtlichen Vorschriften des OR. Aktionäre können neben dem Bund auch Dritte, d.h. Private und allenfalls andere Gemeinwesen, sein. Die Motive für die Gründung sind grundsätzlich dieselben wie bei den gemischtwirtschaftlichen Unternehmen. Die Rechtsform der spezialgesetzlichen Aktiengesellschaft steht aber ausschliesslich für Verwaltungsträger des Bundes zur Verfügung, weil nur der Bund zuständig zum Erlass von Vorschriften ist, die von den Bestimmungen des OR abweichen. Das Spezialgesetz des Bundes kann solche Abweichungen vorsehen, um eine besser auf die Erfüllung der betreffenden Bundesaufgabe zugeschnittene Organisation und eine verstärkte Einflussnahme der Bundesbehörden zu ermöglichen.

Beispiele:
- SWISSCOM (Bundesgesetz über die Organisation der Telekommunikationsunternehmung des Bundes [Telekommunikationsunternehmungsgesetz, TUG] vom 30. April 1997 [SR 784.11]);
- Schweizerische Nationalbank (Nationalbankgesetz [NBG] vom 23. Dezember 1953 [SR 951.11];
- SBB (Bundesgesetz über die Schweizerischen Bundesbahnen [SBBG] vom 20. März 1998 [SR 742.31]).

IV. Übertragung von Verwaltungsaufgaben auf Private

1. Begriff und Voraussetzungen

Das Gemeinwesen kann die Erfüllung öffentlicher Aufgaben auch auf Private oder 1193
private Institutionen übertragen. Eine solche Delegation von Verwaltungsbefugnis-
sen ist nach Lehre und Rechtsprechung (vgl. IMBODEN/RHINOW Bd. II, S. 1139 f.)
zulässig, sofern
- sie auf einer *gesetzlichen Grundlage* (VPB 57 [1993] Nr. 6, S. 82; vgl.
  RHINOW/KRÄHENMANN, S. 504) beruht, welche die Art der Aufgabenerfüllung
  durch die Privaten in den Grundzügen regelt, um sicherzustellen, dass dabei die
  öffentlichen Interessen ausreichend gewahrt werden,
- die Privaten der *Aufsicht des Staates* unterstehen und
- gewährleistet ist, dass die Privaten bei der Ausübung ihrer Tätigkeiten an die
  Verfassung, insbesondere an die Grundrechte, *gebunden* sind (vgl. Rz. 1203 f.).
Die Übertragung der öffentlichen Aufgabe auf Private kann auf unterschiedliche Weise erfolgen, namentlich auch durch *verwaltungsrechtlichen Vertrag* (vgl.
Rz. 874).

2. Arten privater Rechtsträger

a) Monopolkonzessionäre

Wo der Staat ein unmittelbar rechtliches Monopol besitzt, kann er durch eine Mono- 1194
polkonzession Privaten das – wohlerworbene – Recht einräumen, die an sich ausschliesslich dem Staat vorbehaltene wirtschaftliche Tätigkeit auszuüben. Da es sich
um eine wirtschaftliche Tätigkeit handelt, die aus Gründen des öffentlichen Wohls
monopolisiert worden ist, handelt es sich gleichzeitig um die Übertragung einer öffentlichen Aufgabe. Deshalb besteht oft auch eine Betriebspflicht. Vgl. dazu § 37,
insb. Rz. 2026 ff.

Beispiele:
Eisenbahnkonzession, Personentransportkonzession.

b) Konzessionäre des öffentlichen Dienstes

In Lehre und Rechtsprechung werden Private, denen das Gemeinwesen die Erledi- 1195
gung einer bestimmten staatlichen Aufgabe überträgt, manchmal als "Konzessionäre
des öffentlichen Dienstes" bezeichnet. Die Übertragung derartiger Aufgaben auf Private dient vor allem der Entlastung der Verwaltung.

Statt von Konzession des öffentlichen Dienstes wird in der Lehre auch von 1196
"Beleihung" gesprochen (z.B. GYGI, Verwaltungsrecht, S. 56 f.). Der Begriff der
Konzession des öffentlichen Dienstes kann zu Missverständnissen Anlass geben, da
sich die Rechtsstellung des mit der Erledigung von Verwaltungsobliegenheiten betrauten Privaten wesentlich von derjenigen eines Monopol- oder Sondernutzungs-
konzessionärs unterscheidet (vgl. Rz. 2008 f., 2018 f.).

Beispiele:
- Zentralverband der Schweizerischen Milchproduzenten;
- Verbandsausgleichskassen der AHV (Art. 53 AHVG);
- Schweizerischer Elektrotechnischer Verein (SEV); vgl. VPB 43 (1979) Nr. 22, S. 83 ff. (Entscheid des Eidgenössischen Verkehrs- und Energiewirtschaftsdepartements vom 22. Juni 1978); BGE 108 Ib 389 ff.;
- Krankenkassen.

1197 Den Beliehenen sind zumeist *Vollzugsaufgaben* übertragen. Sie können ermächtigt werden, Rechtsverhältnisse durch Verfügungen zu regeln.

Beispiele:
- Durchführung von staatlich anerkannten Lehrabschluss- und Meisterprüfungen durch die Berufsverbände (Art. 42 des Bundesgesetzes über die Berufsbildung [BBG] vom 19. April 1978 [SR 412.10]);
- Sicherheitsprüfung von elektrischen Einrichtungen und Apparaten durch das Starkstrominspektorat des Schweizerischen Elektrotechnischen Vereins (Art. 2 der Verordnung über das Eidgenössische Starkstrominspektorat vom 24. Oktober 1967 [SR 734.24]);
- Vorbereitungen im Hinblick auf die Durchführung von Massnahmen der wirtschaftlichen Landesversorgung im Bereich der Produktion, des Transports, der Verteilung und des Verbrauchs von Elektrizität durch den Verband Schweizerischer Elektrizitätswerke (VSE) (Verordnung über die Vollzugsorganisation der wirtschaftlichen Landesversorgung im Bereich der Elektrizitätswirtschaft [VOEW] vom 17. Februar 1993 [SR 531.35]);
- Sammlung und Verwertung von Milch durch private Milchsammelstellen (Art. 5 f. des Beschlusses über Milch, Milchprodukte und Speisefette [Milchbeschluss] vom 29. September 1953 [SR 916.350]) (vgl. ZBl 88 [1987] 205 ff. [Urteil des Bundesgerichts vom 10. Juli 1986]);
- Führung der Herdebücher für Zuchtvieh durch Viehzuchtgenossenschaften (Art. 35 ff. der Verordnung über die Rindvieh- und Kleinviehzucht [Tierzuchtverordnung, TZV] vom 29. August 1958 [SR 916.310]);
- Durchführung der sozialen Krankenversicherung durch Krankenkassen (Art. 11 ff. des Bundesgesetzes über die Krankenversicherung [KVG] vom 18. März 1994 [SR 832.10]).

1198 Den Beliehenen können neben Vollzugsaufgaben auch gewisse *Rechtsetzungskompetenzen* zukommen.

Beispiele:
- Anordnungen des Zentralverbandes schweizerischer Milchproduzenten (z.B. SR 916.350.181.15);
- Reglemente der Krankenkassen.

c) *Privatrechtliche Stiftungen und Vereine*

1200 Durch eine Konzession des öffentlichen Dienstes (vgl. Rz. 1195 ff.) oder auf andere Weise kann der Staat öffentliche Aufgaben auch auf private Institutionen wie privatrechtliche Stiftungen oder Vereine (z.B. Berufsverbände, vgl. Rz. 1197) übertragen. Er kann aber auch selber derartige Institutionen spezifisch für die Erfüllung öffentlicher Aufgaben gründen.

Beispiele:
- Die militärischen Schiessvereine im Sinne von Art. 63 Abs. 2 und 6 des Bundesgesetzes über die Armee und die Militärverwaltung (Militärgesetz [MG] vom 3. Februar 1995 [SR 510.10]),

denen die Durchführung des Schiessobligatoriums obliegt, sind privatrechtliche Schützenvereine.

– Beim Schweizerischen Nationalfonds zur Förderung der wissenschaftlichen Forschung handelt es sich um eine privatrechtliche Stiftung mit öffentlichem Zweck und öffentlicher Finanzierung (vgl. Art. 8 des Bundesgesetzes über die Forschung [Forschungsgesetz, FG] vom 7. Oktober 1983 [SR 420.1]).

– Stiftung für die Bereitstellung von Gebäuden für internationale Organisationen (vgl. KNAPP, Précis, N. 2683).

3. Anwendbares Recht

Die privaten Rechtsträger werden nach privatem Recht gegründet und organisiert. In ihrem Verhältnis zu anderen Privaten sind sie, soweit sie öffentlichrechtliche Aufgaben erfüllen, zum Teil dem *Privatrecht* und zum Teil dem *öffentlichen Recht* unterstellt. So kann im Bund beispielsweise das Verwaltungsverfahrensgesetz zur Anwendung gelangen (vgl. Art. 1 Abs. 2 lit. e VwVG). Ebenfalls anwendbar ist – im Falle von widerrechtlicher Schadenszufügung – das Verantwortlichkeitsgesetz vom 14. März 1958 (SR 170.32) (vgl. Art. 19 VG).   1201

Beispiel: 1202
Das Bundesgericht stellte fest, dass es im verwaltungsgerichtlichen Klageverfahren gemäss Art. 116 lit. k OG nur dann auf eine gegen den Schweizerischen Elektrotechnischen Verein gerichtete und auf Art. 19 des Verantwortlichkeitsgesetzes gestützte Schadenersatzklage eintreten könne, wenn der Verein den behaupteten Schaden in Ausübung einer ihm übertragenen öffentlichrechtlichen Aufgabe zugefügt habe. Das Bundesgericht verneinte dies für den konkreten Fall und verwies die Klägerin auf den Zivilweg (BGE 108 Ib 389, 390 ff.; nach der heute geltenden Fassung des OG und des Art. 19 des Verantwortlichkeitsgesetzes hätte das Bundesgericht über den Anspruch auf Schadenersatz nicht im Klage-, sondern im Verwaltungsgerichtsbeschwerdeverfahren zu entscheiden; siehe Rz. 1561, 1795).

4. Bindung an die Grundrechte

Private, die öffentliche Aufgaben erfüllen, sind grundsätzlich an die Verfassung, vor allem an die Grundrechte, gebunden (VPB 58 [1994] Nr. 15, S. 120). Dies auch dann, wenn sie in privatrechtlicher Form handeln. Privatautonomie kommt ihnen in dieser Funktion nicht zu, ihr Handeln muss am öffentlichen Interesse orientiert und verfassungsbezogen sein. Sie haben namentlich das Rechtsgleichheitsgebot und das Willkürverbot (Art. 4 Abs. 1 BV) zu beachten.   1203

Beispiel: 1204
Die privaten Milchsammelstellen, welchen im Rahmen der Milchbewirtschaftung öffentliche Aufgaben übertragen sind, können mit den Lieferanten privatrechtlich einen höheren als den sich aus dem staatlichen Preissystem ergebenden Milchabnahmepreis vereinbaren. Sie haben sich dabei jedoch an das Rechtsgleichheitsgebot und das Willkürverbot zu halten. Das Gleichheitsgebot wird verletzt, "wenn Produzenten, die ihre Milch in gleicher Qualität und unter gleichen Verwertungsverhältnissen ihrer Sammelstelle abliefern, einen wesentlich geringeren Preis erhalten als jene Lieferanten, welche einer von der Sammelstelle unterstützten privaten Vereinigung beitreten" (ZBl 88 [1987] 205, 207 [Urteil des Bundesgerichts vom 10. Juli 1986]).

§ 22 Die Beamtinnen und Beamten

Literatur

BELLWALD PETER, Die disziplinarische Verantwortlichkeit der Beamten, Diss. Bern 1984; BUSER WALTER (Hrsg.), Die Zukunft des öffentlichen Dienstes in der Schweiz, Lenzburg 1993; HAFNER FELIX, Öffentlicher Dienst im Wandel. Stellung und Funktion des öffentlichen Dienstverhältnisses im demokratisch-pluralistischen Gemeinwesen, ZBl 93 (1992) 481 ff.; HÄNNI PETER, Personalrecht des Bundes, in: Schweizerisches Bundesverwaltungsrecht, Bd. 1, Organisationsrecht, Basel/Frankfurt a.M. 1996; HÄNNI PETER, La fin des rapports de service en droit public, RDAF 51 (1995) 407 ff.; HÄNNI PETER, Rechte und Pflichten im öffentlichen Dienstrecht, Freiburg 1993; HÄNNI PETER, Die Treuepflicht im öffentlichen Dienstrecht, Diss. Freiburg 1982; HANGARTNER YVO, Öffentlich-rechtliche und privatrechtliche Anstellung von öffentlichem Personal, in: Mitteilungen des Instituts für schweizerisches Arbeitsrecht 1993, S. 27 ff.; HANGARTNER YVO, Geschlechtergleichheit und Frauenquote in der öffentlichen Verwaltung, AJP 1 (1992), 835 ff.; HANGARTNER YVO, Treuepflicht und Vertrauenswürdigkeit der Beamten, ZBl 85 (1984) 385 ff.; HANGARTNER YVO, Entwicklungstendenzen im öffentlichen Dienstrecht, ZSR NF 98/I (1979) 389 ff.; HANGARTNER YVO, Ausgewählte Fragen des öffentlichen Dienstverhältnisses, Bern 1977; HANGARTNER YVO, Reform des Beamtendisziplinarrechts, ZBl 71 (1970) 425 ff.; HELBLING PETER, Rechtliche Aspekte der leistungsabhängigen Besoldung, in: Leistungslohn im öffentlichen Dienst, Bd. 27 der Schriftenreihe der Schweizerischen Gesellschaft für Verwaltungswissenschaften, Bern 1994, S. 99 ff.; HELBLING PETER, Totalrevision des eidgenössischen Beamtengesetzes – eine rechtliche Auslegeordnung, AJP 2 (1993), 647 ff.; HINTERBERGER WALTER, Disziplinarfehler und Disziplinarmassnahmen im Recht des öffentlichen Dienstes, unter besonderer Berücksichtigung der Regelungen des Bundes und des Kantons St. Gallen, Diss. St. Gallen 1986; HUBER-SCHLATTER ANDREAS, Der Beamte und sein Status, in: Festschrift zum 60. Geburtstag von Bundesrat Arnold Koller, Bern/Stuttgart/Wien 1993, S. 317 ff.; JAAG TOBIAS, Das öffentliche Dienstverhältnis im Bund und im Kanton Zürich – ausgewählte Fragen, ZBl 95 (1994), 433 ff.; JUD ELMAR MARIO, Besonderheiten öffentlichrechtlicher Dienstverhältnisse nach schweizerischem Recht, insbesondere bei deren Beendigung aus nichtdisziplinaren Gründen, Diss. Freiburg 1975; KÄGI WALTER, Entwicklungstendenzen im Disziplinarrecht der Beamten, in: Personalfragen der öffentlichen Verwaltung, Veröffentlichungen des Schweizerischen Instituts für Verwaltungskurse an der Hochschule St. Gallen, Bd. 8, 1976, S. 73 ff.; KÄGI-DIENER REGULA, Beamte zwischen Recht und Finanzen, recht 13 (1995) 10 ff.; KÄMPFER WALTER, Die ausserdienstliche Meinungsäusserungsfreiheit und die Vereinsfreiheit der Beamten im politischen Bereich in neuerer Sicht, in: Mélanges André Grisel, Neuenburg 1983, S. 481 ff.; KAUFMANN OTTO KONSTANTIN, Grundzüge des schweizerischen Beamtenrechts, ZBl 73 (1972) 379 ff.; KELLER DIETER, Das neue Disziplinarrecht der Stadt Zürich, ZBl 79 (1978) 185 ff.; KLEY-STRULLER ANDREAS, Beamtenrechtliche Streitsachen und Art. 6 EMRK bzw. Art. 14 CCPR, AJP 4 (1995) 758 ff.; KNAPP BLAISE, Le fonctionnaire face aux libertés fondamentales, in: Le fonctionnaire au service du droits de l'homme, XIIème colloque de l'Association internationale de la fonction publique, Avignon, juillet 1989, Bruxelles 1990; KNAPP BLAISE, La violation du devoir de fidélité, cause de cessation de l'emploi du fonctionnaire fédéraux, ZSR NF 103/I (1984) 489 ff.; LOBSIGER ERNST, Die rechtliche, wirtschaftliche und soziale Stellung des Beamten und deren Sicherung, ZBl 74 (1973) 305 ff.; MAHON PASCAL, Le statut des fonctionnaires fédéraux entre révision partielle et révision totale, in: Duc Jean-Louis (Hrsg.), Le travail et le droit, enseignement du 3ᵉ cycle de droit 1993, Freiburg 1994, S. 29 ff.; MEILI CHRISTOPH, Das öffentlich-rechtliche Dienstverhältnis, insbesondere dessen Beendigung nach zürcherischem Recht, Diss. Zürich 1958; MODOIANU GILDA, Les intérêts privés du fonctionnaire, in: RDAF 46 (1991) 429 ff.; MÜLLER STEFAN, Die Bedeutung von Art. 4 BV bei der Besetzung öffentlicher Stellen, Diss. Bern 1981; NARBEL CLAUDE, Les droits acquis des fonctionnaires, Diss. Lausanne 1957; PLOTKE HERBERT, Die Wahl, insbesondere die Wiederwahl der Beamten einschliesslich der Lehrer, ZBl 77 (1976)

529 ff.; POLEDNA TOMAS, Disziplinarische und administrative Entlassung von Beamten – vom Sinn und Unsinn einer Unterscheidung, ZBl 96 (1995), 49 ff.; RAUSCH HERIBERT, Die Meinungsäusserungsfreiheit der Staatsangestellten, ZBl 80 (1979) 97 ff.; RHINOW RENÉ A., Privatrechtliche Arbeitsverhältnisse in der öffentlichen Verwaltung, in: Festschrift für Frank Vischer zum 60. Geburtstag, Zürich 1983, S. 421 ff.; RICHLI PAUL, Öffentliches Dienstrecht im Zeichen des New Public Management, Bern 1996; SCHROFF HERMANN/GERBER DAVID, Die Beendigung des Dienstverhältnisses in Bund und Kantonen, Veröffentlichungen des Schweizerischen Instituts für Verwaltungskurse an der Hochschule St. Gallen, Bd. 22, St. Gallen 1985; SCHULTZ HANS, Der Beamte als Zeuge im Strafverfahren, ZBl 86 (1985) 185 ff.; SCHWANDER IVO/SCHAFFHAUSER R. (Hrsg.), Das Bundesgesetz über die Gleichstellung von Frau und Mann, St. Gallen 1996; STÄHELIN PHILIPP, Öffentlicher Dienst im Wandel. Bemerkungen zum Aufsatz von PD Dr. iur. Felix Hafner, Basel, ZBl 94 (1993) 156 ff.; WORMSER DANIEL, Der sog. Streikartikel im Bundesgesetz über das Dienstverhältnis der Bundesbeamten von 1927, Diss. Bern 1975; ZIMMERMANN ROBERT, Le principe de la légalité et les rapports de droit spéciaux dans la jurisprudence du Tribunal fédéral, in: La légalité, Basel/Frankfurt a.M. 1992, S. 117 ff.

Gesetzliche Regelung im Bund:

- Beamtengesetz (BtG) vom 30. Juni 1927 (SR 172.221.10)
- Bundesgesetz über die Verantwortlichkeit des Bundes sowie seiner Behördemitglieder und Beamten (Verantwortlichkeitsgesetz) vom 14. März 1958 (SR 170.32) (VG)

I. Begriff und Rechtsnatur des Beamtenverhältnisses

1. Begriff des Beamten bzw. der Beamtin

Es werden mehrere Beamtenbegriffe verwendet, die sich je nach der Funktion, die sie erfüllen, unterscheiden.

a) *Allgemeiner Beamtenbegriff*

aa) *Allgemeiner Beamtenbegriff im weiteren Sinn*

Der allgemeine Beamtenbegriff kann in einem ganz umfassenden Sinn so verstanden werden, dass darunter *alle Personen* fallen, *die Aufgaben des Gemeinwesens erfüllen*, ohne Rücksicht auf die Natur des Dienstverhältnisses, in dem sie stehen. Gewisse öffentlichrechtliche Regelungen, so z.B. die Haftungsgesetze, knüpfen an einen solchen Beamtenbegriff an. 1205

bb) *Allgemeiner Beamtenbegriff im engeren Sinn*

Wichtiger ist eine etwas weniger weite Umschreibung des allgemeinen Beamtenbegriffs, womit alle Personen erfasst werden, die kraft eines *öffentlichrechtlichen* 1206

Dienstverhältnisses einen bestimmten hoheitlichen oder nichthoheitlichen staatlichen Aufgabenkreis zu besorgen haben und dabei der Dienstgewalt des Gemeinwesens unterstehen.

b) Beamtinnen und Beamte im Sinne eines Beamtengesetzes

1207 Einen engeren Kreis von Beamtinnen und Beamten bezeichnet der Beamtenbegriff, der gemäss einer besonderen gesetzlichen Umschreibung nur jene in einem öffentlichrechtlichen Dienstverhältnis stehenden Personen umfasst, *die der Regelung eines bestimmten Beamtengesetzes unterstehen.* Angestellte, die zum Staat in einem kündbaren öffentlichrechtlichen Dienstverhältnis stehen, fallen nicht darunter. Nur die Beamtinnen und Beamten im Sinne eines Beamtengesetzes werden auf eine bestimmte Amtsdauer gewählt.

Beispiele:
- Art. 1 BtG (mit Hinweis auf das Ämterverzeichnis [SR 172.221.111]);
- § 1 des aargauischen Dekrets über das Dienstverhältnis und die Besoldung der Staatsbeamten (Besoldungsdekret) vom 24. November 1971 (SAR 161.110);
- § 1 des Beamtengesetzes des Kantons Basel-Stadt vom 25. April 1968.

1208 Die kantonalen Beamtengesetze umschreiben den Beamtenbegriff sehr unterschiedlich.

c) Beamtinnen und Beamte im Sinne des Strafgesetzbuches

1209 Art. 110 Ziff. 4 StGB enthält eine Legaldefinition des Beamten bzw. der Beamtin im Hinblick auf deren strafrechtliche Verantwortlichkeit (vgl. Art. 312 ff. StGB [strafbare Handlungen gegen die Amtspflicht], Rz. 1255). Unter den strafrechtlichen Beamtenbegriff fallen Beamtinnen bzw. Beamte und Angestellte einer öffentlichen Verwaltung und der Rechtspflege sowie auch Personen, die nur provisorisch ein Amt bekleiden oder angestellt sind oder nur vorübergehend amtliche Funktionen ausüben. Entscheidend ist die *Ausübung von öffentlichen Funktionen für das Gemeinwesen* (BGE 121 IV 216, 220). Beamtinnen bzw. Beamte im strafrechtlichen Sinn sind unter Umständen auch Magistratspersonen (Mitglieder der Regierungen und Gerichte), Kommissionsmitglieder (vgl. VPB 43 [1979] Nr. 38, S. 174 ff.; Stellungnahme der Justizabteilung vom 31. August 1979 betreffend die Eidgenössische Bankenkommission), privatrechtlich Angestellte und ehrenamtlich Tätige.

2. Das Beamtenverhältnis als Sonderstatusverhältnis

1210 Die Beamtinnen und Beamten stehen zum Staat in einem besonders engen Rechtsverhältnis; sie sind – verglichen mit den Angestellten privater Unternehmen – einer verstärkten Befehlsgewalt des Arbeitgebers unterworfen. Ihre Amtspflichten gehen in der Regel über die einem privatrechtlichen Arbeitsverhältnis entspringenden Pflichten hinaus. Als wesentliche Merkmale des Sonderstatusverhältnisses von Beamtinnen und Beamten gelten:
- die besondere Treuepflicht gegenüber dem Gemeinwesen;

- die Schweigepflicht (in der Regel über die Dauer des Dienstverhältnisses hinaus);
- die disziplinarische Verantwortlichkeit.

Der Rechtsschutz der Beamtinnen und Beamten ist öffentlichrechtlicher Natur und wird letztinstanzlich in der Regel durch Verwaltungsgerichte wahrgenommen (vgl. Rz. 1260 ff.). 1211

II. Begründung und Beendigung des Beamtenverhältnisses

1. Begründung des Beamtenverhältnisses

Das Beamtenverhältnis wird in der Regel nicht durch Vertrag, sondern durch *Verfügung der Wahlbehörde* begründet, d.h. durch einen einseitigen Hoheitsakt des Gemeinwesens. Allerdings darf die Ernennungsverfügung nur auf Antrag der Betroffenen hin bzw. mit deren Zustimmung ergehen. Es handelt sich also um eine mitwirkungsbedürftige Verfügung. 1212

In der Schweiz gilt der *Grundsatz der allgemeinen Wählbarkeit*: Grundsätzlich kann jedermann zum Beamten oder zur Beamtin ernannt werden. Die Ernennung kann jedoch an verschiedene Wählbarkeitsvoraussetzungen geknüpft werden. Verlangt werden in der Regel: 1213
- Schweizer Bürgerrecht;
- unbescholtener Leumund;
- Handlungsfähigkeit;
- für bestimmte Berufe (z.B. Lehrer, Notare) Wählbarkeits- und Fähigkeitszeugnisse.

Wahlbehörde ist die Spitze der Exekutive (Bundesrat, Regierungsrat) oder eine nachgeordnete Amtsstelle, ausnahmsweise auch das Parlament. Gerichtsbeamtinnen und -beamte werden durch die Gerichte ernannt (vgl. für den Bund Art. 5 BtG). 1214

Den Bewerberinnen und Bewerbern steht im Bund *kein Rechtsmittel zur Anfechtung ihrer Nicht-Wahl* zur Verfügung. Die Verwaltungsgerichtsbeschwerde ans Bundesgericht ist ausgeschlossen (Art. 100 Abs. 1 lit. e Ziff. 1 OG). Für den verwaltungsinternen Beschwerdeweg fehlt nach der Rechtsprechung der Bundesbehörden dem nicht berücksichtigten Bewerber die Legitimation, weil er nicht in schützenswerten Interessen betroffen sei, da im Fall der Aufhebung der Wahl des berücksichtigten Konkurrenten nicht ohne weiteres der übergangene Mitbewerber gewählt würde und überdies der erfolgte Wahlakt als irreversibel zu gelten habe (VPB 38 [1974] Nr. 68; 39 [1975] Nr. 47). Noch offen ist, ob das Bundesgesetz über die Gleichstellung von Frau und Mann vom 24. März 1995 (Gleichstellungsgesetz [GlG]; SR 151) zu einer Änderung dieser Praxis führen wird. Zwar sieht Art. 5 Abs. 4 GlG nur einen Anspruch auf Entschädigung bei diskriminierender Ablehnung einer Anstellung vor. Immerhin werden unterlegenen Bewerberinnen und Bewerbern damit Rechtsschutzmöglichkeiten eröffnet (vgl. Art. 13 GlG), womit die Schutzwürdigkeit ihrer Interessen anerkannt wird (vgl. HÄNNI, Personalrecht, Rz. 50). Der Regierungsrat des Kantons Aargau hat dagegen die Beschwerde einer übergangenen Bewerberin zugelassen mit der Begründung, dass diese zwar nicht erreichen könne, 1214a an die Stelle des gewählten Konkurrenten gesetzt zu werden, ihr aber ein schutz-würdiges Interesse daran zukomme, dass die Verfahrensvorschriften eingehalten würden, so dass sie bei erfolgreicher Beschwerde eine neue Chance erhielte, gewählt zu werden (ZBl 94 [1993] 15).

2. Beendigung des Beamtenverhältnisses

a) Beendigung durch objektive Tatsachen

1215 Das Beamtenverhältnis kann durch das Erreichen der Altersgrenze sowie durch Tod beendigt werden.

b) Beendigung auf Veranlassung der Verwaltungsbehörden

aa) Nichtwiederwahl

1216 Die Wahl zur Beamtin oder zum Beamten erfolgt in der Regel auf eine bestimmte Amtsdauer. Im Bund – wie in den meisten Kantonen – beträgt die Amtsdauer ge-mäss Art. 6 BtG vier Jahre, soweit das Bundesrecht nicht eine längere Dauer vor-sieht. Ein Anspruch auf Wiederwahl besteht nicht. Über die Erneuerung des Dienst-verhältnisses entscheidet die Wahlbehörde nach freiem Ermessen (Art. 57 Abs. 1 BtG). Das Ermessen muss pflichtgemäss ausgeübt werden. Die Praxis hat hierzu fol-gende Grundsätze entwickelt:

1217 – Für die Nichterneuerung des Beamtenverhältnisses muss ein "zureichender Grund" vorliegen, d.h. die Wahlbehörde muss die Nichtwiederwahl sachlich begründen (Art. 57 Abs. 2 BtG; BGE 119 Ib 99, 102; 99 Ib 233, 236);

1218 – Die Wahlbehörde ist verpflichtet, die betroffenen Beamtinnen und Beamten vorher anzuhören (BGE 105 Ib 171, 173 f.) und ihnen die vorgesehene Nichter-neuerung des Beamtenverhältnisses mitzuteilen (gemäss Art. 57 Abs. 2 BtG ist die Verfügung über die Nichtwiederwahl spätestens drei Monate vor Ablauf der Amtsdauer zu eröffnen);

1218a – Gesetzlich vorgesehen (Art. 5 der Verordnung über die Wiederwahl der Beam-tinnen und Beamten der allgemeinen Bundesversammlung für die Amtsdauer 1997-2000 vom 10. Januar 1996 [SR 172.221.121.1]) ist die Wiederwahl unter Vorbehalt oder die Weiterbeschäftigung im Angestelltenverhältnis, falls die Aufhebung des Amtes oder die Änderung wichtiger Teile der Wahlverfügung absehbar ist (vgl. BGE 119 Ib 99, 101). Dem Vorbehalt wegen ungenügender Leistungen oder mangelnder Eignung kommen allerdings kaum Rechtswirkun-gen zu, da es sich nur um eine Ermahnung und einen Hinweis auf mögliche rechtliche Konsequenzen handelt (vgl. den Entscheid des ETH-Rates vom 30. Januar 1997, ZBl 98 [1997] 520 f.]).

1219 Im Bund können die Beamtinnen und Beamten die Verfügung über ihre Nichtwie-derwahl in der Regel bei der Personalrekurskommission anfechten und gegen deren Entscheid Verwaltungsgerichtsbeschwerde ans Bundesgericht erheben (Art. 58 Abs. 2 lit. b Ziff. 3 und 58 Abs. 2 lit. d BtG).

Den kantonalen Beamtinnen und Beamten, denen die Wiederwahl aus einem unsachlichen, d.h. willkürlichen Grund verweigert wurde, steht die staatsrechtliche Beschwerde ans Bundesgericht in der Regel nicht offen. Denn das Bundesgericht geht davon aus, dass die Beamtinnen und Beamten nicht in ihren Rechten verletzt und deshalb nach Art. 88 OG nicht zur Beschwerde legitimiert sind, wenn sie keinen Rechtsanspruch auf Wiederwahl haben (vgl. BGE 120 Ia 110, 112; 107 Ia 182, 184; 105 Ia 271, 275 f.). Falls das kantonale Recht dagegen einen Anspruch auf Wiederwahl gewährt – was selten der Fall ist –, so ist staatsrechtliche Beschwerde wegen Willkür möglich (BGE 107 Ia 182, 184). 1220

bb) Kündigung

Eine ordentliche Kündigung ist lediglich bei Beamtinnen und Beamten ohne feste Amtsdauer, d.h. bei den auf unbestimmte Zeit angestellten Personen, sowie während einer allfälligen Probezeit denkbar. Vgl. ZBl 89 (1988) 221, 223 f. (Entscheid des Regierungsrates des Kantons Aargau vom 19. Januar 1987). 1221

cc) Disziplinarische Entlassung

Die disziplinarische Entlassung ist eine Disziplinarmassnahme, die nur bei äusserst schwerwiegenden Verstössen gegen die Dienstpflichten zur Anwendung gelangt (vgl. für den Bund Art. 31 Abs. 1 Ziff. 9 BtG; dazu VPB 61 [1997] Nr. 27, S. 298 f.). 1222

Die disziplinarische Entlassung ist vom Verzicht auf Wiederwahl abzugrenzen. Das Ermessen der Wahlbehörde ist – wie das Bundesgericht im Hinblick auf Bundesbeamte festgestellt hat – bei der Nichtwiederwahl wesentlich grösser: "Der gewählte Beamte hat Anspruch darauf, dass während der Amtsdauer das Dienstverhältnis nur wegen eines schweren Disziplinarfehlers im Sinne von Art. 31 Abs. 1 Ziff. 9 BtG oder aus einem wichtigen Grunde im Sinne von Art. 54/55 BtG aufgelöst wird. Über die Erneuerung des Beamtenverhältnisses nach Ablauf der Amtsdauer entscheidet dagegen die Wahlbehörde 'nach freiem Ermessen'. Sie darf und muss bei dieser Gelegenheit das gesamte verschuldete und unverschuldete Verhalten des Beamten in der Vergangenheit überprüfen, und sie hat auf Grund der Gesamtwürdigung der Persönlichkeit zu entscheiden, ob der Beamte hinsichtlich Tauglichkeit und Verhalten den Anforderungen des Amtes weiterhin genügen wird. Wurden während der abgelaufenen Amtsdauer Disziplinarverfahren durchgeführt, so erleichtern diese die Gesamtbeurteilung; wurden keine durchgeführt, so spricht dies dafür, dass nach Ansicht der Vorgesetzten kein Anlass zu einem solchen Verfahren bestand. Der Gesamtwürdigung bei der Wiederwahl wird aber durch das Durchführen oder Unterlassen von Disziplinarverfahren nicht vorgegriffen" (BGE 103 Ib 321, 323). 1223

dd) Administrative Entlassung

aaa) Entlassung wegen Aufhebung des Amtes

Eine Entlassung aus administrativen Gründen ist zulässig, wenn während der Amtsdauer ein Amt aufgehoben wird, ohne dass dem Träger oder der Trägerin eine 1223a gleichwertige Beschäftigung angeboten werden kann. Der Beamte oder die Beamtin hat dabei Anspruch auf eine Entschädigung, falls die Aufhebung des Amtes nicht schon bei der Wahl ausdrücklich vorbehalten wurde (vgl. für den Bund Art. 54 Abs. 1 BtG). Die administrative Entlassung ist auch während einer krankheitsbedingten Arbeitsunfähigkeit der Beamtin bzw. des Beamten zulässig; das Obligationenrecht ist nicht analog anwendbar, da ein qualifiziertes Schweigen des Gesetzgebers vorliegt (BGE 124 II 53, 55 ff.; VPB 60 [1996], Nr. 7, S. 66).

bbb) Entlassung aus wichtigen Gründen

1224 Analog zum privaten Arbeitsvertragsrecht besteht auch im Beamtenrecht die Möglichkeit, das Dienstverhältnis aus wichtigen Gründen aufzulösen. Ein wichtiger Grund muss schwerer wiegen als ein triftiger Grund für die Nichtwiederwahl; mehrere triftige Gründe können jedoch einen wichtigen Grund darstellen, wenn deren Häufung die Fortsetzung des Dienstverhältnisses unzumutbar machen (VPB 60 [1996], Nr. 8, S. 73 f.) Solche wichtige Gründe sind (vgl. für den Bund Art. 55 Abs. 2 BtG):
- Dienstunfähigkeit (z.B. Invalidität);
- Verlust der Wahlfähigkeit;
- Konkurs oder fruchtlose Pfändung;
- jeder andere Umstand, der nach Treu und Glauben die Fortsetzung des Dienstverhältnisses unzumutbar macht (vgl. VPB 58 [1994] Nr. 10).

1225 Die Auflösung des Dienstverhältnisses aus wichtigen Gründen kann im Bund sofort oder auf drei Monate hin erfolgen (Art. 55 Abs. 1 BtG). Die Beamtinnen und Beamten haben Anspruch auf rechtliches Gehör (Art. 55 Abs. 3 BtG). Stellt sich in der gerichtlichen Überprüfung eine Entlassung als ungerechtfertigt heraus, kann im Bund nicht nur eine Entschädigung zugesprochen, sondern auch die Wiedereinsetzung ins Amt angeordnet werden (BGE 111 Ib 76, 77 f.).

ee) Finanzielle Folgen

1225a Die Beendigung des Dienstverhältnisses kann zweierlei vermögensrechtliche Folgen haben: solche aus dem Dienstverhältnis selbst (insbesondere Entschädigung) und solche aus der Pensionsversicherung. Nach Bundesrecht können Beamtinnen und Beamte einen Anspruch auf Entschädigung bei Beendigung des Arbeitsverhältnisses durch den Arbeitgeber wegen Aufhebung des Amtes geltend machen (Art. 54 Abs. 1 BtG). In den übrigen Fällen der administrativen Entlassung besteht ein Anspruch nur, wenn diese ungerechtfertigt war (Art. 55 Abs. 4 BtG). Die verschuldete Nichtwiederwahl oder Entlassung löst grundsätzlich keine Entschädigungsfolgen aus (vgl. Art. 56 BtG).

1225b Im Kanton Zürich haben Beamtinnen und Beamte, deren Dienstverhältnis ohne ihr Verschulden während der Amtsdauer aufgelöst wird, gemäss Art. 12 KV Anspruch auf volle Entschädigung, was bedeutet, dass bis zum Ablauf der Amtsperiode der volle Lohn zu entrichten ist (vgl. Entscheid des Verwaltungsgerichts des Kantons Zürich vom 3. März 1997, ZBl 98 [1997] 563 ff.).

c)   Beendigung auf Begehren des Beamten oder der Beamtin

Auch die Beamtinnen und Beamten haben die Möglichkeit, das Dienstverhältnis zu   1226
beenden. Sie können einerseits auf ihre Wiederwahl nach Ablauf der Amtszeit verzichten (vgl. für den Bund Art. 57 Abs. 3 BtG). Anderseits können sie in der Regel
auch während der laufenden Amtsperiode die Auflösung des Dienstverhältnisses verlangen (Art. 53 BtG). Sie haben grundsätzlich Anspruch darauf, dass diesem Begehren entsprochen wird. Nach MOOR (Vol. III, S. 252) sind sie in diesem Fall für den
Schaden verantwortlich, den sie dadurch dem Staat verursachen.

Den Beamtinnen und Beamten, die nicht auf eine feste Amtszeit gewählt wor-   1227
den sind, steht die ordentliche Kündigung offen.

III.   Pflichten und Rechte der Beamtinnen und Beamten

1.   Dienstpflichten

a)   Besorgung der Dienstgeschäfte

Die Hauptpflicht der Beamtinnen und Beamten besteht darin, die ihnen übertragenen   1228
amtlichen Geschäfte zu besorgen. Die Erfüllung der Pflicht hat persönlich zu erfolgen; die Beamtinnen und Beamten haben die volle Arbeitskraft ihrem Amt zu widmen (vgl. für den Bund Art. 21 f. BtG).

b)   Gehorsamspflicht

Die Beamtinnen und Beamten sind – als Konsequenz der Diensthierarchie – an die   1229
Weisungen der ihnen übergeordneten Instanzen gebunden. Ihre Vorgesetzten tragen
die Verantwortung für die von ihnen erteilten dienstlichen Anordnungen. Dies
schliesst allerdings die gleichzeitige, wenn auch verminderte, Verantwortung des
Untergebenen nicht aus.

Nicht geklärt ist dabei die Frage, wieweit die Beamtinnen und Beamten rechts-   1230
widrigen Anordnungen gegenüber zum Gehorsam verpflichtet sind. Wiederholt
stellte das Bundesgericht fest, der Beamte habe die Verfassungs- und Gesetzmässigkeit der Weisungen und Verordnungen, die er zu befolgen hat, nicht zu überprüfen (BGE 104 Ib 205, 208; 104 Ib 412, 418). Diese Rechtsprechung ist in der Lehre
zu Recht auf Kritik gestossen (vgl. z.B. KNAPP, Précis, N. 3090). Die Beamtinnen
und Beamten dürfen nicht zu blindem Gehorsam ihren Vorgesetzten gegenüber verpflichtet werden, sondern haben die dienstlichen Anordnungen "gewissenhaft und
vernünftig" zu vollziehen (so ausdrücklich Art. 25 Abs. 1 BtG für die Bundesbeamten). Das bedeutet, dass die Beamtinnen und Beamten offensichtlich rechtswidrige
Anordnungen nicht ausführen müssen. Ihnen kommt aber die Pflicht zur Information
der vorgesetzten Behörden zu. In der Praxis können sich mitunter schwierige Ab-
grenzungsfragen stellen, ob und in welchen Fällen die Rechtswidrigkeit einer
dienstlichen Anordnung für den Beamten bzw. die Beamtin ersichtlich gewesen ist.

c) *Amtsverschwiegenheit*

1231 Die Beamtinnen und Beamten sind zur Verschwiegenheit in den dienstlichen Angelegenheiten verpflichtet (vgl. für den Bund Art. 27 Abs. 1 BtG: "dienstliche Angelegenheiten, die nach ihrer Natur oder gemäss besonderer Vorschrift geheim zu halten sind"). Gemäss IMBODEN/RHINOW (Bd. II, S. 1093) fallen ihrer Natur nach namentlich folgende Sachverhalte unter das Amtsgeheimnis:
- "Tatsachen, die die Geheimsphäre von Privatpersonen betreffen";
- "Tatsachen, deren Bekanntgabe öffentliche Interessen beeinträchtigen würde";
- "in amtlicher Eigenschaft getane Äusserungen eines Behördemitgliedes oder Beamten, die den Urheber der Äusserung einer Ehrverletzungsklage oder einer anderen Belästigung aussetzen können";
- "der Inhalt eines den Beteiligten noch nicht eröffneten Entscheides, auch wenn dieser Entscheid nichts enthält, das wegen seines Inhalts hätte geheim gehalten werden müssen".

1232 Nicht dem Amtsgeheimnis unterstehen dagegen Tatsachen, die allgemein zugänglich oder bekannt sind. Auch können überwiegende öffentliche Interessen oder gesetzliche Vorschriften die Information der Allgemeinheit gebieten (BGE 118 Ib 473, 479).

1233 Die Geheimhaltungspflicht umfasst auch Tatsachen, die Beamtinnen oder Beamte in ihrer dienstlichen Stellung zufällig erfahren. Sie dauert in der Regel über die Auflösung des Dienstverhältnisses hinaus fort.

1234 Sind Beamte oder Beamtinnen in einem Verfahren zeugnispflichtig, so muss die vorgesetzte Behörde sie vom Amtsgeheimnis entbinden. Nach Art. 28 Abs. 3 BtG darf die Ermächtigung zur Zeugenaussage nur verweigert werden, wenn die allgemeinen Landesinteressen es verlangen oder wenn die Ermächtigung die Verwaltung in der Durchführung ihrer Aufgaben wesentlich beeinträchtigen würde (vgl. dazu BGE 123 IV 157, 164).

1235 Vertreten Beamtinnen oder Beamte die Auffassung, eine ihnen übergeordnete Instanz handle rechtswidrig, so müssen sie grundsätzlich den Dienstweg beschreiten und dürfen erst als ultima ratio, d.h. wenn alle ihre Bemühungen innerhalb der Verwaltung erfolglos bleiben, die Öffentlichkeit über die Missstände informieren.

d) *Pflicht zu achtungswürdigem Verhalten*

1236 Die Beamtinnen und Beamten sind sowohl innerhalb als auch ausserhalb des Dienstes gehalten, sich ihres Amtes als würdig zu erweisen (vgl. für den Bund Art. 24 BtG). Sie haben sich im Umgang mit dem Publikum und gegenüber Mitarbeitern und Vorgesetzten korrekt und höflich zu verhalten; sie sind zu einem Verhalten verpflichtet, welches das ihnen entgegengebrachte Vertrauen und den Respekt der Privaten rechtfertigt. Ein Beamter z.B., der seine Tätigkeit im betrunkenen Zustand ausübt, verletzt die Pflicht zu achtungswürdigem Verhalten.

e)   Verbot der Annahme von Geschenken

Die Beamten und Beamtinnen dürfen keine Geschenke annehmen oder anderweitige Vorteile beanspruchen, die ihnen im Hinblick auf ihre amtliche Stellung angeboten werden (vgl. für den Bund Art. 26 BtG).   1237

f)   Streikverbot

Für die Bediensteten des Bundes besteht ein Verbot, zu streiken oder zum Streik aufzurufen (Art. 23 BtG). Der Streik wird als Widerspruch zur Stellung der Beamtinnen und Beamten als Träger von Staatsgewalt und zu ihrer Treuepflicht aufgefasst. Die Frage nach der Beibehaltung des Streikverbots ist heute umstritten. Einige Bundespersonalverbände verlangen seine Aufhebung. Ungewiss ist, inwieweit sich das Streikverbot auch nach einer eventuellen Ratifikation der Europäischen Sozialcharta (Botschaft des Bundesrates in BBl 1983 II 1241 ff., 1289 ff.) halten lassen wird. Diese anerkennt in Art. 6 Ziff. 4 das Streikrecht, ohne eine Ausnahme für öffentliche Bedienstete vorzusehen. Nach Auffassung des Bundesrates und eines Teils der Lehre wäre diese Bestimmung für Beamte und öffentliche Angestellte in der Schweiz jedoch nicht anwendbar (vgl. dazu HÄNNI, Personalrecht, Rz. 88).   1238

Auch mehrere Kantone kennen ein Streikverbot für ihre Beamten und Beamtinnen (vgl. z.B. § 58 des Personalgesetzes des Kantons Luzern vom 13. September 1988; Art. 28 des Beamtengesetzes des Kantons Nidwalden vom 26. April 1970).   1239

2.   Treuepflicht

Die Beamtinnen und Beamten treten mit ihrer Ernennung in ein besonderes Loyalitätsverhältnis zum Staat. Aufgrund dessen sind sie nicht nur zur gewissenhaften Erfüllung ihrer dienstlichen Aufgaben verpflichtet, sondern sie übernehmen zudem eine allgemeine, sich auch auf das ausserdienstliche Verhalten erstreckende Treuepflicht gegenüber dem Staat.   1240

Die Treuepflicht bedeutet, dass die Beamtinnen und Beamten die Autorität und Integrität des Staates nicht beeinträchtigen dürfen, sondern dessen Interessen wahren und sich dafür einsetzen müssen. Dies setzt eine grundsätzlich positive Einstellung zum Staat voraus, bedeutet aber nicht, dass sich die Beamten und Beamtinnen jeglicher Kritik zu enthalten hätten. Auch besteht die Treuepflicht gegenüber dem Staat als solchem und nicht gegenüber den vorgesetzten Amtsstellen.   1241

Für die Bundesbeamten und -beamtinnen umschreibt Art. 22 BtG die Treuepflicht wie folgt: "Der Beamte hat seine dienstlichen Obliegenheiten treu und gewissenhaft zu erfüllen und dabei alles zu tun, was die Interessen des Bundes fördert, und alles zu unterlassen, was sie beeinträchtigt". Diese Pflicht zur Sorge um das Wohl der Eidgenossenschaft gilt in besonderem (noch höherem) Masse auch für Bundesräte (BGE 116 IV 56, 69). Einige kantonale Beamtengesetze enthalten ähnliche Formulierungen der Treuepflicht (vgl. z.B. § 13 des Beamtengesetzes des Kantons Basel-Stadt vom 25. April 1968).   1242

Die Treue des Beamten bzw. der Beamtin dem Gemeinwesen gegenüber ist Voraussetzung für die Leistungsfähigkeit und das reibungslose Funktionieren der Verwaltungsbehörden.   1243

3. Beschränkung der Freiheitsrechte

1244 Grundsätzlich sind die Beamtinnen und Beamten wie alle Privaten Träger der verfassungsmässigen Rechte. Bei der Ausübung ihrer Freiheitsrechte müssen sie aber Einschränkungen hinnehmen, die sich aus ihrer Treuepflicht, allenfalls aus ihren Dienstpflichten (vgl. Rz. 1228 ff.) ergeben.

a) Meinungsäusserungs- und Pressefreiheit, Recht auf politische Betätigung

1245 Die Beamtinnen und Beamten sind berechtigt, von ihrer Meinungsäusserungsfreiheit Gebrauch zu machen und sich an politischen Auseinandersetzungen zu beteiligen, sei es privat oder öffentlich (BGE 120 Ia 203, 207; 108 Ia 172, 175). Das gilt grundsätzlich auch für den Sachbereich, in dem die Beamtinnen und Beamten dienstlich tätig sind; die fachliche Kompetenz vermag die Diskussion zu bereichern. In der Form der Kritik der staatlichen Tätigkeit haben sie aber auf ihre Treuepflicht Rücksicht zu nehmen; dabei spielt ihre Funktion, Stellung und Verantwortung eine Rolle: Chefbeamtinnen und -beamte müssen sich grösserer Zurückhaltung befleissigen als untergeordnete Beamte und Beamtinnen, welche die Vorbereitung oder Durchführung von Entscheidungen nur unwesentlich beeinflusst haben. Zudem haben Beamte und Beamtinnen das Amtsgeheimnis zu wahren (vgl. Rz. 1231 ff.).

Beispiele:

1246 – Bezirksrichter X. verteilte im Jahre 1980 – während der damaligen Zürcher Jugendunruhen – eine vierseitige Druckschrift des "Komitees für ein repressionsfreies Zürich". Darin wurden die Zürcher Behörden heftig kritisiert. Ihnen wurden u.a. willkürliche Verhaftungen, polizeiliche Registrierungen sowie Missachtung der Rechte von Angeklagten und Verteidigern vorgeworfen. Wegen der Verteilung dieses Flugblattes erhielt X. vom Obergericht einen Verweis. Das Bundesgericht wies die dagegen erhobene staatsrechtliche Beschwerde wegen Verletzung der Meinungsäusserungsfreiheit ab. Es führte u.a. aus, der Richter sei gegenüber anderen Beamten in qualifiziertem Sinne Garant für die Einhaltung der Rechtsordnung und für den ordnungsgemässen Gang der Justiz. Er habe sich deshalb innerhalb und ausserhalb seines Amtes auch bei politischer Betätigung so zu verhalten, dass das Vertrauen in seine Unabhängigkeit nicht gefährdet werde. Die ihm gebotene Zurückhaltung im öffentlichen Leben verunmögliche freilich politische Tätigkeiten nicht schlechthin; insbesondere dürfe er zu allgemeinen Fragen politischer Natur öffentlich Stellung beziehen. "Der Grundsatz der richterlichen Unabhängigkeit sowie die Wahrung des Ansehens und der Unparteilichkeit der Rechtsprechung (Art. 10 Ziff. 2 EMRK) verlangt in diesen Fällen vom Betreffenden, dass er sich politischer Meinungsäusserungen enthält, die das gesellschaftliche Umfeld von Vorgängen betreffen, die die Rechtspflegeorgane zum Einschreiten veranlassen, wie z.B. Stellungnahmen zu politischen Fragen im Zusammenhang mit begangenen strafbaren Handlungen. Tut er dies nicht, ist darin eine Verletzung der Dienstpflicht im oben beschriebenen Sinne zu erblicken". Das Bundesgericht stellte abschliessend fest, der Beschwerdeführer müsse sich den Inhalt des Flugblattes zurechnen lassen; durch das Verteilen habe er sein grundsätzliches Einverständnis damit, insbesondere mit den schweren Vorwürfen an die Justizbehörden, bekundet. Diese eindeutige Stellungnahme lasse die notwendige Zurückhaltung vermissen. Das Obergericht habe daher das Verhalten von X. als Dienstpflichtverletzung qualifizieren dürfen, ohne dadurch dessen Meinungsäusserungsfreiheit zu verletzen (BGE 108 Ia 172, 176 f.).

1246a – Dr. X. und Dr. Y. standen als Sektionschefs dem kantonalen Jugendpsychologischen Dienst vor. Sie waren als Mitglieder der Redaktion einer monatlich erscheinenden Zeitschrift verantwortlich für zwei Artikel, in welchen die vom Chef des kantonalen Kinder- und Jugendpsychiatrischen Dienstes, Dr. B., praktizierte Kinderpsychiatrie und die fachlichen Auffassungen von Prof. G., des Direktors der kantonalen psychiatrischen Klinik, kritisiert wurden. Der Regierungsrat sprach gegen die beiden Beamten Dr. X. und Dr. Y. eine Mahnung aus und drohte ihnen für den Wiederholungsfall die Versetzung ins Provisorium oder die Entlassung an. Ihre Handlungen verstiessen nach der Auffassung des Regierungsrates gegen die Treuepflicht, denn die Artikel seien geeignet gewesen, das Arbeitsklima in der Verwaltung zu vergiften. Kontroverse Auffassungen unter zwei staatlichen Diensten seien grundsätzlich intern auszutragen. Das Verhalten der Beamten sei auch deshalb tadelnswert, weil sie relativ hohe Posten in der Verwaltung bekleideten. – Das Bundesgericht hat eine staatsrechtliche Beschwerde der beiden Beamten gutgeheissen. Es stellte fest, dass Beamten grundsätzlich alle verfassungsmässigen Rechte, insbesondere auch die Meinungsäusserungs- und die Pressefreiheit, zustünden, doch hätten sie bei deren Ausübung die Schranken zu beachten, die sich aus ihrem besonderen Rechtsverhältnis zum Gemeinwesen ergäben. Die Vorwürfe des Regierungsrates bezögen sich auf eine ausserdienstliche Tätigkeit der beiden Beamten, doch gelte die Treuepflicht der Beamten auch für solche Tätigkeiten. Der Beamte dürfe sich im ausserdienstlichen Bereich an der Diskussion über gesellschaftspolitische Fragen beteiligen und Standpunkte vertreten, die nicht mit den vorherrschenden Auffassungen übereinstimmten. Er habe dabei jedoch in bezug auf Inhalt und Form bestimmte Schranken zu wahren. So dürfe namentlich seine eigene Amtsführung oder das Vertrauen der Öffentlichkeit in die Verwaltung nicht beeinträchtigt werden. Dies treffe im vorliegenden Fall nicht zu, da die von den beiden disziplinierten Beamten in den Zeitschriftenartikeln geübte Kritik sich gegen die Vertreter bestimmter Lehrauffassungen, nicht gegen konkrete Entscheidungen einer Verwaltungsstelle oder Missstände in einem anderen Dienstbereich richteten und in formeller Hinsicht die Grenzen des für einen Beamten gebotenen Anstandes nicht überschritten (ZBl 85 [1984] 308 ff. [Urteil des Bundesgerichts vom 22. Dezember 1983]). – Man kann sich allerdings fragen, ob die öffentliche Kritik von zwei Chefbeamten des Jugendpsychologischen Dienstes an der Praxis der mit ähnlichen Aufgaben betrauten Dienststelle für Kinder- und Jugendpsychiatrie nicht doch geeignet war, das Vertrauen der Öffentlichkeit in die Tätigkeit dieser kritisierten Dienststelle zu erschüttern.

b) Vereinsfreiheit

Die Beamtinnen und Beamten dürfen nicht einem Verein angehören, der zur Verfolgung seiner Zwecke illegale Mittel verwendet. Hingegen kann es nicht darauf ankommen, ob der Verein Zwecke verfolgt, die von der Mehrheit der Bevölkerung anerkannt werden. Den Beamten und Beamtinnen ist beispielsweise die Mitgliedschaft in einer kommunistischen Partei nicht verboten (VEB 21 [1951] Nr. 14, S. 32 [Entscheid des Bundesrates vom 10. Juli 1951]).   1247

c) Wirtschaftsfreiheit

Die Beamtinnen und Beamten haben grundsätzlich ihre volle Arbeitskraft dem Amt zu widmen. Nebenbeschäftigungen und die Ausübung öffentlicher Ämter (vgl. dazu VPB 61 [1997] Nr. 56, 57) dürfen daher im Interesse der ordnungsgemässen Erfüllung der Amtstätigkeit untersagt oder von der Bewilligung einer vorgesetzten Behörde abhängig gemacht werden. Auch Beamtinnen und Beamte können sich aber auf die Wirtschaftsfreiheit berufen, falls sie eine Tätigkeit ausüben wollen, welche mit ihrer amtlichen Funktion in keinem Zusammenhang steht (vgl. BGE 121 I 326, 329).   1248

d) Niederlassungsfreiheit

1249 Viele Beamtengesetze sehen für die Beamtinnen und Beamten eine Wohnsitzpflicht vor. Die von Art. 45 BV gewährleistete Niederlassungsfreiheit steht dem nicht entgegen. Erforderlich ist aber, dass ein öffentliches Interesse an der Residenzpflicht besteht. Das Bundesgericht fasste dieses Interesse in seiner früheren Rechtsprechung sehr weit (vgl. BGE 106 Ia 28, 31) und stiess damit in der Lehre auf berechtigte Kritik. In seiner neueren Praxis geht das Bundesgericht davon aus, dass nur zwingende betriebliche Gründe oder das Erfordernis enger Beziehungen der betreffenden Beamtinnen und Beamten zum Gemeinwesen oder zur Bevölkerung eine Wohnsitzpflicht rechtfertigen können (BGE 118 Ia 410, 413; 120 Ia 203, 205).

1250 Beispiele:
 – BGE 106 Ia 28 ff.: Wohnsitzpflicht für einen Professor an der Hochschule St. Gallen bejaht.
 – BGE 108 Ia 248 ff.: Wohnsitzpflicht für einen Mittelschullehrer im Kanton Thurgau bejaht.
 – BGE 111 Ia 214 ff. = ZBl 87 (1986) 214 ff. (Urteil des Bundesgerichts vom 11. Oktober 1985): Wohnsitzpflicht für einen Genfer Universitätsprofessor aufgrund der besonderen Verhältnisse in Genf verneint.
 – BGE 114 Ib 163 ff.: Wohnsitzpflicht für einen Beamten im Dienste des Sekretariats der Eidgenössischen Bankenkommission verneint.
 – BGE 115 Ia 207 ff.: Die Wohnsitzpflicht für die Angehörigen des Lehrkörpers des Kantons Waadt verstösst weder gegen Art. 45 BV noch gegen Art. 8 EMRK.
 – BGE 116 Ia 382 ff.: Das öffentliche Interesse am Wohnsitz innerhalb des Kantons ist bei Gefängniswärtern weniger stark zu gewichten als bei Lehrern und Polizisten, so dass die Wohnsitzpflicht für einen Gefängniswärter im Kanton Genf im Hinblick auf das überwiegende private, vor allem familiäre Interesse an der Verlegung des Wohnsitzes in den Kanton Waadt als unverhältnismässig beurteilt wurde.
 – BGE 118 Ia 410 ff.: Bei einem Ambulanzfahrer mit fester Arbeitszeit rechtfertigen weder dienstliche Gründe noch das Erfordernis besonderer Beziehungen zur Bevölkerung die Wohnsitzpflicht.

4. Anspruch auf Besoldung, Pensions- und Versicherungsleistungen

a) Besoldungsanspruch

1251 Die Beamtinnen und Beamten haben – als Entgelt für die geleistete Arbeit – Anspruch auf eine Besoldung, die sich in ihrer Zusammensetzung (Grundbesoldung und Zulagen) und Höhe nach der Besoldungsregelung richtet.

1252 Die Besoldungsansprüche stellen, soweit sie einem Beamten oder einer Beamtin nicht besonders zugesichert werden, keine wohlerworbenen Rechte dar; sie können deshalb bei einer Änderung der Besoldungsordnung angepasst werden, sofern dadurch nicht gegen das Vertrauensschutzprinzip oder das Rückwirkungsverbot verstossen wird (vgl. Rz. 525 ff., 266 ff.; BGE 117 V 229, 234; ZBl 78 [1977] 267 ff. [Urteil des Bundesgerichts vom 15. Dezember 1976]).

b) Pensions- und Versicherungsansprüche

1253 Gemäss Art. 48 Abs. 1 BtG sind die Bundesbeamtinnen und -beamten bei einer Versicherungskasse des Bundes gegen die wirtschaftlichen Folgen von Invalidität,

Alter und Tod zu versichern. Auch die kantonalen Beamtenrechte kennen ein Kassenobligatorium für ihre Bediensteten. Alle Beamten und Beamtinnen – bzw. im Todesfall ihre Angehörigen – haben Anspruch auf die entsprechenden Kassenleistungen.

Pensions- und Versicherungsansprüche begründen nur wohlerworbene Rechte, falls dies gesetzlich vorgesehen oder den Berechtigten ausdrücklich zugesichert worden ist. Andernfalls sind sie abänderbar (vgl. BGE 112 V 387, 395; 107 Ia 193, 197 f.). 1254

5. Anspruch auf Beförderung?

Ein eigentlicher Anspruch der Beamtinnen und Beamten auf Beförderung (vgl. zum Begriff Art. 12 Abs. 1 BtG) besteht nicht, da diese sich nach den dienstlichen Bedürfnissen richtet (Art. 12 Abs. 2 BtG; HÄNNI, Personalrecht, Rz. 152 f., spricht von einem Recht auf die *Möglichkeit* der Beförderung, JAAG, S. 447 f., von einer Option). Sollen jedoch tatsächlich Beförderungen vorgenommen werden, so haben diejenigen Beamtinnen und Beamten, die aufgrund ihrer Qualifikationen und sonstigen Eigenschaften dafür in Frage kommen, einen Anspruch auf Einbezug in das Evaluationsverfahren (vgl. VPB 57 [1993] Nr. 37), wobei der entscheidenden Behörde Ermessen zusteht. Immerhin kann die Nichtbeförderung mit Beschwerde angefochten werden (HÄNNI, Personalrecht, Rz. 153 m.H.; VPB 57 [1993] Nr. 37). 1254a

6. Mitbestimmungsrechte

Die Gesetzgebung kann den Beamten und Beamtinnen gewisse Mitbestimmungsrechte einräumen. Das Bundesrecht kennt die Paritätische Kommission, die sich aus vom Personal und vom Bundesrat gewählten Mitgliedern zusammensetzt und der die Begutachtung von Fragen der Ordnung der allgemeinen Dienstverhältnisse obliegt, sowie die Personalausschüsse, welche die leitenden Verwaltungsstellen in Fragen der Vereinfachung und Verbesserung der Dienste beraten und Anregungen über Wohlfahrtseinrichtungen, Bildungs- und Prüfungswesen sowie allgemeine Anregungen in Personalangelegenheiten des betreffenden Dienstzweiges begutachten (Art. 65 und 67 BtG). 1254b

IV. Verantwortlichkeit der Beamtinnen und Beamten

1. Strafrechtliche Verantwortlichkeit

Die Beamten und Beamtinnen unterstehen den Strafbestimmungen des Schweizerischen Strafgesetzbuches sowie der Nebenstrafgesetzgebung (z.B. dem Strassenverkehrsgesetz [SVG] vom 19. Dezember 1958 [SR 741.01]). Das StGB enthält in den Art. 312-321 zudem eine Anzahl *Sonderdelikte*, die strafbare Handlungen gegen die Amtspflichten betreffen (z.B. Art. 312: Amtsmissbrauch, Art. 315: Bestechung). 1255

1256   Die Strafverfolgung von Bundesbeamten und -beamtinnen setzt eine Ermächtigung des Eidgenössischen Justiz- und Polizeidepartements voraus; ausgenommen davon sind nur Verstösse gegen das Strassenverkehrsgesetz (Art. 15 des Verantwortlichkeitsgesetzes; vgl. BGE 112 Ib 350 ff.). Verschiedene Kantone kennen ähnliche Strafverfolgungsprivilegien. Deren Zweck ist es, die Beamtinnen und Beamten vor ungerechtfertigen Anschuldigungen und Strafverfolgungen zu schützen und zu verhindern, dass sie mit Strafanzeigen unter Druck gesetzt werden können.

2.   Disziplinarische Verantwortlichkeit

1257 Die Beamtinnen und Beamten, die absichtlich oder fahrlässig ihre Dienstpflichten verletzen, machen sich disziplinarisch strafbar (vgl. für den Bund Art. 30 Abs. 1 BtG).

1258   Die disziplinarische Bestrafung setzt ein Verschulden des Beamten bzw. der Beamtin voraus. Die Disziplinarstrafen reichen vom Verweis bis zur disziplinarischen Entlassung. Bei ihrer Verhängung ist der Grundsatz der Verhältnismässigkeit zu beachten. Disziplinarische Sanktionen können unabhängig von der strafrechtlichen Verantwortlichkeit ausgesprochen werden, d.h. der Grundsatz "ne bis in idem" gilt hier nicht. Zu den disziplinarischen Massnahmen vgl. auch Rz. 960 ff.

3.   Vermögensrechtliche Verantwortlichkeit

1259 Die Beamtinnen und Beamten sind vermögensrechtlich verantwortlich für den Schaden, den sie in Verletzung einer Dienstpflicht angerichtet haben. Meistens besteht ihre vermögensrechtliche Verantwortlichkeit nicht gegenüber geschädigten Privaten, sondern nur gegenüber dem Staat, denn heute kennen viele Gemeinwesen – so der Bund und die meisten Kantone – den Grundsatz der ausschliesslichen Staatshaftung. Allerdings kommt dem Gemeinwesen allenfalls ein Rückgriffsrecht gegenüber den fehlbaren Beamtinnen und Beamten zu. Vgl. dazu Rz. 1734 ff. und 1807.

V.   Rechtsschutz im Beamtenrecht

1.   Im Bund

1260 Der Rechtsschutz bei Streitigkeiten aus dem Dienstverhältnis ist in den Art. 58 ff. BtG geregelt. Gegen Entscheidungen der zuständigen Amtsstelle über nicht vermögensrechtliche und vermögensrechtliche (ausgenommen versicherungsrechtliche) Ansprüche sowie über Disziplinarmassnahmen steht die Verwaltungsbeschwerde an die übergeordnete Verwaltungsbehörde offen. Das ist in der Regel das zuständige Departement. Dessen Beschwerdeentscheide können – von Ausnahmen abgesehen – an die Personalrekurskommission und anschliessend mit Verwaltungsgerichtsbeschwerde an das Bundesgericht weitergezogen werden.

Erstinstanzliche Verfügungen der Departemente über solche Streitigkeiten sind in der Regel ebenfalls an die Personalrekurskommission und an das Bundesgericht weiterziehbar. Hat der Bundesrat als erste Instanz entschieden, so ist die Verwaltungsgerichtsbeschwerde zulässig (Art. 98 lit. a OG). 1261

Besonderheiten gelten insbesondere, wenn die Verwaltungsgerichtsbeschwerde nach Art. 100 Abs. 1 lit. e OG (vgl. aber auch Art. 100 Abs. 2 lit. b und Art. 101 lit. d OG) ausgeschlossen ist, ferner bei Verfügungen des Bundesgerichts und Beschwerdeentscheiden seiner Personalrekurskommission sowie bei Verfügungen des Eidgenössischen Versicherungsgerichts in Angelegenheiten des Gerichtspersonals (Art. 58 Abs. 2 lit. b BtG). Gegen Verfügungen über leistungsbezogene Besoldungserhöhungen, Auszeichnungen, Prämien, Vergütungen, Belohnungen usw. steht einzig die Beschwerde an eine paritätische Beschwerdeinstanz zur Verfügung (Art. 61 BtG). 1262

2. In den Kantonen

Der Rechtsschutz in den Kantonen richtet sich nach dem kantonalen Beamten- oder Verfahrensrecht. Zum Teil sind – wie im Bund – verwaltungsinterne und verwaltungsgerichtliche Beschwerdeverfahren vorgesehen. Zum Teil sind die Verwaltungsgerichte als einzige Instanz im Klageverfahren zuständig. Im Kanton Zürich hat das Verwaltungsgericht als Personalgericht Beschwerden und Rekurse gegen personalrechtliche Anordnungen und Disziplinarmassnahmen zu beurteilen; das Klageverfahren findet nur noch in vermögensrechtlichen Streitigkeiten Anwendung, sofern keine Beschwerde und kein Rekurs zulässig ist (§§ 74 ff. des Verwaltungsrechtspflegegesetzes vom 24. Mai 1959 [ZH LS 175.2]). 1263

3. Rechtsnatur der Streitigkeiten

Streitigkeiten über öffentlichrechtliche Dienstverhältnisse betreffen nach der Rechtsprechung keine "zivilrechtlichen Ansprüche und Verpflichtungen" im Sinne von Art. 6 Ziff. 1 EMRK. Disziplinarmassnahmen fallen nicht unter den Begriff der "strafrechtlichen Anklagen" im Sinne dieser Bestimmung (BGE 120 Ia 184, 189; Urteil des Verwaltungsgerichts des Kantons Zürich vom 26. September 1994, ZBl 96 [1995] 70 f., mit Hinweisen). Es besteht deshalb insbesondere kein sich aus Art. 6 EMRK ergebender Anspruch auf gerichtliche Beurteilung dieser Streitigkeiten (vgl. Rz. 1338f ff.). 1264

9. Kapitel
Verwaltungsverfahren und Verwaltungsrechtspflege

Literatur zum Verfahren im allgemeinen und auf Bundesebene

AEMISEGGER HEINZ, Zu den bundesrechtlichen Rechtsmitteln im Raumplanungs- und Umweltschutz-recht, in: Verfassungsrechtsprechung und Verwaltungsrechtsprechung, Zürich 1992, S. 113 ff.; AUER CHRISTOPH, Streitgegenstand und Rügeprinzip im Spannungsfeld der verwaltungsrechtlichen Prozessmaximen, Diss. Bern 1997; BEERLI-BONORAND URSINA, Die ausserordentlichen Rechtsmittel in der Verwaltungsrechtspflege des Bundes und der Kantone, Diss. Zürich 1985; BENER HANS RUDOLF, Der Verwaltungsrichter, in: 20 Jahre Verwaltungsgericht Graubünden, Chur 1989, S. 10 ff.; BERNET MARTIN, Die Parteientschädigung in der schweizerischen Verwaltungsrechtspflege, Diss. Zürich 1986; BÖCKLI PETER, Reformatio in pejus – oder der Schlag auf die hilfesuchende Hand, ZBl 81 (1980) 97 ff.; COTTIER THOMAS, Der Anspruch auf rechtliches Gehör (Art. 4 BV), recht 2 (1984) 1 ff., 122 ff.; DEWAELE VÉRONIQUE, Les recours au Tribunal fédéral contre les adjudications de travaux publics, Semjud 116 (1994) 573 ff.; DUBACH ALEXANDER, Das Recht auf Akteneinsicht, der verfassungsmässige Anspruch auf Akteneinsicht und seine Querverbindungen zum Datenschutz, unter besonderer Berücksichtigung der elektronischen Datenverarbeitung, Zürich 1990; EICHENBERGER KURT, Der gerichtliche Rechtsschutz des Einzelnen gegenüber der vollziehenden Gewalt in der Schweiz, in: Gerichtsschutz gegen die Exekutive, Bd. 2, Köln u.a. 1970, S. 943 ff.; FISCHLI ERNST, Die Akteneinsicht im Verwaltungsprozess, in: Mélanges Henri Zwahlen, Lausanne 1977, S. 279 ff.; FORSTER MARC, Staatsrechtliche Beschwerde oder Verwaltungsgerichtsbeschwerde?, ZBJV 128 (1992) 640 ff.; FROWEIN JOCHEN A./PEUKERT WOLFGANG, Europäische Menschenrechtskonvention, 2. A., Kehl/Strassburg/Arlington 1996; GADOLA ATTILIO R., Der Genehmigungsentscheid als Anfechtungsobjekt in der Staats- und Verwaltungsrechtspflege, AJP 2 (1993) 290 ff.; GADOLA ATTILIO R., Die Behördenbeschwerde in der Verwaltungsrechtspflege des Bundes – ein "abstraktes" Beschwerderecht?, AJP 2 (1993), 1458 ff.; GADOLA ATTILIO R., Beteiligung ideeller Verbände am Verfahren vor den unteren kantonalen Instanzen – Pflicht oder blosse Obliegenheit? – Zugleich eine Auseinandersetzung mit BGE 116 Ib 119 ff. und 418 ff. (= ZBl 92 [1991] 372 ff.), ZBl 93 (1992) 97 ff.; GRISEL ANDRÉ, Pouvoir de surveillance et recours de droit administratif, ZBl 74 (1973) 49 ff.; GYGI FRITZ, Zur sachlichen Zuständigkeit in der Bundesverwaltungsrechtspflege, recht 5 (1987) 82 ff.; GYGI FRITZ, Vom Beschwerderecht in der Bundesverwaltungsrechtspflege, recht 4 (1986) 8 ff.; GYGI FRITZ, Bundesverwaltungsrechtspflege, 2. Aufl., Bern 1983; GYGI FRITZ, Über die anfechtbare Verfügung, in: Berner Festgabe zum Schweizerischen Juristentag, Bern 1979, S. 517 ff.; GYGI FRITZ, Zur Beschwerdebefugnis des Gemeinwesens in der Bundesverwaltungsrechtspflege, ZSR NF 98/I (1979) 449 ff.; GYGI FRITZ, Aufschiebende Wirkung und vorsorgliche Massnahmen in der Verwaltungsrechtspflege, ZBl 77 (1976) 1 ff.; GYGI FRITZ, Eidgenössische und kantonale Verwaltungsgerichtsbarkeit, ZBJV 112 (1976) 281 ff.; GYGI FRITZ, Das System der Verwaltungsrechtspflege in Bundesverwaltungssachen, in: Erhaltung und Entfaltung des Rechts in der Rechtsprechung des Schweizerischen Bundesgerichts, Festgabe zur Hundertjahrfeier des Bundesgerichts, Basel 1975, S. 197 ff.; HÄNER ISABELLE, Vorsorgliche Massnahmen im Verwaltungsverfahren und Verwaltungsprozess, ZSR NF 116/II (1997) 253 ff.; HAEFLIGER ARTHUR, Der Grundsatz der Öffentlichkeit der Verhandlung, in: Verfassungsrechtsprechung und Verwaltungsrechtsprechung, Zürich 1992, S. 243 ff.; HAEFLIGER ARTHUR, Die Anfechtung von Zwischenverfügungen in der Verwaltungsgerichtsbeschwerde des Bundesgerichts, in: Mélanges Robert Patry, Lausanne 1988, S. 341 ff.; HALLER WALTER, Kommentar zu Art. 114bis BV, in: Kommentar zur Bundesverfassung der Schweizerischen Eidgenossenschaft, Basel/Zürich/Bern 1987 ff.; HALTNER ROLF HEINRICH, Begriff und Arten der Verfügung im Verwaltungsverfahrensrecht des Bundes (Art. 5 VwVG), Diss. Zürich 1979; HANGARTNER YVO, Die Bindung von Verwaltungs- und Justizbehörden an die EMRK, AJP 4 (1995) 131 ff.; HERZOG RUTH, EMRK und kantonale Verwaltungsrechtspflege, Diss. Bern 1995; HUBER WILLY, Das Recht des Bürgers auf Akteneinsicht im Verwaltungsverfahren, unter besonderer Berücksichtigung der Verwaltungsrechtspflegegesetze des Bundes und des Kantons Aargau, Diss. St. Gallen 1980; HUNZIKER FELIX JAKOB, Die Anzeige an die Aufsichtsbehörde (Aufsichtsbeschwerde), Diss. Zürich 1978; KÄLIN WALTER/MÜLLER MARKUS, Vom ungeklärten Verhältnis zwischen Verwaltungsgerichtsbeschwerde und staatsrechtlicher Beschwerde, ZBl 94 (1993) 433 ff.; KARLEN PETER, Verwaltungsgerichtsbeschwerde, in: Handbücher für die Anwaltspraxis, 1. Bd.: Prozessieren vor Bundesgericht, Basel/Frankfurt a.M. 1996, S. 79 ff.; KEISER DAGOBERT, Die reformatio in peius in der Verwaltungsrechtspflege, Diss. Zürich 1979; KLEY-STRULLER ANDREAS, Der richterliche Rechtsschutz gegen die öffentliche Verwaltung, Habil. St. Gallen, Zürich 1995; KLEY-STRULLER ANDREAS, Anforderungen des Bundesrechts an die Verwaltungsrechtspflege der Kantone bei der Anwendung von Bundesverwaltungsrecht, AJP 4 (1995) 148 ff.; KLEY-STRULLER ANDREAS, Der Anspruch auf unentgeltliche Rechtspflege, AJP 4 (1995) 179 ff.; KLEY-STRULLER ANDREAS, Der Anspruch auf richterliche Beurteilung "zivilrechtlicher" Streitigkeiten im Bereich des Verwaltungsrechts sowie von Disziplinarmassnahmen und Verwaltungsstrafen gemäss Art. 6 EMRK, AJP 3 (1994) 23 ff.; KLEY-STRULLER ANDREAS, Art. 6 EMRK als Rechtsschutzgarantie gegen die öffentliche Gewalt, Zürich 1993; KNAPP BLAISE, Dualité de juridictions en matière administrative en Suisse, in: Revue française de droit administratif, Paris, Année 6/1990, S. 895 ff.; KNEUBÜHLER LORENZ, Gehörsverletzung und Heilung, ZBl 99 (1998) 97 ff.; KÖLZ ALFRED, Die Vertretung des öffentlichen Interesses in der Verwaltungsrechtspflege, ZBl 86 (1985) 49 ff.; KÖLZ ALFRED, Die Beschwerdebefugnis der Gemeinde in der Verwaltungsrechtspflege, ZBl 78 (1977) 97 ff.; KÖLZ ALFRED, Prozessmaximen im schweizerischen Verwaltungsprozess, 2. Aufl., Zürich 1974; KÖLZ ALFRED/HÄNER ISABELLE, Verwaltungsverfahren und Verwaltungsrechtspflege des Bundes, Zürich 1993; KÖLZ ALFRED/KOTTUSCH PETER, Bundesrecht und kantonales Verwaltungsverfahrensrecht, ZBl 79 (1978) 421 ff.; KOLLER HEINRICH, Die Verwaltungsrechtspflege des Bundesrates als Residuat, in: Recht, Staat und Politik am Ende des zweiten Jahrtausends, Festschrift zum 60. Geburtstag von Bundesrat Arnold Koller, Bern/Stuttgart/Wien 1993, S. 359 ff.; KUHN HANS RUDOLF, Der vorläufige Rechtsschutz im verwaltungsgerichtlichen Beschwerdeverfahren, Diss. Basel 1981; MACHERET AUGUSTIN, La qualité pour recourir: clef de la juridiction constitutionnelle et administrative du Tribunal fédéral, ZSR NF 94/II (1975) 131 ff.; MATTER FELIX, Die Verbandsbeschwerde im schweizerischen Umweltschutzrecht, ZSR NF 100/I (1981) 445 ff.; METZ MARKUS, Der direkte Verwaltungsprozess in der Bundesrechtspflege, Diss. Basel 1980; MEYER LORENZ, Das Beschwerderecht von Vereinigungen; Auswirkungen auf das kantonale Verfahren, in: Verfassungsrechtsprechung und Verwaltungsrechtsprechung, Zürich 1992, S. 167 ff.; MEYLAN JACQUES, Le recours de droit public du voisin contre un plan d'affectation, in: Verfassungsrechtsprechung und Verwaltungsrechtsprechung, Zürich 1992, S. 279 ff.; MEYLAN JACQUES, La motivation des actes administratifs en droit Suisse, in: Recueil de travaux suisses présentés au VIIIᵉ Congrès international de droit comparé, Basel 1970, S. 313 ff.; MOOR PIERRE, Juridiction de droit public, in: L'organisation judiciaire et les procédures fédérales, Lausanne 1992, S. 67 ff.; MOOR PIERRE, Procédure administrative cantonale et règles de droit fédéral, in: Droit cantonal et droit fédéral: mélanges publiés par la Faculté de droit à l'occasion du 100ème anniversaire de la loi sur l'Université de Lausanne, Lausanne 1991, S. 173 ff.; MOOR PIERRE, Le juge administratif et l'application de la loi, in: Recht als Prozess und Gefüge, Festschrift für Hans Huber zum 80. Geburtstag, Bern 1981, S. 667 ff.; MÜLLER GEORG, Kommentar zu Art. 4 BV, in: Kommentar zur Bundesverfassung der Schweizerischen Eidgenossenschaft, Basel/Zürich/Bern 1987 ff.; MÜLLER GEORG, Legitimation und Kognition in der Verwaltungsrechtspflege, ZBl 83 (1982) 281 ff.; MÜLLER MARKUS, Rechtsschutz im Bereich des informalen Staatshandelns, ZBl 96 (1995) 533 ff.; NAY GIUSEP, Zur Staats- und Verwaltungsrechtspflege des Bundesgerichts, in: 20 Jahre Verwaltungsgericht Graubünden, Chur 1989, S. 36 ff.; NUTT RETO, Das Beschwerderecht ideeller Vereini-

326

gungen, insbesondere nach Art. 14 des Bundesgesetzes über Fuss- und Wanderwege (FWG), ZBl 93 (1992) 255 ff.; PACHE MARC-ETIENNE (Hrsg.), L'organisation judiciaire et les procédures fédérales. Le point sur les révisions récentes, Lausanne 1992; PFEIFER MICHAEL, Der Untersuchungsgrundsatz und die Offizialmaxime im Verwaltungsverfahren, Diss. Basel 1980; PFISTER ALOIS, Staatsrechtliche und Verwaltungsgerichts-Beschwerde: Abgrenzungsschwierigkeiten, ZBJV 121 (1985) 533 ff.; PFLEGHARD HEINZ, Regierung als Rechtsmittelinstanz, Diss. Zürich 1984; POUDRET JEAN-FRANÇOIS, Commentaire de la loi fédérale d'organisation judiciaire, Bde. 1, 2 und 5, Bern 1990/1992; RHINOW RENÉ A., Verwaltungsgerichtsbarkeit im Wandel, in: Staatsorganisation und Staatsfunktionen im Wandel, Festschrift für Kurt Eichenberger zum 60. Geburtstag, Basel/Frankfurt a.M. 1982, S. 657 ff.; RHINOW RENÉ/KOLLER HEINRICH/KISS CHRISTINA, Öffentliches Prozessrecht und Justizverfassungsrecht des Bundes, Basel/Frankfurt a.M. 1996; RIVA ENRICO, Die Beschwerdebefugnis der Natur- und Heimatschutzvereinigungen im schweizerischen Recht, Diss. Bern 1980; SALADIN PETER, Verwaltungsverfahrensrecht des Bundes, Basel/Stuttgart 1979; SALADIN PETER, Verwaltungsprozessrecht und materielles Verwaltungsrecht, ZSR NF 94/II (1975) 307 ff.; SCHILLING MARGRIT, Die Unterstellung von Regierungsentscheiden unter die Verwaltungsgerichtsbarkeit, Diss. Zürich 1973; SCHMID PETER, Die Verwaltungsbeschwerde an den Bundesrat, Diss. Bern 1997; SCHMUCKLI THOMAS, Die Fairness in der Verwaltungsrechtspflege, Art. 6 Ziff. 1 EMRK und die Anwendung auf die Verwaltungsrechtspflege des Bundes, Diss. Freiburg 1990; SCHWANDER YVO, Zur Beschwerdebefugnis in den Verwaltungsverfahren und Verwaltungsgerichtsverfahren, ZBl 79 (1978) 469 ff.; SCHWEIZER RAINER J., Die erstinstanzliche Verwaltungsgerichtsbarkeit des Bundes durch Rekurs- und Schiedskommissionen – aktuelle Situation und Reformbedürfnisse, Basel/Frankfurt a.M. 1998; SCHWEIZER RAINER J. (Hrsg.), Reform der Bundesgerichtsbarkeit, Zürich 1995; SCHWEIZER RAINER J., Auf dem Weg zu einem schweizerischen Verwaltungsverfahrens- und Verwaltungsprozessrecht, ZBl 91 (1990) 193 ff.; STEINMANN GEROLD, Vorläufiger Rechtsschutz im Verwaltungsverfahren und im Verwaltungsgerichtsverfahren, ZBl 94 (1993) 141 ff.; THÜRER DANIEL, Europäische Menschenrechtskonvention und schweizerisches Verwaltungsverfahren, ZBl 87 (1986) 241 ff.; VALLENDER KLAUS/ DAVID EUGEN, Leitsätze zum OG und VwVG, Bern 1978; VERFASSUNGSRECHTSPRECHUNG UND VERWALTUNGSRECHTSPRECHUNG, Sammlung von Beiträgen veröffentlicht von der I. Öffentlichrechtlichen Abteilung des Schweizerischen Bundesgerichts, Zürich 1992; VILLIGER MARK E., Probleme der Anwendung von Art. 6 Abs. 1 EMRK auf verwaltungs- und sozialgerichtliche Verfahren, AJP 4 (1995) 163 ff.; VILLIGER MARK E., Handbuch der Europäischen Menschenrechtskonvention (EMRK), Zürich 1993; VILLIGER MARK E., Die Pflicht zur Begründung von Verfügungen, ZBl 90 (1989) 137 ff.; WISARD NICOLAS, Les mécanismes de remplacement de l'action de droit administratif au Tribunal fédéral, RDAF 51 (1995) 1 ff.; WOHLFAHRT HEINER, Anforderungen der Art. 6 Abs. 1 EMRK und Art. 98a OG an die kantonalen Verwaltungsrechtspflegegesetze, AJP 4 (1995) 1421 ff.; WULLSCHLEGER STEPHAN, Das Beschwerderecht der ideellen Verbände und das Erfordernis der formellen Beschwer, ZBl 94 (1993) 359 ff.; ZIMMERLI ULRICH, EMRK und schweizerische Verwaltungsrechtspflege, in: Aktuelle Fragen zur Europäischen Menschenrechtskonvention, Zürich 1994, S. 41 ff.; ZIMMERLI ULRICH, Zum rechtlichen Gehör im sozialversicherungsrechtlichen Verfahren, in: Sozialversicherungsrecht im Wandel, Festschrift 75 Jahre Eidgenössisches Versicherungsgericht, Bern 1992; ZIMMERLI ULRICH, Zur reformatio in peius vel melius im Verwaltungsrechtspflegeverfahren des Bundes, in: Mélanges Henri Zwahlen, Lausanne 1977, S. 511 ff.; ZIMMERLI ULRICH/ KÄLIN WALTER/KIENER REGINA, Grundlagen des öffentlichen Verfahrensrechts, Bern 1997; ZOLLIKOFER GEROLD, Aufschiebende Wirkung und vorsorgliche Massnahmen im Verwaltungsrechtspflegeverfahren des Bundes und des Kantons Aargau, Diss. Zürich 1981; ZIMMERMANN ROBERT, Droit de recours – quo vadis? URP 10 (1996) 788 ff.; ZIMMERMANN ROBERT, Les sanctions disciplinaires et administratives au regard de l'article 6 CEDH, RDAF 50 (1994) 335 ff.

Literatur zum kantonalen Recht

AESCHLIMANN ARTHUR, Das Anfechtungsstreitverfahren im bernischen Verwaltungsrecht, Diss. Bern 1979; BAUMGARTNER URS, Die Legitimation in der Verwaltungsrechtspflege des Kantons Aargau, Diss. Zürich 1978; BAYERDÖRFER MANFRED, Die Beschwerdevoraussetzungen nach baselstädtischem Verwaltungsprozessrecht, Diss. Basel 1980; BOINAY GABRIEL, La procédure administrative et constitutionnelle du canton du Jura, Porrentruy 1993; BOVAY BENOÎT, La révision du 26 février 1996 de la loi vaudoise sur la juridiction et la procédure administrative, RDAF 52 (1996) 113 ff.; BROGLIN PIERRE, La juridiction administrative et constitutionelle de la République et Canton du Jura, RDAF 36 (1980) 369 ff.; BURREN ANDREAS, Die Aufsichtsbeschwerde im Verwaltungsverfahren insbesondere nach aargauischem Recht, Diss. Basel 1978; CAVELTI URS PETER, Das Verfahren vor dem Verwaltungsgericht des Kantons St. Gallen, Diss. Freiburg, St. Gallen 1994; CAVIEZEL WERNER, Die Wiedererwägung im bündnerischen Verwaltungsrecht, Diss. Zürich 1975; DRESSLER HANS, Verwaltungsgerichtsbarkeit, in: Eichenberger Kurt u.a. (Hrsg.), Handbuch des Staats- und Verwaltungsrechts des Kantons Basel-Stadt, Basel/Frankfurt a.M. 1984, S. 411 ff.; EICHENBERGER KURT, Die aargauische Verwaltungsgerichtsbarkeit im System der schweizerischen Verwaltungsrechtspflege, in: Aargauische Rechtspflege im Gang der Zeit, Aarau 1969, S. 293 ff.; ELKUCH IVO/GASSNER ARTHUR/ ZURMÜHLE RALPH (Hrsg.), St. Gallisches Gesetz über die Verwaltungsrechtspflege vom 16. Mai 1965, Mauren 1993; FEIGENWINTER HANS-RUDOLF, Das Verfahren vor den Verwaltungsbehörden des Kantons Basel-Landschaft, Diss. Freiburg 1965; FISCHLI ERNST, Verwaltungsverfahren, in: Eichenberger Kurt u.a. (Hrsg.), Handbuch des Staats- und Verwaltungsrechts des Kantons Basel-Stadt, Basel/Frankfurt a.M. 1984, S. 391 ff.; FRIBERG LEO, Organisation und Funktion des Verwaltungsgerichtes, in: 20 Jahre Verwaltungsgericht Graubünden, Chur 1989, S. 7 ff.; FURRER CHRISTIAN, Die Verwaltungsrechtspflege im Kanton Uri, Diss. Freiburg 1971; GADOLA ATTILIO R., Das verwaltungsinterne Beschwerdeverfahren, eine Darstellung unter Berücksichtigung der Verhältnisse im Kanton Obwalden, Diss. Zürich 1991; HAGMANN WERNER E., Die st.gallische Verwaltungsrechtspflege und das Rechtsmittelverfahren vor dem Regierungsrat, Diss. Zürich 1979; HAUBENSACK URS/LITSCHGI PETER/STÄHELIN PHILIPP, Kommentar zum Gesetz über die Verwaltungsrechtspflege des Kantons Thurgau, Frauenfeld 1984; HENSLER JOSEF, Die Verwaltungsgerichtsbeschwerde im Kanton Schwyz, Diss. Zürich 1980; KEISER ANDREAS, Öffentlichkeit im Verfahren vor dem Zürcher Verwaltungsgericht, ZBl 95 (1994) 1 ff.; KISTLER HANSJÖRG, Die Verwaltungsrechtspflege im Kanton Graubünden, Diss. Zürich 1979; KÖLZ ALFRED, Kommentar zum Verwaltungsrechtspflegegesetz des Kantons Zürich, Zürich 1978; LOERTSCHER DENIS, La nouvelle procédure administrative fribourgeoise, Revue fribourgeoise de jurisprudence, Fribourg 1992, S. 101 ff.; MARTI ARNOLD, Die Verwaltungsgerichtsbarkeit im Kanton Schaffhausen, Diss. Zürich 1986; MEIER BERNHARD, Die verwaltungsbehördliche Verwaltungsrechtspflege im Kanton Aargau, Diss. Zürich 1949; MERKLI THOMAS/ AESCHLIMANN ARTHUR/HERZOG RUTH, Kommentar zum Gesetz über die Verwaltungsrechtspflege im Kanton Bern, Bern 1997; MEYER ROLF, Die Organisation der Verwaltungsrechtspflege im Kanton Zug, Diss. Zürich 1984; MÜLLER PETER ALEXANDER, Organisation und Überprüfungsbefugnis der kantonalen Verwaltungsgerichte, Revue valaisanne de jurisprudence 15 (1981) 155 ff.; PFISTERER THOMAS, Verfassungsrechtsprechung des kantonalen Verwaltungsgerichts, ein Gang durch die aargauische Verwaltungsgerichtspraxis, in: Festschrift für Dr. Kurt Eichenberger, Aarau 1990, S. 305 ff.; REINHARDT KLAUS, Über Amtsgeheimnis und Amtshilfe in kantonalen Verwaltungssachen, in: Festgabe Alfred Rötheli zum fünfundsechzigsten Geburtstag, Solothurn 1990, S. 527 ff.; ROTACH TOMSCHIN BEA, Die Revision des Zürcher Verwaltungsrechtspflegegesetzes, ZBl 98 (1997) 433 ff.; RUF JÜRG, Staats- und Verwaltungsrechtspflege im Kanton Nidwalden, Diss. Bern 1990; SOMMER EDUARD, Fragen der Weiterentwicklung der zürcherischen Verwaltungsrechtspflege, ZBl 78 (1977) 145 ff.; STÄHELIN PHILIPP, Kantonale Verwaltungsgerichtsbarkeit in der Schweiz, in: Föderalistische Verwaltungsrechtspflege als wirksamer Schutz der Menschenrechte, Wien 1986, S. 29 ff.; STREHLER RUDOLF, Die Verwaltungsgerichtsbeschwerde im Kanton Thurgau, Diss. Zürich 1987; STUTZ WALTER, Die luzernische Gesetzgebung über die Verwaltungsrechtspflege: Besonderheiten und Bewährung in der Praxis, ZBl 78 (1977) 385 ff.; WEISS MARCO, Verfahren der Verwaltungsrechtspflege im Kanton Zug, Diss. Zürich 1983; WERRA RAPHAEL VON, Handkommentar zum Walliser Verwaltungsverfahren, Bern 1967; WOHLFAHRT HEINER, Die Überprüfungsbefugnis des Verwaltungsgerichts im baselstädtischen Verwaltungsprozess, BJM 1995, 57 ff.; WOHLFAHRT HEINER, Die Rekursbefugnis im baselstädtischen Verwaltungsprozess, BJM 1993, 113 ff.

Rechtliche Grundlagen

- Bundesgesetz über die Organisation der Bundesrechtspflege (Bundesrechtspflegegesetz [OG]) vom 16. Dezember 1943 (SR 173.110)
- Bundesgesetz über das Verwaltungsverfahren vom 20. Dezember 1968 (SR 172.021) (VwVG)

§ 23 Grundsätze des Verwaltungsverfahrens

I. Begriff, Anwendungsbereich und Bedeutung

1. Nichtstreitiges und streitiges Verwaltungsverfahren

a) Nichtstreitiges Verwaltungsverfahren

1268 Das nichtstreitige Verwaltungsverfahren betrifft die Vorbereitung und den Erlass von *erstinstanzlichen Verfügungen* durch Verwaltungsbehörden. Zur Vorbereitung gehören z.B. das Einreichen von Gesuchen, die Feststellung des Sachverhaltes, das Anhören von Betroffenen, das Einholen von Stellungnahmen anderer Behörden oder von Experten. Beim Erlass geht es um Fragen der Form, Begründung, Eröffnung usw. der Verfügung.

b) Streitiges Verwaltungsverfahren

1269 Das streitige Verwaltungsverfahren betrifft die *Anfechtung* von Verfügungen (Frist, Form, Legitimation usw.) und das *Verfahren*, das vor Verwaltungsbehörden zur *Erledigung des anschliessenden Rechtsstreites* durchgeführt wird (Zuständigkeit, Kognition, Wirkung des Entscheides usw.).

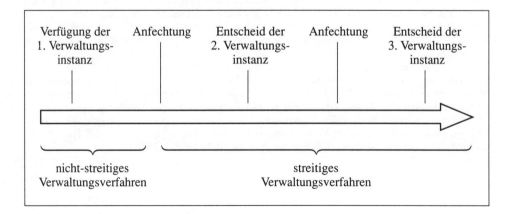

2. Anwendungsbereich und Bedeutung

a) Anwendungsbereich des Verwaltungsverfahrensrechts

Das Verwaltungsverfahrensrecht regelt das Zustandekommen und die Anfechtung   1270
von *Verfügungen*, u.U. auch von *Verträgen* und *Raumplänen*, nicht aber von Rechtssätzen. Die Grundsätze des Verwaltungsverfahrens richten sich vor allem an die
Verwaltungsbehörden. Sie gelten zum Teil jedoch ebenfalls für die Verwaltungsgerichtsbarkeit (siehe § 25, insb. Rz. 1542 ff.).

b) Bedeutung des Verwaltungsverfahrens

Das Verwaltungsverfahren ist für die Ausgestaltung des Verwaltungsrechts von   1271
grosser Tragweite. Das zeigt sich vor allem in dreierlei Hinsicht:
–   Das Verwaltungsverfahren garantiert den *rechtsstaatlichen Vollzug* des mate-
    riellen Verwaltungsrechts.
–   Das Verwaltungsverfahren dient dem *Rechtsschutz der Privaten*, indem es ihnen
    einen Anspruch auf faire Behandlung gewährt und die Beachtung der Grund-
    rechte im Verfahren sicherstellt.
–   Das Verwaltungsverfahren *entlastet* die Organe der *Verwaltungsgerichtsbarkeit*,
    indem Streitigkeiten durch die Regelung der Verfahrensgrundsätze vermieden
    oder durch Verwaltungsbehörden erledigt werden können.

II. Rechtsgrundlagen

1. Verwaltungsverfahren vor Bundesbehörden

Für das Verwaltungsverfahren vor Bundesbehörden ist das VwVG massgebend. Die   1272
Art. 7-43 VwVG umschreiben die allgemeinen Verfahrensgrundsätze und regeln das
nichtstreitige Verwaltungsverfahren vor Bundesbehörden. Die Art. 44-79 VwVG beziehen sich auf das streitige Verwaltungsverfahren.

2. Kantonales Verwaltungsverfahren

Das kantonale Verwaltungsverfahren ist in kantonalen Verwaltungsrechtspflegege-   1273
setzen oder Spezialerlassen geregelt. Auf das Verfahren letzter kantonaler Instanzen,
die gestützt auf öffentliches Recht des Bundes nicht endgültig verfügen, findet das
VwVG teilweise Anwendung (Art. 1 Abs. 3 VwVG). Das Bundesverfassungsrecht
(z.B. Art. 4 BV) stellt darüber hinaus gewisse Minimalanforderungen an das kantonale Verwaltungsverfahren. Auch hat der Bundesgesetzgeber punktuell oder generell
(z.B. Art. 98a OG) ins kantonale Recht eingegriffen.

III. Die einzelnen Verfahrensgrundsätze für Verwaltungsverfahren und Verwaltungsrechtspflege

1. Gegenstand und Adressaten der Verfahrensgrundsätze

1274 Die Verfahrensgrundsätze bestimmen das Verfahren, das die Vorbereitung und den Erlass von Verfügungen und, im Falle ihrer Anfechtung, den anschliessenden Rechtsstreit betrifft. Sie richten sich an die am Verfahren beteiligten Verwaltungs- und Justizbehörden und an die beteiligten Privaten.

2. Zuständigkeitsprüfung

1275 Die Prüfung der Zuständigkeit hat *von Amtes wegen* zu erfolgen. Durch eine Vereinbarung zwischen Behörde und Partei kann keine Zuständigkeit begründet werden (vgl. für den Bund Art. 7 VwVG).

1276   Bestehen *Zweifel über die Zuständigkeit*, so ist ein Meinungsaustausch zwischen den Behörden, deren Zuständigkeit in Frage kommt, zu pflegen (so im Bund Art. 8 Abs. 2 VwVG).

1277   Ist die angerufene Behörde *unzuständig*, so überweist sie die Sache der zuständigen Behörde, wenn in der Eingabe der Wille zum Ausdruck kommt, einen Entscheid durch eine Behörde herbeizuführen (ZBl 95 [1994] 40 ff.). Wird die Zuständigkeit bestritten, fällt die Behörde darüber einen Entscheid, mit welchem sie entweder ihre Zuständigkeit feststellt oder mangels Zuständigkeit auf die Sache nicht eintritt (siehe die Regelung des Bundes in Art. 8 Abs. 1, Art. 9 Abs. 1 und 2 VwVG).

3. Offizial- und Dispositionsprinzip

a) Begriffe

1278 Das *Offizialprinzip* bedeutet, dass die Verwaltungs- und Justizbehörden von Amtes wegen darüber entscheiden, ob ein Verfahren eingeleitet oder beendet wird und was Gegenstand des Verfahrens ist.

1279 Beispiele:
- Einleitung des Verfahrens auf Entzug des Führerausweises durch Verfügung einer Verwaltungsbehörde;
- Nichteintreten auf eine Beschwerde mangels Zuständigkeit des Verwaltungsgerichts.

1280 Das Gegenteil ist das *Dispositionsprinzip*, bei dem die beteiligten Privaten über Einleitung und Beendigung eines Verfahrens sowie über dessen Gegenstand entscheiden.

1281 Beispiele:
- Einleitung des Baubewilligungsverfahrens durch das Baugesuch der Bauherrschaft;
- Bestimmung des Gegenstandes eines Beschwerdeverfahrens durch die Anträge des Beschwerdeführers;

– Beendigung eines Beschwerdeverfahrens durch den Rückzug der Beschwerde, deren Anerkennung durch die Gegenpartei oder den Abschluss eines Vergleichs zwischen den Parteien.

b) *Anwendungsbereich*

Im *nichtstreitigen Verwaltungsverfahren* findet vor allem das Offizialprinzip Anwendung. Bei mitwirkungsbedürftigen Verfügungen gilt aber auch die Dispositionsmaxime. Das *streitige Verwaltungsverfahren* und die *Verwaltungsgerichtsbarkeit* werden vorwiegend vom Dispositionsprinzip beherrscht. 1282

4. Untersuchungs- und Verhandlungsprinzip

a) *Begriffe*

Das *Untersuchungsprinzip* bedeutet, dass die Verwaltungs- und Justizbehörden von Amtes wegen den Sachverhalt abklären. Sie sind für die Beschaffung der Entscheidungsgrundlagen verantwortlich. Die Parteien tragen weder eine Behauptungs- noch eine Beweisführungslast. Der Untersuchungsgrundsatz ändert aber nichts an der Verteilung der materiellen Beweislast, d.h. an der Regelung der Folgen der Beweislosigkeit: Der Entscheid fällt zuungunsten jener Partei aus, die aus dem unbewiesen gebliebenen Sachverhalt Rechte ableiten wollte (vgl. BGE 121 II 257, 266; 117 V 153, 158; 115 V 38, 44; GYGI, Bundesverwaltungsrechtspflege, S. 208 ff., 280 ff.). 1283

Das Gegenteil ist das *Verhandlungsprinzip*, bei dem den beteiligten Parteien die Aufgabe zufällt, den für das Verfahren erheblichen Sachverhalt darzustellen und zu beweisen. Die Behörden sind an die tatsächlichen Vorbringen und die Beweisanträge der Parteien *gebunden*. 1284

b) *Anwendungsbereich*

Im *Verwaltungsverfahren* gilt grundsätzlich das Untersuchungsprinzip, das durch die Mitwirkungspflicht der Parteien relativiert wird (vgl. für den Bund Art. 12 und 13 VwVG; siehe auch Rz. 1330 ff.). Im *streitigen Verwaltungsverfahren* müssen die Behörden den Sachverhalt nicht weiter abklären und können sich damit begnügen, die Stichhaltigkeit der Parteivorbringen zu prüfen. Sie dürfen aber weitere Sachverhaltsermittlungen vornehmen (VPB 45 [1981] Nr. 43, S. 230 [Entscheid des Bundesrates vom 28. Januar 1981]; zur Prüfung des Sachverhaltes durch das Bundesgericht im Verwaltungsgerichtsbeschwerdeverfahren vgl. Art. 105 OG und Rz. 1543) und sind an die Beweisofferten der Parteien nicht gebunden (VPB 58 [1994] Nr. 31, S. 267). 1285

5. Ermittlung des anzuwendenden Rechts von Amtes wegen

Die Verwaltungsbehörden und Gerichte sind *verpflichtet*, auf den festgestellten Sachverhalt die *richtigen Rechtsnormen anzuwenden*. Im streitigen Verwaltungsverfahren kann diese Pflicht durch das Rügeprinzip relativiert werden (vgl. dazu BGE 119 V 347, 349; 118 Ib 134, 135 f.; VPB 57 [1993] Nr. 10). 1286

1287   Rechtsvorbringen der Parteien sind für die entscheidende Instanz unverbindlich; sie muss sich aber mit ihnen auseinandersetzen, wenn sie von einer gewissen Relevanz sind. Die Parteien können also den Kreis der untersuchten Rechtsfragen faktisch beeinflussen. Soweit die Parteivorbringen Einwendungen (z.B. der Verjährung) darstellen, die sich nicht direkt aus den Sachverhaltsfeststellungen ergeben, sind sie auch von rechtlicher Bedeutung.

1288   Wollen die Behörden den Entscheid auf Rechtsnormen stützen, mit deren Anwendung die Parteien nicht rechnen mussten, so ist ihnen Gelegenheit zu geben, sich vorgängig dazu zu äussern (BGE 123 I 63, 69; 116 Ib 37, 43; 115 Ia 94 ff.; 114 Ia 97, 99).

6.   Eröffnung von Verfügungen

1289   Verfügungen sind den Parteien zu eröffnen (vgl. für den Bund Art. 34 VwVG). Da es die Eröffnung den Betroffenen erst ermöglicht, die Verfügung anzufechten, umfasst der Begriff "Parteien" nicht nur die direkt betroffenen *Adressaten* der Verfügung, sondern auch *Dritte*, die von der Verfügung bloss mittelbar betroffen, aber zur *Beschwerde befugt* sind (z.B. Nachbarn bei der Erteilung von Bewilligungen für Bauten; Gastwirte bei der Erteilung einer Bewilligung für den Betrieb einer neuen, die bestehenden Betriebe konkurrenzierenden Gastwirtschaft).

1290   Die Eröffnung der Verfügung kann *grundsätzlich formfrei* erfolgen, doch trägt die Verwaltungsbehörde die Beweislast für die richtige Eröffnung. Art. 34 VwVG schreibt für die Eröffnung durch die dem Gesetz unterstellten Behörden Schriftlichkeit vor.

1291   Betrifft eine Verfügung zahlreiche Parteien, lassen sich diese ohne unverhältnismässigen Aufwand nicht bestimmen, ist der Aufenthaltsort einer Partei unbekannt oder befindet sie sich ohne erreichbaren Vertreter im Ausland, so kann die Verfügung *amtlich publiziert* werden (siehe die Regelung in Art. 36 VwVG).

1292   Aus einer *mangelhaften Eröffnung* darf dem Betroffenen keinerlei Rechtsnachteil erwachsen (so im Bund Art. 38 VwVG; Art. 107 Abs. 3 OG; vgl. auch den Entscheid des Verwaltungsgerichts des Kantons Wallis in RDAF 49 [1993] 453 ff.). Eine Rechtsmittelfrist beginnt daher erst im Zeitpunkt zu laufen, in welchem der Betroffene von der Verfügung Kenntnis nehmen konnte (BGE 116 Ib 321, 326; Entscheid des Verwaltungsgericht des Kantons Neuenburg in RDAF 53 [1997] I 40 f.). Zeitablauf heilt aber unter Umständen den Mangel einer formell unrichtig eröffneten Verfügung (BGE 97 V 187, 189). Es ist mit den Grundsätzen des Vertrauensschutzes und der Rechtsgleichheit nicht zu vereinbaren, dass eine Verfügung wegen mangelhafter Rechtsmittelbelehrung jederzeit weitergezogen werden kann; vielmehr muss eine solche Verfügung innerhalb einer vernünftigen Frist – z.B. durch ein Wiedererwägungsgesuch – in Frage gestellt werden (BGE 122 V 189, 194; vgl. auch Rz. 1302 ff.).

7.   Begründung von Verfügungen

a)   *Rechtsgrundlage der Begründungspflicht*

1293   Für *Behörden des Bundes* statuiert Art. 35 Abs. 1 VwVG die Begründungspflicht. Für die *kantonalen Behörden* wird die Pflicht zur Begründung grundsätzlich vom kantonalen Verfahrensrecht bestimmt; subsidiär besteht sie aufgrund des Anspruchs auf rechtliches Gehör nach Art. 4 BV (vgl. BGE 122 IV 8, 14; 121 I 54, 56; 117 Ia 1, 3).

b) Anforderungen an die Begründung

Die Begründung einer Verfügung entspricht den Anforderungen des Art. 4 BV, wenn die Betroffenen dadurch in die Lage versetzt werden, die *Tragweite der Entscheidung* zu beurteilen und sie *in voller Kenntnis der Umstände* an eine höhere Instanz *weiterzuziehen* (vgl. BGE 121 I 54, 57; 117 Ib 64, 86; VPB 59 [1995] Nr. 89). 1294

An die Begründungspflicht werden *höhere Anforderungen* gestellt, je weiter der den Behörden durch die anwendbaren Normen eröffnete Entscheidungsspielraum und je komplexer die Sach- und Rechtslage ist. Im streitigen Verwaltungsverfahren muss die Begründung sorgfältiger sein als im nichtstreitigen. 1295

Die Behörde ist aber *nicht verpflichtet, sich zu allen Rechtsvorbringen der Parteien zu äussern.* Vielmehr genügt es, wenn ersichtlich ist, von welchen Überlegungen sich die Behörde leiten liess (BGE 121 I 54, 57; VPB 46 [1982] Nr. 54, S. 292 f.). 1296

Will eine Behörde einen Entscheid mit einer völlig neuen, von den Parteien in keiner Weise zu erwartenden Begründung versehen, so muss sie den dadurch möglicherweise Betroffenen vorgängig das *rechtliche Gehör* gewähren (vgl. BGE 115 Ia 94, 96; 114 Ia 97, 99; VPB 59 [1995] Nr. 53, S. 451). 1297

c) Folgen der ungenügenden Begründung einer Verfügung

Eine nicht oder ungenügend begründete Verfügung ist grundsätzlich nur *anfechtbar, nicht nichtig* (BGE 104 Ia 172, 176 f.). Der Mangel kann im Rechtsmittelverfahren *geheilt* werden, sofern die fehlende Begründung in der Vernehmlassung der verfügenden Behörde zum Rechtsmittel enthalten ist oder den beschwerdeführenden Parteien auf andere Weise zur Kenntnis gebracht wird, diese dazu Stellung nehmen können und der Rechtsmittelinstanz volle Kognition zukommt (BGE 107 Ia 1, 2 f., *umstritten*; siehe Rz. 798 f.). 1298

8. Rechtsmittelbelehrung

a) Rechtsgrundlage der Pflicht zur Rechtsmittelbelehrung

Für *Behörden des Bundes* schreibt Art. 35 Abs. 1 VwVG vor, dass Verfügungen mit einer Rechtsmittelbelehrung zu versehen sind. 1299

Nach der Rechtsprechung des Bundesgerichts besteht kein ungeschriebener bundesrechtlicher Grundsatz, wonach die *Kantone* auch ohne ausdrückliche Vorschrift des kantonalen oder des Bundesrechts zur Rechtsmittelbelehrung verpflichtet sind (BGE 98 Ib 333, 338). Die letzte kantonale Instanz, die gestützt auf öffentliches Recht des Bundes nicht endgültig verfügt, hat aber nach Art. 1 Abs. 3 VwVG i.V.m. Art. 35 VwVG eine Rechtsmittelbelehrung anzubringen. Die meisten Kantone kennen im übrigen – wie der Bund – eine allgemeine Pflicht zur Rechtsmittelbelehrung. 1300

b)   Inhalt der Rechtsmittelbelehrung

1301   Gemäss Art. 35 Abs. 2 VwVG, dem viele kantonale Regelungen entsprechen, hat die Rechtsmittelbelehrung das zulässige *ordentliche Rechtsmittel* zu nennen und anzugeben, bei welcher *Instanz* und in welcher *Frist* es eingelegt werden muss. Auf die Zulässigkeit von ausserordentlichen Rechtsmitteln (z.B. staatsrechtliche Beschwerde oder Revision) muss dagegen nicht hingewiesen werden.

c)   Folgen des Fehlens oder der Unrichtigkeit einer Rechtsmittelbelehrung

1302   Das Fehlen oder die Unrichtigkeit einer Rechtsmittelbelehrung stellt eine mangelhafte Eröffnung der Verfügung dar. Aus ihr darf den Parteien *kein Rechtsnachteil* erwachsen (vgl. Art. 38 VwVG; Art. 107 Abs. 3 OG), wenn sie sich *in guten Treuen* darauf verlassen durften (BGE 121 II 72, 77 ff.; 117 Ia 421, 422 m.w.H.; 106 Ia 13 ff.; VPB 53 [1989] Nr. 23, S. 157; vgl. auch Rz. 1292).

1303   Nennt die Rechtsmittelbelehrung ein Rechtsmittel, obwohl gar keines gegeben ist, so entsteht daraus der Partei kein Rechtsnachteil. Auf das unzulässige Rechtsmittel wird nicht eingetreten. Allerdings kann sich die Frage stellen, ob der irregeführten Partei eine Entschädigung für die nutzlosen Aufwendungen auszurichten sei.

Beispiele:

1304   – In der Rechtsmittelbelehrung einer letztinstanzlichen kantonalen Verfügung wurde statt der Beschwerde an den Bundesrat fälschlicherweise die staatsrechtliche Beschwerde als zulässig bezeichnet. Der Bundesrat trat trotz Fristablauf auf die Beschwerde ein, da die Partei ihrer Sorgfaltspflicht nachgekommen war, indem sie innert Frist ans Bundesgericht gelangte und gleichzeitig auch Beschwerde an den Bundesrat erhob (VPB 45 [1981] Nr. 46, S. 246 ff.).

1305   – In einem Beschwerdeentscheid eines Regierungsstatthalters wurde eine unrichtige Frist für die Anfechtung beim Regierungsrat des Kantons Bern angegeben. Der Regierungsrat trat auf die verspätete Beschwerde nicht ein. Auf die unrichtige Rechtsmittelbelehrung könne sich die Beschwerdeführerin nicht berufen, weil deren Anwältin bei sorgfältiger Prüfung in der Lage gewesen wäre, den Fehler zu erkennen und rechtzeitig zu handeln. Das Bundesgericht hob diesen Nichteintretensbeschluss wegen Verletzung von Art. 4 BV auf. Die Anwältin habe die Unrichtigkeit der Rechtsmittelbelehrung nicht gekannt und sie durch blosse Konsultierung des massgebenden Gesetzestextes nicht erkennen können. Müssten zur Klarstellung der Rechtslage Judikatur und Literatur nachgeschlagen werden, so erscheine der Fehler der Anwältin nicht als derart grob, dass sie sich nicht auf die unrichtige Rechtsmittelbelehrung berufen könne (BGE 106 Ia 13 ff.; vgl. auch BGE 117 Ia 421, 422).

1305a   – In der Verfügung einer kantonalen Polizeidirektion wurde als Beschwerdeinstanz fälschlich der Bundesrat genannt. Der Anwalt eines Rekurrenten erkannte zwar den Fehler, erhob aber vorsorglich das Rechtsmittel sowohl an den Bundes- als auch an den eigentlich zuständigen Regierungsrat. Nachdem der Bundesrat in der Folge auf die Beschwerde nicht eintrat, verlangte der Rekurrent die Ausrichtung einer Parteientschädigung für die durch die unrichtige Rechtsmittelbelehrung verursachten zusätzlichen Anwaltskosten. Der Bundesrat wies dieses Begehren ab mit der Begründung, dadurch eventuell entstandene Kosten seien unnötig gewesen, da nach Art. 8 Abs. 1 VwVG eine unzuständige Instanz die Eingabe weiterzuleiten habe (VPB 58 [1994] Nr. 63, S. 503 f.).

9. Anspruch auf rechtliches Gehör

a) Begriff

Der Anspruch auf rechtliches Gehör ist das Recht eines Privaten, in einem vor einer 1306
Verwaltungs- oder Justizbehörde geführten Verfahren mit seinem Begehren angehört
zu werden, Einblick in die Akten zu erhalten und zu den für die Entscheidung wesentlichen Punkten Stellung nehmen zu können.

Der Anspruch auf rechtliches Gehör dient einerseits der *Sachaufklärung* und 1307
stellt andererseits zugleich ein *persönlichkeitsbezogenes Mitwirkungsrecht* der Parteien dar (BGE 122 I 53, 55; 117 Ia 262, 268; 117 V 153, 158).

b) Rechtsgrundlage

Für die *Behörden des Bundes* umschreiben Art. 26-33 und Art. 18 VwVG den An- 1308
spruch auf rechtliches Gehör. Zu beachten sind ausserdem die Bestimmungen des
Bundesgesetzes über den Datenschutz (DSG) vom 19. Juni 1992 (SR 235.1), die für
den Umgang mit Daten über Personen durch Bundesorgane gelten (Art. 4 ff.,
Art. 16 ff. DSG).

Für das *kantonale Verfahren* bestimmt zunächst das kantonale Recht den Um- 1309
fang des Anspruchs auf rechtliches Gehör; wo sich das kantonale Recht als ungenügend erweist, gelten subsidiär die aus Art. 4 BV folgenden *bundesrechtlichen Mini-
malgarantien* zur Sicherung des rechtlichen Gehörs (BGE 121 I 54, 56 f.; 119 Ia
136, 138; 119 Ib 12, 16).

c) Allgemeiner Umfang und Schranken

Der *Umfang* des Anspruchs auf rechtliches Gehör hängt grundsätzlich von der *Inten-* 1310
sität der Betroffenheit durch die Verfügung ab. Je grösser die Gefahr einer Beeinträchtigung schutzwürdiger Interessen ist und je bedeutsamer diese sind, desto umfassender ist das rechtliche Gehör zu gewähren. Beim Erlass von *Rechtssätzen* besteht *kein Recht auf Anhörung*, da die Privaten im allgemeinen nicht unmittelbar betroffen sind (BGE 123 I 63, 67; 119 Ia 141, 149 f.). Beim Erlass von Verordnungen,
die eine bestimmte Kategorie von Personen ganz spezifisch berühren, könnte sich
dies anders verhalten; trotzdem dürften die Grundsätze, welche für Verfügungen
gelten, nicht unverändert übernommen werden; eine allfällige Gewährung des rechtlichen Gehörs müsste sich darin erschöpfen, die betroffenen Kreise in allgemeiner
Form – z.B. im Rahmen eines Vernehmlassungsverfahrens – anzusprechen (BGE
121 I 230, 232 ff.). Dagegen kann im *Raumplanungsverfahren* beim Erlass von Nutzungsplänen – nicht aber von Richtplänen – ein Anspruch auf rechtliches Gehör
geltend gemacht werden (vgl. Rz. 756, 759).

Schranken können sich ergeben, 1311
- wenn eine Verfügung besonders dringlich ist;
- wenn schutzwürdige Interessen Dritter oder des Staates entgegenstehen;
- wenn Gefahr besteht, dass der Zweck einer im öffentlichen Interesse liegenden
  Massnahme durch vorgängige Anhörung vereitelt wird (BGE 121 V 150, 153;
  116 Ia 94, 100).

1312 Beispiele für zulässige Einschränkungen des Anspruchs:
- Evakuierung von Personen wegen Lawinengefahr (Dringlichkeit);
- Angaben von Auskunftspersonen gegenüber der Polizei (Interessen des Staates und Dritter, die nur zur Auskunft bereit sind, wenn ihre Anonymität gewahrt wird);
- Pläne für militärische Bauten (Interessen des Staates);
- Hausdurchsuchung (Vereitelungsgefahr);
- Festnahme einer Person (Vereitelungsgefahr);
- Asylbewerbern darf nach Ansicht des Eidg. Justiz- und Polizeidepartementes die Einsichtnahme in die Einvernahmeprotokolle der kantonalen Fremdenpolizei vor der Anhörung durch die Bundesbehörden verweigert werden, um eine Überprüfung der Angaben, welche die Gesuchsteller gegenüber den kantonalen Behörden gemacht haben, zu ermöglichen und zu verhindern, dass sich die Gesuchsteller ihre Ausführungen zur Begründung der Flüchtlingseigenschaft in Erinnerung rufen und so eine widersprüchliche Aussage vermeiden können (VPB 48 [1984] Nr. 52 [Entscheid des Eidg. Justiz- und Polizeidepartementes vom 14. Januar 1985]) (Vereitelungsgefahr);
- Ein Gespräch des Scheidungsrichters mit einem Kind über seine Zuteilung gemäss Art. 145 ZGB muss den Eltern nicht in allen Einzelheiten bekannt gemacht werden. Es genügt, wenn diese nachträglich über dessen Ergebnis informiert werden und vor dem Entscheid Stellung nehmen können (BGE 122 I 53) (Interessen des Kindes).

d) Der wesentliche Inhalt des Anspruches auf rechtliches Gehör

aa) Vorgängige Anhörung

1313 *Vor Erlass einer Verfügung* ist den Betroffenen in der Regel Gelegenheit zur Stellungnahme zu geben. Für das Verfahren vor Bundesbehörden statuiert Art. 30 Abs. 1 VwVG diese Pflicht; in Art. 30 Abs. 2 VwVG werden die Ausnahmen aufgezählt. Die Anhörung kann in einem besonderen Einwendungsverfahren erfolgen, wenn von einer Verfügung wahrscheinlich zahlreiche Personen berührt sind oder sich die Parteien ohne unverhältnismässigen Aufwand nicht vollzählig bestimmen lassen (Art. 30a VwVG).

1314 Um den Betroffenen eine Stellungnahme zu ermöglichen, muss ihnen die Verwaltungsbehörde den *voraussichtlichen Inhalt* der Verfügung (zumindest die wesentlichen Elemente) bekanntgeben. Dazu gehören unter Umständen auch Rechtsnormen oder Begründungen, die als Grundlagen der Verfügung dienen sollen (vgl. dazu Rz. 1288 und 1297).

1315 Ein Anspruch auf *mündliche Stellungnahme* besteht nicht (BGE 122 II 464, 469; 114 Ib 244, 246).

1316 Beispiele:
- Bei Änderung eines kommunalen Zonenplanes sind die betroffenen Grundeigentümer anzuhören, bevor über die Zoneneinteilung ihrer Grundstücke entschieden wird (BGE 107 Ia 273 ff.).
- Einem von der Eidg. Technischen Hochschule Lausanne auf unbestimmte Zeit angestellten Assistenten muss vor der ordentlichen Kündigung des Dienstverhältnisses das rechtliche Gehör gewährt werden (BGE 105 Ib 171 ff. = Pra 68 [1979] Nr. 220).
- Hat eine kantonale Instanz nach der Aufhebung ihres Entscheides durch das Bundesgericht erneut zu urteilen, so hat sie dem Betroffenen das rechtliche Gehör zu gewähren, es sei den, sie verfüge in bezug auf den zu treffenden Entscheid über keinerlei Beurteilungsspielraum (BGE 119 Ia 136, 139).

bb) Mitwirkungsrechte bei der Beweiserhebung

Der Betroffene hat Anspruch auf: 1317
– Abnahme der rechtzeitig und formgerecht angebotenen Beweismittel, sofern sie eine erhebliche Tatsache betreffen und nicht offensichtlich untauglich sind, um über die Tatsachen Beweis zu erbringen (vgl. für den Bund Art. 33 VwVG; BGE 122 I 53, 55; siehe auch ZBl 89 [1988] 371 ff. [Urteil des Bundesgerichtes vom 17. November 1987]);
– Teilnahme an Augenscheinen und Zeugeneinvernahmen;
– Stellungnahme zu Äusserungen der Gegenpartei (vgl. für das Verfahren vor Bundesbehörden Art. 31 VwVG);
– Kenntnisnahme vom Ergebnis des Beweisverfahrens mit der Möglichkeit, sich zu äussern.

Beispiele:
– Der Minimalanspruch nach Art. 4 BV gebietet nicht, dass ein Anwaltskandidat vor dem negativen Prüfungsentscheid Gelegenheit erhält, sich zur Prüfungsleistung zu äussern, da er selbst alle Unterlagen liefert, die zum Prüfungsentscheid führen. Damit ist sein persönlichkeitsbezogenes Mitwirkungsrecht gewahrt. Eine erweiterte Sachaufklärung ist nicht nötig, da die Experten die Prüfungsleistung ohne weitere Erklärungen aufgrund der Prüfungskriterien bewerten können (BGE 113 Ia 286, 288). 1318
– Die an einem Verfahren Beteiligten haben Anspruch darauf, zu einem Augenschein beigezogen zu werden. Eine Ausnahme gilt u.a. dann, wenn der Augenschein seinen Zweck nur erfüllen kann, sofern er unangemeldet durchgeführt wird. In einem solchen Fall genügt es, wenn die Partei nachträglich zum Beweisergebnis Stellung nehmen kann. Eine "informelle Besichtigung" des antragstellenden zürcherischen Baudirektors ohne Beizug der betroffenen Grundeigentümer ist im Verfahren der Genehmigung einer kommunalen Nutzungsplanung unzulässig, weil weder schützenswerte Interessen Dritter oder des Staates noch die Besonderheit der Situation die Vornahme eines Augenscheins ohne Voranmeldung gebieten (BGE 113 Ia 81, 83; vgl. auch BGE 116 Ia 94, 99). 1319

cc) Akteneinsichtsrecht

aaa) Umfang des Anspruchs auf Akteneinsicht

Die Akten der Verwaltungsbehörden sind *grundsätzlich nicht öffentlich*. Einen *Anspruch auf Akteneinsicht* hat nur, wer *in einem Verfahren schutzwürdige Interessen* verfolgt. Dazu gehören die an einem Verwaltungsverfahren beteiligten Personen (vgl. Art. 26 VwVG). Dagegen können Stimmberechtigte keine schutzwürdigen Interessen geltend machen, um in ein Rechtsgutachten Einsicht zu erhalten, das den Verwaltungsbehörden im Zusammenhang mit einem Gesetzgebungsvorhaben erstattet worden ist (BGE 110 Ia 72 ff.). 1320

Unabhängig von einem (hängigen oder abgeschlossenen) *Verfahren haben Private* ein Recht auf Auskunft über die sie betreffenden, von der Behörde registrierten Daten (BGE 113 Ia 257, 261 f.). Ihr schutzwürdiges Interesse ergibt sich aus dem engen Bezug, den die Aufzeichnung von Personaldaten zur persönlichen Freiheit aufweist. Ein Mann, der von der Polizei an einem als Treffpunkt von Homosexuellen bekannten Ort angehalten und zu einer Identitätskontrolle auf den Polizeiposten gebracht wird, hat deshalb auch dann, wenn kein Verfahren gegen ihn eröffnet wurde, Anspruch auf Einsichtnahme in den ihn betreffenden Registereintrag (BGE 113 Ia 1321

1 ff.). Das Bundesgericht leitete jedoch in BGE 112 Ia 97, 100, den Anspruch des Sohnes, die abgeschlossenen Vormundschaftsakten seiner Mutter einzusehen, um etwas über seinen ihm nicht bekannten ausserehelichen Vater und damit seine Herkunft zu erfahren, nicht aus der persönlichen Freiheit, sondern aus Art. 4 BV ab (kritisch dazu THOMAS COTTIER, Die Suche nach der eigenen Herkunft: Verfassungsrechtliche Aspekte, Basel 1987, S. 25 ff., 38 ff., der die persönliche Freiheit als Grundlage des Rechts auf Kenntnis der eigenen Abstammung bezeichnet; vgl. zur Frage, ob sich aus der persönlichen Freiheit ein Anspruch auf Einsicht in amtliche Akten ergibt, die personenbezogene Daten enthalten, auch BGE 122 I 153, 162 f.). – Gegenüber *Bundesorganen* kann nach Art. 8 des Bundesgesetzes über den Datenschutz (DSG) vom 19. Juni 1992 (SR 235.1) jede Person Auskunft darüber verlangen, ob Daten über sie bearbeitet wurden (vgl. dazu BGE 123 II 534, 538). Einschränkungen des Auskunftsrechts sieht Art. 9 DSG vor, namentlich soweit dies zum Schutz überwiegender Interessen eines Dritten oder überwiegender öffentlicher Interessen, insbesondere der inneren oder äusseren Sicherheit der Eidgenossenschaft, erforderlich ist.

1321a   Das Recht auf Akteneinsicht beinhaltet die Befugnis, am Sitz der aktenführenden Behörde selbst Einsicht in die Unterlagen zu nehmen, sich Aufzeichnungen zu machen und, wenn dies der Behörde keine übermässigen Umstände verursacht, Fotokopien zu erstellen. Im allgemeinen besteht hingegen kein Anspruch auf Zusendung der Akten. Das Bundesgericht hat offengelassen, ob Strafverteidigern ein solches Recht aufgrund des durch Art. 6 Ziff. 3 lit. b EMRK und Art. 14 Ziff. 3 lit. b des UNO-Menschenrechtspaktes II garantierten Anspruches auf eine wirksame Verteidigung zusteht (BGE 122 I 109, 112 ff.).

bbb)   Schranken des Einsichtsrechts

1322   Um die Meinungsbildung innerhalb der Verwaltung nicht vollständig vor der Öffentlichkeit auszubreiten, besteht bei *Akten des internen amtlichen Verkehrs* (z.B. Entwürfe zu Verfügungen, Dienstvermerke, Mitberichte anderer Amtsstellen) *kein Akteneinsichtsrecht* (BGE 117 Ia 90, 96). Interne Akten dürfen aber nicht der Stützung einer behördlichen Anordnung dienen. Könnten die verwaltungsinternen Akten für den Ausgang des Verfahrens wesentlich sein, so ist die Einsicht zu gewähren (BGE 115 V 297, 303 ff.; VPB 59 [1995] Nr. 54, S. 462 ff.).

1323   Bei den *übrigen Akten* kann dem Interesse an der Akteneinsicht ein *Geheimhaltungsinteresse* des Staates oder anderer Personen entgegenstehen (vgl. Art. 27 VwVG).

Beispiele:
– Militärische und polizeiliche Geheimnisse;
– Schutz von Auskunftspersonen (vgl. VPB 58 [1994] Nr. 36A.);
– Stimmgeheimnis;
– Geschäftsgeheimnis.

1324   Zwischen dem Interesse an der Einsicht und dem Geheimhaltungsinteresse ist *abzuwägen*. Geht das Geheimhaltungsinteresse vor, so darf die Behörde entweder das betreffende Schriftstück auch nicht beachten oder muss dem Betroffenen den wesentlichen Inhalt (z.B. durch Abdecken der geheim zu haltenden Stellen oder in Form einer Zusammenfassung) bekanntgeben.

Beispiele:

- Das Schaffhauser Obergericht hatte in einem Urteil vom 22. Dezember 1989 abzuwägen zwischen dem Interesse der Kinder, die durch die Einsichtnahme in die Krankengeschichte ihrer Mutter Aufschluss über deren Urteilsfähigkeit und über die allenfalls unsachgemässe Behandlung in der kantonalen psychiatrischen Klinik zu erhalten hofften, und dem Geheimhaltungsinteresse der verstorbenen Patientin. Die Lösung des Interessenkonflikts wurde so getroffen, dass einem Vertrauensarzt der Kinder Einsicht gewährt wurde, welcher sie danach aber nur teilweise über den Inhalt der Krankengeschichte orientieren durfte (vgl. ZBl 91 [1990] 364 ff.).

  1325

- Die Frage, ob ein aufgrund einer künstlichen heterologen Insemination gezeugtes Kind einen Anspruch darauf hat, die Identität des genetischen Vaters durch Akteneinsicht in Erfahrung zu bringen, wurde vom Bundesgericht nicht abschliessend beurteilt; zwischen den Interessen des Kindes an der Kenntnis seiner genetischen Abstammung und den entgegenstehenden berechtigten Geheimhaltungsinteressen der sozialen Eltern, des Spenders und Dritter wäre im Einzelfall abzuwägen (BGE 115 Ia 234, 255 f.).

  1325a

- Die Abdeckung von Auskünften Privater im Rahmen der Einsichtnahme eines Patienten in eine Krankengeschichte einer psychiatrischen Klinik kann sich rechtfertigen durch überwiegende Interessen, so etwa durch das Interesse der Klinik, sich die notwendigen Informationen zu beschaffen, oder durch das Interesse am Schutz der Informanten sowie des Betroffenen selbst (vgl. BGE 122 I 153, 164 ff.).

  1325b

- Die Namen von Experten, welche eine der ETH vorgelegte Habilitationsschrift als Gutachter zu beurteilen haben, müssen dem Kandidaten nicht bekanntgegeben werden, da andernfalls ein reibungsloser Ablauf des Habilitationsverfahrens nicht mehr sichergestellt und die Unabhängigkeit der Gutachter im Hinblick auch auf künftige Verfahren gefährdet wäre (VPB 61 [1997] Nr. 63, S. 573 f. [Entscheid der Rekurskommission der ETH vom 30. Oktober 1995]).

  1326

- Ein schutzwürdiges Interesse an der Einsicht in die geheim klassifizierten Akten von Landesverräterprozessen aus dem Zweiten Weltkrieg können die direkt Betroffenen und ihnen nahestehende Personen angesichts ihrer gesellschaftlichen Ächtung und Historiker, Rechtswissenschafter oder Journalisten im Hinblick auf die Notwendigkeit der Aufarbeitung der geheim geführten Prozesse geltend machen. Diesen Interessen steht das Interesse des Staates an der Geheimhaltung zum Schutz der inneren und äusseren Sicherheit gegenüber, das aber angesichts der grossen zeitlichen Distanz zu den Prozessen keine wesentliche Rolle mehr spielt. Gewichtiger sind dagegen die Geheimhaltungsinteressen der Angeklagten und der ihnen nahestehenden Personen, denen allenfalls durch eine Verweigerung oder Beschränkung der Akteneinsicht Rechnung zu tragen ist. Personen, die am Prozess in hoheitlicher Stellung (z.B. als Richter, Ankläger oder Gutachter) beteiligt waren, können in der Regel keine Interessen geltend machen, die einer Einsichtnahme entgegenstehen. Die Namen von noch lebenden Personen, die nicht in hoheitlicher Stellung, sondern als Zeugen oder Auskunftspersonen mitwirkten, sind abzudecken. Der Einsichtnahme zu Forschungszwecken müssen die noch lebenden Angeklagten zustimmen; anstelle des Abdeckens können beispielsweise Auflagen betreffend die Veröffentlichung der Ergebnisse gemacht werden (VPB 55 [1991] Nr. 3 [Gutachten des Bundesamtes für Justiz vom 30. April 1990]).

  1327

Die Einsicht in Staatsschutzakten des Bundes durch überwachte Personen kann eingeschränkt werden, um die Methoden der Terrorismusbekämpfung geheimzuhalten. Zu schützen sind auch überwiegende Interessen von Drittpersonen an der Wahrung ihrer körperlichen, geistigen und seelischen Integrität. Diese Personen könnten durch die Aufdeckung sie betreffender Tatsachen Nachteile erleiden, etwa wenn ersichtlich würde, dass gegen sie ein Ermittlungsverfahren lief (VPB 58 [1994], Nr. 62).

1327a

Bei der Einsichtnahme in Staatsschutz- oder Personalakten kann die Bekanntgabe der Identität von Informanten durch die Abdeckung der Namen verweigert werden, wenn ihr Interesse am Schutz dasjenige des Betroffenen an der Bekanntgabe überwiegt. Für diese Interessenabwägung von Bedeutung ist beispielsweise, ob der Informant aus achtenswerten Beweggründen gehandelt hat und ob er durch die Bekanntgabe schwerwiegenden Nachteilen ausgesetzt würde (BGE vom 11. Juni 1996, ZBl 98 [1997] 567 ff.; VPB 58 [1994] Nr. 36A. [Entscheid des Bundesrates vom 13. Januar 1993]).

1327b

dd) Recht auf Vertretung und Verbeiständung

1327c Der Anspruch auf rechtliches Gehör umfasst auch das Recht, sich in einem Verfahren auf eigene Kosten vertreten oder beraten zu lassen (BGE 119 Ia 260; 105 Ia 288, 290). Es kann nur für unbedeutende Angelegenheiten ausgeschlossen werden. Zulässig ist die Beschränkung des Vertretungsrechts auf die entscheidenden Prozessphasen und die Anordnung, dass die Partei persönlich zu einer Verhandlung zu erscheinen habe (BGE 105 Ia 288, 294).

e) Folgen der Verletzung des rechtlichen Gehörs

1328 Der Anspruch auf rechtliches Gehör ist *formeller (selbständiger) Natur.* Das bedeutet, dass eine Rechtsmittelinstanz, die eine Verletzung des Anspruchs feststellt, den angefochtenen Hoheitsakt aufheben muss ohne Rücksicht darauf, ob die Anhörung für den Ausgang des Verfahrens relevant ist, d.h. die Behörde zu einer Änderung des Entscheides veranlasst wird oder nicht (BGE 121 I 230, 232; 120 Ib 379, 383; 119 Ia 136, 138; VPB 58 [1994] Nr. 57, S. 472 f.).

1329 Die Rechtsprechung nimmt überwiegend an, der Mangel der Gehörsverweigerung werde "geheilt", wenn die unterlassene Anhörung, Akteneinsicht oder Begründung in einem Rechtsmittelverfahren nachgeholt wird, das eine Prüfung im gleichen Umfang wie durch die Vorinstanz erlaubt; eine Rückweisung der Sache zur Gewährung des rechtlichen Gehörs würde, so wird argumentiert, bloss zu einem formalistischen Leerlauf und einer unnötigen Verlängerung des Verfahrens führen (BGE 118 Ib 269, 275; 116 Ia 94, 95 f.). Dieser Rechtsprechung des Bundesgerichtes folgte in seinen neueren Entscheiden auch der Bundesrat (VPB 57 [1993] Nr. 5, S. 54; 55 [1991] Nr. 23, S. 233). Einzelne kantonale Behörden und der Bundesrat in einer Stellungnahme aus dem Jahre 1985 (VPB 49 [1985] Nr. 18, S. 129) sowie neuerdings das Eidgenössische Versicherungsgericht (BGE 120 V 357, 362 f.; 116 V 182, 186) wollen eine solche "*Heilung*" ebenso wie die überwiegende Lehre nicht oder nur dann zulassen, wenn sie im Interesse des Betroffenen liegt. Auch das Bundesgericht hat schon festgestellt, dass die Möglichkeit einer vollen Überprüfung einer Verfügung im Rechtsmittelverfahren es nicht "schlechthin" rechtfertige, auf die Anhörung des Betroffenen vor deren Erlass zu verzichten (BGE 105 Ia 193, 197). Es hat daraus jedoch bisher keine Konsequenzen gezogen. Die automatische "Heilung" der Grundrechtsverletzung durch nachträgliche Gewährung des rechtlichen Gehörs lässt sich u.E. in der Tat nicht rechtfertigen; dies nicht allein deshalb, weil der Instanzenzug damit verkürzt wird und der Betroffene sich gegenüber einem negativen Entscheid einer Behörde durchsetzen muss, sondern auch, weil die Behörde ihn durch die Gehörsverweigerung zum Verfahrensobjekt gemacht und nicht als Partner behandelt hat, was nicht "geheilt" werden kann, sondern sanktioniert werden muss. Der Betroffene sollte aber auf die Rückweisung der Sache zur Gewährung des rechtlichen Gehörs verzichten und sich mit der Nachholung im Rechtsmittelverfahren begnügen können, wenn ihm mehr an der raschen Erledigung als an der Ausschöpfung seiner Verfahrensrechte liegt (siehe dazu auch KNEUBÜHLER, S. 111 ff., der für die Heilung auf die Art der Gehörsverletzung, die Interessenlage der Betroffenen und die Prozesschancen abstellen will).

10. Mitwirkungspflicht der Parteien

Auch wenn das Untersuchungsprinzip gilt, müssen die Parteien zur Abklärung des Sachverhalts beitragen. Diese Pflicht kann sich aus dem *Gesetz* (z.B. Art. 13 VwVG) oder aus der *Natur des zu beurteilenden Rechts* ergeben. 1330

Beispiele: 1331
- Eine Mitwirkungspflicht trifft den Halter eines Autos, dem wegen Überschreitung der Höchstgeschwindigkeit der Führerausweis entzogen werden soll, wenn er behauptet, nicht selbst gefahren zu sein.
- Im Steuerverfahren haben die Privaten der Veranlagungsbehörde über alle rechtlich relevanten Tatsachen Auskunft zu geben. Die Mitwirkungspflicht besteht auch dann, wenn es um die Ermittlung einer Steuerhinterziehung geht und die Pflichtigen sich durch die von ihnen zu liefernden Unterlagen selbst belasten könnten (BGE 121 II 273, 284 ff.).
- Asylbewerber sind verpflichtet, an der Feststellung des Sachverhaltes mitzuwirken. Insbesondere müssen sie in einer Anhörung angeben, weshalb sie um Asyl ersuchen (Art. 12b Abs. 1 lit. c des Asylgesetzes vom 5. Oktober 1979 [SR 142.31]; vgl. dazu VPB 58 [1994] Nr. 54, S. 449).

Kann von den Privaten nach den Umständen eine Äusserung oder eine Handlung erwartet werden und bleibt eine solche aus, so haben die Behörden nicht nach Tatsachen zu forschen, die nicht aktenkundig sind. Verweigern die Privaten in einem *Verfahren, das durch ihr Begehren eingeleitet worden ist*, die notwendige und zumutbare Mitwirkung, so muss die Behörde auf das Begehren *nicht eintreten* (vgl. Art. 13 Abs. 2 VwVG). 1332

Unter Umständen ist es nicht möglich, durch die blosse Schlechterstellung der mitwirkungspflichtigen Partei im Verfahren den Zweck der Mitwirkungspflicht zu erreichen, weil die Behörde wegen der fehlenden Mitwirkung nicht über die für ihre Tätigkeit oder Entscheidungen notwendigen Informationen verfügt. In diesem Fall kann die Mitwirkungspflicht durch Androhung einer Ungehorsamsstrafe nach Art. 292 StGB (vgl. Rz. 951 ff.) oder gar durch Anwendung unmittelbaren Zwangs (vgl. Rz. 937 ff.) *durchgesetzt* werden (VPB 51 [1987] Nr. 54, S. 339 ff. [Stellungnahme des Bundesamtes für Justiz vom 7. April 1986]). 1333

11. Fristen

Rechtsmittelfristen dienen der Rechtssicherheit, indem nach ihrem Ablauf Verfügungen in formelle Rechtskraft erwachsen (siehe Rz. 802 f.). Die vom Gericht oder einer Verwaltungsbehörde angesetzten Fristen für die Vornahme einer Parteihandlung fördern dagegen die zügige Verfahrenserledigung. 1334

Der *Fristenlauf beginnt* einen Tag nach der Eröffnung der Verfügung. Die Beweislast für den Beginn der Frist trägt die eröffnende Behörde. 1335

Fällt der letzte Tag einer Frist auf einen Samstag, Sonntag oder einen allgemeinen Feiertag, so *endet* die Frist regelmässig am ersten darauffolgenden Werktag (vgl. für den Bund Art. 20 Abs. 3 VwVG). Im Bund steht die Frist während der Gerichtsferien still (Art. 22a VwVG). Den Nachweis für die Einhaltung der Frist haben die Privaten zu leisten. Die Aufgabe bei der schweizerischen Post innerhalb der Frist genügt. Bei rechtzeitiger Eingabe an die unzuständige Behörde gilt die Frist nach Art. 21 Abs. 2 VwVG und Art. 107 Abs. 1 OG als gewahrt. 1336

1337 Gesetzliche Fristen können im Gegensatz zu behördlich festgesetzten Fristen nicht *erstreckt* werden. Ist die Partei oder ihr Vertreter unverschuldet davon abgehalten worden, innert Frist zu handeln, so kann sie dagegen *Wiederherstellung* der Frist verlangen.

1338 Vgl. zu den Fristen im Verfahren vor Bundesbehörden Art. 20-24 und 50 VwVG sowie das Bundesgesetz über den Fristenlauf an Samstagen vom 21. Juni 1963 (SR 173.110.3).

12. Anspruch auf unentgeltliche Rechtspflege

a) Rechtsgrundlage

1338a Art. 4 BV gewährt einen Anspruch auf unentgeltliche Rechtspflege. Das Verfahrensrecht des Bundes (vgl. Art. 65 VwVG) und der Kantone geht jedoch oft weiter als diese verfassungsmässige Minimalgarantie.

b) Voraussetzungen

1338b Die unentgeltliche Rechtspflege kann eine *bedürftige Partei* (vgl. dazu BGE 120 Ia 179, 181; 119 Ia 11) beanspruchen, deren *Begehren nicht aussichtslos* sind. Der Entscheid muss ausserdem für die Partei von erheblicher Tragweite sein. Der Anspruch besteht unabhängig von Staatsangehörigkeit und Wohnsitz der Partei (BGE 120 Ia 217). Die *unentgeltliche Bestellung eines Anwaltes* setzt zusätzlich voraus, dass die bedürftige Partei nicht imstande ist, ihre Sache selbst wirksam zu vertreten. Das trifft zu, wenn sich die aufgeworfenen Fragen nicht leicht beantworten lassen und die Partei selbst nicht rechtskundig ist (BGE 122 I 275, 276 f.; 119 Ia 264, 265; 117 Ia 277, 281 ff.). Unabhängig von den eben genannten Voraussetzungen ist immer dann ein Rechtsvertreter zu bestellen, wenn besonders stark in die Rechtsposition der Betroffenen eingegriffen werden soll (BGE 122 I 49, 51). Der Anspruch entfällt, wenn die bedürftige Partei auf andere Weise in den Genuss einer genügenden unentgeltlichen Vertretung gelangt (VPB 57 [1993] Nr. 35).

c) Wirkungen

1338c Die Gewährung der unentgeltlichen Rechtspflege hat zur Folge, dass die bedürftige Partei keine Vorschüsse für die Kosten der Behörden, der Gegenpartei und des eigenen Anwalts leisten muss. Sie wird aber nicht endgültig von der Pflicht, die Kosten zu tragen, befreit, sondern muss diese dem Staat zurückerstatten, wenn sie später in den Besitz ausreichender Mittel gelangt (vgl. die Hinweise bei GEORG MÜLLER, in: Kommentar BV, Art. 4, Rz. 128 f.). Die Verfahrensrechte des Bundes (Art. 65 Abs. 1 VwVG) und der Kantone sehen zum Teil die endgültige Befreiung von den Kosten vor. Nach neuester Rechtsprechung des Bundesgerichts muss die unentgeltliche Rechtspflege auch dann gewährt werden, wenn dem Gesuchsteller auf Kosten des Prozessgegners eine Entschädigung zugesprochen wurde, welche aber nicht einbringlich ist (BGE 122 I 322, 326). Art. 4 Abs. 1 BV verlangt nicht, dass die unentgeltliche Rechtspflege rückwirkend für den Zeitraum vor der Einreichung eines entsprechenden Gesuches gewährt wird (BGE 122 I 203, 207 ff.). Unzulässig ist aber, ihre Wirkungen erst ab dem Zeitpunkt der Bewilligung des Gesuchs eintreten zu lassen (BGE 120 Ia 14, 16 ff.).

13. Recht auf eine wirksame Beschwerde

Art. 13 EMRK gewährleistet den Privaten den Anspruch, bei Verletzung eines durch die Konvention garantierten Rechtes eine "wirksame Beschwerde" bei einer innerstaatlichen Instanz einzulegen. Allerdings muss die materielle Rüge "vertretbar" sein. Im Gegensatz zu Art. 6 Ziff. 1 EMRK verlangt Art. 13 *keine eigentliche Gerichtsbarkeit.* Auch ein verwaltungsinternes Rechtsmittel kann der Bestimmung genügen, wenn die Beschwerdeinstanz hinreichend unabhängig ist und eine Rechts- und Sachverhaltsüberprüfung vornehmen darf (vgl. zum Ganzen VILLIGER, Handbuch EMRK, Rz. 623 ff.). 1338d

Für das Verwaltungsrecht ist Art. 13 EMRK vor allem dort von Bedeutung, wo gegen Rechtsakte eine *Beschwerdemöglichkeit ausgeschlossen* wird oder wegen der Form des staatlichen Handelns ein *Rechtsschutz nicht besteht,* beispielsweise bei Realakten, Auskünften, Empfehlungen, Warnungen oder bei informellem Verwaltungshandeln (vgl. Rz. 602i ff.). In solchen Fällen kann Art. 13 EMRK zur Folge haben, dass blosse *Rechtsbehelfe* ohne Erledigungsanspruch – z.B. die Aufsichtsbeschwerde (siehe Rz. 1428 ff.) – wie *förmliche Rechtsmittel* behandelt werden müssen (vgl. VPB 58 [1994] Nr. 64, S. 508). Die Betroffenen müssen jedoch vorher alle zur Verfügung stehenden Mittel des Rechtsschutzes ausschöpfen (BGE 121 I 87, 91 f.). 1338e

14. Recht auf gerichtliche Beurteilung

a) *Allgemeines*

Art. 6 Ziff. 1 EMRK gewährleistet in zwei Fällen die Beurteilung von Rechtsstreitigkeiten durch ein unabhängiges, unparteiisches, auf Gesetz beruhendes Gericht. Vorausgesetzt wird, dass entweder über "zivilrechtliche Ansprüche und Verpflichtungen" des Privaten zu entscheiden ist, oder die "Stichhaltigkeit der gegen ihn erhobenen strafrechtlichen Anklage" Verfahrensgegenstand bildet. Da die EMRK-Organe diese Begriffe *autonom* auslegen, die rechtliche Qualifikation des Streites durch das jeweilige nationale Recht also nicht entscheidend ist, können auch Angelegenheiten, welche in der Schweiz zum Verwaltungsrecht gehören, darunter fallen. 1338f

b) *Zivilrechtliche Ansprüche und Verpflichtungen*

Besonders schwer fällt es, den Begriff der "zivilrechtlichen Ansprüche und Verpflichtungen" zu umschreiben. Die EMRK-Organe haben auf eine abstrakte Definition verzichtet und den darunter fallenden Bereich immer weiter gezogen (vgl. dazu die Übersicht in VPB 57 [1993] Nr. 59, S. 475 ff.). Nach der Praxis des Europäischen Gerichtshofes für Menschenrechte (EGMR) und des Bundesgerichts gehören *Enteignungssachen* grundsätzlich zu den zivilrechtlichen Angelegenheiten (BGE 120 Ib 224, 227; 120 Ia 209, 213 ff.; 119 Ia 321, 329 f.), ebenso Streitigkeiten be- 1338g treffend *Landumlegungen* (BGE 118 Ia 353, 355). Bei öffentlichrechtlichen *Eigentumsbeschränkungen*, beispielsweise Nutzungspläne und Denkmalschutzmassnahmen, ist noch nicht abschliessend geklärt, inwieweit für sie die Garantien der Konvention gelten; fest steht aber, dass ein zivilrechtlicher Anspruch im Sinne von Art. 6 Ziff. 1 EMRK vorliegt, wenn ein Nutzungsplan direkte Auswirkungen auf die Ausübung der Eigentumsrechte der Grundeigentümer hat (vgl. dazu BGE 122 I 294, 298 ff.; 121 I 30, 34 f.; 117 Ia 497, 501; ZBl 95 [1994] 562 ff. [Entscheid des Verwaltungsgerichts des Kantons Zürich vom 27. Mai 1994]). Zivilrechtlicher Natur sind auch Streitigkeiten um Erteilung und Entzug von *Bewilligungen zur Ausübung privater Berufstätigkeiten* (BGE 123 I 87, 88; 122 II 464, 467; VPB 58 [1994] Nr. 96, S. 711 f. [Entscheid des EGMR vom 19. April 1993 in Sachen Kraska]). *Sozialversicherungsangelegenheiten* fallen nach heutiger Praxis ebenfalls unter Art. 6 Ziff. 1 EMRK, jedenfalls soweit es um Leistungen oder Abgaben geht (BGE 122 V 47, 50; 121 V 109, 110 f.; 119 V 375, 378 f.; VPB 58 [1994] Nr. 95, S. 703 f. [Entscheid des EGMR vom 24. Juni 1993 in Sachen Schuler-Zgraggen]). Nicht zivilrechtlicher Natur ist demgegenüber beispielsweise eine Streitigkeit über die Erteilung einer fremdenrechtlichen Bewilligung (VPB 61 [1997] Nr. 121) oder die Frage der Zulässigkeit der Versetzung eines Beamten in den Ruhestand (BGE vom 22. März 1996, ZBl 98 [1997] 75 ff., 78 ff.).

c)   Strafrechtliche Anklagen

1338h   Auch die Frage, ob eine Sanktion strafrechtlicher Natur ist, wird anhand eigener, von den zuständigen Organen entwickelter Kriterien unabhängig vom betreffenden nationalen Recht entschieden. Fällt eine bestimmte Widerhandlung nicht unter das innerstaatliche Strafrecht, kann sie trotzdem von Art. 6 Ziff. 1 EMRK erfasst werden, falls sie entweder von *jedermann ein bestimmtes Verhalten* verlangt oder die angedrohte *Sanktion eine gewisse Schwere* aufweist. Anwendbar ist die Bestimmung beispielsweise auf den Führerausweisentzug, soweit dieser auch eine Straffunktion erfüllt (BGE 122 II 464, 467; 121 II 22, 25), und auf das Strafsteuerverfahren (BGE 121 II 257, 264 f.; VPB 59 [1995] Nr. 127 [Entscheid der Europäischen Menschenrechtskommission vom 24. Februar 1995]). Ordnungs- und Disziplinarbussen von Gerichten und gegen Beamtinnen und Beamte in bescheidener Höhe gelten nicht als Strafen (BGE 121 I 379, 382 ff.; VPB 60 [1996] Nr. 107 [Entscheid der Europäischen Menschenrechtskommission vom 18. Oktober 1995]). Eher selten ist die Anrufung der weiteren, in Art. 6 Ziff. 2 und 3 EMRK festgehaltenen strafrechtlichen Verfahrensgarantien in Verwaltungssachen. In BGE 121 II 257, 264 ff. hat das Bundesgericht entschieden, dass die Mitwirkungspflichten der Steuerpflichtigen im Nach- und Strafsteuerverfahren nicht gegen die Unschuldsvermutung und das Recht, gegen sich selbst nicht aussagen zu müssen, verstossen.

d)   Inhalt des Anspruches

1338i   Sind die Voraussetzungen von Art. 6 Ziff. 1 EMRK erfüllt, so hat ein von anderen Behörden und Parteien unabhängiges, unparteiisches Gericht über die Sache zu urteilen (BGE 123 I 87, 90 f.). Die entscheidende Instanz muss über *richterliche Unabhängigkeit* verfügen, darf also keinerlei Weisungsgewalt unterworfen sein (BGE 119

V 375, 378). Eine Wahl der entscheidenden Behörde durch die Exekutive schliesst die Unabhängigkeit für sich allein nicht aus (BGE 119 V 375, 378; 119 Ia 81, 85; VPB 59 [1995] Nr. 126 [Entscheid der Europäischen Menschenrechtskommission vom 31. August 1994]). Art der Bestellung, personelle Zusammensetzung und Amtsdauer müssen aber für die Unabhängigkeit bürgen (BGE 123 I 87, 91; VPB 57 [1993] Nr. 59, S. 472 f.). Wichtig ist auch, welche Funktion die Behörde insgesamt erfüllt. Eine Instanz, welche primär Verwaltungsaufgaben ausübt und in der Regel hoheitlich auftritt, stellt für die ihrer Amtsgewalt Unterworfenen kein Gericht im Sinne von Art. 6 Ziff. 1 EMRK dar (BGE 123 I 87, 93 ff.).

Der konventionskonforme Rechtsschutz muss *nur einmal gewährt* werden (BGE 123 I 87, 96). Das Bundesgericht kann im Verfahren der *staatsrechtlichen Beschwerde* die Anforderungen der Konvention an die Beschwerdeinstanz bloss dann erfüllen, wenn der Sachverhalt nicht umstritten ist und es die Rechtsfragen frei überprüfen darf (vgl. BGE 123 I 87, 90; 120 Ia 19, 30; 119 Ia 411, 419 f.).

1338j

15. Anspruch auf öffentliche Verhandlung

Neben dem Anspruch auf Beurteilung durch eine gerichtliche Instanz garantiert Art. 6 Ziff. 1 EMRK unter denselben Voraussetzungen auch eine *öffentliche Verhandlung* über die Streitsache. Presse und Öffentlichkeit können aus Gründen der Sittlichkeit, der öffentlichen Ordnung oder der nationalen Sicherheit, zum Schutz der Jugend oder der Privatsphäre *ausgeschlossen* werden, doch begründen diese Ausnahmen keinen Anspruch auf Ausschluss der Öffentlichkeit. Ein solcher kann sich aber aus der persönlichen Freiheit ergeben (BGE 119 Ia 99, 100).

1338k

Die Durchführung einer öffentlichen Verhandlung ist *nicht zwingend*. Die Berechtigten können darauf *verzichten*. Für bestimmte Rechtsgebiete ist sogar die geheime Verfahrensdurchführung gesetzlich vorgesehener Regelfall, so etwa im Steuer- und Sozialversicherungsrecht (BGE 120 V 1, 8 f.; 119 Ib 311, 329 f.; 119 V 375, 380 ff.; VPB 58 [1994] Nr. 95, S. 705 f. [Entscheid des EGMR vom 24.6.1993 in Sachen Schuler-Zgraggen]). Die Beteiligten müssen in diesem Fall einen Antrag auf Durchführung einer öffentlichen Verhandlung stellen. Wenn ein schriftliches Verfahren – etwa wegen der Erörterung komplizierter technischer Fragen oder der gebotenen Einfachheit und Raschheit des Verfahrens – angemessener ist, kann nach der (von der Lehre z.T. kritisierten, den Anspruch in der Tat wohl zu stark relativierenden) Rechtsprechung sogar trotz des Vorliegens eines solchen Begehrens auf die öffentliche Verhandlung verzichtet werden, falls nicht öffentliche Interessen deren Durchführung verlangen (BGE 122 V 47, 52 f.; 119 Ib 311, 330 f.; 119 V 375, 381; VPB 58 [1994] Nr. 95, S. 705 f.).

1338l

§ 24   Die verwaltungsinterne Verwaltungsrechtspflege

Rechtliche Grundlagen

–   *Bund*: Bundesgesetz über das Verwaltungsverfahren vom 20. Dezember 1968 (SR 172.021) (VwVG)
–   *Kanton Zürich*: Gesetz über den Rechtsschutz in Verwaltungssachen (Verwaltungsrechtspflegegesetz) vom 24. Mai 1959 (ZH LS 175.2) (VRG)

I.   Allgemeines

1.   Begriff der verwaltungsinternen Verwaltungsrechtspflege

1339   Die verwaltungsinterne Verwaltungsrechtspflege ist das Verfahren, in dem eine Verwaltungsbehörde über die Erledigung einer verwaltungsrechtlichen Streitigkeit entscheidet. Die entscheidende Behörde ist Teil der hierarchisch aufgebauten Verwaltungsorganisation.

1340   Das Verfahren der verwaltungsinternen Verwaltungsrechtspflege ist im Bund in Art. 44 ff. VwVG geregelt. In den Kantonen geben im allgemeinen die Verwaltungsrechtspflegegesetze über den Gang der verwaltungsinternen Verwaltungsrechtspflege Auskunft, so im Kanton Zürich §§ 19 ff. VRG.

2.   Träger der verwaltungsinternen Verwaltungsrechtspflege

1341   Im Rechtsstreit um eine Verfügung einer Verwaltungsbehörde entscheidet i.d.R. die ihr in der Verwaltungshierarchie *übergeordnete Behörde*. So beurteilt zum Beispiel der Bundesrat Streitigkeiten über Verfügungen eines seiner Departemente, das Departement des Innern Streitigkeiten über eine Verfügung des Bundesamtes für Sozialversicherung oder der Zürcher Regierungsrat Streitigkeiten über eine Verfügung einer seiner Direktionen.

3.   Bedeutung der verwaltungsinternen Verwaltungsrechtspflege

1343   Der Vorteil der verwaltungsinternen Verwaltungsrechtspflege besteht – sowohl für die Verwaltungsbehörden als auch für die betroffenen Privaten – in der Möglichkeit der *umfassenden Rechts- und Ermessenskontrolle* durch die urteilende Behörde. Zudem erhält die übergeordnete Behörde Kenntnis von allfälligen Mängeln der Praxis oder der angewendeten Rechtsnormen und kann Korrekturen vornehmen.

1344   Als Nachteil der verwaltungsinternen Verwaltungsrechtspflege erscheint die *Möglichkeit der Beeinträchtigung der Unparteilichkeit des Entscheides*, da die Verwaltungsbehörden zur internen Solidarität neigen: Die übergeordnete Behörde desavouiert die untergeordnete Behörde nur ungern. Die über eine verwaltungsrechtliche Streitigkeit urteilende Verwaltungsbehörde hat die Behörde, deren Entscheid angefochten ist, oft selbst gewählt und beaufsichtigt sie, ist also bis zu einem gewissen Grade für ihre Entscheidungen mitverantwortlich. Die Ergänzung der verwaltungsinternen Verwaltungsrechtspflege durch die verwaltungsunabhängige, gerichtliche Verwaltungsrechtspflege ist daher von grosser Bedeutung.

4. Förmliche Rechtsmittel und formlose Rechtsbehelfe

Im Verfahren der verwaltungsinternen Verwaltungsrechtspflege stehen den Rechtsuchenden zwei grundsätzlich verschiedene Gruppen von Mitteln zur Verfügung: 1345

Die *förmlichen Rechtsmittel* verpflichten die angerufene Rechtsmittelinstanz zur Behandlung und zu einer Erledigung in der Form eines Prozess- oder Sachurteils. Die Erhebung von förmlichen Rechtsmitteln ist an Fristen und Formen gebunden. Förmliche Rechtsmittel sind die Beschwerde oder der Rekurs, die Einsprache und das Revisionsgesuch. Eine Beschwerde oder ein Rekurs richtet sich an eine der verfügenden Behörde übergeordnete Rechtsmittelinstanz. Bei einer Einsprache oder einem Revisionsgesuch ist dagegen die verfügende Behörde selber Rechtsmittelinstanz. 1346

Die *formlosen Rechtsbehelfe* der Aufsichtsbeschwerde und des Wiedererwägungsgesuches geben den Rechtsuchenden dagegen keinen Rechtsschutzanspruch gegenüber der angerufenen Instanz; diese ist nicht zur Behandlung verpflichtet. Die Erhebung der formlosen Rechtsbehelfe ist nicht an Fristen und Formen gebunden. Die formlosen Rechtsbehelfe des Verwaltungsrechts richten sich grundsätzlich an Verwaltungsbehörden, im Falle des Wiedererwägungsgesuches an die verfügende Behörde, im Falle der Aufsichtsbeschwerde an eine Aufsichtsbehörde. Es gibt aber auch Fälle, in denen Justizbehörden aufgrund besonderer gesetzlicher Vorschrift Aufsichtsfunktionen ausüben, so zum Beispiel das Bundesgericht aufgrund von Art. 63 des Bundesgesetzes über die Enteignung vom 20. Juni 1930 (SR 711). 1347

Eine ausführliche gesetzliche Regelung in den Verfahrensgesetzen erfahren nur die förmlichen Rechtsmittel. Über die meist durch die Praxis geschaffenen und ausgebildeten formlosen Rechtsbehelfe finden sich nur wenige Gesetzesbestimmungen (z.B. Art. 71 VwVG über die Aufsichtsbeschwerde im Bund). 1348

II. Die Beschwerde oder der Rekurs

1. Begriff

Die Beschwerde oder der Rekurs ist das förmliche Rechtsmittel, mit dem von einer höheren Behörde oder von einer besonderen Beschwerde- oder Rekursbehörde die Abänderung oder Aufhebung einer Verfügung oder eines Beschwerdeentscheides einer unteren Behörde verlangt wird. 1349

Die Beschwerde ist ausgeschlossen, wenn das Gesetz ausdrücklich eine Verfügung oder einen Beschwerdeentscheid als endgültig bezeichnet. 1350

2. Terminologie

1351 Mit den Ausdrücken Beschwerde und Rekurs wird das gleiche Rechtsmittel bezeichnet. Ihre Verwendung ist je nach Gemeinwesen oder Gesetz verschieden. Im Bund spricht das Verwaltungsverfahrensgesetz (Art. 44 ff.) von der Beschwerde. Im Kanton Zürich verwendet das Verwaltungsrechtspflegegesetz (§§ 19 ff.) den Ausdruck Rekurs.

3. Rechtsgrundlage

1352 Die allgemeine gesetzliche Regelung der Beschwerde an eine übergeordnete Behörde findet sich für den Bund in den Artikeln 44 ff. des VwVG. Dazu gehört auch die Beschwerde an den Bundesrat (Art. 72 ff. VwVG). Rechtsgrundlage in den Kantonen sind die jeweiligen kantonalen Verwaltungsrechtspflegegesetze (Beispiel Kanton Zürich: §§ 19 ff. VRG) und das kantonale Organisationsrecht.

1353 Für bestimmte Materien ist die Beschwerde spezialgesetzlich geregelt, so zum Beispiel in kantonalen Baugesetzen.

4. Voraussetzungen

a) Beschwerdeinstanz

1354 Die Beschwerde bzw. der Rekurs richtet sich als devolutives Rechtsmittel nicht an die verfügende Behörde, sondern in der Regel an eine dieser *hierarchisch übergeordnete Behörde*, die *Aufsichtsbehörde* (vgl. für den Bund Art. 47 Abs. 1 lit. c VwVG).

1355 Oberste Beschwerdeinstanz im Rahmen der verwaltungsinternen Verwaltungsrechtspflege ist im Bund der Bundesrat (Art. 47 Abs. 1 lit. a und Art. 72 f. VwVG), in den Kantonen der Regierungsrat.

1356 Durch die Gesetzgebung, insbesondere durch Spezialgesetze, können besondere *verwaltungsinterne Kommissionen* als Beschwerde- oder Rekursinstanz vorgesehen werden. Beispiele sind im Kanton Zürich der Verkehrsrat, der Berufsbildungsrat und der Erziehungsrat. Im Gegensatz zu den ausserhalb der Verwaltungsorganisation stehenden Rekurskommissionen (vgl. dazu Rz. 1462 f.) verfügen sie über keine justizmässige Unabhängigkeit.

1357 Eine *Staffelung von Beschwerdeinstanzen* liegt vor, wenn der Entscheid einer Beschwerdeinstanz nicht endgültig ist, sondern an eine weitere übergeordnete Verwaltungsbehörde weitergezogen werden kann. So besteht u.U. die Möglichkeit, Beschwerdeentscheide eines Departements beim Bundesrat oder Beschwerdeentscheide einer kantonalen Direktion beim Regierungsrat anzufechten.

1358 Die Verfahrensgesetze sehen zum Teil einen *Sprungrekurs* vor. Davon handelt z.B. Art. 47 Abs. 2 VwVG: Hat eine nicht endgültig entscheidende Beschwerdeinstanz im Einzelfall eine Weisung erteilt, dass oder wie eine Vorinstanz verfügen soll, so ist die Verfügung unmittelbar an die nächsthöhere Beschwerdeinstanz weiterzuziehen (vgl. die Beispiele in BGE 110 Ib 96 ff.; 108 Ib 413 ff.; VPB 34 [1968-1969] Nr. 72, S. 120).

b)   Beschwerdeobjekt

Gegenstand der Anfechtung im verwaltungsinternen Beschwerdeverfahren ist eine   1359
Verfügung (Art. 44 f. und 72 VwVG). Es braucht dabei jedoch nicht das ganze durch
die Verfügung geregelte Rechtsverhältnis streitig zu sein.

Anfechtbar ist auch die *Verweigerung oder Verzögerung einer Verfügung* (vgl.   1360
Art. 5 Abs. 1 lit. c VwVG). Selbst eine nichtige Verfügung kann Beschwerdeobjekt
sein, falls das Begehren des Beschwerdeführers auf Feststellung der Nichtigkeit der
betreffenden Verfügung geht.

Nur ganz ausnahmsweise kann ein *rechtsetzender Erlass* Beschwerdeobjekt   1361
sein. So können gemäss §§ 151 ff. des Zürcher Gesetzes über das Gemeindewesen
(Gemeindegesetz) vom 6. Juni 1926 (ZH LS 131.1) Verfügungen und Erlasse der
Gemeinden mit Rekurs an den Bezirksrat mit der Möglichkeit des Weiterzuges an
den Regierungsrat angefochten werden. Und die Beschwerde an den Bundesrat kann
in den von Art. 73 Abs. 1 VwVG genannten Fällen auch einen kantonalen Erlass
zum Gegenstand haben (vgl. das Beispiel in VPB 51 [1987] Nr. 7).

c)   Beschwerdegründe

Da im verwaltungsinternen Verfahren die Rekursbehörde in der Regel hierarchisch   1362
übergeordnet und mit einem Weisungsrecht ausgestattet ist, kann sie die angefochtene Verfügung im vollen Umfang überprüfen. Es können deshalb mit der Beschwerde *grundsätzlich alle Mängel des Zustandekommens und des Inhaltes der angefochtenen Verfügung* geltend gemacht werden (so beispielsweise auch die Formulierung von § 20 des Zürcher Verwaltungsrechtspflegegesetzes). Massgeblich ist im
einzelnen die Umschreibung der Beschwerdegründe im anzuwendenden Verfahrensgesetz. Vgl. für den Bund Art. 49 VwVG.

aa)   Rechtswidrigkeit

Mit der Beschwerde kann gerügt werden, die Verfügung verletze einen Rechtssatz.   1363
Dabei gelten auch Ermessensmissbrauch, Ermessensüberschreitung und Ermessensunterschreitung als Rechtsverletzung (vgl. Rz. 374 ff., 385 f.). Im Verfahren vor einer Beschwerdebehörde des Bundes kann die Verletzung von Bundesrecht geltend
gemacht werden (Art. 49 lit. a VwVG); vor kantonalen Behörden kann die Rüge die
Verletzung einer bundesrechtlichen, kantonalen oder kommunalen Rechtsnorm betreffen.

Beispiel: 1364
Der Regierungsrat des Kantons Solothurn stellte u.a. das Begehren, die zusätzlichen Intercity-Züge
sollten in Olten halten. Die Generaldirektion der SBB lehnte das Gesuch ab. Der Regierungsrat erhob
gegen diesen Entscheid Beschwerde beim Eidgenössischen Verkehrs- und Energiewirtschaftsdepartement. Dessen ablehnenden Beschwerdeentscheid zog der Regierungsrat mit Beschwerde an den
Bundesrat weiter. Der Bundesrat wies die Beschwerde ab, weil der angefochtene Entscheid nicht gegen Bundesrecht (Art. 3 des Bundesgesetzes über die Schweizerischen Bundesbahnen vom 23. Juni
1944 [SR 742.31] und Bundesbeschluss über den Leistungsauftrag 1987 an die Schweizerischen
Bundesbahnen ... vom 9. Oktober 1986 [SR 742.37]) verstosse und nicht unangemessen sei. Zudem
liege auch keine unvollständige oder unrichtige Feststellung des Sachverhaltes vor (VPB 55 [1991]
Nr. 33).

bb) *Unrichtige oder unvollständige Feststellung*
   des rechtserheblichen Sachverhalts

1365 Wenn der Sachverhalt von der verfügenden Behörde unrichtig oder unvollständig
ermittelt worden ist, ist der Rechtsanwendungsakt mit einem Fehler behaftet. Dieser
Beschwerdegrund wird in den Verfahrensgesetzen regelmässig aufgeführt. Vgl. für
den Bund Art. 49 lit. b VwVG.

cc) *Unangemessenheit*

1366 Das Besondere der verwaltungsinternen Verwaltungsrechtspflege besteht u.a. darin,
dass die Rekursbehörde grundsätzlich auch die Angemessenheit der angefochtenen
Verfügung überprüfen darf. Vgl. für den Bund Art. 49 lit. c VwVG. Dies ist die Konsequenz der hierarchischen Überordnung der Rekursbehörde.

1367   In einzelnen Fällen wird die Kontrolle der Angemessenheit durch besondere gesetzliche Anordnung eingeschränkt oder ausgeschlossen. So ist gemäss Art. 49 lit. c
VwVG bei der bundesrechtlichen Verwaltungsbeschwerde die Rüge der Unangemessenheit ausgeschlossen, wenn bereits eine kantonale Behörde als Beschwerdeinstanz verfügt hat (vgl. z.B. VPB 53 [1989] Nr. 10, S. 60; 55 [1991] Nr. 25, S. 260).

1368   Der Bundesrat und andere Beschwerdeinstanzen üben in konstanter Praxis Zurückhaltung bei der Überprüfung des Ermessens der Vorinstanz, insbesondere wenn
die angefochtene Verfügung auf einer von den Behörden angeordneten Expertise
beruht oder wenn es um die Beurteilung von Gegebenheiten geht, welche die Vorinstanz infolge ihrer Kenntnisse der tatsächlichen Verhältnisse besonders zu beurteilen
geeignet ist (Beispiele: VPB 61 [1997] Nr. 61; 60 [1996] Nr. 78; 59 [1995] Nr. 1;
Nr. 76; 56 [1992] Nr. 3, S. 32 f.; 55 [1991] Nr. 4, S. 46 f.; 52 [1988] Nr. 25, S. 142).

d) *Beschwerdelegitimation*

1369 Die Beschwerde ist nicht als Popularbeschwerde ausgestaltet: Sie steht nicht jedermann, sondern nur den Betroffenen zu. Eine gewisse Beziehungsnähe der Personen,
die Beschwerde führen, zur angefochtenen Verfügung wird vorausgesetzt.

   Die Umschreibung der Beschwerdelegitimation stimmt bei Verwaltungsbeschwerde und Verwaltungsgerichtsbeschwerde (vgl. Rz. 1519 ff.) weitgehend überein (vgl. Art. 48 VwVG und Art. 103 OG).

aa) *Partei- und Prozessfähigkeit*

1370 Grundvoraussetzung für die Beschwerdelegitimation ist die Partei- und Prozessfähigkeit. Es wird dabei an die zivilrechtliche Rechts- und Handlungsfähigkeit ange-
knüpft.

1371   Parteifähig ist, wer rechtsfähig ist. Prozessfähigkeit setzt zivilrechtliche Handlungsfähigkeit voraus. Sie bedeutet die Fähigkeit, den Rechtsstreit selbständig zu
führen. Beschwerdeführende Behörden handeln als Organe der rechts- und prozess-
fähigen Verwaltungseinheit, der sie angehören.

Handlungsunfähige können eine Beschwerde nur durch einen gesetzlichen Vertreter führen lassen. Geht es um höchstpersönliche Rechte oder um Bereiche der beschränkten Handlungsunfähigkeit, können die urteilsfähigen Handlungsunfähigen jedoch selbständig Beschwerde führen. 1372

bb) *Legitimation im engeren Sinne bei Privaten*

Damit in einem konkreten Streitfall einer natürlichen oder juristischen Person des Privatrechts die Beschwerdeberechtigung zuerkannt wird, ist erforderlich, dass sie von der angefochtenen Verfügung betroffen ist (*Erfordernis des Betroffenseins*) und ein schutzwürdiges Interesse an der Aufhebung oder Änderung der angefochtenen Verfügung hat (*Erfordernis des schutzwürdigen Interesses*). Das schutzwürdige Interesse muss nicht rechtlicher Natur sein. Als schutzwürdig gilt – im Gegensatz zum Verfahren der staatsrechtlichen Beschwerde – auch ein rein tatsächliches Interesse (BGE 121 II 176, 177 f. mit Hinweisen). Die meisten Verfahrensregelungen stellen auf diese beiden Voraussetzungen ab. Der Unterschied zwischen der Betroffenheit und der Schutzwürdigkeit des Interesses an der Aufhebung oder Änderung der Verfügung ist nicht immer klar. Vgl. für den Bund Art. 48 VwVG. 1373

Das Erfordernis des Betroffenseins bietet keine Probleme bei Verfügungen, die individuell-konkrete Verwaltungsakte darstellen. Bei Allgemeinverfügungen (wie z.B. bei Verkehrsbeschränkungen), die sich an eine unbestimmte Zahl von Personen richten, ist das Betroffensein manchmal nicht offensichtlich. 1374

Beispiele: 1375
– Bei einer Verkehrsbeschränkung sind in erster Linie die Anstösser der mit der Beschränkung belegten Strasse beschwerdeberechtigt. Der Umstand, dass jemand Fahrzeuglenker ist, genügt hingegen nicht, um die Beschwerdebefugnis zu begründen. Die bundesrätliche Praxis stellt aber auch beim Nichtanstösser keine allzu strengen Anforderungen an das Betroffensein: Für seine Beschwerdebefugnis genügt es, wenn sich aus dem Zweck der Fahrten glaubhaft ergibt, dass er die von der angefochtenen Beschränkung betroffene Strasse mehr oder weniger regelmässig befährt (VPB 50 [1986] Nr. 49, S. 328 ff. [Entscheid des Bundesrates vom 22. Oktober 1985]; siehe auch VPB 54 [1990] Nr. 9, S. 47).

Neben den Adressaten der angefochtenen Verfügung sind u.U. auch *Dritte* beschwerdeberechtigt. Drittpersonen ist aber nur dann die Beschwerdeberechtigung zuzubilligen, wenn sie eine besonders nahe und schützenswerte Beziehung zur Streitsache haben, weil sie mehr als irgend jemand oder die Allgemeinheit von der angefochtenen Verfügung betroffen werden. 1376

Beispiele: 1377
– Der Bundesrat verneinte die Beschwerdebefugnis eines Grundeigentümers, der sich gegen die Aufnahme einer Nachbarliegenschaft ins generelle Kanalisationsprojekt der Gemeinde Schwyz wehrte. Der Bundesrat führte aus, dass sich aus einer Planungsmassnahme für den Nachbarn des betroffenen Grundstücks keine aktuellen praktischen oder rechtlichen Nachteile ergäben, welche die für die Beschwerdelegitimation erforderliche nahe Beziehung zur Streitsache zu begründen vermöchten (VPB 44 [1980] Nr. 65).
– Eine Grundeigentümerin, deren Liegenschaft etwa 150 m vom Vierwaldstättersee entfernt liegt, rekurrierte gegen geplante Aufschüttungen in einer Seebucht. Das Bundesgericht trat auf die

Beschwerde nicht ein, da der Eingriff nur wenig intensive ideelle Immissionen bewirkte und die Liegenschaft durch verschiedene stark benützte Verkehrsträger vom See abgetrennt ist (ZBl 96 [1995] 527 ff.).

– Das Bundesgericht hat Anwohnern des Bahnhofes Muttenz, über den Transporte abgebrannter Brennelemente aus Kernkraftwerken abgewickelt werden, Parteistellung und Beschwerdebefugnis im Verfahren der Bewilligung solcher Transporte abgesprochen. Aufgrund des weiten Kreises in ähnlichem Masse Betroffener, der seltenen Durchführung und des minimen Risikos stünden die Beschwerdeführer nicht in genügend naher Beziehung zur Streitsache (BGE 121 II 176, 180 ff.).

– Private, Konsumentenorganisationen und Verkäufer biologisch produzierter Lebensmittel sind nicht zum Rekurs gegen eine Verfügung des Bundesamtes für Gesundheit legitimiert, mit welcher dieses die Verwendung gentechnologisch hergestellter Soja zur Produktion von Nahrungsmitteln zuliess. Den Beschwerdeführern fehle die durch Art. 48 VwVG vorausgesetzte besondere Beziehungsnähe zur Streitsache (BGE 123 II 376, 379 ff.).

– Das BIGA hatte durch Verfügung ein deutsches Diplom für Hörgeräte-Akustiker dem entsprechenden schweizerischen Fachausweis gleichgestellt. Auf eine dagegen erhobene Beschwerde trat die Rekurskommission EVD nicht ein, da die Rekurrenten weder konkrete wirtschaftliche Nachteile geltend machten noch zu befürchten hatten, sondern eine Minderung von fachlicher Kompetenz und Ansehen ihres Berufsstandes befürchteten. Dabei handelt es sich jedoch um ein allgemeines, öffentliches Interesse, welches keine Rekurslegitimation begründet (VPB 60 [1996] Nr. 46).

– Siehe auch die Beispiele in Rz. 1523 ff.

cc) Legitimation von Gemeinwesen und Behörden (Behördenbeschwerde)

1378 Zur Beschwerde legitimiert sind auch Gemeinwesen und Behörden, falls dies durch die Verfahrensgesetze oder Spezialerlasse vorgesehen ist (vgl. Art. 48 lit. b VwVG für den Bund).

1379 Eine solche Behördenbeschwerde liegt vor, wenn das Gesetz die *Vorinstanz*, d.h. die Behörde, über deren Verfügung eine erste Rekursinstanz entschieden hat, dazu befugt erklärt, den Rekursentscheid an eine höhere Rekursinstanz weiterzuziehen. So steht gemäss § 21 lit. b des Verwaltungsrechtspflegegesetzes des Kantons Zürich der Gemeinde das Recht zu, zur Wahrung der von ihr vertretenen schutzwürdigen Interessen Rekurs zu führen (vgl. Rz. 1169 f.). Auch im Kanton Glarus sind Gemeinden zur Wahrung der von ihnen vertretenen öffentlichen Interessen beschwerdeberechtigt (vgl. dazu den Entscheid des Verwaltungsgerichts des Kantons Glarus in ZBl 97 [1996] 360 ff.).

1380 Die Behördenbeschwerde wird sodann von Spezialerlassen vorgesehen, die eine Behörde *im öffentlichen Interesse* mit der Beschwerdebefugnis ausstatten, um gegen rechtswidrige Verfügungen vorgehen zu können und so die einheitliche und konsequente Anwendung des öffentlichen Rechts sicherzustellen. So räumt zum Beispiel Art. 56 Abs. 1 und 2 des Bundesgesetzes über den Umweltschutz (Umweltschutzgesetz [USG]) vom 7. Oktober 1983 (SR 814.01) dem Eidgenössischen Departement des Innern und den Kantonen in beachtlichem Umfang das Recht zur Beschwerdeführung ein. Das Bundesgesetz über den Datenschutz (DSG) vom 19. Juni 1992 (SR 235.1) ermächtigt dagegen den Eidgenössischen Datenschutzbeauftragten nicht zur Beschwerde. Er ist deshalb nicht legitimiert, einen Entscheid eines Departementes mit Beschwerde an die Eidgenössische Datenschutzkommission weiterzuziehen (BGE 123 II 542 ff.).

Sofern Gemeinwesen oder Behörden durch die angefochtene Verfügung gleich oder ähnlich *wie Private berührt* sind, sind sie nach den allgemeinen Regeln (Art. 48 lit. a VwVG) zur Beschwerde legitimiert. In Betracht fallen Verfügungen, welche die Rechte des Gemeinwesens als Eigentümer beschränken, es zu Leistungen verpflichten oder finanzielle Ansprüche wie Subventionen, Anteile an Bundessteuern oder dergleichen zum Gegenstand haben (VPB 60 [1996] Nr. 36, S. 326 f.; 59 [1995] Nr. 12, S. 86; Nr. 85, S. 716 f.; Nr. 100; 54 [1990] Nr. 30). 1381

dd) Legitimation von Verbänden

aaa) "Egoistische" Verbandsbeschwerde

Verbände und andere juristische Personen des Privatrechts sind nach den allgemeinen Regeln (siehe Rz. 1373 ff.) beschwerdeberechtigt, soweit sie *Adressaten* oder *Drittbetroffene* der angefochtenen Verfügung sind. Eine juristische Person des Privatrechts, der öffentliche Aufgaben übertragen worden sind, ist dagegen nicht zur Beschwerde gegen Massnahmen legitimiert, welche die Erfüllung dieser Aufgabe beeinträchtigen könnten, da sie nicht wie eine Privatperson betroffen ist (Entscheid des Verwaltungsgerichts des Kantons Neuenburg in RDAF 49 [1993] 279 ff.). 1382

Eine Verbandsbeschwerde ist sodann auch im Verfahren der verwaltungsinternen Verwaltungsrechtspflege zulässig, um einem Verband zu erlauben, *im eigenen Namen, aber im Interesse seiner Mitglieder* vorzugehen. Voraussetzung ist, dass der Verband gemäss seinen Statuten zur Wahrung der betroffenen Interessen seiner Mitglieder berufen ist, dass die Interessen der Mehrheit oder zumindest einer grossen Anzahl der Mitglieder betroffen sind und diese deshalb selbst zur Beschwerde legitimiert sind. 1383

Beispiele:
- Zwei politische Parteien des Kantons Neuenburg fochten mit Verwaltungsbeschwerde an den Bundesrat die Genehmigung an, welche die Neuenburger Regierung Tarifverträgen im Bereich der Krankenversicherung erteilt hatte. In seinem Entscheid erklärte der Bundesrat, die Voraussetzungen der Verbandsbeschwerde seien nicht erfüllt; nur reine Interessenverbände seien beschwerdeberechtigt, nicht aber politische Parteien (VPB 40 [1976] Nr. 86). 1384
- VPB 59 (1995) Nr. 19; Nr. 74; 56 (1992) Nr. 10; 55 (1991) Nr. 32.

bbb) Ideelle Verbandsbeschwerde

In verschiedenen Spezialgesetzen werden bestimmte Verbände, welche der *Wahrung öffentlicher Interessen* dienen, ausdrücklich zur Beschwerde ermächtigt. Im Bund weist Art. 48 lit. b VwVG auf diese Möglichkeit hin. In diesem Falle ist ein persönliches Betroffensein des Verbandes nicht erforderlich. Die Beschwerdeberechtigung besteht nur, wenn sie in einem Gesetz vorgesehen wird, und ist streng auf die Verfechtung der öffentlichen Interessen beschränkt, deren Schutz vom Gesetz als Verbandsaufgabe anerkannt ist. 1385

Durch die Bundesgesetzgebung wird die Beschwerdeberechtigung u.a. folgenden Verbänden zuerkannt (vgl. auch Rz. 1531): 1386

- gesamtschweizerischen Umweltorganisationen nach Art. 55 des Bundesgesetzes über den Umweltschutz (Umweltschutzgesetz [USG]) vom 7. Oktober 1983 (SR 814.01) (Beispiel: VPB 53 [1989] Nr. 16);
- gesamtschweizerischen Natur- und Heimatschutzorganisationen gemäss Art. 12 Abs. 1 des Bundesgesetzes über den Natur- und Heimatschutz vom 1. Juli 1966 (SR 451) (Beispiele: VPB 58 [1994] Nr. 13; 56 [1992] Nr. 40, S. 308 f.; 52 [1988] Nr. 61);
- Arbeitnehmer- und Arbeitgeberverbänden gemäss Art. 58 des Bundesgesetzes über die Arbeit in Industrie, Gewerbe und Handel (Arbeitsgesetz) vom 13. März 1964 (SR 822.11).

1387 Beispiel:
Die Bürgerinitiative Rheinfelden gegen Atomkraftwerke erhob am 21. Januar 1976 beim Bundesrat Beschwerde gegen die vom Eidgenössischen Verkehrs- und Energiewirtschaftsdepartement erteilte erste Teilbaubewilligung für die Errichtung des Kernkraftwerkes Leibstadt. Die Bürgerinitiative bezweckte nach ihren Statuten die Wahrung von öffentlichen Interessen im Zusammenhang mit dem Bau von Atomkraftwerken. Der Bundesrat verneinte die Beschwerdelegitimation aus folgenden Gründen: "Die Bürgerinitiative Rheinfelden hat sich sonach die Wahrung typisch öffentlicher Interessen nach ihrem Verständnis zum Ziele gesetzt. Diese kann sie auf dem Beschwerdewege aber nur insoweit geltend machen, als sie durch eine ausdrückliche gesetzliche Vorschrift dazu ermächtigt ist (Art. 48 Bst. b VwVG), oder als sie sich auf eigene schutzwürdige Interessen berufen kann ... Weder die eine noch die andere Voraussetzung ist indessen hier erfüllt. Es käme einer Umgehung von Artikel 48 VwVG gleich, wenn Private durch Zusammenschluss zu Vereinigungen die Anerkennung einer Beschwerdebefugnis erzwingen könnten, die ihnen als einzelnen Bürgern zufolge der geltenden gesetzlichen Bestimmungen nicht zukommt ..." (VPB 41 [1977] Nr. 82).

e) *Beschwerdefrist*

1388 Als förmliches Rechtsmittel ist die Verwaltungsbeschwerde an eine Frist gebunden.

1389 Im Bund gilt eine Frist von 30 Tagen; gegen eine Zwischenverfügung steht dem Betroffenen eine nur 10tägige Beschwerdefrist zur Verfügung (Art. 50 VwVG). Der Fristenlauf beginnt mit der Eröffnung der Verfügung (Art. 20 ff. VwVG).

1390 In den Kantonen gilt für die Beschwerdefrist die jeweilige Regelung des Verwaltungsrechtspflegegesetzes oder des entsprechenden Spezialerlasses. Viele Kantone sehen ebenfalls Fristen von 30, andere nur von 20 Tagen vor.

f) *Beschwerdeschrift*

1391 Die Beschwerdeschrift muss den vom Gesetz vorgesehenen formellen und inhaltlichen Anforderungen genügen.

1392 Die Beschwerde ist in *schriftlicher Form*, versehen mit der Unterschrift des Beschwerdeführers einzureichen (vgl. für den Bund Art. 51 VwVG; zur Bedeutung der Formerfordernisse, insbesondere der Unterschrift, und zur Frage, ob eine Beschwerde per Fax erhoben werden kann, vgl. BGE 121 II 252, 254 f.).

1393 Die Beschwerdeschrift muss die *Begehren* des Beschwerdeführers sowie deren *Begründung* mit Angabe der Beweismittel enthalten. Vgl. für den Bund Art. 52 VwVG.

5. Wirkungen der Beschwerde

a) *Suspensiveffekt*

Der Suspensiveffekt oder die aufschiebende Wirkung bedeutet, dass mit der Einreichung der Beschwerde die Rechtswirkungen der angefochtenen Verfügung bis zur Erledigung des Rechtsstreites nicht eintreten können und keine Vollstreckung (vgl. Rz. 919 f.) möglich ist. 1394

In der Regel hat die Verwaltungsbeschwerde aufschiebende Wirkung. Von diesem Grundsatz gibt es aber Ausnahmen. Insbesondere kann u.U. die verfügende Behörde oder die Beschwerdebehörde der Beschwerde die aufschiebende Wirkung entziehen. Die verschiedenen Verfahrensgesetze sehen zum Teil differenzierende Regelungen vor. Es sind allenfalls auch Spezialgesetze zu beachten, die der Beschwerde die aufschiebende Wirkung versagen (vgl. dazu Art. 55 Abs. 5 VwVG). Bei negativen Verfügungen, welche die bestehende Rechtslage nicht ändern (z.B. Ablehnung eines Subventionsgesuches, Verweigerung einer Baubewilligung), kann der Beschwerde zum vornherein keine aufschiebende Wirkung zukommen. Möglich ist allerdings die Anordnung vorsorglicher Massnahmen (BGE 123 V 39, 41; 117 V 185, 188). 1395

Im Bund gewährt Art. 55 Abs. 1 VwVG der Verwaltungsbeschwerde grundsätzlich aufschiebende Wirkung. Sofern die angefochtene Verfügung nicht eine Geldleistung des Adressaten (BGE 123 V 39, 40; 109 V 229, 232) zum Gegenstand hat, kann die verfügende Behörde einer allfälligen Beschwerde die aufschiebende Wirkung entziehen; diese Befugnis steht auch der Beschwerdeinstanz – im Falle einer Kollegialbehörde deren Präsidenten – zu (Beispiel: VPB 51 [1987] Nr. 40). Die Beschwerdeinstanz kann die von der Vorinstanz entzogene Suspensivwirkung wiederherstellen (Art. 55 Abs. 2 und 3 VwVG). 1396

In einem grundsätzlichen Entscheid betreffend Beschwerden gegen die Betriebsbewilligung für das Kernkraftwerk Olten-Gösgen wies der Bundesrat darauf hin, dass das VwVG nichts über die Voraussetzungen sagt, unter denen einer Verwaltungsbeschwerde die Suspensivwirkung entzogen werden kann. Aus Art. 55 Abs. 4 VwVG geht lediglich hervor, dass dies nicht willkürlich geschehen darf. Nach bundesgerichtlicher Rechtsprechung (BGE 106 Ib 115, 116) haben die zum Entscheid über die Gewährung oder Verweigerung der Suspensivwirkung berufenen Behörden die sich gegenüberstehenden Interessen gegeneinander abzuwägen. Zu gewichten sind dabei sowohl öffentliche Interessen des Gemeinwesens (z.B. Schutz von Polizeigütern) und private Interessen der Beschwerdeführenden (z.B. an der Vermeidung von Verzögerungen der Betriebsaufnahme und der damit verbundenen Kosten) als auch verschiedenartige private Interessen (z.B. bei einer Drittbeschwerde gegen eine begünstigende Verfügung) oder verschiedenartige öffentliche Interessen (z.B. das öffentliche Interesse am Schutz der Gesundheit der Bevölkerung und das öffentliche Interesse an der Beschränkung der Ausgaben des Staates); (VPB 43 [1979] Nr. 45, S. 210; vgl. auch VPB 58 [1994] Nr. 7, S. 76 ff.; Verwaltungsgericht des Kantons Neuenburg in RDAF 51 [1995] 158 ff.). 1397

Die aufschiebende Wirkung oder deren Wiederherstellung ist zu gewähren, wenn das Interesse der Beschwerde führenden Partei als überwiegend erscheint. Der Entscheid darüber wird aufgrund der Akten getroffen (BGE 116 Ib 344, 350 ff.; 106 Ib 115, 116; VPB 58 [1994] Nr. 6, S. 69 f.; 55 [1991] Nr. 1, S. 20 f.). 1398

1399   Auch im Kanton Zürich hat der Rekurs grundsätzlich aufschiebende Wirkung (§ 25 VRG). Die verfügende Behörde ist befugt, einem Rekurs die Suspensivwirkung zu entziehen, wenn besondere Gründe vorliegen, die den sofortigen Vollzug rechtfertigen. Ein solcher liegt beispielsweise vor, wenn die Rekursinstanz nicht berechtigt ist, die angefochtene Verfügung aufzuheben (vgl. den Entscheid des Verwaltungsgerichts des Kantons Zürich betreffend disziplinarische Entlassung einer Lehrerin, ZBl 95 [1994] 317 ff, 319, 321). Sodann kann die Rekursinstanz die aufschiebende Wirkung selbständig entziehen.

b)   Devolutiveffekt

1400   Der Devolutiveffekt bedeutet, dass mit der Einreichung der Beschwerde die Beschwerdeinstanz zum Entscheid über die angefochtene Verfügung zuständig wird. Die Devolution, d.h. die Überwälzung der Zuständigkeit, ist ein Resultat des hierarchischen Aufbaus der Verwaltungsbehörden.

1401   In der verwaltungsinternen Verwaltungsrechtspflege kommt der Beschwerde regelmässig Devolutiveffekt zu. Für das Verfahren im Bund ist dies als Grundsatz in Art. 54 VwVG festgelegt. Allerdings kann gemäss Art. 58 Abs. 1 VwVG die Vorinstanz, d.h. die verfügende Behörde, die angefochtene Verfügung bis zur Einreichung ihrer Vernehmlassung zur Beschwerde in Wiedererwägung ziehen. Das Beschwerdeverfahren wird damit u.U. ganz oder teilweise hinfällig.

1402   Der Devolutiveffekt bewirkt zudem, dass der Rechtsmittelentscheid prozessual die angefochtene Verfügung ersetzt. Anfechtungsgegenstand für einen nachfolgenden Instanzenzug ist nun allein der Rechtsmittelentscheid.

6.   Verfahren vor der Beschwerdeinstanz

1403   Für die Behandlung der Beschwerde durch die Beschwerdeinstanz sind eine Reihe von Verfahrensgrundsätzen massgebend, die von den verschiedenen Verfahrensgesetzen in sehr unterschiedlicher Art umschrieben werden. Im Bund gelten für das Verwaltungsbeschwerdeverfahren neben den Art. 54 ff. VwVG auch die auf das gesamte Verwaltungsverfahren anwendbaren allgemeinen Verfahrensgrundsätze von Art. 7 ff. VwVG.

1404   Besondere Bedeutung hat das *Untersuchungsprinzip* (vgl. dazu Rz. 1283 ff.): Die Beschwerdebehörde hat den Sachverhalt von Amtes wegen festzustellen. Die Parteien sind aber verpflichtet, an der Feststellung des Sachverhaltes mitzuwirken (siehe Rz. 1330 ff.). Vgl. im Bund Art. 12 f. VwVG.

1405   Die Beschwerdeinstanz bringt eine nicht zum vornherein unzulässige Beschwerde ohne Verzug der Vorinstanz und allfälligen Gegenparteien des Beschwerdeführers oder anderen Beteiligten zwecks *Vernehmlassung* zur Kenntnis (vgl. für den Bund Art. 57 VwVG und für den Kanton Zürich § 26 VRG). Der Schriftenwechsel dient der Beschwerdeinstanz zur Abklärung des Sachverhaltes und gibt den am Verfahren Beteiligten die Möglichkeit, ihre Behauptungen über den zu beurteilenden Sachverhalt einzubringen, denn die Parteien haben gemäss den allgemeinen Vorschriften über das Verwaltungsverfahren Anspruch auf rechtliches Gehör (vgl. Rz. 1306 ff.).

7.   Beschwerdeentscheid

a)   *Reformatorische oder kassatorische Wirkung*

Im verwaltungsinternen Beschwerdeverfahren steht die reformatorische Wirkung des   1406
Beschwerdeentscheides im Vordergrund: Die Beschwerdeinstanz entscheidet in der
Sache selbst. Die bloss kassatorische Wirkung ist die Ausnahme: In diesem Falle
hebt die Beschwerdeinstanz die angefochtene Verfügung auf und weist die Sache mit
verbindlichen Weisungen an die Vorinstanz zurück. Vgl. für den Bund Art. 61
Abs. 1 VwVG und VPB 59 (1995) Nr. 109, S. 897; 58 (1994) Nr. 83, S. 632. Ein
Rückweisungsentscheid kommt vor allem dann in Frage, wenn zwecks Feststellung
weiterer Tatsachen ein umfassendes Beweisverfahren durchzuführen ist, für das die
mit den örtlichen Verhältnissen besser vertraute Vorinstanz geeigneter ist.

b)   *Frage der Bindung an die Parteibegehren*

Auch im verwaltungsinternen Beschwerdeverfahren gilt zum Teil das Dispositions-   1407
prinzip, das den Parteien den Entscheid über Einleitung, Gegenstand und Beendigung eines Verfahrens überlässt (vgl. Rz. 1280 f.). Dieser Grundsatz wird aber zum
Teil durch das Offizialprinzip (Rz. 1278 f.) eingeschränkt: Die Beschwerdeinstanz
ist nicht oder nur in beschränktem Rahmen an die Parteibegehren gebunden.

Im Bund kann die Beschwerdeinstanz ohne weiteres die angefochtene Verfü-   1408
gung zugunsten der beschwerdeführenden Partei in dem Sinne ändern, dass ihr mehr
zugesprochen wird, als sie verlangt hat (sog. *reformatio in melius*) (vgl. Art. 62
Abs. 1 VwVG). In der Praxis kommt die reformatio in melius selten zur Anwendung. Hingegen darf eine Änderung zuungunsten der beschwerdeführenden Partei
(sog. *reformatio in peius*) nur erfolgen, soweit die Verfügung Bundesrecht verletzt
oder auf einer unrichtigen oder unvollständigen Ermittlung des Sachverhalts beruht;
wegen blosser Unangemessenheit der Verfügung ist sie unzulässig, es sei denn, die
Änderung erfolge zugunsten einer Gegenpartei (Art. 62 Abs. 2 VwVG). Vor einer
beabsichtigten reformatio in peius muss die Beschwerdeinstanz der Partei Gelegenheit zur Stellungnahme – und damit zum allfälligen Rückzug der Beschwerde – geben (Art. 62 Abs. 3 VwVG). Dies ergibt sich aus dem Grundsatz des rechtlichen Gehörs. Die Partei wird bei drohender reformatio in peius ihre Beschwerde in der Regel
zurückziehen, weshalb auch der reformatio in peius keine grosse praktische Bedeutung zukommt (Beispiel: VPB 52 [1988] Nr. 33). Jedenfalls im Bereich des Sozialversicherungsrechts ist die beschwerdeführende Partei ausdrücklich auf die Möglichkeit des Rückzugs aufmerksam zu machen (BGE 122 V 166, 167 f.).

Die Regelungen in den Kantonen weisen zum Teil gewisse Unterschiede auf. Im   1409
Kanton Zürich z.B. kann die Rekursinstanz zugunsten des Rekurrenten über dessen
Begehren hinausgehen oder die angefochtene Verfügung ohne weiteres zu seinem
Nachteil abändern (§ 27 VRG).

III. Die Einsprache

1. Begriff

1410 Die Einsprache ist das vom Gesetz besonders vorgesehene förmliche Rechtsmittel, mit dem eine Verfügung bei der verfügenden Verwaltungsbehörde zwecks Neuüberprüfung angefochten wird.

1411 Das Einspracheverfahren ermöglicht eine Abklärung komplexer tatsächlicher oder rechtlicher Verhältnisse und eine umfassende Abwägung der verschiedenen von einer Verfügung berührten Interessen. Es kann deshalb zur Unwiderrufbarkeit (materiellen Rechtskraft) einer Verfügung führen (vgl. Rz. 819 f.).

1411a Von der Einsprache als Rechtsmittel ist die *Einwendung* zu unterscheiden, die *vor Erlass der Verfügung* erfolgt und als Mittel zur *Gewährung des rechtlichen Gehörs* dient. Dieses Einwendungsverfahren findet vor allem dann Anwendung, wenn der Kreis der von einer Verfügung Betroffenen sehr gross ist oder sich ohne unverhältnismässigen Aufwand nicht bestimmen lässt (vgl. Art. 30a VwVG und Art. 35 lit. a des Bundesgesetzes über die Enteignung vom 20. Juni 1930 [SR 711], der eine "Einsprache" vorsieht, die aber im Sinne einer Einwendung vor Erlass der Verfügung zu erheben ist).

2. Anwendungsbereich

1412 Während das Beschwerdeverfahren ein für den ganzen Bereich der Verwaltungstätigkeit allgemein gegebenes Rechtsmittelverfahren ist, das sich weitgehend als Folge des hierarchischen Aufbaus der Verwaltungsbehörden ergibt, kommt das Einspracheverfahren nur zum Zug, wenn es durch eine Gesetzesbestimmung – meistens in einem Spezialgesetz – für einen bestimmten Verwaltungsbereich besonders vorgesehen ist.

1413 Beispiele:
– Einsprache gegen die Steuerveranlagung, zum Beispiel gemäss Art. 132 ff. des Bundesgesetzes über die direkte Bundessteuer vom 14. Dezember 1990 (SR 642.11) oder gemäss § 89 des Zürcher Gesetzes über die direkten Steuern (Steuergesetz) vom 8. Juli 1951 (ZH LS 631.1);
– Einsprache gegen Verfügungen, die in Anwendung des Bundesgesetzes über die Unfallversicherung (UVG) vom 20. März 1981 (SR 832.20) ergangen sind (Art. 105 Abs. 1 UVG);
– Einsprache gegen Verfügungen, bei welchen auf Begründung und Rechtsmittelbelehrung verzichtet wird (§ 10a Abs. 2 lit. b VRG des Kantons Zürich).

1414 Soweit das Rechtsmittel der Einsprache vorgesehen ist, gehört es zum Prozessgang und darf nicht übersprungen werden (vgl. Art. 46 lit. b VwVG).

1415 Zur Einsprache legitimiert können neben dem von der Verfügung Betroffenen auch Dritte sein.

IV. Das Revisionsgesuch

1. Begriff

Das Revisionsgesuch ist das ausserordentliche förmliche Rechtsmittel, mit dem eine 1416
formell rechtskräftige Verfügung oder ein rechtskräftiger Beschwerdeentscheid wegen des *Vorliegens eines Revisionsgrundes* bei der verfügenden Verwaltungsbehörde oder bei der entscheidenden Beschwerdeinstanz angefochten wird.

Das Verfahren der Revision in der verwaltungsinternen Verwaltungsrechts- 1417
pflege wird zum Teil von Amtes wegen, zum Teil auf ein Gesuch des von einer Verfügung oder einem Beschwerdeentscheid Betroffenen hin eingeleitet (vgl. im Bund die Unterscheidung in Art. 66 Abs. 1 und Abs. 2 VwVG). Vgl. auch Rz. 833 ff. Die Revision eines Entscheides können nur die Parteien des Verfahrens verlangen, das zu diesem Entscheid führte (VPB 57 [1993] Nr. 22, S. 220 m.H.), nicht aber die Vorinstanz (VPB 60 [1996] Nr. 36, S. 326 f.).

2. Regelung im Bund

Art. 66 VwVG zählt die Gründe auf, die in der verwaltungsinternen Verwaltungs- 1418
rechtspflege des Bundes zur Revision eines Beschwerdeentscheides führen können:
– Revision wegen Beeinflussung des Beschwerdeentscheides durch ein Verbrechen oder Vergehen (Art. 66 Abs. 1 lit. a VwVG).
– Revision infolge Gutheissung einer Beschwerde durch den Europäischen Gerichtshof für Menschenrechte oder das Ministerkomitee des Europarates wegen Verletzung der EMRK und deren Protokolle, sofern eine Wiedergutmachung nur durch Revision möglich ist (Art. 66 Abs. 1 lit. b VwVG).
– Revision wegen neuer erheblicher Tatsachen oder Beweismittel (Art. 66 Abs. 2 lit. a VwVG). Es kann sich dabei aber nur um neu entdeckte Tatsachen oder um Beweismittel handeln, die zur Zeit der Erstbeurteilung bereits bestanden, jedoch erst danach in Erfahrung gebracht wurden. Die neu entdeckten Tatsachen oder Beweismittel müssen zudem erheblich sein, d.h. sie müssen zu einer anderen rechtlichen Würdigung der Streitsache führen (Beispiele: VPB 53 [1989] Nr. 14, S. 82 f.; 55 [1991] Nr. 40; 60 [1996] Nr. 37, S. 335).
– Revision wegen Verfahrensmängeln bezüglich der Besetzung der urteilenden Instanz, der Nichtberücksichtigung aktenkundiger erheblicher Tatsachen, der Nichtbeurteilung von gestellten Rechtsbegehren sowie der Verletzung wesentlicher Prozessgrundsätze wie beispielsweise des Anspruchs auf rechtliches Gehör oder des Rechts auf Akteneinsicht (Art. 66 Abs. 2 lit. b und c VwVG) (Beispiele: VPB 42 [1978] Nr. 110; 55 [1991] Nr. 2).

Die Möglichkeit der Revision erstinstanzlicher Verfügungen ist im VwVG nicht 1419
vorgesehen. Solche Verfügungen können aber auf Gesuch des Betroffenen hin in Wiedererwägung gezogen werden, wobei unter Umständen ein Anspruch auf Eintreten besteht (vgl. Rz. 1421 ff. und 837 ff.).

3. Regelung in den Kantonen

1420 In den Verwaltungsrechtspflegegesetzen verschiedener Kantone wird für das verwaltungsinterne Verwaltungsrechtspflegeverfahren die Revision nicht erwähnt. Zum Teil werden jedoch die kantonalen Vorschriften über die Revision von Urteilen der Verwaltungsgerichte auch auf Rekursentscheide von Verwaltungsbehörden angewandt.

V. Das Wiedererwägungsgesuch

1. Begriff

1421 Das Wiedererwägungsgesuch ist der formlose Rechtsbehelf, durch den die Betroffenen die *verfügende Verwaltungsbehörde ersuchen, auf ihre Verfügung zurückzukommen* und sie abzuändern oder aufzuheben.

Der Ausdruck "Wiedererwägung" wird allerdings in der schweizerischen Gesetzgebung, Lehre und Praxis nicht einheitlich verwendet.

2. Rechtsgrundlagen

1422 Das Wiedererwägungsgesuch wird im Verwaltungsverfahrensrecht des Bundes nicht allgemein geregelt. Dass die verfügende Behörde berechtigt ist, ihre Verfügung während eines laufenden Beschwerdeverfahrens in Wiedererwägung zu ziehen, wird aber in Art. 58 Abs. 1 VwVG erwähnt. Ferner kann es sich bei einem Begehren um eine Feststellungsverfügung gemäss Art. 25 VwVG auch um ein Wiedererwägungsgesuch handeln. – In den Verfahrensgesetzen der Kantone – so im Zürcher Verwaltungsrechtspflegegesetz – wird das Wiedererwägungsgesuch zum Teil ebenfalls nicht erwähnt.

3. Anwendungsbereich

1423 Das Wiedererwägungsgesuch kann sich nur auf erstinstanzliche Verfügungen beziehen; Rechtsmittelentscheide können durch die Verwaltungsbehörden nicht in Wiedererwägung gezogen werden, da ihnen materielle Rechtskraft zukommt (VPB 58 [1994] Nr. 58, S. 480).

4. Fehlen von formellen Voraussetzungen

1424 Der Gesuchsteller ist bei diesem formlosen Rechtsbehelf weder an eine Form noch an die Einhaltung einer Frist für die Einreichung des Gesuchs gebunden. Allerdings hat das Bundesgericht in einem neueren Entscheid präzisiert, dass der Möglichkeit der Wiedererwägung aus Gründen der Rechtssicherheit Grenzen gesetzt seien. Formell rechtskräftige Verfügungen (vgl. Rz. 802 f.) dürfen nicht immer wieder in Frage gestellt werden. Bei verweigernden Verfügungen ist eine Wiedererwägung unzulässig, wenn kurz nach dem abweisenden Entscheid erneut ein identisches Gesuch eingereicht wird. Das Institut des Wiedererwägungsgesuches darf auch nicht dazu dienen, Rechtsmittelfristen zu umgehen (BGE 120 Ib 42, 47). Die Wiedererwägung ist nur eine beschränkte Zeit nach dem aufzuhebenden Entscheid zuzulassen (BGE 113 Ia 146, 154).

5. Behandlung des Wiedererwägungsgesuches

Die Behandlung eines Wiedererwägungsgesuches durch die angerufene Verwaltungsbehörde richtet sich nach einer Reihe von Prinzipien, welche die Praxis entwickelt hat. Danach ist die um Wiedererwägung gebetene Behörde grundsätzlich nicht gehalten, sich mit einem Wiedererwägungsgesuch zu befassen, weil es als blosser Rechtsbehelf *keinen Anspruch auf Prüfung und Beurteilung* vermittelt, es sei denn, die Pflicht zur Behandlung sei gesetzlich vorgesehen oder ergebe sich aus einer ständigen Verwaltungspraxis (BGE 120 Ib 42, 46; 100 Ib 368, 371). **1425**

Ein *Anspruch auf Wiedererwägung* besteht jedoch ausnahmsweise unter bestimmten Voraussetzungen, die Rechtsprechung und Lehre aus den aus Art. 4 BV entwickelten Grundsätzen über das rechtliche Gehör abgeleitet haben. Danach ist eine Behörde gehalten, sich mit einem Wiedererwägungsgesuch zu befassen, wenn die Umstände sich seit dem ersten Entscheid wesentlich geändert haben – dazu kann auch eine Änderung des objektiven Rechts zählen – oder wenn der Gesuchsteller erhebliche Tatsachen oder Beweismittel namhaft macht, die ihm im früheren Verfahren nicht bekannt waren oder die schon damals geltend zu machen für ihn unmöglich war oder dazu keine Veranlassung bestand (BGE 120 Ib 42, 46 f.; 118 Ib 137, 138; 109 Ib 246, 251; 100 Ib 368, 371; VPB 59 [1995] Nr. 102, S. 833 ff.; 55 [1991] Nr. 40, S. 347 ff.; vgl. auch Rz. 837 ff.). **1426**

6. Wirkung des Wiedererwägungsgesuches

Wird ein Wiedererwägungsgesuch gestellt, so hat das nicht zur Folge, dass laufende Rechtsmittelfristen unterbrochen werden. Es bewirkt auch nicht, dass nach dem Entscheid der angerufenen Behörde, das Wiedererwägungsgesuch nicht zu behandeln, eine neue Frist für einen Rekurs in der Sache selbst zu laufen beginnt. Ebenso sind Verfügungen, mit denen die Anhandnahme eines Wiedererwägungsgesuches abgelehnt wird, grundsätzlich nicht anfechtbar. Der Gesuchsteller kann mit Beschwerde höchstens geltend machen, im vorliegenden Fall seien die Voraussetzungen gegeben, bei denen gestützt auf Art. 4 BV ausnahmsweise ein Anspruch auf Wiedererwägung besteht (BGE 117 V 8, 13; 109 Ib 246, 251; 100 Ib 368, 372; VPB 51 [1987] Nr. 22). Ergeht aufgrund eines Wiedererwägungsgesuches jedoch ein neuer Sachentscheid, so steht gegen diesen der gewöhnliche Rechtsmittelweg offen (vgl. die Anwendungsfälle BGE 116 V 62 f. und 117 V 8 ff.). **1427**

VI. Die Aufsichtsbeschwerde

1. Begriff

1428 Die Aufsichtsbeschwerde ist der formlose Rechtsbehelf, durch den *eine Verfügung oder eine andere Handlung einer Verwaltungsbehörde bei deren Aufsichtsbehörde beanstandet* und darum ersucht wird, die Verfügung abzuändern oder aufzuheben oder eine andere – zum Beispiel disziplinarische – Massnahme zu treffen.

1429 Bei der Aufsichtsbeschwerde handelt es sich nicht um eine Beschwerde im Sinne eines förmlichen Rechtsmittels. Sie ist bloss formloser Rechtsbehelf und vermittelt keinen Erledigungsanspruch (BGE 121 I 42, 45; 121 I 87, 90). Der Anzeiger hat keine Parteirechte wie zum Beispiel das Recht auf Begründung des Entscheides oder das Recht auf Akteneinsicht. Gegen einen Nichteintretensentscheid auf eine Aufsichtsbeschwerde besteht kein Rechtsmittel; er unterliegt höchstens selbst wieder der Aufsichtsbeschwerde (VPB 57 [1993] Nr. 36). Die Aufsichtsbeschwerde wird auch als *Anzeige* bezeichnet.

2. Adressat

1430 Aufsichtsbeschwerden richten sich an die für die kritisierte Behörde zuständige Aufsichtsinstanz. Dies ist in der Regel eine dieser übergeordnete Verwaltungsbehörde (vgl. VPB 58 [1994] Nr. 8). Kraft besonderer gesetzlicher Vorschrift sind ausnahmsweise auch Justizbehörden ermächtigt, Aufsichtsfunktionen auszuüben. So unterstehen z.B. die Schätzungskommissionen, die am Vollzug des Bundesgesetzes über die Enteignung vom 20. Juni 1930 (SR 711) (EntG) beteiligt sind, der Aufsicht des Bundesgerichts (Art. 63 EntG).

3. Rechtsgrundlage

1431 Die Institution der Aufsichtsbeschwerde hängt mit der Aufsichtskompetenz der mit der Beschwerde angegangenen Behörde zusammen. Die Aufsichtsbehörde ist darauf angewiesen, nicht nur durch die von Amtes wegen vorgenommenen Aufsichtsmassnahmen, sondern auch von Personen ausserhalb der Verwaltungsorganisation auf Fehler der Verwaltungsbehörden hingewiesen zu werden. Die Aufsichtsbeschwerde bedarf deshalb *keiner gesetzlichen Grundlage.*

1432 Die Verfahrensgesetze enthalten oft keine Regelung der Aufsichtsbeschwerde. Im Bund wird sie in Art. 71 VwVG erwähnt; ihr wird in Art. 70 VwVG ergänzend die Rechtsverweigerungs- und Rechtsverzögerungsbeschwerde zur Seite gestellt, die aber als förmliches Rechtsmittel ausgestaltet ist.

4. Anwendungsbereich und Wirkung der Aufsichtsbeschwerde

1433 Der Anwendungsbereich der Aufsichtsbeschwerde ist denkbar weit. Er umfasst die ganze Amtstätigkeit – Handlungen und Unterlassungen – der beaufsichtigten Verwaltungsbehörden. Eine Aufsichtsbeschwerde kann sich gegen eine *Verfügung* richten; dazu besteht Anlass, wenn gegen eine Verfügung keine Beschwerde möglich ist oder die Beschwerdelegitimation fehlt oder die Beschwerdefrist verpasst ist. Eine Aufsichtsbeschwerde ist aber auch gegenüber *anderen Tätigkeiten oder Unterlassungen von Verwaltungsbehörden* möglich, z.B. gegenüber Informationen, Berichten, Vollzugs- und Realakten, auch gegenüber der allgemeinen Amtsführung.

Dementsprechend sind die mit der Aufsichtsbeschwerde geltend gemachten *Begehren* vielfältiger als bei den Rechtsmitteln und den übrigen Rechtsbehelfen: Es kann jede Massnahme angeregt werden, zu deren Anordnung die Aufsichtsbehörde befugt ist, also nicht nur die Änderung oder Aufhebung einer Verfügung, sondern z.B. auch disziplinarische Massnahmen.

1434

Die Aufsichtsbehörden können auf Anzeige hin eine formell rechtskräftige Verfügung nur aufheben, wenn die Voraussetzungen des Widerrufs erfüllt sind, d.h. das Interesse an der richtigen Rechtsanwendung gegenüber demjenigen am Vertrauensschutz bzw. an der Rechtssicherheit überwiegt (vgl. Rz. 809 ff.). Das trifft vor allem zu, wenn klares Recht, wesentliche Verfahrensvorschriften oder öffentliche Interessen offensichtlich missachtet worden sind (BGE 110 Ib 38, 40; VPB 58 [1994] Nr. 64, S. 508).

1435

Beispiele:
- Ein Privater beantragte mit einer Eingabe an das Eidgenössische Departement des Innern (EDI), es sei gegen den Direktor des Eidgenössischen Amtes für Strassen- und Flussbau und gegen den Chef der Abteilung Natur- und Heimatschutz im Eidgenössischen Oberforstinspektorat eine Disziplinaruntersuchung wegen pflichtwidriger Amtsausübung im Zusammenhang mit ihrer Haltung zur Linienführung der Nationalstrasse N 2 am Sempachersee zu eröffnen. Er behauptete darin, die beiden Chefbeamten hätten alle Entscheidungsgremien durch tatsachenwidrige und unwahre Behauptungen davon abzubringen vermocht, im gegebenen Fall richtig zu entscheiden. Das EDI gab der Aufsichtsbeschwerde keine Folge, weil es die Voraussetzungen für die Einleitung einer disziplinarischen Untersuchung als nicht gegeben erachtete. Daraufhin richtete der Private eine Eingabe an den Bundesrat, mit der Bitte, die Angelegenheit sorgfältig zu prüfen. Der Bundesrat erklärte in seinem Entscheid, die Eingabe an das EDI sei eine Aufsichtsbeschwerde gewesen, welche dem Anzeiger keinen Erledigunganspruch und keine Parteirechte verleiht. Die Aufsichtsbehörde sei dem Anzeiger keine Begründung schuldig. Der Entscheid des EDI, der Aufsichtsbeschwerde nicht Folge zu leisten, könne auch nicht mit einem Rechtsmittel angefochten werden (VPB 41 [1977] Nr. 61).

1436

- Das Eidgenössische Departement des Innern hatte sich geweigert, für einen Beamten die Ermächtigung zur Zeugenaussage in einem Strafprozess zu erteilen. Dagegen legten die an der Angelegenheit beteiligten Privaten eine Beschwerde beim Bundesrat ein. Dieser trat nicht auf das Begehren ein, da im vorliegenden Fall keine beschwerdefähige Verfügung vorliege. Er behandelte die Eingabe als Aufsichtsbeschwerde, der er aber aus materiellen Überlegungen keine Folge gab (VPB 46 [1982] Nr. 41).

1437

5. Legitimation

Da mit der Aufsichtsbeschwerde als Anzeige die Aufsichtsbehörde auf einen Sachverhalt aufmerksam gemacht werden soll, der ein aufsichtsrechtliches Einschreiten gebietet, ist *jedermann* dazu berechtigt. Ein persönliches Betroffensein ist nicht erforderlich. Vgl. für den Bund Art. 71 Abs. 1 VwVG.

1438

6. Fehlen von formellen Voraussetzungen

1439 Wie das Wiedererwägungsgesuch stellt auch die Aufsichtsbeschwerde nur einen formlosen Rechtsbehelf dar. Sie ist weder form- noch fristgebunden. Sie hat keine Auswirkungen auf allenfalls laufende Rechtsmittelfristen. Die Aufsichtsbehörde ist nicht verpflichtet, die Aufsichtsbeschwerde materiell zu behandeln. Im Bund tritt der Bundesrat nach ständiger Rechtsprechung zu Art. 71 VwVG auf eine Aufsichtsbeschwerde nur ein, wenn eine wiederholte oder wiederholbare Verletzung von klarem materiellem Recht oder von Verfahrensrecht behauptet wird, die mit keinem ordentlichen oder ausserordentlichen Rechtsmittel gerügt werden kann (Subsidiarität der Aufsichtsbeschwerde; VPB 58 [1994] Nr. 64, S. 508; 56 [1992] Nr. 37, S. 284 f.; vgl. auch die Kritik zu dieser Einschränkung bei RHINOW/KRÄHENMANN, S. 460).

VII. Erläuterung und Berichtigung von Redaktions- und Rechnungsfehlern

1439a Die Erläuterung ist das ausserordentliche Rechtsmittel, mit dem Unklarheiten und Widersprüche im Dispositiv oder zwischen diesem und der Begründung eliminiert werden können (vgl. die Regelung für den Bund in Art. 69 VwVG). Zuständig ist die Behörde, welche entschieden hat. Der Erläuterungsentscheid stellt, wie Art. 5 Abs. 2 VwVG für den Bund ausdrücklich festhält, eine Verfügung dar und bewirkt, dass die Rechtsmittelfrist neu zu laufen beginnt (so im Recht des Bundes in Art. 69 Abs. 2 VwVG). Das Erläuterungsbegehren ist an keine Frist gebunden, doch setzt der Grundsatz von Treu und Glauben (Rz. 597 ff.) der Möglichkeit der Erläuterung zeitliche Grenzen (KÖLZ/HÄNER, Rz. 317).

1439b Redaktions- und Rechnungsfehler sowie Kanzleiversehen, welche keinen Einfluss auf das Dispositiv oder auf den erheblichen Inhalt der Begründung haben, können von der Beschwerdeinstanz jederzeit berichtigt werden (vgl. für den Bund Art. 69 Abs. 3 VwVG; siehe auch Rz. 841).

§ 25   Die Verwaltungsgerichtsbarkeit

Rechtliche Grundlagen

- *Bund*: Bundesgesetz über die Organisation der Bundesrechtspflege (Bundesrechtspflegegesetz [OG]) vom 16. Dezember 1943 (SR 173.110)
- *Kanton Zürich*: Gesetz über den Rechtsschutz in Verwaltungssachen (Verwaltungsrechtspflegegesetz) vom 24. Mai 1959 (ZH LS 175.2) (VRG)

I.   Allgemeines

1.   Begriff der Verwaltungsgerichtsbarkeit

Verwaltungsgerichtsbarkeit ist das Verfahren, in dem ein *Gericht* über die Erledigung von verwaltungsrechtlichen Streitigkeiten entscheidet.   1440

2.   Arten von Verwaltungsgerichtsbarkeit

Für die Austragung verwaltungsrechtlicher Streitigkeiten vor einem Gericht stehen zwei verschiedene Prozessformen zur Verfügung, von denen die eine die Merkmale des Rechtsmittel- bzw. Anfechtungsverfahrens und die andere die Merkmale des Klageverfahrens aufweist.   1441

a)   Nachträgliche Verwaltungsgerichtsbarkeit

Bei den meisten verwaltungsgerichtlichen Verfahren urteilt ein Verwaltungsgericht als zweite – oder allenfalls dritte – Instanz: Es entscheidet über eine erstinstanzliche Verfügung oder einen Beschwerde- oder Einspracheentscheid einer Vorinstanz, die mit Verwaltungsgerichtsbeschwerde an das Verwaltungsgericht weitergezogen worden ist. Das Verfahren wird weitgehend durch das Rechtsmittel der *Verwaltungsgerichtsbeschwerde* geprägt.   1442

Nachträgliche Verwaltungsgerichtsbarkeit liegt z.B. vor, wenn ein Verwaltungsgericht über die Rechtmässigkeit einer Baubewilligung, einer disziplinarischen Massnahme oder einer öffentlichrechtlichen Eigentumsbeschränkung zu befinden hat.   1443

Das Verfahren der Verwaltungsgerichtsbeschwerde an das Bundesgericht wird in Art. 97-115 OG geregelt; das Verfahren der Beschwerde an eine Rekurskommission bestimmt sich nach dem VwVG (Art. 71a Abs. 2 VwVG). Im Kanton Zürich finden sich die Bestimmungen über die Beschwerde ans kantonale Verwaltungsgericht in §§ 41 ff. VRG.   1444

b) *Ursprüngliche Verwaltungsgerichtsbarkeit*

1445 In den Fällen, in denen keine anfechtbare Verfügung vorliegt, weil es den Verwaltungsbehörden nicht zusteht, die betreffenden Rechtsverhältnisse durch eine Verfügung zu regeln, werden Streitigkeiten über diese Rechtsverhältnisse von Privaten oder von Verwaltungsbehörden auf dem Klageweg einem Verwaltungsgericht unterbreitet. Dieses beurteilt eine solche Streitigkeit als erste und in gewissen Fällen auch als einzige Instanz. Das Verfahren wird vom Rechtsmittel der *verwaltungsrechtlichen Klage* bestimmt. Es weist Ähnlichkeiten mit dem Zivilprozess auf.

1446 Die ursprüngliche Verwaltungsgerichtsbarkeit ist verglichen mit der nachträglichen Verwaltungsgerichtsbarkeit von untergeordneter Bedeutung. Mit verwaltungsrechtlicher Klage werden in der Hauptsache *vermögensrechtliche Ansprüche*, z.B. Besoldungs- und Pensionsansprüche von Beamtinnen und Beamten, Ansprüche aus verwaltungsrechtlichen Verträgen oder Ansprüche aus Staatshaftung, geltend gemacht. Im Bund beschränkt sich die ursprüngliche Verwaltungsgerichtsbarkeit nach der Revision des OG vom 4. Oktober 1991 allerdings weitgehend auf verwaltungsrechtliche Streitigkeiten zwischen Bund und Kantonen oder zwischen Kantonen.

1447 Das Verfahren bei verwaltungsrechtlichen Klagen ans Bundesgericht wird in Art. 116-120 OG, das entsprechende Verfahren im Kanton Zürich in §§ 81-86 VRG geregelt. Das Verfahren der Klage an eine Schiedskommission des Bundes bestimmt sich nach dem VwVG (Art. 71a Abs. 2 und 3 VwVG, Art. 19 der Verordnung über Organisation und Verfahren eidgenössischer Rekurs- und Schiedskommissionen vom 3. Februar 1993 [SR 173.31]).

3. Richterliche Unabhängigkeit

1448 Im Gegensatz zu den für die verwaltungsinterne Verwaltungsrechtspflege zuständigen Instanzen verfügen die Behörden der gerichtlichen Verwaltungsrechtspflege über richterliche Unabhängigkeit. Der Grundsatz der richterlichen Unabhängigkeit besagt, dass die Gerichte sowohl gegenüber dem Parlament als auch gegenüber der Regierung und den Verwaltungsbehörden sachlich, organisatorisch und personell unabhängig sind. Sie sind bei ihren Entscheidungen namentlich nicht an Weisungen einer anderen Gewalt gebunden, und ihre Urteile dürfen weder von der Legislative noch von der Exekutive aufgehoben oder abgeändert werden. Der Grundsatz der richterlichen Unabhängigkeit findet seine verfassungsmässige Grundlage in Art. 58 Abs. 1 BV und für Streitigkeiten mit zivil- oder strafrechtlichem Charakter überdies in Art. 6 Ziff. 1 EMRK; zudem wird er für den Bund in Art. 21 Abs. 3 OG ausdrücklich formuliert.

1449 Auch die verschiedenen *Rekurskommissionen und Schiedskommissionen*, die nur für einen bestimmten Sachbereich, z.B. das Steuerrecht, zuständig sind (vgl. Rz. 1460 ff.), nehmen verwaltungsgerichtliche Funktionen wahr. Sie stehen in der Regel ausserhalb der Verwaltungsorganisation und sind nicht weisungsgebunden, geniessen also ebenfalls richterliche Unabhängigkeit (vgl. für den Bund Art. 71c Abs. 1 VwVG). Allerdings werden ihre Mitglieder im Gegensatz zu den Gerichten häufig von der Regierung ernannt, was ihre Unabhängigkeit gegenüber der Exekutive schmälern kann (vgl. für den Bund Art. 71b Abs. 3 VwVG). Im Bund unterstehen diese Rekurs- und Schiedskommissionen verfahrensrechtlich den Regeln über das Verwaltungsverfahren (Art. 71a Abs. 2 VwVG).

4. Verhältnis von Verwaltungsgericht und Verwaltungsbehörden

Trotz der Unabhängigkeit der Verwaltungsgerichte gegenüber den Verwaltungsbehörden wäre die Vorstellung einer völligen Trennung der beiden Gewalten mit Bezug auf die Erfüllung ihrer Aufgaben in der Verwaltungsrechtspflege falsch. Verwaltungsbehörden und Verwaltungsgerichte stehen in einem *engen verfahrensmässigen Zusammenhang*, denn einem verwaltungsgerichtlichen Verfahren geht oft ein verwaltungsinternes Verfahren voraus. Das Verwaltungsgericht tritt dann als zweite Rechtsmittelinstanz auf, nachdem in der betreffenden Streitsache bereits ein Rekurs- oder Beschwerdeverfahren vor einer Verwaltungsbehörde stattgefunden hat. 1450

Ein wesentlicher Unterschied zwischen Verwaltungsbehörden und Verwaltungsgerichten besteht in ihrer *Überprüfungskompetenz*. Die von den verwaltungsinternen Rechtspflegeinstanzen ausgeübte Kontrolle ist umfassender. Sie können die angefochtene Verfügung sowohl einer Rechts- als auch einer vollen Ermessenskontrolle unterziehen, wogegen die Verwaltungsgerichte in der Regel auf die Rechtskontrolle beschränkt sind. Die Verwaltungsgerichte können die angefochtenen Verfügungen auf Ermessensüberschreitungen, Ermessensunterschreitungen und Ermessensmissbrauch überprüfen, in der Regel aber nicht auf ihre Angemessenheit. Die Verwaltungsgerichte spielen vor allem auch bei der Kontrolle der Anwendung von unbestimmten Rechtsbegriffen eine wichtige Rolle. – Die Kognition des Eidgenössischen Versicherungsgerichtes geht allerdings weiter (vgl. Art. 132 OG). 1451

5. Entwicklung der Verwaltungsgerichtsbarkeit in der Schweiz

a) Vorgeschichte

In der Schweiz sind erste Ansätze einer gerichtlichen Verwaltungsrechtspflege in einzelnen Kantonsverfassungen der Mediationszeit (1803-1814) zu finden: In den Kantonen Aargau, St.Gallen, Tessin, Thurgau und Waadt wurden nach französischem Vorbild "Administrativgerichte" zur Erledigung von Verwaltungsrechtsstreitigkeiten eingesetzt. Diese Gerichte verschwanden aber in der Restaurationszeit wieder. Zur Zeit der Regeneration wurden vermögensrechtliche Streitigkeiten zwischen Privaten und Staat entsprechend der damals geltenden Fiskustheorie den Zivilgerichten zugewiesen. Nichtvermögensrechtliche verwaltungsrechtliche Streitigkeiten kamen gar nicht vor die Gerichte, sondern wurden von der Regierung entschieden. 1452

Entsprechend dem Vorrang, den man dem demokratischen Prinzip gegenüber dem Gedanken des Rechtsstaates einräumte, wurde ab ca. 1860 in vielen Kantonen die Verwaltungsrechtsprechung in die Hände des Regierungsrates gelegt. Die weitverbreitete Angst vor einem Justizstaat war ein wesentlicher Grund dafür, dass sich der gerichtliche Rechtsschutz in der Schweiz bis zur Mitte des 20. Jahrhunderts in einem enormen Rückstand gegenüber dem benachbarten Ausland befand. 1453

b) Entwicklung der Verwaltungsgerichtsbarkeit im Bund

Im Jahr 1914 wurde mit Art. 114bis BV die verfassungsrechtliche Grundlage für eine Verwaltungsgerichtsbarkeit des Bundes gelegt. Erst 15 Jahre später trat jedoch das entsprechende Bundesgesetz über die eidgenössische Verwaltungs- und Diszi- 1454 plinarrechtspflege vom 11. Juni 1928 in Kraft. Darin wurde das Bundesgericht als Träger der eidgenössischen Verwaltungsgerichtsbarkeit bestimmt. Sein verwaltungsgerichtlicher Zuständigkeitsbereich – in einem äusserst bescheidenen Katalog umschrieben – war sehr eng. Das Schwergewicht der Verwaltungsrechtspflege des Bundes lag immer noch auf der verwaltungsinternen Verwaltungsrechtspflege.

1455   In der Wissenschaft, vor allem auch vom Schweizerischen Juristenverein, war seit Ende der 40er Jahre die mangelhafte Ausgestaltung der Verwaltungsgerichtsbarkeit kritisiert und eine wesentliche Erweiterung des Rechts der Privaten, Verfügungen der Bundesverwaltung bei einem Gericht anzufechten, gefordert worden (vgl. WALTER HALLER, in: Kommentar BV, Art. 114bis, Rz. 49). Der Ausbau des gerichtlichen Rechtsschutzes in Verwaltungssachen wurde dann durch die im Jahre 1964 ans Licht gekommene Mirage-Affäre beschleunigt. Neben der ausführlichen Normierung des Verwaltungsverfahrens im Bundesgesetz über das Verwaltungsverfahren vom 20. Dezember 1968 (SR 172.021) (VwVG) wurde 1968 das Bundesgesetz über die Organisation der Bundesrechtspflege vom 16. Dezember 1943 (SR 173.110) (OG) – in das nun die Bestimmungen über die Verwaltungsgerichtsbarkeit eingefügt wurden – revidiert. Die Ersetzung der bisherigen Enumeration der Zuständigkeit des Bundesgerichtes in Bundesverwaltungssachen durch eine Generalklausel mit Negativkatalogen (Art. 97 ff. OG) bewirkte eine wesentliche Ausdehnung des Zuständigkeitsbereiches des Bundesgerichts als Verwaltungsgericht.

1456   Mit der Revision vom 4. Oktober 1991 des Bundesrechtspflegegesetzes und – damit verbunden – weiterer Bundesgesetze (z.B. VwVG) sind verschiedene Massnahmen zur Entlastung des Bundesgerichts verwirklicht worden. Dazu gehören im Bereich der Verwaltungsrechtspflege der Ausbau richterlicher Vorinstanzen auf der Stufe des Bundes und der Kantone sowie die starke Einschränkung des Anwendungsbereichs der verwaltungsrechtlichen Klage.

c)   *Entwicklung der Verwaltungsgerichtsbarkeit in den Kantonen*

1457   1905 führte der Kanton Basel-Stadt als erster Kanton die Verwaltungsgerichtsbarkeit ein. Ihm folgte 1909 der Kanton Bern. In den anderen Kantonen liess die Schaffung von Verwaltungsgerichten bis nach der Mitte des laufenden Jahrhunderts auf sich warten. Im Kanton Zürich wurde erst 1959 ein Verwaltungsrechtspflegegesetz erlassen; dieses führte ein Verwaltungsgericht mit umfangreichem Kompetenzbereich ein. Es folgten Gesetze in anderen Kantonen. Dabei bestehen bei der Umschreibung der Zuständigkeit der kantonalen Verwaltungsgerichte beachtliche Unterschiede. Heute ist die Verwaltungsgerichtsbarkeit in allen Kantonen der Schweiz eingerichtet. Mit der Änderung des OG vom 4. Oktober 1991 wurden die Kantone verpflichtet, richterliche Behörden als letzte kantonale Instanzen zu bestellen, soweit gegen deren Entscheide unmittelbar die Verwaltungsgerichtsbeschwerde ans Bundesgericht zulässig ist (Art. 98a Abs. 1 OG). Diese Bestimmung ist direkt anwendbar, das heisst sie kann herangezogen werden, um die Zuständigkeit einer kantonalen gerichtlichen Instanz zu begründen, auch wenn das kantonale Recht sie nicht vorsieht (BGE 123 II 231, 236).

1457a   Der bundesrätliche Entwurf von 1996 zu einer neuen Bundesverfassung geht im Reformbereich Justiz noch einen Schritt weiter. Art. 25a garantiert den Privaten die Beurteilung aller Rechtsstreitigkeiten durch ein Gericht, wobei durch Gesetz Ausnahmen vorgesehen werden können. Die Kantone werden deshalb in Art. 179a allgemein zur Bestellung richterlicher Behörden für die Beurteilung von zivil-, öffent-lich- und strafrechtlichen Fällen verpflichtet. Bei Annahme der Reform müssten sie insbesondere eine umfassende Verwaltungsgerichtsbarkeit errichten (Botschaft über eine neue Bundesverfassung; BBl 1997 I 1 ff., 502 ff., 540 f., 642).

II. Träger der Verwaltungsgerichtsbarkeit

1. Allgemeines Verwaltungsgericht

Man spricht von einem allgemeinen Verwaltungsgericht, wenn sich dessen Zustän-digkeit potentiell auf *Streitigkeiten in allen Sachgebieten des Verwaltungsrechts* er-streckt. | 1458

Das allgemeine Verwaltungsgericht kann organisatorisch selbständig sein; dies ist beispielsweise beim Verwaltungsgericht des Kantons Zürich der Fall. Es kann aber auch als Teil des obersten ordentlichen Gerichts des Kantons, das daneben für das Zivil- und Strafrecht zuständig ist, organisiert sein; so fungiert z.B. im Kanton Schaffhausen das Obergericht auch als Verwaltungsgericht. Zu dieser zweiten Gruppe gehört das Bundesgericht, dessen öffentlichrechtliche Abteilungen neben den staatsrechtlichen auch die verwaltungsrechtlichen Streitigkeiten beurteilen (vgl. Art. 2 und 3 des Reglements für das Schweizerische Bundesgericht vom 14. Dezem-ber 1978 [SR 173.111.1]). | 1459

Es ist ferner möglich, dass die ordentlichen (Zivil-) Gerichte mit dem Entscheid über spezielle verwaltungsrechtliche Streitigkeiten (namentlich Haftungsklagen [vgl. Rz. 1796]) betraut sind. | 1459a

2. Spezialverwaltungsgericht

Ein Spezialverwaltungsgericht liegt vor, wenn eine Justizbehörde *nur für die Beur-teilung von Streitigkeiten aus einem bestimmten Sachbereich des Verwaltungsrechts* zuständig ist. | 1460

Der Vorteil von Spezialverwaltungsgerichten besteht darin, dass für komplexe Sachbereiche, wie z.B. die verschiedenen Zweige der Sozialversicherung oder das Steuerrecht, Richterinnen und Richter mit entsprechendem Fachwissen gewählt wer-den können. | 1461

Im Bund existieren verschiedene Spezialverwaltungsgerichte: | 1462
- Im Bereich des Sozialversicherungsrechts des Bundes übt als organisatorisch verselbständigte Abteilung des Bundesgerichts das Eidgenössische Versiche-rungsgericht mit Sitz in Luzern verwaltungsgerichtliche Funktionen aus (Art. 122 ff. OG).
- Die meisten Eidgenössischen Rekurs- und Schiedskommissionen sind typische Spezialverwaltungsgerichte, da ihnen richterliche Unabhängigkeit zukommt (Art. 71c Abs. 1 VwVG; vorbehalten bleiben Sonderregelungen für die in Art. 71d VwVG aufgezählten Kommissionen). Rekurskommissionen entschei-

den über Beschwerden gegen Verfügungen; Schiedskommissionen urteilen als erste Instanzen im Klageverfahren (vgl. Art. 71a VwVG). Als Beispiele können die Personalrekurskommission (für Streitigkeiten aus dem Dienstverhältnis des Bundespersonals), die Rekurskommission des Eidgenössischen Volkswirtschaftsdepartements (für Bereiche des Wirtschaftsverwaltungsrechts), die Asylrekurskommission, die Zollrekurskommission und die AHV-IV-Rekurskommission genannt werden (vgl. dazu die Übersicht bei KÖLZ/HÄNER, S. 206-208; RHINOW/KOLLER/KISS, Rz. 415).

1463 Auch die Kantone kennen derartige Rekurskommissionen. Sie sind teils letzte kantonale Instanzen, teils gerichtliche Vorinstanzen des kantonalen Verwaltungsgerichtes. Im Kanton Zürich sind vor allem die Steuerrekurskommissionen und die Baurekurskommissionen zu nennen.

1464 Das Nebeneinander einer grösseren Zahl von Spezialverwaltungsgerichten birgt allerdings die Gefahr einer dem Rechtsschutz abträglichen Unübersichtlichkeit und Zersplitterung der Verwaltungsgerichtsbarkeit in sich; es kann auch die einheitliche Anwendung der Grundsätze des Verwaltungsrechts erschweren. Um diesen Gefahren zu begegnen, steht im Bund gegen Entscheide eidgenössischer Rekurs- und Schiedskommissionen grundsätzlich die Verwaltungsgerichtsbeschwerde ans Bundesgericht offen, so dass eine einheitliche Rechtsprechung gewährleistet sein sollte (vgl. Art. 98 lit. e OG).

III. Zuständigkeit der allgemeinen Verwaltungsgerichte

1465 Für die allgemeinen, mit Kompetenzen aus einer Vielzahl von verwaltungsrechtlichen Sachbereichen ausgestatteten Verwaltungsgerichte stellt sich die Frage, wie umfangreich der Zuständigkeitsbereich sein soll, und mit welchen gesetzestechnischen Mitteln diese Kompetenzen umschrieben werden sollen.

1. Umfang der sachlichen Zuständigkeit der allgemeinen Verwaltungsgerichte

1466 Während in der Schweiz früher oft die Ansicht vertreten wurde, es sei bei weitem nicht für alle Arten von verwaltungsrechtlichen Streitigkeiten die Entscheidung durch ein Gericht zu empfehlen, herrscht heute die Einsicht vor, dass die Rechtsfragen aus allen Sachbereichen des Verwaltungsrechts sich für die verwaltungsgerichtliche Streiterledigung eignen. Eine Ausnahme bilden nur Streitigkeiten über auswärtige und gewisse militärische Angelegenheiten sowie Streitigkeiten über technische Fragen. Grenzen ergeben sich für eine justizmässige Überprüfung zudem in Sachbereichen, bei denen die Verwaltungsbehörden über besondere Fachkenntnisse verfügen, so dass ihnen ein entsprechender Ermessens- oder Beurteilungsspielraum zusteht.

1467 Dementsprechend hat heute das Bundesgericht sehr umfangreiche verwaltungsgerichtliche Kompetenzen in praktisch allen Bereichen des Bundesverwaltungsrechts. Der Umfang der sachlichen Zuständigkeit der kantonalen Verwaltungsgerichte ist unterschiedlich. In vielen Kantonen, so auch im Kanton Zürich, ist das Verwaltungsgericht heute für die wichtigsten Sachbereiche des Verwaltungsrechts zuständig.

2. Gesetzestechnische Methode der Umschreibung der Zuständigkeit der allgemeinen Verwaltungsgerichte

a) Generalklausel

Die Generalklausel ermächtigt ein allgemeines Verwaltungsgericht, alle verwaltungsrechtlichen Streitigkeiten zu entscheiden. 1468

Die Generalklausel geht von der Einsicht aus, dass sich grundsätzlich alle verwaltungsrechtlichen Streitigkeiten für eine justizmässige Erledigung eignen, und ist die aus rechtsstaatlicher Sicht konsequenteste Lösung, weil sie den Privaten einen umfassenden Rechtsschutz gewährt. 1469

aa) Uneingeschränkte Generalklausel

Das Gesetz kann die Kompetenz des Verwaltungsgerichts mit einer Generalklausel umschreiben, ohne irgendwelche Ausnahmen von der generellen Zuständigkeit vorzusehen. 1470

Diese Regelung ist selten. Im Bund wie in den meisten Kantonen hat der Gesetzgeber nicht diese Methode gewählt. Ausnahmen bilden die Kantone Schaffhausen und Zug, die eine uneingeschränkte Generalklausel kennen. 1471

bb) Generalklausel mit Negativkatalog

Das Gesetz kann von einer Generalklausel ausgehen, die es aber durch eine Aufzählung von Ausnahmen einschränkt. Der Umfang der Kompetenz des Verwaltungsgerichts hängt davon ab, wie lange der Negativkatalog ist. 1472

Für die Verwaltungsgerichtsbeschwerde ans *Bundesgericht* ist diese Methode gewählt worden: Gemäss der Generalklausel von Art. 97 OG können grundsätzlich alle Verfügungen, die in Anwendung von Bundesverwaltungsrecht ergangen sind, mit der Verwaltungsgerichtsbeschwerde beim Bundesgericht angefochten werden. Diese generelle Zuständigkeit des Bundesgerichts in Bundesverwaltungssachen wird dann aber durch zahlreiche, in den Katalogen der Art. 99-101 OG aufgeführte Ausnahmen begrenzt. 1473

Die Zuständigkeit des *Eidgenössischen Versicherungsgerichtes* wird für das Gebiet des Sozialversicherungsrechts ebenfalls durch eine Generalklausel (Art. 128 OG) mit einem – in diesem Fall sehr kleinen – Negativkatalog (Art. 129 OG) umschrieben. 1474

Auch das Zürcher VRG umschreibt die Zuständigkeit des kantonalen Verwaltungsgerichtes seit der Revision von 1997 durch eine Generalklausel mit Negativkatalog. Gemäss § 41 VRG können letztinstanzliche Anordnungen der Verwaltungsbehörden und der Baurekurskommissionen mit Beschwerde beim Gericht angefochten werden, soweit dieses oder ein anderes Gesetz keine abweichende Regelung 1474a trifft. In den §§ 42 und 43 VRG werden die Fälle aufgezählt, in welchen die Verwaltungsgerichtsbeschwerde unzulässig ist.

b)   Enumerationsmethode

1475   Die Wahl der Enumerationsmethode bedeutet, dass das Gesetz auf jede generelle Umschreibung der Zuständigkeit des Verwaltungsgerichts verzichtet und nur die verschiedenen Kompetenzen in einzelnen beschränkten Sachbereichen – wie z.B. im Baurecht oder im Steuerrecht – aufzählt.

1476   Diese Liste ist oft recht zufällig zusammengestellt und lässt meistens die Ausrichtung auf irgendwelche Grundsätze vermissen. Die Enumerationsmethode gewährt, insbesondere wenn der Zuständigkeitskatalog nicht umfangreich ist, einen sehr lückenhaften und deshalb unzureichenden gerichtlichen Rechtsschutz.

c)   Enumerationsmethode mit Teilgeneralklauseln

1477   Bei dieser Methode verzichtet der Gesetzgeber zwar auf die generelle Umschreibung der Zuständigkeit in einer Generalklausel. Er erweitert aber die Enumerationsmethode dadurch, dass er Teile des Katalogs der Zuständigkeiten des Verwaltungsgerichts generalklauselartig umschreibt. An die Stelle einer weitläufigen Aufzählung einzelner Zuständigkeiten in verschiedenen Sachbereichen werden verwaltungsrechtliche Streitigkeiten zu Gruppen zusammengefasst. So werden z.B. alle Streitigkeiten über Bewilligungen und über öffentlichrechtliche Geldleistungen und Abgaben dem Verwaltungsgericht zur Erledigung anvertraut. Diese Methode bewirkt im Vergleich zur blossen Enumeration von speziellen Zuständigkeiten eine Ausdehnung des Kompetenzbereichs des Verwaltungsgerichts. Wenn sie grosszügig gehandhabt wird, vermag sie einen ebenso umfangreichen Rechtsschutz zu garantieren wie die Methode der Generalklausel mit Negativkatalog.

1478   Besonders angebracht sind Teilgeneralklauseln, wo es um die Überprüfung von Eingriffen geht, bei denen dem Rechtsschutz aus rechtsstaatlicher Sicht grosse Bedeutung zukommt, wie etwa bei Einschränkungen des Eigentums, bei der Auferlegung öffentlichrechtlicher Geldleistungen, bei der Anordnung einer Bewilligungspflicht oder beim Entzug einer Bewilligung.

1479   Als Beispiel für diese Methode der Zuständigkeitsumschreibung sei die Regelung im Kanton Aargau erwähnt (§§ 52 ff. des Gesetzes über die Verwaltungsrechtspflege vom 9. Juli 1968, SAR 271.100). Auch andere Kantone verwenden die Enumerationsmethode mit Teilgeneralklauseln.

3.   Vorinstanzen

a)   Allgemeines

1480   Im Gegensatz zur ursprünglichen Verwaltungsgerichtsbarkeit, bei der das Verwaltungsgericht auf eine verwaltungsrechtliche Klage hin als erste und oft einzige Instanz entscheidet, stellt sich bei der nachträglichen Verwaltungsgerichtsbarkeit die

Frage, gegen die Entscheide welcher Behörden eine Verwaltungsgerichtsbeschwerde zulässig sein soll.

Die Regelung der möglichen Vorinstanzen eines Verwaltungsgerichtsverfahrens 1481 ist Teil der funktionellen Zuständigkeitsordnung, die den Weg einer Streitsache durch die verschiedenen Instanzen festlegt. Der in den Verfahrensgesetzen und in Spezialgesetzen vorgegebene Instanzenzug muss durchlaufen worden sein, damit das Verwaltungsgericht auf eine Beschwerde eintritt.

Mit der Umschreibung der Vorinstanzen werden negativ auch die Behörden bestimmt, deren Entscheide nicht ans Verwaltungsgericht weitergezogen werden können, sondern endgültig sind. Das ist der Fall, wenn der Rechtsschutz auch ohne verwaltungsgerichtliche Überprüfung als ausreichend erachtet wird. Von einem Weiterzug ans Verwaltungsgericht wird ferner im Hinblick auf die besondere Rechtsstellung einer Behörde abgesehen, so regelmässig bei Akten des Parlaments – z.B. bei einer von der Bundesversammlung erteilten Eisenbahnkonzession – und oft bei Verfügungen und Rekursentscheiden der Regierung.

Die in Frage kommenden Vorinstanzen werden für das Bundesgericht in Art. 98 1483 OG aufgelistet. In den Kantonen ist die Regelung unter den in den Verwaltungsrechtspflegegesetzen umschriebenen Beschwerdevoraussetzungen zu suchen (für den Kanton Zürich vgl. z.B. § 41 VRG).

b)   Verwaltungsbehörden als Vorinstanzen

Als Vorinstanzen der Verwaltungsgerichte treten im Verfahren der Verwaltungsge- 1484 richtsbeschwerde meistens Verwaltungsbehörden auf, die als verfügende Behörde oder als Rekursinstanz entschieden haben. Bei der Umschreibung der Vorinstanzen durch die Verfahrensgesetze gab es im Bund und in den Kantonen grosse Auseinandersetzungen darüber, ob auch die Regierung als oberste Verwaltungsbehörde der Kontrolle durch die Verwaltungsgerichte unterstellt werden solle.

Bei der Verwaltungsgerichtsbeschwerde ans *Bundesgericht* nennt Art. 98 OG 1485 u.a. die eidgenössischen Departemente, die Bundeskanzlei, Dienstabteilungen und Anstalten des Bundes als Vorinstanzen; auch kantonale Verwaltungsbehörden können, soweit sie Bundesverwaltungsrecht anwenden, Vorinstanz sein. Die Entscheide des Bundesrates sind hingegen – mit Ausnahme bestimmter Verfügungen auf dem Gebiet des Dienstverhältnisses von Bundespersonal (Art. 98 lit. a OG) – grundsätzlich nicht ans Bundesgericht weiterziehbar. – In den *kantonalen Verfahrensgesetzen* ist die Frage der Vorinstanzen ähnlich geregelt, wobei aber oft auch die Entscheide des Regierungsrates der Verwaltungsgerichtsbeschwerde an das kantonale Verwaltungsgericht unterstehen.

c)   Andere Verwaltungsgerichte als Vorinstanzen

Kann ein Entscheid eines Verwaltungsgerichtes an ein anderes Verwaltungsgericht 1486 weitergezogen werden, spricht man von *zweistufiger Verwaltungsgerichtsbarkeit*. Eine solche Zweistufigkeit liegt vor, wenn der Entscheid einer Spezialrekurskommission an ein allgemeines Verwaltungsgericht oder der Entscheid eines kantonalen Verwaltungsgerichts ans Bundesgericht weitergezogen werden kann.

1487   Im *Bund* ist eine zweistufige justizmässige Überprüfung gegeben beim Weiterzug von Entscheiden der eidgenössischen Rekurs- und Schiedskommissionen ans
Bundesgericht (Art. 98 lit. e OG) und beim Weiterzug der Entscheide von kantonalen Justizbehörden, die mit dem Vollzug von Bundesverwaltungsrecht betraut sind,
ans Bundesgericht oder ans Eidgenössische Versicherungsgericht (Art. 98 lit. g,
Art. 98a und Art. 128 OG). – Auch die *kantonale Verwaltungsrechtspflege* kennt
zum Teil die zweistufige Verwaltungsgerichtsbarkeit, so wenn justizmässig unabhängige Spezialrekurskommissionen – z.B. im Steuerrecht oder Baurecht – als Vorinstanzen des kantonalen Verwaltungsgerichts auftreten.

IV. Verwaltungsgerichtsbeschwerde

1. Begriff

1488   Die Verwaltungsgerichtsbeschwerde ist das förmliche Rechtsmittel, mit dem von einem Verwaltungsgericht die Abänderung oder Aufhebung einer erstinstanzlichen
Verfügung einer Verwaltungsbehörde oder eines Beschwerdeentscheides einer unteren Beschwerdeinstanz verlangt wird.

2. Voraussetzungen

a)   Zuständigkeit des Verwaltungsgerichts

aa)   Rechtsgrundlage für die Zuständigkeit des Bundesgerichts

1489   Gemäss der *Generalklausel von Art. 97 OG* beurteilt das Bundesgericht letztinstanzlich Verwaltungsgerichtsbeschwerden gegen Verfügungen, die sich auf öffentliches
Recht des Bundes stützen, d.h. in Anwendung von Bundesverwaltungsrecht ergangen sind (vgl. Art. 5 VwVG).

1490   Liegt eine derartige Verfügung vor, so ist zu prüfen, ob sie von einer der in
Art. 98 OG genannten *Vorinstanzen* ausgegangen ist.

1491   Ausgeschlossen ist die Verwaltungsgerichtsbeschwerde ans Bundesgericht,
wenn die Streitsache in einem der *Negativkataloge der Art. 99-101 OG* zu finden ist.
Die in diesen Negativlisten aufgeführten Ausnahmen beziehen sich auf den Gegenstand der Verfügung (Art. 99 OG), auf bestimmte Sachgebiete (Art. 100 OG) oder
auf den verfahrensrechtlichen Inhalt der anzufechtenden Verfügung (Art. 101 OG).

1492   Die Negativlisten folgen vor allem dem Leitgedanken, Streitsachen der Zuständigkeit des Bundesgerichts zu entziehen, die sich nicht für eine gerichtliche Beurteilung eignen. Dies ist z.B. der Fall bei Streitigkeiten, die einen vorwiegend technischen Charakter haben, oder bei Konzessionen und Subventionen, auf die kein Anspruch besteht (vgl. aber die Ausnahmen in Art. 99 Abs. 2 OG). Die Aufnahme bestimmter Streitsachen in die Negativkataloge hat zum Teil auch politische Gründe.

1493   Wenn eine Streitsache in einer der Negativlisten zu finden ist und deshalb die
Verwaltungsgerichtsbeschwerde ans Bundesgericht nicht offen steht (vgl. dazu als

Beispiel: BGE 114 Ia 307, 309), ist zu prüfen, ob allenfalls ein anderes bundesrechtliches Rechtsmittel, insbesondere die Verwaltungsbeschwerde an den Bundesrat
(Art. 72-74 VwVG), in Frage kommt.

Besonders zu beachten ist das *Verhältnis der Verwaltungsgerichtsbeschwerde*   1494
zur staatsrechtlichen Beschwerde. Nach Art. 84 Abs. 2 OG ist die staatsrechtliche
Beschwerde nur zulässig, soweit nicht ein anderes bundesrechtliches Rechtsmittel
gegeben ist. Da mit der Verwaltungsgerichtsbeschwerde auch die Verletzung von
Bundesverfassungsrecht, z.B. die Verletzung von Art. 4 BV, gerügt werden kann
(vgl. hinten c), ist nicht die staatsrechtliche Beschwerde, sondern die Verwaltungsgerichtsbeschwerde gegeben, wenn geltend gemacht wird, eine gestützt auf Bundesverwaltungsrecht ergangene Verfügung verletze ein verfassungsmässiges Recht;
denn auch in diesem Falle sind die Voraussetzungen von Art. 97 ff. OG erfüllt (BGE
123 II 9, 11; 122 II 373, 375; 121 II 39, 47).

Gegen Verfügungen, die in Anwendung des Sozialversicherungsrechts des   1495
Bundes ergangen sind, ist gemäss den Generalklauseln von Art. 97 und 128 OG die
Verwaltungsgerichtsbeschwerde ans Eidgenössische Versicherungsgericht zulässig.
Art. 129 OG enthält dazu einen – relativ kleinen – Negativkatalog.

bb) *Rechtsgrundlage für die Zuständigkeit der kantonalen Verwaltungsgerichte*

In den Kantonen, in denen ein allgemeines Verwaltungsgericht besteht, werden die   1496
Voraussetzungen der Verwaltungsgerichtsbeschwerde in unterschiedlicher Methode
– Generalklausel oder Enumeration – umschrieben. Die entsprechenden Zuständig-
keitsbestimmungen finden sich in den Verwaltungsrechtspflegegesetzen und in Spezialgesetzen, wie beispielsweise in einem Schulgesetz oder Steuergesetz (vgl. für den
Kanton Zürich § 41 VRG und § 95 des Gesetzes über die direkten Steuern vom
8. Juli 1951 [ZH LS 631.1]).

b) *Beschwerdeobjekt*

Die Umschreibungen des Beschwerdeobjekts der Verwaltungsgerichtsbeschwerde in   1497
den Verfahrensgesetzen des Bundes und der Kantone stimmen zum Teil überein,
zum Teil bestehen Unterschiede. In der Regel kommen nur Verfügungen als Be-
schwerdeobjekte in Frage.

aa) *Regelung im Bund*

aaa) *Verfügungen*

Mit der Verwaltungsgerichtsbeschwerde ans Bundesgericht können gemäss Art. 97   1498
OG in Verbindung mit Art. 5 VwVG ausnahmslos nur Verfügungen angefochten
werden, d.h. Hoheitsakte, durch die eine individuell-konkrete verwaltungsrechtliche
Rechtsbeziehung geregelt wird (vgl. Rz. 685 ff.). Generell-abstrakte Rechtsnormen
sind – im Gegensatz zur staatsrechtlichen Beschwerde – hier nie Beschwerdeobjekt.

Als Verfügungen gelten die Begründung, Änderung, Aufhebung oder Feststel-   1499
lung von Rechten und Pflichten sowie die Abweisung von oder das Nichteintreten

auf darauf gerichtete Begehren (Art. 5 Abs. 1 VwVG). Nach Art. 5 Abs. 2 VwVG sind auch Vollstreckungsverfügungen, Zwischenverfügungen, Einsprache- und Beschwerdeentscheide sowie Entscheide im Rahmen einer Revision oder Erläuterung als Verfügungen zu betrachten. Gemäss Art. 97 Abs. 2 OG gilt ferner das unrechtmässige Verweigern oder Verzögern einer Verfügung als Verfügung. Gegen Vollstreckungsverfügungen, Zwischenverfügungen und Entscheide über Rechtsverweigerungs- oder Rechtsverzögerungsbeschwerden ist die Verwaltungsgerichtsbeschwerde allerdings nicht bzw. nur unter bestimmten Voraussetzungen zulässig (Art. 101 lit. a und c OG).

bbb) *Verfügungen, die sich auf Bundesverwaltungsrecht stützen oder die sich zu Unrecht nicht auf Bundesverwaltungsrecht stützen*

1500   Nach Art. 97 OG i.V.m. Art. 5 VwVG können mit der Verwaltungsgerichtsbeschwerde Verfügungen angefochten werden, die sich auf öffentliches Recht des Bundes stützen bzw. sich auf öffentliches Recht des Bundes stützen sollten (BGE 123 I 275, 277; 123 II 16, 20; 122 II 204, 207), da sie eine Rechtsbeziehung regeln, die ihrer Natur nach dem öffentlichen Recht des Bundes, d.h. dem Bundesverwaltungsrecht, untersteht. Anfechtungsobjekt sind also nicht nur Verfügungen, die effektiv in Anwendung von Bundesverwaltungsrecht ergangen sind. Die Verwaltungsgerichtsbeschwerde ist auch zulässig, wenn geltend gemacht wird, die Verfügung stütze sich zu Unrecht nicht auf Bundesverwaltungsrecht, sondern z.B. auf kantonales Recht.

1501   Unter den Begriff des "öffentlichen Rechts des Bundes" gemäss Art. 5 VwVG fällt nur Verwaltungsrecht des Bundes. Das Strafrecht und das Schuldbetreibungs- und Konkursrecht gehören nicht zum "öffentlichen Recht des Bundes" im Sinne von Art. 5 VwVG. Auch öffentliches Recht auf Verfassungsstufe (so z.B. Art. 27 Abs. 2 BV betreffend den obligatorischen und unentgeltlichen Primarunterricht oder Art. 70 BV betreffend die Ausweisung von Ausländern wegen Gefährdung der inneren oder äusseren Sicherheit) gilt nicht als "öffentliches Recht des Bundes" im Sinne von Art. 5 VwVG.

Beispiel:

1502   – Der Regierungsrat des Kantons Luzern legte dem Bundesrat im Jahre 1975 ein Projekt für die Teilstrecke Sedel-Gisikon der Nationalstrasse N 14 vor, das der Bundesrat 1977 genehmigte. Das nach der Genehmigung des Projekts erarbeitete Ausführungsprojekt wurde entsprechend den Art. 26 und 27 des Bundesgesetzes über die Nationalstrassen vom 8. März 1960 (SR 725.11) öffentlich aufgelegt. Gleichzeitig erfolgte eine Planauflage gemäss § 76 des kantonalen Strassengesetzes für ein gegenüber dem ursprünglichen Projekt reduziertes Anschlusswerk in Buchrain. Die gegen den Bau des Anschlusses Buchrain eingegangenen Einsprachen wies der Luzerner Regierungsrat gestützt auf das kantonale Strassengesetz ab. Das Aktionskomitee N 14 – Buchrain, die Einwohnergemeinde Buchrain und 24 Grundeigentümer fochten den Regierungsratsentscheid mit Verwaltungsgerichtsbeschwerde beim Bundesgericht an. Die Beschwerdeführer machten im wesentlichen geltend, der Regierungsratsbeschluss sei zu Unrecht gestützt auf kantonales Recht statt in Anwendung von Bundesverwaltungsrecht ergangen. Das Bundesgericht hiess die Beschwerde gut und hob den angefochtenen Entscheid auf, weil zu Unrecht kantonales statt Bundesverwaltungsrecht angewendet worden war (BGE 106 Ib 26 ff.).

ccc) *Verfügungen, die sich auf kantonales Ausführungsrecht*
     zu Bundesverwaltungsrecht stützen

Verfügungen, die sich auf kantonales Ausführungsrecht zu Bundesverwaltungsrecht   1503
stützen, können ebenfalls Gegenstand einer Verwaltungsgerichtsbeschwerde sein.
Dies allerdings nur dann, *wenn dem kantonalen Ausführungsrecht neben dem zu*
vollziehenden Bundesrecht keine selbständige Bedeutung zukommt, weil es nichts
anordnet, was nicht schon durch das Bundesrecht geboten wäre (BGE 123 II 359,
361; 122 II 274, 277; 116 Ia 264, 266 f.). Lässt dagegen das Bundesverwaltungsrecht
dem Kanton bei der Ausgestaltung des Vollzugsrechtes im konkreten Fall eine erhebliche Entscheidungsfreiheit – was vor allem dort der Fall ist, wo der Bund nur
über eine Grundsatzgesetzgebungskompetenz verfügt, wie beispielsweise bei der
Forstpolizei oder bei der Benutzung der Gewässer zur Energieerzeugung –, so
kommt dem kantonalen Ausführungsrecht selbständige Bedeutung zu; eine darauf
gestützte Verfügung oder kantonale Rekursentscheidung kann nicht mit der Verwaltungsgerichtsbeschwerde ans Bundesgericht weitergezogen werden, sondern allenfalls mit der staatsrechtlichen Beschwerde, sofern die Verletzung eines verfassungsmässigen Rechts geltend gemacht wird.

Beispiele:
– Anlässlich des Landerwerbs für den Bau der Nationalstrassen N 2 und N 14 im Kanton Luzern   1504
  erhob ein Grundeigentümer, der durch das vom kantonalen Recht geregelte Landumlegungsverfahren betroffen wurde, bei den zuständigen kantonalen Instanzen erfolglos Einsprache gegen
  die Bewertung seines Landes. Er wandte sich daraufhin mit einer Verwaltungsgerichtsbeschwerde ans Bundesgericht und rügte die seiner Ansicht nach unrichtige und unvollständige
  Feststellung des Sachverhalts sowie Ermessensmissbrauch bei der Bewertung seiner Liegenschaft. Das Bundesgericht trat nicht auf die Beschwerde ein, weil zwar das Bundesgesetz über
  die Nationalstrassen vom 8. März 1960 (SR 725.11) (NSG) in Übereinstimmung mit Art. 36bis
  Abs. 3 BV Grundsatzbestimmungen über den Landerwerb und über Massnahmen im Interesse
  der Bodennutzung enthalte, Art. 32 NSG die Kantone aber ausdrücklich beauftrage, das Verfahren für die Landumlegung zu ordnen. Dieses Verfahren stelle auch dann keine blosse Anwendung von Bundesrecht dar, wenn es im Interesse eines öffentlichen Werkes des Bundes durchgeführt werden müsse, wie dies im Falle des Nationalstrassenbaus zutreffe. Soweit ein Eigentümer geltend mache, er habe im kantonalen Landumlegungsverfahren nicht wertgleichen Realersatz erhalten oder es sei gegen Verfahrensregeln verstossen worden, gehe es um die Anwendung kantonalen Rechts, dessen Verletzung zunächst mit den kantonalen Rechtsmitteln und im
  Falle der Verletzung verfassungsmässiger Rechte allenfalls mit staatsrechtlicher Beschwerde
  ans Bundesgericht zu rügen sei (BGE 105 Ib 105 ff.).
– Die Verwaltungsgerichtsbeschwerde gegen einen kantonalen Entscheid, der sich auf kantonale
  Vorschriften zum Schutz von Biotopen stützt, ist insoweit zulässig, als es sich bei diesen Vorschriften um Ausführungsrecht zu den Art. 18 ff. des Bundesgesetzes über den Natur- und Hei-
  matschutz vom 1. Juli 1966 (SR 451) handelt, dem neben den Regelungen des Bundes über den
  Biotopschutz keine selbständige Bedeutung zukommt (BGE 121 II 161, 164 f.).

ddd) *Verfügungen, die sich auf kantonales Recht stützen, welches in einem engen*
     Sachzusammenhang zum anwendbaren Bundesverwaltungsrecht steht

Verfügungen, welche sich auf kantonale Normen stützen, die nicht als Ausführungs-   1504a
recht zu Bundesverwaltungsrecht im gerade dargestellten Sinn zu qualifizieren sind,
können unter bestimmten Voraussetzungen trotzdem mit Verwaltungsgerichtsbeschwerde an das Bundesgericht angefochten werden. Zum einen ist dies dann der

Fall, wenn ein *enger sachlicher Zusammenhang* zwischen dem materiellen kantonalen Recht und dem ebenfalls anwendbaren, im Rahmen der Verwaltungsgerichtsbeschwerde zu beurteilenden Bundesverwaltungsrecht besteht (BGE 123 II 359, 361; 121 II 72, 75; 118 Ib 381, 389). Zum andern ist die Verwaltungsgerichtsbeschwerde einzulegen gegen Entscheide, die sich auf *kantonales Verfahrensrecht* stützen, wenn dadurch die richtige Anwendung des in der Hauptsache massgeblichen Bundesverwaltungsrechts vereitelt werden könnte. Dies ist insbesondere dann der Fall, wenn eine kantonale Behörde auf ein Rechtsmittel allein aufgrund des kantonalen Verfahrensrechts nicht eintritt (vgl. BGE 123 I 275, 277; 121 II 39, 42; 120 Ib 379, 382). In diesen Fällen prüft das Bundesgericht die Anwendung des kantonalen Rechts aber mit der für die staatsrechtliche Beschwerde massgebenden Kognition (BGE 120 Ib 379, 382; 118 Ib 196, 199).

eee) *Sonderregelungen auf den Gebieten der Raumplanung und der Steuerharmonisierung*

1504b   Auf den Gebieten der Raumplanung und der Steuerharmonisierung verfügt der Bund nur über *Grundsatzgesetzgebungskompetenzen* (Art. 22quater Abs. 1, Art. 42quinquies Abs. 2 BV). Bei Grundsatzgesetzen des Bundes ist es besonders schwierig, zwischen kantonalem Ausführungsrecht mit selbständiger und unselbständiger Bedeutung zu unterscheiden. Deshalb hat der Bundesgesetzgeber auf diesen zwei Gebieten *Sonderregelungen* für die Zulässigkeit der Verwaltungsgerichtsbeschwerde bzw. der staatsrechtlichen Beschwerde erlassen.

1505   Nach Art. 34 Abs. 1 des Bundesgesetzes über die Raumplanung vom 22. Juni 1979 (RPG; SR 700) ist gegen Entscheide letzter kantonaler Instanzen die Verwaltungsgerichtsbeschwerde ans Bundesgericht nur zulässig, wenn Entschädigungen als Folge von Eigentumsbeschränkungen (Art. 5 RPG) oder Ausnahmebewilligungen für Bauten und Anlagen ausserhalb der Bauzonen (Art. 24 RPG) streitig sind. Alle anderen Entscheide letzter kantonaler Instanzen unterliegen gemäss ausdrücklicher Anordnung von Art. 34 Abs. 3 RPG lediglich der staatsrechtlichen Beschwerde, auch wenn nach der allgemeinen Verfahrensordnung des OG und des VwVG die Verwaltungsgerichtsbeschwerde ans Bundesgericht oder die Verwaltungsbeschwerde an den Bundesrat gegeben wären (WALTER HALLER/PETER KARLEN, Raumplanungs- und Baurecht, 2. Aufl., Zürich 1992, N. 997 ff.). Vgl. als Beispiele: BGE 119 Ib 305, 307; 117 Ib 9, 10 ff.; 116 Ib 8, 9 f.

1505a   Gemäss Art. 73 des Bundesgesetzes über die Harmonisierung der direkten Steuern der Kantone und Gemeinden vom 14. Dezember 1990 (StHG; SR 642.14) sind Entscheide der letzten kantonalen Instanz, welche eine in den Titeln 2-5 sowie in Titel 6 Kapitel 1 geregelte Materie betreffen – es handelt sich dabei um die Bestimmungen über die Besteuerung der natürlichen und juristischen Personen, die Quellensteuern, das Verfahrensrecht sowie die Folgen einer Verletzung von Verfahrenspflichten und der Steuerhinterziehung – mit Verwaltungsgerichtsbeschwerde ans Bundesgericht anfechtbar. Diese Ordnung zieht den Anwendungsbereich der Verwaltungsgerichtsbeschwerde ausserordentlich weit, indem die staatsrechtliche Beschwerde konsequent ausgeschlossen wird, wenn durch das StHG geregelte Fragen zu beurteilen sind (vgl. dazu ULRICH CAVELTI, Die Durchsetzung der Steuerharmonisierungsgrundsätze, ASA 62 [1993/94] 355 ff., 359 ff.; MARKUS REICH, Gedanken zur Umsetzung des Steuerharmonisierungsgesetzes, ASA 62 [1993/94], 577 ff., 600 ff.).

bb) Regelung in den Kantonen

In den meisten Kantonen können mit Verwaltungsgerichtsbeschwerde ebenfalls nur *Verfügungen* angefochten werden. 1506

Weiterziehbar sind einmal Verfügungen, die sich auf *kantonales Verwaltungs-recht* stützen. Sodann sind die Kantone nach der Revision des OG vom 4. Oktober 1991 verpflichtet, auch für die Beurteilung von Verfügungen, die in Anwendung von *Bundesverwaltungsrecht* ergangen sind, richterliche Behörden als letzte kantonale Instanzen zu bestellen, soweit gegen deren Entscheide unmittelbar die Verwaltungs-gerichtsbeschwerde ans Bundesgericht zulässig ist (Art. 98a Abs. 1 OG). 1507

In einzelnen Kantonen, so in den Kantonen Aargau und Schaffhausen, können vor dem kantonalen Verwaltungsgericht auch *Rechtsetzungserlasse*, nämlich Ver-ordnungen und Dekrete, d.h. nicht referendumspflichtige Erlasse des Kantonsparla-ments, angefochten werden. In diesem Falle übt das Verwaltungsgericht ausnahms-weise abstrakte Normenkontrolle aus. 1508

c) Beschwerdegründe

aa) Allgemeines

Die Verwaltungsgerichte sind eingeführt worden, um die Rechtmässigkeit der Ver-waltungstätigkeit justizmässig überprüfen zu können. Den Verwaltungsgerichten steht deshalb – mindestens im Bereich der nachträglichen Verwaltungsgerichtsbar-keit – in der Regel *nur eine Rechtskontrolle*, nicht eine Ermessenskontrolle zu. Diese Beschränkung der Überprüfungsbefugnis ergibt sich auch aus der Tatsache, dass die Verwaltungsgerichte – im Gegensatz zu den meisten Rekursbehörden in der verwal-tungsinternen Verwaltungsrechtspflege, wie z.B. zum Regierungsrat – den Verwal-tungsbehörden, deren Verfügungen sie überprüfen, nicht hierarchisch übergeordnet sind. Dementsprechend sind die Beschwerdegründe bei der Verwaltungsgerichtsbe-schwerde enger gefasst als bei der verwaltungsinternen Beschwerde; in der Regel kann mit der Verwaltungsgerichtsbeschwerde die Unangemessenheit nicht gerügt werden. 1509

In denjenigen Fällen, in denen gegen Entscheide letzter kantonaler richterlicher Instanzen die Verwaltungsgerichtsbeschwerde ans Bundesgericht zulässig ist, müs-sen bereits im kantonalen Verfahren die Beschwerdegründe *mindestens im gleichen Umfang* gewährleistet sein wie für die Verwaltungsgerichtsbeschwerde ans Bundes-gericht (Art. 98a Abs. 3 OG). 1509a

bb) Rechtswidrigkeit

Die Rechtswidrigkeit ist der wichtigste Beschwerdegrund bei der Verwaltungsge-richtsbeschwerde. Es kann eine Verletzung des materiellen Rechts oder des Verfah- 1510 rensrechts gerügt werden. Als Rechtsverletzung gilt auch die Anwendung eines ungültigen Rechtssatzes (BGE 105 Ib 72, 77 f.). *Ermessensüberschreitung* und *Ermessensunterschreitung* sowie *Ermessensmissbrauch* stellen *Rechtsverletzungen* dar.

1511   Mit der Verwaltungsgerichtsbeschwerde ans *Bundesgericht* kann gemäss Art. 104 lit. a OG die Verletzung von Bundesrecht geltend gemacht werden. Dazu gehört auch die Verletzung von verfassungsmässigen Rechten des Bundes sowie der EMRK (BGE 123 II 9,11; 122 II 373, 375; 121 II 39, 47; 121 IV 345, 348).

1512   Eine Verletzung des Bundesrechts liegt auch vor, wenn kantonales Recht statt Bundesrecht angewandt worden ist (BGE 107 Ib 170, 172 ff.).

1513   Vor *kantonalen Verwaltungsgerichten* kann mit der Verwaltungsgerichtsbeschwerde die Verletzung von kantonalem und kommunalem Recht, aber auch die Verletzung von verfassungsmässigen Rechten des Bundes sowie von Bundesrecht unterhalb der Verfassungsstufe (mindestens im Umfang von Art. 98a OG, vgl. Rz. 1509a) geltend gemacht werden.

cc)   Unrichtige oder unvollständige Feststellung des rechtserheblichen Sachverhaltes

1514   Die richtige und vollständige Ermittlung des Sachverhalts, auf den die verwaltungsrechtlichen Normen anzuwenden sind, ist Voraussetzung richtiger Rechtsanwendung. Im Verfahren der Verwaltungsgerichtsbeschwerde muss deshalb die Rüge zulässig sein, der Sachverhalt sei unrichtig oder unvollständig festgestellt worden.
Vgl. für den Bund Art. 104 lit. b OG und die Beispiele in BGE 112 Ib 280, 297 ff. und 117 Ib 101, 103 ff., sowie für den Kanton Zürich § 50 Abs. 2 lit. b VRG.

dd)   Unangemessenheit

1515   Die Unangemessenheit oder Unzweckmässigkeit einer Verfügung kann im allgemeinen mit der Verwaltungsgerichtsbeschwerde nicht geltend gemacht werden. Dabei ist zu beachten, dass die Überprüfung der Anwendung von unbestimmten Rechtsbegriffen als Rechtskontrolle gilt (vgl. Rz. 363) und Ermessensmissbrauch, Ermessensüber- und -unterschreitung Rechtsverletzungen darstellen (vgl. Rz. 385). Die Kontrolle der Angemessenheit einer Verfügung soll in der Regel nur im Rahmen des verwaltungsinternen Rekursverfahrens, welches meistens dem verwaltungsgerichtlichen Verfahren vorangeht, erfolgen (vgl. BGE 116 Ib 353, 356 f.; 115 Ib 131, 135 f.; 114 Ib 1, 2).

1516   Ausnahmsweise ist aber gestützt auf eine besondere Gesetzesbestimmung auch im Verwaltungsgerichtsbeschwerdeverfahren eine Überprüfung der Angemessenheit möglich, soweit die besondere Art der Streitsache dies erfordert.

1517   Im Bund kann gemäss Art. 104 lit. c OG mit der Verwaltungsgerichtsbeschwerde ans *Bundesgericht* die Angemessenheit nur in bestimmten Ausnahmefällen gerügt werden:
–   bei der Anfechtung von erstinstanzlichen Verfügungen über die Festsetzung von Abgaben und öffentlichrechtlichen Entschädigungen (vgl. BGE 108 Ib 28, 31; 109 Ib 26, 31);
–   bei der Anfechtung von Disziplinarmassnahmen gegen Bundespersonal, die der Bundesrat als erste Instanz verfügt (vgl. BGE 108 Ib 209 ff.);

- bei der Anfechtung von Verfügungen, gegen die das Bundesrecht die Rüge der Unangemessenheit besonders vorsieht;
- im Falle des Sprungrekurses gemäss Art. 47 Abs. 3 VwVG, wenn die übersprungene Vorinstanz die Unangemessenheit hätte überprüfen können (vgl. BGE 110 Ib 1, 6).

Vor dem *Zürcher Verwaltungsgericht* kann mit der Beschwerde die Unangemessenheit in der Regel nicht geltend gemacht werden (§ 50 VRG). Ausnahmen sind aber für Beschwerden und Rekurse in den Fällen von § 19a Abs. 2 und § 78 VRG vorgesehen.   1518

d) Beschwerdelegitimation

Für die Legitimation zur Verwaltungsgerichtsbeschwerde gilt im wesentlichen die gleiche Regelung wie für die Legitimation beim verwaltungsinternen Beschwerdeverfahren (vgl. Rz. 1369 ff.).   1519

Im kantonalen Verfahren muss die Beschwerdelegitimation *mindestens im gleichen Umfang* gewährleistet sein wie für die Verwaltungsgerichtsbeschwerde ans Bundesgericht, wenn gegen Entscheide letzter kantonaler Instanzen die Verwaltungsgerichtsbeschwerde ans Bundesgericht zulässig ist (Art. 98a Abs. 3 OG).   1519a

aa) Legitimation von Privaten

Wie bei der verwaltungsinternen Rechtspflege werden in der Regel einerseits *Betroffensein* und andererseits ein *schutzwürdiges Interesse* vorausgesetzt.   1520

In diesem Sinne umschreibt Art. 103 lit. a OG die Legitimation zur Verwaltungsgerichtsbeschwerde ans *Bundesgericht*. Als schutzwürdige Interessen kommen dabei, im Gegensatz zur Beschwerdeführung bei der staatsrechtlichen Beschwerde, neben rechtlichen auch faktische Interessen wirtschaftlicher oder ideeller Natur in Frage; diese müssen zudem mit der Schutzrichtung der als verletzt gerügten Norm nicht übereinstimmen (BGE 121 II 171, 174; 117 Ib 162, 164 f.; 115 Ib 47, 49 m.w.H.). – Ähnliche, wenn auch nicht immer sich genau deckende Regelungen finden sich im *kantonalen Recht*.   1521

Da das Vorliegen eines Interesses bloss tatsächlicher Natur genügt, kommt ausser dem Verfügungsadressaten auch *Dritten* die Beschwerdebefugnis zu, sofern diese "in einer besonderen, beachtenswerten, nahen Beziehung zur Streitsache" stehen (BGE 121 II 171, 174; 117 Ib 162, 164).   1522

Beispiele:
- Ein Kiesunternehmen hatte vom Regierungsrat des Kantons Solothurn die Bewilligung für eine sehr umfangreiche Ausdehnung einer Kiesgrube erhalten. Diesen Entscheid zogen Private, die eine Liegenschaft an der Kiestransportstrasse besitzen, mit Verwaltungsgerichtsbeschwerde ans Bundesgericht weiter. Sie machten eine Verletzung des Raumplanungsgesetzes und des Umweltschutzgesetzes geltend. Das Bundesgericht bejahte die Legitimation der Beschwerdeführer im Hinblick auf die Art und Intensität der Immissionen, welche die bedeutende Zunahme des Kiesabbaus und der Kiestransporte für die Beschwerdeführer mit sich bringen würden (BGE 113 Ib 225 ff.).   1523

1524   –   Das Bundesgericht bezeichnete in einem Entscheid die blosse räumliche Nähe einer Nachbarin, die gegen die Baubewilligung für einen Neubau Beschwerde führte, als nicht allein ausreichend für ihre Beschwerdelegitimation: "Es muss ein zusätzlicher, konkreter Anhaltspunkt vorliegen für einen praktischen Nachteil, der ihr aus der angefochtenen Verfügung erwächst, damit ihr in bezug auf die Anfechtung der in Frage stehenden Verfügung die Beschwerdelegitimation zuerkannt werden kann. Ein solcher Anhaltspunkt ist hier gegeben, indem die Beschwerdeführerin Unterliegerin am Scheidbach ist, in den die Abwässer der geplanten Baute eingeleitet werden sollen." Es "sind Immissionen – nicht zuletzt durch den Gestank des Baches – nicht auszuschliessen ... Angesichts der praktischen Auswirkung, die die angefochtene Verfügung ... auf die Beschwerdeführerin hat, muss ihr ein schutzwürdiges Interesse an der Aufhebung der Baubewilligung an Josef Fischer zugebilligt werden" (BGE 103 Ib 144, 150).

1524a –   In BGE 98 Ib 226 ff., 229, wurde die Legitimation des stadtbernischen Apothekervereins und einiger Apotheker bejaht, welche einen Entscheid des Eidgenössischen Verkehrs- und Energiewirtschaftsdepartements über die Eröffnung einer Apotheke im Hauptbahnhof Bern mit Verwaltungsgerichtsbeschwerde anfochten. Die Erwerbsaussichten der Beschwerdeführer würden durch die Eröffnung der Apotheke beeinträchtigt, besonders da vorgesehen sei, die neue Apotheke auch in Zeiten offen zu halten, in denen die Apotheken der Beschwerdeführer geschlossen bleiben müssten. Das Interesse, zu verhindern, dass die geplante Apotheke eröffnet werde, sei schutzwürdig. Es sei den Beschwerdeführern nicht zuzumuten, einen Konkurrenzbetrieb zu dulden, der allenfalls in Verletzung gesetzlicher Bestimmungen eröffnet werde.

1524b –   Nach BGE 109 Ib 198 ff., 201 f., vermag allerdings nicht jedes beliebige wirtschaftliche Interesse das erforderliche Berührtsein eines Konkurrenten in schützenswerten Interessen zu begründen. Vielmehr muss eine "spezifische Beziehungsnähe" vorliegen, die sich aus der speziellen wirtschaftsrechtlichen Ordnung ergibt, welcher die Konkurrenten unterworfen sind. Die blosse Befürchtung, verstärkter Konkurrenz ausgesetzt zu sein, genügt nicht. Ein Konsortium, das eine Sportanlage betreibt, ist deshalb nicht zur Anfechtung der Bewilligung für die Erweiterung einer Freizeitanlage, zu welcher ein Konkurrenzverhältnis besteht, legitimiert.

1525   –   Das Eidgenössische Departement des Innern hatte in einem Rekursentscheid den Verkauf eines kalorienarmen Brotaufstriches mit nur geringem Butteranteil gestattet. Gegen diesen Entscheid erhob unter anderem die BUTYRA (Schweizerische Zentralstelle für Butterversorgung) Verwaltungsgerichtsbeschwerde ans Bundesgericht. Sie machte geltend, von einer allfälligen durch das neu zugelassene Produkt verursachten Umsatzeinbusse beim Butterverkauf betroffen zu sein. Das Bundesgericht verneinte jedoch die Legitimation der BUTYRA und stellte fest, "dass nicht schon beschwerdelegitimiert ist, wer ein Produkt herstellt oder verbreitet, das von einem neu zugelassenen Produkt konkurrenziert werden könnte. Produktekonkurrenz allein genügt nicht. Erforderlich ist vielmehr eine Beziehung zur Streitsache, die sich von jener der zahlreichen Produzenten und Händler ähnlicher Produkte, die dasselbe oder ähnliche Bedürfnisse befriedigen, abhebt. Eine solche aber fehlt ..." (BGE 113 Ib 363, 365 ff.).

      –   Siehe auch die Beispiele in Rz. 1377.

bb) *Behördenbeschwerde*

1526   Die Behördenbeschwerde dient dazu, die öffentlichen Interessen zu wahren, insbesondere die richtige Anwendung des Verwaltungsrechts sicherzustellen. Sie muss in einem Verfahrensgesetz oder in einem Spezialerlass besonders vorgesehen sein.

1527   Für die Verwaltungsgerichtsbeschwerde ans *Bundesgericht* weist Art. 103 lit. b und c OG auf die Behördenbeschwerde hin. Danach kommt die Legitimation einerseits dem zuständigen eidgenössischen Departement und anderen Bundesbehörden in bestimmtem Rahmen zu (vgl. als Beispiele BGE 123 II 16, 21; 121 III 368, 370), andererseits auch kantonalen und kommunalen Behörden, wenn ein Spezialgesetz sie dazu ermächtigt. So sind z.B. die Kantone und Gemeinden gestützt auf Art. 34 Abs. 2 des Bundesgesetzes über die Raumplanung vom 22. Juni 1979 (SR 700) beschwerdebefugt (vgl. als Beispiel BGE 118 Ib 196, 198). Und Art. 12 des Bundesgesetzes über den Natur- und Heimatschutz vom 1. Juli 1966 (SR 451) ermächtigt Kantone und Gemeinden, Verwaltungsgerichtsbeschwerde beim Bundesgericht gegen Verfügungen zu erheben, die im Zusammenhang mit einer Bundesaufgabe ergangen sind, bei deren Erfüllung die Interessen des Natur- und Heimatschutzes berücksichtigt werden müssen (vgl. als Beispiele BGE 118 Ib 614, 616 f.; 109 Ib 341 ff. betreffend Erteilung einer Rodungsbewilligung).

Falls Gemeinwesen oder Behörden gleich oder ähnlich wie Private betroffen sind, sind sie nach Art. 103 lit. a OG zur Verwaltungsgerichtsbeschwerde legitimiert (BGE 123 II 425, 427 ff.; 122 II 382, 383 f.; vgl. auch Rz. 1381). 1527a

Im *kantonalen Verwaltungsgerichtsverfahren* können kantonale und kommunale Behörden durch entsprechende Bestimmungen des kantonalen Rechts zur Beschwerde legitimiert sein. 1528

cc) Verbandsbeschwerde

aaa) "Egoistische" Verbandsbeschwerde

Wie in der verwaltungsinternen Verwaltungsrechtspflege (vgl. Rz. 1382 ff.) sind Verbände sowohl als Verfügungsadressaten und betroffene Dritte wie auch im Interesse ihrer Mitglieder zur Verwaltungsgerichtsbeschwerde legitimiert (Beispiele: BGE 119 Ib 374, 376 f.; 114 V 94 ff.). 1529

bbb) Ideelle Verbandsbeschwerde

Zur Wahrung öffentlicher Interessen sind bestimmte Verbände zur Verwaltungsgerichtsbeschwerde legitimiert. Dies setzt aber stets eine ausdrückliche Ermächtigung durch ein Gesetz voraus. 1530

Zu der in Art. 103 lit. c OG vorgesehenen Verbandsbeschwerde ans *Bundesgericht* werden durch *Spezialgesetze des Bundes* folgende Organisationen ermächtigt: 1531
- Arbeitnehmer- und Arbeitgeberverbände für die Durchsetzung von Gesundheitsschutznormen gemäss Art. 58 des Bundesgesetzes über die Arbeit in Industrie, Gewerbe und Handel (Arbeitsgesetz) vom 13. März 1964 (SR 822.11) (Beispiele: BGE 119 Ib 374, 378; 116 Ib 270, 271);
- Berufsverbände des Filmwesens für Verfügungen über Kontingente, Einfuhrbewilligungen und Bewilligungen für Betriebe der Filmvorführung gemäss Art. 17 Abs. 2 und Art. 20 Abs. 2 des Bundesgesetzes über das Filmwesen (Filmgesetz) vom 28. September 1962 (SR 443.1);
- gesamtschweizerische Umweltorganisationen, die mindestens 10 Jahre vor Einreichung der Beschwerde gegründet wurden, für Verfügungen von kantonalen oder Bundesbehörden über die Planung, Errichtung oder Änderung von ortsfesten Anlagen, für die eine Umweltverträglichkeitsprüfung erforderlich ist, gemäss Art. 55 Abs. 1 des Bundesgesetzes über den Umweltschutz (Umweltschutzgesetz [USG]) vom 7. Oktober 1983 (SR 814.01); vgl. auch BGE 121 II 190, 193; 118 Ib 1, 5 ff.;
- gesamtschweizerische Vereinigungen, die sich statutengemäss dem Natur- und Heimatschutz oder verwandten, rein ideellen Zielen widmen, für Verfügungen

von kantonalen oder Bundesbehörden, gegen die die Verwaltungsgerichtsbeschwerde ans Bundesgericht zulässig ist, gemäss Art. 12 des Bundesgesetzes über den Natur- und Heimatschutz vom 1. Juli 1966 (NHG; SR 451) und Art. 46 Abs. 3 des Bundesgesetzes über den Wald vom 4. Oktober 1991 (WaG; SR 921.0). Vgl. als Beispiele BGE 123 II 289, 291 ff.; 121 II 483, 485. Da Natur- und Heimatschutz grundsätzlich in die Kompetenz der Kantone fällt, ist die Verbandsbeschwerde ans Bundesgericht nur möglich gegen eine Verfügung, die im Zusammenhang mit einer Bundesaufgabe, also in Anwendung von Bundesrecht, ergangen ist und bei deren Erfüllung die Interessen des Natur- und Heimatschutzes zu wahren sind (vgl. BGE 123 II 5, 7 f.; 121 II 190, 196 f.). Die beschwerdeberechtigten Organisationen dürfen zudem nicht eine Verletzung von Bundesrecht schlechthin geltend machen; sie können lediglich die Verletzung spezifischer Natur- und Heimatschutznormen des Bundes rügen (BGE 123 II 5, 7 f.). Überdies sind die ideellen Organisationen im Sinne von Art. 12 NHG – ebenso diejenigen im Sinne von Art. 55 USG – verpflichtet, sich am kantonalen Verfahren als Partei zu beteiligen, falls die Verfügung nicht in einem Rechtsmittelverfahren zugunsten einer anderen Partei geändert wurde, um zur Verwaltungsgerichtsbeschwerde beim Bundesgericht berechtigt zu sein (Art. 12a NHG und Art. 55 Abs. 4 und 5 USG);

– vom Eidgenössischen Departement des Innern anerkannte Fachorganisationen von gesamtschweizerischer Bedeutung gemäss Art. 14 des Bundesgesetzes über Fuss- und Wanderwege (FWG) vom 4. Oktober 1985 (SR 704).

1532 Als Beispiel für eine vom *kantonalen Recht* vorgesehene Verbandsbeschwerde ist die seit der Gesetzesrevision von 1986 geltende Vorschrift von § 338a Abs. 2 des Planungs- und Baugesetzes des Kantons Zürich vom 7. September 1975 (ZH LS 700.1) zu erwähnen; danach sind gewisse kantonale Natur- und Heimatschutzvereinigungen in bestimmten Fällen zum Rekurs und zur Beschwerde legitimiert.

e)   *Beschwerdefrist*

1533 Als förmliches Rechtsmittel ist die Verwaltungsgerichtsbeschwerde an Fristen gebunden.

1534 Für die Verwaltungsgerichtsbeschwerde ans *Bundesgericht* sieht Art. 106 Abs. 1 OG grundsätzlich eine Beschwerdefrist von 30 Tagen seit Eröffnung einer Verfügung vor. Für Zwischenverfügungen gilt eine kürzere Frist von 10 Tagen. Eine Rechtsverweigerungs- oder Rechtsverzögerungsbeschwerde ist dagegen nicht fristgebunden (Art. 106 Abs. 2 OG).

1535 Die *Kantone* kennen unterschiedliche Fristen für die Einreichung der Verwaltungsgerichtsbeschwerde. Im Kanton Zürich beträgt die Frist grundsätzlich 30 Tage seit Eröffnung der Verfügung (§ 53 VRG).

f)   *Beschwerdeschrift*

1536 Die Verfahrensgesetze enthalten regelmässig Vorschriften über *Inhalt* und *Form der Beschwerdeschrift*.

Für die Verwaltungsgerichtsbeschwerde ans *Bundesgericht* gelten die in Art. 108 OG umschriebenen Anforderungen. Die Beschwerdeschrift muss namentlich ein Begehren und eine Begründung enthalten (BGE 118 Ib 134, 135); beides hat sich nach der durch Art. 104 OG festgelegten Prüfungszuständigkeit des Bundesgerichtes zu richten. Die Beweismittel sind ebenfalls anzugeben. Ist eine der gesetzlichen Anforderungen nicht erfüllt, tritt das Bundesgericht nicht auf die Beschwerde ein, sofern der Mangel nicht innert einer kurzen Nachfrist behoben wird (Art. 108 Abs. 3 OG). 1537

Die *kantonalen Verfahrensgesetze* sehen entsprechende Regelungen vor. Vgl. für den Kanton Zürich § 54 VRG. 1538

3. Wirkungen der Beschwerde

Die Frage, ob der Einreichung der Verwaltungsgerichtsbeschwerde *Suspensiveffekt* zukommt, wird von den Verfahrensgesetzen nicht einheitlich beantwortet. 1539

Die Verwaltungsgerichtsbeschwerde ans *Bundesgericht* hat – im Gegensatz zur Verwaltungsbeschwerde im Bund (Art. 55 VwVG) – nicht grundsätzlich aufschiebende Wirkung. Einzig die Verwaltungsgerichtsbeschwerde gegen eine zur Geldleistung verpflichtende Verfügung wirkt suspensiv (Art. 111 Abs. 1 OG). In allen übrigen Fällen kommt der Verwaltungsgerichtsbeschwerde keine Suspensivwirkung zu, es sei denn, diese werde vom Bundesgericht – d.h. vom Präsidenten oder von der Präsidentin der urteilenden Abteilung – von Amtes wegen oder auf Begehren einer Partei verfügt oder vom Bundesrecht ausdrücklich vorgesehen (Art. 111 Abs. 2 OG). 1540

Die Wirkung der Verwaltungsgerichtsbeschwerde ist in den *Kantonen* unterschiedlich geregelt. Im Kanton Zürich ist die Verwaltungsgerichtsbeschwerde im Gegensatz zum Bund grundsätzlich suspensiv (§ 55 VRG); allerdings können das Verwaltungsgericht und dessen Vorsitzender oder Vorsitzende eine gegenteilige Anordnung treffen. 1541

4. Verfahren vor Verwaltungsgericht

Für das Verfahren vor Verwaltungsgericht gelten ähnliche Grundsätze wie im verwaltungsinternen Verfahren (vgl. Rz. 1403 ff.). Den Rechten und Pflichten der am Rechtsstreit beteiligten Parteien kommt aber grössere Bedeutung zu. 1542

a) Regelung im Bund

Das Bundesgericht kann im Verwaltungsgerichtsbeschwerdeverfahren den Sachverhalt von Amtes wegen prüfen (Art. 105 Abs. 1 OG). Im Gegensatz zum verwaltungsinternen Beschwerdeverfahren (Art. 12 VwVG) gilt hier der Untersuchungsgrundsatz nicht konsequent; das Gericht kann sich auch mit der Sachverhaltsdarstellung der Parteien begnügen; letztlich trägt aber doch das Gericht die Verantwortung für die richtige *Sachverhaltsermittlung* (vgl. KÖLZ, Prozessmaximen, S. 132). Hat eine richterliche Behörde als Vorinstanz entschieden, ist das Bundesgericht an deren Sachverhaltsfeststellung gebunden, es sei denn, sie sei offensichtlich unrichtig, unvollständig oder verletze wesentliche Verfahrensvorschriften (Art. 105 Abs. 2 OG). 1543

1544   Offensichtlich unzulässige oder unbegründete sowie offensichtlich begründete Beschwerden können vom Bundesgericht im vereinfachten Verfahren erledigt werden (Art. 36a OG).

1545   Das Verfahren wird in der Regel schriftlich abgewickelt. Das rechtliche Gehör kann auf dem Weg des Schriftenwechsels (Art. 110 OG) gewährt werden. Eine mündliche Parteiverhandlung kann vom Gericht angeordnet werden (Art. 112 OG). Vgl. aber zum aus Art. 6 EMRK abgeleiteten Anspruch auf Öffentlichkeit Rz. 1338k.

1546   Für die Verwaltungsgerichtsbeschwerde im Enteignungsverfahren gelten zum Teil besondere Verfahrensbestimmungen (Art. 115 OG).

b)   Regelungen in den Kantonen

1547   Die *kantonalen Rechtspflegegesetze* regeln das Verfahren vor dem kantonalen Verwaltungsgericht oft relativ knapp. Sie gehen in der Regel davon aus, dass das Gericht den Sachverhalt von Amtes wegen feststellt (so z.B. für den Kanton Zürich § 60 VRG).

5.   Beschwerdeentscheid

a)   Reformatorische oder kassatorische Wirkung

1548   Das *Bundesgericht* ist frei, bei Gutheissung einer Verwaltungsgerichtsbeschwerde selber einen Entscheid in der Sache zu treffen oder diese zur Neubeurteilung an die Vorinstanz bzw. an die verfügende Behörde (sog. Sprungrückverweisung; vgl. BGE 117 Ib 178, 197) zurückzuweisen (Art. 114 Abs. 2 OG). Das Bundesgericht übt Zurückhaltung mit reformatorischen Entscheiden. Es nimmt eine Neubeurteilung der Streitsache nur vor, wenn eine gewisse Entscheidungsreife gegeben ist (BGE 122 II 180, 185; 120 Ib 504, 510). Zurückhaltung ist unter anderem dann geboten, wenn die Regelung des Rechtsverhältnisses besondere Sachkunde verlangt oder im Ermessensbereich der Vorinstanzen liegt (BGE 123 II 456, 462; 117 Ib 225, 235).

1549   Gemäss *zürcherischem Recht* (§ 63 f. VRG) kann das Verwaltungsgericht im Falle der Aufhebung der angefochtenen Verfügung selbst entscheiden oder die Sache an die Vorinstanz zurückweisen. Ein bloss kassatorischer Entscheid kommt vor allem in Frage, "wenn mit der angefochtenen Anordnung nicht auf die Sache eingetreten oder der Tatbestand ungenügend festgestellt wurde" (§ 64 Abs. 1 VRG).

1550   Bei Rückweisung an die Vorinstanz sind die *Erwägungen im Rückweisungsentscheid* für diese *bindend*.

b)   Bindung an Parteibegehren

1551   Im Verfahren vor Verwaltungsgericht haben die Parteien eine bessere Rechtsposition als im verwaltungsinternen Verfahren. Dementsprechend steht die *Dispositionsmaxime* im Vordergrund.

1552   Das *Bundesgericht* ist bei seinem Urteil über eine Verwaltungsgerichtsbeschwerde an die Begehren der Parteien gebunden (BGE 121 II 350, 358; 117 Ib 20,

22). Das Bundesgericht darf weder zugunsten noch zuungunsten der Parteien über deren Begehren hinausgehen: Sowohl die reformatio in melius als auch die reformatio in peius ist also verboten. Eine Ausnahme gilt für Abgabestreitigkeiten, wenn eine Verletzung von Bundesrecht oder eine unrichtige oder unvollständige Feststellung des Sachverhaltes vorliegt (Art. 114 Abs. 1 OG). Eine Berichtigung wird aber auch in diesen Fällen nur vorgenommen, wenn der betreffende Entscheid offensichtlich unrichtig und die Korrektur von erheblicher Bedeutung ist (BGE 108 Ib 227, 228; vgl. auch BGE 110 Ib 319, 330 und 112 Ib 576, 585 f.).

V. Revisionsgesuch

Auch im verwaltungsgerichtlichen Verfahren ist regelmässig das Revisionsgesuch als ausserordentliches förmliches Rechtsmittel vorgesehen, das ähnlich wie im verwaltungsinternen Verfahren (vgl. dazu Rz. 1416 ff.) geregelt ist.   1553

Die Revisionsgründe, die gegen einen *bundesgerichtlichen Entscheid* geltend gemacht werden können, decken sich bloss teilweise mit den Revisionsgründen im Verwaltungsverfahren gemäss Art. 66 VwVG. Es können nur die in den Artikeln 136 f. und 139a OG genannten Gründe zu einer Revision führen (BGE 118 II 477 f.; 101 Ib 220 ff.). Findet das Bundesgericht, dass der Revisionsgrund zutreffe, so hebt es die frühere Entscheidung auf und entscheidet aufs neue (Art. 144 OG).   1554

Die *kantonalen Rechtspflegegesetze* enthalten oft ebenfalls Bestimmungen über die Revision (vgl. für den Kanton Zürich § 86a ff. VRG).   1555

VI. Erläuterung und Berichtigung von Redaktions- und Rechnungsfehlern

Die Parteien können die Erläuterung oder Berichtigung eines verwaltungsgerichtlichen Urteils verlangen, wenn das Urteilsdispositiv unklar oder unvollständig ist, im Widerspruch zur Begründung steht oder Redaktions- oder Rechnungsfehler enthält (so für den Bund Art. 145 OG; vgl. auch Rz. 1439a f.).   1555a

VII. Verwaltungsrechtliche Klage

1. Begriff

Die verwaltungsrechtliche Klage ist das förmliche Rechtsmittel, mit dem eine verwaltungsrechtliche Streitigkeit bei einem Verwaltungsgericht anhängig gemacht wird, ohne dass vorher eine Verfügung oder ein Entscheid ergangen ist.   1556

2. Natur der ursprünglichen Verwaltungsgerichtsbarkeit

1557 Den sogenannten *direkten Verwaltungsprozess* kennt neben dem Bundesrecht (Art. 116-120 OG) auch das kantonale Recht (mit Ausnahme der Kantone Basel-Stadt und Schaffhausen). Charakteristisch für die ursprüngliche Verwaltungsgerichtsbarkeit ist, dass sie nur zum Zuge kommt, wenn eine Streitsache nicht vorher von den Verwaltungsbehörden durch Verfügung geregelt worden ist. Das Gericht urteilt als erste und in gewissen Fällen zugleich einzige Instanz.

1558 Das Rechtsmittel der ursprünglichen Verwaltungsgerichtsbarkeit ist die *verwaltungsrechtliche Klage*. Der direkte Verwaltungsprozess gleicht in vielen Belangen dem Zivilprozess; das OG verweist in Art. 120 ausdrücklich auf die Bestimmungen über den Bundeszivilprozess.

1559 Die praktische *Bedeutung der ursprünglichen Verwaltungsgerichtsbarkeit* ist im Bund, zum Teil auch in den Kantonen gering.

3. Sachliche Zuständigkeit

1560 Die Kompetenzen eines Verwaltungsgerichts lassen sich beim Klageverfahren nicht gut mit einer Generalklausel umschreiben. Die Verfahrensgesetze befolgen regelmässig die Enumerationsmethode. Dabei geht es *meistens* um *vermögensrechtliche Streitigkeiten*.

a) Regelung im Bund

1561 Mit der Revision des OG vom 4. Oktober 1991 ist der *Anwendungsbereich* der verwaltungsrechtlichen Klage ans Bundesgericht erheblich *eingeschränkt* worden. Dadurch soll das Bundesgericht von den aufwendigen erstinstanzlichen Verfahren entlastet werden. Bisher mit verwaltungsrechtlicher Klage geltend zu machende Streitigkeiten, wie namentlich über vermögensrechtliche Leistungen aus dem Dienstverhältnis von Bundespersonal, über ausservertragliche Entschädigungen (vor allem aus Staatshaftung) und über Leistungen aus verwaltungsrechtlichen Verträgen, sind anderen Behörden zur erstinstanzlichen Beurteilung übertragen worden. Diese erlassen eine *Verfügung*, welche dann – allenfalls nach Durchlaufen eines verwaltungsinternen Instanzenzuges oder einer Beschwerde an eine Rekurskommission – mit *Verwaltungsgerichtsbeschwerde* nach Art. 97 ff. OG ans Bundesgericht weitergezogen werden kann.

1562 Die verwaltungsrechtliche Klage ist noch *zulässig* bei Streitigkeiten aus Bundesverwaltungsrecht über
– das Verhältnis zwischen Bund und Kantonen, ausser über die Genehmigung von Erlassen (Art. 116 lit. a OG);
– das Verhältnis zwischen Kantonen (Art. 116 lit. b OG);
– Ansprüche auf Schadenersatz aus der Amtstätigkeit von Mitgliedern der obersten Bundesbehörden (Art. 116 lit. c OG).

1563 Dass auch über *Streitigkeiten aus verwaltungsrechtlichen Verträgen* nun in der Regel eine Behörde durch Verfügung entscheidet, die dann letztinstanzlich mit Verwaltungsgerichtsbeschwerde angefochten werden kann, sofern das Bundesgericht zuständig ist, steht im *Widerspruch zur Rechtsnatur des Vertrages* als Mittel der einvernehmlichen Regelung von Rechtsbeziehungen zwischen gleichgestellten Parteien, weil die eine Partei einseitig hoheitliche Anordnungen gegenüber der anderen treffen darf. Art. 2 Abs. 2 der Verordnung über Vorinstanzen des Bundesgerichts und des Eidgenössischen Versicherungsgerichts vom 3. Februar 1993 (SR 173.51) sieht allerdings vor, dass über Streitigkeiten aus verwaltungsrechtlichen Verträgen eine eidgenössische Rekurs- oder Schiedskommission als erste Instanz, d.h. im Klageverfahren, entscheidet, wenn sie in anderen Streitigkeiten aus der Anwendung des Erlasses zuständig ist. Voraussetzung ist jedoch, dass es für das betreffende Rechtsgebiet eine Rekurs- oder Schiedskommission gibt. Auch Spezialgesetze können Streitigkeiten über verwaltungsrechtliche Verträge Rekurskommissionen zur Entscheidung zuweisen (Beispiel in VPB 61 [1997] Nr. 39).

Die früher in Art. 118 OG vorgesehene Möglichkeit, die Zuständigkeit des 1564 Bundesgerichts zur Beurteilung von verwaltungsrechtlichen Klagen durch Parteivereinbarung (Prorogation) zu begründen, ist bei der Revision des OG weggefallen.

b) Regelung in den Kantonen

Im Kanton Zürich wird im Klageverfahren vor allem über gewisse vermögensrechtli- 1565 che Streitigkeiten zwischen Gemeinden oder Gemeindeverbänden, über Streitigkeiten aus verwaltungsrechtlichen Verträgen und Konzessionen, über Ansprüche gegen kantonale Anstalten sowie in gewissen Enteignungsangelegenheiten entschieden (§§ 81 f. VRG). Andere Kantone kennen ähnliche Regelungen.

4. Formelle Voraussetzungen für die Zulässigkeit der verwaltungsrechtlichen Klage

a) Fristen

Die Erhebung einer verwaltungsrechtlichen Klage ist nicht an eine Frist gebunden. 1566 Es sind jedoch allfällige spezialgesetzliche Verjährungs- und Verwirkungsfristen zu beachten (Beispiel: Art. 20 des Verantwortlichkeitsgesetzes vom 14. März 1958 [SR 170.32]; vgl. BGE 116 Ib 367, 371).

b) Subsidiarität

Die verwaltungsrechtliche Klage beim *Bundesgericht* ist nicht zulässig, wenn die 1567 zivil- oder staatsrechtliche Klage oder die zivilrechtliche Berufung offen stehen oder wenn die Streitigkeit in den Zuständigkeitsbereich des Eidgenössischen Versicherungsgerichtes fällt (Art. 117 lit. a-b OG).

Das *Verhältnis* der verwaltungsrechtlichen Klage *zur Verwaltungsgerichtsbe-* 1568 *schwerde* ist seit der OG-Revision vom Grundgedanken geprägt, dass über verwaltungsrechtliche Streitigkeiten in aller Regel zuerst durch eine Verfügung zu entscheiden ist, die mit Verwaltungsbeschwerde und allenfalls mit Verwaltungsgerichtsbeschwerde weitergezogen werden kann. In den wenigen Bereichen, die durch

Art. 116 OG dem Bundesgericht oder durch Art. 2 Abs. 2 der Verordnung über Vorinstanzen des Bundesgerichts und des Eidgenössischen Versicherungsgerichts (vgl.
Rz. 1563) einer Rekurs- oder Schiedskommission als erster Instanz zur Beurteilung
zugewiesen sind, dürfen die Verwaltungsbehörden grundsätzlich keine Verfügungen
erlassen; Streitigkeiten sind somit auf dem Weg der verwaltungsrechtlichen Klage
auszutragen. Bestimmt jedoch eine bundesrechtliche Spezialvorschrift, dass in einem
der obgenannten Bereiche eine der in Art. 98 lit. b-h OG genannten Behörden verfü-
gungsberechtigt ist, ist die Streitigkeit auf dem Beschwerdeweg weiterzuziehen
(Art. 117 lit. c OG; vgl. BGE 117 Ib 353 ff.).

5. Prüfungsbefugnis des Verwaltungsgerichts

1569   Da das Verwaltungsgericht im direkten Verwaltungsprozess einzige Instanz ist, muss
ihm eine entsprechend *umfassende Prüfungszuständigkeit* zustehen. Die Kognition
des Verwaltungsgerichtes erstreckt sich daher auf Rechts-, Tat- und Ermessensfra-
gen. Allerdings ist es an die Parteianträge gebunden. Vgl. für den Kanton Zürich
§ 85 VRG.

6. Verfahren vor Verwaltungsgericht

1570   Die meisten Verwaltungsrechtspflegegesetze enthalten nur äusserst wenige Vorschriften über das Klageverfahren. Auch im OG fehlt eine einlässliche Regelung.
Art. 120 OG verweist hauptsächlich auf die Regelungen über den Bundeszivilprozess.

1571   Für die Feststellung des Sachverhaltes gilt gemäss der in Art. 120 OG enthaltenen Verweisung der *Untersuchungsgrundsatz* des Art. 105 Abs. 1 OG. Das Bundesgericht hat zwar den dem Entscheid zugrunde liegenden Sachverhalt von Amtes wegen zu ermitteln, doch darf es die Parteien zur Sammlung des Prozessstoffes herbei-
ziehen.

4. Teil Öffentlichrechtliche Beschränkungen des Eigentums

§ 26 Die Eigentumsgarantie

Literatur

BEATI GIORDANO, I diritti acquisiti, in: Verfassungsrechtsprechung und Verwaltungsrechtsprechung, Zürich 1992, S. 33 ff.; BINSWANGER HANS CHRISTOPH, Eigentum und Eigentumspolitik, Ein Beitrag zur Totalrevision der Schweizerischen Bundesverfassung, Zürich 1978; FRICK ROLF J., Faktische Interessen, Chancen und Hoffnungen als Schutzobjekte der Eigentumsgarantie, Diss. Bern 1985; GEISS-BÜHLER HERMANN, Raumplanungsrecht, Eigentumsordnung und Verfassungsrevision, Diss. Bern 1981; HÄNNI PETER, Eigentumsschutz, Sozialbindung und Enteignung bei der Nutzung von Boden und Umwelt, in: VVDStRL 51 (1992) 252 ff.; HANGARTNER YVO, Besonderheiten der Eigentumsgarantie, in: Im Dienst an der Gemeinschaft, Festschrift für Dietrich Schindler, Basel/Frankfurt a.M. 1989, S. 711 ff.; HOLZHEY HELMUT/KOHLER GEORG (Hrsg.), Eigentum und seine Gründe, Studia Philosophica, Supplementum 12, Bern/Stuttgart 1983; HOTTELIER MICHEL, La garantie constitutionnelle de la propriété en droit fédéral suisse: fondements, contenu et fonctions, Revue internationale de droit comparé Nr. 1, Paris 1997, 135 ff.; LENDI MARTIN, Planungsrecht und Eigentum, ZSR NF 95/II (1976) 1 ff.; MACHERET AUGUSTIN, Droit et politique de la propriété foncière en Suisse, in: Recht als Prozess und Gefüge, Festschrift für Hans Huber zum 80. Geburtstag, Bern 1981, S. 403 ff.; MEIER DIETER, Nutzungspflichten des Grundeigentümers, Diss. Bern 1984; MEIER-HAYOZ ARTHUR, Berner Kommentar, Bd. IV, Das Eigentum, 1. Teilband, Systematischer Teil und Allgemeine Bestimmungen, Art. 641-654, 5. Aufl., Bern 1981; MEIER-HAYOZ ARTHUR, Zur Eigentumsordnung, in: Totalrevision der Bundesverfassung – zur Diskussion gestellt, ZSR NF 97/I (1978) 313 ff.; MEIER-HAYOZ ARTHUR, Vom Wesen des Eigentums, in: Revolution der Technik – Evolution des Rechts, Festgabe zum 60. Geburtstag von Karl Oftinger, Zürich 1969, S. 171 ff.; MOOR PIERRE, Aménagement du territoire et propriété privée, ZSR NF 95/II (1976) 365 ff.; MÜLLER GEORG, Baupflicht und Eigentumsordnung, in: Festschrift für Ulrich Häfelin, Zürich 1989, S. 167 ff.; MÜLLER GEORG, Kommentar zu Art. 22ter BV, in: Kommentar zur Bundesverfassung der Schweizerischen Eidgenossenschaft, Basel/Zürich/Bern 1987 ff.; MÜLLER GEORG, Privateigentum heute, Vom Sinn des Eigentums und seiner verfassungsrechtlichen Gewährleistung, ZSR NF 100/II (1981) 1 ff.; REY HEINZ, Dynamisiertes Eigentum, ZSR NF 96/I (1977) 65 ff.; SALADIN PETER, Raumplanung und Eigentumskonzept, in: Das Bundesgesetz über die Raumplanung, Berner Tage für die juristische Praxis 1980, Bern 1980, S. 41 ff.; SCHLUEP WALTER R., Eigentumsgarantie und Mitbestimmung, in: Festgabe Franz J. Jeger, Solothurn 1973, S. 425 ff.; STEINAUER PAUL-HENRI, La propriété privée aujourd'hui, ZSR NF 100/II (1981) 117 ff.; WEBER ROLF H., Eigentum als Rechtsinstitut, ZSR NF 97/I (1978) 161 ff.; WERDER MICHAEL, Eigentum und Verfassungswandel, Diss. Bern 1978.

I. Rechtsgrundlage und Bedeutung der Eigentumsgarantie

1. Rechtsgrundlage

Die Eigentumsgarantie wurde früher vom kantonalen Verfassungsrecht gewährleistet   1572
und in neuerer Zeit aufgrund bundesgerichtlicher Rechtsprechung auch auf Bundesebene als ungeschriebenes Grundrecht anerkannt. 1969 fand sie dann zusammen mit

Art. 22quater betreffend die Raumplanung als Art. 22ter Aufnahme in die Bundes-verfassung.

2. Ausgestaltung der Eigentumsordnung durch Verfassung und Gesetzgebung

1573   Die Eigentumsgarantie gehört zu den Grundrechten mit wirtschaftlichem Charakter, beinhaltet aber auch eine ideelle Komponente, indem sie – dank der Unabhängigkeit, die das Eigentum den Berechtigten verschafft – zur Persönlichkeitsentfaltung bei-trägt. Sie steht im Zusammenhang mit anderen Grundrechten (z.B. der persönlichen Freiheit oder der Pressefreiheit [Eigentum an der Druckerpresse!]). Sie weist auch eine enge Beziehung zur Wirtschaftsverfassung auf: Eigentum ist eine Grundvoraus-setzung der Marktwirtschaft; Ansporn- und Dezentralisierungsfunktion des Eigen-tums sind "Motoren" der freien privatwirtschaftlichen Betätigung. Die Eigentums-garantie wird ferner durch verschiedene Aufgabennormen der Bundesverfassung konkretisiert und begrenzt (Raumplanung, Umweltschutz, Natur- und Heimatschutz, Wohnbauförderung, Mieterschutz, Steuererhebung). Erst aus dem Zusammenspiel dieser verschiedenen, einander zum Teil widersprechenden Verfassungswerte erge-ben sich die für die Ausgestaltung der Eigentumsordnung massgebenden Gesichts-punkte. Das Eigentum ist in der Verfassung also *nicht absolut, umfassend gewähr-leistet*, sondern in einer durch andere Verfassungsbestimmungen bereits relativierten, eingegrenzten Form. An diesem verfassungsrechtlichen Eigentumsbegriff haben sich Gesetzgebung und Rechtsanwendung zu orientieren, indem sie die verschiedenen, für das Eigentum relevanten Werte der Verfassung gegeneinander abwägen und zum Ausgleich bringen.

1574   Die Eigentumsgarantie schützt im Unterschied zu den meisten anderen Grund-rechten weder eine menschliche Eigenschaft, Befähigung oder Tätigkeit noch eine soziale Institution, sondern eine durch das Recht geschaffene und ausgestaltete Ein-richtung, ein *Rechtsinstitut*. Die Verfassung garantiert aber *nicht eine bestimmte Ei-gentumsordnung*, sondern überlässt es dem Gesetzgeber, diese – innerhalb der er-wähnten Schranken – zu konkretisieren. Die verfassungsrechtliche Gewährleistung des Eigentums schliesst Anpassungen an veränderte Verhältnisse und gewandelte Auffassungen nicht aus und steht somit auch einer Änderung der Verfügungs- und Nutzungsmöglichkeiten nicht entgegen. Der Gesetzgeber darf sich dabei allerdings nicht zu weit von den herkömmlichen Vorstellungen und der bisherigen Ordnung des Eigentums entfernen oder das Rechtsinstitut des Eigentums aushöhlen. Zudem hat er die öffentlichen Interessen sowie die Verhältnismässigkeit zu wahren.

3. Funktionen der Eigentumsgarantie

1575   Die Eigentumsgarantie hat einerseits eine *Abwehrfunktion*, indem sie gewisse staatli-che Eingriffe ins Eigentum generell verbietet und andere vom Vorliegen bestimmter Voraussetzungen abhängig macht. Andererseits hat die Eigentumsgarantie eine *kon-stitutive Funktion*, indem sie den Staat verpflichtet, Vorkehrungen zu treffen, die den Erwerb von Eigentum und die Nutzung der Eigentümerrechte erleichtern oder über-haupt erst ermöglichen. Adressat dieser Verpflichtung ist in erster Linie der Gesetz-geber, der die staatlichen Leistungen und deren Voraussetzung näher zu umschreiben hat und allenfalls entsprechende Ansprüche der Privaten begründen kann. Aus der Eigentumsgarantie selbst können in der Regel keine gerichtlich durchsetzbaren Ansprüche auf Leistungen des Staates hergeleitet werden. Jedoch besteht unter Umständen eine Pflicht der Behörden, zum Schutz der Ausübung der Grundrechte zu intervenieren und durch aktives Handeln einen Eingriff in die Eigentumsgarantie zu beenden, der seinen Ursprung nicht in einer staatlichen Massnahme oder Entscheidung, sondern im Verhalten von andern Privaten (z.B. von Hausbesetzern) hat (BGE 119 Ia 28 ff., Übersetzung in ZBl 94 [1993] 378 ff.).

4. Träger der Eigentumsgarantie

Träger der von der Eigentumsgarantie geschützten Rechte sind die natürlichen Personen – schweizerische wie ausländische Staatsangehörige – und die juristischen Personen des Privatrechts. Juristische Personen des öffentlichen Rechts können sich nur ausnahmsweise auf die Eigentumsgarantie berufen, nämlich dann, wenn sie nicht hoheitlich handeln, sondern sich auf dem Boden des Privatrechts bewegen und vom angefochtenen Entscheid gleich wie ein Privater betroffen sind. Dies trifft für Eingriffe in das Finanz- und Verwaltungsvermögen, nicht aber für Einschränkungen betreffend öffentliche Sachen im Gemeingebrauch zu (BGE 118 Ib 614, 616; 114 Ia 168, 173; 113 Ia 336, 338 f.). {1575a}

II. Die Eigentumsgarantie als Institutsgarantie

Die Institutsgarantie (auch Kerngehalts- oder Wesensgehaltsgarantie genannt) verbietet es dem Gesetzgeber, das Eigentum als Institut unserer Rechtsordnung in Frage zu stellen. Adressat der Institutsgarantie ist der *Gesetzgeber*, der nach ständiger bundesgerichtlicher Rechtsprechung keine Normen aufstellen darf, welche das Rechtsinstitut beseitigen, aushöhlen, seiner Substanz berauben oder seinen Wesenskern antasten. Der Gesetzgeber muss die *wesentlichen, sich aus dem Eigentum ergebenden Verfügungs- und Nutzungsrechte wahren*; die Institutsgarantie schützt ein gewisses Minimum an Eigentümerbefugnissen, einen Grundbestand an Eigentumsrechten vor dem Zugriff des Gesetzgebers (BGE 114 Ib 17, 23; 106 Ia 342, 348 f.; 105 Ia 134, 140 f.). Diese Minimalgarantie ist zwar schon in vielen Urteilsbegründungen angeführt worden, war aber bisher noch nie für einen Entscheid ausschlaggebend. Immerhin erklärte das Bundesgericht in seinem Urteil vom 16. Dezember 1986 (Semjud 1988 625, 631 ff.), dass eine kantonale Regelung die Handels- und Gewerbefreiheit und die Eigentumsgarantie ihrer Substanz beraubt, wenn sie es den Eigentümern von mit staatlicher Unterstützung gebauten Wohnungen ohne Befristung verbietet, die Entwicklung der Lebenshaltungskosten bei der Festsetzung der Mietzinsen zu berücksichtigen; den Eigentümern werde damit praktisch verunmöglicht, ihre Wohnungen zum tatsächlichen Wert zu verkaufen, weil der Ertragswert nach dem nominalen Anfangswert – ohne Berücksichtigung der Inflation – berechnet werde. {1576}

Die Institutsgarantie belässt dem Gesetzgeber einen *weiten Spielraum bei der Umschreibung der Eigentumsordnung*. Sie verbietet zwar beispielsweise eine Rege- {1577} lung, die den privaten Grund ganz oder zu einem erheblichen Teil an das Gemeinwe-sen übertragen würde, oder eine Besteuerung, die konfiskatorisch wirkt (vgl. Rz. 2082 ff.). In der bundesgerichtlichen Rechtsprechung wird aber der Kerngehalt, die unantastbare Substanz des Eigentums so eng umschrieben, dass z.B. eine Be-steuerung, die vorübergehend das gesamte Einkommen und den Vermögensertrag des Steuerpflichtigen beansprucht, noch als zulässig betrachtet wird (BGE 106 Ia 342, 354 f.). Auch die Abschöpfung von mehr als 60 % des durch eine staatliche Nutzungsplanung entstandenen Mehrwertes von Grundstücken oder eine Bewilli-gungspflicht für die Veräusserung von Wohnungen sind mit der Eigentumsgarantie vereinbar (BGE 105 Ia 134, 143 ff.; 113 Ia 126, 132).

III. Die Eigentumsgarantie als Bestandes- und Wertgarantie

1578   In ihrer Hauptbedeutung schützt die Eigentumsgarantie nicht das Eigentum als Insti-tut der Rechtsordnung, sondern den *Bestand der konkreten Eigentumsrechte der Einzelnen.* Sie verbietet allen staatlichen Organen (rechtssetzenden wie rechtsan-wendenden), diese Rechte zu beschränken, sofern dieser Eingriff nicht auf einer ge-nügenden gesetzlichen Grundlage beruht, im öffentlichen Interesse liegt und verhält-nismässig ist. Eine Massnahme, welche diese Voraussetzungen nicht erfüllt, verletzt die Eigentumsgarantie als *Bestandesgarantie.*

1579   Erscheint ein staatlicher Eingriff in das Eigentum unter dem Aspekt der Insti-tuts- und Bestandesgarantie als zulässig, so stellt sich die Frage, ob er die Privaten derart trifft, dass das Gemeinwesen entschädigungspflichtig wird. Dies ist nach Art. 22ter Abs. 3 BV der Fall bei Enteignungen und Eigentumsbeschränkungen, die einer Enteignung gleichkommen, d.h. dort, wo der Staat dem Träger durch Gesetz oder Einzelakt das von der Eigentumsgarantie geschützte Recht entzieht oder es in einer Weise beschränkt, die sich für den Betroffenen wie ein Entzug auswirkt. Sol-che Eingriffe nimmt das Gemeinwesen vor, wenn es das betreffende Recht zur Er-füllung seiner Aufgaben benötigt oder wenn eine bestimmte Gebrauchsmöglichkeit des Rechts mit dem Gemeinwohl nicht zu vereinbaren ist. Die Eigentumsgarantie, die den Eingriff zulässt, verwandelt sich in dieser Situation in eine blosse *Wert-garantie*: Der Träger kann zwar über sein Recht gar nicht mehr oder nur noch in sehr beschränktem Umfang verfügen, er wird aber für die dadurch eintretenden Vermö-genseinbussen entschädigt; er verliert sein Recht bzw. wichtige, mit diesem verbun-dene Nutzungsmöglichkeiten ganz oder teilweise, nicht aber die entsprechenden Werte.

1.   Schutzobjekte

1580   Der verfassungsrechtliche Eigentumsbegriff ist weiter als der privatrechtliche und beinhaltet neben den vermögenswerten Privatrechten eine Reihe von "wohlerworbe-nen" Rechten der Privaten gegenüber dem Gemeinwesen.

1581   *Nicht geschützt* sind nach herrschender Auffassung die bloss *"faktischen Inter-essen"*, d.h. Vorteile und Chancen, die sich nicht aus rechtlichen, sondern aus tat-sächlichen Gründen (z.B. Lage oder Beschaffenheit eines Grundstückes) mit einem

Vermögenswert verbinden. Staatliche Eingriffe, die keine Eigentumsbeschränkung bezwecken, sondern den Eigentümer nur "mittelbar" treffen, indem er bisher genossene faktische Vorteile, ungewisse Gewinnchancen oder Hoffnungen auf Wertsteigerungen verliert, tangieren deshalb die Eigentumsgarantie im allgemeinen nicht. Der praktisch bedeutsamste Fall dürfte in diesem Zusammenhang die Änderung des Gemeingebrauchs einer öffentlichen Sache sein, die zur Folge hat, dass der Eigentümer eines Grundstückes den bisherigen Zugang zur öffentlichen Strasse oder zu einem öffentlichen Gewässer verliert. Selbst wenn es sich dabei um Gewerbebetriebe wie Tankstellen oder Gaststätten handelt, deren Existenz durch die Änderung des Gemeingebrauchs bedroht ist, bleibt eine Berufung auf die Eigentumsgarantie ausgeschlossen.

Es fragt sich, ob dieser allgemeine Ausschluss "faktischer Interessen" gerechtfertigt ist und ob für die Abgrenzung des Schutzobjektes nicht eher auf die Wahrscheinlichkeit der Realisierung der Interessen und die Schwere der Beeinträchtigung abzustellen wäre (vgl. MARCEL BOLZ, Das Verhältnis von Schutzobjekt und Schranken der Grundrechte, Diss. Zürich 1991, S. 54 ff. m.w.H.). – In einem Urteil vom 14. Oktober 1994 (ZBl 96 [1995] 508, 510 ff.) hat das Bundesgericht es nun erstmals den Anstössern bzw. Benützern einer öffentlichen Strasse erlaubt, sich unter Berufung auf die Handels- und Gewerbefreiheit mit staatsrechtlicher Beschwerde gegen Fahrverbote auf öffentlichen Strassen zu wehren, allerdings ohne sich mit seiner bisherigen Rechtsprechung und der sie kritisierenden Lehre auseinanderzusetzen. Ob auch die Eigentumsgarantie angerufen werden könne, liess es offen (vgl. dazu Rz. 1865, 1866a; GEORG MÜLLER, Rechtsstellung von Anstössern an öffentlichen Strassen, recht 14 [1996] 218 ff.). 1581a

Beispiel: 1582
Dr. Florian Niggli war Eigentümer eines Grundstückes, von dem er einen Teil für den Bau der Nationalstrasse N2 abtreten musste. Er verlangte dafür eine Entschädigung von Fr. 500'000.--, davon Fr. 200'000.-- als Ersatz für den Minderwert des Restaurants, das zwar nicht enteignet wurde, aber seit dem Bau der N2 nicht mehr an einer Durchgangsstrasse liegt. Das Bundesgericht stellte fest, der Vorteil, den ein Restaurant durch seine unmittelbare Nachbarschaft zur Strasse erlangt habe, sei rein tatsächlicher Natur; sein Verlust oder seine Beeinträchtigung berechtigten den Eigentümer in der Regel nicht, die Wiederherstellung des ursprünglichen Zustandes oder eine Entschädigung für die Korrektion der Strasse zu fordern (BGE 100 Ib 197, 199 f. = Pra 63 [1974] Nr. 241).

a) *Vermögenswerte Rechte des Privatrechts*

Geschützt sind das sachenrechtliche Eigentum und der Besitz an beweglichen und unbeweglichen Sachen, beschränkte dingliche und obligatorische Rechte sowie Immaterialgüterrechte. 1583

Beispiel: 1583a
C. verkaufte an S. einen Ferrari, der sich gegen Vorweisung einer gefälschten Postquittung über den Kaufpreis von Fr. 82'000.-- das Fahrzeug übergeben liess und es am gleichen Tag an G. weiterverkaufte. In der Folge beschlagnahmten die aufgrund einer Anzeige von C. gegen S. ermittelnden Strafuntersuchungsbehörden bei G. den Ferrari und ordneten die Rückgabe an C. an. Das Kantonsgericht Fribourg wies einen Rekurs von G. gegen diesen Entscheid ab. Das Bundesgericht hiess eine staatsrechtliche Beschwerde des G. gut und hob das Urteil des Kantonsgerichts auf. Das Bundesgericht führte aus, die Eigentumsgarantie erfasse auch den Besitz. Wenn die Beschlagnahme eines Gegenstandes nicht mehr notwendig ist, müssten die Strafuntersuchungsbehörden ihn dem Besitzer zurück-

geben. Von dieser Regel könne nur abgewichen werden, wenn der Besitzer offensichtlich kein Recht an der Sache hat, z.B. wenn es sich offensichtlich um eine gestohlene Sache handelt. Wenn dagegen Zweifel über das Eigentum an der beschlagnahmten Sache bestehen, vor allem wenn mehrere Personen das Eigentum beanspruchen, verlange der verfassungsmässige Schutz des Besitzes durch Art. 22ter BV, dass die Sache grundsätzlich dem Besitzer zurückgegeben werde (BGE 120 Ia 120 ff.).

b) Wohlerworbene vermögenswerte Rechte des öffentlichen Rechts

1584 Unter die Eigentumsgarantie fallen auch gewisse öffentlichrechtliche Vermögensansprüche, die durch Gesetz oder individuelle Zusicherung als unwiderrufbar erklärt worden sind (wohlerworbene Rechte des öffentlichen Rechts [siehe Rz. 815 ff., 869]). Dazu gehören einerseits die seit unvordenklicher Zeit bestehenden, oft als *"ehehaft"* bezeichneten Rechte (z.B. Nutzungsrechte an öffentlichen Gewässern wie etwa Wasserrechte zum Betrieb von Mühlen, Jagd- und Fischereirechte, Tavernenrechte), andererseits *vertragliche oder vertragsähnliche* Rechte (z.B. Rechte aus Erschliessungsvereinbarungen [vgl. Rz. 872], aus Monopol- und Sondernutzungskonzessionen [vgl. Rz. 2010 f.] oder besonders zugesicherte Vermögensansprüche von Beamtinnen und Beamten, eventuell auch Ansprüche aus Sozialversicherungen). Eingriffe in wohlerworbene Rechte können auch das Prinzip des Vertrauensschutzes verletzen, sofern nicht die sachenrechtliche Fixierung, sondern die vertrauensbildende Beziehung zwischen Staat und Privaten im Vordergrund steht (BGE 118 Ia 245, 255 m.w.H.; vgl auch 122 II 113, 123; 122 I 328, 340).

2. Inhalt des Schutzes durch die Bestandesgarantie

1585 Ein staatlicher Eingriff, der zu einer Beschränkung der durch die Eigentumsgarantie geschützten Rechte führt, ist nur dann mit der Bestandesgarantie vereinbar, wenn er kumulativ folgende drei Voraussetzungen erfüllt:

a) Genügende gesetzliche Grundlage

1586 Der staatliche Eingriff in das durch die Eigentumsgarantie geschützte Recht muss in einem *Rechtssatz*, d.h. in einer generell-abstrakten, genügend bestimmten Norm vorgesehen sein (Erfordernis des Rechtssatzes). *Schwere Eingriffe* sind grundsätzlich in einem *Gesetz im formellen Sinn* zu regeln (Erfordernis der Gesetzesform); für weniger schwere Eingriffe genügt eine (kompetenzgemäss erlassene) Verordnung als Rechtsgrundlage. Ein schwerer Eingriff liegt dabei nach der bundesgerichtlichen Rechtsprechung "in der Regel vor, wenn Grundeigentum zwangsweise entzogen wird oder wenn durch Verbote und Gebote der bisherige oder künftig mögliche bestimmungsgemässe Gebrauch des Grundstücks verunmöglicht oder stark erschwert wird" (BGE 109 Ia 188, 190 f.).

Beispiele:

1587 – Nach § 233 des zürcherischen Planungs- und Baugesetzes vom 7. September 1975 (ZH LS 700.1) (PBG) darf eine Baute nur auf einem Grundstück erstellt werden, das baureif ist. In § 234 PBG (mittlerweile geändert) wird die Baureife umschrieben. Das Bundesgericht hielt die damals geltende Definition für genügend bestimmt. Der Gesetzgeber könne nicht darauf verzichten, unbestimmte Rechtsbegriffe zu verwenden, welche den zuständigen Behörden einen erheblichen Beurteilungsspielraum einräumen. Insbesondere im Planungs- und Baurecht sei es nicht möglich, den vielgestaltigen Verhältnissen ohne derartige Begriffe gerecht zu werden. Die Unbestimmtheit der Regelung sei mit verfahrensrechtlichen Garantien, insbesondere einer wirksamen Ausgestaltung des Rechtsschutzes, auszugleichen (ZBl 86 [1985] 323, 325 f.).

–   Ein Quartierplan, der den Verwendungszweck der Gebäude und gewisser Räumlichkeiten fest-   1588
    legt und dessen Verwirklichung den Abbruch bestehender Gebäude und eine Zusammenlegung
    von Parzellen erfordert, stellt eine schwerwiegende öffentlichrechtliche Eigentumsbeschrän-
    kung dar, die auf einer klaren Grundlage in einem Gesetz im formellen Sinne beruhen muss.
    Das waadtländische Bau- und Raumplanungsgesetz und das kantonale Gesetz über die Boden-
    verbesserungen genügen diesen Anforderungen nicht. Sie sehen zwar Quartierpläne und Bau-
    landumlegungen vor, nicht aber die Möglichkeit, zur Verwirklichung solcher Pläne den Ver-
    wendungszweck oder den Abbruch von Bauten und die Zusammenlegung von Grundstücken
    vorzuschreiben (BGE 106 Ia 364, 368 f. = Pra 70 [1981] Nr. 245).

Ausnahmsweise kann an die Stelle einer gesetzlichen Grundlage die *polizeiliche Ge-*   1589
neralklausel treten, wenn der Eingriff in die durch die Eigentumsgarantie geschützten Rechte unerlässlich ist, um eine schwere Störung der öffentlichen Sicherheit und
Ordnung zu beseitigen oder um eine unmittelbar drohende, direkte und gravierende
Gefährdung abzuwenden (vgl. zur Polizeigeneralklausel allgemein Rz. 1913 ff.).

b)   Ausreichendes öffentliches Interesse

Gemäss bundesgerichtlicher Auffassung ist grundsätzlich *jedes öffentliche Interesse*   1590
geeignet, einen Eingriff in die Eigentumsgarantie zu rechtfertigen, sofern das angestrebte Ziel nicht gegen andere Verfassungsnormen verstösst (BGE 111 Ia 93, 98).
Neben polizeilichen und sozialpolitischen Interessen sind vor allem die Anliegen der
Raumplanung sowie des Umwelt-, Gewässer-, Natur-, Heimat- und Denkmalschutzes zu berücksichtigen. *Ausgeschlossen* sind einzig *rein fiskalische Interessen.*

Erforderlich ist stets ein *aktuelles* öffentliches Interesse. Ein solches kann zwar   1591
auch in einem zukünftigen Bedürfnis des Gemeinwesens bestehen, doch muss es sich
dabei um ein Interesse handeln, das vom Gemeinwesen genau anzugeben ist und
dessen Eintritt mit einiger Sicherheit zu erwarten ist (BGE 114 Ia 335, 339 f.
m.w.H.).

Bei dieser weiten Umschreibung hat das Erfordernis des öffentlichen Interesses   1592
praktisch keine Lenkungs- und Begrenzungswirkung. Es fragt sich deshalb, ob das
öffentliche Interesse nicht aus der Verfassung selbst, d.h. aus den mit der Eigentumsgarantie zusammenhängenden Grundrechten und Aufgabennormen abgeleitet
werden müsste. Das hätte zur Folge, dass soziale Bedürfnisse, die sich nicht einer
solchen Verfassungsbestimmung zuordnen lassen, einzig durch die verfassungsän-
dernde Gewalt des Bundes oder der Kantone als öffentliche Interessen, die eine Eigentumsbeschränkung rechtfertigen, anerkannt werden könnten (vgl. GEORG MÜL-
LER, in: Kommentar BV, Art. 22ter, Rz. 35 m.w.H.).

c)   Wahrung des Grundsatzes der Verhältnismässigkeit

Während es beim Erfordernis des öffentlichen Interesses darum geht, dass der Staat   1593
nur zur Verfolgung verfassungsrechtlich legitimierter Zwecke die Eigentumsordnung

ändert und in bestehende, von der Eigentumsgarantie geschützte Rechte eingreift, soll das Verhältnismässigkeitsprinzip sicherstellen, dass die zur Erreichung des angestrebten Zieles eingesetzten Mittel geeignet und erforderlich sind, und dass der Zweck der Massnahme deren Auswirkungen rechtfertigt.

1594   An die *Eignung* (Geeignetheit) stellt das Bundesgericht keine allzu hohen Ansprüche und erachtet es als genügend, wenn die staatlichen Massnahmen als tauglicher Versuch, einen Beitrag zur Realisierung des Gesetzeszweckes zu leisten, qualifiziert werden können (BGE 117 Ia 141, 144; 111 Ia 93, 98 f.).

1595   Die *Erforderlichkeit* oder Notwendigkeit eines Eingriffs ist gegeben, wenn keine die Betroffenen weniger belastende, die geschützten Vermögensrechte schonendere Massnahme zum Ziel führen würde (BGE 119 Ia 348, 353; 111 Ia 23, 27 f.).

1596   Beispiel:
Die Verweigerung einer Baubewilligung wegen Verunstaltung des Ortsbildes durch die geplante Baute ist unverhältnismässig, wenn die Einfügung in das Ortsbild durch eine Auflage betreffend Dach- oder Fassadengestaltung erreicht werden könnte.

1597   In den meisten Fällen hängt die Verhältnismässigkeit eines staatlichen Eingriffs in die durch die Eigentumsgarantie geschützten Rechte aber davon ab, ob der Zweck der Massnahme so wichtig ist, dass die mit dem Eingriff verbundenen Auswirkungen auf die Betroffenen in Kauf genommen werden müssen. Abzuwägen ist bei dieser Prüfung der *Verhältnismässigkeit von Eingriffszweck und Eingriffswirkung* also zwischen dem Interesse an der Realisierung der Zielsetzung und dem Interesse des Trägers des von der Eigentumsgarantie geschützten Rechtes an der Beibehaltung seiner bisherigen Verfügungs- und Nutzungsbefugnisse. Dabei stehen sich nicht einfach "öffentliche" und "private" Interessen gegenüber, da die Erhaltung einer möglichst freiheitlichen Eigentumsordnung als Voraussetzung für die individuelle Lebensgestaltung und ein marktwirtschaftlich orientiertes Wirtschaftssystem ebenfalls ein wichtiges Anliegen der Allgemeinheit ist (vgl. dazu Rz. 1573; BGE 110 Ia 30, 34 = Pra 73 [1984] Nr. 169). Dementsprechend sind jeweils alle im konkreten Fall bestehenden Interessen nach den gleichen Gesichtspunkten zu bewerten und gegeneinander abzuwägen.

1598   Beispiel:
Der Grosse Rat des Kantons Bern erliess ein Dekret, mit welchem die Schiffahrt auf zwei kleinen, im Privateigentum stehenden Seen zum Schutz der Natur verboten wurde. Die Eigentümerin der beiden Seen focht das Dekret mit staatsrechtlicher Beschwerde beim Bundesgericht an. Sie bestritt nicht, dass das Schiffahrtsverbot an sich dem Schutz der Natur, d.h. einem öffentlichen Interesse dienen könne, machte aber geltend, das Verbot sei unverhältnismässig. Das Dekret gestatte das Baden, die Verwendung einer gewissen Zahl von Ruderbooten für das Fischen und das Schlittschuhlaufen. Deshalb sei das im Dekret vorgesehene Schiffahrtsverbot nicht geeignet, die Ziele des Naturschutzes zu erreichen. Das Bundesgericht wies die staatsrechtliche Beschwerde ab mit der Begründung, die Zulassung der genannten Nutzungen bedeute keine Preisgabe des angestrebten Naturschutzzweckes. Das Schiffahrtsverbot sei jedenfalls geeignet, um eine übermässige Belastung der beiden Seen zu vermeiden, und deshalb nicht unverhältnismässig (BGE 119 Ia 141 ff.).

3.   Inhalt des Schutzes durch die Wertgarantie

1599   Steht fest, dass ein staatlicher Eingriff in ein von der Eigentumsgarantie geschütztes Recht die Bestandesgarantie nicht verletzt, weil er auf einer genügenden gesetzlichen

Grundlage beruht, im öffentlichen Interesse liegt und den Grundsatz der Verhältnismässigkeit wahrt, so stellt sich die Frage, ob das Gemeinwesen für den Eingriff *entschädigungspflichtig* wird. Art. 22ter Abs. 3 BV sieht vor, dass der Staat volle Entschädigung schuldet, wenn er das Recht vollständig entzieht oder in einer Weise beschränkt, die einer Enteignung gleichkommt, weil der Eingriff dem Betroffenen so wenig von seinen Rechten belässt, dass er praktisch nicht mehr über sein Eigentum verfügt.

§ 27   Die formelle Enteignung

Literatur

DUBACH WERNER, Die Berücksichtigung der besseren Verwendungsmöglichkeit und der werkbedingten Vor- und Nachteile bei der Festsetzung der Enteignungsentschädigung nach Bundesrecht, ZBl 79 (1978) 1 ff.; FAHRLÄNDER KARL LUDWIG, Zur Abgeltung von Immissionen aus dem Betrieb öffentlicher Werke, unter Berücksichtigung des Bundesgesetzes über den Umweltschutz, erläutert am Beispiel der Nationalstrassen, Diss. Bern 1985; GERMANN ROLF, Enteignung zugunsten Privater nach den kantonalen Enteignungsgesetzen, Diss. Bern 1974; GUTHAUSER PIUS, Schaden und Schadensberechnung im Enteignungsrecht, ZBl 78 (1977) 193 ff.; HESS HEINZ/WEIBEL HEINRICH, Das Enteignungsrecht des Bundes, Kommentar, 2 Bde., Bern 1986; HUBER HANS, Das Gemeinwohl als Voraussetzung der Enteignung, in: Rechtstheorie – Verfassungsrecht – Völkerrecht, Ausgewählte Aufsätze 1950-1970, Bern 1971, S. 492 ff.; JAAG TOBIAS, Die Enteignung nachbarrechtlicher Abwehransprüche bei Immissionen aus öffentlichen Werken, in: recht 1992, 104 ff.; JAGMETTI RICCARDO, Kommentar zu Art. 23 BV, in: Kommentar zur Bundesverfassung der Schweizerischen Eidgenossenschaft, Basel/Zürich/Bern 1987 ff.; KUBAT JÖRG, Die Enteignung des Nachbarrechts, Diss. Basel 1971; MERKER RUDOLF, Der Grundsatz der "vollen Entschädigung" im Enteignungsrecht, Diss. Zürich 1975; RAUSS BEAT, Der Realersatz im schweizerischen Enteignungsrecht, Diss. Basel 1980; Rüssli Markus, Die Heimschlagsrechte des zürcherischen Planungs- und Baugesetzes, Diss. Zürich 1996; SCHÖBI FELIX, Zur Unterscheidung von formeller und materieller Enteignung am Beispiel von Immissionsstreitigkeiten, recht 1985, 126 ff.; THALMANN ULRICH, Der Vertrag im Enteignungsverfahren nach zürcherischem und eidgenössischem Recht, Diss. Zürich 1970; WIEDERKEHR PETER, Die Expropriationsentschädigung, dargestellt nach schweizerischem und zürcherischem Recht, Diss. Zürich 1966.

Rechtliche Grundlagen

- Bundesgesetz über die Enteignung vom 20. Juni 1930 (SR 711) (EntG)

I.   Begriff und Rechtsgrundlagen

1.   Begriff und Rechtsnatur der formellen Expropriation

1600   Eine formelle Enteignung liegt vor, wenn von der Eigentumsgarantie geschützte Rechte im öffentlichen Interesse und gegen Entschädigung durch einen Hoheitsakt ganz oder teilweise entzogen und in der Regel auf den Enteigner übertragen werden.

1601   Wesentlich für den Begriff der formellen Expropriation sind fünf Elemente:
- Der *Entzug* oder die Beschränkung von vermögenswerten Rechten, die unter dem Schutz der Eigentumsgarantie stehen.

— Der *Übergang* dieser Rechte auf den Enteigner, meist das Gemeinwesen oder eine andere öffentlichrechtliche Organisation, manchmal auch auf einen Privaten (vgl. Rz. 1603 ff.). Ausnahmsweise erfolgt kein Übergang des Rechts, sondern dieses geht unter (z.B. bei der Aufhebung von Wegrechten oder anderen Dienstbarkeiten, die bisher auf dem enteigneten Grundstück zugunsten eines anderen Grundstückes bestanden), oder es wird ein neues Recht zugunsten des Enteigners begründet (z.B. durch Einräumung eines Wegrechts oder einer anderen Dienstbarkeit zugunsten des Enteigners, dessen Grundstück nicht erschlossen ist, oder durch zwangsweise Errichtung einer Dienstbarkeit, mit welcher der Enteignete verpflichtet wird, Immissionen eines öffentlichen Werkes zu dulden [vgl. Rz. 1617]). Dieser Übergang von Rechten auf den Enteigner – bzw. deren Untergang – ist das wesentliche Unterscheidungsmerkmal zwischen formeller und materieller Enteignung.

— Der Entzug der Rechte erfolgt einseitig durch *Hoheitsakt*, in der Regel durch eine Verfügung oder einen Plan, ausnahmsweise durch Gesetz.

— Zweck des Eingriffes ist es, dem Enteigner die *zur Erfüllung öffentlicher Aufgaben* nötigen Rechte zu verschaffen.

— Für die enteigneten Rechte ist volle *Entschädigung* zu leisten.

2. Der Expropriant

a) *Begriff*

Expropriant ist, wer in eigenem Namen eine formelle Enteignung durchführt. Dies kann das Gemeinwesen oder ein von ihm mit der Erfüllung öffentlicher Aufgaben betrauter Dritter sein.

1602

b) *Drei Möglichkeiten*

aa) *Das Gemeinwesen enteignet für sich selbst*

Das Gemeinwesen führt die Expropriation für sich selbst und im eigenen Namen durch. Dies ist z.B. der Fall, wenn der Bund Land für einen Waffenplatz braucht, der Kanton für eine Strasse oder die Gemeinde für ein Schulhaus.

1603

bb) *Das Gemeinwesen enteignet für Dritte*

Dass ein Gemeinwesen für Dritte enteignet, kommt in der Praxis selten vor. Denkbar wären z.B. die Expropriation durch den Kanton für die Erstellung eines Flugplatzes durch Private oder zugunsten einer selbständigen öffentlichen Anstalt (Kantonalbank), die eine neue Filiale errichten will.

1604

cc)   Das Gemeinwesen überträgt das Expropriationsrecht auf Dritte

1605   Das Gemeinwesen kann das Expropriationsrecht Dritten, d.h. Privaten oder einem anderen Gemeinwesen (z.B. einer öffentlichrechtlichen Körperschaft oder Anstalt) übertragen, die es in eigenem Namen ausüben. Eine solche Übertragung ist nur möglich, wenn die Dritten das Enteignungsrecht zur Erfüllung einer öffentlichen Aufgabe benötigen.

1606   Im *Bund* muss die Möglichkeit der Übertragung in einem einfachen Bundesbeschluss vorgesehen sein, wenn die Enteignung für Werke erfolgt, die im Interesse der Eidgenossenschaft oder eines grossen Teils derselben liegen. Die Übertragung des Enteignungsrechts für andere im öffentlichen Interesse liegende Zwecke ist nur auf Grund eines Bundesgesetzes zulässig (Art. 3 Abs. 2 EntG). So steht z.B. nach Art. 3 des Eisenbahngesetzes vom 20. Dezember 1957 (SR 742.101) den konzessionierten Bahnunternehmungen das Recht der Enteignung zu. Das Expropriationsrecht kann auch denjenigen gewährt werden, denen das Recht zur Nutzung der Wasserkraft verliehen wurde (Art. 46 des Bundesgesetzes über die Nutzbarmachung der Wasserkräfte vom 22. Dezember 1916 [SR 721.80]), ferner den Eigentümern von elektrischen Starkstromanlagen und den Bezügern von elektrischer Energie für die Einrichtungen zur Fortleitung und Verteilung der elektrischen Energie (Art. 43 des Bundesgesetzes betreffend die elektrischen Schwach- und Starkstromanlagen vom 24. Juni 1902 [SR 734.0]).

1607   Die *Kantone* kennen ähnliche Regelungen wie der Bund. So kann z.B. nach § 3 des zürcherischen Gesetzes betreffend die Abtretung von Privatrechten vom 30. November 1879 (ZH LS 781) das Enteignungsrecht auf öffentliche oder private Unternehmungen übertragen werden.

3.   Das anwendbare Recht

a)   Bundesrecht

1608   Gemäss Art. 1 EntG gelangt Bundesrecht in zwei Fällen zur Anwendung:
–   Für Werke, die im Interesse der Eidgenossenschaft oder eines grossen Teils des Landes liegen (nationale und überregionale Interessen; z.B. Waffenplätze);
–   Für andere im öffentlichen Interesse liegende Zwecke, wenn dies in einem Bundesgesetz vorgesehen ist.

1609   Wird das Enteignungsrecht auf die Kantone übertragen – wie dies zum Beispiel Art. 39 des Bundesgesetzes über die Nationalstrassen vom 8. März 1960 (SR 725.11) vorsieht –, bleibt für die Enteignung in der Regel das Bundesrecht anwendbar. Zum Teil lässt das Bundesrecht den Kantonen die Wahl, in ihren Ausführungsbestimmungen anstelle des kantonalen Enteignungsrechts das Enteignungsgesetz des Bundes für anwendbar zu erklären (vgl. z.B. Art. 68 des Bundesgesetzes über den Schutz der Gewässer [Gewässerschutzgesetz, GSchG] vom 24. Januar 1991 [SR 814.20]).

b)   Kantonales Recht

Kantonales Enteignungsrecht ist massgebend für Werke, die regionalen oder lokalen   1610
Charakter haben (z.B. Kantons- und Gemeindestrassen, Schulhäuser, Friedhöfe).

c)   Wahl zwischen Bundesrecht und kantonalem Recht

Für den seltenen Fall, dass eine Enteignung für ein bestimmtes Werk sowohl nach   1611
eidgenössischem als auch nach kantonalem Recht möglich und weder die Anwendung des eidgenössischen noch des kantonalen Enteignungsrechts zwingend vorgeschrieben ist, sieht Art. 119 EntG vor, dass der *Enteigner* bestimmen kann, nach
welchem Recht die Enteignung durchzuführen ist.

Beispiel: 1612
Nach Art. 10 i.V.m. Art. 18 des Bundesgesetzes über die baulichen Massnahmen im Zivilschutz
(Schutzbautengesetz) vom 4. Oktober 1963 (SR 520.2) können sich die Kantone und Gemeinden
entweder das Enteignungsrecht vom Bund übertragen lassen oder Enteignungen nach eigenem Recht
durchführen (vgl. HESS/WEIBEL Band I, N. 26 zu Art. 119 EntG [mit weiteren Beispielen] und
Band II, N. 28 zum Zivilschutzgesetz).

II.   Die Objekte der Expropriation

Grundsätzlich können alle Rechte, die durch die Eigentumsgarantie geschützt wer-   1613
den, Gegenstand einer formellen Enteignung sein. Im einzelnen sind dies:

1.   Grundeigentum

Am häufigsten wird Grundeigentum expropriiert. Das Grundeigentum erstreckt sich   1614
dabei nach Art. 667 Abs. 1 ZGB "nach oben und unten auf den Luftraum und das
Erdreich, soweit für die Ausübung des Eigentums ein Interesse besteht." Das Interesse bestimmt die Ausdehnung des Grundeigentums in vertikaler Richtung; im darüber hinausgehenden bzw. darunter liegenden Raum kennt das ZGB kein privates
Grundeigentum. Damit sind beispielsweise Expropriationen für den Bau eines Tun-
nels einige hundert Meter senkrecht unter der Bodenfläche weder nötig noch zulässig
(vgl. BGE 119 Ia 390, 397 ff.).

2.   Eigentum an beweglichen Sachen

Eigentum an beweglichen Sachen wird nur selten Objekt einer formellen Enteig-   1615
nung. Denkbar wäre dies z.B. bei historisch besonders wertvollen Gegenständen, die
der Allgemeinheit zugänglich gemacht werden sollen (vgl. zur Frage einer materiellen Enteignung durch Unterschutzstellung einer privaten archäologischen Sammlung
BGE 113 Ia 368 ff.). Das Bundesrecht kennt die Enteignung beweglicher Sachen
nicht (vgl. Art. 5 EntG).

3. Beschränkte dingliche Rechte

1616 Neben dem Entzug beschränkter dinglicher Rechte auf dem Wege der Enteignung ist auch eine zwangsweise Auferlegung möglich, z.B. durch die Begründung eines Wegrechts (vgl. BGE 122 II 246 ff.), einer Nutzniessung (vgl. BGE 119 Ia 348 ff.) oder eines Bauverbotes zugunsten des Exproprianten.

4. Nachbarrechte (Abwehrrechte des Nachbarrechtes)

1617 Art. 679 und 684 ZGB verbieten dem Grundeigentümer die Überschreitung seiner Eigentumsrechte und die übermässige Einwirkung auf das Eigentum des Nachbarn. Das Recht des Nachbarn, sich gegen solche übermässige Immissionen zu wehren, kann ihm durch formelle Enteignung entzogen werden, wenn die Einwirkungen von einem öffentlichen Werk ausgehen. Die Enteignung des nachbarlichen Abwehranspruchs ist nach Ansicht des Bundesgerichts "nichts anderes als die zwangsweise Errichtung einer Dienstbarkeit auf dem Grundstück des Enteigneten zugunsten des Werkeigentümers, deren Inhalt in der Pflicht zur Duldung von Immissionen besteht" (BGE 123 II 560, 564; 116 Ib 11, 16).

1618 Die Enteignung von Nachbarrechten setzt voraus, dass die Immissionen mit dem *bestimmungsgemässen Betrieb des Werkes untrennbar verbunden* sind und sich *nicht oder nur mit einem unverhältnismässigen Aufwand vermeiden* lassen. Sind diese Voraussetzungen nicht erfüllt, kann der Nachbar gestützt auf Art. 679 ZGB beim Zivilgericht auf Unterlassung der übermässigen Immissionen klagen und für erlittene Nachteile Schadenersatz verlangen (vgl. Rz. 1773 ff.).

1619 Eine Enteignung des Abwehrrechts liegt nur vor, wenn die von einem öffentlichen Werk ausgehenden, unvermeidbaren Immissionen für den Nachbarn im Zeitpunkt des Erwerbs, der Miete oder Pacht der Liegenschaft oder der Errichtung eines Gebäudes *nicht voraussehbar* waren, ihn *in spezieller Weise treffen* und einen *schweren Schaden* verursachen. Trifft eine dieser Voraussetzungen nicht zu, so kann kein Anspruch auf Entschädigung wegen Entzug von Nachbarrechten geltend gemacht werden (BGE 123 II 560, 564, 568; 123 II 481, 490 ff.; 121 II 317, 330 f.; 116 Ib 11, 20 f.). Die Nachbarn öffentlicher Werke sind also wie die Träger anderer, von der Eigentumsgarantie geschützter Rechte in gewissem Masse "sozialpflichtig", indem ihnen u.U. Abwehrrechte ohne Entschädigung entzogen werden, weil das Gemeinwesen mit dem Bau und Betrieb eines solchen Werkes eine im öffentlichen Interesse liegende Tätigkeit ausübt (vgl. dazu GEORG MÜLLER, in: Kommentar BV, Art. 22ter, Rz. 62 ff., mit Hinweisen auf die Kritik an der Rechtsprechung betreffend die – vom Zivilrecht abweichenden – Voraussetzungen der Übermässigkeit von Immissionen).

1620 Beispiel:
70 m südlich des Wohnhauses des Landwirts Ernst Eberle wurde eine Autobahn erstellt. Wegen der von der Autobahn ausgehenden Immissionen beantragte er die nachträgliche Enteignung von Nachbarrechten. Das Bundesgericht lehnte eine Entschädigung für die geltend gemachten Licht- und Abgasimmissionen ab, weil sie nicht besonders schwer seien und von allen Strassenanwohnern in gleicher Weise geduldet werden müssten. Hinsichtlich der Lärmimmissionen bejahte das Bundesgericht eine Entschädigungspflicht bei Wohnbauten, nicht aber bei landwirtschaftlichem Boden und Ökonomiegebäuden. Die Wertminderung wurde auf einen Drittel des Verkehrswerts des Wohnhauses veranschlagt (BGE 104 Ib 79 ff., vgl. auch BGE 119 Ib 348 ff.).

Weitere Beispiele:
- Immissionen von Strassen (BGE 106 Ib 231 ff.; 116 Ib 11 ff.; 123 II 560 ff.);
- Immissionen von Flugplätzen (BGE 106 Ib 241 ff., 121 II 317 ff.);
- Geht es um die Entschädigung für das Überfliegen von einem Grundstück in geringer Höhe (108 m), müssen die Voraussetzungen der Unvorhersehbarkeit, der Spezialität und der Schwere nicht erfüllt sein, um einen Entschädigungsanspruch für den Eigentümer zu begründen. Hier handelt es sich nicht um indirekte Einwirkungen aus dem gesetzmässigen Betrieb einer Anlage, sondern, wegen Überfliegens des Grundstückes in geringer Höhe, um direkte "Eingriffe" in den Luftraum und damit in das schützenswerte Interesse des Eigentümers. Sollen zusätzlich Entschädigungen für die hinzunehmenden Lärmimmissionen ausgerichtet werden, müssen die drei Voraussetzungen (Unvorhersehbarkeit, Spezialität und Schwere) jedoch gegeben sein (BGE 122 II 349 ff. 355 f.; vgl. auch BGE 123 II 481, 491 ff.).
- Immissionen von Schiessplätzen (BGE 114 Ib 34 ff.; 107 Ib 387 ff.);
- Immissionen von Bahnanlagen (BGE 113 Ib 34 ff.);
- Immissionen von Bauarbeiten auf öffentlichem Grund (BGE 113 Ia 353 ff.; 117 Ib 15 ff.).

5. Obligatorische Rechte

Möglich ist auch die Enteignung obligatorischer Rechte, z.B. die Enteignung der Nutzungsrechte von *Mietern und Pächtern* eines von der Enteignung betroffenen Grundstückes. Diese haben Anspruch auf Ersatz des Schadens, der durch vorzeitige Vertragsauflösung entsteht (Art. 23 Abs. 2 EntG)

Vorausgesetzt wird jedoch, dass die Enteignung bei Vertragsschluss nicht voraussehbar war. Musste der Mieter oder Pächter schon bei Vertragsabschluss mit einer Beeinträchtigung seiner Rechte durch die Enteignung rechnen, so konnte er diesem Umstand bei der Höhe des zu bezahlenden Zinses Rechnung tragen, das Entstehen eines Schadens also verhindern.

Für die Entschädigung wird zudem nur die Zeitdauer bis zum nächsten ordentlichen Kündigungstermin berücksichtigt. Der Enteigner hat für tatsächliche Nachteile nicht einzustehen, die dem Mieter oder Pächter dadurch entstehen, dass er ein neues, für ihn weniger günstiges Vertragsverhältnis eingehen muss, und braucht sich nicht entgegenhalten zu lassen, dass der Vertrag, hätte die Enteignung nicht stattgefunden, möglicherweise erneuert worden wäre (vgl. BGE 119 Ib 148 ff.; 113 Ia 353 ff.; 106 Ib 241, 247).

6. Wohlerworbene Rechte des öffentlichen Rechts

Gegenstand einer Expropriation können ferner öffentlichrechtliche Vermögensansprüche sein, die dem Berechtigten durch Gesetz, Verfügung oder verwaltungsrechtlichen Vertrag zugesichert und unwiderrufbar erklärt worden sind (vgl. Rz. 1584 und 815 ff.).

Beispiel:
Der Regierungsrat des Kantons Zürich hatte einer Textilverarbeitungsfirma in Horgen eine Sondernutzungskonzession verliehen, die sie dazu berechtigte, für ihren Betrieb das Wasser des Dorfbachs zu verwenden. Nach dem Bau der Nationalstrasse N 3 wurde der Dorfbach infolge häufiger Verschmutzung durch einen neuen Zufluss für die gewerbliche Nutzung unbrauchbar. Das Bundesgericht sah in dem dadurch bewirkten zeitweiligen Entzug der durch die Konzession erteilten Sondernutzung einen Enteignungstatbestand (BGE 96 I 282 ff.). Vgl. auch den in Rz. 818 wiedergegebenen BGE 113 Ia 357 ff.

III. Die Voraussetzungen der formellen Enteignung

1. Gesetzliche Grundlage

1627 Art. 22ter Abs. 2 BV bestimmt, dass Bund und Kantone auf dem Wege der Gesetzgebung die Enteignung vorsehen können. Eine ausreichende gesetzliche Regelung muss dabei kumulativ zwei Anforderungen genügen:
– dem *Erfordernis des Rechtssatzes*, d.h. der Eingriff muss in einer generell-abstrakten, genügend bestimmten Norm vorgesehen werden;
– dem *Erfordernis der Gesetzesform*, d.h. die Norm muss vom zuständigen Rechtssetzungsorgan erlassen worden sein. Da es sich bei formellen Enteignungen um schwere Eingriffe handelt, ist der Gesetzgeber in seinen Delegationsmöglichkeiten stark eingeschränkt. Er hat alle wichtigen Entscheidungen selbst zu treffen und darf der Exekutive nur weniger wichtige, ausführende Anordnungen zur Regelung übertragen.

1628 In der Regel stellen nicht die Enteignungsgesetze des Bundes und der Kantone die gesetzliche Grundlage dar, sondern die für das betreffende Sachgebiet massgebenden Erlasse (z.B. bei Enteignungen für den Strassenbau das Bundesgesetz über die Nationalstrassen vom 8. März 1960 [SR 725.11] oder die kantonalen Strassenbaugesetze). Das Bundesgesetz über die Enteignung kann aber auch selbst die gesetzliche Grundlage für Enteignungen bilden, soweit es um Werke im Interesse der Eidgenossenschaft oder eines grossen Teils des Landes geht (Art. 1 EntG), so etwa für militärische Anlagen (vgl. BGE 112 Ib 280, 290; 109 Ib 130, 135), nicht aber für Verbindungs- und Anschlussgeleise von Eisenbahnen (BGE 120 Ib 496, 499).

2. Öffentliche Interessen

1629 Die Enteignung muss im öffentlichen Interesse liegen. In Frage kommen grundsätzlich *alle Arten von öffentlichen Interessen*: neben polizeilichen (Bau- und Gesundheitspolizei) vor allem ideelle Interessen (Natur- und Heimatschutz, Denkmalschutz), Interessen der Raumplanung, des Umweltschutzes oder der Landesverteidigung, ferner verkehrs- und energiepolitische (Bau von Strassen, Eisenbahnen, Anlagen zur Erzeugung und Übertragung von Energie), sozialpolitische (Bau von Ausbildungsstätten, Spitälern, Altersheimen) und wirtschaftspolitische Interessen (Förderung des Fremdenverkehrs, Strukturerhaltung in der Landwirtschaft oder in anderen Erwerbszweigen). Einzig *rein fiskalische Interessen* genügen zur Begründung einer formellen Enteignung *nicht*.

1630 Beispiele:
– Zwei Grundeigentümer weigerten sich, die für den Bau einer Bergbahn in der Region St. Moritz nötigen Überführungsrechte einzuräumen. Als diese auf dem Enteignungsweg beschafft werden sollten, bestritten sie das Vorliegen eines öffentlichen Interesses am Bau der Bahn. Das Bundesgericht kam demgegenüber zum Schluss, dass der Bau im öffentlichen Interesse liege, da er geeignet sei, die wirtschaftliche Erschliessung des Gebiets zu fördern, so dass weite Kreise der Bevölkerung daraus einen Nutzen zögen. Das öffentliche Interesse sei selbst dann zu bejahen, wenn das neue Verkehrsmittel auch privaten Interessen diene, weil die Hotel- und Restaurationsbetriebe und das übrige Geschäftsleben davon profitierten (ZBl 72 [1971] 377 ff.).

– Es kann gerechtfertigt sein, die Nutzung von missbräuchlich während mehr als dreier Monate leer gelassenen Wohnungen temporär zu enteignen, um die Wohnungsnot zu lindern (BGE 119 Ia 348, 355 f.).

Das öffentliche Interesse sollte sich nicht nur aus der allgemeinen Anschauung oder aus dem Gesetz ableiten lassen, sondern durch die Verfassung legitimiert sein (vgl. Rz. 1590 ff.). 1631

3. Verhältnismässigkeit

Die Enteignung muss *geeignet* sein, das im öffentlichen Interesse liegende Ziel zu erreichen. Zu prüfen ist dabei etwa, ob das zu enteignende Grundstück sich als Standort für das zu verwirklichende öffentliche Werk eignet (BGE 114 Ia 114, 124); ob das Gemeinwesen andere Standorte, namentlich solche, an denen es selbst Grundeigentum besitzt, ausschliessen darf, ist dagegen eine Frage der Erforderlichkeit (Rz. 1633). 1632

Die Enteignung muss *erforderlich* sein, d.h. es dürfen keine milderen Massnahmen zur Verfügung stehen, die ebenfalls zum Ziel führen würden. Sie darf also nicht mehr Rechte betreffen, als für die Erfüllung der öffentlichen Aufgabe unerlässlich ist. Unter diesem Aspekt erscheinen z.B. als unzulässig die vorsorgliche Enteignung, überdimensionierte Projekte (etwa für unnötig breite Strassen) oder der Entzug von Eigentum, wo die Einräumung einer Dienstbarkeit genügen würde. Nach der Rechtsprechung des Bundesgerichts ist allerdings ein Gemeinwesen, das für die Erstellung eines Schulhauses Land benötigt, grundsätzlich zu dessen Enteignung berechtigt und braucht sich nicht mit der Einräumung einer Baurechtsdienstbarkeit zu begnügen (BGE 99 Ia 473, 475 ff.). Das Bundesgericht erachtete es im Interesse der Sicherung des Grundwasserschutzes als verhältnismässig, dass einer öffentlichrechtlichen Wasserversorgungskorporation das Recht übertragen wird, das Terrain der Grundwasserfassung zu enteignen, und sich nicht mit dem Schutz begnügen muss, der durch einen Dienstbarkeitsvertrag und das kantonale Schutzzonenreglement vermittelt wird (ZBl 98 [1997] 323, 326 f.). 1633

Das mit der Enteignung verfolgte öffentliche Interesse muss gegenüber dem Interesse des Enteigneten *überwiegen*. 1634

IV. Die Entschädigung

1. Geldleistung oder Realersatz?

Nach Lehre und Rechtsprechung lässt sich aus Art. 22ter BV nur ein Anspruch auf Geldleistung, nicht aber auf Realersatz ableiten. Das Gemeinwesen wäre vielfach gar nicht in der Lage, den Enteigneten äquivalenten Ersatz anzubieten. Es besteht deshalb grundsätzlich weder eine Pflicht zur Leistung noch eine solche zur Annahme von Realersatz, sofern dies nicht durch Gesetz oder Vertrag vorgeschrieben ist. 1636

Das Enteignungsrecht des Bundes sieht den Realersatz von öffentlichen Einrichtungen (Art. 7 Abs. 2 EntG), Kulturland (Art. 8 EntG) und Wasser (Art. 10 EntG) 1637 vor. Nach Art. 18 EntG kann unter gewissen Voraussetzungen eine Sachleistung an die Stelle des Geldersatzes treten, insbesondere wenn infolge der Enteignung ein landwirtschaftliches Gewerbe nicht mehr fortgeführt werden kann. Ob aufgrund dieser Bestimmung ein Anspruch auf Realersatz besteht, ist umstritten; jedenfalls müssten wesentliche Interessen der Enteigneten auf dem Spiel stehen, die gegenüber den Interessen der Enteigner an einer anderen Verwendung des als Realersatz in Frage kommenden Landes überwiegen. Das Bundesgericht hat die Frage offen gelassen (BGE 105 Ib 88 ff.). Bei Enteignung von Nachbarrechten aufgrund von Lärmimmissionen, die von einem öffentlichen Werk ausgehen (vgl. Rz. 1617 ff.), kann eine Sachleistung in Form von Schalldämmungsvorkehren an Wohngebäuden als Bestandteil der Entschädigung auch ohne Einwilligung der Enteigneten aus Gründen der Umweltschutzgesetzgebung geboten sein (BGE 123 II 560, 568 ff.; 122 II 337, 343; 119 Ib 348, 362 ff.).

2. Höhe der Entschädigung

a) *Grundsatz*

1638   Gemäss Art. 22ter Abs. 3 BV ist bei einer formellen Enteignung *volle Entschädigung* zu leisten. Das bedeutet, dass die Enteigneten nach der Enteignung in der gleichen ökonomischen Situation sein sollen wie vorher, d.h. weder reicher noch ärmer.

1639   Die Entschädigung bemisst sich entweder nach *objektiven* Kriterien, d.h. nach dem Wert, den das enteignete Recht aufgrund der bisherigen Nutzung oder einer möglichen besseren Verwendung für einen beliebigen Käufer aufweist (Verkehrs-, Verkaufswert), oder nach *subjektiven* Gesichtspunkten, d.h. nach dem Interesse, das die Enteigneten daran haben, das konkret zu enteignende Recht zu behalten, bzw. nach dem Schaden, der ihnen entsteht, wenn der gegenwärtige oder der von ihnen geplante Gebrauch des in Frage stehenden Rechts verunmöglicht oder beschränkt wird. Die Enteigneten haben die Wahl zwischen dem Ersatz des Verkehrswertes oder des subjektiven Schadens. Grundsätzlich unzulässig ist eine Vermischung von objektiven und subjektiven Elementen der Schadensbemessung.

1639a   Beispiel:
Für den Bau eines Truppenübungsplatzes benötigte der Bund u.a. die in einer Grünzone am Sitter-Ufer gelegene Parzelle einer Stiftung, die darauf seit vielen Jahren einen Betrieb für Nackt-, Luft- und Sonnenbaden geführt hatte. Die Eidg. Schätzungskommission sprach der Stiftung als Entschädigung für die Enteignung des Grundstücks den auf Fr. 340'000.-- geschätzten Verkehrswert sowie Fr. 10'000.-- für Umzugskosten zu. Die Stiftung führte gegen diesen Entscheid Verwaltungsgerichtsbeschwerde beim Bundesgericht und verlangte eine höhere Entschädigung, insbesondere Vergütungen für die Ersatzbeschaffung und für die Herrichtung des neuen Geländes sowie eine "Unfreiwilligkeitsentschädigung". Das Bundesgericht stellte fest, der bisherige Gebrauch der enteigneten Liegenschaft als Erholungsstätte, insbesondere für das Luft- und Sonnenbaden sowie für Spiel und Gymnastik, sei weder aus der Sicht des Planungs- und Baurechts noch des Gewerbepolizeirechts zu beanstanden. Die Enteignungsentschädigung bemesse sich in erster Linie nach dem Verkehrswert. Keine Rolle spiele der Betrag, welchen die Stiftung auslegen müsse, um sich Ersatzland zu beschaffen. Ebensowenig kenne das Bundesrecht einen "Unfreiwilligkeitszuschlag" über den vollen Verkehrswert hinaus. Dagegen könne an Stelle des Verkehrswertes der sog. subjektive Schaden ersetzt werden, wenn das finanzielle Interesse des Eigentümers an der Weiternutzung seines Grundstücks grösser sei als jenes am Verkauf des Bodens. Zu ersetzen sei nur der Verkehrswert *oder* der subjektive Schaden, sofern dieser den Verkehrswert übersteige. Bei der Ermittlung der beiden Werte seien die ent-

sprechenden Annahmen – entweder das Grundstück würde verkauft oder der Eigentümer würde es behalten – sorgfältig auseinanderzuhalten. So könne der Enteignete, der eine Verkehrswertentschädigung fordere, sich nicht zusätzlich noch den subjektiven Schaden ersetzen lassen, der ihm vom Käufer nie ersetzt worden wäre; ebensowenig dürfe, wer eine Vergütung für den auf dem enteigneten Grundstück erwirtschafteten Ertrag verlange, darüber hinaus noch eine Verkehrswertentschädigung für Land und Gebäude beanspruchen. Das Bundesgericht stimmte der beschwerdeführenden Stiftung darin zu, dass die Schätzungskommission den subjektiven Schaden der Enteigneten im einzelnen hätte berechnen müssen, um feststellen zu können, ob er höher als der Verkehrswert sei. Es hob deshalb den angefochtenen Entscheid auf und wies die Sache zur neuen Prüfung an die Schätzungskommission zurück (BGE 112 Ib 531 ff.).

b) Bemessung der Entschädigung nach dem Verkehrswert

aa) Ermittlung des Verkehrswertes des enteigneten Rechts

Der Verkehrswert des enteigneten Rechts ist primär aufgrund von Preisen, welche für vergleichbare Grundstücke bezahlt worden sind, zu ermitteln (*Vergleichs- oder statistische Methode*, vgl. BGE 122 I 168, 173 ff.). Er stimmt oft nicht mit dem Ankaufs-, Wiederbeschaffungs- oder Ertragswert überein.   1640

Beispiel (aus dem Anwendungsbereich der materiellen Enteignung):   1641
A. erwarb ein Grundstück zum Preis von Fr. 1'300'000.--, obwohl er wusste, dass es voraussichtlich der Grünzone zugewiesen würde. Nach der Umzonung wurde ihm eine Entschädigung von lediglich Fr. 800'000.-- zugesprochen, was dem Verkehrswert entsprach. Das Bundesgericht erklärte, dass ein vom Enteigneten tatsächlich bezahlter, den Verkehrswert übersteigender Preis keinen Anspruch auf eine entsprechende Entschädigung verschaffe, namentlich wenn dem Enteigneten die geplante Umzonung bekannt gegeben worden sei. Der durch das spekulative Geschäft entstandene Verlust könne nicht auf den Staat abgewälzt werden (BGE 92 I 475 ff.).

Unter Umständen, z.B. bei land- und forstwirtschaftlich genutzten, aber auch bei überbauten Grundstücken, können andere Berechnungsmethoden zur Anwendung gelangen.   1642

bb) Wertverminderung der nicht enteigneten Rechte bei Teilenteignung

Bei der teilweisen Enteignung eines Grundstückes oder mehrerer wirtschaftlich zusammenhängender Grundstücke sind auch die Wertverminderungen jenes Teils zu entschädigen, der den Enteigneten verbleibt (z.B. Reduktion der Überbauungsmöglichkeiten, Minderwert durch Verlust von Parkplätzen, Garten usw.; vgl. dazu BGE 122 II 246, 249 ff.; 108 Ib 242 ff.).   1643

cc) Übriger durch die Enteignung verursachter Schaden

Den Enteigneten sind auch alle weiteren, nicht durch die Vergütung des Sachwertes abgegoltenen Nachteile (sog. Inkonvenienzen) zu entschädigen, die sich nach dem gewöhnlichen Lauf der Dinge als Folge der Enteignung voraussehen lassen. Dazu gehören Aufwendungen, welche die Enteignung mit sich bringt (Umzugskosten, Erwerbsausfall, Kosten für Anpassungsarbeiten oder unnütz gewordene Planungen   1644 usw.), unter Umständen auch ein entgangener Gewinn sowie in gewissen Kantonen, welche dies ausdrücklich vorsehen (z.B. im Kanton Zürich), ein Unfreiwilligkeitszuschlag.

dd) *Anrechnung von Vorteilen, die durch die Enteignung verursacht wurden*

1645 Die Enteigneten müssen sich bei der Berechnung der Entschädigung Werterhöhungen anrechnen lassen, die ihnen für den verbleibenden Teil ihrer Rechte aus dem Unternehmen des Enteigners erwachsen. Solche können z.B. durch die Wertsteigerung entstehen, die durch das öffentliche Werk verursacht wird (gesteigerte Nachfrage infolge verbesserter Verkehrslage, z.B. an einer Autobahnausfahrt, Ein- oder Umzonung zur Realisierung des Werkes usw.).

c) *Bemessung des subjektiven Schadens*

1645a Der Begriff des "subjektiven" Schadens ist insofern missverständlich, als es nicht um eine subjektive Bemessung der Höhe der Entschädigung geht. Vielmehr ist der Schaden zu berechnen, der den Enteigneten als Subjekten dadurch entsteht, dass sie das ihnen entzogene Recht nicht mehr ausüben, also z.B. (vgl. Rz. 1639a) die bisher auf ihrem Grundstück betriebene Badeanstalt nicht mehr weiterführen können. Bei der Berechnung wird von der Annahme ausgegangen, dass der Eigentümer sein Grundstück nicht verkauft, sondern weiterhin behalten hätte, und ermittelt, welche Einbussen ihm konkret durch die Enteignung entstehen. Zu diesen Einbussen können je nach den Umständen neben dem verlorenen, der bisherigen Nutzung entsprechenden Ertragswert des Grundstückes etwa die Umzugs-, Verlegungs- und Abbruchkosten, die Abschreibung wertlos gewordener Anlagen sowie allenfalls die Mehrkosten des Betriebs am neuen Ort zählen. Dagegen werden entgangene Geschäftsgewinne in der Regel nur für eine Übergangszeit vergütet, es sei denn, der durch die Enteignung betroffene Betrieb sei derart mit dem abgetretenen Grundstück verbunden, dass er andernorts nicht wieder aufgebaut werden kann (BGE 112 I b 531, 536 f.). Die Bemessung des subjektiven Schadens erfolgt also nicht nach einem Liebhaberwert für die Enteigneten, sondern ebenfalls nach objektiven Kriterien, z.B. aufgrund des nach betriebswirtschaftlichen Grundsätzen ermittelten Ertragswertes eines Betriebes.

3. Für die Berechnung massgeblicher Zeitpunkt

1646 Der Zeitpunkt der Bewertung der enteigneten Rechte spielt angesichts der oft erheblichen Preisbewegungen, die während des Verfahrens auf dem Immobilienmarkt eintreten können, eine grosse Rolle. Um dem Grundsatz der vollen Entschädigung gerecht zu werden, aber auch, um Verzögerungen des Verfahrens durch die Enteigneten oder den Enteigner zu verhindern, die dadurch je nach Preisentwicklung eine höhere oder geringere Entschädigung erwirken wollen, ist anzustreben, den Zeitpunkt der Festsetzung und der Auszahlung der Entschädigung einander zeitlich möglichst anzunähern.

Im *Bund* ist für die Berechnung der Entschädigung auf den Zeitpunkt der Eini- 1647
gungsverhandlung vor dem Präsidenten der Schätzungskommission abzustellen
(Art. 19bis EntG).

Die *Kantone* kennen unterschiedliche Regelungen. In den meisten Kantonen – 1648
so auch im Kanton Zürich – ist der Zeitpunkt des Entscheides durch die Schätzungskommission massgebend (vgl. ZBl 76 [1975] 341 [Urteil des Verwaltungsgerichts
des Kantons Zürich vom 31. Oktober 1974]). Wirkt eine Partei absichtlich auf eine
Verzögerung des Schätzungsverfahrens hin, so kann von dieser Regelung abgewichen und auf jenen Zeitpunkt abgestellt werden, in dem ein offensichtlich vernünftiger Einigungsvorschlag unterbreitet worden war.

V. Verfahren der Enteignung

Das Enteignungsverfahren gliedert sich regelmässig in fünf Abschnitte, die den Ent- 1649
scheid über die Ausübung des Expropriationsrechts, das Planauflageverfahren, das
Einigungsverfahren, den Entscheid über Einsprachen und Entschädigungen sowie
schliesslich den Vollzug der Enteignung umfassen.

1. Entscheid über die Ausübung des Expropriationsrechts

a) *Prüfung der Voraussetzungen für die Enteignung*

Vor der Erteilung des Expropriationsrechts ist zu prüfen, ob eine genügende gesetz- 1650
liche Grundlage und das öffentliche Interesse gegeben sind, und ob der Grundsatz
der Verhältnismässigkeit gewahrt ist (vgl. Rz. 1627 ff.).

b) *Zuständigkeit*

In Frage steht, welches Organ zu prüfen hat, ob die Voraussetzungen für die Enteig- 1651
nung gegeben sind und das Enteignungsrecht zu erteilen ist.

aa) *Im Bund*

Bei Enteignungen zugunsten des Bundes ist der *Bundesrat* zuständig. Soll das Ent- 1652
eignungsrecht auf Dritte übertragen werden, so entscheidet die *Bundesversammlung*
durch einfachen Bundesbeschluss bei Werken, die im Interesse der Eidgenossenschaft oder eines grossen Teils des Landes liegen, der *Bundesgesetzgeber* bei anderen im öffentlichen Interesse liegenden Zwecken (Art. 3 EntG). Die Entscheide von
Bundesrat, Bundesversammlung und Bundesgesetzgeber über die Ausübung des Expropriationsrechts können nicht an das Bundesgericht weitergezogen werden. Das
Bundesgericht ist jedoch befugt, im Rahmen von Verwaltungsgerichtsbeschwerden
gegen Einspracheentscheide der zuständigen Departemente zu prüfen, ob die Voraussetzungen der Enteignung erfüllt sind (vgl. Rz. 1671).

414

bb) In den Kantonen

1653   Die meisten Kantone – so auch der Kanton Zürich – regeln die Frage der Zuständigkeit ähnlich wie der Bund. Bei Enteignungen zugunsten des Gemeinwesens entscheidet im allgemeinen der *Regierungsrat*, bei Erteilung des Expropriationsrechtes an einen Dritten das *Parlament*. Im Unterschied zum Bund kennen einige Kantone die Möglichkeit der Überprüfung der Entscheide (jedenfalls jener des Regierungsrates) durch das Verwaltungsgericht (vgl. zum Anspruch auf richterliche Kontrolle dieser Entscheide nach Art. 6 EMRK Rz. 1677a).

2.   Planauflageverfahren

1654   Nach dem grundsätzlichen Entscheid darüber, ob eine Enteignung zulässig ist, gilt es, die von der Enteignung betroffenen Objekte zu erfassen, d.h. festzustellen, welche Rechte betroffen sind und in welchem Umfang dies der Fall ist. Der Bund und die meisten Kantone führen zu diesem Zweck ein Planauflageverfahren durch, das den Betroffenen Gelegenheit gibt, Einsprachen gegen die Enteignung zu erheben und Entschädigungsforderungen zu stellen.

a) Planauflage

1655   Im Planauflageverfahren hat der Enteigner eine graphische Umschreibung des Werkes bzw. der von der Enteignung betroffenen Objekte zu erstellen und öffentlich zur Einsicht aufzulegen. Gleichzeitig sind die aus dem Grundbuch ersichtlichen betroffenen Berechtigten zu benachrichtigen. Mit dem Planauflageverfahren wird den Betroffenen das Akteneinsichtsrecht (als Aspekt des rechtlichen Gehörs) gewährt (für den Bund vgl. die Regelung in Art. 27 ff. EntG).

b) Erhebung von Einsprachen und Anmeldung von Forderungen

1656   Während der Auflagefrist können die Betroffenen Einsprache gegen den *Umfang der Enteignung* erheben und Planänderungen verlangen, wenn sie das Vorliegen eines genügenden öffentlichen Interesses oder die Wahrung des Grundsatzes der Verhältnismässigkeit in Zweifel ziehen. Im Bund ist zudem die Einsprache gegen die *Erteilung des Enteignungsrechtes* möglich (vgl. Art. 35 lit. a EntG): Da der Bund – anders als gewisse Kantone – keine gerichtliche Überprüfung des Entscheides über die Gewährung des Expropriationsrechts kennt, soll die Einhaltung der dafür notwendigen Voraussetzungen im Planauflageverfahren kontrolliert werden können (vgl. zum Anspruch auf gerichtlichen Rechtsschutz bei Enteignungen aufgrund von Art. 6 EMRK Rz. 1677b). Ebenfalls im Planauflageverfahren sind in der Regel die *Entschädigungsforderungen* für die enteigneten Rechte anzubringen (vgl. im Bund Art. 36 EntG). Gewisse Forderungen, so namentlich für die Enteignung von Nachbarrechten bei übermässigen Immissionen, die von öffentlichen Werken ausgehen (vgl. Rz. 1617 ff.), können auch noch nachträglich geltend gemacht werden (siehe für den Bund Art. 41 EntG).

c)   *Enteignungsbann*

Mit der Planauflage tritt nach dem Recht des Bundes (Art. 42 ff. EntG) und der mei-   1657
sten Kantone der Enteignungsbann ein. Das bedeutet, dass ohne Zustimmung des
Enteigners keine rechtlichen oder tatsächlichen Verfügungen über das Enteignungs-
objekt mehr vorgenommen werden dürfen, welche die Enteignung erschweren würden. Die Verfügungsbeschränkung wirkt gegenüber den Enteigneten mit der öffentlichen Bekanntmachung der Planauflage, gegenüber Dritten mit der Vormerkung der
Verfügungsbeschränkung im Grundbuch (Art. 43 Abs. 1 EntG, HESS/WEIBEL, N. 3 f.
zu Art. 42, N. 3 zu Art. 43).

3.   Einigungsverfahren

Nach Ablauf der Eingabefrist führt bei Enteignungen nach *Bundesrecht* (vgl.   1658
Art. 45 ff. EntG) der Präsident der Schätzungskommission mit Enteignern und Enteigneten eine Einigungsverhandlung durch, in der er eine Verständigung über die
Begehren um Planänderung (also hinsichtlich des Umfangs der Enteignung) und
über die Entschädigungsforderung herbeizuführen versucht. Kommt hinsichtlich der
Entschädigung eine Einigung zustande, so ist mit dem darüber erstellten Protokoll
ein verwaltungsrechtlicher Vertrag abgeschlossen (siehe dazu Rz. 1666 f.).

Das Verfahren in den *Kantonen* ist in der Regel ähnlich ausgestaltet.   1659

4.   Entscheid über Einsprachen und Entschädigungen

Streitig gebliebene Einsprachen gegen die *Enteignung und deren Umfang* werden an   1660
die zuständige *Verwaltungsbehörde* (im Bund an das Departement, in den Kantonen
in der Regel an den Regierungsrat) zur Entscheidung weitergeleitet. Wurde dagegen
über die *Entschädigung* keine Einigung erzielt, so wird das Schätzungsverfahren vor
der *Schätzungskommission*, einem Spezialverwaltungsgericht, eingeleitet. Vgl. zum
Verfahren und zum Rechtsschutz Rz. 1670 ff.

5.   Vollzug

Mit der Bezahlung der Entschädigung durch den Enteigner und der Übertragung der   1661
enteigneten Rechte durch die Enteigneten findet das Expropriationsverfahren seinen
Abschluss.

a)   *Bezahlung der Entschädigungssumme*

Im Bund hat der Enteigner innert 20 Tagen nach Eintritt der Rechtskraft des Ent-   1662
scheides den Enteigneten die Entschädigung auszuzahlen. Nach Ablauf dieser Frist
ist ein Verzugszins zu entrichten (vgl. Art. 88 ff. EntG).

b)   *Übergang der Rechte*

1663   Mit der Bezahlung der Entschädigung gehen die enteigneten Rechte ohne weiteres, d.h. *ohne Grundbucheintrag*, auf den Enteigner über. Ein Eintrag ins Grundbuch kann zwar vom Enteigner verlangt werden, hat aber keine konstitutive, sondern nur deklaratorische (Publizitäts-) Wirkung (für den Bund vgl. Art. 91 und 93 EntG).

c)   *Vorzeitige Besitzeinweisung*

1664   Bei Enteignungen in Anwendung von *Bundesrecht* kann der Enteigner jederzeit verlangen, dass ihm schon vor Bezahlung der Entschädigung die Besitzergreifung und Ausübung des Rechtes bewilligt wird, wenn er nachweist, dass dem Unternehmen sonst gewichtige Nachteile entstünden. Die vorzeitige Besitzeinweisung ist aber nur zulässig, wenn dadurch die Beurteilung der Entschädigungsforderungen sowie die endgültige Entscheidung über Einsprachen gegen die Enteignung und über Begehren um Planänderungen nicht präjudiziert werden. Sie kommt erst in Frage, wenn das Werk, für welches das Enteignungsrecht erteilt wurde, nach den massgeblichen Bestimmungen bewilligt worden ist (BGE 121 II 121, 123 f.). Zuständig zum Entscheid ist der Präsident der Schätzungskommission. Unter Umständen hat der Enteigner die Entschädigungssumme sicherzustellen oder Abschlagszahlungen zu leisten; jedenfalls ist die Entschädigung ab dem Zeitpunkt der vorzeitigen Besitzeinweisung zu verzinsen (vgl. Art. 76 EntG, BGE 121 II 350, 354 f.).

1665   Die *Kantone* kennen das Institut der vorzeitigen Besitzeinweisung im allgemeinen ebenfalls.

VI. Der Expropriationsvertrag

1666   Die Enteignungsgesetze des Bundes und der Kantone sehen regelmässig vor, dass es auch nach Eröffnung des Enteignungsverfahrens zu einer Einigung zwischen Enteignern und Enteigneten durch Abschluss eines Expropriationsvertrages kommen kann. Dabei handelt es sich um einen verwaltungsrechtlichen Vertrag über das Objekt der Enteignung, die Höhe der Entschädigung oder weitere Punkte, die normalerweise im Rahmen des Enteignungsverfahrens zu regeln sind (Rückzug der Einsprache oder Verzicht auf diese, Ausdehnung oder Reduktion der Enteignung, Vornahme von Wiederherstellungsarbeiten, vorübergehende Beanspruchung von Rechten usw.). Vereinbarungen über den Erwerb der für ein öffentliches Werk benötigten Rechte, die vor Eröffnung des Enteignungsverfahrens abgeschlossen werden, sind in der Regel privatrechtlicher Natur (vgl. BGE 114 Ib 142, 147 ff.).

1667   Der Expropriationsvertrag hat dieselbe Wirkung wie ein rechtskräftiges Urteil der Schätzungskommission (vgl. Art. 53 EntG).

VII. Das Rückforderungsrecht

Eine vorsorgliche Enteignung ist unter dem Aspekt der Verhältnismässigkeit (siehe Rz. 1633) nicht zulässig. Es ist aber denkbar, dass sich die Verhältnisse nach dem Abschluss des Enteignungsverfahrens wesentlich ändern und das enteignete Recht aus diesem Grund nicht mehr benötigt wird. Die Enteignungsgesetze (so im Bund Art. 102 ff. EntG) sehen deshalb vor, dass ein Enteignungsobjekt, welches nicht innert einer bestimmten Frist zum Enteignungszweck verwendet worden ist oder veräussert oder zu einem anderen als dem ursprünglichen Zweck gebraucht werden soll, vom Enteigneten zurückgefordert werden kann. | 1668

Das Rückforderungsrecht verjährt gemäss Art. 105 EntG ein Jahr nach Ablauf der in Art. 102 lit. a und b EntG festgelegten Frist für die Verwendung des enteigneten Rechts zu dem Zweck, zu dem es enteignet wurde, bzw. ein Jahr nach Kenntnisnahme von der Veräusserung oder der Verwendung des Rechts zu einem anderen Zweck. | 1669

VIII. Der Rechtsschutz

Bund wie Kantone gewährleisten einen sehr gut ausgebauten Rechtsschutz. Dabei ist zu unterscheiden zwischen Streitigkeiten über Zulässigkeit und Umfang der Enteignung und über die Entschädigung. | 1670

1. Enteignung nach Bundesrecht

a) Streitigkeiten über Zulässigkeit und Umfang der Enteignung

Wenn das Einigungsverfahren nicht zu einer einvernehmlichen Regelung führt, entscheidet das in der Sache zuständige Departement über Einsprachen betreffend Voraussetzungen der Enteignung, Umfang des Enteignungsobjekts und Begehren um Planänderung. Sein Entscheid kann mit *Verwaltungsgerichtsbeschwerde an das Bundesgericht* weitergezogen werden. Art. 99 Abs. 1 lit. c OG erklärt zwar die Verwaltungsgerichtsbeschwerde als unzulässig gegen Verfügungen über Pläne, nimmt aber Entscheide über Einsprachen gegen Enteignungen und Landumlegungen aus. | 1671

b) Streitigkeiten über die Entschädigung

Kann im Einigungsverfahren keine Übereinkunft über die Entschädigung erzielt werden, kommt es also nicht zum Abschluss eines Expropriationsvertrages, so entscheidet die Schätzungskommission. Gegen ihren Entscheid ist die *Verwaltungsgerichtsbeschwerde an das Bundesgericht* gegeben (Art. 115 OG). | 1672

2. Enteignung nach kantonalem Recht

1673 Die Kantone kennen unterschiedliche Regelungen des Rechtsschutzes. Im Kanton *Zürich* ist folgender Instanzenzug vorgesehen:

1674 – Gegen den Entscheid des Regierungsrates über die *Erteilung des Enteignungsrechtes* ist die Beschwerde an das *Verwaltungsgericht* zulässig (§§ 41 ff. des Gesetzes über den Rechtsschutz in Verwaltungssachen [Verwaltungsrechtspflegegesetz] vom 24. Mai 1959 [ZH LS 175.2] [VRG]). Hat der Kantonsrat entschieden (also bei Erteilung des Enteignungsrechts an einen Dritten), sehen die einschlägigen Bestimmungen keine Möglichkeit des Weiterzuges vor. Es bleibt nur die Anfechtung mittels staatsrechtlicher Beschwerde, was einen Verstoss gegen Art. 6 Ziff. 1 EMRK darstellt (vgl. Rz. 1677a).

1675 – Der Entscheid des Bezirksrates, den dieser nach gescheiterter Einigungsverhandlung über *Umfang und Art der Abtretung* zu fällen hat, kann mit *Rekurs beim Regierungsrat* angefochten werden (§ 30 des Gesetzes betreffend die Abtretung von Privatrechten vom 30. November 1879 [ZH LS 781] [AbtrG]); gegen dessen Entscheid steht die Beschwerde an das Verwaltungsgericht offen (§§ 41 ff. VRG).

1676 – Gegen Entscheide der Schätzungskommission über die *Entschädigung* kann Rekurs beim Verwaltungsgericht erhoben werden (§§ 46 ff. AbtrG).

1677 Letztinstanzliche kantonale Entscheide über Zulässigkeit und Umfang der Enteignung sowie über die Entschädigung können schliesslich mit *staatsrechtlicher Beschwerde beim Bundesgericht* angefochten werden.

3. Anforderungen von Art. 6 Ziff. 1 EMRK

1677a Das Bundesgericht anerkennt, dass Streitigkeiten über die Zulässigkeit der Enteignung und über die Höhe der Entschädigung "zivilrechtliche Ansprüche" ("civil rights") i.S. von Art. 6 Ziff. 1 EMRK betreffen, die von einem unabhängigen Gericht, dem eine umfassende Rechtskontrolle zusteht, zu beurteilen sind. In mehreren *Kantonen* entscheiden jedoch Verwaltungsbehörden oder Parlamente als letzte Instanzen über die Zulässigkeit der Enteignung, vor allem bei der Übertragung des Enteignungsrechts an Dritte. Die Möglichkeit, diese Entscheide mit staatsrechtlicher Beschwerde an das Bundesgericht weiterzuziehen, vermag die Lücke im kantonalen Rechtsschutz nicht zu füllen, weil das Bundesgericht den Sachverhalt und die Anwendung des kantonalen Rechts nur auf Willkür hin prüft. Diese beschränkte Kognition genügt den Anforderungen an eine richterliche Prüfung nach Art. 6 Ziff. 1 EMRK nicht. Die Kantone sind deshalb verpflichtet, in ihren Verfahren den Anforderungen von Art. 6 Ziff. 1 EMRK Rechnung zu tragen (BGE 120 Ia 209, 213 ff.; 119 Ia 321, 332; 118 Ia 223, 227; 118 Ia 331, 334; 117 Ia 378, 382 ff. m.w.H.).

1677b Im Enteignungsrecht des *Bundes* entspricht die Verwaltungsgerichtsbeschwerde ans Bundesgericht (vgl. Rz 1671 f.), das die Zulässigkeit und den Umfang der Enteignung sowie die Höhe der Entschädigung überprüfen kann, den Anforderungen von Art. 6 Ziff. 1 EMRK (BGE 112 Ib 176, 178; 111 Ib 227, 231 f.).

§ 28 Die öffentlichrechtlichen Eigentumsbeschränkungen

Literatur

ACKERET J. RUDOLF, Nichteinzonung und materielle Enteignung, in: Verfassungsrechtsprechung und Verwaltungsrechtsprechung, Zürich 1992, S. 101 ff.; AEMISEGGER HEINZ, Raumplanung und Entschädigungspflicht, Materielle Enteignung – Vertrauensschutz, Schriftenfolge Nr. 36 der Schweizerischen Vereinigung für Landesplanung (VLP), Bern 1983; AEMISEGGER HEINZ, Gesetzliche Grundlagen über die Entschädigung von Eigentumsbeschränkungen, Bern 1978; BUNDESAMT FÜR UMWELT, WALD UND LANDSCHAFT (BUWAL) (Hrsg.), Entschädigungsfolgen des "Rothenthurm-Artikels" der Bundesverfassung (Art. 24sexies Abs. 5 BV), Bern 1991; FEUERSTEIN NICOLA, Das Sonderopfer bei Eigentumsbeschränkungen, Diss. St. Gallen 1993; GRISEL ANDRÉ, Expropriation matérielle – L'arrêt Commune de Zizers et ses développements, in: Aktuelle Probleme des Staats- und Verwaltungsrechts, Festschrift für Otto K. Kaufmann, Bern/Stuttgart 1989, S. 97 ff.; GYR PETER, Materielle Enteignung durch Eigentumsbeschränkungen, die dem Denkmal-, Altstadt- oder Heimatschutz dienen?, BJM 1994, 1 ff.; HANGARTNER YVO, Grundsätzliche Probleme der Eigentumsgarantie und der Entschädigungspflicht in der Denkmalpflege, in: Rechtsfragen der Denkmalpflege, St. Gallen 1973, S. 25 ff.; KUTTLER ALFRED, Materielle Enteignung aus der Sicht des Bundesgerichts, ZBl 88 (1987) 185 ff.; KUTTLER ALFRED, Eigentumsbeschränkungen, die einer Enteignung gleichkommen (Art. 22ter Abs. 3 BV), in: Staatsorganisation und Staatsfunktionen im Wandel, Festschrift für Kurt Eichenberger zum 60. Geburtstag, Basel/Frankfurt am Main 1982, S. 645 ff.; KUTTLER ALFRED/ SALADIN PETER, Gutachten über die Durchführung der Raumplanung im Hinblick auf die materielle Enteignung: Steuerung der Entschädigungsfolgen beim Vollzug der Raumplanung, Schweizerische Vereinigung für Landesplanung (VLP), Bern 1977; LEIMBACHER JÖRG, Planungen und materielle Enteignung, Schriftenfolge der VLP Nr. 63, Bern 1995; MEIER-HAYOZ ARTHUR, Berner Kommentar, Bd. IV, Das Eigentum, 1. Teilband, Systematischer Teil und Allgemeine Bestimmungen, 5. Aufl., Bern 1981, N. 562 ff.; MOOR PIERRE, Aménagement du territoire et expropriation matérielle: L'évolution de la jurisprudence du Tribunal fédéral, in: Repertorio di giurisprudenza patria 1982, 270 ff.; PFISTERER THOMAS, Entschädigungspflichtige raumplanerische Massnahmen, BVR 1990, 25 ff.; PFISTERER THOMAS, Entwicklung und Perspektiven der bundesgerichtlichen Rechtsprechung zur materiellen Enteignung, ZBl 89 (1988) 469 ff., 517 ff.; RIVA ENRICO, Hauptfragen der materiellen Enteignung, Bern 1990; ROUILLER CLAUDE, Considérations sur la garantie de la propriété et sur l'expropriation matérielle, faites à partir de la jurisprudence du Tribunal fédéral, ZBJV 121 (1985) 1 ff.; RUCH ALEXANDER, Materielle Enteignung – Eingriff oder Schaden?, ZBl 84 (1983) 535 ff.; STÜDELI RUDOLF, Die materielle Enteignung und ihre Folgen: Gedanken zu den Möglichkeiten der öffentlichen Hand, Bern 1978; TISSOT NATHALIE, Protection juridique des vestiges archéologiques, problèmes liés au droit des expropriations et de l'aménagement du territoire, Diss. Neuchâtel 1991; WEBER-DÜRLER BEATRICE, Der Grundsatz des entschädigungslosen Polizeieingriffs, ZBl 85 (1984) 289 ff.; ZIMMERLI ULRICH, Raumplanungsgesetz und Enteignung, in: Das Bundesgesetz über die Raumplanung, Berner Tage für die juristische Praxis 1980, Bern 1980, S. 51 ff.; ZIMMERLI ULRICH, Die Rechtsprechung des Bundesgerichts zur materiellen Enteignung, ZBl 75 (1974) 137 ff.

I. Begriff der öffentlichrechtlichen Eigentumsbeschränkung und der materiellen Enteignung

1. Begriff der öffentlichrechtlichen Eigentumsbeschränkung

1678 In einem weiteren Sinne könnte man auch die formelle Enteignung als öffentlichrechtliche Einschränkung des Privateigentums verstehen. Der Begriff der öffentlichrechtlichen Eigentumsbeschränkungen ist aber enger. Er umfasst nur jene staatlichen Eingriffe, durch die Eigentum nicht entzogen, sondern die Befugnisse, es zu nutzen oder darüber zu verfügen, durch das öffentliche Recht beschränkt werden. Wesentlich sind bei dieser Umschreibung zwei Elemente: Zum einen findet kein Übergang eines vermögenswerten Rechtes statt; den Berechtigten wird also nicht ein Recht entzogen, das auf andere übertragen wird. Zum anderen werden die Berechtigten gestützt auf das öffentliche Recht beschränkt in ihren Befugnissen betreffend Nutzung (z.B. bezüglich Überbauung, landwirtschaftliche Nutzung oder Ausbeutung von Bodenschätzen) oder betreffend Verfügung über ihr Eigentum (z.B. Verbot des Verkaufs an ausländische Staatsangehörige, Verbot der Veräusserung von Grundstücken während einer bestimmten Frist nach dem Erwerb).

1679 Öffentlichrechtliche Eigentumsbeschränkungen können durch Verfügung (z.B. Unterschutzstellung eines erhaltenswerten Gebäudes), Rechtssatz (z.B. Vorschriften über den Grenzabstand, die Höhe oder die Geschosszahl von Bauten) oder durch Nutzungspläne (z.B. Zonenplan, vgl. Rz. 749 ff.) angeordnet werden. Rein faktische Beeinträchtigungen der durch die Eigentumsgarantie geschützten Rechte werden nicht als öffentlichrechtliche Eigentumsbeschränkungen, sondern allenfalls als formelle Enteignung von Nachbarrechten behandelt (siehe Rz. 1581 f., 1617 ff.).

2. Überblick über die drei Arten von öffentlichrechtlichen Eingriffen ins Eigentum

1680

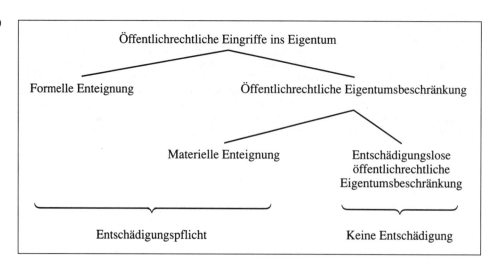

3. Unterscheidungsmerkmale für die drei Arten von öffentlichrechtlichen Eingriffen ins Eigentum

a) *Formelle Enteignung*

Eine formelle Enteignung liegt vor, wenn vermögenswerte Rechte durch einen Hoheitsakt ganz oder teilweise *entzogen* und in der Regel auf den Enteigner *übertragen* werden. Ausnahmsweise geht das Recht auch unter, oder es wird zugunsten des Enteigners ein neues Recht begründet. Die formelle Enteignung erfolgt gegen volle Entschädigung, mit deren Bezahlung das Recht ohne weiteres auf den Enteigner übergeht (vgl. auch Rz. 1600 f.).

1681

b) *Materielle Enteignung*

Die materielle Enteignung unterscheidet sich von der formellen dadurch, dass die *Trägerschaft der vermögenswerten Rechte unverändert* bleibt; es findet also weder ein Entzug noch eine Übertragung statt. Das Gemeinwesen beschränkt aber die Verfügungs- oder Nutzungsbefugnis im Interesse der Allgemeinheit, namentlich aus Gründen der Raumplanung oder des Umweltschutzes derart, dass sich dies für den Eigentümer *wie eine Enteignung auswirkt*. Auch im Falle der materiellen Enteignung ist volle Entschädigung auszurichten (Art. 22ter Abs. 3 BV), die hier allerdings nicht Voraussetzung des Übergangs des Rechts auf den Enteigner ist, sondern die Folge einer Eigentumsbeschränkung, die einer Enteignung gleichkommt.

1682

c) *Entschädigungslose öffentlichrechtliche Eigentumsbeschränkungen*

Bei den entschädigungslos zu duldenden öffentlichrechtlichen Eigentumsbeschränkungen findet – wie bei der materiellen Enteignung – kein Eigentumsübergang statt; die Nutzungs- oder Verfügungsbefugnisse des Eigentümers werden aber eingeschränkt. Die Beschränkung der aus dem Eigentum fliessenden Rechte ist in diesem Fall allerdings *nicht so intensiv*, dass sie einer Enteignung gleichkäme. Der Eingriff bleibt deshalb entschädigungslos.

1683

II. Voraussetzungen der Zulässigkeit von öffentlichrechtlichen Eigentumsbeschränkungen

Bei beiden Arten von öffentlichrechtlichen Eigentumsbeschränkungen (bei den entschädigungslosen wie bei der materiellen Enteignung) ist vor der Frage der Entschädigung zuerst in einem separaten Verfahren die Zulässigkeit des Eingriffs abzuklären.

1684

1. Gesetzliche Grundlage

1685   Bei den öffentlichrechtlichen Eigentumsbeschränkungen hat eine ausreichende gesetzliche Grundlage – ebenso wie bei der formellen Enteignung – zwei Anforderungen gerecht zu werden: Dem *Erfordernis des Rechtssatzes* und dem *Erfordernis der Gesetzesform*. Da die Schwere des Eingriffs stark variieren kann, lässt sich nicht allgemein, sondern nur nach dem jeweiligen Gegenstand der Normierung festlegen, was der Gesetzgeber selbst bestimmen muss und was einem untergeordneten Organ zur Regelung überlassen werden kann (zur Frage der genügenden gesetzlichen Grundlage vgl. auch Rz. 1586 ff.).

2. Öffentliches Interesse

1686   Grundsätzlich können *alle Arten von öffentlichen Interessen* zur Rechtfertigung von öffentlichrechtlichen Eigentumsbeschränkungen dienen. In Frage kommen dieselben Motive wie bei der formellen Enteignung (vgl. Rz. 1629). Einzig rein *fiskalische Interessen* genügen zur Begründung *nicht*.

1687   Auch hier sollte sich das öffentliche Interesse indessen nicht nur aus der allgemeinen Anschauung oder aus dem Gesetz ergeben, sondern durch die Verfassung anerkannt sein (vgl. Rz. 1590 ff.).

Beispiele:

1688   –   Nach konstanter bundesgerichtlicher Praxis besteht ein öffentliches Interesse an Massnahmen der Raumplanung, die das Entstehen überdimensionierter Bauzonen verhindern oder solche verkleinern (BGE 121 II 430, 434; 117 Ia 302, 307 m.w.H.).

1689   –   Aus Gründen des Denkmalschutzes kann sich ein Abbruchverbot für erhaltenswerte Gebäude oder Gebäudegruppen rechtfertigen (vgl. BGE 120 Ia 270, 276 ff.; 115 Ia 27, 29 f.).

1690   –   Eigentumsbeschränkende Massnahmen (z.B. Veräusserungs-, Abbruch- oder Umbauverbote), die der Bekämpfung der Wohnungsnot dienen, liegen im öffentlichen Interesse (BGE 116 Ia 401, 414 f.; 113 Ia 126, 134; 111 Ia 23, 26 f. m.w.H.; vgl. auch BGE 119 Ia 348, 352 ff.).

3. Verhältnismässigkeit

a) Eignung (Geeignetheit)

1691   Ob eine eigentumsbeschränkende Massnahme geeignet ist, das von ihr angestrebte Ziel zu erreichen, lässt sich insbesondere bei gewissen raumplanerischen oder sozialpolitischen Massnahmen nur schwer feststellen. Das Bundesgericht verlangt daher keinen strikten Nachweis für die Eignung einer Massnahme; es genügt, wenn sie als tauglicher Versuch erscheint, einen Beitrag zur Realisierung des Gesetzeszweckes zu leisten.

1692   Beispiel:

Der Wohnanteilplan der Stadt Zürich scheidet in den Wohnzonen und in der Kernzone Gebiete aus, in denen ein Mindestanteil der Bruttogeschossfläche der Bauten Wohnzwecken dienen muss. Ziel der Regelung ist es, der Entleerung der Stadtkerne von der Wohnbevölkerung entgegenzuwirken und eine Durchmischung von Arbeits- und Wohnplätzen sicherzustellen, um damit auch preisgünstige Wohnungen zu erhalten und den Verkehrsstrom der Pendler zu reduzieren. Gegen den Plan wurde im Rahmen einer staatsrechtlichen Beschwerde vorgebracht, er sei unverhältnismässig, da er ein untaugliches Instrument sei, um das angestrebte Ziel zu erreichen. Das Bundesgericht stellte dazu folgendes fest: "Mit dieser Argumentation widerlegt die Beschwerdeführerin nicht, dass der Wohnanteilplan das Wohnraumangebot im festgelegten Ausmass sichert, indem er bei Neu- und Umbauten die Schaffung beziehungsweise Erhaltung von Wohnungen gewährleistet. Auch wenn nicht gesagt werden kann, ob sich damit der Bevölkerungsrückgang in der Stadt Zürich wirksam bekämpfen lässt, ist es den städtischen Behörden nicht verwehrt, mit den gegebenen gesetzlichen Möglichkeiten der verhängnisvollen Entwicklung entgegenzutreten und wenn immer möglich eine Wende herbeizuführen. Freilich sind die Behörden verpflichtet, die Entwicklung zu verfolgen. Sollten sich die Verhältnisse erheblich ändern, so werden die Behörden den Wohnanteilplan als Nutzungsplan zu überprüfen und anzupassen oder aufzuheben haben (Art. 21 Abs. 2 RPG), sofern die Wohnanteilsverpflichtungen nicht mehr nötig sein sollten. Unter diesen Umständen erscheint auch der Vorwurf der Unverhältnismässigkeit als unbegründet" (BGE 111 Ia 93, 99). Vgl. auch BGE 110 Ia 167, 172; 112 Ia 65, 69.

b) Erforderlichkeit

Die Voraussetzung, dass keine milderen eigentumsbeschränkenden Massnahmen gegeben sein dürfen, die ebenfalls zum angestrebten Ziel führen würden, erweist sich oft als kritischer Punkt. So ist z.B. statt einer Um- oder Auszonung auch eine Reduktion der Ausnützungsziffer denkbar, statt einer Schutzzone Vorschriften betreffend Gestaltung der Bauten. Hingegen hat das Bundesgericht festgestellt, dass der wirksame Schutz eines historisch und architektonisch wertvollen Ensembles – im konkreten Fall Schloss und Altstadt Erlach, die beide aus dem Mittelalter stammen – den gleichzeitigen Schutz der Umgebung voraussetzt. Dieser kann nur durch die Einweisung der betreffenden Parzellen in das nicht überbaubare Gebiet erreicht werden und nicht durch die blosse Ausscheidung einer Schutzzone, die noch gewisse Überbauungsmöglichkeiten lässt (BGE 109 Ia 185 ff.).

1693

c) Verhältnis von Eingriffszweck und Eingriffswirkung (Abwägung von öffentlichen und betroffenen privaten Interessen)

Das mit der Eigentumsbeschränkung verfolgte öffentliche Interesse muss gegenüber dem Interesse der Betroffenen überwiegen.

1694

Das Bundesgericht stellte z.B. hohe Anforderungen an die Bedeutung der öffentlichen Interessen beim Schutz eines Ortsbildes (BGE 101 Ia 213 ff.). Bei der Beurteilung der Ausscheidung einer Schutzzone in einem stadtnahen Erholungsgebiet mit besonderem landschaftlichem Reiz gab es dem öffentlichen Interesse an der Unberührtheit von Fauna und Flora den Vorrang vor den privaten Interessen an einer Überbauung, deren Realisierungschancen wegen Schwierigkeiten mit der Abwasserbeseitigung als relativ gering erschienen (BGE 94 I 52, 59 ff.). Das Interesse an einer Verkleinerung des Baugebietes stufte es sodann als öffentliches Interesse ein, das die Auszonung eines Grundstückes rechtfertigen kann (BGE 114 Ia 254 ff.; vgl. auch das in Rz. 517 erwähnte Beispiel).

1695

Beispiel:
Der Stadtrat von Zürich stellte die Fassade und den Innenausbau des berühmten Künstlercafés Odeon beim Bellevue unter Schutz. Eine staatsrechtliche Beschwerde gegen die Unterschutzstellung des Innenausbaus wies das Bundesgericht ab. Es führte aus, das kulturhistorische und denkmalschützerische Interesse an der Erhaltung des Innenraums sei gewichtiger als das Interesse des Eigentümers, das Gebäude an dieser besonders guten Geschäftslage im Innern völlig umzugestalten, auch wenn der Kaf-

1695a

feehausbetrieb aufgegeben worden und der Innenraum teilweise nicht mehr öffentlich zugänglich sei (BGE 109 Ia 257 ff.).

III. Voraussetzungen und Umfang der Entschädigungspflicht

1. Voraussetzungen der Entschädigungspflicht (materielle Enteignung)

a) *Allgemeines*

1696 Formelle und materielle Enteignung unterscheiden sich in mehrfacher Hinsicht deutlich voneinander. So werden bei der formellen Expropriation den betroffenen Privaten Rechte entzogen und regelmässig auf den Enteigner übertragen, während bei der materiellen Expropriation kein Rechtsübergang stattfindet (vgl. Rz. 1682). Die formelle Enteignung läuft sodann in einem formell geregelten Verfahren gegenüber einzelnen Betroffenen ab, die von Anfang an Parteistellung haben (und darin Einsprachen und Entschädigungsforderungen erheben können), während bei der materiellen Enteignung die Beschränkung meist generell, für eine Vielzahl von Betroffenen, durch Rechtsnormen oder Pläne (nur ausnahmsweise durch individuell-konkrete Beschränkung, z.B. die Unterschutzstellung eines Hauses) erfolgt. Schliesslich ist bei der formellen Enteignung die Entschädigung Voraussetzung des Rechtsüberganges, während sie bei der materiellen Enteignung Folge des Eingriffs ist, der schon vorher rechtskräftig wird. Trotz dieser Unterschiede entsprechen sich formelle und materielle Enteignung hinsichtlich ihrer Wirkung auf das betroffene Recht des Privaten weitgehend. Nach Art. 22ter Abs. 3 BV ist deshalb nicht nur bei Enteignungen, sondern auch bei Eigentumsbeschränkungen, die einer Enteignung gleichkommen, volle Entschädigung zu leisten. Bezüglich der wertmässigen Abgeltung für den Verlust von Eigentümerrechten werden also formelle und materielle Enteignung einander gleichgestellt.

1697 Entschädigung ist nach Art. 22ter Abs. 3 BV zu leisten bei Eigentumsbeschränkungen, die einer Enteignung gleichkommen. Wann dies der Fall ist, d.h. wann eine öffentlichrechtliche Eigentumsbeschränkung den Träger des Rechtes so schwer trifft, dass sie einer formellen Enteignung gleichzusetzen ist, wird durch die Gesetzgebung allerdings nicht umschrieben. Auch Art. 5 Abs. 2 des Bundesgesetzes über die Raumplanung (RPG) vom 22. Juni 1979 (SR 700) enthält keine Definition der materiellen Enteignung, sondern gibt nur den Inhalt des Art. 22ter Abs. 3 BV wieder (vgl. BGE 113 Ib 212, 216). Die Abgrenzung der (entschädigungspflichtigen) materiellen Enteignung von den entschädigungslosen öffentlichrechtlichen Eigentumsbeschränkungen bereitet deshalb grosse Mühe.

1698 Art. 5 Abs. 2 RPG begründet jedoch einen einheitlichen bundesgesetzlichen Entschädigungsanspruch, wenn Planungen nach diesem Gesetz zu einer materiellen Enteignung führen. Das Raumplanungsgesetz bezweckt nach der Rechtsprechung des Bundesgerichts die Herstellung der Rechtseinheit hinsichtlich des Begriffs der materiellen Enteignung (BGE 116 Ib 235, 237; 114 Ib 286, 293; 109 Ib 115). Seit Inkrafttreten des RPG sind daher auch die für die Eigentümer im allgemeinen günstigeren Umschreibungen der materiellen Enteignung durch die Kantone im Bereich der Planungen bundesrechtswidrig. Massgebend ist nur noch die Begriffsbildung des Bundesgerichts.

b) Bundesgerichtliche Praxis

Gemäss ständiger Praxis des Bundesgerichts liegt eine materielle Enteignung vor, **1699** wenn einem Eigentümer der bisherige oder ein voraussehbarer künftiger Gebrauch seiner Sache untersagt oder in einer Weise eingeschränkt wird, die besonders schwer wiegt, weil dem Eigentümer eine wesentliche, aus dem Eigentum fliessende Befugnis entzogen wird. Geht der Eingriff weniger weit, so wird gleichwohl eine materielle Enteignung angenommen, falls ein einziger oder einzelne Grundeigentümer so betroffen werden, dass ihr Opfer gegenüber der Allgemeinheit unzumutbar erschiene und es mit der Rechtsgleichheit nicht vereinbar wäre, wenn hiefür keine Entschädigung geleistet würde (sog. Sonderopfer). In beiden Fällen ist die Möglichkeit einer zukünftigen besseren Nutzung der Sache nur zu berücksichtigen, wenn im massgebenden Zeitpunkt anzunehmen war, sie lasse sich mit hoher Wahrscheinlichkeit in naher Zukunft verwirklichen (BGE 123 II 481, 487; 121 II 417, 423; 119 Ib 124, 128). Zwei Elemente sind also jeweils zu prüfen: die *Art des Gebrauchs* des Rechts, das beschränkt wird, und die *Art des Eingriffs*.

aa) Einschränkung eines bisherigen oder eines in naher Zukunft sehr wahrscheinlich realisierbaren Gebrauchs einer Sache

Voraussetzung jeder materiellen Enteignung ist, dass entweder ein bisheriger, recht- **1700** mässig ausgeübter oder ein sehr wahrscheinlich in naher Zukunft möglicher Gebrauch einer Sache eingeschränkt wird.

Ob ein künftiger Gebrauch sehr wahrscheinlich möglich gewesen wäre, be- **1701** stimmt sich nach *objektiven Kriterien*. Der Verlust einer vagen Hoffnung auf Wertsteigerung oder Realisierung einer Nutzungsmöglichkeit und die Durchkreuzung spekulativer Absichten sind den Betroffenen auch ohne Entschädigung zuzumuten. Anders verhält es sich, wenn eine nach der Rechtslage und den tatsächlichen Verhältnissen begründete Erwartung enttäuscht wird. Für die Beurteilung der Möglichkeit einer künftigen besseren Nutzung eines Grundstückes sind alle rechtlichen und tatsächlichen Gegebenheiten zu berücksichtigen, welche die Überbauungschancen beeinflussen können. Dazu gehören das im fraglichen Zeitpunkt geltende Bundesrecht sowie die kantonalen und kommunalen Bauvorschriften, die Lage und Beschaffenheit des Grundstückes, die Erschliessungsverhältnisse, der Stand der kommunalen und kantonalen Planung und die bauliche Entwicklung in der Umgebung. Die verschiedenen Faktoren sind zu gewichten. Nur wo das Bauen rein rechtlich zulässig und tatsächlich möglich sowie nach den Umständen mit hoher Wahrscheinlichkeit in naher Zukunft zu erwarten gewesen wäre, kann eine Eigentumsbeschränkung enteignend wirken (BGE 121 II 417, 423; 119 Ib 124, 128; 118 Ib 38, 41).

Die Frage, ob ein künftig möglicher Gebrauch einer Sache betroffen wird, steht **1702** heute im Zentrum der Abgrenzung von materieller Enteignung und entschädigungslos zu duldender Eigentumsbeschränkung. Sie wird im allgemeinen bejaht, wenn es um erschlossenes, nach der massgebenden Nutzungsplanung sofort überbaubares – sog. baureifes – Land geht. Verneint wird sie regelmässig bei Grundstücken, die ausserhalb des Baugebietes oder in einer Bauzone 2. Etappe liegen, deren Überbau-barkeit von einem in das "planerisch-politische Ermessen" gestellten Beschluss einer Behörde abhängt, ferner, wenn die Erschliessung oder die für die Überbauung erforderliche Landumlegung rechtlich und finanziell nicht sichergestellt ist (BGE 122 II 455, 460 ff.; 119 Ib 124, 134 ff.; 114 Ib 100, 106 f.; 113 Ib 133, 135 ff.). Subjektive Kriterien wie namentlich die Bauabsicht des Grundeigentümers spielen grundsätzlich keine Rolle (vgl. BGE 113 Ib 318, 324 ff.).

1703 Beispiel:

Eine landwirtschaftlich genutzte Parzelle in der Gemeinde Seuzach lag gemäss dem Zonenplan von 1969/70 zum grösseren Teil in einer Wohnzone mit Schutzbestimmungen und zum kleineren Teil im übrigen Gemeindegebiet. Anlässlich einer Zonenplanrevision im Jahre 1974 wurde das ganze Grundstück dem übrigen Gemeindegebiet zugewiesen. Die Eigentümerin forderte von der Gemeinde Seuzach eine Entschädigung wegen materieller Enteignung. Das Verwaltungsgericht des Kantons Zürich stellte fest, es liege keine materielle Enteignung vor. Eine gegen diesen Entscheid erhobene Verwaltungsgerichtsbeschwerde hat das Bundesgericht abgewiesen. Es führte zur Begründung folgendes aus: "Massgebender Zeitpunkt für die Beurteilung der Frage, ob die Beschwerdeführerin zufolge der Einweisung eines Teiles ihres Grundstückes in das übrige Gemeindegebiet materiell enteignet wurde, ist das Inkrafttreten des Zonenplanes vom 13. Dezember 1974, somit der 6. August 1977. Von diesem Stichtag an durften auf der entsprechenden Fläche im wesentlichen nur Bauten errichtet werden, die der landwirtschaftlichen Nutzung dienen (Art. 36 der Bauordnung Seuzach von 1966). Ob unter den gegebenen Umständen die Zuweisung des in Frage stehenden Abschnittes der Liegenschaft der Beschwerdeführerin in das übrige Gemeindegebiet einer Enteignung gleichkommt (Art. 5 Abs. 2 RPG), hängt entscheidend davon ab, ob im massgebenden Zeitpunkt – somit August 1977 – eine Überbauung mit hoher Wahrscheinlichkeit in naher Zukunft hätte verwirklicht werden können. Gemäss den hiefür in erster Linie massgebenden rechtlichen Gegebenheiten könnte dies nur angenommen werden, wenn die Beschwerdeführerin in der Lage und Willens gewesen wäre, die fehlende Baureife ihrer Liegenschaft aus eigener Kraft herbeizuführen. Sie bejaht dies mit dem Hinweis auf die Möglichkeit eines privaten Quartierplanverfahrens. Gemäss der bundesgerichtlichen Rechtsprechung spricht das Erfordernis einer Erschliessungsplanung und Parzellarordnung gegen die mit hoher Wahrscheinlichkeit in naher Zukunft zu erwartende Überbauung eines Grundstücks. Auch ergibt sich aus der Notwendigkeit der Zustimmung des Gemeinderates zur Einleitung des Quartierplanverfahrens und der Genehmigung durch die kantonale Baudirektion ..., dass der von allen Grundeigentümern zu stellende Antrag auf Verfahrenseinleitung rechtzeitig vor dem massgebenden Stichtag gestellt werden muss (BGE 110 Ib 34 E. 4a; 106 Ia 377 E. 3e)." Ein solches Quartierplanverfahren war aber nicht eingeleitet worden, weshalb im massgeblichen Zeitpunkt die rechtliche Möglichkeit, die Baureife des Areals durch Projektierung und Erstellung der Feinerschliessungsanlagen herbeizuführen, nicht bestanden hatte. Zudem wäre nach Ansicht des Bundesgerichts für ein allfälliges Quartierplanverfahren mit einem längeren Zeitaufwand und einem ungewissen Ausgang zu rechnen gewesen. Das kantonale Verwaltungsgericht habe daher "in Übereinstimmung mit der bundesgerichtlichen Rechtsprechung richtigerweise ausgeschlossen, dass am massgebenden Stichtag mit hoher Wahrscheinlichkeit in naher Zukunft eine Überbauung der nicht baureifen Liegenschaft der Beschwerdeführerin zu erwarten gewesen wäre". (BGE 113 Ib 133 ff.)

1703a Keine Einschränkung eines sehr wahrscheinlich in naher Zukunft möglichen Gebrauchs einer Sache liegt nach der Rechtsprechung in der Regel dann vor, wenn ein Grundstück, das bisher in einer Bauzone lag, der Landwirtschafts- oder einer anderen Nicht-Bauzone zugewiesen wird, weil die Bauzone verkleinert werden muss, um den Anforderungen des Bundesgesetzes über die Raumplanung (RPG) vom 22. Juni 1979 (SR 700) zu entsprechen. Es handelt sich dabei um eine *Nicht-Einzonung eines Grundstückes*, das sich bisher in einer nicht dem RPG entsprechenden Bauzone befand. Eine solche Nicht-Einzonung trifft den Eigentümer *nur ausnahmsweise enteignungsähnlich*. Dies ist etwa dann der Fall, wenn sich die Nichteinweisung in eine

Bauzone auf baureifes oder grob erschlossenes Land bezieht, das von einem gewäs-
serschutzrechtskonformen GKP [Kanalisationsprojekt] erfasst wird und der Eigentümer für die Erschliessung und Überbauung bereits erhebliche Kosten aufgewendet
hat; es trifft auch zu, wenn sich das Grundstück in weitgehend überbautem Gebiet
befindet. In diesen Fällen darf der Eigentümer aufgrund der objektiv gegebenen
besonderen Umstände darauf vertrauen, die von ihm beabsichtigte bauliche Nutzung
lasse sich sehr wahrscheinlich in naher Zukunft verwirklichen. Weitere besondere
Gesichtspunkte des Vertrauensschutzes können derart gewichtig sein, dass ein
Grundstück unter Umständen hätte eingezont werden müssen (BGE 123 II 481,
487 f.; 122 II 455, 457 f.; 122 II 326, 329 f.; 119 Ib 124, 127 ff.; siehe dazu WALTER
HALLER/PETER KARLEN, Raumplanungs- und Baurecht, 2. Aufl., Zürich 1992, S.
116 ff.). – Dem Gesichtspunkt des Vertrauensschutzes, dem im Hinblick auf die
Funktion des Eigentums als Mittel der Wertsicherung in einer freiheitlichen, marktwirtschaftlich orientierten Staatsordnung eine grosse Bedeutung zukommt, wird bei
dieser Abgrenzung von entschädigungspflichtiger und nicht entschädigungspflichtiger Nicht-Einzonung nicht immer genügend Rechnung getragen. Das gilt u.E. auch
für andere Fälle, in denen die Möglichkeit eines künftigen Gebrauchs einer Sache zu
beurteilen ist.

bb) *Art des Eingriffs*

Das zweite Kriterium der Abgrenzung von materieller Enteignung und entschädi-   1704
gungslos zu duldender öffentlichrechtlicher Eigentumsbeschränkung ist die Art des
Eingriffes. Dabei sind zwei Fälle zu unterscheiden. Eine materielle Enteignung wird
entweder angenommen, wenn der Eingriff eine besondere Intensität aufweist *oder*
wenn er zwar nicht besonders schwer erscheint, einzelne Eigentümer aber im Vergleich zur Allgemeinheit in unzumutbarer Weise betroffen werden (Sonderopfer).

aaa) *Besondere Intensität*

Das Gemeinwesen wird entschädigungspflichtig, wenn die Beschränkung des bishe-   1705
rigen oder künftigen Gebrauchs einen schweren Eingriff in das Eigentum darstellt.
Die Schwere des Eingriffs ist nach objektiven Kriterien und nicht nach dem subjektiven Empfinden der Betroffenen zu bestimmen. Die Anzahl der von einer Eigentumsbeschränkung Betroffenen spielt keine Rolle. Abzustellen ist weniger auf die
Höhe der rechnerisch ermittelten Vermögenseinbusse als auf das *Ausmass der wirtschaftlichen Beeinträchtigung* durch Verlust von Befugnissen, die nach der bisher
geltenden Eigentumsordnung bestanden. Dabei sind nach ständiger Rechtsprechung
selbst massive Nutzungsbeschränkungen regelmässig nicht als besonders schwerer
und daher entschädigungspflichtiger Eingriff zu betrachten, falls auf den fraglichen
Liegenschaften noch eine wirtschaftlich sinnvolle und gute Nutzung möglich bleibt
(BGE 123 II 481, 489).

Als schwere Eingriffe gelten im allgemeinen Bauverbote. Solche Verbote sind   1706
oft die Folge der Auszonung von Bauland, ausnahmsweise auch der Nichteinzonung
eines Grundstückes, das aufgrund seiner Eigenschaften dem Baugebiet zuzuweisen
gewesen wäre (vgl. Rz. 1703a). Werden nur Teile einer Liegenschaft mit einem
Bauverbot belegt, sind die Auswirkungen auf das ganze Grundstück massgebend;

kann der verbleibende Teil angemessen und wirtschaftlich sinnvoll genutzt werden, so wirkt der Eingriff nicht enteignungsähnlich (ZBl 98 [1997] 368 ff. [Urteil des Bundesgerichts vom 21. August 1996]). Keine materielle Enteignung bedeutet nach einer "Faustregel" des Bundesgerichts ein Bauverbot, das nur den dritten Teil eines Grundstückes trifft (ZBl 98 [1997] 368 ff.). Befristete Bauverbote (fünf bis zehn Jahre) lösen in der Regel ebenfalls keine Entschädigungspflicht aus (vgl. BGE 123 II 481, 497; 117 Ib 4, 6). Die meisten übrigen baupolizeilichen und raumplanerischen Eigentumsbeschränkungen (wie Festlegung von Baulinien, Nutzungsart, Geschosszahl, Gebäudehöhe, Ausnützungsziffer usw.) gehören im allgemeinen zu den leichten, nicht entschädigungspflichtigen Eingriffen. Ob dies auch für Herab- und Umzonungen sowie für Veränderungsverbote aus Gründen des Heimatschutzes zutrifft, muss im Einzelfall durch einen Vergleich der Verfügungs- und Nutzungsmöglichkeiten vor und nach dem Eingriff ermittelt werden (vgl. ZBl 97 [1996] 366 ff. [Urteil des Bundesgerichts vom 23. Juni 1995]; 86 [1985] 14 ff. [Urteil des Verwaltungsgerichts des Kantons Basel-Stadt vom 13. Juni 1984]).

Beispiele:

1707 – Die Zuweisung eines fast mitten in der Stadt Bern in überbautem Gebiet liegenden und teilweise selbst überbauten Grundstückes, das eindeutig zum engeren Baugebiet gehörte und erschlossen bzw. durch die Eigentümerin erschliessbar war, zur Freifläche für Sport- und Schulanlagen stellt eine materielle Enteignung dar (BGE 114 Ib 287 ff.).

1708 – Der Stadtrat von St. Gallen untersagte den Abbruch eines St. Galler Bürgerhauses und erklärte alle von aussen wahrnehmbaren Veränderungen für bewilligungspflichtig. Der Hauseigentümer machte daraufhin materielle Enteignung geltend. Das von ihm angerufene Bundesgericht führte aus, die Unterschutzstellung der Fassaden und Dächer einzelner Häuser stelle keinen ausserordentlich tiefgreifenden Eingriff in das Eigentumsrecht am Hause dar. "Freilich bleiben stets die besonderen Umstände des Einzelfalles zu beurteilen. Als solche führt der Beschwerdeführer den nach seiner Meinung wesentlich höheren Wert an, welcher der Liegenschaft im Hinblick auf eine Neuüberbauung zukommt. Entgegen seiner Ansicht kommt es jedoch nicht entscheidend auf die Rendite an, die er bei einer Neuüberbauung erzielen könnte. Entscheidend ist vielmehr, ob die herkömmlichen Eigentumsbeschränkungen, denen der Beschwerdeführer unterliegt, eine bestimmungsgemässe, wirtschaftlich sinnvolle und gute Nutzung weiterhin erlauben (BGE 111 Ib 264 f. E. 4a mit Hinweisen). Diese Frage ist zu bejahen. ... Unter diesen Umständen kann nicht davon die Rede sein, dass dem Beschwerdeführer mit der Schutzanordnung, mit deren Erlass er rechnen musste, wesentliche Eigentümerbefugnisse entzogen worden wären. Durch die Schutzmassnahme, die sich auf die nach aussen sichtbare historisch oder künstlerisch wertvolle Substanz beschränkt, wird der Beschwerdeführer den im kantonalen Baurecht seit langem bekannten und weit verbreiteten üblichen Eigentumsbeschränkungen unterworfen, welche im Interesse des Altstadt- und Heimatschutzes in Kauf genommen werden müssen." (BGE 112 Ib 263, 267 f.). Vgl. auch BGE 117 Ib 262 ff.

1708a – "Die Eigentumsgarantie als Wertgarantie gewährleistet nicht, dass eine Baulandparzelle dauernd bestmöglich ausgenutzt werden kann; mit Änderungen im zulässigen Nutzungsmass und in der Art der baulichen Nutzung muss der Eigentümer grundsätzlich rechnen, solange er vom Grundstück noch einen bestimmungsgemässen Gebrauch machen kann". Ein solcher wirtschaftlich sinnvoller Gebrauch kann von Grundstücken, die bisher in der Wohnzone lagen, auch nach deren Zuweisung zu einer Gewerbezone mit beschränkten Ausnutzungsmöglichkeiten durchaus noch gemacht werden (BGE 123 II 481, 489 f.).

bbb) Sonderopfer

Auch wenn eine Eigentumsbeschränkung keinen besonders schweren Eingriff in den   1709
bisherigen oder künftigen Gebrauch einer Sache darstellt, kann eine materielle Enteignung vorliegen, sofern nur ein einziger oder einzelne Eigentümer so betroffen
werden, dass ihr Opfer gegenüber der Allgemeinheit unzumutbar erschiene und es
mit der Rechtsgleichheit nicht vereinbar wäre, wenn hiefür keine Entschädigung geleistet würde. Voraussetzung ist also neben dem Sonderopfer auch hier, dass eine
bestimmte Nutzungsmöglichkeit beschränkt und der Eingriff zwar nicht besonders
schwer, aber doch von einer gewissen Intensität ist.

Die Fälle, in denen eine Entschädigung für materielle Enteignung durch Aufer-   1710
legung eines Sonderopfers zugesprochen wurden, sind selten. In der Literatur werden
hauptsächlich Massnahmen des Denkmal- und Landschaftsschutzes genannt. Das
Bundesgericht hat in BGE 117 Ib 262, 265 allerdings festgestellt, ein Plan, mit
welchem der Regierungsrat des Kantons Genf 24 Gebäude unter Denkmalschutz gestellt hatte, bewirke keine materielle Enteignung, weil die Eigentümer im Verhältnis
zu Eigentümern anderer Gebäude keine derartige Schlechterstellung erfahren, dass
eine Entschädigung für ein Sonderopfer gerechtfertigt wäre. Das Bundesgericht hat
die Auferlegung von Baubeschränkungen zum Schutze eines Aussichtspunktes und
dessen Umgebung, die nur einen einzigen Grundeigentümer treffen, als mögliches
Sonderopfer bezeichnet (BGE 107 Ib 380, 384 ff. = Pra 71 [1982] Nr. 217). Ein solches liegt nach BGE 113 Ia 368 ff. auch vor, wenn eine archäologische Sammlung
unter Schutz gestellt wird. Die damit begründete Pflicht des Eigentümers, für die
Verlegung der Sammlung innerhalb des Kantonsgebietes eine Bewilligung einzuholen, und das Verbot, daran Änderungen vorzunehmen, stellen zwar keine schwere
Beschränkung des Eigentums dar, aber doch eine Beeinträchtigung, die eine materielle Enteignung bewirkt, weil sie nur einen einzelnen oder eine beschränkte Zahl
von Eigentümern trifft.

2.   Höhe der Entschädigung

Auch bei der materiellen Enteignung ist gemäss Art. 22ter Abs. 3 BV *volle* Entschä-   1711
digung zu leisten.

Die Höhe der Entschädigung wird nach den gleichen Grundsätzen berechnet wie   1712
bei der formellen Enteignung (vgl. Rz. 1638 ff.). Massgebend ist die Differenz zwischen dem Verkehrswert vor und nach der Eigentumsbeschränkung.

Falls das Einreichen des Baugesuchs die materielle Enteignung ausgelöst hat   1713
(z.B. durch eine Zonenplanänderung, mit welcher die Behörden das geplante Bauvorhaben verhindern wollten) und die Bauherrschaft die behördliche Absicht nicht
zum voraus erkennen konnte, ist auch eine Entschädigung für die nutzlos gewordenen Projektierungskosten geschuldet. Ersatz für die Projektierungskosten muss ferner dann geleistet werden, wenn den Bauwilligen vor Einreichen des Baugesuches
Zusicherungen auf den Fortbestand der geltenden Bauvorschriften abgegeben worden sind. Die Entschädigung stützt sich in diesen beiden Fällen nicht auf Art. 22ter
BV, sondern auf den aus Art. 4 BV abgeleiteten Grundsatz des Vertrauensschutzes;
der Anspruch besteht unabhängig vom Vorliegen eines Enteignungstatbestandes
(BGE 119 Ib 229, 237; 112 Ib 105, 118; 108 Ib 352, 357 f.; siehe auch Rz. 587 f.).

1714 Entschädigungspflichtig wird jenes Gemeinwesen, das die Eigentumsbeschränkung angeordnet hat.

1715 Die Entschädigung ist von dem Zeitpunkt an zu *verzinsen*, in welchem der Berechtigte unmissverständlich um Entschädigung ersucht hat (BGE 114 Ib 283 ff.).

3. Für die Berechnung massgeblicher Zeitpunkt

1716 Für die Bemessung der Entschädigung bei materieller Enteignung ist stets der *Zeitpunkt des Inkrafttretens der Eigentumsbeschränkung* massgebend, also z.B. der Eintritt der Rechtskraft eines Zonenplanes, eines Baugesetzes oder einer Schutzzone. In diesem Moment wird das Recht entwertet, anders als bei der formellen Enteignung, wo das Recht erst mit der Bezahlung der Entschädigung entzogen wird und auf den Enteigner übergeht. Bei *übermässiger Verzögerung* des Entscheides über die Rechtmässigkeit einer planerischen Massnahme, die zu einer materiellen Enteignung führt, sind jedoch für die Dauer der Verzögerung *Verzugszinsen* geschuldet (BGE 121 II 305 ff.).

4. Rechtsschutz

1717 Gegen die Entscheide letzter kantonaler Instanzen über *Entschädigungen* als Folge von Eigentumsbeschränkungen, die durch Planungen nach dem Bundesgesetz über die Raumplanung (RPG) vom 22. Juni 1979 (SR 700) entstehen, ist gemäss Art. 34 RPG die *Verwaltungsgerichtsbeschwerde* an das Bundesgericht gegeben. Beschwerdeberechtigt sind neben den betroffenen Privaten auch Kantone und Gemeinden. Der Gesetzgeber wollte damit dem entschädigungspflichtigen Gemeinwesen einen Schutz gegen die Festsetzung übermässiger Entschädigungsbeträge gewähren.

1718 Stehen die *Voraussetzungen* der Zulässigkeit der materiellen Enteignung (gesetzliche Grundlage, öffentliches Interesse, Verhältnismässigkeit) in Frage oder handelt es sich *nicht um eine Eigentumsbeschränkung, welche ihre Ursache in einer Planungsmassnahme hat*, so ist die *staatsrechtliche Beschwerde* gegeben. Dies gilt auch dann, wenn das kantonale Recht ein sog. *Heimschlagsrecht* (Anspruch auf Übernahme des Eigentums durch das Gemeinwesen gegen Entschädigung) vorsieht, das zwar auf eine planerische Massnahme hin gewährt wird, aber zu keiner materiellen Enteignung führt und deshalb nicht unter Art. 5 Abs. 2 RPG fällt (BGE 114 Ib 174, 177; 113 Ib 212, 215 ff.).

1718a Da Streitigkeiten über die Zulässigkeit von öffentlichrechtlichen Eigentumsbeschränkungen und über die Höhe der Entschädigung bei materiellen Enteignungen in der Regel "zivilrechtliche Ansprüche" im Sinne von Art. 6 Ziff. 1 EMRK darstellen, müssen die Kantone für eine Beurteilung durch ein unabhängiges Gericht, dem eine umfassende Rechtskontrolle zusteht, sorgen, da das Bundesgericht diese Funktion im staatsrechtlichen Beschwerdeverfahren nicht immer erfüllen kann (vgl. BGE 120 Ia 209, 213 ff.; 119 Ia 88, 91 ff.; 117 Ia 378 ff.; 117 Ia 497, 501 ff.; siehe auch Rz. 1677a).

IV. Entschädigungslose öffentlichrechtliche Eigentumsbeschränkungen

1. Allgemeines

Unabhängig von einer allenfalls bestehenden Entschädigungspflicht müssen sich alle   1719
öffentlichrechtlichen Eigentumsbeschränkungen auf eine genügende gesetzliche
Grundlage abstützen, im öffentlichen Interesse liegen und den Grundsatz der Verhältnismässigkeit wahren.

Drei Gründe können zur Folge haben, dass eine öffentlichrechtliche Eigentums-   1720
beschränkung nicht als materielle Enteignung erscheint und entschädigungslos zu
dulden ist: wenn *kein bisheriger oder künftiger, sehr wahrscheinlicher Gebrauch einer Sache* betroffen ist, wenn *kein schwerer Eingriff* vorliegt oder wenn *kein Sonderopfer* gegeben ist. Keine Entschädigung wird sodann bei gewissen *polizeilich
motivierten Eigentumsbeschränkungen* gewährt.

2. Anwendungsfälle

Die Beschränkung eines bisherigen oder künftigen, sehr wahrscheinlichen *Gebrauchs* (vgl.   1721
Rz. 1700 ff.) wurde verneint bei
– einem Bauverbot im Landwirtschaftgebiet;
– der Einweisung von nicht erschlossenen Grundstücken in eine Schutzzone.

Das Vorliegen eines schweren Eingriffes (vgl. Rz. 1704 ff.) wurde dagegen negiert bei   1722
– Grenzabstands- und Gebäudeabstandsvorschriften;
– Vorschriften über Gebäudehöhe und Geschosszahl;
– Baulinien (ZBl 98 [1997] 368 ff. [Urteil des Bundesgerichts vom 21. August 1996]; BGE 110
  Ib 359 ff.);
– fünf- bis zehnjährigen Bausperren (BGE 109 Ib 20 ff.);
– einem Bauverbot für einen Teil eines Grundstückes, wenn eine wirtschaftlich sinnvolle Nutzung
  des Restes möglich ist (ZBl 85 [1984] 366 ff. [Urteil des Verwaltungsgerichts des Kantons Zü-
  rich vom 17. Januar 1984]);
– der Verpflichtung, die äussere Hülle eines Gebäudes zu erhalten, sofern der Eigentümer die
  Liegenschaft weiterhin ihrem Zweck gemäss und wirtschaftlich rationell gebrauchen kann
  (BGE 117 Ib 262 ff.).

3. Sonderfall der polizeilich motivierten Eigentumsbeschränkungen

a) *Grundsatz der Entschädigungslosigkeit*

Bis zum Jahre 1980 ging das Bundesgericht davon aus, die Frage der Entschädi-   1723
gungspflicht des Gemeinwesens für Eigentumsbeschränkungen stelle sich nicht,
wenn der Eingriff zum Schutze von Polizeigütern erfolge. Der Polizeibegriff sei allerdings *eng* zu verstehen; die Massnahme müsse *gegen den Störer* gerichtet und zur
Abwendung einer *konkreten, d.h. ernsthaften und unmittelbaren Gefahr* für die öffentliche Sicherheit und Ordnung nötig sein (BGE 105 Ia 330, 335 ff.).

432

1724 Beispiel:
Das Bundesgericht verneinte eine Entschädigungspflicht, als der Kanton Obwalden aus polizeilichen Motiven – Erhaltung des Waldes und Sicherung seiner Bewirtschaftung, Verhütung von Waldbränden, Schutz der Bewohner von Bauten am Waldrand – die Einhaltung eines Gebäudeabstandes von zwanzig Metern gegenüber dem Waldrand vorschrieb (BGE 96 I 123 ff.).

1725 Keine solche im engen Sinne polizeilich motivierte Eigentumsbeschränkung stellt hingegen ein nicht nur polizeilich, sondern auch raumplanerisch bedingtes Bauverbot (z.B. die Ausscheidung einer Schutzzone aus Gründen des Grundwasserschutzes und der Ortsplanung) dar.

b)   *Entschädigungspflicht bei schweren Eingriffen zum Schutz der Allgemeinheit*

1726 Ausnahmen vom Grundsatz der Entschädigungslosigkeit polizeilich motivierter Eigentumsbeschränkungen sind nach bundesgerichtlicher Rechtsprechung (ZBl 90 [1989] 543 f. [Urteil des Bundesgerichts vom 17. September 1987]; BGE 106 Ib 330 ff.; 106 Ib 336 ff.) namentlich dann möglich, wenn *kumulativ zwei Voraussetzungen* gegeben sind:
  – Es muss sich um einen *besonders schweren Eingriff* in das Privateigentum handeln, z.B. um die Auszonung baureifen oder zumindest grob erschlossenen Landes.
  – Der Eingriff erfolgt zum Schutz der Allgemeinheit (z.B. zum *Schutz eines öffentlichen Werkes*) und nicht primär im Interesse der Grundeigentümer.

1727 Beispiele:
  – Waldabstandsvorschriften dienen dem Schutz der Grundeigentümer vor Schattenwurf und umstürzenden Bäumen; sie bewirken deshalb keine materielle Enteignung (Urteil des Verwaltungsgerichts des Kantons Zürich vom 11. März 1987, ZBl 89 [1988] 255 f.).
  – Als materielle Enteignung erscheint die Ausscheidung einer Zone zum Schutz eines Grundwasserpumpwerkes einer Gemeinde, die zur Folge hat, dass die bisher in einer Bauzone gelegenen, erschlossenen Grundstücke nicht mehr überbaut werden können. Obwohl die zugunsten des öffentlichen Werkes vorgenommene Änderung des Zonenplans polizeilich motiviert ist und sich gegen den Störer richtet, ist sie gleich zu behandeln wie eine Auszonung aus raumplanerischen Gründen. Sie stellt einen schweren Eingriff dar, welcher nicht dem Schutz des Grundeigentümers, sondern der Allgemeinheit dient und mit dem durch das Grundwasserpumpwerk der Gemeinde geschaffenen Gefahrenherd zusammenhängt, weshalb das anordnende Gemeinwesen entschädigungspflichtig wird (BGE 106 Ib 336 ff.).

1728 Man kann sich fragen, ob es angesichts dieser Ausnahmen noch sinnvoll ist, am Grundsatz der Entschädigungslosigkeit polizeilich motivierter Eigentumsbeschränkungen festzuhalten, oder ob es nicht konsequenter wäre, auch hier nach dem Kriterium der Schwere des Eingriffs bzw. des Sonderopfers zwischen entschädigungspflichtigen und entschädigungslosen Eigentumsbeschränkungen zu unterscheiden. Polizeiliche Einschränkungen belasten den Eigentümer in der Regel wenig, insbesondere dann, wenn sie auch seinem Schutz vor Schäden und Gefahren dienen. Sie treffen ihn ausnahmsweise schwer, sofern sie z.B. ein Bauverbot für Bauland zur Folge haben, das primär im Interesse der Allgemeinheit liegt.

5. Teil Staats- und Beamtenhaftung

Literatur

BISCHOF PIRMIN, Amtshaftung an der Grenze zwischen öffentlichem Recht und Obligationenrecht (Artikel 61 OR), ZSR NF 104/I (1985) 67 ff.; EGLI JEAN-FRANÇOIS, L'activité illicite du juge cause de responsabilité pécuniaire à l'égard des tiers, in: Hommage à Raymond Jeanprêtre, Neuchâtel 1982, S. 7 ff.; FAJNOR MICHAEL, Staatliche Haftung für rechtmässig verursachten Schaden, Diss. Zürich 1987; FAVRE DOMINIQUE, Remarques à propos de la loi genevoise sur la responsabilité civile de l'état et des communes, RDAF 34 (1978) 173 ff.; GRISEL ETIENNE, La responsabilité patrimoniale des conseillers fédéraux, RDAF 54 (1998) 113 ff.; GROSS BALZ, Die Haftpflicht des Staates, Diss. Zürich 1996; GROSS JOST, Schweizerisches Staatshaftungsrecht, Stand und Entwicklungstendenzen, Bern 1995; GROSS JOST, Die Kausalhaftung des Staates, in: Neuere Entwicklung im Haftpflichtrecht, Zürich 1991, S. 215 ff.; GRÜNINGER DIETER ANDREAS, Der Begriff der Rechtswidrigkeit im Staatshaftungsrecht, Diss. Basel 1987; GUENG URS, Zum Stand und den Entwicklungstendenzen im öffentlichen Entschädigungsrecht, ZBl 69 (1968) 351 ff.; GUENG URS, Die allgemeine rechtsstaatliche Entschädigungspflicht, Diss. St.Gallen 1967; GYGI FRITZ, Die Widerrechtlichkeit in der Staatshaftung, in: Mélanges André Grisel, Neuchâtel 1983, S. 417 ff.; GYGI FRITZ, Staatshaftung und Verwaltungsrechtspflege, in: Mélanges Marcel Bridel, Lausanne 1968, S. 221 ff.; HOTZ REINHOLD, Die Haftpflicht des Beamten gegenüber dem Staat, Diss. Zürich 1973; JAAG TOBIAS, Öffentliches Entschädigungsrecht, ZBl 98 (1997) 145 ff.; JAAG TOBIAS, Staats- und Beamtenhaftung, in: Schweizerisches Bundesverwaltungsrecht, Basel/Frankfurt a.M. 1996; KÄMPFER WALTER, Schwerpunkte des solothurnischen Staatshaftungsrechtes, in: Festschrift 500 Jahre Solothurn im Bund, Solothurn 1981, S. 287 ff.; KAUFMANN OTTO K., Das Staatshaftungsrecht in der Schweiz, in: Entwicklungen im Staatshaftungsrecht, Passau 1982, S. 51 ff.; KAUFMANN OTTO K., Die Verantwortlichkeit der Beamten und die Schadenersatzpflicht des Staates in Bund und Kantonen, ZSR NF 72 (1953) 201a ff.; KNAPP BLAISE, La responsabilité de l'état en cas de catastrophes naturelles, ZSR NF 105/I (1986) 589 ff.; KUHN MORITZ, Die vermögensrechtliche Verantwortlichkeit des Bundes sowie seiner Behördemitglieder und Beamten auf Grund des Verantwortlichkeitsgesetzes vom 14. März 1958, mit besonderer Berücksichtigung von Art. 3 und Art. 12, Diss. Zürich 1971; LANZ HEINZ, Die Haftung des Staates als Eigentümer von Werken, Diss. Zürich 1958; MOIX PAUL-HENRI, La responsabilité de l'Etat pour le bruit causé par l'exploitation d'un ouvrage public, URP 10 (1996) 619 ff.; MOOR PIERRE, La responsabilité de l'Etat pour actes licites de ses agents, RDAF 33 (1977) 145 ff., 217 ff.; MOOR PIERRE/ PIOTET DENIS, La responsabilité des cantons à raison d'actes illicites: Droit public ou droit privé?, ZBl 97 (1996) 481 ff.; MÜLLER MARKUS, Staatshaftungsverfahren und Grundrechtsschutz, recht 14 (1996) 259 ff.; POLEDNA TOMAS, Haftpflicht von Staat und Beamten, Schweizerische Versicherungszeitschrift 64 (1996) 53 ff., 143 ff.; RÖTHLISBERGER ARTHUR, La responsabilité civile primaire et subsidiaire de l'Etat de Vaud et de ses agents, RDAF 39 (1983) 321 ff.; RUMPF JEAN-DANIEL, Médecins et patients dans les hôpitaux publics: en particulier la responsabilité civile à raison des actes médicaux, Diss. Lausanne 1990; SALZGEBER PETER, Die Amtshaftung im schweizerischen Recht mit besonderer Berücksichtigung des bündnerischen Verantwortlichkeitsgesetzes vom 29. Oktober 1944, Diss. Bern 1979; SCHÖN FRANZ, Staatshaftung als Verwaltungsrechtsschutz, Diss. Basel 1979; SCHWARZENBACH-HANHART HANS-RUDOLF, Die Staats- und Beamtenhaftung in der Schweiz, Zürich 1985; STARK EMIL, Einige Gedanken zur Haftpflicht für staatliche Verrichtungen, SJZ 86 (1990) 1 ff.; STARK EMIL, Die Haftungsvoraussetzung der Rechtswidrigkeit in der Kausalhaftung des Staates für seine Beamten, in: Festschrift für Ulrich Häfelin zum 65. Geburtstag, Zürich 1989, S. 569 ff.; WEBER-DÜRLER BEATRICE, Die Staatshaftung im Bauwesen, ZBl 98 (1997) 385 ff.; WEBER-DÜRLER BEATRICE, Zur Entschädigungspflicht des Staates für rechtmässige Akte, in: Aktuelle Probleme des Staats- und Verwaltungsrechts, Festschrift für Otto K. Kaufmann, Bern/Stuttgart 1989, S. 339 ff.; WERRO FRANZ, La responsabilité de l'Etat pour les défauts de la route; in: Journées du droit de la circulation routière, Freiburg 1994, S. 1 ff.; WOLFENSBERGER THEO, Die Staatshaftung nach Art. 75, 76 und 77 SVG, Diss. Zürich 1974.

§ 29   Formen der öffentlichrechtlichen Haftung

I.   Allgemeines

1.   Das Problem: Haftung für Schaden im öffentlichen Recht

1729   Tätigkeiten und Unterlassungen von Behörden und Beamtinnen oder Beamten können Schäden verursachen. Als Geschädigte kommen in Frage:
- *Private*, z.B. bei Schäden an ihren Fahrzeugen, die durch mangelhaften Unterhalt von öffentlichen Strassen verursacht wurden, oder bei Unfällen, die sie bei der Benutzung öffentlicher Verkehrsmittel erlitten haben;
- der *Staat*, z.B. bei Beschädigung eines Dienstfahrzeuges durch einen Beamten, der es benutzt hat, oder wenn der Staat für den Schaden haftbar gemacht wird, der einem Privaten durch einen Beamten zugefügt worden ist.

1730   Dabei stellt sich zuerst die Frage, *ob* der Schaden durch die Verursacher ersetzt wird oder ob ihn die Geschädigten tragen müssen. Nach herrschender Praxis besteht aufgrund des *Legalitätsprinzips* ein Anspruch auf Schadenersatz nur, wenn und soweit ein Rechtssatz dies vorsieht. Diese Auffassung ist allerdings umstritten. Sie kehrt den Schutzzweck des Legalitätsprinzips zu Lasten der Betroffenen um (vgl. JOST GROSS, Staatshaftungsrecht, S. 114 ff.; MOOR Vol. II, S. 478 ff.; IMBODEN/RHINOW Bd. II, S. 738).

1731   Können die Geschädigten Ersatz des Schadens verlangen, so fragt sich weiter, *wer* dafür haftbar ist. Grundsätzlich kommen drei Möglichkeiten in Betracht:
1. Haftung des Staates;
2. Haftung der handelnden Behörden bzw. Beamtinnen oder Beamten;
3. Staat und Behörden bzw. Beamtinnen oder Beamte haften gemeinsam.

2.   Rechtsgrundlagen

a)   Im Bund und in den Kantonen

1732   Die schweizerische öffentlichrechtliche Haftungsordnung ist föderalistisch strukturiert. Die Haftung richtet sich nach *Bundesrecht*, soweit der Schaden durch Personen verursacht wird, denen die Ausübung eines öffentlichen Amtes des Bundes übertragen ist (Art. 1 Abs. 1 VG). Ausserdem hat der Bund für gewisse Beamte und Beamtinnen spezielle Haftungsregeln erlassen (siehe Rz. 1782 ff.). In allen übrigen Fällen (insbesondere bei Schäden, die bei der Erfüllung von kantonalen oder kommunalen Aufgaben entstehen) sind die Vorschriften der jeweiligen *kantonalen Haftungsgesetze* massgebend. Dies gilt auch dann, wenn Beamtinnen und Beamte der Kantone oder Gemeinden beim Vollzug von Bundesrecht, der ihnen nach der gesetzlichen Ordnung obliegt, einen Schaden verursachen (vgl. BGE 106 Ib 273, 274; siehe auch Rz. 1748 ff.).

b)   *Exkurs: In der Europäischen Union*

Im Hinblick auf die Annäherung der Schweiz an die Europäische Union ist das   1732a
Urteil des Gerichtshofes der Europäischen Gemeinschaft vom 19. November 1991
(EuGRZ 19 [1992] 60, 62 f.; vgl. auch das Urteil vom 5. März 1996 in EuGRZ 23
[1996] 144, 146 ff.) von Interesse. Darin wird festgestellt, ein Mitgliedstaat werde
aufgrund der durch den EG-Vertrag geschaffenen Rechtsordnung zum Ersatz der
Schäden verpflichtet, die den einzelnen durch Verstösse gegen das Gemeinschaftsrecht entstehen, welche diesem Staat zuzurechnen sind. Unter bestimmten Voraussetzungen hätten die einzelnen einen Anspruch auf Entschädigung, der unmittelbar
im Gemeinschaftsrecht begründet sei. Der Staat habe im Rahmen des nationalen
Haftungsrechts die Folgen des durch die Verletzung seiner gemeinschaftsrechtlichen
Verpflichtungen verursachten Schadens zu beheben (vgl. Rz. 1788b).

3.   Allgemeine und spezielle Haftungsregelung

Neben der allgemeinen Haftungsregelung im Bundesgesetz über die Verantwortlich-   1733
keit des Bundes sowie seiner Behördemitglieder und Beamten (Verantwortlichkeitsgesetz) vom 14. März 1958 (SR 170.32) (VG) gibt es auf Bundesebene eine
Reihe von Spezialgesetzen, welche Haftungsbestimmungen enthalten. Die speziellen
Haftungsregelungen gehen der allgemeinen Ordnung im VG vor (Art. 3 Abs. 2 VG).
Auch im kantonalen Recht können besondere Vorschriften in Spezialgesetzen von
der allgemeinen Regelung im Haftungsgesetz abweichen.

Beispiele:
- Bundesgesetz über die Haftpflicht der Eisenbahn- und Dampfschiffahrtsunternehmungen und
  der Schweizerischen Post vom 28. März 1905 (SR 221.112.742);
- Art. 11 Abs. 2 des Postgesetzes (PG) vom 30. April 1997 (SR 783.0);
- Art. 40 ff. des Bundesgesetzes über den Transport im öffentlichen Verkehr (Transportgesetz,
  TG) vom 4. Oktober 1985 (SR 742.40);
- Art. 135 ff. des Bundesgesetzes über die Armee und die Militärverwaltung (Militärgesetz [MG]
  vom 3. Februar 1995, SR 510.10);

II.   Die möglichen Regelungen der Haftung gegenüber Dritten

1.   Staats- und Beamtenhaftung

a)   *Die zwei möglichen Haftungssubjekte: Staat und Beamter*

Die Frage, ob der Staat oder der Beamte bzw. die Beamtin oder beide haftbar seien,   1734
stellt sich nur, wenn *Dritte* geschädigt worden sind, nicht aber wenn der Staat durch
das Verhalten seiner Beamtinnen oder Beamten einen Schaden erlitten hat.

     Die möglichen Regelungen bezüglich des Haftungssubjektes weisen aus der   1735
Sicht der Geschädigten und aus derjenigen der Allgemeinheit Vor- und Nachteile
auf. Haftet der *Staat* allein, so müssen öffentliche Mittel (Steuergelder!) für den Er-

satz des Schadens eingesetzt werden, der von Behörden oder Beamtinnen und Beamten verursacht wurde; diese tragen kein finanzielles Risiko für ihre Handlungen oder Unterlassungen, sind also vermögensrechtlich nicht dafür verantwortlich, was sich auf die Sorgfalt bei der Erfüllung ihrer Aufgaben auswirken kann. Bei der Staatshaftung ist es – im Gegensatz zur Haftung der Beamtinnen und Beamten – möglich, auf das Verschulden als Voraussetzung zu verzichten und sie als blosse Kausalhaftung auszugestalten. Die Haftung der *Behörden und Beamtinnen bzw. Beamten* kann auf der anderen Seite dazu führen, dass diese zur Vermeidung von finanziellen Risiken allzu ängstlich, zögernd oder gar nicht entscheiden oder handeln. Zudem besteht – anders als bei der Staatshaftung – die Gefahr, dass der Schaden infolge Zahlungsunfähigkeit der haftenden Behördemitglieder, Beamtinnen oder Beamten nicht ersetzt werden kann. Es liegt deshalb nahe, Lösungen zu treffen, bei welchen sich die Geschädigten an den (zahlungsfähigen) Staat halten können, aber die den Schaden verursachenden Behörden, Beamtinnen und Beamten sich unter gewissen Voraussetzungen an der Deckung des Schadens beteiligen müssen.

b) Die wichtigsten Formen

aa) Ausschliessliche Beamtenhaftung

1736 Bei der ausschliesslichen Beamtenhaftung sieht das Gesetz vor, dass der Geschädigte sich nur an den Beamten oder die Beamtin halten kann, der oder die den Schaden verursacht hat. Der Staat ist nicht Haftungssubjekt. Eine solche Regelung ist bloss dann denkbar, wenn ein *Verschulden* der Beamtin oder des Beamten Voraussetzung der Haftung ist; andernfalls wäre das Risiko bei amtlichen Tätigkeiten so gross, dass sich kaum jemand bereit finden würde, sie auszuüben.

bb) Primäre Beamtenhaftung mit subsidiärer Staatshaftung

1737 Eine weitere Möglichkeit, die Haftung gegenüber Dritten zu regeln, besteht darin, den Beamten oder die Beamtin primär haftbar zu machen, den Staat nur subsidiär, wenn und soweit die Beamtin oder der Beamte nicht in der Lage ist, den entstandenen Schaden zu decken. Das bedeutet, dass die Geschädigten zuerst vom Beamten bzw. von der Beamtin Schadenersatz fordern müssen und den Staat bloss für den Verlust verantwortlich machen können, den sie durch die *Zahlungsunfähigkeit des Beamten oder der Beamtin* erlitten haben. Diese Haftungsform gilt auf Bundesebene für Zivilstandsbeamte nach Art. 42 Abs. 1 und 3 ZGB und für Handelsregisterführer und -beamte nach Art. 928 Abs. 1 und 3 OR (vgl. Rz. 1782 ff.).

cc) Solidarische Haftung von Staat und Beamten bzw. Beamtinnen

1738 Bei der solidarischen Haftung von Staat und Beamten bzw. Beamtinnen können die Geschädigten ihre Forderungen gegenüber dem *Staat* oder dem *Beamten bzw. der Beamtin* oder gegenüber *beiden* Haftungssubjekten geltend machen.

dd) *Ausschliessliche Staatshaftung*

Am weitesten verbreitet ist die ausschliessliche Haftung des Gemeinwesens, so im Bund und in den meisten Kantonen. Bei diesem System haftet *Dritten gegenüber ausschliesslich der Staat*. Schadenersatzforderungen Dritter gegen Beamtinnen oder Beamte sind ausgeschlossen (nicht aber Regressforderungen des Staates, vgl. Rz. 1807 f.). Nur in einigen wenigen Kantonen sieht das Gesetz eine der drei anderen Formen der Haftung vor (vgl. die Übersicht bei MOOR Vol. II, S. 462 ff.).

1739

2. Verschuldens- und Kausalhaftung

Nach dem *Haftungsgrund* kann zwischen Verschuldens- und Kausalhaftung unterschieden werden.

1740

Die *Beamtenhaftung* ist regelmässig als *Verschuldenshaftung* ausgestaltet (siehe dazu Rz. 1736, 1809 ff.).

1741

Bei der *Staatshaftung* finden sich beide Arten, wobei die Tendenz eher in Richtung *Kausalhaftung* geht. Diese moderne Konzeption liegt der Haftungsgesetzgebung im Bund und in vielen Kantonen (u.a. Zürich) zugrunde. In einigen Kantonen haftet zwar ausschliesslich der Staat, aber nur bei Verschulden des Beamten oder der Beamtin.

1742

Bei der Verschuldenshaftung können die Geschädigten in eine schwierige Lage geraten, wenn sie *beweisen* müssen, dass der Beamte oder die Beamtin den Schaden schuldhaft (vorsätzlich oder fahrlässig) verursacht hat.

1743

3. Haftung für rechtmässig und rechtswidrig zugefügten Schaden

Die Unterscheidung zwischen der Haftung für rechtmässig und rechtswidrig zugefügten Schaden knüpft ebenfalls am *Haftungsgrund* an.

1744

a) *Haftung für rechtswidrig zugefügten Schaden*

Die Rechtswidrigkeit der schädigenden Handlung oder Unterlassung ist regelmässig Voraussetzung der Staats- oder Beamtenhaftung (siehe Rz. 1754 ff.).

1745

b) *Haftung für rechtmässig zugefügten Schaden*

Der Staat haftet ausnahmsweise auch für rechtmässig zugefügten Schaden, wenn den Geschädigten nicht zugemutet werden kann, ihn zu tragen (siehe Rz. 1789 ff.).

1746

§ 30   Die Staatshaftung

Rechtliche Grundlagen:

Bundesgesetz über die Verantwortlichkeit des Bundes sowie seiner Behördemitglieder und Beamten (Verantwortlichkeitsgesetz) vom 14. März 1958 (SR 170.32) (VG)

I.   Haftungssubjekte

1747   Der Anspruch auf Schadenersatz kann sich gegen Bund, Kantone, Gemeinden oder andere juristische Personen des öffentlichen Rechts (Körperschaften, Stiftungen oder selbständige Anstalten) richten. Im Bund können auch ausserhalb der ordentlichen Bundesverwaltung stehende und mit öffentlichen Aufgaben des Bundes betraute Organisationen Haftungssubjekte sein (Art. 19 VG).

II.   Voraussetzungen der allgemeinen Staatshaftung

1.   Personen, für deren Verhalten der Staat haftbar werden kann

1748   Das jeweils anwendbare Haftungsgesetz umschreibt den Kreis der Personen, für deren Verhalten der Staat haftbar gemacht werden kann. Dem Verantwortlichkeitsgesetz des Bundes liegt ein *weiter Beamtenbegriff* (vgl. Rz. 1205) zugrunde. Darunter fällt jede Person, die unmittelbar mit öffentlichrechtlichen Aufgaben des Bundes betraut ist (Art. 1 Abs. 1 lit. f VG). Eine solche Person kann haupt- oder nebenamtlich tätig, als Magistratsperson oder Beamter bzw. Beamtin gewählt, öffentlich- oder privatrechtlich angestellt sein. Ob überhaupt ein Dienstverhältnis zum Bund besteht, ist belanglos (BGE 94 I 628, 639). Für das Verhalten von Organen oder Angestellten einer mit öffentlichrechtlichen Aufgaben des Bundes betrauten und ausserhalb der ordentlichen Bundesverwaltung stehenden Organisation haftet nach Art. 19 Abs. 1 lit. a VG primär die Organisation, der Bund nur subsidiär, soweit die Organisation die geschuldete Entschädigung nicht zu leisten vermag.

Beispiele:

1749   –   Die Anwendbarkeit des Verantwortlichkeitsgesetzes wurde bejaht bei einem Schaden, der angeblich entstanden war durch das Verhalten des Schweizerischen Elektrotechnischen Vereins, dem der Bund die Kontrolle über die Starkstromanlagen übertragen hatte (BGE 94 I 628, 639; vgl. auch BGE 108 Ib 389 ff.).

1750   –   Das Bundesgericht bezeichnete es als zweifelhaft, ob kantonale Beamte, die in einem Bundesstrafverfahren Aufgaben der gerichtlichen Polizei erfüllen, dem Verantwortlichkeitsgesetz unterstehen. Diese Aufgaben würden ihnen vom Gesetz selbst übertragen, weshalb sich die Auffassung vertreten lasse, sie übten insoweit eine Tätigkeit im Rahmen der mittelbaren Bundesverwaltung aus und seien nicht "unmittelbar" mit öffentlichrechtlichen Aufgaben des Bundes betraut. Anders verhalte es sich, wenn sich das Bundesstrafverfahren im Stadium der Anklage befinde. Werde ein kantonaler Beamter in diesem Zeitpunkt mit der Kontrolle der Korrespondenz eines Untersuchungsgefangenen beauftragt, so sei ihm unmittelbar eine öffentlichrechtliche Aufgabe des Bundes übertragen worden; das Verantwortlichkeitsgesetz finde deshalb Anwendung (BGE 106 Ib 273, 274).

2. Öffentlichrechtlicher Tätigkeitsbereich

Der Staat haftet für schädigende Handlungen oder Unterlassungen im Bereich der vom öffentlichen Recht geregelten amtlichen Tätigkeiten (vgl. für den Bund Art. 3 VG). Demgegenüber richtet sich die Haftung nach den Vorschriften des *Privatrechts*, soweit der Staat als Subjekt des Privatrechts auftritt, also insbesondere im Bereiche der Verwaltung des Finanzvermögens, der administrativen Hilfstätigkeiten und der fiskalischen Wettbewerbswirtschaft (vgl. Rz. 1769 ff.). Im Bund steht auch in diesen Fällen den Geschädigten nur ein Anspruch gegen den Bund, nicht gegen die fehlbaren Beamtinnen und Beamten zu (Art. 11 Abs. 2 VG). 1751

3. Handlungen oder Unterlassungen in Ausübung einer amtlichen Tätigkeit

Der Staat kann nur haftbar werden, wenn ein *funktioneller Zusammenhang* zwischen dem schädigenden Verhalten und einer amtlichen Tätigkeit besteht (vgl. für den Bund Art. 3 VG). Als amtliche Tätigkeit kommen Tathandlungen oder Realakte (z.B. Kehrichtabfuhr oder Wasserversorgung), Anordnungen im Einzelfall (Verfügungen) oder sogar der Erlass von generell-abstrakten Rechtsnormen (z.B. Verordnungen) in Frage. Handlungen oder Unterlassungen, die nicht in Ausübung, sondern nur "bei Gelegenheit" einer amtlichen Tätigkeit erfolgen, können nicht zu einer Haftung des Staates führen. Der Staat trägt m.a.W. nur das "Betriebsrisiko", nicht das allgemeine Risiko für das Verhalten der für ihn Aufgaben erfüllenden "Menschen" (vgl. BISCHOF, S. 79). Entscheidend ist nach KAUFMANN (Die Verantwortlichkeit, S. 261a), ob die Beamtinnen oder Beamten infolge ihrer amtlichen Stellung in der Lage waren, die schädigende Handlung vorzunehmen und ob die Geschädigten nach den konkreten Umständen die schädigende Handlung als Amtshandlung betrachten durften. Nach der Auffassung von JAAG ist der Ausschluss der Haftung für Schädigungen "bei Gelegenheit" der Verrichtung von Amtshandlungen nicht gerechtfertigt, wenn die Beamtinnen oder Beamten nur dank ihrer Tätigkeit in der Lage waren, die Tat zu begehen (Staats- und Beamtenhaftung, Rz. 90). 1752

Beispiele: 1753
– Ein Laborant leert beim Aufräumen des Labors ein Glas Säure zum Fenster hinaus und verletzt dadurch einen Passanten. Dabei handelt er in Ausübung einer amtlichen Tätigkeit, nicht aber, wenn er in einer Arbeitspause seine Zigarette zum Fenster hinauswirft und einen Brand verursacht.
– Ein Beamter, der während der Arbeitszeit Lottoscheine fälscht, handelt nicht in Ausübung, sondern bei Gelegenheit einer amtlichen Tätigkeit.
– Ein betrunkener Angehöriger der Armee, der auf dem Weg von der Gastwirtschaft zurück in die Kaserne ein Haus anzündet, begeht diese Tat nicht in Ausübung seiner amtlichen Tätigkeit, sondern in seiner Freizeit.

4. Widerrechtlichkeit

a) Grundsatz

1754   Die schädigende *Handlung* muss rechtswidrig sein. Dabei sind zwei Fälle zu unterscheiden: Die Verletzung von absolut geschützten Rechtsgütern, zu denen Leib, Leben, Freiheit, Persönlichkeit und Eigentum gezählt werden, ist immer widerrechtlich (BGE 123 II 577, 581 ff. m.w.H.; weniger klar BGE 120 Ib 411, 414; vgl. JAAG, Staats- und Beamtenhaftung, Rz. 96 ff.). Bei einer Beeinträchtigung des Vermögens muss hingegen ein Verstoss gegen ein Ge- oder Verbot der Rechtsordnung vorliegen, welches dem Schutze des verletzten Rechtsgutes dient. In diesem Falle muss also eine spezifisch der geschädigten Person Schutz gewährende Rechtsnorm missachtet worden sein (BGE 118 Ib 163; 116 Ib 193, 195 f.).

1754a   *Unterlassungen* sind nur rechtswidrig, wenn eine Rechtspflicht zum Handeln bestand. Vorausgesetzt wird somit eine Dienstpflichtverletzung (BGE 123 II 577, 583).

1754b   Die Verletzung absolut geschützter Rechtsgüter ist nicht widerrechtlich, wenn die schädigende Handlung durch einen Rechtfertigungsgrund gedeckt wird. Im Vordergrund steht im Bereich der Staatshaftung die *rechtmässige Ausübung hoheitlicher Gewalt*. Die Schädigung durch eine Amtshandlung ist dann gerechtfertigt, wenn sie der gesetzlich vorgesehene Sinn und Zweck der Handlung ist (wie z.B. bei einer Verhaftung) oder wenn sie zwangsläufig mit der Durchführung des Gesetzes verbunden ist. Die Schädigung ist hingegen nicht gerechtfertigt, wenn sie eine vom Gesetz nicht gewollte Nebenfolge bei der Ausübung einer an sich rechtmässigen Tätigkeit ist (BGE 123 II 577, 585 f.). Ein weiterer bedeutsamer Rechtfertigungsgrund, insbesondere im Bereich der Tätigkeit öffentlicher Spitäler, ist die Einwilligung der Verletzten (vgl. dazu JAAG, Staats- und Beamtenhaftung, Rz. 124).

Beispiele:

1755   –   Auf Beschwerde hin hoben der Bundesrat und das Bundesgericht eine kantonale Verfügung auf, mit welcher die Bauarbeiten für einen Asbestbetrieb gestützt auf das Bundesgesetz über die Arbeit in Industrie, Gewerbe und Handel (Arbeitsgesetz) vom 13. März 1964 (SR 822.11) eingestellt worden waren. Das betroffene Unternehmen forderte mit verwaltungsrechtlicher Klage vom Bund Ersatz des durch die Einstellung der Bauarbeiten verursachten Schadens, weil der Bund seine Pflicht zur Beaufsichtigung der Kantone beim Vollzug des Arbeitsgesetzes nicht erfüllt habe. Das Bundesgericht wies die Klage ab, unter anderem mit der Begründung, die Vorschriften des Arbeitsgesetzes über die Aufsicht durch die eidgenössischen Arbeitsinspektorate dienten dem Schutz der Arbeitnehmer und nicht jenem der Betriebe (VPB 50 [1986] Nr. 31).

1756   –   Die Nachlassliquidatoren einer Bank verlangten vom Bund Schadenersatz, weil die Eidgenössische Bankenkommission ihre Aufsichtspflicht vernachlässigt habe. Das Bundesgericht lehnte eine Haftung ab, weil die Aufsichtspflicht dem Schutz der Gläubiger, nicht der Bank dient; somit war die Widerrechtlichkeit im Sinne von Art. 3 Abs. 1 VG nicht gegeben (BGE 106 Ib 357 ff.; vgl. auch BGE 116 Ib 193, 196).

1757   –   Ein Bauherr klagte gegen eine Gemeinde auf Ersatz des Schadens, der wegen rechtswidriger Verzögerung der Erteilung einer Baubewilligung entstanden sei. Das Kantonsgericht St. Gallen stellte fest, Widerrechtlichkeit liege vor, wenn die Verzögerung nicht durch triftige Gründe gerechtfertigt werden könne, d.h. wenn die Umstände, welche zur unangemessenen Verlängerung des Verfahrens führten, objektiv nicht gerechtfertigt seien. Die Widerrechtlichkeit wurde bejaht, da keine solchen Gründe vorlagen und ein ähnlich gelagertes Projekt eines anderen Bauherrn zeitlich bevorzugt behandelt worden war (SJZ 83 [1987] 30 f.).

1757a   –   Im November 1987 informierten die Bundesbehörden die Öffentlichkeit darüber, dass im Weichkäse Vacherin Mont d'Or Listeriose-Bakterien festgestellt worden seien, und gaben Empfehlungen bezüglich des weiteren Konsums des Käses heraus. Gewissen Bevölkerungskreisen wurde dabei vom Genuss dieses Produktes abgeraten. Verschiedene Weichkäsehersteller erhoben daraufhin (nach der damals noch geltenden Fassung von Art. 116 OG) verwaltungsrechtliche Klage gegen den Bund auf Bezahlung von Schadenersatz wegen des eingetretenen Umsatzrückganges. Das Bundesgericht entschied, die Informationstätigkeit der Behörden, welche auf Art. 3 des Bundesgesetzes über die Bekämpfung übertragbarer Krankheiten des Menschen vom 18. Dezember 1970 (Epidemiengesetz, SR 818.101) beruhte, sei aufgrund des damaligen Kenntnisstanden angemessen gewesen. Deren Widerrechtlichkeit könnte ohnehin nur bejaht werden, wenn sie sich als überhaupt nicht vertretbar erwiesen hätte (BGE 118 Ib 473, 482 f.).

b) Abänderung eines Entscheides im Rechtsmittelverfahren

Wird ein Entscheid im Rechtsmittelverfahren geändert oder aufgehoben, so steht seine Rechtswidrigkeit fest. Es fragt sich, ob das für den Entscheid verantwortliche Gemeinwesen für den Schaden, der durch den rechtswidrigen Entscheid entstanden ist, haftbar gemacht werden kann.   1758

Beispiele:
- Die zuständige Behörde verbot die Aufführung eines aus ihrer Sicht sittenwidrigen Filmes. Der vom Verbot betroffene Kinoinhaber führte gegen diesen Entscheid Beschwerde, die in der Folge gutgeheissen wurde. Kann der beschwerdeführende Kinobesitzer den ihm entstandenen Schaden gegenüber dem Staat geltend machen?   1759
- Der türkische Staatsangehörige X. stellte 1982 ein Asylgesuch, welches er damit begründete, er werde als Sympathisant der kurdischen Widerstandsorganisation PKK in seinem Heimatland verfolgt. 1988 wies das Eidg. Justiz- und Polizeidepartement in letzter Instanz das Gesuch ab und liess X. einige Monate später in die Türkei ausschaffen, wo er kurz nach seiner Einreise verhaftet wurde. In der Untersuchungshaft wurde er mehrfach gefoltert. Nach seiner Haftentlassung kehrte X. in die Schweiz zurück, wo er in einem zweiten Asylverfahren als Flüchtling anerkannt wurde. Er gelangte hierauf an den Bund mit dem Begehren auf Leistung von Schadenersatz und Genugtuung (BGE 119 Ib 208 ff.; vgl. auch Rz. 1768a).   1759a

Es leuchtet ein, dass nicht jede Änderung eines Entscheides im Rechtsmittelverfahren zur Haftung des Staates führen kann. Der Begriff der Rechtswidrigkeit des Verhaltens der Behörden oder Beamtinnen und Beamten, welche die Entscheidungen treffen, ist enger als derjenige der Rechtswidrigkeit des Entscheides selbst. Wenn diese Amtspersonen das Gesetz auslegen oder von ihrem Ermessen Gebrauch machen, so ist ihre Tätigkeit nicht allein deshalb als rechtswidrig zu bezeichnen, weil eine höhere Instanz diese Auslegung oder Ermessenshandhabung nicht für zutreffend erachtet. Die Widerrechtlichkeit des Verhaltens der entscheidenden Amtspersonen setzt einen besonderen Fehler voraus, der nicht schon vorliegt, wenn sich ihre Entscheidungen später als unrichtig, gesetzwidrig oder sogar willkürlich erweisen. Haftungsbegründende Widerrechtlichkeit ist vielmehr erst dann gegeben, wenn diese Personen eine für die Ausübung ihrer Funktion wesentliche Pflicht, d.h. eine wesentliche Amtspflicht, verletzt haben (BGE 123 II 577, 582; 120 Ib 248, 249; 118 Ib 163, 164 m.w.H.; weniger restriktiv noch BGE 112 II 231, 235 = Pra 76 [1987] Nr. 65, wo eine schwere Rechtsverletzung, z.B. ein Missbrauch der Entscheidungsbefugnisse oder eine Missachtung von klaren Rechtsnormen oder Rechtsprinzipien, vorausgesetzt wurde). Nach § 6 Abs. 2 des zürcherischen Gesetzes über die Haftung des Staates und der Gemeinden sowie ihrer Behörden und Beamten (Haftungsgesetz) vom 14. September 1969 (ZH LS 170.1) haftet der Staat bei einer Änderung eines   1760

Entscheides im Rechtsmittelverfahren nur, wenn ein Beamter einer Vorinstanz *arglistig* gehandelt hat. Im Bund fehlt eine entsprechende gesetzliche Regelung.

5. Schaden

1761 Die Haftung des Staates setzt den Eintritt eines Schadens voraus. Dieser ergibt sich aus der Differenz zwischen zwei Vermögensständen, demjenigen nach Eintritt des schädigenden Ereignisses und demjenigen, der ohne dieses Ereignis bestünde. Unter bestimmten Voraussetzungen kann zudem ein Anspruch auf Ersatz von immateriellen Schäden durch Leistung einer Geldsumme als Genugtuung geltend gemacht werden (vgl. Art. 6 VG).

1762 Wie bei den allgemeinen Regeln des Haftpflichtrechts nach Art. 41 ff. OR enthält auch das Verantwortlichkeitsgesetz Gründe für die Reduktion der Entschädigung (Art. 4) und besondere Regeln für die Schadensberechnung bei Körperverletzung und Tötung (Art. 5 f.).

6. Adäquater Kausalzusammenhang

1763 Bei der Staatshaftung muss – analog zum Zivilrecht – zwischen dem schädigenden Ereignis und dem Schaden ein Kausalzusammenhang bestehen, d.h. die Schadenursache muss nach dem gewöhnlichen Lauf der Dinge und nach den Erfahrungen des Lebens geeignet sein, einen Erfolg von der Art des eingetretenen herbeizuführen oder zu begünstigen.

1764 Beispiel:
Frau M. klagte gegen den Kanton Zürich auf Ersatz des Schadens, der ihr dadurch entstanden sei, dass ihr ehemaliger Ehemann während des übermässig lange dauernden Ehescheidungsprozesses das eheliche Vermögen stark vermindert habe. Das Bundesgericht wies die Klage ab, weil die Klägerin nicht alle ihr zur Verfügung stehenden Vorkehren getroffen habe, um auf eine Beschleunigung des Verfahrens hinzuwirken. Dieses Untätigsein müsse ihr als Selbstverschulden angerechnet werden. Dadurch sei der Kausalzusammenhang zwischen der beanstandeten Prozessführung und einem eventuellen Schaden unterbrochen worden (BGE 107 Ib 155, 159).

7. Verschulden

1765 Die allgemeine Staatshaftung ist in der Regel als Kausalhaftung ausgestaltet, setzt also nur Widerrechtlichkeit, aber kein Verschulden voraus (vgl. Rz. 1740 ff.; für den Bund Art. 3 Abs. 1 VG). In einigen Kantonen wird die Haftung des Staates jedoch vom Verschulden der handelnden Person abhängig gemacht.

8. Einschränkungen der Staatshaftung

a) Einwilligung oder Selbstverschulden der geschädigten Person

1766 Die Ersatzpflicht kann ermässigt oder gänzlich von ihr entbunden werden, wenn die geschädigte Person in die schädigende Handlung eingewilligt hat oder wenn Umstände, für die sie einstehen muss, auf die Entstehung oder Verschlimmerung des Schadens eingewirkt haben (vgl. Art. 4 VG).

b) *Keine Überprüfung von formell rechtskräftigen Verfügungen, Entscheiden und Urteilen*

Im Verantwortlichkeitsprozess ist die Überprüfung formell rechtskräftiger Verfügungen, Entscheide und Urteile ausgeschlossen (vgl. Art. 12 VG). Eine Verfügung, die nicht angefochten worden ist, gilt für den Staatshaftungsrichter von Gesetzes wegen als rechtmässig. Nach dem *Prinzip der Einmaligkeit des Rechtsschutzes* können die Mängel einer Verfügung nur im Verfahren der Verwaltungsrechtspflege, nicht auch noch im Verantwortlichkeitsprozess geltend gemacht werden (Subsidiarität der Staatshaftung gegenüber dem Verwaltungsrechtsschutz). Damit soll ein "Nachholen" versäumter und eine Kontrolle erfolgloser Rechtsmittel im Verantwortlichkeitsprozess ausgeschlossen werden. **1767**

Umstritten ist, ob dieses Überprüfungsverbot auch gilt, wenn eine Verfügung nicht anfechtbar ist (z.B. Verfügungen des Bundesrates oder der Bundesversammlung) oder sofort vollzogen wird. Das Bundesgericht weigerte sich, die Rechtmässigkeit einer Verfügung, mit welcher der Bundesrat einen hohen Beamten entlassen hatte, in einem Verantwortlichkeitsverfahren zu überprüfen (BGE 93 I 67 ff.). In BGE 100 Ib 8 ff. erklärte es dagegen, Art. 12 VG sei auf Verfügungen von Zollorganen über ihre Zuständigkeit nicht anwendbar, wenn sie sofort vollzogen werden. Die Auffassung, dass Art. 12 VG vor allem auf schriftlich eröffnete und mit einer Rechtsmittelbelehrung versehene Verfügungen zugeschnitten sei, wurde in BGE 119 Ib 208 ff., 212 bestätigt, wobei die Frage nicht unmittelbar entscheidungsrelevant war. **1768**

Beispiel: **1768a**
Im vorne (Rz. 1759a) dargestellten Fall lehnte das Bundesgericht eine Forderung des Flüchtlings X. auf Leistung von Schadenersatz und Genugtuung gegen den Bund ab mit der Begründung, als Ursache der Inhaftierung und der behaupteten Folterung in der Türkei komme allein die Ausschaffung aus der Schweiz in Betracht, welche die Folge des rechtskräftigen negativen Beschwerdeentscheides des Eidg. Justiz- und Polizeidepartementes über das Asylgesuch gewesen sei. Die Frage der Widerrechtlichkeit des staatlichen Verhaltens könne deshalb nach Art. 12 VG nicht geprüft werden. Dass X. nach seiner erneuten Einreise in die Schweiz Asyl gewährt worden sei, ändere an der formellen Rechtskraft der früheren Anordnung nichts, sei doch im neuen Asylentscheid ein gänzlich veränderter Sachverhalt zu beurteilen gewesen (BGE 119 Ib 208 ff.).

III. Besondere Haftungsregelungen

1. Haftung gemäss Privatrecht

*a) Privatrechtliche und gewerbliche Tätigkeiten des Staates
(Art. 41 ff., 61 Abs. 2 OR)*

1769   Die Haftung für Staatstätigkeiten, die keinen hoheitlichen, sondern privatrechtlichen bzw. gewerblichen Charakter tragen, bestimmt sich nach den Regeln des Privatrechts.

1770   Der Staat tritt bei der administrativen Hilfstätigkeit und bei der Verwaltung des Finanzvermögens als Privatrechtssubjekt auf. Wird bei diesen privatrechtlichen Tätigkeiten ein Schaden verursacht, kommen die Vorschriften über die unerlaubte Handlung (Art. 41 ff. OR), die Geschäftsherrenhaftung (Art. 55 OR) und die Organhaftung (Art. 55 ZGB) zur Anwendung. Übt der Staat eine gewerbliche Tätigkeit aus, die grundsätzlich auch Privaten offen steht und bei welcher die Erzielung von Gewinn eine Rolle spielt (vor allem bei der fiskalischen Wettbewerbswirtschaft, aber auch in gewissen Bereichen der Leistungsverwaltung), und bedient er sich dabei keiner hoheitlichen Mittel, sondern tritt den Privaten gleichgeordnet gegenüber, sind ebenfalls die privatrechtlichen Haftungsbestimmungen massgebend. Die Abgrenzung zwischen hoheitlicher und privatrechtlicher bzw. gewerblicher Tätigkeit ist zwar umstritten (vgl. z.B. BISCHOF, S. 83 ff.; STARK, Gedanken zur Haftpflicht, S. 5 ff.; MOOR Vol. II, S. 457 ff., der auf die "fonction proprement étatique de l'activité administrative" [S. 458] abstellen will). Sie hat aber wegen der ausdrücklichen Regelung der anwendbaren Haftungsbestimmungen in neueren Gesetzen (vgl. z.B. Art. 11 des Postgesetzes [PG] vom 30. April 1997 [SR 783.0], Art. 16 des Bundesgesetzes über die Organisation der Postunternehmung des Bundes [Postorganisationsgesetz, POG] vom 30. April 1997 [SR 783.1], Art. 18 des Bundesgesetzes über die Organisation der Telekommunikationsunternehmung des Bundes [Telekommunikationsgesetz, TUG] vom 30. April 1997 [SR 784.11] und der Annäherung der öffentlichrechtlichen und privatrechtlichen Haftungsregelungen an Bedeutung verloren (BISCHOF, S. 105).

1771   Aufgrund von Art. 61 Abs. 2 OR können die schädigenden Amtspersonen bei Verrichtungen, die nicht hoheitlicher, sondern privatrechtlicher bzw. gewerblicher Natur sind, direkt persönlich belangt werden. Sie haften aber – nach den Regeln des Art. 41 ff. OR – nur bei Verschulden. Der Bund hat für privatrechtliche Tätigkeiten eine Sonderregelung getroffen. Er haftet dabei ebenfalls nach Zivilrecht; den Geschädigten steht aber kein Anspruch gegenüber den fehlbaren Beamtinnen oder Beamten zu (Art. 11 VG). Nach neuerer Auffassung verbietet Art. 61 Abs. 2 OR den Kantonen nicht, auch bei gewerblichen Verrichtungen an Stelle der Beamtenhaftung eine direkte Staatshaftung vorzusehen; sie dürfen jedoch nicht zum Nachteil der Geschädigten vom OR abweichen (vgl. STARK, Gedanken zur Haftpflicht, S. 3, Anm. 12, mit Hinweisen).

1772   Beispiel:
Die Krankenbetreuung in öffentlichen Spitälern, die von Ärzten in amtlicher Eigenschaft ausgeübt wird, gilt als hoheitliche, nicht als gewerbliche Tätigkeit. Erleidet ein Patient dadurch einen Schaden, so bestimmt sich die Haftung nach dem kantonalen Haftungsgesetz (BGE 111 II 149 ff.; 115 Ib 175,

179; kritisch dazu STARK, Gedanken zur Haftpflicht, S. 5 f.). Schwieriger zu beurteilen ist die Frage, ob die Behandlung von Privatpatienten an öffentlichen Spitälern durch Chefärzte als amtliche oder als private Tätigkeit einzustufen ist (vgl. BGE 112 Ib 334, 336 ff.; 111 II 149, 155). In einem neueren Entscheid hat sich das Bundesgericht für die Anwendbarkeit des kantonalen Staatshaftungsrechts ausgesprochen (BGE 122 III 101, 104 f.).

b)   Grundeigentümerhaftung (Art. 679 ZGB)

Überschreitet der Staat als Grundeigentümer die einem solchen zustehenden zivilrechtlichen Befugnisse, so bestimmt sich die Haftung des Staates grundsätzlich nach der allgemeinen Kausalhaftungsvorschrift des Art. 679 ZGB.   1773

Bei der *schädigenden Einwirkung öffentlicher Werke auf die Nachbarschaft* ist zu unterscheiden zwischen folgenden zwei Fällen: 1774
–   Wenn der Schaden im Zusammenhang mit der Erfüllung öffentlicher Aufgaben zugefügt wird, die schädigende Handlung dem Zweck des betreffenden öffentlichen Werkes entspricht und als solche unvermeidbar ist, beurteilt sich die Haftung des Staates nach *Enteignungsrecht* (vgl. auch Rz. 1617 ff.).
–   Sind hingegen diese Voraussetzungen nicht gegeben, richtet sich die Verantwortlichkeit des Staates nach *privatrechtlichen Regeln* (Grundeigentümerhaftung nach Art. 679 ZGB oder Werkeigentümerhaftung nach Art. 58 OR).

Im ersten Fall sind die Schadenersatzforderungen im Enteignungsverfahren geltend zu machen, im zweiten beim Zivilgericht.   1775

Beispiele:
–   Das Bundesgericht hatte zu beurteilen, ob der Kanton Zürich für den Schaden, den ein öffentliches, unter der Hoheit des Kantons stehendes Gewässer durch Überschwemmung auf einem benachbarten Grundstück verursachte, nach Art. 679 ZGB oder nach Art. 58 OR einzustehen habe. Es führte dabei aus, dass für die privatrechtliche Haftung nicht Eigentum des Gemeinwesens im Sinne des Privatrechts vorauszusetzen sei. Das staatliche Hoheitsrecht als solches, das dem Gemeinwesen eine eigentumsähnliche Sachherrschaft gewähre, rechtfertige die Anwendung der privatrechtlichen Haftungsregeln (BGE 91 II 474 ff., 479).   1776
–   Auf dem zum Waffenplatz Brugg gehörenden Gefechtsschiessplatz Eichwald (Gemeinde Zeihen) werden nach dem Einbau von Lärmschutzvorrichtungen an höchstens 48 Tagen pro Jahr tagsüber scharfe Handgranaten geworfen. Der Eigentümer eines etwa 1,5 km entfernten Gehöftes reichte gestützt auf Art. 684 und Art. 28 ZGB beim Gerichtspräsidium Laufenburg Klage gegen den Bund ein. Er verlangte, das Werfen von scharfen Handgranaten auf dem Gefechtsschiessplatz Eichwald sei sofort einzustellen. Der Bund beantragte, die Klage sei wegen Unzuständigkeit der Zivilgerichte von der Hand zu weisen. Das Bundesgericht lehnte eine staatsrechtliche Beschwerde gegen das Urteil des aargauischen Obergerichts, welches die Zuständigkeit der Zivilgerichte verneint hatte, ab. Der Bau und Betrieb von Waffen- und Schiessplätzen liege im Interesse des Landes. Dem Bund stehe hiefür das Enteignungsrecht zu. Auf dem Schiessplatz Eichwald seien Lärmschutzvorkehrungen getroffen worden. Der Schiessbetrieb könne nicht weiter beschränkt werden, ohne das Ausbildungsziel in Frage zu stellen. Die bestimmungsgemässe Benutzung des Schiessplatzes sei unvermeidbar mit übermässigen Lärmeinwirkungen verbunden. Die Streitsache habe deshalb nicht privatrechtlichen, sondern öffentlichrechtlichen Charakter (BGE 107 Ib 387 ff.; vgl. auch BGE 112 Ib 176, 177).   1777

c) Werkeigentümerhaftung (Art. 58 OR)

1778 Die im Zusammenhang mit der Benutzung eines *mangelhaften öffentlichen Werkes* eingetretenen Schädigungen können eine Kausalhaftung des Staates als Werkeigentümer auslösen. Das öffentliche Werk muss bei Anwendung angemessener Sorgfalt gefahrlos benutzt werden können. Namentlich bei Strassen dürfen mit Bezug auf Anlage und Unterhalt *nicht zu hohe Anforderungen* gestellt werden, wobei je nach der Bedeutung und Benutzungsart zu differenzieren ist (SJZ 78 [1982] 235). Beim Unterhalt von Strassen bestimmt sich der Qualitätsmassstab nach dem *kantonalen öffentlichen Recht*; sind diese Bestimmungen eingehalten, so liegt ein Unterhaltsmangel nur vor, wenn elementare Massnahmen unterlassen wurden (BGE 102 II 343, 344).

Beispiele:
1779 – Die PTT (damals eine öffentlichrechtliche Anstalt des Bundes) hafteten als Werkeigentümer für den Schaden, der einem privaten Grundeigentümer dadurch entstand, dass durch ein Telefonleitungsrohr bei anhaltendem Regenfall so viel Wasser auf das Grundstück geleitet wurde, dass es zu einem Erdrutsch kam (BGE 112 II 228 ff.).
1780 – Der Eigentümer einer Strasse haftet aus Art. 58 OR, wenn er, während die Strasse gebaut oder instandgestellt wird, deren ordentliche Benutzung zulässt. Er muss für den Schaden aufkommen, der durch das Abrutschen der Strasse beim Befahren durch einen Lastwagen entsteht (BGE 108 II 184 ff.).
1781 – Das Fehlen einer Abschrankung bei einer an einem Abgrund entlang führenden Güterstrasse, die nicht dem öffentlichen Verkehr dient, begründet keine Werkeigentümerhaftung des Staates. Müssten Strassen und Wege, auch wenn sie wenig begangen sind, so angelegt werden, dass ein Strassenbenutzer selbst bei völliger Dunkelheit beidseits der Strasse einen Streifen von 2 m gefahrlos begehen kann, so wären die Strasseneigentümer bei den in der Schweiz herrschenden topographischen Verhältnissen überfordert (SJZ 78 [1982] 235 f. [Urteil des Kantonsgerichts St. Gallen vom 24. April 1980]).

2. Haftung gemäss Spezialgesetz

a) Vorbehalt spezialgesetzlicher Regelungen

1782 Bund und Kantone haben in Spezialerlassen abweichende Haftungsregelungen getroffen, die den allgemeinen Vorschriften des Verantwortlichkeitsgesetzes bzw. der kantonalen Haftungsgesetze vorgehen (vgl. für den Bund Art. 3 Abs. 2 VG).

b) Führung des Grundbuches (Art. 955 ZGB)

1783 Die Kantone sind für allen Schaden verantwortlich, der aus der Führung des Grundbuches entsteht (Kausalhaftung). Sie können bei Verschulden auf die Grundbuchbeamtinnen und -beamten und die Organe der unmittelbaren Aufsicht Rückgriff nehmen.

c)   Schuldbetreibung und Konkurs (Art. 5 ff. SchKG)

Für widerrechtliche Schädigungen in Erfüllung der Aufgaben aus dem Bundesgesetz über Schuldbetreibung und Konkurs haften die Kantone. Es besteht kein Anspruch der Geschädigten gegenüber den Fehlbaren. Das kantonale Recht regelt den Rückgriff auf die Personen, welche den Schaden verursacht haben (Art. 5 SchKG).   1784

d)   Führung des Handelsregisters (Art. 928 OR)

Die Handelsregisterführerinnen und -führer und die ihnen unmittelbar vorgesetzten Aufsichtsbehörden sind persönlich für den von ihnen schuldhaft verursachten Schaden haftbar. Die Haftung der Aufsichtsbehörden richtet sich nach den Vorschriften über die Verantwortlichkeit der Vormundschaftsbehörden (Art. 426 ff. ZGB). Der Kanton haftet subsidiär für den Schaden, der durch die haftbaren Beamtinnen und Beamten nicht gedeckt wird.   1785

e)   Zivilstandsbeamtinnen und -beamte (Art. 42 ZGB)

Die Zivilstandsbeamtinnen und -beamten und die ihnen unmittelbar vorgesetzten Aufsichtsbehörden haften persönlich für den Schaden, den sie selbst oder die von ihnen ernannten Angestellten schuldhaft verursacht haben. Die Haftbarkeit der Aufsichtsbehörden bestimmt sich nach den Vorschriften über die Verantwortlichkeit der Vormundschaftsbehörden (Art. 426 ff. ZGB). Der Kanton muss für den von den haftbaren Beamtinnen und Beamten nicht gedeckten Teil des Schadens subsidiär einstehen.   1786

f)   Motorfahrzeughalter (Art. 73 SVG)

Nach Art. 73 i.V.m. Art. 58 ff. SVG gelten für den Bund, die Kantone und die Gemeinden als Motorfahrzeughalter die gleichen Haftungsbestimmungen wie für private Halter (Gefährdungshaftung).   1787

g)   Schäden aus militärischen Veranstaltungen (Art. 135 ff. des Bundesgesetzes über die Armee und die Militärverwaltung vom 3. Februar 1995 [MG; SR 510.10])

Für Schäden, welche Angehörige der Armee Dritten in Ausübung ihrer dienstlichen Tätigkeit widerrechtlich zufügen, haftet der Bund ohne Rücksicht auf das Verschulden des Angehörigen der Armee. Ist durch ausserdienstliche Tätigkeiten ein unvermeidbarer Land- oder Sachschaden entstanden, so haftet der Bund auch dann, wenn die Angehörigen der Armee rechtmässig gehandelt haben. Bei Vorsatz oder grober Fahrlässigkeit kann der Bund auf die fehlbaren Angehörigen der Armee Regress nehmen.   1788

450

h) *Schäden aus dienstlichen Verrichtungen des Zivilschutzes*
    (Art. 58 ff. des Bundesgesetzes über den Zivilschutz vom 17. Juni 1994
    [ZSG; SR 520.1])

1788a Bund, Kantone und Gemeinden haften für alle Schäden, die im Rahmen dienstlicher Verrichtungen des Zivilschutzes Dritten widerrechtlich zugefügt werden. Für ihre Leistungen steht ihnen der Rückgriff auf die Person zu, die den Schaden vorsätzlich oder grobfahrlässig verursacht hat. Der Zivilschutzpflichtige kann – wie der Angehörige der Armee – für die von ihm verursachten Schäden nicht direkt belangt werden (Art. 58 Abs. 4 ZSG).

3. Exkurs: Haftung nach europäischem Gemeinschaftsrecht

1788b Unter welchen Voraussetzungen die Mitgliedstaaten der Europäischen Union gegenüber Privaten aufgrund des Gemeinschaftsrechts (vgl. Rz. 1732a) haftbar werden, hängt von der Art des dem Staat zuzurechnenden Verstosses gegen das Gemeinschaftsrecht ab, der dem verursachten Schaden zugrunde liegt. Verletzt ein Mitgliedstaat seine Verpflichtung, alle erforderlichen Massnahmen zur Erreichung des durch eine Richtlinie (vgl. zu diesem Begriff Rz. 119c f.) vorgeschriebenen Ziels zu treffen, so wird er entschädigungspflichtig, wenn das durch die Richtlinie vorgeschriebene Ziel die Begründung von Rechten zugunsten einzelner beinhaltet, wenn der Inhalt dieser Rechte auf der Grundlage der Richtlinie bestimmt werden kann und wenn ein Kausalzusammenhang zwischen dem Verstoss gegen die dem Staat auferlegte Verpflichtung und dem entstandenen Schaden besteht. Der Gerichtshof der Europäischen Gemeinschaft stellte in dem zu beurteilenden Fall fest, die Italienische Republik habe gegen das Gemeinschaftsrecht verstossen, indem sie die Richtlinie 80/987 zur Angleichung der Rechtsvorschriften der Mitgliedstaaten über den Schutz der Arbeitnehmer bei Zahlungsunfähigkeit des Arbeitgebers nicht fristgemäss umgesetzt habe. Das durch diese Richtlinie vorgeschriebene Ziel beinhalte die Begründung eines Rechts der Arbeitnehmer auf eine Garantie für die Befriedigung ihrer nicht erfüllten Ansprüche auf das Arbeitsentgelt. Der Inhalt dieses Rechts lasse sich auf der Grundlage der Richtlinien bestimmen. Die Italienische Republik habe deshalb im Rahmen des nationalen Staatshaftungsrechts die Schäden zu ersetzen, die den einzelnen dadurch entstehen, dass die Richtlinie 80/987 nicht umgesetzt worden ist (Urteil vom 19. November 1991, in: EuGRZ 19 [1992] 60, 63; vgl. dazu auch das Urteil vom 5. März 1996, in: EuGRZ 23 [1996] 144, 146 ff.; TOBIAS JAAG, Die Francovich-Rechtsprechung des europäischen Gerichtshofs, SZIER 6 [1996] 505 ff.).

IV. Haftung für rechtmässig zugefügten Schaden

1. Das Problem

1789 Schäden, die durch rechtmässige staatliche Handlungen verursacht werden, haben im allgemeinen die Geschädigten zu tragen. Dies kann zu sehr stossenden Ergebnissen führen, wenn der Schaden durch eine Handlung entstanden ist, welche die Geschädigten nicht veranlasst und von der sie auch nicht profitiert haben. Das Problem wird durch die neuere Rechtsprechung zum Begriff der Widerrechtlichkeit erheblich entschärft (vgl. vorne, Rz. 1754 ff.). Die Frage bleibt jedoch dann von Bedeutung, wenn entweder ein Rechtfertigungsgrund besteht oder ein blosser Vermögensschaden ohne Verletzung eines absoluten Rechtes vorliegt.

Beispiele:
– Zur Bekämpfung eines Brandes muss die Feuerwehr in das benachbarte Gebäude eindringen und verursacht dabei einen Schaden.
– Ein Verdächtiger wird rechtmässig in Untersuchungshaft genommen. Im Strafprozess erweist sich seine Unschuld.

2. Fälle mit gesetzlicher Regelung

Für bestimmte Fälle der rechtmässigen Zufügung von Schäden durch Organe des Staates sieht das Gesetz eine Ersatzpflicht des Staates vor.   1790

Beispiele: 1791
– Bei rechtmässigen Eingriffen des Staates in das Eigentum, die eine Enteignung darstellen oder ihr gleichkommen, ist volle Entschädigung zu leisten (Art. 22ter Abs. 3 BV).
– Gemäss § 191 i.V.m. § 43 der Zürcher Strafprozessordnung vom 4. Mai 1919 (StPO; ZH LS 321) hat der Angeschuldigte bei Freispruch oder Einstellung des Verfahrens Anspruch auf Ersatz des ihm durch das Verfahren zugefügten Schadens, wenn er dieses nicht durch ein verwerfliches oder leichtfertiges Benehmen verursacht oder dessen Durchführung erschwert hat.

Das Verantwortlichkeitsgesetz enthält keine Regelung über die Haftung des Bundes für Schäden, die durch rechtmässige Handlungen oder Unterlassungen entstanden sind. Die kantonalen Haftungsgesetze statuieren dagegen häufig eine Entschädigungspflicht des Staates für Schäden, welche Dritten aufgrund bestimmter polizeilicher Massnahmen entstehen (siehe auch Rz. 1957).   1792

3. Fälle ohne gesetzliche Regelung

Fehlt eine ausdrückliche gesetzliche Regelung, so haftet der Staat nach dem Legalitätsprinzip grundsätzlich nicht. Es fragt sich aber, ob sich eine Entschädigungspflicht des Staates für rechtmässig zugefügten Schaden *aus Art. 4 BV* herleiten lässt, wenn es als ein unzumutbares, mit dem Prinzip der "Lastengleichheit" nicht zu vereinbarendes *Sonderopfer* erschiene, die Betroffenen den Schaden selbst tragen zu lassen. Die neuere Lehre bejaht die Frage überwiegend, wobei vorausgesetzt wird, dass der Schaden speziell (nur einzelne Personen betreffend) und schwer (ein unzumutbares Opfer) sein muss, und dass die schädigende Handlung nicht durch die Geschädigten veranlasst wurde oder ihrem Schutz diente (vgl. FAJNOR, S. 129 ff.; GRISEL, S. 788 ff.; MOOR Vol. II, S. 478 ff.). Die Verfassungen der Kantone Aargau (§ 75 Abs. 2) und Basel-Landschaft (§ 13 Abs. 2) sehen vor, dass der Staat für den Schaden haftet, den seine Organe rechtmässig verursacht haben, wenn Einzelne davon schwer betroffen sind und ihnen nicht zugemutet werden kann, den Schaden selbst zu tragen (vgl. dazu auch Rz. 1957 betreffend Staatshaftung im Polizeinotstand).   1793

    Das Bundesgericht hat bisher erst die Haftung für rechtmässig zugefügte Vertrauensschäden anerkannt (vgl. Rz. 587 f.).   1794

V. Rechtsschutz

1. Rechtsschutz im Bund

1795   Die Geschädigten haben ihre Ansprüche gegen den Bund bei einer durch Verordnung des Bundesrates bezeichneten Behörde (in der Regel das Eidg. Finanzdepartement; vgl. Art. 1 f. der Verordnung zum Verantwortlichkeitsgesetz vom 30. Dezember 1958 [SR 170.321]) geltend zu machen; diese erlässt eine Verfügung, welche der *Verwaltungsgerichtsbeschwerde* an das Bundesgericht unterliegt (Art. 10 Abs. 1 und 19 Abs. 3 VG).

1795a   Ein anderes Verfahren ist in Art. 10 Abs. 2 VG für Ansprüche auf Schadenersatz und Genugtuung aus der Amtstätigkeit von Mitgliedern des Parlaments, des Bundesrates und des Bundesgerichts sowie des Bundeskanzlers vorgesehen. Entsprechende Entschädigungsbegehren sind dem Eidg. Finanzdepartement einzureichen; wird der Anspruch bestritten oder erhalten die Geschädigten binnen dreier Monate keine Stellungnahme, so steht ihnen die *verwaltungsrechtliche Klage* ans Bundesgericht gemäss Art. 116 lit. c OG offen; diese ist innert weiterer sechs Monate einzureichen (Art. 20 Abs. 3 VG).

2. Rechtsschutz in den Kantonen

1796   Die Kantone sehen die Möglichkeit eines Rechtsmittels an ein kantonales Verwaltungsgericht oder die Zuständigkeit eines Zivilgerichtes vor. Im Kanton Zürich entscheiden die *Zivilgerichte* über Ansprüche Dritter gegen den Staat (vgl. § 19 des Haftungsgesetzes des Kantons Zürich vom 14. September 1969 [ZH LS 170.1]).

§ 31   Die Beamtenhaftung

Rechtliche Grundlagen:

Bundesgesetz über die Verantwortlichkeit des Bundes sowie seiner Behördemitglieder und Beamten (Verantwortlichkeitsgesetz) vom 14. März 1958 (SR 170.32) (VG)

I.   Die externe Beamtenhaftung

1.   Begriff

Bei der externen Beamtenhaftung sind die schädigenden Beamtinnen und Beamten 1797
(Amtspersonen) den geschädigten Dritten gegenüber persönlich haftbar.

2.   Keine Beamtenhaftung bei ausschliesslicher Staatshaftung

Der Bund und die meisten Kantone sehen eine ausschliessliche Staatshaftung vor. 1798
Die Geschädigten haben keinen Anspruch auf Schadenersatz gegenüber den handelnden Amtspersonen (vgl. Rz. 1739).

Eine solidarische Haftung von Staat und Amtspersonen oder eine primäre oder 1799
sogar ausschliessliche Verantwortlichkeit der Beamtin oder des Beamten (vgl. Rz. 1736 ff.) kennen nur noch wenige Kantone und z.T. bloss für bestimmte Fälle.

3.   Beamtenhaftung gemäss spezialgesetzlicher Regelung

Die in Spezialgesetzen geregelte primäre persönliche Haftung der Amtsperson 1800
(Rz. 1785 ff.) ist unbefriedigend, weil die geschädigten Privaten ein Verschulden der Amtsperson nachweisen und bei deren Zahlungsunfähigkeit zusätzlich die subsidiär haftenden Kantone ins Recht fassen müssen.

II.   Die interne Beamtenhaftung

1.   Begriff

Interne Beamtenhaftung bedeutet, dass die Amtspersonen, welche Dritten oder dem 1801
Staat selbst einen Schaden zugefügt haben, dem Staat Ersatz leisten müssen.

2. Die zwei Haftungsfälle

1802 Die Amtsperson kann den Staat *direkt* in seinem Vermögen schädigen oder *indirekt* dadurch, dass sie ihn durch sein Verhalten gegenüber Dritten haftbar werden lässt.

a) Haftung der Amtsperson für dem Staate unmittelbar zugefügten Schaden

1803 Eine direkte Schädigung des Staates durch eine Amtsperson liegt vor, wenn das Vermögen des Staates durch eine Handlung oder Unterlassung der Amtsperson unmittelbar vermindert wird.

1804 Nach Art. 8 VG haften die Amtspersonen dem Bund für den Schaden, den sie ihm durch vorsätzliche oder grobfahrlässige Verletzung der Dienstpflicht unmittelbar zugefügt haben.

Beispiele:

1805 – Haftung eines Gemeindegutverwalters und Steuersekretärs für Vernachlässigung seiner Pflichten bei der Eintreibung von Steuergeldern (ZBl 87 [1986] 165 ff. [Urteil des Verwaltungsgerichts des Kantons Zürich vom 23. August 1985]);

1806 – Haftung eines Angestellten des Bundes für den Schaden, der bei einer durch ihn verursachten Kollision an einem Fahrzeug des Bundes entstanden war (BGE 104 Ib 1 ff.; siehe Rz. 1812).

b) Rückgriff des Staates auf die Amtsperson bei der Staatshaftung

1807 Hat der Staat für einen Schaden, der einem Dritten durch das Verhalten einer Amtsperson entstanden ist, Ersatz geleistet, so steht ihm der Rückgriff auf die betreffende Amtsperson zu. Diese haftet dem Staat in der Regel nur, wenn sie den Schaden vorsätzlich oder grobfahrlässig verursacht hat (für den Bund vgl. Art. 7 VG).

1808 Beispiele:
– Der Bund haftet als Motorfahrzeughalter für den Schaden, den ein Beamter oder ein Angehöriger der Armee bei der Fahrt mit einem Dienstfahrzeug einem Dritten zufügt. Der Bund kann auf den Verursacher Regress nehmen, sofern er vorsätzlich oder grobfahrlässig gehandelt hat (vgl. VPB 61 [1997] Nr. 88).
– Eine Gemeinde hat den Gebäudeschaden zu ersetzen, den ein Gemeindeangestellter durch unsachgemässes Fällen eines Baumes verursacht hat. Sie kann unter gewissen Voraussetzungen den Angestellten für diesen Schaden haftbar machen.

3. Verschuldenshaftung

1809 Die Beamtenhaftung ist als Verschuldenshaftung konzipiert. Eine Kausalhaftung wäre den Amtspersonen nicht zuzumuten und könnte eine allzu grosse Zurückhaltung bei der Erfüllung ihrer Aufgaben zur Folge haben. Auch im privatrechtlichen Arbeitsverhältnis haftet der Arbeitnehmer dem Arbeitgeber nur bei Verschulden.

1810 Die Amtspersonen haben im Bund nur für Schädigungen aufgrund vorsätzlicher oder grobfahrlässiger Verletzungen ihrer Dienstpflichten einzustehen (Art. 7 und 8 VG).

Beispiele:

– Bei der Sprengung eines Gebäudes im militärischen Wiederholungskurs wurde eine Zivilperson schwer verletzt. Der Bund haftete für den Schaden. Er konnte auf den für die Sprengung verantwortlichen Offizier Rückgriff nehmen, weil dieser die erforderlichen Warn- und Schutzmassnahmen unterlassen hatte, was als grobe Fahrlässigkeit erschien (BGE 111 Ib 192 ff.). 1811

– Bei der Kollision zwischen zwei Armeefahrzeugen im Armeemotorfahrzeugpark Hinwil entstand ein Schaden von Fr. 3'626.--. Das Eidg. Militärdepartement ordnete an, dass die beiden Lenker (Angestellte des Bundes) mit je Fr. 200.-- am Schaden zu beteiligen seien. Das Bundesgericht verneinte eine Haftung des Beamten, der diese Beteiligung am Schaden nicht akzeptiert hatte. Auf dem ganzen Areal von Armeemotorfahrzeugpärken könnten jederzeit Fahrzeugbewegungen zu den verschiedensten Zwecken stattfinden. Es entstünden deshalb oft Situationen ohne geregeltes Vortrittsrecht. Die Lenker von Fahrzeugen dürften sich darauf verlassen, dass dies anderen Lenkern bewusst sei. Ein Verstoss gegen eine elementare Vorsichtspflicht könne dem Beamten nicht vorgeworfen werden (BGE 104 Ib 1 ff.). 1812

4. Beteiligung mehrerer Amtspersonen

Haben mehrere Amtspersonen den Schaden gemeinsam verursacht, so haften sie dem Bunde in Abweichung von Art. 50 OR nicht solidarisch, sondern *anteilsmässig* entsprechend der Grösse ihres Verschuldens (Art. 9 Abs. 2 VG). 1813

III. Rechtsschutz

1. Rechtsschutz im Bunde

Über Ansprüche des Bundes gegen Amtspersonen auf Ersatz des direkten oder indirekten Schadens entscheiden die nach dem Beamtengesetz (BtG) vom 30. Juni 1927 (SR 172.221.10) und den ergänzenden Erlassen zuständigen Behörden. Gegen deren Verfügungen stehen die *Verwaltungsbeschwerde* an die Eidgenössische Personalrekurskommission und letztinstanzlich die *Verwaltungsgerichtsbeschwerde* an das Bundesgericht offen (Art. 10 Abs. 1 und 19 Abs. 3 VG, Art. 5 der Verordnung zum VG vom 30. Dezember 1958 [SR 170.321]). Schadenersatzansprüche des Bundes gegen Mitglieder der Bundesversammlung, des Bundesrates und des Bundesgerichts sowie gegen den Bundeskanzler sind dagegen mit *verwaltungsrechtlicher Klage* geltend zu machen (Art. 10 Abs. 2 VG, Art. 116 lit. c OG). 1814

2. Rechtsschutz in den Kantonen

In den meisten Kantonen entscheiden die *kantonalen Verwaltungsgerichte* über die (interne) Haftung von Amtspersonen (so etwa im Kanton Zürich nach § 19 Abs. 2 des Haftungsgesetzes des Kantons Zürich vom 14. September 1969 [ZH LS 170.1]). 1815

3. Zivilgerichtlicher Rechtsschutz für Personen im privatrechtlichen Dienstverhältnis

1816 Die Haftung von Personen, die zum Staat in einem privatrechtlichen Arbeitsverhältnis stehen, beurteilt sich nach den Vorschriften des Privatrechts. Zuständig sind die Zivilgerichte.

6. Teil   Öffentliche Sachen und ihre Benutzung

Literatur

BOSSHART JÜRG, Demonstrationen auf öffentlichem Grund, Diss. Zürich 1973; FLÜCKIGER AN-DREAS, Gemeingebrauch an oberirdischen öffentlichen Gewässern, insbesondere die Schiffahrt auf Schweizer Gewässern, Diss. Basel 1987; HAAS ADRIAN, Staats- und verwaltungsrechtliche Probleme bei der Regelung des Parkierens von Motorfahrzeugen auf öffentlichem und privatem Grund, insbesondere im Kanton Bern, Diss. Bern 1994; HANGARTNER YVO/KLEY-STRULLER ANDREAS, Demonstrationsfreiheit und Rechte Dritter, ZBl 96 (1995) 101 ff.; HOBE STEPHAN, Die dogmatische Verortung des Anliegergebrauchs als eigenständiges Rechtsinstitut zwischen Gemeingebrauch und Sondernutzung, DÖV 50 (1997) 323 ff.; JAAG TOBIAS, Gebührenpflichtiges Parkieren auf öffentlichem Grund, AJP 3 (1994) 179 ff.; JAAG TOBIAS, Gemeingebrauch und Sondernutzung öffentlicher Sachen, ZBl 93 (1992) 145 ff.; JUD HEINRICH, Rechtsverhältnisse an Gehflächen, Darstellung fussgängerbezogener Rechtsverhältnisse unter Berücksichtigung der Bundesgesetzgebung über Fuss- und Wanderwege, Diss. Zürich 1989; KOCH RICHARD A., Das Strassenrecht des Kantons Zürich (Strassenpolizeirecht), Zürich 1997; KÜNG MANFRED, Strassenreklamen im Verkehrs- und Baurecht, mit besonderer Berücksichtigung der Bestimmungen und der Praxis in Stadt und Kanton Zürich, Diss. Zürich 1990; MERZ HANS-RUDOLF, Finanz- und Verwaltungsvermögen in öffentlich-rechtlicher und wirtschaftlicher Betrachtungsweise unter besonderer Berücksichtigung der Staatsrechnung der Kantone, Diss. St. Gallen 1971; MÜLLER GEORG, Rechtsstellung von Anstössern an öffentlichen Strassen, recht 14 (1996) 218 ff.; MÜLLER WALTER, Die öffentliche Strasse und ihre Benützung nach aargauischem Verwaltungsrecht, Diss. Freiburg 1973; SAXER URS, Die Grundrechte und die Benutzung öffentlicher Strassen, Diss. Zürich 1988; STEINER HANSJÖRG, Die Rechtsstellung des Anstössers an öffentlichen Gewässern, Diss. Freiburg 1974; WERREN HUGO, Zur rechtlichen Analyse der Parkplatzbenützung, Diss. Zürich 1986.

§ 32 Begriff und Arten der öffentlichen Sachen

I. Allgemeines

1. Begriff der öffentlichen Sache i.w.S.

Öffentliche Sachen i.w.S. sind alle Sachen, deren sich der Staat zur Erfüllung seiner Aufgaben bedient. 1817

Massgebend für die Zugehörigkeit zu den öffentlichen Sachen i.w.S. ist deren Zweckbestimmung und die Verfügungsmöglichkeit (Hoheit) des Staates darüber. Dagegen bildet das Eigentum kein Anknüpfungskriterium; öffentliche Sachen können auch im Privateigentum stehen (vgl. IMBODEN/RHINOW Bd. II, S. 811). 1818

2.   Überblick über die Arten von öffentlichen Sachen

1819   Die öffentlichen Sachen i.w.S. werden im allgemeinen wie folgt eingeteilt:

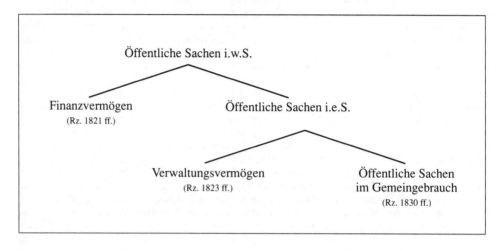

1820   Bei GYGI (Verwaltungsrecht, S. 223 ff.) werden die öffentlichen Sachen i.w.S. unterteilt in Finanzvermögen, Verwaltungsvermögen, Anstaltssachen, Strassen und Plätze im Gemeingebrauch, öffentliche Gewässer, Luftraum, Regalsachen, kulturunfähiges Land und öffentliche Wälder. JAAG (Gemeingebrauch, S. 146 f.) unterscheidet zwischen Sachen im Verwaltungsgebrauch, Anstaltsgebrauch, Sondergebrauch und Gemeingebrauch sowie Finanzvermögen.

II.   Das Finanzvermögen

1821   Das Finanzvermögen dient der Erfüllung staatlicher Aufgaben nur mittelbar, durch seinen Vermögenswert oder seine Erträgnisse. Es handelt sich um realisierbare Aktiven des Staates. Das Finanzvermögen untersteht im Aussenverhältnis den Vorschriften des Privatrechts (BGE 106 Ia 389, 393).

1822   Das Finanzvermögen ist durch zwei wesentliche Elemente definiert:
–   Das Finanzvermögen dient nur mittelbar mit seinem *Ertrag oder Wert* der Erfüllung staatlicher Aufgaben (Zwecke). Öffentliche Sachen, mit deren Hilfe unmittelbar staatliche Aufgaben wahrgenommen werden, die aber gleichzeitig auch einen Ertrag abwerfen (z.B. die einem Gemeinwesen gehörenden Sozialwohnungen oder Wälder), stellen kein Finanz-, sondern Verwaltungsvermögen dar. Besonders schwierig einzuordnen ist das Vermögen von Kantonalbanken, tritt doch hier das Interesse an der Erfüllung öffentlicher Aufgaben gegenüber demjenigen an der Gewinnerzielung immer mehr zurück (vgl. BGE 120 II 321 ff.). Einkünfte des Staates aus öffentlichen Abgaben sind dem Finanzvermögen zuzurechnen, solange sie nicht für festgelegte staatliche Zwecke be-

stimmt sind, sondern vom Staat vorübergehend zur Erzielung von Ertrag verwendet werden, indem er sie wie ein Privater gewinnbringend anlegt (vgl. dazu KNAPP, N. 2885 ff.).

– Es handelt sich um *realisierbare Aktiven* (z.B. Wertschriften, Bargeld, Liegenschaften). Nicht zum Finanzvermögen gehören demgegenüber Strassen, Schulhäuser oder Verwaltungsgebäude, die so lange nicht veräussert werden können, als sie ihren Zweck erfüllen.

III. Das Verwaltungsvermögen

1. Begriff

Zum Verwaltungsvermögen gehören jene Werte, die den Behörden oder einem beschränkten Kreis von privaten Benutzern unmittelbar durch ihren Gebrauchswert für die Besorgung der öffentlichen Aufgaben dienen.   1823

Die zwei wesentlichen Elemente dieser Definition sind: 1824
– Das Verwaltungsvermögen umfasst *Gebrauchswerte*. Diese sind im Gegensatz zu den Vermögenswerten (Kapital, Ertrag) weder realisierbar noch pfändbar (vgl. Art. 9 des Bundesgesetzes über die Schuldbetreibung gegen Gemeinden und andere Körperschaften des kantonalen öffentlichen Rechts vom 4. Dezember 1947 [SR 282.11]).
– Das Verwaltungsvermögen dient nicht der Allgemeinheit, sondern entweder den *Behörden* (z.B. bei Büroeinrichtungen oder Dienstfahrzeugen) oder einem *beschränkten Benutzerkreis* (z.B. bei öffentlichen Anstalten).

Beispiele:
Verwaltungsgebäude, Schulhäuser, Kasernen, Bücher einer staatlichen Bibliothek, Fahrzeuge und Anlagen eines staatlichen Verkehrsbetriebes.

2. Nutzung

Ähnlich wie bei Sachen im Gemeingebrauch (vgl. Rz. 1851 ff.) kann auch beim   1825
Verwaltungsvermögen zwischen *ordentlicher Nutzung* (Gemeingebrauch), *ausserordentlicher Nutzung* (gesteigerter Gemeingebrauch) und *Sondernutzung* unterschieden werden (vgl. JAAG, Gemeingebrauch, S. 162 ff.). Wird Verwaltungsvermögen bestimmungsgemäss im Rahmen der Verwaltungstätigkeit gebraucht (z.B. ein Verwaltungsgebäude durch Behördemitglieder, Beamtinnen und Beamte und Personen, die Amtsstellen besuchen, oder eine Universität durch den Lehrkörper und die Studierenden), so liegt eine *ordentliche Nutzung* vor. Soweit Verwaltungsvermögen nicht für den bestimmungsgemässen Gebrauch benötigt wird, kann es vorübergehend auch für eine *ausserordentliche Nutzung* zu anderen Zwecken (z.B. Benutzung von Schulräumen und Turnhallen an Abenden oder in den Ferien durch Vereine) zur Verfügung gestellt werden. *Sondernutzung* an Verwaltungsvermögen bedeutet, dass Private von Verwaltungsvermögen längerfristig exklusiv Gebrauch machen können

(z.B. Miete von Geschäftslokalitäten in Bahnhöfen, Strassenunterführungen, Flug-häfen usw.). Schliesslich sind auch Mischformen denkbar. Um eine solche handelt es sich etwa bei der Dienstwohnung eines Abwartes in einem Schulhaus. Hier liegt zumindest teilweise eine ordentliche Nutzung von Verwaltungsvermögen vor, indem das Bewohnen der Räumlichkeiten vor Ort der schnellen Erreichbarkeit dient und dadurch die Gebäudeüberwachung auch ausserhalb der Arbeitszeiten gewährleistet wird; gleichzeitig handelt es sich auch um Sondernutzung (ZBl 96 [1995] 233, 239 [Urteile des Zürcher Verwaltungsgerichts vom 15. Juni 1994 resp. vom 23. Novem-ber 1994]).

1825a   Die *Auswahl der Nutzungsberechtigten* in den Fällen der ausserordentlichen Nutzung und der Sondernutzung sollte nach ähnlichen Regeln erfolgen wie bei den Sachen im Gemeingebrauch (vgl. dazu JAAG, Gemeingebrauch, S. 165 ff.; vgl. auch Rz. 1878, 1883 ff.). In einem offenen Verfahren ist allen Interessierten Gelegenheit zu geben, sich um das Nutzungsrecht zu bewerben; die Auswahl der Berechtigten muss nach sachlichen Kriterien erfolgen, wobei den Grundrechten der Betroffenen Rechnung zu tragen ist. Bei Nutzungen zu wirtschaftlichen Zwecken muss insbeson-dere der sich aus Art. 31 BV ergebende Grundsatz der Gleichbehandlung der Gewer-begenossen beachtet werden. Das kann bedingen, dass die Berechtigungen zur Nut-zung des Verwaltungsvermögens zeitlich begrenzt werden, so dass im Laufe der Zeit eine Abwechslung unter den Gewerbegenossen stattfinden kann.

1825b   Beispiel:
Der Gemeinderat von Tavannes lehnte ein Gesuch des Organisationskomitees des Festes der jurassi-schen Jugend ab, ihm den Gemeindesaal zur Verfügung zu stellen. Das Bundesgericht, an welches sich das Organisationskomitee nach Durchlaufen des kantonalen Instanzenzuges mit staatsrechtlicher Beschwerde wandte, stellte fest, auf Gemeindesäle, die für Versammlungen benutzt werden könnten, sei die Rechtsprechung über die Benutzung des öffentlichen Grundes (vgl. Rz. 1883 ff.) sinngemäss anwendbar. Beim Entscheid über die Bewilligung der Benutzung des Gemeindesaales sei deshalb der Meinungsäusserungs- und der Versammlungsfreiheit Rechnung zu tragen. Dabei seien allerdings die Umstände des Einzelfalles zu beachten, namentlich soweit die kommunalen Räumlichkeiten nicht die einzigen seien, die sich zur Durchführung einer Versammlung eignen. Das Bundesgericht bezeich-nete die Ablehnung des Gesuches um Benutzung des Gemeindesaales als unverhältnismässige Be-schränkung dieser Freiheitsrechte und überdies als Verstoss gegen die Rechtsgleichheit (ZBl 93 [1992] 40, 43 f. [Urteil vom 18. Februar 1991]). Vgl. auch den Entscheid des Regierungsrates des Kantons Zug vom 7. Dezember 1992 betreffend Benutzung des Kirchen- und Begegnungszentrums Steinhausen (ZBl 94 [1993] 320 ff.).

3.   Finanzreferendum

1826   Der Erwerb von Finanzvermögen stellt keine Ausgabe, sondern eine Kapitalanlage dar, die jederzeit realisierbar ist, weshalb ein Finanzreferendum i.S. eines Ausgaben-referendums entfällt. Demgegenüber führen sowohl der Erwerb von Verwaltungs-vermögen als auch die Umwandlung von Finanz- in Verwaltungsvermögen zu einer Ausgabe, die je nach den anwendbaren kantonalen oder kommunalen Bestimmungen dem Finanzreferendum unterliegt.

Beispiele:
1827   –   Der Kauf einer Liegenschaft zu Anlagezwecken bedingt keine dem Finanzreferendum unterlie-gende Ausgabe, weil dadurch nur das Finanzvermögen in anderer Form angelegt wird (BGE 89 I 37, 42 f.).

– Eine nicht unter das Finanzreferendum fallende Anlage liegt vor, wenn eine kantonale Beam-   1828
tenversicherungskasse den Wohn-, Büro- und Ladentrakt eines (zum Teil vom Kanton finan-
zierten) Börsengebäudes erstellt und weiter vermietet (BGE 112 Ia 221, 226 f.).

– Der Rahmen einer Anlage von Finanzvermögen wird indessen gesprengt, wenn ein einer Beam-   1828a
tenversicherungskasse als Anlageobjekt dienendes Haus der kantonalen Verwaltung langfristig
vermietet werden soll, die es unter Vornahme erheblicher Investitionen zukünftig als Gerichts-
gebäude nutzen will. Ein solches Vorgehen setzt die Überführung der Liegenschaft vom Fi-
nanz- ins Verwaltungsvermögen voraus, was eine neue, referendumspflichtige Ausgabe darstellt
(BGE 123 I 78 ff.).

– Der Erwerb eines Grundstückes durch den Staat stellt an und für sich keine Ausgabe im Sinne   1829
der Veränderung des Staatsvermögens dar, wohl aber die Inanspruchnahme dieses Grundstückes für einen bestimmten öffentlichen Zweck, z.B. den Bau eines Schulhauses, weil es damit für längere Zeit aus dem Verkehr ausscheidet und nicht mehr als verwertbares Gut betrachtet werden kann. Das gilt auch für die Inanspruchnahme von Grundstücken, die bisher zum Finanzvermögen gehörten (BGE 111 Ia 201, 208 f.).

IV. Die öffentlichen Sachen im Gemeingebrauch

1. Begriff

Die öffentlichen Sachen im Gemeingebrauch stehen allen Privaten zur Benutzung of-   1830
fen. Im Gegensatz zum Finanzvermögen dienen die öffentlichen Sachen im Gemeingebrauch unmittelbar der Erfüllung öffentlicher Aufgaben und sind nicht realisierbar.
Gegenüber dem Verwaltungsvermögen unterscheiden sie sich durch den offenen
Benutzerkreis.

Beispiele:
Strassen und Plätze, Seen, Flüsse.

2. Begründung des Gemeingebrauchs

a) *Natürliche Beschaffenheit*

Der Gemeingebrauch kann sich aus der Natur der öffentlichen Sache ergeben. Dies   1831
ist z.B. bei Seen und Flüssen der Fall.

b) *Widmung*

Die Widmung begründet den Gemeingebrauch an einer öffentlichen Sache, die nicht   1832
schon nach ihrer natürlichen Beschaffenheit allen Privatpersonen zur Benutzung of-
fensteht (z.B. bei Strassen oder Plätzen). Es handelt sich um eine Verfügung, mit
welcher eine Sache "öffentlich erklärt", d.h. zur Benutzung durch die Allgemeinheit
für einen bestimmten Zweck bestimmt wird. Die Widmung kann auch formlos erfolgen, sofern damit nicht bestimmte Beschränkungen oder Verpflichtungen für die
Benutzer verbunden werden (vgl. MOOR Vol. III, S. 273).

1833   Die Widmung setzt die Verfügungsmacht des Gemeinwesens über die öffentliche Sache voraus. Sie kann aufgrund eines dinglichen Rechts des Gemeinwesens an der Sache (Eigentum, beschränktes dingliches Recht) bestehen. Bei Grundstücken, die sich im Eigentum Privater befinden, muss das Gemeinwesen die Zustimmung des Eigentümers zur Widmung einholen oder ihm eine entsprechende öffentlichrechtliche Eigentumsbeschränkung auferlegen (vgl. IMBODEN/RHINOW Bd. II, S. 817).

1834   Steht eine Sache, insbesondere eine Strasse oder ein Weg, seit unvordenklicher Zeit im öffentlichen Gebrauch, so kann ausnahmsweise auf eine Widmung verzichtet werden (so z.B. bei den Berner Lauben [GYGI, Verwaltungsrecht, S. 233]; vgl. auch IMBODEN/RHINOW Bd. II, S. 818; RHINOW/KRÄHENMANN, S. 354).

1835   Wenn die Benutzung seitens der Allgemeinheit beendet werden soll, bedarf es einer Entwidmung.

3. Träger der Herrschaft

1836   Träger der Herrschaft über öffentliche Sachen im Gemeingebrauch können Bund, Kantone und Gemeinden sein. Sie haben die Nutzung ihrer öffentlichen Sachen zu regeln. Daher können sich schwierige Probleme der Kompetenzabgrenzung ergeben. So ist z.B. bei öffentlichen Strassen der Bund nach Art. 37bis BV zum Erlass von Vorschriften über Automobile und Fahrräder befugt. Den Kantonen bleibt aber das Recht gewahrt, den Verkehr auf Strassen, die der Bund nicht für den allgemeinen Durchgangsverkehr offen erklärt hat, zu beschränken oder zu untersagen. Bau, Unterhalt, Widmung und Entwidmung der öffentlichen Strassen sind zudem – von den Nationalstrassen (Art. 36bis BV) abgesehen und im Rahmen der Oberaufsicht des Bundes (Art. 37 BV) – Sache der Kantone bzw. Gemeinden, die auch die Benutzung der Strassen zu anderen Zwecken (z.B. Durchführung von Demonstrationen, Verlegen von Leitungen, Aufstellen von Baugerüsten, Kiosken, Strassencafés) ordnen.

Beispiele:

1837   –   Der Regierungsrat des Kantons Glarus ordnete für die Pragelpassstrasse ab Richisau bis zur Kantonsgrenze ein Fahrverbot für Motorfahrzeuge an Samstagen und Sonntagen an. Das Bundesgericht wies eine staatsrechtliche Beschwerde gegen diesen Beschluss ab. Es hielt die kantonale Anordnung, die sich auf Art. 37bis Abs. 2 BV stützte und keine vom Bundesrat als für den Durchgangsverkehr offen erklärte Strasse betraf, für zulässig, da sie keine verfassungsmässigen Rechte verletze (ZBl 83 [1982] 138 ff. [Urteil vom 9. Oktober 1981]).

1838   –   Bauliche Massnahmen zur Verkehrsberuhigung (Aufpflästerung u.ä.) sind keine Verkehrshindernisse im Sinne von Art. 4 SVG, sondern Bestandteil der Strassenanlage selber. Sie unterliegen dem kantonalen Recht. Anderes gilt für die Kenntlichmachung strassenbaulicher Besonderheiten und für Signale und Markierungen, die zu deren Ergänzung oder Verstärkung anzubringen sind. Dafür sind die Bestimmungen der Bundesgesetzgebung über den Strassenverkehr massgebend (ZBl 85 [1984] 276 ff. [Entscheid des Bundesrates vom 18. Januar 1984]).

1838a –   Die Gemeindevorstände von St. Moritz und Celerina beschlossen im Jahre 1993, zur Verkehrsberuhigung die Strasse zwischen den beiden Ortschaften für die nächsten zehn Jahre jeweils von Mitte Dezember bis und mit Ostern für den privaten Fahrzeugverkehr zu sperren. Da der Bund diese Verbindung bis dahin nicht zu einer dem allgemeinen Durchgangsverkehr geöffneten Strasse erklärt hatte, waren die genannten Gemeinden als Träger der Strassenhoheit grundsätzlich befugt, gestützt auf Art. 37bis Abs. 2 BV und Art. 3 Abs. 3 des Strassenverkehrsgesetzes vom 19. Dezember 1958 (SR 741.01) ein saisonales Fahrverbot auszusprechen, sofern die verfassungsmässigen Rechte der betroffenen Privaten dabei gewahrt bleiben. Obwohl die Massnahme nach Ansicht des Bundesgerichts erhebliche wirtschaftliche Nachteile für die Anstösser mit sich bringt, beurteilte es das Interesse an der Verkehrsberuhigung als höherwertig (ZBl 96 [1995] 508 ff. [Urteil vom 14. Oktober 1994]; vgl. zu diesem Entscheid auch Rz. 1581a, 1865, 1866a.).

Herrschaft und Eigentümerstellung können auseinanderfallen. So gibt es namentlich Privatstrassen im Gemeingebrauch, für welche das zuständige Gemeinwesen die Nutzungsordnung festlegt.   1839

V. Anwendbares Recht

Es stellt sich vor allem die Frage, ob und wie weit bei den öffentlichen Sachen privates oder öffentliches Recht zur Anwendung kommt.   1840

1. Finanzvermögen

a) Aussenverhältnis

Das Finanzvermögen untersteht im *Aussenverhältnis* (Verhältnis Staat-Private) grundsätzlich dem *Privatrecht*. Für den Erwerb, die Veräusserung, den Schutz und die Regelung der Nutzung des Finanzvermögens bedient der Staat sich der zivilrechtlichen Mittel (Kauf, Miete, Pacht, Dienstbarkeiten usw.).   1841

Beispiel: 1842
Die Verpachtung von einer Gemeinde gehörendem Weidland an Landwirte bestimmt sich nach den Vorschriften des Privatrechts (BGE 112 II 35 ff.).

Wenn der Staat bei der Verwaltung des Finanzvermögens als Subjekt des Privatrechts handelt, hat er die für alle Privaten massgebenden öffentlichrechtlichen Vorschriften (z.B. des Raumplanungs- und Baurechts) zu beachten und ist an die Verfassung, insbesondere die Grundrechte gebunden (BGE 109 Ib 146, 155; ZBl 88 [1987] 205, 208 [Urteil des Bundesgerichts vom 10. Juli 1986]; vgl. auch HÄFELIN/HALLER, N. 1104; Rz. 236 ff.).   1843

Aus der Massgeblichkeit des Privatrechts im Aussenverhältnis ergeben sich folgende Konsequenzen: 1844
- Streitigkeiten zwischen Staat und Privaten sind durch *Zivilgerichte* zu beurteilen.
- In schuldbetreibungsrechtlicher Hinsicht unterliegen der Bund, die Kantone und die Gemeinden als Eigentümer von Finanzvermögen der *Pfändung* und der *betreibungsrechtlichen Verwertung*.
- Die Gemeinden können sich gegen kantonale Hoheitsakte, die in ihr Finanzvermögen eingreifen, wie Private mit staatsrechtlicher Beschwerde wegen Verletzung der Eigentumsgarantie oder anderer Grundrechte zur Wehr setzen (BGE 107 Ia 175, 179; 97 I 639, 640 f.; die Legitimation wird auch bejaht, wenn die Gemeinde als Eigentümerin von Verwaltungsvermögen oder von öffentlichen Sachen im Gemeingebrauch Beschwerde führt, bei Sachen im Gemeingebrauch

allerdings nur, sofern nicht bloss eine Verletzung von Art. 4 BV geltend gemacht wird).

b) Innenverhältnis

1845 Nach *öffentlichem Recht* bestimmt sich das *Innenverhältnis*, d.h. die Zuständigkeit zum Entscheid über die Verwaltung des Finanzvermögens (insbesondere Erwerb und Veräusserung) und das Verfahren, in welchem dieser Entscheid zu treffen ist.

2. Verwaltungsvermögen und öffentliche Sachen im Gemeingebrauch

a) Monistische Theorie (System des öffentlichen Eigentums)

1846 Nach der monistischen Theorie gilt für die öffentlichen Sachen i.e.S., d.h. für Verwaltungsvermögen und öffentliche Sachen im Gemeingebrauch, ausschliesslich öffentliches Recht. Es besteht eine besondere öffentlichrechtliche Eigentumsordnung. Diese Theorie ist in Frankreich herrschend (vgl. MOOR Vol. III, S. 254).

b) Dualistische Theorie (System des modifizierten Privateigentums)

1847 Nach der in Deutschland und in der Schweiz massgeblichen dualistischen Theorie finden sowohl öffentliches wie privates Recht auf die öffentlichen Sachen i.e.S. (Verwaltungsvermögen und öffentliche Sachen im Gemeingebrauch) Anwendung (vgl. dazu GRISEL, S. 534 ff.). Das *Privatrecht* bestimmt namentlich Begriff und Inhalt des Eigentums und der dinglichen oder obligatorischen Rechte an öffentlichen Sachen i.e.S. sowie die Formen der Begründung und Übertragung dieser Rechte. Demgegenüber richten sich Verfügungsmacht (Hoheit des Staates, Zuständigkeit des Gemeinwesens und des Organs) und Zweckbestimmung im allgemeinen nach den Vorschriften des *öffentlichen Rechts*; dieses regelt insbesondere die konkreten Nutzungsmöglichkeiten, den Schutz von öffentlichen Sachen i.e.S. vor Beschädigungen sowie die Abgaben für bestimmte Arten der Benutzung. Das öffentliche Recht kann zudem die Anwendbarkeit des Privatrechts auf die öffentlichen Sachen i.e.S. ausdrücklich oder nach Sinn und Zweck ausschliessen (vgl. BGE 120 II 321, 323; 112 II 107, 109 m.w.H.). In gewissen Fällen sieht das öffentliche Recht umgekehrt vor, dass das Benutzungsverhältnis privatrechtlicher Natur ist (vgl. Rz. 1057 ff.).

1848 In der Regel ist der Staat Eigentümer der öffentlichen Sachen i.e.S. Ausnahmsweise stehen diese jedoch im Eigentum von Privaten und der Staat verfügt nur über ein beschränktes dingliches oder ein obligatorisches Recht oder eine öffentlichrechtliche Befugnis zur Benutzung der Sache.

1849 Beispiele:
- Privatstrasse im öffentlichen Gebrauch;
- Gewässer auf privatem Grund mit öffentlicher Nutzung (BGE 95 I 243, 247 ff.).

1850 Die Benutzung von *Verwaltungsvermögen* und das Verhältnis zwischen Staat und Benutzer sind daher im allgemeinen öffentlichrechtlich geregelt; das Entgelt für die

Benutzung stellt eine öffentliche Abgabe, nicht einen Mietzins dar. Ausnahmen bestehen vor allem bei öffentlichen Anstalten, wenn das öffentliche Recht das Benutzungsverhältnis dem Privatrecht unterstellt (vgl. Rz. 1057 ff.).

Bei *öffentlichen Sachen im Gemeingebrauch* untersteht das Verhältnis zwischen dem Träger der Herrschaft und dem Benutzer dagegen immer dem öffentlichen Recht.

3. Haftung für öffentliche Sachen

Die Haftung für öffentliche Sachen bestimmt sich grundsätzlich nach den Vorschriften des *Privatrechts* (Grundeigentümerhaftung [Art. 679 ZGB], Werkeigentümerhaftung [Art. 58 OR]). Bei Schädigungen des Nachbars durch Eigentumsüberschreitungen des Staates, welche die notwendige Folge der Erfüllung einer öffentlichen Aufgabe sind, kommt jedoch das Enteignungsrecht zur Anwendung (vgl. Rz. 1774). Auch für die Beurteilung der Frage, ob eine Strasse wegen ungenügenden Unterhalts einen Mangel aufweist, der den Staat als Werkeigentümer haftbar werden lässt, sind in erster Linie die Vorschriften des öffentlichen Rechts über die Unterhaltspflicht für öffentliche Strassen massgebend (vgl. Rz. 1778).

1850a

§ 33 Gebrauchsrechte an öffentlichen Sachen im Gemeingebrauch

1851 Nach Art. 664 ZGB stehen die öffentlichen Sachen unter der Hoheit des Staates, in dessen Gebiet sie sich befinden. Das kantonale Recht stellt über den Gemeingebrauch der öffentlichen Sachen die erforderlichen Bestimmungen auf. Die Kantone unterscheiden in der Regel zwischen (schlichtem) Gemeingebrauch, gesteigertem Gemeingebrauch und Sondernutzung. Einzelne Kantone kennen den Begriff der Sondernutzung nicht.

I. Gemeingebrauch

1. Begriff

1852 Gemeingebrauch (schlichter Gemeingebrauch) ist die Benutzung einer öffentlichen Sache im Gemeingebrauch, die bestimmungsgemäss und gemeinverträglich ist und grundsätzlich jedermann, d.h. einer unbestimmten Zahl von Benutzern gleichzeitig, ohne Erteilung einer Erlaubnis und in der Regel unentgeltlich offen steht.

2. Voraussetzungen und Elemente

Die nachstehenden Kriterien müssen *kumulativ* erfüllt sein:

a) *Bestimmungsgemässer Gebrauch*

1853 Der Gebrauch der Sache muss ihrer *Zweckbestimmung entsprechen*, die sich aus der Widmung, der natürlichen Beschaffenheit oder dem traditionellen Gebrauch einer Sache ergibt.

Beispiele:
Gehen oder Fahren auf einer öffentlichen Strasse, Baden in oder Schiffahrt auf einem öffentlichen Gewässer.

b) *Gemeinverträglichkeit des Gebrauchs*

1854 Der Gebrauch der Sache muss so erfolgen, dass die *gleichzeitige Benutzung durch andere nicht erheblich erschwert* wird. Eine gewisse Erschwerung ergibt sich bei einer Benutzung durch mehrere Personen allerdings praktisch immer, z.B. durch das gleichzeitige Befahren einer Strasse durch verschiedene Fahrzeuge.

c)   Gleichbehandlung der Benutzer

Allen Benutzern steht grundsätzlich das *gleiche Recht auf Benutzung* zu. Der Grund-   1855
satz der Gleichbehandlung der Benutzer weist einen engen Zusammenhang mit dem
Erfordernis der Gemeinverträglichkeit des Gebrauches (Rz. 1854) auf: nur wenn die
gleichzeitige Benutzung durch andere nicht wesentlich erschwert wird, können alle
Benutzer gleichzeitig in gleicher Weise von der Sache Gebrauch machen.

Die Benutzer haben *keinen Anspruch auf eine bestimmte Nutzung*, selbst wenn   1856
sie diese bisher rechtmässig ausgeübt haben. Die zuständige Behörde kann die Benutzungsordnung ändern, d.h. die Möglichkeiten des Gebrauchs für alle in gleicher
Weise neu regeln (z.B. durch die Anordnung eines Fahrverbotes für eine Strasse oder
die Beschränkung des Rechts auf Wasserentnahme aus einem Gewässer; zur
Rechtsstellung der Anstösser hinten, Rz. 1865 ff.).

d)   Keine Bewilligungspflicht

Eine präventive Kontrolle des Gemeingebrauches durch die Einführung einer Be-   1857
willigungspflicht ist nicht erforderlich und deshalb unzulässig. Es genügt der Erlass
einer allgemeinen Benutzungsordnung, deren Einhaltung mittels repressiver Kontrolle gewährleistet werden kann.

e)   Grundsätzliche Unentgeltlichkeit

Das Gemeinwesen darf für den Gemeingebrauch einer öffentlichen Sache grund-   1858
sätzlich keine öffentlichen Abgaben erheben.

Für den (gemeinverträglichen) Verkehr auf öffentlichen Strassen sieht Art. 37   1859
Abs. 2 BV die Gebührenfreiheit ausdrücklich vor. Das Bundesgericht behandelt die
Gebührenfreiheit als verfassungsmässiges Recht der Privaten, dessen Verletzung mit
staatsrechtlicher Beschwerde geltend gemacht werden kann (BGE 122 I 279, 283;
112 Ia 39, 40 f.).

Das Abstellen von Fahrzeugen auf öffentlichen Strassen gehört, sofern es nur   1860
von kurzer Dauer ist, in der Regel ebenfalls noch zum unentgeltlichen Gemeingebrauch, weshalb dafür höchstens eine Kontrollgebühr verlangt werden darf. Muss die
Gemeinverträglichkeit des Parkierens jedoch im Hinblick auf die konkreten Umstände verneint werden, so steht das Verbot der Gebührenerhebung auf öffentlichen
Strassen der Einführung gebührenpflichtiger Parkplätze nicht entgegen (siehe Rz.
1862a). Es ist mit Art. 37 Abs. 2 BV auch vereinbar, gewisse Teile der Strassenfläche, die bisher dem rollenden Verkehr und dem gebührenfreien Parkieren offenstanden, auszuscheiden und in gebührenpflichtige Parkplätze umzuwandeln (BGE 122 I
279, 284; 112 Ia 39, 41 f.).

3.   Benutzungsordnung

Der Erlass einer generellen Benutzungsordnung ist zulässig und notwendig, um die   1861
Gemeinverträglichkeit der Nutzung der öffentlichen Sache und den rechtsgleichen

Zugang für jedermann sicherzustellen. Sie dient zudem dem Schutz der öffentlichen Sache im Gemeingebrauch vor Beschädigung.

Beispiele:
- Bundesgesetz über den Strassenverkehr vom 19. Dezember 1958 (SR 741.01);
- Verordnung über die Schiffahrt auf zürcherischen Gewässern vom 7. Mai 1980 (ZH LS 747.11);
- Dekret des Grossen Rates des Kantons Bern über die Beschränkungen der Schiffahrt vom 18. Dezember 1991 (BSG 767.11; zur Vereinbarkeit der Fahrverbote auf den öffentlichen Gewässern mit dem Bundesrecht vgl. BGE 119 Ia 197 ff.).

4. Anwendungsfälle

1862   Diverse Arten der *Strassenbenutzung* stellen "schlichten" Gemeingebrauch dar, so der fahrende Verkehr (Autos, Motorräder, Velos) sowie der Fussgänger- und der Reiterverkehr.

1862a   Das Parkieren von Fahrzeugen gehört ebenfalls zum Gemeingebrauch, sofern eine gewisse Dauer nicht überschritten wird. In einem neuen Entscheid betreffend die Stadt Zürich hat sich das Bundesgericht die Auffassung der Lehre zu Eigen gemacht, dass auch das kurzfristige Parkieren von Fahrzeugen auf verkehrsüberlasteten Strassen mit einem hohen Anteil an ruhendem und entsprechendem Suchverkehr, also vor allem in Stadtzentren, gesteigerten Gemeingebrauch darstelle (vgl. JAAG, Gemeingebrauch, S. 153; LENDI, in: Kommentar BV, Art. 37, Rz. 22; MOOR Vol. III, S. 294; WERREN, S. 32) und deshalb gebührenpflichtig erklärt werden könne. Die Grenze zum schlichten Gemeingebrauch liege in diesem Fall je nach den konkreten Umständen bei einer Dauer von 15 bis 30 Minuten. Gleichzeitig hat das Bundesgericht den in früheren Urteilen aufgestellten Grundsatz aufgegeben, wonach in angemessenem Abstand genügend Gratis-Parkplätze vorhanden sein müssten (BGE 122 I 279 ff.; vgl. auch Rz. 1882).

1862b   Demgegenüber gelten das Verlegen von Leitungen, das Aufstellen eines Informationsstandes und die Durchführung einer Demonstration nicht als Gemeingebrauch.

1863   Als Gemeingebrauch sind sodann verschiedene *Gewässernutzungsarten* einzustufen, z.B. Waschen, Baden, Vieh tränken und in der Regel die Entnahme bescheidener Mengen von Wasser zwecks Bewässerung.

1864   Auch die Schiffahrt stellt Gemeingebrauch an Gewässern dar. Das Erfordernis einer Bewilligung ergibt sich aus polizeilichen Gründen (Art. 2 f. des Bundesgesetzes über die Binnenschifffahrt vom 3. Oktober 1975 [SR 747.201]). Die regelmässige und gewerbsmässige Personenbeförderung mit Schiffen fällt unter das Postregal (Art. 36 BV) und ist deswegen konzessionspflichtig (Art. 7 Abs. 1 des Binnenschiffahrtsgesetzes). Nicht mehr als Gemeingebrauch einzustufen sind dagegen das Stationieren von Booten oder das Setzen von Bojen.

5. Rechtsstellung des Anstössers

1865   Bis vor kurzem war die Meinung vorherrschend, dass dem Anstösser an öffentlichen Strassen und Gewässern grundsätzlich *keine bessere Rechtsstellung* als den übrigen Benutzern zukomme. Er geniesse lediglich einen *faktischen Vorteil*, sofern das kantonale Recht keine abweichende Regelungen treffe (illustrativ: BGE 91 I 405, 408). Ohne Bezugnahme auf die bisherige Rechtsprechung hat das Bundesgericht seine frühere Praxis in einem neueren Entscheid (ZBl 96 [1995] 508 ff., siehe Rz. 1866a) geändert. Da jede Beschränkung eines bisher erlaubten Gemeingebrauchs einem an die Allgemeinheit gerichteten und damit in die Rechtsstellung der Privaten eingreifenden Verbot gleichkomme, könne sich der Anstösser – als besonders Betroffener – dagegen unter Berufung auf das Willkürverbot mit staatsrechtlicher Beschwerde wehren. Auch die Wirtschaftsfreiheit biete Schutz gegen die Aufhebung eines bisher erlaubten Gemeingebrauchs, sofern dieser Voraussetzung für die Ausübung eines Gewerbes bilde. Die Rolle der Eigentumsgarantie in diesem Zusammenhang wurde offengelassen (vgl. dazu Rz. 1581). Die Konsequenzen dieser Änderung der Rechtsprechung sind noch nicht genau absehbar (siehe G. MÜLLER, S. 223 f.).

Beispiele:
- Die Einwohnergemeinde Thun erliess einen Überbauungsplan, der einen Strandweg in einer Entfernung von 30-40 m vom Ufer des Thunersees über künstlich aufgeschüttete Inseln, die durch Steg- und Brückenbauten miteinander verbunden sind, vorsah. Gegen diesen Plan setzten sich mehrere Eigentümer von an den See anstossenden Grundstücken, deren Seezufahrt durch den Strandweg eingeschränkt wurde, zur Wehr. Das Bundesgericht wies eine staatsrechtliche Beschwerde der Grundeigentümer ab. Es führte aus, nach Lehre und Rechtsprechung begründe der Anstoss eines Grundstückes an ein öffentliches Gewässer lediglich einen für den Eigentümer günstigen tatsächlichen Zustand, der im öffentlichen Interesse geändert werden könne. Die tatsächliche Vorzugstellung verschaffe dem Anstösser kein unter dem Schutz der Eigentumsgarantie stehendes Recht. Er sei daher im Falle der Aufhebung oder Einschränkung des Seeanstosses nicht berechtigt, die Wiederherstellung oder eine Entschädigung zu verlangen. Der Eigentümer eines Ufergrundstückes besitze zwar tatsächlich eine grössere Leichtigkeit, den Gemeingebrauch auszuüben, eine rechtliche Vorzugstellung oder gar Abwehrrechte andern gegenüber stünden ihm jedoch in dieser Hinsicht nicht zu (BGE 105 Ia 219, 222 m.w.H.). – Ob das Bundesgericht nach seiner Praxisänderung (Rz. 1865) heute noch gleich entscheiden würde, ist offen.   **1866**
- Die Strasse von Celerina nach St. Moritz sollte zur Verkehrsberuhigung neu während etwa vier Monaten im Jahr gesperrt werden. Die Inhaberinnen zweier Hotels und einer Garage sowie der Eigentümer von Liegenschaften, welchen diese Strasse als Zufahrt dient, setzten sich dagegen mit staatsrechtlicher Beschwerde wegen Verletzung von Art. 4, Art. 22ter und Art. 31 BV zur Wehr. Das Bundesgericht trat auf die Beschwerde ein (zur Begründung siehe Rz. 1865). Es wies sie jedoch ab, weil die öffentlichen Interessen an einem Fahrverbot gegenüber denjenigen der Anstösser an einer unbeschränkten Benutzung höher einzustufen seien (ZBl 96 [1995] 508 ff. [Urteil vom 14. Oktober 1994]).   **1866a**

II. Gesteigerter Gemeingebrauch

1. Begriff

Gesteigerter Gemeingebrauch ist diejenige Benutzung einer öffentlichen Sache im Gemeingebrauch, die nicht mehr bestimmungsgemäss oder gemeinverträglich ist und andere Benutzer wesentlich einschränkt, aber nicht ausschliesst. Sie ist normalerweise bewilligungspflichtig und kann mit der Erhebung einer Gebühr verbunden werden.   **1867**

2. Voraussetzungen und Elemente

Gesteigerter Gemeingebrauch liegt vor, wenn der Gebrauch der öffentlichen Sache *entweder* nicht bestimmungsgemäss *oder* nicht gemeinverträglich ist.   **1868**

a) Überschreiten des bestimmungsgemässen Gebrauchs

1869 Der bestimmungsgemässe Gebrauch beurteilt sich nach der natürlichen Beschaffenheit der öffentlichen Sache, nach der Widmung oder nach der seit unvordenklicher Zeit praktizierten Nutzung (vgl. Rz. 1831 ff.). Bei gesteigertem Gemeingebrauch wird die öffentliche Sache anders genutzt, als es sich aus der natürlichen Beschaffenheit ergibt oder es die Widmung vorsieht. Die Nutzung ist in der Regel intensiver als beim schlichten Gemeingebrauch.

1869a Nicht bestimmungsgemäss sind wirtschaftliche Tätigkeiten auf öffentlichem Grund. Dabei spielt es keine Rolle, ob diese Tätigkeiten (z.B. das Verteilen von Zeitungen) entgeltlich oder unentgeltlich erfolgen (JAAG, Gemeingebrauch, S. 153 f.; vgl. auch Rz. 1873).

1870 Beispiele:
– Entnahme von Kies und Sand aus öffentlichen Gewässern (nach bündnerischem Recht stellt die gewerbsmässige Sand- und Kiesgewinnung aus öffentlichen Gewässern sogar Sondernutzung dar [BGE 109 Ib 26, 33; vgl. auch BGE 109 II 76, 79]);
– Entnahme von Wasser zu Bewässerungs- oder Kühlzwecken in grösseren Mengen (diese Nutzung kann je nach kantonaler Regelung auch Sondernutzung sein; vgl. auch JAAG, Gemeingebrauch, S. 156);
– Durchführung von Rennveranstaltungen auf öffentlichen Strassen;
– Theater- und Zirkusvorführungen auf öffentlichen Plätzen (BGE 121 I 279 ff.; 119 Ia 445 ff.).

b) Fehlen der Gemeinverträglichkeit

1871 Die Gemeinverträglichkeit fehlt, wenn eine *erhebliche* Beeinträchtigung der Nutzung durch andere zum Gemeingebrauch berechtigte Personen eintritt. Die Grenze der Gemeinverträglichkeit ist allerdings erst überschritten, wenn sich die gleichartige Mitbenutzung durch andere auch im Rahmen einer allgemeinen Benutzungsordnung nicht mehr gewährleisten lässt, so dass eine Prioritätenordnung aufgestellt werden muss (IMBODEN/RHINOW Bd. II, S. 827).

1872 Beispiele:
– Strassenprozessionen;
– Demonstrationen auf öffentlichem Grund (vgl. VPB 58 [1994] Nr. 52 [Gutachten des Bundesamtes für Justiz vom 12. Juli 1993] betreffend Demonstrationen auf dem Rütli);
– Aufstellen von Verkaufswagen auf dem Gebiet öffentlicher Strassen (BGE 77 I 279, 288 ff.);
– Taxistandplätze auf öffentlichen Strassen (BGE 121 I 129 ff.; 108 Ia 135 ff.).

1873 Nach der Praxis des Bundesgerichts ist es zulässig, den *Verkauf* von Zeitungen auf öffentlichem Grund von einer Polizeierlaubnis abhängig zu machen, während für die *unentgeltliche* Verteilung von Presseerzeugnissen durch eine einzelne Person keine Polizeibewilligung verlangt werden darf (ZBl 81 [1980] 35 ff. [Urteil vom 16. Mai 1979]; BGE 105 Ia 15, 21; 96 I 586, 588 ff.). Diese Unterscheidung ist fragwürdig, weil die Gemeinverträglichkeit des Gebrauchs der öffentlichen Sache nicht davon abhängt, ob die betreffende Tätigkeit entgeltlich oder unentgeltlich ausgeübt wird (vgl. auch JAAG, Gemeingebrauch, S. 153, und ZBl 81 [1980] 35, 39 f., wo das Bundesgericht Zweifel an der Verfassungsmässigkeit der Bewilligungspflicht für den Verkauf politischer Zeitungen auf öffentlichem Grund äussert; siehe auch Rz. 1869a).

c) Beeinträchtigung von anderen Benutzungsberechtigten

Gesteigerter Gemeingebrauch liegt auch vor, wenn eine Nutzung der öffentlichen Sache gestört wird, welche das Gemeinwesen bestimmten anderen Personen – insbesondere als gesteigerten Gemeingebrauch oder Sondernutzung – ausdrücklich gestattet hat (vgl. BGE 88 I 18, 24). 1874

Beispiel:
Die Veranstaltung von Übungs- und Wettfahrten mit Pontons und Weidlingen auf der Limmat stellt eine Beeinträchtigung der Fischereiberechtigten dar und bedeutet deshalb gesteigerten Gemeingebrauch eines öffentlichen Gewässers (BGE 88 I 18 ff.). 1875

d) Bewilligungspflicht

Bei der Bewilligungspflicht handelt es sich nicht um eine Voraussetzung des gesteigerten Gemeingebrauches, sondern um dessen *Folge*. Die Notwendigkeit einer Bewilligungspflicht ergibt sich aus dem Erfordernis, zwischen den verschiedenen Nutzungsarten Prioritäten zu setzen und zu koordinieren (vgl. BGE 88 I 18 ff. betreffend Koordination der Benutzung einer bestimmten Strecke der Limmat durch Fischer und Wasserfahrer mittels zeitlicher Beschränkungen des Befahrens zu sportlichen Zwecken). Es handelt sich also um eine präventive Kontrolle. Sie soll es den Verwaltungsbehörden ermöglichen, den schlichten und den gesteigerten Gebrauch einer öffentlichen Sache so zu regeln, dass keine schwerwiegenden Konflikte entstehen. 1876

Die Einführung einer Bewilligungspflicht für gesteigerten Gemeingebrauch ist nach bundesgerichtlicher Rechtsprechung auch *ohne gesetzliche Grundlage* zulässig, da die Exekutive aus ihrer Verfügungsgewalt über die öffentlichen Sachen eine entsprechende Befugnis ableiten kann. Die in älteren Entscheiden (BGE 109 Ia 208, 211; 105 Ia 91, 93; 100 Ia 392, 398) verwendete Formulierung, wonach überhaupt keine gesetzliche Basis notwendig sei, wurde in der Lehre als zu absolut kritisiert, denn das Legalitätsprinzip gilt für alle Bereiche des Verwaltungsrechts (vgl. Rz. 332 ff.). Die Privaten müssen aus Gründen der Rechtssicherheit voraussehen können, ob die von ihnen in Aussicht genommene Nutzung der öffentlichen Sache bewilligungspflichtig ist oder nicht. Auch der Grundsatz der Rechtsgleichheit verlangt nach einer generell-abstrakten Regelung. Das Bundesgericht spricht deshalb neuerdings von der "Wünschbarkeit" einer rechtssatzmässigen Grundlage (BGE 121 I 279, 283; 119 Ia 445, 448 f.). Nach der hier vertretenen Auffassung *muss* die Bewilligungspflicht in einer generell-abstrakten, genügend bestimmten Norm umschrieben werden (*Erfordernis des Rechtssatzes*; vgl. Rz. 309 ff.). Dagegen können an das *Erfordernis der Gesetzesform* aufgrund der Herrschaft des Gemeinwesens über die öffentlichen Sachen *geringere Anforderungen* gestellt oder es kann sogar auf eine Grundlage im Gesetz im formellen Sinne ganz *verzichtet* werden (vgl. Rz. 340; problematisch ist der Verzicht auf eine Grundlage im Gesetz im formellen Sinne jedoch insbesondere dann, wenn es um die Bewilligung zur Ausübung von Freiheitsrechten auf öffentlichem Grund [dazu Rz. 1883 ff.; siehe auch GRISEL, S. 556] geht). Jedenfalls genügt eine relativ unbestimmte Gesetzesnorm, weil die Zweckbestimmung der öffentlichen Sache die Nutzungsordnung bereits weitgehend determiniert (siehe zum Ganzen auch GEORG MÜLLER, Vom Einfluss dogmatischer Erkenntnisse auf bundesgerichtliche Entscheidungen, in: Mélanges André Grisel, Neuchâtel 1983, S. 761 ff.). 1877

e) Rechtsnatur der Bewilligung

1878 Die Bewilligung zum gesteigerten Gemeingebrauch einer öffentlichen Sache ist als Bewilligung sui generis von der Polizeierlaubnis (vgl. Rz. 1958 ff.) und von der Konzession (vgl. Rz. 1893 ff., 2008 ff.) zu unterscheiden. Sie dient nicht oder nur mittelbar dem Schutz der Polizeigüter, sondern der Koordination und Prioritätensetzung zwischen verschiedenen Nutzungen der öffentlichen Sachen. Da gesteigerter Gemeingebrauch an öffentlichen Sachen naturgemäss nur einem begrenzten Benutzerkreis und nur in beschränktem Ausmass möglich ist, muss die Behörde beim Entscheid darüber, ob, wem und in welchem Umfang eine bestimmte Nutzung zu bewilligen sei, ähnlich wie bei der Konzessionserteilung (vgl. Rz. 1897, 2013 ff.) über einen gewissen Ermessensspielraum verfügen. Private haben jedoch einen "bedingten Anspruch" auf Erteilung der Bewilligung, wenn der gesteigerte Gemeinbrauch mit der Ausübung von Freiheitsrechten verbunden ist (vgl. Rz. 1883 ff.). Das Gemeinwesen überträgt also – anders als bei Konzessionen – kein ihm selbst zustehendes Recht auf den Gesuchsteller, sondern gestattet diesem die Inanspruchnahme der öffentlichen Sache für eine grundsätzlich erlaubte Tätigkeit (vgl. dazu GRISEL, S. 555). Die Gebrauchsbewilligung verschafft dem Inhaber deshalb in der Regel auch keine wohlerworbenen Rechte (vgl. zu diesem Begriff Rz. 815, 1584).

f) Entgeltlichkeit

1878a Für die Bewilligung des gesteigerten Gemeingebrauchs einer öffentlichen Sache kann das Gemeinwesen ein Entgelt in der Form einer *Benutzungsgebühr* erheben (vgl. zu den Voraussetzungen Rz. 2045 ff., 2050 ff., 2094 ff.). Soweit gesteigerter Gemeingebrauch zu ideellen Zwecken (z.B. Ausübung der Versammlungsfreiheit oder der politischen Rechte auf öffentlichem Grund) beansprucht wird, müssen die Gebühren allerdings bescheiden bemessen werden (JAAG, Gemeingebrauch, S. 161).

3. Anwendungsfälle

1879 – Gesteigerter Gemeingebrauch einer Strasse liegt vor beim vorübergehenden Aufstellen eines Informationsstandes, bestehend aus einem Tisch, 3-4 Stühlen und einer Plakatwand (BGE 105 Ia 15, 21).

1880 – Zur Stationierung von Booten auf öffentlichen Gewässern hielt das Bundesgericht in ZBl 87 (1986) 368, 370, fest: "Der Regierungsrat geht davon aus, diese 'Bewilligung' sei eine Konzession auf Sondernutzung einer im Gemeingebrauch stehenden öffentlichen Sache. Dieser Auffassung kann nach der Praxis des Bundesgerichts insofern gefolgt werden, als es um die Bewilligung einer Benutzung des öffentlichen Gewässers geht, die nicht gemeinverträglich ist, indem sie sich ihrer Natur und Intensität nach nicht mehr im Rahmen des Üblichen hält und deshalb den rechtmässigen Gebrauch der Sache durch andere Benutzer einschränkt. Dabei kann wie im Urteil BGE 105 Ia 91, 93 offengelassen werden, wie diese Bewilligung einer den Gemeingebrauch überschreitenden intensiven Benutzung des öffentlichen Gewässers bezeichnet wird ...".

1881 – "Das Parkieren während der ganzen Nacht oder während der halb- oder ganztägigen Arbeitszeit ist gemäss bundesgerichtlicher Rechtsprechung kein Verkehr im Sinne des SVG und der Bundesverfassung (Art. 37bis), sondern stellt gesteigerten Gemeingebrauch dar ..." (BGE 108 Ia 111, 113).

1882 – "Art. 37 Abs. 2 BV untersagt dem Gemeinwesen nur, für den Verkehr auf Strassen, der sich im Rahmen des Gemeingebrauchs hält, Gebühren zu erheben. Er verbietet jedoch nicht, gewisse

Teile der bestehenden Strassenfläche, die bisher dem rollenden Verkehr und dem gebühren-freien Parkieren offenstanden, auszuscheiden und als gebührenpflichtige Parkplätze zu kenn-zeichnen." Darin liegt eine Änderung des Zwecks, indem bisher dem Verkehr im Sinne von Art. 37 Abs. 2 BV offenstehende Strassenflächen einer besonderen Art der Nutzung, nämlich dem zeitlich beschränkten Parkieren gegen Gebühr, zugeführt werden (BGE 112 Ia 39, 41; vgl. auch BGE 122 I 279, 284 und Rz. 1860, 1862a).

4. Besonderheiten bei der Ausübung von Freiheitsrechten auf öffentlichem Grund

Kann man sich bei der Benutzung des öffentlichen Grundes auf die Freiheitsrechte (z.B. Versammlungs-, Religions-, Presse-, Wirtschaftsfreiheit) berufen? Ausgehend von einem rein negatorischen Grundrechtsverständnis wurde diese Frage früher ver-neint, weil die Bewilligung des gesteigerten Gemeingebrauchs eine positive Leistung darstelle, auf die kein aus den Freiheitsrechten ableitbarer Anspruch bestehe. Demgegenüber wird heute angenommen, der Staat habe bei seinem Entscheid über die Benutzung von öffentlichen Sachen die Grundrechte zu berücksichtigen, wobei zwischen dem Interesse der Allgemeinheit am bestimmungsgemässen Gebrauch der öffentlichen Sache und dem Interesse der Gesuchsteller an der Grundrechtsausübung abzuwägen und dem besonderen Gehalt der Grundrechte Rechnung zu tragen ist (dazu eingehend MOOR Vol. III, S. 297 ff.).

1883

Es besteht somit ein "bedingter Anspruch" auf Bewilligung des gesteigerten Gemeingebrauchs, wenn er für die Ausübung von Freiheitsrechten auf öffentlichem Grund beansprucht wird (BGE 105 Ia 91, 94 ff.; HÄFELIN/HALLER, N. 1291, 1308; JAAG, Gemeingebrauch, S. 157 ff.; MÜLLER [zit. in Rz. 1877], S. 761 ff.). Die Ver-weigerung einer Bewilligung stellt mit anderen Worten eine Einschränkung von Freiheitsrechten dar, die – wie jeder Grundrechtseingriff – nur zulässig ist, wenn sie auf einer genügenden gesetzlichen Grundlage beruht, im öffentlichen Interesse liegt und verhältnismässig ist, wobei Besonderheiten für das Erfordernis der Gesetzesform (Rz. 1877) gelten.

1884

Beispiele:
- Die "Atomkraftwerkgegner Schaffhausen" stellten bei der Stadtpolizei Schaffhausen das Ge-such, es sei ihnen an fünf Samstagen das Aufstellen eines Standes auf dem Fronwagplatz in der Schaffhauser Altstadt zu bewilligen. Die Stadtpolizei erlaubte jedoch nur zwei der nachgesuch-ten Veranstaltungen; sie erklärte sich aber bereit, die weiteren geplanten Veranstaltungen an an-deren Örtlichkeiten zu gestatten. Diesen Entscheid fochten die Gesuchsteller mit kantonalen Rechtsmitteln und hierauf mit staatsrechtlicher Beschwerde an. Sie machten insbesondere eine Verletzung ihrer Meinungsäusserungsfreiheit geltend. Das Bundesgericht stellte fest, eine den Gemeingebrauch übersteigende Benutzung öffentlicher Sachen könne selbst dann bewilligungs-pflichtig erklärt werden, wenn dafür keine gesetzliche Grundlage bestehe. Im vorliegenden Fall finde sich indessen eine solche Grundlage in Art. 25 der Polizeiverordnung der Stadt Schaffhau-sen. Zur Frage der Verhältnismässigkeit der teilweisen Verweigerung der Bewilligung führte das Gericht aus, den zuständigen Behörden stehe bei der Konkretisierung der Zweckbestim-mung der öffentlichen Sachen und beim Entscheid über deren Benutzung ein gewisser Ermes-sensspielraum zu. Auch Aktivitäten der von den Beschwerdeführern vorgesehenen Art dürften im Sinne einer vernünftigen Planung der Benutzung des öffentlichen Grundes beispielsweise auf gewisse Gebiete oder Zeiträume beschränkt werden. Der Einfluss der Meinungsäusserungs-freiheit führe nicht zu einem absoluten Vorrang politischer Veranstaltungen vor irgendwelchen anderen Interessen. Die zuständigen Behörden betrachteten den Fronwagplatz in erster Linie als Begegnungs- und Erholungsraum für Fussgänger. Sie wollten mit ihrer Bewilligungspraxis ver-

1885

meiden, dass sich Veranstaltungen der nachgesuchten Art auf diesem Platz allzusehr häuften. Wenn die Behörden aus dieser Überlegung heraus einer Gruppe, die innert eineinhalb Monaten an fünf Samstagen einen Stand auf dem Fronwagplatz aufstellen wolle, nur zwei Bewilligungen erteile, ihr aber das Angebot mache, die übrigen Veranstaltungen auf anderen geeigneten Plätzen zu bewilligen, hätten sie ihr Ermessen nicht überschritten (BGE 105 Ia 91 ff.).

1886   –   Die "Groupe Action Prison Genève" wollte auf einem öffentlichen Platz vor dem Gefängnis Champ-Dollon (Genf) Unterschriften für eine Petition zugunsten der Einrichtung von Besucherzimmern für Strafgefangene sammeln. Die kantonalen Behörden lehnten das Gesuch ab, weil diese Sammlung die Ruhe und Ordnung inner- und ausserhalb des Gefängnisses stören könnte. Das Bundesgericht wies eine dagegen erhobene staatsrechtliche Beschwerde ab. Zur Vereinbarkeit der Bewilligungsverweigerung mit der Petitionsfreiheit führte das Bundesgericht aus, dass keine politische Zensur bei der Überprüfung des Petitionstextes erfolgen dürfe. Es bejahte die Verhältnismässigkeit der Bewilligungsverweigerung wegen des Ortes der Unterschriftensammlung unmittelbar vor dem Gefängnis, in welchem ein äusserst gespanntes Klima herrschte (BGE 109 Ia 208 ff.).

1887   In folgenden weiteren Fällen hat das Bundesgericht die Verweigerung der Bewilligung zum gesteigerten Gemeingebrauch des öffentlichen Grundes auf die Vereinbarkeit mit Freiheitsrechten geprüft:

–   Strassentheater des Komitees für Indochina auf dem Landsgemeindeplatz Zug: Meinungsäusserungs- und Versammlungsfreiheit (BGE 100 Ia 392 ff.);

–   Benutzung des öffentlichen Grundes durch Prostituierte zum Zwecke der Kundensuche im Kanton Genf: Wirtschaftsfreiheit (BGE 101 Ia 473 ff. = Pra 65 [1976] Nr. 93);

–   Verbot der Benutzung von Lautsprechern bei politischen Veranstaltungen auf öffentlichem Grund während vier Wochen vor Wahlen und Abstimmungen in der Stadt Basel: Meinungsäusserungs- und Versammlungsfreiheit (BGE 107 Ia 64 ff.);

–   Verweigerung der Bewilligung für Volksmarsch und "Pic-nic" der Unité Jurassienne Corgémont: Meinungsäusserungs- und Versammlungsfreiheit (BGE 107 Ia 226 ff.);

–   Genfer Gesetz betreffend Verbot von Prozessionen auf öffentlichem Grund: Kultusfreiheit (BGE 108 Ia 41 ff. = Pra 71 [1982] Nr. 171);

–   Taxi-Standplätze in Chur: Wirtschaftsfreiheit (BGE 108 Ia 135 ff.);

–   Bewilligungspflicht für das Verteilen von Propagandamaterial unmittelbar vor dem Eingang des Sitzungsgebäudes des Grossen Rates des Kantons Thurgau: Presse- und Meinungsäusserungsfreiheit (BGE 110 Ia 47 ff.).

–   Zirkusvorführungen auf öffentlichen Plätzen in Basel-Stadt und Schaffhausen: Wirtschaftsfreiheit (BGE 121 I 279 ff.; 119 Ia 445 ff.).

III.   Sondernutzung

1.   Begriff

1888   Sondernutzung ist derjenige Gebrauch einer öffentlichen Sache im Gemeingebrauch, der nicht bestimmungsgemäss ist, bei welchem die Berechtigten eine ausschliessliche Verfügung über einen Teil der Sache erhalten und der die Erteilung einer Konzession voraussetzt.

1889   Die Abgrenzung zwischen gesteigertem Gemeingebrauch und Sondernutzung fällt oft schwer. Die Kantone umschreiben die beiden Arten des Gebrauchs einer öffentlichen Sache nicht einheitlich und verzichten zum Teil überhaupt auf eine Unterscheidung.

2. Voraussetzungen und Elemente

a) *Überschreiten des bestimmungsgemässen Gebrauchs*

Die Benutzung der öffentlichen Sache ist mit deren Zweckbestimmung *nicht mehr*   1890
vereinbar.

b) *Ausschluss anderer Benutzungsberechtigter*

Kumulativ muss zur Überschreitung des bestimmungsgemässen Gebrauches der   1891
Ausschluss anderer Berechtigter vom Gebrauch hinzutreten. Im Unterschied zum
gesteigerten Gemeingebrauch erfahren andere potentielle Benutzer nicht nur erhebliche Einschränkungen, sondern sind gänzlich von einer Nutzung ausgeschlossen.

c) *Dauernde feste Verbindung mit der öffentlichen Sache als Indiz*

Die dauernde und feste Verbindung bildet lediglich ein mögliches Kriterium zur   1892
Feststellung einer Sondernutzung. Feste Anlagen bringen einen Eingriff in die Kör-
perlichkeit der öffentlichen Sache mit sich. Das zeitliche Kriterium der Dauer erfüllen beispielsweise nicht Baugerüste oder Fahrnisbauten, da diese wieder beseitigt
werden können. Eine auf unbestimmte Zeit vorgesehene feste Verbindung deutet auf
eine Sondernutzung hin (vgl. dazu JAAG, Gemeingebrauch, S. 156, der die Abgrenzung zwischen gesteigertem Gemeingebrauch und Sondernutzung aufgrund einer
Kombination der Kriterien der Intensität und der Dauerhaftigkeit der Benutzung vornehmen will).

3. Sondernutzungskonzession

Eine Sondernutzungskonzession räumt das Recht auf Nutzung einer öffentlichen Sa-   1893
che ein.

Die Rechtsnatur der Sondernutzungskonzession (Verfügung oder verwaltungs-   1894
rechtlicher Vertrag) ist umstritten (Rz. 2009).

Die Pflicht zur Einholung einer Konzession für die Sondernutzung einer öffent-   1895
lichen Sache bedarf nach der Rechtsprechung des Bundesgerichts keiner gesetzlichen
Grundlage (vgl. Rz. 1877). Dagegen muss die Erhebung von Gebühren für die
Sondernutzung im Gesetz ausdrücklich vorgesehen sein (vgl. Rz. 2096).

Unklar ist, ob die Praxis des Bundesgerichts betreffend Ausübung von Frei-   1896
heitsrechten auf öffentlichem Grund (vgl. Rz. 1883 ff.) sich nur auf den gesteigerten
Gemeingebrauch bezieht, oder ob auch bei der Sondernutzung eine Berufung auf die
Freiheitsrechte möglich ist und ein "bedingter Anspruch" auf Erteilung der Konzession besteht. Ein Grund dafür, die Vereinbarkeit der Bewilligungsverweigerung mit
Freiheitsrechten nur bei gesteigertem Gemeingebrauch, nicht aber bei Sondernutzung zu prüfen, ist nicht ersichtlich; dies umso weniger, als die Abgrenzung von gesteigertem Gemeingebrauch und Sondernutzung oft kaum möglich ist oder sogar
unterbleibt (vgl. dazu KARIN SUTTER-SOMM, Das Monopol im schweizerischen Ver-
waltungs- und Verfassungsrecht, Diss. Basel 1989, S. 156 ff.).

1897 Da der Entscheid über die Erteilung der Konzession in der Regel in das Ermessen der zuständigen Behörden gestellt ist, kann er von Verwaltungsgerichten im allgemeinen nur beschränkt überprüft werden (vgl. dazu Rz. 2017).

1898 Die Erteilung einer Sondernutzungskonzession begründet ein wohlerworbenes Recht, welches unter dem Schutz der Eigentumsgarantie steht (siehe Rz. 2010).

4. Anwendungsfälle

1899 Sondernutzung öffentlicher Sachen liegt vor bei:
– Verlegen von Leitungen in oder über den öffentlichen Grund;
– Erstellen von Bauten (Kioske, Restaurants, Schaukästen, Automaten) auf öffentlichem Grund;
– feste Zuteilung von Parkplätzen auf Strassengebiet;
– Errichtung von Bootsstegen oder Verankerung von Bojen auf öffentlichen Gewässern;
– Endlagerung radioaktiver Abfälle (BGE 119 Ia 390, 400).

7. Teil   Die Polizei

§ 34 Begriff, Voraussetzungen und Arten von polizeilichen Massnahmen

Literatur

ABRAVANEL PHILIPPE, La protection de l'ordre public dans l'Etat régi par le droit, ZSR NF 99/II (1980) 1 ff.; AUBERT GABRIEL, Les interventions de la police en droit genevois, Genève 1985; BREITSCHMID PETER, Die Beanspruchung der Polizei zur Sicherung privater Rechte, ZBl 84 (1983) 289 ff.; GRISEL ETIENNE, La définition de la police, in: Erhaltung und Entfaltung des Rechts in der Rechtsprechung des Schweizerischen Bundesgerichts, Festgabe der schweizerischen Rechtsfakultäten zur Hundertjahrfeier des Bundesgerichts, Basel 1975, S. 91 ff.; GUENG URS, Zur Haftungskonkurrenz im Polizeirecht, ZBl 74 (1973) 257 ff.; GYGI FRITZ, Zum Polizeibegriff, in: Staatsorganisation und Staatsfunktionen im Wandel, Festschrift für Kurt Eichenberger zum 60. Geburtstag, Basel/Frankfurt a.M. 1982, S. 235 ff.; HALLER WALTER, Polizeigesetzgebung und Europäische Menschenrechtskonvention, in: Recht als Prozess und Gefüge, Festschrift für Hans Huber zum 80. Geburtstag, Bern 1981, S. 563 ff.; HUG THOMAS, Schusswaffengebrauch durch die Polizei, Diss. Zürich 1980; JOST ANDREAS, Die neueste Entwicklung des Polizeibegriffs im schweizerischen Recht, Diss. Bern 1975; KNAPP BLAISE, De l'administration de police au service public, in: Staatsorganisation und Staatsfunktionen im Wandel, Festschrift für Kurt Eichenberger zum 60. Geburtstag, Basel/Frankfurt a.M. 1982, S. 733 ff.; KÜNG RUDOLF, Der Adressat des Polizeibefehls, Diss. Zürich 1974; MATHYS HANS, Zum Begriff des Störers im Polizeirecht, Diss. Zürich 1974; MUCKEL STEFAN, Abschied vom Zweckveranlasser, DÖV 51 (1998) 18 ff.; NEF HANS, Zeitgenössisches Polizeirecht, ZBl 81 (1980) 49 ff.; POLTIER ETIENNE, Le recouvrement des frais d'interventions policières auprès des administrés, in: Recueil de travaux offert à François Gilliard, Lausanne 1987, S. 125 ff.; REINHARD HANS, Allgemeines Polizeirecht: Aufgaben, Grundsätze und Handlungen, Diss. Bern 1993; SCHWEIZER RAINER J., Entwicklungen im Polizeirecht von Bund und Kantonen, AJP 6 (1997) 379 ff.; STRASSER OTHMAR, Polizeiliche Zwangsmassnahmen, Diss. Zürich 1981; THÜRER DANIEL, Das Störerprinzip im Polizeirecht, ZSR NF 102/I (1983) 463 ff.; WEBER-DÜRLER BEATRICE, Der Grundsatz der entschädigungslosen Polizeieingriffe, ZBl 85 (1984) 289 ff.

I. Begriff der polizeilichen Tätigkeit und der polizeilichen Güter

1. Begriff der polizeilichen Tätigkeit

Polizei ist diejenige staatliche Tätigkeit, welche die öffentliche Ruhe und Ordnung, die öffentliche Sicherheit, Gesundheit und Sittlichkeit sowie Treu und Glauben im Geschäftsverkehr durch die Abwehr von Störungen und Gefährdungen schützt. In diesem Sinne ist die Polizei nicht etwa eine Behörde, sondern eine *Funktion*. Sie umfasst sowohl die Rechtssetzung als auch die Rechtsanwendung. 1900

Schwierigkeiten verursacht heute die Unterscheidung zwischen *Gefahrenabwehr* und positiver *Sozialgestaltung* in Form der Wirtschafts- und Sozialpolitik (Daseinsvorsorge, Wohlfahrtspflege). Das Abgrenzungskriterium der Abwehr von Ge- 1901 fahren und Störungen kann nicht allein massgeblich sein, denn auch mit Hilfe der Wirtschafts- und Sozialpolitik werden Gefahren für die Gesellschaft und die Individuen (Arbeitslosigkeit, Verelendung usw.) bekämpft. Anderseits ist der Schutz der Polizeigüter nicht nur als Eingriff zu sehen, sondern kann ebensogut als staatliche Leistung (z.B. polizeiliche Kontrollen in Bahnhöfen und Zügen als Leistung zugunsten der Bahnbenutzer) betrachtet werden, so dass sich auch dieses Unterscheidungsmerkmal als problematisch erweist.

2. Die polizeilichen Schutzgüter

a) *Öffentliche Ordnung und Sicherheit*

1902 Die öffentliche Ordnung und Sicherheit bilden den *Oberbegriff* der polizeilichen Schutzgüter. Die öffentliche Ordnung umfasst alle Regeln, die nach der jeweils herrschenden Ansicht für das geordnete Zusammenleben der Privaten unerlässlich sind. Die öffentliche Sicherheit bedeutet die Unverletzlichkeit der objektiven Rechtsordnung, der Rechtsgüter der Einzelnen (Leben, Gesundheit, Freiheit, Eigentum, Ehre usw.) sowie der Einrichtungen des Staates.

Beispiele:
Sicherheits-, Kriminal-, Feuer-, Baupolizei, Staatsschutz.

b) *Öffentliche Gesundheit*

1903 Bei diesem Polizeigut geht es um den Schutz der Bevölkerung vor Schädigungen der Gesundheit. Die *öffentliche Ruhe*, welche die Umgebungs-, Arbeits-, Nacht- und Sonntagsruhe der Bevölkerung gewährleisten soll, wird teils zur öffentlichen Gesundheit gerechnet, teils als besonderes polizeiliches Schutzgut betrachtet.

Beispiele:
Lebensmittelpolizei, Kontrolle von Heilmitteln, Fähigkeitsprüfungen für Medizinalpersonen, Lärmschutzvorschriften und -massnahmen (z.B. Nachtfahr- und -flugverbote, Lärmschutzwände).

c) *Öffentliche Sittlichkeit*

1904 Schutzobjekt dieses Polizeigutes ist das sittliche Empfinden der Bevölkerung, das örtlich verschieden und zeitlich wandelbar ist (BGE 106 Ia 267, 271 ff.). Der Begriff der Sittlichkeit ist im Polizeirecht weiter gefasst als im Strafrecht.

Beispiele:
Filmzensur, Tierschutz, Verbot einer "Peep-Show" (BGE 106 Ia 267 ff.).

d)   Treu und Glauben im Geschäftsverkehr

Die Wahrung von Treu und Glauben im Geschäftsverkehr soll das Publikum vor   1905
Täuschung und Ausbeutung schützen.

Beispiele:
Bewilligungspflicht und Preisvorschriften für die Heirats- und Wohnungsvermittlung, Vorschriften
über das Aufstellen von Spielautomaten, Anwaltsgesetzgebung, Verbot des unlauteren Wettbewerbes,
Preisanschreibepflicht, Bankengesetzgebung.

3.   Schutz öffentlicher oder auch privater Interessen (Schutz vor sich selbst)?

Schutz der Polizeigüter bedeutet stets im öffentlichen Interesse liegende Gefahren-   1906
abwehr. Damit schafft der Staat die Voraussetzungen für eine freiheitliche individuelle Lebensgestaltung und eine normale gesellschaftliche Entwicklung. Schwierig
ist jedoch die Abgrenzung der öffentlichen gegenüber den privaten Interessen. Bei
verschiedenen polizeilichen Massnahmen stellt sich die Frage nach der Zulässigkeit
des Schutzes des Einzelnen vor sich selbst (z.B. bei der Verweigerung einer Baubewilligung wegen Lawinengefahr, dem Verbot der Fernsehwerbung für alkoholische
Getränke und Raucherwaren, der Pflicht, auf Zigarettenpackungen auf die Gefahren
des Rauchens hinzuweisen, der Verhinderung von Selbstmord oder bei Vorschriften,
die das unnütze Ausgeben von Geld verhindern wollen).

Beispiele: 1907
–   In seiner Botschaft zur Revision des Bundesgesetzes über den Strassenverkehr (SR 741.01) vom
    17. Januar 1979 (BBl 1979 I 229 ff.) führte der Bundesrat aus, die Gurtentragpflicht bezwecke
    nicht einen eigentlichen Schutz vor sich selbst, sondern unmittelbar den Schutz vor den
    unausweichlichen Gefahren des Strassenverkehrs und mittelbar den Schutz der Allgemeinheit
    vor den Folgen ungenügenden Selbstschutzes.
–   Nach Art. 40 des Polizeigesetzes des Kantons St. Gallen vom 10. April 1980 (SG sGS 451.1)
    kann die Polizei eine Person, die sich infolge Geistesstörung, Betrunkenheit oder Drogenein-
    wirkung selbst ernsthaft und unmittelbar gefährdet, vorübergehend in Gewahrsam nehmen. Das
    St. Galler Kantonsgericht stellte fest, es wäre – unabhängig vom Zustand der betreffenden Per-
    son – mit der öffentlichen Sittlichkeit als Teil der öffentlichen Ordnung kaum zu vereinbaren,
    wenn die Polizei nichts unternehmen würde, wenn sie von einer offensichtlichen Selbstmord-
    absicht Kenntnis erhält (SJZ 86 [1990] 49 f.).

Die Grenze zwischen dem Schutz Einzelner vor sich selbst und dem Schutz des   1908
Publikums verläuft fliessend, setzt sich dieses doch letztlich aus einer Vielzahl von
Einzelpersonen zusammen, die sich gar nicht isoliert denken lassen. Entscheidend ist
somit nicht, ob Einzelne oder die Allgemeinheit geschützt werden sollen, sondern
vielmehr, *vor welchen Gefahren* die Polizei den Menschen zu bewahren hat. Zu fragen ist, ob Gefahren drohen, mit denen sich das Gemeinwesen vernünftigerweise zu
befassen hat oder nicht. Ausschlaggebend ist demzufolge nur die *Natur des bedroh-
ten Rechtsgutes*, die Art der Gefahr, nicht die Zahl der Betroffenen (JOST, S. 51).
Von zentraler Bedeutung ist jedoch bei allen polizeilichen Massnahmen die Wahrung der Verhältnismässigkeit, die unter Umständen ein Eingreifen des Staates zum
Schutz bestimmter Einzelinteressen als nicht angezeigt erscheinen lässt.

4. Ermächtigung oder Verpflichtung zu polizeilichem Handeln?

1909 Nach klassischem Polizeirecht gilt das *Opportunitätsprinzip*, das bedeutet, dass die Behörden zu polizeilichem Handeln nur ermächtigt, nicht verpflichtet sind. In neuerer Zeit wird das polizeiliche Handeln mehr und mehr zur *Pflicht*, einerseits aufgrund ausdrücklicher Gesetzesnormen, anderseits wegen der wachsenden Ohnmacht der Einzelnen gegenüber den modernen Gefahren. Die Behörden verfügen allerdings bei der Frage, ob und wie sie polizeilich handeln sollen, oft über einen weiten Beurteilungsspielraum.

Beispiele:

1910 – V. betrieb ein Café in der Zürcher Innenstadt. In den Jahren 1980 und 1981 erlitt er verschiedene Schäden, die er auf die Jugendunruhen und mittelbar auf das nach seiner Meinung verfehlte Verhalten der Behörden der Stadt Zürich, insbesondere bezüglich der Bewilligung von Demonstrationen, zurückführte. V. erhob Schadenersatzklage gegen die Stadt Zürich, die jedoch vom Bezirksgericht und vom Obergericht abgewiesen wurde. Zur Begründung führte das Obergericht im wesentlichen aus, bei der Wahrnehmung der polizeilichen Aufgaben und beim Entscheid über die Bewilligung von Demonstrationen stehe den Behörden ein gewisses Ermessen zu. Ein widerrechtliches Verhalten, das zur Haftung der Stadt Zürich führen könnte, liege nur vor, wenn dieses Ermessen nicht pflichtgemäss ausgeübt, sondern missbraucht worden sei. Dies treffe in den von V. angeführten Fällen nicht zu. Es sei der Polizei nicht möglich, jeden Rechtsbruch zu verhindern, weil ihre Mittel in personeller und materieller Hinsicht beschränkt seien. Sie könne deshalb auch nicht jede unbewilligte Demonstration mit verhältnismässigen Mitteln und ohne unverhältnismässigen Schaden auflösen. Die Entwicklung von Demonstrationen sei häufig ungewiss. Der Einsatz der Polizei sei in solchen Situationen immer eine Massnahme, welche nicht nur nach polizeitaktischen Grundsätzen beurteilt werden müsse, sondern es seien auch die möglichen Folgeschäden und die mittelfristigen Auswirkungen sowie die Stimmung in der Öffentlichkeit zu berücksichtigen. Zwar sei die Polizei, wenn sie in einer Einzelsituation eine konkrete Gefahr bemerke, verpflichtet, diese abzuwenden, soweit sie dazu aufgrund ihrer Kräfte in der Lage sei. Es sei deshalb durchaus denkbar, dass der Staat haftbar werde, wenn Polizeikräfte Beschädigungen unmittelbar beobachten und diese nicht verhindern, obwohl sie zahlenmässig und unter Berücksichtigung anderer dringender Aufgaben dazu in der Lage seien. Der Kläger behaupte aber keine solche konkrete Situation (ZBl 86 [1985] 220 ff. [Urteil des Zürcher Obergerichts vom 1. November 1984]).

1911 – Die im Milieu tätige Z. wurde in einem Restaurant von mehreren Personen bedroht. Sie ersuchte die Stadtpolizei Zürich telefonisch, eine Patrouille vorbei zu schicken. Der diensttuende Beamte lehnte dies ab. Auf dessen Wunsch führte der Wirt Frau Z. durch einen Hinterausgang des Lokals hinaus und begleitete sie zu ihrer Absteige. Dort drangen kurz darauf die Personen, die sie bedroht hatten, mit Gewalt ein, entführten sie und misshandelten sie schwer. In der Folge klagte Frau Z. gegen die Stadt Zürich auf Bezahlung von Fr. 60'000.-- als Schadenersatz und Genugtuung. Sie stellte ausserdem das Gesuch um unentgeltliche Prozessführung und Bestellung eines unentgeltlichen Prozessbeistandes. Das Bezirksgericht und das Obergericht wiesen dieses Gesuch ab. Sie beurteilten den Prozess als aussichtslos, weil das Verhalten des Beamten, welcher den Einsatz einer Polizeipatrouille abgelehnt hatte, nicht widerrechtlich gewesen sei. Das Kassationsgericht hob den Entscheid des Obergerichts auf und stellte fest, von Aussichtslosigkeit der Klage wegen fehlender Widerrechtlichkeit könne nicht die Rede sein. Die Gewähr für die Sicherheit von Personen und Eigentum müsse im Rechtsstaat eines der ernsthaftesten Anliegen sein. Insbesondere gelte, dass die Polizei, wenn sie zur Intervention aufgefordert werde, weil eine Person in Gefahr sei, sofort auszurücken habe; für einen Ermessensentscheid, ob ein Ausrücken nötig sei oder nicht, sei in diesen Fällen kein Raum. Ein Abwägen der Notwendigkeit im voraus würde bedeuten, dass die Sicherheit von Personen und Eigentum in einem für ein geordnetes Gemeinwesen unerträglichen Mass relativiert würde. Ein Gemeinwesen von der Grösse der Stadt Zürich habe ein Polizeikorps zu halten, das über genügend Mittel verfüge, um jederzeit so wichtige Aufgaben wie die Gewährleistung der Sicherheit von Personen und Eigentum zu erfüllen (ZBl 88 [1987] 545 ff. [Urteil des Zürcher Kassationsgerichts vom 17. Juni 1987], mit Bemerkungen der Redaktion, in welchen die Begründung des Urteils zu Recht kritisiert und festgestellt wird, der freiheitliche Staat könne aus allgemeinen staatspolitischen Gründen nur begrenzte Polizeikräfte halten; die Begrenztheit der Mittel beeinflusse die Einsatzdoktrin der Polizei, die nur zum Eingreifen verpflichtet sei, wenn eine erhebliche Gefährdung wichtiger Polizeigüter relativ wahrscheinlich sei; beim Entscheid darüber, ob dies im konkreten Fall zutreffe, müsse die Polizei über einen gewissen Spielraum verfügen).

– Der Eigentümer eines Mietshauses ersuchte den Generalstaatsanwalt des Kantons Genf, in leerstehende Wohnungen eingedrungene Personen polizeilich ausschaffen zu lassen. Der Generalstaatsanwalt lehnte das Gesuch ab mit der Begründung, angesichts der Krise auf dem Wohnungsmarkt könnte das Eingreifen der Polizei zum alleinigen Zweck der Leerhaltung der Wohnungen schwere Unruhen hervorrufen und zu neuen Hausbesetzungen führen. Er sei bereit, eine Räumung anzuordnen, um den vom Eigentümer zugelassenen Mietern den Einzug zu gestatten oder die Ausführung bewilligter Bauarbeiten zu ermöglichen. Der Eigentümer führte gegen diese Verfügung des Generalstaatsanwaltes staatsrechtliche Beschwerde wegen Verletzung von Art. 4 und 22ter BV. Einige Monate später wiederholte der Hauseigentümer sein Gesuch um Ausschaffung der Hausbesetzer, nachdem er inzwischen ein Zivilurteil erstritten hatte, welches diese verpflichtete, die besetzten Wohnungen zu räumen. Der Generalstaatsanwalt ordnete nun zwar den Vollzug dieses Urteils an. Die Ausschaffung durch die Polizei sollte aber erst dann erfolgen, wenn dem Hauseigentümer die endgültige Bewilligung erteilt werde, um die Wohnungen für eine Vermietung wieder instand zu stellen. Auch diese Verfügung zog der Hauseigentümer mit staatsrechtlicher Beschwerde an das Bundesgericht weiter. – Das Bundesgericht wies die erste Beschwerde ab. Die zweite hiess es gut. Die zuständigen Behörden müssten zwar allenfalls auch gegen eine Beeinträchtigung verfassungsmässiger Rechte einschreiten, welche nicht auf eine staatliche Massnahme oder Verfügung, sondern auf das Verhalten von Privaten zurückgehe. Es könne deshalb nicht ausgeschlossen werden, dass ein Hauseigentümer aufgrund von Art. 22ter BV befugt sei, die zwangsweise Ausschaffung von Hausbesetzern zu verlangen, stelle dieses Verhalten doch eine flagrante Verletzung seines Eigentumsrechts dar. Die Pflicht zum Eingreifen hänge jedoch in jedem Fall von der Schwere der Verletzung und der Gesamtheit der Umstände ab, unter denen die Polizei zum Handeln aufgefordert werde. Auch Zweckmässigkeitsüberlegungen seien zulässig, namentlich wenn das Eingreifen einen erheblichen Mitteleinsatz erfordere und es zu neuen Störungen der öffentlichen Ordnung Anlass geben könnte. Der Polizei sei insofern ein weiter Spielraum des Ermessens zuzugestehen. Es sei deshalb vertretbar gewesen, auf den Einsatz der Polizei zu verzichten, solange der Eigentümer das Mietshaus nicht habe nutzen oder umbauen wollen, denn die Zwangsräumung hätte den sozialen Frieden negativ beeinflussen und die öffentliche Ordnung beeinträchtigende Kundgebungen auslösen können. Die Vollstreckung eines rechtskräftigen gerichtlichen Räumungsbefehls dürfe von der Polizei dagegen nicht verweigert werden (ZBl 94 [1993] 378 ff. [Urteil vom 11. Februar 1993]; zur Frage, ob es sich bei dieser Streitigkeit um eine zivilrechtliche im Sinne von Art. 6 Ziff. 1 EMRK handelt, vgl. VPB 60 [1996] Nr. 106).

1911a

II. Voraussetzungen für polizeiliche Massnahmen

1. Rechtliche Grundlage

a) *Besondere gesetzliche Grundlage*

Die polizeilichen Massnahmen unterstehen wie jegliche Verwaltungstätigkeit grundsätzlich dem Gesetzmässigkeitsprinzip (Erfordernis des Rechtssatzes und der Ge-

1912

setzesform). Polizeigesetze allgemeiner Art sind in der Schweiz (anders als in Deutschland) relativ selten. Mehrere Kantone weisen auf diesem Gebiet ein Regelungsdefizit auf, das rechtsstaatlich nicht unbedenklich erscheint (vgl. HALLER, S. 563 ff.). Polizeiliche Normen finden sich indessen in zahlreichen Spezialerlassen.

Beispiele:
- Bundesgesetz über den Schutz der Gewässer (GSchG) vom 24. Januar 1991 (SR 814.20);
- Bundesgesetz über die Banken und Sparkassen vom 8. November 1934 (SR 952.0);
- Bundesgesetz über den Strassenverkehr vom 19. Dezember 1958 (SR 741.01);
- Kantonale Gesundheitsgesetze, Strafprozessordnungen, Baugesetze usw.

b) Polizeigeneralklausel

1913   Die polizeiliche Generalklausel ist der geschriebene oder ungeschriebene Rechtssatz, welcher die zuständige Behörde ermächtigt, polizeiliche Massnahmen zum Schutz der Polizeigüter zu treffen, um eine *schwere und unmittelbare Gefahr* abzuwenden oder eine bereits erfolgte *schwere Störung* zu beseitigen. Die Generalklausel kann einzig in Fällen *zeitlicher Dringlichkeit* angerufen werden. Sie kommt nur *subsidiär* zur Anwendung, wenn sich die Massnahmen nicht auf eine besondere gesetzliche Grundlage stützen lassen. Die Verwaltungsbehörden können in solchen Fällen Anordnungen für die Aufrechterhaltung der öffentlichen Ordnung und Sicherheit entweder in der Form der Verfügung (Polizeinotverfügung) oder der Verordnung (Polizeinotverordnung) treffen. Die Generalklausel ersetzt im Polizeinotstand die gesetzliche Grundlage (Rz. 1950).

Beispiele:
1914   – Die Behörden dürfen sich für die Verlegung einer Tankstelle aus verkehrspolizeilichen Gründen nicht auf die Polizeigeneralklausel berufen, da eine spezielle gesetzliche Grundlage (Art. 3 Abs. 4 SVG) besteht und die zeitliche Dringlichkeit fehlt (BGE 100 Ia 144 ff. = Pra 63 [1974] Nr. 204).

1915   – Das Departement des Innern des Kantons Neuenburg erliess eine Vorschrift, wonach die um die Bewilligung zum Abbruch der Schwangerschaft ersuchende Schwangere mindestens zwei Monate im Kanton Wohnsitz haben muss. Diese Vorschrift hatte keine Grundlage in einem Gesetz im formellen Sinne. Da es an der zeitlichen Dringlichkeit dieser die persönliche Freiheit einschränkenden Bestimmung mangelt, ist es unzulässig, sie auf die polizeiliche Generalklausel zu stützen (BGE 101 Ia 575, 578 ff. = Pra 65 [1976] Nr. 137).

1916   – 1977 beschloss der bernische Regierungsrat, alle politischen Versammlungen auf dem Gebiet der jurassischen Gemeinde Moutier für zwei Tage zu verbieten. In dieser Zeit grosser politischer Spannungen war es zulässig, eine solche Massnahme gestützt auf die Generalklausel zu treffen (BGE 103 Ia 310 ff. = Pra 66 [1977] Nr. 250).

1917   – Die PTT-Betriebe sperrten auf Ersuchen der Strafverfolgungsbehörden den Telefonanschluss einer Telefonzeitung, welche die Anrufer einlud, sich an einer nicht bewilligten Demonstration zu beteiligen. Da ein Zustand zeitlicher Dringlichkeit bestand, durfte die Verwaltungsbehörde eine solche Massnahme gestützt auf die Polizeigeneralklausel treffen, auch wenn sie im Gesetz nicht vorgesehen war (VPB 46 [1982] Nr. 16 [Entscheid der Generaldirektion der PTT vom 19. Dezember 1980]).

2. Öffentliches Interesse

a) Ausschliesslich polizeiliche Motivation

Polizeiliche Massnahmen dienen ausschliesslich der *Gefahrenabwehr*, d.h. dem Schutz von Polizeigütern. Es ist indessen oft schwierig, eine klare Abgrenzung gegenüber andern (z.B. raumplanerischen, energiepolitischen, wirtschaftspolitischen) Interessen vorzunehmen (vgl. dazu auch Rz. 1906 ff.). Staatliche Anordnungen verfolgen deshalb häufig sowohl polizeiliche wie andere öffentliche Interessen. 1918

Im Zusammenhang mit der Frage der Zulässigkeit von Einschränkungen der Wirtschaftsfreiheit umschrieb das Bundesgericht früher den Polizeibegriff so weit, dass er auch sozialpolitische Massnahmen umfasste. In seiner neueren Praxis versteht es den Polizeibegriff jedoch wieder enger (im Sinne der Gefahrenabwehr); es anerkennt aber, dass die Wirtschaftsfreiheit auch aus sozialpolitischen Gründen beschränkt werden kann (vgl. HÄFELIN/HALLER, N. 1430). 1919

b) Repressive und präventive Massnahmen

aa) Behebung eines polizeiwidrigen Zustandes

Repressive Massnahmen müssen ergriffen werden, wenn die Polizeigüter bereits beeinträchtigt worden sind. Sie bezwecken die Wiederherstellung des ordnungsgemässen Zustandes. 1920

Beispiele:
- Beschlagnahmung gesundheitsschädlicher Stoffe;
- Abbruch polizeiwidriger Bauten;
- Beseitigung verkehrsgefährdender Einrichtungen.

bb) Verhinderung von Störungen, d.h. Abwehr von Gefährdungen

Präventive Massnahmen dienen dazu, das Entstehen polizeiwidriger Zustände zu vermeiden. Die Polizeigüter sollen vor möglichen künftigen Gefahren geschützt werden. 1921

Beispiele:
- generelles Verbot oder Monopolisierung einer die Polizeigüter gefährdenden Tätigkeit (z.B. Verbot des Konsums von Betäubungsmitteln, Monopolisierung der Kehrichtbeseitigung oder des Altauto-Abbruchs);
- Einführung einer Bewilligungs- oder Meldepflicht (z.B. für das Führen von Motorfahrzeugen, den Betrieb von Apotheken, den Erwerb von Schusswaffen).

3. Verhältnismässigkeit

Eine polizeiliche Massnahme darf in zeitlicher, örtlicher, persönlicher und sachlicher Hinsicht nicht weiter gehen, als es der polizeiliche Zweck erfordert. Dies gilt sowohl 1922

für generelle Regelungen als auch für Einzelanordnungen. Dem Verhältnismässigkeitsprinzip kommt in der Praxis grosse Bedeutung zu.

Beispiele von unverhältnismässigen polizeilichen Massnahmen:
– zu weit gefasster Kreis der Betroffenen: Festnahme aller Demonstranten statt nur der randalie-
   renden Demonstrationsteilnehmer; zu umfassende Einschränkung des Erwerbs von Schusswaffen (Die Verordnung des Bundesrates vom 18. Dezember 1991 beschränkte – in der damaligen
   Fassung – zur Unterbindung des Waffenhandels zwischen der Schweiz und dem ehemaligen
   Jugoslawien den Erwerb von Schusswaffen durch alle ausländischen Staatsangehörigen, die
   keine Niederlassungsbewilligung in der Schweiz besitzen, obwohl es genügt hätte, eine Beschränkung nur für Staatsangehörige des ehemaligen Jugoslawien zu erlassen [BGE 122 IV
   258 ff.; vgl. auch Rz. 1952b]);
– generelles Verbot statt Kontrolle des Verkaufs eines Heilmittels;
– Einführung einer Bewilligungspflicht, obschon es genügen würde, wenn die Behörde eine Regelung im Einzelfall im Rahmen einer Aufsicht oder Meldepflicht treffen würde;
– Anordnung des Abbruchs einer einsturzgefährdeten Baute, obwohl eine Absperrung des Geländes zur Verhinderung der Gefährdung von Passanten ausreichen würde;
– Verbot von Versammlungen im ganzen Kanton statt im von Unruhen betroffenen Gebiet.

1923   Eine gewisse Generalisierung ist aber erlaubt. Durch allgemeine Polizeivorschriften
darf eine *abstrakte Gefährdung* eines Polizeiguts abgewendet werden, wenn nach der
Lebenserfahrung in der Mehrzahl der Fälle wahrscheinlich eine konkrete Gefährdung
entsteht. Derartige Regelungen finden sich z.B. in der Strassenverkehrsgesetzgebung
oder im Bundesgesetz über den Verkehr mit Giften (Giftgesetz) vom 21. März 1969
(SR 814.80).

1924   Eine konkrete Gefährdung muss im Einzelfall nicht nachgewiesen werden. Die
Polizeipflichtigen können sich der Massnahme nicht durch den Nachweis entziehen,
dass in ihrem Fall keine Gefährdung bestehe.

1925   Beispiel:
Der Leiter zweier Privatschulen ersuchte um eine Wirtschaftsbewilligung für sein Hotel, dessen
Zimmer er vornehmlich an Schülerinnen und Schüler der beiden Privatschulen abgeben wollte. Der
Verkauf von Speisen und Getränken im Hotel war nicht vorgesehen. Das Bundesgericht wies eine
staatsrechtliche Beschwerde gegen ein Urteil des Verwaltungsgerichts des Kantons Zürich ab, das die
Verweigerung der Bewilligung geschützt hatte. Das Bundesgericht führte aus, wer in seinem Betrieb
Zimmer ohne Verpflegung anbiete, habe gleichwohl die vorgeschriebene Fähigkeitsprüfung zu
bestehen, die auf Gastwirtschaftsbetriebe mit Abgabe von Speisen und Getränken zugeschnitten ist.
Der Gesetzgeber dürfe von den nach langjähriger Erfahrung bekannten typischen Fällen ausgehen
und gewisse Unterscheidungen nach klaren, äusserlich erkennbaren Kriterien treffen (ZBl 86 [1985]
118 ff. [Urteil vom 7. Juli 1984]).

4.   Inanspruchnahme des Störers

a)   Das Störerprinzip

1926   Aus dem Verhältnismässigkeitsprinzip ergibt sich, dass die polizeiliche Massnahme
sich nur gegen den Störer, nicht gegen bloss mittelbare Verursacher des polizeiwidrigen Zustandes richten darf. Das Erfordernis der *Unmittelbarkeit der Verursachung*
der Gefahr oder Störung bedeutet, dass als polizeirechtlich erhebliche Ursachen nur
solche Handlungen in Betracht kommen, die bereits selber die Grenze zur Gefahr
überschritten haben; entferntere, lediglich mittelbare Verursachungen scheiden aus

(BGE 118 Ib 407, 415; 114 Ib 44, 48; ZBl 97 [1996] 128, 129 [Entscheid des Regie-rungsrates des Kantons Aargau vom 20. April 1994]). Die Abgrenzung zwischen mittelbaren und unmittelbaren Verursachern kann im Einzelfall allerdings schwierig sein (vgl. dazu namentlich MUCKEL, S. 19 ff.; THÜRER, S. 478 ff.).

Beispiel:
Ist bei einer Nachtruhestörung durch Gäste nach Wirtschaftsschluss auch der Wirt Störer oder nur mittelbarer Verursacher? Darf eine frühere Schliessung der Gastwirtschaft zur Verhinderung des Nachtlärms angeordnet werden oder kann die Polizei ausschliesslich gegen die lärmenden Gäste vor-gehen (siehe Rz. 1930 ff.)?

b)   Der Begriff des Störers

aa)   Verhaltensstörer

Verhaltensstörer ist, wer durch sein eigenes Verhalten oder durch das Verhalten Dritter, für die er verantwortlich ist (z.B. Kinder), die öffentliche Ordnung und Si-cherheit unmittelbar stört oder gefährdet. Verhalten ist *Tun oder Unterlassen*, wobei ein Unterlassen die Störereigenschaft nur begründet, wenn eine besondere Rechts-pflicht zu sicherheits- oder ordnungswahrendem Handeln besteht. Die polizeiliche Verantwortlichkeit setzt kein Verschulden des Verhaltensstörers voraus (ZBl 88 [1987] 301, 302 f. [Urteil des Bundesgerichts vom 12. Februar 1986]). 1927

Beispiele:
- randalierende Demonstranten;
- Betrunkener, der mitten auf einer Fahrbahn geht;
- Gaffer, welche einen Polizeieinsatz erschweren;
- Verkehrsrowdies;
- Industriebetrieb, dessen Abwässer einen Fluss verunreinigen.

bb)   Zustandsstörer

Zustandsstörer ist, wer die tatsächliche oder rechtliche *Herrschaft hat über Sachen*, welche die Polizeigüter unmittelbar stören oder gefährden. Als solcher kommt in er-ster Linie der Eigentümer, aber auch der Mieter, Pächter, Verwalter oder Beauftragte in Betracht. Anknüpfungspunkt ist die Verfügungsmacht, die es dem Inhaber er-möglicht, die Sache in ordungsgemässem Zustand zu halten oder den Gefahrenherd zu beseitigen. Unerheblich ist, wodurch der polizeiwidrige Zustand entstanden ist und ob den Zustandsstörer dafür ein Verschulden trifft. Entscheidend ist allein die Tatsache, dass eine Störung vorliegt und dass die Sache selbst unmittelbar die Ge-fahrenquelle bildet (BGE 122 II 65; 69 ff.; 114 Ib 44, 50 f.). 1928

Beispiele: 1929
- Eigentümer eines einsturzgefährdeten Hauses;
- Eigentümer einer Kiesgrube, in der entgegen einem amtlichen Verbot von Dritten Unrat abgela-gert wird (BGE 91 I 144 ff.);
- Eigentümer einer Liegenschaft, aus der Heizöl ins Grundwasser sickert (BGE 105 Ib 262 ff.; 102 Ib 203 ff.; ZBl 97 [1996] 128 ff. [Entscheid des Regierungsrates des Kantons Aargau vom 20. April 1994]); ebenso der Mieter (BGE 101 Ib 410 ff. = Pra 65 [1976] Nr. 197);

490

- Eigentümer einer vorschriftswidrigen Baute; der Architekt sowie die Bauherrin, die inzwischen nicht mehr Eigentümerin ist, gelten indessen als Verhaltensstörer (BGE 107 Ia 19 ff.).

cc) Zweckveranlasser als Störer

1930 Zweckveranlasser ist, wer durch sein Tun oder Unterlassen bewirkt oder bewusst in Kauf nimmt, dass ein *anderer* die Polizeigüter stört oder gefährdet.

1931 Beispiele:
- Aufstellen eines Zigarettenautomaten (BGE 87 I 112 ff.) oder eines Kioskes (BGE 90 I 1 ff.) in einer Weise, dass die Benützung zu Verkehrsgefährdungen führt;
- Prostituierte auf "Kundenwerbung", welche in Kauf nehmen, dass die motorisierten Freier die Anwohner stören (BGE 99 Ia 504 ff.);
- Organisatoren eines Umzugs durch Moutier mit der Fahne des Kantons Jura, wenn die Gefahr besteht, dass dadurch Verstösse gegen Ruhe und Ordnung durch andere Gruppierungen provoziert werden (BGE 107 Ia 59 ff.);
- Inhaber eines Restaurationsbetriebes, wenn seine Gäste ausserhalb des Wirtshauses die Nachtruhe beeinträchtigen (so das Bundesgericht in ZBl 76 [1975] 162, 165; anders die bei IMBODEN/RHINOW Bd. II, S. 997 erwähnten Entscheidungen).

1932 Die Lehre kritisiert das Anknüpfen am Eventualvorsatz ("bewusstes Inkaufnehmen"), werde doch damit ein Element der subjektiven Wertung vom Strafrecht in das Verwaltungsrecht übernommen, das sich seiner Natur entsprechend an objektiven Gegebenheiten auszurichten habe (THÜRER, S. 478; vgl. auch IMBODEN/RHINOW Bd. II, S. 997 f.). THÜRER schlägt vor, den blossen Veranlasser einer Störung oder Gefährdung der öffentlichen Ordnung und Sicherheit nur dann als Störer in Anspruch zu nehmen, wenn ihm der polizeiliche Eingriff zugemutet werden darf (ähnlich MUCKEL, S. 21 ff., der nur auf die Effektivität der Gefahrenabwehr und die Verhältnismässigkeit der polizeilichen Massnahmen abstellen will; die Figur des Zweckveranlassers sei deshalb nicht mehr notwendig). Nach IMBODEN/RHINOW erscheint eine Haftung des Veranlassers gerechtfertigt, wenn er die Störung oder Gefährdung geradezu anstrebt oder sie mit anderen zumutbaren Mitteln nicht verhindert werden kann. – In der Tat wird der Kreis der Störer wohl zu weit gezogen, wenn jede Person, die es bewusst in Kauf nimmt, dass sich andere ihretwegen pflichtwidrig verhalten (z.B. die Veranstalter von Demonstrationen oder Versammlungen, die mit Störungen durch Dritte rechnen müssen), dafür polizeirechtlich verantwortlich gemacht werden kann.

c) Die Auswahl zwischen verschiedenen Störern

1933 Ist eine Mehrzahl von Störern für einen polizeiwidrigen Zustand verantwortlich, so liegt eine *polizeirechtliche Haftungskonkurrenz* vor. Die zuständige Behörde muss die Störer, die sie in Anspruch nehmen will, nach bestimmten Grundsätzen auswählen. Geht es um die *Wiederherstellung des polizeigemässen Zustandes*, so hat die Behörde sich primär an denjenigen Störer zu halten, der dazu am ehesten in der Lage ist. Falls mehrere Störer gleich fähig und geeignet sind, um die Gefahr abzuwenden bzw. die Störung zu beseitigen, ist derjenige zu belangen, der für den polizeiwidrigen Zustand in erster Linie verantwortlich ist. Sind dagegen bloss die *Kosten*, die der

Öffentlichkeit durch die Gefahrenabwehr entstanden sind (z.B. für Massnahmen zur Verhinderung von Gewässerverunreinigungen bei einem Ölunfall), auf mehrere Störer zu verteilen, so haften sie nicht solidarisch, sondern nach den subjektiven und objektiven Anteilen an der Verursachung des polizeiwidrigen Zustandes (BGE 107 Ia 19 ff., 102 Ib 203 ff.; zur Problematik der dogmatischen Einordnung der Regeln für die Kostenverteilung und der Bemessung der einzelnen Anteile durch Verwaltungsbehörden siehe THÜRER, S. 482 f.).

Beispiel: 1933a
Nach der Bundesgesetzgebung über Gewässerschutz waren bis zum 1. Juli 1987 alle alten Öltankanlagen den neuen Sicherheitsanforderungen anzupassen. Die zuständigen Behörden des Kantons Graubünden wussten seit 1981, dass eine bestimmte Tankanlage ein hohes Leckrisiko aufwies. Sie kümmerten sich um das Problem, setzten aber gegenüber dem Hauseigentümer, welcher diesen Zustand auf sich beruhen liess, weder eine Sanierung noch eine Stillegung der Anlage durch. Nach Ablauf der bundesrechtlichen Frist flossen infolge fehlerhafter Handlungen des Chauffeurs eines Öllieferanten ca. 11'000 l Heizöl neben den Tank und versickerten wegen der undichten Sicherheitshüllen im Untergrund, was entsprechende Sanierungsmassnahmen notwendig machte. Die Regierung des Kantons Graubünden auferlegte die Kosten dieser Sanierung zu zwei Dritteln dem Öllieferanten und zu einem Drittel dem Hauseigentümer. In teilweiser Gutheissung einer Verwaltungsgerichtsbeschwerde des Öllieferanten verteilte das Bundesgericht mit Rücksicht auf die subjektiven und objektiven Anteile an der Verursachung des Ölunfalles die Kosten wie folgt: sechs Zehntel dem Hauseigentümer, drei Zehntel dem Öllieferanten und einen Zehntel dem Kanton Graubünden. Der Kanton habe durch die Duldung der Gefahr eine Gewässerverschmutzung in Kauf genommen und trage deshalb als mitverursachender Verhaltensstörer Mitverantwortung, die allerdings im Verhältnis zu den anderen Verursachern von untergeordneter Bedeutung sei (ZBl 92 [1991] 212 ff. [Urteil des Bundesgerichts vom 12. Oktober 1990]; vgl. auch ZBl 97 [1996] 128, 130 ff. [Entscheid des Regierungsrates des Kantons Aargau vom 20. April 1994]).

III. Arten von polizeilichen Massnahmen

1. Generelle polizeiliche Regelung

Eine generelle polizeiliche Regelung liegt vor, wenn die Abwehr der Gefährdung   1934
von Polizeigütern durch einen Rechtssatz, d.h. durch eine generell-abstrakte Norm,
erfolgt.

Beispiele:
- Tierseuchengesetz vom 1. Juli 1966 (SR 916.40);
- Bundesgesetz über explosionsgefährliche Stoffe (Sprengstoffgesetz) vom 25. März 1977 (SR 941.41);
- Bundesgesetz über die Betäubungsmittel vom 3. Oktober 1951 (SR 812.121);
- Bundesgesetz über Waffen, Waffenzubehör und Munition vom 20. Juni 1997 (Referendumsvorlage in BBl 1997 III 933; voraussichtliches Inkrafttreten am 1. Januar 1999);
- vgl. auch Rz. 1912.

2. Polizeiverfügung (Polizeibefehl)

1935 Unter Polizeiverfügung (Polizeibefehl) versteht man eine individuell-konkrete Anordnung, die eine polizeiliche Massnahme zum Inhalt hat. Die Anordnung stützt sich auf eine generell-abstrakte Norm bzw. auf die Polizeigeneralklausel.

Beispiele:
– Verbot einer Veranstaltung;
– Anordnung des Einzugs gefährlicher Gegenstände;
– Verhaftungsbefehl;
– Einfuhrverbot für gefährliche Waren;
– Erteilung einer Polizeibewilligung (Bau-, Betriebs-, Verkaufsbewilligung).

1936 Es ist jedoch zu beachten, dass die polizeiliche *Kontrolle* (z.B. Inspektion einer Apotheke, Lebensmittelkontrolle in einem Geschäft) keine Polizeiverfügung darstellt, weil dadurch weder Rechte noch Pflichten begründet werden. Es handelt sich lediglich um einen sog. Realakt. Polizeiliche *Vollzugshandlungen* können Verfügungscharakter haben (z.B. Abbruch-, Räumungsbefehl) oder als Realakte erscheinen (z.B. Abschleppen eines falsch parkierten Autos, Festnahme einer zur Verhaftung ausgeschriebenen Person).

3. Polizeiliche Bewilligungspflicht

a) Begriff

1937 Polizeiliche Bewilligungspflicht bedeutet, dass eine bestimmte Tätigkeit von einer Bewilligung abhängig gemacht wird, damit zum voraus abgeklärt werden kann, ob diese Tätigkeit mit den polizeilichen Vorschriften übereinstimmt. Wo das Einschreiten von Fall zu Fall nicht genügt, d.h. eine bestimmte Tätigkeit nach der Erfahrung regelmässig mit gewissen polizeilichen Gefahren verbunden ist, ermöglicht die Einführung einer Bewilligungspflicht, eine Tätigkeit vor ihrer Aufnahme auf eine allfällige Gefährdung hin zu überprüfen (präventive Kontrolle).

Beispiele: vgl. Rz. 1959.

b) Voraussetzungen für die Einführung eines Bewilligungsverfahrens

1938 Die Einführung einer Bewilligungspflicht stellt in der Regel einen Eingriff in ein Freiheitsrecht dar. Wird die Ausübung einer wirtschaftlichen Tätigkeit von einer Bewilligungspflicht abhängig gemacht, so ist die Wirtschaftsfreiheit tangiert. In jedem Fall sind die Grundprinzipien des Verwaltungsrechts (Rz. 294) zu beachten.

aa) Rechtliche Grundlage

1939 Die Pflicht zur Einholung einer Bewilligung für die Ausübung einer Tätigkeit muss auf einer besonderen gesetzlichen Grundlage beruhen. Sie kann sich ausnahmsweise auf die polizeiliche Generalklausel stützen, wenn die Voraussetzungen erfüllt sind (Rz. 1913 ff.).

bb) *Öffentliches Interesse*

Für die Einführung einer polizeilichen Bewilligungspflicht genügt nicht jedes öffentliche Interesse. Sie lässt sich nur mit dem Interesse am Schutz der Polizeigüter rechtfertigen. Dadurch unterscheidet sich die polizeiliche von anderen (z.B. wirtschafts- oder energiepolitisch motivierten) Bewilligungspflichten. 1940

cc) *Verhältnismässigkeit*

Die Pflicht, vor der Aufnahme einer Tätigkeit eine Bewilligung einzuholen, muss verhältnismässig sein. Im Vordergrund stehen dabei die Aspekte der Notwendigkeit (Erforderlichkeit) und des Verhältnisses von Eingriffszweck und Eingriffswirkung. Es ist stets zu prüfen, ob nicht eine blosse Meldepflicht oder eine nachträgliche Kontrolle im Rahmen der Aufsicht mit der Möglichkeit des Einschreitens bei Störungen oder Gefährdungen von Polizeigütern genügt, um das angestrebte Ziel zu erreichen. 1941

4. Polizeimonopol

a) *Begriff*

Durch das Polizeimonopol wird eine wirtschaftliche Tätigkeit zum Schutz der Polizeigüter ausschliesslich dem Staat vorbehalten. Im monopolisierten Bereich besteht keine Wirtschaftsfreiheit (vgl. Rz. 1988). 1942

b) *Voraussetzungen*

Das Polizeimonopol bedarf einer ausreichenden *gesetzlichen Grundlage*. Nur in einer Notsituation mit zeitlicher Dringlichkeit kann ein Polizeimonopol auf die polizeiliche Generalklausel gestützt werden; diese Voraussetzung dürfte selten erfüllt sein. 1943
Das Monopol muss durch ein *polizeiliches Interesse* gerechtfertigt sein. 1944
Die Monopolisierung muss *verhältnismässig* sein. Zu prüfen ist insbesondere, ob nicht auch eine weniger stark in die Wirtschaftsfreiheit eingreifende Art der Gefahrenabwehr (z.B. eine Bewilligungspflicht) genügen würde (vgl. ZBl 93 [1992] 520, 522 f. [Entscheid des Regierungsrates des Kantons Basel-Landschaft vom 26. Mai 1992]). 1945

c) *Anwendungsfälle*

Die Praxis lässt Polizeimonopole in folgenden Gebieten zu: 1946
– Leichenbestattung;
– Betrieb eines Schlachthofes;

- Einfuhr von amerikanischen Reben, die auf Krankheiten untersucht werden müssen (BGE 91 I 182 ff.);
- Kehrichtabfuhr (ZBl 80 [1979] 301 ff. [Urteil des Bundesgerichts vom 21. März 1979]);
- Abbruch- und Sammelplätze für Altautos (ZBl 82 [1981] 260 ff. [Urteil des aargauischen Verwaltungsgerichts vom 12. Dezember 1980]).

1947 Die Errichtung eines Monopols für elektrische Hausinstallationen ist nur noch in Ausnahmefällen zulässig (BGE 95 I 144 ff., in diesem Fall war die Monopolisierung zu Unrecht erfolgt). Umstritten ist die Zulässigkeit des Plakatanschlag-Monopols (bejahend BGE 100 Ia 445 ff., verneinend das zürcherische Verwaltungsgericht [ZBl 80 [1979] 224 ff.] und der Regierungsrat des Kantons Basel-Landschaft [ZBl 93 [1992] 520 ff.]). Das Monopol ist nach unserer Ansicht unverhältnismässig, da eine Bewilligungspflicht ausreicht, um den Schutz der Verkehrssicherheit, der Landschaft und des Ortsbildes vor nach Lage, Grösse und Aufmachung störenden Plakaten zu gewährleisten; die administrative Vereinfachung im Verkehr mit den Werbefirmen rechtfertigt keine Monopolisierung (kritisch auch HÄFELIN/HALLER, N. 1497; JÖRG PAUL MÜLLER Die Grundrechte der schweizerischen Bundesverfassung, 2. Aufl., Bern 1991, S. 374 f.; RENÉ A. RHINOW, in: Kommentar BV, Art. 31, Rz. 206). Das Kaminfegermonopol für Ölheizungen lässt sich heute nicht mehr feuerpolizeilich (Vermeidung von Feuersbrünsten) rechtfertigen; das Erfordernis einer Berufsausübungsbewilligung genügt zur Erreichung dieses Zwecks. Die Monopolisierung ist indessen unter gesundheitspolizeilichen Aspekten als Mittel gegen die Luftverschmutzung nicht unverhältnismässig (BGE 109 Ia 193 ff.).

IV. Polizeinotstand

1. Begriff

1948 Ein Polizeinotstand liegt vor, wenn die polizeilichen Güter in so hohem Masse unmittelbar bedroht oder verletzt sind, dass die gesetzlich vorgesehenen polizeilichen Massnahmen zum Schutz nicht mehr genügen.

1949 Der Polizei- ist vom *Staatsnotstand* zu unterscheiden, bei welchem die staatliche Existenz auf dem Spiel steht, so dass auch von der Verfassung abweichende Anordnungen als legitim erscheinen (vgl. HÄFELIN/HALLER, N. 962 ff.). Im Polizeinotstand sind dagegen nur polizeiliche Massnahmen zulässig, die nicht auf einer genügenden gesetzlichen Grundlage beruhen, im übrigen aber mit der Verfassung vereinbar sind.

Beispiele:
Feuersbrunst, Überschwemmung, akute Lawinengefahr, innere Unruhen (z.B. gewalttätige Auseinandersetzungen zwischen verfeindeten Bevölkerungsgruppen), Erdbeben.

2. Polizeiliche Notstandsmassnahmen

a) Rechtsgrundlage

1950 Die rechtliche Grundlage für Massnahmen zur Behebung des Polizeinotstandes ist die Polizeigeneralklausel (siehe Rz. 1913).

b) Arten

aa) Polizeinotverordnung

Der Erlass einer Polizeinotverordnung ist erforderlich, wenn viele gleichartige Fälle vorliegen, die aus Gründen der Rechtssicherheit und Rechtsgleichheit nur durch eine generell-abstrakte Normierung befriedigend geregelt werden können. Zusätzlich muss die Regelung zur Behebung des Polizeinotstandes so dringlich sein, dass es unmöglich ist, eine besondere gesetzliche Grundlage zeitgerecht zu schaffen. 1951

Beispiele:
- Generelles Verbot von Demonstrationen auf dem Gebiet der Gemeinde Moutier durch den bernischen Regierungsrat (vgl. Rz. 1916). 1952
- Die Einführung eines Numerus clausus für das Medizinstudium an der Universität Zürich kann nicht durch eine Polizeinotverordnung des Regierungsrates erfolgen, weil keine Notsituation vorliegt, die durch keine anderen legalen Mittel zu beseitigen ist (BGE 121 I 22, 27 ff.). 1952a
- Angesichts der Ereignisse im ehemaligen Jugoslawien konnte der Bundesrat unmittelbar gestützt auf Art. 102 Ziff. 8-10 BV den Handel mit Schusswaffen zwischen der Schweiz und Jugoslawien, den Erwerb und das Tragen von Schusswaffen durch jugoslawische Staatsangehörige sowie die Veräusserung von Schusswaffen an solche Personen verbieten (Verordnung über den Erwerb und das Tragen von Schusswaffen durch jugoslawische Staatsangehörige vom 18. Dezember 1991 [SR 514.545]). Ein solches Verbot war notwendig und zeitlich dringlich, weil zu befürchten war, dass es auch in der Schweiz zu gewalttätigen Auseinandersetzungen zwischen Staatsangehörigen des ehemaligen Jugoslawien kommen könnte, oder dass Schusswaffen in das Konfliktgebiet gelangen (BGE 122 IV 258, 261 ff.; 123 IV 29, 34 ff.; zur Frage der Verhältnismässigkeit des Verbots des Erwerbs durch alle ausländischen Staatsangehörigen vgl. Rz. 1922). 1952b

Die Notverordnung kann nur für beschränkte Zeit Geltung beanspruchen. Dauert die zu regelnde Situation an oder soll die Notverordnung nach Beendigung der Notstandsituation nicht dahinfallen, muss sie ins ordentliche Recht überführt werden (vgl. VPB 53 [1989] Nr. 52, S. 366 [Gutachten des Bundesamtes für Justiz vom 6. März 1989]). 1953

Beispiel: 1953a
Die auf zwei Jahre befristete Verordnung über den Erwerb und das Tragen von Schusswaffen durch jugoslawische Staatsangehörige (vgl. Rz. 1922, 1952b) wurde durch den Bundesrat zweimal um je zwei Jahre verlängert. Bei der Beurteilung eines Falles, der sich im April 1994 abgespielt hatte, erachtete das Bundesgericht das Erfordernis des Notstandes als noch gegeben (BGE 123 IV 29, 34 ff.). Es fragt sich allerdings, ob ein mehr als fünf Jahre andauernder "Notstand" den Rahmen des noch Zulässigen nicht sprengt und eine Überführung ins ordentliche Recht zumutbar gewesen wäre. Nach Art. 7 Abs. 1 des neuen Waffengesetzes vom 20. Juni 1997 (vgl. Rz. 1934) besitzt der Bundesrat nun eine ausdrückliche Kompetenz, den Erwerb und das Tragen von Waffen durch Angehörige bestimmter Staaten zu verbieten.

bb) Polizeinotverfügung

Kann die ausserordentliche Bedrohung der Polizeigüter mit individuellen Anordnungen gegenüber bestimmten Personen in konkreten Einzelfällen abgewehrt werden, so sind Polizeinotverfügungen unmittelbar gestützt auf die Polizeigeneralklausel zu treffen. 1954

Beispiele:
Evakuierungsbefehl, Aufgebot zur Hilfeleistung, Befehl zur Räumung eines Platzes.

3. Besonderheiten

1955 Bei polizeilichen Notstandsmassnahmen sind folgende Besonderheiten zu beachten, die von den Voraussetzungen für polizeiliche Massnahmen im allgemeinen (Rz. 1912 ff.) abweichen:

a) Störerprinzip

1956 Falls die Behörden der Notstandssituation weder durch Inanspruchnahme des Störers noch durch Einsatz eigener Mittel begegnen können, dürfen sie zur Behebung der akuten Gefahr auch unbeteiligte Dritte heranziehen, d.h. es kann in solchen Fällen ausnahmsweise vom Störerprinzip *abgewichen* werden. Die Massnahme gegen den Nichtstörer darf aber nur solange aufrecht erhalten werden, als dies zur Abwehr der Gefahr unerlässlich ist (Verhältnismässigkeitsprinzip).

Beispiele:
–   Requirierung von Fahrzeugen zur Rettung von Unfallopfern;
–   Inanspruchnahme leerstehender Räume Dritter zur Unterbringung der bei einer Naturkatastrophe obdachlos gewordenen Bevölkerung;
–   allgemeine Demonstrations-, Ausgeh- oder Betretungsverbote zur Verhinderung von gewalttätigen Auseinandersetzungen zwischen verschiedenen Bevölkerungsgruppen.

b) Staatshaftung

1957 Sind die Voraussetzungen für die Inanspruchnahme Dritter zur Abwehr von Gefahren im Polizeinotstand erfüllt, so handelt es sich um einen *rechtmässigen Eingriff*. Es stellt sich die Frage, ob der Staat den Schaden zu ersetzen hat, der dem Dritten dadurch allenfalls (z.B. bei der Benutzung der beanspruchten Räume oder Fahrzeuge) zugefügt worden ist. § 13 Abs. 1 des Zürcher Gesetzes über die Haftung des Staates und der Gemeinden sowie ihrer Behörden und Beamten (Haftungsgesetz) vom 14. September 1969 (ZH LS 170.1) sieht für derartige Fälle eine Haftung des Staates nach *Billigkeit* vor. Demgegenüber fehlt im Bund eine ausdrückliche Regelung dieses Sachverhalts. Zu prüfen wäre, ob der Bund unter dem Titel des sog. *Sonderopfers* gestützt auf Art. 4 BV i.V.m. Art. 22ter BV (vgl. dazu Rz. 1709 f. und 1793 f.) zum Ersatz derartiger Schäden herangezogen werden könnte.

§ 35 Die Polizeierlaubnis

Literatur

ECKSTEIN YVONNE, Das Gastwirtschaftspatent im Kanton Baselland, Diss. Basel 1979; GISLER MAX, Baubewilligung und Baubewilligungsverfahren, Diss. Basel 1977; GOOD-WEINBERGER CHARLOTTE, Die Ausnahmebewilligung im Baurecht, insbesondere nach § 220 des zürcherischen Planungs- und Baugesetzes, Diss. Zürich 1990; HALLER WALTER/KARLEN PETER, Raumplanungs- und Baurecht, 2. Aufl., Zürich 1992; HEINIGER THOMAS, Der Ausnahmeentscheid, Untersuchungen zu Ausnahmeermächtigung und Ausnahmebewilligung, Diss. Zürich 1986; JURI RENÉ, Der Entzug der Bewilligung zur Ausübung der Banktätigkeit, Zürich 1983; KOTTUSCH PETER, Das Ermessen der kantonalen Fremdenpolizei und seine Schranken, ZBl 91 (1990) 145 ff.; MÄDER CHRISTIAN, Das Baubewilligungsverfahren. Eine Darstellung unter besonderer Berücksichtigung des zürcherischen Rechts und der neueren zürcherischen Rechtsprechung, Diss. Zürich 1991; MÜLLER CHRISTOPH, Die Bewilligung zum Geschäftsbetrieb einer nach schweizerischem Recht organisierten Bank, Diss. Zürich 1978; MÜLLER THOMAS, Die erleichterte Ausnahmebewilligung, unter besonderer Berücksichtigung der Verhältnisse im Kanton Zürich (Art. 24 Abs. 2 RPG i.V.m. § 357 Abs. 3 PBG), Diss. Zürich 1990; POLEDNA TOMAS, Staatliche Bewilligungen und Konzessionen, Bern 1994; WAGNER THOMAS, Die Voraussetzungen der Zulassung zum Arztberuf und deren verfassungsrechtliche Grundlage, Diss. Zürich 1979.

I.   Begriff und Rechtsnatur

1.   Begriff

Die Polizeierlaubnis ist die Verfügung, welche auf Gesuch hin eine aus polizeilichen   1958
Gründen unter Bewilligungspflicht stehende Tätigkeit erlaubt, indem sie feststellt,
dass sie mit den polizeilichen Vorschriften übereinstimmt.

Die Terminologie ist uneinheitlich. Neben dem Begriff der Polizeierlaubnis fin-   1959
den sich vor allem die Bezeichnungen Bewilligung, Genehmigung, Zulassung und
Patent.

Beispiele:
- Baubewilligung (neben baupolizeilichen werden damit aber auch raumplanerische Ziele verfolgt [HALLER/KARLEN, N. 540 f.]);
- Bewilligung zum Verkauf von Medikamenten;
- Anwaltspatent;
- Berufsausübungsbewilligung für Ärzte;
- Bergführer-, Skilehrerpatent;
- Waffenhandelsbewilligung (Art. 17 des Bundesgesetzes über Waffen, Waffenzubehör und Munition [Waffengesetz, WG] vom 20. Juni 1997 [vgl. Rz. 1934];
- Hausiererpatent;
- Gastwirtschaftspatent (BGE 109 Ia 128, 130);
- Führerausweis für Motorfahrzeuge (Art. 10 Abs. 2 und Art. 14 des Bundesgesetzes über den Strassenverkehr [SVG] vom 19. Dezember 1958 [SR 741.01]).

2. Rechtsnatur

1960 Nach Lehre und Rechtsprechung begründet die Polizeierlaubnis keine neuen Rechte, weil diese der darum ersuchenden Person bereits durch das Gesetz eingeräumt werden. Die Erlaubnis stellt nur fest, dass der beabsichtigten Tätigkeit keine Hindernisse entgegenstehen (BGE 110 Ib 364, 365 f.; 109 Ia 128, 130; IMBODEN/RHINOW Bd. II, S. 979 f.; KNAPP, N. 1371 ff.).

1961 Die Polizeierlaubnis ist jedoch keine blosse Feststellungsverfügung. Die Erteilung ist formelle Voraussetzung für die Rechtmässigkeit einer bewilligungspflichtigen Tätigkeit. Wird eine Tätigkeit ausgeübt, ohne zuvor die erforderliche Erlaubnis einzuholen, so schreiten die Verwaltungsbehörden ein und erzwingen die Durchführung eines Bewilligungsverfahrens bzw. die Einstellung der Tätigkeit. Die Polizeierlaubnis hat also auch gestaltende Wirkung und verschafft dem Gesuchsteller eine bestimmte Rechtsposition, indem eine Tätigkeit als rechtmässig erklärt wird (vgl. dazu GYGI, Verwaltungsrecht, S. 177).

3. Abgrenzung zu anderen Bewilligungen

1962 Neben der Polizeierlaubnis gibt es noch weitere Arten von Bewilligungen. Eine Tätigkeit kann nämlich auch aus anderen als polizeilichen Gründen bewilligungspflichtig erklärt werden. So ist z.B. die Bewilligung von Betrieben des Gastwirtschaftsgewerbes, die nach Art. 31ter Abs. 1 BV vom Bedürfnis abhängig gemacht wird, wirtschaftspolitisch motiviert (vgl. HÄFELIN/HALLER, N. 1524 ff.). Die Bewilligung zum gesteigerten Gemeingebrauch einer öffentlichen Sache bezweckt nicht oder nur mittelbar den Schutz der Polizeigüter (vgl. dazu Rz. 1878). Die Voraussetzungen für die Erteilung solcher Bewilligungen und deren Rechtswirkungen stimmen mit denjenigen der Polizeierlaubnis in der Regel nicht überein.

II. Voraussetzungen und Modalitäten der Erteilung einer Polizeierlaubnis

1963 Hängt die Ausübung einer Tätigkeit von der Erteilung einer Polizeierlaubnis ab, ist stets zu unterscheiden zwischen der Frage der Zulässigkeit der Bewilligungspflicht als solcher (vgl. dazu Rz. 1938 ff.) und der Frage der Zulässigkeit der Erteilung bzw. Verweigerung einer Polizeierlaubnis im konkreten Fall. Beide Fragen müssen getrennt geprüft werden.

Im folgenden geht es nur um die Erteilung einer Polizeierlaubnis.

1. Verfahrensmässige Voraussetzung

1964 Das Verfahren auf Erteilung einer Polizeierlaubnis wird durch ein entsprechendes *Gesuch* eingeleitet.

2. Persönliche und sachliche Voraussetzungen

In materieller Hinsicht kann die Erteilung einer Polizeierlaubnis sowohl von persön-   1965
lichen als auch sachlichen Voraussetzungen abhängig gemacht werden. Zu den *persönlichen Voraussetzungen* gehören bestimmte Fähigkeiten oder Kenntnisse der das
Gesuch stellenden Person oder deren Leumund, Wohnsitz oder Bürgerrecht. So werden etwa zum Anwaltsberuf im Kanton Zürich nur handlungsfähige, ehrenhafte und
zutrauenswürdige Personen zugelassen, denen das Obergericht das Fähigkeitszeugnis
erteilt hat oder die in einem anderen Kanton einen entsprechenden Fähigkeitsausweis
erworben haben (§ 1 Abs. 1 und § 3 des Zürcher Gesetzes über den Rechtsanwaltsberuf [Anwaltsgesetz] vom 3. Juli 1938 [ZH LS 215.1]). Eine *sachliche Voraussetzung*
liegt z.B. dann vor, wenn eine Baubewilligung nur erteilt wird, sofern die geplante
Baute bestimmte Abstände vom Nachbargrundstück einhält oder bezüglich der Gestaltung gewissen Anforderungen genügt, ferner, wenn bei der Zulassung eines Fahrzeuges auf dessen Zustand abgestellt wird.

Die Voraussetzungen für die Erteilung der Polizeierlaubnis müssen in einem   1966
sachlichen Zusammenhang mit der bewilligungspflichtigen Tätigkeit stehen. Die
Praxis hat dies bisher für das Schweizer Bürgerrecht als Voraussetzung für die Bewilligung der Ausübung des Anwaltsberufs bejaht (vgl. BGE 116 Ia 237, 241 f.; ZBl
92 [1991] 207 ff. [Urteil des aargauischen Obergerichtes vom 5. November 1990];
kritisch dazu JÖRG PAUL MÜLLER, Die Grundrechte der schweizerischen Bundesverfassung, 2. A., Bern 1991, S. 360 f.; RENÉ A. RHINOW, in: Kommentar BV, Art. 31,
Rz. 94). In BGE 119 Ia 35, 39 ff. hat das Bundesgericht es nun aber als unverhältnismässig bezeichnet, die Zulassung zum Anwaltsberuf vom Schweizer Bürgerrecht
abhängig zu machen, sofern der Nachweis der Vertrautheit mit den politischen und
gesellschaftlichen Verhältnissen des Landes auf andere Weise erbracht werden könne. Das Bundesgericht erklärte es demgegenüber in BGE 123 I 19 ff. für zulässig, als
Voraussetzung für ein Anwaltspraktikum eine Niederlassungbewilligung zu fordern.
Ausländische Staatsangehörige, die nicht über eine solche Bewilligung verfügen,
könnten sich gegen solche Beschränkungen der Berufsausübung nicht auf Art. 31
BV berufen. Kurz darauf präzisierte das Bundesgericht in einem Fall betreffend
einen Physiotherapeuten die Rechtsprechung dahin, dass mindestens eine Aufenthaltsbewilligung mit Anspruch auf Verlängerung (Art. 7 Abs. 1 des Bundesgesetzes
über Aufenthalt und Niederlassung der Ausländer vom 26. März 1931 [SR 142.20])
vorliegen müsse, damit die betreffende Person Träger der Wirtschaftsfreiheit sei
(BGE 123 I 212 ff.; vgl. dazu auch AJP 6 [1997] 1418 f.).

3. Übertragbarkeit

In der Regel ist eine Polizeierlaubnis an die Person, der sie erteilt wurde, gebunden   1967
und deshalb nicht übertragbar (so z.B. Berufsausübungsbewilligungen). Ausnahmsweise kann eine Polizeierlaubnis an eine Sache gebunden sein und geht dann mit der
Veräusserung auf den Erwerber über. Dies ist z.B. bei der Baubewilligung der Fall.

4. Anspruch auf Erteilung einer Polizeierlaubnis

1968 Für die Polizeierlaubnis ist charakteristisch, dass die darum ersuchende Person einen Rechtsanspruch auf Erteilung besitzt, wenn sie die gesetzlich festgelegten Voraussetzungen erfüllt. Demzufolge liegt die Entscheidung darüber, ob die Erlaubnis erteilt wird oder nicht, in der Regel *nicht im Ermessen* der Bewilligungsbehörde (anders als bei Konzessionen, vgl. Rz. 2013). Dies schliesst nicht aus, dass die Bewilligungsbehörde bei der Beurteilung der Voraussetzungen der Polizeierlaubnis – z.B. beim Leumund oder bei ästhetischen Anforderungen an Bauten – über einen gewissen *Spielraum* verfügt. Dieser Umstand wirkt sich ganz besonders bei der Frage nach dem Rechtsmittel und der Kognitionsbefugnis der Rechtsmittelinstanz aus. Die Zulässigkeit der Verweigerung einer Polizeierlaubnis ist im allgemeinen einer umfassenden verwaltungsgerichtlichen Überprüfung zugänglich.

1969 Beispiel:
Das Treiben von Wanderherden ist aus seuchenpolizeilichen Gründen verboten (vgl. Art. 33 der Tierseuchenverordnung [TSV] vom 27. Juni 1995 [SR 916.401], der in leicht veränderter Form die Regelung von Art. 19.2 der vorher gültigen Tierseuchenverordnung vom 15. Dezember 1967 weiterführt). Vom Verbot ausgenommen sind Wanderschafherden, die mit Bewilligung des Kantonstierarztes (früher: "der zuständigen kantonalen Behörde") über das Gebiet mehrerer Gemeinden getrieben werden dürfen. Die Bewilligung stellt eine Polizeierlaubnis dar, die zu erteilen ist, wenn die das Gesuch stellende Person die (vorab) durch die Tierseuchengesetzgebung geforderten Bedingungen erfüllt. Das Veterinäramt des Kantons Luzern verweigerte deshalb im Jahre 1984 eine entsprechende Bewilligung zu Unrecht mit der Begründung, die Futtergrundlage im Kanton reiche für eine weitere Wanderschafherde nicht aus und die Wanderschafherden könnten Träger von Seuchenerregern sein. Eine abstrakte Gefahr derart allgemeiner Art bietet keine Grundlage, um die kantonale Bewilligung zu verweigern, hat der Bundesrat doch die Schafherden vom Verbot der Wanderherden trotz der ihnen naturgemäss inhärenten Gefahren gerade ausgenommen. Eine konkret drohende Seuchengefahr war nicht nachgewiesen (BGE 111 Ib 237 ff.).

III. Die Ausnahmebewilligung

Vorbemerkung: Ausnahmebewilligungen sind im Polizeirecht besonders häufig, kommen aber auch in anderen Rechtsgebieten vor.

1. Zweck

1970 Der Gesetzgeber erlässt Vorschriften, die auf den Normalfall zugeschnitten sind. Es ist weder möglich noch sinnvoll, sämtliche besonders gelagerten Situationen legislatorisch zu erfassen. Um *Härtefälle* zu vermeiden, welche die gesetzliche Regelung mit sich bringen kann, darf der Gesetzgeber die rechtsanwendenden Organe (Verwaltungsbehörden, Gerichte) ermächtigen, davon aus Gründen der Billigkeit (Einzelfallgerechtigkeit) ausnahmsweise abzuweichen.

2. Begriff

Eine Ausnahmebewilligung liegt vor, wenn von der im Normalfall geltenden Regelung – insbesondere von einer bestimmten polizeilichen Vorschrift – in einzelnen Sonderfällen gestützt auf eine gesetzliche Ermächtigung abgewichen werden darf.

1971

3. Voraussetzungen

a) *Ausdrückliche gesetzliche Grundlage*

Eine Ausnahmebewilligung darf nur erteilt werden, wenn ein Rechtssatz dies ausdrücklich vorsieht.

1972

Beispiele:

1973

– Art. 24 RPG regelt "Ausnahmen ausserhalb Bauzonen". Die Bestimmung lautet wie folgt: "Abweichend von Artikel 22 Absatz 2 Buchstabe a können Bewilligungen erteilt werden, Bauten und Anlagen zu errichten oder ihren Zweck zu ändern, wenn
   a. der Zweck der Bauten und Anlagen einen Standort ausserhalb der Bauzonen erfordert und
   b. keine überwiegenden Interessen entgegenstehen."
– § 220 Abs. 1 des zürcherischen Gesetzes über die Raumplanung und das öffentliche Baurecht (Planungs- und Baugesetz) vom 7. September 1975 (ZH LS 700.1) bestimmt: "Von Bauvorschriften ist im Einzelfall zu befreien, wenn besondere Verhältnisse vorliegen, bei denen die Durchsetzung der Vorschriften unverhältnismässig erscheint."

b) *Vorliegen der vom Gesetz verlangten Ausnahmesituation*

Die zuständige Behörde muss vor Erteilung der Ausnahmebewilligung prüfen, ob eine Ausnahmesituation gegeben ist, die nach der gesetzlichen Regelung eine Abweichung rechtfertigt.

1974

Beispiel:

1975

Ausserhalb der Bauzonen dürfen grundsätzlich nur Bauten errichtet werden, die der Bewirtschaftung des Bodens dienen. Eine Ausnahmebewilligung ist möglich für Bauten, die standortgebunden sind und denen keine überwiegenden öffentlichen Interessen entgegenstehen (Art. 24 RPG; vgl. Rz. 1973). Die PTT beabsichtigten anfangs der achtziger Jahre, zur Sicherung und Vervollständigung ihres drahtlosen Kommunikationsnetzes auf dem Höhronen ausserhalb des Baugebietes eine Richtstrahlantenne zu bauen. Ein ebenso geeigneter Standort für die Anlage innerhalb des Baugebietes oder in einem landwirtschaftlich weniger empfindlichen Gebiet konnte nicht gefunden werden. Es galt deshalb, das Interesse an der Sicherstellung der Fernmeldeverbindungen in der Schweiz gegen die Anliegen der Raumplanung und des Heimatschutzes abzuwägen. Das Bundesgericht bejahte das Vorliegen der von Art. 24 RPG verlangten Ausnahmesituation, weil der Gewährleistung des drahtlosen Nachrichtenverkehrs so grosses Gewicht zukomme, dass die Beeinträchtigung des Landschaftsbildes durch den Bau der Richtstrahlantenne hinzunehmen sei. Immerhin sei bei der Projektierung auf eine grösstmögliche Schonung der Umwelt zu achten (BGE 115 Ib 131 ff.).

502

c)   Beachtung des Gesetzeszweckes und der öffentlichen Interessen

1976   Die Verwirklichung der Zielsetzung des Gesetzes muss auch bei der Bewilligung der Ausnahme gewährleistet sein. Die rechtsanwendende Behörde hat die mit der generellen Regelung verfolgte Absicht weiterzuführen und im Hinblick auf die Besonderheiten des Ausnahmefalles auszugestalten (ZBl 82 [1981] 527, 533 [Urteil des Bundesgerichts vom 18. Dezember 1980]; 76 [1975] 459, 461 [Urteil des Zürcher Verwaltungsgerichts vom 29. April 1975]). Nach § 220 Abs. 2 des zürcherischen Planungs- und Baugesetzes (Rz. 1973) dürfen Ausnahmebewilligungen nicht gegen den Sinn und Zweck der Vorschrift verstossen, von der sie befreien, und auch sonst keine öffentlichen Interessen verletzen, es sei denn, es würde die Erfüllung einer dem Gemeinwesen gesetzlich obliegenden Aufgabe verunmöglicht oder übermässig erschwert (der zweite, unglücklich formulierte Halbsatz ist so zu verstehen, dass eine Ausnahmebewilligung eine Abwägung der sich widerstreitenden öffentlichen und privaten Interessen verlangt; siehe HALLER/KARLEN, N. 736).

4.   Frage des Anspruches auf Erteilung einer Ausnahmebewilligung

1977   Ob eine Ausnahmesituation vorliegt, ist eine Rechtsfrage, die von einem Verwaltungsgericht überprüft werden kann. Hingegen ist die Regelung des Ausnahmefalles (Mass der Abweichung, Inhalt der Bewilligung) dem pflichtgemässen Ermessen der Verwaltungsbehörde anheimgestellt, das im allgemeinen keiner richterlichen Kontrolle unterliegt (ZBl 82 [1981] 527, 534 [Urteil des Bundesgerichtes vom 18. Dezember 1980]). Rechtsfrage ist also z.B., ob die besonderen Umstände des Einzelfalles eine Abweichung von den Vorschriften über Grenz- oder Gebäudeabstände rechtfertigen, Ermessensfrage, wie gross die Reduktion des Abstandes sein soll.

5.   Anwendungsfälle

1978   Grosse praktische Bedeutung hat die Ausnahmebewilligung vor allem im Bereich des *Planungs- und Baurechts* (Ausnahmen vom Erfordernis der Zonenkonformität von Bauten sowie von Bauvorschriften, z.B. betreffend Gebäudeabstände, Geschosszahlen, Gebäudehöhen usw.; (vgl. dazu HALLER/KARLEN, N. 708 ff.).

Beispiele:

1979   –   In einer Liegenschaft, die sich in der Kernzone der Stadt Zürich befindet und vom Wohnflächenanteilplan erfasst wird, wurden mehrere Wohnungen in Büroräume umgewandelt. Für das Nebengebäude wurde die Umnutzung nachträglich bewilligt, nicht aber für das Hauptgebäude, weil die Wohnanteilvorschriften, die 50 % Wohnnutzung der Bruttogeschossflächen vorsehen, nicht eingehalten seien. Eine Ausnahmebewilligung für die Umnutzung in Abweichung von diesen Regeln könne nicht erteilt werden. Die Baurekurskommission I und das Verwaltungsgericht des Kantons Zürich bestätigten diesen Entscheid. Der Eigentümer zog das Urteil des Verwaltungsgerichts an das Bundesgericht weiter, welches die als Verwaltungsgerichtsbeschwerde und als staatsrechtliche Beschwerde entgegengenommene Rechtsvorkehr ebenfalls abwies. Eine Ausnahme von der Mindestwohnanteilspflicht erlaube die zürcherische Bauordnung nur, wenn die Einhaltung der Vorschrift ein stossendes Ergebnis herbeiführen würde, was u.a. dann bejaht werden könne, wenn ein Gebäude Verkehrsimmissionen ausgesetzt sei, welche für Wohnungen unzumutbar seien. Es sei nicht willkürlich, bei der Beurteilung der Zumutbarkeit des Verkehrslärms darauf abzustellen, ob nach dem Einbau von Schallschutzfenstern die Immissionsgrenzwerte eingehalten seien. Eine Ausnahmebewilligung bezwecke, im Einzelfall Härten und offensichtliche Unzweckmässigkeiten zu beseitigen, die mit dem Erlass der Vorschrift nicht beabsichtigt gewesen seien. Die Ausnahmeermächtigung dürfe aber nicht dazu benutzt werden, generelle Gründe zu berücksichtigen, die sich praktisch immer anführen liessen; auf diesem Weg würde das Gesetz abgeändert. Dazu käme es, wenn die Behörden die wichtigen öffentlichen Interessen, die mit der Wohnanteilpflicht verfolgt werden, unberücksichtigt liessen und in allen Fällen, in welchen durch den Einbau von Schallschutzfenstern die Verkehrsimmissionen unter den Grenzwert gesenkt werden könnten, eine Ausnahme von den Wohnanteilvorschriften bewilligen würden (ZBl 92 [1991] 564 ff. [Urteil des Bundesgerichts vom 28. März 1991]).

– X. wurde der Bau eines Mehrfamilienhauses unter der Auflage bewilligt, im Erdgeschoss keine   1980
  Wohnräume zu erstellen, weil sonst die Vorschriften der kommunalen Bauordnung betreffend
  Geschossflächen und -zahl verletzt würden. X. begann trotzdem mit dem Einbau von zwei
  Wohnungen, was ihm nach einer Baukontrolle erneut verboten wurde. Einige Zeit nach Fertig-
  stellung des Hauses stellte er das Gesuch um Erteilung einer Ausnahmebewilligung für den
  Einbau von zwei Wohnungen, da eine gewerbliche Nutzung mangels Nachfrage nicht möglich
  sei. Das Gesuch wurde abgewiesen. Eine staatsrechtliche Beschwerde wegen Verletzung von
  Art. 4 BV lehnte das Bundesgericht mit der Begründung ab, Ausnahmebewilligungen dienten in
  erster Linie der Vermeidung von Härtefällen und nicht dazu, vom Bauherrn selbst zu vertre-
  tende wirtschaftliche Schwierigkeiten zu mildern oder eine für diesen ideale Lösung zu schaffen
  (BGE 107 Ia 214 ff.).

IV. Die Widerrufbarkeit einer Polizeierlaubnis

1. Ausdrückliche gesetzliche Regelung

Bei gewissen Polizeibewilligungen werden die Voraussetzungen des Widerrufs im   1981
Gesetz umschrieben. Für eine ausdrückliche Regelung kann namentlich sprechen,
dass der Widerruf die Sanktion für eine Pflichtverletzung darstellt, welche die durch
die Polizeierlaubnis Begünstigten begangen haben (vgl. dazu Rz. 918, 980 ff. sowie
IMBODEN/RHINOW Bd. I, S. 300).

Beispiele: 1982
– Nach Art. 16 Abs. 2 des Bundesgesetzes über den Strassenverkehr vom 19. Dezember 1958 (SR
  741.01) (SVG) kann der Führer- oder Lernfahrausweis entzogen werden, wenn der Führer
  Verkehrsregeln verletzt und dadurch den Verkehr gefährdet oder andere belästigt hat. Art. 16
  Abs. 3 SVG legt fest, in welchen Fällen (z.B. bei schwerer Verkehrsgefährdung, Fahren in an-
  getrunkenem Zustand, Vereitelung einer Blutprobe) die Polizeierlaubnis widerrufen werden
  muss (obligatorischer Entzug des Ausweises).
– Das Recht zur Ausübung des Rechtsanwaltsberufes im Kanton Zürich wird entzogen, wenn der
  Inhaber die Ehrenhaftigkeit oder die Zutrauenswürdigkeit verliert (§ 30 Abs. 2 des Zürcher Gesetzes über den Rechtsanwaltsberuf [Anwaltsgesetz] vom 3. Juli 1938 [ZH LS 215.1]).

2. Widerruf bei Fehlen einer gesetzlichen Regelung

Enthält das Gesetz keine Vorschriften über den Widerruf einer Polizeierlaubnis, so   1983
ist er nach den allgemeinen Regeln über die Voraussetzungen der Änderung von
Verfügungen zulässig, wenn das Interesse an der Verwirklichung des objektiven

504

Rechts überwiegt gegenüber dem Interesse an der Rechtssicherheit bzw. am Vertrauensschutz (vgl. Rz. 809). Die von der Praxis entwickelten typischen Abwägungssituationen, in welchen Verfügungen nicht mehr widerrufen werden können (vgl. Rz. 812 ff.), treten auch bei der Prüfung der Widerrufbarkeit von Polizeierlaubnissen ein. Für Unwiderruflichkeit spricht insbesondere das bei der Erteilung von Polizeierlaubnissen oft stattfindende eingehende Ermittlungs- und Prüfungsverfahren. Sodann erwachsen Polizeibewilligungen in materielle Rechtskraft, wenn die Berechtigten bereits von ihr Gebrauch gemacht und nicht wieder rückgängig zu machende Dispositionen getroffen haben.

1984   Beispiel:
P. war die Bewilligung zur Errichtung eines Gebäudes für die Weinproduktion erteilt worden. Nach Eintritt der formellen Rechtskraft hob der Staatsrat des Kantons Tessin als Aufsichtsbehörde die Bewilligung von Amtes wegen auf mit der Begründung, sie verstosse gegen die Gewässerschutzgesetzgebung. Das kantonale Verwaltungsgericht bestätigte den Widerruf der Baubewilligung. P. führte gegen diesen Entscheid erfolgreich Verwaltungsgerichtsbeschwerde beim Bundesgericht. Das Gericht stellte fest, obwohl P. noch nicht mit den Bauarbeiten begonnen oder im Hinblick darauf beträchtliche Investitionen getätigt habe, sei die Baubewilligung in materielle Rechtskraft erwachsen, da sie nach einem eingehenden Ermittlungs- und Einspracheverfahren erteilt worden sei, in welchem die sich gegenüberstehenden Interessen allseitig zu prüfen und gegeneinander abzuwägen gewesen seien. Der Widerruf der Baubewilligung wäre deshalb nur zulässig gewesen, wenn eine schwere Verletzung eines besonders gewichtigen öffentlichen Interesses vorliegen würde (BGE 107 Ib 35 ff. = Pra 70 [1981] Nr. 191).

3.   Verweigerung einer Polizeierlaubnis

1985   In der Praxis herrscht die Ansicht vor, die *Verweigerung* einer Polizeierlaubnis erwachse nie in materielle Rechtskraft (vgl. IMBODEN/RHINOW Bd. I, S. 258). Das bedeutet, dass jederzeit ein neues Gesuch gestellt werden kann. Diese Auffassung erscheint als fragwürdig. Da der Gesuchsteller durch die Verweigerung belastet wird, spielt zwar das Interesse am Schutz seines Vertrauens auf die Gültigkeit der Verfügung keine Rolle, doch können die Interessen Dritter (z.B. Nachbarn oder Konkurrenten) am Bestand der ablehnenden Verfügung und das Interesse an der Rechtssicherheit einer Änderung entgegenstehen. Es ist deshalb auch beim Widerruf der Verweigerung einer Polizeierlaubnis eine *Interessenabwägung* vorzunehmen.

1986   Wird dagegen ein neues Gesuch eingereicht, dem ein neuer Sachverhalt oder eine neue Rechtslage zugrunde liegt, so stellt sich die Frage des Widerrufs der Verweigerung der Polizeierlaubnis nicht, da sich die Rechtskraft der Verweigerung nur auf den Gegenstand des ersten Gesuches erstreckt.

8. Teil   Monopole und Konzessionen

§ 36   Monopole

Literatur

GRISEL ETIENNE, Les monopoles d'Etat, in: Mélanges André Grisel, Neuchâtel 1983, S. 399 ff.;
MÜHLEMANN FRITZ, Monopol oder Konkurrenz: Gedanken zur neuen Medienordnung, in: Staat und
Gesellschaft, Festschrift für Leo Schürmann zum 70. Geburtstag, Freiburg 1987, S. 443 ff.; RICHLI
PAUL, Kantonale Monopole – Die offene Flanke der Handels- und Gewerbefreiheit, ZBl 90 (1989)
476 ff.; ROSTAN BLAISE, Le service public de radio et de télévision, Diss. Lausanne 1982; RUEY
CLAUDE, Monopoles cantonaux et liberté économique, Diss. Lausanne 1988; SPAHN MELCHIOR, Die
kantonalen Regalrechte nach Art. 31 III der Bundesverfassung, Diss. Zürich 1956; SUTTER-SOMM
KARIN, Auswirkungen eines Beitritts der Schweiz zum Europäischen Wirtschaftsraum (EWR) oder
zur Europäischen Gemeinschaft (EG) auf die öffentlich-rechtlichen Monopole des Bundes, der Kantone und Gemeinden, AJP 1992, 214 ff.; SUTTER-SOMM KARIN, Das Monopol im schweizerischen
Verwaltungs- und Verfassungsrecht, Diss. Basel 1989; WEBER ROLF H., Vom Monopol zum Wettbewerb – Regulierung der Kommunikationsmärkte im Wandel, Zürich 1994.

I.   Begriff und Terminologie

1.   Begriff

Ein *staatliches* Monopol liegt vor, wenn der Staat das Recht hat, eine bestimmte   1987
wirtschaftliche Tätigkeit unter Ausschluss aller andern Personen auszuüben oder
durch Dritte ausüben zu lassen.

   Durch die Monopolisierung wird die betreffende Tätigkeit dem Schutzbereich   1988
der Wirtschaftsfreiheit entzogen. Monopolisierte Tätigkeiten sind deshalb von denjenigen Tätigkeiten zu unterscheiden, welche nach ihrer Natur nicht von Privaten,
sondern nur vom Staat selbst ausgeübt werden können (*originäre Staatsaufgaben*,
wie z.B. Landesverteidigung, Strafverfolgung, Polizei, Zollwesen, Steuererhebung;
vgl. SUTTER-SOMM, Das Monopol, S. 10).

   Von *privaten* Monopolen spricht man, wenn private Unternehmen einen Markt   1989
für bestimmte Güter oder Dienstleistungen beherrschen (HÄFELIN/HALLER, N. 1486).

2.   Terminologie: Monopole und Regale

Die Begriffe des Monopols und des Regals sind juristisch gleichwertig. Der Begriff   1990
des Regals geht auf die eigentumsähnlichen Hoheitsrechte der Monarchen (vor allem
an Grund und Boden und im Bereich der Jagd und Fischerei) zurück.

II.   Arten

1.   Rechtliches Monopol

1991   Als rechtliches Monopol bezeichnet man ein Monopol, das auf einem Rechtssatz beruht, wobei zwischen unmittelbar und mittelbar rechtlichen Monopolen unterschieden werden kann.

a)   *Unmittelbar rechtliches Monopol*

1992   Ein unmittelbar rechtliches Monopol liegt vor, wenn eine bestimmte wirtschaftliche Tätigkeit den Privaten durch Rechtsnormen untersagt und ausschliesslich dem Staat vorbehalten ist.

Beispiele:
- Eisenbahnmonopol (Art. 26 BV);
- Postregal (Art. 36 BV);
- Monopol zur Verbreitung von Radio- und Fernsehprogrammen (Art. 55bis BV).

b)   *Mittelbar rechtliches Monopol*

1993   Von einem mittelbar rechtlichen Monopol spricht man, wenn den Privaten die Benutzung einer öffentlichen Anstalt zwingend vorgeschrieben ist und dadurch indirekt die Privaten von der betreffenden wirtschaftlichen Tätigkeit, die ihnen an sich erlaubt ist, ausgeschlossen werden.

Beispiele:
- obligatorische Unfallversicherung bei der Schweizerischen Unfallversicherungsanstalt (SUVA);
- obligatorische Feuerversicherung bei einer kantonalen Gebäudeversicherungsanstalt (BGE 124 I 25 ff.);
- obligatorische Schülerunfallversicherung bei einer öffentlichen Versicherungskasse (BGE 101 Ia 124 ff.);
- Pflicht, den Kehricht durch den kommunalen Abfuhrdienst beseitigen zu lassen.

c)   *Polizeimonopol*

1994   Ein Polizeimonopol liegt vor, wenn die Privaten zum Schutz von Polizeigütern von einer wirtschaftlichen Tätigkeit ausgeschlossen werden (vgl. auch Rz. 1942 ff.). Polizeimonopole können unmittelbar oder mittelbar rechtlich (siehe Rz. 1992 f.) sein. Entscheidend ist nicht die Rechtsgrundlage, sondern das polizeiliche Motiv der Monopolisierung.

Beispiele:
Bestattungs- und Friedhofmonopol, Kaminfegermonopol, obligatorische Schlachthausbenutzung, Kehrichtabfuhrmonopol.

2. Faktisches Monopol

Ein faktisches Monopol besteht dann, wenn das Gemeinwesen aufgrund der tatsächlichen Gegebenheiten, insbesondere wegen seiner Hoheit über öffentliche Sachen, die Privaten von einer ihnen an sich nicht verbotenen wirtschaftlichen Tätigkeit ausgeschlossen hat. 1995

So müssen für die Verteilung von Elektrizität, Gas und Wasser Leitungen über oder in öffentliche Strassen gelegt werden. Das Gemeinwesen kann die Privaten dadurch, dass es ihnen die Benutzung des öffentlichen Grundes zum Verlegen der Leitungen nicht gestattet, von diesen Tätigkeiten ausschliessen und damit faktisch ein entsprechendes Verteilungsmonopol begründen. Ob die Privaten sich gegen ein solches Vorgehen unter Berufung auf die Wirtschaftsfreiheit wehren können, oder ob sie keinen Anspruch auf die Bewilligung eines derartigen Gebrauchs einer öffentlichen Sache haben, ist umstritten (vgl. IMBODEN/RHINOW Bd. II, S. 839; SUTTER-SOMM, Das Monopol, S. 154 ff.; vgl. auch Rz. 1896). 1996

Die Energie- und Wasserversorgung ist in gewissen Kantonen und Gemeinden einer öffentlichen Anstalt (z.B. einem Elektrizitäts-, Gas- oder Wasserwerk oder den "Industriellen Betrieben") übertragen, deren Benutzung obligatorisch ist. In diesen Fällen handelt es sich nicht um ein faktisches, sondern um ein mittelbar rechtliches Monopol. 1997

III. Verfassungsmässigkeit der rechtlichen Monopole

1. Monopole des Bundes

a) Rechtsgrundlage

Monopole des Bundes müssen sich auf eine *Einzelermächtigung der Bundesverfassung* stützen. Die Bundesverfassung kann das Monopol ausdrücklich vorsehen (vgl. z.B. Art. 36, 38, 39) oder eine umfassende Gesetzgebungskompetenz des Bundes begründen, die eine Monopolisierung durch Bundesgesetz zulässt (z.B. Art. 24ter, 24quinquies, 26, 26bis, 37ter, 55bis). Dem Bundesgesetzgeber steht es in diesem Falle frei, ob und in welchem Umfang er die wirtschaftliche Tätigkeit dem Bund vorbehalten will; das Monopol besteht nur, wenn und soweit der Bundesgesetzgeber von seiner Befugnis zur Monopolisierung Gebrauch gemacht hat. Sofern die Bundesverfassung das Monopol bereits ausdrücklich vorsieht, ist für die Einführung des Monopols eine zusätzliche gesetzliche Grundlage nicht erforderlich, wohl aber für die genaue Umschreibung des Umfangs des Monopols. 1998

Beispiel: 1999
Gemäss Art. 36 Abs. 1 BV verfügt der Bund über das Postregal. Nach Art. 3 Abs. 1 des Postgesetzes (PG) vom 30. April 1997 (SR 783) hat die Post das ausschliessliche Recht, adressierte Briefpostsendungen und Pakete bis 2 kg zu befördern. Ausgenommen ist gemäss Abs. 2 die Beförderung von Schnellpostsendungen sowie von Paketen und abgehenden Briefpostsendungen im internationalen Verkehr. Der Bundesrat kann weitere Ausnahmen vorsehen (Abs. 3).

b) *Öffentliches Interesse und Verhältnismässigkeit*

2000 Die Monopolisierung einer wirtschaftlichen Tätigkeit muss – wie jeder Eingriff in die Wirtschaftsfreiheit – im öffentlichen Interesse liegen und verhältnismässig sein. Statuiert die Bundesverfassung selbst das Monopol, so steht damit bereits fest, dass diese Voraussetzungen erfüllt sind. Ermächtigt sie den Bundesgesetzgeber zur Einführung eines Monopols, hat dieser zu prüfen, ob das öffentliche Interesse, das polizeilicher, sozialpolitischer oder wirtschaftspolitischer Natur sein kann, und die Verhältnismässigkeit gegeben sind. Der Entscheid des Bundesgesetzgebers über die Verfassungsmässigkeit der Monopolisierung ist allerdings für alle andern Behörden verbindlich, unterliegt also auch keiner richterlichen Kontrolle (Art. 113 Abs. 3 und 114bis Abs. 3 BV).

2. Kantonale Monopole

2001 Kantonale Monopole werden durch die Generalklausel von Art. 31 Abs. 2 Satz 2 BV zugelassen. Sie sind mit der Wirtschaftsfreiheit nur vereinbar, wenn sie auf gesetzlicher Grundlage beruhen, im öffentlichen Interesse liegen, nicht wirtschaftspolitisch motiviert sind und dem Prinzip der Verhältnismässigkeit entsprechen.

a) *Die herkömmlichen kantonalen Monopole und Regale*

2002 Nach Art. 31 Abs. 2 Satz 2 BV bleiben die kantonalen Regalrechte gegenüber der in Abs. 1 gewährleisteten Wirtschaftsfreiheit vorbehalten. Dieser Vorbehalt bezieht sich zunächst auf die im Zeitpunkt des Erlasses der Bundesverfassung bestehenden, "historischen" kantonalen Monopole und Regale, zu denen namentlich die sog. Grund- und Bodenregale (Berg-, Salz-, Jagd- und Fischereiregal) gehören. Solche Regale dürfen die Kantone zu *fiskalischen Zwecken*, d.h. zur Erzielung von Gewinn, nutzen (vgl. BGE 124 I 11, 15; 119 Ia 123, 128; 114 Ia 8, 11 = Pra 78 [1989] Nr. 3; 109 Ib 308, 314; 95 I 497, 499 ff.). Das Bergregal hat in jüngerer Zeit eine neue Bedeutung im Zusammenhang mit der Lagerung radioaktiver Abfälle gewonnen (dazu BGE 119 Ia 390 ff.)

b) *Neue Monopole der Kantone*

aa) *Allgemeines*

2003 Die Kantone sind grundsätzlich auch befugt, neue Monopole einzuführen, sofern dies durch ein zulässiges öffentliches Interesse gerechtfertigt und verhältnismässig ist. Fiskalische Gründe genügen *nicht* für eine Monopolisierung (vgl. BGE 91 I 182, 186 f.; MOOR Vol. III, S. 385 ff.; HÄFELIN/HALLER, N. 1497 f.).

bb)   Polizeimonopole

Die Kantone können wirtschaftliche Tätigkeiten aus polizeilichen Gründen monopo-   2004
lisieren. Zu prüfen ist dabei insbesondere, ob ein so schwerer Eingriff in die Wirtschaftsfreiheit verhältnismässig, d.h. geeignet und erforderlich ist, um das Polizeigut
zu schützen, und ob Eingriffszweck und Eingriffswirkung in einem vernünftigen
Verhältnis zueinander stehen (vgl. Rz. 1943 ff.).

cc)   Andere kantonale Monopole im Interesse des öffentlichen Wohls

Die Kantone können auch aus anderen, namentlich sozialpolitischen Gründen neue   2005
Monopole schaffen. Die Verhältnismässigkeit sozialpolitischer Monopole hängt vor
allem davon ab, ob sie notwendig sind, um die Versorgung der Bevölkerung mit gewissen Leistungen sicherzustellen, oder ob dazu auch Private in der Lage sind.

Wenig überzeugend ist die Auffassung des Bundesgerichts, ein sozialpolitisches   2005a
Monopol wie das Gebäudeversicherungsmonopol dürfe einen gewissen "unbedeu-
tenden" Reinertrag abwerfen (BGE 124 I 11, 17 ff.). Die Rechtfertigung des Monopols liegt gerade darin, den Gebäudeeigentümern die Brandversicherung zu den gün-
stigsten Bedingungen zu ermöglichen; wenn die Gebäudeversicherungsanstalt dem
Kanton einen Reinertrag abliefert, können die Prämien der Versicherten nicht entsprechend gesenkt werden.

Beispiele:
– Die Schaffung eines Monopols für die obligatorische Unfallversicherung von Schülerinnen und   2006
  Schülern durch den Kanton Fribourg war nach einem Urteil des Bundesgerichts mit der Wirtschaftsfreiheit vereinbar. Das Monopol erleichtere den Vollzug der Gesetzgebung über die
  Schülerunfallversicherung und die Kontrolle darüber, ob alle Schülerinnen und Schüler versichert seien. Für das Monopol spreche auch die Verantwortlichkeit des Staates für die Unfallrisi-
  ken der Schülerinnen und Schüler und die Tatsache, dass die Versicherung durch eine einzige
  öffentliche Krankenkasse zu vorteilhafteren Bedingungen führe, was im Interesse des Staates
  und der Versicherten bzw. deren Eltern liege, die je einen Teil der Versicherungsprämien zu
  übernehmen hätten. Die Subventionierung der Versicherung durch die öffentliche Hand rechtfertige eine möglichst einfache Lösung (BGE 101 Ia 124, 128 E. b). – Man kann sich fragen, ob
  die Vereinfachung des Vollzugs und die Einsparung von Kosten ausreichende Gründe für eine
  Monopolisierung darstellen, und ob nicht andere, weniger in die Wirtschaftsfreiheit eingreifende Mittel zur Erreichung des sozialpolitischen Zieles genügt hätten. Das Bundesgericht hat
  sich bei der Prüfung dieser Fragen u.E. zu viel Zurückhaltung auferlegt.
– Das Eidgenössische Gesundheitsamt (heute Bundesamt für Gesundheitswesen) vertrat die Auf-   2007
  fassung, die Kantone könnten das Spitalwesen als öffentliche Aufgabe erklären und ein entsprechendes Monopol, verbunden mit einem Konzessionierungssystem, einführen. Da eine solche
  Monopolisierung nicht fiskalischen Interessen diene, verletze sie die Wirtschaftsfreiheit nicht.
  Bei der Erteilung von Konzessionen an Privatspitäler könnten auch die staatliche Spitalplanung
  und das Bedürfnis berücksichtigt werden (VPB 36 [1972] Nr. 1). – Die Begründung dieser
  Stellungnahme überzeugt nicht, weil die Verhältnismässigkeit eines kantonalen Spitalmonopols
  nicht erörtert wird, obwohl sie keineswegs offensichtlich ist.

IV. Exkurs: Vereinbarkeit der Monopole mit dem Recht der EU

2007a Zur Herstellung des freien Binnenmarktes gewährleistet der Vertrag zur Gründung der Europäischen Gemeinschaft vom 25. März 1957 (EGV; Titel in der veränderten Fassung des Vertrages über die Europäische Union vom 7. Februar 1992) die sog. "vier Grundfreiheiten", nämlich den freien Verkehr von Waren, Personen, Dienstleistungen und Kapital (Art. 8a Abs. 2, Art. 9-37, Art. 48-73; resp. Art. 18, Art. 23-31, Art. 39-60 in der konsolidierten Fassung gemäss Vertrag von Amsterdam vom 2. Oktober 1997 [nachfolgend jeweils in Klammern]). Monopole können je nach ihrem Inhalt und ihrer Ausgestaltung in Widerspruch zu einer oder mehreren der vier Grundfreiheiten stehen (vgl. v.a. SUTTER-SOMM, Auswirkungen, S. 214 ff. m.w.H.).

1. Handelsmonopole

2007b Handelsmonopole behalten die Ein- und Ausfuhr sowie den Vertrieb bestimmter Produkte ausschliesslich dem Staat vor. Als Konkretisierung des Rechts auf freien Warenverkehr verpflichtet Art. 37 (Art. 31) EGV die Vertragsparteien, ihre staatlichen Handelsmonopole derart *umzuformen*, dass jede Diskriminierung in den Versorgungs- und Absatzbedingungen zwischen den Angehörigen der Vertragsstaaten ausgeschlossen ist. Nach Art. 36 (Art. 30) EGV sind Ausnahmen vom Verbot der Diskriminierung durch Handelsmonopole aus polizeilichen Gründen, zum Schutz des nationalen Kulturgutes sowie des gewerblichen und kommerziellen Eigentums möglich. Gesetzliche Regelungen, die vorsehen, dass Konzessionen (vgl. Rz. 2018) nur schweizerischen Staatsangehörigen erteilt werden, wären nicht mit Art. 37 (Art. 31) EGV vereinbar.

Beispiele:
Aussenhandelsmonopol, das Alkoholmonopol (Art. 32bis BV) und das Salzhandelsmonopol der Kantone (Art. 31 Abs. 2 Satz 2 BV) wären entsprechend anzupassen.

2. Dienstleistungsmonopole

2007c Dienstleistungsmonopole beinhalten das Recht des Staates, bestimmte Dienstleistungen unter Ausschluss aller anderen Personen zu erbringen oder durch Dritte erbringen zu lassen. Sie müssen mit der Niederlassungs- und der Dienstleistungsfreiheit vereinbar sein. Um den freien Wettbewerb zwischen privaten und öffentlichen Unternehmen zu ermöglichen, legt Art. 90 Abs. 1 (Art. 86 Abs. 1) EGV das Gebot der Gleichbehandlung von öffentlichen und privaten Unternehmen fest. Nach Art. 90 Abs. 2 (Art. 86 Abs. 2) EGV sind Ausnahmen davon für solche öffentliche Unternehmen zulässig, die ausschliesslich Dienstleistungen von allgemeinem wirtschaftlichem Interesse erbringen, wenn durch die Gleichbehandlung die Erfüllung der diesen Unternehmen übertragenen speziellen Aufgaben verhindert würde. Dienstleistungen im Sinne von Art. 90 Abs. 2 (Art. 86 Abs. 2) EGV bezwecken namentlich die Sicherung von Infrastruktur und Daseinsvorsorge. Dazu gehören der Betrieb von Eisenbahnen, Post, Telefon, Radio und Fernsehen, Energie- und Wasserversorgung, Kehrichtabfuhr usw. Die entsprechenden Monopole des Bundes (vgl. Art. 26, 36 und 55bis BV) und der Kantone wären deshalb grundsätzlich durch Art. 90 Abs. 2

(Art. 86 Abs. 2) EGV gedeckt, wohingegen die dritte Schadensrichtlinie vom 18. Juni 1992 (RL 92/49/EWG, Abl. Nr. L 228, S. 1) staatliche Gebäudeversicherungsmonopole als unzulässig erklärt. Übt der Staat die monopolisierte Tätigkeit nicht selbst aus, sondern überträgt das Recht dazu auf Private, so ist im Rahmen der Niederlassungs- und der Dienstleistungsfreiheit (Art. 52 ff. [Art. 43 ff.] und Art. 59 ff. [Art. 49 ff.] EGV) das Prinzip der Inländergleichbehandlung zu beachten: Diese Tätigkeiten dürften nicht ausschliesslich schweizerischen Staatsangehörigen vorbehalten werden.

3. Fiskalische Monopole (Finanzmonopole)

Ein fiskalisches Monopol liegt vor, wenn der Staat sich die Ausübung einer wirtschaftlichen Tätigkeit vorbehält mit dem Ziel, Einnahmen für den Staatshaushalt zu erwirtschaften. Fiskalische Monopole sind zulässig, sofern der Handelsverkehr nicht in einem dem Gemeinschaftsinteresse zuwiderlaufenden Ausmass beeinträchtigt wird (Art. 90 Abs. 2 [Art. 86 Abs. 2] EGV). Soweit sie zugleich Handelsmonopole darstellen, unterstehen sie auch Art. 37 (Art. 31) EGV (vgl. Rz. 2007b). Auch hier gilt die Regel, dass Angehörige der anderen Mitgliedstaaten bei der Vergabe von Konzessionen den einheimischen Bewerberinnen und Bewerbern gleichzustellen sind (vgl. Rz. 2007b und 2007c). 2007d

Beispiele:
Die kantonalen Bergbau-, Fischerei-, Jagd- und Salzgewinnungsmonopole wären betroffen.

§ 37 Konzessionen

Literatur

AUGUSTIN VINZENS, Das Ende der Wasserrechtskonzessionen, Diss. Freiburg 1983; HANHART MICHEL, La concession de service public, Diss. Lausanne 1977; KNAPP BLAISE, La fin des concessions hydrauliques, ZSR NF 101/I (1982) 121 ff.; KORRODI NICOLA, Die Konzession im schweizerischen Verwaltungsrecht, Diss. Zürich 1973; KÜNG CHRISTIAN, Die Konzessionierung von Luftseilbahnen nach Bundesrecht unter besonderer Berücksichtigung der bundesrechtlich bestimmten Interessen, Bern 1988; MOSSU CLAUDE, Les concessions dans le domaine des transports et des télécommunications en droit suisse, Diss. Freiburg 1988; PFENNINGER PETER, Die Erteilung von Konzessionen und Bewilligungen bei Fremdenverkehrsbahnen und Skiliften, Diss. Zürich 1968; POLEDNA TOMAS, Staatliche Bewilligungen und Konzessionen, Bern 1994; STÄBLIN KARL, Die Eisenbahnkonzession nach schweizerischem Recht, Diss. Zürich 1938; TRUEB HANS, Die Streitigkeiten über Wasserrechtskonzessionen, Diss. Bern 1951; VON WERRA RAPHAEL, Fragen zum Ablauf von Wasserrechtskonzessionen mit Heimfall unter besonderer Berücksichtigung der Verhältnisse im Kanton Wallis, ZBl 81 (1980) 1 ff.; WIDMER CHRISTIAN, Die Heimfallverzicht-Entschädigung im Wasserrecht, Diss. Zürich 1990; WIDMER-SCHLUMPF EVELINE, Voraussetzungen der Konzession bei Radio und Fernsehen, Diss. Zürich 1990.

I. Begriff und Rechtsnatur

1. Begriff der Konzession

2008 Die Konzession ist die Verleihung des Rechts zur Ausübung einer monopolisierten Tätigkeit oder zur Sondernutzung einer öffentlichen Sache.

2008a Von einer Konzession wird gelegentlich auch gesprochen, wenn das Gemeinwesen die Erfüllung einer bestimmten Staatsaufgabe Privaten überträgt. Es ist in diesen Fällen oft die Rede von einer *Konzession des öffentlichen Dienstes* (siehe Rz. 1195 ff.; BGE 123 III 395, 399; 121 II 81, 85; 106 Ib 34, 36; 89 I 324, 335 f.; IMBODEN/RHINOW Bd. II, S. 1136 ff.). Die Privaten üben hier also keine wirtschaftlichen, sondern Verwaltungstätigkeiten aus. Das ihnen verliehene Recht, eine staatliche Aufgabe wahrzunehmen, verschafft ihnen keine wirtschaftliche Sonderstellung; es ist anderer Natur als das Recht zur Ausübung einer monopolisierten Tätigkeit oder zur Sondernutzung einer öffentlichen Sache. Die Voraussetzungen der Erteilung einer Konzession des öffentlichen Dienstes und deren Wirkungen weichen deshalb in der Regel wesentlich von denjenigen der Monopol- oder Sondernutzungskonzession ab. Die folgenden Ausführungen beziehen sich daher nicht auf die Konzession des öffentlichen Dienstes.

2. Rechtsnatur der Konzessionserteilung

Die Rechtsnatur der Konzessionserteilung ist *umstritten*. Sie wird als mitwirkungs-   2009
bedürftige Verfügung oder als verwaltungsrechtlicher Vertrag betrachtet. Das Bundesgericht unterscheidet zwischen einem verfügungsmässig und einem vertraglich
begründeten Teil der Konzession (BGE 109 II 76, 77 f.; 96 I 282, 288). Zum Verfü-
gungsteil gehören diejenigen Konzessionsbestimmungen, die durch das Gesetz weitgehend festgelegt sind und Pflichten des Konzessionärs regeln, an deren Erfüllung
ein wesentliches öffentliches Interesse besteht. Vertraglich sind diejenigen Teile der
Konzession, bei welchen die Bestimmtheit der gesetzlichen Grundlage gering und
damit der Spielraum für die Ausgestaltung des Konzessionsverhältnisses im einzelnen Fall gross ist; vorausgesetzt ist, dass diese Konzessionsteile Fragen betreffen,
welche für die Ausübung der im öffentlichen Interesse liegenden Tätigkeiten des
Konzessionärs weniger wichtig sind (vgl. GRISEL, S. 284; MOOR Vol. III, S. 124 f.;
siehe auch Rz. 879 ff. mit Beispiel). Zu beachten ist, dass auch der vertragliche Teil
nicht privat-, sondern öffentlichrechtlich ist (BGE 109 II 76 ff.).

3. Einräumung eines wohlerworbenen Rechts

Durch die Erteilung einer Monopol- oder Sondernutzungskonzession wird ein wohl-   2010
erworbenes Recht begründet, dessen wesentlicher Gehalt aus Gründen des Vertrauensschutzes unwiderruflich und gesetzesbeständig ist und unter dem Schutz der
Eigentumsgarantie steht, sofern von diesem Recht Gebrauch gemacht worden ist
(BGE 123 III 454, 459 f.). Das bedeutet, dass die Substanz des Rechts nur auf dem
Weg der formellen Enteignung und gegen Entschädigung entzogen oder beschränkt
werden kann (vgl. BGE 119 Ia 154, 161 f.; 117 Ia 35, 39; 113 Ia 357, 362; 112 Ia
275, 278; siehe auch Rz. 815).

Beispiele:
– Im Laufe der Jahre 1962-1964 wurde den Nordostschweizerischen Kraftwerken (NOK) die   2012
  Konzession für die Nutzung der Wasserkraft an einer bestimmten Strecke des Vorderrheins erteilt. 1968 legte die Regierung des Kantons Graubünden die Restwassermengen fest. Nach dem
  aus wirtschaftlichen Gründen verzögerten Beginn der Bauarbeiten an der Kraftwerkzentrale im
  Jahre 1979 beschloss die Regierung abzuklären, ob die Restwassermengen gestützt auf das in-
  zwischen in Kraft getretene Bundesgesetz über die Fischerei vom 14. Dezember 1973 (SR
  923.0) (FG) neu festzusetzen seien. Die NOK sahen darin eine Verletzung der ihr durch die
  Wasserrechtskonzession eingeräumten wohlerworbenen Rechte. Das Bundesgericht hielt die
  Durchführung eines Bewilligungsverfahrens nach Art. 24 FG für zulässig, weil das Gesetz zur
  Hauptsache Regeln enthalte, deren Anwendung keinen Eingriff in die Substanz wohlerworbener
  Rechte zur Folge habe. Massnahmen zum Schutz von Wassertieren dürften jedoch nicht nach
  Art. 25 FG, sondern nur im engeren Rahmen des Art. 26 FG angeordnet werden (BGE 107 Ib
  140 ff.).
– Die Misoxer Kraftwerke (MKW) AG erhielten in den Jahren 1953/1956 mehrere Konzessionen   2012a
  für die Wasserkraftnutzung der Moesa und verschiedener Seitenbäche. Die Staustufe Curciusa
  wurde jedoch vorläufig nicht verwirklicht. Ende der 80er Jahre entschloss sich die MKW AG zu
  einer Projektänderung. Anstelle des ursprünglich vorgesehenen Gravitationswerkes sollte ein
  Saison-Speicherwerk (zur Umwandlung von Sommerenergie in Winterstrom) mit einer von
  27,6 auf 60 Mio. m^3 erhöhten Speicherkapazität realisiert werden. Die zuständigen Behörden
  bewilligten in der Folge auch das neue Konzept. Verschiedene Naturschutzvereinigungen setzten sich dagegen auf dem Rechtsmittelweg zur Wehr. Das Bundesgericht hatte die Frage zu be-

516

urteilen, inwieweit das veränderte Projekt noch durch die alte Konzession gedeckt und damit als wohlerworbenes Recht zu respektieren sei. Es erachtete die Veränderungen in diesem Fall als derart weitgehend, dass nicht mehr von einer Ausnutzung des 1953 verliehenen Rechts gesprochen werden könne, sondern von einer Neukonzessionierung auszugehen sei, die vollauf den heute geltenden Vorschriften zu entsprechen habe (BGE 119 Ib 254, 267 ff.).

4. Frage des Anspruchs auf Erteilung der Konzession

2013   Mit der Konzession wird das Recht des Staates zur Ausübung einer Tätigkeit oder zur Nutzung einer öffentlichen Sache auf den Konzessionär übertragen. Da die durch Konzession übertragbaren Rechte in der Regel beschränkt sind, muss eine Auswahl unter den Gesuchstellern getroffen werden. Das Gesetz kann deshalb den Gesuchstellern (anders als bei der Polizeierlaubnis, vgl. Rz. 1968) in der Regel keinen Anspruch auf Erteilung der Konzession einräumen. Es umschreibt die Voraussetzungen der Konzessionserteilung in unbestimmter Weise und stellt den Entscheid regelmässig in das Ermessen der rechtsanwendenden Behörden.

Beispiele:
2014   – Nach Art. 6 Abs. 1 des Eisenbahngesetzes vom 20. Dezember 1957 (SR 742.101) wird die Konzession für Bau und Betrieb einer Eisenbahninfrastruktur nur erteilt, wenn die auf der Grundlage der Konzession zu erbringende Transportleistung zweckmässig und wirtschaftlich befriedigt werden kann und keine wesentlichen öffentlichen Interessen, namentlich der Raumplanung, des Natur- und Heimatschutzes oder der Gesamtverteidigung, entgegenstehen.
2015   – Art. 41 des Bundesgesetzes über die Nutzbarmachung der Wasserkräfte vom 22. Dezember 1916 (SR 721.80) sieht vor, dass unter mehreren Bewerbern um die Verleihung eines Wasserrechts demjenigen der Vorzug gebührt, dessen Unternehmen dem öffentlichen Wohl in grösserem Masse dient und, wenn sie darin einander gleichstehen, demjenigen, durch dessen Unternehmen für die wirtschaftliche Ausnutzung der Gewässer am besten gesorgt ist.
2016   – Für die gewerbsmässige Beförderung von Reisenden mit regelmässigen Fahrten können Konzessionen erteilt werden (Art. 4 Abs. 1 des Bundesgesetzes über die Personenbeförderung und die Zulassung als Strassentransportunternehmung [Personenbeförderungsgesetz; PBG] vom 18. Juni 1993 [SR 744.10]). Bei der Erteilung von Konzessionen sind nach Art. 4 Abs. 2 PBG insbesondere folgende Gesichtspunkte zu berücksichtigen: Die ersuchende Unternehmung muss nachweisen, dass die auf der Grundlage der Konzession zu erbringende Transportleistung zweckmässig und wirtschaftlich befriedigt werden kann und zum bestehenden Angebot anderer öffentlicher Transportunternehmungen keine volkswirtschaftlich nachteiligen Wettbewerbsverhältnisse entstehen oder eine wichtige neue Verkehrsverbindung eingerichtet wird.
2016a – Ein Recht auf Konzessionierung besteht demgegenüber etwa für die Weiterverbreitung von Radio- und Fernsehprogrammen über Kabelnetze oder über Umsetzer (vgl. Art. 40 und 44 des Bundesgesetzes über Radio und Fernsehen [RTVG] vom 21. Juni 1991 [SR 784.40]). Die Liberalisierung von Post und Fernmeldeverkehr erforderte ferner die Festschreibung verbindlicher Ansprüche auf Zulassung von Privaten, welche bestimmte Dienstleistungen auf diesen Gebieten anbieten möchten (Art. 5 Abs. 2 des Postgesetzes [PG] vom 30. April 1997 [SR 783.0] und Art. 6 Abs. 3 des Fernmeldegesetzes [FMG] vom 30. April 1997 [SR 784.10]). Damit sollen die Voraussetzungen geschaffen werden, damit der Wettbewerb auch in diesen Sektoren spielen kann.

2017   Der Gesuchsteller hat zwar nach dem Gesagten oft keinen Anspruch darauf, dass die Konzession erteilt wird, wohl aber darauf, dass die Konzessionsbehörde das Ermessen pflichtgemäss, insbesondere nicht willkürlich, betätigt. Das bedeutet, dass Verfügungen über Konzessionen von den *Verwaltungsgerichten* in der Regel nur beschränkt oder gar nicht überprüft werden können (für die Verwaltungsgerichtsbeschwerde im Bund vgl. Art. 99 Abs. 1 lit. d und Abs. 2 lit. a und c OG). Die *staats-rechtliche Beschwerde* wegen Verletzung der Wirtschaftsfreiheit ist im monopoli-sierten Bereich ausgeschlossen; auf eine staatsrechtliche Beschwerde wegen Verlet-zung von Art. 4 BV (rechtsungleiche oder willkürliche Behandlung) tritt das Bun-desgericht mangels Legitimation (Verletzung von rechtlich geschützten Interessen, Art. 88 OG) nicht ein, wenn das kantonale Recht keinen Anspruch auf Konzes-sionserteilung einräumt (vgl. BGE 121 I 267, 269 mit Hinweisen; die Lehre – siehe z.B. DANIEL THÜRER, Das Willkürverbot nach Art. 4 BV, ZSR NF 106/II [1987] 464 ff. – kritisiert diese Praxis einhellig).

II. Arten von Konzessionen

1. Monopolkonzession

Die Monopolkonzession verleiht die Berechtigung zur Ausübung einer monopoli-sierten wirtschaftlichen Tätigkeit.

Beispiele:
Eisenbahninfrastrukturkonzession, Personentransportkonzession, Seilbahnkonzession, Konzession für die Ausübung des Kaminfegerberufes, Konzession für die Veranstaltung von Radio- und Fernseh-programmen, Fischerei-, Jagdpatent.

2. Sondernutzungskonzession

Die Sondernutzungskonzession verleiht die Berechtigung zur Sondernutzung einer öffentlichen Sache im Gemeingebrauch (vgl. Rz. 1893 ff.).

Beispiele:
- Konzession für das Aufstellen eines fest mit dem Boden verbundenen Kiosks auf öffentlichem Grund;
- Konzession für die Errichtung eines Bootssteges auf dem Gebiet eines öffentlichen Gewässers;
- Konzession für das Verlegen von Kabeln im öffentlichen Grund zum Anschluss an eine Ge-meinschaftsantennenanlage.

III. Rechte und Pflichten des Konzessionärs

1. Rechte

Die Konzession berechtigt zur Ausübung einer bestimmten Tätigkeit oder zur Son-dernutzung einer öffentlichen Sache. Die Konzessionärin oder der Konzessionär (im folgenden: Konzessionär) erwirbt ein wohlerworbenes Recht, das unter dem Schutz der Eigentumsgarantie steht und nur durch Enteignung wesentlich eingeschränkt oder entzogen werden kann (vgl. Rz. 2010).

2027 Mit der Konzession können weitere Rechte eingeräumt werden. So steht z.B. der konzessionierten Bahnunternehmung das Enteignungsrecht und das Recht zur Errichtung von Nebenbetrieben auf Bahngebiet und in Zügen zu (Art. 3 und Art. 39 des Eisenbahngesetzes vom 20. Dezember 1957 [SR 742.101]).

2. Pflichten

a)   Ausübungspflicht

2028 Der Konzessionär ist verpflichtet, von dem ihm übertragenen Recht Gebrauch zu machen (z.B. das Wasserkraftwerk zu betreiben), soweit daran ein öffentliches Interesse besteht. Bei gewissen Konzessionen (z.B. Jagd- und Fischereipatent) besteht allerdings keine Ausübungspflicht.

b)   Abgabepflicht

2029 Der Konzessionär hat für die Nutzung des konzedierten Rechts in der Regel eine einmalige oder wiederkehrende Abgabe (Konzessionsgebühr, siehe Rz. 2048 f.) zu entrichten.

c)   Aufsicht durch die Konzessionsbehörde

2030 Die Konzessionsbehörde hat zu kontrollieren, ob der Konzessionär von seinen Rechten einen dem Gesetz und der Konzession entsprechenden Gebrauch macht und die mit der Konzession verbundenen Pflichten erfüllt.

IV. Übertragbarkeit der Konzession

2031 Die Frage, ob eine Konzession übertragen werden kann, wird meistens durch die anwendbare Rechtsnorm beantwortet. Da die Konzession ein vermögenswertes Recht begründet, dessen Ausübung im allgemeinen nicht an eine bestimmte Person gebunden ist, wird die Übertragung in der Regel zugelassen, sofern die Konzessionsbehörde zustimmt (vgl. etwa Art. 9 des Fernmeldegesetzes [FMG] vom 30. April 1997 [SR 784.10]).

V. Beendigung des Konzessionsverhältnisses

Die Voraussetzungen und Folgen der Beendigung des Konzessionsverhältnisses werden durch die Gesetzgebung, manchmal auch durch die Konzession geregelt. Bei *Monopol- und Sondernutzungskonzessionen* sind meistens folgende Beendigungsgründe vorgesehen: 2032

1. Ablauf der Konzessionsdauer (Heimfall)

Nach Ablauf der Konzessionsdauer fällt das dem Konzessionär verliehene Recht wieder an das konzedierende Gemeinwesen zurück. 2033

Das Gesetz kann festlegen, dass das Gemeinwesen zugleich das Eigentum an gewissen Anlagen (unentgeltlich) erwirbt, die der Konzessionär für die Ausübung des Rechts errichtet hat (z.B. bei Wasserkraftwerken, vgl. Art. 67 des Bundesgesetzes über die Nutzbarmachung der Wasserkräfte vom 22. Dezember 1916 [SR 721.80]). 2034

2. Rückkauf

Vor Ablauf der Konzessionsdauer kann das Gemeinwesen das verliehene Recht gegen Entgelt zurückkaufen, wenn das Gesetz und die Konzession dies vorsehen. 2035

3. Verlust wegen schwerer Pflichtverletzung (Verwirkung)

Die gesetzlichen Vorschriften legen oft fest, dass der Konzessionär das ihm übertragene Recht verwirkt, sofern er seine ihm durch Gesetz oder Konzession auferlegten Pflichten (z.B. Ausübungs-, Abgabepflicht) schwer verletzt. 2036

4. Verzicht

Der Konzessionär darf auf die Ausübung seines Rechts nur verzichten, wenn dies das Gesetz erlaubt. In der Regel ist er zur Ausübung verpflichtet, weil daran ein öffentliches Interesse besteht. 2037

5. Enteignung

Das zuständige Gemeinwesen kann das dem Konzessionär verliehene, wohlerworbene Recht auf dem Wege der formellen Enteignung und gegen volle Entschädigung entziehen. Ein solcher Eingriff in die Eigentumsgarantie ist allerdings nur zulässig, falls er auf einer genügenden gesetzlichen Grundlage beruht, im öffentlichen Interesse liegt und verhältnismässig ist (vgl. Rz. 1627 ff.). 2038

9. Teil Die öffentlichen Abgaben

Literatur

ALBISSER JOHANN, Die Grundzüge des baselstädtischen Gebührenrechts, Diss. Basel 1976; ANRIG PETER, Die rechtlichen Anforderungen an die Kurtaxengesetzgebung in der Schweiz, Bern 1975; AUER ANDREAS, Sonderabgaben, Diss. Bern 1980; BLUMENSTEIN ERNST/LOCHER PETER, System des Steuerrechts, 5. Aufl., Zürich 1995; BUCHER HERMANN, Die Vorteilsbeiträge der Grundeigentümer an die Kosten öffentlicher Strassen, Kanalisationen und Wasserversorgungsanlagen nach basellandschaftlichem Recht, Basel 1970; CAGIANUT FRANCIS, Vom Zweck und von den Grenzen der öffentlichen Abgaben, in: Festgabe Alfred Rötheli zum fünfundsechzigsten Geburtstag, Solothurn 1990, S. 319 ff.; CAGIANUT FRANCIS, Grundsätzliche Erwägungen über die Schranken der steuerlichen Belastung des Eigentums nach schweizerischem Recht, ASA 47 (1978/79) 67 ff.; HENSEL JOHANNES WALTER, Die Verfassung als Schranke des Steuerrechts, Diss. St. Gallen 1972; HÖHN ERNST, Interkantonales Steuerrecht, 3. Aufl., Bern/Stuttgart/Wien 1993; HÖHN ERNST, Verfassungsmässige Schranken der Steuerbelastung, ZBl 80 (1979) 241 ff.; HÖHN ERNST/WALDBURGER ROBERT, Steuerrecht, 8. Aufl., Bern/Stuttgart/Wien 1997; IMBODEN MAX, Aktuelle Aspekte des Prinzips gesetzmässiger Besteuerung, ASA 33 (1964/65) 193 ff.; KNECHT ARMIN, Grundeigentümerbeiträge an Strassen im aargauischen Recht, Diss. Bern 1975; KOVACS YVETTE, No taxation without representation: die Gesetzesdelegation im Steuerrecht unter besonderer Berücksichtigung des zürcherischen Steuergesetzes, Diss. Zürich 1991; LOCHER PETER, Legalitätsprinzip im Steuerrecht, ASA 60 (1991) 1 ff.; LOCHER PETER, Die staatsrechtliche Beschwerde wegen Verletzung von Art. 46 BV, ZBl 91 (1990) 97 ff.; MARANTELLI ADRIANO, Grundprobleme des schweizerischen Tourismusabgaberechts, Bern 1991; OBERSON RAOUL, Le principe de la capacité contributive dans la jurisprudence fédérale, in: Steuerrecht im Rechtsstaat: Festschrift für Prof. Dr. Francis Cagianut zum 65. Geburtstag, Bern/ Stuttgart 1990, S. 125 ff.; OBERSON XAVIER, Le droit fiscal cantonal en tant qu'instrument de protection de l'environnement, URP 7 (1993) 52 ff.; OBERSON XAVIER, Les taxes d'orientation: nature juridique et constitutionnalité, Basel/Frankfurt a.M. 1991; REICH MARKUS, Allgemeinheit der Steuer und Besteuerung nach der wirtschaftlichen Leistungsfähigkeit, Der Schweizer Treuhänder 1990, 171 ff.; REICH MARKUS, Von der normativen Leistungsfähigkeit der verfassungsrechtlichen Steuererhebungsprinzipien, in: Steuerrecht im Rechtsstaat, Festschrift für Francis Cagianut zum 65. Geburtstag, Bern 1990, S. 97 ff.; REICH MARKUS, Das Leistungsfähigkeitsprinzip im Einkommenssteuerrecht, ASA 53 (1984/85) 5 ff.; RICHLI PAUL, Verfassungsgrundsätze für die Umsatzsteuer und die Stempelabgaben, ASA 58 (1989/90) 401 ff.; RUCH ALEXANDER, Die Bedeutung des Sondervorteils im Recht der Erschliessungsbeiträge, ZBl 97 (1996) 529 ff.; STÄHELIN BERNHARD, Erschliessungsbeiträge, Diss. Basel 1979; VALLENDER KLAUS A., Verfassungsmässig begrenzte Besteuerungsbefugnisse des Gesetzgebers, in: Steuerrecht im Rechtsstaat: Festschrift für Prof. Dr. Francis Cagianut zum 65. Geburtstag, Bern/Stuttgart 1990, S. 21 ff.; VALLENDER KLAUS A., Grundzüge des Kausalabgabenrechts, Bern 1976; WALTI PETER R., Der schweizerische Militärpflichtersatz, Diss. Zürich 1979; WIDMER LUKAS, Das Legalitätsprinzip im Abgaberecht, Zürich 1988; WIJNKOOP JÜRG VAN, Beiträge, Abwasser- und Kehrichtgebühren im Kanton Bern, Diss. Bern 1973; ZAUGG ALDO, Steuer, Gebühr, Vorzugslast, ZBl 74 (1973) 217 ff. ZUPPINGER FERDINAND, Die fiskalische Belastung planerischer Mehrwerte, ZBl 80 (1979) 422 ff.

§ 38 Begriff, Arten und Voraussetzungen der Erhebung von öffentlichen Abgaben

I. Begriff und Einteilung

2039 Öffentliche Abgaben sind Geldleistungen, welche die Privaten kraft öffentlichen Rechts dem Staat schulden und die vorwiegend der Deckung des allgemeinen staatlichen Finanzbedarfs dienen. *Nicht* zu den öffentlichen Abgaben gehören deshalb u.a.:
– Geldstrafen;
– Überbindung der Kosten bei Ersatzvornahme des Staates (vgl. Rz. 927 ff.);
– Geldleistungen des Beamten oder der Beamtin bei direkter Haftung gegenüber dem Staat oder bei Regress des Staates aus Staatshaftung (vgl. Rz. 1801 ff.);
– privatrechtlich vereinbarte Geldleistungen von Privaten an den Staat (z.B. das durch Transportvertrag vereinbarte Entgelt für die Beförderung mit den SBB; vgl. Rz. 2047);
– Kautionen (vgl. Rz. 2106).

2040 Die öffentlichen Abgaben lassen sich wie folgt einteilen:

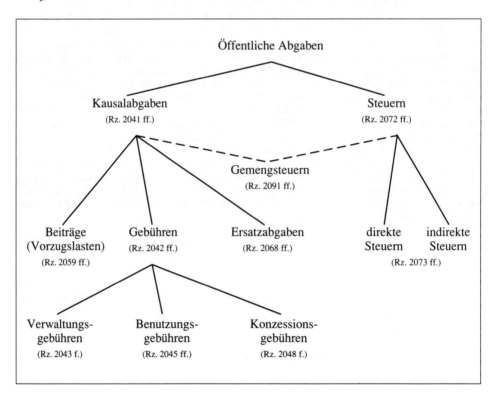

II.   Arten und Bemessung von öffentlichen Abgaben

1.   Kausalabgaben

Kausalabgaben sind Geldleistungen, welche die Privaten kraft öffentlichen Rechts   2041
als Entgelt für bestimmte staatliche Gegenleistungen oder besondere Vorteile zu bezahlen haben. Im Gegensatz dazu werden Steuern voraussetzungslos geschuldet
(siehe Rz. 2072 ff.).

a)   *Gebühren*

aa)   *Begriff*

Die Gebühr ist das Entgelt für eine bestimmte, von der abgabepflichtigen Person   2042
veranlasste Amtshandlung oder für die Benutzung einer öffentlichen Einrichtung. Sie
soll die Kosten, welche dem Gemeinwesen durch die Amtshandlung oder Benutzung
der Einrichtung entstanden sind, decken.

bb)   *Arten*

aaa)   *Verwaltungsgebühren*

Die Verwaltungsgebühr ist das Entgelt für eine staatliche Tätigkeit.   2043

Beispiele: 2044
-   Gerichtsgebühren (vgl. BGE 120 Ia 171 ff; 106 Ia 249 ff.; siehe Rz. 2104);
-   Ausweisgebühren (vgl. BGE 103 Ia 230 ff.);
-   Prüfungsgebühren;
-   Fleischschaugebühren (vgl. BGE 99 Ia 697 ff.).

Die Kanzleigebühr (vgl. die Definition in Rz. 2100) stellt eine Verwaltungsgebühr   2044a
dar, die sich durch die Art der staatlichen Tätigkeit, deren Kosten sie decken soll,
und die geringe Höhe auszeichnet.

bbb)   *Benutzungsgebühren*

Die Benutzungsgebühr ist das Entgelt für die Benutzung einer öffentlichen Einrich-   2045
tung oder einer öffentlichen Sache, sofern das Benutzungsverhältnis dem öffentlichen Recht untersteht. Die Zuordnung der Gebühren für die Sondernutzung einer öffentlichen Sache, welche eine Konzession voraussetzt, ist umstritten. Sie werden
teils als Konzessions-, teils als Benutzungsgebühren bezeichnet (vgl. BGE 106 Ia
241, 243; 100 Ia 131, 140 = Pra 63 [1974] Nr. 205; GYGI, Verwaltungsrecht,
S. 271 ff.; MOOR Vol. III, S. 363 ff.; VALLENDER, Grundzüge, S. 53 ff.).

2046 Beispiele:
- Spitaltaxen;
- Kollegiengeld (vgl. BGE 121 I 273 ff.; 120 Ia 1 ff.);
- Eintrittsgeld für eine (kommunale) Badeanstalt oder ein Museum.

2047 *Keine* Gebühren stellen die aufgrund eines *privatrechtlichen* Benutzungsverhält-nisses erhobenen Taxen öffentlicher Unternehmungen (z.B. SBB, Post, Swisscom) sowie das Entgelt für die Miete eines Grundstücks im Finanzvermögen (vgl. auch Rz. 2104a) dar. Sie unterstehen deshalb weder dem Kostendeckungs- noch dem Äquivalenzprinzip.

ccc) Konzessionsgebühren

2048 Die Konzessionsgebühr (auch Monopol- oder Regalgebühr) ist das Entgelt für die Erteilung einer Konzession. Zur Qualifikation der Sondernutzungskonzessionsge-bühr siehe Rz. 2045.

2049 Beispiele:
- Art. 48 Abs. 1 des Bundesgesetzes über die Nutzbarmachung der Wasserkräfte vom 22. Dezem-ber 1916 (SR 721.80):
  "Die Verleihungsbehörde setzt nach Massgabe des kantonalen Rechtes die Leistungen und Bedingungen fest, gegen die dem Konzessionär das Nutzungsrecht erteilt wird, wie Gebühren, Wasserzins, Abgabe von Was-ser oder elektrischer Energie, Konzessionsdauer, Bestimmungen über Strompreise, Beteiligung des Gemeinwesens am Gewinn, Heimfall der Konzession und Rückkauf."
- Art. 3 der Interkantonalen Vereinbarung über den Salzverkauf in der Schweiz vom 22. Novem-ber 1973 (SR 691):
  "Die Rheinsalinen erheben für Rechnung der dieser Vereinbarung ange-schlossenen Kantone einheitliche, nach Salzarten abgestufte Regalgebüh-ren."

cc) Bemessung

2049a Aus der Rechtsnatur der Gebühren als Entgelt für eine bezogene staatliche Leistung (Rz. 2042) folgt, dass bei der Bemessung grundsätzlich vom *Wert* dieser Leistung auszugehen ist, der sich nach dem Kostendeckungs- und dem Äquivalenzprinzip bestimmt.

aaa) Kostendeckungsprinzip

2050 Das Kostendeckungsprinzip bedeutet, dass der *Gesamtertrag* der Gebühren die *ge-samten Kosten* des betreffenden Verwaltungszweiges nicht übersteigen darf.

2051 Das Kostendeckungsprinzip gilt für *Verwaltungs- (inklusive Kanzlei-) gebühren* uneingeschränkt (BGE 109 II 478, 480 = Pra 73 [1984] Nr. 62; 107 Ia 117, 120 f.; 106 Ia 249, 252).

2052 Gewisse *Benutzungsgebühren* unterstehen diesem Grundsatz nicht, so dass ihre Höhe die dem Staat verursachten Kosten übersteigen und sich daraus ein Überschuss ergeben darf (BGE 106 Ia 241, 243 m.w.H.; offen gelassen dagegen in BGE 118 Ia 320, 324 ff. = Pra 82 [1993] Nr. 139). Das trifft z.B. bei bestimmten Gebühren für die Benutzung des öffentlichen Grundes zu, namentlich wenn sie – wie gewisse Gebühren für das Parkieren, das gesteigerten Gemeingebrauch darstellt – Lenkungswirkung erzielen, d.h. die Automobilisten vom Parkieren in den Innenstädten abhalten sollen. Eine Begrenzung der Höhe kann sich aber aus verfassungsrechtlicher Sicht aufdrängen, falls der öffentliche Grund zu ideellen Zwecken beansprucht wird, insbesondere zur Ausübung von Grundrechten (vgl. dazu Rz. 1883 ff.), die nicht durch zu hohe Gebühren erschwert werden darf (siehe TOBIAS JAAG, Gemeingebrauch und Sondernutzung öffentlicher Sachen, ZBl 93 [1992] 161). Bei andern Benutzungsgebühren kommt das Prinzip dagegen zur Anwendung, so z.B. bei Gebühren für die Trinkwasserversorgung (BGE 112 Ia 260, 263; vgl. aber auch BGE 118 Ia 320, 324 ff. = Pra 82 [1993] Nr. 139), bei Kanalisationsanschlussgebühren, die einen engen Bezug zu den Erstellungskosten einer öffentlichen Einrichtung haben und dazu bestimmt sind, diese Kosten auf die sie benutzenden Grundeigentümer zu verteilen (BGE 112 Ia 260, 263; 106 Ia 241, 243), oder bei Spitälern mit öffentlichrechtlichem Benutzungsverhältnis.

Für *Konzessionsgebühren* gilt das Kostendeckungsprinzip überhaupt nicht (BGE 124 I 11, 20; 121 II 183, 187 f.; 119 Ia 123, 130).   2053

bbb) *Äquivalenzprinzip*

Nach dem Äquivalenzprinzip muss die Höhe der Gebühr *im Einzelfall* in einem vernünftigen Verhältnis stehen zum Wert, den die staatliche Leistung für die Abgabepflichtigen hat. Ein gewisser Ausgleich im Hinblick auf die wirtschaftliche Bedeutung und das Interesse der Privaten an der Leistung ist zulässig, ebenso in beschränktem Ausmass eine Pauschalierung aus Gründen der Verwaltungsökonomie. Die Relation zwischen Höhe der Gebühr und Wert der Leistung muss aber bestehen bleiben; fragwürdig sind daher meistens starre "Prozent- oder Promille-Gebühren" (vgl. BGE 120 Ia 171, 177 f.; 105 Ia 2 ff.; ZBl 98 [1997] 373, 378 f. [Entscheid des Zürcher Verwaltungsgerichts vom 3. März 1997]).   2054

Das Äquivalenzprinzip gilt grundsätzlich für alle Gebühren (z.B. auch im Betreibungsverfahren: BGE 119 III 133 ff.). Der Wert der staatlichen Leistung bemisst sich entweder nach dem – nicht notwendigerweise wirtschaftlichen – *Nutzen*, den diese dem Pflichtigen bringt, oder nach dem *Kostenaufwand* der konkreten Inanspruchnahme der Verwaltung im Verhältnis zum gesamten Aufwand des betreffenden Verwaltungszweiges (BGE 109 Ib 308, 314). In gewissen Fällen lässt sich der Nutzen einer staatlichen Leistung bzw. der Kostenaufwand der Verwaltung nur schwer bestimmen, z.B. wenn die Leistung keinen "Marktwert" aufweist (Universitätsgebühren: BGE 121 I 273, 276 f.; 120 Ia 1, 5 f.). Das Äquivalenzprinzip erfüllt in solchen Fällen seine Begrenzungsfunktion kaum, so dass dem Gesetzgeber bei der Bestimmung der Höhe der Gebühr ein grosser Entscheidungsspielraum zusteht; er darf deshalb die Kompetenz zur Festsetzung der Gebühren grundsätzlich nicht delegieren (siehe Rz. 2102a ff.).   2055

Beispiele:
- Nach einem von den Handelsregisterführern des Kantons Tessin im Rahmen der bundesrechtlichen Ansätze festgelegten Tarif wird die Gebühr für einen Handelsregisterauszug über eine Aktiengesellschaft nach der Höhe des Aktienkapitals bemessen. Das Bundesgericht stellte fest,   2056

dass damit das Kostendeckungsprinzip nicht verletzt werde, weil die Gesamtheit der im Zusammenhang mit der Führung des Handelsregisters erhobenen Gebühren nicht genüge, um die gesamten Kosten, welche den Tessiner Handelsregisterämtern erwachsen, zu decken. Dagegen widerspreche der Tarif dem Äquivalenzprinzip, da die Höhe des Aktienkapitals keinen Bezug zum Wert der vom Handelsregisterführer erbrachten Dienstleistung habe (BGE 109 II 478 ff. = Pra 73 [1984] Nr. 62).

2057 – Das Bezirksgericht Kulm hatte eine Verfügung von Todes wegen in 73 Ausfertigungen zu eröffnen. Dafür mussten 944 Seiten Fotokopien hergestellt werden. Das Gericht auferlegte der Erbin eine Gebühr von Fr. 2.-- pro Seite, d.h. von total Fr. 1'888.-- für die Fotokopien. Es stützte sich dabei auf eine regierungsrätliche Verordnung über die Kanzleigebühren vom 23. Dezember 1971, in welcher dieser Ansatz enthalten war. Das Bundesgericht erklärte, die Gebühr stehe "in einem offensichtlichen Missverhältnis zum objektiven Wert der Leistung" (BGE 107 Ia 29 ff.).

2058 – Werner E. Volz, Inhaber einer Radio- und Fernsehempfangskonzession I, weigerte sich, die Konzessionsgebühren in dem Umfang zu bezahlen, als diese der SRG zugute kommen. Er berief sich u.a. darauf, dass er nur ausländische Programme sehe bzw. höre, also keine Leistung der SRG in Anspruch nehme. Das Bundesgericht führte zu diesem Einwand aus: "Der Wert, den der Empfangskonzessionär dadurch erhält, dass er einen Radio- und Fernsehapparat betreiben darf, besteht darin, dass er das Recht hat, sei es zur Unterhaltung, sei es zur Weiterbildung, vom entsprechenden Angebot der Radio- und Fernsehanstalten Gebrauch zu machen. Darin ist ein bedeutender Wert kultureller Art zu erblicken, der sich im Grunde genommen finanziell nicht festlegen lässt. In Anbetracht der Bedeutung dieses Wertes muss die geforderte Gebühr als bescheiden bezeichnet werden. Von einem Missverhältnis zwischen dem empfangenen Wert und der finanziellen Leistung des Konzessionärs kann jedenfalls nicht die Rede sein." Was das Verhältnis zwischen der konkreten Inanspruchnahme und dem genauen Aufwand des Verwaltungszweiges betrifft, so komme diesem Gesichtspunkt keine selbständige Bedeutung zu, da es praktisch unmöglich sei, den Aufwand der konkreten Inanspruchnahme, also die von jedem einzelnen Radio- und Fernsehkonsumenten verursachten Kosten, zu ermitteln. Die fraglichen Gebühren verletzten demnach das Äquivalenzprinzip nicht (BGE 109 Ib 308, 315; vgl. auch GEORG MÜLLER, Gebühren für den Radio- und Fernsehempfang, Urteilsanmerkung öffentliches Recht, recht 3 (1985) 130 ff., sowie BGE 121 II 183 ff.).

2058a – Ein schematischer Tarif für Gerichtsgebühren, der einzig auf den Streitwert abstellt, kann sich bei hohem Streitwert als zu starr erweisen. Stehen derart berechnete Gebühren in keinem angemessenen Verhältnis mehr zur erbrachten Leistung, verletzen sie das Äquivalenzprinzip (BGE 120 Ia 171, 177 ff. = Pra 84 [1995] Nr. 162).

b) Beiträge (Vorzugslasten)

aa) Begriff

2059 Der Beitrag ist eine Abgabe, die als Ausgleich jenen Personen auferlegt wird, denen aus einer öffentlichen Einrichtung ein wirtschaftlicher Sondervorteil erwächst.

Beispiele:

2060 – Beiträge von Grundeigentümern an den Bau von Strassen; siehe z.B. Art. 6 Abs. 1 Wohnbau- und Eigentumsförderungsgesetz vom 4. Oktober 1974 (SR 843):

> "Die nach kantonalem Recht zuständigen öffentlichrechtlichen Körperschaften erheben von den Grundeigentümern angemessene Beiträge an die Kosten der Groberschliessung; die Beiträge werden kurz nach Fertigstellung der Anlagen fällig."

2061 – Grundeigentümerbeiträge an die Kosten von Lawinen- oder Steinschlag-Schutzverbauungen (vgl. ZBl 81 [1980] 177 ff. [Urteil des Bundesgerichtes vom 17. Oktober 1979]).

– Beiträge von Grundeigentümern an die Kosten der Kanalisationserstellung; sie werden – im Gegensatz zu den Betriebsgebühren, die für die Benutzung der Abwasseranlagen zu entrichten sind – bereits dann erhoben, wenn der Grundeigentümer die *Möglichkeit* des Anschlusses besitzt, weil damit der wirtschaftliche Sondervorteil entsteht (BGE 120 Ia 265 ff.). Es kommt allerdings vor, dass die Baukosten des Gemeinwesens erst beim effektiven Anschluss auf den Grundeigentümer überwälzt werden. In diesem Fall kann die für den Kanalisationsanschluss geschuldete Abgabe auch als Benutzungsgebühr für die Anlage verstanden werden (BGE 106 Ia 241, 242 f.).   2062

– Die Abgabe von 35 % des Honorars von Belegsärzten für die Benützung der Infrastruktur eines staatlich subventionierten Spitals weist Beitragscharakter auf (BGE 121 I 230, 235).   2062a

bb) *Bemessung*

Beiträge sollen – wie Gebühren – *wertadäquat* sein. Das bedeutet, dass sie ebenfalls den Prinzipien der Kostendeckung und der Äquivalenz entsprechen müssen.   2063

aaa) *Kostendeckungsprinzip*

Der *Gesamtertrag* der Beiträge darf die den Sondervorteil schaffenden *Aufwendungen des Gemeinwesens* nicht übersteigen.   2064

Beispiel: 2065
Die Gemeinde Z. erhob von der L. AG für den Anschluss ihres Fleischverarbeitungsbetriebes an die öffentliche Abwasseranlage gestützt auf das kommunale Abwasserreglement einen Beitrag von Fr. 149'666.60. Im Beschwerdeverfahren prüfte das aargauische Verwaltungsgericht u.a., ob das Kostendeckungsprinzip eingehalten sei. Es stellte fest, dass Investitionskosten einerseits und Unterhalts- sowie Betriebsaufwendungen andererseits auseinandergehalten werden müssen. Wenn die bisherige Abwasserrechnung ausgeglichen sei, dürften die Beiträge für den Anschluss neuer Bauten nur die Kosten künftiger Investitionen decken. Bei der Beurteilung der Kostendeckung müssten die geschätzten Einnahmen aus künftigen Beiträgen für den Anschluss der noch zu erwartenden Neu- und Erweiterungsbauten, aus den von Bund und Kanton erhältlichen Subventionen sowie die auf öffentliche Werke entfallenden Kostenanteile addiert und davon die voraussichtlichen Ausgaben für die Erstellung der Abwasseranlagen bis zum Vollausbau des Baugebietes abgezogen werden. Das Verwaltungsgericht kam zum Schluss, das Kostendeckungsprinzip sei verletzt, weil die Gegenüberstellung der Einnahmen und Ausgaben einen Einnahmenüberschuss von Fr. 2'468'000.-- ergeben hatte (ZBl 89 [1988] 205 ff. [Urteil des aargauischen Verwaltungsgerichts vom 18. November 1986]).

bbb) *Äquivalenzprinzip*

Der individuelle Beitrag des Abgabepflichtigen bemisst sich nach dem *wirtschaftlichen Sondervorteil*, den der Einzelne aus der betreffenden öffentlichen Einrichtung zieht (BGE 118 Ib 54, 57). Die Höhe des Beitrags ist also vom *Mehrwert* abhängig, der dem Beitragspflichtigen zuwächst. Da es oft schwierig oder gar unmöglich ist, diesen Wertzuwachs in jedem einzelnen Fall zu bestimmen, darf auf schematische, der Durchschnittserfahrung entsprechende Massstäbe abgestellt werden. Der zur Anwendung gelangende Massstab hat aber den aus Art. 4 BV folgenden Anforderungen zu entsprechen: Er muss sich auf ernsthafte, sachliche Gründe stützen und darf nicht Unterscheidungen treffen, für die ein vernünftiger Grund in den zu regelnden   2066 tatsächlichen Verhältnissen nicht ersichtlich ist (BGE 110 Ia 205, 209; 98 Ia 169, 174; ZBl 81 [1980] 177, 179 [Urteil des Bundesgerichts vom 17. Oktober 1979]; 89 [1988] 205, 214 [Urteil des aargauischen Verwaltungsgerichts vom 18. November 1986]). Nach RUCH (S. 538 ff.) bemisst sich dagegen die Höhe von Erschliessungs-beiträgen nicht unmittelbar aufgrund des Sondervorteils. Dieser dient vielmehr als Kriterium für die Auslese der Beitragspflichtigen aus der Gesamtheit der Bevölke-rung und als Massstab für die Verteilung derjenigen Aufwendungen, welche das Ge-meinwesen auf die Beitragspflichtigen überwälzen will, d.h. des ganzen Beitragsvo-lumens auf die einzelnen Grundeigentümer.

2067 Beispiel:
Aufgrund des geltenden Reglements über die Entwässerung der Liegenschaften in der Gemeinde Zo-fingen wurde ein Grundeigentümer mit einem Beitrag für den Kanalisationsanschluss von 2% des Brandversicherungswertes belastet. Das kantonale Verwaltungsgericht gelangte zum Schluss, es sei nicht zulässig, die Abgabe einzig gestützt auf den Brandversicherungswert zu bemessen, da ein aus-reichender sachlicher Zusammenhang zwischen Bemessungsgrundlage und Vorteil fehle. Das Bun-desgericht hob diesen Entscheid auf staatsrechtliche Beschwerde der Gemeinde Zofingen hin auf, da er die Gemeindeautonomie verletze. Das Abstellen auf den Brandversicherungswert sei weit verbrei-tet. Der Kanalisationsbeitrag zähle zu den für die Erschliessung zu leistenden Abgaben. Es entbehre nicht jeder sachlichen Begründung, für deren Bemessung bei überbauten Liegenschaften auf den Ge-bäudeversicherungswert abzustellen, selbst wenn einzuräumen sei, dass es sich dabei um einen ver-hältnismässig groben Massstab handle. Die Auffassung sei vertretbar, dass derjenige, der ein Ge-bäude mit höherem Versicherungswert besitzt, allgemein auch einen grösseren Nutzen aus der Er-schliessung ziehe (ZBl 86 [1985] 107 ff. [Urteil des Bundesgerichtes vom 23. November 1983]; siehe auch ZBl 86 [1985] 405 ff. [Urteil des aargauischen Verwaltungsgerichtes vom 14. November 1984]).

c)   *Ersatzabgaben*

aa)   *Begriff*

2068   Ersatzabgaben sind finanzielle Leistungen als Ersatz für Naturallasten (nicht-finan-zielle öffentlichrechtliche Verpflichtungen), von denen die Pflichtigen dispensiert werden, sofern sie bestimmte gesetzliche Voraussetzungen erfüllen.

2069   Beispiele:
–   Feuerwehrpflichtersatz (vgl. BGE 102 Ia 7, 14 f.);
–   Militärpflichtersatz (vgl. BGE 121 II 166 ff.; 115 IV 65, 66; 113 Ib 206 ff.);
–   Abgabe für die Befreiung von der Parkplatzerstellungspflicht (BGE 97 I 792, 802 ff.);
–   Abgabe für die Befreiung von der Pflicht, bei Rodungen in derselben Gegend gleichwertigen Realersatz durch Neuaufforstung zu leisten (Art. 8 des Bundesgesetzes über den Wald [Wald-gesetz, WaG] vom 4. Oktober 1991 [SR 921.0] und Art. 10 der zugehörigen Verordnung [Waldverordnung, WaV] vom 30. November 1992 [SR 921.01]; die Bestimmung will nach BGE 120 Ib 161 ff. unter Vorbehalt von Art. 7 Abs. 4 WaG nicht eine rein finanzielle Ab-geltung der Rodung ermöglichen, sondern lediglich allfällige Kosteneinsparungen bei "min-derwertigen" Ersatzmassnahmen ausgleichen);
–   Abgabe für die ausnahmsweise Befreiung von der Pflicht der Hauseigentümer zur Erstellung von Zivilschutzräumen (Art. 2 Abs. 2 und 3 des Bundesgesetzes über die baulichen Massnah-men im Zivilschutz [Schutzbautengesetz; BMG] vom 4. Oktober 1963 [SR 520.2], wo etwas verwirrend von "Ersatz*beiträgen*" die Rede ist; vgl. auch BGE 112 Ib 358, 367, der die Frage

offen lässt, ob die Abgabe allenfalls auch eine Sondersteuer darstellen könnte, sowie ZBl 97 [1996] 470 ff. [Urteil des Bundesgerichts vom 9. Oktober 1995]).

bb) Bemessung

Für die Bemessung der Ersatzabgaben gibt es kaum allgemeine Regeln. Anhaltspunkte sind etwa: 2070
- Umfang der Primärverpflichtung;
- bei Ersatz für persönliche Dienstleistung: Einkommen;
- bei Dispensation von der Erstellung eines Werks: eingesparte Kosten.

Beispiel: 2071
Das zürcherische Gesetz über die Raumplanung und das öffentliche Baurecht (Planungs- und Baugesetz) vom 7. September 1975 (ZH LS 700.1) schreibt vor, dass unter gewissen Voraussetzungen bei Bauten und Anlagen Parkplätze zu erstellen sind. Ist dies nicht möglich, verpflichtet es den Grundeigentümer zur Leistung einer Ersatzabgabe, deren Höhe § 246 Abs. 3 wie folgt regelt:
> "Die Höhe der Abgabe richtet sich nach den durchschnittlichen Kosten privater Plätze im entsprechenden Gebiet und danach, ob die privaten Plätze nach den Umständen offen oder gedeckt angelegt werden könnten oder müssten; zu berücksichtigen sind ferner Wertverluste, die für das pflichtige Grundstück ohne angemessene Abstellmöglichkeiten entstehen, die Lage des pflichtigen Grundstücks zu einer bestehenden oder vorgesehenen öffentlichen Anlage und deren Art sowie die mutmasslichen Einnahmen des Gemeinwesens."

2. Steuern

a) Begriff

Die Steuer ist eine öffentliche Abgabe, die voraussetzungslos geschuldet ist, d.h. nicht als Entgelt für eine staatliche Leistung oder einen besonderen Vorteil erhoben wird. 2072

b) Arten

aa) Direkte und indirekte Steuern

Für die Unterscheidung zwischen direkten und indirekten Steuern ist massgebend, wie sich die Steuern bei den steuerpflichtigen Personen *wirtschaftlich auswirken*. Dabei ist zu differenzieren zwischen Steuersubjekt und Steuerträger. Steuersubjekt ist jene Person, welche aus dem Steuerrechtsverhältnis verpflichtet wird. Steuerträger ist dagegen diejenige Person, die durch die Steuern effektiv belastet wird. 2073

Bei der *direkten Steuer* sind Steuersubjekt und Steuerträger identisch. Der Steuerpflichtige wird unmittelbar belastet und in seinem Vermögen wirtschaftlich getroffen; es findet keine Überwälzung auf Dritte statt. 2074

Beispiele:
Einkommens-, Vermögens-, Kapitalgewinn-, Personensteuern.

2075 Bei der *indirekten Steuer* wird der Steuerträger auf dem Umweg über eine andere Person (Steuersubjekt) belastet, welche die Steuer auf ihn überwälzt.

Beispiele:
Zölle, Mehrwertsteuer, Stempelabgaben.

bb) Zwecksteuern

2076 Zwecksteuern sind Steuern, die für die Erfüllung einer bestimmten staatlichen Aufgabe erhoben werden und nur für diese verwendet werden dürfen. Es kann sich dabei um direkte oder indirekte Steuern handeln.

Beispiele:
Treibstoffzoll, Motorfahrzeug-, Alkohol-, Tabaksteuern, Kurtaxen (vgl. BGE 100 Ia 60, 71 ff. = Pra 63 [1974] Nr. 141), Feuerschutzabgabe (dazu BGE 122 I 305 ff.).

cc) Lenkungssteuern

2077 Lenkungssteuern sind Steuern, die primär der Steuerung des Verhaltens von Privaten, vor allem in der Wirtschaft, und nur sekundär der Deckung des staatlichen Finanzbedarfs dienen. Lenkungswirkung können direkte und indirekte Steuern entfalten.

Beispiele:
Alkoholsteuern (Art. 32bis BV), Tabaksteuern, Abgaben bei Überschreitung des Milchkontingentes (Art. 36 des neuen Landwirtschaftsgesetzes, Referendumsvorlage in BBl 1998 2468), Abgaben für die Einfuhr, das Inverkehrbringen und Verwenden gewisser flüchtiger organischer Verbindungen und von Heizöl mit einem bestimmten Schwefelgehalt (Art. 35a ff. des Bundesgesetzes über den Umweltschutz vom 7. Oktober 1983 [SR 814.01]), CO_2-Abgabe (Botschaft zum Bundesgesetz über die Reduktion der CO_2-Emissionen vom 17. März 1997, BBl 1997 III 410).

dd) Gemengsteuern

2078 vgl. Rz. 2091 ff.

c) Bemessung

2079 Die *direkten Steuern* werden in der Regel nach der *wirtschaftlichen Leistungsfähigkeit* der Steuerpflichtigen bemessen (vgl. dazu BGE 122 I 101, 103; 120 Ia 329, 332 ff.; 118 Ia 1 ff.).

2080 *Indirekte Steuern* führen zu einer *proportionalen Belastung* der Steuerpflichtigen.

2081 *Objektsteuern*, d.h. Steuern, die nicht auf die persönliche Leistungsfähigkeit der Steuerpflichtigen Rücksicht nehmen, sondern nur auf das Vorliegen eines bestimmten Steuerobjektes abstellen, werden oft nach einem *Einheitsmass* erhoben (z.B. pro Kopf, pro Tier, pro Fahrzeug).

d)   Vereinbarkeit mit der Eigentumsgarantie

Die Eigentumsgarantie als Institutsgarantie verpflichtet den Steuergesetzgeber, die   2082
bestehenden Vermögen der Steuerpflichtigen in ihrer Substanz zu bewahren und die
Möglichkeit der Neubildung von Vermögen zu erhalten. Der Steuergesetzgeber darf
Steuern nicht so ausgestalten, dass das Eigentum als ein jedermann zugängliches
Rechtsinstitut in Frage gestellt oder das Vermögen fortlaufend ausgehöhlt wird. Wo
die Grenzen zwischen einer zulässigen steuerlichen Belastung und einem verfas-
sungswidrigen konfiskatorischen Eingriff in das Eigentum zu ziehen sind, lässt sich
nicht in allgemeingültiger Weise bestimmen, sondern hängt von Steuersatz, Bemessungsgrundlage, Dauer der Massnahme, relativer Tiefe des fiskalischen Eingriffs,
Kumulation mit anderen Abgaben sowie von der Möglichkeit der Überwälzung der
Steuer ab (vgl. BGE 122 I 305, 321 f.; 112 Ia 240, 247; 106 Ia 342, 348 ff.; 105 Ia
134, 139 ff.).

Beispiele:
–   Eine "Reichtumssteuer", die bei natürlichen Personen mit einem steuerbaren Einkommen von   2083
    Fr. 500'000.-- zu einer Gesamtbelastung von 46,3 % führen würde, stellt keine konfiskatorische
    Besteuerung dar (BGE 99 Ia 638, 649 f.).
–   Bei der Besteuerung von Vermögen kommt es darauf an, ob dieses dauernd oder langfristig er-   2084
    tragslos bleibt oder einen sehr geringen Ertrag abwirft. Zu prüfen ist stets, ob die Besteuerung
    tatsächlich nach und nach zu einem Verzehr des Vermögens führt oder die Neubildung von
    Vermögen verhindert. Auch wenn ein Steuerpflichtiger den Ertrag seines Vermögens und sein
    gesamtes Einkommen zur Bezahlung der Steuern aufwenden muss, liegt keine konfiskatorische
    Besteuerung vor, sofern es sich dabei um ausserordentliche Verhältnisse handelt, die den
    Pflichtigen vorübergehend zwingen, die Substanz seines Vermögens anzugreifen. Eine konfis-
    katorische Besteuerung ergäbe sich allenfalls dann, wenn die hohe Steuerbelastung zum Dauer-
    zustand würde (BGE 106 Ia 342, 352 ff.).

e)   Interkantonales Doppelbesteuerungsverbot (Art. 46 Abs. 2 BV)

aa)   Grundsatz

Die Verschiedenheit der kantonalen Steuersysteme kann zu mehrfachen Besteuerun-   2085
gen desselben Steuersubjekts und -objekts führen. Der Bund hat die in Art. 46 Abs. 2
BV vorgesehene Gesetzgebung gegen die Doppelbesteuerung bisher nicht erlassen,
so dass es dem Bundesgericht überlassen blieb, zu bestimmen, wann eine unzulässige Doppelbesteuerung vorliegt.

Nach der Rechtsprechung verbietet Art. 46 Abs. 2 BV die Besteuerung des glei-   2086
chen Steuerpflichtigen für das gleiche Steuerobjekt und die gleiche Steuerperiode
durch zwei oder mehrere Kantone (aktuelle Doppelbesteuerung). Verfassungswidrig
ist es auch, wenn ein Kanton in Verletzung der vom Bundesgericht entwickelten
Kollisionsregeln seine Steuerhoheit überschreitet und eine Steuer erhebt, zu deren
Erhebung ein anderer Kanton zuständig wäre; dies selbst dann, wenn der zuständige
Kanton auf die Besteuerung verzichtet (sog. virtuelle Doppelbesteuerung; BGE 121 I
75, 78; 121 I 150, 152; 121 I 259, 260 f.; 117 Ia 516, 518; 116 Ia 127, 130).

Das Doppelbesteuerungsverbot ist einerseits verfassungsmässiges Recht des   2087
Individuums und dient andererseits der Abgrenzung der kantonalen Steuerhoheiten.

bb)   Geltungsbereich

2088   Das Doppelbesteuerungsverbot gilt nur im *interkantonalen Verhältnis*. Nicht erfasst
werden innerkantonale oder internationale Doppelbesteuerungen.

2089   In sachlicher Hinsicht findet das Doppelbesteuerungsverbot grundsätzlich nicht
auf *Kausalabgaben* Anwendung (BGE 109 Ia 304 ff. = Pra 73 [1984] Nr. 107; 107 Ia
117, 120). Auch *Zwecksteuern* von geringer Höhe fallen nicht unter das Verbot, wie
z.B. die Kurtaxe; diese hält "vor Art. 46 Abs. 2 BV stand, wenn sie auf einer gesetzlichen Grundlage beruht, ausschliesslich dem Zwecke des Kurbetriebes dient und
es sich um eine Steuer von geringer Höhe handelt, die nicht in der Grössenordnung
derjenigen Steuern liegt, die der Pflichtige bei Wohnsitz am betreffenden Ort von
seinem Erwerbseinkommen und vom beweglichen Vermögen zu bezahlen hätte"
(BGE 102 Ia 143, 144 f.; vgl. auch 100 Ia 60, 71 ff.).

cc)   Kollisionsregeln

2090   Nach der Rechtsprechung ist die Besteuerung bestimmter Steuerobjekte demjenigen
Kanton zuzuweisen, zu dem der die Steuerpflicht auslösende Sachverhalt die engsten
Beziehungen hat. Von Bedeutung sind dabei wirtschaftliche Überlegungen und die
Notwendigkeit, zwischen den Kantonen einen gerechten Ausgleich zu finden. Im
weiteren können auch die Erfordernisse der Praktikabilität eine gewisse Ordnung der
Aufteilung der Steuerhoheit nahelegen (BGE 111 Ia 120, 127; 101 Ia 384, 388). Dar-
aus leitet das Bundesgericht folgende Regeln ab:
-   Einkommen aus unselbständiger Tätigkeit ist im Wohnsitzkanton zu besteuern,
    Einkommen aus selbständiger Tätigkeit im Kanton der Berufsausübung (vgl.
    BGE 121 I 259, 261).
-   Bewegliches Vermögen und dessen Ertrag unterliegen grundsätzlich der Be-
    steuerung durch den Wohnsitzkanton der Pflichtigen (BGE 111 Ia 44, 48; 99 Ia
    223, 228).
-   Liegenschaften und der aus ihnen resultierende Ertrag unterstehen der Steuer-
    hoheit des Kantons, in welchem sie sich befinden (BGE 121 I 14, 20; 119 Ia 46,
    48).
-   Vermögenswert und Ertrag eines Geschäfts werden vom Kanton der Geschäfts-
    niederlassung besteuert (BGE 121 I 14, 19 f.).

3.   Gemengsteuern

2091   Eine Gemengsteuer ist eine öffentliche Abgabe, bei der eine Gebühr mit einer Steuer
verbunden wird, indem die Abgabe zwar als Gegenleistung für eine staatliche Leistung erscheint, aber in ihrer Höhe nicht durch das Kostendeckungs- und Äquivalenzprinzip begrenzt wird. Für die Erhebung müssen deshalb die gleichen Voraussetzungen erfüllt sein wie bei einer Steuer (Erfordernis der gesetzlichen Grundlage
mit Umschreibung von Subjekt, Objekt und Höhe der Abgabe im Gesetz im formellen Sinn sowie Vereinbarkeit mit der Eigentumsgarantie; vgl. Rz. 2094 ff., 2082 ff.).
Auch die Bemessung richtet sich grundsätzlich nach den für Steuern massgebenden
Kriterien.

Beispiele:

- Nach dem freiburgischen Gesetz betreffend die Besteuerung der Schiffe vom 25. September 2092
1974 (SGF 635.4.2) wird von den Haltern eines Schiffes, dessen Heimathafen sich im Kanton
Freiburg befindet, eine Abgabe erhoben. Das Merkmal der Voraussetzungslosigkeit stempelt
die Abgabe zur Steuer, und zwar, da sie an den Besitz eines Schiffes anknüpft, zur Objektsteuer
oder Besitzessteuer auf Schiffen. Die Tatsache, dass der Kanton Freiburg die betreffenden Einnahmen zur Deckung der Unkosten verwenden will, die dem Kanton aus der Schiffahrt erwachsen, macht die Schiffssteuer nicht zur Gebühr, sondern lässt sie als Zwecksteuer erscheinen. In
der von den Schiffshaltern erhobenen Abgabe sind jedoch auch Elemente einer Gebühr enthalten. Sie schliesst einerseits ein Entgelt für die polizeiliche Überwachung der Schiffe ein, andererseits eine Gebühr für die Bewilligung, die Schiffe auf den öffentlichen Gewässern ständig zu
stationieren, was als gesteigerter Gemeingebrauch oder, je nach kantonalem Recht, als konzes-
sionspflichtige Sondernutzung betrachtet werden kann. Damit qualifiziert sich die fiskalische
Belastung von Schiffshaltern – ähnlich wie die Motorfahrzeug- oder die Hundesteuer – als eine
Gemengsteuer, die nach ihren überwiegenden Merkmalen rechtlich als Steuer zu behandeln ist
(BGE 101 Ia 182, 183 f.; vgl. auch BGE 101 Ia 269, 270 ff.).
- Nach dem Tode der Ehegatten der Frau E. erstellte die zuständige Amtsschreiberei das Erb- 2093
schaftsinventar und nahm die Teilung vor. Die Amtsschreiberei belastete Frau E. verschiedene
Auslagen und Gebühren, darunter auch eine gestützt auf den Tarif errechnete Gebühr von
8 Promillen des reinen Nachlasses. Das Bundesgericht hielt fest, die Promillegebühr stelle teil-
weise ein Entgelt für die Errichtung des amtlichen Nachlassinventars, d.h. für eine staatliche
Leistung dar. Zum Teil werde sie aber voraussetzungslos geschuldet, da sie sich nicht nach dem
Umfang und den Kosten der staatlichen Handlung richte, sondern nach der Höhe des reinen
Nachlasses bemessen werde. Die Promilleabgabe verbinde also eine Gebühr mit einer Steuer zu
einer einheitlichen Geldleistung. Dazu fehle eine genügende gesetzliche Grundlage (BGE 105
Ia 2, 3 f.; siehe auch Rz. 2098).

4. Mehrwertabgaben

Mehrwertabgaben bezwecken, die bei Grundeigentümern durch staatliche Planungs- 2093a
massnahmen geschaffenen Mehrwerte abzuschöpfen. Entsprechende kantonale Regelungen setzen den in Art. 5 Abs. 1 des Bundesgesetzes über die Raumplanung
(RPG) vom 22. Juni 1979 (SR 700) erteilten Rechtsetzungsauftrag um. Bisher sind
jedoch nur ganz wenige Kantone dieser Aufgabe nachgekommen.

Die Mehrwertabschöpfung passt nicht ohne weiteres in das hergebrachte Abga- 2093b
bensystem, weil im Gegensatz zur Steuer die Abgabe nicht voraussetzungslos geschuldet ist und anders als bei Kausalabgaben auch nicht ein eigentliches Entgelt für
eine staatliche Leistung darstellt. Die Mehrwertabgaben werden deshalb entweder als
Gemengsteuern (Rz. 2091 ff.) oder als "kostenunabhängige Kausalabgaben" qualifiziert (BGE 121 II 138, 143).

III. Erfordernis der gesetzlichen Grundlage für die Erhebung
von öffentlichen Abgaben

Das Legalitätsprinzip hat im Bereich des Abgaberechts eine besondere Ausgestal- 2094
tung erfahren. Dem Erfordernis der gesetzlichen Grundlage kommt hier zudem – im
Gegensatz zu anderen Bereichen – die Bedeutung eines verfassungsmässigen Rechts

zu, dessen Verletzung selbständig, unmittelbar gestützt auf Art. 4 BV und das Gewaltentrennungsprinzip, mit staatsrechtlicher Beschwerde geltend gemacht werden kann (vgl. GEORG MÜLLER, in: Kommentar BV, Art. 4, Rz. 77 f.).

1.   Erfordernis des Rechtssatzes

2095   Die Abgabe muss in einer generell-abstrakten Rechtsnorm vorgesehen sein, die genügend bestimmt ist (BGE 123 I 248 ff.; ZBl 97 [1996] 567, 568 [Urteil des Bundesgerichts vom 9. Juni 1995]).

2.   Erfordernis der Gesetzesform

a)   Grundsatz

2096   Der Gesetzgeber hat die wesentlichen Elemente einer Abgabe festzulegen. Im allgemeinen muss das Gesetz im formellen Sinn mindestens festlegen:
–   den Kreis der Abgabepflichtigen (BGE 122 I 61, 63 ff.),
–   den Gegenstand der Abgabe (den abgabebegründenden Tatbestand) und
–   die Höhe der Abgabe in den Grundzügen.

2097   Der *vollziehenden Behörde* kann indessen die Kompetenz übertragen werden, nach hinreichend im Gesetz bestimmten Kriterien die absolute Höhe der Abgabe festzulegen, sofern Subjekt, Objekt und Bemessungsgrundlage der Abgabe in einem Gesetz im formellen Sinne umschrieben sind (BGE 123 I 254, 255; 118 Ia 320, 323 f. = Pra 82 [1993] Nr. 139; 112 Ia 39, 43 f. mit Verweisungen). Die Ermächtigung des *Gemeindegesetzgebers* zur Festsetzung von Abgaben unterliegt diesen Einschränkungen dagegen nicht, da ein im Verfahren der Gesetzgebung zustande gekommener Gemeindeerlass das Erfordernis der Gesetzesform ebenfalls erfüllt. Notwendig ist allerdings, dass die kantonale Verfassung die vorgesehene Kompetenzaufteilung zwischen Kanton und Gemeinde zulässt (BGE 118 Ia 245, 252; 102 Ia 7, 10).

Beispiele:
2098   –   § 371 des Einführungsgesetzes des Kantons Solothurn zum ZGB lautete: "Der Regierungsrat bestimmt die von den ... Behörden ... zu erhebenden Gebühren und Kostensätze...". Gestützt auf diese Ermächtigung erliess der Regierungsrat einen Gebührentarif, in dem er vorschrieb, dass für die Errichtung eines Nachlassinventars eine Gebühr von 8 Promillen des reinen Nachlasses zu bezahlen sei. Das Bundesgericht stellte fest, § 371 des Gesetzes erwähne die Promillegebühr überhaupt nicht und könne demzufolge auch nicht die notwendigen Grundzüge der Abgabe normieren. Gewohnheitsrecht vermöge eine formell-gesetzliche Grundlage nicht zu ersetzen (BGE 105 Ia 2, 3 ff.; siehe auch Rz. 2093).

2099   –   Der Regierungsrat des Kantons Zürich setzte in der Krankenhausverordnung das Entgelt, das die Chefärzte dem Krankenhaus für die Bewilligung zur Ausübung einer Tätigkeit auf eigene Rechnung (privatärztliche Tätigkeit) zu entrichten haben, auf 10-60 % des jährlichen Honorarbetrages (abgestuft nach dessen Höhe) fest. Die Verordnung stützte sich unter anderem auf § 82 des Gesundheitsgesetzes vom 4. November 1962 (LS ZH 810.1), der dem Regierungsrat die Befugnis überträgt, Bestimmungen zum Vollzug und zur Ausführung des Gesetzes zu erlassen, und auf § 83 des Gesetzes, wonach die vom Regierungsrat erlassenen Verordnungen über die Kostgeldtaxen in den kantonalen Anstalten dem Kantonsrat zur Genehmigung vorzulegen sind. Diese gesetzliche Grundlage reicht aus, um von den Chefärzten eine Gebühr für die Inanspruchnahme der Spitaleinrichtungen und des Personals einzufordern, oder um einen Beitrag zu erheben für den besonderen Vorteil, den die Chefärzte aus der Möglichkeit der Benutzung der Spitaleinrichtungen für ihre privatärztliche Tätigkeit erlangen. Im vorliegenden Fall ging es jedoch um eine Abgabe, die durch ihre progressive Ausgestaltung die Beschränkung der Einkommenshöhe der Chefärzte anstrebt. Eine solche Abgabe kann sich nicht auf die genannten Gesetzesbestimmungen stützen (ZBl 87 [1986] 265 ff. [Urteil des Bundesgerichtes vom 18. Oktober 1985]; vgl. auch BGE 122 I 230 ff.) – Heute besteht in § 39a des Gesundheitsgesetzes eine entsprechende Grundlage.

b)   Ausnahmen vom strikten Erfordernis der Gesetzesform

aa)   Kanzleigebühren

Kanzleigebühren sind Abgaben für einfache Tätigkeiten der Verwaltungsbehörden, die ohne besonderen Prüfungs- und Kontrollaufwand erbracht werden und sich in ihrer Höhe in bescheidenem Rahmen halten.

2100

Beispiele:
Gebühren für Fotokopien, für die Verlängerung von Ausweisschriften, Erteilung von Auskünften, Bestätigungen etc.

Bei Kanzleigebühren gilt das Erfordernis der Gesetzesform nicht (BGE 118 Ia 320, 323 = Pra 82 [1993] Nr. 139; 112 Ia 39, 44; 107 Ia 29, 32 f.; 104 Ia 113, 115). Sie müssen jedoch das Erfordernis des Rechtssatzes erfüllen, d.h. in einem generell-abstrakten, genügend bestimmten Erlass (z.B. einer Verordnung oder einem Reglement) umschrieben sein.

2100a

Beispiel:
Das Bundesgericht erachtete es in BGE 112 Ia 39, 45 f. als gerechtfertigt, die von ihm "für Kanzleigebühren und gewisse technische Gebühren befolgte Praxis, wonach eine formellgesetzliche Grundlage nicht erforderlich ist, auch auf Parkuhrengebühren anzuwenden". Parkingmetergebühren, wie sie die Stadt Zürich im damals zu beurteilenden Fall für das kurzfristige Parkieren auf entsprechend signalisierten Parkplätzen erhob, würden dem Benützer als Gegenleistung für die Aufstellung, Wartung und Kontrolle der Parkuhren sowie für das Ausscheiden und Signalisieren entsprechender Parkflächen auferlegt. Die so erzielten Einnahmen deckten kaum die Kosten dieser Tätigkeiten. Es handle sich dabei nicht um Benutzungsgebühren, sondern lediglich um Kontrollgebühren, bei denen die Anforderungen an die gesetzliche Grundlage nicht überspannt werden dürften. – Diese Gleichstellung von Kontroll- und Kanzleigebühren erscheint angesichts der Höhe der gesamten Erträge der Parkingmetergebühren problematisch. Soweit man nach der in BGE 122 I 279 ff. begründeten Rechtsprechung das Parkieren in der Innenstadt als gesteigerten Gemeingebrauch betrachtet (vgl. Rz. 1860), werden die entsprechenden Parkingmetergebühren in der Regel als Benutzungsgebühren zu qualifizieren sein, die auf einem Gesetz im formellen Sinne beruhen müssen. Für eine Regelung von Parkgebühren durch Gesetz spricht auch die ihnen meist zukommende Lenkungswirkung (vgl. TOBIAS JAAG, Gemeingebrauch und Sondernutzung öffentlicher Sachen, ZBl 93 [1992] 162).

2100b

bb) *Abgaben, bei welchen andere Verfassungsprinzipien die Funktion*
      des Erfordernisses der Gesetzesform bezüglich Begrenzung der Höhe
      übernehmen können

2101   Die Anforderungen an die gesetzliche Grundlage dürfen dort herabgesetzt werden,
wo den Privaten die Überprüfung der Abgabe auf ihre Rechtmässigkeit anhand anderer verfassungsrechtlicher Prinzipien ohne weiteres offen steht. Das Legalitätsprinzip
darf dabei weder seines Gehaltes entleert noch auf der anderen Seite in einer Weise
überspannt werden, dass es mit der Rechtswirklichkeit und dem Erfordernis der
Praktikabilität in einen unlösbaren Widerspruch gerät (vgl. BGE 120 Ia 171, 178 f.;
118 Ia 320, 324 = Pra 82 [1993] Nr. 139; 112 Ia 39, 44 f.). Ergeben sich bereits aus
der Verfassung klare Voraussetzungen und Grenzen der Abgabenerhebung, so
braucht sie der Gesetzgeber nicht noch einmal zu umschreiben. Soweit die Verfassung keine solchen Massstäbe enthält, muss das Gesetz im formellen Sinne sie
setzen; eine Ausnahme vom strikten Erfordernis der Gesetzesform ist nicht möglich
(vgl. BGE 114 Ia 8, 11 = Pra 78 [1989] Nr. 3).

2102   Die verfassungsrechtlichen Prinzipien der *Kostendeckung* und der *Äquivalenz*
gebieten, dass der Gesamtertrag gewisser *Kausalabgaben* die gesamten Kosten des
betreffenden Verwaltungszweiges nicht übersteigen darf und die Höhe der Abgabe
im Einzelfall in einem vernünftigen Verhältnis zum Wert der vom Staat erbrachten
Gegenleistung stehen muss (vgl. Rz. 2049a ff. und 2063 ff.). Diese Prinzipien können die *Höhe* bestimmter Kausalabgaben ausreichend begrenzen, so dass der Gesetzgeber deren *Bemessung* (nicht aber die Umschreibung des Kreises der Abgabepflichtigen und des Gegenstandes der Abgabe) der Exekutive überlassen darf. Der Spielraum der Exekutive darf jedoch nicht zu gross sein (BGE 123 I 248, 252; 123 I 254,
256; 121 I 273, 276; 120 Ia 1, 6). Reichen das Kostendeckungs- und das Äquivalenzprinzip als Berechnungsmassstäbe nicht aus, muss der Gesetzgeber die Höhe der
Abgabe selbst festsetzen oder deren Bestimmung zumindest durch weiterführende
Richtlinien lenken.

2102a   Bei *Verwaltungsgebühren* (zum Begriff Rz. 2043) lassen sich die der Verwaltung entstehenden Kosten, welche die Gebühren decken sollen, und der Wert der von
der Verwaltung erbrachten Leistung, der in einem vernünftigen Verhältnis zur Höhe
der Gebühr stehen muss, relativ leicht und präzis feststellen. Soweit sich *Benutzungsgebühren* (zum Begriff siehe Rz. 2045) einer Überprüfung unter dem Gesichtspunkt der Kostendeckung entziehen, ist am Erfordernis der Gesetzesform ohne
Einschränkung festzuhalten. Lediglich dann, wenn die Benutzungsgebühr für die Inanspruchnahme einer öffentlichen Einrichtung (z.B. eines Saals in einem Schulhaus)
erhoben wird und die vom Staat erbrachte Leistung einen Handelswert aufweist, d.h.
sich mit ähnlichen Leistungen Privater vergleichen lässt, darf der Gesetzgeber darauf
verzichten, die Höhe selbst zu bestimmen, weil sie sich aus dem Äquivalenzprinzip
ergibt (BGE 121 I 230, 238; 118 Ia 320, 324 ff. = Pra 82 [1993] Nr. 139; 104 Ia 113,
115 ff.; 100 Ia 131, 140 ff. = Pra 63 [1974] Nr. 205). Bei *Konzessionsgebühren* (zum
Begriff Rz. 2048) gilt das Kostendeckungsprinzip nicht, so dass auch keine
Ausnahme vom strikten Erfordernis der Gesetzesform möglich ist.

2102b   Wurden für eine bestimmte staatliche Leistung oder die Benutzung einer öffentlichen Einrichtung bisher traditionellerweise keine oder jedenfalls nicht kosten-
deckende Gebühren verlangt – wie dies für den Bereich des staatlichen Bildungs-
angebotes, namentlich für die Studiengebühren an Universitäten zutrifft –, so darf
die Exekutive eine solche Praxis nicht unter Berufung auf das Kostendeckungs- und

das Äquivalenzprinzip ändern (BGE 123 I 254, 256 f.). Eine solche politische Neu-
ausrichtung bedarf einer Grundlage in einem Gesetz im formellen Sinn.

Auch wenn es im Hinblick auf die Begrenzung durch das Kostendeckungs- und 2102c
das Äquivalenzprinzip zulässig ist, auf eine Fixierung der Abgabenhöhe in einem
Gesetz im formellen Sinn zu verzichten, kann aus rechtsstaatlichen Gründen
(Rechtsgleichheit, Voraussehbarkeit staatlichen Handelns; vgl. Rz. 300 f.) eine
generell-abstrakte Regelung (Tarif) geboten sein (BGE 123 I 248, 252 f.).

Beispiele:

– In Zürich wurden 1993 die Semestergebühren für die Universität durch eine Verordnung des 2103
Regierungsrates erhöht. Gleiches geschah ein Jahr später in Bern. In beiden Fällen setzten sich
Studierende zur Wehr und machten eine Verletzung des Legalitätsprinzips geltend. Das Bundesgericht schützte die Vorgehensweise der Exekutive, obwohl es feststellte, dass die Begrenzungswirkung von Kostendeckungs- und Äquivalenzprinzip in diesem Bereich eigentlich nicht
ausreicht. Ausschlaggebend war, dass die zu entrichtenden Gebühren mit denjenigen anderer
Hochschulen immer noch *vergleichbar* blieben resp. sich die Erhöhungen unter Berücksichtigung der Teuerung noch im Rahmen des bisher *Üblichen* hielten. Es handelte sich nach Ansicht
des Bundesgerichts also nicht um eigentliche Neuregelungen, sondern lediglich um Gebühren-
anpassungen. Dafür genüge eine Verordnung. Zugleich wurde in den Urteilen aber klar signali-
siert, dass angesichts der bildungspolitischen Tragweite des Problems für weitergehende Erhöhungen eine formell-gesetzliche Grundlage erforderlich sei (BGE 121 I 273, 277 f.; 120 Ia 1,
6 f.).

– Es ist zulässig, die Gerichtsgebühren, die eine Abgabe für die Aufwendungen des Staates für 2104
die Beurteilung eines Streitfalles darstellen, nur dem Grundsatz nach im Gesetz festzulegen, im
übrigen aber, namentlich bezüglich Höhe und Bemessung, durch eine Verordnung zu regeln. Es
handelt sich dabei um Gebühren, die im Einzelfall durch ein Gericht, d.h. eine unabhängige und
mit Ermessensentscheidungen vertraute Instanz, festgelegt werden. Überdies lassen sich diese
Ermessensentscheidungen aufgrund der Kostendeckung und der Äquivalenz überprüfen (BGE
106 Ia 249, 253 f.).

– Der "Mietzins" für die Dienstwohnung eines Schulhausabwartes wurde vom Zürcher Verwal- 2104a
tungsgericht als Benutzungsgebühr qualifiziert (vgl. auch Rz. 1825). Die Festsetzung der An-
fangsmiete anlässlich der Begründung des Dienstverhältnisses erfordere keine gesetzliche
Grundlage, da jeder Interessent sich frei entscheiden könne, ob er die damit verbundenen Leistungen akzeptieren wolle, und die Umschreibung der einzelnen Wohnungswerte in einem Erlass auch kaum praktikabel wäre. Anders verhalte es sich bei einer Verteuerung des Wohnungs-
entgelts während der Dauer des Dienstverhältnisses. Hier werde der bei der Begründung herge-
stellte Interessenausgleich durch die Behörden einseitig verschoben. Das Kostendeckungsprinzip tauge dabei nicht als Begrenzungsmassstab. Mangels direkter Vergleichbarkeit mit den
Preisen auf dem privaten Wohnungsmarkt sei auch eine Überprüfung unter dem Blickwinkel
der Äquivalenz nur beschränkt möglich. Es könne deshalb bloss ausnahmsweise vom Erfordernis einer quantitativ bestimmten gesetzlichen Grundlage abgesehen werden, wenn es um Anpassungen gehe, die mit den zulässigen Mietzinserhöhungen privater Wohnungsanbieter vergleichbar seien, also bei Kostensteigerungen oder Mehrleistungen des Vermieters oder als Teuerungsausgleich (ZBl 96 [1995] 233 ff. [Urteile des Zürcher Verwaltungsgerichts vom 15. Juni
1994 bzw. vom 23. November 1994]). – Die Zustimmung der Abgabepflichtigen zur Höhe der
Abgabe kann die Herabsetzung der Anforderungen an die gesetzliche Grundlage u.E. nur unter
ganz besonderen Umständen rechtfertigen (vgl. dazu auch BGE 121 I 230, 239).

cc) Festsetzung von Abgaben durch das Parlament

Die kantonalen Verfassungen können vorsehen, dass das *Parlament* Subjekt, Objekt 2105
und Höhe bestimmter Abgaben abschliessend umschreiben darf. Die Kantone sind

befugt, in ihren Verfassungen Organe und Verfahren der Gesetzgebung im Rahmen von Art. 6 Abs. 2 lit. b BV selbst zu bestimmen, d.h. insbesondere auf ein Referendum gegen Parlamentserlasse zu verzichten (vgl. Rz. 83). Sie können also in der Verfassung auch vorsehen, dass das Parlament die Voraussetzungen der Erhebung gewisser Abgaben in einem nicht-referendumspflichtigen Erlass regelt. Damit delegieren sie eigentlich keine Gesetzesbefugnis an das Parlament, sondern definieren das Gesetz für ein bestimmtes Gebiet als nicht-referendumspflichtigen Parlamentserlass (vgl. dazu BGE 118 Ia 320, 324 = Pra 82 [1993] Nr. 139 m.w.H.).

IV. Exkurs: Kautionen

1. Begriff

2106   Die Kaution ist eine Werthinterlage, die zur Sicherung der späteren Erfüllung einer öffentlichrechtlichen Pflicht, insbesondere der Erbringung einer Geldleistung, erbracht wird.

2107   Beispiele:
  – Art. 65 Abs. 1 Zollgesetz vom 1. Oktober 1925 (SR 631.0):
      "Bei den Zwischenabfertigungen zollpflichtiger Waren und bei der Gewährung von Zahlungserleichterungen irgendwelcher Art ist Sicherheit zu leisten für die Zollbeträge und die andern Abgaben..."
  – § 15 Abs. 1 des zürcherischen Gesetzes über den Rechtsschutz in Verwaltungssachen (Verwaltungsrechtspflegegesetz) vom 24. Mai 1959 (ZH LS 175.2):
      "Entstehen aus der im Interesse eines Privaten veranlassten Untersuchung erhebliche Barauslagen, so kann die Durchführung der Untersuchung von der Leistung eines angemessenen Barvorschusses abhängig gemacht werden".
  – Art. 1 Abs. 1 Bundesgesetz über die Kautionen der ausländischen Versicherungsgesellschaften vom 4. Februar 1919 (SR 961.02):
      "Ausländische Versicherungsgesellschaften, die aufgrund des Versicherungsaufsichtsgesetzes zum Betrieb des direkten Geschäftes in der Schweiz ermächtigt sind, haben dem Bundesrat eine Kaution zu bestellen".

2. Rechtsnatur

2108   Die Kaution ist *keine* öffentliche Abgabe, da durch sie dem Staat keine Finanzmittel zufliessen. Sie dient, vor allem bei Bewilligungen, nur dazu, allfällige Kosten- oder Schadenersatzforderungen sicherzustellen.

3. Voraussetzungen und Bemessung

a) Gesetzliche Grundlage

Die Rechtsprechung lässt die Frage offen, ob die Pflicht zur Leistung einer Kaution   2109
eine besondere gesetzliche Grundlage voraussetzt oder ob die Kaution eine Nebenbestimmung darstellt, die sich auf die Regelung der Pflicht zur Erbringung der
Geldleistung abstützen lässt (BGE 121 II 88, 89 f.).

b) Verhältnismässigkeitsprinzip

Die Kaution darf nicht höher sein, als es die Erfüllung der allfälligen Kosten- oder   2110
Entschädigungspflicht erfordert (BGE 98 Ia 362, 372 ff.).

Sachregister

Die Zahlen verweisen auf die Randziffern. Aus mehreren Wörtern zusammengesetzte Begriffe sind grundsätzlich unter dem massgebenden Substantiv eingeordnet (z.B. Abgabe, öffentliche); ist ein Stichwort untergliedert, werden bei den Unterstichworten die Adjektive vorangestellt. Hauptfundstellen sind fett gedruckt.

A

Abgabe, öffentliche 2039 ff.
– und Äquivalenzprinzip 2054 ff., 2066 f., 2102 ff.
– Begriff und Arten 2039 f.
– Beitrag 2059 ff.
– Doppelbesteuerungsverbot 172, **2085 ff.**
– Ersatzabgabe 2068 ff.
– Festsetzung durch das Parlament 2105
– Gebühr 2042 ff.
– Gemengsteuer 2091 ff.
– und Gesetzmässigkeit 319, 334, 343, **2094 ff.**
– Kausalabgaben 2041 ff.
– Kaution 2106 ff.
– und Kostendeckungsprinzip 2050 ff., 2064 f., 2102 ff.
– Mehrwertabgabe 2093a f.
– Steuer *siehe dort*
– Vorzugslast *siehe* Beitrag
Agreements (Gentlemen's) 602j f.
Akteneinsichtsrecht 1320 ff.
– Voraussetzungen 1320 f.
– Inhalt 1321a
Aktiengesellschaft, spezialgesetzliche 1192a
Aktiven, realisierbare
siehe Finanzvermögen
Allgemeinverfügung 737 ff., 757
– Begriff 737
– Rechtsnatur 738 ff.
– verfahrensmässige Behandlung 739 ff.
Amtshilfe 1010b ff.
– Schranken 1010c f.
Analogieschluss 181 ff.

Änderung verwaltungsrechtlicher Rechte und Pflichten 653 ff.
siehe auch Vertrag, verwaltungsrechtlicher; Widerruf
– bei Begründung durch Rechtssatz 654 f.
– bei Begründung durch Verfügung 656 ff.
– bei Begründung durch verwaltungsrechtlichen Vertrag 661
Anfechtbarkeit von Verfügungen 764 ff.
Anlieger
siehe Anstösser
Anordnung, innerdienstliche 695 ff., 987
Anschlussvertrag 1157 ff.
Anspruch, öffentlichrechtlicher 616 f.
Anstalten, öffentlichrechtliche 1042 ff.
– Anstaltspolizei 1062
– Anstaltszwang 1066
– autonome Satzungen 120 ff.
– Autonomie 1050 f.
– Begriff und Merkmale 1042 ff.
– Disziplinargewalt 1061 ff.
– Kontrahierungszwang 1059 f.
– Regelung des Benützungsverhältnisses 1052 ff.
– – durch öffentliches Recht 1053 ff.
– – durch Privatrecht **1057 ff.**, 2047
– selbständige und unselbständige 1046 ff.
Anstösser an öffentliche Sachen 1865 f.
Anwendung des Rechts von Amtes wegen 1286 ff.
Äquivalenzprinzip 2054 ff., 2066 f., 2102 ff.
Arbeitsvertrag, öffentlichrechtlicher 874a

C

clausula rebus sic stantibus
siehe Vertrag, verwaltungsrechtlicher

D

Delegation
– vom Bund an die Kantone 1018a
– von Kompetenzen 1016 ff.
– von Rechtssetzungsbefugnissen
 siehe Gesetzesdelegation
Dekonzentration (der Verwaltungsbehörden) 993 ff.
Demokratieprinzip
– und Gesetzmässigkeit 304, 317, 335
– und Verwaltungsorganisation 981 f.
Departementalsystem 1011 ff.
Devolutiveffekt 1400 ff.
Dezentralisation (der Verwaltungsbehörden) **993 ff., 1011 ff.,** 1079
Dienstanweisung
– generelle 96 ff.
– individuelle **695 ff.,** 987
Dienstverhältnis, öffentlichrechtliches
 siehe Beamter
Dispositionsprinzip 873, **1280 f.,** 1407,
 1551
Disziplinarrecht 915 f., **960 ff.,** 1061 ff.,
 1222 f., 1257 f., 1260 ff.
– bei Beamten 1257 f., 1260 ff.
– Begriff und Rechtsnatur 960 ff.
– Disziplinargewalt öffentlichrechtlicher
 Anstalten 1061 ff.
– disziplinarische Entlassung 1222 f.
– und Opportunitätsprinzip 969 f.
– und rechtliches Gehör 971
– Rechtsschutz 1260 ff.
– Voraussetzungen für disziplinarische
 Massnahmen 966 ff.
Doppelbesteuerungsverbot 172, **2085 ff.**

Doppelnorm 214 ff.
Duldung eines rechtswidrigen
 Zustandes 549 f.

E

Eigentumsbeschränkung, öffent-
 lichrechtliche 1678 ff.
– Begriff und Arten 1678 ff.
– entschädigungslose öffentlichrechtliche
 Eigentumsbeschränkung 1683, 1719 ff.
– materielle Enteignung *siehe dort*
– polizeilich motivierte Eingriffe 1723 ff.
– Voraussetzungen 1684 ff.
Eigentumsgarantie 815, **1572 ff.**
– Ausgestaltung der Eigentumsordnung
 1573 f.
– Bestandesgarantie 1578 ff.
– Eingriffsvoraussetzungen 1585 ff.
–
– formelle Enteignung *siehe dort*
– Funktionen 1575
– Institutsgarantie **1576 f.,** 2082 ff.
– materielle Enteignung *siehe dort*
– öffentlichrechtliche Eigentums-
 beschränkung *siehe dort*
– Rechtsgrundlage 1572
– Schutzobjekte 1580 ff.
– Träger 1575a
– Wertgarantie **1578 ff.,** 1599
Eignung einer Massnahme 493 ff., 1594,
 1632, 1691 f.
Eingriffsverwaltung 18 f., 87, 333 f., 468
– Begriff 18 f.
– und Gesetzmässigkeit 87, 333 f.
– und öffentliches Interesse 468
Einigungsverfahren 1658 f.
Einsprache 950, **1410 ff.,** 1656
– Anwendungsbereich 1412 ff.
– Begriff 1410 ff.
– als förmliches Rechtsmittel 1346
Einziehung unrechtmässig erlangter
 Vorteile 950a
Einwendung 1411a
Einwohnergemeinde 1091
Empfehlung, amtliche 602i, 701 ff.